16판

Kotler

마케팅
관리론

16판

Kotler
마케팅
관리론

Philip Kotler, Kevin Lane Keller, Alexander Chernev 지음

안승호, 김영희, 김지윤, 김혜란, 배노제, 송지희, 이승윤, 정보희, 정환, 한국마케팅교육 옮김

Pearson

교문사

Pearson Education South Asia Pte Ltd
63 Chulia St
#15-01
Singapore 049514

Pearson Education offices in Asia: *Bangkok, Beijing, Ho Chi Minh City, Hong Kong, Jakarta, Kuala Lumpur, Manila, Seoul, Singapore, Taipei, Tokyo*

3   2   1
24 23 22

발행일: 2023년 3월 3일
공급처: 교문사(031-955-6111~4/genie@gyomoon.com)
ISBN: 978-981-3350-53-3(93320)

 Pearson

http://pearson.com/asia

역자 서문

《Kotler 마케팅 관리론》16판은 마케팅 원론과 마케팅 관리론의 차이가 무엇인지를 확실하게 보여주는 현존하는 도서 중 최고의 책일 것이다. 기존의 교과서가 마케팅 개념을 설명하는 데에 중점을 두었다면, 《Kotler 마케팅 관리론》은 이론적 설명뿐만 아니라 풍부한 실무적 지침을 제공하고 있어 단지 학부 학생만을 위한 교과서의 한계를 넘어 실무를 담당하는 마케터의 일상적인 지침서가 될 것이다. 《Kotler 마케팅 관리론》제16판에서 발견할 실무와 이론의 최적 균형은 이 책의 저자인 Philip Kotler, Kevin Lane Keller, 그리고 Alexander Chernev 교수들의 경험을 반영한 것이다. 즉 그들은 엄청난 학문적 업적뿐만 아니라 수많은 기업과의 컨설팅 경험을 축적한 바 있으며 이 책은 그 결과물이다. 현재 실무자를 대상으로 대학원과 평생교육 프로그램에서 마케팅 교육이 광범위하게 진행되고 있어 이들을 위한 《Kotler 마케팅 관리론》 개정은 그 실무적 관련성을 고려할 때 반가운 소식이 아닐 수 없다.

개정된 《Kotler 마케팅 관리론》은 최근 마케팅 환경 변화, 예를 들어 국가 문화 브랜드 경쟁 강화, 기업의 ESG 경영 확산, 빅데이터와 AI 활용, 글로벌 팬데믹 위기, 지구환경 위기 등을 반영하여 향후 수년 내에 당면할 마케팅 과제 등을 매우 체계적으로 제시하고 있다. 최신의 그리고 진행 중인 사례들은 훌륭한 마케터를 준비하는 학생의 관심과 흥미를 끌기에 부족함이 없다.

교수라는 같은 직업을 가진 역자의 입장에서, 저자들이 수많은 경험을 쌓을 수 있는 기회, 시간, 관심이 허락된 미국학계의 상황이 부럽기 짝이 없다. 학계와 산업계에서 현재 진행 중인 저자들의 현장 경험은 최신의 현대적 어휘와 구성된 교과 내용에 잘 반영되어 있다. 이를 한국적 비즈니스 문화와 맥락에 어울리도록 해석하는 것은 영어에 익숙한 역자들에게도 쉽지 않은 과제였기에 역자들의 많은 고민과 노고가 필요했다. 향후에 더 풍부한 내용을 더하기 위해 역자들의 노력과 독자들의 지원도 기대해 본다.

결론적으로, 마케팅 전공 학생뿐만 아니라 마케팅 업무를 담당하거나 관련 부서에 종사하는 마케터, 기업의 전반적인 마케팅 계획을 기획하고 점검하는 관리자, 새로운 마케팅 아이디어가 필요한 창업자들이 손에 닿을 수 있는 책장과 책상 위에 비치해 둘 만한 교과서가 《Kotler 마케팅 관리론》제16판이다.

역자 일동

저자 서문

《Marketing Management》 16판은 출간된 초판을 기념비적인 교과서로 만들었던 대표적인 사례, 핵심 개념, 논리적 구조에 기반하여 개정되었다. 15판이 출간된 이후로 많은 것이 바뀌었다. 지속적인 글로벌화, 증가하는 기업의 사회적 책임의 역할, 기술과 전자상거래 및 디지털 커뮤니케이션의 발전, 소셜 미디어의 증가하는 영향력, 데이터 분석 및 마케팅 자동화와 인공지능의 광범위한 사용은 많은 산업을 혼란에 빠뜨리고 새로운 비즈니스 모델의 개발을 촉진하였다. 이러한 변화에 대응하여 16판은 새로운 시장 환경에서 성공하는 데 필요한 정보를 제공하기 위해 처음부터 재구성되었다.

그동안 이 책이 폭넓게 읽힌 이유는 마케팅 범위의 세 가지 차원, 즉 깊이와 폭 그리고 관련성을 극대화했기 때문이다. 깊이는 견고한 학문적 기반을 말한다. 중요한 이론적 개념, 모델 및 프레임워크에 대한 광범위한 검토 그리고 실제 문제를 해결하기 위한 개념적 지침을 제공하는 능력을 포함한다. 범위는 책에서 광범위한 주제를 다루면서도 마케팅 관리에 가장 중요한 주제를 특별히 강조하고 있음을 말한다. 관련성은 관리자가 일반적으로 직면하는 문제를 파악하고 문제 해결을 위한 성공적인 전략을 개발할 수 있도록 필요한 자료를 제공하는 방식으로 이 책의 역할로 구현된다.

16판은 이 책을 다른 모든 마케팅 관리론 교재와 차별화하는 전 판의 근본적인 강점을 기반으로 하여 구성되었다.

- **관리에 초점**: 조직의 목표, 기능, 자원을 시장 요구 및 기회와 조화시키려는 과정에서 마케팅 관리자와 최고 경영진이 직면하게 될 주요 결정에 초점을 맞춘다.
- **분석적 접근**: 마케팅 관리에서 반복해서 발생하는 문제를 분석하기 위해 개념적 도구와 프레임워크를 제안한다. 사례와 예는 효과적인 마케팅 원리, 전략 및 실무를 보여준다.
- **학제 간 통합 관점**: 마케팅 관리는 마케팅 문제에 직접 적용할 수 있는 기본 개념과 도구에 대해 경제학, 행동과학 및 경영 이론을 포함한 다양한 과학 분야의 풍부한 연구 결과를 활용한다.
- **범용 적용**: 제품, 서비스, 사람, 장소, 정보, 아이디어 그리고 원인을 포함한 마케팅의 전체 스펙트럼에 전략적 사고를 적용한다. 소비자 및 기업 시장, 영리 및 비영리 단체, 국내외 기업, 중소기업과 대기업, 제조 및 중개업, 저기술 및 첨단 산업에 적용할 수 있다.
- **종합적이고 균형 잡힌 적용 범위**: 마케팅 관리는 성공적인 마케팅 캠페인을 설계하고 실행하기 위해 관리자가 이해해야 하는 주제를 다룬다.

16판의 새로운 내용

이번 16판 개정의 최우선 목표는 포괄적이고 흥미로우며 최신 내용으로 구성된 마케팅 교재를 만드는 것이었다. 콘텐츠 구성을 간소화하고, 새 자료를 추가하고, 이전 자료를 일부 제거하거나 업데이트하고, 더 이상 관련이 없거나 필요하지 않은 자료는 삭제했다. 16판은 전 판을 사용했던 강의자가 과거 강의 경험을 이용할 수 있도록 하는 동시에 마케팅 관리론을 처음 접하는 학생들을 위해 폭, 깊이 및 관련성 면에서 타의 추종을 불허하는 교재를 제공한다.

수업 자료의 더 나은 활용을 위해 개별 장은 다음 설명과 같이 7개의 주요 부분으로 구성된다. 처음 출간된 이후에 지속적으로 호평을 받아왔던 개별 장의 구성요소들을 그대로 유지하였는데, 주제에 맞춘 장의 도입글, 주목할 만한 회사 혹은 주제와 관련된 예, 깊이 있는 개념, 특정 회사를 자세히 소개하는 Marketing Insight와 Marketing Spotlight가 그렇다. 장 시작 부분의 삽화, 본문 중간의 예, 장 말미의 구성요소 대부분은 현재 시장의 발전 상황을 반영하는 새로운 특징들이다.

장의 업데이트된 콘텐츠

16판은 추가 도입한 새로운 자료와 전 판에서 가져온 자료가 자연스럽게 통합되도록 재구성되었다. 새로 디자인된 책의 구성과 자료는 대부분의 경영대학에서 실제 마케팅 관리가 교육되는 방식을 잘 반영한다. 다음은 16판의 구성 및 각 장과 절이 전 판과 어떻게 일치하는지를 설명한다.

- 1부, "마케팅 관리의 기본"은 전 판의 1부에서 제목을 바꾼 버전이다.
- 1장, "새로운 현실 세계를 위한 마케팅이란"은 마케팅 관리의 범위를 비즈니스 관련 학문으

으로 설명한다. 이 세 가지 가치 지도는 시장 가치 창출 과정의 각기 다른 측면을 반영하기 때문에 복잡하게 연관되어 있다고 볼 수 있다. 표적고객, 협력업체, 회사를 위해 가치를 창출해야만 관리자는 시장에서 제품의 성공을 보장할 수 있다.

시장 제공물 계획 및 관리

기업의 미래는 표적고객, 회사, 협력업체를 위해 시장 제공물이 얼마나 우수한 가치를 창출할 수 있는지에 달려 있고 이는 궁극적으로 회사가 보유한 제공물 개발 능력에 달려 있다. 시장의 성공은 우연이나 행운이 아닌 일관된 시장 분석, 계획과 관리에서 비롯된다. 시장에서 성공하려면 기업이 실행 가능한 비즈니스 모델과 비즈니스 모델을 현실화할 수 있는 실행 계획을 개발해야 한다. 이러한 실행 계획을 개발하는 과정은 다음의 G-STIC 프레임워크에 잘 정리되어 있다.

활동 계획에 대한 G-STIC 접근법

회사의 목표를 명확히 설정하고 이 목표에 도달할 수 있는 일련의 활동을 추출하는 활동 계획은 마케팅 계획의 골격을 이룬다. 5가지 핵심 활동이 실행 계획 수립에 지침이 된다. 이러한 활동에는 (1) 목표 설정, (2) 전략 개발, (3) 전술 설계, (4) 실행 계획 정의, (5) 제안된 활동 등의 성공 정도를 측정하는 일련의 통제 지표 식별이 포함된다. G-STIC(Goal-Strategy-Tactics-Implementation-Control) 프레임워크는 이 5가지 활동으로 구성되며 마케팅 계획과 분석의 린치핀(핵심) 역할을 한다. 활동 계획의 핵심은 시장 제공물의 전략과 전술에 기반한 비즈니스 모델이다.

마케팅 계획 및 관리에 대한 G-STIC 접근법의 개별 구성요소는 다음과 같다.

- **목표**(goal)는 성공이 무엇인지에 대한 회사의 궁극적인 기준을 설명한다. 회사가 달성하려는 최종 결과를 구체화한다. 목표의 두 가지 구성요소는 초점과 벤치마크인데 **초점**은 회사 활동의 의도된 결과를 수량화하는 데 사용되는 메트릭(예: 순이익)을 규정하고, 성과의 **벤치마크**는 목표 달성에 얼마나 진전이 있는지를 보여주며 목표 달성까지의 일정 등을 파악하는 것이다.
- **전략**(strategy)은 회사의 비즈니스 모델의 기반이 되며 **타깃시장** 그리고 해당 시장에서 제공이 제시하는 **가치 제안**의 가치를 설명한다.
- **전술**(tactics)은 기업 제공물의 주요 속성을 결정함으로써 전략을 실행한다. **제품, 서비스, 브랜드, 가격, 인센티브, 커뮤니케이션, 유통**의 7가지 전술은 회사가 선택한 시장에서 가치를 창출하는 데 사용되는 도구다.
- **실행**(implementation)은 기업 제공물이 판매되도록 준비하는 과정과 관련되어 있다. 실행은 제공물을 실제로 **개발**하고 타깃시장에서 출시하는 과정을 포함한다.

- **통제**(control)는 기업 성과의 변화 그리고 기업이 활동하는 시장 환경의 변화를 모니터링하여 시간의 흐름에 따라 기업이 진행하는 활동의 성공 여부를 측정하고 평가한다.

그림 2.7은 마케팅 계획의 주요 구성요소와 각 구성요소를 설명하는 주요 핵심사항을 요약하여 보여주며 다음 절에서 이를 더 자세히 살펴본다.

목표 설정

기업이 달성하고자 하는 목표를 결정하는 것은 마케팅 계획을 실행에 옮기는 것이다. 목표는 모든 기업 활동을 안내하는 등대라고 볼 수 있다. 목표를 설정하는 데 두 가지 주요 결정사항이 있다. 즉 기업 활동의 **초점**을 파악하고 달성해야 할 성과 **벤치마크**를 지정하는 것이다. 다음에서 이러한 결정에 대해 더 자세히 논의한다.

목표 초점의 파악   목표의 초점은 기업의 성공을 가늠하는 기준으로서 활동을 통해 획득하려는 성과를 정의한다. 초점에 따라 목표는 금전적이거나 전략적일 수 있다.

- **금전적 목표**(monetary goals)는 순이익, 이익률, 주당 이익, 투자 수익과 같은 성과를 말한다. 영리 기업은 금전적 목표를 주요 성과 지표로 사용한다.
- **전략적 목표**(strategic goals)는 회사에 전략적으로 중요하며 비금전적인 성과에 기반을 둔다. 가장 일반적인 전략적 목표로는 매출 증대, 브랜드 인지도 향상, 사회복지 확대, 기업 문화 개선, 직원 채용과 유지 촉진 등이 있다. 핵심 제품보다 더 큰 수익을 낼 수 있는 아이템을 지원하기 위해 비영리 기업과 영리 기업은 주요 성과 지표로 전략적 목표를 선정

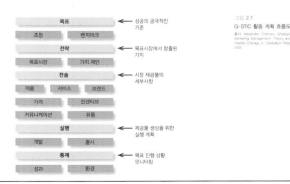

그림 2.7
G-STIC 활동 계획 흐름도

출처: Alexander Chernev, Strategic Marketing Management: Theory and Practice (Chicago, IL: Cerebellum Press, 2019)

로 정의하는 입문서 역할을 하기 위해 실질적으로 다시 작성되었다.

- 2장, "마케팅 계획과 관리"도 마케팅 관리와 마케팅 계획을 위한 실행 가능한 프레임워크를 제공하기 위해 광범위한 범위에서 재작성되었다. 전 판의 2장과 23장의 일부를 포함하지만 대부분의 내용은 새로운 것이다. 예를 들어 "시장 제공물 계획 및 관리"라는 제목의 새로운 절에서는 활동 계획에 대한 G-STIC 접근법을 다룬다. 이해를 돕기 위해 새롭게 추가된 그림 2.6은 G-STIC 프레임워크를 보여주고, 그림 2.7은 활동 계획 흐름도를 제시한다.

- 2부, "시장의 이해"에는 전 판의 2부와 3부 자료 대부분이 포함되어 있다.

- 3장과 4장, "소비자 시장 분석" 그리고 "비즈니스 시장 분석"은 전 판의 6장과 7장에서 업데이트되었다. 두 장 모두 시장 분석에 대한 체계적인 관점을 제시하기 위해 대폭 수정되었다.

- 5장, "마케팅 조사 수행"은 전 판의 3장과 4장에 요약된 내용을 결합하여 시장 통찰력 확보를 위한 정리된 접근방식을 제시한다. 5장에는 마케팅 담당자가 유용한 정보를 수집하는 방법, 즉 '데이터 마이닝'을 설명하는 새로운 절이 포함된다.

- 3부, "실행 가능한 시장 전략 개발"은 전판 4부의 수정된 버전이다.

- 6장, "시장 세분화와 타깃고객 식별"은 전 판의 9장을 꽤 수정한 것이다. 이 장에서는 시장 세분화 및 목표고객을 파악하는 전략적 및 전술적 측면을 설명하는 새로운 콘텐츠를 제공한다.

- 7장, "고객 가치 제안과 포지셔닝"은 전 판의 10장을 대폭 수정하고 업데이트한 것이다. 이 장은 선택한 목표시장의 가치 제안을 개발하는 체계적인 접근방식을 개략적으로 설명하기 위해 6장에 제시된 내용을 기반으로 작성되었다. 새로운 콘텐츠는 세 가지 영역(기능적, 심

>> 유명한 비즈니스 고객과 그들의 고객을 행복하게 해주기 위해, 선도적인 클라우드 커뮤니케이션 플랫폼 Twilio는 기업과 그들의 고객, 협력자, 직원 간 상호작용을 자동화하고, 효율화하고, 개선하는, 사용하기 쉽고 고객 맞춤형의 다양한 서비스를 제공한다.

텍스트로 자동 전송한다. Twilio는 문자, 음성, 비디오, 채팅, 메시징 앱을 위한 통신 플랫폼 기반으로, 클라우드 기반 콜센터 서비스와 카드 번호를 읽지 않고도 회사가 전화로 결제를 처리할 수 있는 유료 앱을 포함하도록 서비스 포트폴리오를 확장했다. Twilio는 제품 포트폴리오에 이메일 기능을 추가하기 위해 2019년에 선도적인 이메일 API 플랫폼인 SendGrid를 인수하여 고객이 선호하는 커뮤니케이션 형식을 기반으로 일관된 메시징을 제공할 수 있는 능력을 강화했다.[22]

인터넷 및 클라우드 컴퓨팅을 통해 기업은 진정한 상호작용, 고객 및 상황별 개인 설정, 기업 제공물의 실시간 조정을 허용함으로써 서비스 제공물을 개선하고 고객과의 관계를 강화할 수 있다. 그러나 기업이 고객에 대한 정보를 수집, 저장, 사용함에 따라 보안 및 개인정보 보호에 대한 우려가 커지고 있다. 기업은 적절한 보호 조치를 통합해야 하고, 고객의 개인정보 보안을 위한 그들의 노력에 대해 고객을 안심시켜야 한다.

고객 권한 강화

디지털 시대는 분명히 고객 관계를 변화시켰다. 고객은 제품 지원 서비스를 구매하는 데 더욱 정교해지고 있으며, '번들로 묶지 않은 서비스'를 위해 그리고 그들이 원하는 요소를 개별적으로 선택하는 권리를 위해 압력을 가하고 있다. 고객은 다양한 유형의 제품이나 장비를 취급하는 여러 서비스 제공업체들과 거래하는 것을 점점 더 꺼리고 있다. 이를 염두에 두고 외주 서비스 기업은 이제 더 많은 범위의 장비를 서비스한다. 배관 비즈니스는 또한 에어컨, 벽난로, 기타 가정용 인프라의 구성 요소를 서비스할 수 있다.

소셜 미디어가 마우스 클릭으로 전 세계에 의견을 보낼 수 있도록 함으로써 고객에게 힘

리적, 금전적)에서 장점을 창출함으로써 의미 있는 가치 제안을 개발하는 방법을 검토하고, 지속 가능한 경쟁우위를 창출하기 위한 전략을 설명한다.

- 4부, "가치 설계"는 전 판의 5부를 수정한 것이다.
  - 8장, "제품 디자인과 관리"와 9장, "서비스 설계와 관리"와 10장, "강력한 브랜드 구축"은 전 판의 13, 14, 11장에 해당한다. 세 장 모두 새로운 시장 현실을 반영하기 위해 크게 수정되었다.
  - 11장, "프라이싱 관리와 영업 프로모션"에는 전 판의 16장과 20장의 내용이 포함되어 있다. 판매촉진에 대한 논의는 이제 매스 커뮤니케이션 관리와 관련된 장에서 논의되지 않고 가격 정책 장의 일부로 포함된다.
- 5부, "가치 소통"은 전 판의 7부에 해당된다. 커뮤니케이션이 유통보다 먼저 소개되도록 전 판의 6부와 7부의 순서를 바꾸었다. 이러한 변화는 마케팅을 가치를 디자인하고 소통하고 전달하는 과정으로 보는 관점과 더 잘 부합한다.
  - 12장, "마케팅 커뮤니케이션 관리"는 전 판의 19장에 해당되며 다양한 미디어에서 커뮤니케이션 캠페인을 개발하기 위한 접근방식을 소개한다.
  - 13장, "디지털 시대의 통합적 마케팅 캠페인 디자인"에는 전 판의 20장과 21장의 내용이 포함되어 있다. 이 장에서는 다양한 커뮤니케이션 채널에서 미디어를 관리하는 것과 관련된 주요 의사결정에 대해 설명한다.
  - 14장, "인적 판매와 직접 마케팅"은 전 판의 22장을 상당히 수정한 것이다. 인적 판매에 대해서는 이제 세 부문으로 나누어 영업 프로세스 관리, 영업인력 구성, 영업인력 관리를 논의한다.

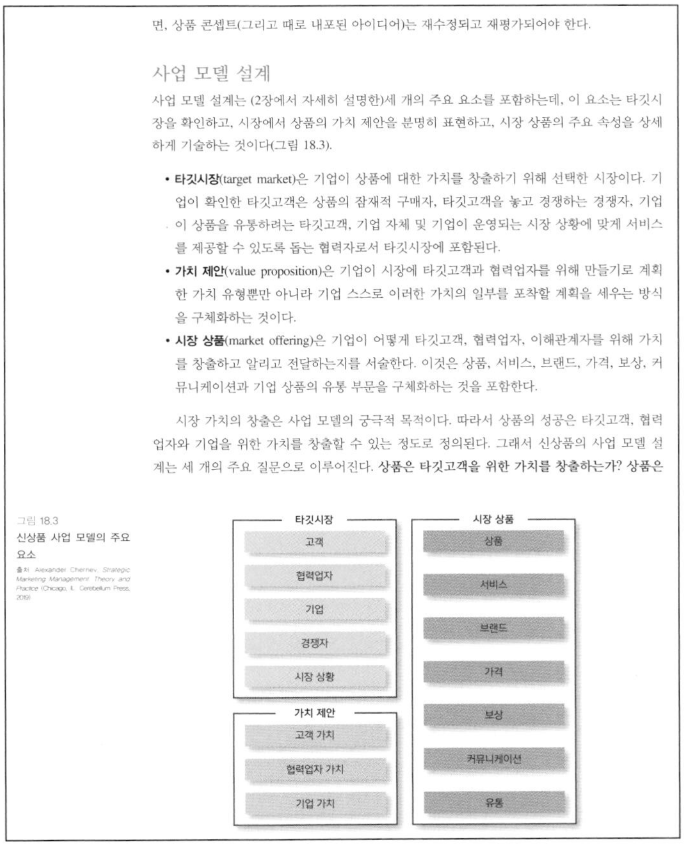

면, 상품 콘셉트(그리고 때로 내포된 아이디어)는 재수정되고 재평가되어야 한다.

사업 모델 설계

사업 모델 설계는 (2장에서 자세히 설명한)세 개의 주요 요소를 포함하는데, 이 요소는 타깃시장을 확인하고, 시장에서 상품의 가치 제안을 분명히 표현하고, 시장 상품의 주요 속성을 상세하게 기술하는 것이다(그림 18.3).

- **타깃시장**(target market)은 기업이 상품에 대한 가치를 창출하기 위해 선택한 시장이다. 기업이 확인한 타깃고객은 상품의 잠재적 구매자, 타깃고객을 놓고 경쟁하는 경쟁자, 기업이 상품을 유통하려는 타깃고객, 기업 자체 및 기업이 운영되는 시장 상황에 맞게 서비스를 제공할 수 있도록 돕는 협력자로서 타깃시장에 포함된다.
- **가치 제안**(value proposition)은 기업이 시장에 타깃고객과 협력자를 위해 만들기로 계획한 가치 유형뿐만 아니라 기업 스스로 이러한 가치의 일부를 포착할 계획을 세우는 방식을 구체화하는 것이다.
- **시장 상품**(market offering)은 기업이 어떻게 타깃고객, 협력업자, 이해관계자를 위해 가치를 창출하고 알리고 전달하는지를 서술한다. 이것은 상품, 서비스, 브랜드, 가격, 보상, 커뮤니케이션과 기업 상품의 유통 부문을 구체화하는 것을 포함한다.

시장 가치의 창출은 사업 모델의 궁극적 목적이다. 따라서 상품의 성공은 타깃고객, 협력업자와 기업을 위한 가치를 창출할 수 있는 정도로 정의된다. 그래서 신상품의 사업 모델 설계는 세 개의 주요 질문으로 이루어진다. **상품은 타깃고객을 위한 가치를 창출하는가?** 상품은

그림 18.3
신상품 사업 모델의 주요 요소
출처 Alexander Chernev, Strategic Marketing Management: Theory and Practice (Chicago, IL: Cerebellum Press, 2019.

- 6부 "가치 전달"은 전 판의 6부에 해당된다.
  - 15장, "유통 채널의 설계와 관리"는 전 판의 17장에 해당하며 새로운 장 구성과 내용을 포함한다.
  - 16장, "소매업 관리"는 전 판의 18장에 해당하며 프랜차이즈에 대한 새로운 내용을 포함한다.
- 7부, "성장 관리"는 전 판의 여러 부분에서 다룬 성장 관련 내용을 모아 구성한 새로운 캡스톤 (capstone) 섹션이다.
  - 17장, "경쟁시장의 성장 촉진"은 전 판의 12장에서 논의한 내용을 업데이트하고 정리한 것이다.
  - 18장, "신시장 제공물 개발"은 전 판의 15장에 해당하며 신제품 개발 프로세스의 주요 단계를 반영하는 방식으로 구성되었다. 특히 이 장에는 아이디어 생성, 비즈니스 모델 설계, 제공물의 구현 그리고 시장 전개에 대한 새로운 내용이 포함되어 있다.
  - 19장, "고객 충성도 구축"은 전 판의 5장에서 논의된 내용을 다루며 고객 관계 관리에 중점을 둔다.
  - 20장, "글로벌 시장 진출"은 전 판의 8장에서 논의된 내용을 다룬다.
  - 21장, "사회적 책임 마케팅"은 마케팅 관리에서 기업의 사회적 책임의 증가하는 중요성을 반영하는 새로운 장이다. 점점 더 많은 기업이 이익 이상의 목적을 염두에 둠에 따라 사회적으로 책임 있는 방식으로 비즈니스를 수행하는 것이 시장 가치 창출의 핵심적 부분이 되었다.

CHAPTER **21**

사회적 책임 마케팅

United Way는 기업과의 협력을 통해 특정 커뮤니티가 필요로 하는 것을 해결해 주는, 의미 있는 서비스를 제공하는 것으로 기금 마련 활동을 보완한다.
출처 Courtesy of United Way

ㅂ랜드가 건강하게 오래 성장하기 위해서는 마케터가 다양한 마케팅 활동에 참여하고 광범위한 구성요소와 목표를 충족해야 한다. 그러한 활동 속에서 마케터는 자신의 행동이 사회적으로 미치는 영향도 고려해야 한다. 기업의 사회적 책임은 많은 조직에서 우선순위가 되었으며 비즈니스 모델에 배어 있다. United Way와 같은 조직은 이러한 사회적 책임에 관한 비전을 전적으로 수용하고 있다.

>>> United Way는 40개 이상의 국가 및 지역에 걸쳐 거의 1,800개 커뮤니티에서 운영되는 지역 관리 및 자금 지원 계열사 네트워크로 기부금 수익 면에서 미국 최대 규모를 가지고 있다. 1887년 Colorado주 Denver에서 지역 자선단체를 위한 기금을 모으는 것을 주요 목표로 설립된 United Way는 지속적인 변화를 만들고, 의미 있는 영향을 달성한 비전을 공유하는 다른 조직과 협력하여 운영을 확장했다. United Way는 단순히 다양한 활동을 지원하기 위해 기금을 모으는 것이 아니라 특정 커뮤니티에 도움이 되는 측정 가능한 결과를 제공하는 프로그램에 노력을 집중한다. 사명을 달성하기 위해 United Way는 공동의 대의, 공동의 비전, 공동의 목표 달성을 중심으로 사람, 조직, 커뮤니티를 하나로 모은다. 예를 들어 H&R Block, Walmart Foundation, Goodwill Industries, National Disability Institute와 협력하여 저소득 가구와 무료 세금 준비 서비스를 연결하는 캠페인을 시작했으며, 현재는 다른 어떤 조직보다 더 많은 사람들이 무료로 세금을 신고할 수 있도록 돕는 데 앞장서고 있다. 또한 사람들이 위기 상황에서 지역 지원 및 서비스를 찾을 수 있도록 하기 위해 2-1-1을 보건 및 복

업데이트된 장의 구성요소

새로운 핵심 내용 외에 모든 장에는 몇 가지 특징적 구성요소가 포함되는데 장의 도입 사례, 본문 중간의 예, Marketing Insight와 Marketing Spotlight가 그것이며, 주요 개념을 설명하고 이론적 논의의 관련성을 향상시키는 것이 목표다. 16판의 이러한 요소 가운데 많은 부분이 새로운 것이며 전 판에 등장한 모든 요소는 현재 마케팅 환경을 더 잘 반영하도록 업데이트되었다. 16판의 새로운 요소에서 강조된 일부 회사와 주제는 다음과 같다.

- New 장 도입 사례: Bird(1장), Slack(2장), Pantanjali(3장), Qualtrics(5장), T-Mobile(7장), Tesla(8장), Publix(9장), Netflix(11장), Dove(12장), Net-a-Porter(16장), Dyson(18장), SoulCycle(19장), United Way(20장)

- New 본문 중간의 예: Geico(7장), Häagen-Dazs(8장), Twilio(11장), Tupperware(14장), Ambit Energy(14장), Wegmans(19장), Starbucks(20장), Uniqlo(20장), Faguo(21장)
- New Marketing Insight: 행동 결정 이론(3장), 긴 꼬리 추적하기(6장), 처방약품 프라이싱에 대한 윤리적 이슈(11장), 소매상의 가격 이미지 관리(16장), 혁신 수용에 대한 이해(18장)
- New Marketing Spotlight: Careem(2장), Alibaba(4장), Tesco(5장), LEGO(5장), Chase Sapphire(6장), Superdry(6장), First Direct(7장), Transport 런던(9장), Priceline(11장), Uber(11장), Cadbury(12장), Honda(13장), Avon(14장), Airbnb(17장), Honest Tea(18장), WeChat(18장), Stitch Fix(19장), Emirates(19장), Sephora(20장), Mandarin Oriental(20장), Ben & Jerry's(21장), Tiffany & Co.(21장)

학습과 교육 문제 해결

마케팅 관리론을 수강하는 많은 학생들은 창의적이고 강력한 의사소통 기술을 가지고 있다. 그러나 학생들은 새로운 고객을 창출하고 기존 고객을 유지하기 위해 오랜 시간 검증된 마케팅 접근방식과 최신 마케팅 도구를 혼합하여 마케팅 계획을 개발하는 데 어려움을 겪는 경우가 많다. 16판에서는 마케팅 이론과 실무에서의 변화를 반영하고 다양한 산업 분야에서의 관련 사례를 제공함으로써 이러한 문제를 해결한다.

이 책은 학생들이 최근 환경에서 일할 수 있도록 다음과 같은 상황에 대비하도록 한다. 기업이 점점 더 (1) 제품과 서비스 포트폴리오 관리에서 고객 포트폴리오 관리로 전환하는 상황, (2) 분리적 대량 제품에서 통합과 맞춤형 서비스 솔루션으로 이동하는 추세, (3) 데이터 분석과 인공지능을 사용하여 고객 가치를 더 잘 창출하고 포착하는 상황, (4) 제품을 홍보하기 위해 전통적인 광고보다는 소셜 미디어에 의존하는 변화, (5) 고객 수익성과 고객 평생 가치를 측정하는 방법을 개선하는 상황, (6) 마케팅 투자 수익과 투자가 주주 가치에 미치는 영향을 측정하는 데 초점을 맞추는 상황, (7) 마케팅 결정의 윤리적·사회적 의미에 관심을 갖는 상황.

이러한 다양한 상황을 모두 다루기 위해 이 책은 21세기 현대 마케팅 관리를 구성하는 다음 8가지 요소를 구체적으로 설명하고 해석하도록 구성되었다.

1. 전략적 마케팅 계획 개발
2. 시장의 이해와 시장에 대한 통찰력 확보
3. 성공적인 마케팅 전략 수립
4. 시장 가치 설계
5. 시장 가치 소통
6. 시장 가치 전달
7. 사회적으로 책임 있는 방식의 성장 관리

기업이 변화함에 따라 마케팅 조직도 변화한다. 마케팅은 더 이상 제한된 수의 작업을 담당하는 회사 내 부서가 아니다. 전사적인 사업이다. 이는 회사의 비전, 사명 그리고 전략 계획을 주도한다. 마케팅에는 회사가 고객으로 누구를 원하는지, 어떤 고객을 만족시켜야 하는지, 어떤 제품과 서비스를 제공할지, 어떤 가격을 책정할지, 어떤 커뮤니케이션을 주고받을지, 어떤 유통 채널을 사용할지, 어떤 파트너십을 개발할지를 결정하는 일이 포함된다.

실세계와 관련된 마케팅 사례를 강조하는 교육적 접근

효과적인 학습은 탄탄한 이론이 관련된 실제 사례로 보완될 때 이루어진다. 이를 위해 각 장에서 다루는 개념의 실제 적용을 강조하여 학생들의 참여를 유도하도록 장 소개 삽화, 본문 중간의 예, Marketing Insight, Marketing Spotlight와 같은 다양한 요소가 포함된다.

- 각 장은 학생들을 참여시키고 장의 맥락을 설정하는 관련된 실제 마케팅 사례로 시작된다.
- 각 절의 핵심 개념을 설명하는 실제적이고 흥미로운 마케팅 사례를 포함한 다양한 요소를 포함한다.
- 심층적인 내용을 제공하고 해당 주제에 대한 더 나은 이해를 돕기 위해 특정 마케팅 주제를 더

자세히 다루는 하나 이상의 Marketing Insight를 포함한다.

---

marketing INSIGHT   소매상의 가격 이미지 관리

가격 이미지(price image)는 소비자가 특정 소매상의 가격 수준에 대해 가지고 있는 일반적인 인식을 반영한다. 예를 들어, Walmart는 주로 상대적으로 저렴한 가격을 제공하는 것으로 간주되는 반면, Target은 보통 적당한 가격을 제공하는 것으로 여겨진다. 가격 이미지는 정량적으로 표현되는 실제 가격과는 다르다. 가격 이미지는 본질적으로 정성적인 것이다. 이는 소비자들이 소매상의 가격을 '비싸다' 또는 '싸다'와 같은 단정적인 용어를 사용해 평가한다는 것을 의미한다. 가격 이미지는 구매자의 마음속에 형성되어 존재하는 것이다. 따라서 가격 이미지는 다른 소매상과 비교한 특정 소매상의 가격에 대한 소비자의 인식에 근거하기 때문에 소매상의 실제 가격을 정확하게 반영하지 못할 수 있다.

가격이 경쟁력이 있는지 아닌지를 결정하기 위해 이런 상품의 가격을 사용하게 된다. 보통 자주 구입하는 상품 범주에 속하는 우유, 탄산음료, 스낵이 가치가 알려진 품목에 속하며, 소비자는 이런 상품을 통해 다른 소매점들의 가격을 쉽게 비교할 수 있다.

• **가격 범위**: 소비자는 소매상의 평균 가격 수준뿐만 아니라 매장 내 상품의 가격 범위로 가격 이미지를 평가한다. 만약 일반적으로 구매하는 가치가 알려진 경우에 아주 비싼 품목 몇 개를 취급하는 소매상의 경우, 가장 흔히 구입하는 품목과 함께 극히 낮은 가격의 품목 몇 개를 취급하는 소매상에 비해 높은 가격 이미지를 갖게 될 가능성이 높다.

• 각 장에서 다루는 마케팅 개념을 설명하기 위해 관련된 실제 회사를 소개하는 두 가지 Marketing Spotlight(이전의 Marketing Excellence)를 포함한다. 학생들이 자신의 이해 정도를 확인하고 비판적 사고를 적용할 수 있는 기회를 제공하는 질문이 제공된다. 교수는 질문을 숙제로 내거나 수업 토론에 사용할 수 있다.

---

marketing SPOTLIGHT

First Direct

1980년대에 영국의 은행업은 네 개의 보수적이고 전통적인 큰 은행들에 의해 지배되었다. 은행 고객은 대출이나 담보 대출 또는 초과 차입을 받기 위해 지역 지점을 방문하고 이는 권위적인 은행 매니저와의 인터뷰를 통해 이루어졌다. 영국에 본사를 둔 Midland Bank는 일부 고객이 지점을 거의 방문하지 않거나 전혀 방문하지 않아 상향판매과 교차판매의 기회가 사라졌다는 사실을 깨닫고 그 이유를 알아볼 팀을 구성했다. 그들은 많은

이러한 특성은 시장의 많은 중요한 변화와 추세를 포착하고 주요 마케팅 개념을 설명하여 자료의 이해를 크게 향상시킬 수 있다. 또한 이러한 실제 사례는 자료에 대한 학생의 관심과 참여를 자극하는 데 도움이 될 수 있다.

저자 소개

Philip Kotler는 세계 최고의 마케팅 권위자 중 한 명이다. 그는 Northwestern University, Kellogg School of Management에서 국제 마케팅을 가르치는 S. C. Johnson & Son Distinguished Professor(명예교수)이다. 그는 University of Chicago에서 경제학 석사 학위를, MIT에서 경제학 박사 학위를 받았다. 또한 Harvard University에서 수학 박사 후 과정을, University of Chicago에서 행동과학 분야 일을 했다.

Kotler 박사는 다음과 같은 다양한 저서의 저자 혹은 공동 저자이다. 《Principles of Marketing》, 《Marketing: An Introduction》, 《Strategic Marketing for Nonprofit Organizations》, 《Marketing Models》, 《The New Competition》, 《Marketing Professional Services》, 《Strategic Marketing for Educational Institutions》, 《Marketing for Health Care Organizations》, 《High Visibility》, 《Social Marketing》, 《Marketing Places》, 《The Marketing of Nations》, 《Marketing for Hospitality and Tourism》, 《Standing Room Only》, 《Museum Strategy and Marketing》, 《Marketing Moves》, 《Kotler on Marketing》, 《Lateral Marketing》, 《Winning at Innovation》, 《Ten Deadly Marketing Sins》, 《Chaotics》, 《Winning Global Markets》, 《Corporate Social Responsibility》, 《Confronting Capitalism》, 《Democracy in Decline》, 《Advancing the Common Good》, 《Social Media Marketing》, 《Brand Activism》, 《Marketing 3.0》, 《Marketing 4.0》, 《My Adventures in Marketing》.

또한 《Harvard Business Review》, 《Sloan Management Review》, 《Business Horizons》, 《California Management Review》, 《Journal of Marketing》, 《Journal of Marketing Research》, 《Management Science》, 《Journal of Business Strategy》, 《Futurist》 등 주요 저널에 150편 이상의 논문을 발표했다. 그는 《Journal of Marketing》에 게재된 그해의 논문 중 최고의 논문에 뽑혀 Alpha Kappa Psi 상을 세 번이나 수상한 유일한 사람이다.

Kotler 교수는 미국마케팅협회(AMA)가 선정한 뛰어난 마케팅 교육자 상(1985)의 첫 번째 수상자였다. 그는 AMA(1975) 학술 회원에 의해 마케팅 사상의 리더로 선정되었으며, Paul Converse Award(1978)를 받았다. 다른 영예로는 유럽 마케팅 컨설턴트와 영업 트레이너 협회의 마케팅 우수상을 들 수 있다. SMEI(Sales and Marketing Executives International)의 올해의 마케팅 담당자(1995), 마케팅 과학 아카데미의 저명한 교육자 상(2002), William L. Wilkie '더 나은 세상을 위한 마케팅' 상(2013), 마케팅 장학금과 실천에 있어 뛰어난 공헌에 대한 Sheth 재단 메달(2013), 마케팅 명예의 전당 입성(2014) 등이 있다.

그는 Stockholm University, University of Zurich, Athens University of Economics and Business, DePaul University, Cracow School of Business and Economics, Paris의 Groupe H.E.C., Budapest School of Economic Science and Public Administration, Vienna의 University of Economics and Business Administration, Plekhanov Russian Academy of Economics 등에서 22개의 명예 박사 학위를 받았다.

Kotler 교수는 IBM, General Electric, AT&T, Honeywell, Bank of America, Merck, SAS Airlines, Michelin을 비롯한 수많은 미국과 외국 기업의 컨설턴트로 활동했다. 또한 College of Marketing of the Institute of Management Sciences 회장, AMA 이사, Marketing Science Institute 이사, MAC Group 이사, Yankelovich Advisory Board 위원, 그리고 Copernicus Advisory Board의 회원이다. 그는 Board of Governors of the School of the Art Institute of Chicago의 위원이자 Advisory Board of the Drucker Foundation 위원이었다. 그는 유럽, 아시아, 남미 전역을 광범위하게 여행하면서 많은 회사에 글로벌 마케팅 기회에 대해 조언했다.

Kevin Lane Keller는 E. B. Osborn 마케팅 교수이자 Dartmouth College의 Tuck School of Business 에서 마케팅과 커뮤니케이션과 소속의 부학장을 맡고 있다. Keller 교수는 Cornell University에서 수학 과 경제학 학사 학위를, Carnegie-Mellon에서 MBA를, Duke University에서 마케팅 박사 학위를 받았다. Dartmouth에서는 MBA 과정과 executive 프로그램에서 전략적 브랜드 관리를 강의한다.

이전에는 Stanford University에서 마케팅 그룹의 책임자 역할을 수행했다. 또한 University of California at Berkeley와 University of North Carolina at Chapel Hill에서 교수로 재직했으며 Duke University와 Australian Graduate School of Management에서 객원 교수로 일했으며 Bank of America의 마케팅 컨설턴트로 2년 동안 업계 경험을 쌓았다.

Keller 교수의 전문 분야는 어떻게 소비자 심리학과 관련된 이론과 개념이 브랜딩과 마케팅 전략을 개선할 수 있는지를 이해하는 것이다. 그의 연구는 네 개의 주요 마케팅 저널인 《Journal of Marketing》, 《Journal of Marketing Research》, 《Journal of Consumer Research》, 《Marketing Science》에 여러 번 게재되 었다. 120편이 넘는 논문을 발표하였으며 마케팅 학자 중에서 가장 많이 인용되는 학자 중 한 명이며 이 같은 연구 성과로 수많은 상을 받았다.

산업계에 적극적으로 참여하는 Keller 교수는 다양한 이질적 유형의 마케팅 프로젝트에 참여했다. Accenture, American Express, Disney, Ford, Intel, Levi Strauss, L.L. Bean, Nike, Procter & Gamble, 삼성 을 포함하여 세계에서 가장 성공한 브랜드들을 위해 마케팅 담당자 자문과 컨설턴트로 근무했다. 그는 많은 사람들이 찾는 인기 있는 강연자이며 기조 연설을 하고 다양한 포럼에서 최고 경영진과 함께 워크 숍을 진행했다. 그는 서울에서 Johannesburg, Sydney에서 Stockholm, Sao Paulo에서 Mumbai에 이르기까 지 전 세계에 걸쳐 수많은 강의를 해왔다.

Keller 교수는 현재 브랜드 자산을 구축, 측정, 관리하기 위한 전략을 다루는 다양한 연구를 진행하 고 있다. 이러한 주제에 대한 그의 저작물인 《Strategic Brand Management》는 5판에 공동 저자인 Vanitha Swaminathan을 추가했다. 전 세계 유수의 경영대학과 기업에서 채택되어 '브랜딩의 바이블'로 불리고 있 다. 또한 Marketing Science Institute의 학술 이사, 전무 이사와 집행 위원을 역임했다.

귀한 여가 시간에는 스포츠, 음악, 영화를 열렬히 즐기는 Keller 교수는 오스트레일리아의 위대한 로 큰롤 보물이라 여겨지는 The Church와 팝의 전설, Tommy Keene과 Dwight Twilley를 위해 프로듀서로 참여했다. 현재 Lebanon Opera House와 Doug Flutie, Jr. Foundation for Autism의 이사회에서 활동하고 있다. 그는 아내 Punam(Tuck 마케팅 교수이기도 함)과 두 딸 Carolyn, Allison과 함께 New Hampshire주 Etna에 살고 있다.

Alexander Chernev는 Northwestern University의 Kellogg School of Management의 마케팅 교수이다. 그는 Sofia University에서 심리학 석사 및 박사 학위를, Duke University에서 경영학 박사 학위를 받았다. 그는 마케팅 전략, 브랜드 관리, 소비자 의사결정과 행동경제학 분야에서 학계 사상가, 연설가, 컨설턴트로 활동한다.

Chernev 교수는 비즈니스 전략, 브랜드 관리, 소비자 행동, 시장 계획에 초점을 맞춘 수많은 글을 저술했다. 그의 연구는 주요 마케팅 저널에 게재되었으며《Wall Street Journal》,《Financial Times》,《New York Times》,《Washington Post》,《Harvard Business Review》,《Scientific American》,《Associated Press》,《Forbes》,《Bloomberg Businessweek》등에 그의 연구가 언급되었다. 그는《Journal of Marketing》이 선정한 주요 마케팅 저널에서 가장 많은 연구를 수행한 학자 10인 중 한 명이며,《Journal of Marketing Education》이 발행한 마케팅 교수진을 대상으로 한 글로벌 설문조사에서 소비자 행동 분야 마케팅 교수진 5명 중 1위를 차지했다.

학술 논문과 실무적 기고 외에도《Strategic Marketing Management: Theory and Practice》,《Strategic Marketing Management: The Framework》,《Strategic Brand Management》,《The Marketing Plan Handbook》,《The Business Model: How to Develop New Products》,《Create Market Value, and Make the Competition Irrelevant》와 같은 많은 영향력 있는 책을 출판했으며, 여러 언어로 번역되어 전 세계 최고의 비즈니스 스쿨에서 교재로 사용되고 있다.

Chernev 교수는《Journal of Marketing》과《Journal of Consumer Psychology》의 지역 편집자로 활동했으며《Journal of Marketing Research》,《Journal of Consumer Research》,《International Journal of Research in Marketing》,《Journal of the Academy of Marketing Science》,《Journal of Marketing Behavior》의 편집자 위원회에서 활동했다.

Kellogg School of Management에서 MBA, PhD, 임원 교육 프로그램에서 마케팅 전략, 브랜드 관리와 행동 의사결정 이론을 가르친다. 또한 프랑스와 싱가포르의 INSEAD, 스위스의 Institute for Management Development(IMD), Hong Kong University of Science and Technology에서 임원 프로그램에서 강의를 했다. 그는 수많은 최고 교수상을 받았는데 핵심 과정 교육상, Kellogg 교수 영향상, Kellogg Executive MBA 프로그램의 '최고 교수상'을 포함하여 13번이나 수상하였다.

연구와 교육 외에도 Marketing Science Institute의 학술 수탁자이자 펠로우로 활동하고 있다. 그는 지적 재산권, 소비자 행동, 마케팅 전략과 관련된 문제를 다루는 수많은 법적 사건들의 전문가로 일했다. 완벽한 교육자이자 강연자인 Chernev 교수는 전 세계의 컨퍼런스와 기업 행사에서 주요 핵심 강연자로 활동했으며, Fortune 500대 기업에서 신생 기업에 이르기까지 전 세계 기업에게 마케팅 전략, 브랜드 관리, 전략 계획, 신제품 개발에 대해 자문해 왔으며 비즈니스 모델을 개발하고, 강력한 브랜드를 구축하며, 시장 기회를 발굴하고, 신제품과 서비스를 개발하고, 경쟁우위를 확보하는 방법에 대해 조언해 왔다.

요약 차례

차례

본문에 표시된 미주 번호는 참고문헌 번호로서 교문사 홈페이지(GYOMOON.COM) 커뮤니티–자료실에서 확인할 수 있습니다.

새로운 현실 세계를 위한 마케팅이란

글로벌 시장에서 이용자는 스마트폰을 사용하여(혹은 가정이나 회사에 가져가서) 저렴하면서도 환경에 무해한 Bird 전기 스쿠터에 쉽게 접근할 수 있으며, 시내 곳곳을 누비다가 공공장소 어디든 놔두고 갈 수 있다.
출처: Alexander Chernev

공식적 그리고 비공식적으로 사람들과 조직은 우리가 마케팅이라고 부르는 수많은 활동과 관련되어 있다. 디지털 혁신 혹은 기타 경영 환경의 중요한 변화를 맞이하여 오늘날의 효과적인 마케팅은 갈수록 더욱 필수적이고 완전히 새로워지고 있다. 스타트업 회사 Bird는 어떻게 빠르게 성공을 거둘 수 있었는지 살펴보자.

>>> Bird는 저렴하면서도 친환경적인 출퇴근 교통수단으로서 전기 스쿠터 공유서비스를 제공하는 회사다. 서비스는 시내 이곳저곳을 잠깐 돌아다니거나, 지하철역이나 버스 정류장에서 목적지까지 단거리 이동을 위해 쉽게 접근할 수 있으면서도, 공기를 오염시키거나 교통난을 가중하지 않는 교통수단을 제공하는 것을 목표로 한다. 2017년 9월에 설립된 회사는 미국 California Venice에 본사를 두고 있으며, 스마트폰으로 쉽게 접근할 수 있는 공유 전기 스쿠터를 도처에 제공한다. 픽업이나 회수 장소를 특별히 정해 두지 않아서 Bird 스쿠터를

도시 전역에서 발견할 수 있고, 보도 근처 아무 데나 두고 올 수 있다. 이들의 비즈니스 모델은 순식간에 엄청난 인기를 얻었다. 운영 첫해에만 북미, 유럽, 아시아를 아우르는 100여 개 도시에서 서비스가 제공되었으며, 이용자 1,000만 명이 이미 등록을 마쳤다. Lime과 Spin 같은 다른 유사 서비스의 도전을 맞닥트리면서 Bird의 서비스는 계속해서 진화하고 있다. 새로 도입한 Bird Delivery 서비스는 아침 일찍 이용자의 집이나 회사에 스쿠터를 배달하여 하루 종일 이용할 수 있는 교통수단을 확보해 주었다. 서비스 확산을 위해 Bird Platform도 도입했는데, 각 지역에 독립적인 사업자를 두고 이들이 각 지역에서 전기 스쿠터를 관리하게 하는 등 창업 기회를 제공하기 위해 제품과 서비스를 함께 지원한다. 독립적인 운영자는 Bird 스쿠터에 자신의 로고를 부착할 수 있는 권한을 얻고 매일 전기 스쿠터를 충전, 보수, 배치하는 물류서비스를 지원받는다.[1]

훌륭한 마케팅은 그저 우연히 만들어지는 것이 아니다. 이는 반쯤은 예술이고 반쯤은 과학이며, 최첨단 도구와 기술이 적용된 철저한 계획과 실행의 결과물이다. 숙련된 마케터는 전형적인 관행을 지속적으로 개선하고 새로운 마케팅 현실에 적응하는 것을 목표로 하여 창의적이고 실질적인 접근을 파악하기 위한 새로운 방식을 창조한다. 이 장에서는 중요한 마케팅 개념, 도구, 틀, 과제를 살펴보면서 빈틈없는 마케팅 실행을 위한 토대를 마련한다.

마케팅의 범위

성공적인 마케터가 되기 위해서는 마케팅의 본질, 마케팅의 대상, 그리고 마케팅이 작동하는 방법을 정확히 이해해야 한다.

마케팅이란 무엇인가

마케팅(marketing)은 조직의 목적에 부합하는 방식으로 인간과 사회적 니즈(needs)를 파악하고 만족시키는 것과 관련이 있다. Google이 인터넷상의 정보에 보다 효과적이고 효율적으로 접근할 필요성을 인식했을 때 질의를 체계화하고 우선순위를 정하는 강력한 검색엔진을 창조했다. IKEA는 사람들이 저렴한 가격에 집 안을 꾸미고 싶어 한다는 점을 파악했을 때 훌륭한 가구

학습목표

1.1 마케팅의 범위를 정의한다.

1.2 새로운 마케팅 현실을 기술한다.

1.3 조직에서 마케팅의 역할을 설명한다.

1.4 현대적인 마케팅 부서를 조직하고 관리하는 방법을 설명한다.

1.5 고객 중심 조직을 어떻게 구축하는지 설명한다.

를 창조했다. 두 기업은 마케팅의 실제 사례와 개인적 혹은 사회적 니즈를 어떻게 수익성 있는 비즈니스 기회로 바꿀 수 있는지를 잘 보여준다.[2]

미국마케팅협회(AMA)에서는 다음과 같은 공식적 정의를 제시한다. **마케팅은 손님, 고객, 파트너 그리고 사회 전체에 가치 있는 제공물(offerings)을 창조하고, 소통하고, 전달하고, 교환하는 것을 목표로 관련된 조직 그리고 진행 과정에서 발생하는 일련의 활동이다.**[3] 이러한 거래 과정에 대응하는 것은 상당한 규모의 과업과 기술을 요구한다. **마케팅 관리**(marketing management)는 적어도 잠재적인 거래에서 당사자가 상대방으로부터 원하는 반응을 획득할 수 있는 수단을 고심할 때 발생한다. 따라서 마케팅 관리는 **우수한 고객 가치를 창조하고 전달하고 소통하는 과정을 거치면서 타깃(목표)시장을 선택하고 고객을 확보, 유지, 확장해 나가는 예술과 과학의 복합적인 활동**이라고 말할 수 있다.

또한 마케팅의 사회적 정의와 관리적 정의를 구분할 수 있다. 사회적 정의는 사회에서의 마케팅 역할을 말하는데, 예를 들어 혹자는 '더 높은 생활 수준을 전달하는 것'이라 말한다. 사회적 마케팅은 **가치 있는 제품과 서비스를 창조 및 제공하고, 타인과 자유롭게 교환하는 과정을 통해 개인이나 집단이 자기가 필요로 하고 원하는 것을 획득하는 사회적(societal) 과정**을 말한다. 소비자들 간 그리고 기업과의 가치를 공동으로 창조하는 것 그리고 가치 창조와 공유의 중요성은 현대적인 마케팅 사고의 개발에서 중요한 주제가 되고 있다.[4]

관리자는 가끔 '제품 판매의 기술'로서 마케팅을 이해하고 있으며 많은 사람들은 판매가 마케팅의 그리 중요한 부분이 아니라는 소리를 들으면 놀라기도 한다. 사실 판매는 마케팅의 극히 일부에 불과하다. 저명한 경영이론가인 Peter Drucker 교수는 다음과 같이 설명한다.

누군가는 판매가 항상 필요할 것이라 가정할 수 있다. 그러나 마케팅의 목적은 오히려 판매를 강조하는 것을 불필요하게 만드는 것이다. 마케팅의 목표는 고객을 잘 알고 이해하여 제품이나 서비스가 해당 고객에 너무나 적합하여 판매 노력이 따로 필요하지 않게 하는 것이다. 이상적으로 마케팅은 궁극에는 소비자 스스로가 기꺼이 구매하도록 만드는 것이다. 오직 필요한 것은 해당 제품과 서비스가 해당 고객에게 제대로 제시되도록 하는 것이다.[5]

Nintendo가 Wii 게임기를 출시했을 때, Apple이 iPad를 시판했을 때, Toyota가 Prius 하이브리드 자동차를 시장에 선보였을 때, 이 제조사들은 폭주하는 주문에서 헤어나지 못했다. 그들의 성공은 단지 소매상의 뛰어난 판매 기술 때문만이라고 보기 어렵다. 화려하고 주목할 만한 그들의 성공은 오히려 소비자와 경쟁 그리고 비용과 수요에 영향을 미치는 모든 사항을 사전에 철저히 검토하면서 다양한 마케팅 과제를 완수하여 적절한 제품을 개발했다는 사실에서 시작되었다고 봐야 한다.

마케팅의 대상

마케팅은 어디에나 있다. 사회의 모든 분야에 스며들어 있다. 구체적으로 마케팅은 전형적으로 10가지 개별적인 영역과 관련되어 있으며 제품, 서비스, 이벤트, 경험, 사람, 장소, 소유권, 조직, 정보, 아이디어를 포함한다. 각각에 대해 간단히 살펴보자.

- **제품**: 물리적인 제품은 한 국가의 생산과 마케팅 노력의 대부분을 차지한다. 매년 미국 기업은 신선식품, 통조림, 자루에 담긴 상품, 냉동식품, 수많은 자동차, 냉장고, TV, 기계, 그리고 현대 경제의 주요 제품을 대상으로 마케팅 활동을 전개한다.

- **서비스**: 경제가 발전할수록 경제활동의 초점은 서비스 창출에 더 큰 비중을 둔다. 현재 미국 경제에서 차지하는 서비스와 제품의 생산 비중은 2대 1 정도다. 서비스 산업은 항공, 호텔, 자동차 렌털, 이발소와 미장원, 유지 및 보수 담당자, 회계사, 은행가, 법조인, 엔지니어, 의사, 소프트웨어 개발자, 경영 컨설턴트 등을 포함한다. 많은 시장 상품은 사실 패스트푸드 식품처럼 제품과 서비스가 섞인 형태로 제공된다.

- **이벤트**: 마케터는 무역박람회, 예술 공연, 기업 관련 기념식 등 시간 기반 이벤트를 홍보한다. Olympic, World Cup 같은 글로벌 스포츠 이벤트는 기업과 팬들에게 적극적으로 홍보된다. 공예 전시회, 저자 강연회, 지역 농산물 전시회 등 지역 이벤트도 홍보의 대상이다.

- **경험**: 다양한 서비스와 제품을 조합하여 기업은 무대 경험과 시장 경험을 창출한다. 롯데월드 어드벤처 방문자는 자이로드롭, 스페인 해적선, 좀비 서브웨이 등을 방문한다. 고객화된 경험으로는 유명 작가와 떠나는 여행, 에베레스트 등반, 와인 공인 전문가와 떠나는 와인 투어 등이 있다.

- **사람**: 예술가, 음악가, CEO, 외과의사, 유명 변호사, 자본가, 그리고 기타 전문가들은 종종 마케터의 도움을 받는다.[6] 많은 운동선수나 연예인도 자신을 마케팅하는 경우 대가다운 솜씨를 발휘했다. 올림픽 금메달 리스트 김연아, '오징어 게임'의 이정재, 세계적인 보이밴드 BTS 등이 대표적인 사례다. 유명 경영 컨설턴트 Tom Peters는 자신을 브랜드화하는 데 탁월했으며 다른 사람들에게도 하나의 '브랜드'가 되라고 조언한다.

- **장소**: 도시, 주, 지역 혹은 나라 전체가 관광객, 거주자, 공장, 기업의 지역 본부를 유치하기 위해 서로 경쟁한다.[7] 장소를 마케팅하려는 마케터는 경제개발 전문가, 공인중개사, 은행, 지역상공회의소, 광고 및 PR 기획사를 말한다. Las Vegas 컨벤션 및 관광청은 '어른들을 위한 놀이터'로서 Las Vegas를 자리매김하기 위해 "What Happens Here, Stays Here(여기서 일어나는 일은, 오직 여기에서만 일어난다)"라는 공격적인 광고 캠페인으로 큰 성공을 거두고 있다.

- **소유권**: 소유권은 부동산 같은 실물 자산 혹은 주식, 채권과 같은 재무 자산에 대한 무형의 소유권을 말한다. 이러한 소유권은 사고팔리며 이러한 거래에는 마케팅이 필요하다. 공인중개사는 소유권자와 판매자를 위해 일하거나 거주용 혹은 상업용 부동산을 사고판다. 투자 전문 기업과 은행은 기업이나 개인 투자가에게 증권을 거래한다.

- **조직**: 박물관, 공연예술 단체, 기업, 비영리 조직 등은 모두 공공의 이미지를 개선하기 위해 마케팅을 활용하고 관중과 기부금을 모으기 위해 경쟁한다. 대학은 입학 안내 서류와 Twitter를 통한 광고부터 브랜드 전략까지 모든 것을 포함하여 대학의 정체성과 이미지를

보다 효과적으로 관리하기 위해 최고 마케팅 담당자(CMO)라는 직위를 두고 있다.

- **정보**: 정보란 사방으로 뿌려진 지식이다. TV와 라디오 뉴스, 신문, 인터넷, 연구소, 정부와 상업 조직, 학교와 대학에 의해 정보는 생산·판매·유통된다. 기업은 Nielsen, 연합뉴스, 한국은행, 한국경제신문 등이 제공하는 정보를 이용하여 비즈니스와 관련된 의사결정을 한다.
- **아이디어**: 사회적 마케팅을 전개하는 마케터는 "Friends Don't Let Friends Drive Drunk(진정한 친구는 술에 취한 친구를 운전하게 놔두지 않습니다)", "헌혈로 사랑을 전하세요" 같은 아이디어를 적극적으로 홍보한다. 정당은 세금 감면, 연금 개혁, 건강보험 재정 개혁과 같은 사회적 가치를 내세우고 홍보한다. 기업의 사회적 책임 활동의 일부로 기아, 기후 변화, 인권, 사회적 정의, 인종차별, 성차별, 소아 비만 같은 과제에 초점을 맞추고 사회적 변화를 유도하기 위한 마케팅을 전개한다.

마케팅 교환

마케터란 상대방으로부터 관심, 구매, 투표, 기부를 포함한 반응을 이끌어내려는 사람이다. 마케터는 자사 제품에 대한 수요를 자극하는 분야에서 전문가다. 그러나 이 정도의 설명으로는 마케터가 하는 일을 충분히 설명하지 못한다. 마케터는 자사의 목적 달성을 위해 수요의 수준, 시기, 구성에 영향을 미치려고 한다.

전통적으로 '시장'은 구매자와 판매자가 상품을 사고팔기 위해 모이는 물리적인 공간이었다. 경제학자들은 시장을 주택시장 혹은 곡물시장처럼 특정한 제품 혹은 제품군과 관련하여 거래 조건을 협상하는 구매자와 판매자의 집단으로 정의한다.

시장에는 5개의 기본 시장, 즉 자원 시장, 제조업자 시장, 소비자 시장, 중개인 시장, 정부 시장이 있다. 그림 1.1은 5가지 기본 시장과 재화, 서비스, 화폐가 서로 연결된 흐름을 보여준다. 제조업자는 자원 시장(원재료 시장, 노동 시장, 단기 금융 시장)에 가서 자원을 구입하고

그림 1.1

현대 교환경제에서 상품, 서비스, 화폐 흐름의 구조

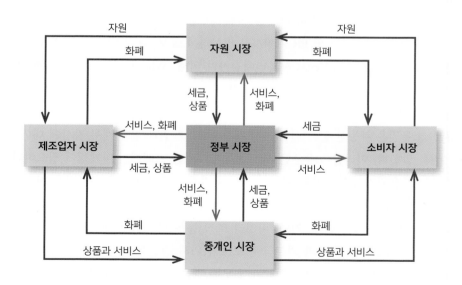

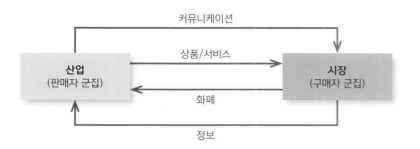

그림 1.2
마케팅 시스템의 단순 모델

이를 가공하여 재화와 서비스로 만들어 완제품을 중개인을 통해 소비자에게 판매한다. 소비자는 노동력을 판매하고 구매한 재화와 서비스에 대한 대가로 돈을 받는다. 정부는 자원, 제조업자, 중개인 시장에서 상품을 구매하기 위해 세금을 징수하고 이러한 상품과 서비스를 사용하여 공공 서비스를 제공한다. 모든 국가의 경제와 세계 경제 자체가 모두 교환 과정을 통해 연결되어 상호작용하는 시장으로 구성되어 있다.

마케터는 **산업**을 판매자 군집으로 보며 구매자 군집을 설명하는 데에는 **시장**이라는 용어를 사용한다. 욕구 시장(다이어트 시장), 제품 시장(신발 시장), 인구통계학적 시장('밀레니엄' 청년 시장), 지리적 시장(중국 시장), 유권자 시장, 노동 시장, 기증자 시장 등이 존재한다.

그림 1.2는 판매자와 구매자가 네 가지 흐름으로 연결되는 방식을 보여준다. 판매자는 시장에 상품 및 서비스를 출시하고 시장에서 광고 및 DM과 같은 커뮤니케이션 활동을 전개한다. 그 대가로 판매자는 고객의 태도와 판매에 관한 데이터 같은 정보와 돈을 받는다. 내부 루프는 상품 및 서비스에 대한 화폐 교환을 보여주고 외부 루프는 정보 교환을 보여준다.

기업이 수익을 낼 수 있을 정도로 제품과 서비스에 대한 수요가 충분하지 않다면 재무, 운영, 회계 및 기타 비즈니스 기능은 실제로 그리 중요하지 않다. 즉 적정한 수익을 내기 위해서는 이를 견인하는 효과적인 방안이 있어야 한다. 따라서 재정적 성공은 종종 마케팅 능력에 달려 있다고 볼 수 있다. 마케팅의 기여는 사회 전체로도 확장된다. 마케팅은 개선된 신제품을 소개하여 사람들의 삶을 보다 편안하고 풍요롭게 하는 데 도움을 줄 수 있다. 성공한 마케팅은 제품과 서비스에 대한 수요를 창출하여 결과적으로 더 많은 일자리를 만든다. 성공적인 마케팅을 통해 충분한 수익을 확보한 기업만이 사회적 책임 활동에 더 적극적으로 참여할 수 있다.[8]

소비자, 경쟁, 기술, 경제적 요인이 급속하게 변화하고 그 여파가 빠르게 확산되는 온라인 및 모바일 기반 환경에서 마케터는 기능, 가격 및 타깃시장을 선택하고 광고, 영업, 그리고 온라인과 모바일 마케팅 활동에 비용을 얼마나 지불할지를 결정해야 한다.

마케팅에서는 실수가 용납되지 않는다. 얼마 전만 해도 MySpace, Yahoo!, Blockbuster, Barnes & Noble은 업계를 선도하는 존경받는 기업이었다. 그러나 불과 몇 년 만에 모든 것이 바뀌었다. 이 모든 브랜드가 각각 Facebook, Google, Netflix, Amazon과 같은 신생 기업의 도전에 맥없이 물러서게 되었으며, 이제는 단순히 생존을 걱정해야 할 지경에 이르렀고 이마저도 여의치 않다. 기업은 끊임없이 전진해야 한다. 가장 큰 위험에 빠진 기업은 고객과 경쟁업체를 주의 깊게 그리고 지속적으로 지켜보지 않으며, 직원, 주주, 공급업체 및 유통 관계사를 만족시키는 과정에서 가치 제공과 마케팅 전략을 지속적으로 개선하지 못하는 회사다.

마케팅에서 혁신은 매우 결정적이다. 전략에 대한 창의적인 아이디어는 회사 내 여러 곳에 존재한다. 고위 경영진은 신선한 아이디어의 원천으로 다소 무시되었던 세 가지 집단을 주목해야 하는데, 젊고 다양한 관점을 가진 직원, 본사로부터 멀리 떨어져 있는 직원, 업계에 처음 발을 들인 직원이다. 이러한 집단은 회사의 정통성에 도전하고 새로운 아이디어를 자극할 수 있다.

영국에 본사를 둔 RB(이전의 Reckitt Benckiser)는 안정적인 가정용 청소제품 산업에서 출시한 지 3년도 안 된 제품으로 매출의 35%를 창출하는 혁신기업이다. 회사는 다국적 직원들이 소비자 습관에 대해 적극적으로 깊이 연구하도록 독려했고 훌륭한 성과에 대해서는 충분한 보상을 했다.

새로운 마케팅 현실 세계

새로운 마케팅 행동과 기회, 그리고 도전 과제가 등장하면서 현재 시장은 10년 전과 비교하더라도 크게 달라졌다.[9] 새로운 시장 현실 세계는 세 가지 주요 분야에서 확인될 수 있다. (1) 개별적인 시장 주체 사이에서 형성된 관계에 영향을 주는 시장 동인, (2) 이러한 동인의 상호작용으로 파생된 시장에서의 산출물, (3) 급격히 진화하는 시장에서 성공하기 위한 필수적인 접근방법으로서 총체적 마케팅의 출현이다.

그림 1.3은 새로운 마케팅 현실을 포착하는 데 도움이 되는 네 가지 주요 시장 동인, 세 가지 주요 시장 산출물, 총체적 마케팅의 네 가지 기본 개념을 간략하게 설명한다. 이러한 개념을 제대로 이해하면 성공적인 마케팅 관리와 마케팅 리더십을 수행하는 특정한 과업의 유형을 파악할 수 있다.

그림 1.3
새로운 마케팅 현실 세계

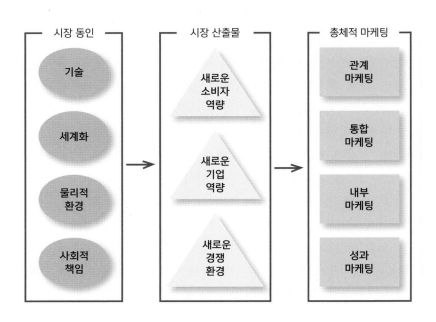

시장을 움직이는 네 가지 동인

오늘날의 비즈니스 환경은 기술, 세계화, 물리적 환경, 사회적 책임이라는 네 가지 주요 동인에 의해 크게 영향을 받고 있다. 세상을 변화시키는 이 네 가지 영향력에 대해 좀 더 자세히 알아본다.

기술 변화의 속도와 기술이 달성한 결과물은 상상을 초월한다. 전자상거래, 온라인 및 모바일 통신, 인공지능의 급속한 성장 덕분에 마케터의 능력은 성장하고 있다. 이제 소비자와 마케터는 거의 모든 것에 대한 방대한 양의 정보와 데이터에 접근할 수 있다.

기술 발전 덕분에 새로운 기술을 활용하여 새로운 역량을 발휘할 수 있게 되었는데 이를 이용하여 새로운 비즈니스 모델이 탄생하고 있다. 새로운 기술을 채택한 Netflix, Amazon, Airbnb, Uber는 시장의 기존 판도를 깨트렸고 그들이 경쟁하고 있는 산업에서 주요 업체가 되었다.

데이터 분석, 머신러닝, 인공지능의 발전으로 기업은 고객을 더 잘 이해하게 되었으며, 소비자의 요구를 반영하여 제품을 맞춤 제작할 수 있게 되었다. 자연언어 처리, 객체 인식, 감성 컴퓨팅을 포함하는 복잡한 데이터 분석 알고리즘과 함께 기하급수적으로 증가하는 컴퓨팅 성능 덕분에 마케터는 고객에 대한 전례 없는 지식을 확보하고 고객과 일대일로 상호작용할 수 있게 되었다. 데이터 분석 및 인공지능 플랫폼 분야에서의 성장 덕분에 필요 자원이 부족하여 자체적으로 도저히 구현할 수 없었던 소규모 회사들도 이러한 기술에 접근할 수 있게 되어 기술의 민주화가 실현되고 있다.

전통적인 마케팅 활동조차 기술의 영향을 크게 받고 있다. 영업인력의 효율성을 개선하기 위해 제약 회사 Roche는 전체 영업 팀에 iPad를 배포했다. 이 회사는 이전에도 정교한 고객 관계 관리 소프트웨어 시스템을 사용하고 있었지만, 데이터를 정확하게 시간에 맞추어 입력하는 일은 여전히 영업 담당자의 업무로 남겨져 있어 모든 것이 완벽하게 수행되는 것은 불가능에 가까운 일이었다. 그러나 iPad를 사용하면서부터 영업 팀이 실시간으로 데이터를 입력할 수 있게 되어 입력된 데이터의 품질은 크게 개선되는 동시에 다른 작업에 시간을 할애할 수 있을 정도로 효율적인 작업이 가능하게 되었다.

세계화 이제 세상은 전 세계 경쟁자 가운데 누구든 성공할 수 있을 정도로 동등한 기회가 제공되는 공평한 경쟁의 장이 되었다. 다양한 유형의 컴퓨터가 함께 작업할 수 있는 고급 통신 기술과 워크플로 플랫폼이 개발되어 거의 아무런 제한 없이 커뮤니케이션, 협업, 데이터 마이닝이 가능해지면서 과거의 지리적 및 정치적 분리가 무의미해졌다. Thomas Friedman이 그의 책에서 "The World Is Flat(세계는 평평하다)"라고 표현한 것처럼 세상은 기업과 고객이 서로 연계됨에 따라 점점 좁아지고 있다.[10]

Friedman은 다음과 같은 예를 들어 세계화의 영향을 설명한다. 미국 Missouri주에 위치한 McDonald's를 위해 주문을 받는 사람은 실제로는 900마일 떨어진 Colorado Springs에 있는 콜센터에서 일하고 있을지도 모른다. 주문을 받은 그 사람은 다시 Missouri주의 McDonald's에 주문을 보내 해당 매장에서 몇 분 만에 픽업 창으로 주문한 메뉴가 제공되도록 한다. Friedman은 개발도상국의 숙련된 저임금 근로자에 의해 미국에서의 일자리가 사라지는 현상을 예로 들면서, 기업 경영 방식의 변화를 요구하는 글로벌화의 빠른 진전을 무시하는 경우 발생할 결과에 대해 경고한다. '평평해진' 세상에서 성공을 거두기 위해 미국 근로자들은 지속적으로 최신 전문 기술을 익히고 우수한 제품을 생산해야 한다.

세계화는 보다 다문화적인 국가를 만들고 있다. 미국 소수민족의 구매력은 전체 평균보다 빠르게 증가하면서 경제적 영향력을 확대하고 있다. 인구통계학적 추세로 보면, 중위 연령이 25세 미만인 개발도상국 시장을 주목할 만하다. 중산층의 성장 측면에서 보면, 중산층에 합류하는 새로운 10억 인구의 대다수는 아시아인일 가능성이 크다.[11]

세계화는 해외의 특정 국가로부터 새로운 아이디어를 얻고 이를 다시 다른 나라에 적용함으로써 혁신과 상품 개발의 양상도 변화시킨다. 중국의 초음파 진단 기기 사업에서 그닥 재미를 못 본 GE는 중국 시장의 특성에 맞게 휴대하기 좋은 초저가 기기를 개발하여 크게 성공했다. 이후 작은 규모의 수술실이나 구급차에 설치할 수 있다는 장점을 활용하여 선진국에서도 성공을 거두었다.[12]

물리적 환경　지난 10년 동안 기업이 활동하고 있는 물리적 환경에는 큰 변화가 일어나고 있다. 주목해야 할 두 가지 큰 광범위한 물리적 환경에서의 변화는 기후 변화와 글로벌 보건 환경이다.

기후 변화, 즉 전 세계적인 글로벌 기후와 국지적 기후에서의 되돌릴 수 없는 변화는 기업의 경영 활동에 지대한 영향을 미친다. 기후 변화는 온난화에 그치지 않고 어떤 경우에는 한랭화 현상을 일으키기도 한다. 또한 기후 변화의 영향은 온도 변화의 수준을 넘어 더 자주 발생하고 더 심각해진 기후 재난, 더 극단적인 집중호우와 가뭄, 바닷물 기온이 상승하고 북극에서 빙하와 해빙이 사라짐으로써 상승하는 해수면 등의 현상을 야기한다.

기업의 규모 혹은 관련 산업의 유형과는 상관없이 기후 변화는 거의 모든 기업의 비즈니스 모델에 심각한 영향을 미칠 수 있다. 예를 들어, 연평균 온도 상승은 기존의 낮은 온도에서 재배되던 과일과 채소의 수확량을 낮추는 대신 더 따뜻한 지역에서 재배되었던 채소의 수확량을 늘릴 수 있다. 여름이 길어짐에 따라 여름 계절과 관련된 활동은 증가하는 대신 겨울 스포츠 활동은 감소할 것이다. 해수면 상승은 글로벌 통상의 큰 장애로 등장할 수 있을 뿐만 아니라 평범한 사람들의 일상적인 삶을 단절시킬 수 있다. 기후 변화로 인한 해수면 상승과 극단적 기후의 결과로 인도네시아 정부는 위험 지역에 있는 수도인 Jakarta를 Borneo섬의 새로운 장소로 이전할 계획을 발표했다. 해수면 상승은 상습적 침수를 가져왔으며 그 결과 더 심각한 침식, 더 많은 폭풍 피해, 식수의 염수 오염 문제를 야기한다.

보건 환경은 특정 지역에 한정된 단기 질병에서부터 전 세계로 확산되는 전염병까지와도 관련이 있다. 질병 상황에서의 변화는 제약, 생명공학, 건강관리 기업 운영에 영향을 미칠 수 있으며 보건 의료와 직접적인 관련이 없는 기업에게도 영향을 미친다. 조류 인플루엔자와 돼지 독감 같은 유행병은 식품, 관광, 호텔, 교통을 포함한 모든 비즈니스 영역에 지대한 영향을 미칠 수 있다. COVID-19와 같은 진정한 글로벌 팬데믹은 전부는 아니지만 대부분의 상업적 거래를 실제로 마비시켜 글로벌 상거래가 사실상 정지되는 결과를 초래할 수 있다. 세계화와 이와 관련된 해외 여행객 증가로 국지적 질병이 글로벌 팬데믹으로 발전될 가능성이 높아졌기 때문에 경영자는 그들의 고객, 직원, 그리고 회사의 수익을 위협하는 질병 상황의 변화에 대응하여 비즈니스 모델을 수정할 준비가 되어 있어야 한다.

사회적 책임 빈곤, 오염, 물 부족, 기후 변화, 사회적 불의, 부의 집중은 최근 주목받는 사안이다. 민간 부문은 생활 여건 개선을 위해 어느 정도 책임을 지고 있다고 볼 수 있어, 전 세계 기업은 기업의 사회적 책임을 다하기 위해 더 많은 역할을 수행하고 있다.

마케팅의 효과는 사회 전체로 확장되기 때문에 마케터는 마케팅의 윤리적·환경적·법적·사회적 맥락을 고려해야 한다.[13] 따라서 기업의 과업은 타깃시장의 요구, 욕구, 이익을 파악하고 경쟁사보다 더 효과적이고 효율적으로 고객을 만족시킴과 동시에 소비자와 사회의 장기적인 복지를 유지하거나 향상시키는 것이다.

날이 갈수록 상품이 보다 일반화되고 소비자의 사회적 의식이 높아짐에 따라 The Body Shop, Timberland, Patagonia와 같은 기업은 사회적 책임을 강조하는 방법으로 경쟁사와 차별화하고 소비자의 충성도(로열티)를 강화하면서 주목할 만한 매출과 이익을 올릴 수 있었다.[14]

마케팅과 비즈니스 관행에 이러한 변화를 반영하는 과정에서 기업은 윤리적 딜레마와 복잡한 상충관계에 직면하기도 한다. 소비자는 쓰레기를 최소화하려는 세상에서 편리함을 가져오는 일회용 제품이나 그럴듯한 포장은 정당화되기 어렵다는 것을 알게 될 것이다. 물질적 열망 때문에 지속가능성의 중요성이 무시되기도 한다. 똑똑한 기업은 에너지 효율성, 탄소 발자

출처: ZUMA Press, Inc./Alamy Stock Photo

<< 하이브리드 엔진을 장착한 Prius는 리터당 21 킬로미터를 달린다. 이는 환경에 대한 운전자의 관심을 반영한 것이다.

국, 독성, 재활용을 염두에 두고 창의적으로 대처한다.

> **Toyota Prius** 2001년에 Toyota가 Prius 하이브리드 세단을 출시하면서 5년 내에 30만 대의 자동차를 판매할 것이라는 예측을 내놓았을 때 일부 자동차 전문가들은 이를 비웃었었다. 그러나 2004년이 다가오자 Prius를 사려는 사람들은 6개월을 기다려야 했다. Toyota 성공의 핵심은 동력으로 강력한 전기 모터와 내연기관을 순식간에 전환할 수 있는 엔진에 있었고 그 덕분에 연비는 도시와 고속도로 주행 시 갤런당 55마일에 불과했다. 또한 패밀리 세단에 어울리는 공간과 파워, 친환경적인 디자인이 장점이며 기본 옵션을 장착한 모델의 가격은 2만 달러를 조금 넘는다. 또한 일부 소비자들은 Prius의 독특한 디자인이 환경에 대한 그들의 약속을 가시적으로 표현하고 있다는 점을 높이 평가한다. 소비자가 봤을 때 환경에도 좋고 보기에도 좋은, 기능적으로 성공한 제품은 매력적인 옵션이 될 수 있다는 점이 이 사례의 교훈이다.[15]

이제 마케터는 총체적으로 사고하고 서로 상충되는 요구 사이에서 적절히 균형을 찾을 수 있도록 창의적인 해결책을 제시해야 한다. 마케터는 완전히 통합된 마케팅 프로그램과 다양한 구성원과 의미 있는 관계를 맺어가야 한다.[16] 회사 내에서 업무를 제대로 처리하는 것 외에도 시장에 미칠 더 광범위한 영향을 고려할 필요가 있으며 이것이 다음에 살펴볼 내용이다.

세 가지 주요 마케팅 산출물

오늘날의 시장 구조를 결정하는 네 가지 요인, 즉 기술, 세계화, 물리적 환경, 사회적 책임은 근본적으로 소비자와 기업이 서로 상호작용하는 방식을 변화시키고 있다. 이러한 요인으로 인해 소비자와 기업은 새로운 역량을 확보함과 동시에 시장의 경쟁환경을 활성화하고 있다.

새로운 소비자 역량 오늘날의 소비자는 클릭 한 번으로 과거와는 비교할 수 없는 많은 일을 해낼 수 있다. 확장된 정보, 커뮤니케이션, 이동성 덕분에 소비자는 더 나은 선택을 할 수 있으며 자신이 좋아하는 것과 의견을 세계 그 어느 누구와도 공유할 수 있다. 소비자가 확보하게 된 새로운 역량의 몇 가지 특징을 살펴보자.

- **소비자는 강력한 정보와 구매의 보조수단으로 온라인 자원을 활용할 수 있다.** 집, 사무실 또는 휴대폰에서 제품의 가격과 기능을 비교하고, 사용자 리뷰를 참조하고, 전 세계 어디에서나 24시간, 일주일 내내 언제든지 온라인으로 상품을 주문할 수 있다. 그 과정에서 인근 소매상들에 의한 제한된 선택에서 벗어나 상당히 저렴한 가격을 찾아낼 수 있다. 소비자는 또한 '쇼루밍(showrooming)', 즉 실제 매장에서 제품을 구경하고 구매는 온라인으로 하는 행위를 수행할 수 있다. 소비자와 관련 조직은 사실상 모든 종류의 기업 정보를 추적할 수 있기 때문에 기업은 이제 그들의 말과 행동의 투명성이 매우 중요하다는 것을 깨닫게 되었다.
- **소비자는 모바일 연결을 통해 이동 중에도 검색, 소통, 구매를 진행할 수 있다.** 소비자가 휴대폰과 태블릿 같은 스마트 기기를 사용하는 것은 일상생활의 당연한 일부가 되고 있

다. 스마트 기기 소유자는 스마트폰과 패드를 사용하여 제품을 탐색하고 식료품에서 선물에 이르기까지 모든 것을 구매하고, 사회 공헌 및 재난 구호를 위해 기부금을 전달하고, 보험 상품의 다양한 선택사항을 알아보고, 온라인 뱅킹을 통해 돈을 주고받으며 세금을 납부한다. 코로나가 유행하는 동안에는 의사와 상담하고 환자와 멀리 떨어진 지역의 의료 팀과도 소통한다. 지구상에 존재하는 휴대전화 수는 2명당 1대꼴이며 매일 태어나는 신생아 수보다 10배 더 많은 휴대전화가 전 세계적으로 생산된다. 통신은 관광, 군수, 식품, 자동차와 함께 세계 1조 달러 산업 중 하나다.

- **소비자는 소셜 미디어를 통해 자신의 의견을 공유하고 자기가 좋아하는 것을 보여줄 수 있다.** 소셜 미디어의 확산은 사람들이 일상생활을 영위하는 방식을 변화시킨 세계적인 현상이며 폭발적으로 확산되는 현상이기도 하다. 소비자는 Facebook, Twitter, Snapchat, LinkedIn과 같은 소셜 미디어를 통해 가족, 친구, 비즈니스 동료와 연락하고 관계를 유지한다. 제품과 서비스를 광고하기도 하고 정치에 참여하기도 한다. 인간 관계와 사용자 생성 콘텐츠는 Facebook, Instagram, Wikipedia, YouTube 같은 소셜 미디어에서 번성한다. 애견 애호가를 위한 Dogster, 여행자를 위한 TripAdvisor, 바이커를 위한 Moterus와 같은 사이트는 공통의 관심사를 가진 소비자들을 불러 모은다. Bimmerfest, Bimmerpost, BMW Links에서 자동차 애호가들은 크롬 림, 최신 BMW 모델, 그리고 훌륭한 인근 정비사를 어디에서 찾을 수 있는지를 두고 의견을 나눈다.

- **소비자는 기업과 적극적으로 교류할 수 있다.** 소비자는 자신이 선호하는 기업을 자신이 원하는 상품을 생산하는 작업장 같은 곳으로 생각한다. 무언가 리스트에 올리기만 하면 소비자는 마케팅과 구매 관련 소식, 할인 이벤트, 쿠폰, 기타 특별 할인 행사에 대한 정보를 받아볼 수 있다. 스마트폰을 이용하여 바코드와 QR을 스캔하면 즉각 브랜드 홈페이지와 기타 정보에 접근할 수 있다. 많은 기업은 고객과 더욱 효과적으로 소통할 수 있도록 앱 개발에 노력을 기울이고 있다.

- **소비자는 부적절하거나 짜증 나게 하는 마케팅을 거부할 수 있다.** 오늘날의 소비자 가운데 일부는 뚜렷한 브랜드 간 차별성을 발견하지 못하고 브랜드 충성도를 줄이고 있다. 일부 소비자는 가치를 평가할 때 가격을 먼저 따지기도 하지만 다른 소비자는 품질을 먼저 따지기도 한다. 전체 소비자의 3분의 2가 광고를 싫어한다는 결과를 보고한 조사도 있다. 이러저러한 이유로 바람직하지 못한 마케팅에 대한 소비자의 참을성은 줄어들고 있다. 소비자는 원하는 경우 온라인 메시지를 걸러내거나 광고를 건너뛰거나 이메일이나 전화를 통한 마케팅 접촉을 거절할 수 있는 선택권이 있다.

- **소비자는 이미 소유한 것으로부터 더 많은 가치를 이끌어낼 수 있다.** 소비자는 자전거, 자동차, 옷, 소파, 아파트, 공구, 기술을 공유할 수 있다. 공유 관련 비즈니스를 운영하는 창업자는 "우리는 소유를 중심으로 조직화된 세상에서 자산 접근 중심으로 체계화된 세상으로 옮겨가고 있다."고 말한다. 공유경제에서는 소비자가 동시에 생산자가 됨으로써 양쪽 역할의 이점을 모두 누릴 수 있다.[17]

새로운 기업 역량 소비자 역량의 확대 외에도 세계화, 사회적 책임, 기술 등의 요인은 기업이 고객, 파트너, 이해관계자를 위해 가치를 창출하는 데 도움이 되는 새로운 역량을 생성한다. 기업 역량은 다음과 같다.

- **기업은 차별화된 제품을 위한 강력한 정보와 판매 채널로서 인터넷을 사용할 수 있다.** 웹사이트는 제품과 서비스, 연혁, 경영 철학, 취업 기회, 그리고 그 밖에 전 세계 소비자의 관심을 끌 만한 정보를 소개할 수 있다. Solo Cup 마케팅 담당자는 회사 웹사이트와 Facebook 페이지에 연결하면 소비자가 온라인으로 브랜드와 연계되면서 Solo 종이컵과 접시를 더 쉽게 구매할 수 있다고 말한다.[18] 공장 맞춤화, 컴퓨터 기술, 데이터베이스 마케팅 소프트웨어의 발전 덕분에 고객은 자신의 이름이 새겨진 M&M 사탕, 그들의 사진이 담긴 Wheaties 상자 또는 Jones 소다 캔, 맞춤형 메시지가 부착된 Heinz 케첩 병을 구입할 수 있다.

- **기업은 시장, 고객, 미래 전망, 경쟁자에 대해 완전하고 풍부한 정보를 수집할 수 있다.** 마케터는 인터넷을 사용하여 포커스 그룹을 구성하고, 설문지를 발송하고, 여러 방법으로 기본 데이터를 수집함으로써 마케팅 조사를 신속하게 진행할 수 있다. 그들은 고객별 구매 실적, 선호도, 인구통계 및 수익성에 대한 정보를 수집할 수 있다. CVS, Target, Albertsons와 같은 많은 소매업체는 고객이 무엇을 구매하는지와 매장 방문 빈도 및 기타 구매 선호도를 더 잘 이해하기 위해 로열티 카드 데이터를 사용한다. 추천 엔진은 사용자의 과거 온라인 행위를 바탕으로 마케터가 상품을 추천하는 데 도움을 준다. Netflix, Amazon, Alibaba, Google과 같은 회사는 개별 고객을 위한 추천 엔진을 가동하기 위해 구매 및 조회 데이터, 검색어, 제품 피드백 및 위치를 기반으로 효과적인 알고리즘을 만들어 냈으며 Amazon 구매의 상당 부분은 제품 추천에서부터 파생된다.

- **기업은 소셜 미디어와 모바일 마케팅을 통해 타깃 광고, 쿠폰, 정보를 보내면서 빠르고 효율적으로 소비자에게 다가갈 수 있다.** GPS 기술을 활용하여 소비자의 정확한 위치를 파악할 수 있어 마케터는 쇼핑몰에서 위시리스트 알림 및 쿠폰 그리고 당일만 제공하는 상품에 대한 메시지를 보낼 수 있다. 위치 기반 광고는 판매 시점에 소비자에게 전달되기 때문에 효과적이다. 소셜 미디어와 버즈 또한 강력하다. 예를 들어, 구전 마케팅 대행사는 화제가 될 만한 제품과 서비스에 대한 촉진 프로그램에 자발적으로 참여하는 소비자를 모집한다.

- **기업은 구매, 채용, 교육 및 내·외부 커뮤니케이션을 개선할 수 있다.** 기업은 온라인으로 신입사원을 모집할 수 있으며, 많은 기업이 직원, 딜러, 대리인을 위한 인터넷 교육 프로그램을 확보하고 있다. 기업이 소셜 미디어를 수용함에 따라 블로그의 인기는 시들해졌다. Bank of America는 Facebook과 Twitter 사용을 선호하게 되어 블로그 사용을 중단하면서 "우리는 고객이 있는 곳에 있기를 원한다."라고 말했다.[19] Farmers Insurance는 특화된 소프트웨어를 사용하여 전국의 대리점들마다 자체 Facebook 페이지를 유지하도록 돕고 있다. 인트라넷과 데이터베이스를 통해 직원들은 서로 질의하고 조언을 구하고 정보를 교환할 수 있다. 비즈니스 직원을 위해 맞춤 설계되었으며 인기 있는 Twitter와 Facebook을 섞은 형태의 소프트웨어가 Salesforce.com, IBM 및 수많은 스타트업에 의해 소개되었다.

Houston 동물원은 인트라넷에 있는 '원합니다' 버튼을 이용해 명함이나 유니폼을 주문하거나 IT 부서와 소통하는 등 일상적인 업무를 신속하게 처리해 직원들이 동물 관리에 더 많은 시간을 할애할 수 있도록 했다. Maxxam Analytics의 인트라넷에 있는 Team Sites 탭은 효율성과 고객서비스를 개선하기 위한 아이디어를 서로 다른 위치에 있는 팀원들과 나눌 수 있게 하며, 이는 팀과 기업 목표의 달성을 모두 앞당기는 역할을 한다.

- **기업은 비용 효율성을 개선할 수 있다.** 기업 구매자는 인터넷 경매를 통해 판매자의 가격을 비교하고 원자재를 구입하거나 자신의 조건을 먼저 게시하는 역경매를 통해 상당한 비용을 절감할 수 있다. 기업은 물류와 운영을 개선하여 정확성과 서비스 품질을 향상하면서도 상당한 비용 절감 효과를 거둘 수 있다. 특히 소규모 기업은 인터넷의 힘을 최대한 활용할 수 있다. 소규모 진료를 담당하는 의사는 Facebook과 유사한 Doximity를 이용하여 추천 의사 및 전문의로서 환자와 연결될 수 있다.

새로운 경쟁 환경 새로운 시장의 동인은 소비자와 기업의 역량을 변화시켰을 뿐만 아니라 경쟁의 역학(dynamics)과 경쟁 환경의 본질을 극적으로 변화시켰다. 경쟁 환경의 주요 변경사항은 다음과 같다.

- **규제 완화**(deregulation): 많은 국가에서 경쟁 촉진과 성장 기회 창출을 위해 다양한 산업에서 규제 완화를 시행하고 있다. 미국에서는 금융 서비스, 통신 및 전기 설비 산업에서 경쟁을 촉진하기 위한 규제 완화가 진행되었다.

- **민영화**(privatization): 많은 국가에서 효율성을 높이기 위해 공기업을 개인이 소유하고 관리하는 체제로 전환했다. 통신 산업은 오스트레일리아, 프랑스, 독일, 이탈리아, 튀르키예, 일본과 같은 국가에서 민영화되었다.

- **소매 혁신**(retail transformation): 매장 기반 소매업체는 카탈로그 하우스(catalog houses)와의 경쟁에 직면해 있다. 카탈로그 하우스는 DM(직접 우편) 회사, 신문과 잡지 및 TV 고객 직접 광고(TV 광고를 하고 전화를 요청하는 광고), 홈쇼핑 TV 네트워크, 전자상거래를 포함한다. 이에 대응하여 Amazon, Best Buy, Target과 같은 고객 중심 회사는 매장에 커피 바를 두거나 시연이나 공연을 진행하는 등 엔터테인먼트 요소를 강화했다. 즉 제품 구색보다는 '경험'을 중시하는 마케팅으로 옮겨가고 있다.

- **탈중개화**(disintermediation): Amazon.com과 E*TRADE 같은 초기 닷컴 회사는 제품과 서비스 물류와 관련된 전통적인 상품 흐름을 변경하여 **탈중개화**에 성공했다. 이에 대응하여 기존 회사는 **재중개**를 통해 '전통적인 매장과 온라인 매장을 가진(brick-and-click)' 소매업체가 되고 온라인 서비스를 추가했다. 풍부한 자원과 확고한 브랜드 명성을 확보하고 있는 일부 회사는 순수 온라인 회사보다 더 강력한 경쟁자가 되었다.

- **소매 브랜드**(private labels): 소매업체가 다른 유형의 브랜드와 비교해도 뒤지지 않는 자체 브랜드를 만들어냄에 따라 유명 브랜드 제조업체가 타격을 받고 있다.

- **메가 브랜드**(mega-brands): 수많은 강력한 브랜드가 메가 브랜드가 되었는데 둘 이상의 산

업의 접점 부분에서 새로운 기회를 포착하고 연관 제품 범주로 확장하고 있다. 컴퓨팅, 통신, 소비자 전자제품이 융합되고 있으며 Apple과 삼성은 최첨단 휴대전화, 태블릿, 웨어러블 장치를 출시하고 있다.

총체적 마케팅의 개념

총체적 마케팅은 마케팅 활동의 범위와 복잡성을 인식하고 조화롭게 하여 전략 및 전술 관리에 대한 통합된 접근방식을 제공한다. 그림 1.4는 총체적 마케팅의 특징이라 할 수 있는 네 가지 광범위한 구성요소인 관계 마케팅, 통합 마케팅, 내부 마케팅, 성과 마케팅에 대한 개략적인 개요를 설명한 것이다.

성공하려면 마케팅은 보다 총체적이어야 하며 부서별로 구분되어서는 안 된다. 마케터는 회사 내에서 더 넓은 영향력을 발휘해야 하고, 지속적으로 새로운 아이디어를 창출하고, 고객에 대한 통찰력을 확보하고 활용하기 위해 노력해야 한다. 마케터는 프로모션에만 의존하기보다 성과를 통해 브랜드 명성을 구축해야 한다. 마케터는 업무를 디지털화하고 우수한 정보·통신 시스템을 구축해야 한다.

시장 가치 개념은 단지 거래 창출에만 집중하기보다는 관계 구축에 집중하는 총체적 접근방식이 필요함을 말한다. 일일이 작업해야 하는 단편적인 마케팅 활동이 아닌 자동화되고 창의적인 통합 마케팅, 무관심한 직원을 양산하는 기업 문화가 아닌 강력한 기업 문화를 반영하는 내부 마케팅, 직관보다는 과학에 의해 주도되는 성과 중심의 마케팅이 되어야 한다.

관계 마케팅   마케팅의 핵심 목표는 점차 회사의 마케팅 활동이 성공하는 데 직간접적으로 영향을 미치는 사람 및 조직과 깊이 있고 지속적인 관계를 유지하는 것으로 발전하고 있다. **관계 마케팅**(relationship marketing)은 거래를 획득하고 유지하기 위해 주요 구성원과 상호 만족스러운 장기적 관계를 구축하는 것을 목표로 한다.

관계 마케팅의 네 가지 주요 구성요소는 고객, 직원, 마케팅 파트너(채널, 공급업체, 유통

그림 1.4
총체적 마케팅 개념

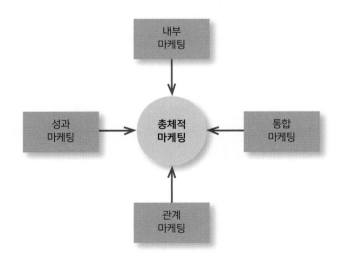

업체, 딜러, 대리점), 금융 커뮤니티 구성원(주주, 투자자, 분석가)이다. 마케터는 이러한 모든 구성요소 사이에서 번영을 창출하고 모든 주요 이해관계자의 수익 균형을 유지해야 한다. 구성원과의 긴밀한 관계를 구축하려면 구성원의 능력과 자원, 필요, 목표 및 욕구를 이해해야 한다.

관계 마케팅의 궁극적인 결과물은 고유한 회사 자산인 **마케팅 네트워크**(marketing network)다. 네트워크는 회사와 회사를 지원하는 이해관계자(고객, 직원, 공급업체, 유통업체, 소매업체 등)로 구성되며 상호 수익성 있는 비즈니스 관계를 구축하고 있다. 운영 원칙은 간단하다. 주요 이해관계자와 효과적인 관계 네트워크를 구축하면 이익이 따라온다는 것이다. 따라서 더 많은 기업이 물리적 자산보다 브랜드 소유를 선택하고 핵심 활동은 자사가 유지하면서 그 밖의 작업은 더 저렴하게 수행할 수 있는 기업에게 하청을 준다. Nike가 대표적인 사례다. 스포츠웨어 분야의 대기업인 Nike에서 "Just Do It" 마케팅 활동은 Oregon 본사에서 시작되지만 모든 생산은 해외로 아웃소싱된다. 중국에는 가장 큰 신발 및 의류 공장이 있으며 다른 공장들은 태국, 인도, 한국, 베트남에 위치해 있다.

기업은 고객의 과거 거래 실적, 인구통계학적 특징, 심리적 특징, 미디어 이용 취향, 구매 성향에 대한 정보를 바탕으로 **개별 고객**에게 별도의 제안, 서비스, 메시지를 형성하고 있다. 가장 많은 수익을 남기는 고객, 제품, 채널을 중심으로 기업은 수익성 있는 성장을 달성하고 고객 충성도를 높여 개별 고객의 지출에서 더 많은 부분을 차지하기를 바란다. 기업은 고객의 평생가치를 추정하고 생애에 걸쳐 이익을 남길 수 있도록 시장 제공물과 가격을 설계한다.

Marriott 호텔 체인은 고객 충성도를 높이는 데 성공한 좋은 사례다. 호텔과 리조트를 자주 이용하는 고객은 기본 Marriott Rewards 회원 등급부터 시작하여 점차 더 높은 등급으로 올라가면서 더 많은 특전과 보너스 포인트를 받을 수 있게 된다. 등급에는 Lifetime Silver, Lifetime Gold, Lifetime Platinum의 세 가지가 있다. 각 등급에 도달한 후에는 강등당하거나 만료될 수 없으므로 충성스러운 고객은 방문할 때마다 실버, 골드, 플래티넘 등급의 혜택을 받을 수 있다.

마케팅은 고객 관계뿐만 아니라 파트너 관계도 능숙하게 관리해야 한다. 기업은 주요 공급업체 및 유통업체와 파트너 관계를 강화하고, 그들을 최종 고객에게 함께 가치를 제공하고 그 모든 혜택을 함께 누리는 동맹국으로 생각한다. IBM은 강력한 고객 유대가 자사에 어떤 가치를 제공할 수 있는가를 배웠다.

> **IBM** 1911년에 설립된 IBM은 어려운 기술 산업에서 수십 년 동안 시장 포지션을 유지해 올 정도로 놀라운 생존력을 보유한 기업이다. 회사는 메인프레임에서 PC, 그리고 최근에 중점을 두고 있는 클라우드 컴퓨팅, '빅 데이터' 그리고 IT 서비스에 이르기까지 역사상 여러 번 주력 제품과 서비스 내용을 변경하면서 발전시키고 최신 추세에 맞게 매끄럽게 업데이트했다. 완벽한 진화가 가능했던 이유 중 하나는 IBM의 영업사원 및 서비스 조직이 고객의 요구사항을 이해하기 위해 고객과 가까이 지내면서 실질적인 가치를 제공했다는 점이다. IBM은 종종 고객과 공동으로 제품을 만들기도 한다. 미국 New York주와 함께 탈세를 적발하는 방법을 개발하여 7년 동안 15억 달러 이상 납부자의 부담을 줄인 사례가 있다. Harvard Business School의 저명한 Rosabeth Moss Kanter 교수는 "IBM은 기술 회사가 아니라 기술을 사용하여 문제를 해결하는 회사다."라고 설명했다.[20]

>> IBM은 변화하는 환경의 요구사항에 대응하기 위해 전략적 초점을 변경하고 고객의 의견을 주의 깊게 경청하고 긴밀하게 협력함으로써 기술 분야의 도전 과제를 해결해 왔다.

출처: dpa picture alliance/Alamy Stock Photo

통합 마케팅　**통합 마케팅**(integrated marketing)은 모든 마케팅 활동과 마케팅 프로그램을 조정하여 '전체가 부분의 합보다 크다'는 생각으로 소비자에게 일관된 가치와 메시지를 생성, 소통, 전달하도록 유도한다. 마케터는 다른 모든 활동을 염두에 두고 이런 과정의 마케팅 활동을 설계하고 구현해야 한다. 예를 들어, 어떤 병원이 General Electric의 의료 시스템 사업부에서 MRI 기기를 구매할 때는 GE의 명성에 걸맞게 적합한 설치, 훌륭한 유지 보수 및 교육 서비스가 함께 수반될 것으로 기대한다.

통합 채널 전략은 다양한 채널의 선택지가 미치는 제품 판매 및 브랜드 자산에 대한 직접적인 영향과 다른 채널 옵션과의 상호작용에 대한 간접적인 영향을 평가해야 함을 의미한다. 또한 모든 기업의 소통 방법은 그 영향력이 서로 강화되고 상호 보완되도록 통합되어야 한다.

마케터는 TV, 라디오, 인쇄 광고, 홍보 행사, PR 및 웹사이트 커뮤니케이션을 선택적으로 사용하여 각각이 의도했던 독특한 영향력을 발휘하도록 하고 동시에 다른 광고의 효과를 배가할 수 있다. 또한 각각의 촉진 방안은 모든 고객과의 접촉에서 일관된 브랜드 메시지를 전달해야 한다. 수상 경력에 빛나는 아이슬란드의 캠페인을 살펴보자.

아이슬란드　글로벌 금융 위기로 가장 큰 손실을 입었던 아이슬란드는 2010년 4월 휴화산인 Eyjafjallajökull이 예기치 않게 분출하며 더 큰 불행에 직면했다. 거대한 화산재 기둥은 제2차 세계대전 이후 가장 심각한 항공 여행 중단 사태를 야기했다. 유럽 전역을 포함하여 세계 여러 나라에서 아이슬란드에 대한 부정적인 여론과 정서가 형성되었다. 관광 산업에서 국가 외환의 약 20%를 충당하고 있었던 상황에서 예약이 급감하자 위기를 느낀 정부와 관광 관계자는 "Inspired by Iceland" 캠페인을 펼치기로 결정했다. 아이슬란드 방문자의 80%가 친구나 가족에게 방문을 추천한다는 사실에 착안하여 고안된 캠페인이었다. 웹사이트나 Twitter, Facebook, Vimeo를 통해 자국의 시민을 모집하여

<< 화산 폭발이 항공편을 이용한 여행과 아이슬란드의 이미지를 최악의 상황으로 몰고갔지만 "Inspired by Iceland" 캠페인은 시민, 방문객, 유명인의 소셜 미디어 영향력을 활용하여 화산 폭발로 야기된 부정적인 평판을 극복했다.

각자 자신의 이야기를 전하도록 하고, 다른 사람들의 참여를 유도하도록 독려했다. Yoko Ono와 Eric Clapton과 같은 유명인사가 자신의 경험을 공유하고 라이브 콘서트를 통해 긍정적인 PR을 전개했다. 전국에 설치된 웹캠은 화산재로 덮인 나라가 아닌 녹색의 나라로서의 모습을 실시간으로 보여주었다. 캠페인은 대성공을 거두었다. 전 세계 사람들이 2,200만 개 이상의 스토리를 생성했다. 이후의 예약 건수는 예상을 크게 웃돌았다.[21]

마케팅은 점점 더 마케팅 부서에만 해당되는 일이 아니게 되었다. 모든 직원이 고객에게 영향을 미친다. 이제 마케터는 가능한 모든 접점을 적절하게 관리해야 한다. 이러한 접점에는 매장 구성, 포장 디자인, 제품 기능, 직원 교육, 배송, 물류 등이 포함된다. 강력한 마케팅 조직은 마케터가 다른 부서의 임원처럼 생각하고 다른 부서의 임원이 마케터처럼 생각하는 조직을 말한다. 마케팅을 포함한 부서 간 팀워크는 생산 혁신, 신규 비즈니스 개발, 고객 확보 및 유지, 주문 이행과 같은 주요 프로세스를 관리하는 데 필수 요소다.

내부 마케팅 **내부 마케팅**(internal marketing)은 고객에게 좋은 서비스를 제공하기를 바라는 유능한 직원을 고용하고, 교육하며, 그들에게 동기를 부여하는 업무를 말한다. 명석한 마케터는 회사 내부의 마케팅 활동이 회사 외부의 마케팅 활동만큼 중요할 수 있다는 사실을 알고 있다. 직원이 준비되어 있지 않은 한 우수한 서비스를 제공하겠다는 약속은 무의미하다.

모든 부서가 고객 목표를 달성하기 위해 함께 협력할 때에만 마케팅은 성공할 수 있다. 엔지니어링이 올바른 제품을 설계하고, 재무에서 적절한 규모의 자금을 지원하고, 구매에서 적절한 자재를 구매하고, 생산에서 적기에 적절한 제품을 만들고, 회계에서 올바르게 수익성을 측정할 때 가능하다. 그러나 이러한 부서 간 진정한 협조는 고위 경영진이 고객을 대할 때 회사의 마케팅 지향성과 철학이 어떻게 작동해야 하는지에 대한 비전을 명확하게 전달할 때에만 가능하다. 다음 가상의 예는 마케팅을 통합할 때 발생할 수 있는 몇 가지 잠재적인 문제를 보여준다.

어떤 주요 유럽 항공사의 마케팅 부사장은 항공사의 트래픽 점유율을 늘리고 싶어 한다. 그녀의 전략은 더 나은 음식, 더 깨끗한 객실, 더 잘 훈련된 객실 승무원, 더 저렴한 요금을 제공하여 고객을 만족시키는 것이지만 이를 추진할 만한 권한이 없다. 케이터링 부서는 비용을 낮추는 음식을 선택한다. 유지 보수 부서는 저렴한 청소 서비스를 활용한다. 인적자원 부서는 친화적이고 서비스 지향적인 사람인지 여부에 관계없이 직원을 고용한다. 재정 부서는 요금을 결정한다. 각 부서는 일반적으로 비용 또는 생산 관점에서 보기 때문에 마케팅 부사장은 통합 마케팅 프로그램을 만들려는 노력에 방해를 받는다.

내부 마케팅에서는 고위 경영진과의 수직적 일치 그리고 다른 부서와의 수평적 일치가 이루어져야 모든 사람이 마케팅 노력을 이해하고 인정하고 지원할 수 있다는 점을 강조한다. 예를 들어, 좌절한 항공사 마케팅 부사장은 먼저 회사의 이미지 향상을 위해 조화로운 전사적 노력이 수익에 어떤 영향을 줄 수 있는지 설명함으로써 고위 경영진과 각 부서장의 도움을 요청할 수 있을 것이다. 경쟁사에 대한 데이터를 제공하고 자사 항공사 경험에 대한 고객 리뷰를 수집하는 것으로 과업은 수행될 수 있다.

경영진의 참여는 통합 마케팅 노력의 핵심이 될 것이다. 해당 통합 마케팅 노력은 예약 직원과 유지 보수 직원부터 케이터링 부서 직원 및 객실 승무원에 이르기까지 모든 직원이 팀 차원의 노력에 참여하도록 하고 최상의 서비스를 제공한다는 항공사의 사명을 되살리도록 동기를 부여해야 한다. 고객서비스를 강조하는 교육을 지속적으로 진행하는 것 외에도 정기적인 내부 커뮤니케이션을 통해 모든 사람이 회사의 활동에 지속적인 관심을 기울이게 하는 일과 뛰어난 아이디어나 서비스를 제공하는 직원을 인정하는 일은 전사적 참여를 유도하는 노력의 일부가 될 수 있다.

성과 마케팅   성과 마케팅(performance marketing)은 마케팅 활동과 프로그램이 비즈니스와 사회에 창출하는 재정적이고 비금전적인 혜택을 이해할 필요가 있음을 의미한다. 앞서 언급한 바와 같이, 우수한 마케터는 점차 판매 수익을 넘어 마케팅의 여러 가지 성과를 조사하고 시장 점유율, 고객 손실률, 고객 만족도, 제품 품질, 기타 측정 지표에서 어떤 일이 일어나고 있는지를 해석한다. 또한 마케팅 활동과 프로그램의 법적·윤리적·사회적·환경적 영향을 고려한다.

Ben & Jerry's를 설립할 때 Ben Cohen과 Jerry Greenfield는 전통적인 재정적 수익과 제품 및 프로세스의 환경적 영향도 고려하여 '이중 수익'이라는 성과 마케팅 개념을 채택했다. '이중 수익'은 이후에 '삼중 수익'으로 확장되었는데 회사의 모든 비즈니스 전 범위에서 발생하는 긍정적인 사회적 영향뿐만 아니라 부정적 영향도 고려한다.

Patagonia   미국의 여러 주에서 'B(benefit) corp'라는 인증을 받은 기업은 매년 회사의 사명이 이해 관계자와 사회 모두에게 어떻게 도움이 되는지 설명해야 하는데 Patagonia가 이런 기업 중 하나다.

<< Patagonia는 설립 초기부터 회사 주주의 이익을 지속적으로 보장하는 목표와 환경 보호라는 사회적 약속 간의 균형을 성공적으로 유지하기 위해 노력해 왔다.

Patagonia는 환경 보호를 주주 수익 극대화와 결합하는 것을 목표로 한다. 자사의 사명과 기업 문화에 맞추어 석유 기반 네오프렌을 대체하기 위해 잠수복용 천연고무 소재 개발을 도왔을 뿐만 아니라 잠수복, 요가 매트, 운동화와 같은 상품에도 이 바이오 고무 소재를 사용하도록 다른 기업을 설득하고 있다.[22] 회사는 성공적인 조합을 찾은 것 같다. 등반가이자 서퍼인 동시에 독학으로 대장장이가 된 Patagonia 설립자 Yvon Chouinard에 따르면 환경에 도움이 되었던 모든 결정은 장기적으로 회사의 수익을 올리는 데 도움이 된다.

많은 기업이 법적·윤리적 책임을 다하지 못하고 있는 가운데 소비자는 기업에 보다 책임감 있는 행동을 요구하고 있다.[23] 한 연구 조사에 따르면 전 세계 소비자의 3분의 1 이상은 은행, 보험 회사, 가공식품 회사에는 더 엄격한 규제가 적용되어야 한다고 생각한다.[24] 새로운 마케팅 현실을 감안할 때 기업은 마케팅 담당자에게 어려운 과제를 부여하고 있는데, 과거와 현재를 반영하는 최상의 조합 그리고 성공하고 있음을 보여주는 구체적 증거를 제공하는 것이다.

재무와 수익성 측면은 물론 브랜드 구축과 고객 기반 성장의 측면에서 투자가 정당화될 수 있음을 증명하도록 마케팅 담당자에게 점점 더 강하게 요구하고 있다.[25] 기업은 시장 가치의 대부분이 무형 자산, 특히 브랜드, 고객 기반, 직원, 유통업체 및 공급업체와의 관계, 지적 자본에서 나온다는 것을 인식하고 있다. 따라서 기업은 브랜드 자산, 고객평생가치, 마케팅 투자수익률 등 더 다양한 측정 항목을 사용하여 마케팅과 비즈니스 성과를 측정 및 분석하고 있으며, 마케팅 활동이 창출하는 직간접적 가치를 평가하기 위해 보다 다양한 재무 지표를 사용하고 있다.[26]

조직에서 마케팅의 역할

비즈니스의 종류와는 무관하게 조직에서 마케팅이 담당할 역할을 정의하는 것은 핵심적인 과제다. 기업은 (1) 마케팅 활동의 방향성을 지정하는 전반적인 경영 철학, (2) 마케팅 부서를 어떻게 구성하고 관리해야 하는지, (3) 궁극적으로 기업 이해관계자에게 가치를 전달하는 고객 중심적 조직을 구축하기 위해 어떤 방법이 최선인지를 결정해야 한다.[27]

어떤 철학이 회사의 마케팅 노력의 방향성을 지정할 수 있을까? 먼저 마케팅 철학의 진화를 검토해 보자.

- **생산 개념**(production concept)은 비즈니스에서 가장 오래된 개념 중 하나다. 소비자는 어디에서나 구할 수 있고 저렴한 제품을 선호한다고 본다. 생산 지향적인 사업을 운영하는 관리자는 높은 생산 효율성, 낮은 비용, 대량 유통을 달성하는 데 집중한다. 이런 방향성은 중국과 같은 개발도상국에서 이해가 가는 개념이다. 중국 시장에서 가장 큰 PC 제조업체인 Legend(Lenovo Group의 주요 소유주)와 가전 대기업 Haier이 중국의 거대하고 저렴한 노동력을 활용하여 시장을 장악하고 있다. 마케터는 또한 시장을 확장하고자 할 때 생산 개념을 사용한다.
- **제품 개념**(product concept)은 소비자는 가장 높은 품질, 최고의 성능 혹은 혁신적인 기능을 가진 제품을 선호한다고 본다. 그러나 이러한 개념에 빠져든 관리자는 때로 자사 제품에 과도하게 몰입한다. 그래서 '더 나은 쥐덫' 오류에 빠지기도 하고, 더 나은 제품이라면 사람들이 알아서 제 발로 찾아와 구매할 것이라 믿는다. 많은 신생 기업들이 어렵게 배운 사실이지만 신제품이나 개선된 제품은 가격이 책정되고, 배포되고, 광고되고, 적정한 방법으로 판매되지 않는 한 반드시 성공하는 것은 아니다.
- **판매 개념**(selling concept)은 별다른 일도 안 하고 그대로 내버려 두면 소비자와 사업자가 자사 제품을 구매할 가능성이 낮다고 본다. 시장이 원하는 상품을 파악하여 만드는 경우보다 보험이나 묘지와 같이 소비자가 평소에 구매를 생각하지 않는 상품과 과잉 생산 능력을 가진 기업이 자신이 생산한 것을 판매하는 것을 목표로 할 때 판매 개념이 가장 적극적으로 반영된다. 강력한 영업에 과도하게 의존하는 마케팅은 위험이 따른다. 어떤 수단이든 동원하여 제품 판매만 성공하면 구매한 고객은 반품하거나 욕을 하거나, 소비자 단체에 불평하지 않을 뿐만 아니라 재구매도 할 수 있다고 가정해 버린다.
- **마케팅 개념**(marketing concept)은 1950년대 중반에 고객 중심, 즉 '감지하고 반응(sense-and-respond)'의 철학으로서 등장했다. 마케팅의 역할은 제품에 적합한 고객을 찾는 것이 아니라 고객을 위해 적합한 제품을 개발하는 것이다. Dell은 타깃시장을 위해 PC나 노트북을 만들지 않는다. 오히려 개별 고객이 원하는 기능을 기기에 담을 수 있도록 일종의 주문 플랫폼을 제공한다. 마케팅 개념은 조직 목표를 달성하는 열쇠는 타깃시장에 우수한 고객 가치를 창출하고, 전달하며, 소통하는 데 경쟁자보다 더 효과적으로 대응하는 것이라고 설명한다. Harvard의 Theodore Levitt는 판매와 마케팅 사이의 개념적 차이를 정확히

표 1.1 비즈니스의 제품 지향적 대 시장 가치 지향적 정의

회사	제품 정의	시장 가치 정의
Union Pacific Railroad	우리는 철도를 운영한다.	우리는 사람과 물건을 움직인다.
Xerox	우리는 복사 장비를 만든다.	우리는 사무 생산성 향상을 돕는다.
Hess Corporation	우리는 휘발유를 판매한다.	우리는 에너지를 공급한다.
Paramount Pictures	우리는 영화를 만든다.	우리는 엔터테인먼트를 마케팅한다.
Encyclopedia Britannica	우리는 온라인으로 백과사전을 판매한다.	우리는 정보를 배포한다.
Carrier	우리는 에어컨과 온열기를 만든다.	우리는 가정에서 실내 공기를 관리한다.

설명한다.[28] **판매는 판매자의 필요에 초점을 맞추는 반면에 마케팅은 구매자의 필요에 초점을 맞춘다. 판매는 상품을 돈으로 바꾸려는 판매자의 필요를 만족시키는 데 관심 있다. 반면 마케팅은 상품과 그것을 만들고, 전달하고, 최종적으로 소비하는 것과 관련된 모든 것을 동원하여 고객의 욕구를 충족시키는 것이다.**

- **시장 가치 개념**(market-value concept)은 마케팅 프로그램, 프로세스 및 활동의 개발, 설계 및 구현을 기반으로 하며 특히 마케팅 활동은 이러한 요소의 범위와 상호의존성을 고려한다. 마케팅의 가치 기반 관점은 마케팅에서는 모든 것이 중요하다는 점과 광범위하고 통합된 관점이 필요하다는 것을 인정한다. 전통적으로 마케터는 고객의 요구를 이해하고 기업 내부의 다양한 부서에 소비자의 목소리를 전달하는 중개자 역할을 해왔다.[29] 대조적으로, 시장 가치 개념은 모든 부서와 기능 분야는 고객, 회사 및 관련 기업을 위한 가치 창출에 적극적으로 집중해야 함을 의미한다.

시장 가치 개념에 따르면 기업의 정체성은 제품이나 산업의 측면에서 파악되기보다는 고객을 만족시키는 과정으로 파악되어야 함을 의미한다. 제품은 일시적인 것이지만 기본적인 욕구와 고객 집단은 영원히 지속된다. 이동(transportation)은 하나의 욕구다. 말과 마차, 자동차, 철도, 항공, 선박, 트럭은 이러한 요구를 충족하는 제품과 수단이다. 고객 욕구의 관점에서 비즈니스를 보면 추가적인 성장 기회를 파악할 수 있다. 표 1.1은 제품 정의에서 비즈니스의 시장 가치 정의로 이동한 기업의 예를 보여준다.

기업 활동을 시장 가치적 관점에서 보면 기업이 경쟁하는 시장을 재정의할 수 있다. 예를 들어, Pepsi를 제품 중심적 관점에서 보면 타깃시장은 탄산 청량음료를 마시는 모든 사람이 될 것이고, 경쟁사는 다른 탄산 청량음료 회사가 될 것이다. 그러나 시장 가치적 관점에서 보면 타깃시장은 갈증을 풀기 위해 무언가를 마실 수 있는 모든 사람이 되어 훨씬 더 광범위한 용어로 시장을 정의할 수 있다. 따라서 경쟁 기업에는 탄산이 없는 청량음료, 생수, 과일 주스, 차, 커피를 판매하는 회사도 포함된다.

마케팅 부서의 조직과 관리

마케팅 부서의 구조는 시장 가치를 창출하는 기업의 능력에서 중요한 부분을 차지한다. 회사의 성공은 개별 마케터의 역량뿐만 아니라 높은 성과를 낼 수 있는 마케팅 팀을 구성하는 방식에 의해 크게 영향을 받는다. 이러한 맥락에서 현대 마케팅 조직을 구성함에 있어 마케팅 부서를 조직화하고 관리하는 것은 무엇보다 중요한 과제다.

마케팅 부서의 조직화

현대적인 마케팅 부서는 여러 가지 형태로 구성될 수 있는데 일부 형태는 중복되어 사용되기도 한다. 현대 마케팅 부서는 기능적으로, 지리적으로, 제품 또는 브랜드별로, 시장별로, 매트릭스 형태로 조직화될 수 있다.

기능적 조직　가장 일반적인 형태의 마케팅 조직으로서 기능별 담당자는 다양한 활동을 조율하는 최고 마케팅 책임자(CMO)에게 업무를 보고한다. 그림 1.5는 7명으로 구성된 마케팅 조직에서 담당자별 기능을 보여준다. 이 밖의 다른 분야로 마케팅 계획, 시장 물류, 직접 마케팅, 소셜 미디어, 디지털 마케팅 분야가 포함될 수 있다.

　기능적 마케팅 조직의 주요 이점은 관리의 단순성이다. 그러나 부서 간 원활한 업무 관계를 개발하는 것은 상당히 어려울 수 있으며, 제품 및 시장의 수가 증가하고 기능별 하위 부서들이 예산과 지위를 놓고 경쟁함에 따라 결과적으로 부적절한 계획이 수립되는 문제가 발생할 수 있다. 마케팅 부사장 또는 CMO는 서로 충돌하는 주장들을 끊임없이 검토하며 어려운 조정 문제에 직면한다.

지리적 조직　한 나라의 시장을 두고 회사는 종종 지리적 구역을 나누어 영업인력(때로는 마케팅)을 조직한다. 전국의 최고 영업 임원은 4명의 지역 영업 관리자를 감독할 수 있으며, 이들은 각각 6명의 구역 관리자를 감독하고, 각 구역 영업 관리자는 8명의 동네별 영업 관리자를 감독하고, 다시 각각 10명의 영업사원을 감독하는 방식이다.

그림 1.5
기능적 조직

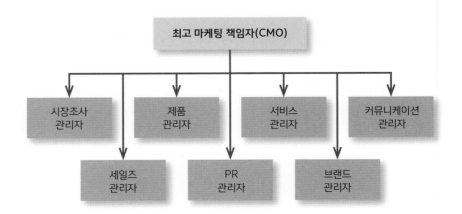

일부 회사는 **지역 시장 전문가**(지방 혹은 지역 마케팅 관리자)를 두기도 하는데 이들은 대규모 매출이 예상되는 시장에서 벌어지는 영업 활동을 지원한다. 예를 들어, 3분의 2가 히스패닉계와 라틴계로 구성된 Florida Miami-Dade County 시장에서 벌어질 영업 활동을 생각해보자. Miami 지역 시장 전문가는 Miami의 고객 및 거래 특성을 알고, 본사의 마케팅 담당자가 Miami에 대한 차별화된 마케팅 믹스를 준비하는 데 도움을 주고 그곳에서 회사의 모든 제품을 판매하기 위한 지역 연간 계획 및 장기 계획을 준비하도록 도와준다. 지리적 위치에 따라 브랜드 개발 활동이 크게 달라지기 때문에 일부 회사는 국가의 다른 지역에서는 다른 마케팅 프로그램을 개발할 필요가 있다.

제품 또는 브랜드 조직 다양한 제품과 브랜드를 생산하는 회사는 종종 제품 또는 브랜드별 관리 조직을 구성한다. 이것은 기능적 조직을 대체하는 것이 아니라 관리의 또 다른 층으로서의 역할을 한다. 총괄 제품 책임자는 제품 카테고리 관리자를 감독하고, 이들은 차례로 특정 제품 및 브랜드 관리자를 감독한다.

제품 관리 조직은 회사가 매우 이질적인 제품을 다루고 있거나 기능적 조직이 다룰 수 있는 것보다 더 많은 제품이 있는 경우 효과적이다. 이 같은 구조는 때로 허브 앤 스포크(hub-and-spoke) 시스템과 같은 특징을 보여준다. 브랜드 또는 제품 관리자는 상징적으로 중심에 자리 잡고 있고 다양한 부서와 연결되는 업무 관계를 보여준다(그림 1.6 참조).

관리자의 업무에는 제공물에 대한 장기적 경쟁 전략을 개발하는 일이 포함된다. (1) 연간 마케팅 계획을 세우고 판매 예측을 수행하며, (2) 카피, 프로그램 및 캠페인을 개발하기 위해 광고, 디지털, 머천다이징 에이전시와 협력하며, (3) 판매원과 유통업체 간에 필요한 제품 지

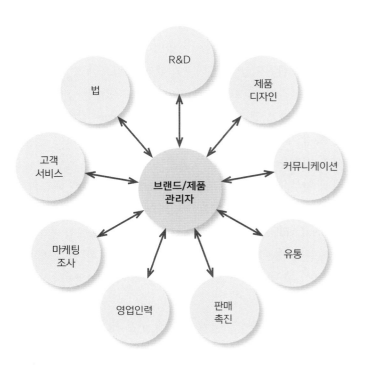

그림 1.6
제품 매니저와 타 기능과의 상호작용

원을 관리하며, (4) 제품 성능과 자사에 대해 가지고 있는 고객 및 딜러의 호감도, 새로운 문제 및 기회에 대해 지속적으로 정보를 수집하며, (5) 변화하는 시장 요구에 대응하도록 제품을 개선하는 일을 독려한다.

제품 관리 조직의 장점은 제품 관리자가 비용 효율적인 마케팅 프로그램을 개발하는 데 보다 쉽게 집중할 수 있고, 시장에 등장한 신제품에 보다 신속하게 대응할 수 있다는 점이다. 또한 회사의 소규모 브랜드라도 관심을 가지는 제품 옹호자(product advocate)를 길러낼 수 있다. 그러나 단점도 있다. 제품 및 브랜드 관리자는 자신이 책임지는 일을 수행할 만한 권한이 부족할 수 있다. 그들은 종종 자신의 제품 영역에서는 전문가이지만 기능적 전문지식은 부족할 수 있다. 또 다른 문제는 브랜드 관리자가 일반적으로 짧은 시간 동안만 브랜드를 관리한다는 점이다. 단기적인 관여는 단기 계획에만 관심을 보이게 하고 장기적 강점을 구축하는 데는 한계가 있다. 시장을 제품별로 나누어 보는 파편화된 시각은 시장 전체를 관장하는 전략을 개발하는 데는 장애가 될 수 있다. 브랜드 관리자는 마케팅에서 영업으로 권한을 이전하면서 지역 및 구역 영업 담당자를 만족시켜야 한다. 주지해야 할 또 다른 사항은 제품 및 브랜드 관리자는 회사가 고객 관계보다 시장 점유율 구축에 관심을 갖도록 유도해야 한다는 점이다.

제품 관리 조직은 제품을 중심으로 구성되거나 회사가 특정한 제품 카테고리에 초점을 맞추어 브랜드를 관리할 수 있다. 브랜드 관리 시스템의 선구자인 Procter & Gamble과 기타 유명한 공산품 제조 기업은 식료품 유통 채널 밖에 있는 기업이 일찍이 그랬던 것처럼 카테고리 관리 형태로 관리 방식을 전환했다. Diageo가 카테고리 관리로 전환한 것은 프리미엄 브랜드 개발을 더 잘하기 위한 것이었지만 실적이 저조한 브랜드의 어려움을 해결하는 데도 도움이 되었다.

Procter & Gamble은 카테고리 관리로 전환했을 때 얻을 수 있는 여러 장점을 보여주었다. 기존의 브랜드 관리 시스템은 탁월한 성과를 낼 수 있는 강력한 인센티브를 제공했지만 회사 자원에 대한 내부 경쟁과 조정 부족을 피할 수 없었다. 새로운 계획은 모든 카테고리에 대해 적절한 자원이 배분되도록 설계되었다. 카테고리 관리가 필요한 또 다른 이유는 상품 카테고리의 관점에서 수익성을 생각할 때 소매업의 힘이 커지고 있다는 점이다. P&G는 이 같은 추세를 따르는 것이 합리적이라고 생각했다. Walmart와 Wegmans 같은 대형마트와 지역 식료품 체인은 매장 내에서 특정 제품 카테고리의 전략적 역할을 명확히 하고 물류, PB 제품의 역할 그리고 제품 다양성과 비효율적인 중복 간의 균형 문제를 다루기 위한 수단으로 카테고리 관리를 채택했다.[30] 사실 일부 공산품 제조 회사에서 카테고리 관리는 매장의 선반 관리로 진화했으며, 슈퍼마켓과 식료품점 내부에서 동일한 위치의 선반에서 흔히 볼 수 있는 여러 관련 카테고리를 다룬다. General Mills의 Yoplait Yogurt는 24개 주요 소매업체의 유제품 코너에서 카테고리 관리를 위한 자문을 해주면서 요구르트의 진열 공간을 한 번에 약 1~2미터 정도 더 늘리고 요구르트 판매를 9%, 유제품 카테고리 판매를 전국적으로 13% 늘렸다.[31]

시장 조직 기업은 종종 뚜렷한 타깃시장을 염두에 두고 다양한 제품과 서비스를 개발한다. 예를 들어 Canon은 소비자, 기업, 정부 시장으로 나누어 프린터를 판매한다. Nippon Steel은 철도, 건설, 전기, 물과 같은 공공 유틸리티 산업을 타깃시장으로 생각한다. 각각의 고객이 서로 다른 차별화된 구매 선호도와 행동을 보여주는 경우 시장 관리 조직이 바람직하다. 시장 총괄 관리자는 다수의 시장 개발 담당자, 시장 전문가 또는 산업 전문가를 관리하고 필요에 따라 기능적 서비스를 사용한다. 중요한 시장을 담당하는 시장 관리자는 자신에게 보고하는 기능적 전문가를 하위 조직에 둘 수 있다.

시장 관리자는 제품 관리자와 유사한 직무를 수행하는 스태프 직원이지 현장 직원이 아니다. 그들은 시장별로 장기 계획과 연간 계획을 기안하고 시장의 성장과 수익성으로 평가받는다. 이 시스템은 서로 상이한 고객 집단의 요구를 충족하기 위해 마케팅 활동을 기획하기 때문에 제품 관리 시스템의 많은 장점과 단점을 공유한다. 많은 기업이 시장별 조직으로 재편하고 시장 중심 조직으로 변모하고 있다. Xerox는 IBM, Hewlett-Packard와 마찬가지로 지리적 판매에서 산업별 판매 조직으로 전환했다.

고객이 다양하고 복잡한 요구사항을 가지고 통합된 제품 및 서비스 번들을 구매하는 경우에 회사와 거래처 간에 긴밀한 관계가 존재하면 여러 면에서 유리하며 따라서 대중 시장이나 세부시장보다 개별 고객을 다루는 고객 관리 조직이 더 적합하다.[32] 한 연구에 따르면 고객 집단별로 조직화된 기업은 전반적인 관계의 질에 대해 훨씬 더 높은 수준의 책임을 지며, 개별 고객을 만족시키기 위한 조치를 취할 때 직원이 자신의 생각대로 할 수 있는 자유가 더 많이 허락된다고 한다.[33]

매트릭스 조직　다수의 시장에서 다수의 제품을 생산하는 회사는 제품과 시장 관리자를 모두 지정하는 매트릭스 구조를 채택할 수 있다. 문제는 비용이 많이 들고 종종 갈등을 야기하는 구조가 될 수 있다는 점이다. 모든 관리자를 지원하는 데 드는 비용 문제와 마케팅 활동에 대한 권한과 책임을 누가 지는지를 파악해야 하는 문제가 발생하는데, 예를 들어 본사가 담당해야 하는지 아니면 사업부가 담당해야 하는지를 판단하는 문제가 있다.[34] 일부 기업의 마케팅 그룹은 '전반적인 기회 평가'로 최고 경영진을 지원하고, 요청 시 사업부에 컨설팅을 제공하며, 마케팅이 부족한 사업부를 지원하고, 회사 전체에 마케팅 개념을 주지시킨다.

많은 기업이 업무 흐름을 재설계하고 각 프로세스를 책임지는 교차기능(cross-functional) 팀을 구축했다.[35] AT&T, LexisNexis, Pratt & Whitney는 직원들을 교차기능 팀으로 재편했다. 교차기능 팀은 비영리 단체와 정부 조직에서도 운영된다.[36]

매트릭스 구조의 주요 단점 중 하나는 뚜렷한 목표를 파악하기 어렵거나 책임이 결여될 가능성이 있다는 점이다.

마케팅 부서 관리

Hewlett-Packard의 David Packard는 "마케팅은 너무 중요해서 마케팅 부서에게만 맡겨서는 안 된다. … 진정으로 훌륭한 마케팅 조직에서는 마케팅 부서에 누가 있는지 알 수 없다. 조직의 모든 사람은 고객에 미치는 영향을 기준으로 결정을 내려야 한다."고 말했다. 마케팅 활동을 단일 부서의 업무로 한정해서는 안 되지만 많은 기업은 회사의 모든 마케팅 활동을 담당하고 일상적 운영을 책임지는 조직 단위를 갖춤으로써 얻는 이점을 누리고 있다.

CEO와 CMO의 역할   역사적으로 최고 수준의 마케터로 두각을 나타내는 기업은 소수에 불과하다. 이러한 기업은 고객에 초점을 맞추고 변화하는 요구사항에 효과적으로 대응할 수 있도록 조직되어 있다. 마케팅 부서 및 기타 부서는 고객이 왕이라는 사실에 동감한다. 또한 성공적인 CEO와 CMO를 배출하여 강력한 마케팅 리더십을 발휘하는 경우가 많다.

CEO는 마케팅이 강력한 브랜드와 충성도 높은 고객 기반을 구축한다는 사실을 잘 이해하고 있다. 서비스 및 비영리 조직 등 많은 기업에는 이제 최고 정보 책임자(CIO), 최고 재무 책임자(CFO)와 같은 최고 경영진 지위에 최고 마케팅 책임자(CMO)가 있다.[37]

시장 및 고객 중심의 기업을 만들기 위해 CEO가 취할 수 있는 조치는 무엇인가? 진정한 마케팅 조직을 만들기 위해 CEO는 최고위층 경영진에게 고객 중심의 중요성을 설득해야 한다. CEO가 훌륭한 마케팅 인재를 고용하는 것도 중요하다. 대부분의 기업은 마케팅 부서를 관리하는 것 외에도 다른 간부급 경영진을 존중하고 영향력을 행사할 수 있는 노련한 최고 마케팅 책임자가 필요하다.

오늘날 빠르게 진화하는 시장 특성을 감안한다면 CEO는 마케팅 기술 습득을 위한 강력한 사내 마케팅 교육 프로그램을 마련해야 한다. McDonald's, Unilever, Accenture와 같은 기업은 교육 프로그램을 운영하는 중앙집중식 교육 시설을 보유하고 있다. 또한 CEO는 만족하고 있는 충성도가 높은 고객 기반을 확대함으로써 시장 가치를 창출한다는 전략적 목표와 사내 보상 시스템이 이에 부합하는지 확인해야 한다. CEO는 개인적으로 고객이 우선이라는 모습을 명확히 보여주어야 하며 조직 내에서 그렇게 하는 직원을 보상해야 한다.[38]

CEO의 주요 업무 중 하나는 조직의 마케팅 활동을 궁극적으로 책임지는 최고 마케팅 책임자(CMO)를 임명하는 것이다. CMO는 최고 경영진(C-suite)의 구성원이며 일반적으로 CEO에게 보고한다. 마케팅 전략의 다양한 부분을 담당하는 고위 마케팅 관리자는 일반적으로 CMO에게 보고한다. CMO는 제품 개발, 브랜드 관리, 커뮤니케이션, 시장조사 및 데이터 분석, 판매, 판촉, 유통 관리, 가격 책정, 고객서비스를 포함한 조직의 모든 마케팅 기능 분야를 이끈다.

21세기에 들어와서 디지털, 온라인, 모바일 마케팅의 발전으로 CMO의 역할이 바뀌었다. 마케팅 기능을 효과적으로 관리하려면 CMO도 디지털 기술을 다룰 수 있어야 한다. CMO가 직면한 도전 과제는 성공을 이끄는 요인이 매우 많고 다양하다는 점이다. CMO는 강력한 계량적·질적 기술을 보유해야 한다. 독립적이면서도 기업가적인 태도를 가져야 하지만 다른 부서와 긴밀하게 협력할 줄 알아야 한다. 그리고 소비자의 '목소리'를 단번에 파악해야 하지만 마케팅이 어떻게 가치를 창출하는지에 대해서 기본적인 이해가 있어야 한다. CMO의 3분의 2는 마케팅 투자 수익이 향후 10년 동안 효율성의 주요 척도가 될 것이라고 예측한다.

마케팅 전문가인 George Day와 Robert Malcolm은 세 가지 요인이 앞으로 CMO의 역할을 변화시킬 것이라고 믿는데 이 세 가지 요인은 (1) 예측 가능한 시장의 트렌드, (2) C-suite의 역할 변화, (3) 경제 및 조직 디자인을 말한다. 그들은 다음과 같이 성공적인 CMO를 위한 5가지 우선순위를 언급한다. 회사의 미래에 대해 선구자로서 모범을 보이고, 적응형 마케팅 역량을 구축하고, 우수한 마케팅 인재를 확보하고, 영업과의 연계를 강화하고, 마케팅 지출 대비 수익에 대한 책임을 진다.[39]

아마도 모든 CMO에게 해당되는 가장 중요한 역할은 고객 **접점**(고객이 회사와 직간접적으로 상호작용하는 곳)에 영향을 미치는 의사결정에 고객 관점을 반영하는 것이다. 이러한 고객에 대한 통찰력은 점점 더 글로벌 수준에서 주목받는 개념이 되고 있다. 최고 경영진을 찾아주는 리쿠르트 회사의 리더는 "내일의 CMO는 글로벌 및 국제 경험이 있어야 한다. 해외에 살지 않아도 가능한 것이지만 적어도 해당 시장에 대한 체험 수준의 경험은 있어야 한다. 그러한 경험은 새로운 비즈니스 방식에 주목하게 하고, 문화적 감수성을 증가시키며, 유연성을 높인다."라고 말했다.[40]

다른 부서와의 관계   기업의 성공은 개별 부서의 수행 능력뿐만 아니라 핵심 비즈니스 프로세스를 수행함에 있어 회사가 부서의 활동을 얼마나 잘 조정하는지에 달려 있다. 마케팅 개념하에서 모든 부서는 '고객을 생각'할 필요가 있으며 고객의 요구와 기대를 충족하기 위해 함께 협력해야 한다. 그러나 부서마다 회사의 문제와 목표를 각자의 관점에서 파악하므로 이해 충돌 및 커뮤니케이션 문제가 발생하는 것은 불가피하다. 마케팅 부사장 또는 CMO는 고객을 응대하기 위해 회사의 내부 마케팅 활동을 조정하고 재무, 운영 및 기타 기능과 마케팅을 조율해야 하는데 권위보다는 설득을 통해 이런 과업을 수행해야 한다.[41]

부서별 조직은 원활한 운영에 방해가 될 수 있어 현재 많은 기업은 부서에 집중하기보다는 핵심 프로세스에 집중한다. 그들은 프로세스 리더를 임명하여 마케팅과 영업사원을 포함하는 연합팀을 관리하도록 한다. 따라서 마케터는 팀에 대해서는 전적인 책임을 지지만 마케팅 부서에 대해서는 일부의 책임만 질 수 있다.[42]

처음부터 끝까지 긍정적인 고객 경험을 제공한다는 목표하에서는, 조직의 모든 부서가 효과적으로 협력해야 한다. 특히 개별 고객의 요구사항을 이해하는 것이 중요해짐에 따라 마케터는 고객 분석 및 데이터 분석 팀과 긴밀하게 협력해야 한다. 또한 효과적이고 비용 효율적인 방식으로 소비자에게 접근하려면 마케팅 담당자는 기존 광고 대행사, 소셜 미디어, 홍보 및 이벤트 관리 회사 등 다양한 커뮤니케이션 대행사와 긴밀하게 협력해야 한다. 마지막으로 회사의 제품을 적시, 적소에 전달하려면 마케팅 담당자는 오프라인뿐만 아니라 전자상거래 공간에서도 유통 채널 파트너와 긴밀하게 협력해야 한다.

고객 중심적 조직의 구축

우수한 고객 경험을 창출하는 것은 거의 모든 산업 분야에서 기업의 최우선 과제가 되었다.[43] 제품, 서비스, 브랜드의 증가, 시장 제공물에 대한 소비자 지식 증가, 기업 평판과 제품에 대한 여론에 영향을 미칠 수 있는 소비자의 능력 등, 이 모든 사항이 고객 지향적인 조직 구축의 중요성을 강조한다. 대부분의 기업은 이제 이해관계자의 가치 창출의 길은 장기적인 고객 가치 창출에 중점을 둔 조직으로 재구성하는 것으로부터 시작된다는 사실을 깨닫고 있다.[44] Jeff Bezos는 주주들에게 보낸 편지에서 Amazon의 고객중심성을 다음과 같이 정의한다.

> 고객 중심이 됨으로써 약간은 미묘하다고 볼 수 있는 이점 중 하나는 특정 유형의 사전 조치를 지원한다는 것입니다. 우리가 최선을 다할 때는 외부 압력에 의한 것이 아닙니다. 우리가 반드시 해야 할 필요가 있기 전에 우리는 혜택과 기능을 추가하여 서비스를 개선하기 위해 스스로를 독려합니다. 어쩔 수 없이 해야 하기 전에 우리는 가격을 낮추고 고객을 위한 가치를 높입니다. 반드시 발명이 필요하기 전에 우리는 발명합니다. 이러한 투자는 단지 경쟁에 반응하려는 목적이 아니며 고객 중심이 되려는 동기로부터 시작된 것입니다. 이러한 접근방식으로 우리는 고객으로부터 더 많은 신뢰를 얻을 수 있고, 이미 선두 기업의 위치를 확보한 분야에서도 고객 경험을 빠르게 개선할 수 있다고 생각합니다.

고객만이 회사의 유일한 '이익 센터'라고 굳게 믿고 있는 관리자라면 그림 1.7(a)의 전통적인 조직도, 즉 피라미드 맨 위에는 사장, 중간에는 경영진, 가장 밑에는 일선 직원과 고객이 위치한 조직도는 이제 쓸모없는 것이라고 생각할 것이다.[45]

성공적인 마케팅 회사는 기존의 조직-계층 구조를 그림 1.7(b)와 같은 구조로 변환하는 회사다. 회사의 최우선순위에 위치한 주체는 고객이다. 다음으로 중요한 주체는 일선에서 이러한 고객을 만나고, 대응하고, 만족시키는 일을 하는 직원이다. 고객에게 더 잘 봉사할 수 있도록 일선에 있는 직원을 지원하는 서비스 관리자가 그다음을 차지할 것이다. 그리고 마지막으로 최고경영진이 있는데, 그의 임무는 우수한 서비스 관리자를 고용하고 지원하는 것이다. 고객 지향적인 기업으로 발전하기 위한 핵심은 모든 직급의 관리자가 고객을 이해하고, 만나고,

그림 1.7
전통적 조직과 현대적
고객 지향적 회사의 조직

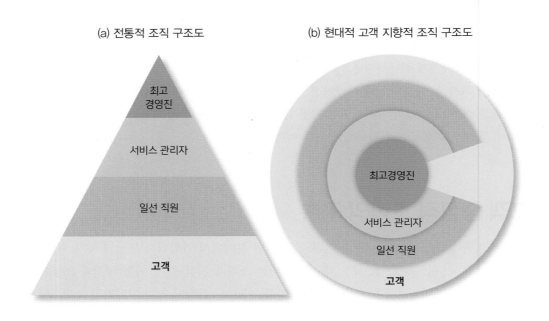

(a) 전통적 조직 구조도

최고
경영진

서비스 관리자

일선 직원

고객

(b) 현대적 고객 지향적 조직 구조도

최고경영진

서비스 관리자

일선 직원

고객

표 1.2　고객 중심적 조직의 특징

낮은 수준의 고객중심성	높은 수준의 고객중심성
제품 주도	시장 주도
대중 시장 초점	고객 초점
프로세스 지향	결과 지향
경쟁자에 대한 반응	경쟁자를 무관하게 만들기
가격 주도	가치 주도
계층적 조직	팀워크

서비스하는 데 개인적으로 직접 참여하는 것이다. 표 1.2는 고객 중심적 조직의 주요 특징을 정리한 것이다.

　　일부 회사는 고객 초점의 비즈니스 모델을 기반으로 설립되었으며 고객 옹호는 항상 그들의 전략이자 경쟁우위 요소였다. 디지털 기술의 부상으로 많은 정보를 알고 있는 소비자는 회사가 접촉하고, 만족시키고, 심지어 기쁘게 하려는 것 이상의 일을 하기를 기대한다. 즉 소비자는 회사가 자신에게 **귀 기울이고 응답**하기를 기대한다.

　　전통적으로 마케터는 고객의 요구를 이해하고 회사 내부에서 특정 기능을 수행하는 부서에 고객의 목소리를 전달하는 중개자 역할을 수행했다.[46] 그러나 네트워크로 연결된 기업에서는 모든 기능 부서가 고객과 직접 상호작용할 수 있다. 마케팅은 더 이상 고객과 상호작용하는 유일한 기능이 아니다. 이제 고객이 회사와 상호작용할 때 단일의 모습을 보고 단일의 목소리를 들을 수 있도록 모든 고객 관련 프로세스가 통합되어야 한다.[47]

　　많은 기업은 자사 조직이 시장과 고객 주도형 기업이 되기에는 아직 부족하다는 사실을 깨닫고 있다. 오히려 그들은 제품과 판매 주도형이라고 볼 수 있다. 진정한 시장 주도형 기업으로 변모하려면 무엇보다도 고객에 대한 전사적 열정을 불러일으키고, 제품 대신 세부 시장별로 조직화되어야 하며, 질적 및 계량적 연구를 통해 고객을 이해해야 한다.[48]

　　고객 지향적인 것은 **필요** 조건이지만 **충분** 조건은 아니다. 조직도 창의적이어야 한다.[49] 오늘날 기업은 서로의 장점과 전략을 빠르게 모방하여 차별화를 유지하는 것이 더욱 어렵게 되었고 기업이 유사해짐에 따라 이윤도 줄어들고 있다. 이런 어려움에 대한 최선의 답은 전략적 혁신 그리고 상상력과 관련된 역량을 키우는 것이다. 회사가 경쟁자보다 더 많고 더 나은 새로운 아이디어가 생성되도록 도구, 프로세스, 기술, 측정을 조합함으로써 이러한 역량이 키워진다.[50] 이러한 역량 개발을 촉진하기 위해서는 새로운 아이디어를 자극하고 상상력을 키울 수 있는 업무 공간이 필요하며 기업은 공간 확보를 위해 노력해야 한다.

　　기업은 트렌드에 주의를 기울이고 이를 활용할 준비가 되어 있어야 한다. Nestlé는 Starbucks와 같은 체인점 탄생을 미리 알려주는 커피하우스 추세를 뒤늦게 포착했다. Coca-Cola는 Snapple과 같은 과일 맛 음료, Gatorade와 같은 에너지 음료, 디자이너 워터 브랜드와 같은 음료 관련 트렌드를 뒤늦게 받아들였다. 시장 리더가 위험을 회피하려 하고, 기존 시장과 물리적 자원을 지키려고만 하고, 혁신보다 효율성과 이익에 더 관심을 둘 때 트렌드를 놓칠 수 있다.[51]

marketing INSIGHT   10가지 치명적인 마케팅 실수

매일매일의 일과에 집중한 나머지 많은 마케터들은 큰 그림을 무시하곤 한다. 즉 자신의 고객과 협조자, 이해관계자들을 위한 우월한 시장 가치를 창조하는 제공물을 디자인하고 소통하고 전달하는 큰 그림을 무시하는 것이다. 기업이 몇 가지 치명적 실수를 보여준다는 것은 마케팅 프로그램에 문제가 있음을 시사한다. 여기 그러한 10가지 실수, 명확한 징후 그리고 일부 해결책을 제시해 본다.

치명적 실수 1: 충분히 시장 초점적 그리고 고객 주도적이지 않다.

징후: 시장을 제대로 세분화하지 못하고 세분시장에 대해 우선순위를 제대로 결정하지 못하고 있다는 증거가 존재한다. 시장 세분화를 담당하는 마케팅 관리자, 고객 응대가 마케팅과 판매 부서의 일이라고 생각하는 직원, 고객 중심적 문화를 창조하는 훈련 프로그램, 고객을 특별히 잘 대우하는 직원에게 제공되는 인센티브 제도가 회사 내에 존재하지 않는다.

해결책: 좀 더 진보된 세분화 기법을 사용하고 세분시장에 우선순위를 두며 각각의 세분시장에 대응한 전문화된 영업 조직을 길러내며, 기업이 강조하는 가치를 명확히 하며, 직원과 기업 관련자들 간에 좀 더 고객을 의식하도록 하며, 고객이 기업과 쉽게 접촉하도록 하며, 고객의 어떤 소통 시도에도 신속하게 대응한다.

치명적 실수 2: 표적(타깃)고객을 완전히 이해하지 못한다.

징후: 고객을 조사한 최근 연구는 3년 전이었고 고객은 예전처럼 자사의 제품을 사지 않고 있으며, 경쟁사의 제품이 더 잘 팔리고 있으며, 고객 반품과 불만이 높다.

해결책: 보다 전문적인 고객 조사를 수행하고, 보다 분석적인 기법을 사용하고, 고객 및 딜러 패널을 구축하고, 고객 관계 소프트웨어를 사용하고, 데이터 마이닝을 시작한다.

치명적 실수 3: 경쟁사를 제대로 파악하고 감시할 필요를 느끼지 못한다.

징후: 회사는 가장 가까이 있는 경쟁자에만 초점을 맞추어 먼 경쟁자와 획기적인 기술을 놓치고 경쟁 정보를 수집하고

배포할 시스템을 보유하지 못하고 있다.

해결책: 전문부서를 만들어 경쟁 정보를 수집하고, 경쟁사의 직원을 고용하고, 회사에 영향을 미칠 수 있는 기술을 감시하고, 경쟁사가 제공할 만한 제안에 대응하여 자사의 제안을 준비한다.

치명적 실수 4: 이해관계자와의 관계를 적절하게 관리하지 못한다.

징후: 종업원, 딜러, 투자가는 현 상황에 대해 만족하지 못하며 우수한 공급업체는 해당 기업의 파트너가 되기를 꺼린다.

해결책: 파트너의 이익은 나의 손해라는 제로섬(zero sum) 사고에서 벗어나 파트너의 이익은 나의 이익이 된다는 포지티브 섬(positive sum)의 시각에서 관계를 더 잘 관리한다.

치명적 실수 5: 새로운 기회를 좀처럼 찾지 못한다.

징후: 수년 동안 괜찮은 새로운 기회를 찾지 못하고 있으며 회사가 개발한 새로운 아이디어들이 대부분 실패로 끝났다.

해결책: 새로운 아이디어의 흐름을 자극하는 시스템을 구축한다.

치명적 실수 6: 마케팅 계획 과정에 결함이 있다.

징후: 마케팅 계획 틀에 관련 사항이 모두 들어가 있지 않은 경우 여러 가지 전략에 따른 재무적 결과를 예측할 방법이 없으며 우발적인 긴급사태에 대비한 계획을 세울 수 없다.

해결책: 상황 분석, SWOT 분석, 목표, 전략, 전술, 예산, 통제와 같은 요소를 포함한 표준 포맷을 준비한다. 만약 20%의 예산이 덜 혹은 더 주어진다면 어떤 수정을 할 것인지 마케터에게 물어보고 매년 최고의 계획과 실행을 한 사람에게 수여되는 포상 제도를 운영한다.

치명적 실수 7: 제품 및 서비스 정책을 강화할 필요가 있다.

징후: 너무나 많은 상품을 취급하고 있고 너무 많이 적자를 내고 있으며 너무나 많은 서비스를 제공하면서 교차 판매를 제대로 일으키지 못하고 있다.

해결책: 취약한 제품을 추적하여 수정 또는 폐기하고, 다양

(계속)

marketing insight (계속)

한 수준에서 서비스를 제안하고 가격을 책정하며, 교차 판매 및 상향 판매를 유도하도록 프로세스를 개선한다.

치명적 실수 8: 브랜드를 구축하고 소통하는 기술이 별로다.

징후: 타깃시장에서조차 회사가 잘 알려져 있지 않다. 브랜드가 독특한 것으로 보이지 않으며 회사는 예년과 똑같은 비중으로 마케팅 프로그램에 예산을 할당하고 마케팅 소통 노력과 활동이 생산하는 ROI를 거의 평가하지 않는다.

해결책: 브랜드 구축 전략 및 성과 평가 방법을 개선하고 돈을 쓴 만큼 효과를 거둘 수 있는 마케팅 수단을 선택하며 마케터가 자금 요청에 앞서 ROI 영향을 추정하도록 요구한다.

치명적 실수 9: 효율적이고 효과적인 마케팅을 위해 조직화

되지 않았다.

징후: 직원은 21세기 마케팅 기술에 익숙하지 않고 마케팅 혹은 영업 부서와 타 부서 간에 좋지 않은 분위기가 흐른다.

해결책: 마케팅 부서에 새로운 기법을 개발하고 마케팅과 타 부서 간의 관계를 개선하는 강한 리더를 지정한다.

치명적 실수 10: 새로운 기술을 최대한 사용하지 않는다.

징후: 인터넷을 최소한으로 사용한다는 증거가 있고, 판매 자동화 시스템은 이미 낡았으며, 시장 자동화, 의사결정 지원 모델 및 마케팅 대시보드가 회사에 존재하지 않는다.

해결책: 인터넷을 더 많이 사용하고, 판매 자동화 시스템을 개선하고, 시장 자동화를 일상적인 의사결정에 적용하고, 공식적인 마케팅 의사결정 모델과 마케팅 대시보드를 개발한다.[52]

요약

1. 마케팅은 조직의 기능이고, 고객에게 가치를 창출·소통·전달하며, 회사, 고객, 협력자에게 이익이 되는 방식으로 고객 관계를 관리하기 위한 일련의 프로세스다. 마케팅 관리는 타깃시장을 선택하고 우수한 고객 가치를 창출·소통·전달함으로써 고객을 확보·유지·성장시키는 기술이자 과학이다.

2. 회사는 제품, 서비스, 이벤트, 경험, 사람, 장소, 소유권, 조직, 정보, 아이디어를 마케팅하여 가치를 창출하는 것을 목표로 한다. 또한 자원 시장, 제조업자 시장, 소비자 시장, 중개인 시장, 정부 시장의 5가지 기본 시장에서 운영된다.

3. 오늘날의 시장은 시장의 주요 동인들의 결과물로서 과거와는 근본적으로 다르다. 구체적으로 기술, 세계화, 사회적 책임은 새로운 기회와 도전을 창출하고 있으며 마케팅 관리를 크게 변화시켜 왔다. 기업은 높은 수준의 마케팅 우수성을 달성하기 위해 검증된 방법과 획기적인 새로운 접근방식 사이에 절묘한 균형을 찾고 있다.

4. 시장의 네 가지 주요 동인인 기술, 세계화, 물리적 환경, 사회적 책임은 새로운 소비자 역량과 기업 역량을 구축하고 경쟁 환경을 극적으로 변화시켰다. 이러한 새로운 환경에 맞게 기업은 현재 비즈니스 모델을 재평가하고 시장 가치를 창출하는 방식을 조정해야 한다.

5. 총체적 마케팅 개념은 폭과 상호 의존성에 기반하여 구축된 마케팅 프로그램, 프로세스 및 활동의 개발·설계·구현을 목표로 구성된다. 총체적 마케팅 관점에서 보면 마케팅에서 모든 것이 중요하고 광범위하고 통합된 관점이 필요함을 알 수 있다. 총체적 마케팅의 네 가지 구성요소는 관계 마케팅, 통합 마케팅, 내부 마케팅, 성과 마케팅이다.

6. 조직이 비즈니스를 수행하기 위해 선택할 수 있는 5가지 경쟁적 개념으로 생산 개념, 제품 개념, 판매 개념, 마케팅 개념, 시장 가치 개념이 있다. 시장에 대한 기업의 이해가 더 복잡할수록 기업은 시장 가치 개념을 사업에 대한 확고한 철학으로 채택할 가능성이 더 높다.

7. 기업은 마케팅 부서를 조직하기 위해 기능적, 지리적, 제품/브랜드, 시장, 매트릭스 구조 등 다양한 접근방식을 사용한다. 어떤 접근방식을 선택할지는 기업이 활동하고 있는 시장 상황과 자사의 조직 구조 및 전략적 목표에 따라 달라진다.

8. 마케팅은 마케팅 부서에 의해서만 수행되지 않는다. 강력한 마케팅 조직을 만들기 위해서는 마케터가 다른 부서의 임원처럼 생각해야 하고, 다른 부서의 임원도 마케터처럼 생각해야 한다.

9. 고객 중심 기업은 제품 주도적이기보다는 시장 주도적이어야 하고, 평균적인 대중 시장의 니즈보다는 개별 고객 단위의 니즈에 부응하는 것을 목표로 해야 하며, 경쟁사의 행동에 단순히 반응하는 것이 아니라 경쟁이 상관없을 정도로 주도적으로 행동해야 한다. 성공하기 위해서는 회사와 협력사에게 이익이 되는 방식으로 표적 고객에게 우수한 가치를 제공하는 데 집중해야 한다.

marketing
SPOTLIGHT

Nike

한때 육상선수였던 Phil Knight와 그의 코치 Bill Bowerman이 1962년에 처음 신발 회사를 만들었을 당시에 그들이 궁극적으로 세계에서 가장 가치 있는 브랜드 중 하나를 만들었다는 생각은 하지 못했을 것이다. 원래 Blue Ribbon Sports로 알려진 이 회사는 오늘날 Asics로 알려진 일본 신발 제조사의 유통업체로 시작했다. 1971년이 되어서야 Blue Ribbon은 그리스 승리의 여신의 이름을 따서 Nike로 이름을 바꾸고 그들만의 신발을 디자인하기 시작했다.

Nike는 운동선수가 운동선수를 위해 직접 디자인한 저렴하고 질 좋은 운동화를 제공하는 데 집중했다. 신발 가격을 경쟁력 있는 수준으로 유지하기 위해 Nike는 생산원가가 낮은 아시아 제조업체에 생산을 위탁했다. 혁신적인 디자인, 운동에 진심인 선수들에 대한 헌신, 경쟁력 있는 가격이라는 세 가지 요소의 조합을 통해 Nike는 미국 소비자들 사이에서 열광적인 추종자를 만들어냈다.

비록 Nike가 지금도 훌륭한 제품을 보유하고 있지만, 탁월한 경영이 브랜드 성장에 필수적이라는 것을 알고 있었다. Nike 브랜딩의 중심에는 소위 '영향력의 피라미드', 즉 소비자의 제품과 브랜드 선택에 미치는 최고 수준의 소수 운동선수에 대한

영향력에 대한 신뢰가 자리한다. 1972년 Nike는 올림픽 육상 스타 Steve Prefontain을 초대 대변인으로 영입함으로써 이러한 신뢰를 보여주었다.

이러한 접근방식을 통해 Nike가 가장 큰 성공을 거둔 사례 중 하나는 1985년에 신인 농구 선수였던 Michael Jordan을 대변인으로 영입한 것이다. 그때까지만 해도 유망주였던 Jordan은 이후 엄청난 경기력을 대표하는 선수로 자리매김했다. 이후 몇 년간 Jordan의 눈부신 성장에 힘입어 독특한 Nike 로고가 부착된 Air Jordan 농구화 라인을 소비자들이 앞다투어 찾게 되면서 Nike의 베팅은 결실을 맺었다. 한 기자의 표현처럼, "그렇게 확실하게 해당 스포츠를 한 차원 높이 발전시키는 선수를 미리 파악하고 계약을 맺을 수 있는 마케터는 찾아보기 힘들다."

최고의 운동선수들과 협력하는 것 외에도, Nike는 상징적인 광고 캠페인을 만드는 데 재능을 보였다. 1988년 Nike는 처음으로 그 유명한 "Just Do It"이라는 광고 캠페인을 전개했고, 운동 애호가 세대에게 스스로 목표를 세우고 이를 추구하도록 미묘한 변화를 유도했다. 이 슬로건은 스포츠를 통해 자기강화를 독려하는 Nike의 철학에서 비롯된 자연스러운 산물이었다.

해외로 진출하는 동안 Nike는 새로운 도전에 직면하기 위해 마케팅을 적용했다. 회사는 그들의 미국식 광고가 유럽, 아시아, 남아메리카의 소비자들에게 너무 공격적이라는 것을 재빨리 알아차리고 그 어조를 조정했다. 게다가 소비자들이 브랜드가 진짜라고 느낄 수 있도록 각 나라에 맞게 마케팅을 조정할

필요가 있었다. 이를 위해 Nike는 축구(미국 밖에서는 풋볼이라 불린다)를 홍보하는 데 주력하여 전 세계 청소년 리그, 지역 클럽, 대표팀의 적극적인 후원자가 되었다. 또한 미국의 후원으로 회사의 초기 성공을 재현하기 위한 시도로서 축구 팀과 리그를 후원할 수 있는 기회를 모색했다.

1990년대 후반, Nike는 축구에 뛰어들었다. 브라질과 이탈리아 같은 강대국을 포함한 몇몇 주요 축구 연맹들의 마케팅 권리를 확보했다. 월드컵을 중심으로 한 마케팅에도 돈을 쏟아붓기 시작했다. Nike의 축구에 대한 막대한 투자는 Nike의 이미지가 운동화 회사에서 감정, 충성, 정체성을 나타내는 브랜드로 변모하면서 국제적으로 브랜드 성장을 촉진하는 데 도움을 주었다. 2003년 해외 매출이 처음으로 미국 매출을 앞질렀고, 2007년 Nike는 축구 관련 신발, 의류, 장비 등을 생산하는 영국의 Umbro를 인수했다. 이 인수로 인해 Nike는 전 세계 100개 이상의 프로축구 팀의 유일한 공급업체가 되었고, 축구에서 Nike의 국제적 존재감과 신뢰성을 높였다.

Nike의 글로벌 브랜드가 계속 성장하면서 회사의 매니저들은 나라를 불문하고 특정 스포츠의 선수와 팬이 많다는 공통점을 가지고 있다는 것을 깨달았다. 이에 따라 회사는 지리적 위치보다 특정 분야에 집중하기 시작했다. 이 원칙을 염두에 둔 Nike는 많은 스포츠와 스포츠 카테고리로 브랜드를 성공적으로 확장했고 전 세계적으로 입지를 넓혔다.

Nike는 더 많은 분야로 확장하면서 소비자 신뢰를 쌓기 위해 유명하고 영향력 있는 운동선수, 코치, 팀, 리그와 계속 협력하고 있다. Maria Sharapova, Roger Federer, Rafael Nadal과 같은 테니스 스타들을 후원하며 테니스 의류와 장비를 출시했다. 골프에서는 Tiger Woods가 자사 제품을 착용한 채 연속으로 우승을 차지하면서 Nike 상표인 스우시(swoosh)가 두각을 나타냈다. Nike가 Woods와 처음 계약한 이후 단 몇 년 동안 Nike Golf는 수백만 달러 규모의 사업으로 성장했고 골퍼들의 패션을 바꿔놓았다. 물론 Nike는 그 뿌리를 잊지 않았다. 농구화와 의류 라인을 홍보하기 위해, Nike는 Kobe Bryant와 LeBron James 같은 세대를 대표하는 농구 슈퍼스타들과 제휴했다. 오늘날 Nike는 운동 경기 홍보에 연간 수억 달러를 쓰는 등 세계 최대의 스포츠 후원자가 되었다.

Nike의 스포츠 후원은 소비자를 끌어들이고 영감을 주는 데 도움을 주지만, Nike의 최근 기술 혁신 덕분에 고객은 더 충성스럽고 감정적으로 연결되었다. 웨어러블 기술을 연구하면서는 달리기를 즐기는 사람들이 궁극적인 수준의 달리기 경험을 할 수 있도록 NIKE+라고 불리는 달리기 응용 프로그램과 커뮤니티를 개발했다. NIKE+ 키트를 스마트폰 앱과 연결함으로써 달리는 사람들은 그들의 실시간 속도, 거리, 경로, 코칭 팁을 볼 수 있고, 이것을 온라인에서 공유할 수 있다. NIKE는 NIKE+를 농구와 일반적인 운동 기록 추적과 같은 분야로 확장했다. Apple과 함께 일반 Apple Watch 구매자들은 사용할 수 없는 특별한 시계 화면과 밴드를 이용할 수 있도록 공동브랜드 Apple Watch Nike+ 에디션을 만들었다.

기술 분야로의 진출 외에도 Nike는 많은 기업과 마찬가지로 회사와 제품을 더 친환경적으로 만들기 위해 노력하고 있다. 그러나 많은 회사와 달리 이러한 노력을 특별히 광고하지는 않는다. 한 브랜드 컨설턴트가 설명한 것처럼 "Nike는 항상 이기는 것에만 집중해 왔다. 그만큼 지속가능성을 브랜드와 관련짓기 어렵다" Nike 경영진은 친환경적인 메시지를 홍보하는 것이 매끄러운 첨단 기술 이미지로부터 주의를 딴 데로 돌릴 것이라고 생각해서 오래된 신발을 재활용하는 것과 같은 노력은 조용히 진행된다.

제품 범주와 지리적 시장을 아우르는 성공적인 확장 덕분에 Nike는 세계 최고의 운동복과 신발 제조업체가 되었다. Nike의 상표는 손목시계부터 스케이트보드, 수영 모자에 이르기까지 모든 것에 달려 있다. 미래를 향하면서 Nike는 몇 가지 도전에 직면해 있다. 그들은 전통적인 오프라인 소매점에서 번창해 왔지만, 점점 더 많은 소비자가 온라인으로 쇼핑을 한다. Nike는 Amazon과 같은 온라인 소매업체가 지배하는 디지털 시대에서 자사 브랜드를 촉진하기 위한 승리 전략을 찾고 있다. 새로운 형태의 촉진과 유통에 초점을 맞추고 있음에도 불구하고, 이 회사의 장기적인 전략은 변하지 않고 있다. 바로 운동선수가 승리하도록 돕는 혁신적이고 고품질의 제품을 생산하는 것이다.[53]

질문

1. Nike의 마케팅 전략의 핵심 요소는 무엇인가?
2. Nike의 강점과 약점은 무엇인가?
3. 당신이 Adidas 관련자라면 어떻게 Nike와 경쟁하겠는가?

Disney

Disney만큼 고객과 끈끈한 관계를 맺고 있는 기업은 거의 찾아 보기 어렵다. 1923년 설립 이후로 Disney 브랜드는 온 가족이 즐길 수 있는 고품질 엔터테인먼트의 대명사였다. 형제인 Walt 와 Roy Disney가 최초 설립한 이 기업은 20세기 동안 엔터테 인먼트의 지평을 넓혀 전 세계에 온 가족이 즐길 만한 고전적 이고 기억에 남을 만한 엔터테인먼트를 제공했다. 언젠가 Walt Disney는 "나는 이상한 창의적 기법으로 나를 표현하는 것보다 는 사람들을 즐겁게 하고 다른 사람에게 즐거움을 주고 특히 웃음을 주는 데 더 관심이 많다."고 말했었다. 단순한 흑백 동 영상 만화로 시작한 회사는 오늘날 테마파크, 장편 영화, TV 방 송국, 극장 공연 제작, 소비자 제품 제조 및 판매, 온라인에서의 존재감을 강화하는 등 세계적인 현상으로 성장했다.

처음 20년 동안 Walt Disney Productions는 그 유명한 Mickey Mouse라는 만화 캐릭터를 소개해 왔지만 생존을 위해 애쓰는 만화 스튜디오에 불과했다. 당시에 Disney의 비전을 믿 는 사람은 거의 없었지만 1937년, 최초의 장편 만화 영화인 '백 설공주와 일곱 난쟁이'의 엄청난 성공을 시작으로 1940년대, 1950년대, 1960년대 전반에 걸쳐 '피노키오', '밤비', '신데렐라', '피터팬'과 같은 만화 영화와 '메리 포핀스'와 '러브 버그' 같은 라이브 액션 영화 그리고 '데이비 크로켓' 같은 TV 시리즈가 연 속적으로 성공을 거두었다.

Walt Disney가 1966년에 세상을 떠났을 때, 그는 세계에서 가장 잘 알려진 사람으로 생각되었다. Walt는 Disney 브랜드를 영화, TV, 소비자 제품, 그리고 가족이 현실에서 Disney의 마법 을 경험할 수 있는 California 남부에 세워진 Disneyland로 확 장했다. Walt가 사망한 후 Roy Disney가 CEO를 맡았고 Florida 에 2만 4,000에이커 규모의 Walt Disney World 테마파크를 열 겠다는 형의 꿈을 실현했다. Roy는 1971년에 세상을 떠났지만, 두 형제는 신뢰, 재미, 엔터테인먼트를 표방하고 아이, 가족, 어 른이 모두 공감하고, 가장 감동적이고 상징적인 인물, 이야기, 기억을 떠올리게 하는 브랜드를 유산으로 남겼다.

설립자인 두 형제의 지도력이 사라지자 Walt Disney Company는 몇 년간 갈피를 잡지 못했다. 1980년대 후반이 되 어서야 회사는 관객과 다시 연결되었고 Disney 브랜드에 대한 신뢰와 관심을 회복했다. 이 모든 것은 오래된 동화를 마법의 Broadway 스타일의 애니메이션 영화로 바꾼 '인어공주'의 개 봉과 함께 시작되었으며 나중에 오스카상을 두 개나 수상했다. 1980년대 후반과 2000년 사이에 Disney는 '미녀와 야수'(1991), '알라딘'(1992), '라이온킹'(1994), '토이스토리'(1995), '뮬란' (1998)과 같은 획기적인 애니메이션 영화를 개봉하면서 Disney Renaissance로 알려진 시대에 접어들었다. 아울러 가장 중요 한 가족 중심적 소비자에게 접근하고 나이 든 세대에게 다가갈 수 있는 영역으로 확장할 수 있는 창의적인 새로운 방법을 생 각해 냈다. Disney는 Disney Channel, Touchstone Pictures, Touchstone Television 사업을 시작했다. The Disney Sunday Night Movie에서 고전 영화를 볼 수 있게 했고, 매우 낮은 가격 에 비디오로 판매하여 완전히 새로운 세대의 어린이에게 다가 갔다. Disney는 출판, 국제 테마파크, 연극 제작을 활용하여 전 세계의 다양한 청중(오디언스)에게 접근해 갔다.

오늘날 Disney는 네 개의 사업부로 구성되어 있다. (1) Media Networks 사업부에는 Disney/ABC Television Group과 ESPN Inc. 같은 기업이 포함되는데 방송국, 케이블, 라디오, 출 판, 디지털 비즈니스를 담당한다. (2) Parks, Experiences and Consumer Products 사업부는 테마파크, 리조트, 장난감, 의 류, 책, 점포 등을 통해 Disney의 이야기, 캐릭터, 다양한 시리 즈물에 생명을 불어넣는다. (3) Studio Entertainment 사업부는 Marvel Studios, Pixar Animation Studios, LucasFilm과 함께 회사의 핵심 사업부인 The Walt Disney Studios를 통해 영화, 음악, 무대 공연을 전 세계 소비자에게 소개한다. (4) Direct-To-Consumer & International 사업부는 디지털 구독 스트리밍 서비스와 해외 기업의 지분을 책임지고 있다.

오늘날 Disney의 가장 큰 과제는 90년 된 브랜드를 지금도

의미 있고 낡은 것처럼 보이지 않도록 유지하면서 핵심 고객을 지켜내는 동시에 전통과 근본적인 브랜드 가치에 충실하는 것이다. Disney의 CEO Bob Iger는 "사람들이 찾고 신뢰하는 브랜드로서 새로운 플랫폼과 시장에 문을 열어 결과적으로 새로운 소비자에게 문을 연다. 위대한 유산을 가진 이런 회사와 상대할 때는 전통, 혁신, 관련성 간의 충돌로 발생하는 결단과 갈등에 직면한다. 나는 유산에 대한 존중을 크게 믿는 사람이기도 하지만, 혁신의 필요성 그리고 유산에 대한 존중과 관련성 간의 균형을 유지해야 할 필요성에 대해서도 큰 믿음을 갖고 있다."고 설명했다.

내부적으로 Disney는 경쟁사들과 차별화되는 가치 창출 동력에 초점을 맞추었다. 높은 품질과 인지도에 기반을 둔 Disney Difference는 Walt Disney의 가장 유명한 인용구로부터 비롯된다. "당신이 무엇을 하든, 잘해야 한다. 너무 잘해서 사람들이 당신이 하는 것을 볼 때, 그들은 다시 돌아와서도 당신이 하는 것을 보고 싶어 할 것이고, 그들이 다른 사람들을 데려와서 당신이 하는 일을 얼마나 잘하는지 그 사람들에게도 보여주고 싶어야 할 것이다."

Disney는 다양한 수준과 모든 디테일을 통해 고객과 연결하기 위해 열심히 일한다. 예를 들어, Disney World를 방문할 때 퍼레이드에 출연한 직원들은 큰 Mickey Mouse 손을 흔들고, 어른들에게는 지도를, 아이들에게는 스티커를 주고, 어디에서도 쓰레기 한 조각을 찾기 어려울 정도로 부지런히 공원을 청소하는 등 '적극적으로 친근하게' 행동하도록 훈련받고 방문객을 맞이한다. 아주 작은 것까지도 Disney에게 매우 중요한데, 테마파크의 관리 직원들은 Disney에 있는 전문 만화가로부터 훈련을 받고 빗자루와 물통을 가지고 와서 빗자루를 물에 적셔

포장된 보도 위에 조용히 Goofy나 Mickey Mouse를 그린다. 뜨거운 태양 아래에 증발하기 전까지 단 1분간만 지속되는 짧은 순간이지만 손님에게는 마법의 순간이다.

수많은 브랜드, 캐릭터, 비즈니스를 확보하고 있는 Disney는 고객의 경험이 모든 플랫폼에서 일관될 수 있도록 기술을 사용한다. Disney는 이메일, 블로그, 웹사이트를 통한 혁신적 방식으로 소비자와 연결하여 영화 예고편, TV 클립, Broadway 쇼, 가상 테마파크 경험에 통찰력을 제공한다. Disney는 TV 쇼의 정기적인 팟캐스트를 시작하고 제품에 대한 최신 뉴스와 Disney 직원, 파크 관계자와의 인터뷰를 공개한 첫 번째 회사다. The My Disney Experience 앱을 사용하여 사용자는 Disney Parks and Resorts를 방문할 때 줄을 설 필요 없이 패스트푸드점에서 원격으로 음식을 주문하고 선불로 결제할 수 있다.

Disney의 비즈니스 모델과 문화의 핵심은 기업의 사회적 책임에 대한 높은 기준을 준수한다는 점이다. Disney는 항상 윤리적으로 행동하고, 콘텐츠와 제품을 책임감 있게 만들고, 상호 존중하는 직장 분위기를 유지하고, 지역사회에 투자하고, 환경을 지키는 훌륭한 관리인이 되기 위해 최선을 다하고 있다. 좋은 일을 함으로써 잘 해내겠다는 약속은 이 회사를 세계에서 가장 존경받는 회사 중 하나로 만들었다.[54]

질문

1. Disney는 어떻게 고객을 위해 가치를 창출하는가?
2. Disney 브랜드의 핵심적인 장점은 무엇인가?
3. Disney 브랜드를 새로운 제품과 서비스로 확장했을 때 발생할 위험과 혜택은 무엇인가?

마케팅 계획과 관리

스피드, 기능, 쉬운 사용법을 강조하는
Slack 플랫폼을 통해 회사 구성원들은
개별 혹은 그룹으로 메시지를 전달할
수 있다.
출처: imageBROKER/Alamy Stock Photo

어느 정도 지속될 수 있는 올바른 마케팅 전략을 개발하기 위해서는 원칙과 유연성의 적절한 조합이 필요하다. 기업은 준비된 전략에 집중해야 하지만 전략은 지속적으로 개선되어야 한다. 빠르게 변화하는 오늘날의 마케팅 세계에서 잘 짜여진 장기 전략은 매우 중요하다. 성공적인 마케팅 전략의 핵심에는 실제 고객의 니드(need)에 부합하며 지속될 수 있는 가치 제안을 개발하는 과제가 있다. 충족되지 못한 고객의 니드에 대응하도록 색다르게 설계된 상품을 개발한 기업 중 하나가 바로 Slack이다.

>>> 2013년 출시된 커뮤니케이션 플랫폼 Slack은 팀원들이 일대일 혹은 그룹으로 메시지를 주고받을 수 있게 한다. Slack은 개방형 사무실 공간과 유사하게 구획화되지 않은 환경을 유연한 아키텍처로 제공한다. 여기에서 직원들은 자신이 작업하고 있는 것을 다른 사람과 공유하고, 공동으로 작업하고, 또 다른 사람이 작업 중인 것을 서로 볼 수도 있다. 대화의 흐름을 쉽게 검색할 수 있으며, 사용자 지정 알림을 통해 관련 항목을 놓치지 않으면서도 담당하고 있는 작업에 집중할 수 있다. Slack을 유사한 앱과 차별화하는 고유한 기능은 속도, 기능, 그리고 사용자 친화적인 인터페이스다. Slack은 저장 공간과 기능이 제한된 무료 버전으

로 제공되지만 활성 사용자당 가격이 책정되는 형태로 대규모 사용에 대해 다양한 가격책정 프로그램을 제공한다. 이메일과 관련된 부담을 줄이고 업무 관련 커뮤니케이션을 간소화하는 데 도움을 주는 Slack은 기업에게 매력적인 대안이다. 더 중요하게, Slack은 이미 널리 사용 중인 Google Drive와 기타 비즈니스용 응용 프로그램을 통합하여 커뮤니케이션과 작업 흐름을 쉽게 중앙집중화할 수 있다. Slack의 또 다른 장점은 업무 관련 소셜 미디어를 직장으로 가져와 직장 생활을 디지털 생활과 더 유사하게 만들 수 있다는 점이다. 이러한 맥락에서 온라인 잡지 《Slate》에서는 Slack 앱에 대해 "즉시 다운로드할 수 있는 멋진 사무실 문화"라고 표현했다. 공식적인 영업인력이 없음에도 불구하고 신규 고객의 대다수는 친구, 동료, 소셜 미디어를 통해 추천을 받은 사람들이다. 4년이 안 되는 기간 동안 Slack은 150개국에서 1,000만 명 이상의 일일 활성 사용자를 확보하였으며 회사의 가치는 70억 달러에 이른다.[1]

이 장은 고객 가치를 창출하는 과정과 관련된 전략적 마케팅의 시사점에 대해 살펴보는 것으로 시작한다. 다음에서는 계획에 대한 여러 가지 관점을 살펴보고, 어떻게 마케팅 계획을 도출할 수 있는지 알아본다.

기업수준과 사업단위의 계획과 관리

올바른 활동을 실행하기 위해 마케팅 담당자는 세 가지 주요 영역에서 전략적 계획의 우선순위를 정해야 한다. 즉 기업의 비즈니스를 투자 포트폴리오로 관리하고, 시장의 성장률을 예측하고 해당 시장에서 기업의 위치를 평가하고, 실행 가능한 비즈니스 모델을 개발해야 한다. 기업은 각 사업단위의 장기 목표를 달성하기 위한 전략을 개발해야 한다.

일반적으로 마케팅 계획과 관리는 기업수준, 사업단위, 특정한 시장 제공물의 세 가지 수준에서 이루어진다. 본사는 기업 전체를 가이드하는 기업 전략 계획을 설계하는 책임을 진다. 본사는 각 사업단위에 할당할 자원의 규모뿐만 아니라 어떤 사업을 시작하거나 정리할지도 결정한다. 각 사업단위에서는 해당 사업부가 향후에도 수익성 있는 사업부로 남기 위한 계획을 구성한다. 마지막으로, 각 시장 제공물은 목표 달성을 위한 마케팅 계획과 관련이 있다(그림 2.1).

학습목표

2.1 기업수준과 사업단위 계획에 필요한 주요 작업을 파악한다.

2.2 시장 제공물의 개발 과정을 설명한다.

2.3 마케팅 계획의 과정을 설명한다.

2.4 실행 가능한 마케팅 계획의 핵심 구성요소를 설명한다.

2.5 마케팅 계획을 수정하는 방법과 시기를 설명한다.

그림 2.1
전략 계획 프로세스

이 장에서는 기업수준과 개별 사업단위를 분석, 계획, 관리하는 것과 관련된 주요 과제를 살펴본다. 이 장의 나머지 부분에서는 기업 제공물을 분석, 계획, 관리하는 과정을 살펴본다.

기업은 기업 사명 규정, 기업 문화 구축, 전략사업단위 구축, 각 전략사업단위에 대한 자원 할당의 네 가지 계획 활동을 수행한다. 그럼 각 과정을 간략히 살펴보자.

기업 사명의 정의

조직은 무언가를 성취하기 위해 존재한다. 자동차를 만들고, 돈을 빌려주고, 숙박 기회를 제공한다. 시간이 지남에 따라 사명은 새로운 기회나 시장 상황에 대응하기 위해 변경될 수 있다. Amazon.com은 사명을 '세계 최대 온라인 서점 되기'에서 '세계 최대 온라인 서점 되기를 추구하기'로 변경했다. eBay는 '수집가를 위한 온라인 경매를 운영하는 것'에서 '모든 종류의 상품을 제공하는 온라인 경매를 운영하는 것'으로 변경했다. Dunkin' Donuts는 강조점을 도넛에서 커피로 변경했다.

사명(mission)은 조직의 존재 이유에 대한 명확하고 간결하며 오랫동안 지속될 선언문이다. 종종 **핵심 목표**라고도 불리는 기업의 사명은 회사 직원과 경영진으로부터 목적, 방향, 기회에 대한 공감을 불러일으키는 장기적 목표다.[2]

사명을 정의하기 위해서 기업은 Peter Drucker의 고전적인 질문에 답해야 한다.[3] 우리의 비즈니스는 무엇인가? 고객은 누구인가? 고객에게 가치 있는 것은 무엇인가? 우리의 사업은 무엇이 될 것인가? 우리의 사업은 무엇이 되어야 하는가? 단순하게 들리는 이러한 질문은 기업이 답해야 할 가장 어려운 질문들이다. 성공한 기업은 끊임없이 묻고 답한다.

관리자, 직원, 가끔은 고객과 공동으로 개발하지만 명확하고 잘 짜여진 사명 선언문은 목적, 방향, 기회에 대한 공유된 의미를 제공한다. 향후 10~20년의 방향을 제시하는 비전은 '불가능에 가까운 꿈'을 반영한다. Sony의 전 소유주인 Akio Morita는 모든 사람이 '개인 휴대용 사운드'에 접근할 수 있기를 원했기 때문에 그의 회사는 Walkman과 휴대용 CD 플레이어를 만들었다. Fred Smith는 익일 오전 10시 30분 전에 미국 전역으로 우편물을 배달하고 싶어 FedEx를 만들었다.

다음 사명 선언문을 살펴보자.

Google의 사명은 전 세계의 정보를 체계화하여 정보에 보편적으로 접근할 수 있게 하고 유용하게 만드는 것이다.[4]

IKEA의 비전은 많은 사람에게 더 나은 일상을 만들어주는 것이다. 사업 아이디어는 가능한 한 많은 사람이 구매할 수 있을 만큼 저렴한 가격에 잘 디자인되고, 기능적으로 충실한 가정용 가구 제품을 다양하게 제공함으로써 이 비전을 뒷받침한다.[5]

Facebook의 사명은 사람들에게 커뮤니티를 구축하고 더 가까운 세상을 만들 수 있는 힘을 제공하는 것이다.[6]

Tesla의 사명은 전 세계에서 지속 가능한 에너지로의 전환을 가속화하는 것이다.[7]

Starbucks의 사명은 이웃에 있는 단 한 명의 고객일지라도 한 잔의 커피를 통해 고객의 마음에 영감과 풍요로움을 주는 것이다.[8]

Microsoft의 사명은 지구상의 모든 개인과 조직에게 더 많은 것을 이룰 수 있는 능력을 부여하는 것이다.[9]

좋은 사명 선언문에는 5가지 주요 특성이 있다.

- **제한된 수의 특정 목표에 집중한다.** 관련 없는 활동들을 열거하는 사명 선언문은 궁극적인 목표를 명확하게 설명하는 집중적인 사명 선언문보다 덜 효과적일 것이다.
- **회사의 주요 정책과 가치를 강조한다.** 개인 재량의 범위를 좁히면 직원이 중요한 문제에 일관되게 행동할 수 있다.
- **회사가 제공하고자 하는 주요 시장을 규정한다.** 타깃(목표)시장의 선택은 기업의 전략과 전술을 결정하기 때문에 기업의 사명 선언문에 의해 정의되어야 하고 회사 관련자들은 이에 따라야 한다.
- **장기적인 안목을 가진다.** 기업 사명은 회사의 궁극적인 전략적 목표를 정의한다. 관련성이 없어진 경우에만 변경해야 한다.
- **가능한 짧고, 기억에 남고, 의미가 있다.** 서너 개의 단어로 이루어진 기업 만트라(corporate mantras)가 일반적으로 장황한 사명 선언문보다 더 효과적이다.

기업 문화 구축

전략 계획은 조직의 맥락 내에서 짜여진다. 회사 조직은 구조, 정책, 기업 문화로 구성되지만 빠르게 변화하는 비즈니스 환경에서 이러한 요소가 제대로 작동하지 않을 수 있다. 관리자가 (어려움은 있지만)구조와 정책은 변경할 수 있지만 기업 문화를 변경하는 것은 매우 어렵다. 그러나 Southwest Airlines의 경험에서 알 수 있듯이 적정한 기업 문화를 만드는 것이 시장 성공의 열쇠인 경우가 많다.

Southwest Airlines   1967년에 설립된 Southwest Airlines는 탁월한 고객서비스의 명성으로 다른 항공사와 차별화하고 이를 지금까지 유지하고 있다. 이 서비스의 핵심에는 5만 8,000명 이상의 직원을 독려하여 항공사 승객을 즐겁게 하겠다는 기업 문화가 있다. Southwest Airlines는 모든 팀원이 회사의 성공에 대해 책임감을 느끼는 포용적이고 재미있는 문화를 조성함으로써 직원이 자신의 업무에 자부심을 갖도록 동기를 부여하며, 이는 흔히 우수한 고객 경험으로 이어진다. 사실 Southwest Airlines는 중요성 측면에서 직원을 최우선으로 생각하고, 고객과 회사의 주주를 그다음으로 생각한다. 항공사는 회사 문화에 대해 다음과 같이 설명한다. "직원을 올바르게 대하면 고객도 올바르게 대할 것이며 결과적으로 모든 사람을 행복하게 하여 비즈니스와 이익이 증가할 것이라고 믿는다." 이러한 지원

환경 덕분에 Southwest Airlines는 충성도 높은 고객 기반을 구축하고 2003년부터 미국 최대 항공사로서의 자리를 지키고 있다.[10]

　기업 문화(corporate culture)란 정확히 무엇인가? 어떤 사람들은 기업 문화를 '조직의 독특함을 정의하는 공유된 경험, 이야기, 신념 및 규범'으로 정의한다. 어떤 회사에 들어가더라도 가장 먼저 눈에 띄는 것은 어떤 식으로 복장을 갖추고, 서로 대화를 주고받고, 고객을 맞이하는지 등 기업 문화와 관련된 것들이다.

　고객 중심 문화는 조직의 모든 측면에 영향을 줄 수 있다. 미국의 렌터카 기업인 Enterprise Rent-A-Car는 최근 광고 캠페인 "The Enterprise Way"에서 직원을 소개한다. Enterprise는 Making It Right 교육 프로그램을 통해 모든 직원이 스스로 결정을 내릴 수 있도록 한다. "Fix Any Problem"이라는 주제의 캠페인 광고 중 하나는 회사의 지역 매장이 고객 만족도를 최대화하는 조치를 취할 수 있는 권한을 갖고 있음을 강조한다.[11]

전략사업단위 규정

많은 대기업은 종종 전략사업단위라고 불리는 서로 다른 사업단위의 포트폴리오를 관리하는데, 각각의 사업단위는 각자를 위한 차별적 전략을 필요로 한다. **전략사업단위**(strategic business unit, SBU)는 다음 세 가지 특징을 가지고 있다. (1) 기업의 나머지 사업과 별도로 독립적으로 존재할 수 있는 단일 사업 또는 관련 사업의 집합이다. (2) 사업단위별로 각각 다른 경쟁사 집합과 경쟁한다. (3) 전략 계획과 수익 성과를 책임지는 관리자가 있으며, 이 관리자는 수익에 영향을 미치는 대부분의 요소를 통제한다.

다수의 전략사업단위가 기업의 포트폴리오를 구성한다. 포트폴리오 내 개별 전략사업단위가 얼마나 다양한가에 따라 이러한 단위는 전문화 또는 다각화로 특징지을 수 있다.

전문화된 포트폴리오(specialized portfolio)에는 하나 또는 몇 개의 제품 라인으로 구성된 상당히 좁은 범위의 SBU가 포함된다. 예를 들어 Ferrari(고성능 스포츠카), Glacéau(생수), GoPro(액션 캠코더), Roku(디지털 미디어 스트리밍)는 전략적으로 제품 믹스를 상당히 좁은 제품군으로 제한했다.

대조적으로, **다각화된 포트폴리오**(diversified portfolio)에는 여러 제품 라인을 포함하는 상당히 광범위한 상품 구색을 갖춘 SBU가 포함된다. 예를 들어 Amazon, General Electric, Johnson & Johnson, Unilever와 같은 회사는 다양한 제품 라인을 제공한다. 다각화된 비즈니스 믹스를 운영하는 주요 이유는 회사가 지금은 진입하지 않은 영역이지만 해당 영역에서 성장 기회를 확보하기 위해서다.

광범위한 기업 사명 내에서 각 사업단위는 보다 구체화된 개별 사명을 필요로 한다. 따라서 텔레비전 스튜디오용 조명 장비를 제조 및 판매하는 회사는 '주요 텔레비전 스튜디오를 대상으로 가장 진보되고 신뢰할 수 있는 스튜디오 조명 장치를 대표하는 조명 기술 공급업체로 선택되기'로 사명을 규정할 수 있다. 이 사명 선언문에는 소규모 텔레비전 스튜디오를 대상으로 한다든지 최저 가격을 제공한다든지 또는 비조명 제품에 진출한다는 내용에 대한 언급은 빠져 있다.

기업의 전략사업단위를 구분하는 목적은 별도의 전략을 개발하고 적절한 자금을 할당하기 위해서다. 고위 경영진은 비즈니스 포트폴리오에는 통상적으로 '어제의 성공'과 '내일의 승자'가 포함된다는 것을 알고 있다. Liz Claiborne은 Juicy Couture, Lucky Brand Jeans, Mexx, Kate Spade 같은 신생 사업에 더 중점을 두면서, Ellen Tracy, Sigrid Olsen, Laundry와 같은 다른 사업을 운영하고 있다.

사업단위에 대한 자원 할당

SBU를 정의한 후 경영진은 기업 자원을 어떻게 각 사업단위에 할당할 것인가를 결정해야 한다.[12] 이는 각 SBU의 경쟁우위 수준과 해당 SBU와 관련된 시장의 매력도를 평가하여 수행된다. 개별 사업부를 평가할 때 회사는 이러한 사업부 간에 존재하는 시너지도 고려할 수 있다. 이러한 시너지 효과는 회사 프로세스(예: 연구 개발, 제조 및 유통) 또는 인력(예: 숙련된 관리, 자격을 갖춘 엔지니어 및 지식이 풍부한 영업인력)과 관련될 수 있다. 사업부 포트폴리오 평가를 기반으로 기업은 특정 비즈니스를 성장시킬 것인지 또는 '추수'(또는 현금 인출)할지, 아니면 현상유지를 할지 결정할 수 있다.

포트폴리오 관리는 (1) 특정 산업 또는 시장이 제시하는 기회와 (2) 해당 기회를 활용할 수 있는 능력을 결정하는 회사의 자원 등 두 가지 요소를 중점적으로 고려한다. 여기에서 시장 기회는 일반적으로 규모, 성장, 수익성과 같이 전체 시장 혹은 산업의 매력도를 나타내는 요소로 평가될 수 있다. 반면에 회사의 자원은 시장에서의 경쟁적 위치를 반영하며 종종 전략적 자산,

핵심 역량, 시장 점유율과 같은 요소에 의해 평가된다.

여러 사업부에 대한 자원 할당의 원칙은 산업 전반에 걸쳐 매우 유사하기 때문에 많은 기업에서 이러한 결정에 적용할 만한 일반화된 전략을 개발해 왔다. 이러한 일반화된 전략은 종종 여러 SBU에 대한 자원 할당에 지침이 되는 공식 포트폴리오 모델에 통합되어 있다.

> Kraft Kraft는 다양한 사업별 성장 속도와 전략적 목표, 전략 및 전술의 차이를 고려하여 다음과 같이 두 개의 비즈니스로 분할했다. 첫 번째는 Oreo 쿠키와 Cadbury 캔디와 같은 빠르게 성장하는 글로벌 스낵 및 캔디 비즈니스이고, 두 번째는 Maxwell House 커피, Planters 땅콩, Kraft 치즈, Jell-O와 같은 천천히 성장하는 북미 식료품 비즈니스다. 스낵 및 캔디 사업은 Mondelēz International로 브랜드화되었으며, 중국과 인도 같은 신흥 시장에서 많은 기회를 확보한 고성장 기업으로 자리 잡았다. 식료품 사업은 Kraft Foods(현 KraftHeinz)라는 이름을 유지했으며, 우수한 품목의 육류와 치즈 브랜드로 구성되어 있었기 때문에, 일관된 배당금에 관심이 있는 투자자에게 더 많은 돈줄(cash cow)로 여겨졌다. Mondelēz는 빠른 확장을 위해 속도를 냈고, Kraft Foods는 비용 절감과 강력한 브랜드를 지원하기 위해 선택적 투자에 집중했다.[13]

포트폴리오 모델 개발의 핵심은 주어진 사업단위의 성과를 파악할 수 있는 매트릭스(matrix)를 구성하는 것이다. 모델의 가정에 따라 이러한 매트릭스에는 투자 수익, 시장 점유율, 산업 성장률과 같은 요소가 포함될 수 있다. 다소 지나치게 단순화되고 주관적이지만, **Boston Consulting Group**에서 개발한 BCG 매트릭스가 널리 사용되고 있는 포트폴리오 분석 방식 중 하나다. 새로운 포트폴리오 관리 방법은 보다 포괄적인 접근방식을 사용하며, 글로벌 확장, 포지셔닝 또는 리타기팅, 전략적 아웃소싱을 사용하여 성장 기회의 잠재력을 평가한다.

>> Kraft는 두 개의 회사 Mondelēz International과 Kraft Heinz로 분할하기로 결정했는데, 이는 서로 다른 목표, 전략, 전술, 그리고 다양한 성장률을 고려한 결과였다.

출처: Michael Neelon(misc)/Alamy Stock Photo

시장 제공물 개발

표적(타깃)고객, 협력업체 그리고 회사 이해관계자에게 의미 있는 가치를 창출하기 위해서는 기업이 경쟁할 타깃시장을 명확하게 파악하고 표적고객에게 의미 있는 혜택을 전달할 제공물을 설계해야 한다.[14] 이러한 활동에는 기업의 비즈니스 모델의 두 가지 핵심 요소인 전략과 전술이 포함된다.

전략(strategy)은 회사가 경쟁할 잘 정의된 시장을 선택하고 이 시장에서 창출하고자 하는 가치를 결정하는 과업과 관련이 있다. 마케팅 믹스라고도 불리는 **전술**(tactics)은 회사의 전략을 실현하며 주어진 시장에서 가치를 창출하기 위해 개발될 제공물의 핵심적인 면면을 정의한다. 전술은 논리적으로 회사의 전략을 따르고 회사가 이 전략을 시장에서 현실로 만드는 방법을 반영한다. 전술은 제공물의 편익과 비용에서부터 표적고객이 제공물에 대해 배우고 구매하는 수단에 이르기까지 모든 것을 형성한다.

전략과 전술은 근본적으로 서로 얽혀 있다. 기업의 전략은 타깃시장을 명확히 하고, 기업이 이 시장에서 창출하고자 하는 가치를 명시하고, 전술은 선택된 시장에서 가치를 창출할 제품의 실제 속성을 세세히 구체화한다. 제공물의 특징, 브랜드 이미지, 가격, 제품 홍보, 커뮤니케이션, 유통 등 구체적인 전술적 측면을 결정하는 것은 타깃(target) 마케팅의 요구와 이러한 요구를 충족하기 위해 존재하는 다양한 대안을 이해하지 않고서는 불가능하다.

제공물의 전략과 전술의 주요 측면은 다음 절에서 더 자세히 알아본다.

마케팅 전략 개발

마케팅 전략에는 회사가 경쟁할 **타깃시장**과 관련 시장 주체(자사, 표적고객, 협력사)에 제시할 **가치 제안**이라는 두 가지 핵심 요소가 통합되어 있다. 신중하게 선택된 타깃시장과 잘 다듬어진 가치 제안은 회사 비즈니스 모델의 기초가 되고 자사의 제공물을 정의하는 전술적 결정을 확정하는 데 지침 원칙이 된다.

타깃시장 파악   회사가 가치를 창출하고 포착하는 활동을 전개하는 **타깃시장**(target market)은 5가지 요소로 구성된다. 회사가 충족시키려는 니즈를 가진 **고객**, 동일한 표적고객의 동일한 니즈를 충족하려는 **경쟁업체**, 고객의 니즈를 충족하도록 돕는 **협력업체**, 제품을 개발하고 관리하는 **자사**, 즉 회사 자체, 회사가 제품을 개발하고 관리하는 방법에 영향을 미칠 **환경**이다.

이러한 5가지 시장 요소인 **5C**는 **5C 프레임워크**에서 동심원 모양의 타원으로 표현된다. 표적고객은 중앙에 위치하고 협력업체, 경쟁업체, 자사는 중간에, 환경은 외부에 위치한다(그림 2.2). 5C 프레임워크에서 표적고객을 중앙에 배치하는 것은 시장에서 고객이 규정하는 역할을 반영하기 위함이고 다른 세 가지 시장 주체(자사, 협력업체, 경쟁업체)는 표적고객을 위한 가치를 창출하기 위해 노력한다고 볼 수 있다. 5C 프레임워크의 외부 계층을 형성하는 것은 고객, 회사, 협력업체, 경쟁업체가 활동하는 환경을 정의하는 시장, 즉 환경(context)을 말한다.

그림 2.2

목표 시장 파악: 5C 프레임워크

출처: Alexander Chernev, *Strategic Marketing Management: Theory and Practice* (Chicago, IL: Cerebellum Press, 2019).

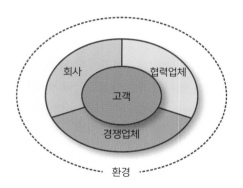

5가지 C와 서로 간의 관계는 다음 절에서 더 자세히 논의한다.

- **표적고객**(target customer)은 회사가 충족시킬 계획이 있는 니즈를 보유한 개인 또는 조직을 말한다. B2C 시장의 표적고객은 통상적으로 회사 제품의 최종사용자인 반면 B2B 시장의 표적고객은 회사 제품을 사용하는 다른 기업체다. 두 가지 핵심 원칙이 표적고객의 선택을 결정한다. 자사와 협력업체는 경쟁업체와 비교하여 표적고객을 위해 더 월등한 가치를 창출할 수 있어야 하고, 선택된 표적고객은 자사와 협력업체를 위해 가치를 창출할 수 있어야 한다.

- **협력업체**(collaborators)는 회사와 협력하여 표적고객을 위해 가치를 창출한다. 자사의 고객 니즈를 충족하는 데 도움이 되도록 보완적 자원을 제공할 수 있는지를 판단하여 협력업체를 선택해야 한다. 협업은 표적고객의 요구사항을 충족하는 제품을 만드는 데 필요한 자원이지만 회사 내에 부족한 경우 직접 개발하는 대신 아웃소싱하는 것과 관련이 있다. 부족한 자원을 스스로 구축하거나 획득하는 대신 자원을 보유하고 공유하여 혜택을 얻을 수 있는 기업과 파트너 관계를 맺음으로써 회사는 필요한 자원에 접근할 수 있다. 협력업체에는 공급업체, 제조업체, 유통업체(예: 딜러, 도매업체, 소매업체), 연구 개발 기관, 서비스 제공업체, 외부 영업인력, 광고 대행사, 마케팅 조사 회사가 있다.

- **경쟁업체**(competitors)는 회사가 목표로 하는 동일한 고객의 동일한 니즈를 충족하는 것을 목표로 한다.[15] 기업은 전통적인 범위와 산업 용어를 사용하여 경쟁업체를 파악하는 근시안적인 관점으로 피해를 보는 것을 경계해야 한다.[16] 회사는 다음과 같은 질문을 함으로써 주요 경쟁자와 그들의 전략을 분석해야 한다. 각 경쟁자는 시장에서 무엇을 찾고 있는가? 무엇이 각 경쟁자의 행동을 이끄는가? 이 같은 질문은 규모, 역사, 현재 관리 및 재정 상황을 포함하여 많은 요소가 경쟁자의 목표와 관련되어 있기 때문에 회사의 위치를 명확히 하는 데 도움이 된다. 예를 들어, 더 큰 기업의 계열사인 경쟁업체가 성장을 위해 운영되고 있는지, 이익을 위해 운영되고 있는지, 아니면 그저 착취당하고 있는지를 아는 것이 중요하다.[17]

- **회사**(company)는 정해진 시장 제공물을 개발하고 관리한다. 다양한 전략적 역량과 시장 제공물을 보유한 조직의 경우, **회사**라는 용어는 일반적으로 특정 제공물을 관리하는 특정 사업부를 의미한다. 각 전략사업부는 자체 비즈니스 모델이 필요한 별도 기업으로 볼 수

있다. 예를 들어, GE, Alphabet(Google의 모회사), Facebook은 여러 전략사업단위를 가지고 있다.

- **환경**(context)은 자사와 협력업체가 운영되고 있는 환경이다. 여기에는 5가지 요소가 포함된다. **사회문화적 환경**은 사회 및 인구통계학적 추세, 가치 체계, 종교, 언어, 생활 방식, 태도 및 신념으로 구성된다. **기술적 환경**은 시장 제공물을 개발하고 소통하고 전달하기 위한 새로운 기술, 방법 및 프로세스로 구성된다. **규제적 환경**에는 세금, 수입 관세 및 금수 조치는 물론 제품 사양 및 가격 책정과 관련된 규제 그리고 통신 규정과 지적재산권법이 있다. **경제적 환경**은 경제 성장, 통화 공급, 인플레이션, 이자율로 구성된다. **물리적 환경**은 천연 자원, 지리적 위치, 지형, 기후 추세, 보건 상태를 말한다. 환경은 시장 가치를 창출하는 기업의 능력에 상당한 영향을 미칠 수 있다. 인공지능의 발전, 무역전쟁의 시작, 지구온난화, 코로나바이러스 팬데믹을 포함하여 최근의 많은 변화는 많은 기업에게 이제까지의 운영 방식을 완전히 다시 생각하게 만들고 비즈니스 모델을 변경하도록 압박하고 있다.

타깃시장의 핵심 구성요소는 시장의 다른 모든 특징을 결정하는 표적고객을 선택하는 것이다. 여기에는 경쟁을 구체화하고, 협력업체를 선택하고, 고객을 위한 우수한 제공물을 개발하는 데 필요한 회사 자원을 파악하고, 회사가 시장 가치를 창출할 조건을 구상하는 일이 포함된다. 표적고객의 변화는 일반적으로 경쟁업체 및 협력업체의 변화, 다양한 요구 자원상의 변화, 조건 요인의 변화로 이어진다. 전략적 중요성에 비추어 볼 때 올바른 표적고객의 선택은 성공적인 비즈니스 모델을 구축하기 위한 기반이다.

5가지 C와 5가지 경쟁 요소

5C 프레임워크는 Michael Porter가 제안한 Five Forces 프레임워크와 유사하다.[18] Five Forces 프레임워크는 공급자의 교섭력, 구매자의 교섭력, 신규 진입자의 위협, 대체재의 위협, 기존 경쟁자와의 경쟁이라는 5가지 요소에 따라 산업 경쟁력을 평가한다. 이 5가지 요소가 함께 기업이 운영되는 경쟁 환경을 정의한다. Five Forces 프레임워크에 따르면 공급자와 구매자의 더 큰 교섭력, 새로운 경쟁자와 대체 제품의 더 높은 위협, 기존 경쟁자 간의 경쟁 심화가 산업 내 경쟁을 심화시킨다.

회사가 운영되는 시장에 관한 분석을 용이하게 한다는 점에서 Five Forces 프레임워크는 5C 프레임워크와 유사하다. 그러나 시장을 정의하는 방식의 차이가 이 둘을 구분한다. Five Forces 프레임워크는 업계 관점에서 시장 경쟁을 분석한다. 반면에 5C 프레임워크는 회사가 경쟁하는 산업이 아니라 고객의 니즈를 기반으로 시장을 정의한다. 따라서 고객의 니즈를 충족하고 시장 가치를 창출하는 능력 측면에서 경쟁자를 정의한다고 말할 수 있다. 5C 프레임워크에서는 회사와 경쟁업체가 동일한 산업 내에서 운영되는지 여부와 관련이 없으며 대체품이라는 개념은 불필요한 것으로 보이는데, 대체품은 고객의 관점에서 특정 니즈를 충족하는 것을 목표로 하는 카테고리 간 경쟁일 뿐이기 때문이다.

Five Forces 프레임워크는 산업에 초점을 맞추기 때문에 특정 산업 내에서 경쟁 구조를 분석하려는 마케터에게 적합하다. 그러나 Five Forces 접근방식은 시장 가치를 창출하는 제공물의 능력을 분석할 때에는 관련성이 훨씬 떨어진다. 이 경우 5C 프레임워크가 더 유용하다고 볼 수 있는데 특정 산업이 아닌 고객 니즈에 기반한 고객 초점 및 시장 관점이 반영되기 때문이다.[19]

가치 제안 개발　성공적인 제공물은 표적고객뿐만 아니라 자사와 협력업체에게도 탁월한 가치를 창출해야 한다. 따라서 시장 교환에 참여하는 관련 주체들을 위해 시장 제공물을 개발할 때 회사는 고객 가치, 협력업체 가치, 회사 가치의 세 가지 유형의 가치를 모두 고려해야 한다.

- **고객 가치**(customer value)는 고객에 대한 제공물의 가치이며, 제공물이 고객의 니즈를 얼마나 잘 충족하는지에 대한 고객의 평가에 달려 있다. 제공물이 고객을 위해 창출하는 가치는 (1) 표적고객의 **니즈**, (2) 고객이 회사의 제공물을 구입할 때 발생하는 이익과 비용, (3) 표적고객이 자신의 니즈를 충족하기 위해 대신 사용할 수 있는 대체 수단(경쟁 제공물)의 혜택과 비용 등 세 가지 요소에 달려 있다. 결과적으로 고객 가치 제안은 표적고객이 선택 가능한 대안 대신에 자사의 제공물을 선택해야 하는 이유를 설명할 수 있어야 한다.
- **협력업체 가치**(collaborator value)는 자사의 협력업체에게 제공되는 가치다. 이는 협력업체를 위해 제공물이 창출하는 모든 혜택과 비용을 합쳐놓은 것이고 그러한 제공물이 협력업체에게 얼마나 매력적인가를 반영한다. 협력업체 가치 제안은 협력업체가 자신의 목표를 달성하기 위해 경쟁적인 대안 대신 자사의 제품을 선택하는 이유를 설명해야 한다.
- **회사 가치**(company value)는 자사, 즉 회사 자체에 대한 제공물의 가치다. 제공물의 가치는 이와 관련된 모든 이익과 비용, 기업 목표와의 적합성, 기업이 추구할 수 있는 기타 기회의 가치(예: 회사가 출시할 수 있는 기타 제공물의 가치)를 고려하여 결정한다. 따라서 회사 가치 제안은 자사가 대체 옵션을 선택하는 대신 이 제안을 선택하는 이유를 확정한다.

시장 가치 원칙은 표적고객, 협력업체, 회사 자체의 세 가지 유형의 시장 주체에게 가치 창출의 중요성을 강조하기 때문에 3V 원칙으로 불리기도 한다. 시장 가치 원칙은 해결해야 할 세 가지 질문을 제시함으로써 비즈니스 모델의 실행 가능성을 정의한다.

제공물은 표적고객에게 어떤 가치를 제공하는가? 표적고객이 이 제공물을 선택하는 이유는 무엇인가? 이 제품이 대체 옵션보다 우수한 이유는 무엇인가?

제공물이 회사의 협력업체(공급자, 유통업체, 공동 개발자)에게 어떤 가치를 제공하는가? 협력업체가 다른 기업 대신 자사와 파트너 관계를 맺는 이유는 무엇인가?

제공물이 자사에 어떤 가치를 창출하는가? 자사가 다른 옵션을 추구하는 대신 이 제공물에 자원을 투자해야 하는 이유는 무엇인가?

그림 2.3
3V 시장 가치 원칙

출처: Alexander Chernev, *Strategic Marketing Management: Theory and Practice* (Chicago, IL: Cerebellum Press, 2019).

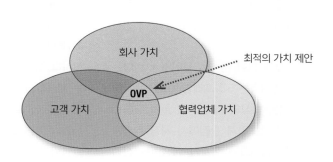

　　세 가지 유형의 주체 모두에 대해 가치 관리가 필요한데 그렇다면 어떤 가치를 우선시해야 하는지에 대한 의문이 생긴다. 이에 대한 대답은 고객, 협력업체, 회사의 가치 사이에 균형을 맞추는 **최적의 가치 제안**(optimal value proposition)을 만들어야 한다는 것이다. 여기서 말하는 **최적 가치**란 제공물의 가치를 중심으로 세 주체가 서로 연결되도록 하여 기업이 전략적 목표를 달성할 수 있는 방식으로 표적고객과 협력업체를 위해 가치가 창출될 수 있도록 하는 것이다. 시장 가치 원칙은 고객, 협력업체, 회사 가치를 최적화하며 시장 성공의 기반이 된다(그림 2.3). 세 시장 주체 중 어느 하나에게도 충분한 가치가 제공되지 못한다면 필연적으로 지속 불가능한 비즈니스 모델이 되며 해당 비즈니스는 몰락하게 된다.

　　Starbucks가 시장 가치를 창출하기 위해 사용하는 수단을 생각해 보자. 고객은 다양한 커피 음료의 기능적 혜택과 맞춤형 음료를 선택함으로써 자신의 개성을 표현하는 심리적 혜택을 받고, 이에 대해 금전적 보상을 Starbucks에 전달한다. 협력업체(커피 재배자)는 Starbucks에 제공하는 커피 원두에 상응하는 금전적 보상을 확보하며 자신이 재배하는 커피 원두에 대해 일관된 수요를 확보한다는 전략적 이익을 볼 수 있다. 그 대가로, 그들은 Starbucks의 기준에 부합하는 커피 원두를 재배하는 데 자원을 투입한다. Starbucks는 브랜드 구축과 시장에서의 존재감 강화라는 전략적 이익을 도출하는 것 외에도 자사 제품과 서비스를 개발하고 소비자에게 제공하는 데 회사 자원을 투입함으로써 수익과 이익을 담보한다.

마케팅 전술 설계

시장 제공물(market offering)은 특정 고객의 요구를 충족하기 위해 회사가 개발하는 실제 상품이다. 회사의 전략을 반영하는 타깃시장 및 가치 제안과 달리 시장 제공물은 회사의 전술, 즉 회사가 경쟁하는 시장에서 회사가 가치를 창출할 구체적인 방법을 반영한다.

　　마케팅 관리자는 시장 가치를 창출하는 제공물을 개발하기 위해 사용할 수 있는 7가지

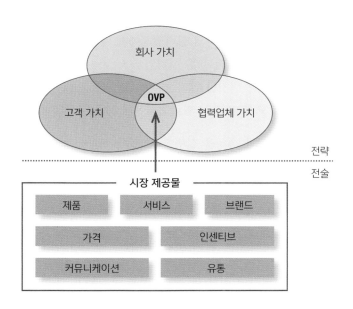

그림 2.4

마케팅 전술: 시장 제공물을 정의하는 7가지 전술 (7T)

출처: Alexander Chernev, *Strategic Marketing Management: Theory and Practice* (Chicago, IL: Cerebellum Press, 2019).

전술, 즉 제품, 서비스, 브랜드, 가격, 인센티브, 커뮤니케이션, 유통을 관리한다. **마케팅 믹스** (marketing mix)라고도 하는 이 7가지 속성(전술 또는 T라고도 함)은 시장 제안의 전략을 현실로 전환하는 데 필요한 활동의 조합을 나타낸다(그림 2.4).

시장 제공물을 설명하는 7가지 속성은 다음과 같다.

- **제품**(product)은 표적고객을 위한 가치 창출을 목표로 하는 시장성 있는 상품을 말한다. 제품은 유형(예: 음식, 의류 및 가구)이거나 무형(예: 음악 및 소프트웨어)일 수 있으며 제품 구매는 고객에게 취득한 제품에 대한 소유권을 부여하는 것이다. 예를 들어, 자동차나 소프트웨어 프로그램을 구입하면 소유자는 취득한 제품에 대한 모든 권리를 갖게 된다.

- **서비스**(service)는 또한 고객을 위한 가치 창출을 목표로 생각하고 있지만 고객에게 소유권을 부여하지는 않는다. 서비스의 예로는 가전제품 수리, 영화 대여, 의료적 치료, 세금 준비 등이 있다. 때때로 동일한 제공품이 제품 또는 서비스로 포지셔닝될 수 있다. 예를 들어, 소프트웨어 프로그램은 구매자에게 프로그램 사본에 대한 권리를 부여하는 제품 형태로 제공되거나 고객이 프로그램을 임대하고 일시적으로 그 혜택을 받을 수 있도록 하는 서비스 형태로 제공될 수 있다.

- **브랜드**(brand)의 목표는 회사가 생산하는 제품 및 서비스를 식별하고 경쟁 제품과 차별화한다. 이 과정에서 제품 및 서비스 측면 이상의 고유한 가치를 창출한다. BMW 자회사인 Rolls-Royce가 제조한 Rolls-Royce 브랜드는 Bentley, Maserati, Bugatti와 차별화하고 Rolls-Royce 브랜드를 사용하는 고객의 독특한 감성적 반응, 즉 고객에게 자신의 부와 사회경제적 지위를 자랑하는 데서 뿌듯함을 불러일으킬 수 있다.

- **가격**(price)은 고객과 협력업체가 회사가 제공하는 혜택을 얻기 위해 지불해야 하는 금전적 비용이다.

- **인센티브**(incentives)는 비용을 줄이거나 혜택을 증가시켜 제공품의 가치를 개선하도록 설계된 표적화된 도구이며 일반적으로 대량 구매 할인, 가격 할인, 쿠폰, 리베이트, 프리미엄, 보너스 제공, 콘테스트, 금전 및 인정(recognition) 보상의 형태로 제공된다. 인센티브는 소비자 혹은 유통업체와 같은 회사의 협력업체에게 제공될 수 있다.

- **커뮤니케이션**(communication)은 표적고객, 협력업체 및 자사 이해관계자에게 제공품의 세부사항과 이를 획득할 수 있는 위치를 알리는 것이다.

- **유통**(distribution)에는 표적고객 및 자사 협력업체에게 제품을 전달하는 채널이 포함된다.

다시, Starbucks의 예로 이러한 속성을 설명할 수 있다. Starbucks의 **제품**에는 다양한 음료와 음식이 포함되어 있다. **서비스**는 Starbucks가 구매 전, 구매 중, 구매 후 고객에게 제공하는 지원으로 구성되며, **브랜드**는 Starbucks의 이름과 로고, 그리고 고객의 마음속에 떠오르는 연상으로 구성된다. **가격**은 Starbucks가 제공하는 서비스에 대해 고객에게 부과하는 금액이며, **인센티브**에는 고객에게 추가 혜택을 제공하는 로열티 프로그램, 쿠폰 및 임시 가격 할인과 같은 프로모션 도구가 포함된다. **커뮤니케이션**은 광고, 소셜 미디어 및 홍보를 통해 Starbucks가 제공하는 제품을 대중에게 알리기 위해 배포하는 정보로 구성되고, **유통**에는 Starbucks 제품을

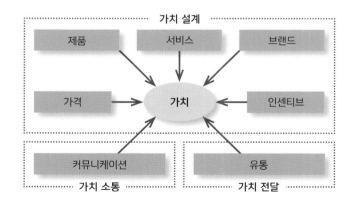

그림 2.5

고객 가치를 설계하고, 소통하고, 전달하는 과정으로서의 마케팅 전술

출처: Alexander Chernev, *Strategic Marketing Management: Theory and Practice* (Chicago, IL: Cerebellum Press, 2019).

고객에게 제공하는 회사 소유 매장과 라이선스가 부여된 제3자가 운영하는 점포가 포함된다.

제품, 서비스, 브랜드, 가격, 인센티브, 커뮤니케이션, 유통의 7가지 마케팅 전술은 고객 가치를 **설계하고, 소통하고, 전달하는 과정**이라고 할 수 있다. 제공품의 가치 설계 측면은 제품, 서비스, 브랜드, 가격, 인센티브로 구성되는 반면 커뮤니케이션과 유통은 프로세스의 정보 가치 및 전달 가치 측면을 구성한다(그림 2.5). 따라서 서로 다른 전술적 속성이 가치 창출 프로세스에서 각기 뚜렷한 역할을 수행하더라도 세 가지 차원, 즉 설계하고, 소통하고, 전달하는 과정 모두 고객 가치를 최적화한다.

가치 창출 프로세스는 회사와 고객 모두의 관점에서 고려될 수 있다. 회사는 가치 창출을 가치를 **설계하고 소통하며 제공하는** 과정으로 간주하지만, 고객은 가치 창출 프로세스를 다른 관점에서 바라보는데 제품의 **매력, 인지**(awareness), **가용성**(availability)의 관점에서 바라본다.[20] 매력은 제품, 서비스, 브랜드, 가격, 인센티브 측면과 표적고객의 혜택과 비용을 반영한다. 인지는 표적고객에게 제품의 세부사항을 알리는 방법과 관련되어 있으며, 가용성은 표적고객이 제공품을 구입할 수 있는 방법으로 구성된다.

7T와 4P

마케팅 전략을 제공물의 7가지 핵심 속성을 정의하는 과정으로 보는 것과 널리 알려진 4P 프레임워크로 보는 것은 어느 정도 관련이 있을 수 있다. 1960년대에 도입된 4P 프레임워크는 제공물을 디자인할 때 관리자가 결정을 내려야 할 네 가지 주요 영역을 제시하는데 제품에 포함될 특징, 제품의 가격, 제품을 알리는 최선의 방법, 제품이 존재해야 할 판매처를 말한다. 이 네 가지 결정 영역은 **제품**(Product), **가격**(Price), **촉진**(Promotion), **장소**(Place)라는 4P로 표시된다.

단순하고 직관적이며 기억하기 쉽기 때문에 4P 프레임워크는 널리 인기를 누리고 있다. 그러나 이러한 단순성 때문에 4P 프레임워크는 현대 비즈니스 환경에서 관련성이 상당히 떨어진다. 그 한계 중 하나는 제품 기반에서 서비스 기반 비즈니스 모델로 전환하는 기업이 늘고 있는 오늘날의 서비스 중심 비즈니스 환경에서 제공물의 제품과 서비스 측면을 구분하지 못한다는 치명적인 단점이다. 4P 프레임워크의 또 다른 한계는 **브랜드**를 별도의 요소로 간주하지 않고 제품의 일부로 간주한다는 점이다. 제품과 브랜드는 제공물의 두 가지 다른 측면이며, 각각은 독립적으로 존재할 수 있다. 실제로 브랜드 구축과 관리에 노력을 집중할 수 있도록 제품 제조를 아웃소싱하는 기업이 늘고 있다.

4P 프레임워크가 약점을 보이는 또 다른 영역은 **촉진**(promotion)이라는 용어를 다루는 데 있다. 촉진은 가격 프로모션, 쿠폰 및 거래 촉진(trade promotion)을 포함하는 **인센티브**와 광고, 홍보, 소셜 미디어 및 개인 판매를 포함하는 **커뮤니케이션**이라는 두 가지 뚜렷한 촉진 활동으로 구성된 광범위한 개념이다. 인센티브와 커뮤니케이션은 가치 창출 프로세스에 서로 다른 기여를 한다. 인센티브는 시장 제공물의 가치를 향상하는 반면, 커뮤니케이션은 고객에게 시장 제공물에 대해 알리는 역할을 하지만 반드시 시장 제공물의 가치를 향상하는 것은 아니다. 4P 프레임워크가 이러한 개별적인 활동 모두를 지칭하기 위해 **촉진**이라는 용어를 사용하는 것은 시장 가치를 창출하는 과정에서 각각의 고유한 역할을 모호하게 만들 수 있다.

제품, 서비스, 브랜드, 가격, 인센티브, 커뮤니케이션, 유통 등 7가지 요소를 고려함으로써 4P 프레임워크의 한계를 피할 수 있다. 네 개의 P는 7T 프레임워크의 7가지 속성에 쉽게 대칭될 수 있다. 첫 번째 P(제품)는 제품, 서비스, 브랜드로 구성되며, 가격은 두 번째 P로 남고, 세 번째 P(프로모션)는 인센티브와 커뮤니케이션으로 확장되며, 유통은 네 번째 P(장소)를 대체한다. 따라서 7T 마케팅 믹스는 4P 프레임워크의 보다 정교한 버전을 제시하며, 기업의 시장 제공물을 설계하기 위해 보다 정확하고 실행 가능한 접근방식을 제공한다.

시장 가치 지도 생성

기업 비즈니스 모델의 두 가지 핵심 측면인 전략과 전술은 기업이 시장 가치를 창출하는 방법을 정의하는 가치 지도(map)로 표현될 수 있다. 가치 지도의 궁극적인 목적은 회사가 시장에서 성공할 수 있는 생존 가능한 비즈니스 모델의 개발을 촉진하는 것이다. 따라서 시장 가치 지도는 기업 비즈니스 모델의 핵심 요소들과 이들이 어떻게 상호 연관되어 있는지를 시각적으로 보여주는 것으로 생각할 수 있다.

시장 가치 지도는 비즈니스 모델의 구조를 반영하며 회사의 전략과 전술을 정의하는 세 가지 핵심 요소인 **타깃시장**, **가치 제안**, **시장 제공물**을 포함한다. 타깃시장은 고객(Customer), 협력업체(Collaborator), 회사(Company), 경쟁업체(Competitor), 환경(Context) 등 5개의 C에 의해 정의되며, 고객은 시장을 정의하는 데 핵심적인 역할을 한다. 가치 제안은 기업이 시장에서 창출해야 하는 세 가지 가치 유형, 즉 고객 가치, 협력업체 가치, 회사 가치를 포함한다. 마지막으로, 시장 가치 지도의 제품 구성요소는 기업 비즈니스 모델의 전술적 측면을 나타내는 7가지 주요 속성(제품, 서비스, 브랜드, 가격, 인센티브, 커뮤니케이션, 유통)을 설명한다. 시장 가치 지도의 구성요소와 각 구성요소를 정의하는 주요 질문은 그림 2.6에 제시되어 있다.

시장 가치 지도의 가치 제안 구성요소는 회사 비즈니스 모델의 실행 가능성을 보장하는 핵심 요소다. 시장에서 제공물의 성공은 표적고객, 협력업체, 자사, 즉 회사 자체의 3대 핵심 주체를 위해 가치를 창출할 수 있는 회사의 능력에 달려 있다. 이러한 주체는 서로 다른 가치 제안을 필요로 하고 서로 다른 가치 제안을 요구하기 때문에 각 주체에 대한 별도의 가치 지

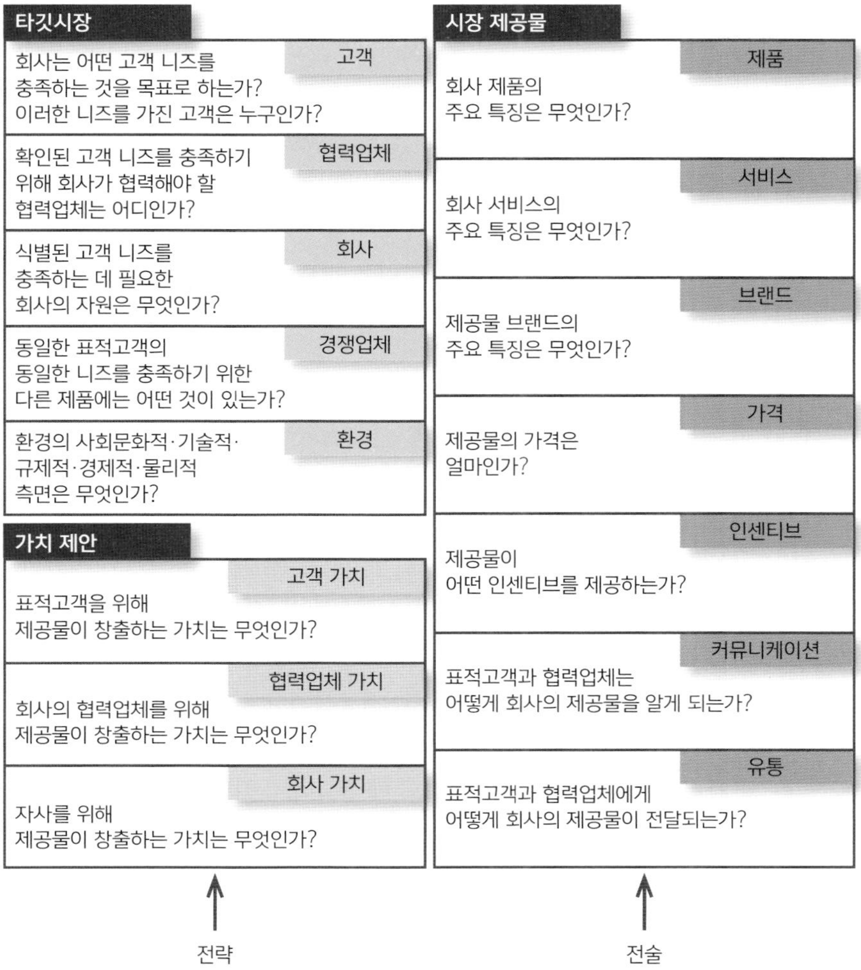

타깃시장	
고객 회사는 어떤 고객 니즈를 충족하는 것을 목표로 하는가? 이러한 니즈를 가진 고객은 누구인가?	
협력업체 확인된 고객 니즈를 충족하기 위해 회사가 협력해야 할 협력업체는 어디인가?	
회사 식별된 고객 니즈를 충족하는 데 필요한 회사의 자원은 무엇인가?	
경쟁업체 동일한 표적고객의 동일한 니즈를 충족하기 위한 다른 제품에는 어떤 것이 있는가?	
환경 환경의 사회문화적·기술적· 규제적·경제적·물리적 측면은 무엇인가?	

가치 제안
고객 가치 표적고객을 위해 제공물이 창출하는 가치는 무엇인가?
협력업체 가치 회사의 협력업체를 위해 제공물이 창출하는 가치는 무엇인가?
회사 가치 자사를 위해 제공물이 창출하는 가치는 무엇인가?

시장 제공물
제품 회사 제품의 주요 특징은 무엇인가?
서비스 회사 서비스의 주요 특징은 무엇인가?
브랜드 제공물 브랜드의 주요 특징은 무엇인가?
가격 제공물의 가격은 얼마인가?
인센티브 제공물이 어떤 인센티브를 제공하는가?
커뮤니케이션 표적고객과 협력업체는 어떻게 회사의 제공물을 알게 되는가?
유통 표적고객과 협력업체에게 어떻게 회사의 제공물이 전달되는가?

↑ 전략   ↑ 전술

그림 2.6
시장 가치 지도

출처: Alexander Chernev, *Strategic Marketing Management: Theory and Practice* (Chicago, IL: Cerebellum Press, 2019).

도를 개발함으로써 마케팅 계획 과정이 더 효과적으로 진행될 수 있다. 따라서 관리자는 단일 가치 지도를 보유하는 것 외에도 고객 가치 지도, 협력업체 가치 지도, 회사 가치 지도의 세 가지 가치 지도를 개발함으로써 추가적 혜택을 얻을 수 있다.

이 세 가지 가치 지도는 가치 창출 과정에 관련된 핵심 주체에 관심을 줌으로써 회사 비즈니스 모델의 뚜렷한 특징을 보여준다. **고객 가치 지도**는 회사의 시장 제공물이 표적고객을 위해 어떻게 가치를 창출하는지를 정리하고 회사 비즈니스 모델에서 고객 중심적 측면의 전략적 측면과 전술적 측면을 개략적으로 설명한다. **협력업체 가치 지도**는 기업의 시장 제공물이 협력업체를 위해 가치를 창출하는 방식의 전략적 및 전술적 측면을 설명한다. 마지막으로, **회사 가치 지도**는 제공물이 기업의 이해관계자들을 위해 어떻게 가치를 창출하는지를 개략적으로 설명한다. 이 세 가지 가치 지도는 시장 가치 창출 과정의 각기 다른 측면을 반영하기 때문에 복잡하게 연관되어 있다고 볼 수 있다. 표적고객, 협력업체, 회사를 위해 가치를 창출해야만 관리자는 시장에서 제품의 성공을 보장할 수 있다.

시장 제공물 계획 및 관리

기업의 미래는 표적고객, 회사, 협력업체를 위해 시장 제공물이 얼마나 우수한 가치를 창출할 수 있는지에 달려 있고, 이는 궁극적으로 회사가 보유한 제공물 개발 능력에 달려 있다.[21] 시장의 성공은 우연이나 행운이 아닌 일관된 시장 분석, 계획과 관리에서 비롯된다. 시장에서 성공하려면 기업이 실행 가능한 비즈니스 모델과 이 모델을 현실화할 수 있는 실행 계획을 개발해야 한다. 이러한 실행 계획을 개발하는 과정은 다음의 G-STIC 프레임워크에 잘 정리되어 있다.

활동 계획에 대한 G-STIC 접근법

회사의 목표를 명확히 설정하고 이 목표에 도달할 수 있는 일련의 활동을 추출하는 활동 계획은 마케팅 계획의 골격을 이룬다. 5가지 핵심 활동이 실행 계획 수립에 지침이 된다. 이러한 활동에는 (1) **목표** 설정, (2) **전략** 개발, (3) **전술** 설계, (4) **실행** 계획 정의, (5) 제안된 활동 등의 성공 정도를 측정하는 일련의 **통제** 지표 식별이 포함된다. G-STIC(Goal-Strategy-Tactics-Implementation-Control) 프레임워크는 이 5가지 활동으로 구성되며 마케팅 계획 및 분석의 린치핀(핵심) 역할을 한다. 활동 계획의 핵심은 시장 제공물의 전략과 전술에 기반한 비즈니스 모델이다.

마케팅 계획 및 관리에 대한 G-STIC 접근법의 개별 구성요소는 다음과 같다.

- **목표**(goal)는 성공이 무엇인지에 대한 회사의 궁극적인 기준을 설명한다. 회사가 달성하려는 최종 결과를 구체화한다. 목표의 두 가지 구성요소는 초점과 벤치마크인데 **초점**은 회사 활동의 의도된 결과를 수량화하는 데 사용되는 메트릭(예: 순이익)을 규정하고, 성과의 **벤치마크**는 목표 달성에 얼마나 진전이 있는지를 보여주며 목표 달성까지의 일정 등을 파악하는 것이다.
- **전략**(strategy)은 회사의 비즈니스 모델의 기반이 되며 **타깃시장** 그리고 해당 시장에서 제공물이 제시하는 **가치 제안**의 가치를 설명한다.
- **전술**(tactics)은 기업 제공물의 주요 속성을 결정함으로써 전략을 실행한다. **제품**, **서비스**, **브랜드**, **가격**, **인센티브**, **커뮤니케이션**, **유통**의 7가지 전술은 회사가 선택한 시장에서 가치를 창출하는 데 사용되는 도구다.
- **실행**(implementation)은 기업 제공물이 판매되도록 준비하는 과정과 관련되어 있다. 실행은 제공물을 실제로 **개발**하고 타깃시장에서 **출시**하는 과정을 포함한다.
- **통제**(control)는 기업 **성과**의 변화 그리고 기업이 활동하는 시장 **환경**의 변화를 모니터링하여 시간의 흐름에 따라 기업이 진행하는 활동의 성공 여부를 측정하고 평가한다.

그림 2.7은 마케팅 계획의 주요 구성요소와 각 구성요소를 설명하는 주요 핵심사항을 요약하여 보여주며 다음 절에서 이를 더 자세히 살펴본다.

목표 설정

기업이 달성하고자 하는 목표를 결정하는 것은 마케팅 계획을 실행에 옮기는 것이다. 목표는 모든 기업 활동을 안내하는 등대라고 볼 수 있다. 목표를 설정하는 데 두 가지 주요 결정사항이 있다. 즉 기업 활동의 **초점**을 파악하고 달성해야 할 성과 **벤치마크**를 지정하는 것이다. 다음에서 이러한 결정에 대해 더 자세히 논의한다.

목표 초점 파악   목표의 초점은 기업의 성공을 가늠하는 기준으로서 활동을 통해 획득하려는 성과를 정의한다. 초점에 따라 목표는 금전적이거나 전략적일 수 있다.

- **금전적 목표**(monetary goals)는 순이익, 이익률, 주당 이익, 투자 수익과 같은 성과를 말한다. 영리 기업은 금전적 목표를 주요 성과 지표로 사용한다.
- **전략적 목표**(strategic goals)는 회사에 전략적으로 중요하며 비금전적인 성과에 기반을 둔다. 가장 일반적인 전략적 목표로는 매출 증대, 브랜드 인지도 향상, 사회복지 확대, 기업 문화 개선, 직원 채용과 유지 촉진 등이 있다. 핵심 제품보다 더 큰 수익을 낼 수 있는 아이템을 지원하기 위해 비영리 기업과 영리 기업은 주요 성과 지표로 전략적 목표를 선정할 수 있다. 예를 들어, Amazon은 자사의 Kindle 기기와 관련하여 손익분기점 수준의 이익을 남기거나 혹은 실제로 손해를 볼 수도 있지만, 더 큰 소매 사업 분야를 위해 전략적으로 중요한 플랫폼으로서 제품을 평가하고 있다.

기업은 마케팅 활동과 프로그램의 법적·윤리적·사회적·환경적 영향을 고려하기 위해 판매 수익과 이익의 범위를 넘는 목표를 찾고 있다. 트리플 바텀 라인, 즉 '삼중 수익'(사람, 지

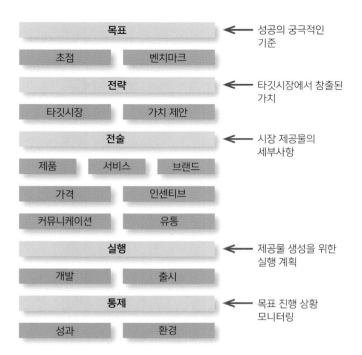

그림 2.7
G-STIC 활동 계획 흐름도

출처: Alexander Chernev, *Strategic Marketing Management: Theory and Practice* (Chicago, IL: Cerebellum Press, 2019).

구, 이익)이라는 개념은 많은 기업 사이에서 그들의 활동이 미치는 사회적 영향을 고려하여 매력적인 목표로 고려되고 있다.[22] 예를 들어 Unilever의 핵심 이니셔티브 중 하나인 "Sustainable Living Plan(지속 가능한 생활 계획)"은 세 가지 주요 목표를 제시한다. 즉 사람들의 건강과 복지를 증진하고, 우리 주변 환경에 대한 부정적 영향을 줄이며, 삶을 향상하는 것이다. 이러한 목표는 기업의 가치 사슬에서 발견할 수 있는 사회적·환경적·경제적 성과를 포괄하는 지표에 의해 뒷받침된다.[23]

성과 벤치마크 정의   수량적 그리고 시간적 성과 벤치마크는 설정된 목표 달성을 향한 기업의 진척 상황을 추적하는 측정값을 제공하기 위해 함께 작동한다.

- **수량적 벤치마크**(quantitative benchmarks)는 회사가 최종 목표를 향해 나아갈 때 달성해야 할 구체적인 이정표를 제시한다. 이러한 벤치마크는 회사의 핵심 목표를 수량화한다. 예를 들어, 시장 점유율 5% 증가, 유지율 15% 향상, 매출 10% 증가 등이 있다. 양적 벤치마크는 시장 점유율 20% 증가를 목표로 하는 것과 같이 상대적인 용어 혹은 연간 100만 대 판매를 목표로 하는 것과 같이 절대적인 용어로 표현될 수 있다.
- **시간적 벤치마크**(temporal benchmarks)는 특정 양적 또는 질적 벤치마크를 달성하기 위해 필요한 기간을 파악한다. 예를 들어 1분기 말까지 회사의 웹사이트를 개편한다는 목표가 있다. 목표 달성을 위한 일정 수립은 목표 구현에 사용되는 전략의 유형, 관련 인원수, 심지어 비용에도 영향을 미칠 수 있는 핵심 결정사항이다. 예를 들어, 다음 분기의 이익 극대화 목표는 장기적인 수익성 보장 목표와는 다른 전략과 전술을 필요로 할 가능성이 크다.

기업 목표를 구현하기 위해서는 기업이 **무엇을** 달성하고자 하는가(목표 초점), 기업이 **얼마나 많이** 달성하고자 하는가(양적 벤치마크), **언제** 달성하고자 하는가(시간적 벤치마크) 등 세 가지 주요 목표가 결정되어야 한다. 따라서 기업은 1년 안(시간적 벤치마크)에 4,000만 달러(양적 벤치마크)의 순이익(목표 초점)을 창출하는 목표를 가질 수 있다. 달성해야 할 목표를 명확히 설명하고 현실적인 수량적 및 시간적 벤치마크를 수립하는 것은 기업 전략과 전술을 미세 조정하는 데 도움이 된다.

전략 개발

빈틈없는 마케팅 전략을 개발하는 데 수반되는 과정은 앞에서 자세히 다루었기 때문에, 여기서는 G-STIC 프레임워크와 관련하여 전략적 측면만 간략히 언급한다. 전략은 기업이 특정 시장에서 창출하려는 가치를 나타내며, 기업의 **타깃시장**과 이 시장을 위한 **가치 제안**을 제시한다.

- 기업이 가치 창출의 대상으로 염두에 두고 있는 **타깃시장**(target market)은 5가지 요소로 정의된다. 즉 제공물에 의해 충족될 니즈를 갖고 있는 **고객**, 동일한 표적고객의 동일한 니즈를 충족하는 것을 목표로 하는 **경쟁업체**, 표적고객의 니즈를 회사가 충족하도록 돕는 **협력업체**, 시장 제공물을 관리하는 **회사**, 회사가 운영되고 있는 **환경**이다.

- **가치 제안**(value proposition)은 회사가 표적고객의 니즈를 충족하기 위해 준비한 시장 제공물의 혜택과 비용을 정의한다. 가치 제안의 세 가지 요소는 **고객 가치, 협력업체 가치, 회사 가치**다. 가치 제안은 종종 경쟁적 맥락에서 회사 제품의 주요 이점을 강조하는 **포지셔닝 설명문**으로 보완된다.

전술 설계

마케팅 전술의 개발도 이 장 앞부분에서 자세히 논의했으므로 여기서는 G-STIC 프레임워크와 관련이 있는 만큼 전술의 내용을 간략하게 언급한다. 전술, 즉 **마케팅 믹스**는 전략을 시장의 현실로 만드는 회사 전략의 논리적인 구성요소다. 이런 구성요소는 기업이 제공하는 **제품, 서비스, 브랜드, 가격, 인센티브, 커뮤니케이션, 유통** 등 7가지 속성을 통해 기업이 타깃시장에 도입하는 실제 제품을 구체화한다. 이런 속성이 합쳐져서 기업 제공물에 의해 구현된 시장 가치를 창출한다.

실행은 회사의 전략과 전술의 직접적인 산출물이다. 전략이 일련의 전술로 변환된 후, 다시 전술은 실행 계획으로 전환되는데 이런 실행 계획은 비즈니스 모델을 활성화하는 데 필요한 일련의 활동들을 제시한다. 실행은 세 가지 요소로 구성되는데 **기업의 자원 개발, 제공물의 개발, 제공물의 상업적 출시**다.

- **자원 개발**(resource development)에는 기업 제공물을 구현하는 데 필요한 역량과 자산을 확보하는 일이 포함된다. 여기에는 제조, 서비스, 기술 인프라 개발이 포함될 수 있다. 신뢰할 수 있는 **공급업체** 확보, 숙련된 직원의 채용, 훈련 및 재교육, 새로운 제공물을 위한 플랫폼 역할을 하는 **제품·서비스·브랜드** 생성, 제공물의 개발, 생산 및 관리에 필요한 기술 습득, 표적고객에게 제공물을 알리는 커뮤니케이션 채널과 제품이 판매되는 유통 채널 개발, 자원 개발에 필요한 자본 확보 작업이 포함된다.
- **제공물 개발**(development of the offering)은 회사의 전략과 전술을 표적고객에게 제공될 실제 상품으로 변환하는 것을 말한다. 여기에는 회사가 시장에 제공하는 제품을 만들 정보, 자재, 노동, 돈의 흐름을 감독하는 과업이 있다. 시장 제공물 개발에는 **제품** 설계(조달, 인바운드 물류 및 생산)와 필요 서비스(설치, 지원 및 수리 활동)의 확인 등이 포함된다. 브랜드 구축, 소매 및 도매 가격 그리고 인센티브 설정(쿠폰, 리베이트, 가격 할인), 커뮤니케이션 방식의 설계(메시지, 미디어, 창의적 실행), 유통 경로의 설정(창고 관리, 주문 이행, 운송) 등의 활동이 포함된다.
- **상업적 출시**(commercial deployment)는 제공물 개발의 논리적 결과이며 시장에서 회사 제공물의 입지를 확보한다. 출시에는 제공물의 시장 출시 시기를 설정하고 관련 자원과 시장 출시 규모를 결정하는 작업이 포함된다. 초기 출시는 회사가 제공물에 대한 시장 반응을 평가할 수 있도록 타깃시장의 특정 세그먼트에 초점을 맞춰 선택적으로 진행될 수 있다. 또는 모든 타깃시장에 대한 대규모 출시가 포함될 수 있다. 선택적인 상업적 출시에는 제공물이 처음 소개될 주요 시장을 정의하고 초기 출시와 관련된 주요 활동의 윤곽을 보

여주는 마케팅 계획이 필요하다. 이후 마케팅 계획은 초기 시장을 넘어 제공물을 확장하는 시기와 프로세스를 명확히 하고 모든 표적고객에게 접근하고 시장의 잠재력을 최대한으로 이끌어낼 수 있도록 한다.

통제 파악

비즈니스 환경은 끊임없이 변화하기 때문에 기업은 언제나 현재의 시장 현실에 부합하도록 기업 활동을 재정비하는 일을 게을리해서는 안 된다. 통제는 기업 활동이 전략과 전술에 따라 진행되도록 하여 최종 목표를 달성하는 방향으로 움직이도록 기업을 조정한다. 아울러 통제는 기업의 마케팅 운영 관리를 더욱 효과적이고 비용 효율적으로 만들며, 통제를 통해 회사는 목표 달성을 위해 올바른 방향으로 가고 있는지를 확인하여 마케팅 투자 수익을 더 적절하게 평가할 수 있다.

통제에는 한 가지 주요한 기능이 있는데, 회사가 현재 자사의 일련의 활동을 그대로 유지할 것인지, 근본적인 전략과 전술을 변경할 것인지, 또는 현재의 행동 방침을 완전히 버리고 시장의 현실을 더 잘 반영한 제공물을 개발할 것인지를 결정할 때 정보를 제공하는 것이다. 통제는 **회사의 성과 평가**와 **시장 환경 감시**라는 두 가지 중요한 요소로 구성된다.

성과 평가   회사의 성과를 평가한다는 것은 벤치마크를 사용하여 회사의 목표에 대한 진척 상황을 추적하는 것을 의미한다. 예를 들어 기업의 금전적 실적 평가는 운용의 비효율성을 파악하기 위해 목표와 실제 매출 수익 결과를 비교하거나, 목표와 실제 순이익을 평가하는 것으로 이루어질 수 있다. 일반적인 성과 평가 지표는 아래와 같다.[24]

- 매출 지표: 매출 수량, 매출 성장률, 시장 점유율 등
- 구매 가능성 지표: 인지도, 선호도, 구매 의도, 시도율, 재구매율 등
- 고객 가치 지표: 고객 만족도, 고객 획득 비용, 고객 이탈, 고객평생가치, 고객 수익성, 고객당 수익 등
- 유통 지표: 점포 수, 평균 재고량, 재고 소진 빈도, 선반 공간 점유율, 채널별 평균 매출 등
- 커뮤니케이션 지표: 브랜드 인지도, 광고에 대한 총시청률(GRP), 응답률 등

기업의 성과를 평가함으로써 목표 달성을 위한 진척도 또는 목표와 실제 성과 간의 차이를 파악할 수 있다. 진척도가 적절하다고 판단될 경우, 기업은 현재의 활동 계획에 따라 진행 방향을 유지할 수 있다. 그러나 성과 평가에서 불일치가 발견되고 기업의 성과와 벤치마크들 사이에 간극이 보이는 경우, 기업은 목표를 달성할 수 있는 방향으로 돌아가기 위해 반드시 활동 계획을 재평가하고 수정해야 한다.

환경 감시   환경을 감시함으로써 기업에 영향을 미치는 시장 상황의 변화를 조기에 파악할 수 있다. 이를 통해 기업은 유리한 정부 규제, 경쟁 감소, 소비자 수요 증가 등의 기회를 이용할 수 있다. 아울러 환경 감시를 통해 불리한 정부 규제, 경쟁 심화, 고객 수요 감소 등 긴박한 위

협을 파악할 수 있다.

기업이 기회와 위협을 파악하는 데 관심을 기울이고 있을 때, 기업은 가능한 기회를 이용하고 가까이 있는 위협에 맞서면서 현재 활동 계획을 적시에 수정하기 위해 시정 조치를 강구할 수 있다. 시장 환경에 주의를 기울이는 일은 기업의 활동을 시장 상황에 맞게 조정하는 데 도움이 되는 것이므로, '기업 가치 창조 모델'의 지속가능성에서 전제조건이 되는 비즈니스 감지성(agility)을 높인다.

마케팅 관리에서 통제의 중요성, 특히 회사가 운영되는 환경을 감시하는 통제의 중요성은 어쩌면 기술의 진보에서 오는 엄청난 시장 변화의 사례를 보면 쉽게 이해가 된다. Amazon, Google, Netflix, Salesforce, Uber, Express Scripts 등의 기업은 다양한 기술 주도 혁신의 이점을 빠르게 인식하고, 곧 발생할 시장 변화를 이용하기 위해 비즈니스 모델을 재정비했던 초기 사업자들이다. 이러한 활동으로 그들은 주변 환경의 변화에 무관심했던 기업들보다 먼저 시장에서의 입지를 강화할 수 있었다.

마케팅 계획의 개발

마케팅 계획은 회사의 모든 마케팅 활동을 지휘하고 조정한다.[25] 이는 기업 전략 계획 프로세스의 구체적인 결과이며, 기업의 최종 목표와 이를 달성하기 위한 수단을 개략적으로 설명한다. 기업의 활동을 조정한다는 궁극적인 목적을 달성하기 위해, 마케팅 계획은 기업의 목표와 제안된 일련의 활동을 관련 이해관계자들(직원, 협력업체, 주주, 투자자)에게 효과적으로 알려야 한다.

마케팅은 기업 사업 활동의 일부 측면만 다루기 때문에 마케팅 계획의 범위는 사업 계획의 범위보다 좁다. 기업의 사업 계획은 기업 활동의 마케팅 측면뿐만 아니라 회사의 재무, 운영, 인적 자원 및 기술 분야도 다룬다. 마케팅 계획은 비즈니스 계획의 다른 분야에 대해 다룰 수 있는데, 마케팅 전략과 전술에 관련되어 있는 경우만 해당된다.

마케팅 계획은 주로 다음의 세 가지 기능을 수행한다. 회사의 목표와 제안된 일련의 활동을 설명하고, 관련 이해관계자들에게 그 목표와 활동 계획에 대한 정보를 전달하며, 관련 의사결정자들에게 그 목표와 제안된 일련의 활동의 실행 가능성을 설득한다.

마케팅 계획은 일반적으로 핵심 요약과 상황 개요로 시작된다. 다음으로 계획은 회사의 목표, 고안된 가치 창조 전략, 회사가 제공하는 시장 제공물의 전술적 측면, 제공물의 전술을 구현할 계획에 대해 설명한다. 이어 목표를 향한 회사의 진행 상황을 모니터링할 통제 수단에 대해 설명하고, 관련된 기타 사항들을 묶어 부록 형태로 목록을 제시하는 것으로 마무리한다. 그림 2.8은 마케팅 계획의 주요 구성요소 그리고 각각의 구성요소와 관련된 의사결정 사항을 보여준다.

- **핵심 요약**(executive summary)은 마케팅 계획의 '엘리베이터 피치(elevator pitch, 짧은 시간 안에 요약하여 설명하는 것)'로 볼 수 있다. 이는 회사의 목표와 제안된 일련의 활동에 대

해 합리적이고 간결한 개관을 보여준다. 통상적으로 핵심 요약은 한두 페이지에 회사가 직면하고 있는 문제(기회, 위협 또는 성과 차이)와 제안된 실행 계획을 개략적으로 설명한다.

- **상황 개요**(situation overview)는 회사가 활동하고 있는 환경과 회사가 현재 경쟁하고 있거나 경쟁할 시장에 대해 전체적인 평가를 서술한 것이다. 따라서 상황 개요는 두 부분으로 구성된다. 회사의 역사, 문화, 자원(주요 역량, 자산 및 제공물)을 설명하는 **회사 개요**와 회사가 현재 제공물을 출시하고 있는 시장과 향후 출시할 제공물을 위해 회사가 목표로 고려하고 있는 시장에 대한 개략적 설명을 포함한 **시장 개요**다.
- **G-STIC** 섹션은 마케팅 계획의 핵심 부분이다. 여기에는 (1) 회사가 달성하고자 하는 목표, (2) 시장 제공물의 타깃시장과 가치 제안을 정의하는 전략, (3) 시장 제공물의 제품, 서비스, 브랜드, 가격, 인센티브, 커뮤니케이션 및 유통을 정의하는 전술, (4) 시장 제공물의 전략과 전술을 구현하는 실행, (5) 회사의 시장 제공물의 성과를 평가하고 회사가 운영되는

그림 2.8
마케팅 계획의 구성

출처: Alexander Chernev, *The Marketing Plan Handbook*, 6th ed. (Chicago, IL: Cerebellum Press, 2020).

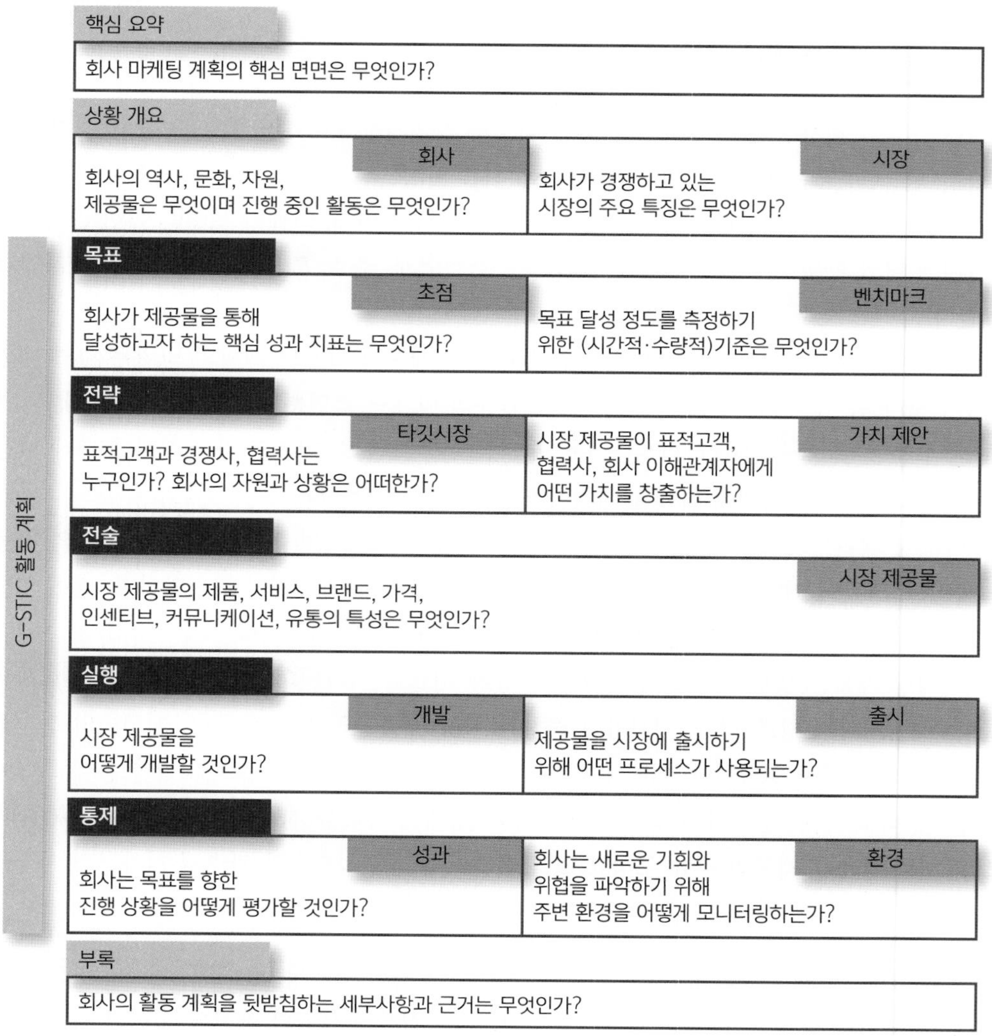

핵심 요약	
회사 마케팅 계획의 핵심 면면은 무엇인가?	

상황 개요

회사	시장
회사의 역사, 문화, 자원, 제공물은 무엇이며 진행 중인 활동은 무엇인가?	회사가 경쟁하고 있는 시장의 주요 특징은 무엇인가?

G-STIC 활동 계획

목표

초점	벤치마크
회사가 제공물을 통해 달성하고자 하는 핵심 성과 지표는 무엇인가?	목표 달성 정도를 측정하기 위한 (시간적·수량적)기준은 무엇인가?

전략

타깃시장	가치 제안
표적고객과 경쟁사, 협력사는 누구인가? 회사의 자원과 상황은 어떠한가?	시장 제공물이 표적고객, 협력사, 회사 이해관계자에게 어떤 가치를 창출하는가?

전술

	시장 제공물
시장 제공물의 제품, 서비스, 브랜드, 가격, 인센티브, 커뮤니케이션, 유통의 특성은 무엇인가?	

실행

개발	출시
시장 제공물을 어떻게 개발할 것인가?	제공물을 시장에 출시하기 위해 어떤 프로세스가 사용되는가?

통제

성과	환경
회사는 목표를 향한 진행 상황을 어떻게 평가할 것인가?	회사는 새로운 기회와 위협을 파악하기 위해 주변 환경을 어떻게 모니터링하는가?

부록	
회사의 활동 계획을 뒷받침하는 세부사항과 근거는 무엇인가?	

환경을 분석하는 통제 절차 등이 포함된다.

- **부록**(exhibits)은 핵심 정보에서 덜 중요하거나 기술적인(technical) 사항을 분리하여 표, 도표 및 부록의 형태로 별도의 섹션에 배치하고 전체적으로 마케팅 계획을 단순화한다.

마케팅 계획의 최종 목표는 기업의 활동을 조율하는 것이다. 따라서 마케팅 계획의 핵심 내용은 회사의 목표와 그것이 제안하는 일련의 활동을 설명하는 G-STIC 프레임워크의 중요 요소에 포함된다. 마케팅 계획의 기타 요소(핵심 요약, 상황 개요, 부록)는 계획의 근본적 논리를 명확히 하고 제안된 일련의 활동과 관련된 세부사항을 제시한다.

전체적인 마케팅 계획과 더불어 기업은 보다 전문적인 계획을 수립하는 경우가 종종 있다. 여기에는 제품 개발 계획, 서비스 관리 계획, 브랜드 관리 계획, 판매 계획, 프로모션 계획, 커뮤니케이션 계획이 포함되어 더욱 구체적인 계획이 준비된다. 예를 들어, 커뮤니케이션 계획에는 종종 광고 계획, 홍보 계획, 소셜 미디어 계획 등 활동 고유의 계획이 포함되기도 한다. 기업은 특정 고객 세분시장을 대상으로 특별한 마케팅 계획을 만드는 경우도 있다. 예를 들어, McDonald's는 유아와 그 부모, 10대, 비즈니스 고객을 대상으로 고객층별 마케팅 계획을 구체화한다. 매우 구체적인 개별 계획이 궁극적으로 성공하는지 여부는 해당 세부계획이 기업의 전체적인 마케팅 계획과 어느 정도 일관성이 유지되는지에 달려 있다.

마케팅 계획의 수정

마케팅 계획은 고정되어 있지 않다. 현재 상황과 관련성이 있도록 계속 업데이트되어야 한다.[26] 마케팅 관리도 마찬가지다. 마케팅 관리는 회사의 전략과 전술을 실행하면서 결과를 모니터링하고 필요에 따라 관리 프로세스를 수정하는 반복적인 프로세스다. 지속적인 모니터링 및 조정을 통해 회사는 시장의 변화를 반영하도록 계획을 수정하면서 설정된 목표를 향한 진행 상황을 평가할 수 있다. 마케팅 관리에서 동적인 특성은 G-STIC 프레임워크의 통제 부분에 내재되어 있으며, 이는 회사가 필요 조치의 효과와 타깃시장에서 발생하는 변화에 대한 피드백을 제공하기 위해 명시적으로 구성되어 있다.

마케팅 계획의 갱신

수행 중인 활동의 흐름이 변경되면 기업이 마케팅 계획을 갱신할 필요가 있다. 현재 목표를 수정해야 할 필요성이 발생하는 경우가 이에 해당될 것이다. 새로운 타깃시장이 확인되었거나 고객, 협력업체, 회사를 위해 제품의 전반적인 가치 제안이 수정될 필요가 있을 때 기존 전략을 다시 생각해 봐야 한다. 제품, 서비스, 브랜드, 가격, 인센티브, 커뮤니케이션, 유통을 보강하거나 개선하여 전술을 변경한다. 실행을 간소화하거나 그리고/혹은 다른 통제 대안을 개발하는 일을 말한다.

기업의 마케팅 계획을 갱신하는 통상적인 이유는 타깃시장의 변화에 대응하기 위해서다. 시장에서의 수정은 5가지 C 중 하나 이상에서 발생할 수 있으며 다음과 같은 경우가 이에 해당한다. (1) 표적고객의 인구통계학적 특성, 구매력, 니즈, 선호도의 변화, (2) 새로운 경쟁자의 등장, 가격 인하, 공격적인 광고 캠페인 또는 확장된 유통망과 같은 경쟁 환경에서의 변화, (3) 유통업체로부터의 후방 통합 위협, 거래 마진 증가 또는 소매업체 간 합병과 같은 협력업체 업계에서의 변화, (4) 전략적 자산 및 역량의 상실과 같은 회사 내부의 변화, (5) 경기 침체, 신기술 개발, 신규 또는 개정된 규제를 포함한 시장 환경에서의 변화 등이다.

갱신된 마케팅 계획의 몇 가지 예를 들어보자. 변화하는 **고객**의 니즈와 선호도에 대응하여 McDonald's와 기타 패스트푸드 레스토랑은 더 건강한 메뉴를 포함하도록 제공물을 다시 개발했다. 온라인 소매업체와의 **경쟁**이 치열해짐에 따라 Walmart, Macy's, Barnes & Noble, Best Buy를 비롯한 많은 전통적인 오프라인 소매업체가 비즈니스 모델을 재정의하고 다채널 소매업체가 되었다. 유사하게, 많은 제조업체들은 **협력업체**(소매업체)가 PL(private label) 상품을 광범위하게 채택함에 따라 더 저렴한 제품을 포함하도록 제품 라인을 재구성했다. 특허 및 독점 기술 등을 포함한 **회사** 자산을 개발하거나 인수한다는 것은 거의 모든 산업에서 마찬가지로 기본 비즈니스 모델을 재정의할 필요성이 있음을 시사한다. 그리고 이동통신, 전자상거래, 소셜 미디어의 유비쿼터스 확산과 같은 시장 상황의 변화에 따라 기존 가치 창출 프로세스는 혼란에 빠지게 되고 기업은 비즈니스 모델을 재정의할 필요가 있다.

회사가 목표 달성에 성공하려고 한다면 시장 가치를 창출하는 회사의 방식은 회사가 운영되는 시장의 변화를 따라잡아야 한다. 변화하는 환경에 대한 무관심은 이전에 성공한 많은 비즈니스 모델을 쓸모없게 만든다. 비즈니스 모델과 시장 계획을 새로운 시장 상황에 맞게 조정하지 않는 기업은 시장 가치를 창출할 수 있도록 잘 준비된 비즈니스 모델을 갖춘 기업으로 대체될 가능성이 크다. 궁극적으로 시장 성공의 열쇠는 실행 가능한 시장 계획을 구상하는 것뿐만 아니라 시장 변화에 적응하기 위해 필요할 때마다 해당 계획을 수정하는 것이다.

마케팅 감사 실시

마케팅 감사는 제공물 또는 회사 마케팅 부서의 마케팅 측면에 대한 포괄적인 조사를 말한다. 감사는 무시된 기회와 문제가 되는 영역을 파악하고 회사의 성과를 개선하기 위한 계획을 제안하기 위한 것이다. 효과적인 마케팅 감사는 **포괄적이고, 체계적이고, 편견이 없고, 주기적**이어야 한다.

- **포괄적인 마케팅 감사**(comprehensive marketing audit)는 몇 가지 특정 분야의 문제(가격 책정, 커뮤니케이션 또는 유통과 같은 마케팅 활동의 특정 분야에 초점을 맞춘 기능적 감사에 의해 다루어짐)뿐만 아니라 비즈니스의 모든 주요 마케팅 활동을 다루어야 한다. 기능적 감사가 유용할 수 있지만 회사의 성과에 영향을 미치는 인과관계를 정확하게 구분하지 못할 수 있다. 예를 들어, 영업인력의 과도한 이직은 열악한 교육이나 부적절한 보상이 아니라 열등한 회사 제품, 부적절한 가격 책정, 제한된 유통에서 비롯될 수 있다. 포괄적인 마케팅 감사를 통해 문제의 실제 원인을 찾고 이러한 문제를 효과적으로 해결할 수 있는 해결책을 모색할 수 있다.

- **체계적인 마케팅 감사**(systematic marketing audit)는 회사의 마케팅 목표와 전략부터 특정 활동에 이르기까지 조직의 운영 환경을 체계적인 방식으로 조사한다. 이러한 체계적인 접근 방식을 구현하기 위해 마케팅 감사는 G-STIC 지침에 따라 기업의 목표, 전략, 전술, 실행, 통제의 건전성을 분석해야 한다. 이를 통해 마케팅 감사는 마케팅 계획의 설계 및 실행의 각 단계에서 문제와 기회를 식별하고 의미 있는 수행 계획에 통합할 수 있다.

- **편견 없는 마케팅 감사**(unbiased marketing audit)를 위해서는 외부 기관에서 수행하는 것이 더 유리할 수 있다. 관리자가 자신의 운영을 평가하는 사내 감사는 지나치게 주관적일 수 있어 보다 공정한 관찰자에게는 매우 명백한 문제일지라도 쉽게 무시될 수 있다. 관리자가 공정성을 위해 최선을 다하더라도 내부 평가는 관리자의 견해, 논리 및 동기를 반영하기 때문에 여전히 편향적일 수 있다. 제3자 감사인은 마케팅 활동에 대한 철저한 조사를 보장하기 위해 필요한 객관성, 다양한 상품군, 다양한 산업에 걸친 경험, 시간과 관심을 제공할 수 있다.

- **주기적 마케팅 감사**(periodic marketing audit)는 많은 기업에서 문제가 발생할 때만 마케팅 감사를 고려하여 종종 기업이 목표를 달성할 수 없음을 스스로 노출시키는 일을 막을 수 있다. 감사가 필요할 때까지 고려하지 않는 것은 두 가지 단점에 노출됨을 의미한다. 첫째, 기존 문제에만 초점을 맞춘다면 잠재적 문제를 조기에 파악하기 어렵다. 이는 감지될 정도로 매우 부정적인 영향을 미칠 정도가 되어서야 비로소 문제가 파악될 수 있음을 의미한다. 둘째, 더 중요한 점은, 문제에만 집중하다 보면 수익 창출에 유리한 잠재적 성장 영역에서 유망한 사업 기회를 간과할 수 있다는 것이다. 결론은 정기적인 마케팅 감사는 건전한 기업과 곤경에 처한 기업 모두에게 도움이 될 수 있다는 것이다.

마케팅 감사는 마케팅 계획의 조직과 유사하기 때문에 G-STIC 프레임워크를 따르며 **목표 감사, 전략 감사, 전술 감사, 실행 감사, 통제 감사**의 5가지 주요 요소로 구성되어 있다. 마케팅 감사와 마케팅 계획의 주요 차이점은 마케팅 계획은 미래를 향하고 있으며 기업이 수행해야 할 활동 과정을 구성하는 것이지만, 마케팅 감사는 기업의 현재 및 과거 성과를 검토하여 기업의 미래를 보장하기 위해 올바른 방향을 결정함으로써 기업의 과거, 현재 그리고 미래를 통합하는 것이라는 점이다.

---

marketing INSIGHT

마케팅 계획 작성을 위한 템플릿

회사의 목표, 회사가 수행하려는 특정 활동, 일련의 활동에 대한 합리적 근거를 쉽게 이해할 수 있도록 도움을 주는 논리적 구조를 따른다면 마케팅 계획의 개발은 매우 활발하게 진행될 수 있다. 마케팅 계획을 구성하는 접근방식은 그림 2.7에 설명되어 있으며, 이 구성에 따라 마케팅 계획을 작성하기 위한 템플릿을 여기서 설명한다.[27]

핵심 요약
전반적인 상황, 회사의 목표, 제안하고 있는 일련의 활동을 간략하게 설명한다.

(계속)

marketing insight (계속)

상황 개요

현재 및 잠재 고객, 협력업체, 경쟁업체, 환경과 관련하여 다양한 상황을 대략적으로 소개하고 관련성이 있는 기회와 위협을 파악한다.

목표

기업의 주요 목표와 시장별 목표를 파악한다.

- **주요 목표**: 초점과 핵심 성과 벤치마크를 정의하여 기업의 궁극적인 목표를 파악한다.
- **시장 목표**: 주요 목표를 달성하는 데 도움이 되는 관련 고객, 협력업체, 회사, 경쟁업체, 환경 등 분야별 목표를 파악한다. 각 목표에 대한 초점 및 핵심 벤치마크를 정의한다.

전략: 타깃시장

기업이 새로운 제공물을 출시할 타깃시장을 파악한다.

- **고객**: 제공물이 충족해야 할 니즈를 정의하고 그러한 니즈를 보유한 고객 프로필을 파악한다.
- **협력업체**: 주요 협력업체(공급자, 채널 멤버, 커뮤니케이션 파트너)와 그들의 전략적 목표를 파악한다.
- **회사**: 제공물을 담당하는 부서, 관련 직원, 주요 이해관계자를 정의한다. 기업의 핵심 역량 및 전략적 자산, 현재 제품 라인, 시장 위치를 간략하게 설명한다.
- **경쟁업체**: 동일한 표적고객과 협력업체에게 유사한 혜택을 제공하는 경쟁 제공물을 파악한다.
- **환경**: 관련되어 있는 경제적·기술적·사회문화적·규제적·물리적 환경을 평가한다.

전략: 가치 제안

표적고객, 협력업체, 회사에 대한 시장 제공물의 가치 제안을 정의한다.

- **고객 가치 제안**: 표적고객을 위한 시장 제공물의 가치 제안, 포지셔닝 전략, 포지셔닝 설명문을 정의한다.
- **협력업체 가치 제안**: 협력업체를 위한 시장 제공물의 가치 제안, 포지셔닝 전략, 포지셔닝 설명문을 정의한다.
- **회사 가치 제안**: 회사 이해관계자 및 직원을 위한 시장 제공물의 가치 제안, 포지셔닝 전략, 포지셔닝 설명문을 정의한다.

전술

시장 제공물(상품)의 주요 특징을 설명한다.

- **제품**: 관련된 제품 속성을 정의한다.
- **서비스**: 관련된 서비스 속성을 파악한다.
- **브랜드**: 주요 브랜드 속성을 결정한다.
- **가격**: 고객과 협력업체에게 제공되는 시장 제공물의 가격을 식별한다.
- **인센티브**: 고객, 협력자, 회사 직원에게 제공되는 인센티브를 정의한다.
- **커뮤니케이션**: 시장 제공물의 주요 특성이 표적고객, 협력업체, 회사 직원, 이해관계자에게 전달되는 방식을 식별한다.
- **유통**: 시장 제공물이 표적고객과 협력업체에 전달되는 방식을 설명한다.

실행

회사 제공물을 구현하는 세부사항을 정의한다.

- **자원 개발**: 마케팅 계획을 실행하는 데 필요한 핵심 자원을 파악하고 부족한 자원을 개발하고 획득하는 프로세스를 간략히 설명한다.
- **시장 제공물 개발**: 시장 제공물을 개발하기 위한 프로세스를 간략히 설명한다.
- **상업적 출시**: 표적고객에게 제품을 제공하기 위한 프로세스를 설명한다.

통제

시장 제공물의 성과를 평가하고 기업이 운영되는 환경을 모니터링하는 데 사용되는 지표를 파악한다.

- **성과 평가**: 시장 제공물의 성과와 설정된 목표를 향한 진척 상황을 평가하기 위한 기준을 정의한다.
- **환경 분석**: 회사가 활동하는 환경을 평가하기 위한 지표를 파악하고, 환경 변화를 수용하기 위해 계획을 수정하는 프로세스를 간략히 설명한다.

부록

마케팅 계획의 특정 측면을 설명하기 위해 시장조사 데이터, 재무 분석, 시장 제공물 세부사항, 실행 세부 정보와 같은 추가 정보를 제공한다.

요약

1. 시장 지향적 전략 계획은 조직의 목표, 기술, 자원 그리고 변화하는 시장의 기회 사이에서 존속할 수 있는 적합성을 개발하고 유지하는 관리의 과정이다. 전략적 목표는 기업의 비즈니스와 제품을 개선하여 목표 이익과 성장을 달성할 수 있도록 하는 것이다. 전략적 계획은 기업수준, 사업단위, 특정한 시장 제공물의 세 가지 수준에서 이루어진다.

2. 전사적 기업 전략은 계열사 그리고 사업단위로 전략 계획이 구성되는 프레임워크를 구축한다. 기업 전략을 구성하는 것은 기업 사명의 파악, 사업단위(SBU)의 확정, 사업단위에 대한 자원 할당, 성장 기회를 파악하는 과업을 진행하는 것이다.

3. 개별 사업단위를 위한 전략 계획은 개별 사명을 정의하고 외부의 기회와 위협 그리고 내부의 장점과 약점을 분석하며 사명 달성을 가능하게 하는 시장 제공물을 설계한다.

4. 마케팅 계획과 관리는 두 수준에서 필요하다. 첫 번째 수준에서는 회사 혹은 회사 사업단위에 초점을 맞추고 이를 분석하고 계획하고 관리한다. 두 번째 수준에서는 회사의 제공물을 분석하고 계획하고 관리하는 데 초점을 맞춘다.

5. 특정 제공물을 설계한다는 관점에서 보면 마케팅 계획은 5가지 단계로 정의되는 프로세스다. **목표** 설정, **전략** 개발, **전술** 설계, **실행** 계획 정의, 진행 상황을 측정하기 위한 **통제** 지표 파악의 5단계다. 이러한 5단계는 시장 계획의 중추인 G-STIC 프레임워크를 구성한다.

6. **목표**는 기업의 모든 마케팅 활동을 조율하며 궁극적인 성공 기준을 제시한다. 목표 설정에는 기업 활동의 **초점**을 파악하고 달성할 구체적인 수량적·시간적 성과 **벤치마크**를 정의하는 과업이 포함된다. 기업의 궁극적인 목표는 목표 달성을 위해 일어나야 할 시장 변화를 평가할 만한 일련의 구체적인 시장 목표로 변환된다.

7. **전략**은 특정 시장에서 회사가 창출한 가치를 보여준다. 회사의 타깃시장과 해당 시장을 위한 가치 제안이 전략의 주요 구성요소다. **타깃시장**은 제공물의 표적고객, 협력업체, 회사, 경쟁업체, 환경을 정의하는 기반이 된다. **가치 제안**은 관련 시장 주체, 즉 고객, 회사, 협력업체를 대상으로 제공물이 창출하려는 가치를 구체화한다.

8. **전술**은 주어진 전략을 실행하는 데 사용되는 일련의 특정 활동을 정리한 것이다. 전술은 제품, 서비스, 브랜드, 가격, 인센티브, 커뮤니케이션, 유통과 같은 기업 제공물의 주요 속성을 구체화한다. 이러한 7개의 전술은 관리자가 기업 전략을 수행하기 위해 자신의 판단대로 사용할 수 있는 수단이다.

9. **실행** 계획은 기업의 전략과 전술을 실행하기 위한 구체적인 작전 계획이다. 여기에는 제공물을 구현하는 데 필요한 자원을 개발하고, 시장에 소개될 실제 제공물을 개발하며, 타깃시장에 제공물을 출시하는 작업이 포함된다.

10. **통제**는 회사의 목표 진행 상황을 평가하기 위한 기준을 파악하고 시장 현실과 실행 계획을 일치시키기 위해 회사가 운영되는 환경에서의 변화를 분석하는 프로세스를 명확히 한다.

11. **마케팅 계획**은 직원, 이해관계자, 협력업체와 같은 관련 주체에게 제안된 일련의 활동에 대한 내용을 전달하기 위해 서면 문서로 작성되어 공식화될 수 있다. 기업 마케팅 계획의 핵심은 G-STIC 프레임워크이며, 핵심 요약, 상황 개요, 관련 부록으로 보완된다. 효과적인 마케팅 계획은 실행 가능하고, 관련성이 있으며, 명확하고 간결해야 한다. 개발된 마케팅 계획은 관련성이 유지되도록 수시로 갱신되어야 한다.

12. 마케팅 계획이 적절하게 실행되고 있는지 확인하기 위해 기업은 간과된 기회와 문제 영역을 파악해야 하며, 마케팅 성과를 개선할 수 있는 행동 계획을 제안하기 위해 정기적으로 **마케팅 감사**를 수행해야 한다.

marketing
SPOTLIGHT

Google

스마트폰에서 지도, 이메일, 검색에 이르기까지 오늘날 Google은 우리 일상생활 구석구석에 스며들어 있다. 이러한 일상적 존재감 때문에 이 회사가 1998년 두 명의 Stanford University 박사 과정 학생인 Larry Page와 Sergey Brin에 의해 설립되었다는 사실은 쉽게 잊혀진다. 그들은 회사 이름을 1 뒤에 100개의 0이 붙는 수를 의미하는 'googol'에서 따왔다. 이 이름은 사용자가 인터넷에서 거의 무제한의 정보를 샅샅이 훑어볼 수 있게 하겠다는 두 공동창업자의 야심을 보여준다. Page와 Brin은 Google의 기업 사명 선언문에서 그들의 목표를 "세계의 정보를 체계화하고 모든 사람이 여기에 접근할 수 있고 이것을 활용하게 하기 위해서"와 같이 더 자세히 설명했다. 이를 위해 인터넷 검색의 초기 발전 단계에 노력을 기울이기 시작했다. 그 노력의 결과는 웹사이트와 연결된 링크의 수와 품질을 계산하여 특정 검색어와의 관련성과 중요도를 측정할 수 있는 PageRank 알고리즘이었다. 이 알고리즘은 당시 Yahoo와 같은 경쟁 검색엔진이 사용하는 알고리즘보다 훨씬 우수한 것으로 판명되었으며, Google은 웹 검색에서 지배적인 회사로 빠르게 성장했다.

초기 Google의 수익은 주로 광고를 통해 창출되었다. Google은 웹사이트 검색을 통해 입수한 정보를 사용하여 정밀하게 디자인된 타깃 광고를 소비자에게 전달할 수 있다는 사실을 깨달았고, 2000년 AdWords를 출시하여 이 기회를 활용했다. 회사가 이 서비스를 사용하면 특정 단어가 포함된 검색에 대한 검색 결과와 함께 텍스트 광고가 표시되어 이에 대한 서비스 비용을 Google에게 지불하게 되었다. 수십만 개의 회사가 이러한 '검색 광고'를 구매하여 AdWords에 의존하게 되었다. Google은 또한 웹 콘텐츠 옆에 광고를 표시하는 방향으로 발전했다. 2003년 회사는 웹사이트의 텍스트를 스캔하는 AdSense를 출시하고 콘텐츠와 관련된 타깃 광고를 자동으로 표시한다. 웹사이트 게시자는 방문자가 이러한 광고가 클릭할 때마다 수익을 올릴 수 있다. 이러한 혁신적인 서비스가 제공되기 이전에는 대부분의 웹사이트에서 콘텐츠와 일치하는 구체적인 광고를 자동으로 표시할 수 없었다.

Google은 또한 광고주와 콘텐츠 제공자에게 더 나은 서비스를 제공하기 위해 무료 도구도 제공했다. 콘텐츠 제공자가 웹사이트에서 사람들이 행동하는 방식에 대한 맞춤형 보고서를 볼 수 있게 해주는 Google Analytics라는 도구 모음을 2005년에 출시했다. 이 보고서는 얼마나 많은 사람들이 웹사이트를 방문했는지, 어떻게 찾았는지, 얼마나 오래 머물렀는지, 인터넷을 돌아다니면서 어떤 광고에 반응했는지를 보여준다. Google은 광고주가 마케팅 캠페인의 효과를 보다 잘 이해할 수 있도록 이러한 도구를 AdWords 플랫폼과 통합했다. 이러한 도구를 가지고 Google 플랫폼의 광고주들은 그들의 광고를 지속적으로 모니터링하고 최적화할 수 있다. Google은 이러한 접근방식을 '마케팅 자산 관리'라고 부르는데, 즉 시장 상황에 따라 포트폴리오상의 자산처럼 광고를 관리해야 함을 의미한다. 기업은 몇 달 전에 개발된 마케팅 계획을 따르기보다는 Google이 수집한 실시간 데이터에 기반하여 시장 상황에 맞게 마케팅 캠페인을 그때그때 수정할 수 있다.

Google은 인터넷에서 방대한 양의 데이터를 수집하고 처리하여 가치 있는 정보로 변환하는 능력 덕분에 검색 및 온라인 광고 시장을 지배하게 되었다. 이 기능을 사용하여 소비자와 기업 모두에게 필요한 정보를 제공했다. 초기 성공에도 불구하고 Google은 혁신을 멈추지 않았다. 인터넷에서 더 많은 정보를 추출하고 Google을 경쟁에서 앞서게 했던 알고리즘을 더 개발하고 개선하는 데 상당한 에너지를 계속해서 쏟아부었다. 기존 제품을 개선하는 것 외에도 Google은 소비자를 위한 일련의 무료 온라인 서비스를 개발했다. Google은 컴퓨터 과학 및 디자인 기술을 새로운 문제에 적용하여 사용자가 작업을 보다 효율적이고 효과적으로 수행할 수 있도록 지원했다. 많은 경우 Google은 새로운 제품을 내놓기보다는 기존 카테고리에 더 높은 수준의 전문성을 적용하여 우수한 서비스를 제공했다. 수많은 새로운 카테고리를 추가함으로써 Google은 광고주가 점점 더 많은 기회에서 소비자에게 접근할 수 있도록 했다. 더 나아가 Google은 소비자에 대한 정보를 더 많이 수집할 수 있게 되었으며 이러한 정보는 향후 큰 수익의 원천이 되었다.

지속적인 내부 개발과 일련의 인수를 통해 Google은 제품군을 빠르게 확장했다. 2004년 Google은 광고 지원 이메일 서비스인 Gmail을 출시했으며 2016년에 이르자 매달 활성 사용자는 10억 명을 넘었다. 2005년, 회사는 기존 온라인 지도 서비스와 경쟁하기 위해 Google Maps를 출시했다. 회사는 특정 지도 위치에서 360도 보기가 가능한 Street View와 같은 기능이 추가된 업그레이된 지도 서비스를 제공하면서 소비자들에게 반복해서 깊은 인상을 줄 수 있었다. 2006년에 Google은 YouTube를 인수하고 스트리밍 비디오 사업에 진출해서 광고 수익으로 수십억 달러를 벌어들이는 서비스로 성장시켰다. 같은 해 Microsoft Office 제품군 요소에 대응하는 무료 온라인 서비스, 즉 Google Docs, Sheets, Slides도 출시했다. Google은 번역 도구에서 캘린더, 전문 검색에 이르기까지 계속해서 온라인 제품군을 확장하고 있다.

Google은 인터넷 거물로 성장했지만 계속 이어가려면 컴퓨터에서만 사용되는 제품을 넘어서야 한다는 사실을 깨달았다. Google은 모바일 기술이 회사를 앞으로 더 나아가게 할 수 있는 하나의 사업이라고 인식하고 오픈소스 Android 모바일 운영체제를 개발했다. Apple이 자사 하드웨어에만 쓰이는 폐쇄적 독점 운영체제를 개발한 반면 Google은 운영체제를 휴대폰 제조업체에게 무료로 제공했다. 전략의 일환으로 Google은 Android를 개선하고 확장하기 위해 삼성과 같은 회사와 협력했다. Google에서 제시한 지침을 준수한다면 이러한 파트너들은 Android를 자유롭게 수정하고 브랜드를 사용할 수 있다. Apple이 iPhone을 출시한 지 1년 후인 2008년에 Google은 다양한 회사의 스마트폰에 장착될 Android를 출시했다. 오늘날 Android는 전 세계 스마트폰의 80% 이상이 사용하는 운영체제다. 모든 Android 사용자는 운영체제의 공식 앱 스토어인 Google Play에 액세스할 수 있으며 Google은 발생한 수익 일부를 가져간다. Android 개발 분야 외에도 Google은 2017년 500억 달러 이상으로 커진 미국 모바일 광고 시장에서 수익의 거의 3분의 1을 차지하며 빠르게 성장하고 있는 모바일 광고 분야에서 리더가 되었다.

Google은 또한 하드웨어 및 클라우드 컴퓨팅과 같이 성장하고 있는 다른 영역의 시장으로 확장하고 있다. 클라우드 컴퓨팅에서 Google은 Amazon과 Microsoft 같은 업체와 경쟁하면서 대기업과 신생기업에게 원격 스토리지, 프로세싱, 프로그래밍 도구를 제공한다. Google이 이렇게 빠르게 성장하는 분야에 뛰어들기 위해 신속히 움직이면서 HSBC 같은 회사들이 Google과 계약했다. Google은 또한 iPhone과 직접 경쟁하기 위해 하이엔드 Pixel 휴대폰을 2016년에 출시하였고 다양한 하드웨어 제품도 내놓았다. 같은 해에는 스마트 기기와 연결되고 음성 명령에 응답하고 홈 오토메이션 시스템과 상호작용하는 스마트 스피커인 Google Home도 출시했다.

Google은 짧은 기간 동안 수많은 사업 분야를 넘나들었지만 모든 제품은 데이터의 힘을 활용하여 더 나은 고객 경험을 제공하자는 회사의 열망으로부터 탄생한 것이라 볼 수 있다. 혁신을 지속하기 위한 노력의 일환으로 Google은 머신러닝과 인공지능에 막대한 투자를 해왔다. 빠르게 발전하는 이러한 기술을 활용하여 유용한 정보를 추출하기 위해 계속 증가하는 데이터를 자동적으로 선별할 수 있다. Google은 AI 역량의 추가 개발이 미래 성장의 핵심이 될 것으로 보고 있다. 번역 소프트웨어부터 웹 검색, 스마트폰 카메라에 이르기까지 인공지능은 점점 더 많은 회사의 제품 개발과 혁신을 뒷받침하게 되었다.

오늘날 Google은 1,000억 달러 정도의 매출을 달성하는 다국적 기업으로 성장했으며 그중 거의 90%가 광고에서 발생한다. 그럼에도 불구하고 지금까지는 광고 수익에 대한 Google의 의존도가 성장을 저해하지는 않았다. Google은 온라인 광고 시장을 계속해서 지배하고 있으며 전년 대비 증가분의 상당 부분은 Google의 몫이 되었다. 더욱이나 연간 매출의 퍼센트 성장률은 두 자릿수다. 앞으로 Google은 클라우드 컴퓨팅, 하드웨어, 인공지능 같은 부문에 대한 투자를 지속하여 수입원을 다양화하는 것을 목표로 하고 있다.[28]

질문

1. Google의 핵심 사업은 무엇인가? 다양한 비즈니스 포트폴리오를 관리할 때의 장단점은 무엇인가?
2. Google처럼 다양한 포트폴리오를 보유한 회사의 핵심 브랜드 가치는 무엇인가?
3. Google의 다음은 어떤 모습이 될 것인가? 회사는 어디에 자원을 집중적으로 투입해야 하는가?

marketing
SPOTLIGHT

Careem

승차 공유업계의 글로벌 리더인 Uber는 2013년 중동 시장에 진출했지만 성공을 거두지는 못했다. 전 세계의 다른 많은 시장에서 누렸던 성공을 반복하지 못한 것이다. 중동 시장에서 가장 먼저 그리고 여전히 선두자리를 유지하고 있는 Careem보다 Uber는 1년 늦게 사업을 시작했다. Careem은 자국에서 성장한 브랜드이며 분명히 지역 소비자가 선호하는 브랜드로서 Uber보다 우위에 있었지만 독특한 서비스도 제공하고 있었다. 경쟁 우위를 확보할 수 있었던 이유는 초기 개척자로서 신생 산업에 누구보다 일찍이 진입하기도 했지만 현지 시장에 대한 중요한 통찰력을 기반으로 한 전략적 계획을 가지고 있었기 때문이다.

McKinsey 컨설턴트 출신인 Magnus Olsson과 Mudassir Sheikha가 2012년 Dubai에서 시작한 Careem은 중동, 북아프리카, 파키스탄(MENAP) 지역의 14개국에서 운영되고 있으며 100개 도시와 3,000만 명의 등록 사용자를 확보하고 있다. 이 지역의 많은 신생 기업과 유사하게 Careem의 기원은 개인 경험을 바탕으로 사업 기회를 발견한 창립자에 있다. Olsson과 Sheikha는 전 세계 여러 곳을 여행하며 중동의 지역 운송 부문에는 더 간단하고 쉽고 신뢰할 수 있는 이동 방법이 필요하다는 것을 느꼈다.

Careem은 각기 다른 다양한 시장에서 현지 수요와 조건에 적응하는 방식으로 고객에게 가치를 제공했다. 브랜드 이름도 중동 지역의 특성을 고려하여 선택되었다. 친절하고 관대하다는 의미의 아랍어 'kareem'과 발음이 비슷하여 사업을 시작하자마자 의도한 대로 소비자들에게 큰 반향을 일으켰다. Careem은 각기 다른 고객층의 다양한 요구사항을 깊이 이해하고 시장의 고유한 요구사항에 대해 쉽고 간단한 해결책을 제공했다. 예를 들어, 많은 공유경제 신생 기업들은 앱 사용을 전제로 서비스를 제공했지만 Careem은 여전히 많은 소비자들이 전화로 승차 예약하는 것을 선호한다는 것을 알고 승차 예약 전용 콜센터를 도입했다. 이 지역의 많은 곳이 공식 주소를 부여받지 못한 탓에 자체적으로 위치 표시 데이터 시스템을 개발했는데 Google Maps보다 더 잘 작동했다. 많은 고객이 선호하는 결제 방식인 현금 결제도 그대로 허용되었다. 또한 여성 운전자가 배

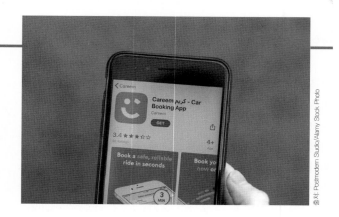

출처: Postmodern Studio/Alamy Stock Photo

치되는 여성 전용 서비스인 Careem Ameera도 도입했다.

Careem Rewards Program과 Careem Package Program은 고객이 승차 및 주문할 때마다 포인트가 적립되는 로열티 제도다. Careem Rewards Program은 단계별 구조를 가지고 있다. 한 달 내에 15번의 승차 또는 주문을 한 고객에게는 더 많은 보상을 제공하는 '골드' 상태로 업그레이드된 서비스가 제공된다. Careem Package Program은 승차 혹은 거리를 함께 고려하여 할인된 가격이 적용되는 서비스로 자주 통근하는 사람들에게 상당한 비용 절감의 기회와 더 많은 가치를 제공한다. 이 프로그램에서 적립된 포인트는 크레딧과 무료 승차권으로 사용되거나 음식 주문 시 무료 추가 메뉴로 사용될 수 있다. 아니면 고객은 포인트를 사용하여 난민을 돕거나 가난한 아이들에게 하루치 식량을 제공할 수 있다. 보상 시스템은 등록이나 서명이 필요하지 않다. 고객이 승차 서비스를 사용할 때마다 포인트가 자동으로 추가된다.

짧은 기간 동안 Careem은 대중교통, 배송 그리고 지불 시스템에 적용하여 플랫폼 서비스를 확장함으로써 기본적으로 이 지역의 일상적인 슈퍼 앱이 되었다. Careem Express는 고객에게 제품을 배송할 필요가 있는 기업을 위해 개발된 Careem의 물류 서비스다. 초고속 배송(45~60분 이내), 최신의 매핑 및 배치와 관련된 기술을 활용한 경로 최적화, 실시간 추적, 주문형/당일 배송, 가변 가격정책, 수량 기반 할인, 연중무휴 24시간 지원 서비스를 제공한다.

온라인 거래에서 Careem Pay는 Careem의 서비스(승차, 패키지 및 음식 배달) 사용에 필요한 지불 시스템으로 현금 대신 사용되는 결제 서비스다. 이 서비스는 사용자가 거래 내역을 확인하여 자신의 지출을 추적할 수 있는 안전한 결제 시스템을

제공한다. 고객은 또한 가족과 친구에게 크레딧을 보내고 승차 요금을 분할하여 지불하거나 선물을 구입하여 사랑하는 사람을 깜짝 놀라게 할 수도 있다. 리워드 포인트는 Careem Pay 크레 딧으로 전환될 수 있다.

2020년, Uber는 시장 선점에 실패한 후 마침내 Careem을 인수하기로 결정했다. 거래 조건 중 하나는 두 회사가 독립적인 서비스, 앱, 브랜드를 유지하는 것이었다. 인수를 통해 Uber는 중동의 국외 거주자 및 관광객을 대상으로 글로벌 이미지를 활 용하는 동시에 Careem은 그동안 쌓아온 인기를 계속해서 지역 주민들 사이에서 활용한다. Uber는 현지 지식과 Careem의 디 지털 인프라를 활용하여 두 브랜드 플랫폼 모두에서 그리고 각

회사가 보유한 고유한 강점을 기반으로 새로운 아이디어를 실 험해 보고 싶어 한다. Uber 내의 별도 법인인 Careem은 혁신 에 더 집중하고 지역의 슈퍼 앱으로서의 입지를 강화하여 더 많 은 서비스를 추가하고 고객에게 더 많은 서비스를 제공할 수 있 는 방법을 찾을 수 있다.[29]

질문

1. Careem은 어떻게 고객을 위한 가치를 창출하는가?
2. Careem과 Uber의 상대적인 강점은 무엇인가? Careem의 서비스와 브랜드가 중동 지역에서 Uber와 통합되어야 한 다고 생각하는가?

3

소비자 시장 분석

Baba Ramdev(오른쪽)가 설립한 Patanjali Ayurved는 자연치유에 기반한 고대 아유르베다 전통에 따라 퍼스널케어 제품과 식품을 생산한다.
출처: Vipin Kumar/Hindustan Times via Getty Images

마케터는 소비자가 어떻게 생각하고, 느끼고, 행동하는지 정확히 이해하고, 어느 표적(타깃)고객에게든 빠짐없이 명확한 가치를 제공해야 한다. 소비자의 욕구(needs)를 이해하는 것은 각각의, 그리고 모든 고객을 위한 가치를 창출하는 가치 제안을 디자인하는 열쇠다. 인도에서 가장 빠르게 성장하고 있는 브랜드 중 하나인 Patanjali는 소비자 욕구에 기반한 제품 개발을 통해 시장에서 경이로운 성공을 이루어냈다.

>>> 지난 10년 동안 Patanjali Ayurved는 인도 어디에서나 볼 수 있는 브랜드가 되었다. Delhi에서 4시간가량 떨어져 있는 히말라야 산기슭 근처 작은 도시인 Haridwar에 본사를 둔 Patanjali는 인도 고대 의학 체계인 아유르베다(Ayurveda) 전통에 따라 자연 성분을 사용한 퍼스널케어(personal care) 제품과 식품을 생산한다. 아유르베다는 인도의 베다 문화(Vedic culture)에 기원을 둔 5,000년 된 자연치유 시스템이다. 아유르베다의 핵심은 단순히 병을 치료하는 과학으로서뿐 아니라 삶의 과학 또한 담고 있다(Ayur의 의미는 '삶'이고, Veda의 의미는 '앎'이다). Patanjali 브랜드는 설립자인 Baba Ramdev의 이름과 뗄 수 없는 관계를 맺고

있다. 인도의 요가 부흥을 이끈 요가 구루(guru)인 Baba Ramdev는 엄밀히 말하면 회사 소유주도 아니고 최고경영진도 아니다. 그는 금욕생활을 하는 산야시(sanyasi)로서 비즈니스 활동으로부터 얻는 이익을 금하고 있다. 공식적으로 Ramdev는 전통적인 형태의 기업보다는 영적 조직(spiritual organization)을 운영하는 '브랜드 앰배서더(brand ambassador)'다. 그와 회사의 공식적 CEO 모두 급여를 받지 않고, 모든 이익은 자선, 연구개발, 그리고 Patanjali가 글로벌 경쟁업체보다 더 저렴하게 제품을 판매할 수 있는 비용 효율성 방안에 다시 사용된다. TV 요가 쇼를 통해 얻은 Ramdev의 인기는 Patanjali 브랜드의 급격한 성장에 크게 기여했다. 설립된 지 불과 8년 후인 2014년, 기업은 약 2억 달러에 가까운 수익을 냈으며, 500개의 제품 포트폴리오를 보유하게 되었다. 3년 후, 기업의 매출은 1억 달러를 돌파하였고, 2025년까지 150억 달러의 연간 매출 달성을 목표로 하고 있다. Patanjali의 성장은 Patanjali의 저렴한 가격과 Baba Ramdev의 브랜드 파워에 필적할 수 없었던 Nestlé, Colgate, Unilever, Mondelēz 같은 거대 다국적 기업들이 장악한 시장을 Patanjali가 뺏어오며 이룰 수 있었다.[1]

이 장에서는 개별 소비자의 구매 활동에 대해 탐색해 보고자 한다. 총체적 마케팅(holistic marketing) 관점의 적용은 정확한 제품이 정확한 소비자에게 정확한 시간에 정확한 방법으로 시장에 제공될 수 있도록 하기 위해 소비자를 완전히 이해할 것을 요구한다. 그리고 소비자의 매일의 생활, 그리고 소비자의 생애주기 동안 발생하는 변화 모두에 대해 360도 시각을 가지고 지켜볼 것 또한 요구한다.

소비자 행동 모형

소비자 행동 연구는 개인, 집단, 조직이 그들의 니즈와 원츠를 만족시키기 위해 어떻게 제품, 서비스, 아이디어 혹은 경험을 구매하고, 사용하고, 처분하는지에 대해 탐색한다.[2] 마케터는 소비자 가치를 창출하기 위해 소비자 행동의 실제와 이론을 모두 완벽하게 이해해야 한다.

소비자 행동을 이해하기 위한 출발점은 그림 3.1에 나타난 모형을 살펴보는 것으로부터 시작된다. 제품을 구성하는 전략과 제품이 판매될 시장의 환경은 타깃고객의 문화적·사회적·개인적 렌즈를 통해 필터링될 뿐만 아니라, 소비자 동기, 인식, 감정 및 기억에 의해서도 영향을 받는다. 결과적으로, 이 요인들은 소비자 구매 과정인 니즈의 인식, 니즈를 충족시켜 줄 수 있는 최적 수단의 탐색, 그리고 무엇을, 언제, 어디서, 얼마나 사야 하는가에 대한 최종

학습목표

3.1 소비자 행동에 영향을 미치는 주요 요인을 확인한다.

3.2 문화적·사회적·개인적 요인이 소비자 행동에 미치는 역할을 설명한다.

3.3 소비자의 욕구, 감정, 기억이 그들의 행동에 어떻게 영향을 미치는지 설명한다.

3.4 구매의사결정 과정의 주요 단계를 설명한다.

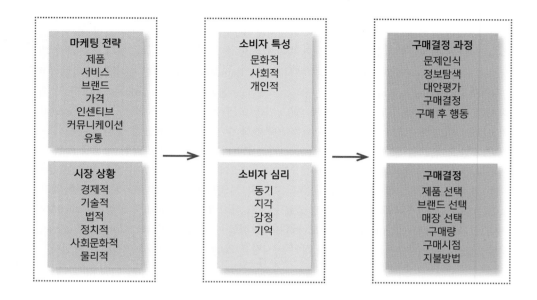

의사결정 도달을 위한 대안 평가 및 구매를 위한 지불방법 결정으로 구체화되는 여정에 영향을 미치게 된다.[3]

다음 절에서는 소비자 행동에 기초가 되는 주요한 소비자 특성과 심리적 과정에 대해 살펴본다.

소비자 특성

소비자의 구매행동은 문화적·사회적·개인적 요인에 영향을 받는다. 이 중 문화적 요인은 소비자의 지각과 욕망, 그리고 그들의 필요와 욕구를 충족시키는 방법에 가장 광범위하고 깊은 영향을 미친다.

문화적 요인

문화는 사람들의 집단 내 삶의 방법이다. 집단 내 구성원이 보편적으로 특별한 생각 없이 수용하는 행동, 믿음, 가치, 상징으로 소통과 모방을 통해 한 세대에서 다음 세대로 전달된다.[4]

문화, 하위문화, 사회계층은 특별히 소비자 구매행동에 중요한 영향을 미친다. 문화는 개인의 욕구와 행동을 결정하는 가장 근원적 요인이다. 미국에서 가족과 다른 주요 기관을 거치며 자란 아이는 성취와 성공, 활동성, 효율성 및 실용성, 진보, 물질적 편리함, 개인주의, 자유, 인도주의, 젊음과 같은 가치에 노출된다.[5] 다른 국가에서 자란 아이는 아마도 미국에서 자란 아이와는 다른 자신에 대한 관점과 타인과의 관계, 그리고 의례를 가지고 있을 것이다.

문화는 다양한 차원으로 구분할 수 있다. 문화를 구분하는 차원의 예로는 사람들이 가까운(vs. 먼) 다른 사람을 우선시하는 정도, 그리고 그들이 집단의 일부로서 행동하는지(집단주의적 문화) 혹은 자신의 자율성에 가치를 두고 독립적 개체로서 자기 자신을 바라보고 행동하는지(개인주의적 문화) 등이 있다. 마케터는 자사의 현 제품을 마케팅하는 가장 좋은 방법을 이해하기 위해, 그리고 신제품 개발 기회를 찾기 위해 각 국가의 문화적 가치를 면밀히 살펴야 한다. 또한 각 문화는 보다 구체화된 신분 및 사회화를 구성원에게 제공하는 하위문화로 구성되어 있다. 하위문화는 국적, 종교, 인종, 그리고 지리적 지역을 포함한다. 하위문화가 충분히 크고 풍부하게 성장했을 때, 기업은 이들을 위해 특화된 마케팅 프로그램을 설계하기도 한다.

　　문화가 구매에 미치는 영향을 확인하기 위해, 최근 한 종단연구는 30개 국가의 글로벌 패션 유통업체 고객 3만 명으로부터 얻은 데이터를 분석했다. 이 연구는 인구통계학적 배경, 쇼핑 행동, 로열티 프로그램 참여, 구매 제품 유형, 제품 반환, 그리고 이메일과 카탈로그를 포함한 광고 비용을 개인주의와 집단주의의 중요성, 탐닉과 절제의 수준, 구매 제공물 유형, 기업/브랜드에 대한 충성도(로열티), 신기술 수용 경향 및 미디어 사용의 중요성에 따라 국가의 문화를 확인할 수 있는 틀(framework)을 사용하여 분석했다. 연구 결과를 보면, 미국과 오스트레일리아와 같은 개인주의적 사회의 소비자들은 자기 자신을 위해 구매하는 경향이 높았고, 트렌드를 따르며, 베스트 딜을 찾기 위해 다중의 구매 채널(온라인과 카탈로그 포함)을 사용하였고, 기대에 미치지 못하는 제품에 대해서는 반품을 했다. 반면, 포르투갈과 멕시코, 튀르키예와 같은 집단주의 국가의 소비자들은 대중의 선택과 의견을 따르고 오랜 기간 쌓인 명성을 가치 있게 생각하며, 그들의 가족을 위한 쇼핑을 하고, 믿을 수 있는 유통업자에게서 제품을 구매했으며, 전통적인 오프라인 매장(brick-and mortar store)을 선호했다.[6]

　　사실상 모든 인류 사회에서 사회적 계급의 가장 흔한 형태인 **사회적 계층화**(social stratification)가 관찰된다. 사회적 계층은 사회 내에서 상대적으로 균질하고 지속적이며 위계적으로 순서화된 구분으로 계층 내 구성원들 간 유사한 가치, 관심 및 행동을 공유한다. 예를 들어, 미국은 하위, 중위, 상위 계급을 지니고 있다. 사회적 계급 구성원들은 많은 부분에서 차별화된 제품과 브랜드 선호를 보인다. 그들은 때때로 그들이 특정 사회계층에 속해 있다는 것을 알리고자 지위를 나타내는 상징으로 보여질 수 있는 제품을 구매하기도 한다.[7] 사회적 위계의 엄격함과 사회적 사다리 간 이동이 얼마나 어려운가 역시 문화 간 차이가 나타난다. 예를 들어, 인도와 브라질 같은 곳은 상대적으로 엄격한 사회적 계층 구조를 가지고 있으며, 각 계층에서의 위치는 태어날 때부터 결정된다.

　　브라질은 통계학자와 마케터에 의해 보통 A-B-C-D-E 사회경제적 세분집단으로 구분되며, 상위, 중위, 하위 계층 사이의 만연한 불평등이 여전히 존재한다. 비록 이러한 불평등이 최근 다소 완화되긴 하였으나, 이 엄격한 사회적 계층화는 여전히 더 부유하고 교육을 잘 받은 자산가, 그리고 특별한 기술과 전문성을 지닌 사람들(A와 B 계급)을 교육과 기본적인 정부 서비스조차도 제한된 크고 불균형적으로 빈곤한 E 계급 세분집단과 구분한다. 일반적으로 C 계급에 속한 사람들은 적어도 고등학교 학위를 가지고 있으며, 교사, 매니저, 간호사처럼 A와 B 계급에 속한 사람들에게 서비스를 제공하는 업무를 한다. D 계급에 속한 사람들은 가사도우미, 바텐더, 정비공처럼 C 계급을 보조하는 일을 한다. 경제적으로 가장 최하층에 속한 사람들은 전형적으로 초등학교도 마치지 못하고 문맹인 경우도 많다. 또 직업을 가진 경우, 적은 임금을 주는 청소부나 거리청소부 같은 직종에 종사한다.[8]

사회적 요인

문화적 요인뿐 아니라, 가족을 포함한 준거집단과 같은 사회적 요인 또한 구매행동에 영향을 준다. 이러한 사회적 요인에 대해 다음에서 보다 구체적으로 살펴보고자 한다.

준거집단   준거집단(reference group)은 개인의 믿음, 의사결정, 행동에 직접 혹은 간접적 영향을 미치는 모든 집단을 포함한다. 가족구성원은 일반적으로 가장 영향력 있는 기초 준거집단을 구성한다. 부모와 형제는 개인의 믿음, 가치 체계, 행동을 형성하는 데 큰 영향을 미친다. 반면 개인의 배우자나 자녀는 일상의 구매의사결정에 더 직접적인 영향을 미친다. 특히 이들은 고가 제품이나 가구, 그리고 구성원별로 사용되는 품목에 대한 의사결정 시 더 직접적인 영향을 미친다.

준거집단은 친구나 이웃, 직장동료, 종교 그리고 관심사에 기반한 집단처럼 개인이 소속된 집단뿐 아니라, 개인이 소속되길 원하는 열망집단(aspirational group)과 개인이 해당 집단의 가치와 행동을 거부하길 원하는 회피집단(dissociative group)도 포함한다.

준거집단의 영향력이 강할 때, 마케터는 집단의 의견 선도자에게 접근하고 이들에게 영향을 미치는 방법을 결정해야 한다. **의견 선도자**(opinion leader) 혹은 **인플루언서**(influencer)는 특정 제품 혹은 제품 범주에 대해 어떤 브랜드가 가장 좋은지, 어떻게 특정 제품을 사용하는지 등과 같은 비공식적 조언과 정보를 제공하는 사람을 말한다.[9] 의견 선도자는 보통 높은 자신감을 지니고 사회적으로 활동적이며, 해당 제품군을 자주 사용한다. 마케터는 선도자들의 인구통계적·심리도식적 특성, 그리고 그들이 자주 이용하는 미디어를 파악하고 메시지를 전달함으로써 그들에게 접근하기 위해 노력한다.[10]

사람은 모두 자신의 행동 규범에 영향을 미칠 수 있는 가족, 클럽, 조직 등에 소속되어 있다. 그리고 각 집단 내 개인의 위치를 역할과 지위로 정의한다. **역할**(role)은 한 개인이 수행할 것으로 기대되는 활동으로 구성된다. 그리고 각 역할은 **지위**(status)를 나타낸다. 마케팅 수석 부사장은 판매 담당자보다는 더 높은 지위를 가지고 있을 것이고, 판매 담당자는 사무원보다는 더 높은 지위를 가지고 있을 것이다. 사람들은 자신의 역할 및 사회에서 자신의 실제 지위나 열망하는 지위를 반영하거나 소통하는 제품을 선택한다. 그래서 마케터는 제품과 브랜드의 지위-상징 및 자기 정의 잠재성(self-defining potential)을 파악해야 한다.

가족   가장 영향력 있는 최초의 준거집단인 가족은[11] 사회 내에서 가장 중요한 소비자 구매 조직이다. 구매자의 삶에는 두 가지 유형의 가족이 있다. **출신가족**(family of orientation)은 부모와 형제로 구성된다. 한 개인은 부모로부터 개인적인 야심, 자아존중감(self-worth), 사랑의 감정과 함께 종교, 정치, 경제에 대한 관점을 습득한다.[12] 가족 간 교류가 거의 없는 구매자에게서조차도 부모의 영향력은 구매의사결정에 유의미한 영향을 미칠 수 있다.

매일의 구매행동에 보다 직접적인 영향을 미치는 가족은 배우자와 자녀로 구성된 **생식가족**(family of procreation)이다. 과거 미국에서는 제품 범주에 따라 구매행동이 크게 달랐으며,

특히 식품, 잡화 및 의류 품목의 경우 일반적으로 아내가 가족의 주요 구매 대리인 역할을 했다. 현재 전통적 구매 역할은 변화하고 있으며, 이에 마케터는 남성과 여성을 모두 실행 가능한 타깃(목표)시장으로 바라봐야 한다.

자동차, 휴가, 집과 같은 고가 제품과 서비스의 경우, 남편들 대부분이 공동 의사결정에 참여한다.[13] 그러나 남성과 여성은 마케팅 메시지에 각각 다르게 반응할 수 있다. 연구에 따르면, 여성은 가족과 친구와의 연결성과 관계에 더 큰 가치를 두고, 직장보다는 사람에 더 높은 우선순위를 두는 것으로 나타났다.[14] 따라서 Quaker의 Nutrition for Women 시리얼이나 Crest의 재생 및 미백 치약처럼 많은 제품이 제품의 포지션을 여성에 맞춤화해 오고 있다.

구매 패턴의 또 다른 변화는 어린이와 청소년이 지출하는 금액과 그들이 행사하는 직간접적인 구매 영향력이 점차 증가하고 있다는 것이다. 직접적 영향은 아이의 암시, 요청 및 요구의 형태를 취한다. (예) "맥도날드에 가고 싶어요." 간접적 영향은 부모가 자녀의 암시 혹은 노골적인 요청 없이 자녀의 선호, 브랜드, 제품 선택을 아는 것을 의미한다. (예) "제이크와 엠마는 아마도 Panera에 가는 것을 좋아할 것 같아요."

13~33세의 소셜 미디어 습관에 대한 최근 연구에서 전체 응답자 중 단 2%만이 소셜 미디어 플랫폼을 사용하지 않는 것으로 나타났으며, 밀레니얼 세대는 매일 11시간 이상 스마트폰을 사용하며, 사용시간의 대부분을 메시지와 소셜 네트워킹을 하면서 보낸다고 응답했다. 피험자의 대다수는 소셜 미디어상에서 브랜드와 친구이거나 브랜드를 팔로우하고 있다고 말했다. 38%는 브랜드에 대해 포스팅을 한 적이 있었고, 이 중 54%는 긍정적인 포스팅, 22%는 부정적인 포스팅이었다.[15]

개인적 요인

구매자의 의사결정에 영향을 미치는 개인적 특성은 나이, 생애주기 단계, 직업 및 경제 상황, 개성, 자아개념(self-concept), 그리고 라이프스타일과 가치를 포함한다. 이 많은 요인은 소비자 행동에 직접적으로 영향을 주기 때문에 마케터는 이들을 면밀하게 살펴야 한다.

음식, 의복, 가구, 오락에 대한 취향은 보통 나이와 관련이 있다. 소비는 또한 **가족생애주기**(family life cycle)와 주어진 각 시기의 가정 내 사람 수, 나이, 성별에 의해 형성된다. 현재 미국의 가구 형태는 진화 중에 있다. 남편, 아내, 그리고 두 명의 자녀로 구성된 전통적인 4인 가구가 전체 가구 형태에서 차지하는 비중은 과거에 비해 많이 줄어들었다.

심리적 생애주기(psychological life-cycle) 단계 역시 중요하다. 성인은 삶을 살아가며 특정 시기를 통과하거나 전환을 경험하게 되며,[16] 이 기간 동안 변화하는 상황에 자신의 행동을 적응시키게 된다. 마케터는 소비자가 새로운 니즈를 발생시킬 수 있는 새로운 **삶의 중요한 이벤트 또는 전환점**— 결혼, 자녀 출산, 병, 이사, 이혼, 첫 직장, 이직, 은퇴, 배우자의 죽음—을 반드시 고려해야 한다. 기업은 이러한 요구사항에 주의를 기울이고, 이를 가장 잘 충족할 수 있는 제품과 서비스를 제공해야 한다.

부모가 지출하는 막대한 금액과 부모가 되기 이전 삶을 완전히 변화시키는 부모 역할의 특성을 고려할 때, 마케터들이 베이비 산업에 주목하는 것은 지극히 당연한 일이다.

> **베이비 마켓** 예비부모와 아기를 처음 맞이한 부모들은 생애주기상 소득이 아직 정점에 도달하지 못
> 했을지라도, 태어날 혹은 갓 태어난 사랑하는 아이에 대한 지출을 좀처럼 주저하지 않는다. 따라서 대
> 부분의 다른 산업에 비해 베이비 산업은 불황에 대한 방어율이 더 높다. 지출은 임신 중기 및 생후 12
> 주 사이 정점에 이르는 경향이 있다. 특히 아이를 처음 출산하는 초보엄마들은 물려받은 것을 사용하
> 기 어렵고, 새로운 가구, 유모차, 장난감, 유아용품 등 육아 관련 용품을 모두 구입해야 하기 때문에 매
> 력적인 타깃이 된다. 마케터는 예비 부모에게 조기에 접근하여 신뢰를 얻는 것의 중요성 — 업계 전
> 문가들은 이를 '먼저 들어가면, 먼저 승리하는(first in, first win)' 기회라고 부른다 — 을 인식하여 다이
> 렉트 메일, 삽입 광고, 공간 광고, 이메일 마케팅, 웹사이트를 포함하는 다양한 미디어를 활용한다. 제
> 품 샘플은 특히 대중적으로 사용되고 있는 마케팅 도구로, 샘플로 제공되는 키트는 보통 출산 교육 수
> 업 혹은 다른 여러 장소에서 배포된다. 그러나 일부 병원들은 사생활에 대한 우려와 정보나 전문성이
> 상대적으로 취약한 청중(오디언스)에게 잠재적으로 부정적 영향을 미칠 수 있음(예: 분유의 배포는 산
> 모들이 모유 수유하는 것을 방해할 수 있음)을 염려하여 이러한 선물 꾸러미(키트)에 대해 반대해 왔
> 다. 다른 접근방법도 존재한다. 예를 들어, Disney Baby는 아기 침대 옆 사진을 판매하는 회사와 파트
> 너 관계를 맺고, Disney Cuddly Bodysuits를 나누어주며 DisneyBaby.com에서 이메일 알람을 신청하
> 도록 요청했다. 예비부모 또는 초보부모의 지출은 아이와 직접적으로 관련된 것에만 국한되지 않는다.
> 임신 및 출산을 통한 삶의 전반적인 변화는 예비부모와 초보부모에게 생명보험, 금융 서비스, 부동산,
> 주택 개량, 자동차에 대해 이전과 다른 생각을 가지게 하여 완전히 새로운 니즈를 가지게 한다.[17]

　　직업 또한 소비 패턴에 영향을 미친다. 마케터는 자사 제품과 서비스에 평균 이상의 관심
을 보이는 직업 그룹을 확인하고자 하며, 심지어 특정 직업 그룹을 위해 제품을 맞춤화하기
도 한다. 예를 들어, 소프트웨어 회사의 경우 브랜드 매니저, 엔지니어, 변호사, 의사를 위해
각기 다른 제품을 설계한다. 1889년 설립된 Michigan에 기반을 둔 Carhartt Inc.는 800개의 제
품을 보유하고 있으며, 약 100개의 Detroit 광역권 내 소매점 네트워크, 그리고 Carhartt 유럽
과 오스트레일리아뿐만 아니라 7개 주의 기업 매장 네트워크를 갖춘 세계적인 작업복 명가다.
Carhartt의 내구성 높은 산업, 농업 및 아웃도어 의류라인은 고품질의 패브릭과 장인정신으로
유명하며 수년간 스트리트웨어로 인기를 얻어왔다.[18]

　　제품 선택과 브랜드 선택은 모두 지출 가능한 소득 수준, 재정 안정성 및 패턴과 같은 개
인의 경제적 상황에 크게 영향을 받는다. 구체적으로 유동성 비율을 포함한 저축 및 자산, 부
채 및 차입 능력, 지출과 저축에 대한 태도 등이 포함된다. 만약 경제 지표가 경기 침체를 가리
키면, 마케터는 제품을 재설계, 재포지셔닝, 그리고 가격을 조정하는 단계를 밟거나 할인 브랜
드를 강조하여 지속적으로 타깃고객에게 가치를 제공할 수 있어야 한다.

개성과 자아개념 개성(personality)이란 구매행동을 포함한 환경 자극에 대해 상대적으로 일
관되고 지속적인 반응을 이끌어내는 인간의 심리적 특성을 의미한다. 보통 자신감, 지배, 자율
성, 존중감, 사교성, 방어성, 적응성과 같은 특성의 관점에서 개성을 설명한다.[19]

　　소비자는 일반적으로 **실제 자아개념**(actual self-concept: 우리가 자신을 보는 방법)과 일치

하는 브랜드 개성을 지닌 브랜드를 선택하고 사용한다. 이러한 일치는 실제 자아개념뿐 아니라 소비자의 **이상적인 자아개념**(ideal self-concept: 우리가 자신을 어떻게 보고 싶은지) 혹은 **다른 사람의 우리에 대한 자아개념**(others' self-concept of us: 다른 사람들이 우리를 어떻게 생각한다고 보는지)을 기반으로 하기도 한다.[20] 이러한 효과는 사적으로 소비되는 품목보다는 공적으로 소비되는 품목에서 더 두드러질 수 있다.[21] 한편, '자기 감시(self-monitor)'가 높은 소비자, 즉 타인이 자신을 보는 방식에 민감한 소비자는 소비 상황에 맞는 개성을 지닌 브랜드를 선택할 가능성이 더 높다.[22]

　마지막으로, 자아의 다중적 측면(진지함, 직업적 전문성, 가족 구성원에 대한 돌봄, 쾌락을 즐기는 사람)은 종종 다른 상황이나 다른 유형의 사람들에게서 다르게 나타날 수 있다. Joie de Vivre Hotels 같은 브랜드의 마케터는 자사의 브랜드 경험을 신중하게 조율하여 다양한 개성에 호소한다.

>> Disney Baby와 같은 브랜드는 예비부모와 초보부모에게 더 빨리 접근하는 것이 베이비 시장에서의 성공에 필수적임을 알고 있다.

Joie de Vivre　San Francisco 기반의 Joie de Vivre는 《Smarter Travel》 편집자가 선정한 최고의 부티크 호텔 체인 중 하나로, Chicago, Baltimore와 New York City에도 위치한 California에서 가장 큰 라이프스타일 부티크 호텔 컬렉션을 자랑한다. 이 체인은 스스로를 '살아 있는 진심 어린 이야기의 모음'으로 바라보며, '이웃 간 연결을 통한 즐거움이 넘치는 여행의 정신'에 영감을 주는 것을 목표로 한다. Joie de Vivre의 세련되고 친밀한, 반려동물과 가족에 친화적인, 지역사회에 중심을 둔 고객들은 1박에 1달러를 기부할 수 있으며 이 금액은 각 호텔의 자선 파트너에게 직접 전달된다. 이 체인은 매년 약 150만 달러를 상품권, 현금 및 현물 기부, 이벤트 형태로 주민단체에 기부한다. 모든 호텔은 재활용, 퇴비화, 섬유 및 식품 기부 프로그램에 참여하고 물과 에너지를 절약하며, 환경에 안전한 제품을 사용하고 유기농 공정 무역 식품을 구매하기 위해 노력한다.[23]

가치와 라이프스타일　소비자 행동은 **가치 시스템**('옳고 그름'에 대한 일련의 원칙과 개념)에 기반하며, 이는 소비자에게 무엇이 의미 있고 중요한지와 다른 사람과 생활하고 상호작용하는 방식을 결정한다. 소비자 의사결정은 이러한 **핵심 가치**의 영향을 받는다. 이러한 핵심 가치는 행동이나 태도보다 훨씬 더 깊숙하게 자리 잡고 있으며, 장기적으로 사람들의 선택과 욕구를 이끌어낸다. 마케터는 타깃고객이 지닌 가치를 파악하고, 그들의 내적 자아에 호소하는 것이 구매행동과 같은 그들의 외적 자아에 영향을 미칠 수 있다는 것을 안다.

　같은 하위문화, 사회계층, 직업을 지닌 사람들은 서로 다른 생활방식을 지닐 수 있다. **라이프스타일**은 활동(activity), 관심(interest), 의견(opinion)으로 표현되는 세상 속에서의 개인의 삶의 패턴이다. 라이프스타일은 자신을 둘러싼 환경과 상호작용하는 '전인적 인간(whole person)'의

출처: Keith Homan/Alamy Stock Photo

>> Hamburger Helper는 시장조사를 통해 소비자 취향을 반영하고 판매 증가를 이끈 새로운 맛과 품목을 선보였다.

모습을 그려낸다.[24]

라이프스타일은 소비자가 **금전적인 제약**을 받는지 혹은 **시간의 제약**을 받는지에 의해서도 부분적으로 형성된다. 금전적 제약이 있는 서비스를 제공하는 것을 목표로 하는 기업은 더 저렴한 제품과 서비스를 만들 것이다. Walmart는 알뜰한 소비자에게 어필함으로써 세계에서 가장 큰 기업이 되었다. '매일 저렴한 가격(everyday low price)'은 소매 공급망에서 수백억 달러를 절감하였고, 절감액의 더 많은 부분을 최저할인 가격 형태로 쇼핑객에게 전달했다.

소비자는 멀티태스킹(multitasking)에 취약하다. 어떤 사람들은 돈보다 시간이 더 중요하기 때문에 다른 사람에게 작업 수행을 맡기기 위한 비용을 기꺼이 지불할 수 있다. 서비스를 제공하는 것을 목표로 하는 기업은 다양한 시간 절약 혜택을 제공하는 제품과 서비스를 만들 수 있다. 예를 들어, 멀티태스킹 뷰티밤(BB) 스킨 크림은 보습효과, 노화 방지 성분, 자외선 차단, 때때로 미백까지 통합하여 피부 관리에 대한 올인원 접근방식을 제공한다.[25]

일부 범주, 특히 음식 조리 과정에서 시간 제약을 느끼는 소비자를 타깃으로 하는 기업은 이들이 정작 자신은 시간 제약하에서 움직이고 있지 않다고 믿고 싶어 한다는 사실을 알 필요가 있다. 마케터는 조리 과정에서의 편리함과 약간의 참여를 모두 원하는 이와 같은 사람들을 '편의 참여 세분집단(convenience involvement segment)'이라고 부르며, 이는 Hamburger Helper(2013년 'Helper'로 리브랜딩)가 처음 발견했다.

Hamburger Helper   어려운 경제 시기에 대응하여 1971년 출시된 저렴한 파스타와 분말 조미료 믹스는 빠르고 저렴하게 1파운드의 고기를 가족 전체를 위한 식사로 늘릴 수 있도록 만들어졌다. 저녁 식사의 약 44%가 30분 미만으로 준비되고, 패스트푸드, 드라이브스루, 레스토랑 배달, 미리 조리된 식료품점 음식과의 치열한 경쟁을 감안하면 Hamburger Helper의 번영기가 끝난 것처럼 보였을 수 있다. 그러나 시장조사자들은 일부 소비자들이 음식 준비를 위해 가능한 가장 빠른 전자레인지 사용 방법은 원하지 않는다는 것을 발견했다. 또한 이러한 소비자는 식사를 준비하는 방법이 그들의 기분을 좋게 만들 수 있기를 원했다. 실제로 그들은 평균적으로 적어도 하나의 냄비나 팬을 사용하고 음식 준비에 15분가량을 보내는 것을 선호했다. 이 세분집단에게 매력적으로 남기 위해 Helper의 마케팅 담당자는 Tuna Helper, Asian Chicken Helper, Whole Grain Helper와 같은 새로운 맛과 품목을 도입하여 진화하는 소비자 취향 트렌드를 반영했다. 그 결과, 브랜드의 매출은 꾸준히 증가했다.[26]

소비자 심리

마케팅 및 환경 자극이 소비자 의식 속에 들어갈 때, 일련의 심리적 과정과 특정 소비자 특성이 결합하여 의사결정 과정 및 구매결정으로 이어지게 된다. 마케터가 해야 하는 일은 소비자의 의식 속에서 외부 마케팅 자극의 도달과 궁극적인 구매결정 사이에 어떠한 일이 일어나는지 이해하는 것이다. 동기, 지각, 학습, 기억의 네 가지 주요 심리적 과정은 소비자 반응에 근본적인 영향을 미친다.

소비자 동기

소비자 동기를 이해하는 것은 소비자가 행동을 통해 충족하고자 하는 니즈를 이해하는 것에서부터 시작된다. 따라서 먼저 소비자 니즈의 본질에 대해 논의한 다음, 이러한 니즈가 소비자 행동에 동기를 부여하는 방법에 대해 살펴보기로 한다.

소비자 니즈   니즈(needs)는 공기, 음식, 물, 의복, 은신처와 같은 인간의 기본적인 요구사항이다. 일부 니즈는 **생물학적**으로 배고픔, 갈증 또는 불편함과 같은 생리적 긴장 상태에서 발생한다. 또 다른 니즈는 **심리적**으로 인정, 존중, 소속감에 대한 욕구와 같은 심리적 긴장 상태에서 발생한다.

인간의 동기에 관해 가장 잘 알려진 이론 중 하나인 Abraham Maslow의 이론은 소비자 분석과 마케팅 전략에 중요한 함의를 제공한다. Maslow는 사람들이 특정한 시기에 특정한 니즈에 의해 움직이는 이유를 설명하고자 했다.[27] 그는 인간의 니즈는 생리적 욕구에서 안전의 욕구, 사회적 욕구, 존경의 욕구, 자아실현의 욕구에 이르기까지 가장 시급한 것에서부터 덜 시급한 것까지 위계적으로 배열되어 있다고 주장했다(그림 3.2 참조). 사람들은 가장 중요한 욕구를 먼저 충족하고 그다음으로 중요한 욕구를 충족하려 한다. 예를 들어, 굶주린 사람은 예술계의 가장 최근 사건(니즈 5)이나 다른 사람들이 자신을 보는 방식(니즈 3 또는 니즈 4), 또는 깨끗한 공기를 마시고 있는지 여부(니즈 2)조차도 충분한 음식과 물을 가질 때까지(니즈 1)는 관심을 가지지 않을 것이고, 이것이 충족된 후에는 그다음으로 가장 중요한 욕구가 발현될 것이다.

니즈는 해당 욕구를 충족시켜 줄 수 있는 특정 대상으로 구체화될 때 **원츠**(wants)가 된다. 원츠는 사회에 의해 형성된다. 미국 소비자들은 음식이 필요하면, Chicago 스타일의 '딥-디시(deep-dish)' 피자와 수제 맥주를 원할 수 있다. 반면 인도 소비자들은 음식이 필요하면, 콜레(chole), 탄두리 치킨, 난을 원할 수 있다.

수요(demand)는 지불 능력이 뒷받침되는 특정 제품에 대한 욕구를 말한다. 많은 사람들은 Mercedes를 원하지만 상대적으로 소수만이 Mercedes를 살 수 있다. 기업은 얼마나 많은 사람이 자신의 제품을 원하는지뿐만 아니라 얼마나 많은 사람이 그것을 구매할 의향과 능력이 있는지 측정해야 한다. 이러한 구분은 "마케터가 사람들이 원하지 않는 물건을 사게 만든다"는 비판에 대해 다시 생각해 보도록 만든다. 마케터는 니즈를 생성하지 않는다. 즉 니즈는 마케터가 있기 이전부터 존재한다. 마케터는 Mercedes가 사회적 지위에 대한 개인의 니즈를 충족한다는 아이디어를 홍보할 수는 있다. 그러나 마케터가 사회적 지위에 대한 니즈를 직접 만들어 내지는 않는다.

일부 고객은 전혀 의식하지 못하고 있거나 설명할 수 없는 니즈를 지니고 있다. '강력한' 잔디 깎는 기계나 '평화로운' 호텔을 요구하는 고객이 원하는 것은 무엇을 의미할까? 마케터는 이를 위해 심도 있는 조사를 해야만 한다. 명시된 니즈에만 응답하면 고객은 줄어들 수 있다.[28] 태블릿 컴퓨터가 처음 출시되었을 때 소비자는 컴퓨터에 대해 잘 몰랐지만, Apple은 이 기술 혁신에 대한 소비자 인식과 수용을 만들어내기 위해 부지런히 노력했다. 기업은 시장에서 우위를 점하기 위해 고객이 원하는 것을 배우고 쉽게 얻을 수 있도록 도와야 한다. Dollar Shave Club의 구독 서비스는 고객이 그들의 서비스를 통해 면도기 비용을 절감할 수 있다는 것을 깨닫도록 도왔고, Blue Apron은 사람들이 집에서 요리하는 것을 어렵게 만드는 요리 기술에 대한 자신감 부족을 극복하도록 도왔다.

소비자 동기   모든 사람은 언제나 많은 니즈를 가지고 있다. 니즈는 사람이 행동하도록 할 수 있을 만큼 충분히 강렬할 때 동기(motivation)가 된다.[29] 동기는 방향(다른 여러 목표를 제쳐두고 하나의 목표를 선택)과 강도(선택된 목표를 더 혹은 덜 강하게 추구)를 모두 지닌다.

동기 연구자들은 종종 수십 명의 소비자와 심층 인터뷰를 수행하여 제품에서 촉발된 소비자의 더 깊이 숨겨진 동기를 발견한다. 연구자들은 단어 연상, 문장 완성, 그림 해석, 역할극과 같은 다양한 심리학 기반 투사기법을 사용하여 소비자 내면을 간접적으로 조사한다. 이를 통해 연구자들은 명시적 질문으로는 도출되지 않는 정보를 얻을 수 있다.

> **Betty Crocker**   요리와 베이킹의 대명사인 Betty Crocker라는 이름은 1921년 Gold Medal Flour의 프로모션 시 소비자 요청에 대한 맞춤화된 답변을 위해 만들어졌다. Betty는 인기 있는 라디오 쇼를 통해 명성을 얻었다. 《Fortune》지에 따르면 Betty는 1945년, 영부인 Eleanor Roosevelt에 이어 두 번

그림 3.2
Maslow의 욕구 위계설

출처: A. H. Maslow, *Motivation and Personality*, 3rd ed. (Upper Saddle River, NJ: Prentice Hall, 1987). Printed and electronically reproduced by permission of Pearson Education, Inc., Upper Saddle River, NJ.

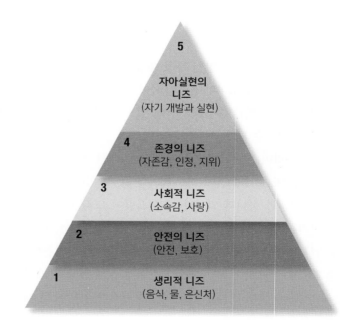

5 **자아실현의 니즈** (자기 개발과 실현)

4 **존경의 니즈** (자존감, 인정, 지위)

3 **사회적 니즈** (소속감, 사랑)

2 **안전의 니즈** (안전, 보호)

1 **생리적 니즈** (음식, 물, 은신처)

째로 높은 인기를 기록했다. 1936년 첫 출시 때 Betty의 이미지는 다소 어머니다운 모습이었으나 현대 직장 여성의 이미지로 변모했으며, 수년간 심화된 연구를 통해 이에 대한 소비자 반응을 지속적으로 관리해왔다. 예를 들어, 1950년대 인스턴트 Betty Crocker 케이크 믹스 판매가 정체되기 시작했을 때, General Mills는 비엔나계 미국인 심리학자이자 행동 마케터인 Ernest Dichter를 찾았다. 건조 케이크 믹스는 물만 추가하면 되었다. Dichter는 프로이트식 방법(Freudian methods)을 사용하여 여성 타깃집단을 조사한 결과, 여성들이 케이크를 굽는 의식은 관계와 다산의 상징으로 가득 차 있다는 결론을 내렸다. 이 결과를 토대로, 그는 믹스에서 계란 가루를 제거하여, 주부가 조리과정에 신선한 계란을 직접 추가하게 만들 것을 제안했다. Genral Mills는 이 조언을 받아들였고, 그 결과 매출이 급증했다.[30]

또 다른 동기 연구자이자 문화인류학자인 Clotaire Rapaille는 제품 행동 이면의 '코드(code)', 즉 사람들이 특정 시장 제안에 부여하는 무의식적인 의미를 파헤치는 작업을 수행했다. 그는 Boeing과 협력하여 Boeing 787 'Dreamliner'에서 보편적인 매력을 가질 수 있는 여객기 내부 요소를 확인했다. 그의 연구의 한 부분에 기초하여, Dreamliner는 천

>> 100년 전 탄생한 이래로 Betty Crocker는 200개가 넘는 General Mills 제품에 그 이름을 빌려주었고 라디오와 TV 요리쇼를 주최하기도 했다.

장에 더 가까운 구부러진 형태의 더 커진 수하물 보관함, 버튼을 통한 전자 방식으로 흐릿하게 만들 수 있는 더 커다란 창, 숨겨진 LED로 은은하게 밝혀진 천장으로 이루어진 넓은 공간을 보유하게 되었다.[31] 반면, 성공 후 10년도 채 되지 않아 한계에 이르게 된 Chrysler의 PT Cruiser의 사례도 있다.

PT Cruiser 21세기 선보인 PT(Personal Transportation) Cruiser는 레트로한 외관과 부담스럽지 않은 가격으로 Chevrolet HHR와 같은 모방제품과 PT Cruiser에 대한 양극화된 디자인(구식 우유 트럭과 1930년대의 호화로운 세단)에 대한 비판에도 불구하고 전 연령대에 걸쳐 큰 성공을 거두었다. PT Cruiser는 프랑스의 의학 인류학자 Clotaire Rapaille가 개발한 질적 연구방법인 아키타이프 연구(archetype research)를 사용하여 설계된 최초의 DaimlerChrysler 차량이다. Rapaille의 접근방식은 느낌과 감성을 사로잡기 위해 색상, 크기 및 편의성과 같은 구체적 제품 속성을 활용하는 것을 넘어서 제품 선택을 결정하는 '문화적 무의식(cultural unconscious)'(혹은 Rapaille의 말에 따르면 소비자의 'reptilian hot button')을 정의하는 소비자 행동의 깊숙한 심리적 동인을 확인하는 데 중점을 두었다. 그 결과 향수를 불러일으키는 감성적인 반응을 유도하기 위해 5개의 문, 높은 지붕 해치백이 탄생

>> PT Cruiser는 아키타 이프 연구를 사용하여 디자인한 DaimlerChrysler의 첫 모델로, 감정적 소구를 통한 구매 유도를 목적으로 설계되었다.

했다. 출시와 동시에 PT Cruiser는 2001년, 14만 5,000대가 팔리며 대성공을 거두었으나, 2009년에 이르러서는 1만 8,000대로 판매가 급감했다. PT 하락의 원인은 Chrysler가 자동차 개선 및 업데이트에 지속적으로 투자하지 않고, 소비자 요구에 부응하는 신모델을 출시하지 않았기 때문이다. 또한 연구개발 비용을 회수하기 위해 세계화가 점점 더 중요해지고 있던 시기에 이 디자인은 미국 청중(오디언스)에게만 국한하여 소구되었다.[32]

지각

지각(perception)은 세상에 대한 의미 있는 그림을 만들기 위해 입력된 정보를 선택, 구성, 해석하는 과정이다.[33] 동기를 지닌 사람은 행동할 준비가 되어 있다. 이 사람이 행동하는 방식은 상황에 대한 자신의 지각에 영향을 받는다. 마케팅에서 지각은 소비자의 실제 행동에 영향을 미치기 때문에 현실보다 더 중요하다.

지각은 물리적 자극뿐 아니라 자극과 주변 환경과의 관계 및 각자가 가지고 있는 조건에 따라 달라진다. 어떤 사람은 말을 잘하는 영업사원을 공격적이고 성실하지 않다고 생각할 수도 있고, 다른 사람은 영업사원이 지적이고 도움이 된다고 생각할 수도 있다. 각각의 사람은 판매원에게 다른 반응을 나타낼 것이다. 사람들은 세 가지 지각 과정인 선택적 주의, 선택적 왜곡, 선택적 유지로 인해 동일한 대상에 대해 다른 지각을 지니게 된다.

선택적 주의   주의는 어떤 자극에 처리 능력을 할당하는 것을 말한다. 자발적 주의는 우리가 의도적으로 행하는 것이고, 비자발적 주의는 누군가 또는 무언가에 의해 주의가 사로잡힐 때 발생한다. 사람은 평균적으로 매일 수천 개의 광고 또는 브랜드 커뮤니케이션에 노출되는 것으로 추정된다. 이 모든 것에 주의를 기울일 수 없으므로 대부분의 자극을 걸러내는데, 이를

선택적 주의(selective attention)라고 한다. 선택적 주의는 마케터가 소비자의 주의를 끌기 위해 열심히 노력해야 함을 의미한다. 이러한 관점에서 마케터는 사람들이 알아차릴 수 있는 자극을 결정해야 한다. 다음은 주의를 끌 수 있는 몇 가지 방법이다.

- **사람들은 현재의 니즈와 관련된 자극에 주목할 가능성이 더 크다.** 스마트폰 구매 의향이 있는 사람은 스마트폰 광고를 보고, 폰과 관련 없는 광고는 덜 보게 된다.
- **사람들은 그들이 예상하는 자극에 주목할 가능성이 더 크다.** 컴퓨터 매장에서 휴대용 라디오를 취급할 것을 기대하지 않기 때문에 컴퓨터 매장에서 휴대용 라디오보다 노트북을 더 많이 보게 된다.
- **사람들은 자극의 정상적인 크기와 관련하여 편차가 큰 자극에 주목할 가능성이 더 크다.** 5달러 할인을 제공하는 광고보다 컴퓨터 정가에서 100달러 할인을 하는 광고를 볼 가능성이 더 크다.

사람들은 많은 정보를 걸러내지만, 우편, 인터넷, 판매원의 예상치 못한 제안 같은 예기치 못한 자극에 영향을 받는다. 마케터는 소비자의 선택적 주의 필터를 건너뛰기 위해 그들의 제품과 서비스를 침투적으로 홍보하려 한다.

선택적 주의 메커니즘은 소비자의 적극적인 참여와 생각을 필요로 한다. **식역하 지각**(subliminal perception)은 소비자가 의식적으로 인식하지 못하지만 그들의 행동에 영향을 미칠 수 있는 은밀한 잠재의식 메시지를 마케터가 광고 또는 포장에 포함할 수 있다는 주장으로, 마케팅 이론 연구자들을 오랫동안 매혹시켜 왔다. 물론 심적 과정에는 수많은 미묘한 잠재의식 효과가 포함되어 있음이 분명하나,[34] 마케터가 식역하 수준에서 소비자를 체계적으로 통제할 수 있다는 주장을 뒷받침하는 명확한 증거는 없다.[35]

선택적 왜곡　자극이 발신자가 의도한 대로 항상 나타나지는 않는다는 사실을 알아차린 적이 있는가? **선택적 왜곡**(selective distortion)은 자신의 선입견에 맞게 정보를 해석하는 경향을 말한다. 소비자는 종종 정보를 왜곡하여 자신이 지닌 이전 브랜드 혹은 제품에 대한 신념 및 기대와 일치시키려 한다. 소비자가 가지는 브랜드 신념의 힘을 검증하기 위해 한 집단은 브랜드를 모르는 상태로 샘플을 시식하게 하고, 다른 집단은 같은 샘플에 대해 브랜드를 아는 상태에서 시식하도록 하는 상황을 생각해 보자. 분명 같은 제품을 소비하였음에도 두 집단은 예외 없이 다른 의견을 가지게 될 것이다.

소비자가 동일한 제품의 브랜드 버전과 비브랜드 버전에 대해 서로 다른 의견을 말한다면, 이는 어떤 수단(예: 과거 경험, 브랜드 판촉, 가족 선호도)에 의해 생성된 브랜드 및 제품 신념이 어떻게든 제품에 대한 소비자 인식을 변화시킨 것임이 분명하다. 거의 모든 유형의 제품에서 이에 대한 예를 찾을 수 있다. Coors가 브랜드명을 'Banquet Beer'에서 'Original Draft'로 바꾸자 소비자들은 제형은 그대로임에도 맛이 달라졌다고 주장했다.

또 다른 연구에서 University of Bordeaux의 Frédéric Brochet는 와인 과학을 전공하는 학생들에게 레드 와인과 화이트 와인 한 잔을 주고 설명하도록 했다. 후속 시음에서 학생들은 같은 화이트 와인 잔을 받았는데, 그중 반을 붉게 물들였다. 그들은 화이트 와인은 이전과 동일하게 설명했지만 붉게 물들인 동일한 화이트 와인에 대해서는 레드 와인의 관점에서 설명했다. 이는 시각적 신호가 냄새, 맛 및 전문지식을 무효화할 수 있음을 보여준다.[36]

선택적 왜곡은 강력한 브랜드를 가진 마케터에게 유리하게 작용할 수 있는데, 이는 소비자가 중립적이거나 모호한 브랜드 정보를 왜곡하여 더 긍정적으로 만들 수 있기 때문이다. 즉 브랜드에 따라 커피 맛이 더 좋아 보일 수 있고, 자동차가 더 부드럽게 주행되는 것처럼 보일 수 있으며, 은행 대기시간이 더 짧게 느껴질 수 있다.

감정

감정(emotion)은 의식적인 노력이 아니라 자발적으로 발생하는 심적 상태이며 내부 및 외부 자극에 대한 사람들의 긍정적 혹은 부정적 반응을 반영한다. 일반적으로 사람들은 기쁨, 슬픔, 분노, 두려움, 양가감정과 같은 감정을 거의 제어하지 못한다. 이러한 감정은 개인의 반응에 따라 강도와 복잡성이 달라지며 생리적·행동적 변화를 동반할 수 있다.

소비자 반응이 모두 인지적이고 합리적이지는 않다. 많은 반응이 감정적이거나 다양한 종류의 감정을 불러일으킬 수 있다. 브랜드나 제품은 소비자에게 자부심, 흥분 또는 자신감을 줄 수 있다. 광고는 즐거움, 혐오감 또는 경이로움을 유발할 수 있다. Hallmark, McDonald's, Coca-Cola와 같은 브랜드는 수년 동안 충성도 높은 고객과 감정적인 관계를 맺어왔다. 마케터들은 특히 브랜드의 일부 기능적 또는 합리적인 측면에 뿌리를 둔 감정적 호소의 힘에 주목하고 있다.

Kimberly-Clark는 10대 소녀들과 젊은 여성들이 여성 위생 및 여성 관리 제품에 대해 더 편안하게 이야기할 수 있도록 U by Kotex 브랜드의 "Break the Cycle" 캠페인 시 네 가지 소셜 미디어 네트워크를 사용했다. 이를 통해 Kotex는 여성용품 사용 집단 간 긍정적 입소문 공유를 유도하였고, 시장 점유율 1위를 차지할 수 있었다.[37]

감정이 풍부하게 스며들어 있는 브랜드 스토리는 입소문이나 온라인 공유를 통해 브랜드에 대해 들은 내용을 전달하려는 사람들의 욕구를 촉발하는 것으로 나타났다. 기업은 브랜드 스토리에 소비자를 참여시키기 위해 커뮤니케이션에 보다 강력한 인간적 호소력을 부여하고 있다.[38] Ray-Ban의 75주년 기념 캠페인 "Never Hide"에서는 조종사용 안경과 선글라스 착용자가 매력적이고 쿨한 느낌을 줄 수 있도록 스타일리시하고 눈에 띄는 다양한 힙스터(hipsters)를 선보였다. Apple이 iPod 마케팅 시 사용했던 것처럼, 일부 브랜드는 힙합 문화와 음악을 활용하여 브랜드를 현대적인 다문화 방식으로 마케팅하고 있다.[39]

Ray-Ban과 같은 많은 마케터들은 과거의 감성적인 매력을 활용하여 현재 고객, 특히 젊은 고객과의 연결을 시도한다. 이메일, Webinars, 소셜 미디어 플랫폼이 직접 우편, 세미나와 무역 박람회를 대체했지만, 후자는 여전히 마케팅 활동에 효과적인 역할을 할 수 있다. 레트로 마케팅 전략과 제품은 고객에게 향수를 불러일으킬 수 있다. 코스튬을 입은 마스코트, 회전하는 표지판, 커뮤니티 모임 및 광고판이 계속해서 고객의 관심을 사로잡기 때문이다. 되살아난 Beetle, Fiat 500, 그리고 Cadbury의 부활한 Wispa 초콜릿 바와 같은 제품은 지난날의 분위기를 간직한 제품이 고객과의 강력한 감정적 연결을 가능하게 함을 보여준다. 패션 업계는 과거 시대에 영감을 받아 새로운 디자인을 한다. MillerCoors는 1970년대 초기 Miller Lite 레이블 버전과 함께 Miller Lite 맥주에 대한 레트로 마케팅 캠페인을 시행했다. Cartier, Motel 6, Life Savers는 광고 캠페인을 통해 레트로한 이미지로 변모한 여러 주요 브랜드 중 하나다. 축구선수들도 향수 마케팅(혹은 노스탤지어 마케팅)에 돈을 지불한다. NFL Pittsburgh Steelers는 팀의 1932년을 회상하는 유니폼을 입기도 했다.[40]

제품과 브랜드가 특정 감정을 유발할 수 있는 것처럼 사람들의 다양한 감정 상태는 그들의 판단과 결정에 영향을 미칠 수 있다. 예를 들어, 두려움과 같은 감정은 사회적 증거(예: 제품의 대중적 인기를 전달) 및 희소성(예: '한정판')을 포함하는 다양한 마케팅 전략의 효과를 높이거나 낮출 수 있다.[41] 마찬가지로, 다른 사람의 감정을 관찰하는 것도 마케팅 도구로 사용될 수 있다. 예를 들어, 희생자의 슬픈(vs. 중립적이거나 행복한) 얼굴을 게시하면 사람들이 자선단체에 기부할 가능성을 높일 수 있다.[42]

기억

정보와 사건을 기록, 저장, 검색하는 뇌의 능력인 기억도 소비자의 구매결정에 중요한 역할을 한다. 다양한 유형의 기억과 기억 과정이 작용하는 방식을 다음 절에서 설명한다.

기억 모형   인지심리학자들은 정보의 일시적이고 제한된 저장소인 **단기기억**(short-term memory)과 이보다 영구적이고 잠재적으로 무제한적인 저장소인 **장기기억**(long-term memory)을 구분한다. 우리가 인생을 살아가면서 부호화하는 모든 정보와 경험은 결국 장기기억으로 남을 수 있다.

연구자들은 일화적(episodic), 의미론적(semantic), 절차적(procedural)인 세 가지 유형으로 장기기억을 구분한다.

- **일화기억**은 우리가 삶에서 경험한 사건(예: 에피소드)에 대한 정보를 저장하는 역할을 하며, 특정 사건이 발생한 시간, 장소 및 관련된 감정과 같은 맥락을 포착하는 자전적 사건에 대한 개인의 기억이다.
- **의미기억**은 사실, 의미, 개념과 같은 세상에 대한 정보를 저장하는 역할을 한다. 개인적 경험과 직접적으로 연결되는 일화기억과 달리 의미기억은 개인적 경험과 무관한 일반적인 지식을 포착한다.
- **절차기억**은 걷기, 말하기, 자전거 타기와 같은 특정 절차를 수행하는 방법을 알 수 있도록 한다. 일반적으로 절차기억은 반복을 통해 습득한 운동 기술(숙달)의 기억이며, 의식적인 생각을 포함하지 않는 우리 내면 매우 깊숙이 내재되어 있는 자동 감각 운동 활동을 포함한다.

장기기억 구조에 대해 가장 널리 받아들여지는 관점은 우리가 일종의 연상 모형을 형성함을 가정한다. 예를 들어, **연상네트워크 기억 모형**(associative network memory model)은 장기기억을 노드(node)와 링크(link)의 집합으로 본다. **노드**는 강도가 다양한 **링크**로 연결된 저장된 정보다. 언어적·시각적·추상적·맥락적 정보를 포함하여 모든 유형의 정보가 기억 네트워크에 저장될 수 있다.

노드에서 노드로 확산되는 활성화 과정은 주어진 상황에서 검색하고 회수할 수 있는 정보의 양을 결정한다. 외부 정보를 인코딩하거나(단어나 구절을 읽거나 들을 때) 장기기억에서 내부 정보를 검색하여(어떤 개념에 대해 생각할 때) 노드가 활성화되면, 초기에 활성화된 노드와 충분히 강하게 연결된 다른 노드들이 활성화된다.

연상네트워크 기억 모형을 기반으로, 소비자의 브랜드 지식은 다양하게 연결된 연상을 가진 기억의 노드로 생각할 수 있다. 이러한 연상의 강도와 구조는 브랜드에 대해 기억할 수 있는 정보의 중요한 결정요인이 된다. **브랜드 연상**(brand association)은 브랜드 노드와 연결되는 모든 브랜드 관련 생각, 감정, 인식, 이미지, 경험, 신념, 태도로 구성된다. 예를 들어, Adidas 브랜드는 축구, 신발, 달리기, 테니스, 스포츠 의류, 건강, 피트니스, 활동적인 라이프스타일 및 야외 모험에 대한 생각을 불러일으킬 수 있다. 또 Nike, Puma, Reebok과 같은 경쟁 브랜드와의 연관성을 불러일으킬 수도 있다. 또는 Lionel Messi, Kylie Jenner 같은 브랜드 앰배서더(brand ambassadors)나 원산지(country of origin) 독일과의 연관성을 불러일으킬 수도 있다.

이러한 맥락에서 마케팅은 소비자가 올바른 브랜드 지식 구조를 만들고 기억할 수 있는 제품 및 서비스 경험을 갖도록 하는 방법으로 생각할 수 있다. Procter & Gamble과 같은 기업은 마케팅 환경에서 소비자의 마음에 특정 브랜드에 의해 촉발될 수 있는 주요 연관성과 상대적 강점, 호감도 및 독창성을 묘사하는 지도(map)를 만드는 활동을 수행하기도 한다.

기억 과정   사람들은 정보를 완전하고 정확하게 의식 속에 간직하거나 다시 생각해 낼 수 없기 때문에 기억은 구성과정에 가깝다. 사람들은 종종 부분만 기억하고 나머지는 자신이 알고 있는 모든 것을 기반으로 채워나가곤 한다. 일반적으로 기억은 인코딩(부호화)과 인출 과정으로 설명할 수 있다.

기억 인코딩(memory encoding)은 정보가 기억에 들어가는 방법과 위치를 설명한다. 결과적인 연상의 강도는 인코딩 중인 정보를 처리하는 정도(예: 정보에 대해 생각하는 정도)와 방식에 따라 다르다.[43] 일반적으로 인코딩하는 동안 정보의 의미에 더 많은 주의를 기울일수록 결과적인 기억 연상이 더 강해진다. 그리고 새로운 정보를 이미 기억에 인코딩된 다른 정보들과 더 많이 연관시킬 수 있을수록 더 잘 기억할 수 있다.

기억 인출(memory retrieval)은 기억에서 정보를 다시 찾아오는 방법이다. 다음은 기억 인출과 관련된 세 가지 중요한 내용이다.

- 인지심리학자들은 정보가 부호화되어 장기기억에 저장되면 매우 오랫동안 지속되며 연결 강도는 매우 천천히 감소한다고 믿는다.

- 기억 속 정보는 사용 가능하지만, 적절한 검색 신호 또는 알림 없이는 회상을 위해 활성화할 수 없다. 인출단서의 효율성은 슈퍼마켓이나 소매점 내부 마케팅이 중요한 이유 중 하나다. 제품 포장 및 매장 내 작은 사이즈의 광고판 진열은 이미 매장 외부에서 전달된 정보를 상기시켜 주며 소비자 의사결정의 주요 결정요인이다. 또 다른 이유에서 기억 속 브랜드 접근 가능성은 중요하다. 사람들은 자신의 마음속에 가장 먼저 떠오른 브랜드에 대해서 이야기한다.[44]
- 다른 제품에 대한 정보는 간섭효과를 일으켜 새로운 데이터를 간과하거나 혼동하게 만들 수 있다. 즉 항공사, 금융 서비스, 보험 회사와 같이 많은 경쟁업체로 가득 찬 산업 내 기업들이 당면한 마케팅 과제 중 하나는 소비자가 브랜드를 혼동할 수 있다는 것이다.

선택적 유지(selective retention)로 인해 좋아하는 제품의 긍정적인 면만 기억하고 이 제품의 부정적인 면과 경쟁 제품의 좋은 점은 잊어버리기 쉽다.

구매의사결정 과정

지금까지 살펴본 기본적인 심리적 과정은 소비자의 실제 구매결정에 중요한 역할을 한다. 마케터가 누가, 무엇을, 언제, 어디서, 어떻게, 왜 하는가의 측면에서 물어야 하는 소비자 행동에 관한 몇 가지 주요한 질문이 있다.

누가 우리 제품이나 서비스를 구매하는가? 제품이나 서비스를 구매하기로 결정하는 것은 누구인가?

제품이나 서비스 구매결정에 영향을 미치는 사람은 누구인가? 구매결정은 어떻게 이루어지는가? 의사결정 과정에서 누가 어떤 역할을 담당하는가?

고객은 무엇을 구매하는가? 어떤 니즈가 만족되어야 하는가? 어떤 욕구가 충족되어야 하는가?

고객이 특정 브랜드를 구매하는 이유는 무엇인가? 그들이 추구하는 혜택은 무엇인가?

고객은 제품이나 서비스를 구매하기 위해 어디로 가는가? 혹은 어디서 물건을 찾는가? 온라인 그리고/또는 오프라인? 그들은 언제 구매하는가? 계절적 요인이 있는가? 하루 중 아무 때나/주/월마다?

고객은 우리 제품이나 서비스를 어떻게 인식하는가? 우리 제품이나 서비스에 대한 고객의 태도는 어떠한가?

구매결정에 영향을 미칠 수 있는 사회적 요인은 무엇인가? 고객의 라이프스타일이 그들의 의사결정에 영향을 미치는가? 개인, 인구통계 또는 경제적 요인이 구매결정에 어떤 영향을 미치는가?[45]

그림 3.3
소비자 구매 과정의 5단
계 모형

문제인식 → 정보탐색 → 대안평가 → 구매결정 → 구매 후 행동

현명한 기업은 제품의 학습, 선택, 사용, 처분까지 제품과 관련된 모든 경험을 포함하는 소비자의 구매결정 과정을 완전히 이해하려고 노력한다. 이러한 노력의 결과로 마케팅 연구자들은 의사결정 과정의 '단계 모형'을 개발했다(그림 3.3 참조). 이는 구매의사결정 시 일반적으로 소비자는 문제인식, 정보탐색, 대안평가, 구매결정, 구매 후 행동의 5단계를 거치게 됨을 보여준다.[46]

소비자가 구매결정을 내리는 과정과 구매 후 행동을 종종 **소비자 의사결정 여정**이라 한다.[47] 여정이라고 불리는 이유는 그림 3.3에서와 같이 소비자가 구매결정을 내리는 방식이 항상 선형적이지는 않다는 사실에 기인한다. 실제로, 이 방식은 선형적이기보다는 소비자가 의사결정의 여러 단계에서 접하는 새로운 정보에 의해 영향을 받는 반복적인 과정인 경우가 많으며, 여기에는 이전 판단으로 돌아가 다시 검토해야 할 필요 또한 포함될 수 있다. 이를 인식한 마케터는 의사결정 과정의 모든 단계에서 다양한 접점을 통해 소비자에게 도달하는 활동과 프로그램을 개발해야 한다.

소비자가 항상 5단계를 모두 단계적으로 통과하는 것은 아니다. 소비자는 일부를 건너뛰거나 뒤집을 수 있다. 단골 브랜드 치약을 구매할 때는 정보탐색과 평가를 생략하고 문제인식 단계에서 구매결정으로 바로 이동한다. 그러나 그림 3.3의 모형은 소비자가 기능적, 심리적 또는 금전적 위험을 수반하는 고관여 제품이나 새로운 구매를 계획할 때 발생하는 모든 고려사항을 포착하기 때문에 좋은 기준틀(reference frame)을 제공한다. 이 장 뒷부분에서는 소비자가 덜 계산적인 결정을 내리는 방법을 살펴본다.

문제인식

구매 과정은 구매자가 내부 또는 외부 자극에 의해 유발된 문제나 필요를 인식할 때 시작된다. 내적 자극을 받으면 배고픔, 갈증, 성욕 등 인간의 기본욕구 중 하나가 한계 수준까지 올라가 동인이 된다. 니즈는 외부 자극에 의해서도 유발될 수 있다. 어떤 사람은 친구의 새 차를 부러워하거나 하와이 휴가에 대한 TV 광고를 보며 이와 유사한 구매 가능성에 대한 생각을 떠올릴 수 있다.

마케터는 여러 소비자로부터 수집한 정보를 바탕으로 특정 욕구를 유발하는 상황을 검증해야 한다. 이후 소비자의 관심을 불러일으키는 마케팅 전략과 광고 캠페인을 개발할 수 있다. 소비자 동기를 높이는 것은 사치품, 휴가 패키지, 엔터테인먼트 옵션과 같은 경기 소비재 구매를 유도하는 데 특히 중요할 수 있다. 소비자가 충족되기를 원하는 욕구를 인식하게 되는 동인으로는 **자연적인 고갈**(예: 치약과 같이 정기적으로 사용하는 품목을 교체해야 할 필요)이 있다. 또 다른 동인인 **현재 사용하는 제품에 대한 불만족**은 소비자가 자신의 니즈를 충족시켜 줄 다른 수단을 찾게끔 한다. **라이프스타일과 목표의 변화**(예: 자녀의 출산이나 승진) 역시 구매 습관에 큰 영향을 미칠 수 있다. 그리고 **사회적 영향**(예: 가족, 친구 및 동료의 의견 또는 동료와의 경쟁)도 동인으로 작용할 수 있다.

정보탐색

놀랍게도 소비자는 종종 제한된 정보만 탐색하기도 한다. 설문조사에 따르면 전체 소비자의 절반이 한 매장에서만 내구재를 찾고, 30%만이 여러 브랜드의 가전제품을 탐색해 보는 것으로 나타났다. 탐색 참여 수준은 두 가지로 구분할 수 있다. 약한 탐색 상태를 **주의집중**(heightened attention)이라고 한다. 이 단계의 소비자는 단순히 제품에 대한 정보를 더 잘 수용하는 데 머문다. 다음 단계에서 이 사람은 제품에 대해 더 알아보기 위해 읽을 자료 찾기, 친구에게 전화하기, 온라인에 접속하기, 매장 방문하기 등 **능동적인 정보탐색**(active information search)에 들어가게 된다.

　　마케터는 소비자가 다양한 시간과 장소에서 추구하는 정보 유형 혹은 최소한 수용할 수 있는 정보의 유형을 파악해야 한다. Unilever는 미국 최대 소매 식료품 체인인 Kroger와 협력하여 소비자의 식사 계획은 식사에 대한 토론과 그 안에 들어갈 수 있는 것(주의집중), 특정 식사에 들어갈 음식의 정확한 선택(정보탐색), 그리고 마지막 구매의 3단계를 거치게 됨을 알게 되었다. 아침 식사 시간에 하는 대화는 건강에 초점을 맞추는 경향이 있지만, 점심시간에는 남은 음식을 사용하여 식사할 수 있는 방법에 대한 토론이 더 많이 이루어진다.[48]

정보 원천　소비자는 가족, 친구, 이웃, 지인과 같은 **개인적**(personal), 광고, 웹사이트, 이메일, 판매원, 딜러, 포장, 디스플레이와 같은 **상업적**(commercial), 대중매체, 소셜 미디어, 소비자평가 기관과 같은 **대중적**(public), 제품 취급, 검증 혹은 사용과 같은 **경험적**(experiential)인 네 가지 원천으로부터 주요 정보를 얻는다.

　　이러한 출처를 통해 얻은 정보의 상대적인 양과 그 영향력은 제품 범주와 구매자의 특성에 따라 다르다. 일반적으로 소비자는 상업적 원천, 즉 마케터가 지배하는 원천에서 제품에 대한 정보를 가장 많이 얻지만, 가장 효과적인 정보는 개인 또는 경험적 원천, 혹은 독립된 기관인 대중적 원천으로부터 얻는 경우가 많다.[49] 어디에나 존재하는 소셜 미디어는 정보 원천의 경계를 모호하게 만들고 그 범위를 넓히고 있다. Facebook에 구매 정보를 공유하거나 Amazon에 제품 리뷰를 작성하는 사람들은 리뷰를 보는 다른 이들에게 구매의사결정에 크고 광범위한 영향을 미치는 독립적 기관으로 보일 수 있다.

　　각 원천은 구매결정에 영향을 미치는 각기 다른 기능을 수행한다. 상업적 원천은 일반적으로 정보 기능을 수행하는 반면 개인적 출처는 정당화 또는 평가 기능을 수행한다. 예를 들어, 의사는 종종 상업적 원천을 통해 신약에 대해 학습하지만, 이에 대한 평가를 위해서는 다른 의사에게 조언을 듣는다. 많은 소비자들이 제품과 브랜드에 대해 알아보기 위해 온라인과 오프라인(매장에서)을 번갈아가며 사용한다.

　　소비자는 결정에 도달하는 데 도움이 되는 내부 및 외부 정보에 의존한다. 내부 정보는 개인의 경험을 기반으로 한다. 예를 들어, 외식을 하고 싶은 사람은 지역 이탈리안 레스토랑에서 맛있는 식사를 하거나 최근에 문을 연 프렌치 비스트로의 광고를 본 기억을 떠올릴 수 있다. 외부 정보 원천은 일반적으로 자동차 구매 또는 고급 가전제품 구매와 같이 관여도가 높은 의사결정을 내릴 때 찾게 된다. 외부 원천에는 가족, 친구, 직장 동료의 제안과 의견, 딜러를 방문하고 온라인으로 검색하여 모델과 가격을 비교하는 여정, 그리고 《Consumer Reports》와 같은 컨설팅 출처 탐색 등이 포함될 수 있다.

탐색 다이내믹스   소비자는 정보를 수집함으로써 경쟁 브랜드와 그 기능에 대해 학습한다. 그림 3.4의 첫 번째 상자는 사용 가능한 브랜드의 **전체 집합**을 보여준다. 개별 소비자는 이 그룹의 하위 집합인 **인지 집합**을 알게 된다. 이 중 **고려 집합**에 포함된 일부 브랜드만이 소비자의 초기 구매 기준을 충족한다. 소비자가 더 많은 정보를 수집함에 따라 몇 가지 대안, 즉 **선택 집합** 내 브랜드만이 강력한 경쟁자로 남게 된다. 소비자는 이 중에서 최종 선택을 한다.[50]

마케터는 여러 가지 경쟁 요인과 다양한 의사결정 집합이 형성되는 방식을 이해하기 위해 소비자 의사결정을 이끄는 속성의 계층구조를 파악할 필요가 있다. 이 속성 계층을 파악하는 과정을 **시장분할**이라고 한다. 과거 대부분의 자동차 구매자는 먼저 제조업체를 결정한 다음 자동차 모델(**브랜드 지배적 계층구조**) 중 하나를 결정했다. 구매자는 General Motors 자동차를 선호할 수 있으며, 이 집합 내에서 Chevrolet 모델을 선택한다. 오늘날 많은 구매자는 구매하길 원하는 자동차의 원산지(**국가 지배적 계층구조**)를 먼저 결정한다. 구매자는 먼저 독일 자동차를 구매하기로 결정한 다음 Audi를 선택하고 Audi A6에 집중할 수 있다.

속성의 계층구조는 고객 세분집단을 나타낼 수도 있다. 먼저 가격부터 결정하는 구매자는 가격 지배적 소비자다. 자동차 유형(세단, 쿠페, SUV, 하이브리드)을 먼저 결정하는 사람들은 유형 지배적 소비자다. 브랜드를 먼저 선택하는 사람들은 브랜드 지배적 소비자다. 유형/가격/브랜드 지배적 소비자는 하나의 세분집단을 구성한다. 품질 및 서비스 구매자는 또 다른 구매집단을 구성한다. 각 세분집단은 고유한 인구통계, 사이코그래픽스(psychographics), 행동뿐만 아니라 인식, 고려사항과 선택 집합 또한 다를 수 있다.

그림 3.4는 기업은 잠재고객의 인지, 고려, 선택 집합에 자사 브랜드를 포함시키기 위해 전략을 세워야 함을 의미한다. 식품점 주인이 요구르트를 브랜드별로(예: Dannon 및 Yoplait) 먼저 정렬한 다음 각 브랜드 내에서 맛별로 정렬하는 경우 소비자는 동일한 브랜드에서 맛을

그림 3.4
소비자 의사결정에 관련된 연속집합

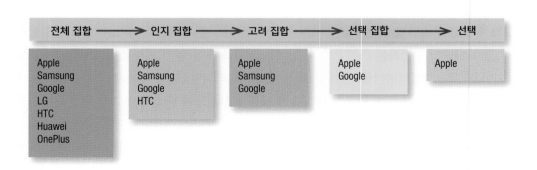

선택하는 경향이 있다. 그러나 모든 딸기 요구르트를 합치고, 모든 바닐라 맛을 합쳐서 정렬하면 소비자는 원하는 맛을 먼저 선택한 다음 특정 맛 중에서 원하는 브랜드를 선택하게 될 것이다.

제품 정보가 부분적으로 표시되는 방식으로 인해 온라인에서의 검색행동은 다르게 나타날 수 있다. 예를 들어, 소비자에게 예상되는 매력도 순서로 제품 대안이 제시될 수 있으며, 이에 소비자는 그렇게 제시되지 않은 때만큼 광범위하게 검색할 필요가 없다고 판단할 수 있다.[51] 점점 더 정교해지는 추천엔진은 알고리즘과 데이터를 사용하여 소비자의 선택 패턴을 발견하고 특정 소비자의 니즈와 관심에 가장 관련성이 높은 제품을 추천한다.

Amazon의 아이템 간 협업 필터링 알고리즘(item-to-item collaborative filtering algorithm)은 고객이 구매한 제품과 이와 유사한 제품을 연결시킨 제품 라인 및 대상 영역을 바탕으로 고객에게 제품을 추천한다. 여기에는 구매내역에서부터 장바구니에 이르기까지 온라인 내 고객 행동을 조회하여 파생된 수십억 개의 데이터 포인트 분석이 포함된다. 추천 내용은 여러 위치에 나타난다. 개인화된 추천 및 이전에 본 제품 링크는 물론 Amazon이 배송 비용을 절감하는 데 도움이 되는 '자주 함께 구매하는 제품' 섹션에도 표시된다. 연구에 따르면, Amazon 소비자의 구매 중 3분의 1 이상은 제품추천을 통해 이루어진다.

기업은 적절한 경쟁우위를 계획할 수 있도록 소비자의 선택 집합에 있는 다른 브랜드 또한 파악해야 한다. 이에 더하여, 마케터는 소비자의 정보 원천을 확인하고 상대적 중요도를 평가해야 한다. 소비자에게 브랜드에 대해 처음 알게 된 방법, 나중에 알게 된 정보, 다양한 정보 원천에 대한 상대적 중요도를 묻는 것은 기업이 타깃시장에 대한 효과적인 커뮤니케이션을 준비하는 데 도움이 될 것이다. 디지털 마케팅은 잠재고객을 기업 웹사이트로 보내주는 다른 사이트들을 더 쉽게 감지하고 분석할 수 있게 한다. 예를 들어, Amazon의 제휴 네트워크는 어떤 웹사이트와 블로그가 Amazon 사이트뿐만 아니라 특정 제품으로 트래픽을 유도하는지 보여준다.

대안평가

소비자가 사용 가능한 대안의 장단점을 해석하는 방식은 그것이 타당한지 잘못된 것인지 여부에 관계없이 그들이 가지고 있는 신념과 태도의 영향을 받는다. 다음 절에서 볼 수 있듯이, 이러한 인식과 소비자가 정보를 처리하는 다양한 방식은 구매결정에 큰 영향을 미친다.

신념과 태도   경험과 학습을 통해 사람들은 신념과 태도를 습득한다. 이는 차례로 구매행동에 영향을 미친다. **신념**(belief)은 그것이 사실인지 아닌지에 관계없이 어떤 것이 사실이거나 사실이라는 확신을 말한다. 이는 대상이나 생각에 대한 긍정적이거나 비호의적인 평가, 감정적 느낌, 행동 경향인 **태도**(attitude)만큼이나 중요하다. 사람들은 종교, 정치, 옷, 음악, 음식 등 거의 모든 것에 대한 태도를 가지고 있다.

태도는 우리를 마음의 틀 속에 넣게 한다. 대상을 좋아하거나 싫어하게 하고, 대상을 향하거나 멀어지게 한다. 태도는 유사한 대상에 대해 상당히 일관된 방식으로 행동하도록 이끈다. 태도는 에너지와 생각을 절약할 수 있도록 해주기 때문에 바꾸기가 매우 힘들다. 일반적으로 기업은 태도를 바꾸기보다는 기존 태도에 제품을 적용시키는 것이 유리하다. 그러나 제품에 대한 신념과 태도가 너무 부정적이면 기업은 보다 적극적인 조치를 취해야 한다.

때때로 태도는 소비자 의사결정 과정의 고려 및 선택 집합 단계에서 행동을 예측할 수 있게끔 하기 때문에 소비자의 태도를 이해하는 것은 마케터에게 큰 도움이 될 수 있다. 예를 들어, 제품 테스트 기간 동안 제품과 상호작용하여 형성된 태도는 제품 광고에 노출되어 형성되는 태도보다 소비자의 제품 구매 가능성을 더 정확하게 예측할 수 있다.[52]

정보처리 과정   소비자는 사용 가능한 대안과 관련된 정보를 어떻게 처리하고 최종 가치판단을 내리는가? 모든 소비자 또는 한 소비자가 모든 구매 상황에서 하나의 프로세스만을 사용하지는 않는다. 가장 최신 모형은 소비자가 대체적으로 의식적이고 합리적인 근거에 따라 판단을 내리는 것으로 보고 있다.

다음의 몇 가지 기본 개념은 소비자의 평가 과정을 이해하는 데 도움을 준다. 첫째, 소비자는 니즈를 충족시키려 한다. 둘째, 소비자는 해당 니즈에 대한 솔루션을 제공하는 제품에서 특정 혜택을 찾는다. 셋째, 소비자는 각 제품을 소비자가 원하는 혜택을 제공할 수 있는 다양한 능력을 가진 속성 묶음으로 본다. 구매자가 관심을 갖는 속성은 제품에 따라 다르다 (예: **호텔** – 위치, 청결도, 분위기, 가격/**구강 세정제** – 색상, 효과, 세균 사멸 능력, 맛과 향, 가격/**타이어** – 안전, 수명, 승차감, 가격). 소비자는 원하는 혜택을 제공하는 속성에 가장 많은 관심을 기울인다. 각기 다른 소비자 집단에 중요한 속성과 혜택에 따라 제품 시장을 세분화할 수 있다.

더 많은 선택이 좋은 것처럼 보이지만, 항상 그런 것은 아니다. 특히 소비자가 뚜렷한 선호를 지니지 않거나 인지/고려 집합에 더 나은 선택대안이 없을 때 그렇다. 대안과 시간 제약 간의 무시할 수 있는 차이는 결정을 더욱 복잡하게 만든다. 또한 소비자는 결정 과업의 중요성에 비례하여 두뇌, 시간, 노력을 소비하게 된다. 영리한 마케터는 구색(전체 집합)에 우수한 대안을 추가하고, 고객이 선별해야 하는 정보의 양을 줄이고, 의사결정에 도움이 되는 적절한 질문을 던지며, 판매 또는 특가품을 포함하여 시간 제약을 완화하는 것을 통해 소비자에게 인지적 노력이 부과되는 선택 과부화를 줄이는 방법을 알고 있어야 한다.

기대-가치 모형   소비자는 속성 평가 과정을 통해 다양한 브랜드에 대한 태도를 도출하고, 각 브랜드가 각 속성에서 어느 위치에 있는지에 대한 일련의 신념을 형성한다.[53] 태도 형성의 **기대-가치 모형**(expectancy-value model)은 소비자가 중요도에 따라 긍정적이고 부정적인 브랜드 신념을 결합하여 제품과 서비스를 평가한다고 가정한다.

소비자가 네 개의 노트북(A, B, C, D)으로 선택 범위를 좁혔다고 해보자. 메모리 용량, 그래픽 기능, 크기 및 무게, 가격의 네 가지 속성에 관심이 있다고 가정한다. 표 3.1은 각 브랜드가 위의 네 가지 속성에 대해 각각 어떻게 평가되는지에 관한 신념을 보여준다. 한 컴퓨터가

표 3.1   노트북 선택 집합

노트북	속성			
	메모리 용량	그래픽 기능	크기와 무게	가격
A	8	9	6	9
B	7	7	7	7
C	10	4	3	2
D	5	3	8	5

주: 각 속성의 등급은 0에서 10까지이며 10은 해당 속성의 최고 수준을 나타낸다. 그러나 가격은 역으로 지수화되어 소비자가 선호하는 최저 가격을 10으로 나타낸다.

모든 기준에서 다른 컴퓨터를 압도한다면 이 소비자는 해당 제품을 선택할 것이라고 예측할 수 있다. 그러나 종종 그렇듯이 선택 집합은 매력이 다양한 브랜드로 구성된다. 최고의 메모리 용량을 원한다면 C를 구입해야 하고, 최고의 그래픽 기능을 원한다면 A를 구매해야 한다.

이 소비자가 네 가지 속성 각각에 부여하는 가중치를 알고 있다면, 선택을 더 안정적으로 예측할 수 있다. 중요성을 노트북의 메모리 용량에 40%, 그래픽 기능에 30%, 크기와 무게에 20%, 가격에 10%를 할당했다고 가정해 보자. 기대-가치 모형에 따라 이 소비자가 각 노트북에 대해 지각한 가치를 찾기 위해 위 가중치에 각 컴퓨터의 속성에 대한 신념을 곱한다. 이러한 계산은 다음과 같이 각 브랜드 제품에 대한 지각된 가치로 도출된다.

$$노트북\ A = 0.4(8) + 0.3(9) + 0.2(6) + 0.1(9) = 8.0$$
$$노트북\ B = 0.4(7) + 0.3(7) + 0.2(7) + 0.1(7) = 7.0$$
$$노트북\ C = 0.4(10) + 0.3(4) + 0.2(3) + 0.1(2) = 6.0$$
$$노트북\ D = 0.4(5) + 0.3(3) + 0.2(8) + 0.1(5) = 5.0$$

기대-모형 수식은 이 소비자가 가장 높은 값의 지각된 가치인 8.0이 도출된 노트북 A를 선호할 것으로 예측한다.[54] 기대-가치 모형은 소비자의 제품 선택 확률을 높이기 위해 기업이 사용할 수 있는 몇 가지 전략적 방안을 제안한다. 대부분의 노트북 구매자가 동일한 방식으로 선호도를 형성한다고 가정해 보자. 예를 들어, 노트북 B의 마케터는 이를 알고 브랜드 B에 대한 관심을 높이기 위해 다음의 전략을 적용해 볼 수 있다. 먼저 기업은 노트북의 기능적 속성 변경, 형태 수정 및 서비스 개선을 통한 노트북의 재설계를 선택할 수 있다. 대안적으로, 기업이 노트북 자체를 수정하지 않고도 노트북의 혜택을 더 잘 전달함으로써 노트북에 대한 소비자의 신념을 변경할 수도 있다. 기업은 또한 경쟁 제품에 대한 소비자의 신념을 바꿀 수 있다. 마지막으로, 기업은 자사 브랜드가 지닌 탁월한 속성에 더 많은 비중을 두도록 구매자를 설득함으로써 제품 속성 중요도에 대한 소비자의 신념을 바꿀 수 있다.[55]

구매결정

소비자는 평가 단계에서 선택 집합 내 브랜드 중 선호를 형성하고 가장 선호하는 브랜드를 구매하려는 의도를 형성할 수 있다. 소비자는 구매의도를 실행할 때 브랜드(브랜드 A), 유통 채널(소매점 X), 수량(1대의 컴퓨터), 구매시점(주말), 지불방법(신용카드)의 5가지 구매결정을 내릴 수 있다. 이러한 결정의 복잡성으로 인해 소비자는 정신적 지름길 또는 휴리스틱을 사용하게 된다.

의사결정 휴리스틱 기대-가치 모형은 제품에 대해 지각된 좋은 점이 나쁜 점을 극복하는 데 도움이 될 수 있으므로 보상 모형이다. 따라서 앞의 예에서 브랜드 C보다 그래픽 기능이 부족한 브랜드 A는 두 번째로 낮은 크기/무게 평가를 받았고, 다른 어떤 브랜드보다 가격이 비쌌지만 종합적인 메모리와 그래픽 기능은 선택 집합 내 다른 컴퓨터보다 우위에 있었다. 소비자 선택의 비보상적 모형에서 긍정적·부정적 속성 고려가 필수적으로 배제되는 것은 아니다. 속성을 개별적으로 평가하는 것은 소비자의 의사결정을 용이하게 하지만, 소비자가 더 자세히 숙고했더라면 다른 선택을 했을 가능성 또한 높아진다.

소비자는 고려 집합의 제품 전반에 걸쳐 모든 속성의 인지된 중요성을 계산하는 대신 결정 과정에서 종종 **휴리스틱**(heuristic) 또는 경험적 규칙이라고 하는 '정신적 지름길'을 사용한다. 시간이나 인지적 자원이 부족할 때 특히 그렇다.[56] 브랜드 또는 제품 관련 지식, 브랜드 선택의 수와 유사성, 시간 압박, 사회적 맥락(예: 동료 또는 상사에게 정당화할 필요성)은 선택 휴리스틱의 사용 여부와 사용방법에 영향을 미칠 수 있다. 소비자는 반드시 한 가지 유형의 선택 규칙만 사용하지는 않는다. 예를 들어, 소비자는 비보상적 결정 규칙을 사용할 수도 있다.

소비자가 평가 항목과 점수를 형성하고 결정하는 요인은 다양하다. University of Chicago의 Richard Thaler 교수와 Cass Sunstein 교수는 소비자 결정이 구조화되고 구매선택이 이루어지는 환경을 설계하는 이른바 **선택 아키텍처**(choice architecture)를 통해 마케터가 소비자 의사결정에 영향을 미치는 방법을 제안했다. 이들에 따르면, 올바른 환경에서의 선택 대안 제시는 몇 가지 작은 요소들을 통해 소비자의 주의를 끌고 원하는 특정 행동으로 이어지게 하는 '넛지(nudge)'를 제공할 수 있다. 이들은 Nabisco가 안정적인 수익을 창출하는 100칼로리 스낵 팩을 소비자에게 제공하며 소비자가 더 건강한 선택을 하도록 유도함으로써 현명한 선택 아키텍처를 채택하고 있다고 설명한다.[57]

소비자의 관여수준 기대-가치 모형은 높은 수준의 소비자 관여도와 마케팅 자극에 대한 소비자의 적극적인 처리를 가정한다. 태도 형성 및 변화에 관한 영향력 있는 모델인 Richard Petty와 John Cacioppo의 **정교화 가능성 모형**(elaboration likelihood model)은 소비자가 저관여와 고관여 상황 모두에서 평가하는 방법을 설명한다.[58]

이 모형에는 두 가지 설득 수단이 존재한다. 하나는 태도 형성이나 변화 시 많은 생각을 자극하고 가장 중요한 제품 정보에 대한 소비자의 성실하고 합리적인 고려를 기반으로 하는 **중심경로**(central route)이며, 나머지 하나는 태도 형성이나 변화 시 생각을 훨씬 더 적게 유발하고 소비자가 브랜드를 긍정적 또는 부정적 주변 단서와 연상시키는 결과를 초래하는 **주변경로**(peripheral route)다. 소비자가 사용하는 **주변단서**(peripheral cues)에는 유명인사 보증, 신뢰할 수 있는 출처 또는 감정적 반응을 생성하는 모든 대상이 포함될 수 있다.

소비자는 충분한 동기, 능력 및 기회가 있는 경우에만 중심경로를 따른다. 즉 브랜드에 대한 세부적인 평가를 원하고, 필요한 브랜드와 제품 또는 서비스에 대한 지식을 기억하고, 충분한 시간과 적합한 환경을 가지고 있어야 한다. 이러한 요소 중 하나라도 부족하면 소비자는 주변경로를 따르고 결정에서 덜 중심적이고 외적인 요소를 고려하게 되는 경향이 있다. 사람들은 관여도가 낮고 브랜드 차이가 크지 않은 조건에서 많은 제품을 구매한다. 소금에 대해 생각해 보자. 소비자가 이 제품 범주에서 같은 브랜드에 계속 손을 뻗친다면, 이는 습관이 될 수는 있으나 강한 브랜드 충성도는 아니다.

저가, 자주 구매하는 제품에 대한 관여도는 대부분 낮게 나타난다. 저관여 제품은 비용이나 위험이 적고 차별화가 잘 되지 않기 때문에 소비자는 이 범주의 다른 제품으로 전환하거나 다양성에 대한 욕구를 충족하기 위해 충동구매에 빠지기 쉽다. 마케터는 품질과 브랜드 제휴를 강조하고 소비자가 평소 사용하던 샤워젤이나 비누가 없는 경우 다른 곳을 찾지 않도록 효과적인 유통을 보장함으로써 이러한 제품구매 습관을 지속시킬 수 있다.

마케터는 다음의 네 가지 기술을 사용하여 관여도가 낮은 제품을 관여도가 높은 제품으로 전환할 수 있다. 첫째, Crest가 치약을 충치예방에 연결한 것처럼 제품을 중요하고 관심 있게 생각하는 문제와 연결할 수 있다. 둘째, 제품을 개인적인 상황과 연결시킨다. 예를 들어 과일주스 제조업체는 음료 개선을 위해 음료에 비타민과 칼슘을 첨가하기 시작했다. 셋째, 시리얼 제조사가 성인들에게 시리얼의 심장 건강 특성과 가족과 즐거운 삶을 함께하기 위해 건강한 삶의 중요성을 광고하기 시작한 것과 같이 마케터는 개인 가치 또는 자아 방어와 관련된 강한 감정을 유발하도록 광고를 설계할 수 있다. 넷째, GE의 'Soft White' 전구 도입처럼 중요한 기능을 추가할 수 있다. 이러한 전략은 소비자 관여도를 낮은 수준에서 기껏해야 중간 수준으로 끌어올리는 것으로, 소비자가 반드시 관여도가 높은 구매행동을 하도록 유도하는 것은 아니다.

마케터가 무엇을 하든 소비자가 구매결정에 대한 관여도가 낮으면 주변경로를 따를 가능성이 높아진다. 마케터는 빈번한 광고 반복, 가시적 후원, 브랜드 친숙도 증가를 위한 활발한 PR과 같이 브랜드 선택을 정당화하는 하나 이상의 긍정적인 단서를 소비자에게 제공해야 한다. 브랜드 호의도를 유지할 수 있도록 해주는 또 다른 주변단서에는 사랑받는 유명인의 보증, 매력적인 포장, 관심을 끄는 프로모션 등이 포함된다.

개입 요인 소비자가 평가를 완료했다 하더라도 구매 의도와 실제 구매결정 사이에는 일반적으로 두 가지 요인이 개입할 수 있다(그림 3.5 참조). 첫 번째 요인은 **다른 사람들의 태도**다. 다른 사람의 태도에 영향을 받는 정도는 두 가지 요인에 따라 달라진다. (1) 선호하는 대안에 대한 상대방의 태도와 강도, (2) 상대방의 바람에 따르려는 동기가 바로 그것이다.[59] 상대방의 태도가 강력할수록, 자신과 가까울수록 원래의 구매의도를 더 많이 조정할 것이다. 그리고 그 반대 또한 발생할 수 있다.

다른 사람의 태도와 관련하여 정보 매체의 제품 평가는 주요한 역할을 한다. 이러한 기능을 수행하는 매체로는 기술 및 전자제품에 대한 권장사항을 제공하는 《New York Times》

그림 3.5
대안평가와 구매결정 사
이의 단계

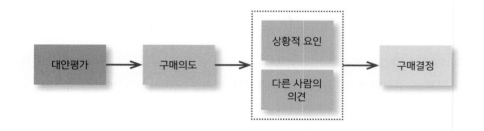

Wirecutter 웹사이트, 모든 유형의 제품 및 서비스에 대한 편견 없는 전문가 리뷰를 제공하는
《Consumer Reports》, 자동차, 금융 서비스, 여행 상품 및 서비스에 대한 소비자 기반 등급을
제공하는 J. D. Power, 전문적인 영화, 책, 음악 평론가, Amazon.com과 같은 사이트의 제품,
책과 음악에 대한 고객 리뷰 대화방, 게시판, 블로그 그리고 제품, 서비스, 기업에 대해 토론하
는 Angie's List와 같은 기타 온라인 사이트 등이 있다.[60]

　　두 번째 개입 요인은 구매의도를 변경하기 위해 일어날 수 있는 **상황적 고려**를 포함한다.
소비자는 노트북을 구입하기 전에 직장을 잃거나, 다른 구매가 더 급해지거나, 매장 판매원이
고객을 외면할 수도 있다. 즉 선호도와 구매 의도조차 구매행동을 예측할 수 있는 완전히 신뢰
할 수 있는 변수는 아니다.

　　구매결정을 수정, 연기 또는 회피하려는 소비자의 결정은 하나 이상의 **지각된 위험** 유형
에 큰 영향을 받는다.[61] 여기에는 제품이 기대에 부응하지 못하는 **기능적 위험**(functional risk),
제품이 사용자 또는 타인의 신체적 웰빙이나 건강에 위협이 되는 **물리적 위험**(physical risk),
제품이 지불한 가격만큼 가치가 없다는 **재정적 위험**(financial risk), 제품이 다른 사람들 앞에
서 자신을 창피하게 혹은 당황하게 만드는 **사회적 위험**(social risk), 제품이 사용자의 정신건강
에 영향을 미치는 **심리적 위험**(psychological risk), 제품의 실패로 인해 더 만족스러운 다른 제
품을 찾기 위해 많은 시간과 비용을 소비하게 되는 **기회 위험**(opportunity risk)이 포함된다.

　　지각된 위험의 정도는 위험에 처한 금액의 크기, 속성 불확실성의 크기, 소비자 자신감의
수준에 따라 다르다. 소비자는 결정 회피, 친구로부터의 정보 수집, 제조업체 브랜드 이름, 보
증에 대한 선호도 전개와 같이 불확실성과 위험으로 인한 부정적인 결과를 줄이기 위한 루틴
을 개발한다.[62] 마케터는 지각된 위험을 유발하는 요인을 이해하고 이를 줄이기 위한 정보와
지원방안을 소비자에게 제공해야 한다.

구매 후 행동

구매 후 소비자는 일부 불안한 기능을 알아차리거나 다른 브랜드에 대한 호의적인 이야기를
들을 때 부조화(dissonance)를 경험하며, 자신의 결정을 뒷받침하는 정보에 더 주의를 기울이
게 될 것이다. 마케팅 커뮤니케이션은 소비자의 선택을 강화하고 브랜드에 대해 긍정적으로
느끼는 데 도움이 되는 신념과 평가를 제공해야 한다. 마케터는 구매 후 만족도, 구매 후 조치,
구매 후 제품 사용 및 폐기를 지속적으로 모니터링해야 한다.

　　만족도는 소비자 기대와 제품의 지각된 성과 사이 근접성의 함수다.[63] 성과가 기대에 미치

지 못하면 소비자는 실망한다. 성과가 기대에 부응하면 소비자는 만족한다. 기대 이상이면 소비자는 즐거워한다. 이러한 감정은 고객이 제품을 재구매하는지와 다른 사람에게 그 제품에 대해 호의적 또는 비호의적으로 이야기하는지를 결정한다. 기대와 성과의 격차가 클수록 불만족도 커진다. 여기서 소비자의 대처 방식 스타일이 나타난다. 일부 소비자는 불만족스러울 때 격차를 더 확대하고, 또 다른 사람들은 오히려 이를 최소화하여 불만족을 줄이고자 한다.

만족도는 소비자의 **구매 후 행동**에 영향을 미친다. 만족한 소비자는 제품을 다시 구매할 가능성이 증가하고, 다른 사람에게 브랜드에 대해 긍정적인 말을 하는 경향이 있다. 실제로 소비자가 기업의 제품 및 서비스의 옹호자가 되어 기업의 제안을 다른 사람들에게 추천할 때 기업이 가장 높은 수준의 성공을 이루었다고 말할 수 있다. 불만족한 소비자는 제품을 포기하거나 반품할 수 있다. 그들은 기업에 불만을 제기하거나, 변호사를 찾아가거나, 다른 집단(예: 기업, 민간 또는 정부기관)에 직접 불만을 제기하거나, 온라인으로 다른 사람에게 불만을 표명하여 공개적인 조치를 취할 수 있다. 불만족에 대한 개인 행동에는 제품 구매를 중단하길 결정(종료 대안)하거나 친구에게 경고(음성 대안)하는 것이 포함된다.[64]

구매자에게 구매 후 커뮤니케이션을 하면 제품 반품 및 주문 취소가 감소하는 것으로 나타났다. 예를 들어 컴퓨터 회사는 신규 구매자에게 멋진 새 태블릿 컴퓨터를 선택한 것을 축하하는 편지를 보낼 수 있다. 그들은 만족한 브랜드 소유자가 등장하는 광고를 게재할 수도 있다. 그리고 제품 및 서비스 개선을 위한 고객 제안을 요청하고 이용 가능한 서비스센터의 위치 정보를 나열하기도 한다. 기업은 또한 알기 쉬운 사용지침서를 만들거나, 소유자에게 새로운 태블릿 애플리케이션의 업데이트를 설명하는 이메일을 보낼 수도 있다. 그리고 고객의 어려움을 신속하게 해결할 수 있는 효과적인 채널을 제공할 수도 있다.

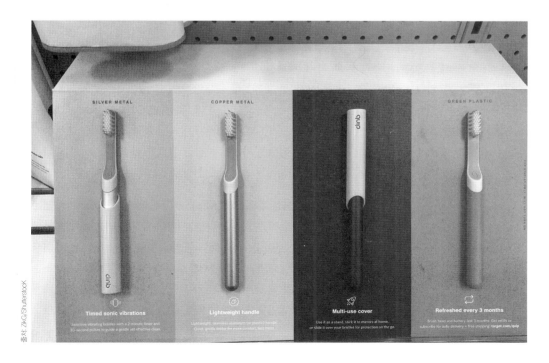

<< Quip은 세련되고 단순한 칫솔을 만들었다. 이 제품은 사용자에게 교체용 배터리와 칫솔모를 3개월마다 우편으로 보내는 구독 서비스를 제공한다.

출처: ZikG/Shutterstock

마케터가 모니터링해야 하는 구매 후 행동의 중요한 측면은 제품의 **사용 및 폐기**와 관련되어 있다. 판매 빈도의 주요 동인은 제품의 소비율이다. 구매자가 제품을 더 빨리 소비할수록 재구매를 위해 더 빨리 시장으로 돌아올 수 있다. 소비자는 제품 수명을 과대평가하기 때문에 일부 제품을 빨리 교체하지 못할 수 있다.

교체 속도를 높이는 한 가지 전략은 제품 교체행위를 특정 공휴일, 행사 또는 연중 시기(예: 일광 절약 시간제 종료 시 연기 감지기의 배터리 교체 촉진)와 연결하는 것이다. 면도기를 매월 배송하는 Dollar Shave Club과 3개월에 한 번씩 전동칫솔 헤드 리필을 제공하는 Quip과 같은 구독형 제품도 있다. 기업에서는 화장품(Birchbox)부터 의류(Le Tote), 식품(Blue Apron), 애견용품(BarkBox)에 이르기까지 다양한 관련 제품이 담긴 상자를 구독자에게 매월 발송하기도 한다.[65]

또 다른 전략은 현재 성능 수준을 유지하기 위한 제품 교체 시기 정보를 소비자에게 구체적인 형태로 제공하는 것이다. 배터리에는 남은 전력량을 보여주는 게이지가 내장되어 있다. 면도날에는 면도날이 마모되었을 수 있음을 나타내는 유색 윤활 스트립이 있다. 칫솔에는 마모를 나타내기 위해 색깔이 있는 칫솔모가 있다. 사용량을 늘리는 가장 간단한 방법은 실제 사용량이 권장량보다 적다는 것을 파악하게 하는 것이다. 매력적인 샴푸 패키지에 명시된 '샴푸, 린스, 그리고 반복'이라는 설명 뒤에 정기적인 사용이나 제품 사용량 증가에 따른 이점을 함께 실어 고객을 설득시킬 수 있다.

---

marketing INSIGHT

행동 결정 이론

소비자가 항상 신중하고 합리적인 방식으로 정보를 처리하거나 의사결정을 내리는 것은 아니다. 지난 30년 동안 마케팅에서 가장 활발한 학술 연구 분야 중 하나는 소비자가 이러한 상황에서 결정을 내리는 방법을 연구하는 행동 결정 이론(behavioral decision theory)이었다. 행동 결정 연구자들은 소비자가 겉보기에는 비합리적인 선택을 하는 여러 시나리오에 대해 연구해 왔다. 여기에서는 (1) 휴리스틱(heuristics)과 편향(biases), (2) 프레이밍 효과(framing effect)의 두 가지 광범위한 영역에서 몇 가지 결정과 관련된 문제를 살펴보고자 한다.

휴리스틱은 사람들이 판단을 내리고 결정을 할 때, 시간을 절약하고 인지적 노력을 최소화하기 위해 사용하는 간단한 결정 규칙(또는 정신적 지름길)을 일컫는다. 따라서 휴리스틱은 문제의 가장 관련성이 높은 측면에만 초점을 맞추고 다른 요소에는 거의 또는 전혀 관심을 기울이지 않는 경향이 있다. 의사결정에 대한 이 단순화된 접근방식은 종종 최적이 아닌 결과를 초래하는 낮은 정확도와 체계적인 오류를 특징으로 하는 선택으로 이어진다. **결정 편향**이라고도 하는 이러한 체계적 오류는 특히 소비자가 시간 제약에 직면해 있는 동안 제한된 정보를 가지고 복잡한 결정을 할 때 일반적으로 나타난다. 가장 일반적인 휴리스틱 중 일부를 아래에 설명했다.

• **가용성 휴리스틱**(availability heuristic)은 사건의 더 많은 예를 떠올릴 수 있다면, 사건이 발생할 가능성이 더 높다고 판단하는 사람들의 경향을 반영한다. 예를 들어, 미국에서 살인과 폐기종으로 얼마나 많은 사람들이 사망하는가를 물으면, 대부분의 사람들은 더 쉽게 생각나기 때문에 살인으로 사망할 확률이 더 높다고 응답할 것이다.

(계속)

marketing insight (계속)

- **대표성 휴리스틱**(representativeness heuristic)은 사건이 나타내는 범주와 유사한 정도에 기초하여 사건 발생 가능성을 판단하려는 사람들의 경향을 반영한다. 안경을 쓴 창백하고 유순하고 조용한 사람은 활발하고 외향적이며 거침없는 사람보다 컴퓨터광(computer geek)으로 여겨지기 쉽다. 이러한 휴리스틱은 사건의 실제 발생 확률을 무시하는 기저율 무시와 같은 많은 의사결정 편향을 초래한다.

- **결합 오류**(conjunction fallacy)는 두 사건이 공동으로 발생할 확률이 두 사건 중 하나가 독립적으로 발생할 확률보다 더 크다는 사람들의 잘못된 믿음에서 비롯된다. 결합 오류의 고전적인 예를 하나 소개한다. 응답자들에게 린다가 밝고 거침없으며, 학생으로서 차별과 사회 정의에 관심이 있다는 설명을 제시했다. 이후 린다가 (A) 은행 출납원인지, (B) 은행 출납원이면서 페미니스트 활동가인지를 선택하라는 질문에 대부분의 응답자는 결합사상인 (B)가 그 구성요소 중 하나인 (A)보다 더 가능성이 높을 수 없음에도 불구하고 후자를 선택했다.

의사결정 프레이밍은 의사결정자가 선택사항을 제시하고 보는 방식이다. 200달러짜리 휴대전화는 400달러짜리 휴대전화와 비교할 때 그리 비싸게 보이지 않을 수 있지만, 50달러짜리 휴대전화와 비교하면 매우 비싸게 보일 수 있다. 프레이밍 효과는 광범위하고 강력한 영향력을 지닐 수 있다.

비교 광고에서 **프레이밍 효과**를 발견할 수 있다. 어떤 브랜드가 속성이 열등한 다른 브랜드와 유리하게 비교되는 경우('2배의 세척력'), 가격에서 단위 가격이 제품을 더 저렴하게 보일 수 있게 하는 것('하루만 1페니'), 제품 정보에서 더 큰 단위가 더 바람직해 보일 수 있게 하는 것(24개월 보증 vs. 2년 보증), 새로운 제품을 기존 제품과 비교하여 소비자가 제품의 우수한 특성 및 기능을 더 잘 이해할 수 있도록 만드는 것도 프레이밍 효과를 이용한 경우다.

금전적 결정을 내릴 때, 소비자는 **심적 회계**라고 불리는 특정한 형태의 틀을 사용한다. 연구 결과, 이러한 계정에서 나온 돈은 그렇게 해야만 하는 논리가 없음에도 불구하고 특정 목표를 달성하는 데만 사용되며, 그렇기 때문에 소비자는 서로 다른 심적 회계에서 서로 다른 거래를 하는 경향이 있

음을 발견했다. 심적 회계는 다음과 같은 핵심 원칙을 바탕으로 한다.

- 소비자는 **이익을 분리**하는 경향이 있다. 판매자가 하나 이상의 긍정적인 차원이 있는 제품을 가지고 있는 경우, 소비자에게 각 차원을 개별적으로 평가하도록 하는 것이 바람직하다. 예를 들어, 대형 산업 제품의 여러 이점을 나열하면 부분의 합이 전체보다 커 보인다.

- 소비자는 **손실을 통합**하는 경향이 있다. 만약 판매제품의 비용이 또 다른 대량 구매에 추가될 수 있다면 마케터는 이 제품을 판매할 때 차별적 이점을 가질 수 있다. 예를 들어, 주택 구매자는 가뜩이나 비싼 주택 구입 가격을 생각하면, 추가 지출을 더 호의적으로 보게 되는 경향이 있다.

- 소비자는 **더 작은 손실과 더 큰 이익을 통합**하는 경향이 있다. '취소(cancellation)' 원칙은 월 급여에서 원천징수하는 세금이 거액의 일괄 세금 납부(일시불 납부)보다 고통이 덜한 이유를 설명한다. 더 작은 금액의 원천징수는 더 큰 지불 금액에 의해 가려지게 될 가능성이 높다.

- 소비자는 **큰 손실과 작은 이익을 분리**하는 경향이 있다. '실버 라이닝(silver lining: 구름 뒤의 은빛 빛줄기, 힘든 상황 속 한 가닥 희망을 의미)' 원칙은 자동차와 같은 고액 구매에 대한 리베이트(rebates)의 인기를 설명할 수 있다.

두 시나리오 중에서의 선택을 생각해 보자. 시나리오 A에서는 콘서트 티켓을 구입하는 데 50달러를 사용했다. 공연장에 도착했을 때 티켓을 분실했다는 것을 깨달았다. 분실한 티켓을 대신할 티켓을 다시 구매하기로 결정했다. 시나리오 B에서는 콘서트 티켓을 구매하기로 결정하고 공연장으로 갔다. 공연장에 도착했을 때 오는 길에 50달러를 잃어버렸다는 사실을 깨달았다. 어쨌든 티켓을 구매하기로 결정한다.

어떤 경우에 상실감을 덜 느낄까? 대부분의 사람들은 시나리오 B를 선택한다. 손실은 동일하지만 첫 번째 경우에는 콘서트를 위해 심적으로 50달러를 할당했을 수 있으며, 다른 티켓을 구입하면 심적 콘서트 예산이 초과될 것이다. 두 번째 경우, 잃어버린 돈은 어떤 계좌에도 속하지 않았으므로 심적 예산을 초과하지 않았다.[66]

요약

1. 마케터는 시장에서 성공적으로 경쟁하고 고객가치를 창출하기 위해 소비자 행동의 이론과 현실을 완벽히 이해해야 한다.

2. 소비자 행동은 문화적, 사회적, 개인적인 세 가지 요인의 영향을 받는다. 이에 대한 연구는 기업이 소비자에게 보다 효과적으로 도달하고 서비스를 제공하는 데 도움이 되는 단서를 제공할 수 있다. 이 중 문화적 요인은 사람들의 인식과 욕망, 그리고 그들의 필요와 욕구를 충족시키는 방법에 가장 광범위하고 깊은 영향을 미친다.

3. 동기, 지각, 학습, 기억의 네 가지 주요 심리적 과정은 소비자 행동에 영향을 미친다.

4. 소비자 동기를 이해하는 것은 소비자가 자신의 행동을 통해 충족하고자 하는 욕구를 이해하는 것에서부터 시작된다. 일부 욕구는 생물학적이며 배고픔, 갈증, 불편함과 같은 생리학적 긴장 상태에서 발생한다. 또 다른 욕구는 심리적 욕구로 인정, 존중, 소속감과 같은 심리적 긴장 상태에서 발생한다. 욕구가 행동을 일으킬 만큼 충분히 강렬할 때 동기가 된다. 동기는 방향성과 강도를 지닌다.

5. 지각은 세상에 대한 의미 있는 그림을 만들기 위해 정보 입력을 선택, 구성, 해석하는 과정이다. 마케팅에서 지각은 소비자의 실제 행동에 영향을 미치기 때문에 현실보다 더 중요하다. 사람들은 세 가지 지각 과정인 선택적 주의, 선택적 왜곡, 선택적 유지로 인해 동일한 대상에 대해 다른 지각을 가지게 된다.

6. 소비자 반응이 모두 인지적이고 합리적이지는 않다. 많은 것이 감정적일 수 있고, 다양한 종류의 감정을 불러일으킬 수 있다. 감정은 의식적인 노력이 아니라 자발적으로 발생하는 정신 상태이며 내부 및 외부 자극에 대한 사람들의 긍정적 또는 부정적 반응을 반영한다.

7. 정보와 사건을 기록, 저장, 인출하는 뇌의 능력인 기억은 소비자의 구매결정에 중요한 역할을 한다. 기억에는 **단기기억**(일시적으로 제한된 정보 저장소)과 **장기기억**(보다 영구적이고 잠재적으로 무제한 저장소)의 두 가지 유형이 있다. **연상네트워크 모형**은 장기기억을 **노드**와 **링크**의 집합으로 본다. 노드는 저장된 정보로 다양한 강도의 링크들과 연결되어 있다.

8. 일반적으로 **구매 과정**은 문제인식, 정보탐색, 대안평가, 구매결정, 구매 후 행동과 같은 일련의 이벤트로 구성된다. 소비자는 이 구매 과정을 반드시 순서대로 거치지는 않을 것이다. 단계를 건너뛰고 역순으로 온라인과 오프라인 쇼핑을 번갈아가며 진행할 수 있다. 마케터의 임무는 각 단계에서의 구매자 행동을 이해하는 것이다.

9. 소비자는 건설적인 의사결정자이며 여러 맥락적 영향을 받는다. 그들은 결과적으로 많은 휴리스틱을 사용하여 결정에 낮은 관여도를 보이는 경우가 종종 있다. 다른 사람들의 태도와 예상치 못한 상황적 요인이 구매결정에 영향을 미칠 수 있다. 구매결정을 수정, 연기 또는 회피하려는 소비자의 결정은 하나 이상의 **인지된 위험** 유형에 의해 크게 영향을 받는다.

10. 마케터는 고객 만족도와 고객이 기업 제품을 사용하는 방식을 모니터링해야 한다. 만족도는 소비자 기대와 제품의 지각된 성과 간 일치의 함수다. 만족도를 모니터링하는 것은 소비자가 기업에서 제공하는 가치를 반영하기 때문에 매우 중요하다. 소비자의 구매 후 행동을 조사하는 것은 잠재적인 문제를 감지하고 새로운 시장 기회를 파악하기 위해 제품의 **사용 및 폐기**를 포착하는 것을 목표로 한다.

marketing
SPOTLIGHT

Mayo Clinic

Mayo Clinic은 세계 최초이자 최대 규모의 통합 비영리 의료 단체다. 100년 전, William과 Charles Mayo는 소규모 외래 환자 시설로 클리닉을 설립했고, 오늘날 널리 사용되는 모델인 집단 의료(의사나 다른 의료 관련 종사자 몇 명이 동일 건물 내에서 함께 진료 활동을 하는 형태) 개념을 개척했다.

Mayo Clinic은 암, 심장질환, 호흡기질환, 비뇨기과 등 다양한 분야에서 탁월한 서비스를 제공하며 자국 내 의료 시장을 선도하고 있다. 《U.S. News & World Report》의 Best Hospitals 목록에서 연속으로 1위를 차지하고 있으며, 미국 성인 80% 이상에서 브랜드 인지도를 나타내고 있다. Mayo Clinic은 대부분의 클리닉 및 병원과는 다른 접근방식을 취하며 환자 경험에 대한 흔들리지 않은 가치를 지녔기에 이러한 성공을 거둘 수 있었다. Mayo Clinic의 상호 연관된 두 가지 핵심 가치 – 환자의 이익을 다른 어떤 것보다 우선시하고, 팀워크를 실천한다 – 는 최초 설립시점부터 이어져 내려왔으며, 조직이 하는 모든 일의 핵심이 된다.

Mayo Clinic의 세 개 캠퍼스(Minnesota의 Rochester, Arizona의 Scottsdale, Florida의 Jacksonvill)에서는 환자 경험에 대한 모든 측면이 고려된다. 환자들은 Mayo Clinic의 시설 중 한 곳에 들어서는 순간부터 완전히 다른 경험을 하게 된다.

이 모든 것은 건물로 들어오는 새로운 환자를 환영하고 치료 절차를 안내하는 Mayo Clinic의 그리터즈(greeters)에서부터 시작된다. 재진 환자들은 따뜻한 미소와 함께 이름이 불린다. 건물과 시설 자체는 환자의 요구를 염두에 두어 설계 및 건설되었다. 한 건축가는 이 건물에 대해 "환자가 의사를 만나기 전에 기분이 조금 나아지게 해주는 곳"이라고 설명했다. 예를 들어, Scottsdale의 Mayo Clinic 병원 로비에는 실내 폭포와 산이 내려다보이는 창문 벽이 있다.

Rochester에 있는 21층 Gonda Building은 Mayo Clinic의 일종의 본부이며 전 세계 사람들이 의료적 도움을 받으러 오는 곳이다. 건물은 넓고 탁 트인 공간을 자랑하며, Mayo Clinic의 최첨단 아이디어가 실현되는 Mayo Clinic의 혁신센터가 있다. 혁신센터는 '의료 서비스 제공 및 의료 경험 혁신'이라는 사명으로 만들어졌다. 이 숭고한 목표를 달성할 아이디어를 생각

출처: Bob Pool/Shutterstock

해 내기 위해 센터 직원들은 환자를 관찰하고 가족을 인터뷰하고 연구를 수행하며 가능한 솔루션을 테스트하고 모델링한다. 예를 들어, Mayo Clinic이 주요 공간의 혁신을 요구했을 때, 혁신센터에서는 사용자인 직원과 환자가 새로운 레이아웃을 점검하고 가장 효율적이며 동시에 환자 친화적인 환경을 발견할 수 있도록 가변적 공간에 프로토타입 진료실을 제작했다. 그 결과 진료 공간과 대화 공간을 분리한 개념인 'Jack and Jill room'이라는 디자인이 탄생했다. 두 개의 대화 공간은 이제 진료실 양쪽에 위치해 있으며 내부 문으로 접근할 수 있다. 이 디자인은 의료 도구 및 장비에서 떨어져 이야기할 수 있는 별도의 장소와 가족 구성원을 수용할 수 있는 공간을 원하는 환자와 의사 모두에게 도움이 되었다. 게다가 의사들은 진료실에 가구가 없는 것의 이점 또한 알게 되었다.

환자에게 서비스를 제공할 때 나타나는 또 다른 중요한 차이점은 Mayo Clinic의 팀워크 개념이다. 환자는 의사의 의뢰 여부와 관계없이 Mayo Clinic에 올 수 있다. 환자의 도착과 함께 환자를 위한 팀이 구성된다. 이 팀은 주치의, 외과의, 종양 전문의, 방사선 전문의, 간호사, 레지던트 또는 적절한 기술과 경험 및 지식을 갖춘 기타 전문가를 포함한 의료전문가 조합으로 구성될 수 있다.

의료전문가 팀이 협력하여 각 환자의 의료 문제를 진단한다. 여기에는 가장 정확한 진단과 가장 효과적인 치료법을 결정하기 위해 몇 시간 동안 테스트 결과를 분석하고 토론하는 작업이 포함된다. 팀의 합의가 이루어지면 팀 리더는 환자를 만나 환자의 선택사항에 대해 논의한다. 이 과정에서 환자가 토론에 참여하도록 권장된다. 수술이 필요한 경우 24시간 이내로 진행

되는 경우가 많아 다른 병원에서 환자가 겪는 오랜 기다림과 확연한 차이를 보인다. Mayo Clinic의 의사는 치료를 원하는 사람들이 가능한 빠른 조치를 원한다는 것을 잘 알고 있다.

Mayo의 의사들은 진료를 받은 환자 수나 검사를 한 수만큼 돈을 받는 대신 급여를 받고 있다. 결과적으로 환자는 보다 개별화된 관심과 치료를 받게 되며 의사는 서로에게 반대하는 대신 함께 일하게 된다. Mayo의 한 소아과 의사는 다음과 같이 설명한다. "내가 '커브사이드 컨설팅(curbside consulting)'이라고 부르는 것을 하기 위해 동료에게 전화하는 것을 우리는 매우 편하게 생각한다. 수수료를 나누거나 누군가에게 무언가를 빚지는 결정을 내릴 필요가 없다. 그것은 결코 대가를 바라거나 치르는 행위가 아니다."

Mayo Clinic은 비영리 조직이기 때문에 모든 수입이 연구 및 교육 프로그램에 다시 투자된다. 획기적인 연구는 양질의 환자 치료로 신속하게 구현된다. Mayo Clinic은 5개 학교를 통해 교육 프로그램을 제공하며, 이러한 프로그램을 통해 많은 의사들이 Mayo의 모토인 '환자의 최선의 이익은 고려되어야 하는 유일한 이익'을 포함하여 Mayo의 철학을 머리에 새기게 된다.

Mayo Clinic은 독립적인 사고, 탁월한 서비스와 성과, 환자 치료 및 만족에 초점을 맞추어 다수로부터 인정받고 있다. CEO인 Dr. John Noseworthy는 "때때로 비즈니스 관점에서 말이 안 되는 결정을 내려야 하지만, 그것은 환자에게는 옳은 결정이다."라고 말했다. 아마도 그것이 미국 대통령과 외국 정상을 포함하여 매년 100만 명이 넘는 환자가 치료를 위해 Mayo Clinic을 찾는 이유일 것이다.[67]

질문

1. Mayo Clinic이 환자에게 탁월한 서비스를 제공하는 이유를 설명하시오. Mayo Clinic은 환자를 위해 어떤 가치를 창출하는가?

2. Mayo Clinic이 다른 병원 및 의료기관과 차별화되는 점은 무엇인가?

3. 환자를 행복하게 만들고자 하는 것과 가능한 한 최상의 의료를 제공하는 것 사이에는 이해상충이 존재하는가? 그 이유는 무엇인가?

---

marketing
SPOTLIGHT

Intuit

Intuit은 중소기업, 회계사, 그리고 개인 소비자를 위한 재무, 회계 및 세무 관련 소프트웨어와 관련 서비스를 개발하고 판매한다. 1983년에 Procter & Gamble에서 근무한 Scott Cook과 Stanford University의 프로그래머인 Tom Proulx에 의해 설립되었다. Cook은 그의 청구서 지불 과정을 자동화하는 더 나은 방법의 필요성을 깨달았다. 35년이 넘는 기간 동안 Intuit의 사명은 '중요한 비즈니스 및 재무관리 문제를 해결하여 사람들의 삶을 혁신하는 것'이었다.

Intuit은 1984년 첫 제품인 Quicken을 출시했지만, 처음 몇 년 동안 두 번이나 폐업 위기를 맞았다. Intuit은 살아남기 위해 유통 전략을 변경하여 소프트웨어를 은행에 판매했다. 무역 저널 내 몇 개의 호의적인 리뷰와 1-800 번호를 특징으로 하는

효과적인 인쇄 광고 캠페인 후 회사는 처음으로 폐업 위기로부터 한숨 돌릴 수 있게 되었다. 1988년까지 Quicken은 시장에서 가장 많이 팔린 금융 상품이었다. 회사는 1992년 소규모 기업을 위한 부기 및 급여 소프트웨어 제품인 QuickBooks를 출시했으며, 이듬해에 상장했다.

Intuit은 Quicken, QuickBooks 및 세무 관련 소프트웨어

프로그램인 TurboTax의 성공으로 1990년대 초반 빠르게 성장했다. Intuit의 제품은 더 복잡한 회계 패키지가 하지 못한 소규모 기업을 위한 일들을 해냈다. 그들은 간단하고 사용하기 쉬운 방식으로 재정 및 세금 문제를 해결했다. Intuit가 세무 관련 소프트웨어를 제공한 최초의 회사는 아니었다. 이미 유사한 제품을 제공하는 다른 회사가 46개나 넘게 있었다. Quicken의 초기 버전을 돋보이게 한 것은 디자인이 잘되어 있고 직관적인 인터페이스를 가지고 있다는 점이었다. 스프레트 시트처럼 보이는 대신 수표 기록부와 개별 수표의 친숙한 이미지를 담아냈다. 그 결과, Quicken은 다른 많은 경쟁 제품의 기능을 3분의 1만 제공했음에도 불구하고 빠른 시간에 개인 금융 소프트웨어 시장의 리더가 될 수 있었다.

Intuit은 심층적인 회계분석보다는 단순함이 고객 가치 창출의 핵심이라는 사실을 광범위한 소비자 조사를 통해 발견했다. Intuit은 매년 순수익의 약 20%에 해당하는 상당한 시간과 비용을 연구개발에 투자한다. 소비자 조사는 Intuit이 빠르게 변화하는 기술 시장, 변화하는 소비자 요구사항 및 증가하는 경쟁 속에서 고객이 제품을 사용하고 느끼는 방식을 정확히 이해하도록 도와준다.

현장 연구원은 소비자로부터 통찰을 얻을 수 있다. Intuit의 연구원들은 다양한 방법으로 사용자의 집이나 사무실을 방문하여 제품이 어떻게 사용되는지, 무엇이 잘 작동하는지, 무엇이 소비자를 짜증 나게 하는지, 이를 어떻게 개선할 수 있는지 면밀히 관찰한다. Intuit은 이러한 방문을 매년 1만 시간 동안 수행한다. Intuit은 연구소 중 한 곳으로 소비자를 초대하여 회사의 신제품과 아이디어를 테스트하고 실험한다. 또한 전화로 소비자를 인터뷰하고 종종 새로운 디자인 개념을 인터넷에서 보도록 요청하기도 한다. 회사는 소규모 비즈니스에 영향을 미치는 미래 동향을 자세히 알아보기 위해 광범위하고 지속적인 연구도 수행한다. Intuit는 이러한 과정을 통해 학습한 내용을 바탕으로 매년 제품 버전을 개선하고 차세대 금융 및 세무 관련 소프트웨어에 대해 더 잘 이해할 수 있게 되었다.

이러한 심층 연구는 최근 몇 년 동안 혁신적인 신제품과 서비스로 이어졌다. 예를 들어, Intuit 직원은 젊은 소비자가 모바일 장치에서는 Intuit 세금 소프트웨어 프로그램을 사용하여 세금을 납부할 수 없어 좌절하는 것을 지켜보았다. 이러한 좌절감과 소비자에 대한 Intuit의 예리한 공감이 세금 앱(app)

SnapTax의 개발로 이어졌다. 이 프로그램은 소비자의 W-2 양식에서 데이터를 자동으로 인식하고 이러한 데이터를 TurboTax에 직접 입력한다. SnapTax는 사람들이 스마트폰에서 연방 및 주 정부 보고서를 완벽히 준비하고 전자 파일로 제출할 수 있도록 하는 최초의 도구였다. 소비자의 반응은 압도적이었다. 출시 2주 만에 SnapTax는 iTunes에서 Angry Birds를 제치고 최고의 앱이 되었다.

데이터 입력 과정 간소화의 중요성을 깨닫고 Intuit은 고객이 은행 비밀번호를 입력하고 모든 지출 정보를 다운로드하여, 데이터 입력을 제거한 채 재무에 대한 파이 차트 보기를 표시할 수 있게 해주는 온라인 개인금융관리 서비스인 Mint를 인수했다. 그 후 Intuit은 Mint의 많은 기능을 자체 소프트웨어에 통합하여 고객이 프로그램을 사용하기 시작한 시점부터 첫 성과(명확하고 잘 표시된 예산 및 파이 차트)를 확인하는 시간(분)을 줄였다. 소비자에게 세무가 힘들고 매우 감정적인 과정이라는 것을 이해한 Intuit은 소프트웨어 기능뿐 아니라 사용자의 노력을 줄이고 고객이 세금 환급을 받는 과정을 빠르게 하여 고객에게 제공되는 감정적 보상 측면에도 초점을 맞추기 시작했다.

Intuit의 마케팅 캠페인은 수년에 걸쳐 발전해 왔지만, 초기부터 존재해 온 긍정적인 입소문과 탁월한 고객서비스는 회사의 가장 효과적인 마케팅 수단이었다. 실제로 고객 10명 중 8명은 비공식적인 입소문을 통해 Intuit 제품을 구매한다. 시장 지위를 확보하고 방어하는 Intuit의 능력은 TurboTax, Quicken, QuickBooks, Mint로 구성된 소비자 생태계의 힘에 의해 크게 촉진되어 고객에게 더 많은 돈과 시간, 그리고 자신감을 제공할 수 있게 되었다. Intuit은 시장을 전 세계로 확장하였고, 이에 따라 끊임없이 진화하는 고객 요구사항을 보다 잘 충족하기 위해 신제품을 지속적으로 개발하고 있다. 2019년 회사는 Coinbase와 Coinbase Pro 고객이 거래, 이익 및 손실을 TurboTax Premier에 직접 업로드할 수 있는 솔루션을 개발하여, 고객이 세금 신고 방법을 결정하도록 도와주고 있다.[68]

질문

1. 소비자 조사와 디자인 씽킹(design-thinking, 디자인 사고)이 Intuit의 성공에서 중요한 이유는 무엇인가?
2. Intuit은 고객을 위해 어떤 가치를 창출하는가?
3. Intuit이 가까운 미래에 직면하게 될 과제는 무엇일까?

CHAPTER 4

비즈니스 시장 분석

혁신과 제품 확장에 확실하고 강력하게 집중한 Caterpillar는 트랙터 판매 기업에서 세계 최대의 토목 장비 및 엔진 제조업체로 성장했다.

출처: Daniel Acker/Bloomberg/Getty Images

비즈니스 시장은 대부분 소비자 시장보다 덜 가시적이지만 규모는 소비자 시장보다 훨씬 더 크다. 비즈니스 시장은 다른 기업과 소비자를 대상으로 그들의 제품 개발을 돕는 방대한 양의 원자재, 부품, 공장 및 장비, 공급품, 서비스를 사고파는 모든 기업, 조직, 정부를 포함한다. 기본적으로 비즈니스 마케팅은 소비자 마케팅과 마찬가지로 기업 고객의 요구사항을 충족하는 제품을 개발하여 시장 가치를 창출하는 것을 목표로 한다. 지속적으로 고객의 요구사항을 충족시켜 주거나 때로는 고객의 기대치를 초과하기도 하는 기업이 바로 Caterpillar다.

>>> Caterpillar는 1925년 California에 기반을 둔 두 개의 트랙터 회사가 합병하면서 설립되었다. 그러나 Caterpillar라는 이름의 기원은 회사 설립자 중 한 명인 Benjamin Holt가 바퀴 대신 넓고 두꺼운 트랙이 있는 트랙터 크롤러를 설계한 1900년대 초로 거슬러 올라간다. 이 트랙은 젖으면 지나갈 수 없는 California의 비옥한 토양에 기계가 가라앉는 것을 방지했다. 이 새로운 농장용 트랙터는 이를 지켜보던 사람이 "애벌레처럼 기어간다"고 말할 정도로

농지를 따라 움직였다. Holt는 Caterpillar 브랜드로 트랙터를 판매했으며 합병 후 새로 설립된 기업은 Caterpillar Tractor Company가 되었다. 초기에 이 기업은 제1차 세계대전과 제2차 세계대전에서 육군탱크에 Caterpillar의 트레이드마크인 팜 트레드를 사용하는 것을 포함한 몇 개의 중요한 이정표를 세웠다. 막대한 전후 건설과 강력한 해외 수요는 디젤 트랙터 및 고무 타이어 트랙터와 같은 혁신 제품과 더불어 20세기 중반까지 강력한 판매를 유지할 수 있도록 해주었다. 그 이후로 Caterpillar Inc.(CAT)는 세계 최대의 토목 장비 및 엔진 제조업체로 성장했다. 오늘날 Caterpillar는 서비스를 제공하는 모든 산업 분야에서 1위 아니면 2위를 차지하고 있다. 제품은 높은 품질과 신뢰성으로 명성이 높으며, 기업은 제품 포트폴리오를 확장하는 동시에 혁신에 중점을 두고 있다. 전 세계에서 볼 수 있는 기업의 독특한 노란색 기계는 이 브랜드가 미국의 아이콘이 되도록 도와주었다.[1]

ABB, Caterpillar, DuPont, FedEx, HP, IBM, Intel, Siemens 등 세계에서 가장 가치 있는 브랜드 중 일부는 비즈니스 시장에 속해 있다. 마케팅의 많은 기본원칙은 비즈니스 마케팅에도 적용된다. 비즈니스 시장의 마케터들은 소비자 시장의 마케터와 마찬가지로 고객과 강력한 충성 관계를 구축하는 것과 같은 총체적인 마케팅 원칙을 따라야만 한다. 그러나 또한 자사의 제품 및 서비스를 다른 기업에 판매할 때 발생하는 몇 가지 차별적 문제에 직면한다. 이 장에서는 비즈니스 시장에서의 마케팅에 대한 몇 가지 중요한 유사점과 차이점을 알아본다.[2]

조직 구매 과정

조직 구매는 공식적인 조직이 구매한 제품과 서비스에 대한 필요를 확실히 정립하고, 그들이 다른 브랜드와 공급업체를 확인하고, 평가하고, 선택하는 의사결정 과정이다.[3]

비즈니스 시장의 이해

비즈니스 시장(business markets)은 타인에게 판매, 임대 혹은 공급되는 제품 또는 서비스의 생산에 사용되는 재화와 서비스를 획득하는 모든 조직으로 구성된다. 제품의 구성요소를 공급하는 모든 기업은 B2B(business-to-business: 기업 간 거래) 시장에 있다. 비즈니스 시장을 구성하는 주요 산업으로는 항공 우주, 농업, 임업 및 어업, 화학, 컴퓨터, 건설, 국방, 에너지, 광업,

---

학습목표

4.1 조직 구매 과정의 주요 측면을 설명한다.

4.2 조직 내 구매 센터의 역할을 정의한다.

4.3 비즈니스 시장에서 의사결정 과정의 단계를 설명한다.

4.4 조직이 비즈니스 고객을 유치하고 유지하기 위해 마케팅 프로그램을 개발하는 방법을 설명한다.

4.5 B2B 마케터가 고객과의 관계를 구축하고 유지하는 방법을 설명한다.

제조업, 건설, 교통, 통신, 공공사업, 은행, 금융, 보험, 유통, 서비스 등이 있다.

더 많은 달러(dollar)와 품목이 소비자보다 비즈니스 구매자에게 제품 및 서비스를 판매하는 데 영향을 미친다. 간단하게 신발 한 켤레를 생산하고 판매하는 과정을 생각해 보자.[4] 오늘날 신발 제조에는 광범위한 재료와 재료 조합이 사용된다. 가죽, 합성, 고무, 섬유 소재는 기본적으로 제공되어야 하는 소재에 포함된다. 각 재료는 외관뿐 아니라 물리적 특성, 서비스 수명 및 처리 요구사항에서도 각기 다른 고유한 특성을 지닌다. 신발 소재의 선택은 신발의 수명에 큰 영향을 미치며 많은 경우 신발의 사용 여부를 좌우한다. 가죽 신발의 경우, 가죽 딜러는 가죽을 제혁업자에게, 제혁업자는 신발 제조업체에게 가죽을 판매해야 하며, 신발 제조업체는 도매상에게, 도매상은 소매상에게, 소매상은 소비자에게 신발을 판매해야 한다. 공급망을 구성하는 각 주체는 각자의 운영시스템을 원활하게 하기 위해 또 다른 많은 상품과 서비스도 구매하게 된다.

매우 경쟁적인 B2B 시장의 특성을 감안할 때, 이 시장에서 마케터에게 가장 큰 적은 범용화(commoditization)다. 범용화는 고객이 다른 회사의 제품을 자사 제품과 동일한 혜택을 제공하는 것으로 인식하게 한다.[5] 범용화는 마진을 빼앗고, 고객 충성도(로열티)를 약화시킨다. 이러한 범용화는 타깃고객이 시장 내 제품 간 의미 있는 차이가 존재하고, 기업 제품의 고유한 이점에 추가 비용을 지불할 가치가 있다고 확신하는 경우에만 극복할 수 있다. 따라서 경쟁자와 비교되는 차별화 요소를 만들고 전달하는 것은 B2B 마케팅의 중요한 단계다.

비즈니스 시장에서 마케터는 특히 고객과 고객이 무엇을 중요하게 여기는지 이해해야 하는 측면에서 소비자 시장 마케터와 동일한 문제에 직면한다. 저명한 ISBM(Institute for the Study of Business Markets)은 B2B 마케팅의 세 가지 가장 큰 장애물이 영업 및 마케팅 부서 통합, 혁신 관리, 고객 및 시장 통찰력 수집 및 활용과 관련되어 있다고 지적했다. 이에 더해 ISBM이 인용한 네 가지 추가 과제는 비즈니스 성과에 대한 마케팅의 기여도를 보여주고, 고객 및 고객의 고객과 더 깊이 소통하고, 중앙집중식 마케팅 활동과 분산형 마케팅 활동의 적절한 조합을 확인하며, 마케팅 인재와 역량을 찾고 다듬는 것이다.[6]

그러나 비즈니스 시장은 다음과 같은 측면에서 소비자 시장과 크게 대조된다.

- **적지만 더 큰 구매자:** 비즈니스 시장에서 마케터는 일반적으로 소비자 시장 마케터보다 훨씬 적은 수의 구매자와 훨씬 더 많은 양을 구매하는 구매자를 상대한다. 특히 항공기 엔진 및 방위 무기와 같은 산업에서는 더욱 그렇다. Goodyear 타이어, Cummins 엔진, Delphi 제어 시스템 및 기타 자동차 부품 공급업체의 운명은 대부분 소수의 주요 자동차 제조업체로부터 대규모 계약을 받는 데 달려 있다.

- **긴밀한 공급업체-고객 관계:** 소규모 고객 기반과 고객의 규모, 중요성 및 권한으로 인해 공급업체는 개별 비즈니스 고객 요구에 맞게 제품을 맞춤화해야 하는 경우가 많다. Pittsburgh에 기반을 둔 PPG Industries는 매년 수천 개의 공급업체로부터 70억 달러 이상의 자재와 서비스를 구입한다. PPG는 제품 품질, 배송, 문서화, 혁신, 응답성, 지속적인 개선과 같은 속성에 대해 우수한 성과를 보인 공급업체에게 보상을 한다. $AVE(Supplier

Added Value Effort) 프로그램을 통해 PPG는 유지 보수, 수리, 운영 제품 및 서비스 공급 업체에게 PPG에 대한 총 연간 매출의 최소 5%에 해당하는 연간 부가가치 및 비용절감 제안에 도전하게끔 했다.[7] 또한 기업 구매자는 그들로부터 제품 및 서비스를 구매하는 기업을 공급업체로 선택하기도 한다. 제지 제조업체는 화학 회사로부터 펄프 및 제지용 화학물질을 구매할 수 있으며, 이 화학 회사는 제지 제조업체로부터 상당량의 종이를 구매한다.

• **전문 구매:** 비즈니스 상품(산업재)은 조직의 구매 정책, 제약 조건 및 요구사항을 따르는 데 숙련된 구매 담당자가 구매하는 경우가 많다. 견적 요청서, 제안서, 구매 계약서와 같이 산업재 구매에 사용되는 대부분의 문서는 소비재 구매에서 일반적으로 찾아볼 수 없다. 많은 전문 구매자들이 해당 직무의 효율성과 지위를 향상하려 ISM(Institute for Supply Management: 공급관리연구소)에 속해 있다. 이는 비즈니스 시장의 마케터는 제품과 제품의 경쟁우위에 관한 더 많은 기술적 자료를 제공해야 함을 의미한다.

• **복합적인 구매 영향:** 일반적으로 비즈니스 구매결정에는 더 많은 사람들이 영향을 미친다. 주요 제품 구매에는 기술 전문가와 고위 경영진까지 포함하는 구매위원회가 일반적으로 구성된다. 비즈니스 마케터는 잘 훈련된 판매 담당자와 팀을 보내 잘 훈련된 구매자에 동등하게 대응할 수 있어야 한다.

• **파생수요:** 비즈니스 상품에 대한 수요는 궁극적으로 소비재 수요에서 파생된다. 이러한 이유로 비즈니스 마케터는 최종사용자의 구매 패턴을 면밀히 모니터링해야 한다. Pittsburgh의 석탄 및 천연가스 사업은 공급 처리시설 및 철강 회사의 주문에 크게 의존하며, 이는 차례로 전기 및 자동차, 기계 및 가전제품과 같은 철강 기반 제품에 대한 소비자 수요에 의존한다. 또한 비즈니스 구매자는 이자율뿐만 아니라 생산 수준, 투자 및 소비자 지출과 같은 경제적 요인에도 세심한 주의를 기울여야 한다. 비즈니스 마케터가 총수요를 자극하기 위해 할 수 있는 것은 거의 없다. 그들은 단지 그들의 몫을 늘리거나 유지하기 위해서 더 열심히 싸울 뿐이다.

• **비탄력적 수요:** 다수의 비즈니스 제품 및 서비스에 대한 총수요는 비탄력적이다. 즉 가격 변화에 크게 영향을 받지 않는다. 신발 제조업체는 가죽 가격이 하락한다고 더 많은 가죽을 구매하지는 않을 것이고, 가격이 상승한다고 해서 더 적게 구매하지도 않을 것이다(만족스러운 대체품을 찾지 않는 한). 특히 생산자들이 생산방식을 빠르게 변경할 수 없기 때문에 수요는 단기적으로 비탄력적이다. 신발끈과 같이 품목의 총비용에서 낮은 비율을 차지하는 비즈니스 제품에 대한 수요도 비탄력적이다.

• **변동성이 큰 수요:** 비즈니스 제품 및 서비스에 대한 수요는 소비재 및 서비스에 대한 수요보다 변동성이 더 큰 경향이 있다. 소비자 수요의 특정 비율 증가는 플랜트 및 장비에 대한 수요의 비율 증가로 이어질 수 있다. 플랜트 및 장비에 대한 수요는 일반적인 연간 교체 수요와 증가하거나 감소하는 소비자 수요를 충족해야 하는 필요성을 반영해야 하기 때문에 변동성이 더 높다.

• **지리적으로 집중된 구매자:** 수년 동안 미국 기업 구매자의 절반 이상이 New York,

California, Pennsylvania, Illinois, Ohio, New Jersey, Michigan의 7개 주에 집중되어 있었다. 생산자의 지리적 집중은 종종 비용 절감에 도움이 된다. 이와 동시에 비즈니스 마케터는 더 이상 Detroit에 집중되어 있지 않은 자동차 산업과 같은 특정 산업의 지역적 변화 또한 면밀하게 모니터링해야 한다.

- **직접 구매:** 비즈니스 구매자는 중개자를 통하지 않는다. 특히 농업 장비, 산업 기계 및 항공기와 같이 기술적으로 복잡하거나 비싼 품목은 제조업체에게 직접 구매하는 경우가 많다.

구매의사결정 유형

비즈니스 구매자는 구매를 할 때 많은 의사결정에 직면한다. 얼마나 많은 의사결정을 해야 하는가는 해결하고자 하는 문제의 복잡성, 구매 요구사항의 신규성, 관련된 사람 수, 구매를 완료하는 데 필요한 시간에 따라 달라진다. 비즈니스 구매 상황은 단순 재구매, 수정 재구매, 신규 구매의 세 가지 유형이 있다.[8]

- **단순 재구매:** 단순 재구매의 경우, 구매 부서는 사무용품 및 대량 화학물질과 같은 품목을 정기적으로 재주문하고 승인된 목록에 있는 공급업체들 중 구매할 업체를 선정한다. 공급업체는 제품 및 서비스 품질을 유지하기 위해 노력하고 시간을 절약하기 위해 자동 재주문 시스템을 제안하기도 한다. 공급업체는 잠재고객에게 새로운 것을 제공하거나 현재 공급업체에 대한 불만을 이용하려 한다. 그들의 목표는 우선 소량 주문을 받은 다음 시간이 지남에 따라 구매 점유율을 점차 늘려나가는 데 있다.
- **수정 재구매:** 수정 재구매 구매자는 제품 사양, 가격, 배송 요구사항 또는 기타 조건을 변경하기를 원한다. 이러한 경우 일반적으로 추가 협상이 필요하며 새로운 구매 계약으로 이어질 수도 있다. 어떤 경우에는 비즈니스 관계가 중단되고 공급업체가 변경될 수도 있다.
- **신규 구매:** 신규 구매 구매자는 제품이나 서비스를 처음 구매할 때 약간의 위험에 직면한다(예: 사무실 건물, 새로운 보안 시스템). 위험이나 비용이 클수록, 구매의사결정에 참여하는 사람의 수가 많을수록, 정보 수집량이 많을수록 결정을 내리는 데 걸리는 시간도 길어진다.[9]

비즈니스 구매자는 직접 재구매 상황에서 결정의 수가 가장 적고, 신규 구매 상황에서 가장 많은 결정을 내리게 된다. 신규 구매 상황은 시간이 지나면 단순 재구매 및 일상적인 구매 행동이 된다.

신규 구매는 마케터에게 가장 큰 기회이자 도전이다. 구매 과정은 인식, 관심, 평가, 시험, 채택의 여러 단계를 거친다. 대중매체는 초기 인식 단계에서 가장 중요한 역할을 할 수 있고, 영업사원은 관심 단계에서 가장 큰 영향을 미칠 수 있으며, 기술 원천은 평가 단계에서 가장 중요하게 여겨질 수 있다. 온라인 판매 노력은 모든 단계에서 유용하게 활용될 수 있다.

신규 구매 상황에서 구매자는 제품 사양, 가격 제한, 배송 조건 및 시간, 서비스 조건, 지불 조건, 주문 수량, 수용 가능한 공급자, 선택된 공급자에 대한 결정을 해야 한다. 서로 다른 참여자들이 각각의 의사결정에 영향을 미치며, 이러한 결정이 내려지는 순서 또한 다르다.

　　복잡한 판매 요구사항으로 인해 대부분의 기업에서는 가장 효과적인 영업사원으로 구성된 영업팀을 활용한다. 브랜드 약속과 제조업체의 인지도는 신뢰를 구축하고 고객이 변화를 고려하도록 설득하는 데 중요하다. 또한 마케터는 정보와 지원을 통해 가능한 한 많은 주요 의사결정 참여자에게 다가가려고 노력한다.

　　고객이 확보되면 기업 영업팀은 재구매를 촉진하기 위해 시장 제안에 가치를 추가할 방법을 지속적으로 모색한다. EMC(현 Dell EMC)는 주요 컴퓨터 소프트웨어 기업들을 연속해서 성공적으로 인수했다. EMC는 단순히 정보를 저장하는 것이 아닌 정보를 관리 및 보호하는 기업으로 재포지셔닝하여 고객사가 '클라우드 컴퓨팅으로의 전환을 가속화'할 수 있도록 지원한다. 하드웨어 제품이 한때 매출의 80%를 차지했던 Dell은 이제 수익의 대부분을 소프트웨어와 서비스에서 창출하고 있다.[10]

구매 센터

비즈니스 조직에 필요한 수조 달러 가치의 제품과 서비스를 구매하는 사람은 누구인가? 구매 대리인은 단순 재구매 및 수정 재구매 상황에서 영향력이 있는 반면, 다른 임직원은 신규 구매 상황에서 더 영향력이 있다. 기술자는 일반적으로 제품 구성요소를 선택하는 데 영향을 미치고, 구매 담당자는 공급업체를 선정하는 데 주도적인 역할을 한다.[10]

구매 센터의 구성

구매 조직의 의사결정 단위를 보통 **구매 센터**(buying center)라고 한다. 구매 센터는 '구매의사결정 과정에 참여하는 모든 개인과 집단으로 구성되며, 공통의 목표와 결정으로 인해 발생하는 위험을 공유한다.'[11] 구매 센터에는 구매결정 과정에서 다음의 7가지 역할 중 하나 이상을 수행하는 조직의 모든 구성원이 포함된다.

- **개시자**(initiators): 구매를 요청하는 조직의 사용자 혹은 다른 구성원
- **사용자**(users): 제품 또는 서비스를 사용할 사람. 많은 경우 사용자는 구매 제안을 시작하고 제품 요구사항을 정의하는 데 도움을 준다.
- **영향력 행사자**(influencers): 제품 사양을 정의하고 대안 평가를 위한 정보를 제공하여 구매결정에 영향을 미치는 사람. 기술 관련 전문가는 특히 중요한 영향력을 행사한다.
- **결정자**(deciders): 제품 요구사항 또는 공급업체를 결정하는 사람
- **승인자**(approvers): 결정자 또는 구매자에 의해 제안된 내용을 승인하는 사람
- **구매자**(buyers): 공급업체를 선택하고 구매 조건을 정할 수 있는 공식권한이 있는 사람. 구매자는 제품 사양을 결정하는 데 도움이 될 수도 있지만, 주요 역할은 공급업체를 선택하고 조건과 가격을 협상하는 데 있다. 더 복잡한 구매의 경우 구매자는 고위 관리자를 포함할 수 있다.

- **문지기**(gatekeepers): 판매자나 정보가 구매 센터의 구성원에게 도달하는 것을 통제할 수 있는 권한이 있는 사람. 예를 들어, 구매 대리인, 접수원 및 전화교환원은 영업사원이 사용자 또는 결정자에게 접촉하는 것을 방지할 수 있다.

여러 명의 사람이 사용자나 영향력 행사자와 같은 특정 역할을 수행할 수 있으며, 한 사용자가 여러 역할을 수행할 수도 있다.[12] 예를 들어, 구매 관리자는 종종 구매자, 영향력 행사자, 문지기 역할을 동시에 수행한다. 다른 사람들(결정자)이 회사의 요구사항을 충족할 수 있는 두 개 이상의 잠재적 공급업체를 선택할 수도 있지만, 구매 관리자는 어떤 영업사원이 조직의 다른 구성원에게 전화를 걸 수 있는지, 어떤 예산과 기타 제약사항을 적용할 것인지, 어떤 회사가 실제로 비즈니스를 인수할 것인지 결정할 수 있다.

구매 센터는 일반적으로 5~6명의 구성원이 있으며, 때로는 수십 명으로 구성될 수도 있다. 또한 공무원, 컨설턴트, 기술 고문, 마케팅 채널 구성원과 같이 조직 외부의 구성원이 일부 포함될 수도 있다.

조직 내 구매 센터의 역할

과거 구매 부서는 회사 비용의 절반 이상을 관리하는 경우가 많았음에도 불구하고 기업 내 관리 계층에서 보잘것없는 위치를 차지했었다. 그러나 최근에는 치열한 경쟁으로 인해 많은 기업이 기업 내 구매 부서의 위치를 격상시키고, 관리자를 부사장 지위로 승진시켰다. 이 새롭고 보다 전략 지향적인 구매 부서들은 더 적은 수의 더 나은 공급업체로부터 최고의 가치를 추구하는 사명을 가지고 있다.

일부 다국적 기업은 구매 부서를 글로벌 소싱 및 파트너십을 담당하는 '전략적 공급 부서'로 그 위치를 격상시키기도 했다. Caterpillar에서는 구매, 재고 관리, 생산 일정 및 수송이 하나의 부서로 통합되었다. 다음은 비즈니스 구매 관행을 개선함으로써 이익을 얻은 두 기업의 사례다.

Rio Tinto Rio Tinto는 지구 광물 자원의 발견, 채굴, 가공 분야에서 세계적인 리더이며, 북미와 오스트레일리아에서 중요한 위치를 차지하고 있다. 공급업체와의 조정에 많은 시간이 소요되자, 이를 개선하기 위해 Rio Tinto는 하나의 핵심 공급업체와 전자상거래 전략을 시작했다. 이로 인해 양측 모두 상당한 이익을 얻을 수 있었다. 대부분의 경우 주문한 물품은 주문이 전송된 후 몇 분 내에 공급업체의 창고에 채워지며, 공급업체는 현재 Rio Tinto의 결제주기를 약 10일로 단축한 pay-on-receipt 프로그램을 사용할 수 있다.[13]

Medline Industries   미국에서 규모가 가장 큰 개인 소유의 의료제품 제조 및 유통업체인 Medline Industries는 온라인 및 직접 판매 채널 전반에 걸친 고객 활동에 대한 관점을 소프트웨어를 사용하여 통합했다. 그 결과는 어떠했을까? 회사는 제품 마진을 높이고 고객 유지율을 높였으며, 가격 오류로 인한 매출 손실을 줄였고 영업사원의 생산성을 향상할 수 있었다.[14]

구매 부서의 지위 격상은 비즈니스 마케터가 오늘날의 비즈니스 구매자의 높은 수준에 맞게 영업직원의 역량과 지위를 향상해야 함을 의미한다.

구매 센터 다이내믹스

구매 센터에는 일반적으로 이해관계, 권한, 지위, 설득에 대한 민감도가 다른 참여자들이 포함되며, 때로는 매우 다른 결정 기준을 가진 참여자가 포함되기도 한다. 엔지니어는 제품의 성능을 극대화하길 원하고, 생산 담당자는 사용 용이성과 공급의 신뢰성을 강조할 수 있으며, 재무 담당자는 구매의 경제성에 초점을 맞출 것이며, 구매는 운영 및 교체 비용과 관련이 있을 것이고, 노조 관계자는 안전 문제를 강조할 수 있다.

비즈니스 구매자 또한 나이, 소득, 교육, 직장 내 위치, 성격, 위험에 대한 태도 및 문화에 의해 영향을 받는 개인적 동기, 지각, 선호도를 가지고 있다. 비즈니스 구매자 중 일부는 '단순하게 유지하는' 구매자, '자체 전문가', '최선을 원하는' 구매자, 또는 '모든 것을 원하는' 구매자다. 일부 젊은 고학력 구매자들은 기술적으로 능숙하며 공급업체를 선택하기 전에 경쟁력 있는 제안서를 엄격하게 분석한다. 또 다른 구매자는 상대 판매자끼리 서로 경쟁시키는 전통적 방식의 '터프가이들(toughies)'이다. 그리고 몇몇 기업은 잠재적인 구매력이 엄청난 구매자가 될 수 있다.

구매결정은 궁극적으로 조직이 아닌 개인에 의해 이루어진다.[15] 개인은 그들이 얻는 조직적 보상(급여, 승진, 인정 및 성취감)을 극대화하려는 지각과 자신의 니즈에 의해 동기부여된다. 그러나 조직적 니즈는 구매 과정과 그 결과를 정당화한다.

기업가는 '제품'만 구매하는 것이 아니다. 그들은 두 가지 문제, 즉 조직의 경제적·전략적 문제와 성취와 보상에 대한 개인의 욕구에 대한 해결방안을 구매한다. 이러한 의미에서 산업 구매결정은 '합리적'인 동시에 '감정적'이며, 조직의 요구와 개인의 요구를 모두 충족한다.[16]

한 산업 부품 제조업체의 연구에 따르면, 그들의 고객인 중소 규모 기업의 최고경영진들은 다른 기업으로부터 제품을 구매하는 것이 편하기는 하지만, 제품을 구매하는 것에 대해 잠재의식적인 불안감 또한 지니고 있음을 발견했다. 이들은 끊임없는 기술 변화로 인한 제품 성능, 신뢰성, 호환성 같은 문제에 대해 우려하고 있었다. 이러한 불안감을 인식한 제조업체는 감정적인 매력을 강조하기 위해 판매방식을 재조정했으며, 제품 라인을 통해 부품 사용에 따른 복잡성과 스트레스 관리를 완화하여 고객의 직원들이 성과를 개선할 수 있도록 지원했다.[17]

구매 센터에 대한 판매

성공적인 기업 대 기업(B2B) 마케팅을 위해 마케터는 판매 노력을 집중할 기업 유형뿐 아니라 해당 조직의 구매 센터 내에서 누구에게 집중할지 또한 결정해야 한다.

일단 마케터가 마케팅 노력을 기울일 기업 유형을 확인하면, 어떻게 하면 이러한 기업에게 자사의 제품을 잘 팔 수 있을지를 결정해야 한다. 주요 의사결정 참여자는 누구인가? 그들은 어떤 결정에 영향을 미치며, 얼마나 깊이 영향을 미치는가? 그들은 어떤 평가 기준을 사용하는가? 예를 살펴보자.

A사는 병원에 일회용 수술복을 판매한다. 구매결정에 참여하는 병원 직원은 구매담당 부사장, 수술실 관리자, 외과의사 등이다. 구매담당 부사장은 병원이 일회용 가운을 사야 할지 아니면 재사용 가능한 가운을 사야 할지에 대해 분석한다. 일회용인 경우 수술실 관리자는 다양한 경쟁사 제품을 흡수성, 방부제 품질, 디자인, 가격 등에서 비교하고, 기능적 요건을 충족하는 브랜드를 가장 저렴한 가격에 구매하는 것이 일반적이다. 외과의사는 선택한 브랜드에 대한 만족도를 보고함으로써 결정에 영향을 준다.

비즈니스 마케터가 얻을 수 있는 성격과 대인관계 요인에 대한 모든 정보는 매우 유용하게 사용될 수 있지만, 의사결정 과정에서 어떤 종류의 집단 역학(group dynamics)이 발생하는지 비즈니스 마케터가 정확히 알 수는 없을 것이다.

소규모 판매자는 주요 구매 영향력자에게 다가가는 데 집중한다. 대형 판매자는 가능한 한 많은 의사결정 참여자에게 다가가기 위해 심층적인 판매를 하는 경우가 많다. 영업사원은 사실상 대량 고객과 '함께 생활'한다. 기업은 숨겨진 구매 영향력 행사자에게 다가가고, 현재 고객에게 정보를 제공하기 위해 커뮤니케이션 프로그램에 더 많은 관심을 기울여야 한다.[18]

비즈니스 마케팅 담당자는 구매 센터 구성원에 대한 그들의 가정을 주기적으로 검토해야 한다. 전통적으로 SAP는 자사의 소프트웨어 제품을 대기업 CIO에 판매해 왔다. 판매의 초점을 CIO에서 조직도 아래에 있는 개별 기업 단위로 전환한 결과, 신규 SAP 고객에 대한 소프트웨어 라이선스 판매 규모가 크게 증가했다.

고객 및 구매 센터에 대한 통찰력은 매우 중요하다. 플라스틱 섬유 산업에 대한 GE의 에스노그래픽 연구에 따르면, 이 산업은 기업이 가정했던 것처럼 가격에 의해 움직이는 제품 사업을 하고 있지 않음이 검증되었다. 이 산업은 가격에 의해 움직이는 대신, 고객이 초기 개발 단계에서 협업을 원하는 수공예적(장인) 산업이었다. 연구 결과를 바탕으로 GE는 산업 내 기업과 상호작용하는 방식을 완전히 재정립했다. 이러한 에스노그래픽 연구는 개발도상 시장, 특히 마케터가 소비자를 잘 파악하지 못하는 외곽 지역에서도 매우 유용하게 사용될 수 있다.

판매 활동을 개발하는 비즈니스 마케터는 고객의 고객, 또는 해당되는 경우 최종사용자도 고려할 수 있다. 다수의 B2B 판매는 구매한 제품을 최종소비자에게 판매하는 제품의 구성요소로 사용하는 기업에 대한 것이다. 비즈니스 마케터는 고객의 고객과 상호작용하며 제품 및 비즈니스 모델을 개선할 수 있는 기회를 찾아야 한다. 네덜란드의 3차원 모션센서 기술 공급업체인 Xsens는 고객의 고객 중 한 곳의 문제 해결에 도움을 주는 과정에서 제품의 정확도를 수십 배 향상한 새로운 작동 절차 또한 함께 개발할 수 있었다.[19]

구매 과정 이해

비즈니스 구매 과정에는 여러 단계가 포함된다. 가장 많이 사용되는 모형 중 하나는 비즈니스 시장에서의 의사결정 과정을 8단계로 설명한다.[20] 이 모형은 그림 4.1과 같으며, 의사결정 과

정의 8단계 각각에 대한 주요 고려사항은 다음 절에서 더 자세히 설명한다. 수정 재구매 또는 단순 재구매 상황에서는 일부 단계가 압축되거나 우회된다. 예를 들어, 구매자는 일반적으로 선호하는 공급업체 또는 공급업체 순위 목록을 가지고 있어서 공급업체 탐색 및 제안서 요청은 건너뛸 수 있다.

문제인식

구매 과정은 기업의 누군가가 재화나 서비스를 구매함으로써 충족될 수 있는 문제나 필요를 인식할 때 시작된다. 문제인식은 내부 또는 외부 자극에 의해 일어난다. 내부 자극은 새로운 장비와 재료가 필요한 신제품을 개발하겠다는 결정일 수도 있고, 기계가 고장 나 새 부품이 필요한 것일 수도 있다. 또는 구매한 자재가 만족스럽지 못한 것으로 판명되어 더 저렴한 가격 또는 더 나은 품질을 제공하는 공급업체를 찾는 것일 수도 있다. 외부적으로 구매자는 무역박람회에서 새로운 아이디어를 얻거나, 광고를 보거나, 이메일을 받거나, 블로그를 읽거나, 더 나은 제품이나 더 저렴한 가격을 제안하는 영업 담당자로부터 전화를 받을 수 있다. 비즈니스 마케터는 다양한 방법의 직접 마케팅을 통해 문제인식을 자극할 수 있다.

필요기술

다음으로, 구매자는 필요한 품목의 일반적 특성과 필요한 수량을 결정한다. 여기서의 목표는 기업이 달성하고자 하는 구체적인 요구사항과 제안을 통해 얻고자 하는 혜택을 파악하는 것이다. 표준 품목의 경우 이 단계의 작업은 간단하다. 그러나 복잡한 품목의 경우, 구매자는 다른 사람(엔지니어, 사용자)과 협력하여 안정성, 내구성 또는 가격과 같은 특성을 정의해야 한다. 비즈니스 마케터는 제품이 어떻게 구매자의 요구를 충족하거나 초과하는지 설명하여 이들을 도울 수 있다.

제품특성 상세화

구매 조직은 이제 필요한 품목의 기술 사양을 개발한다. 기업은 종종 제품가치분석 엔지니어링 팀에 이 작업을 할당한다. **제품가치분석**(product value analysis)은 제품 성능에 부정적인 영향을 미치지 않고 부품을 재설계 및 표준화하거나 저렴한 생산방법으로 만들 수 있는지를 연구하는 비용 절감 접근 방법이다. 예를 들어, 가치분석 팀은 제품 자체보다 오래 지속되는 과도하게 설계된 구성요소를 찾아낸다. 구매자는 엄격하게 작성된 사양을 통해 너무 비싸거나 지정된 표준을 충족하지 못하는 구성요소를 거부할 수 있다.

공급업체는 제품가치분석을 고객 획득을 위한 포지셔닝 도구로 사용할 수 있다. 그 방법이 무엇이든 간에, 과도한 비용을 없애는 것이 중요하다. 멕시코 시멘트 대기업 Cemex는 첨단 기술을 이용해 비효율성을 제거하는 'Cemex 방법(The Cemex Way)'으로 유명하다.[21]

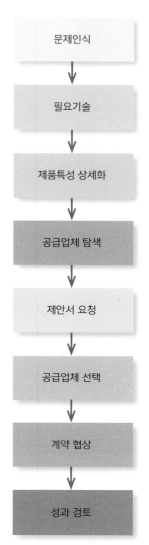

그림 4.1
비즈니스 구매 과정 단계

공급업체 탐색

구매자는 다음으로 거래실적장부, 다른 기업과의 접촉, 광고, 박람회 및 인터넷을 통해 가장 적합한 공급업체를 확인하고자 한다. 온라인 구매로의 전환은 공급업체에게 광범위한 영향을 미치며, 향후 몇 년 동안 구매 형태를 변화시킬 것이다.

공급업체 탐색을 용이하게 하고 공급업체와의 협상에서 힘을 얻기 위해 기업은 종종 구매 제휴를 맺는다. 이러한 제휴에는 공급업체 탐색을 간소화하고 대량 구매 시 더 큰 할인을 받기 위해 동일한 상품을 구매하는 여러 회사가 구매 컨소시엄을 구성하는 것이 포함된다. Topco는 미국 최대의 소매 식품 GPO(group purchasing organization: 그룹 구매 조직)이며, 이 GPO는 소매 및 도매 식품 관련 사업의 기업 컨소시엄을 대표한다.

온라인으로 구매하는 기업은 여러 형태로 전자 시장을 활용한다.

- **카탈로그 사이트**: 기업은 전자 구매 소프트웨어가 배포하는 W.W. Grainger's와 같은 전자 카탈로그를 통해 수천 개의 품목을 주문할 수 있다.
- **수직시장**: 플라스틱, 철강 또는 화학과 같은 산업 제품이나 물류 또는 미디어와 같은 서비스를 구매하는 기업은 e-허브라고 불리는 전문 웹사이트를 이용할 수 있다. Plastics.com은 플라스틱 구매자가 수천 개의 플라스틱 판매자 중에서 가장 좋은 가격을 찾을 수 있게 해준다.
- **'Pure Play' 경매 회사**: Ritchie Bros. Auctioneers는 북미, 유럽, 중동, 아시아 및 오스트레일리아에 40개 이상의 영구 경매 사이트를 보유한 세계 최대의 산업 경매업체다. 2017년 온라인 입찰을 통해 진행된 400개 이상의 경매에서 Ritchie Bros. Auctioneers는 건설, 운송, 농업, 자재 처리, 석유 및 가스, 광업, 임업, 해양 산업 분야에서 사용되는 광범위한 중장비, 트럭 및 기타 자산을 포함한 중고 및 미사용 장비를 45억 달러어치 판매했다. 사람들은 Ritchie Bros. 경매에서 직접 입찰하는 것을 선호하기는 하지만, 기업의 다국적 웹사이트인 rbauction.com에서 실시간으로 온라인 입찰을 진행할 수도 있다.[22]

>> 세계 최대 산업 경매업체인 Ritchie Bros.는 고객을 위해 직접 경매뿐만 아니라 수많은 온라인 경매도 진행한다.

출처: Courtesy of Ritchie Bros. Auctioneers

- **현물(또는 외환) 시장**: 현물 전자 시장에서 가격은 시시각각 변한다. ICE(Intercontinental Exchange)는 수조 달러의 매출을 올리는 금융 및 상품 시장을 위한 거래소를 소유하고 있다.
- **사적 교환**: HP, IBM, Walmart는 특별히 초청된 공급업체 및 파트너 그룹과 관계를 맺기 위해 비공개 온라인 거래소를 운영하고 있다.

점점 더 많은 기업이 온라인 구매로 이동하고 있다. 온라인 비즈니스 구매는 산업(플라스틱, 철강, 화학, 종이) 중심의 **수직허브**와 **기능허브**(물류, 미디어 구매, 광고, 에너지 관리)를 포함하는 e-허브를 중심으로 구성될 수 있다. 온라인 비즈니스 구매는 몇 가지 이점을 제공한다. 구매자와 공급업체 모두의 거래비용을 절감하고, 주문에서 배송까지의 시간을 단축하며, 구매 시스템을 통합하고 파트너와 구매자 간의 보다 직접적인 관계를 구축할 수 있도록 한다. 부정적인 면도 있는데, 온라인 비즈니스 구매가 공급업체와 구매자 간 충성도를 약화시키고, 잠재적인 보안 문제 또한 야기할 수 있다.

제안서 요청

다음으로 구매자는 자격이 있는 공급업체에게 서면 제안서를 제출하도록 요청한다. 이 제안서를 검토한 후 구매자는 몇 개의 공급업체를 초청하여 공식적인 프레젠테이션을 진행한다.

비즈니스 마케터는 고객의 관점에서 가치와 이점을 설명하는 마케팅 제안을 연구하고, 작성 및 제시하는 데 능숙해야 한다. 또한 구두 프레젠테이션은 자신감을 불어넣어야 하며 경쟁에서 두각을 나타낼 수 있도록 기업의 능력과 자원을 포지셔닝해야 한다.

제안 및 판매 노력은 종종 동료의 지식과 전문성을 활용하는 팀 작업이다. Eaton Corp.의 일부인, Pittsburgh에 기반을 둔 Cutler-Hammer는 특정 지역, 산업, 또는 시장 집중도에 중점을 둔 판매원 '집단'을 개발했다.

공급업체 선택

비즈니스 구매자는 시장 제공 비용과 관련하여 가장 높은 혜택(경제적, 기술적, 서비스적, 사회적)을 추구한다. 구매에 대한 인센티브 강도는 지각된 혜택과 지각된 비용 간 차이의 함수로 도출된다.[23] 구매자가 공급업체를 평가하기 위해 일반적으로 사용하는 속성에는 가격, 평판, 신뢰성, 민첩성이 포함된다. 공급업체를 선택하기 전 구매 센터는 원하는 공급업체 속성을 지정하고 순위를 매기며, 종종 공급업체 평가 모델을 사용하여 구매자가 평가한 속성에 따라 공급업체의 성과를 평가하기도 한다.

그러므로 비즈니스 마케터는 고객이 기업의 제품이 어떻게 다르고 더 나은지 충분히 이해하도록 해야 한다. 이를 위해 판매자는 종종 자신이 제공하는 이점을 강조할 수 있는 방식으로 제품을 제시하거나 프레이밍한다. 이는 고객이 기업이 제공하는 모든 혜택이나 비용 절감을 확실히 인식하도록 하거나 제품의 구매, 소유, 사용 및 폐기의 경제성에 대한 고객의 생각에 더 큰 영향력을 행사하는 것들로 단순화해 볼 수 있다.

매력적인 가치 제안을 개발하기 위해, 비즈니스 마케터는 비즈니스 구매자가 가치 평가에 도달하는 방법을 더 잘 이해할 필요가 있다.[24] 속성 선택과 상대적 중요성은 구매 상황에 따라 달라진다. 배송 신뢰성, 가격 및 공급업체 평판은 일부 기업에게 중요할 수 있다. 반면, 다른 기업에게 가장 중요한 속성은 기술 서비스, 공급업체 유연성, 제품 신뢰성일 수 있다. 공급업체를 선택할 때 기업의 우선순위를 명확하게 파악하고 이러한 기준을 충족하는 공급업체를 식별하는 것은 시장 성공의 핵심이다.

기업은 공급업체의 수를 점점 더 줄이고 있다. 여러 소싱(sourcing)을 사용하는 기업들이 종종 단일 소싱의 가장 큰 걸림돌로 노동 쟁의, 자연재해 또는 기타 예측할 수 없는 사건의 위협을 제기함에도 여전히 단일 소싱을 지향하는 기업도 있다. 기업은 또한 단일 소싱 공급업체가 관계를 너무 편안하게 만들어 경쟁력을 잃을 것을 두려워하기도 한다.

계약 협상

공급업체를 선택한 후 구매자는 기술 사양, 필요한 수량, 예상 배송 시간, 반품 정책 및 보증 목록을 포함하는 최종 주문을 협상한다. 다수의 산업재 구매자는 기계 및 트럭과 같은 중장비를 구매하기보다는 임대한다. 임차인은 최신 제품, 더 나은 서비스, 자본 절약 및 일부 세금혜택과 같은 많은 이점을 얻게 된다. 반면 임대업자는 더 큰 순이익과 전면적인 구매를 감당할 수 없는 고객에게 서비스를 제공할 수 있는 기회를 가지게 된다.

유지 보수, 수리 및 운영 품목의 경우, 구매자는 주기적인 구매 주문보다는 일괄계약으로 그 방식을 전환하고 있다. 포괄적 계약은 공급업체가 지정된 기간 동안 필요에 따라 합의된 가격으로 구매자에게 재공급을 약속하는 장기적인 관계를 설정한다. 판매자가 주식을 보유하고 있기 때문에 일괄계약을 **재고 없는 구매계획**(stockless purchase plans)이라고도 한다. 이는 공급업체를 구매자와 더 긴밀하게 묶고, 구매자가 불만족하지 않는 한 외부 공급업체가 개입하기 어렵게 만든다.

핵심 자재의 부족을 두려워하는 기업은 기꺼이 대량 재고를 구매하고 보유한다. 이러한 기업은 자재의 안정적인 흐름을 보장하도록 공급업체와 장기 계약을 맺을 것이다. DuPont, Ford 및 기타 여러 주요 기업은 장기 공급계획을 구매 관리자의 주요 책임으로 간주한다. 예를 들어, General Motors는 더 적은 수의 공급업체로부터 구매하기를 원한다. 또한 이 공급업체들이 자사 공장 가까이에 위치하여 고품질의 부품을 생산할 의지가 있기를 바란다. 비즈니스 마케터는 거래를 용이하게 하고 비용을 낮추기 위해 중요한 고객과 엑스트라넷(인터넷 기술을 사용하여 공급자·고객·협력업체 사이의 인트라넷을 연결하는 협력적 네트워크) 또한 구축하고 있다. 이를 통해 고객은 공급업체에게 전송되는 주문을 자동으로 입력한다.

일부 기업은 더 나아가 VMI(vendor-managed inventory: 공급자 재고 관리)를 사용하여 주문 책임을 공급업체에게 전가한다. 이러한 공급업체는 고객의 재고 수준을 파악하고 지속적인 보충 프로그램을 책임지게 된다. Chevron Phillips Chemical Company의 사업부인 Performance Pipe는 오디오, 조명 및 비전 시스템을 세계 유수의 자동차 제공업체들에게 공급한다. 40개 공급업체와 함께한 VMI 프로그램을 통해 상당한 시간과 비용을 절감하고, 이전 창고 공간을 생산적인 제조 활동에 사용할 수 있게 되었다.[25]

성과 검토

구매자는 세 가지 방법 중 하나를 사용하여 선택한 공급업체(들)의 성과를 주기적으로 검토한다. 구매자는 최종사용자에게 연락하여 평가를 요청하거나, 가중점수법을 사용하여 여러 기준에 따라 공급업체를 평가하거나, 가격을 포함한 조정된 구매 비용 확보로 인해 발생한 성능 저하에 따른 비용을 집계하여 공급업체의 성과를 검토할 수 있다. 성과 검토를 통해 구매자는 공급업체와의 관계를 계속, 수정, 또는 종료할 수 있다.

다수의 기업이 좋은 실적에 대한 보상으로 구매 담당자를 위한 인센티브 제도를 마련하였고, 이는 구매 담당자가 판매자에게 더 유리한 조건을 요구하는 더 많은 압력을 가하도록 만들었다.

효과적인 비즈니스 마케팅 프로그램의 개발

B2B 마케팅 담당자는 고객을 유치하고 유지하기 위해 모든 마케팅 도구를 사용하고 있다. 이들은 시스템 판매를 도입하고, 제공되는 제품에 가치 있는 서비스를 추가하고, 고객 참조 프로그램을 사용하거나, 다양한 온라인 및 오프라인 커뮤니케이션 또는 브랜딩 활동을 활용한다.

제품에서 솔루션으로의 전환

다수의 비즈니스 구매자는 한 판매자로부터 전체 문제에 대한 솔루션을 구매하는 것을 선호한다. 이러한 **시스템 구매**(systems buying) 관행은 정부가 주요 무기 및 통신 시스템을 구매하면서 시작되었다. 정부는 계약을 체결할 경우, 2차 계약업체로부터 시스템의 하위 구성요소를 입찰하고 모아야 할 책임이 있는 초기 계약업체(원청업체)에게 입찰을 요청했다. 이를 수행하기 위해 초기 계약업체는 구매자가 작업을 완료하기 위해 키(key) 하나만 돌리면 되도록 만드는 턴키 방식(처음부터 마무리까지 구매자가 필요로 하는 모든 것을 조달하여 인도하는 도급계약방식)의 솔루션을 제공했다.[26]

판매자는 구매자가 이러한 방식으로 구매하는 것을 더 선호한다는 것을 인식하고 있으며, 이에 따라 많은 판매자들이 그들의 마케팅 도구로 **시스템 판매**(systems selling)를 채택했다. HP, IBM, Oracle, Dell과 같은 대규모 기술 기업들은 모두 특정 분야의 전문가에서 비즈니스가 클라우드로 전환함에 따라 필요한 핵심 기술을 제공할 수 있는 (모든 요구를 한곳에서 충족시키는) 원스톱 매장으로 그 포지션을 전환하고 있다.

단일 공급업체가 구매자에게 유지 보수, 수리, 그리고 운영 MRO 요구사항을 모두 제공하는 시스템 계약은 시스템 판매에서 파생된 형태 중 하나다. 계약 기간 동안 공급업체는 고객의 재고도 관리한다. Shell Oil은 많은 비즈니스 고객의 석유 재고를 관리하며 언제 보충이 필요한지 알고 있다. 고객은 계약 기간 동안 가격 보호뿐만 아니라 조달 및 관리 비용 절감의 혜택을 누릴 수 있다. 판매자는 꾸준한 수요와 서류 작업 감소로 인해 운영 비용을 절감할 수 있다.

시스템 판매는 댐 건설, 철강 공장, 관개 시스템, 위생 시스템, 파이프라인, 유틸리티, 심지어 신도시 건설과 같은 대규모 산업 프로젝트의 입찰에서 핵심 산업 마케팅 전략이다. 프로젝트 엔지니어링 기업은 계약을 수주하기 위해 가격, 품질, 신뢰성 및 기타 속성에서 경쟁해야 한다. 그러나 공급업체는 고객의 요구에만 의존하는 것은 아니다. 이상적으로, 그들은 사양의 실제 개발에 영향을 미치기 위해 프로세스 초반에 활동한다. 또는 다음 예가 제시하는 바와 같이 사양을 넘어 다양한 방식으로 추가 가치를 제공할 수도 있다.

> **인도네시아 정부에 판매하기**   인도네시아 정부는 Jakarta 인근에 시멘트 공장 건설 입찰을 요청했다. 한 미국 기업은 부지 선정, 공장 설계, 건설인력 고용, 자재 및 장비 조립, 완성된 공장을 인도네시아 정부에 넘기는 제안을 했다. 한 일본 기업은 제안서에 이러한 모든 서비스와 함께 공장을 운영할 근로자 고용 및 교육, 무역 회사를 통한 시멘트 수출, Jakarta에 도로 및 신축 사무용 건물 건설에 시멘트를 사용하는 것을 포함했다. 비록 그 계획에는 더 많은 돈이 포함되었음에도 일본 기업은 계약을 따냈다. 명백하게, 일본인들은 이 문제를 단순히 시멘트 공장 건설(시스템 판매의 편협한 시각)뿐만 아니라 인도네시아의 경제 발전에 기여하는 것으로 보았다. 그들은 고객의 요구에 대해 가능한 한 광범위한 관점을 취했다. 이는 진정한 시스템 판매의 사례로 볼 수 있다.

서비스 향상

제품을 주로 판매하는 B2B 기업에게 서비스는 점점 더 전략적이고 재정적인 역할을 하고 있다. 제공하는 제품에 고품질 서비스를 추가하면 기업은 고객에게 더 큰 가치를 제공하고 고객과의 긴밀한 관계를 구축할 수 있다.

대표적인 예로 Rolls-Royce는 Boeing과 Airbus에 의해 도입된 새로운 점보 비행기의 거대한 제트엔진 모델을 개발하는 데 많은 투자를 해왔다. Rolls-Royce의 중요한 수익원은 엔진과 교체 부품을 판매하는 것을 넘어, 판매되는 추가 '시간당 전력(power by the hour)' 장기 수리 및 유지 보수 계약이었다. 고객은 계약의 안정성과 예측 가능성을 위해 기꺼이 프리미엄을 지불할 의향이 있기 때문에 이러한 판매의 마진은 더 높다.[27]

기술 기업도 고객 만족도를 높이고 수익을 늘리기 위해 제품에 서비스를 결합하고 있다. 많은 소프트웨어 기업과 마찬가지로 Adobe Systems는 클라우드 기반 월간 구독을 통해 디지털 마케팅 비즈니스로의 전환을 시행하고 있다. 예를 들어, Photoshop, Illustrator, InDesign과 같은 Adobe 제품은 온라인으로 이동하여 구독 기반 서비스가 되었다. 이러한 서비스를 제공하는 기업이 얻는 특별한 이점은 과거에 제품을 구입한 사용자에게 새로운 버전으로 업그레이드를 하도록 지속적으로 설득하지 않아도 된다는 것이다. 구독 모델에서는 자동으로 업그레이드가 된다. 또한 클라우드 고객에게 지원 서비스를 판매할 수도 있기 때문에 매출 역시 증가하고 있다.

B2B 브랜드 구축

비즈니스 마케터는 브랜드의 중요성을 점점 더 인식하고 있다. 브랜드는 제품 품질을 보장함으로써 관리자에게 마음의 평화를 제공하므로, 옛말에 "IBM을 샀다고 해고되는 사람은 없다."라는 말이 있듯이 기업 이해관계자에게 기존 브랜드의 구매를 쉽게 정당화할 수 있게 만든다.

스위스에 본사를 둔 ABB는 100개 이상의 국가에 11만 명의 직원을 보유한 전력 및 자동화 기술 분야의 글로벌 리더다. 이 기업은 획기적인 국가 건설 프로젝트의 오랜 전통을 뒷받침하기 위해 매년 R&D에 10억 달러를 투입하고 있다. ABB는 5개의 대체 포지셔닝 플랫폼을 평가하는 광범위한 리브랜딩 프로젝트에 착수했으며, '더 나은 세상을 위한 힘과 생산성'의 상징이 되어야 한다는 결론을 내렸다. '1사 1브랜드' 접근방식으로 잡지, 브로슈어, 포스터, 디지털 커뮤니케이션 및 전시물까지 모두 개편하여 브랜드의 통일된 모습을 보여주고 글로벌 시장에서의 입지를 강화했다. 대부분의 ABB 비즈니스 광고에는 기술을 설명하는 비즈니스별 메시지와 함께 실제 프로젝트의 이미지가 포함되어 있었다.[28]

B2B 마케팅에서 기업 브랜드는 기업의 많은 제품과 연관되어 있기 때문에 중요하다. 한때 전동 공구, 압축기, 전기 장비 및 엔지니어링 솔루션의 글로벌 공급업체였던 Emerson Electric은 60개의 자율적이며, 때로는 익명의 회사들로 이루어진 대기업이었다. Emerson은 글로벌 브랜드 이름을 활용하는 동시에 더 폭넓은 입지를 확보하기 위해 지역적으로 판매를 할 수 있도록 했다. 이를 위해 Emerson은 브랜드를 새로운 글로벌 브랜드 아키텍처와 아이덴티티 아래 정렬시켰다. 글로벌 통합으로 기업 웹사이트 수가 절반으로 줄었고, 온라인 콘텐츠 및 마케팅 캠페인이 전 세계 현지 언어로 번역되었으며 소셜 미디어 플랫폼 또한 구축되었다.[29] SAS는 기업 브랜드의 중요성을 인식한 또 다른 회사다.

> **SAS**   147개국의 IT 고객들로 구성된 거대한 '팬클럽'을 보유한 비즈니스 분석 소프트웨어 및 서비스 기업인 SAS는 세기의 전환기에 부러워할 만한 위치에 있는 것처럼 보였다. 그러나 그 이미지는 한 업계 관찰자가 '괴짜(geek) 브랜드'라고 부를 만큼 제한적이었다. 기업의 범위를 수학 또는 통계분석 분야에서 박사학위를 받은 IT 관리자 이상으로 확장하기 위해서는 SAS 소프트웨어가 무엇인지 전혀 몰랐거나 비즈니스 분석에 대해 생각해 보지 않았던 대기업의 C급 경영진들과 접촉해야만 했다. SAS는 전례 없던 외부 광고대행사와의 협력을 통하여 《BusinessWeek》, 《Forbes》, 《Wall Street Journal》과 같은 비즈니스 관련 출판물에 새로운 로고, "The Power to Know(알 수 있는 힘)"라는 새로운 슬로건, 그리고 TV 광고와 인쇄 광고를 게재하는 등 새로운 모습을 보였다. 높은 수익성을 자랑하며 현재 세계에서 가장 큰 개인 소유 소프트웨어 기업 중 하나인 SAS는 브랜드 변경 이후 수익 흐름이 두 배 이상 증가하였으며, 기업 내부에서도 상당한 성공을 거두었다. 15년 넘게 《Fortune》지는 이 기업을 가장 일하기 좋은 미국 기업 중 한 곳으로 선정해 왔다.[30]

가격 압박 극복

전략적 소싱, 파트너십, 교차기능 팀(cross-functional team) 참여를 지향하는 움직임에도 불구하고, 구매자는 여전히 많은 시간을 공급업체와 가격 흥정을 하며 보낸다. 가격지향적인 구매

자의 수는 다양한 서비스 구성에 대한 고객 선호도 및 고객 조직의 특성에 따라 국가별로 다르게 나타날 수 있다.[31]

마케터는 앞에서 언급한 프레이밍 사용을 포함하여 다양한 방법으로 구매자가 더 낮은 가격을 요청하는 것에 대응할 수 있다. 또한 그들은 총 소유 비용(즉 제품 사용의 수명 주기 비용)이 경쟁 제품보다 낮다는 것도 보여줄 수 있다. 특히 구매자가 현재 받는 서비스가 경쟁업체가 제공하는 것보다 월등한 경우, 마케터는 구매자가 현재 받는 서비스의 가치를 인용할 수 있다.[32] 연구 결과에 따르면, 서비스 지원 및 개인 상호작용은 물론 고객의 시장 진출 시기를 개선하는 공급업체의 노하우와 능력은 핵심 공급업체 지위를 확보하는 데 유용한 차별화 요인이 될 수 있다.[33]

생산성 향상은 가격 압박을 완화하는 데 도움이 된다. 일부 기업은 가격을 낮추지만 수량 제한, 환불 불가, 조정 불가, 서비스 불가와 같은 제한적인 조건을 설정하여 가격지향적 구매자에 대응하고 있다.[34] 다른 기업들은 가격 문제를 극복할 수 있을 만큼 혜택을 늘리고 비용을 절감할 수 있는 해법을 모색한다. 다음의 예를 보자.

Lincoln Electric   Cleveland에 본사를 둔 용접 제품 및 장비 제조업체인 Lincoln Electric은 수십 년 동안 GCR(Guaranteed Cost Reduction) 프로그램을 통해 고객과 협력하여 비용을 절감해 왔다. 고객이 Lincoln 대리점이 경쟁사 대리점에 맞춰 가격을 내려야 한다고 주장할 때, 기업과 대리점은 가격을 낮추는 대신 Lincoln의 제품과 경쟁사 제품의 가격 차이를 충족하거나 초과하는 내년도 비용 절감을 고객이 확인할 수 있도록 보증했다. 수년 동안 Lincoln Electric 용접 와이어를 구매해 온 트랙터 트레일러용 부품의 주요 제조업체인 Holland Binkley Company가 더 나은 가격을 찾기 시작하자 Lincoln Electric은 비용 절감을 위한 협력 패키지를 개발했다. 이 패키지는 처음에는 1만 달러의 절감을 예상

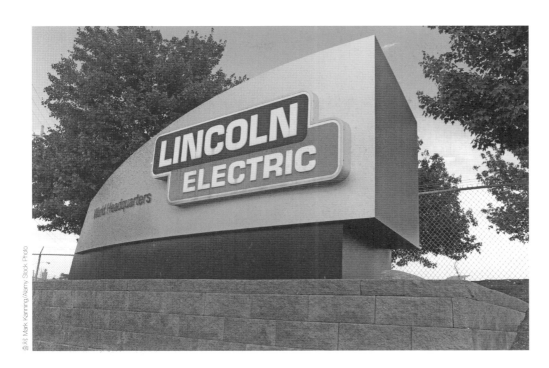

<< 용접 제품 및 장비 제조업체인 Lincoln Electric은 경쟁업체의 가격에 맞추어 자사 제품 가격을 낮추는 대신 고객과 긴밀히 협력하여 가격 차이를 충족하거나 초과하는 비용 절감을 모색했다.

했지만, 결국 여섯 자릿수의 비용 절감, 비즈니스 성장, 고객과 공급업체 간의 강력한 장기 파트너십으로 이어졌다.[35]

협업은 가격 압박을 완화하는 데 도움을 줄 수 있다. 병원 공급업체인 Medline이 Highland Park Hospital과 처음 18개월 동안 병원의 물량 점유율을 10배 증가시키는 대가로 35만 달러의 절감을 약속하는 계약을 체결했다고 가정하자. 만약 Medline이 이 계약에서 약속된 절감액보다 적은 금액을 달성하면 기업은 차액을 보충할 것이다. 반면, 실질적으로 더 많은 것을 달성하게 되면 추가 절감에 참여하게 될 것이다. 이러한 약정이 원활히 이루어지도록 하려면 고객이 과거 데이터베이스를 구축하고, 편익과 비용을 측정하기 위한 합의에 도달하며, 분쟁 해결을 위한 메커니즘을 고안할 수 있도록 공급업체가 기꺼이 도와야 한다.

가격을 낮추고 혜택을 늘리는 것만이 가격 압박을 극복하는 유일한 방법은 아니다. 경우에 따라 문제는 제품을 개선하는 것이 아니라 제품이 이미 고객에게 제공하고 있는 이점을 더 잘 전달하는 데 있을 수 있다. 고객에게 제품의 가치를 보다 투명하게 만드는 일반적인 접근방식으로는 **경제 가치 분석**(economic value analysis, EVA)이 있다. EVA는 성능, 신뢰성, 보증과 같은 기업 제품 및 서비스의 기능적 이점을 수익화하는 데 도움이 되는 도구다.

대형 건설회사의 구매자가 Caterpillar 또는 Komatsu에서 주택 건설용 트랙터를 구매하려 한다고 가정해 보자. 그는 트랙터가 특정 수준의 신뢰성, 내구성, 성능 및 재판매 가치를 제공하기를 원한다. 경쟁하는 영업사원들은 각자의 제안을 신중하게 설명한다. 구매자는 이러한 속성에 대한 자신의 인식을 바탕으로 Caterpillar 제품이 더 큰 이점을 가지고 있다고 판단한다. 또한 그는 제공되는 서비스(배달, 교육, 유지 보수)의 차이를 인식하고 Caterpillar가 더 나은 서비스를 제공할 뿐만 아니라 더 많은 지식과 대응력을 갖춘 직원을 제공한다고 판단한다. 마지막으로 그는 Caterpillar의 기업 이미지와 평판에 더 높은 가치를 부여한다. 그는 제품, 서비스, 사람, 이미지라는 네 가지 출처에서 얻는 경제적·기능적·심리적 혜택을 모두 합산하여 Caterpillar가 더 큰 고객 혜택을 제공한다고 확신한다.

그렇다면 그는 Caterpillar 트랙터를 구매할까? 꼭 그렇지는 않다. 그는 또한 Caterpillar vs. Komatsu와의 총거래비용(돈 이상의 비용이 소요)을 조사한다. Adam Smith가 200여 년 전 《The Wealth of Nations》에서 언급한 바와 같이 "모든 것의 진정한 대가는 그것을 획득하는 수고와 어려움이다." 따라서 총고객비용에는 제품 획득, 사용, 유지 관리, 소유 및 폐기에 소유되는 구매자의 시간, 에너지 및 심리적 비용이 모두 포함된다. 구매자는 이러한 요소를 금전적 비용과 함께 평가하여 총고객비용을 형성한다. 그런 다음 Caterpillar의 총고객비용이 총고객혜택에 비해 너무 높은지 여부를 고려한다. 만약 그렇다면 그는 Komatsu를 선택할 수 있다. 구매자는 지각된 가치가 가장 높은 대상을 선택할 것이다.

이제 위의 의사결정 이론을 사용하여 Caterpillar가 이 구매자에게 자사 제품을 판매하는 데 성공할 수 있도록 도와보자. Caterpillar는 세 가지 방법으로 그들의 시장 제공물을 개선할 수 있다. 첫째, 제품, 서비스, 사람 및 이미지의 경제적·기능적·심리적 혜택을 개선하여 총고객혜택을 높일 수 있다. 둘째, 제품을 구입하는 데 필요한 시간, 에너지, 심리적 투자를 줄여 구매자의 비금전적 비용을 감소시킬 수 있다. 셋째, 구매자에게 제품의 금전적 비용을 줄여줄 수 있다.

Caterpillar가 이 구매자는 해당 제품의 가치를 2만 달러로 판단하고 있다는 결론을 내렸다고 가정해 보자. 또한 Caterpillar의 트랙터 생산 비용이 1만 4,000달러라고 가정해 보자. 즉 Caterpillar의 제품은 생산 비용보다 6,000달러가 더 많게 지각되므로 기업은 1만 4,000달러에서 2만 달러 사이의 제품 비용을 청구해야 한다. 가격이 1만 4,000달러 미만이면 비용을 감당하지 못할 것이고, 2만 달러보다 더 많은 비용을 청구하게 된다면 시장에서 배척당할 것이다.

Caterpillar의 가격은 구매자에게 제공하는 가치와 Caterpillar로 유입되는 가치를 결정한다. 회사가 1만 9,000달러를 청구하면 고객이 지각하는 1,000달러의 가치를 창출해야 하고, 5,000달러를 유지하게 된다. Caterpillar에서 가격을 낮게 책정할수록 고객의 지각된 가치가 높아지므로 구매 동기 또한 높아진다. 구매를 성공시키려면, Caterpillar는 고객이 지각하는 가치를 Komatsu보다 더 많이 제공해야 한다.[36]

커뮤니케이션 관리

마케팅 커뮤니케이션은 일반적으로 소비자 시장과 관련이 깊지만, 비즈니스 시장에서도 중요한 역할을 한다. 기업은 비즈니스 고객에게 자사가 제공하는 제품의 혜택에 대해 알리고 협력업체와의 활동을 조정해야 한다.[37] 소비자 시장의 경우와 마찬가지로 구매자와의 연결을 위해 검색엔진최적화(search engine optimization, SEO)와 검색엔진마케팅(search engine marketing, SEM)을 사용하게 되며, 비즈니스 커뮤니케이션 역시 온라인 공간에서 점점 더 활발하게 이루어지고 있다.

　다음은 B2B 마케팅을 통한 비즈니스 성과 개선을 위해 온라인 입지를 재설계하고, 검색엔진최적화를 채택하고, 소셜 미디어에 참여하며, 웹 세미나 및 팟캐스트를 시작하고 있는 일류 기업들의 몇 가지 사례다.

　│ **Chapman Kelly**　HMS Business Services의 자회사인 Chapman Kelly는 의료, 치과, 약국에서의 청구 및 부양가족 감사 서비스를 제공하여 기업이 의료 및 보험 비용을 절감할 수 있도록 지원한다. 이 기업은 원래 전통적인 콜드 콜링(cold calling: 전화 영업) 및 아웃바운드 판매 방식(텔레마케팅 기법 중 하나)을 통해 새로운 고객을 확보하려고 했다. 그러나 방식을 달리하여 웹사이트를 재설계하고, 기업명이 관련 온라인 검색 상위권에 오를 수 있도록 사이트를 최적화했다. 이 결과 HMS의 수익은 거의 두 배가량 증가했다.[38]

　│ **Makino**　기계 제조업체 Makino는 한 달에 평균 3회씩 산업별 웹 세미나를 지속적으로 개최하여 최종사용자 고객과의 관계를 구축했다. 이 기업은 공작기계를 최대한 활용하는 방법과 금속 절단 공정 작동 방식과 같은 고도로 전문화된 콘텐츠를 사용하여 다양한 산업 및 제조 방식에 호소한다. 기업은 웹 세미나 참가자들의 데이터베이스를 통해 마케팅 비용을 절감하고 기업 활동의 효과성과 효율성을 개선할 수 있었다.[39]

　│ **Kinaxis**　캐나다의 공급망 관리 기업인 Kinaxis는 블로그, 백서 및 특정 키워드에 의존하는 비디오 채널을 포함한 커뮤니케이션에 대해 완전히 통합된 접근방식을 사용함으로써 웹사이트로 트래픽을 유도하고 검증된 리드(lead)를 생성했다. 모든 B2B 구매의 93%가 검색에서 시작된다는 연구 결과를 바탕으로, Kinaxis는 관련성과 사용자 친화성을 높이기 위해 콘텐츠를 최대한 재사용하고 용도 변경을 하며 검색엔진최적화(SEO)에 초점을 맞추고 있다.[40]

　일부 B2B 마케터는 브랜드를 구축하기 위해 B2C 소비자 시장의 마케팅 관행을 적용하고 있다.[41] Xerox는 수익의 50%가 복사기가 아니라 비즈니스 서비스에서 나온다는 사실을 효과적으로 강화하기 위해 통합된 커뮤니케이션 캠페인을 실행했다. Xerox의 Marriott 광고가 전개된 방법을 보자.[42]

　두 명의 Marriott 벨 맨(bell man)이 사무실에 앉아 있다. 한 사람이 옆 사람에게 묻는다. "지난달 청구서(invoice)는 다 마무리하셨어요?" 옆 사람이 답한다. "아니요. 하지만 제가 당신의 드라이클리닝을 가지고 왔고, 구두에 광택도 냈어요." 첫 번째 벨 맨이 말한다. "음, 그렇군요. 저는 길 모퉁이에 있는 스시 집에 예약해 드렸어요!" 그리고 화면 밖에서 해설 소리가 들린다. "Marriott가 고객서비스에만 집중할 수 있도록 Xerox가 글로벌 송장 프로세스를 자동화하는 것이 더 낫다는 것을 Marriott는 알고 있습니다."

　때로는 좀 더 개인적인 접촉이 모든 것을 변화시킬 수 있다. 특히 고가의 제품 및 서비스에 대한 신중한 거래를 고려하고 있는 고객은 신뢰할 수 있으며 독립적인 출처로부터 얻을 수 있는 모든 정보를 원한다.

B2B 관계 관리

비즈니스 공급업체와 고객은 둘 사이 관계 관리를 위해 다양한 방법을 모색한다.[43] 충성도는 공급망 관리, 공급업체 참여 및 구매 제휴로 인해 부분적으로 형성된다.[44] B2B 마케터는 고객을 유치하고 유지하기 위해, 타깃고객을 파악하고 일대일 마케팅 접근방식을 개발하는 등 보다 집중적인 접근방식을 사용한다.[45]

구매자-공급자 관계의 이해

많은 연구가 구매 파트너와 판매자 간의 수직적 연계를 옹호하며, 이러한 수직적 연계는 단순한 거래를 넘어 양측에게 더 많은 가치를 창출하게 할 수 있다고 주장한다.[46]

많은 힘이 비즈니스 파트너 간의 관계 발전에 영향을 미친다. 관계 발전에 영향을 미치는 관련된 힘 네 가지는 대안의 가용성, 공급의 중요성, 공급의 복잡성, 공급시장의 역동성이다. 이러한 힘을 기반으로 구매자-공급자 관계는 중간 수준의 협력과 정보 교환을 통해 단순하고 일상적인 교환이 이루어지는 기본적인 구매 및 판매에서부터 신뢰와 헌신이 진정한 파트너십으로 이어지는 협력 관계에 이르기까지 다양한 유형의 관계가 형성된다.[47]

그러나 이미 형성된 관계라 하더라도 시간이 지남에 따라 관계 역할이 바뀔 수 있다.[48] 구매자가 공급자와 긴밀한 관계를 원하지도 요구하지도 않는다면 일부 요구는 기본적인 공급자 성과만으로도 충족될 수 있다. 마찬가지로, 일부 공급업체는 성장 잠재력이 제한된 고객에게는 투자할 가치가 없다고 생각할 수 있다.

한 연구는 공급 제품이나 서비스가 고객에게 중요하고 복잡한 구매 요건과 소수의 대체 공급업체와 같은 조달 장애물이 있을 때, 고객과 공급업체 간에 가장 밀접한 관계가 형성된다는 것을 발견했다.[49] 또 다른 연구에 따르면, 정보 교환과 계획을 통해 이루어지는 구매자와 판매자 간의 더 큰 수직적 연계는 일반적으로 높은 환경 불확실성이 존재하고 특정 부분에 투자가 크지 않은 경우에만 필요하다고 제안했다.[50]

기업 신뢰, 신용, 명성 관리

신뢰 구축은 건강하고 장기적인 관계를 누리기 위한 전제 조건 중 하나다.[51] 신뢰는 비즈니스 파트너에게 의존하고자 하는 기업의 의지다. 신뢰는 기업의 지각된 역량, 성실성, 정직성, 자비와 같은 많은 대인 및 조직 간 요인에 따라 달라진다. 기업 직원과의 개인적인 상호작용, 기업 전체에 대한 의견, 신뢰에 대한 인식은 경험과 함께 진화해 나갈 것이다.

완전하고 정직한 정보를 제공할 때, 직원 인센티브가 고객 요구와 일치할 때, 시장 가치를 창출하기 위해 파트너와 관계를 맺을 때, 경쟁 제품과의 유의미한 비교를 제공할 때, 기업은 더 신뢰할 수 있는 것으로 간주될 가능성이 높다.[52]

신뢰 구축은 온라인 환경에서 특히 까다로울 수 있으며, 기업은 종종 다른 기업보다 온라인 비즈니스 파트너에게 더 엄격한 요구사항을 부과한다. 비즈니스 구매자는 올바른 품질의 제품을 올바른 시간에 올바른 장소에 배송하지 못할 것을 걱정한다. 판매자는 제시간에 돈을 받지 못하는 것 혹은 돈을 전혀 받지 못하는 것에 대해 걱정하고 얼마나 많은 크레디트를 제공해야 할지 논의한다. 이를 위해 많은 기업은 거래 파트너의 신용도를 평가하기 위해 자동화된 신용확인 애플리케이션과 온라인 신뢰 서비스를 사용하고 있다.

기업의 신용도는 기업이 고객의 필요와 욕구를 충족하는 제품과 서비스를 설계하고 제공할 수 있다고 고객이 믿는 정도다. 이는 공급업체에 대한 시장의 평판을 반영하며 강력한 관계의 기초가 된다. 기업의 신용도는 다음 세 가지 요인에 따라 달라진다. **기업 전문성**은 기업이 제품을 만들고 판매하거나 서비스를 수행할 수 있는 정도를 반영한다. **기업 신뢰성**은 기업이 정직하고 신뢰할 수 있으며, 고객의 요구에 민감하게 반응하는 정도를 반영한다. **기업 호감도**는 기업이 호감이 가고, 매력적이고, 권위 있고, 역동적으로 보이는 정도를 반영한다.

다시 말해, 신용할 수 있는 기업은 자신이 하는 일에 익숙하다. 즉 신용할 수 있는 기업은 고객의 최선의 이익을 마음에 두고, 함께 일하는 것을 즐기는 기업이다.

비즈니스 관계의 위험과 기회주의

연구자들은 고객-공급업자 관계를 구축하면 보호(예측 가능한 솔루션 보장)와 적응(예상치 못한 사건에 대한 유연성 허용) 사이에 긴장이 생긴다는 점을 주목했다. 수직적 연계는 고객-판매자 관계를 더욱 강화할 수 있지만, 고객과 공급업체의 특정 투자에 대한 위험을 증가시킬 수도 있다.[53]

특정 투자는 특정 기업과 가치사슬 파트너에 맞게 조정된 지출을 말한다(기업별 교육, 장비, 운영 절차 또는 시스템에 대한 투자).[54] 예를 들어, 제조업체는 맞춤형 주문 및 재고 추적 시스템 개발에 투자할 수 있다. 특정 소매업체의 필요에 따라 이러한 특정 투자는 기업 간 협업의 효과와 비용 효율성을 향상하는 데 도움이 된다.[55]

그러나 특정 투자는 고객과 공급업체 모두에게 상당한 위험을 수반한다. 경제학의 거래 이론은 특정 투자에 대한 초기 투자가 높을 수 있기 때문에 기업이 특정 관계에 갇힐 수 있다고 주장한다. 또한 비용 및 프로세스에 대한 민감한 정보를 교환해야 할 수도 있다. 구매자는 전환 비용 때문에 지체나 정체에 취약할 수 있다. 공급업체는 전용 자산 및/또는 기술/지식이 위태로워지기 때문에 더 취약할 수 있다. 후자의 위험 측면에서 다음의 예를 고려해 보자.

자동차 부품 제조업체가 OEM(original equipment manufacturer)에 언더 후드 부품을 공급하는 계약을 수주했다. 1년 단독 공급 계약은 OEM별 전용 생산 라인에 대한 공급업체의 투자를 보호한다. 그러나 공급업체는 또한 계약 기간 동안 상세한 엔지니어링 정보를 교환하고 잦은 설계 및 제조 변경을 조정하기 위해 연결된 컴퓨팅 시설을 사용하여 OEM의 내부 엔지니어링 직원과 파트너로서 (비계약적으로) 일할 의무가 있을 수 있다. 이러한 상호작용은 시장 변화에 대한 기업의 대응력을 향상하여 비용을 절감하고/또는 품질을 높일 수 있다. 그러나 공급업체의 지적 재산에 대한 위협 또한 확대할 수 있다.

구매자가 공급업체의 성과를 쉽게 모니터링할 수 없는 경우, 공급업체가 회피하거나 속임

수를 사용하여 기대 가치를 제공하지 못할 수 있다. **기회주의**는 '암시적 또는 명시적 계약에 관련된 부정행위 또는 과소공급의 형태'를 일컫는다.[56]

보다 수동적인 형태의 기회주의는 변화하는 상황에 적응하는 것을 거부하거나 내키지 않아 하거나 계약상의 의무를 이행하는 것에 대한 태만으로 나타날 수 있다. 매출액이 2,500만 달러에 불과한 땅콩 가공업체 Peanut Corporation of America에서 오염된 제품이 발견되어 조사한 결과, 다른 제품 2,000개에서도 오염 성분이 검출되어 10억 달러 규모의 리콜이 이루어졌다. 그 후 기업은 모든 제조 및 사업 운영을 중단했으며 CEO는 오염된 식품임을 알고서도 운송한 혐의로 구속되었다.[57]

기회주의는 기업이 보다 생산적인 목적에 할당할 수 있는 자원을 통제와 모니터링하는 데 투입해야 하기 때문에 우려되는 사항이다. 공급업체 기회주의를 감지하기 어려워지고, 기업이 다른 곳에서 사용할 수 없는 자산에 특정 투자를 해야 할 때, 우발적 상황을 예측하기 어려울 때, 계약은 공급업체 거래를 통제하기에 부적절할 수 있다. 고객과 공급업체는 공급업체의 자산특이성(asset specificity)이 높고 공급업체의 행동을 감시하기 어려운 경우 합작투자(간단한 계약을 체결하는 것보다 협력관계에 대한 더 큰 수준의 약속을 의미)를 형성할 가능성이 더 크다.[58]

중요한 미래 시간대 그리고/또는 강력한 연대 규범의 존재는 일반적으로 고객과 공급업체가 공동 이익을 위해 노력하도록 만든다. 그들의 특정 투자는 수용(수취인 측의 기회주의 증가)에서 결속(기회주의 감소)으로 이동한다.[59]

기관 시장 관리

이제까지의 논의는 주로 이윤을 추구하는 기업의 구매행동에 초점이 맞추어져 있었다. 앞서 언급한 것 중 많은 부분이 기관 및 정부 조직의 구매행동에도 적용된다. 이제 기관 및 정부 조직 시장의 특수성에 초점을 맞추어 살펴보고자 한다.

기관 시장(institutional market)은 학교, 병원, 요양원, 교도소 및 보호대상에게 재화와 서비스를 제공해야 하는 기타 기관으로 구성된다. 이러한 조직의 대부분은 낮은 예산과 고정 고객을 가지고 있는 것이 특징이다. 예를 들어, 병원은 환자를 위해 구매할 음식의 품질을 결정해야 한다. 이 음식은 전체 서비스 패키지의 일부로 제공되기 때문에 여기서 이 구매의 목표는 이익을 얻는 것이 아니다. 또한 열악한 음식으로 인해 환자가 불평하고 병원의 명예가 훼손될 수도 있기 때문에 비용 최소화도 유일한 목적이 될 수 없다. 병원 구매 대행업체는 품질이 일정한 최저 기준을 충족하거나 그 이상이며 가격이 저렴한 기관 식료품 판매업체를 찾아야 한다. 실제로 많은 식료품 판매업체들이 기관 구매자의 특별한 요구와 특성을 충족하기 위해 별도의 판매 부서를 설치하고 있다. Heinz는 병원, 대학 및 교도소의 요구사항을 충족하기 위해 케첩의 생산, 포장 및 가격을 달리한다. 경기장, 캠퍼스, 기업 및 학교에 식품 서비스를 제공하는 Aramark 또한 자국 내 교도소에 음식을 제공하는 데 경쟁우위를 가지고 있으며, 이는 Aramark가 구매 관행과 공급망 관리를 개선하여 얻은 직접적인 결과다.

Aramark　Aramark는 한때 잠재적 공급업체가 제공한 목록에서 제품을 선택하기만 했지만, 이제는 공급업체와 협력하여 개별 부문의 요구에 맞는 맞춤형 제품을 개발한다. '교정' 분야 세분시장에서 품질은 식료품 비용 제한을 충족하기 위해 역사적으로 희생되어 왔다. Aramark Food & Support Services의 사장인 John Zillmer는 "교정 분야에서 사업을 하다 보면 100분의 1센트 단위로 측정되는 입찰을 하게 된다. 따라서 구매 측면에서 얻을 수 있는 우위가 있다면, 이는 매우 귀중하다."고 말한 바 있다. Aramark는 이전에는 상상할 수 없었던 가격대로 특별한 파트너들과 함께 일련의 단백질 제품을 공급했다. 이 파트너들은 단백질의 화학적 성질을 이해하고 가격을 낮추면서도 Aramark의 고객이 수용할 수 있는 제품을 만들어 기업이 비용을 절감할 수 있는 방법을 실행시켰기 때문에 매우 특별했다. Aramark는 교정 시장 전용으로 공식화된 163개의 다른 품목에도 이 프로세스를 그대로 적용했다. Aramark는 식사당 1센트 정도의 식료품 비용을 줄이는 대신 품질을 유지하거나 개선하여 5~9센트를 절감할 수 있었다.[60]

대다수의 국가에서 정부기관은 제품과 서비스의 주요 구매자다. 정부기관은 일반적으로 공급업체에 입찰을 제출하도록 요구하고 종종 가장 낮은 입찰자에게 계약을 낙찰하고, 때로는 우수한 품질 또는 제시간에 계약을 완료하는 것으로 알려진 공급업체를 채택하기도 한다. 정부는 또한 주요한 R&D 비용과 위험이 있는 복잡한 프로젝트 및 경쟁이 거의 없는 프로젝트에 대해서 협상된 계약(negotiated-contract)을 기반으로 구매를 결정할 수도 있다.

정부의 지출 결정은 공개 검토 대상이기 때문에, 정부기관은 관료주의, 규정, 의사결정 지연 및 빈번한 조달 직원 교체에 대해 자주 불평하는 공급업체로부터 상당한 양의 서류를 요구한다. 국방, 민간, 정보기관 등 다양한 유형의 기관이 서로 다른 요구, 우선순위, 구매 스타일 및 기간을 가지고 있다. 또한 공급업체는 정부 조달 전문가의 주요 활동인 비용 정당화에 충분한 주의를 기울이지 않는 경우가 많다. 정부 계약자가 되기를 희망하는 기업은 정부기관이 제품의 최종적인 영향을 볼 수 있도록 도와야 한다. 특히 다른 정부기관과 함께한 사례 연구를 통해 유용한 경험과 성공적인 과거 성과를 입증하는 것이 계약을 체결하는 데 효과적일 수 있다.

기업이 정부기관에 제품을 가장 잘 구매하고 사용하는 방법에 대한 지침을 제공하는 것처럼, 정부는 공급업체에게 정부에 판매하는 방법을 설명하는 자세한 지침을 제공한다. 지침을 따르지 않거나 양식과 계약서를 올바르게 작성하지 않으면 법적 악몽에 시달리게 될 수 있다.

다행히 연방정부는 모든 규모의 기업에 대해 계약절차를 간소화하고 입찰을 보다 매력적으로 만들기 위해 노력해 왔다. 개선안은 맞춤형 품목보다는 기성품 구매, 온라인으로 공급업체와 의사소통하여 서류 작업을 없앴으며, 계약을 체결하지 못한 공급업체에 대해 보고하여 다음 계약에서 이 업체의 체결 기회를 높이는 데 중점을 두고 있다.

다른 정부기관을 위한 구매 대행 역할을 하는 몇몇 연방기관은 공인된 국방 및 민간 기관들이 의료 및 사무용품에서 의류에 이르기까지 모든 것을 온라인으로 구매할 수 있도록 하는 웹 기반 카탈로그를 출시했다. 예를 들어, GSA(General Services Administration)는 웹사이트를 통해 재고 상품을 판매할 뿐만 아니라 구매자와 계약 공급자 사이에 직접적인 링크를 생성한다. 미국 정부와의 모든 작업을 위한 좋은 출발점은 기관인수를 지원하는 데이터를 수집, 검증, 저장 및 배포하는 SAM(System for Award Management) 데이터베이스에 기업이 있는지를
확인하는 것이다.

요약

1. 조직적 구매는 공식적 조직이 구매한 제품 및 서비스에
대한 필요성을 확인한 다음, 대체 브랜드와 공급업체를
파악, 평가, 선택하는 과정이다. 비즈니스 시장은 다른
제품이나 서비스의 생산에 사용되는 제품과 서비스를
판매, 임대, 공급하는 모든 조직으로 구성된다.

2. 소비자 시장에 비해 비즈니스 시장은 일반적으로 구매
자의 수는 더 적고, 규모는 더 크고, 고객-공급업체 관
계가 더 밀접하며, 구매자가 지리적으로 더 집중되어 있
다. 비즈니스 시장의 수요는 소비자 시장의 수요에서 파
생되며 경기 주기에 따라 변동한다. 그럼에도 불구하고
많은 비즈니스 상품과 서비스에 대한 총수요는 가격 비
탄력적이다.

3. 구매 센터는 구매 조직의 의사결정 단위다. 개시자, 사
용자, 영향력 행사자, 결정자, 승인자, 구매자, 문지기로
구성된다. 마케터는 이러한 의사결정 당사자에게 영향
을 미치기 위해 환경, 조직, 대인 및 개별 요소를 고려해
야 한다.

4. 마케터는 성공적인 B2B 마케팅을 위해서 판매 노력을
집중할 기업 유형뿐만 아니라 해당 조직의 구매 센터
내에서 누구에게 집중해야 하는지도 결정해야 한다. 판
매 활동을 개발할 때 비즈니스 마케터는 고객의 고객
또는 최종사용자도 고려할 수 있다.

5. 구매 과정은 문제인식, 필요기술, 제품특성 상세화, 공

급업체 탐색, 제안서 요청, 공급업체 선택, 계약 협상,
성과 검토의 8단계로 구성된다. 비즈니스 마케터는 구
매 과정의 각 단계에서 기업 제품의 가치가 전달되도록
해야 한다.

6. B2B 마케터는 다양한 마케팅 도구를 사용하여 고객을
유치하고 유지한다. 그들은 브랜드를 강화하고 기술 및
기타 커뮤니케이션 도구를 사용하여 효과적인 마케팅
프로그램을 개발한다. 또한 판매 시스템을 사용하며, 고
객에게 부가가치를 제공하기 위한 서비스를 추가한다.

7. 비즈니스 마케터는 고객과 강한 유대감과 관계를 형성
해야 한다. 신뢰 구축은 건강하고 장기적인 관계를 누리
기 위한 전제조건 중 하나다. 신뢰는 기업의 인지된 역
량, 성실성, 정직성, 자비와 같은 요인에 따라 달라진다.
비즈니스 마케터는 전문 구매자와 그 영향력 행사자의
역할, 다수의 판매 전화의 필요성, 직접 구매와 상호관
계 및 임대의 중요성을 인식해야 한다.

8. 기관 시장은 학교, 병원, 퇴직자 커뮤니티, 요양원, 교
도소 및 보호 대상에게 재화와 서비스를 제공하는 기타
기관으로 구성된다. 정부기관의 구매자는 공급업체로부
터 많은 양의 서류작업을 요구하고, 공개 입찰 및 국내
기업을 선호하는 경향이 있다. 공급업체는 기관 및 정부
시장에서 발견되는 특별한 요구와 절차에 맞게 제안을
조정할 준비가 되어 있어야 한다.

marketing
SPOTLIGHT

Alibaba

Alibaba Group은 1999년 인터넷을 사용하여 중국 공급업체와 해외 바이어를 연결할 목적으로 Jack Ma에 의해 설립되었다. Ma는 당시 중국의 소규모 제조업체와 기업가가 해외 바이어에게 접근하기 어렵다는 것을 알았다. 또한 엄격한 규제로 인해 대기업만이 중국 제조업에 진출할 수 있었다. Alibaba.com은 중국 제조업체와 해외 구매자 간의 빠르고 간단하며 효율적인 중개자 역할을 하여 위와 같은 문제를 해결하고자 설립되었다. 창립 이래 Alibaba는 다양한 비즈니스 포트폴리오를 운영하면서 세계에서 가장 크고 가치 있는 기업 중 하나로 성장했다.

Alibaba의 시장은 다양한 부문으로 구성되어 있다.

- 웹사이트 Alibaba.com은 중국 제조업체가 해외 기업에 제품을 대량으로 판매하는 B2B 장터의 역할을 한다.
- Taobao.com은 eBay와 비슷한 C2C 웹사이트로 사용자가 경매에 입찰하거나 자신의 제품을 판매할 수 있다.
- Tmall.com은 Amazon과 유사한 B2C 웹사이트로 현지 중국 및 국제 기업이 중국 소비자에게 제품을 판매할 수 있다.
- AliExpress는 소비자가 최소 주문 규모 없이 Alibaba.com에서 제공하는 것과 비슷한 가격으로 상품을 구매할 수 있는 B2C 웹사이트다.

Alibaba.com은 단순히 구매자와 중국 공급업체를 연결하는 플랫폼이다. 기업 자체는 B2B 시장에서 재고를 가지고 있지 않다. Alibaba는 각 거래에 대해 판매자에게 수수료를 부과하며 해외 기업이 구매할 수 있는 다양한 제품을 제공한다. 판매 가능한 제품에는 기계, 오일, 플라스틱, 가구, 수하물, 의류, 식품 및 농산물, 서비스 장비가 포함된다. Alibaba.com의 확장된 선택 가능 제품군의 집합은 호텔에서 농장, 의류 매장에 이르기까지 다양한 유형의 비즈니스 산업에 매력적인 옵션으로 작용한다.

Alibaba에서 가장 잘 판매되는 제품은 대부분 기업용으로 대량생산이 가능한 품목이다. 또한 이러한 품목 중 대부분은 작고 가벼워서 운송비용이 절감된다. 의류 및 전자제품은 이 두 범주에 모두 속한다. 시장에서 꾸준히 인기를 얻고 있는 제품으로는 블루투스 스피커와 헤드폰, 팔찌와 귀걸이, 휴대폰 배터리, 속옷 등이 있다. Alibaba는 또한 소비자의 취향과 요구에 빠르게 적응하기 때문에, 전자담배와 같은 품목과 피젯 스피너(fidget spinners)와 같은 인기 있는 장난감이 어느 순간 Alibaba 웹사이트를 빠르게 장악한다.

Alibaba는 중국에서 온라인 판매의 상당 부분을 차지한다고 알려져 있다. 그리고 Jack Ma는 Alibaba.com이 왜 그렇게 거대한 B2B 시장이 되었는지에 대한 두 가지 핵심 통찰을 제공한다. 첫째, Ma는 중국 판매자가 매우 검소하다고 믿는다. 판매자와 구매자는 높은 비용을 수반하는 시장에 관심이 없다. 이를 염두에 두고 Alibaba는 플랫폼의 모든 기본 서비스를 무료로 사용할 수 있도록 했다. 이 기업은 온라인 광고와 판매자들이 자신의 상점을 맞춤화할 수 있는 웹 디자인 구매처럼 지불을 선택할 수 있는 프리미엄 기능을 제공함으로써 수익을 얻는다. 맞춤화되지 않은 기본 점포는 어수선해 보일 수 있어 오히려 판매자의 눈에 띄게 만들 수도 있다. Ma의 두 번째 통찰은 중국 사용자가 온라인 웹사이트에서 낯선 사람을 신뢰하는 것을 경계한다는 것이다. 이 문제를 피하고자 Alibaba.com은 적법성을 보장하기 위해 판매자의 주장을 제3자가 검증하는 서비스를 구축했다. 또한 Alibaba는 구매자의 돈을 선불로 받아 에스크로(escrow)에 넣어서 판매자가 지불을 확신할 수 있도록 하는 Alipay 시스템을 만들었다.

Alibaba.com은 또한 네트워크 순위 효과의 혜택을 받는다. Alibaba와 다양한 플랫폼의 엄청난 규모는 잠재구매자가 중국의 Google에 해당하는 Baidu에 상품을 검색할 때 일반적으로 상위 링크로 표시된다는 것을 의미한다. 그 결과 Alibaba의 구매자가 더 많아지게 되었다. 더 많은 구매자는 더 많은 판매자를 필요로 하고, 더 많은 판매자는 새로운 구매자를 위해 더 많은 옵션과 다양성을 제공하여 긍정적인 피드백 루프를 형성한다. 이러한 피드백 루프는 Tencent와 Amazon 같은 국내외 경쟁업체가 경쟁하기 더 어렵게 만들었다.

의사소통은 B2B 시장에서 종종 주요 문제가 되어왔으며, 이에 Alibaba는 판매자와 구매자 간 의사소통을 개선하기 위한 조치를 취했다. 언어 장벽을 해결하기 위해 Alibaba는 히브리어에서 베트남어에 이르기까지 15개의 다른 언어 사이트를 만들어 공급업체가 영어를 사용하지 않는 비즈니스 시장에 제품을 판매할 수 있도록 했다. Alibaba 플랫폼을 통해 공급업체는 현지 언어를 사용하여 게시물을 작성하거나 자동 번역 도구 서비스를 사용하여 영어로 직접 번역할 수 있다. Alibaba는 판매자와 구매자 간 더 나은 직접 의사소통이 가능하도록 만들기 위해 AliSuppliers 모바일 앱도 제공했다. 이 앱을 통해 판매자는 구매자의 문의를 관리하고 그에 따라 주문을 조정할 수 있다. 또한 Trade-Manager 기능을 사용하여 구매자와 채팅을 할 수도 있다. 모든 구매자가 사용할 수 있는 AliSource Pro 도구는 기업과 공급업체를 연결하는 데 도움이 된다. 구매자는 주문 수량과 같은 특정 세부 정보와 함께 찾고 있는 제품에 대한 설명을 게시할 수 있다. 그런 다음 Alibaba는 이러한 게시물을 검토하고 24시간 안에 나열된 사양에 따라 공급업체를 추천한다.

Alibaba Group은 전자상거래 시장을 접근하기 쉽고 사용하기 쉽게 설계하는 데 광범위한 자원을 투자하였고, 그 결과 기업의 엄청난 성장과 확장을 이끌어냈다. 쇼핑객들이 자신을 위해 선물을 사고 독신임을 축하하는 중국의 광군절 휴일은 Alibaba의 풍부한 시장 덕분에 중국에서 가장 큰 쇼핑의 날이 되었다. 이 기업은 전자상거래 부문뿐만 아니라 기술, 게임, 소셜 미디어 및 엔터테인먼트 산업에서도 계속 성장하고 있다.[61]

질문

1. Alibaba가 시장에서 성공할 수 있었던 핵심요인은 무엇인가?
2. Alibaba는 비즈니스 시장에서 어떻게 가치를 창출하는가?
3. Alibaba가 미래에 우선시해야 할 시장은 두 가지 핵심 시장, 즉 비즈니스 시장과 소비자 시장 중 어떤 것인가? 왜 그렇게 생각하는가?

---

marketing
SPOTLIGHT

Salesforce.com

Salesforce.com, Inc.는 클라우드 기반 애플리케이션을 서비스로 제공하는 고객 관계 관리 기업이다. CRM 응용 프로그램은 기업이 고객 데이터를 관리하고, 고객 상호작용을 추적하고, 판매를 예측하고, 기타 여러 비즈니스 기능을 용이하게 하는 데 도움이 된다. Oracle 임원을 지낸 Marc Benioff가 1999년 "The End of Software(소프트웨어의 종말)"라는 모토로 Salesforce.com을 설립하였으며, 웹 기반 CRM 플랫폼을 기존 패키지 소프트웨어 라이선스와 비교하여 더 간단하고 효율적인 대안으로 포지셔닝했다. 기업 설립 4년 후, Salesforce.com은 세계에서 가장 큰 CRM 소프트웨어 공급업체가 되었다.

Salesforce.com 이전에는 Oracle, SAP, Siebel Systems와 같은 기업에서 제공하는 CRM 소프트웨어가 라이선스로 판매되었다. 이 소프트웨어에는 영업 관리, 콜센터 및 고객 지원과 같은 기능이 포함되어 있다. CRM 소프트웨어는 PwC, IBM, Arthur Andersen과 같은 IT 기업에 의해서 구매자의 사내에 설치 및 구성되었다. 이 시스템은 고객에게 많은 어려움을 주었다.

출처: Courtesy of Salesforce.com

첫 번째 문제는 CRM 소프트웨어가 비싸다는 것이었다. 예를 들어, 사용자가 200명인 기업의 CRM 소프트웨어 라이선스 비용은 약 35만 달러다. 라이선스 비용 외에도 기업은 하드웨어 설치, 지원 및 유지 관리, 업그레이드, 직원 교육을 위한 전문가 고용에 돈을 써야 했다. 총 200명의 사용자 응용 프로그램에 대한 비용은 단 1년 만에 180만 달러를 초과할 수 있었다.

두 번째 문제는 CRM 소프트웨어를 고객의 비즈니스에 통합하는 데 시간이 많이 걸린다는 것이었다. 소프트웨어 사용 방법 교육, 하드웨어 및 IT 인프라 설정과 같은 요인으로 인해 고객이 소프트웨어의 전체 기능을 마스터하는 데 평균 18~24개월이 소요되었다. 게다가 고객이 자주 구매하는 CRM 소프트웨어는 약속한 결과를 내지 못했다. 고객은 종종 CRM 소프트웨어를 구매하기 전에 전체 기능을 사용해 볼 수 없었다. CRM 소프트웨어 구현의 60%가 고객 사용 시 실패했다.

Salesforce.com은 '온 디맨드 CRM(on-demand CRM)'이라는 완벽한 온라인 응용 프로그램을 제공하여 CRM 소프트웨어 시장을 혁신했다. 고객은 월간 또는 연간 요금제를 구매하여 기업 소프트웨어에 접속할 수 있었다. Salesforce.com 웹사이트에 로그인하기만 하면 고객은 CRM 응용 프로그램을 사용할 수 있다. 소프트웨어를 설치할 필요가 없었기 때문에 고객은 클라우드 기반 플랫폼을 통해 인터넷에 연결된 모든 장치에서 응용 프로그램에 접속할 수 있었다.

Salesforce.com의 클라우드 컴퓨팅 플랫폼은 소프트웨어 라이선스를 구매하는 기존 관행의 많은 문제를 해결했다. 고객은 더 이상 CRM 응용 프로그램을 사용하기 위해 값비싼 IT 직원과 하드웨어 인프라를 위한 초기 비용에 투자할 필요가 없다. Salesforce.com은 사용자당 월 65달러에 응용 프로그램 서비스를 제공하여 사용자가 200명인 기업의 연간 비용을 15만 6,000달러로 줄여주었다. 또한 고객은 IT 직원을 먼저 배치할 필요 없이 즉시 소프트웨어 사용법을 배우는 데 집중할 수 있었다. Salesforce.com은 고객이 원하는 응용 프로그램을 시험해 볼 수 있도록 하여 고객이 사용 및 혜택에 대해 완전히 확신할 때 서비스를 구매할 수 있도록 했다. 고객은 응용 프로그램이 더 이상 유용하지 않다고 판단되면 월간 요금제를 취소할 수 있다.

또한 Salesforce.com은 기업에 제공되는 혜택을 간소화했다. 다른 CRM 소프트웨어 제공업체와 비교하여 Salesforce.com은 과도한 기능을 제거하고 구매자의 가장 중요한 요구사항에 집중했다. 특히 Salesforce.com의 응용 프로그램은 영업 자동화, 디지털 마케팅 자동화, 고객서비스 및 지원을 집중

적으로 공략했다. 응용 프로그램의 기능 수를 줄임으로써 작동하기 쉽고, 직관적인 사용자 인터페이스를 개발할 수 있었다. Salesforce.com은 또한 사용 패턴에 대한 정보를 수집하고 이에 기반하여 응용 프로그램을 업데이트한다(예: 자주 사용하는 버튼을 보다 편리한 위치에 배치).

서비스형 소프트웨어(SaaS)가 성공하면서, 소프트웨어 라이선스를 장악했던 업계 리더들은 자체 포트폴리오에 주문형 CRM 응용 프로그램을 추가하기 시작했다. Salesforce.com은 경쟁우위를 제공하는 혁신적인 소프트웨어를 개발하여 시장 리더로서의 위치를 유지했다. Salesforce Customer 360은 마케팅, 영업, 상거래, IT 및 분석 부서를 통합하는 AI 기반 통합 CRM 플랫폼으로, 고객에 대한 단일하고 공유된 관점을 제공함으로써 지속적이고 신뢰할 수 있는 관계를 구축하기 위해 협력할 수 있도록 했다. 이로 인해 기업은 그들의 고객이 기대하는 개인화된 경험을 제공할 수 있었다. 또한 Salesforce.com은 외부 개발자가 응용 프로그램을 만들고 Salesforce.com 서버에서 호스팅할 수 있는 force.com과 같은 응용 프로그램을 출시했다. 이 응용 프로그램을 통해 기업은 자신의 필요에 맞게 특별히 조정된 CRM 환경을 만들 수 있다. Salesforce는 직원들이 프로젝트 및 고객 상태에 대한 업데이트를 게시하는 등의 작업을 수행하는 동안 실시간 의사소통할 수 있는 Chatter라는 개인 소셜 네트워킹 응용 프로그램 또한 도입했다.

Salesforce.com에서 제공하는 저렴하고 배포가 쉬운 CRM 응용 프로그램은 소프트웨어 라이선스를 구매하고 구현할 자원이 부족한 중소기업의 관심을 끌었다. 또한 직관적이고 기능적인 사용자 인터페이스 덕분에 Salesforce.com은 모든 규모의 기업을 유치할 수 있었다. 이로 인해 소프트웨어 시장에서 확고한 입지를 확보하였고, 새롭고 혁신적인 CRM 응용 프로그램을 개발하여 시장 지배력을 유지해 오고 있다.[62]

질문

1. Salesforce.com이 성공할 수 있었던 이유는 무엇인가? 제품을 만들고 확장할 때 특히 잘한 일은 무엇인가?
2. Salesforce.com이 앞으로 직면하게 될 과제에는 어떤 것들이 있는가?
3. Salesforce.com이 이후 확장할 수 있는 다른 제품 및 서비스에는 어떤 것들이 있는가? 왜 그렇게 판단했는가?

CHAPTER 5

마케팅 조사 수행

전 세계의 기업은 Qualtrics의 클라우드 기반 마케팅 조사 소프트웨어를 사용하여 고객 유치 및 유지, 기업 문화 조성, 강력한 브랜드 구축 등 비즈니스의 주요 측면을 관리하고 있다.
출처: Kristoffer Tripplaar/Alamy Stock Photo

빠르게 변화하는 세상에서 마케팅 결정을 내리는 것은 예술이자 과학이다. 성공적인 마케터는 마케팅 환경이 제시하는 끊임없는 새로운 기회와 위협을 인지하고, 지속적인 모니터링, 예측 및 해당 환경에 적응하는 것의 중요성을 이해해야 한다. 마케터가 시장 통찰력을 얻고 끊임없이 변화하는 고객 니즈를 더 잘 이해할 수 있도록 돕는 기업 중 하나가 Qualtrics다.

>>> Qualtrics는 기업이 경험 데이터를 수집, 관리 및 활용하는 데 사용하는 온라인 플랫폼을 제공하는 온라인 마케팅 조사 소프트웨어의 선두업체. 2002년, 기업이 고객 및 고객 만족도를 측정할 수 있도록 지원하는 것을 목표로 지하실에 설립되었다. Qualtrics는 차세대 비즈니스 관리자의 기술을 구축하는 데 핵심적인 역할을 하는 교육기관과의 파트너십의 가치를 깨닫고, 많은 대학과 긴밀한 관계를 구축했다. Qualtrics는 2010년까지 1,000개 이상의 대학 및 상위 100개 비즈니스 스쿨 중 95곳과 파트너 관계를 맺었다. 2012년까지 Qualtrics의 고객은 기업에 10억 개 이상의 설문조사를 보냈고, 1년 후 Qualtrics는 Forbes 선정 '미국

에서 가장 유망한 기업'에 이름을 올렸다. 오늘날 Qualtrics 제품은 단일 클라우드 기반 플랫폼을 사용하여 고객 유치 및 유지, 조직 문화 구축, 고유한 제품 및 서비스 개발, 강력한 브랜드 구축 등 비즈니스의 주요 측면을 관리하기 위해 팀, 부서, 그리고 전사적으로 활용되고 있다. Fortune 100대 기업(Amazon, Boeing, Chevron, Citibank, ESPN, FedEx, MasterCard, MetLife, Microsoft, PepsiCo, Prudential, Royal Caribbean, Southwest Airlines, Toyota 등)의 75% 이상을 포함하여 전 세계적으로 9,000개 이상의 기업이 시장 통찰력을 얻고, 고객, 협력자, 직업 및 브랜드 경험을 관리하고자 Qualtrics를 사용한다. 2018년 Qualtrics는 엔터프라이즈 응용 프로그램 소프트웨어의 글로벌 시장 리더인 SAP에 80억 달러에 인수되었다. 이 인수를 통해 SAP는 데이터 관리 경험과 Qualtrics의 경험 관리 전문성을 결합할 수 있었다. SAP의 경우, Qualtrics와 같은 클라우드 애플리케이션은 Amazon Web Services 및 Microsoft와 같은 기업과 차별화할 수 있는 요소로서 비즈니스 전략에 필수적이다. SAP의 CEO는 Qualtrics의 전문성에 대한 가치를 인정하며 Qualtrics를 "SAP 왕관의 보석"이라고 표현했다. 2020년 7월, SAP는 Qualtrics를 인수한 지 2년도 채 되지 않아 자회사 상장 계획을 발표했다. 이는 Qualtrics를 SAP의 가장 크고 중요한 시장 진출 파트너이자 연구개발 파트너로 성장시키기 위한 전략이었다.[1]

단기적으로는 최상의 전술적 결정을 내리고, 장기적으로는 가장 효과적인 전략적 결정을 내리기 위해 마케터는 소비자, 경쟁업체, 브랜드에 대한 시의적절하고 정확하며, 실행 가능한 정보가 필요하다. 마케팅 통찰력을 얻고 그 의미를 이해하면 이는 종종 성공적인 제품 출시로 이어지거나 브랜드 성장을 가속화할 수 있다.

　이 장에서는 마케팅 조사의 범위와 마케팅 조사 과정에 포함된 단계를 검토한다. 또한 마케터가 마케팅 생산성을 측정하기 위해 효과적인 지표를 개발할 수 있는 방법에 대해서도 살펴본다.

마케팅 조사의 범위

마케팅 관리자는 종종 시장조사, 제품 선호도 테스트, 지역별 판매 예측, 광고 평가와 같은 특정 문제 및 기회에 대해 공식적으로 마케팅 조사를 의뢰한다. 마케팅 조사자의 역할은 마케팅 관리자의 의사결정을 돕는 통찰력을 제공하는 것이다.

학습목표

5.1　마케팅 조사의 범위를 정의한다.

5.2　마케팅 조사 과정, 시장 데이터 수집 및 분석 방법, 조사 계획 설계 방법에 대해 설명한다.

5.3　시장 수요를 측정하고 예측하는 방법을 설명한다.

5.4　마케팅 생산성을 측정하는 다양한 접근방식을 정의한다.

마케팅 조사는 마케팅 기회와 문제를 확인 및 정의하고, 마케팅 활동을 발생시키고, 수정 및 평가하며, 마케팅 성과를 모니터링하고, 과정으로서 마케팅에 대한 이해를 향상하는 데 사용되는 정보를 통해 소비자, 고객, 대중을 마케팅 담당자와 연결하는 기능을 한다. 마케팅 조사는 이러한 문제를 해결하기 위해 필요한 정보를 명시하고, 정보 수집 방법을 설계하고, 데이터 수집 과정을 관리 및 실행하며, 결과를 분석하고 그 결과와 시사점을 전달한다.

마케팅 통찰력의 중요성

마케팅 조사는 통찰력 제공에 관한 모든 것이다. 마케팅 통찰력(marketing insight)은 시장에서 특정 효과를 관찰하는 방법과 이유, 그리고 그것이 마케터에게 무엇을 의미하는지에 대한 진단 정보를 제공한다.

훌륭한 마케팅 통찰력은 종종 성공적인 마케팅 프로그램의 기초를 형성한다. 다음의 예를 보자.

미국 소매점 쇼핑객에 대한 Walmart의 광범위한 소비자 조사 결과, 매장의 주요 경쟁적 이점은 '저렴한 가격 제공'이라는 기능적 혜택과 '똑똑한 쇼핑객이 된 기분이 들게 함'이라는 감정적 혜택이라는 것이 드러났다. 마케터는 이 조사 결과에 대한 통찰력을 사용하여 "Save Money, Live Better" 캠페인을 개발했다. 19년 동안 사용하였던 "Always Low Prices. Always."를 대체하는 이 새로운 캠페인으로 Walmart는 REBRAND 100 Global Award를 수상하였고, 소비자의 초점을 가격 중심에서 Walmart에서의 쇼핑이 고객의 더 나은 라이프스타일 완성에 어떠한 도움을 줄 수 있는지에 관한 것으로 전환하며 '저렴한' 상품에 대한 Walmart의 평판에 긍정적인 영향을 미쳤다.

마케팅 조사 결과, 대부분의 소비자들이 자사를 약국이 있는 편의점으로 인식하고 있다는 것을 확인하였을 때 Walgreens는 슈퍼나 약국 내 위치한 병원(walk-in clinics)과 같은 웰니스 서비스를 더욱 강조하며 프리미엄 헬스케어 브랜드로 재포지셔닝하기 위한 조치를 취했다. 3년 후, 침체된 경기 속에서도 회사의 수익은 14% 증가했다.[2]

마케팅 통찰력을 얻는 것은 마케팅 성공에 매우 중요하다. Procter & Gamble은 30억 달러 규모의 Pantene 헤어케어 브랜드의 마케팅 개선을 위해 심리학의 기분(mood) 척도가 포함된 설문 조사, 뇌파를 측정하기 위한 고해상도 EEG 연구 및 기타 방법을 사용하여 모발에 대한 여성의 감정에 대해 심층적으로 조사했다. 그 결과를 바탕으로 회사는 Pantene 제품을 재구성하고 패키지를 재설계하였으며 라인을 14개의 '컬렉션'에서 8개로 줄이고 광고 캠페인을 미세하게 조정했다.[3]

만약 마케터에게 소비자에 대한 통찰력이 부족하다면, 마케터는 종종 곤경에 처하게 될 것이다. Tropicana가 오렌지주스 패키지를 재설계하여 빨대가 꽂혀 있는 오렌지의 상징적인 이미지를 버렸을 때, 기업은 이에 대한 소비자 반응을 적절하게 테스트하는 데 실패하여 참담한 결과를 얻었다. 기업의 매출이 20% 감소하였고, 결국 Tropicana는 불과 몇 개월 만에 이전 패키지 디자인으로 되돌아갔다.[4]

마케팅 연구의 급속한 성장에도 불구하고 많은 기업은 여전히 이를 충분히 또는 올바르게 사용하지 못하고 있다. 마케팅 조사의 역량을 이해하지 못하거나 조사원에게 탐구해야 할 문제나 기회에 대한 구체적인 정의를 충분히 제공하지 않을 수 있다. 또한 조사자가 제공할 수 있는 것에 대해 비현실적인 기대를 가질 수도 있다. 마케팅 조사를 제대로 사용하지 않으면, 다음과 같은 역사적 오류를 포함한 수많은 오류를 발생시키게 된다.

General Foods 1970년대, 성공한 마케팅 조사 임원은 General Foods를 떠나 대담한 도박을 시도했다. 즉 시장조사를 Hollywood로 가져와 General Foods의 성공을 가속화한 것과 같은 조사방법을 영화 스튜디오에 적용할 수 있도록 한 것이다. 한 메이저 영화 스튜디오에서 그에게 공상과학 영화 제안서를 건네며, 이 영화의 성공 여부를 조사하고 예측할 것을 요청했다. 그의 의견은 이 영화 지원 여부에 대한 스튜디오의 의사결정에 정보를 제공할 수 있었다. 이 조사자는 그 영화가 실패할 것이라고 결론지었다. 첫째, 그는 워터게이트가 미국의 정부기관 신뢰도를 떨어뜨렸고, 결과적으로 1970년대의 시민들은 공상과학 소설보다는 현실주의와 진정성을 더 높이 평가하게 되었다고 주장

>> 'Star Wars' 제안을 두고 신중한 조사를 통해 얻은 통찰력보다 의견에 더 기반을 두어 평가한 마케팅 조사자는 이 수십억 달러 블록버스터의 실패를 예측했다.

했다. 이 특별한 영화는 제목에 '전쟁'이라는 단어도 들어 있었다. 이 조사자는 베트남 전쟁의 후유증으로 고통받는 시청자들이 무리를 지어 떠나게 될 것이라고 예측했다. 이 영화는 'Star Wars'였으며, 결과적으로 박스 오피스 수입만 43억 달러 이상을 벌어들였다. 이 조사자가 전달한 것은 통찰력이 아니라 정보와 의견이었다. 그는 대본 자체를 조사하는 데 실패하였고, 이 영화가 근본적으로 우주를 배경으로 일어난 사랑, 갈등, 상실, 구원에 대한 인간의 이야기였음을 확인하지 못했다.[5]

누가 마케팅 조사를 하는가

대부분의 기업은 산업, 경쟁자, 청중(오디언스) 및 채널 전략을 조사하기 위해 여러 자원을 활용한다. 그들은 일반적으로 기업 매출의 1~2%로 마케팅 조사 예산을 책정하고 그중 많은 부분을 외부 기업이 제공하는 조사 서비스에 지출한다. 또한 대부분의 대기업에는 조직 내에서

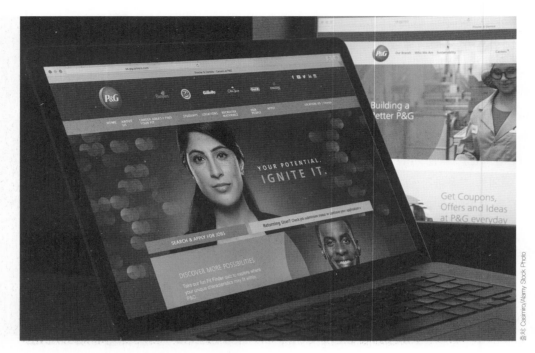

중요한 역할을 하는 자체 마케팅 조사 부서가 있다. Procter & Gamble이 마케팅 조사 부서를
설명하는 방법은 다음과 같다.

> **Procter & Gamble** Consumer & Market Knowledge(CMK) 부서는 Procter & Gamble의 핵심 내
> 부 나침반으로 소비자, 쇼핑객, 소매업체에 대한 심층 분석을 기반으로 브랜드 및 고객 비즈니스 개발
> 전략과 관련된 결정을 이끌고 지원한다. CMK는 시장 동향, 소비자 습관/동기, 구매자 행동, 고객 및
> 경쟁 역학에 대한 분석을 주도한다. 또한 소비자 및 쇼핑객에 대한 질적 및 양적 조사 연구와 신디케
> 이트(syndicated) 시장 데이터를 설계하고 분석한다. CMK는 콘셉트 디자인부터 최종 제품 개발, 시
> 장 출시에 이르기까지 비즈니스 성장을 이끄는 브랜드 수명 주기의 모든 단계에 참여하는 필수 파트
> 너다. CMK는 Procter & Gamble이 선언한 글로벌 전략인 "Consumer is Boss"를 실현해 주었다.[6]

　　마케팅 조사 기업은 세 가지 범주로 구분된다. (1) Nielsen Company, Kantar Group, Westat,
IRI와 같은 신디케이트 서비스 조사 회사는 이들 기업이 유료로 판매하는 소비자 및 무역 정
보를 수집한다. (2) 맞춤형 마케팅 조사 회사는 특정 프로젝트를 수행한다. (3) 전문 라인 마케
팅 조사 회사는 전문 조사 서비스를 제공한다(예: 현장 인터뷰 서비스를 다른 기업에 판매하
는 현장 서비스 회사).

　　기업은 유용한 마케팅 조사 데이터를 얻기 위해 예산을 소진할 필요가 없다. 도서관, 대
학, 상공회의소는 모두 훌륭한 정보원이다. 미국 인구조사국 및 상무부를 포함한 정부기관은
성장하는 시장이나 신흥시장에 대한 통찰력을 제공할 수 있는 정보를 풍부하게 보유하고 있으
며, 기업가는 이를 무료 또는 저렴한 비용으로 이용가능하다. 그리고 인터넷은 거의 모든 주
제에 대한 귀중한 정보로 넘쳐난다. 메일링 리스트를 구입하거나 SurveyMonkey와 같은 저렴

한 온라인 도구의 사용은 소규모 회사가 도달하고자 하는 타깃고객이 있는 시장에 자사의 제품을 제공하는 데 도움이 되는 마케팅 정보를 수집하도록 도움을 줄 수 있다.

그렇지 않으면, 기업은 경쟁업체를 관찰하여 시장 통찰력을 얻기도 한다. 레스토랑, 호텔, 전문 소매점과 같은 많은 기업이 경쟁업체를 정기적으로 방문하여 변경사항을 확인한다. 사무용품 슈퍼스토어 Staples를 설립한 Tom Stemberg는 매주 예고 없이 자신의 매장, 경쟁업체 매장 및 자사의 카테고리 외부의 다른 매장을 방문했고, Staples 개선에 대한 아이디어를 얻기 위해 항상 '매장이 무엇을 제대로 하고 있는지'에 집중했다.[7]

기업은 직원의 지식과 경험을 활용하여 시장 통찰력을 수집할 수 있다. 고객과 더 많이 접촉하고 기업의 제품, 서비스 및 브랜드를 직원보다 더 잘 이해하는 사람은 없다. 소프트웨어 제조업체 Intuit은 직원 4~6명으로 구성된 '피자 두 판'팀을 편성한다. 이 팀은 해결할 수 있는 문제를 확인하기 위해 각계각층의 고객을 관찰하고 시장조사 노력을 지원한다. Intuit는 모든 직원이 제안한 솔루션과 실험을 통해 가장 잘될 것 같은 아이디어에 기반한 제품을 만든다.[8]

마케팅 조사 과정

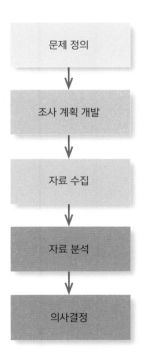

사용 가능한 모든 자원과 관행을 활용하기 위해 훌륭한 마케터는 그림 5.1에 제시된 5가지 단계를 따르는 공식적인 마케팅 조사 과정을 채택한다. 다음 상황을 가지고 이 5가지 단계를 설명해 보고자 한다.[9]

장거리 항공편의 일등석 승객을 시작으로 모든 항공편에 엔터테인먼트 옵션을 제공하기로 한 American Airlines의 결정에 대한 마케팅 조사를 생각해 보자. 이 항공사는 (1) 초고속 와이파이 서비스, (2) 고화질 위성 케이블 TV 124개 채널, (3) 승객 개개인이 맞춤형 비행 경험을 할 수 있는 개인 비디오 엔터테인먼트 시스템 등 여러 옵션을 고려하고 있다. 마케팅 조사 관리자는 일등석 승객이 초고속 와이파이를 어떻게 평가하고 추가비용을 지불할 의사가 있는지 조사하도록 의뢰받았다. 한 정보원에 따르면, 비즈니스 클래스 승객이 25달러를 지불할 경우, 와이파이 접속 서비스를 통해 10년 동안 7,000만 달러의 수익이 발생할 것을 예상했다. 따라서 와이파이 연결을 사용하려면 비행기당 9만 달러의 비용이 든다는 점을 감안할 때, AA는 합리적인 시간에 그 비용을 회수할 수 있었다.

문제 정의

마케팅 관리자는 마케팅 조사자가 마케팅 문제를 너무 광범위하게 또는 너무 좁게 정의하지 않도록 주의해야 한다. "일등석 여행객의 요구사항에 대해 최대한 알아보시오."라고 말하는 마케팅 관리자는 불필요한 정보를 많이 수집하게 될 것이다. "Chicago와 Tokyo를 직항하는 B777에 탑승한 다수의 승객이 초고속 와이파이 서비스에 25달러를 지불하면, 이 서비스를 제공하는 데 드는 비용에 대한 손익분기점을 넘길 수 있는지 알아보시오."라고 말하는 사람은 문제의 관점이 너무 협소하다.

그림 5.1
마케팅 조사 과정

조사 변수를 확장하고 명확히 하기 위해 마케팅 조사자는 "와이파이 가격이 15달러, 35달러 또는 다른 가격이 아닌 25달러여야 하는 이유는 무엇인가? 왜 American Airlines가 이 서비스에서 손익분기점을 맞추어야 하는가? 특히 새로운 고객을 유치하는 경우 누가 더 많은 수익을 올릴 수 있는가?"에 대해 물어야 한다. 또 다른 관련 질문으로는 "시장에서 1위가 되는 것이 얼마나 중요하며, 경쟁사가 가격을 낮추거나 서비스를 무료로 제공하기 전에 기업이 선두를 얼마나 오래 유지할 수 있을까?"도 가능하다. 이러한 질문은 관리자가 해결해야 하는 주요 문제에 초점을 맞추는 동시에 충분히 실행 가능한 구체적인 질문이다.

마케팅 관리자는 궁극적으로 "초고속 와이파이 서비스를 제공하면 American Airlines가 제공할 수 있는 다른 서비스 향상에 비해 그 비용을 정당화할 만큼 충분한 추가 이익과 선호도를 창출할 수 있는가?"로 비즈니스 질문을 정의했다. 이 질문은 다음과 같은 하위질문으로 나누어볼 수 있다. (1) American Airlines는 초고속 와이파이 서비스를 제공해야 하는가? (2) 만약 제공해야 한다면, 일등석에만 제공해야 하는가? 아니면 비즈니스 좌석과 이코노미 좌석도 포함해야 하는가? (3) 얼마의 가격을 청구해야 하는가? (4) 어떤 유형의 비행기와 비행시간에 서비스를 제공해야 하는가?

다음으로 관리자는 위의 비즈니스 질문을 다음과 같은 구체적인 조사 목표로 변환할 수 있다. (1) 초고속 와이파이 서비스에 적극적으로 반응할 일등석 승객 유형을 결정한다. (2) 얼마나 많은 사람들이 다른 가격 수준에서 와이파이 서비스를 사용할 가능성이 있는지 확인한다. (3) 이 새로운 서비스로 인해 얼마나 많은 사람들이 American Airlines를 선택할 수 있는지 알아본다. (4) 이 서비스가 American Airlines의 이미지에 얼마나 장기적인 호의를 더할 수 있는지 추정한다. (5) 초고속 와이파이 서비스가 전원 플러그 또는 향상된 엔터테인먼트와 같은 다른 서비스에 비해 일등석 승객에게 얼마나 중요한지 알아본다.

마케팅 조사는 생성하려는 정보의 유형에 따라 다르다. 일부는 **탐색적**이다. 이 조사 목표는 문제를 확인하고 가능한 솔루션을 제안하는 것이다. 또 다른 일부는 **기술적**이다. 얼마나 많은 일등석 승객이 초고속 와이파이 서비스를 25달러에 구매할 것인지와 같이 수요를 정량화할 때 사용한다. 일부 연구는 **인과관계** 연구다. 인과관계 연구의 목적은 관계의 인과관계를 테스트하는 데에 있다.

조사 계획 개발

마케팅 조사의 두 번째 단계는 필요한 정보를 수집하기 위해 가장 효율적인 계획을 개발한 다음 그 조사비용이 얼마인지 알아내는 것으로 이루어진다. American Airlines가 초고속 와이파이 서비스를 시작하는 경우 장기적으로 5만 달러의 수익을 추정했다고 가정해 보자. 관리자가 마케팅 조사를 통해 가격 및 판촉 계획을 개선하고 장기적으로 9만 달러의 이익을 얻을 수 있다고 생각한다면 이 조사에 최대 4만 달러까지 지불할 용의가 있어야 한다. 조사비용이 4만 달러 이상이면 조사를 수행할 가치가 없다. 시장조사비용은 예상 이익과 일치해야 한다.

조사 계획을 설계하려면 자료 원천, 조사 접근 방법, 조사 도구, 표본추출 계획 및 접촉 방법을 결정해야 한다.

자료 원천   조사자는 2차 자료, 1차 자료 또는 둘 다 수집할 수도 있다. **2차 자료**(secondary data)는 다른 목적으로 수집되어 이미 어딘가에 존재하는 자료를 말한다. **1차 자료**(primary data)는 특정 목적이나 프로젝트를 위해 새로 수집된 자료다.

수집할 자료 유형을 결정한 후, 조사자는 일반적으로 기업에서 이미 수집한 자료 중 일부가 조사 질문을 해결하는 데 유용한지 여부를 확인하는 것으로 조사를 시작한다. 다음 단계는 값비싼 1차 데이터를 수집하지 않고 문제를 부분적으로 또는 전체적으로 해결하기 위해 낮은 비용으로 쉽고 다양하게 사용할 수 있는 외부 원천을 통한 2차 자료를 활용하는 것이다. 예를 들어, 온라인 자동차 광고를 통해 더 나은 수익을 얻고자 하는 광고주는 J.D. Power and Associates의 설문조사 사본을 구매할 수 있다. 이들의 설문조사는 누가 특정 브랜드를 구매하고 광고주가 온라인 어느 곳에서 이들을 찾을 수 있는지에 대한 통찰을 제공한다.

필요한 자료가 존재하지 않거나, 날짜가 이미 지났거나, 신뢰할 수 없는 경우, 조사자는 1차 자료를 수집해야 한다. 대부분의 마케팅 조사 프로젝트에는 일부 1차 자료 수집이 포함된다.

조사 접근 방법   마케터는 관찰, 표적집단조사, 설문조사, 행동 데이터, 실험 등 5가지 주요 방법으로 1차 자료를 수집한다.

관찰조사   조사자는 고객이 제품을 쇼핑하거나 소비할 때 눈에 띄지 않게 관찰하는 **관찰조사**(observational research)를 통해 새로운 자료를 수집할 수 있다. 때때로 조사자는 소비자에게 호출기를 장착시키고 메시지가 표시될 때마다 무엇을 하고 있는지 기록하거나 문자를 보내도록 지시하거나, 카페 또는 바에서 비공식 인터뷰를 진행하기도 한다.[10] 사진과 비디오도 풍부한 세부 정보를 제공할 수 있다. 개인정보보호에 대한 우려가 제기되고 있지만, 일부 소매업체는 보안 카메라와 소프트웨어를 연결하여 매장 내 쇼핑객의 행동을 기록하고 있다. T-Mobile은 1,000개의 소매점에서 사람들이 어떻게 움직이는지, 진열대 앞에 얼마나 오래 서 있는지, 어떤 폰을 들고, 얼마나 오랫동안 있는지 등을 추적할 수 있다.[11]

에스노그래픽 조사(ethnographic research)는 인류학 및 기타 사회과학으로부터 온 개념과 도구를 사용하여 사람들이 살고 일하는 방식에 대한 깊은 문화적 이해를 제공한다.[12] 이 조사 기법의 목표는 조사원을 소비자의 삶에 몰입시켜 다른 형태의 조사에서는 나타나지 않을 수 있는 명확하지 않은 욕구를 밝혀내는 데 있다.[13] Fujitsu Laboratories, Herman Miller, Steelcase, Xerox는 에스노그래픽 조사를 수용하여 획기적인 제품을 설계했다. IBM, Microsoft, Hewlett-Packard와 같은 기술 기업에는 시스템 엔지니어 및 소프트웨어 개발자와 함께 일하는 인류학자와 민족학자가 있다.[14]

어떤 유형의 기업이든 에스노그래픽 조사의 깊은 소비자 통찰로부터 혜택을 얻을 수 있다. ConAgra는 Orville Redenbacher 팝콘의 부진한 판매를 촉진하기 위해 9개월 동안 집에서 가족을 관찰하고 이들이 다양한 간식을 어떻게 느끼는지에 대해 작성한 주간 일기를 조사했다. 조사자들은 팝콘의 본질은 '상호작용의 촉진제'라는 데 있다는 중요한 통찰을 발견했다.

그 결과, "Spending Time Together: That's the Power of Orville Redenbacher(함께 보내는 시간: 그것이 Orville Redenbacher의 힘)"라는 태그라인과 함께 네 개의 전국적인 TV 광고로 이어졌다.

에스노그래픽 조사는 소비재에만 국한되지 않는다. 영국에 본사를 둔 글로벌 의료기술 기업인 Smith & Nephew는 환자 및 임상의사를 대상으로 광범위한 국제적 에스노그래픽 조사를 수행했다. 조사를 통해 상처에 대한 신체적·정서적 피해를 이해할 수 있었고 그 과정에서 새로운 상처 관리 드레싱인 ALLEVYN Life를 개발했다.[15] B2B 환경에서 최종사용자에 대한 집중도가 높아짐에 따라 Thomson Reuters는 재정적으로 더 큰 성장을 이룰 수 있었다.

> **Thomson Reuters** 2008년 Reuters를 인수하기 직전, 글로벌 정보 서비스 대기업 Thomson Corporation은 최종 고객을 더 잘 이해하기 위해 광범위한 조사를 수행했다. Thomson은 금융, 법률, 세무 및 회계, 과학, 헬스케어 분야의 기업과 전문가에게 데이터를 판매했으며, 개인 중개인과 투자 은행가가 자사의 데이터, 조사 및 기타 자료를 사용하여 고객을 위한 일상적인 투자 결정을 내리는 방법을 알아보고자 했다. 비즈니스 구매자가 아닌 최종사용자를 기준으로 시장을 세분화하고, 이들이 Thomson을 경쟁업체와 비교하는 방식을 조사함으로써 회사는 성장기회를 제공하는 시장 부문을 파악할 수 있었다. 그런 다음 Thomson은 최종사용자의 작업 수행방식에 대한 설문조사와 '일상생활' 에스노그래픽 조사를 수행했다. 조사자들은 '3분'이라 불리는 접근방식을 사용하여 관찰과 상세한 인터뷰를 결합하고 최종사용자가 Thomson 제품 중 하나를 사용하기 전후 3분 동안 무엇을 했는지 파악했다. 조사를 통해 얻은 통찰력은 기업이 신제품을 개발하고 인수하여 이듬해에 훨씬 더 높은 수익과 이익을 얻는 데 도움이 되었다.[16]

조사자는 American Airlines의 와이파이 질문에 대한 통찰력을 얻기 위해 일등석 라운지를 돌아다니며 탑승객이 다른 항공사와 그 특성에 대해 어떻게 이야기하는지, 또는 기내에서 어떻게 다른 승객 옆자리에 앉는지에 대해 들을 수 있었다. 조사자는 또한 항공 서비스를 관찰하기 위해 경쟁 항공사의 비행기에 탑승해 볼 수도 있다.

표적집단조사 표적집단(focus group)은 인구통계적, 심리적 또는 기타 고려사항에 대해 엄선된 6~10명의 사람들로 구성된 집단으로, 소액의 보수를 받고 다양한 주제에 대해 상세히 논의하기 위해 소집된다. 전문 조정자는 마케팅 관리자가 제안한 의제에 따라 참가자들의 의견을 묻고 탐색한다. 일반적으로 세션은 기록되며, 마케팅 관리자는 종종 양방향 거울 뒤에서 토론을 관찰하기도 한다. 소집되는 집단의 규모는 더 심도 있는 토론을 수행하기 위해 점차 더 작아지는 추세다.

표적집단조사는 특히 일련의 표적집단이 일관된 선호도와 태도를 나타낸 경우 유용하게 사용되는 탐색적 조사다. 그러나 그렇다고 하더라도 관련자 소수의 선호가 시장 전체를 정확하게 반영하지 못할 수 있기 때문에, 조사자는 조사 결과의 섣부른 일반화를 피해야 한다. 일부 마케터는 이 조사 설정이 너무 인위적이라고 느껴서 덜 인위적인 수단을 선호하기도 한다.

조사 진행자는 American Airlines 조사에서 "일등석을 타고 가는 항공 여행에 대해 어떻게 생각하십니까?"와 같은 광범위한 질문으로 시작할 수 있다. 그런 다음, 사람들이 다른 항공사, 기존의 다른 서비스, 새롭게 제안된 서비스, 그리고 특히 초고속 와이파이 서비스를 어떻게 바라보는가에 대한 질문으로 옮겨 갈 수 있다.

설문조사 기업은 사람들의 지식, 신념, 선호도 및 만족도를 평가하기 위해 **설문조사**(survey research)를 수행한다. American Airlines와 같은 기업은 자체 설문조사 도구를 준비하거나, 이보다 훨씬 저렴한 비용으로 여러 기업의 질문을 포함하는 옴니버스 설문조사에 질문을 추가할 수도 있다. 또한 자체 또는 다른 기업에서 운영하는 활동 중인 소비자 패널에 질문을 던질 수도 있다. 조사자가 쇼핑몰에 있는 사람들에게 접근하여 질문함으로써 몰 인터셉트(mall intercept) 조사를 수행할 수 있다. 또는 기업의 고객서비스 부서에서 통화가 끝날 때 설문 요청을 추가할 수도 있다.

온라인, 전화, 또는 직접 설문조사를 수행할 때, 기업은 방대한 데이터에서 얻는 정보가 모두 가치 있다고 느껴야 한다. 고객의 생각에 따라 기업의 생사가 달라지는 호텔은 객실에 설문지를 남겨두고 다양한 전자 수단을 이용하여 고객의 만족도를 측정한다. 또한 TripAdvisor와 같은 평가 사이트, 소셜 미디어 및 여행 사이트에서 자사에 대해 언급한 내용을 확인한다. 설문조사 자료는 기업이 제공하는 서비스, 청구할 수 있는 객실 요금, 직원 보상에 영향을 줄 수 있다. 호텔, 관광, 외식 서비스 분야의 다른 기업들도 설문조사를 사용하여 서비스를 조정한다. El Al Airlines는 야간 비행 승객들의 피드백을 바탕으로 식음료 서비스를 결합하여 승객이 식사를 마치고 더 빨리 잠을 잘 수 있도록 했다. Crystal Cruises는 고객 불만에 대응하여 인터넷 접속료를 단순화했다.[17]

물론 설문조사 수행 시 기업은 고객의 '설문조사 번아웃'을 유발하고 설문 참여자의 응답률을 떨어뜨릴 위험이 있다. 설문조사를 짧고 단순하게 유지하는 것은 설문 참여를 이끌어내는 방법 중 하나다. 설문 참여를 유도하는 또 다른 방법은 인센티브를 제공하는 것이다. Walmart, Rite-Aid, Petco, Staples는 금전 등록기 영수증에 설문조사를 작성하고 상품을 받을 수 있는 기회를 제공한다.

행동 연구 고객은 매장의 스캐너 데이터, 카탈로그 구매 및 고객 데이터베이스에 구매행동의 흔적을 남긴다. **행동 연구**(behavioral research)는 이러한 데이터를 사용하여 고객과 그들의 행동을 더 잘 이해하도록 돕는다. 실제 구매는 소비자의 선호를 반영하며 종종 소비자가 시장조사자에게 제공하는 진술보다 더 신뢰할 수 있다. 예를 들어, 식료품 쇼핑 데이터에 따르면, 인터뷰에서 언급한 것과 달리 고소득자가 반드시 더 비싼 브랜드를 구매하지는 않으며, 많은 저소득층은 일부 고가 브랜드 제품을 구매한다. 소비자로부터 수집해야 할 온라인 데이터는 더 풍부하다. American Airlines는 항공권 구매 기록과 온라인 행동을 분석함으로써 승객에 대한 많은 유용한 정보를 확실히 얻을 수 있을 것이다.

실험 연구는 결과에 상충하는 설명을 제거하여 인과관계를 포착할 수 있도록 설계되었다. 실험이 잘 설계되고 실행되면 연구자와 마케팅 관리자는 결론을 확신할 수 있다. 실험은 일치하는 피험자 집단을 선택하고 다른 처치를 적용하며, 외부 변수를 제어하고, 관찰된 응답 차이가 통계적으로 유의한지 여부를 확인해야 한다. 외부 요인을 제거하거나 통제할 수 있다면, 관찰된 효과를 처치나 자극의 변화와 연관시킬 수 있다.[18]

American Airlines는 Chicago에서 Tokyo로 가는 정기 항공편 중 하나에 요금을 일주일은 25달러, 그다음 주는 15달로 하여 초고속 와이파이 서비스 도입을 실험해 볼 수 있다. 매주 거의 같은 수의 일등석 승객이 항공기에 탑승하고, 실험을 수행하는 특정 두 주(week) 간 차이가 없다면(두 주가 모두 공휴일 등이 포함되지 않은 일상 주), 항공사는 와이파이 서비스를 사용하는 승객 수의 차이를 청구하는 가격과 연결시킬 수 있다.

조사 도구   1차 자료를 수집할 때 마케팅 조사자는 주요 연구 도구로 설문지, 정성적 측정, 기술적 장비의 세 가지를 선택할 수 있다.

설문지   **설문지**(questionnaire)는 응답자에게 제시되는 일련의 질문으로 구성되어 있다. 그 유연성 때문에 1차 자료를 수집하는 데 사용되는 가장 일반적인 도구다. 질문의 형식, 단어, 순서는 모두 응답에 영향을 줄 수 있으므로 설문지에 대한 검토는 반드시 필요하다.[19] **폐쇄형 질문**은 가능한 모든 답변을 지정하며, 응답을 해석하고 수치화하기 쉽다. **개방형 질문**은 응답자가 자신의 말로 답변을 표현하게끔 한다. 개방형 질문은 특정 방식으로 생각하는 사람의 수를 측정하기보다는 사람들이 생각하는 방식에 대한 통찰을 찾는 탐색적 조사에서 특히 유용하게 사용할 수 있다. 표 5.1은 두 가지 유형의 질문에 대한 예를 제시한 것이다.

정성적 측정   일부 마케터는 소비자의 행동이 설문조사 질문에 대한 답변과 항상 일치하는 것은 아니라고 믿기 때문에 소비자 의견을 측정하는 정성적 방법을 선호한다. **질적 연구 기법**은 마케팅 조사자의 창의성에 의해서만 제한되며, 응답자의 다양한 반응을 허용하는 비교적 간접적이고 비정형적인 측정을 사용하는 접근방식이다. 이러한 방법은 응답자의 자율성이 커지고, 그 과정에서 자신을 더 많이 드러낼 수 있기 때문에 소비자의 지각을 탐색하는 데 특히 유용한 첫 단계가 될 수 있다.

질적 연구는 여러 가지 단점도 있다. 종종 표본이 매우 작아서 그 결과가 모집단으로 일반화되지 않을 수 있다. 그래서 동일한 질적 결과를 조사하는 다른 연구자들에게서 서로 다른 결론을 도출하게 될 수 있다.

그럼에도 불구하고 정석적 방법에 대한 관심은 계속해서 높아지고 있다. 가장 많이 사용되는 방법은 다음과 같다.[20]

- **단어 연상**(word association): 가능한 브랜드 연상의 범위를 확인하기 위해 피험자들에게 브랜드 이름을 들었을 때 어떤 단어가 떠오르는지 묻는 방법이다. "Timex라는 이름은 당신에게 어떤 의미입니까? Timex 하면 떠오르는 것을 말씀해 주십시오."와 같이 물을 수 있다.

표 5.1 질문 유형

유형	설명	예시
A. 폐쇄형 질문		
이분형	두 개의 가능한 답변과 함께 제시되는 질문	이번 여행을 준비하면서 개인적으로 American Airlines에서 연락을 받은 적이 있습니까? 그렇다　　　　　　　아니다
선다형(객관식)	세 개 혹은 그 이상의 답변과 함께 제시되는 질문	누구와 함께 이 비행기를 타십니까? ☐ 아무도 없음　　　☐ 아이들만 ☐ 배우자　　　　　☐ 사업 관련자/친구/친척 ☐ 아이들과 배우자　☐ 조직된 여행그룹
리커트 척도	응답자가 동의/비동의 정도를 나타내는 진술	소형 항공사는 일반적으로 대형 항공사보다 더 나은 서비스를 제공한다. 전혀 동의하지 않는다 / 동의하지 않는다 / 동의하지도 비동의하지도 않는다 / 동의한다 / 매우 동의한다 1 _____ 2 _____ 3 _____ 4 _____ 5 _____
의미 분별	두 개의 상반된 단어를 연결하는 척도. 응답자는 자신의 의견을 나타내는 지점을 선택한다.	내가 알고 있는 American Airlines는… 크다 _____ 작다 능숙하다 _____ 미숙하다 현대적이다 _____ 구식이다
중요성 척도	어떤 속성의 중요도를 평가하는 척도	기내서비스는 나에게… 매우 중요하다 / 꽤 중요하다 / 다소 중요하다 / 별로 중요하지 않다 / 전혀 중요하지 않다 1 _____ 2 _____ 3 _____ 4 _____ 5 _____
평가 척도	어떤 속성을 '나쁘다'에서 '훌륭하다'로 평가하는 척도	American Airlines의 기내서비스는… 훌륭하다 / 매우 좋다 / 좋다 / 보통이다 / 나쁘다 1 _____ 2 _____ 3 _____ 4 _____ 5 _____
구매의도 척도	응답자의 구매의도를 설명하는 척도	장거리 비행에서 초고속 와이파이 서비스를 사용할 수 있다면 나는 이 서비스를… 확실히 구매할 것이다 / 아마도 구매할 것이다 / 잘 모르겠다 / 아마도 구매하지 않을 것이다 / 절대 구매하지 않을 것이다 1 _____ 2 _____ 3 _____ 4 _____ 5 _____
B. 개방형 질문		
완전 비체계형	응답자가 형식적 제한 없이 자유롭게 답변할 수 있는 질문	당신은 American Airlines에 대해 어떻게 생각하십니까?
단어 연상형	한 번에 하나씩 단어가 제시되며, 응답자는 단어를 보고 가장 먼저 떠오르는 것을 말한다.	다음을 들었을 때 가장 먼저 떠오르는 단어는 무엇입니까? 항공사 _____ American _____ 여행 _____
문장 완성형	미완성된 문장이 제시되고 응답자가 이를 완성한다.	항공사를 결정할 때, 내가 가장 중요하게 고려하는 것은 _____
이야기 완성형	미완성된 이야기가 제시되고 응답자가 이를 완성하게끔 한다.	"며칠 전 American Airlines를 탔습니다. 비행기의 외부와 내부가 아주 밝은 색상이었다는 것을 알게 되었어요. 이것은 제게 _____ 와(과) 같은 생각과 감정을 떠오르게 했습니다." 지금 이 이야기를 완성해 주십시오.
그림 해석	한 명의 진술만 나와 있는 대화하는 두 사람의 그림을 제공한다. 응답자는 자신이 다른 한 명이라면 어떤 말을 할지 그림 속 빈 말풍선에 채워 넣는다.	

- **투사 기법**(projective technique): 사람들에게 불완전하거나 모호한 자극을 주고 이를 완성하도록 하거나 설명하도록 요청하는 방법이다. '말풍선 과제'에서 만화와 같은 빈 말풍선이 특정 제품이나 서비스를 구매하거나 사용하는 장면과 함께 보여진다. 피험자는 자신이 일어날 것이라고 믿는 것과 말하고자 하는 것을 말풍선에 채워 넣는다. 비유 과제에서 사람들은 브랜드를 사람, 국가, 동물, 자동차, 국적, 심지어 다른 브랜드에 비유한다.

- **시각화**(visualization): 시각화는 피험자가 자신이 지각하는 바를 묘사하도록 하기 위해 잡지 사진이나 그림을 모아 콜라주를 만들도록 요청한다.

- **브랜드 의인화**(brand personification): 브랜드 의인화는 피험자에게 브랜드를 사람(혹은 동물이나 물건)에 비유하도록 요청한다. "만약 이 브랜드가 사람처럼 살아 있다고 한다면, 무엇과 같을까요? 어떤 행동을 할까요? 어떤 삶을 살까요? 어떤 옷을 입을까요? 만약 파티에 간다면 누구와 이야기를 할까요(그리고 무엇에 대해 이야기할까요)?"와 같은 질문을 할 수 있다. 예를 들어, John Deere 브랜드는 근면하고 믿을 수 있는 중서부 남성을 떠올리게 할 수 있다.

- **사다리 기법**(laddering): 점점 더 구체적인 일련의 '왜(why)' 질문은 소비자의 동기와 더 깊은 목표를 드러내도록 할 수 있다. 누군가에게 Nokia 휴대폰을 사고 싶어 하는 이유를 물어보자. "잘 만들어진 것 같아 보이기 때문입니다."(속성) "휴대폰이 잘 만들어진 것이 왜 중요한가요?" "Nokia가 믿을 만하다는 것을 보여주니까요."(기능적 혜택) "믿을 만한 것이 당신에게 왜 중요한가요?" "동료나 가족이 제게 확실하게 연락할 수 있기 때문입니다."(감정적 혜택) "왜 항상 그들과의 연락이 가능해야 합니까?" "곤경에 처하면 제가 도울 수 있으니까요."(핵심 가치) 위의 조사를 통해 Nokia는 응답자가 자신을 좋은 이웃으로 느끼게끔, 그리고 다른 사람을 도울 준비를 할 수 있게끔 만들어준다는 것을 확인할 수 있다.

마케터가 질적 측정과 양적 측정 중 하나를 선택할 필요는 없다. 대부분의 마케터는 두 방법의 장단점이 서로 상쇄될 수 있다는 것을 알고, 둘 다 사용하고자 한다. 예를 들어, 기업은 비디오 일기와 온라인 설문조사를 통해 피험자의 반응과 의도를 포착하고, 이를 통해 온라인 패널 중 가정 내 제품 사용 테스트(in-home product test)에 참여할 피험자들을 모집할 수 있다.

측정 장비   기술은 마케터가 피부 센서, 뇌파 스캐너와 전신 스캐너를 사용하여 소비자의 반응을 파악할 수 있게 해주었다. 예를 들어, 생체인식 추적 손목 센서는 피부 전기활동 또는 피부 전도도를 측정하여 땀이 나는 정도, 체온과 움직임의 변화를 알 수 있게 한다.[21] 눈과 얼굴을 연구하는 시각 기술의 발전은 마케팅 연구자와 관리자 모두에게 많은 도움을 주고 있다.

인상학(Physiognomy)   최근 몇 년 동안 소비자의 눈과 얼굴을 효율적인 비용으로 연구할 수 있는 여러 방법이 다양한 응용 프로그램과 함께 개발되었다. P&G, Unilever, Kimberly-Clark와 같은 소비재 회사는 제품 및 포장 디자인의 3D 컴퓨터 시뮬레이션을 매장 레이아웃과 결합하고, 소비자의 시선이 가장 먼저 도달하는 위치, 주어진 품목에 시선이 머무는 시간 등을 알아보기 위해 시선추적(eye-tracking) 기술을 사용하고 있다. 이러한 기술 사용의 결과를 바탕으로, Unilever는 Axe 보디워시 용

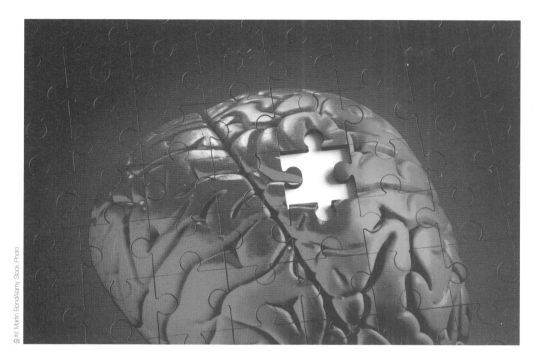

<< 어떤 제품이 소비자의 눈을 사로잡는지 기록하는 시선추적 기술과 나이와 성별을 추정하는 안면인식 소프트웨어는 기업이 적절한 집단에 인터랙티브 광고를 타기팅하는 데 사용할 수 있는 방법이다.

기 모양, 로고 모양 및 매장 내 디스플레이를 변경했다. 서울에 위치한 국제금융센터 몰에는 26개 정보 키오스크 각각의 LCD 터치스크린 위에 두 대의 카메라와 동작 감지기가 설치되어 있다. 안면인식 소프트웨어는 사용자의 나이와 성별을 추정하여 적절한 인구통계 세분집단을 타기팅하는 인터랙티브 광고가 나타나도록 해준다. New York, Los Angeles, San Francisco의 디지털 가판에서도 이러한 기술이 적용될 수 있도록 위와 비슷한 응용 프로그램이 개발 중에 있다. 안면인식 카메라와 소프트웨어는 옵트인(당사자가 개인 데이터 수집을 동의한 경우에만 데이터를 수집할 수 있는 방식) 스마트폰 업데이트를 통해 소매점과 레스토랑의 충성고객을 식별하고 보상을 제공하기 위해 연구되고 있다. 한 상용 응용 프로그램인 SceneTap은 안면인식 소프트웨어가 내장된 카메라를 사용하여 바(bar)에 사람이 얼마나 찼는지와 모여 있는 사람들의 평균 연령과 성별 프로필에 대한 정보를 게시하여 바를 찾아다니는 사람들이 다음 목적지를 선택할 수 있도록 돕고 있다.[22]

전통적인 소비자 연구에 대한 대안으로, 일부 연구자는 마케팅 노력에 대한 소비자 반응을 더 잘 측정하기 위해 신경과학에 기반하여 뇌 활동을 모니터링하는 정교한 기술을 개발하기 시작했다. **뉴로마케팅**(neuromarketing)이라는 용어는 마케팅 자극의 효과에 대한 뇌의 반응을 연구하는 것을 말한다. 기업은 EEG(electroencephalograph: 뇌파계) 기술을 사용하여 브랜드 활동을 피부 온도 또는 눈 움직임과 같은 생리적 신호와 연관시켜 사람들이 광고에 반응하는 방식을 측정하고 있다.

뇌 연구자들은 기존 연구방법에서 얻은 결과와 다른 결과를 발견해 오고 있다. UCLA의 한 연구진은 기능적 자기공명영상(fMRI)을 사용하여 피험자가 가장 높은 뇌 활동을 나타내는 슈퍼볼 광고가 가장 높은 선호도를 보이는 광고는 아니라는 결론을 얻었다. 다른 연구에서는 문제의 제품이 스토리 라인에서 중요한 역할을 하지 않는 한 PPL의 효과는 거의 없음을 발견했다. 또한 여러 연구에서 설문조사보다 뇌파 연구와 행동이 더 높은 상관관계가 있음을 검증했다. 예를 들어, 뇌파는 피험자가 진술한 음악 선호도보다 음악 구매를 더 잘 예측했다.

기존 기법과 다른 통찰을 제공할 수 있지만 신경학 연구는 여전히 비용이 많이 들고 보편적으로 받아들여지지 않고 있다. 인간 두뇌의 복잡성을 감안할 때, 많은 연구자들은 이것이 마케팅 의사결정의 유일한 기반이 되어서는 안 된다고 경고한다. 또한 뇌 활동을 포착하는 측정장치는 전극이 박힌 스컬 캡(skull caps)을 사용하거나 인위적인 노출 조건을 만드는 등 매우 눈에 띌 수 있다.[23]

자료 수집

일반적으로 마케팅 조사의 자료 수집 단계는 가장 비용이 많이 들고 오류가 발생하기 쉽다. 일부 응답자는 집에서 멀리 떨어져 있거나, 오프라인이거나, 다른 방식으로 접속할 수 없으므로 다시 접촉을 시도하거나 교체해야 한다. 다른 사람들은 협조를 거부하거나 편파적이거나 부정직하게 대답할 수도 있다. 양질의 응답을 유지하면서 비용을 통제하기 위해 기업은 의미 있는 표본추출 및 자료 수집 계획을 개발해야 한다.

표본추출 계획   조사 접근 방법과 도구를 선택한 후, 마케팅 조사자는 비용을 유지하면서 양질의 응답을 얻을 수 있도록 설계된 표본추출 계획을 세워야 한다. 이를 위해서는 다음의 세 가지 결정이 필요하다.

- **표본추출 단위**(sampling unit): 여기서의 핵심 질문은 **누구를 조사해야 하는가**이다. American Airlines 조사에서 표본추출 단위는 일등석 비즈니스 여행객, 일등석 휴가 여행객 또는 둘 다로 구성되어야 하는가? 18세 미만의 여행자도 포함해야 하는가? 여행자와 배우자 모두를 포함해야 하는가? 표본추출 단위가 정해지면, 마케터는 다음으로 표본추출 프레임(sampling frame)을 개발해야 한다. 그래서 대상 모집단의 모든 사람이 표본으로 추출될 수 있는 동일한 기회를 가지고 있거나 추출될 확률을 정확하게 알 수 있도록 해야 한다.
- **표본의 크기**(sample size): 여기서의 핵심 질문은 **몇 명을 조사해야 하는가**이다. 큰 표본은 더 신뢰할 수 있는 결과를 제공하지만 전체 대상 모집단을 모두 표본추출할 필요는 없다. 모집단의 1% 미만의 표본이라도 신뢰할 수 있는 표본추출 절차를 통해 높은 신뢰도를 제공할 수 있다.
- **표본추출 절차**(sampling procedure): 여기서의 핵심 질문은 **응답자를 어떻게 선택해야 하는가**이다. 확률적 표본추출 방법을 사용하면 마케터가 표본추출 오류에 대한 신뢰한계를 계산하고 표본의 대표성을 높일 수 있다. 따라서 표본을 선택한 후 마케팅 담당자는 "Chicago와 Tokyo 사이를 비행하는 일등석 승객의 연간 실제 여행 횟수를 포함하여 모집단은 95%의 확률로 1년간 5~7회의 여행 간격을 가진다."라고 결론을 내릴 수 있다.

접촉 방법 마케팅 조사자는 온라인, 직접 방문, 우편 또는 이메일, 전화 가운데 어떤 방법으로 피험자와 접촉할 것인지 결정해야 한다.

온라인 인터넷은 조사를 수행할 수 있는 많은 방법을 제공한다. 기업은 웹사이트에 설문지를 게시하고 응답자에게 인센티브를 제공하거나, 자주 방문하는 사이트에 배너를 배치하여 사람들이 질문에 답변하고 그 보상을 받을 수 있도록 할 수 있다. 온라인 제품 테스트는 기존 신제품 마케팅 조사기법보다 훨씬 더 빠르게 정보를 제공할 수 있다.

마케터는 또한 실시간 소비자 패널 또는 가상 표적집단을 초청하거나 채팅방, 게시판, 블로그를 후원할 수도 있다. 그들은 고객에게 브레인스토밍을 요청하거나 기업의 Twitter 팔로워들에게 아이디어를 평가하도록 요청할 수도 있다. Kraft가 후원하는 온라인 커뮤니티에서 얻은 통찰은 기업이 인기제품인 100칼로리 스낵라인을 개발하는 데 도움을 주었다.

Del Monte는 반려견을 위한 새로운 아침 식사 제품 출시를 고려하고 있을 때, "I Love My Dog"라는 400명의 회원이 택한 온라인 커뮤니티를 활용했다. 그들의 합의된 요청은 베이컨과 계란 맛이 나고 비타민과 미네랄이 추가로 함유된 음식에 대한 것이었다. 기업은 제품 개발 전반에 걸쳐 온라인 커뮤니티와 협력하였으며, 일반적으로 신제품 출시에 드는 시간의 절반 만에 영양가 높은 'Snausages Breakfast Bites'를 시장에 도입했다.

SurveyMonkey, Survey-Gizmo, Qualtrics, Google Consumer Surveys와 같은 새로운 온라인 설문 제공 업체가 시장에 진입했다. 1999년에 설립된 SurveyMonkey는 1,500만 명이 넘는 회원을 보유하고 있다. 회원들은 설문조사를 만들어 블로그, 웹사이트, Facebook 또는 Twitter에 빠르게 게시할 수 있다. 그러나 여느 설문조사와 마찬가지로 온라인 설문조사도 적절한 사람에게 적절한 주제에 대해 적절한 질문을 해야 한다.

인터넷을 조사도구로 사용하는 또 다른 방법은 고객이 기업 웹사이트를 통해 어떻게 **클릭스트림**을 하고 다른 사이트로 이동하는지를 추적하는 것이다. 마케터는 서로 다른 가격, 헤드라인 및 제품 기능을 별도의 웹사이트에 게시하거나 서로 다른 시간에 게시하여 상대적 효율성을 비교해 볼 수 있다. 또한 온라인 조사자는 응답자와 채팅을 하거나 온라인 표적집단의 구성원과 더 깊이 있는 조사를 하기 위해, 또는 웹사이트로 응답자를 안내하기 위해 다양한 방법으로 문자메시지를 사용한다. 문자메시지는 10대들이 주제에 대한 마음을 열도록 하는 데 유용한 방법이기도 하다.

직접 방문 대인 면접은 가장 다양하게 사용 가능한 방법이다. 면접관은 더 많은 질문을 하고 복장 및 신체 언어와 같은 응답자에 대한 추가 관찰 내용을 기록할 수 있다. 대인 면접은 가장 비용이 많이 드는 방법이기도 하고 면접관의 편향을 받기 쉬우며, 더 많은 계획과 감독이 필요하다. **준비된 면접**에서 마케터는 면접 약속을 위해 응답자에게 연락을 하고, 종종 작은 인센티브나 보수를 제공한다. **인터셉트 면접**에서 조사자들은 쇼핑몰이나 번화가, 길모퉁이에서 사람들을 멈추게 하고 즉석에서 인터뷰를 요청한다. 인터셉트 면접은 신속해야 하며 비확률(무작위가 아님) 표본을 포함할 위험이 있다.

우편과 이메일   우편 설문지는 개인적인 인터뷰를 하지 않거나 면접관에 의해 편향되거나 왜곡된 응답을 할 수 있는 사람들에게 닿을 수 있는 한 가지 방법이다. 우편 설문지는 간단하고 명확한 단어로 된 질문이 필요하다. 불행히도 수집되는 응답은 일반적으로 적거나 느리다.

전화   면접관은 전화 인터뷰를 통해 신속하게 정보를 수집할 수 있고, 응답자가 질문을 제대로 이해하지 못하는 경우 질문을 명확히 해줄 수 있으며, 추가 가치가 있는 정보를 제공할 가능성이 높은 응답에 대한 후속조치를 바로 취할 수 있다. 인터뷰는 짧고 너무 개인적인 것이 아니어야 한다. 응답률은 일반적으로 우편 설문지보다는 높지만, 미국에서 전화 면접은 텔레마케터에 대한 소비자 반감이 커짐에 따라 점점 더 어려워지고 있다.

데이터 마이닝   마케팅 통계학자들은 데이터 마이닝을 통해 대량의 데이터에서 개인, 성향, 세분집단에 대한 유용한 정보를 추출할 수 있다.[24] 데이터 마이닝은 클러스터 분석(객체를 그룹화하여 동일한 집단 또는 클러스터화함), 예측 모델링(불확실한 이벤트의 결과를 예측), 인지 모델링(컴퓨터화된 모델을 사용하여 인간의 의사결정 및 문제해결을 시뮬레이션함)과 같은 수리적이고 통계적인 기술을 사용한다.

일반적으로 기업은 고객 가치를 창출하고 경쟁우위를 확보하기 위해 여러 가지 방법으로 데이터를 사용할 수 있다.

- **잠재고객을 파악하기 위해:** 많은 기업에서 소비자 응답으로부터 데이터베이스를 구축하기 위해 제품 또는 서비스를 광고하고 응답 기능(예: 홈페이지 링크, 비즈니스 회신 카드, 또는 무료 전화번호)을 포함함으로써 영업 성공 가능성이 높은 잠재고객을 창출한다.
- **특정 제안을 받아야 하는 고객을 결정하기 위해:** 판매, 상향 판매, 교차 판매에 관심이 있는 기업은 특정 제안에 대한 이상적인 타깃고객을 설명하는 기준을 설정한다. 그런 다음 기업은 이상과 가장 유사한 사람들을 찾기 위해 데이터베이스를 분석한다. 기업은 응답률을 기록함으로써 타기팅 정확도를 향상할 수 있다. 판매 후 자동화된 활동 순서를 설정할 수도 있다. 예를 들어, 판매 일주일 후 이메일로 감사 편지를 보낸다. 5주 후 이메일로 새로운 제안을 보낸다. 10주 후 고객이 응답하지 않은 경우 이메일로 특별 할인 제안을 보낸다.
- **고객 충성도(로열티)를 높이기 위해:** 기업은 고객의 선호도를 기억하고 적절한 선물, 할인 쿠폰 및 흥미로운 읽을거리 등을 보내 기업에 대한 고객의 관심과 열정을 구축할 수 있다.
- **고객 구매를 재활성화하기 위해:** 자동 메일링 프로그램(자동화된 마케팅)은 생일 또는 기념일 카드, 휴일 쇼핑 알림 또는 비수기 프로모션을 고객에게 보낼 수 있다. 데이터베이스는 기업이 고객에게 매력적이거나 시기적절한 제안을 하는 데 도움이 될 수 있다.
- **중대한 고객 실수를 피하기 위해:** 한 주요 은행은 고객 데이터베이스를 잘 사용하지 않아 발생하게 된 여러 가지 실수를 고백했다. 한 사례로, 은행은 고객이 이 은행의 주요 예금주였던 회사를 이끌고 있다는 것을 알아차리지 못하면서 그의 주택담보대출 연체에 대한 위약금을 부과했다. 고객은 은행과의 거래를 그만두었다. 두 번째 사례로는, 은행직원 두

명이 동일한 모기지 고객에게 전화를 걸어 각기 다른 가격으로 주택담보대출을 제안했다. 두 직원 모두 상대방이 전화를 건 것을 몰랐다. 세 번째 사례에서 은행은 다른 국가에서 프리미엄 고객에게 표준 서비스만 제공했다.

자료 분석과 마케팅 의사결정

마케팅 조사 과정의 마지막 단계는 데이터를 표로 만들고 요약 지표를 개발하여 결과를 추출하는 것이다. 조사자는 주요 변수에 대한 평균과 분산 값을 계산하고 추가적인 발견을 위해 일부 고급 통계기법과 의사결정모형을 적용한다. 가정과 결과의 강도를 검증하기 위한 민감도 분석을 적용하여 다양한 다른 가설과 이론을 테스트해 볼 수 있다.

American Airlines 사례에 대한 주요 조사 결과는 다음과 같다.

- 승객들은 주로 접속 상태를 유지하고 대용량 문서와 이메일을 주고받기 위해 초고속 와이파이 서비스를 사용할 것이다. 또한 일부는 웹서핑을 통해 비디오와 노래를 다운로드하기 위해서 사용할 것이다. 이들은 그 비용을 고용주에게 청구할 것이다.
- 25달러면 일등석 승객 10명 중 약 5명이 비행 중에 와이파이 서비스를 사용할 것이다. 15달러면 약 6명이 사용할 것이다. 따라서 수익은 수수료가 15달러일 때가($90 = 6 × $15) 25달러일 때($125 = 5 × $25)보다 적다. 같은 비행이 1년 365일 진행된다고 가정하면 American Airlines는 연간 4만 5,625달러($125 × 365)를 받을 수 있다. 비행기 한 대에 9만 달러를 투자하면 각 비행기의 서비스가 손익분기점에 도달하는 데 2년이 걸릴 것이다.
- 초고속 와이파이 서비스를 제공함으로써 American Airlines는 혁신적이고 진보적인 항공사라는 이미지를 강화하고 새로운 승객과 고객의 호감을 얻게 될 것이다.

조사를 의뢰한 American Airlines 관리자들은 조사를 통해 얻은 증거를 저울질할 필요가 있다. 조사 결과에 대한 신뢰도가 낮으면 초고속 와이파이 서비스 도입을 꺼릴 수도 있다. 만약 초고속 와이파이 서비스를 도입하고자 한다면, 연구 결과는 그들의 의도를 잘 뒷받침해 줄 수 있어야 한다. 그들은 문제를 더 깊이 연구하고 추가적인 조사를 하기로 결정할 수도 있다. 결정은 그들의 몫이지만, 엄격하게 수행된 연구는 문제에 대한 통찰을 제공한다.

사용 가능한 정보를 분석하고 의사결정을 내릴 때, 시장 데이터와 시장 통찰력 사이에 선을 긋는 것이 중요하다. Albert Einstein은 정보는 지식이 아니라고 말했다. 마찬가지로 문제에 대한 관리자의 이해를 개선하고 처치의 비용 효율성을 향상하는 통찰력을 제공하지 않는 한 일반적으로 시장 데이터만으로는 크게 유용하지 않다. 따라서 데이터를 해석하고 당면한 문제와 관련시키는 것은 경영상의 의사결정에서 중요한 역할을 한다.

시장 수요 측정

마케팅 환경을 이해하고 마케팅 조사를 수행하면 마케팅 기회를 식별하는 데 도움이 될 수 있다. 그런 다음 기업은 각각의 새로운 기회의 규모, 성장 및 잠재적 이익을 측정하고 예측해야 한다. 마케팅을 통해 준비된 판매 예측은 투자와 운영을 위한 현금 조달을 위한 재무, 생산 능력과 생산량을 확립하기 위한 제조, 적절한 양의 공급을 얻기 위한 구매, 필요한 노동자를 고용하기 위한 인적자원 확보에 사용된다. 예측이 맞지 않으면 회사는 초과 또는 부적절한 재고에 직면하게 된다. 이는 수요 예측치를 기반으로 하기 때문에 관리자는 '시장 수요'가 의미하는 바를 정확히 정의해야 한다.

DuPont의 Performance Materials 그룹은 DuPont Tyvek이 1억 달러 규모의 건설 방공막 시장에서 지배적인 점유율을 차지했을 때에도 추가 제품과 서비스로 수십억 달러 규모의 미국 주택 건설 시장 전체를 공략할 수 있는 더 큰 기회가 있다는 것을 알고 있었다.

수요 측정의 기본 개념

수요 측정의 주요 개념에는 시장/기업 수요, 시장 예측, 기업 판매 예측, 시장 잠재력 및 기업 판매 잠재력이 있다. 이 개념에 대해 더 자세히 설명하고자 한다.

시장 제공물에 대한 **시장 수요**(market demand)는 정의된 마케팅 프로그램에 따라 정의된 마케팅 환경에서 정의된 기간 동안 정의된 지리적 영역에서 정의된 고객집단이 구매할 수 있는 총물량을 일컫는다.

기업 수요(company demand)는 주어진 기간 동안 기업의 선택적 수준의 마케팅 노력으로 발생한 시장 수요에 대한 기업의 예상 점유율이다. 이는 회사의 제품, 서비스, 가격 및 커뮤니케이션이 경쟁사에 비해 어떻게 인식되는지에 따라 달라진다. 다른 조건이 같으면, 기업의 시장 점유율은 시장 지출의 상대적 규모와 효과의 영향을 받는다. 앞서 언급한 바와 같이 마케팅 모형 구축업체들은 마케팅 비용 수준, 마케팅 믹스 및 마케팅 효과가 기업의 매출에 미치는 영향을 측정하기 위해 판매 대응 함수(sales response functions)를 개발했다.[25]

실제 산업 마케팅 비용 수준에 해당하는 시장 수요를 **시장 예측**(market forecast)이라고 한다.

기업 판매 예측(company sales forecast)은 선택된 마케팅 계획과 가정된 마케팅 환경을 기반으로 예상된 기업의 매출 수준이다. 여기에서는 두 가지 개념이 중요하다. **판매 할당량**은 제품라인, 기업 사업부 또는 판매 담당자에게 설정된 판매 목표다. 주로 영업 활동을 정의하고 자극하기 위한 관리 장치이며 판매 인력의 노력을 향상하기 위해 예상 매출보다 약간 높게 설정되는 경우가 많다. **판매 예산**은 예상 수량에 대한 보수적인 추정치다. 주로 현재 구매, 생산 및 현금흐름에 대한 결정을 내리는 데 사용된다. 이는 과도한 위험을 피해야 한다는 판단에 따른 것으로, 일반적으로 매출 전망치보다 약간 낮게 책정된다.

총 **시장 잠재력**(market potential)은 주어진 산업 마케팅 노력 수준과 현재 환경 조건하에서 특정 기간 동안 한 산업 내 모든 기업이 이용할 수 있는 **최대** 매출로 구성된다. 시장 **예측**은 최대 시장 수요가 아닌 예상 시장 수요를 나타낸다. 후자의 경우, 마케팅 노력의 추가적인 증가가 거의 영향을 미치지 않을 매우 높은 수준의 산업 마케팅 예산으로 인해 시장 수요의 수준을 가시화할 필요가 있다. 주어진 마케팅 환경하에서 산업 마케팅 예산이 막대하게 증가할 수 있음에 따라 시장 잠재력은 시장 수요에 대한 한계로 접근할 수 있다. 이러한 측면에서 '주어진 시장 환경에서'라는 구문이 중요하다. 자동차 시장 잠재력을 생각해 보자. 시장 잠재력은 경기침체기보다 호황기에 더 높다. 총 시장 잠재력을 추정하는 일반적인 방법은 잠재 구매자 수에 각 구매자가 구매하는 평균 수량을 곱한 다음 가격을 곱하는 것이다.

기업 판매 잠재력(company sales potential)은 경쟁사와 비교하여 기업의 마케팅 노력을 증가시킴으로 상승하게 될 기업 수요를 적용한 판매한계를 의미한다. 기업 수요의 절대적 한계는 물론 시장 잠재력이다. 기업이 시장의 100%를 점유한다면 기업 수요와 시장 잠재력은 동일할 것이다. 그러나 대부분의 경우 기업이 마케팅 비용을 상당한 수준으로 지출한다 하더라도 기업의 판매 잠재력은 시장 잠재력보다 낮다. 각 경쟁기업은 다른 기업의 관심을 끌기 위한 노력에도 반응하지 않는 충성도 높은 주요 구매자들이 있기 때문에 시장에서 모든 경쟁업체의 고객을 확보하는 것은 매우 어려운 일이다.

시장 수요 예측

예측은 구매자가 주어진 조건에서 무엇을 할 것인지 예상하는 기술이다. 가전제품과 같은 주요 소비자 내구재의 경우, 연구기관은 **향후 6개월 이내에 자동차를 구매할 의향이 있습니까?**와 같은 질문을 하여 소비자 구매 의도를 주기적으로 조사한다. 설문조사는 또한 소비자의 현재, 미래 개인 재정 및 경제에 대한 기대치를 조사한다. 그들은 정보의 일부를 소비자 신뢰도 측정(Conference Board) 또는 소비자 정서측정(Survey Research Center of the University of Michigan)에 결합한다. 대부분의 시장에서 좋은 예측은 성공의 핵심요소다.

기업은 일반적으로 거시경제 예측을 먼저 준비하고, 그다음 산업 예측을 하고, 그다음 기업 판매 예측을 한다. 거시경제 예측은 인플레이션, 실업, 이자율, 소비자 지출, 기업 투자, 정부지출, 순수출 및 기타 변수를 예측한다. 최종 결과는 기업이 다른 환경 지표와 함께 산업 매출을 예측하기 위해 사용하는 국내총생산(GDP) 예측이다. 기업은 특정 시장 점유율의 확보를 가정하여 판매 예측을 도출한다.

기업은 어떻게 예측치를 개발하는가? 그들은 예측값을 직접 산출하거나 고객, 유통업체 및 기타 지식이 있는 당사자를 인터뷰하는 마케팅 조사업체와 같은 외부 출처에서 예측을 구입할 수도 있다. 전문예측기업은 인구, 천연자원 및 기술과 같은 특정 거시환경 구성요소에 대한 장기 예측치를 생성한다. IHS Global Insight(Data Resources와 Wharton Econometric Forecasting Associates의 합병), Forrester Research, Gartner Group이 이러한 기업의 대표적인 예다. Institute for the Future, Hudson Institute, Futures Group과 같은 미래주의 조사업체는 예상 시나리오를 만들기도 한다.

모든 예측은 세 가지 정보 기반, 즉 사람들이 말하는 것, 사람들이 하는 것, 사람들이 해왔던 일 중 하나를 예측 기반으로 한다. 사람들이 말하는 것을 사용하려면 구매자의 의도, 영업사원 의견의 종합, 전문가 의견을 조사해야 한다. 사람들이 무엇을 하는지에 대한 예측을 구축하는 것은 제품을 테스트 시장에 출시하여 구매자 반응을 측정하는 것을 의미한다. 마지막 근거(사람들이 무엇을 해왔는지)를 사용하기 위해 기업은 과거 구매행동 기록을 분석하거나 시계열 분석 또는 통계적 수요 분석을 사용한다.

- **산업 매출 및 시장 점유율**(industry sales and market shares): 산업무역협회는 일반적으로 개별 기업 매출을 별도로 나열하지 않지만, 전체 산업 매출을 수집하고 게시하는 경우가 많다. 그러나 이 정보를 통해 각 기업은 업계 전체의 성과와 비교하여 자체 성과를 평가할 수 있다. 만약 기업의 매출이 연간 5%씩 증가하고 산업 매출이 10% 증가하면 해당 기업은 해당 산업에서 상대적 지위를 상실하게 될 것이다.

  매출을 추정하는 또 다른 방법은 총 매출 및 브랜드 매출을 감사하는 마케팅 조사회사에서 보고서를 구입하는 것이다. Nielsen Media Research는 다양한 슈퍼마켓 및 약국 제품 범주의 소매 판매를 감사한다. 기업은 이 정보를 구매하고, 전체 산업 또는 경쟁업체의 성과와 비교하여 전체 또는 브랜드별로 점유율을 얻거나 잃었는지 확인할 수 있다. 유통업체는 일반적으로 얼마나 많은 경쟁업체 제품이 판매되고 있는지에 대한 정보를 제공하지 않기 때문에 B2B 마케팅 담당자는 시장 점유율 결과에 대한 지식이 부족한 상태에서 활동하게 된다.

- **구매자 의도 설문조사**(survey of buyers' intentions): 기업 구매의 경우, 조사업체는 일반적으로 10% 오차 범위 내에서 공장, 장비 및 자재에 대한 구매자 의도 설문조사를 수행할 수 있다. 이러한 조사는 공산품, 내구 소비재, 사전 계획이 필요한 제품 구매 및 신제품에 대한 수요를 추정하는 데 유용하다. 구매자가 적고, 이들에 대한 도달 비용이 낮으며, 구매자가 기꺼이 공개하고 수행하겠다는 분명한 의도가 있을수록 설문조사의 가치가 높아진다. 시장조사에 가장 많이 사용되는 설문조사 기반 통계 기법 중 하나는 결합분석(conjoint analysis)으로, 이는 소비자가 특정 제품을 구성하는 다양한 속성(제품 기능, 서비스 이점, 가격)을 평가하는 방법을 확인하는 데 도움을 준다.[26]

- **영업팀 의견의 종합**(composite of sales force opinions): 구매자를 인터뷰하는 것이 현실적으로 불가능할 때 기업은 영업 담당자에게 향후 매출을 추정하도록 요청할 수 있다. 영업팀의 예측은 많은 이점을 제공한다. 영업 담당자는 발전 추세에 대해 다른 어떤 그룹보다 더 나은 통찰력을 가질 수 있으며, 예측은 판매 할당량에 대한 더 큰 확신과 목표 달성에 대한 더 높은 인센티브를 제공할 수 있다. 이러한 '풀뿌리' 예측 과정은 제품, 지역, 고객 및 영업 담당자별로 세분화된 자세한 추정치를 제공한다.

  그러나 이러한 추정치를 조정 없이 그대로 사용하는 기업은 거의 없다. 영업 담당자는 비관적일 수도 있고 낙관적일 수도 있으며, 기업의 마케팅 계획이 해당 영역의 향후 판매에 어떠한 영향을 미칠지 알지 못할 수 있으며, 기업이 낮은 판매 할당량을 설정하도록 의도적으로 수요를 과소평가할 수도 있다. 영업 담당자로부터 더 나은 추정치를 얻기 위해 기업은 마케팅 계획에 대한 정보 또는 실제 판매와 비교한 과거 예측과 같은 지원 또는 인센티브를 제공할 수 있다.

- **전문가 의견**(expert opinion): 기업 또는 딜러, 유통업체, 공급업체, 마케팅 컨설턴트, 무역협회를 비롯한 전문가로부터 예측을 얻을 수 있다. 딜러로부터의 예측치는 영업팀으로부

터의 견적과 동일한 강점과 약점이 적용된다. 많은 기업은 더 많은 데이터를 사용할 수 있고, 더 많은 예측 전문가를 활용할 수 있는 잘 알려진 경제 예측 회사로부터 경제 및 산업 예측치를 구매한다.

때때로 기업은 예측을 준비하기 위해 전문가 집단을 초청하기도 한다. 전문가들은 의견을 조율하고 그룹으로(**그룹 토론 방법**) 또는 개별적으로 추정치를 산출한다. 이 경우 다른 분석가가 결과를 단일 추정치(**개별 추정치 통합**)로 결합할 수 있다. 이후 평가 및 정제를 위한 추가 작업을 거친다[**델파이 기법(Delphi method)**].[27]

- **과거 판매 분석**(past-sales analysis): 기업은 과거 판매를 기반으로 판매 예측치를 개발할 수 있다. **시계열 분석**은 과거 판매를 네 가지 구성요소(추세, 주기, 계절, 불규칙 요소)로 나누고 미래에 대해 예측한다. **지수 평활법**은 가장 최근 판매와 결합하여 다음 기간의 판매를 예측하는 방법이다. 가장 최근 데이터에 더 큰 가중치를 부여하며 시간이 지남에 따라 가중치가 기하적으로 감소되는 가중치 이동 평균 예측 기법 중 하나다. **통계적 수요 분석**은 일련의 인과 요인(예: 수입, 마케팅 지출, 가격)이 판매 수준에 미치는 영향을 측정한다. **계량경제학적 분석**은 시스템을 설명하는 일련의 방정식을 만들고, 방정식을 구성하는 다양한 매개변수를 통계적으로 도출한다. 머신러닝 기법은 판매 및 수익 분석에서부터 산업 동향 파악에 이르기까지 다양한 작업을 자동화하고 가속화하여 마케팅에 혁명을 일으키고 있다.
- **시장 테스트 방법**(market-test method): 구매자가 구매를 신중하게 계획하지 않거나 전문가를 구할 수 없거나 신뢰할 수 없는 경우, 직접 시장 테스트를 통해 신제품 판매 또는 새로운 유통 채널 혹은 지역에서의 기존 제품 판매를 예측해 볼 수 있다.

마케팅 생산성 측정

단기적으로는 마케팅 비용과 투자를 투입물로 쉽게 정량화할 수 있지만, 결과 산출물(예: 브랜드 인지도 확대, 브랜드 이미지 향상, 고객 충성도 향상, 신제품 전망 개선)이 나타나기까지는 몇 달 또는 몇 년이 걸릴 수 있다. 한편, 조직 내부의 변화와 마케팅 환경의 외부적인 변화는 마케팅 비용과 함께 발생하여 그 효과를 분리하기 어려울 수도 있다.[28]

그럼에도 불구하고 마케팅 조사는 마케팅 활동의 효율성과 효과를 평가해야 한다. 마케팅 생산성 측정에 대한 두 가지 보완적인 접근방식은 (1) 마케팅 효과를 평가하기 위한 **마케팅 매트릭스**와 (2) 인과관계를 추정하고 마케팅 활동이 결과에 미치는 영향을 측정하기 위한 **마케팅 믹스 모델링**이다. **마케팅 대시보드**(marketing dashboards)는 이러한 두 가지 접근방식을 통해 얻은 통찰을 전파하는 구조화된 방법이다.

마케팅 매트릭스

마케터는 마케팅 효과를 평가하기 위해 다양한 척도를 사용한다.[29] 마케팅 매트릭스는 마케터

가 성과를 수량화하고, 비교하고, 해석하는 데 도움이 되는 척도의 집합이다.[30]

    Mary Kay 화장품의 CMO는 광고 노출, 웹사이트 트래픽 및 구매전환과 같은 프로그램별 단기 측정지표뿐만 아니라 시장 인지도, 구매 고려 정도, 체험판, 12개월의 뷰티 컨설턴트 생산성과 같은 네 가지 장기적인 브랜드 강점 매트릭스에도 초점을 맞출 것이다.

    Virgin America의 마케팅 부사장은 획득당 비용(cost per acquisition), 클릭당 비용, 1,000페이지 노출당 비용(CPM)과 같은 광범위한 온라인 측정 항목을 살펴볼 것이다. 또한 자연검색 및 유료 검색, 온라인 디스플레이 광고에 의해 발생하는 총금액과 오프라인상에서의 추적 결과 및 기타 측정항목도 살펴볼 것이다.

    마케터는 직면한 특정 문제 또는 이슈를 기반으로 하나 혹은 그 이상의 측정방식을 선택한다. 전 세계 웰니스 및 뷰티 산업을 위한 웹 기반 비즈니스 관리 소프트웨어 제공업체인 Mindbody는 방문 페이지 전환, 온라인 광고 클릭률, Google 검색 순위를 비롯한 수많은 온라인 분석을 추적한다. 또한 매주 다음과 같은 온라인 지표에 대한 모니터링을 한다. (1) **웹사이트 분석**은 사이트 탐색 및 온라인 상호작용을 구체적으로 보여준다. (2) **소셜 미디어 노출**은 다양한 시장에서 소셜 미디어 채널에 대한 인구통계학적 및 지리적 반응을 보여준다. (3) **허용 마케팅 통계**는 자동화된 이메일에서 소비자와의 상호작용 및 참여를 측정한다.

    London Business School의 Tim Ambler는 기업이 마케팅 성과 평가를 단기 결과와 브랜드 자산의 변화라는 두 부분으로 나눌 수 있다고 주장한다.[31] 단기 결과는 종종 매출 회전율, 주주 가치 또는 이 둘의 조합으로 표시되는 손익 문제를 반영한다. 브랜드 자산 측정에는 고객 인식, 태도 및 행동, 시장 점유율, 상대적 가격 프리미엄, 불만 건수, 분배 및 가용성, 총 고객 수, 지각된 품질, 충성도 및 유지 등이 포함될 수 있다.[32]

    기업은 또한 혁신과 같은 광범위한 내부 지표를 모니터링할 수도 있다. 예를 들어, 3M은 최근 혁신으로 인한 매출 비율을 추적한다. 또한 Ambler는 "최종사용자가 궁극적인 고객이지만, 당신의 직원은 당신의 첫 번째 고객이다. 그렇기 때문에 내부 시장의 건전성을 측정해야 한다."고 주장하며, 고용인에 대한 측정 및 매트릭스를 개발할 것을 권장한다.

마케팅 믹스 모델링

마케팅 책임감은 또한 마케터가 다양한 마케팅 투자의 효과를 보다 정확하게 추정해야 함을 의미한다. **마케팅 믹스 모델**(marketing-mix models)은 특정 마케팅 활동의 효과를 보다 정확하게 이해하기 위해 소매업체, 스캐너 데이터, 기업 배송 데이터, 가격, 미디어 및 프로모션 지출 데이터와 같은 다양한 소스의 데이터를 분석한다.[33] 보다 심도 있는 이해를 위해, 마케터는 회귀분석과 같은 다변량 분석을 수행하여 각 마케팅 요소가 브랜드 판매 또는 시장 점유율과 같은 마케팅 결과에 어떻게 영향을 미치는지 조사할 수 있다.

    특히 Procter & Gamble, Clorox, Colgate와 같은 포장재 상품 마케터가 자주 사용하는 마케팅 믹스 모델링의 결과는 지출을 할당하거나 재할당하는 데 도움이 된다. 분석은 광고 예산의

앱을 다운로드하고 온라인으로 등록을 해야 했다. 이를 통해 고객이 쇼핑할 때 플라스틱 카드를 잃어버리거나 잊어버릴 위험이 더 이상 없었기 때문에, Tesco는 고객 구매 습관을 추적하고 프로그램 사용을 촉진하는 능력을 더 향상할 수 있었다. 더욱이 이러한 움직임은 Tesco가 식료품, 모바일 및 뱅킹 서비스를 묶음으로 제공하려는 노력으로 해석된다. Clubcard Plus 회원은 Tesco Bank 신용카드를 사용할 수 있는 자격이 주어진다. 이로 인해, 인센티브를 제공받은 가입 고객은 더 많은 욕구 충족을 위해 Tesco에 의존하게 된다. 일부는 이것을 Amazon의 Prime 제도에 비유하며, Tesco의 고객 기반에 '점착성(stickiness)'을 심기 위한 움직임으로 설명한다. 한 예로, Tesco는 더 많은 Tesco 제품을 선호하도록 고객의 행동을 변화시키기 위해 구독 서비스를 사용하고 있다.

2020년 COVID-19 대유행 동안 Tesco는 시장조사를 두 배로 늘렸다. 공급망 중단에 시달리고 매장 트래픽이 크게 감소한 Tesco는 고객 통찰력에 크게 의존하고 이에 대한 대응을 개선하기 위해 노력했다. 매장과 고객으로부터 피드백을 수집하는 과정이 매주에서 매일로 단축되었고, Tesco는 시장조사 업체인 YouGov의 BrandIndex 툴에서 제공하는 일일 통찰에 기반하여 빠르게 변화하는 상황을 파악했다. 예를 들어, Tesco는 집에서 요리하는 것이 고객들 사이에 인기를 얻게 되었고, 많은 고객이 이제 집에서 일을 해야 한다는 사실을 알게 되었다. 이러한 통찰은 그렇지 않아도 힘든 시기에 긍정적인 면을 보여주려는 캠페인 "Food Love Stories"에 반영되었다.[38]

질문

1. 인터넷이 보편화되고 고객 데이터 분석 자체가 산업이 된 오늘날 Clubcard와 같은 콘셉트는 어떻게 될 것이라 생각하는가?
2. 점점 더 많은 고객이 온라인 구매로 전환함에 따라 새로운 Clubcard Plus 시스템이 온라인 쇼핑에서 적용되지 않는다는 점을 고려했을 때, 이는 고객의 구매를 기반으로 한 Tesco의 고객 통찰력을 얻는 능력에 어떠한 영향을 미칠 것이라 생각하는가?

marketing
SPOTLIGHT

LEGO

LEGO는 세계에서 가장 유명한 장난감 중 하나다. 작고 다채로운 블록은 수많은 세트, 피규어, 비디오 게임, 심지어 영화와 테마파크를 탄생시켰다. LEGO는 매우 간단한 개념을 기반으로 제작되었다. 각 블록은 다른 모든 블록과 어울리며 건물, 로봇, 자동차 및 사용자가 생각할 수 있는 모든 것으로 끝없이 조합될 수 있다. LEGO는 제품 혁신에 디자인 씽킹 접근방식을 사용하여 창의적인 방식으로 블록을 활용하는 신제품을 선보이고 있다. 2017년, LEGO는 세계 최대의 장난감 제조업체로서, 모든 산업 분야를 통틀어 가장 강력한 브랜드 중 하나가 되었다.

LEGO는 1932년 덴마크 Billund에 위치한 작은 가게에서 시작되었다. 목수였던 Ole Kirk Christiansen은 아들 Godtfred와 함께 나무 장난감, 사다리, 다리미판 등을 만들어 팔았다. 2년 후, 두 사람은 덴마크어로 '잘 놀다'로 번역되는 leg godt

출처: Homer/Alamy Stock Photo

의 줄임말인 LEGO로 사업 이름을 명명했다. 이후 몇 년 동안 LEGO는 제품 라인을 나무오리, 옷걸이, 단순한 나무벽돌로 확장했다. LEGO가 플라스틱 사출 성형기를 구입한 1947년이 되어서야 현대 LEGO 블록의 전신인 플라스틱 장난감이 대량생산되기 시작했다. 1957년 LEGO는 서로 맞물리는 플라스틱 블록을 만들었고, 다음 해에는 미래 모든 LEGO 장난감의 모델이 된

스터드 및 튜브 연결 메커니즘을 도입했다. LEGO 블록은 고객의 큰 인기를 얻었고, 기업은 1960년대 초반에 전 세계적으로 확장하기 시작했다. 1964년, 회사는 부품과 특정 모델을 구성하는 지침이 포함된 세트 판매를 시작했다. 그 후 얼마 지나지 않아 'Harry Potter', 'Star Wars', 'Jurassic Park' 시리즈와 같은 영화와 책 관련된 테마 세트는 세계에서 가장 인기 있는 어린이 장난감이 되었다.

LEGO의 성장과 확장은 20세기 말, 둔화되기 시작했다. 출산율이 떨어졌고, 아이들은 즉각적인 만족감을 주지 못하는 장난감에 관심을 기울이지 않았다. LEGO가 전 세계에 개장한 테마파크는 엔터테인먼트 산업에 대한 기업의 이해 부족으로 수익을 내지 못했다. LEGO는 더 많은 고객을 유치하기 위해 점점 더 복잡하고 독특한 세트 상품을 생산하기 시작했지만, 매출 성장에는 실패했다. LEGO 블록의 복잡성이 증가하면서 생산도 더욱 복잡해지고 재고 관리도 더 어려워지게 되었다. 연휴 기간에도 주요 소매업체 재고의 상당 부분이 팔리지 않았다. 1998년 회사는 첫 번째 재정 손실을 겪게 되었고, 2003년에 LEGO는 파산 위기에 처하게 되었다.

2004년, Jorgen Knudstorp는 입사 3년 만에 CEO로 승진했다. LEGO 입사 이전, McKinsey & Company에서 근무한 그는 기업 전반을 전환하고, 비즈니스 프로세스를 개선하며 비용을 절감하고 현금흐름을 더 잘 관리하기 시작하면서 기업을 안정화했다. LEGO 장난감의 인기를 되살리기 위해 혁신에 중점을 두었고, 시장 및 소비자 조사를 강조했다. Knudstorp는 고객과 LEGO 장난감 사이의 정서적 유대를 다시 일으키기 위해서는 LEGO가 각 고객의 욕구와 행동을 더 깊이 이해해야 한다고 믿었다.

광범위한 조사를 기반으로 의사결정을 내리려는 LEGO의 전사적 전략 전환은 생산의 복잡성을 줄이고, 제품 출시의 성공을 보장했다. 2011년에 기업은 더 많은 소녀들을 브랜드 고객으로 끌어들이기 위해 LEGO Friends 라인을 출시했다. 기업의 시장조사를 통해 소녀들은 역할놀이를 위해 LEGO 세트를 사용하는 것을 선호하는 반면, 소년들은 Ninjago와 Legends of Chima 세트에서 제공하는 것과 같은 강력한 내러티브와 배경 스토리를 좋아한다는 통찰을 얻었다. 또한 소녀와 소년 모두 LEGO 조립을 즐기는 것으로 나타났다. LEGO Friends 제품 라인은 쇼핑몰, 주스 바, 크리에이티브 랩과 같은 더 많은 세트와 장소를 제공하여 소녀들이 자신의 인형을 역할놀이에 사용할 수 있도록 했다. 이 라인은 중국, 독일, 미국을 포함한 전 세계 시장에서 강력하게 자리 잡았다.

또한 LEGO는 가장 혁신적으로 성공적인 장난감 라인을 만드는 일을 담당하는 비밀 연구 개발팀인 Future Lab을 설립했다. Future Lab 팀은 최신 제품을 만들기 위해 브레인스토밍을 하는 산업디자이너, 프로그래머, 마케팅 담당자, 마스터 빌더로 구성된다. 매년 1주일간 Barcelona로 현장 연수를 떠나며, 이 기간 동안 폭넓은 브레인스토밍을 하고, 블록, 애니메이션 소프트웨어 및 전문가용 품질의 디지털 카메라를 사용하여 시제품을 제작한다. 가장 성공적으로 만들어진 시제품은 실행 가능한 아이디어가 생산에 착수되는 덴마크로 다시 돌아와 프로젝트로 계속 진행된다. Future Lab에서 만든 LEGO 장난감 라인에는 MIT와 협력하여 만든 로봇 플랫폼인 LEGO Mindstorms, 증강현실 애플리케이션인 LEGO Fusion, 세계의 유명한 건물을 모델로 한 컬렉션인 LEGO Architecture 등이 있다.

2017년, LEGO는 경쟁사인 Mattel을 제치고 세계 최대 장난감 제조업체가 되었다. LEGO는 2003년 사상 최저치를 기록한 이래로 큰 재정적 성공을 거두었지만, 기업 조사에 따르면, 아이들이 매년 물리적 장난감을 가지고 노는 데 보내는 시간은 점점 줄어들고 있다. 점점 더 디지털화되는 시대에 LEGO는 계속해서 고객을 연구하고 혁신적인 제품 라인을 실험함으로써 장난감 업계의 선두를 유지해야 한다.[39]

질문

1. LEGO는 어떻게 사업을 지속적으로 재창조해 왔는가?
2. LEGO의 시장 성공에 마케팅 조사가 어떤 역할을 했는가?
3. LEGO가 경쟁업체와 다른 점은 무엇인가? LEGO의 경쟁우위는 지속 가능한가?

6

시장 세분화와 타깃고객 식별

시장 점유율과 함께 통조림 수프 소비가 줄어들자 Campbell은 밀레니얼 세대 소비자의 습관을 직접 연구하기 시작했고, 그 결과 완전히 온라인으로만 판촉되는 보다 이국적인 맛의 즉석 수프 라인이 탄생했다.
출처: Radu Bercan/Alamy Stock Photo

기업은 크고 광범위하고 다양한 시장의 모든 고객과 연결할 수 없다. 그들은 효과적으로 서비스할 수 있는 세분시장을 식별할 필요가 있다. 이러한 세분시장을 식별하려면 소비자 행동에 대한 예리한 이해와 각 세분시장을 독특하고 다르게 만드는 요소에 대한 신중한 전략적 사고가 필요하다. 올바른 세분시장을 식별하고 고유하게 만족시키는 것이 마케팅 성공의 열쇠다. Campbell은 젊은 밀레니얼 소비자를 사로잡기 위해 노력하는 많은 회사 중 하나다.

>>> Campbell Soup Company의 상징적인 빨간색과 흰색의 수프 캔은 가장 유명한 미국 브랜드 중 하나이며, Andy Warhol 초상화의 소재가 되기도 했다. 그러나 몇 년 전, 이 150년 된 기업은 이중고를 겪었다. 통조림 수프의 전체 소비가 13%나 감소했고, 신선하고 고급스러운 음식이 인기를 얻으면서 Campbell의 시장 점유율은 67%에서 53%로 떨어졌다. 수프 매출 하락을 막기 위해 Campbell은 미국 인구의 25%를 구성하고 회사의 미래에 지대한 영향을 미칠 18~34세 사이의 젊은이들을 더 잘 이해하기 위해 나섰다. 인류학적 연구 접근방식을 채택한 Campbell은 London, Texas Austin, Oregon Portland, Washington, DC와 같은 '힙스터 시장 허브'에서 밀레니얼 소비자를 직접 대면하고 연구하도록 경영진을 보냈다. 임원

들은 젊은 소비자들과 함께 집에서 쇼핑과 식사를 하는 '함께 살기(live-alongs)'와 식당에서 같이 식사하는 '함께 식사하기(eat-alongs)'를 했다. 핵심 통찰력? 밀레니얼 세대는 그들의 부모와 비교해 향신료를 좋아하고 이국적인 음식을 많이 먹었다. 하지만 집에서 그것을 요리할 수 없었다! Campbell의 솔루션은 새로운 라인인 Campbell's Go! Soup였다. Moroccan Style Chicken with Chickpeas(병아리콩을 곁들인 모로코 스타일 치킨), Spicy Chorizo and Pulled Chicken with Black Beans(검은콩을 곁들인 매운 초리조와 풀드 치킨), Coconut Curry and Chicken with Shiitake Mushrooms(표고버섯을 곁들인 코코넛 카레와 치킨) 등 6가지 맛의 수프가 준비되었다. 신선함을 전달하기 위해 캔이 아닌 파우치에 담겨 판매되며 기본이 되는 빨간색과 하얀색 수프의 세 배가 넘는 가격(3달러)으로 음악 및 유머 사이트, 게임 플랫폼, 소셜 미디어를 포함한 온라인 전체에서 제품 라인을 홍보했다. Campbell은 Swanson 육수와 스톡, V8 야채 주스, Pace 살사, 소스, 딥 소스, 그리고 Prego 파스타 소스도 판매한다. 하지만 수프가 매출의 절반을 차지하기 때문에 새로운 제품군의 마케팅 성공은 매우 중요했다.[1]

보다 효과적으로 경쟁하기 위해 많은 기업은 현재 타깃 마케팅을 도입하고 있다. 마케팅 노력을 분산시키는 대신, 그들이 만족시킬 수 있는 가장 큰 기회를 가진 소비자에게 초점을 맞춘다. 효과적인 타기팅을 위해서 마케터는 다음을 수행해야 한다.

1. 서로 다른 니즈와 원츠를 가진 구매자 그룹을 식별한다. (시장 세분화)
2. 진입할 세분시장을 하나 이상 선택한다. (타기팅)
3. 각 타깃 세분시장에 대해 회사의 시장 제안에 대한 적합한 이점을 수립, 전달, 제공한다. (가치 제안 및 포지셔닝 개발)

이 장에서는 처음 두 단계인 시장을 세분화하고 타깃고객을 식별하는 방법에 중점을 둘 것이다. 7장에서는 세 번째 단계인 가치 제안 및 포지셔닝 방법을 개발하여 시간이 지남에 따라 성장하고 경쟁적인 공격을 견딜 수 있는 실행 가능한 시장 제공물을 구축하는 방법에 대해 설명한다.

학습목표

6.1 타기팅의 본질을 설명한다.

6.2 전략적 타기팅의 핵심 원칙을 정의한다.

6.3 타깃고객에게 제품을 효과적으로 소통하고 전달하는 방법을 설명한다.

6.4 여러 세분시장을 대상으로 하는 전략을 개발하는 방법을 설명한다.

6.5 소비자 시장을 세분화하는 방법을 설명한다.

6.6 비즈니스 시장을 세분화하는 방법을 설명한다.

타깃고객 식별하기

타깃고객을 식별하는 기술은 여러 가지가 있다.[2] 일단 기업이 시장 기회를 파악한 후에는 타깃고객의 수와 목표를 결정해야 한다. 마케터는 경쟁 제품보다 이러한 고객의 니즈를 더 잘 충족할 수 있는 제품을 개발하기 위해 더 작고 더 잘 정의된 타깃 그룹을 식별하기 위해 점점 더 많은 여러 변수를 결합한다. 따라서 은행은 부유한 은퇴한 성인 그룹을 식별할 수 있을 뿐만 아니라 해당 그룹 내에서 현재 소득, 자산, 저축, 위험 선호도에 따라 여러 세분시장을 구분할 수 있다. 이로 인해 일부 시장 연구자들은 **니즈 기반 타기팅 접근방식**(needs-based targeting approach)을 옹호하게 되었다.

타기팅(targeting)은 회사가 자사 제공물을 최적화할 고객을 식별하는 프로세스다. 간단히 말해, 타기팅은 제공물을 설계, 커뮤니케이션, 전달할 때 어떤 고객을 우선시하고 어떤 고객을 고려하지 않을지에 대한 기업의 선택을 반영한다. 타깃고객을 식별하는 논리와 이 프로세스의 전략적·전술적 측면에 대해서는 다음 절에서 더 자세히 논의한다.

타기팅의 논리

매스 마케팅(mass marketing)에서 기업은 세분시장 차이를 무시하고 하나의 제안만을 가지고 전체 시장을 공략한다. 기업은 대량 유통과 대량 커뮤니케이션을 통해 가장 많은 구매자에게 판매될 수 있는 우수한 이미지를 가진 제품에 대한 마케팅 프로그램을 설계한다. 차별화되지 않은 마케팅은 모든 소비자가 거의 동일한 선호도를 가지고 있고 시장에 자연스러운 세분시장이 없을 때 적합하다. Henry Ford가 Model-T Ford를 검은색 한 가지 색상으로 제공했을 때 이 전략의 전형을 보여주었다.

매스 마케팅에 대한 주장은 그것이 가장 큰 잠재적 시장을 창출하고, 이는 가장 낮은 비용으로 이어지며, 이는 결국 다시 가격을 낮추거나 마진을 높일 수 있다는 것이다. 좁은 제품 라인은 연구 개발, 생산, 재고, 운송, 마케팅 연구, 광고 및 제품 관리 비용을 줄여준다. 차별화되지 않은 커뮤니케이션 프로그램은 비용도 절감한다. 그러나 많은 비평가들은 시장의 분열이 증가하고 마케팅 채널과 커뮤니케이션 확산으로 인해 대중에게 다가가는 것이 어렵고 점점 더 비용이 많이 든다고 지적한다.

다양한 소비자 그룹이 서로 다른 니즈와 원츠를 갖고 있을 때 마케터는 여러 세분시장을 정의할 수 있다. 기업은 종종 제품 또는 서비스를 더 잘 설계하고, 가격을 책정·공개·제공할 수 있으며 또한 경쟁자의 마케팅에 더 잘 대응하기 위해 마케팅 프로그램과 활동을 미세 조정할 수 있다. 타깃 마케팅에서 그 기업은 시장의 모든 다른 세분시장에 다른 제품을 판매한다. 화장품 회사 Estée Lauder는 다양한 취향의 여성(그리고 남성)에게 어필하는 브랜드를 판매한다. Clinique과 M·A·C은 젊은 여성을 대상으로 한다. Aveda는 아로마 테라피 마니아들을 위한 것이며, Origins는 천연성분으로 만든 화장품을 원하는 친환경 소비자를 위한 것이다.[3]

궁극적인 타기팅 수준은 각 세분시장이 단일 고객으로 구성되는 **일대일 접근방식**(one-to-one approach)이다.[4] 기업이 개별 고객 및 비즈니스 파트너(공급업체, 유통업체, 소매업체)에 대한 정보 수집에 능숙해지고 공장이 보다 유연하게 설계됨에 따라 시장 제공물, 메시지와 미디어를 개별화할 수 있는 능력이 향상되었다.

소비자는 수천 달러에 달하는 맞춤형 청바지, 카우보이 부츠, 자전거를 구입할 수 있다. Peter Wagner는 2006년 Colorado주 Telluride에서 Wagner Custom Skis를 시작했다. 이 기업은 현재 연간 약 1,000개의 스노보드와 스키를 만들고 있으며 가격은 1,750달러부터 시작한다. 스키와 스노보드는 각각 독특하면서도 소유자 취향과 라이딩 스타일에 정확하게 들어맞는다. NASA에서 사용하는 것과 유사한 재료를 사용하며 1인치당 수천 개의 조정을 하는 것과 같은 전략은 스키의 매력적인 미학과 일치하는 강력한 성능 메시지를 전달한다.[5]

일대일 마케팅이 모든 기업에 해당되지는 않는다. 일반적으로 일대일 마케팅은 많은 개별 고객 정보를 수집하고, 교차 판매가 가능하고, 정기적인 교체 또는 업그레이드가 필요하며, 높은 가치를 제공하는 많은 제품을 보유하고 있는 기업에 가장 적합하다. 다른 경우에는 정보 수집, 하드웨어 및 소프트웨어에 필요한 투자가 투자회수액을 초과할 수 있다. 상품의 가격은 고객이 기꺼이 지불할 수 있는 금액 이상으로 인상된다.

대량 맞춤화(mass customization)는 개별 설계 제품, 서비스, 프로그램, 커뮤니케이션을 대량으로 준비하여 각 고객의 니즈를 충족시키는 회사의 능력을 의미한다.[6] MINI Cooper의 온라인 '구성자(configurator)'를 통해 잠재 구매자는 새로운 MINI를 위해 가상으로 다양한 옵션을 선택하고 시험해 볼 수 있다. Coke의 Freestyle 자동판매기는 사용자가 100개 이상의 Coke 브랜드 또는 맞춤형 맛 중에서 선택할 수 있게 하며, 심지어 자기만의 맛을 만들 수도 있다.

서비스는 또한 맞춤형 마케팅을 위한 자연스러운 설정이다. 항공사, 호텔, 렌터카 업체는 보다 개별화된 경험을 제공하기 위해 노력한다. 심지어 정치 후보자들조차도 맞춤형 마케팅을 수용하고 있다. Facebook에서 정치인은 개인이 가입한 그룹이나 이유를 관찰하여 개인의 선호도를 찾을 수 있다. 그런 다음 캠페인 팀은 Facebook의 광고 플랫폼을 사용하여 이러한 다른 관심 주제를 반영하도록 설계된 수백 개의 광고 메시지를 테스트할 수 있다. 등산객들은 환경을 주제로 한 메시지를 받을 수 있고, 특정 종교 단체의 회원들은 기독교를 주제로 한 메시지를 받을 수 있다.

전략적 및 전술적 타기팅

타기팅은 기업이 타깃고객에 집중하기 위해 사용하는 기준에 따라 전략적이거나 전술적일 수 있다. **전략적 타기팅**(strategic targeting)은 제품이 고객의 니즈에 맞게 맞춤화되도록 보장함으로써 회사가 니즈를 충족할 수 있는 고객에게 초점을 맞춘다. **전술적 타기팅**(tactical targeting)은 회사가 전략적으로 중요한 고객에게 도달할 수 있는 방법을 식별한다. 전략적 및 전술적 타기팅은 상호 배타적이지 않다. 이것은 타깃고객을 식별하는 프로세스에서 두 가지 필수적으로 관련된 구성요소다.

그러나 전략적 타기팅과 전술적 타기팅의 목표는 다르다. 전략적 타기팅은 제공물의 혜택과 고객의 니즈 사이에서 더 잘 맞는 거래 시장 규모를 요구한다. 따라서 전략적 타기팅은 다

>> 개인화에 대한 광범 위한 추세의 일환으로서 Coca-Cola는 사용자들이 청량음료 선택을 맞춤화할 수 있는 프리스타일 자동 판매기를 도입했다.

양한 니즈를 가진 광범위한 고객을 유치하기 위해 노력하는 하나의 제공물로 타깃고객에게 다가가기보다는, 특정 고객과 일치하는 제공물로 고객에게 더 나은 서비스를 제공하기 위해 일부 고객은 무시하는 의도적인 선택을 기반으로 한다. 전술적 타기팅은 정반대의 접근방식을 취한다. 잠재적인 고객을 배제하기보다는 전략적으로 중요한 모든 고객에게 효과적이고 비용 효율적인 방식으로 다가가기 위해 전술적 타기팅을 수행한다.

전략적 목표와 전술적 목표의 차이가 있기 때문에 전략적 목표와 전술적 목표의 우선순위가 다르다. 전략적 타기팅의 초점은 기업이 타깃고객을 위해 창출하고 타깃고객으로부터 포착할 수 있는 **가치**(value)에 있는 반면, 전술적 타기팅은 기업이 이러한 고객에게 도달하기 위해 사용할 수 있는 **수단**(means)에 집중한다. 전략적 및 전술적 목표는 두 가지 질문에 대한 해답을 모색한다. 첫째는 전략에, 둘째는 전술에 초점을 맞춘다. 기업이 상호 유익한 관계를 구축할 수 있는 고객은 누구인가? 그리고 어떻게 하면 기업이 이러한 고객에게 가장 효과적이고 효율적으로 다가갈 수 있을까?

타기팅의 두 가지 측면(전략적 및 전술적)은 다음 절에서 더 자세히 논의한다.

전략적 타기팅

타깃고객을 식별하는 것은 경쟁사보다 효과적으로 이러한 고객의 니즈를 충족하는 동시에 회사의 가치를 창출할 수 있는 제품을 개발하는 회사의 역량에 따라 결정된다.[7] 이를 위해 전략적 타기팅은 기업 제공물이 충족하도록 설계될 고객의 니즈를 파악하는 것부터 시작해야 한다.

효과적인 전략적 타기팅을 위해서는 기업이 중요하지만 어려운 절충안, 즉 다른 고객의 니즈를 보다 효과적으로 충족하기 위해 일부 잠재고객을 의도적으로 포기하는 계산된 결정을 해야 한다. 기업은 시장의 폭을 희생하지 않았고, 자사 제품이 우수한 가치를 창출할 수 있는 고객에게만 집중하지 않았기 때문에 실패했다. 타기팅은 회사가 서비스를 제공하려는 고객을 식별하는 데에만 기반을 두지 않는다. 또한 기업이 의도적으로 서비스하지 않기로 선택한 고객에 대한 의미 있는 평가를 기반으로 해야 하며, 이러한 평가 없이는 실행 가능한 시장 전략이 불가능하다.

관리자는 특정 고객 세분시장의 실행 가능성을 평가할 때 두 가지 핵심 질문에 답해야 한다. **회사가 이러한 고객을 위해 탁월한 가치를 창출할 수 있는가? 이러한 고객이 회사를 위해 탁월한 가치를 창출할 수 있는가?**

첫 번째 질문에 대한 답은 기업의 자원이 타깃고객의 니즈와 어느 정도 부합되는지 여부에 달려 있다. 기업은 고객 가치를 창출하는 제공물을 설계하는 데 필요한 자산과 역량을 갖추어야 한다. 두 번째 질문에 대한 답은 타깃고객의 매력에 따라 결정된다. 즉 그들은 기업의 가치를 창출할 수 있는 능력이 있는가? 전략적 타기팅의 두 가지 원칙인 타깃 적합성과 타깃 매력도는 다음 절에서 더 자세히 알아본다.

타깃 적합성

타깃 적합성(target compatibility)은 (우수한 고객 가치를 창출하기 위해) 타깃고객의 니즈를 충족하는 데 있어 경쟁사를 능가하는 기업의 능력을 반영하는 것이다. 타깃 적합성은 타깃고객에게 가치를 창출하는 방식으로 이러한 자원을 사용할 수 있는 기업의 자원과 역량의 기능을 의미한다. 적절한 자원은 기업이 효과적이고 비용 효율적인 방식으로 고객에게 우수한 가치를 제공할 수 있는 제공물을 만들 수 있도록 하기 때문에 중요하다. 기업의 타기팅 전략의 성공을 위한 필수 자원에는 다음과 같은 요소가 포함된다.

- **비즈니스 인프라**(business infrastructure)는 기업의 생산 설비와 장비를 수용하는 제조 인프라와 같은 자산을 포함하는 콜센터 및 고객 관계 관리 솔루션과 같은 서비스 인프라, 조달 인프라 및 프로세스를 포함하는 공급망 인프라, 기업의 경영문화를 아우르는 경영 인프라를 포함한다.

- **희소 자원 접근**(access to scarce resources)은 경쟁자의 전략적 선택을 제한하기 때문에 기업에 뚜렷한 경쟁우위를 제공한다. 예를 들어 고유한 천연자원, 주요 제조 및 소매 위치, 기억하기 쉬운 웹 도메인을 확보하는 것은 회사에 매우 유익할 수 있다.

- **숙련된 종업원**(skilled employees)은 기술적, 운영적 및 비즈니스 전문지식을 갖춘 직원으로서, 특히 연구 개발, 교육, 컨설팅에 관련된 직원은 주요 전략적 자산이다.
- **기술적 전문지식**(technological expertise)은 특정 고객의 니즈를 해결하는 제품을 개발하는 데 필요한 전문지식으로, 회사의 독점 프로세스, 기술 프로세스, 특허 및 영업 비밀과 같은 지적 재산이 포함된다.
- **강력한 브랜드**(strong brands)는 제공물에 고유한 식별을 부여하고 제공물의 속성에 의해 창출된 가치 이상으로 가치를 창출하는 의미 있는 연상을 생성함으로써 가치를 향상한다. 브랜드는 경쟁 제품과 서비스 간에 약간의 차이만 존재하는 상품화된 산업에서 특히 중요하다.
- **협력자 네트워크**(collaborator network)에는 기업 공급망(공급업체 및 유통업체)에 있는 협력자의 수직적 네트워크와 기업이 제품을 만들고 고객에게 정보를 제공하는 데 도움이 되는 연구 개발, 제조 및 판촉 협력자의 수평적 네트워크가 포함된다.

기업의 자원을 평가하는 데 중요한 측면은 기업의 핵심 역량을 파악하는 것이다.[8] **핵심 역량**(core competency)은 다음과 같은 세 가지 특성을 가진다. (1) 경쟁우위의 원천이며 지각된 고객 혜택에 상당한 기여를 한다. (2) 다양한 시장에 애플리케이션을 보유하고 있다. (3) 경쟁사가 모방하기 어렵다.[9] 오늘날 기업은 더 나은 품질이나 더 낮은 비용을 얻을 수 있다면 상대적으로 덜 중요한 자원은 아웃소싱한다. 많은 섬유, 화학, 컴퓨터/전자제품 회사들은 해외 제조업체를 이용하고, 그들의 핵심 역량인 제품 디자인과 개발 및 마케팅에 집중한다. 성공의 열쇠는 비즈니스의 **본질**(essence)을 구성하는 자원과 역량을 소유하고 육성하는 것이다.[10]

타깃고객을 위한 가치 창출은 기업 능력의 필수 구성요소이지만, 성공적인 타기팅에는 또 다른 중요한 기준이 필요하다. 타깃고객은 또한 기업의 가치를 창출할 수 있어야 한다. 즉 타깃은 기업에 매력적이어야 한다. 다음 절에서는 타깃 매력도 평가와 관련된 주요 요소에 대해 설명한다.

타깃 매력도

타깃 매력도(target attractiveness)는 기업을 위해 우수한 가치를 창출하는 세분시장의 능력을 반영한다. 따라서 기업은 그들이 기업에 가치를 기여할 수 있는 정도에 따라 그들의 서비스를 맞춤화할 고객을 신중하게 선정하고 기업이 목표를 달성할 수 있도록 도와야 한다. 타깃고객은 기업에게 **금전적**(monetary) 가치와 **전략적**(strategic) 가치를 창출할 수 있다.

금전적 가치   금전적 가치는 고객이 기업의 이익을 창출할 수 있는 능력으로 구성된다. 금전적 가치는 특정 고객 세분시장이 창출하는 **수익**(revenues)과 이러한 고객에게 서비스를 제공하는 **비용**(costs)을 모두 포함한다.

- **고객 매출**(customer revenues)은 기업이 제공물을 소유하거나 사용할 권리를 위해 고객으로부터 받은 돈을 포함한다. 많은 시장 및 고객 요인이 매출 규모에 영향을 미친다. 여기에

는 시장 규모와 성장 속도, 고객의 구매력, 브랜드 충성도(로열티)와 가격 민감도, 기업의 가격 결정력, 시장 경쟁 강도, 경제, 정부 규제, 물리적 환경과 같은 맥락 요소가 포함된다.

- **타깃고객 서빙 비용**(costs of serving target customers)에는 타깃고객의 니즈에 맞춰 서비스의 혜택을 조정하고 고객에게 제품을 전달하는 비용이 포함된다. 또한 타깃고객을 위한 서비스 비용에는 이러한 고객을 확보 및 보유하는 비용, 구매 후 지원 제공 비용, 인센티브 및 로열티 프로그램 제공 비용 등이 포함될 수 있다.

많은 기업은 고객의 수익과 비용이 더 쉽게 정량화되기 때문에 타깃고객이 창출하는 금전적 가치에 거의 전적으로 집중하는 경향이 있다. 이러한 편협한 관점을 취함으로써 그들은 타깃고객이 창출하는 전략적 가치가 그들이 회사에 기여하는 가치의 중요한 요소가 될 수 있다는 사실을 간과한다.

전략적 가치　전략적 가치는 고객이 회사에 가져오는 비금전적 이익을 의미한다. 전략적 가치의 세 가지 주요 유형은 **사회적 가치, 규모적 가치, 정보적 가치**다.

- **사회적 가치**(social value)는 타깃고객이 다른 잠재적 구매자에게 미치는 영향을 반영한다. 고객은 그들의 소셜 네트워크를 통해 그리고 다른 구매자의 의견에 영향을 줄 수 있는 능력을 통해 회사에 제공하는 수익만큼 매력적일 수 있다. 기업은 소셜 네트워킹을 통해 기업 제공물을 홍보하고 지지할 수 있는 능력 때문에 오피니언 리더, 트렌드 세터, 메이븐을 목표로 삼는다.
- **규모적 가치**(scale value)는 회사의 운영 규모에서 파생되는 이익을 나타낸다. 고정비용이 크고 변동비용이 작은 항공사, 호텔, 크루즈 라인의 경우처럼 비즈니스 모델의 경제성으로 인해 기업은 이윤이 적거나 때로는 수익성이 없는 고객을 목표로 삼을 수 있다. 초기 성장 단계에 있는 기업은 미래 성장을 위한 플랫폼으로 기능할 제품과 사용자 기반을 구축하기 위해 저수익 고객을 목표하기로 결정할 수 있다. Uber, Airbnb, Microsoft, eBay, Facebook의 급속한 성장은 대규모 사용자 네트워크 구축의 이점을 보여준다.
- **정보적 가치**(information value)는 고객이 제공하는 정보의 가치다. 기업이 고객을 타깃으로 삼을 수 있는 한 가지 이유는 고객이 자신의 니즈와 프로파일에 대해 기업에 제공할 수 있는 풍부한 데이터 때문이다. 이 정보는 기업이 유사한 니즈를 가진 다른 고객에게 가치를 설계, 소통, 전달하는 데 도움이 될 수 있다. 기업은 또한 대중시장 채택에 앞서 제품의 조기수용자가 될 가능성이 있는 고객을 대상으로 할 수 있다. 이러한 '리드 사용자(lead users)'를 통해 기업은 더 많은 구매자를 유치하기 위해 제품을 수정하고 개선할 수 있는 방법에 대한 피드백을 수집할 수 있다.

다양한 고객 세분시장의 전략적 가치를 평가하는 것은 금전적 가치를 평가하는 것보다 더 어렵다. 전략적 가치는 쉽게 관찰할 수 없으며 정량화하기 어려울 수 있다. 서로 다른 고객 세분시장의 전략적 가치를 평가하는 것은 그들의 금전적 가치를 평가하는 것보다 더 어렵다. 전략적 가치는 쉽게 관찰할 수 없으며 정량화하기 어려울 수 있다. 고객이 타인에게 영향을 미치는 능력은 직접 판별할 수 없는 경우가 많고, 소셜 미디어에서 팔로워 수를 평가해 정량화할 수 있다고 해도 타인의 선호도에 미치는 고객의 영향은 가늠하기 어렵다. 전략적 가치를 결정하는 것은 어렵지만 타깃고객을 선택할 때 금전적 가치를 보완하거나 기업에 대한 가치의 주요 구성요소로 이를 간과할 수 없다. 회사를 위해 직접 1달러를 창출하지 못할 수도 있는 일부 매우 영향력 있는 고객은 제품을 구매하기로 결정하는 시장의 더 광범위하고 더 수익성 있는 세분시장에 상당한 영향력을 행사할 수 있다.

전술적 타기팅

전술적 타기팅(tactical targeting)은 전략적 타기팅과 마찬가지로 타깃고객을 식별하는 것을 포함하지만, 다른 목표를 가지고 있다. 즉 타기팅할 고객과 무시할 고객을 결정하고 이미 선택된 타깃고객에게 기업의 제품을 효과적이고 비용 효율적으로 전달하고 제공할 수 있는 방법을 결정하는 것이다. 다음 절에서는 전술적 타기팅의 주요 측면에 대해 더 자세히 논의한다.

고객 프로파일 정의하기

기업이 전략적으로 실행 가능한 목표시장을 결정한 후에는 이러한 고객의 프로파일에 대한 정보를 수집하여 제공물의 속성을 고객에게 알리고 전달해야 한다. 전술적 타기팅은 제공물이 충족하고자 하는 고객 니즈를 관찰 가능한 고객 특성과 연결하여 이를 달성하는 가장 비용 효율적인 방법을 식별한다. 이러한 관찰 가능한 요인—**고객 프로파일**(customer profile)—에는 인구통계적, 지리적, 행동적, 심리적 설명이 포함된다.

- **인구통계적 요인**(demographic factors)에는 연령, 성별, 소득, 직업, 교육 수준, 종교, 민족, 국적, 고용 상태, 인구 밀도(도시 또는 시골), 사회 계층, 가구 규모, 생애 주기 단계 등이 있다. 기업의 타깃고객이 개인이 아닌 다른 기업인 경우 기업 통계(규모, 조직 구조, 산업, 성장, 수익, 수익성 등)라고 하는 요소로 식별된다.

- **지리적(지리적 위치) 요인**[geographic (geolocation) factors]은 타깃고객의 물리적 위치를 반영한다. 지리적 데이터는 타깃고객이 누구인지 설명하는 인구통계 데이터와 달리 고객이 있는 위치를 설명한다. 일부 지리적 지표는 상대적으로 오래 지속되는 반면(예: 고객의 영구 주소), 다른 지리적 위치 요소는 동적이며 자주 변경된다(예: 특정 시간에 고객의 현재 위치). 개별 고객을 식별하고 실시간으로 정확한 위치를 파악할 수 있는 모바일 장치가 보편화되면서 타기팅에서 지리적 요인의 중요성이 크게 높아졌다.

- **행동적 요인**(behavioral factors)은 고객의 행동을 설명한다. 이러한 요인에는 현재 고객, 경쟁사의 고객 또는 신규 고객이 될 수 있는 회사 제품에 대한 고객의 이전 경험이 포함될 수 있다. 행동 요인은 또한 고객이 제품을 구매하는 빈도, 구매 수량, 가격 민감도, 회사

판촉 활동에 대한 민감도, 로열티, 온라인 대 오프라인 구매, 가장 자주 애용하는 소매점을 기준으로 고객을 분류한다. 기타 관심 있는 행동 요인은 의사결정 과정에서 고객의 역할[예: 개시자, 영향력 행사자(인플루언서), 의사결정자, 구매자, 사용자]과 고객의 의사결정이 현재 어떤 단계에 있는지다. 행동 요인에는 고객이 신제품에 대해 배우는 방식, 교제 방법, 여가 시간에 무엇을 하는지도 포함될 수 있다.

• **심리적 요인**(psychographic factors)은 태도, 가치 체계, 관심사, 생활 방식과 같은 개인의 성격 측면을 포함한다. 이는 타깃고객의 관찰 가능한 특성과 관찰할 수 없는 특성을 연결하는데, 여기서 타깃고객은 인구통계적, 지리적, 행동적 요인과 다르다. 가치, 태도, 관심사, 라이프스타일은 고객에게 직접 질문하여 설정할 수 있는 반면, 심리적 요인은 종종 쉽게 식별할 수 없으며 관찰 가능한 고객의 특성과 행동에서 추론해야 한다. 심리적 요인인 스포츠에 대한 고객의 관심은 스포츠 잡지 구독, 스포츠 프로그램 시청, 테니스 동호회 가입, 스포츠 장비 및 스포츠 경기 티켓 구매 등의 행동으로 확인할 수 있다.

지리적 위치 요인과 마찬가지로 사이코그래픽스의 중요성은 온라인 커뮤니케이션과 전자 상거래의 확산으로 인해 더욱 분명해졌으며, 이로 인해 고객의 도덕적 가치, 태도, 관심사, 라이프스타일이 기업에 보다 투명해졌다. Facebook, Google, YouTube, Twitter와 같은 소셜 미디어 기업은 고객의 인구통계적, 지리적, 행동적 데이터에서 실행 가능한 심리적 고객 프로파일을 구성할 수 있다. 개인의 인구통계적, 지리적, 행동적 프로파일과 가치 체계, 태도, 관심사, 라이프스타일을 연결하는 데이터를 축적하는 전통적인 미디어 회사, 신용카드 제공업체와 온라인 소매업체도 마찬가지다.

고객 가치와 고객 프로파일 맞추기

전술적 타기팅의 필수 요소는 전략적으로 중요한 고객 세분시장의 프로파일 특성을 확인하는 것이다. 시장 가치 창출에 초점을 맞춘 전략적 타기팅은 기업 제공물의 성공에 중요하지만, 중요한 단점이 있다. 가치는 관찰할 수 없으며, 이는 타깃고객에게 도달하기 위해 쉽게 발휘될 수 없다는 것을 의미한다. 전술적 타기팅은 전략적으로 선택된 타깃고객의 인구통계적, 지리적, 심리적, 행동적 특성을 파악하여 이러한 단점을 해결한다. 따라서 전략적 및 전술적 타기팅은 타깃고객 식별 프로세스에서 상호 보완적이고 분리할 수 없는 특성을 지닌다.

이 과정의 예는 항공권과 호텔 숙박과 같은 여행 혜택을 고객에게 보상하는 로열티 프로그램을 통해 새로운 신용카드를 출시하기로 결정한 기업이다. 기업의 전략적으로 중요한 고객은 신용카드를 원하고 카드의 여행 혜택(고객 가치)에 감사하며, 카드를 자주 사용하고 결제(기업 가치)에 대한 채무 불이행은 하지 않을 것이다. 고객의 니즈는 관찰할 수 없기 때문에 카드가 제공하는 여행 혜택을 누릴 수 있는 소비자를 특정하는 것은 어렵다. 또한 향후 고객의 신용카드 사용과 구매 대금을 연체하지 않을 가능성도 관찰할 수 없다. 매력적이고 적합한 고객 세분시장을 대상으로 하는 프로세스를 복잡하게 만드는 것 외에도, 이러한 관찰할 수 없는 특성으로 인해 기업은 타깃고객과 효과적으로 의사소통하고 카드를 전달하기가 더 어려워진다.

이 딜레마를 해결하기 위해서 기업은 가치 기반 고객 세분시장을 이 세분시장에 있는 고객의 관찰 가능한 특성과 연결해야 한다. 지불 불이행 없이 카드를 자주 사용할 고객을 식별하기 위해 기업은 고객의 신용 점수, 인구통계적 및 지리적 위치는 물론 신용카드의 구매 패턴, 구매한 품목의 유형 및 수량, 빈번한 지불을 포함한 구매행동을 고려할 수 있다. 가치를 창출할 수 있는 여행 보상을 찾고 있는 고객을 식별하기 위해 기업은 여행 잡지를 읽고, 여행 쇼를 보고, 여행가방을 구매하고, 온라인 여행 사이트를 자주 방문하고, 여행사의 도움을 구하는 고객을 찾을 수 있다. 따라서 기업은 여행 관련 커뮤니케이션 채널을 사용하여 새 카드와 해당 제품을 홍보할 수 있다. 가치 기반 타깃 세분시장과 일치하는 프로파일을 가진 고객에 초점을 맞춤으로써 기업은 타깃 활동을 최적화할 수 있다.

기업의 전술적 타기팅 옵션을 평가할 때 최적의 결과를 얻기 위해 마케팅 관리자는 전술적 타기팅의 두 가지 주요 원칙인 **효과성**(effectiveness)과 **비용 효율성**(cost efficiency)을 따라야 한다. 효과성 원칙은 기업과 협력자에게 이익이 되는 방식으로 니즈를 충족할 수 있는 전략적으로 실행 가능한 모든 고객에게 기업이 도달할 수 있는 정도를 반영하고, 그들이 기업의 제공물을 알게 하고, 제공물에 접근할 수 있도록 한다. 비용 효율성 원칙은 기업의 커뮤니케이션 및 유통이 오직 타깃고객에게만 도달하도록 규정하고 있다. 비용 효율성 원칙의 목표는 기업 제공물이 효과적으로 해결할 수 없는 고객과 기업의 가치를 창출할 수 없는 고객과 같은 자원의 낭비를 줄이는 것이다.[11]

페르소나로 대상 세분시장에 생동감 부여하기

획득한 모든 정보와 통찰력을 실현하기 위해 일부 연구자들은 페르소나를 개발한다. **페르소나** (personas)는 인구통계적, 심리적, 지리적 또는 기타 기술적인 태도나 행동 정보의 관점에서 상상된 한 명 또는 아마도 소수의 가상 대상 소비자의 상세한 프로파일이다. 사진, 이미지, 이름 또는 짧은 약력은 마케팅 담당자가 모든 마케팅 의사결정에 잘 정의된 타깃고객 관점을 통합할 수 있도록 타깃고객의 외모, 행동, 느낌을 전달하는 데 도움이 된다. 많은 소프트웨어 회사들은 사용자 인터페이스와 경험을 개선하기 위해 '페르소나'를 사용했으며 마케터는 그 응용 프로그램을 확장했다. 다음과 같은 예를 보자.

Unilever의 가장 크고 성공적인 Sunsilk의 헤어 케어 론칭은 "Katie"라고 불리는 기업의 타깃 소비자에 대한 통찰력을 바탕으로 이루어졌다. Katie 페르소나는 20대 여성의 헤어 케어 니즈와 함께 그녀의 인식과 태도, 그리고 그녀가 일상적인 '드라마'를 다루는 방식을 의인화했다.

특수 공구 및 장비 제조업체인 Campbell Hausfeld는 Home Depot와 Lowe's 등 많은 소매업체에 의존하여 소비자와 접촉을 유지했다. 여성 DIY 사용자와 노인 소비자를 포함하여 8개의 소비자 프로파일을 개발한 후, 무게가 더 가볍거나 그림을 걸 수 있는 정도의 드릴과 같은 신제품을 성공적으로 출시할 수 있었다.

페르소나는 마케팅 의사결정을 돕기 위해 생생한 정보를 제공하지만 지나치게 일반화하지 않는 것이 중요하다. 타깃(목표)시장은 여러 핵심 차원에 따라 다양한 소비자 범위가 있을 수 있으므로, 마케터는 종종 특정 소비자 세분시장의 특성을 반영하는 여러 페르소나를 개발하여 이러한 차이를 설명한다. Best Buy는 정량적·정성적·관찰적 연구를 통해 5개의 고객 페르소나를 개발하여 전국적인 컴퓨터 지원 서비스인 GeekSquad.com의 재설계 및 재출시를 안내했다. 매일 컴퓨터를 사용하고 조경사나 배관공에게 의지하듯이 GeekSquad.com에 의존하는 교외에 사는 엄마인 Jill, 기술에 호기심이 많지만 위협적이지 않은 가이드가 필요한 50대 이상의 남성인 Charlie, 기술에 정통하고 때로는 도움의 손길이 필요한 실무 실험자인 Daryl, 시간에 쫓기는 중소기업 소유주로서, 주요 목표는 가능한 한 신속하게 작업을 완료하는 것인 Luis, 사이트를 비판적인 시각에서 보고 이의를 제기하는 미래의 Geek Squad 대리인인 Nick.

분명히 고객 페르소나는 모든 타깃고객을 대표하지 않는다. 그러나 타깃 세분시장을 대표 개인으로 특성화하면 기업의 타깃고객을 보다 쉽게 시각화할 수 있고, 그들이 기업 제공물에 응답할 가능성이 얼마나 높은지를 더 잘 이해할 수 있다.[12]

단일 세분시장 타기팅 및 다중 세분시장 타기팅

지금까지의 논의는 기업이 단일 고객 세분시장을 식별하고 목표로 삼는 시나리오에 초점을 맞추었다. 그러나 단일 세분시장 마케팅은 규칙이라기보다는 예외다. 대부분의 제공물은 제품군의 일부로 존재하며, 다른 제공물은 서로 다른 고객층을 대상으로 한다. 다음 절에서는 단일 세분시장 및 다중 세분시장 타기팅과 여러 세분시장을 타기팅하는 결정의 기초가 되는 핵심 원칙에 대해 논의한다.

단일 세분시장 타기팅

단일 세분시장에 집중하는 기업은 특정 세분시장 하나에서만 판매한다. Porsche는 스포츠카 마니아에 집중하고 Volkswagen은 소형차 시장에 집중한다. Phaeton과 함께 대형차 시장에 진출한 것은 미국에서의 실패를 가져왔다. 집중적인 마케팅을 통해 기업은 해당 세분시장의 니즈에 대한 깊은 지식을 얻고 강력한 시장 입지를 확보한다. 또한 생산과 유통 및 판촉을 전문화하여 운영 경제도 누린다.

단일 세분시장을 목표로 하는 기업은 종종 차별화된 이점을 추구하는 작고 잘 정의된 고객 그룹에 초점을 맞춘다. 예를 들어 Hertz, Avis, Alamo 등은 비즈니스 및 레저 여행객을 위한 공항 렌터카를 전문으로 하는 반면 Enterprise는 주로 차량이 파손되거나 도난당한 고객에게 임대함으로써 저예산, 보험 대체 시장에 주력해 왔다. 간과된 틈새시장에서 저렴한 비용과 편의성을 제공함으로써 Enterprise는 높은 수익을 거두었다. 또 다른 떠오르는 틈새 마케터는 Allegiant Air다.

>> 2008년에 시작된 경기침체기 동안 주요 미국 항공사들이 어려움을 겪었지만, Oregon주에 본사를 둔 Allegiant Air는 소규모 시장에서 인기 있는 휴양지로 가는 저렴한 직항편을 제공함으로써 경쟁을 피하고, 그렇지 않았다면 여행하지 않았을지 모르는 고객을 끌어들이는 틈새 전략으로 이익을 유지했다.

Allegiant Air   2008년에 시작된 장기 불황으로 미국 내 모든 주요 항공사들의 재무 실적이 큰 타격을 입었을 때도 Allegiant Air는 분기마다 이익을 내는 데 성공했다. 2007년 Oregon Eugene에서 설립된 Allegiant Air는 Montana Greatfalls, North Dakota Grand Forks, Tennessee Knoxville, New York Plattsburgh와 같은 소규모 시장에서 Florida, California, Hawaii, Las Vegas, Phoenix와 Myrtle Beach의 인기 휴양지로 가는 저렴한 직항 항공편을 제공함으로써 매우 성공적인 틈새 전략을 개발했다. 기존 노선을 벗어나면 100개가 넘는 노선 중 소수만을 제외한 모든 노선에서의 경쟁을 피할 수 있다. 여객 수송의 대부분은 부가적이고 점진적으로 이루어지며, 그렇지 않았다면 없었을 관광객들의 여행을 끌어들인다. 시장이 제대로 자리를 잡지 못하는 것 같으면 Allegiant Air는 재빨리 시장을 내려놓는다. 운송업체는 수익과 비용의 균형을 신중하게 조정한다. 다른 항공사에서는 무료로 제공되는 기내 음료와 머리 위 보관 공간 등의 서비스에 요금을 부과한다. 휴가 상품과 패키지를 교차 판매하여 추가 수익을 창출하기도 한다. Allegiant Air는 64대의 중고 MD-80 항공기를 소유하고 있으며 대부분의 항공사와 같이 하루에 몇 번이 아닌 일주일에 몇 번만 특정 목적지까지 비행함으로써 비용을 절감한다. 조정 가능한 좌석은 무게를 추가하고 연료를 소모하게 만드는 '유지 관리의 악몽(maintenance nightmare)'이기 때문에 완전히 똑바로 세운 상태와 완전히 젖힌 상태 사이의 중간 정도로 좌석을 고정한다.[13]

매력적인 틈새시장은 어떤 모습일까? 틈새 고객은 서로 다른 뚜렷한 니즈를 가지고 있다. 그들은 자신을 가장 잘 만족시키는 회사에 프리미엄을 지불할 것이다. 틈새시장은 상당히 작지만 규모, 이익, 성장 잠재력이 있다. 또한 많은 경쟁자를 유치할 가능성이 낮고 전문화를 통해 특정 경제를 얻는다. 마케팅 효율성이 높아짐에 따라 너무 작아 보이는 틈새시장의 수익성이 더 높아질 수 있다.

다중 세분시장 타기팅

시장이 점점 세분화됨에 따라 더 많은 수의 소규모 고객 세분시장을 대상으로 제품을 개발하는 회사가 늘고 있다. 특정 타깃시장을 목표로 하는 단일 제품으로 시작하는 회사도 시간이 지남에 따라 더 넓은 고객 채택을 달성한다. 고객 기반이 다양해짐에 따라 이러한 기업은 단일 제품에서 다양한 고객 니즈에 맞는 제품을 포함하는 제품 라인으로 전환된다.

다중의 고객 세분시장을 식별하는 프로세스는 단일 고객 세분시장을 식별하는 프로세스와 유사하며, 주요 차이점은 타기팅 분석이 여러 개의 실행 가능한 세분시장을 산출한다는 것이다. 따라서 다중 고객 세분시장을 대상으로 한 결정의 직접적인 결과는 각 세분시장의 상이한 니즈를 충족하는 고유한 제공물을 개발할 필요가 있다. 실제로 고객 세분시장에 따라 고객 니즈와 기업이 창출할 수 있는 가치가 다르기 때문에, 기업은 기업에 이익이 되는 방식으로 이러한 고유한 니즈를 해결하는 제품 포트폴리오를 개발해야 한다.

선택적 전문화를 통해 기업은 가능한 모든 세분시장의 하위 집합을 선택하는데, 각 세분시장은 객관적으로 매력적이고 적절하다. 세분시장 간 시너지는 거의 없거나 전혀 없을 수 있지만 각 세분시장은 수익을 창출할 것을 약속한다. 예를 들어 Procter & Gamble이 Crest Whitestrips를 출시했을 때, 초기 타깃 세분시장에는 게이 남성뿐만 아니라 약혼한 여성과 예비 신부도 포함되었다. 다중 세분시장 전략은 또한 다양한 고객 세분시장에 걸쳐 제공물을 다양화함으로써 기업의 위험을 최소화할 수 있다는 장점이 있다.

기업은 서로 다른 제품 및/또는 시장에 초점을 맞춤으로써 타깃고객에 대한 자사 제품의 매력을 높일 수 있다. **제품 전문화**(product specialization)를 통해 기업은 특정 제품을 여러 다른 세분시장에 판매한다. 예를 들어, 현미경 제조업체는 대학, 정부, 상업 연구소에 판매하여 각각 다른 기기를 만들고, 특정 제품 영역에서 강력한 명성을 쌓는다. 불리한 위험은 제품이 완전히 새로운 기술로 대체될 수 있다는 것이다. 반면에 **시장 전문화**(market specialization)를 통해 기업은 대학 연구소에만 여러 종류의 제품을 판매하는 것과 같은 특정 고객 그룹의 많은 니즈를 충족하는 데 집중한다. 이 기업은 이 고객 그룹 사이에서 강력한 명성을 얻고 있으며, 구성원이 사용할 수 있는 추가 제품을 위한 채널이 된다. Hallmark Cards는 타깃고객사의 차별화된 제품 개발에 뛰어난 기업이다.

Hallmark   Hallmark의 퍼스널 익스프레션 제품은 전국 4만 개 이상의 소매점과 전 세계 100개국에서 판매되고 있다. 이 기업은 매년 파티 용품, 선물 포장, 장식품을 포함한 관련 제품뿐만 아니라 새롭게 디자인된 1만 장의 연하장을 생산한다. 그 성공은 부분적으로 연하장 사업의 활발한 시장 세분화 덕분이다. 유머러스한 Shoebox Greetings와 같은 인기 있는 하위 브랜드 카드 라인 외에도 특정 세분시장을 타깃으로 한 라인을 도입했다. Fresh Ink는 18~39세 사이의 여성을 대상으로 한다. Simple Motherhood 라인은 산뜻한 사진과 심플하고 공감할 수 있는 정서가 돋보이는 디자인으로 엄마들을 타깃으로 한다. Hallmark의 네 가지 민족전통 라인인 Eight Bamboo, Golden Thread, Uplifted와 Love Ya Mucho는 각각 중국인, 인도인, 아프리카계 미국인, 라틴계 소비자를 대상으로 한다. 특정 연하장은 또한 (PRODUCT)RED™, UNICEF, Susan G. Komen Race for the Cure와 같은 자선 단체에 혜택을 준다. Hallmark는 또한 기술을 받아들였다. 뮤지컬 연하장에는 인기 있는 영화, TV 쇼, 노래의 사운드 클립이 포함된다. Hallmark는 최근 아이들이 부모나 조부모를 위해 카드나 다른 기념품에 손의 흔적을 남길 수 있는 '매직 미트(magic mitt)' 기술이 내재된 대화형 제품인 Magic Prints 라인을 선보였다. 온라인에서는 전자 카드뿐만 아니라 소비자를 위해 발송되는 개인화된 인쇄 형식의 인사 카드를 제공한다. Hallmark Business Expressions는 비즈니스 니즈를 위해 모든 행사와 이벤트에 대한 개인화된 기업 휴일 카드와 연하장을 제공한다.[14]

>> 감성적이고 유머러스하며 뮤지컬 인사말부터 온라인과 상호작용하는 인사말까지 Hallmark의 다양한 세계적인 인사말 라인은 UNICEF와 같은 자선단체에 혜택을 주고자 하는 새로운 엄마, 부모, 조부모, 그리고 다양한 인종 배경을 가진 고객을 포함하는 특정 세분시장을 목표로 한다.

다중 고객 세분시장을 대상으로 할 때, 일부 기업은 각 세분시장의 타깃고객이 추구하는 고유한 가치와 자사 제품의 속성을 일치시키지 않는 실수를 범한다. 이것은 기업이 명시적인 고객 니즈를 만족시키도록 설계된 제공물을 고안하지 않고, 제품 개발 능력과 생산 능력을 기반으로 제공물을 만들 때 종종 발생한다. 이러한 접근법은 기업이 개별 제공물이 대상인 각 세분시장의 니즈를 어떻게 해결할 것인지를 명확히 하지 않는 한, 다른 세분시장의 니즈는 무시되고 동일한 고객 세분시장에 대한 경쟁으로 끝날 수 있기 때문에 문제가 있다. 또한 타깃고객은 혼란스러워하고 그들이 원하는 특정 가치를 제공할 능력이 없는 다중 제공물을 구별하기가 어려울 수 있다. 따라서 기업의 다중 세분시장 타기팅 전략이 성공하기 위해서는 타기팅된 각 고객 세분시장의 니즈에 맞춰 기업 제공물 속성을 조정하는 것이 필수적이다.

소비자 시장 세분화

시장 세분화(market segmentation)는 하나의 시장을 잘 정의된 여러 개의 시장으로 나눈다. 세분시장은 유사한 일련의 니즈 및/또는 프로파일 특성을 공유하는 소비자 그룹으로 구성된다. 일반적인 세분화 유형에는 인구통계적, 지리적, 행동적, 심리적 세분화가 있다. 다음 절에서 여러 유형의 세분화에 대해 논의한다.

인구통계적 세분화

나이, 가족 규모, 가족 생애 주기, 성별, 소득, 직업, 교육, 종교, 인종, 세대, 국적, 사회 계층과 같은 변수가 마케터에게 인기 있는 한 가지 이유는 이러한 변수가 종종 소비자의 니즈 및 원츠와 연관되어 있기 때문이다. 또 하나는 측정하기가 쉽다는 것이다. 타깃시장을 비인구통계적 용어(예: 성격 유형별)로 설명할 때에도 시장의 규모와 이를 효율적으로 달성하기 위해 사용해야 하는 매체를 추정하기 위해 인구통계적 특성과 다시 연결해야 할 수 있다.

다음은 마케터가 시장을 세분화하기 위해 특정 인구통계적 변수를 사용하는 방법이다.

나이 마케터는 종종 고객을 나이에 따라 다른 세대로 그룹화한다. 예를 들어, 일반적으로 사용되는 인구통계적 요인 중 하나는 세대인데, 침묵 세대(1925~1945), 베이비붐 세대(1946~1964), X세대(1965~1981), Y세대 또는 밀레니얼 세대(1982~2000), Z세대(2001~현재)가 있다. 각 **세대**(generation)는 그들이 커가는 그 시대의 음악, 영화, 정치, 그리고 그 시대의 사건들에 의해 크게 영향을 받는다. 회원들은 동일한 주요 문화적·정치적·경제적 경험을 공유하고 종종 유사한 관점과 가치를 가지고 있다. 마케터는 코호트의 경험에서 두드러지는 아이콘과 이미지를 사용하여 코호트에 광고를 할 수 있다. 그들은 또한 세대별 타깃의 특정 관심사나 니즈를 독특하게 충족하는 제품과 서비스를 개발하려고 할 수 있다.

예를 들어, 영양 보충제 회사들은 소비자의 연령에 따라 다른 제품을 개발한다. Pfizer에서 생산하는 종합비타민 브랜드인 Centrum은 두 가지 종류의 비타민을 판매하는데 성인 남녀를 대상으로 하는 Centrum Adults와 50세 이상 성인을 위해 설계된 Centrum Silver Adults가 있다. Centrum Silver Adults에는 노인의 건강을 돕는 광범위한 미량 영양소로 연령에 맞게 조절한 종합비타민이 들어 있다. 기타 연령별 상품으로는 기저귀, 이유식, 학자금 대출, 은퇴자 커뮤니티 등이 있다.

생애 주기 단계 생애 주기의 같은 부분에 있는 사람들이라도 그들의 생애 단계가 다를 수 있다. 인생의 단계는 이혼이나 재혼을 하거나, 노부모를 부양하거나, 다른 사람들과 동거하기로 결정하거나, 새 집을 구입하는 것과 같은 개인의 주요 관심사를 반영한다. 이러한 생애 단계는 마케터에게 기회를 제공하는데, 기업이 사람들로 하여금 수반되는 결정에 대처하도록 하는 데 도움을 줄 수 있기 때문이다.

예를 들어, 웨딩 산업은 광범위한 상품과 서비스의 마케터들을 끌어들인다. 평균적인 미국 커플들이 그들의 결혼식에 거의 4만 달러를 쓴다는 것은 별로 놀랍지 않다.[15] 마케터는 결혼이 종종 두 가지 쇼핑 습관과 브랜드 선호가 하나로 혼합되어야 함을 의미한다는 것을 안다. Procter & Gamble, Clorox, Colgate-Palmolive는 결혼 허가증을 신청하는 커플들에게 배포되는 '신혼 키트'에 그들의 제품을 포함시킨다. 마케팅 담당자들은 그들의 홍보 노력에 대한 높은 기대 수익 때문에 직접적인 마케팅을 돕고자 신혼 명부에 프리미엄을 지불한다.

하지만 모든 사람이 특정한 시간에 그런 삶의 단계를 겪는 것은 아니다. 미국 전체 가구의 4분의 1 이상이 현재 단 한 명으로 구성되어 있다. 이는 사상 최고 수치다. 1조 9,000억 달러 규모의 이 시장이 마케터들의 관심을 끄는 것은 놀랍지 않다. Lowe's는 화장실을 개조하는 싱글 여성을 주인공으로 하는 광고를 내보냈다. De Beers는 미혼 여성들을 위한 '오른손에 끼는 반지'를 판매한다. 그리고 최근에 문을 연 초현대적인 Middle of Manhattan 63층 타워에는 거주자의 3분의 2가 침실 한 개와 스튜디오 임대 아파트에서 혼자 살고 있다.[16]

광군제 광군제(Singles Day)는 젊은이들이 독신임을 자랑스럽게 여기는 중국의 인기 있는 명절이다. 이 기념일은 11월 11일(11/11)이 네 개의 '1'로 구성되어 있기 때문에 Singles Day라고 이름 붙여졌다. 중국 전자상거래 대기업 Alibaba와 JD.com이 11월 1일부터 11월 12일 자정까지 진행되는 판매 행사 기간 동안 약 1,150억 달러의 매출을 올리면서 이 휴일은 세계에서 가장 큰 오프라인 및 온라인 쇼핑 날이 되었다. Alibaba를 비롯한 소매업체와 제조업체들은 이 연휴를 독신 청년들에게 다가가기 위한 수단으로 받아들이고, 이들이 쇼핑을 하도록 설득하기 위해 타깃 프로모션을 시작했다. 세계 최대 전자상거래 사이트인 Taobao(Alibaba 소유)는 앱에 그날 사용자들의 지출이 그들 지역의 다른 사람들의 지출과 어떻게 비교되지를 보여주는 기능까지 추가했다.[17]

성별 남성과 여성은 부분적으로 유전적 구성과 사회화에 따라 다른 태도를 가지고 다르게 행동한다.[18] 전통적으로 여성이 더 공동체적이고 남성이 더 자기표현적이고 목표 지향적인 경향이 있다는 연구 결과가 있다. 여성은 그들의 가까운 환경에서 더 많은 데이터를 받아들이는 경향이 있고, 남성은 목표를 달성하는 데 도움이 되는 환경의 부분에 집중하는 경향이 있었다.

남성과 여성의 역할이 확대되면서 일부 다른 영역에서도 성별 차이가 줄어들고 있다. Yahoo의 한 조사에 따르면 남성의 절반 이상이 자신을 그들 가정의 주요 식료품 쇼핑객이라고 밝혔다. Procter & Gamble은 이제 Gain과 Tide 세탁 세제, Febreze 방향제, Swiffer 스위퍼 광고와 같이 남성을 염두에 두고 일부 광고를 디자인한다. 반면, 일부 연구에 따르면, 미국과 영국의 여성은 새 주택 구입 결정의 75%를 차지하고, 새 차 구입 결정의 60%를 차지한다.[19]

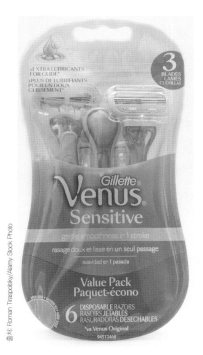

출처: Roman Tiraspolsky/Alamy Stock Photo

>> 여성 특유의 면도 수요를 충족하기 위해 제작된 면도기에 대해 이루어진 광범위한 소비자 조사와 시장 테스트 결과에 힘입어 Gillette의 Venus 면도기는 전 세계 여성 면도기 시장의 50% 이상을 차지했다.

그럼에도 불구하고 의복, 헤어 스타일링, 화장품 분야에서 성차별은 오래 전부터 적용되어 왔다. 예를 들어 Avon은 여성에게 미용 제품을 판매하여 60억 달러 이상의 비즈니스를 구축했다. Gillette는 Venus 면도기로 비슷한 성공을 거두었다. 그러나 최근에는 성차별 제품의 혜택에 대한 소비자들의 회의적인 반응으로 많은 회사들이 성차별의 가치에 의문을 제기하고 제품에서 젠더 특성을 제거하기 시작했다. 예를 들어, Bic은 젠더리스 스킨케어 제품을 제공하는 Non Gender Specific, Aēsop, MALIN + GOETZ와 같은 회사에 합류하여 젠더리스 면도기 및 그루밍 제품 라인인 Made For YOU를 도입했다.[20]

Venus Razor Gillette의 Venus 면도기는 통찰력 있는 소비자 조사와 제품 디자인, 포장 및 광고에 대한 광범위한 시장 테스트의 결과로 전 세계 여성 면도 시장의 50% 이상을 점유하고 있는 가장 성공적인 여성 면도기 라인이 되었다. 이 면도기는 본질적으로 남성용 면도기의 색상 또는 재포장 버전이었던 이전 디자인에서 크게 벗어났다. Venus는 여성의 니즈를 충족하도록 특별히 설계되었다. 광범위한 연구를 통해 남성의 얼굴보다 9배 더 넓은 면도 표면과 젖은 환경에서 여성의 몸의 곡선을 가로지르는 면도를 포함하여 여성에게 고유한 면도 필요성이 확인되었다. 그 결과로, 겨드랑이와 비키니 부위와 같은 좁은 부위에 더 잘 맞는 타원형 카트리지와 더 나은 활공을 위한 추가 윤활이 포함되게 설계되었다. 게다가 여성이 면도하는 동안 면도기 그립을 30번 정도 바꾼다는 사실을 발견한 후, Gillette는 Venus 면도기를 넓고 조각된 형태의 고무 손잡이로 디자인하여 뛰어난 그립감과 컨트롤을 제공했다. 또한 Harris Interactive(현 Harris Insights & Analytics)에 의뢰해 13개국 6,500명 이상의 여성을 대상으로 온라인 연구를 수행했는데, 10명 중 7명이 매끄러운(68%), 건강한(66%), 부드러운(61%)으로 정의된 이른바 '여신 피부'를 원한다는 사실이 밝혀져 새로운 Gillette Venus & Olay 면도기를 선보이게 됐다.[21]

소득　소득 세분화는 자동차, 의류, 화장품, 금융 서비스, 여행과 같은 범주에서 오랜 관행이다. 그러나 소득이 항상 주어진 제품에 대한 최상의 고객을 예측하는 것은 아니다. 초기 컬러 텔레비전의 높은 가격에도 불구하고 블루칼라 근로자들은 이를 가장 먼저 구입했다. 그들에게는 영화를 보러 가거나 식당에 가는 것보다 텔레비전을 사는 것이 더 저렴했다.

많은 마케터들이 의도적으로 저소득층을 노리고 있는데, 어떤 경우에는 경쟁 압력이 낮거나 소비자 충성도가 더 높다는 사실을 발견하기도 한다. Procter & Gamble은 2005년에 Bounty Basic과 Charmin Basic이라는 두 개의 할인된 가격의 브랜드를 출시하여 어느 정도 성공을 거두었다. 다른 마케터들은 프리미엄 가격의 제품으로 성공을 거두고 있다. Whirlpool이 값비싼 Duet 세탁기 라인을 출시했을 때, 매출은 주로 거래를 한 중산층 쇼핑객 덕분에 불경기임에도 예측치의 두 배였다.

미국의 중산층 소비자들이 할인 상품과 프리미엄 상품으로 이동함에 따라 기업은 점차 시장이 모래시계 모양임을 발견하고 있다. 이 새로운 시장을 놓치는 기업은 '중간에 갇히는' 위험에 처해 시장 점유율이 꾸준히 하락하게 된다. Sears 같은 소매업체는 주로 중산층에게 판매한다는 유통 전략을 인식한 Levi Strauss는 고급 소매업체인 Bloomingdales와 Saks Fifth Avenue에 Levi's Made & Crafted와 같은 프리미엄 라인을 도입하고, 대량 판매업체인 Walmart와 Target에 Levi Strauss & Co.의 덜 비싼 Signature 라인을 도입했다.

인종과 문화　다문화 마케팅은 인종과 문화 세분시장이 충분히 다른 니즈를 가지고 있고, 타깃 마케팅 활동을 요구하며, 대중시장 접근방식이 그 시장의 다양성에 대해 충분히 정립되지 않는다는 사실을 인식하는 접근방법이다. McDonald's가 미국 수익의 상당 부분을 소수민족과 함께 창출한다는 것을 생각해 보자. 최근 한 조사에 따르면 아프리카계 미국인 응답자의 25%, 히스패닉계 응답자의 24%, 아시아계 미국인 응답자의 20%가 그들이 가장 자주 먹는 패스트푸드점이 McDonald's라고 답했다. McDonald's의 매우 성공적인 "I'm Lovin' It" 캠페인은 힙합 문화에 뿌리를 두고 있지만 인종과 민족성을 초월한 매력을 가지고 있다.[22]

히스패닉계 미국인, 아프리카계 미국인, 아시아계 미국인 시장과 그들의 수많은 서브 시장은 비(非)다문화 인구의 두세 배 속도로 성장하고 있으며, 그들의 구매력도 확대되고 있다. 다문화 소비자들은 또한 1세대, 2세대, 또는 후기 세대인지 그리고 이민자인지 아니면 미국에서 태어나고 자랐는지 등 다양하다. 따라서 마케팅 담당자는 다문화 시장의 규범, 언어적 뉘앙스, 구매 습관, 사업 관행을 추후에 추가하기보다는 마케팅 전략의 초기 공식에 반영할 필요가 있다. 이 모든 다양성은 마케팅 연구에도 영향을 미친다. 타깃시장을 적절하게 프로파일링하려면 신중한 샘플링이 필요하다.

다문화 마케팅은 다른 마케팅 메시지, 미디어, 채널 등을 요구할 수 있다. 일부 기업은 완전히 실현된 프로그램에 대한 재정 및 경영 지원을 제공하려고 애쓰지만, 전문 미디어는 사실상 모든 문화 세분시장 또는 소수 집단에 도달하기 위해 존재한다. 다행스럽게도, 국가가 문화적으로 더 다양해짐에 따라 특정 문화 집단을 겨냥한 많은 마케팅 캠페인은 다른 문화 집단에 파급되고 긍정적인 영향을 미칠 수 있다. Ford는 새로운 Explorer 모델을 출시하기 위해 코미디언 Kevin Hart가 등장하는 TV 광고를 개발했지만, 이 광고는 또한 일반적인 시장 출시를 위한 주요 광고 중 하나가 되었다.[23]

지리적 세분화

지리적 세분화(geographic segmentation)는 시장을 국가, 주, 지역, 카운티, 도시 또는 이웃과 같은 지리적 단위로 나눈다. 기업은 하나 또는 몇 개의 영역에서 운영할 수도 있고, 지역적 변화에 주의하면서 모든 영역에서 운영할 수도 있다. 그런 방식으로, 무역 지역과 이웃 지역의 지역 고객 그룹의 니즈와 원츠에 따라 마케팅 프로그램을 조정할 수 있고, 개별 고객의 니즈에도 맞출 수 있다. Yelp가 알아낸 바와 같이, 특정 지리적 위치의 고객에게 온라인으로 연락하는 것은 많은 현지 기회를 열어줄 수 있다.

> Yelp   2004년에 설립된 Yelp.com은 지역 사업에 대한 리뷰를 찾거나 공유하기를 원하는 소비자를 타깃으로 하여 '훌륭한 지역 기업과 사람들을 연결'하고 싶어 한다. 이 웹사이트의 조사된 수백만 개의 온라인 리뷰 중 거의 3분의 2가 식당과 소매업체를 위한 것이다. Yelp는 San Francisco에서 시작되었으며, 선호 사용자와 함께하는 월간 파티는 새로운 도시에서 서비스를 시작하는 데 사용되는 공식적인 프로그램인 Yelp Elite로 진화했다. 회사의 모바일 앱은 인터넷을 우회하고 소비자와 직접 연결할 수 있게 한다. 사이트 검색의 절반 이상이 현재 모바일 플랫폼에서 나온다. Yelp는 수백 명의 판매원을 통해 지역 상인들에게 지정된 Yelp Ads를 판매하여 수익을 창출한다. 디지털 광고가 지역 시장의 전통적인 광고를 앞지르는 등 지역 광고 사업은 거대하다. 현지 기업들도 Yelp의 혜택을 받고 있다. 여러 연구들은 사이트에서 자사의 비즈니스를 리뷰함으로써 얻을 수 있는 잠재적인 수익 회수가 가능함을 입증했다.[24]

지역적 차이는 중요하다. 마케터는 다음과 같은 사실을 고려해야 한다. Salt Lake City(그리고 Utah) 사람들은 Jell-O를 가장 많이 먹는다. California Long Beach 주민들은 아이스크림을 가장 많이 먹는다. 그리고 New York City 거주자들은 컨트리 음악 CD를 가장 많이 구입한다.[25] 지역 마케팅은 점점 더 특정 우편번호에 대한 마케팅을 의미한다. 많은 기업이 지도 소프트웨어를 사용하여 고객의 지리적 위치를 정확히 파악하며, 대부분의 고객이 매장에서 반경 10마일 이내에 있으며 특정 zip+4 영역에 더 집중되어 있다는 사실을 알게 된다.

일부 접근방식은 지리적 데이터와 인구통계 데이터를 결합하여 소비자와 이웃에 대한 훨씬 더 풍부한 설명을 산출한다. 시장조사 및 데이터 분석 회사인 Claritas는 소비자의 호불호,

출처: bigtunaonline/Alamy Stock Photo

<< 지역 광고는 Yelp.com 또는 Yelp 앱이 지역 기업과 자신의 경험을 연결시키고자 하는 고객과 식당과 소매업체 같은 특정 서비스 및 제품을 찾는 고객으로부터 수백만 개의 리뷰를 공유할 수 있게 한다.

생활 방식 및 구매행동을 반영하여 인구통계적 및 행동적으로 구별되는 68개의 세분시장을 가진 가구를 정의하는 PRIZM Perimeter라는 지리 클러스터링 접근방식을 개발했다. 68개의 세분시장은 소득, 교육, 직업, 주택 가치, 도시화, 연령, 사회경제적 순위 및 가정 내 자녀 유무와 같은 특성을 포함하여 사회경제적 순위에 따라 정의된다.[26] 같은 세분시장의 거주자는 비슷한 삶을 살고, 비슷한 자동차를 운전하며, 비슷한 직업을 가지고, 비슷한 잡지를 읽는 것으로 추정된다.

지리적 클러스터링은 증가하는 미국 인구의 다양성을 포착하는 데 도움이 된다. PRIZM과 같은 지리 클러스터링 세분화는 다음과 같은 다양한 질문에 답하는 데 사용되었다. 가장 가치 있는 고객이 포함된 지역 또는 우편번호는 무엇인가? 우리는 이미 이러한 세분시장에 얼마나 깊이 침투했는가? 각 지역의 목표 클러스터에 도달하는 데 가장 효과적인 유통 채널과 홍보 매체는 무엇인가? 가장 밀집된 영역을 매핑함으로써 소매업체는 대부분의 고객이 이미 살고 있는 곳에 최고의 잠재고객이 살고 있다고 가정하고 **고객 복제**(customer cloning)에 의존할 수 있다.

행동적 세분화

행동적 세분화(behavioral segmentation)에서 마케터는 그들의 행동에 기초하여 구매자를 그룹으로 나눈다. 많은 마케터는 사용자 상태, 사용률, 구매자 준비 단계, 로열티 상태, 상황 등 사용자 또는 그들의 사용과 관련된 변수가 세분시장을 구축하기 위한 좋은 출발점이라고 믿는다.

• **사용자 상태**(user status): 기업 제공물에 대한 이전 경험에 기초하여, 소비자는 비사용자, 잠

재적 사용자, 처음 사용자, 일반 사용자, 이전 사용자로 분류될 수 있다. 다양한 유형의 경험은 서로 다른 마케팅 전략을 요구하는 경향이 있기 때문에 고객에 대한 경험을 이해하는 것이 중요하다. 잠재적 사용자 그룹에는 일부 수명 단계 또는 사건과 관련하여 사용자가 될 소비자가 포함된다. 예를 들어 예비 엄마들은 대량 사용자로 변할 잠재적 사용자들이다. 잠재적 사용자 심지어 비사용자를 끌어들이는 열쇠는 그들이 사용하지 않는 이유를 이해하는 것이다. 그들은 깊은 태도, 신념 또는 행동을 가지고 있는가? 아니면 단지 제품이나 브랜드 혜택에 대한 지식이 부족한 것인가?

- **사용률**(usage rate): 시장을 경량, 중량, 대량 제품 사용자로 나눌 수 있다. 대량 사용자는 종종 작지만 전체 소비에서 높은 비율을 차지한다. 맥주를 많이 마시는 사람들은 맥주 소비량의 87%를 차지하는데, 이는 맥주를 가볍게 마시는 사람들보다 거의 7배나 많은 양이다. 많은 마케터들은 여러 명의 경량 사용자보다는 한 명의 대량 사용자를 끌어들이려 한다. 그러나 잠재적인 문제는 대량 사용자가 종종 한 브랜드에 극도로 로열티가 높거나 어떤 브랜드에도 충성하지 않고 항상 최저 가격만 찾는다는 것이다. 그들은 또한 자신의 구매와 소비를 확장할 수 있는 능력이 부족할 수도 있다. 반면에 경량 사용자는 새로운 마케팅 호소에 더 잘 반응할 수 있다.[27]

- **구매자 준비 단계**(buyer-readiness stage): 어떤 사람들은 제품에 대해 모르고, 어떤 사람들은 알고, 어떤 사람들은 정보를 얻고, 어떤 사람들은 관심을 갖고, 어떤 사람들은 제품을 원하며, 어떤 사람들은 구매하려고 한다. 얼마나 많은 사람들이 서로 다른 단계에 있는지, 그리고 그들이 사람들을 한 단계에서 다른 단계로 얼마나 잘 전환시켰는지를 특징짓는 것을 돕기 위해 마케터들은 시장을 구매자 준비 단계로 구분한다. 서로 다른 단계의 소비자 비율은 마케팅 프로그램의 설계에 상당한 영향을 미친다. 한 보건기관에서 자궁경부암을 발견하기 위해 매년 Pap 검사를 받도록 권장하고 있다고 가정해 보자. 처음에는 대부분의 여성이 Pap 검사를 인지하지 못할 수 있다. 마케팅 활동은 간단한 메시지를 사용하여 인지도를 높이는 광고를 시작해야 한다. 나중에 광고는 Pap 검사의 이점과 그것을 받지 않을 때의 위험을 극적으로 나타내야 한다. 무료 건강검진의 특별 제공은 여성들이 실제로 그 검진에 등록하도록 동기부여할 수 있다.

- **로열티 상태**(loyalty status): 소비자는 브랜드 충성도를 기준으로 네 가지 주요 세분시장으로 나눌 수 있다. 상시 한 브랜드만 구매하는 하드코어 충성 소비자, 두세 개 브랜드에 충성하는 스플릿 충성 소비자, 한 브랜드에서 다른 브랜드로 이동하는 로열티 전환 소비자, 어느 브랜드에도 충성도를 보이지 않는 전환자 등 크게 네 가지로 나눌 수 있다. 따라서 기업은 (1) 충성고객 유지 및 이용률 제고, (2) 충성도가 낮은 세분시장의 구매 비중을 높이는 데 노력을 집중할 수 있다.

- **상황**(occasions): 소비자는 다양한 이유로 제품과 서비스를 구매한다. 구매자가 니즈를 개발하거나 제품을 구매하거나 제품을 사용하는 경우에 따라 구매자를 구분할 수 있다. 예를 들어, 비행기 여행은 비즈니스, 휴가 또는 가족과 관련된 경우에 의해 유발된다. 꽃은 선물로 구입하거나 자신의 집을 꾸미기 위해 구입할 수 있다. 와인은 마시거나 요리에 사

용할 수 있다. 사용 상황을 이해하는 것이 중요한데, 상황이 다르면 니즈가 다르고 제품 또는 서비스가 고객을 위해 창출할 수 있는 가치는 상황에 따라 다를 수 있기 때문이다.

심리적 세분화

심리적 세분화(psychographic segmentation)에서 구매자는 심리적 특성, 생활 방식, 가치에 따라 그룹으로 나뉜다. 소비자의 인구통계적, 지리적, 행동적 특성이 항상 그들의 근본적인 니즈를 정확하게 반영하는 것은 아니기 때문에 심리적 세분화는 중요하다. 예를 들어, 동일한 인구통계적 그룹에 속한 사람들은 매우 다른 심리적 프로파일을 나타낼 수 있다. Honda의 경험에서 알 수 있듯이, 일부 나이 든 소비자들의 경우 심리적으로는 젊을 수 있다.

> Honda Element　Honda는 회사 관계자들이 "바퀴 달린 기숙사 방"이라고 묘사한 박스형 Element 로 21세 젊은이들을 공략하기 위해. 해변에 있는 차 근처에서 파티를 즐기는 섹시한 대학생들의 모습을 담은 광고를 내보냈다. 하지만 너무 많은 베이비붐 세대들이 이 광고에 매료되면서 Element 구매자의 평균 연령은 42세로 밝혀졌다! 베이비붐 세대가 젊음을 유지하려고 노력하면서 Honda는 연령대 간의 경계가 모호해지고 있다고 판단했다. 판매가 부진하자 Honda는 Element의 판매를 중단하기로 결정했다. Fit이라는 새로운 준중형차를 출시할 준비를 마쳤을 때 기업은 의도적으로 Y세대 구매자와 빈 둥지 부모를 목표로 삼았다.[28]

　심리적 측정을 기반으로 한 가장 오래된 마케팅 분류 시스템 중 하나는 VALS 프레임워크다. VALS는 사람들의 심리적 특성을 기반으로 하며, 네 개의 인구통계학적 질문과 35개의 태도적 질문이 포함된 설문지에 대한 응답 측면에서 미국 성인을 8개의 주요 그룹으로 분류한다.[29] VALS 세분화 프레임워크의 주요 차원은 소비자 동기부여와 소비자 자원이다. 소비자는 이상, 성취, 자기표현이라는 세 가지 주요 동기 중 하나에 의해 영감을 받는다. 이상에 의해 주

출처: Drive Images/Alamy Stock Photo

<< 20대를 타깃으로 한 Honda의 Element 광고가 베이비붐 세대의 관심을 끌면서 평균 구매자 연령을 40세 이상으로 끌어올리게 된 이후, 의도적으로 준중형 Fit을 Y세대 구매자뿐만 아니라 그들의 빈 둥지 부모에게도 홍보했다.

로 동기부여된 사람들은 지식과 원칙에 의해 인도된다. 성취에 의해 동기부여된 사람들은 동료들에게 성공을 보여주는 제품과 서비스를 찾는다. 자기표현에 동기부여되는 소비자는 사회적 또는 신체적 활동, 다양성과 위험을 원한다. 에너지, 자신감, 지성주의, 참신성 추구, 혁신성, 충동성, 리더십, 허영심과 같은 성격적 특성은 주요 인구통계와 함께 개인의 자원을 결정한다. 다양한 수준의 자원은 한 개인의 주요 동기에 대한 표현을 강화하거나 제한한다. 비록 VALS 접근법이 소비자에 대한 더 풍부한 이해를 제공할 수 있지만, 일부 마케터들은 실제 소비자 행동과 다소 거리가 멀다고 비난한다.[30]

심리적 세분화는 또한 소비자의 성적 지향과 성별 식별에 기초할 수 있다. 레즈비언, 게이, 양성애자, 트랜스젠더(LGBT) 시장은 인구의 약 7%를 차지하며 약 9,170억 달러의 구매력을 가진 것으로 추정된다.[31] LGBT 성인 및 그 친구, 가족, 친척 중 75% 이상이 LGBT 친화적이라고 알려진 브랜드로 전환할 것이라고 답했다. 많은 기업이 최근 이 시장을 공략하기 위한 이니셔티브를 만들었다. American Airlines은 LGBT 전담 직원과 게이와 레즈비언을 주제로 한 국가 행사 일정표와 같은 커뮤니티 관련 서비스를 강조하는 웹사이트로 레인보우 팀을 만들었다. Volvo, Nike, Kimpton, AT&T, Target, P&G, General Mills, Kraft 또한 게이와 레즈비언에 가장 친화적인 사업 중 하나로 인정받는다. Hyatt는 고객이 여행 경험을 공유하는 소셜 사이트와 블로그를 타깃으로 삼고 LGBT 커뮤니티에 온라인 어필을 한다. 일부 기업은 게이와 레즈비언을 지지하는 회사를 비판하거나 심지어 보이콧하는 단체들의 반발을 걱정한다. 비록 Pepsi, Campbell, Wells Fargo 모두가 과거에 그러한 보이콧을 경험했지만, 그들은 계속해서 게이와 레즈비언 커뮤니티에 광고를 하고 있다.

비즈니스 시장 세분화

소비자 시장에서 사용하는 것과 동일한 변수(예: 지역, 혜택, 사용률)로 비즈니스 시장을 세분화할 수 있지만, 비즈니스 마케터는 다른 변수도 사용한다. 비즈니스 시장의 일반적인 세분화 변수 중 일부는 다음과 같다.[32]

- **인구통계적 요인**(demographic factors): 산업(예: 서비스해야 할 산업), 기업 규모(예: 서비스해야 할 기업 규모), 위치(예: 서비스해야 할 지리적 지역)

- **운영 변수**(operating variables): 기술(예: 어떤 고객 기술에 중점을 두어야 하는가?), 사용자 또는 비사용자 상태(예: 대량 사용자, 중간 사용자, 경량 사용자, 비사용자), 고객 기능(예: 많은 서비스를 필요로 하는 고객에게 서비스를 제공해야 하는가 아니면 적은 서비스를 필요로 하는 고객에게 제공해야 하는가?)

- **구매 접근방식**(purchasing approaches): 구매 기능 조직(예: 고도로 중앙집중화된 구매 조직과 분산된 구매 조직을 가진 회사 중 어디에 서비스를 제공해야 하는가?), 권력 구조(예: 엔지니어링이 지배적인 회사와 재정적으로 지배적인 회사 중 어디에 서비스를 제공해야 하는가?), 기존 관계의 특성(예: 강한 관계를 가진 회사에 봉사해야 하는가, 아니면 단순히

가장 바람직한 회사를 추구해야 하는가?), 일반적인 구매 정책(예: 임대, 서비스 계약서, 시스템 구매, 밀봉된 입찰 중 무엇을 선호하는 회사에 서비스를 제공해야 하는가?), 구매 기준(예: 품질, 서비스, 가격 중에 무엇을 추구하는 회사에 서비스를 제공해야 하는가?)

- **상황적 요인**(situational factors): 긴급성(예: 즉각적인 배송 또는 서비스가 필요한 회사에 서비스를 제공해야 하는가?), 특정 애플리케이션(예: 모든 애플리케이션이 아닌 제품의 특정 애플리케이션에 초점을 맞춰야 하는가?), 주문 규모(예: 대량 주문과 소량 주문 중 어느 쪽에 초점을 맞춰야 하는가?)
- **개인적 특성**(personal characteristics): 구매자-판매자 유사성(예: 우리와 사람과 가치관이 비슷한 회사에 서비스를 제공해야 하는가?), 위험에 대한 태도(예: 위험을 감수하는 고객과 위험을 피하는 고객 중 누구에게 서비스를 제공해야 하는가?), 충성심(예: 공급업체에 대한 충성도가 높은 회사에 서비스를 제공해야 하는가?)

위 목록은 비즈니스 마케터가 서비스할 세분시장과 고객을 결정할 때 물어봐야 하는 주요 질문을 확인해 준다. 고무 타이어 기업은 자동차, 트럭, 농장 트랙터, 포크리프트 트럭 또는 항공기 제조업체에 타이어를 판매할 수 있다. 선택한 타깃 산업 내에서 기업 규모별로 세분화하고 대규모 및 소규모 고객을 대상으로 판매를 위한 별도 운영을 설정할 수 있다. 기업은 구매 기준에 따라 더 세분화할 수 있다. 정부 연구소는 과학 장비에 대한 저렴한 가격과 서비스 계약이 필요하고, 대학 연구소는 거의 서비스가 필요하지 않은 장비가 필요하며, 산업 연구소는 신뢰성과 정확성이 높은 장비가 필요하다.

비즈니스 마케터들은 그들이 판매할 회사의 유형을 선택하기 위해 여러 다른 방법으로 시장을 나눌 수 있다. Timken이 발견한 것처럼 가장 큰 성장 전망, 가장 수익성 있는 고객, 회사에 가장 유망한 기회를 가진 세분시장을 찾는 것은 매우 중요하다.

Timken 다양한 산업 분야의 기업을 위해 베어링과 로터리 등을 제조하는 Timken이 경쟁사 대비 순이익과 주주 수익률이 하락하자 가장 수익성 높은 분야에 투자하지 않고 있다는 우려가 제기됐다. 재정적으로 매력적인 세분시장에서 영업하고 그 제공물의 가치를 가장 높게 평가할 수 있는 기업을 식별하기 위해 광범위한 시장조사를 수행한 결과, 일부 고객은 많은 비즈니스를 창출하지만 수익 잠재력은 거의 제공하지 않는 반면, 다른 고객은 그 반대라는 사실을 발견했다. 그 결과, Timken은 자동차 산업에서 중가공, 항공우주, 방위 산업으로 관심을 돌렸다. 또한 재무적으로 매력적이지 않거나 최소한의 매력만 가지고 있는 고객도 다루었다. 한 트랙터 제조업체는 Timken의 베어링 가격이 중형 트랙터에 비해 너무 높다고 불평했다. Timken은 회사가 다른 곳을 찾아보고 제조사의 대형 트랙터에 대해 더 높은 가격에 베어링을 계속 판매하여 양측이 만족할 수 있도록 할 것을 제안했다. 올바른 유형의 기업에 어필하기 위해 제품, 가격 및 커뮤니케이션을 조정함으로써 Timken은 불황에도 불구하고 기록적인 수익을 경험했다.[33]

marketing INSIGHT   긴 꼬리 추적하기

기술에 의해 가능해진 Amazon.com, eBay, iTunes, Netflix로 대표되는 온라인 상거래의 출현이 소비자 구매 패턴의 변화를 초래하였다고, 《Wired》 매거진의 편집장이자 《The Long Tail》의 저자인 Chris Anderson은 말한다.

대부분의 시장에서 제품 판매의 분포는 일부 제품에 의해 판매의 대부분이 생성되는 한쪽(머리)에 무겁게 가중되는 곡선을 따른다. 그 곡선은 0 수준으로 떨어지고 또한 X축을 따라 '긴 꼬리' 모양으로 나타나는데, 이런 경우 대다수의 제품은 거의 판매고를 창출하지 못한다. 대량 시장은 전통적으로 꼬리가 구성하는 저수익 시장 틈새를 무시하고 머리를 차지하는 '히트' 제품을 생산하는 데 초점을 맞췄다. 기업 수익의 80%가 해당 기업 제품의 20%에 의해 발생한다는 파레토 원칙에 기반한 '80-20' 규칙이 바로 이것을 나타낸다.

Anderson은 전자상거래의 성장으로 긴 꼬리가 이전보다 훨씬 더 많은 가치를 지니고 있다고 주장한다. 사실 그는 인터넷이 음악, 책, 의류, 영화를 포함한 많은 제품 카테고리에서 '히트에서 틈새로' 수요가 이동하는 데 직접적으로 기여했다고 주장한다. 이 견해에 따르면, 낮은 판매 제품들이 회사 수익의 절반을 더함으로써 현재 지배적인 규칙은 '50-50'에 가깝다.

Anderson의 긴 꼬리 이론은 다음과 같은 세 가지 전제를 기반으로 한다. (1) 유통 비용이 낮으면 수요의 정확한 예측 없이 제품을 판매하는 것이 경제적으로 더 쉬워진다. (2) 판매가 가능한 제품이 많을수록 전통적인 소매 채널을 통해 도달할 수 없는 틈새 취향에 대한 잠재 수요를 활용할 가능성이 커진다. (3) 틈새시장 취향이 충분히 합쳐지면 큰 새로운 시장이 생길 수 있다.

Anderson은 이러한 전제를 지원하는 전자상거래의 두 가지 측면을 제시했다. 첫째, 온라인에서 제공되는 재고와 다양성은 더 많은 선택권을 허용한다. 둘째, 관련 신제품의 검색 비용은 온라인상의 풍부한 정보, 공급업체가 제공할 수 있는 사용자 선호도에 기반한 제품 추천 필터링, 인터넷 사용자의 입소문 네트워크로 인해 낮아진다.

잠재고객을 자신의 취향에 맞는 틈새 제품에 맞추는 새로운 기능으로, 많은 기업이 긴 꼬리로부터 증가하는 가치를 이끌어내기 시작했다. 대기업들은 비교적 낮은 판매량에도 생존 가능한 점점 더 다양한 제품을 제공할 수 있게 됨으로써 긴 꼬리로부터 이익을 얻었다. 그리고 제품을 디자인하고, 소통하고, 제공하는 데 드는 낮은 비용 덕분에 소규모 기업들은 틈새 취향에 맞는 제품으로 시장에 진출할 수 있게 되면서 이익을 얻었다. 그럼에도 불구하고 모든 시장이 긴 꼬리에 의해 변화된 것은 아니다. 매우 복잡한 생산이나 매우 높은 재고 비용이 수반되는 범주에서 제공물은 제한적으로 유지된다. 예를 들어, 자동차, 항공기, 조선 산업은 상대적으로 적은 수의 대량생산 제품에 크게 의존하고 있으며, 각각은 더 큰 고객층에 서비스를 제공하고 있다.

일부 비평가들은 Anderson이 시사하는 것처럼 과거의 비즈니스 패러다임이 변했다는 개념에 이의를 제기한다. 특히 엔터테인먼트에서는 히트가 집중되는 '머리'가 콘텐츠 창작자뿐 아니라 소비자에게도 가치가 있다는 것이다. 한 비평가는 "대부분의 히트곡은 품질이 좋기 때문에 인기가 있다"고 주장했고, 다른 비평가는 긴 꼬리를 구성하는 대부분의 제품과 서비스가 온라인 '긴꼬리 집합체(long-tail aggregators)'의 작은 집중에서 비롯되었다고 언급했다.

일부 학술적 연구가 긴 꼬리 이론을 지지하지만, 다른 연구에서는 열악한 추천 시스템이 저점유율 제품을 꼬리 부분에 놓고 모호하고 찾기 어렵게 만들어 이러한 제품이 정당화될 수 있을 만큼 충분히 자주 구입하기 전에 사라지게 만든다는 것을 발견했다고 보고한다. 물리적 제품을 판매하는 기업의 경우 재고, 재고 보관, 처리 비용이 해당 제품의 재정적 이익을 능가할 수 있다.[34]

요약

1. **타기팅**은 회사가 자사의 제공물을 최적화할 고객을 식별하는 프로세스다. 타기팅은 제공물을 설계, 소통, 전달할 때 어떤 고객을 우선시하고 어떤 고객을 무시할지에 대한 기업의 선택을 반영한다. 타기팅에는 전략적 결정과 전술적 결정이 포함된다.

2. **전략적 타기팅**에는 어떤 고객(세분시장)을 서비스하고 어떤 고객(세분시장)을 무시할지를 식별하는 것이 포함된다. 전략적 타기팅은 타깃 적합성과 타깃 매력도라는 두 가지 핵심 요소에 의해 유도된다.

3. **타깃 적합성**은 고객을 위한 가치를 창출하는 기업의 능력을 반영한다. 비즈니스 인프라, 부족한 자원, 숙련된 직원, 협력자 네트워크, 노하우, 강력한 브랜드, 확립된 생태계, 자본 등이 기업 자원의 기능이다.

4. **타깃 매력도**는 기업의 가치를 창출할 수 있는 고객의 잠재력을 반영한다. 특정 고객 세분시장에서 창출되는 수익과 이 세분시장을 서비스하는 데 필요한 비용과 같은 금전적 요인과 세분시장의 사회적 가치, 규모적 가치, 정보적 가치 등의 전략적 요인의 기능이다.

5. 전략적 타기팅의 핵심 원칙은 기업이 경쟁사에 비해 고객에 대한 월등한 가치를 창출할 수 있어야 한다는 것이다. 이를 위해 기업은 경쟁사 대비 우수한 자원을 보유한 시장을 파악해야 한다.

6. **전술적 타기팅**은 전략적으로 실행 가능한 고객에게 도달할 수 있는 효과적이고 비용 효율적인 방법을 식별하는 것을 포함한다. 전술적 타기팅은 (일반적으로 관찰할 수 없는) 가치 기반 세분시장을 관찰 가능하고 실행 가능한 특성에 연결한다. **고객 프로파일**이라고도 하는 이러한 관찰 가능한 특성에는 인구통계적(예: 나이, 성별, 소득), 지리적(예: 영주권 및 현재 위치), 심리적(예: 도덕적 가치, 태도, 관심사, 생활 방식), 행동적(예: 구매 빈도, 구매 수량, 가격 민감도) 요인이 포함된다.

7. 전술적 타기팅은 효과성(모든 타깃고객에게 도달할 수 있는 기업의 능력)과 비용 효율성(타깃고객에게만 도달할 수 있는 방식으로 자원을 배치할 수 있는 기업의 능력)이라는 두 가지 핵심 요소에 의해 운영된다.

8. **세분화**는 타기팅과 관련된 차이점에 초점을 맞추고 관련이 없는 차이점을 무시하여 고객을 그룹화하는 분류 프로세스다. 세분화를 통해 관리자는 고객을 더 큰 세분시장으로 그룹화하고 각 개별 고객이 아닌 전체 세분시장에 대한 제품을 개발할 수 있다.

Superdry

Superdry는 영국에서 인기 있는 패션 브랜드로, 프리미엄 원단으로 만든 남성용과 여성용 의류를 판매한다. 스타일리시하고 캐주얼하고 스포티하고 모던하며 복잡한, 손으로 그린 그래픽의 이 브랜드는 미국의 빈티지 스타일 패션, 일본의 그래픽, 영국의 품질과 디자인 디테일을 결합한 문화적 블렌딩의 진정한 사례를 상징한다.

Superdry는 2003년 영국 Cheltenham에서 Julian

Dunkerton과 James Holder 간의 파트너십으로 설립되었다.

Dunkerton은 Cheltenham 시장에서 빈티지 아메리칸에 영감을 받은 옷 가게로 패션업계의 여정을 시작했고, 이 작은 노점은 나중에 Cult Clothing이라는 브랜드로 성장했다. 한편, 디자인, 타이포그래피, 스크린 인쇄에 관심이 있었던 Holder는 스케이트웨어 브랜드인 Bench를 탄생시켰다. 두 기업가가 만났을 때 제품 디자인, 원단, 빈티지 패션, 그래픽에 대한 서로의 관심에 깊은 인상을 받았다. 그들은 자신들의 창의적인 아이디어를 혼합하기로 결심하고 영감을 얻고자 Tokyo로 여행을 떠났다. Superdry라는 브랜드 이름과 로고는 Tokyo의 한 바에서 이루어진 브레인스토밍 세션 중에 만들어졌는데, 두 사람이 본 거의 모든 일본 제품의 포장에 'Super'라는 단어가 사용되었음에 주목했다. 그 이후로, 일본 한자로 쓰여진 'Super'라는 단어는 그들의 의류 브랜드와 로고의 일부가 되었다.

Superdry는 5개의 티셔츠 컬렉션에서 전 세계에 500개 이상의 브랜드 매장과 컬트 스타 추종자들을 거느린 세계적인 브랜드로 성장했다. David Beckham, Justin Bieber, Kate Winslet과 같은 유명인들이 이 브랜드를 착용했다. 마케팅 전략에는 광고, 판촉, 디지털 마케팅 프로그램, 스폰서십, 컬래버레이션, Superdry Sound Summer Music Festival과 같은 행사가 포함되었다. 출시 후 처음 10년 동안 Superdry의 인기는 특히 젊은 소비자들 사이에서 엄청나게 증가했지만, 나이 든 소비자 세분시장에서도 그 매력을 높이고자 했다. 2015년, Superdry는 영국 《GQ》의 Best Dressed Men 중 한 명으로 뽑힌 42세의 영국 배우 Idris Elba와 협력하여 IDRIS라고 불리는 250개의 프리미엄 레인지 제품을 출시했다. Superdry와 Elba가 함께 제작한 다큐멘터리 'Cut from a Different Cloth'에서는 디자이너이자 기업가로서 배우의 새로운 면을 보여주었다.

2018년에는 148개 국가의 온라인 상점과 60개 이상의 매장 운영을 통해 연간 18억 달러 이상의 매출을 올렸다. 온라인 사업부가 전체 소매 매출의 25% 이상을 차지하면서 기업은 이제 스스로를 "글로벌 디지털 브랜드(global digital brand)"라고 불렀다. Superdry는 2018년 블랙 프라이데이, 사이버 먼데이, 크리스마스에 온라인 및 매장 내 판매를 촉진하기 위해 판매 프로모션에 YouTube를 활용했다. Superdry는 고객이 온라인과 오프라인 채널을 크게 구분하지 않는다고 생각하고 그 둘 사이에서 원활하게 운영했다. YouTube는 상점 내 판매를 지원하는 동시에 브랜드의 청중(오디언스)을 끌어들일 수 있기 때문에 커뮤니케이션 믹스의 중요한 부분이 되었다. YouTube에 올라온

Superdry의 'This Is the Jacket' 비디오는 누군가가 겨울에 재킷을 입는 시간이 그 사람의 정체성의 일부가 된다는 생각에 바탕을 두고 있다. 이 캠페인의 성공으로 브랜드 몰입은 올라가고 측정 가능한 판매 반응을 달성했다.

16년간의 급성장을 거친 브랜드는 2019년에 매출이 주춤하기 시작했다. 일부 소비자들은 이 브랜드가 예전만큼 유행을 따르지 않는다고 말했고, 업계 전문가들은 타깃고객과의 사회적 몰입이 부족하다고 평가했다. 예를 들어, 경쟁 브랜드인 Hollister보다 Instagram 팔로워 수가 10분의 1에 불과했다. Superdry는 소셜 미디어를 통한 인플루언서 마케팅에 더 집중하고 청소년을 대상으로 한 Summer or Nothing과 같은 새로운 캠페인을 개발함으로써 쿨링 요소를 다시 강조하기로 결정했다. 전 세계적으로 모든 Superdry's Digital 플랫폼에 걸쳐 시작된 이 캠페인은 서핑, 비치볼, 스케이트보드, 수영장 파티, 절벽 점프와 같은 여름이 제공하는 다양한 재미의 가능성을 묘사함으로써 밀레니얼 세대와의 강력한 연결 구축을 목표로 했다.

2019년 8월, Superdry는 TikTok을 마케팅 프로그램에 포함시키는 커뮤니케이션 전략으로 확장했다. 오스트레일리아의 TikTok 인플루언서 세 명을 매장 오픈행사에 초대했을 때, 매장 밖에는 300명이 넘는 고객이 줄을 섰다. 2019년 크리스마스를 위해 Superdry는 오스트레일리아와 뉴질랜드에서 One for Me, One for You TikTok 캠페인을 시작했다. 이 프로모션에서는 인기 있는 TikTok 인플루언서들이 크리스마스를 맞아 서로 어울리는 Superdry Slides를 선물했다. 이 캠페인은 출시 전부터 인플루언서 채널을 통해 280만 건의 자연적 도달이라는 엄청난 성공을 거두었다. Superdry는 견고한 커뮤니케이션 믹스로 타깃고객과 성공적으로 연결할 수 있었으며, 이는 상호작용적인 몰입을 장려할 뿐만 아니라 매장 방문과 구매를 촉진함으로써 직접적인 행동 반응에 영향을 미친다.[35]

질문

1. Superdry의 IMC 전략에 대해 논의하시오. 앞으로 그것은 어떤 유형의 의사소통 목표를 추구해야 하는가?

2. 유명인을 메시지 소스로 사용하는 것의 장단점에 대해 논의해 보자. Idris Elba와 한 것처럼 더 많은 유명인사 홍보와 협업을 해야 한다고 생각하는가?

3. YouTube와 TikTok을 사용하는 Superdry의 소셜 미디어 전략의 효과에 대해 논의해 보자.

marketing
SPOTLIGHT

Chase Sapphire

미국 최대 은행인 JPMorgan Chase의 상업 및 소비자 은행 자회사인 Chase Bank는 개인 은행, 신용카드, 모기지, 자동차 금융 등의 서비스를 제공한다. Chase Bank는 미국 6대 은행 중 가장 높은 고객만족도를 자랑하는 것으로 알려져 있다. 미국 가정의 거의 절반을 서비스하며 전국적으로 9,300만 명 이상의 카드 소유자와 5,000개의 지점을 두고 있다.

2006년, Chase Bank는 신용카드 운영을 강화하기 위해 큰 규모의 시장조사 프로젝트를 시작했다. 이 프로젝트는 신용카드 시장의 다양한 소비자 세분시장을 깊이 이해하는 데 초점을 맞췄다. 시장을 세분화할 때 카드사들은 종종 연령대와 자산 금액의 두 가지 유형의 인구통계적 변수를 사용한다. 또한 신용카드는 연회비, 캐시백, 독점적 보상(포인트) 등의 요인, 금리, 신용 한도, 신용도 등의 요인에 의해 차별화된다. Chase의 시장조사 프로젝트는 소비자 신용카드 시장의 부유한 고객 세분시장에서 경쟁하는 것이 회사의 더 강력한 입지를 구축하는 데 가치가 있다는 것을 보여주었다. 조사에 따르면, 이 인구통계는 당시 미국 카드 소지자의 15%를 차지했지만 전체 신용카드 지출의 50% 이상을 창출했다.

2009년, Chase Bank는 다양한 세분시장을 다루기 위해 신용카드 포트폴리오에 5개의 주요 하위 브랜드를 도입했다. 프라이빗 뱅킹 고객을 위한 JP Morgan, 부유한 소비자를 위한 Chase Sapphire, 소상공인을 위한 Chase Ink, 캐시백을 우선시하는 소비자를 위한 Chase Freedom, 신용카드 빚을 갚는 데 주력하는 소비자를 위한 Chase Slate 등이 포함됐다. Chase Sapphire는 경쟁력 있는 보상과 최고 수준의 고객서비스를 제공함으로써 부유한 소비자들에게 어필했다. 당시 시장에서 이 부분은 American Express가 장악하고 있었다. Amex의 Platinum Card는 24시간 고객서비스, 전용 클럽 이용, 전 세계 호텔·리조트·레스토랑의 편의시설 이용과 같은 혜택을 제공했다. 이러한 특징은 부유한 계층의 상당 부분을 차지하는 사업가들과 휴가객들에게 매력적이었다. 시장 진입을 위해 Chase는 Sapphire의 연회비를 무료로 했다. 고객은 항공 여행에 지출한 달러당 2포인트와 다른 곳에서 지출한 달러당 1포인트를 받았

다. 처음 3개월 동안 카드로 500달러를 쓴 고객에게는 Ultimate Rewards라고 불리는 사용자 친화적인 웹 페이지에서 보너스로 쉽게 보상받을 수 있는 1만 보너스 포인트가 지급되었다. 또한 Chase Sapphire 카드 소지자의 고객 통화는 신용카드 번호를 입력할 필요 없이 라이브 어드바이저가 응대했다. 연말까지, Sapphire 카드 소지자 가운데 905명 이상이 이 카드에 대한 전반적인 만족도를 보고했고, 85%는 다른 사람들에게 이 카드를 추천할 것이라고 답했다.

Sapphire의 성공을 바탕으로, Chase는 부유한 시장에서 더 큰 점유율을 얻기 위해 2011년에 Chase Sapphire Preferred라는 새로운 카드를 선보였다. 이 새로운 카드는 연회비가 95달러였지만 카드 소지자가 처음 3개월 동안 4,000달러 이상을 쓰면 5만 포인트를 적립해 주었다. Preferred 카드 소지자는 또한 식사와 여행에서 달러당 포인트 전환율을 더 잘 누렸고 Chase Experiences라는 독점 이벤트에 포인트를 상환할 수 있었다. 당시 대부분의 신용카드와 달리 Chase Sapphire Preferred 카드는 플라스틱으로 된 앞뒷면 사이에 금속 코어를 집어넣어 더 무겁고 실속 있게 만들어졌다. 고객은 지불을 위해 이 카드를 제시했을 때 만족스러운 '탁(thunk)' 소리가 나는 게 이 카드만의 독특한 정체성을 부여한다고 보고했다.

Chase Sapphire 포트폴리오의 초석인 Sapphire Reserve 카드는, 주로 소득이 15만 달러 이상인 25~44세 사이의 부유층 소비자 중 일부가 여행 혜택을 매우 우선시하고 포인트 보상을 원한다는 추가적인 연구를 바탕으로 출시되었다. Chase는 새 카드를 Chase Sapphire Preferred 카드와 구별되도록 디자인해야 했을 뿐만 아니라 밀레니얼 세대에게 어필하고 "이탈자(churners)"라고 부르는 사람들도 막아야 했다. 2013년까지, 많

은 밀레니얼 세대는 그들이 축적한 상당한 학자금 대출 부채 때문에 새로운 신용카드를 신청하는 데 신중했다. 그러나 Chase는 밀레니얼 세대가 보상 제도에 이끌리고 상당한 인센티브가 그들의 태도를 바꿀 수 있다는 것을 발견했다. 구매자들은 사인온 보너스(sign-on bonuses)와 낮은 도입률의 혜택을 이용하기 위해 여러 신용카드를 발급받은 사람들이었다. 이러한 신용카드는 보상금을 다 쓰고 나면 종종 사용되지 않았다.

새로운 Chase Sapphire Reserve 카드는 2016년 8월에 출시되었다. 이 카드는 연회비로 450달러, 여행 및 식사에 지출되는 달러당 3포인트, 여행에 지출 시 달러당 더 높은 포인트 환산율, 연간 여행 신용, Chase Experiences에 대한 접근성을 제공했다. 밀레니얼 세대에게 이것은 융통성 있고 여행 생활에 완벽한 신용카드를 의미했다. 출시 당시 고객이 첫 3개월 내에 4,000달러를 지출하면 10만 포인트 보너스를 제공하는 전례 없는 서비스를 제공했다. Chase는 밀레니얼 세대가 전통적인 TV 광고보다 소셜 미디어 인플루언서들에 의해 더 쉽게 설득된다는 것을 인식했다. 이 카드를 광고하기 위해 감독, 디자이너, 모델과 제휴하여 소셜 미디어를 통해 공유된 경험을 전달했고, 이는 대량 광고보다 더 큰 독점성을 만들어냈다.

Sapphire Reserve 카드 수요는 Chase의 예상을 크게 웃돌았다. 출시 10일 만에 Chase는 카드 안에 들어가는 금속 합금을 다 써버렸다. 콜센터에는 관심 있는 소비자들의 문의가 빗발쳤다. 카드는 출시 2주 만에 새로운 고객 획득 목표를 달성했다. 높은 사인온 포인트 보너스는 Chase에게 큰 비용을 초래했다. 몇 달 후에 Chase는 사인온 보너스를 5만 포인트로 줄인다고 공고했다. 그러나 Chase는 이 비용을 헌신적이고 몰입된 고객으로부터 앞으로 몇 년 동안 벌어들일 투자로 생각했다. 이것은 Chase가 Reserve 카드의 갱신율이 약 90%로 매우 높다는 사실을 밝히면서 1년 후에 확인되었고, 이로써 이탈자 문제를 해결했다.

Chase는 자사가 타깃고객의 행동과 인구통계를 이해함으로써 프리미엄 신용카드 시장에서 상위권을 차지했음을 발견했다. 밀레니얼 세대가 할인 마인드를 가지고 있고 물질적인 것보다 경험을 더 추구한다는 사실을 인식했다. Sapphire 라인은 카드의 무게에서부터 우수한 고객서비스와 시장을 선도하는 보상 프로그램에 이르기까지 이 문제를 완벽하게 해결했다. Chase는 밀레니얼 세대의 라이프스타일에 맞는 매력적인 제품을 디자인하여 컬트 브랜드를 만들어냈다.[36]

질문

1. Chase Sapphire 카드의 타깃고객은 누구인가? 이러한 고객의 주요 가치와 프로파일 특성은 무엇인가?

2. Sapphire 카드는 고객에게 어떤 가치를 창출하는가? 고객 입장에서 Sapphire 카드는 다른 신용카드에 비해 어떠한 장단점을 가지고 있는가?

3. 보너스 포인트와 같은 홍보 인센티브는 고객 수요를 창출하는 데 어떤 역할을 했는가? 밀레니얼 세대가 초기 제안을 이용했다면 충성 고객으로 남을 것인가? Sapphire 카드의 촉진 인센티브가 줄어들고 다른 신용카드 상품과 비슷해져도 밀레니얼 세대에게 계속 매력적일까?

7

고객 가치 제안과 포지셔닝

T-Mobile은 'Un-Carrier'라는 전략적 포지셔닝을 통해 보다 고객 중심적인 제공물로 이동하고 무선 네트워크에 대한 지속적인 투자를 통해 경쟁사인 AT&T 및 Verizon과 성공적으로 경쟁할 수 있었다.

출처: Cheryl Fleishman/Alamy Stock Photo

제품과 서비스가 다른 모든 제품 및 제공물과 유사하다면 어떤 기업도 승리할 수 없다. 전략적 브랜드 관리 프로세스의 일부로서 각 제품은 타깃시장 고객의 마음속에 올바른 것을 나타내야 한다. T-Mobile이 고유한 가치 제안을 강조하기 위해 제품을 어떻게 포지셔닝했는지 알아보자.

>>> T-Mobile은 독일 통신 회사 Deutsche Telekom의 이동통신 자회사로서 2004년 미국에서 설립되었다. T-Mobile의 경이적인 성공의 중요한 요소는 통신 시장에서 AT&T와 Verizon이라는 두 지배적인 플레이어에 대한 전략적 포지셔닝이었다. 이러한 포지셔닝은 T-Mobile이 브랜드를 정의하는 'Un-Carrier'라는 방식뿐만 아니라 고객에게 제공하는 제품과 서비스에도 반영되었다. 기업은 장기 계약을 없애고 투명한 가격 책정 모델로 대체했다. 또한 새로운 스마트폰으로 쉽게 업그레이드할 수 있도록 했으며, 경쟁 무선 네트워크를 사용하는 고객의 주요 불만 요소였던 글로벌 로밍 요금을 없앴다. 기업은 T-Mobile을 사용하면 추가 요금 없이 와이파이 네트워크를 통해 무료로 쉽게 통화하고 비디오를 스트리밍할

수 있도록 했다. 이 모든 것은 T-Mobile이 무선 네트워크에 지속적으로 투자하여 AT&T와 Verizon에 필적하는 품질과 신뢰성을 구축하고 경쟁사보다 우수한 고객서비스 경험을 목표로 했기 때문에 가능한 일이었다. T-Mobile은 경쟁우위를 높이기 위해 많은 고객이 AT&T에 대해 느끼는 것을 관찰하며 AT&T에 집중했다. iPhone 출시 당시 독점권을 갖고 있던 T-Mobile은 요금제를 비싸게 책정하는 한편 고객서비스를 제대로 제공하지 않으며 이를 악용한 바 있다. AT&T에 대한 직접적인 공격은 T-Mobile의 네 가지 주요 차이점, 즉 기술 혁신, 저렴하고 투명한 가격, 훌륭한 서비스, 밀레니얼 소비자의 선택으로서의 '멋짐(coolness)'에 초점을 맞췄다. 고객 중심 제품 개발에 대한 전략적 투자, 자사 브랜드의 경쟁력 있는 포지셔닝, 2020년 Sprint와의 합병을 통해 T-Mobile은 1억 명이 넘는 고객을 보유한 미국에서 두 번째로 큰 무선 통신 회사가 될 수 있었다.[1]

T-Mobile의 성공이 보여주듯이, 기업은 시장에서 독특한 위치를 개척함으로써 이익을 얻을 수 있다. 매력적이고 차별화된 브랜드 포지션을 구축하려면 소비자의 니즈와 원츠, 기업의 역량 및 경쟁 활동에 대한 예리한 이해가 필요하다. 그것은 또한 규율적이지만 창의적인 사고를 요구한다. 이 장에서는 마케팅 담당자가 가장 강력한 브랜드 포지셔닝을 발견할 수 있는 프로세스를 개략적으로 설명한다.

가치 제안과 포지셔닝 개발

마케팅 전략의 핵심 측면은 가치 제안을 개발하고 기업의 제품을 타깃고객에게 포지셔닝하는 것이다. 기업은 시장에서 다양한 니즈와 소비자 그룹을 발견하고, 우세한 방식으로 만족시킬 수 있는 대상을 목표로 한 다음 가치 제안을 개발하고, 타깃고객이 제품의 독특한 이점을 인식할 수 있도록 제품을 포지셔닝한다. 가치 제안과 포지셔닝을 명확하게 표현함으로써 기업은 높은 고객 가치와 만족도를 제공할 수 있으며, 이는 높은 반복 구매로 이어져 궁극적으로 기업 수익성을 높일 수 있다.

학습목표

7.1 기업이 가치 제안 및 포지셔닝 전략을 개발하는 방법을 설명한다.

7.2 기업이 준거 틀을 선택하는 방법을 기술한다.

7.3 기업이 동등점과 차별점을 식별하는 방법에 대해 논의한다.

7.4 지속 가능한 경쟁우위를 창출하기 위한 핵심 전략을 정의한다.

7.5 기업 제공물의 포지셔닝을 전달하기 위한 대체 전략을 파악한다.

가치 제안 개발하기

고객은 궁극적으로 어떻게 선택을 할까? 그들은 검색 비용과 제한된 지식, 이동성 및 소득 범위 내에서 가치 극대화를 추구하는 경향이 있다. 고객은 이유가 무엇이든 최고의 가치를 제공할 것이라고 믿는 제안을 선택하고 그에 따라 행동한다. 제안이 기대에 부응하는지 여부는 고객 만족도와 고객이 제품을 다시 구매할 확률에 영향을 미친다.

고객의 요구에 따라 제공물은 **기능적, 심리적, 금전적**인 세 가지 영역에서 가치를 창출할 수 있다.[2]

- **기능적 가치**(functional value)는 제공물의 성능과 직접적으로 관련된 혜택과 비용을 반영한다. 기능적 가치를 창출하는 제공물 속성에는 성능, 신뢰성, 내구성, 호환성, 사용 용이성, 맞춤화, 형태, 스타일, 포장이 있다. 기능적 가치는 종종 사무실 및 산업 장비와 같이 대부분 실용적인 것으로 간주되는 제품에 대한 주요 고려사항인 경우가 많다.
- **심리적 가치**(psychological value)는 제공물과 관련된 심리적 혜택과 비용을 포함한다. 심리적 가치는 기능적 혜택을 넘어 타깃고객에게 감성적 혜택을 제공한다. 예를 들어, 고객은 자동차에서 얻는 감성적 혜택(예: 고성능 자동차를 운전하는 즐거움, 고성능 자동차를 소유함으로써 얻게 되는 사회적 지위 및 라이프스타일)을 가치 있게 생각할 수 있다. 심리적 가치는 고객이 감성적이고 자기 표현적인 혜택을 적극적으로 추구하는 럭셔리 및 패션 카테고리에서 가장 중요하다.
- **금전적 가치**(monetary value)에는 제공물과 관련된 재정적 혜택 및 비용이 포함된다. 금전적 가치를 창출하는 제공물의 속성에는 제공물의 사용 및 폐기와 관련된 다양한 금전적 비용과 함께 가격, 수수료, 할인, 리베이트가 포함된다. 금전적 가치는 일반적으로 비용과 관련이 있지만 제공물에는 금전적 보너스, 캐시백 제안, 현금 경품, 재정적 보상, 저금리 자금 조달 같은 금전적 혜택도 포함될 수 있다. 금전적 가치는 종종 상품화된 범주에서 차별화되지 않은 제품에 대한 일반적인 선택 기준이다.

기능적, 심리적, 금전적 세 가지 차원에서 고객 가치는 제안된 모든 혜택과 비용에 대한 잠재고객의 평가와 인지된 대안의 비용 및 혜택에 대한 평가 간의 차이를 의미한다. **총 고객 혜택**(total customer benefit)은 제품, 서비스, 이미지 때문에 고객이 특정 시장의 제공물에서 기대하는 기능적·심리적·금전적 혜택의 묶음에 대해 지각된 가치를 의미한다. **총 고객 비용**(total customer cost)은 고객이 주어진 시장 제공물을 평가, 획득, 사용, 폐기할 때 발생하는 기능적·심리적·금전적 비용에 대한 지각된 묶음을 의미한다.

고객 가치 제안(customer value proposition)은 고객이 얻는 이익과 고객이 다른 선택에 대해 부담하는 비용 간의 차이를 기반으로 한다. 마케팅 담당자는 기능적·심리적·금전적 혜택을 높이고 그에 상응하는 비용을 절감함으로써 제공물의 가치를 높일 수 있다.

가치 제안은 기업이 제공하기로 약속한 전체 혜택 클러스터로 구성된다. 이는 제공물의 핵심 포지셔닝 그 이상을 의미한다. 예를 들어, Volvo의 핵심 포지셔닝은 '안전'이었지만 구매자는 안전한 자동차 그 이상을 약속받는다. 다른 혜택으로는 우수한 성능, 우수한 디자인, 환경에 대한 관심이 있다. 따라서 가치 제안은 고객이 기업의 시장 제공물 및 공급업체와의 관계에서 기대할 수 있는 경험에 대한 약속이다. 약속의 이행 여부는 가치 전달 시스템을 관리하는 기업의 능력에 달려 있다.

종종 관리자는 다양한 경쟁업체와 비교하여 기업의 강점과 약점을 밝히기 위해 **고객 가치 분석**(customer value analysis)을 수행한다. 이 분석의 단계는 다음과 같다.

1. **고객이 중요하게 여기는 관련 속성과 혜택을 파악한다.** 고객은 제품과 공급업체를 선택할 때 어떤 속성, 혜택 및 성능 수준을 찾는지 묻는다. 속성과 혜택은 고객의 결정에 대한 모든 입력을 포함하도록 광범위하게 정의되어야 한다.[3]
2. **이러한 속성과 혜택의 상대적 중요성을 평가한다.** 고객은 다양한 속성과 혜택의 중요성을 평가해야 한다. 등급이 너무 많이 차이가 나면 마케터는 속성과 혜택을 서로 다른 세분시장으로 묶어야 한다.
3. **주요 속성/혜택에 대해 기업 및 경쟁업체의 성과를 평가한다.** 기업의 제안이 모든 중요한 속성과 혜택에서 경쟁사의 제안을 능가하는 경우 기업은 더 높은 가격을 부과하여 더 높은 수익을 얻거나 동일한 가격을 부과하여 더 많은 시장 점유율을 얻을 수 있다.
4. **시간 경과에 따른 고객 가치를 모니터링한다.** 기업은 경제, 기술 및 제품 기능이 변화함에 따라 고객 가치 및 경쟁사의 순위에 대한 연구를 주기적으로 다시 수행해야 한다.

고객 가치 분석은 판매자가 구매자의 마음에 자신의 제안이 어떻게 평가되는지 알기 위해 각 경쟁사의 제안과 관련된 총 고객 혜택과 총 고객 비용을 평가해야 한다고 제안한다. 또한 불리한 위치에 있는 판매자에게는 총 고객 혜택 증가 또는 총 고객 비용 감소라는 두 가지 대안이 있음을 의미한다. 전자는 제품, 서비스 및 브랜드 이미지의 기능적·심리적·금전적 혜택을 강화하거나 증대할 것을 요구한다. 후자는 가격이나 소유 및 유지 관리 비용을 줄이거나, 주문 및 배송 프로세스를 간소화하거나, 보증을 제공하여 일부 구매자 위험을 흡수하여 구매자 비용을 줄이는 것이다.

포지셔닝 전략 개발하기

포지셔닝(positioning)은 타깃(목표)시장 고객의 마음속에서 독특한 위치를 차지하기 위해 자사의 제품과 이미지를 디자인하는 행위다.[4] 포지셔닝의 목표는 브랜드를 소비자의 마음속에 심어 기업의 잠재적 이익을 극대화하는 것이다. 제공물의 모든 혜택과 비용을 명시하는 가치 제안과 달리, 포지셔닝은 소비자가 기업의 제공물을 선택할 이유를 제공할 주요 혜택에 초점을 맞춘다.

효과적인 포지셔닝은 브랜드의 본질을 명확히 하고, 소비자가 달성하는 데 도움이 되는 목표를 식별하고, 브랜드가 고유한 방식으로 목표를 달성하는 방법을 보여줌으로써 마케팅 전략을 안내하는 데 도움이 된다. 조직의 모든 사람은 브랜드 포지셔닝을 이해하고 이를 의사결정의 맥락으로 사용해야 한다.

많은 마케팅 전문가들은 포지셔닝에는 합리적 요소와 감성적 요소가 모두 있어야 한다고 생각한다. 즉 머리와 마음 모두에 호소해야 한다.[5] 기업은 종종 성능상의 이점을 통해 고객의 감성을 자극하기 위해 노력한다. 흉터 치료 제품인 Mederma에 대한 연구에서 여성들이 물리적 치료뿐만 아니라 자존감을 높이기 위해 구매한다는 사실이 밝혀졌을 때 브랜드 마케팅 담당자는 전통적으로 의사의 권고를 강조하는 실용적인 메시지에 감성적 메시지를 추가했다. "우리가 한 것은 감성으로 이성을 보완한 것입니다."[6] Kate Spade는 포지셔닝에서 기능성과 감성성을 혼합한 또 다른 브랜드다.

Kate Spade   시장에 나온 지 25년이 조금 넘었지만 Kate Spade는 가방 전용 브랜드에서 훨씬 더 다양한 패션 브랜드로 진화했다. 부부인 Kate와 Andy Spade가 런칭했으며 나중에 지분을 매각했다. 브랜드는 처음에는 작고 미니멀해 보이는 검은색 가방으로 유명했다. 2007년 새로운 크리에이티브 디렉터인 Deborah Lloyd는 Kate Spade의 고객 스위트 스폿인 '방에서 가장 흥미로운 사람'이 되는 데 도움이 되는 더 강력한 스타일 감성을 가져왔다. 결혼의 형태와 기능을 결합하는 데 더욱 중점을 둔 이 브랜드는 의류와 보석으로 확장되었으며 개조된 Liz Claiborne(현 Fifth & Pacific)의 중심이 되었다. 액세서리는 지속적으로 업데이트되며 새로운 상품을 자주 소개한다. Kate Spade는 200개 이상의 매장을 보완하기 위해 강력한 전자상거래를 추진했으며 매출의 20%가 온라인 채널에서 발생했다. 기업은 또한 Facebook, Twitter, Instagram, Tumblr, Pinterest, YouTube, FourSquare, Spotify를 사용하여 소셜 미디어에 잘 통합되어 '패턴, 색상, 재미있는 음식, 그리고 고전적인 New York 모먼트'라는 핵심 브랜드 가치를 강화했다.[7]

>> Kate Spade는 25년이 조금 넘는 기간 동안 여성용 핸드백의 제한된 컬렉션에서 의류 및 보석으로 제품을 확장했으며, 온라인 및 소셜 미디어 사용을 증가시켜 오프라인 매장을 보완했다.

브랜드 대체 테스트(brand substitution test)는 기업의 포지셔닝 효과를 측정하기 위한 유용한 도구다. 일부 마케팅 활동(광고 캠페인, 소셜 미디어 커뮤니케이션, 신제품 소개)에서 브랜드가 경쟁 브랜드로 대체되었다면 해당 마케팅 활동은 시장에서 제대로 작동되지 않음을 의미한다. 예를 들어, Kate Spade의 포지셔닝이 경쟁사인 Tory Birch, Coach 또는 Cole Haan에게 영향을 미쳤는가? 만약 대답이 '그렇다'인 경우 이는 Kate Spade 브랜드가 시장에서 뚜렷한 위치를 차지하지 못했다는 것을 의미한다.

포지셔닝이 잘된 브랜드는 그 의미와 실행에서 독특해야 한다. 예를 들어, 스포츠나 음악 협찬이 주요 경쟁자를 위한 것이라면, 포지셔닝이 충분히 명확하게 정의되지 않았거나 실행된 스폰서가 브랜드 포지셔닝과 충분히 밀접하게 연결되지 않은 것을 의미한다.

좋은 포지셔닝은 현재와 미래에 걸쳐 있다. 브랜드는 성장하고 발전할 수 있는 여지를 가질 수 있도록 어느 정도 포부가 있어야 한다. 시장의 현재 상태에 기초한 포지셔닝은 충분히 미래지향적이지 않지만 동시에 현실로부터 동떨어진 포지셔닝 또한 본질을 얻을 수 없다. 진짜 비결은 브랜드가 무엇이고 무엇이 될 수 있는지 사이에서 적절한 균형을 잡는 것이다.

포지셔닝은 마케터가 자신의 브랜드와 경쟁사 간의 유사점과 차이점을 정의하고 전달해야 한다. 특히 포지셔닝을 결정하는 것은 다음을 의미한다.

1. 타깃시장과 관련 경쟁사 파악을 통해 준거 틀을 선택한다.
2. 기준 준거 틀이 주어졌을 때 최적의 동등점과 차별점을 식별한다.

포지셔닝의 이러한 두 가지 측면은 다음에서 자세히 논의한다.

준거 틀 선택하기

소비자는 그 혜택과 비용을 평가하는 데 사용되는 준거점을 기준으로 제공물의 가치를 결정한다. 어떤 제공물은 열등한 제공물에 비해 매력적으로 보일 수 있지만, 동일한 제공물이 우수한 제공물과 비교될 때 매력적이지 않은 것으로 인식될 수 있다. 따라서 **준거 틀**(frame of reference)은 고객이 기업 제공물의 혜택을 평가할 수 있는 기준이 될 수 있다.

소비자가 사용 가능한 옵션을 평가하기 위해 자연스럽게 준거 틀을 구성한다는 사실을 감안할 때, 마케터는 제공물의 가치를 강조하는 방식으로 이러한 준거 틀을 설계할 수 있다. 준거 틀에 대한 결정은 타깃시장 결정과 밀접하게 연관되어 있다. 특정 유형의 소비자를 대상으로 결정하는 것은 특정 기업이 과거에 해당 부문을 대상으로 하기로 결정했거나(또는 미래에 그렇게 할 계획) 또는 해당 부문의 소비자가 구매 결정에서 이미 특정 제품이나 브랜드를 기대할 수 있기 때문에 경쟁의 성격을 정의할 수 있게 한다.

브랜드 포지셔닝을 위한 경쟁적인 준거 틀을 정의하는 데 출발점은 **카테고리 멤버십**(category membership)이다. 즉 브랜드가 경쟁하고 밀접한 대체품으로서의 기능을 수행하는 제품 또는 제품의 일체다. 기업이 자사의 경쟁자를 식별하는 것은 간단한 작업으로 보일 수 있다. PepsiCo는 Coca-Cola의 Dasani가 병에 담긴 생수인 자사 Aquafina 브랜드의 주요 경쟁자라는 것을 알고 있다. Wells Fargo는 Bank of America가 주요 은행업 경쟁자임을 알고 있다. Petsmart.com은 애완동물용 사료와 애완용품에 대해 중요한 온라인 경쟁사가 Petco.com이라는 것을 알고 있다.

그러나 기업의 실제적이며 잠재적인 경쟁사의 범위는 명백한 경쟁자보다 더 광범위할 수 있다. 새로운 시장에 진입하기 위해 성장 의도를 가진 브랜드는 더 광범위하거나 더 큰 경쟁의 틀이 필요할 수 있다. 더욱이 브랜드는 현재 경쟁자보다 새롭게 부상하는 경쟁자 또는 새로운 기술에 의해 더 큰 타격을 받을 수 있다.

PowerBar에 의해 창조된 에너지바 시장은 결국 다양한 하위 범주로 나뉘었는데, 특정 세분시장을 겨냥한 것(예: 여성용 Luna 바)과 특정 속성을 보유한 것(예: 단백질이 풍부한 Balance와 칼로리 조절 바인 Pria) 등이 포함된다. 각각은 원래 PowerBar와는 잠재적으로 전혀 관련성이 없는 하위 범주였다.[8]

기업은 더 우위성이 있는 방식으로 자사의 경쟁적 틀을 선택해야 한다. 예를 들면 다음과 같다.

> 영국의 Automobile Association은 더 큰 신뢰성과 긴급함을 전달하기 위해 경찰, 소방서, 구급차와 함께 네 번째 '긴급 서비스'로서 자사의 위치를 포지셔닝했다.
>
> International Federation of Match Poker는 카드 게임이 가진 도박 이미지를 없애기 위해 체스와 브리지 같은 다른 '마인드 스포츠'와 카드 게임의 유사성을 강조하는 시도를 하고 있다.
>
> U.S. Armed Forces는 모집 광고의 초점을 애국 의무에서 리더십 기술을 배우는 장소로서의 군대로 변경했다. 이것은 민간 산업과 더 잘 경쟁하고 감성적인 홍보보다 훨씬 더 합리적이다.[9]

단기적인 변화가 거의 없을 것 같은 안정적인 시장에서 하나, 둘 또는 아마도 세 개의 주요 경쟁자를 정의하는 것은 꽤 쉬울 수 있다. 경쟁이 존재하거나 다양한 형태로 발생할 수 있는 동적 범주에서는 여러 개의 준거 틀이 존재할 수 있다.

잠재적 차별점과 동등점 식별하기

마케터가 고객 시장과 경쟁의 성격을 정의함으로써 포지셔닝을 위한 준거 틀을 고정하게 되면 적절한 차별점(기업 제공물의 독특한 속성 또는 혜택)과 동등점(기업의 제품이 경쟁 제품과 갖는 공통적 속성 또는 혜택)을 정의할 수 있다.[10] 다음 절에서는 차별점과 동등점에 대해 논의한다.

차별점 식별하기

차별점(points of difference, PODs)은 경쟁 제품과 자사의 제품을 차별화하는 속성 또는 혜택이다. 차별점은 소비자가 그 브랜드와 강하게 연관되고 긍정적으로 평가하며 경쟁 브랜드에서는 발견할 수 없다고 믿는 속성이나 혜택을 의미한다.

차별점을 구성하는 연상은 실질적으로 어떤 유형의 속성이나 혜택에 바탕을 두고 있다.[11] Louis Vuitton은 가장 세련된 핸드백을 가지고 있으며, Energizer는 가장 오래 지속되는 배터리를 보유하고 있으며, Fidelity Investments는 최고의 재정적 조언과 계획을 제공한다는 점에서 차별점을 찾을 수 있다.

이러한 의미 있는 차별점을 성공적으로 설정하면 재정적 이익을 얻을 수 있다. 영국 이동통신 사업자 O2는 IPO의 일환으로 자유와 실현에 대한 강력한 감성적 캠페인을 기반으로, 어려움을 겪고 있는 British Telecom의 BT Cellnet에서 브랜드명을 변경했다. 고객 획득, 충성도(로열티), 평균 수익이 치솟자 스페인의 다국적 기업인 Telefonica는 IPO 가격의 세 배 이상에 해당 비즈니스를 빠르게 인수했다.[12]

차별화에서 더 중요한 측면은 소비자가 브랜드의 본질과 그 이유에 충실하다고 인식하는 정도인 브랜드 진정성이다.[13] Hershey's, Kraft, Crayola, Kellogg's, Johnson & Johnson과 같은 진정성 있는 브랜드는 신뢰, 애정, 강한 충성심을 불러일으킬 수 있다. 1,150명의 Concord와 Niagara 포도 재배자들로 구성된 National Grape Cooperative가 소유한 Welch's는 소비자들 사이에서 '건전하고, 진정성 있고, 진짜'로 여겨진다. 이 브랜드는 식품의 출처와 제조 방법을 알고 싶어 하는 소비자에게 점점 더 중요한 속성인 재료의 현지 소싱에 집중함으로써 이러한 자격 증명을 강화했다.[14]

강력한 브랜드는 다양한 차별점을 가지고 있다. Apple(**디자인, 사용 용이성, 불손한 태도**), Nike(**성능, 혁신적인 기술, 승리**), Southwest Airlines(**가치, 신뢰성, 재미있는 성격**) 등이 그 예다.

강력하고 호의적이며 독특한 연상을 창조하는 것은 도전적인 문제이지만 경쟁력 있는 브랜드 포지셔닝에 필수적이다. 잘 정립된 시장에서 신제품을 성공적으로 포지셔닝하는 것이 특히 어려워 보일 수 있지만 Method Products는 그것이 불가능하지 않다는 것을 보여준다.

Method Products 고등학교 친구인 Eric Ryan과 Adam Lowry의 아이디어로 출발한 Method Products는 청소 및 생활용품 제품이 전체 슈퍼마켓 판매대의 상당 부분을 차지하며 큰 매출을 올리고 있지만 매우 지루한 제품이라는 사실을 깨달으면서 시작되었다. Method는 매끈하고 깔끔한 식기세척 용기를 출시했는데, 체스 말처럼 생긴 병은 세척제가 바닥으로 향해 흘러내릴 수 있도록 세워져 있어 사용자가 그것을 뒤집어놓을 필요가 없었다. 쾌적한 향기가 나는 이 시그니처 제품은 수상 경력의 산업디자이너 Karim Rashid가 디자인했다. 지속가능성은 또한 소싱 및 노동 관행에서 재료 절감 및 무독성 재료 사용에 이르기까지 브랜드의 핵심 중 하나가 되었다. 밝은 색상과 세련된 디자인의 독특하고 친환경적인 생분해성 가정용 청소 제품을 생산함으로써 Method는 1억 달러 이상의 매출을 올리는 회사로 성장했다. 유명한 디자이너들과 자주 협력하여 저렴한 가격에 뛰어난 제품을 생산하는 Target에 제품을 배치하면서 큰 돌파구가 마련되었다. 제한된 광고 예산으로 인해 Method는 자사의 매력적인 패키징과 혁신적인 제품이 브랜드 포지셔닝을 표현하기 위해 더 열심히 노력해야 한다고 믿는

>> Method Products는 친환경적인 생분해성 제품 라인의 세련되고 독특한 패키징을 통해 소비자의 시선을 사로잡았고 지루한 청소 및 가정 용품을 한 단계 발전시켰다.

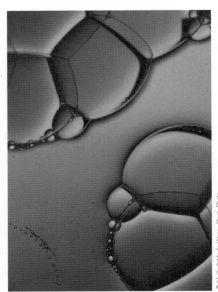

다. 소셜 미디어 캠페인은 기업의 "People Against Dirty(더러운 것에 반대하는 사람)" 슬로건과 성분의 완전 공개를 요구하는 소비자 욕구에 어느 정도 힘을 실어줄 수 있었다.[15]

브랜드 연상이 진정으로 차별화 포인트로 기능할 수 있는지 여부를 결정하는 세 가지 기준은 바람직함, 전달 가능성, 차별화 가능성이다. 다음은 각 기준에 대한 몇 가지 주요 고려사항이다.

- **소비자에게 바람직함**(desirable to consumer): 소비자는 브랜드 연상을 자신과 연관된 것으로 인식해야 한다. Select Comfort는 소비자가 간단한 넘버링 인덱스로 최적의 편안함을 위해 매트리스의 지지와 핏을 조정할 수 있는 Sleep Number 침대로 매트리스 업계에서 큰 인기를 얻었다. 또한 소비자에게 브랜드가 원하는 혜택을 제공할 수 있는 이유와 이해할 수 있는 근거를 제공해야 한다. Mountain Dew는 그것이 다른 청량음료보다 더 에너지가 넘친다고 주장할 수 있고 카페인 함량이 높다는 점을 통해 이 주장을 뒷받침할 수 있다. Chanel No. 5 향수는 본질적으로 우아한 프랑스 향수라고 주장할 수 있으며, Chanel과 오트 쿠튀르 간의 오래된 연관성을 언급함으로써 이 주장을 뒷받침한다. 코엔자임 Q10이 포함된 NIVEA Wrinkle Control Crème과 같이 특허받은 브랜드 성분 형태로 제공될 수도 있다.
- **기업에 의해 전달 가능함**(deliverable by the company): 기업은 소비자의 마음속에 브랜드 연상을 실행할 수 있도록 그리고 이익을 창출할 수 있도록 창조하고 유지하기 위해 내부 자원과 몰입을 확보해야 한다. 제품 디자인과 제품이 마케팅되는 방식은 바람직한 연상을 지원해야 한다. 바람직한 연상을 전달하는 것은 제품 자체에 대한 실제적인 변화를 요구하는가, 아니면 소비자가 제품이나 브랜드에 대해 생각하는 방식에서 지각적인 변화를 요구하는가? 일반적으로 후자가 더 쉽다. General Motors는 Cadillac이 발랄하고 현대적인 브

랜드가 아니라는 일반대중의 인식을 극복하기 위해 과감한 디자인, 탄탄한 장인정신, 활동적이고 현대적인 이미지를 통해 노력했다. 이상적인 브랜드 연상은 선제적이고 방어적이며 공격하기가 어렵다. 명백한 제품 또는 서비스 성과에 바탕을 둔 ADM, Visa, SAP와 같은 시장 선도 기업들은 유행에 기반을 두며, 또한 쉽게 변화하는 Fendi, Prada, Hermès 같은 시장 선도자보다 포지셔닝을 유지하는 것이 더 용이하다.

- **경쟁사와 차별화됨**(differentiating from competitor): 마지막으로 소비자는 브랜드 연상을 관련 경쟁자보다 차별적이며 우월하다고 인식해야 한다. Splenda 설탕 대용품은 설탕에서 유래했지만, 인공 저칼로리 감미료라는 부정적 연상 없이 차별화함으로써 Equal과 Sweet'N Low를 제치고 해당 카테고리의 리더가 되었다. 여러 경쟁 브랜드가 있는 에너지 음료 카테고리에서 Monster는 거의 20억 달러에 달하는 브랜드가 되었으며, 혁신적인 16온스 캔과 에너지와 관련된 광범위한 제품 라인으로 차별화함으로써 카테고리 개척자인 Red Bull을 위협했다.[16]

동등점 식별하기

반면에 **동등점**(points of parity, POPs)은 브랜드에 반드시 특유하지 않지만 사실상 다른 브랜드와 공유하는 속성이나 혜택의 연상을 의미한다.[17] 이러한 유형의 연상에는 범주, 상관관계, 경쟁적 동등점이 있다.

- **범주 동등점**(category points of parity)은 소비자가 특정 제품이나 서비스 범주 내에서 합법적이고 믿을 수 있는 제공물을 얻기 위해 필수적이라고 생각하는 속성이나 혜택을 의미한다. 즉 브랜드 선택을 위한 필요 조건이지만 충분 조건은 아니다. 소비자는 여행사가 항공기와 호텔을 예약하고, 레저 패키지에 대해 조언하고, 여러 요금 지불 방법과 배송 방법을 제공할 수 없다면, 그 여행사를 진정한 여행사라고 생각하지 않는다. 범주 유사성은 기술적인 발전, 법규 제정 또는 소비자 추세로 인해 시간이 지남에 따라 변화할 수 있지만, 골프로 비유하자면 마케팅 게임을 하는 데 필요한 '그린피(greens fees)'라고 볼 수 있다.
- **상관관계 동등점**(correlational points of parity)은 브랜드에 대한 긍정적인 연상의 존재에서 발생하는 잠재적으로 부정적인 연상을 의미한다. 마케터가 직면한 한 가지 문제는 동등점(POP) 또는 차별점(POD)을 구성하는 많은 속성 또는 이점이 역으로 관련되어 있다는 것이다. 다시 말해서, 브랜드가 저렴하다는 것과 같이 한 가지가 좋다면 소비자는 그것을 '최고 품질'과 같은 다른 것에서도 좋은 것으로 볼 수 없다. 소비자가 구매 결정에서 내리는 절충안에 대한 소비자 연구는 여기에서 정보를 얻을 수 있다.
- **경쟁적 동등점**(competitive points of parity)은 경쟁사의 차별점에 비추어 그 브랜드에 대한 지각된 단점을 극복하기 위해 계획 설계된 연상이다. 경쟁사의 주요 경쟁 지점을 파악하는 한 가지 방법은 경쟁자의 포지셔닝에 대해 생각해 보고 경쟁사의 의도된 차별점을 추론하는 것이다. 그에 대해 차례로 경쟁사의 차별점(POD)은 그 브랜드의 동등점(POP)을 제시할 것이다.

소비자의 눈에 비친 약점의 근원과는 무관하게, 소비자의 눈에서 어떤 브랜드가 불리하다고 여겨지는 어떤 영역에서 '손익분기'가 되고 또한 다른 영역에서 우위성을 성취한다면, 그 브랜드는 강력한, 그리고 아마도 이길 수 없는 탁월한 경쟁적 위치에 있어야 한다. 북미 최초의 주요 라이트 맥주인 Miller Lite 맥주의 출시를 생각해 보자.

Miller Lite 맥주의 초기 광고 전략에는 두 가지 목표가 있었다. "맛있다"고 말함으로써 일반(regular), 풀(full) 강도의 맥주 카테고리에서 주요 경쟁사들과 동등점을 보장하는 동시에, 3분의 1 더 낮은 칼로리로 '포만감이 덜하다'는 점에서 차별점을 만들어냈다. 소비자가 맛을 칼로리와 동일시하는 경향이 있기 때문에 동등점과 차별점이 다소 상충되는 경우가 종종 있었다. Miller는 이러한 잠재적인 저항을 극복하기 위해 맛이 좋지 않으면 맥주를 마시지 않을 것 같은, 주로 인기 있는 전직 프로 운동선수들을 신뢰할 수 있는 대변인으로 차용했다. 이 전직 운동선수들은 두 가지 제품 혜택('맛이 훌륭함' 또는 '포만감이 덜함') 중 어느 것이 더 맥주를 잘 설명하는지 유머 있게 토론을 펼쳤다. 광고는 "Everything You've Always Wanted in a Beer … and Less(당신이 항상 원했던 맥주의 모든 것 … 그리고 더 적은)"라는 기발한 슬로건으로 끝난다. 시간이 지남에 따라 브랜드 포지셔닝은 광고에 브랜드의 '사회성'에 대한 감성적 호소, 친구들과 좋은 시간을 보내는 촉매 역할을 할 수 있는 "Miller Time"을 광고에 포함시키며 진화했다.[18]

제품이 특정 속성이나 혜택에 대해 동등점을 달성하려면 많은 소비자가 그 브랜드가 해당 차원에서 '충분히 좋다'고 믿어야 한다. 즉 동등점에 대한 수용 범위가 있다. 브랜드가 말 그대로 경쟁자와 유사하게 보일 필요는 없지만 소비자는 브랜드가 특정 속성이나 혜택에 대해 충분히 잘한다고 느껴야 한다. 만약 소비자가 그렇게 느낀다면, 그 브랜드에 더 유리한 다른 요

>> Visa가 골드와 플래티넘 카드를 제공하며 경쟁사인 American Express의 명성에 부합하기 위해 노력하는 동안 American Express는 가장 널리 사용되는 신용카드라는 Visa의 이점을 없애기 위해 카드 범위의 확장을 목표로 하고 있다.

출처: Oliver Hoffmann/Alamy Stock Photo

소를 기반으로 평가하고 결정을 내릴 수 있다. 라이트 맥주는 아마도 강한 맥주만큼 맛이 좋지 않을 것이지만 충분히 경쟁할 수 있을 만큼 맛이 있어야 한다.

포지셔닝의 핵심은 차별점을 달성하는 것이라기보다는 동등점을 달성하는 것이다! 카드 업계에서 Visa와 American Express 간의 경쟁을 생각해 보자.

> **Visa와 American Express** 신용카드 카테고리에서 Visa의 차별점은 가장 널리 이용할 수 있는 카드라는 점인데, Visa 카드는 편리성이라는 주요 이점을 강조했다. 반면 American Express는 그 카드를 사용함으로써 얻는 긍지(위신)를 크게 강조함으로써 브랜드 가치를 구축했다. Visa와 American Express는 서로의 우위성을 무디게 함으로써 현재 동등점을 창조하기 위해 경쟁하고 있다. Visa는 자사 브랜드의 긍지를 높이기 위해 골드와 플래티넘 카드를 제공하고 또한 독점성과 수용성을 강화하기 위해 오직 Visa 카드만 이용할 수 있는 매력적인 여행지와 레저 장소를 보여주며 "It's Everywhere You Want to Be(당신이 원하는 모든 곳에 있어요)"라고 광고한다. American Express는 자사 카드와 제휴하는 기업 수를 실질적으로 크게 늘리고, 다른 가치 향상을 창조하는 한편으로 Robert De Niro, Tina Fey, Ellen DeGeneres, Beyoncé와 같은 유명인사가 출연하는 광고를 통해 자사의 특성을 강화한다.[19]

준거 틀, 동등점 및 차별점 맞추기

경쟁이 확대되거나 기업이 새로운 범주로의 확장을 계획하는 경우, 브랜드가 어떤 실제적 또는 잠재적인 하나 또는 그 이상의 경쟁적인 준거 틀을 식별하는 일은 드물지 않다. 예를 들어, Starbucks는 다른 가능한 동등점(POP)과 차별점(POD)을 제안함으로써 매우 뚜렷한 경쟁 집합을 정의할 수 있었다.[20]

> **신속하게 서빙하는 식당 및 편리한 쇼핑 장소(McDonald's와 Dunkin' Donuts):** 의도된 차별점은 품질, 이미지, 경험 및 다양성이며, 의도된 동등점은 편리성과 가치가 될 수 있다.
>
> **가정 및 사무실용 소비(Folgers, NESCAFÉ 인스턴트, Green Mountain Coffee K-Cups):** 의도된 차별점은 품질, 이미지, 경험, 다양성 및 신선함이며, 의도된 동등점은 편리성과 가치가 될 수 있다.
>
> **지역 카페:** 의도된 차별점은 편리성과 서비스 품질이며, 의도된 동등점은 제품 품질, 다양성, 가격, 커뮤니티가 될 수 있다.

Starbucks에 대한 일부 잠재적인 동등점 및 차별점은 경쟁사들 사이에 공유될 수 있음을 주의하자. 즉 다른 동등점과 차별점은 어떤 특정 경쟁사에게만 독특할 수 있다.

그런 상황에서 마케터는 무엇을 해야 할지를 결정해야 한다. 다양한 준거 틀과 연관된 두 가지 중요 선택 대안이 있다. 하나는 경쟁사의 각 유형이나 계층에 대해 가능한 최상의 포지셔닝을 우선 수립하는 것이고, 또한 모든 경쟁사를 효과적으로 제시·설명하는 데 충분히 튼튼하고 강건한 결합된 포지셔닝을 창조하는 하나의 방법이 있는가를 확인하는 것이다. 그러나 만약 경쟁이 너무나 다양하다면 경쟁자를 우선순위로 정하고, 그 후 경쟁적인 틀로서 서브하기 위해 최상으로 중요한 경쟁자를 선택하는 것이 필요할 수 있다. 한 가지 중요한 고려사항은 모든 사람에게 모든 것이 되도록 시도하지 않는 것으로서, 이는 일반적으로 비효율적인 '최소 공통분모'를 초래하게 된다.[21]

마지막으로, 상이한 카테고리나 하위 카테고리에 많은 경쟁자가 존재한다면, 관련된 모든 카테고리에 대해 범주 수준에서의 포지셔닝을 개발하거나(Starbucks의 경우 '신속하게 서빙하는 식당' 또는 '슈퍼마켓에서 가정용으로 구입하는 커피') 각 범주에서 한 가지 예(Starbucks의 경우 McDonald's나 NESCAFÉ)로서 포지셔닝을 개발하는 것이 유용할 수 있다.

간혹 기업은 한 가지 차별점과 동등점으로 두 개의 준거 틀에 **양다리**(straddle) 포지셔닝을 할 수 있다. 이러한 경우 한 범주에 대한 차별점은 다른 범주에 대해 동등점이 되는데, 그 반대의 경우도 마찬가지다. Subway는 건강하고, 맛이 좋은 샌드위치를 제공하는 것으로 포지셔닝되어 있다. 이러한 포지셔닝을 통해 브랜드는 맛에 대해 동등점을 창조하고, McDonald's와 Burger King 같은 즉석 식당에 대해서는 건강에 대한 차별점을 창조할 수 있으며, 동시에 건강식 식당과 카페에 대해서는 건강에 대해 동등점 그리고 맛에 대해 차별점을 창조할 수 있다.

양다리 포지셔닝을 통해 브랜드는 자신의 시장 범위와 잠재적인 고객 기반을 확대할 수 있다. 이러한 양다리 포지셔닝의 한 예가 BMW다.

BMW   1970년대 후반 처음으로 미국 시장에 강력하고도 경쟁적으로 돌진했을 때, BMW는 고급스러우면서도 성능이 뛰어난 유일한 자동차로 포지셔닝했다. 당시 소비자들은 미국산 고급차는 성능이 떨어지고, 성능이 좋은 차는 고급스러움이 부족하다고 인식했다. BMW는 자동차 디자인, 독일의 전통, 잘 고안된 마케팅 프로그램에 의존함으로써 두 가지를 동시에 달성할 수 있었다. (1) Chevy Corvette와 같은 미국의 고성능 자동차와 비교하여 고급스러움의 차별점과 성능의 동등점을 동시에 달성했고, (2) Cadillac과 같은 미국의 고급스러운 자동차와 관련해서는 성능에 대한 차별점과 고급스러움에 대한 동등점을 동시에 성취했다. "The Ultimate Driving Machine"이라는 브랜드 모토는 새롭게 창조된 상위 범주, 즉 고급스러우며 성능을 발휘하는 자동차를 효과적으로 담아냈다.[22]

>> BMW는 양립할 수 없을 것처럼 보이는 고급스러움과 성능의 이점을 결합하여 미국 자동차 시장에서 큰 성공을 거두었다.

출처: BMW of North America

양다리 포지셔닝은 잠재적으로 상충되는 소비자의 목표를 조화롭게 하고 또한 '두 세계 모두에서 최상'이라는 해결 방법을 창조하는 매력적인 수단이지만 추가적인 부담이 되기도 한다. 만약 두 개의 범주에 관해 동등점과 차별점을 신뢰할 수 없는 경우 그 브랜드는 어느 범주에서도 합당한 것으로 보일 수 없다. 무선호출 수신기에서 랩톱 컴퓨터까지의 범주를 넘나들고자 시도했지만 실패한 Palm Pilot과 Apple의 Newton 같은 많은 초기 개인정보 단말기(손바닥 크기의 컴퓨터)는 이러한 위험에 대해 생각해 볼 사례를 제시한다. 좋은 포지셔닝에는 여러 POD와 POP가 있는 경우가 많다. 그중 2~3개가 실제로 경쟁의 범위를 정의하는 경우가 많으며 신중하게 분석하고 개발해야 한다.

좋은 포지셔닝은 또한 '80-20' 규칙을 따라야 하며 브랜드를 포함하는 제품의 80%에 매우 적용 가능해야 한다. 100% 브랜드 제품을 기반으로 포지셔닝을 시도하면 종종 '최소 공통 분모'라는 불만족스러운 결과가 나온다. 나머지 20%의 제품은 적절한 브랜딩 전략이 있는지 확인하고 브랜드 포지셔닝을 더 잘 반영하기 위해 어떻게 변경될 수 있는지 확인해야 한다.

포지셔닝 맵(positioning maps)이라고도 불리는 지각도는 브랜드 포지셔닝을 위한 동등점 및 차별점과 같은 특정 이점을 선택하는 데 유용할 수 있다. **지각도**(perceptual maps)는 소비자의 인식과 선호도를 시각적으로 표현한 것이다. 즉 지각도는 시장 상황에 대한 정량적인 묘사 그리고 소비자가 여러 상이한 차원에 따라 상이한 제품, 서비스 및 브랜드를 인식하고 보는 방법을 제공한다. 소비자의 선호도를 브랜드 지각과 함께 겹치게 제시함으로써, 마케팅 관리자는 충족되지 못한 소비자 욕구와 마케팅 기회를 제시하는 '구멍'이나 '빈 부분'을 밝힐 수 있다.[23]

지속 가능한 경쟁우위 창출하기

제공물의 경쟁우위는 동일한 니즈를 충족하는 대체 수단보다 고객의 니즈를 충족하는 능력을 더 많이 반영한다. 따라서 경쟁우위를 창출하는 것은 고객에게 사용 가능한 대안이 아닌 주어진 제공물을 선택할 수 있는 이유를 제공한다.

마케팅 개념으로서 지속 가능한 경쟁우위

마케터는 강력한 브랜드를 구축하고 일반 상품이라는 덫을 피하기 위해 지속 가능한 경쟁우위를 창출함으로써 제품을 차별화할 수 있다는 신념에서 시작해야 한다.[24] **경쟁우위**(competitive advantage)는 경쟁사가 대응할 수 없거나 대응하지 않을 하나 또는 그 이상의 방법으로 수행 가능한 기업의 역량을 의미한다.

일부 기업은 성공을 거두고 있다. 제약 회사들은 실험실에서 화학반응을 일으키지 않고 체내 세포를 이용하여 생산하는 의약품인 바이오 의약품을 개발하고 있다. 카피캣 제약 회사가 특허를 취득하면 바이오 의약품의 제네릭 버전을 만들기 어렵기 때문이다. Roche Holding은 바이오시밀러 모방 버전이 출시되기 전에 연간 70억 달러의 매출을 올리는 생물학적 류머티즘 관절염 치료제 Rituxan으로 최소 3년간 이점을 누릴 것이다.[25]

지속 가능한 경쟁우위는 거의 없다. 결국에는 경쟁자에 의해 모방되는 경우가 많다. 대신 경쟁우위는 목적을 달성하는 수단이 될 수 있다. 이러한 **레버리지 이점**(leverageable advantage)은 기업이 새로운 우위에 대한 발판으로 사용할 수 있는 것 중 하나인데, Microsoft는 자사의 운영체제를 Microsoft Office에 이용하고 또한 네트워크화하는 애플리케이션에 유지 및 이용하고 있다. 일반적으로 지속하고자 희망하는 기업은 지속적으로 차별점의 기반이 될 수 있는 새로운 우위를 발견하도록 사업을 해야 한다.

충분히 바람직하고 전달 가능하며 차별화되는 제품이나 서비스의 혜택은 브랜드의 차별화 요소로 작용할 수 있다. 소비자에게 가장 명확하고 설득력 있는 차별화 수단은 '성능'과 관련된 소비자 혜택이다. Swatch는 화려하고 세련된 시계를 제공하며, GEICO는 할인된 가격으로 믿을 수 있는 보험을 제공한다.

GEICO　GEICO는 TV 광고에 수억 달러를 지출했다. 그럴 만한 가치가 있었을까? GEICO의 모회사인 Berkshire Hathaway의 회장이자 CEO인 Warren Buffet은 그렇게 생각한다. GEICO는 "15분이면 자동차 보험료를 15% 이상 절약할 수 있습니다."라는 기본 메시지로 소비자에게 직접 판매함으로써 미국에서 가장 빠르게 성장하는 자동차 보험 회사가 되었다. The Martin Agency와 협력하여 브랜드의 다양한 측면을 강조하기 위해 매우 창의적이고 수상 경력에 빛나는 일련의 광고 캠페인을 시행했다. 런던토박이 말씨를 구사하는 도마뱀붙이 모습의 캐릭터가 등장하는 TV 광고는 GEICO의 브랜드 이미지를 신뢰할 수 있고 성취감 있게 강화했다. "Happier Than" 캠페인은 수요일(험프데이)의 낙타와 헌혈 봉사에 참여하는 드라큘라와 같이 GEICO의 고객이 얼마나 행복한지를 설명하기 위해 과장된 상황을 제시한다. 말하는 돼지 Maxwell이 등장하는 세 번째 캠페인은 특정 제품 및 서비스 기능에 중점을 둔다. 네 번째 캠페인인 "Did You Know"는 한 사람이 기업의 유명한 15분 슬로건에 대해 코멘트

>> Geico는 경쟁업체의 목소리를 성공적으로 없애고 가장 빠르게 성장하는 미국 자동차 보험 회사가 되었다. 도마뱀붙이가 런던토박이 말씨로 비용 절감에 대한 조언을 이야기하는 수백만 달러 규모의 TV 광고 캠페인이 진행 중이다.

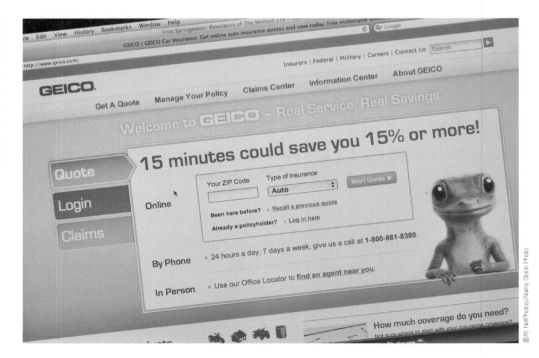

하면 동료가 "모두가 알고 있다"고 답하는 것으로 시작된다. 그러자 처음에 말했던 사람은 피노키오가 동기부여가 잘 되지 않는 연사였거나 Old McDonald가 정말로 철자를 잘못 썼다는 등과 같은 다른 통념에 대한 반전을 통해 체면을 세우려고 한다. 여러 캠페인은 서로를 보완하고 서로의 성공을 기반으로 한다. 이 기업은 경쟁업체의 광고가 사라질 정도로 다양한 자동차 보험 메시지로 TV 방송을 장악하고 있다.[26]

때로는 마케팅 환경에서의 변화가 차별화 수단을 창출할 새로운 기회를 제공할 수 있다. Sierra Mist를 출시한 지 8년 후 판매가 정체되기 시작했을 때 PepsiCo는 천연 및 유기농 제품에 대한 소비자 관심 증가에 발맞추어 레몬 라임 청량음료를 탄산수, 설탕, 구연산, 천연 향료, 구연산 칼륨이라는 5가지 성분만 포함한 천연 제품으로 포지셔닝했다.

브랜드의 포지셔닝은 종종 소비자의 성능에 대한 고려사항을 넘어선다. 기업은 소비자의 사회적·심리학적 요구에 호소하는 매력적인 이미지를 만들 수 있다. Marlboro가 전 세계 시장 점유율의 약 30%를 차지하게 된 이유는 '남자다운 마초 카우보이' 이미지가 담배를 피우는 대부분의 일반대중에게 반응을 얻었기 때문이다. 와인 및 주류 회사도 브랜드의 독특한 이미지를 수립하기 위해 열심히 노력한다. 물리적 공간 또한 강력한 이미지를 만들게 한다. Hyatt Regency Hotels은 아트리움 로비를 통해 독특한 이미지를 획득했다.

가능한 차별화 수단을 식별하기 위해서, 마케터들은 혜택에 관한 소비자들의 욕망과 그것을 제공하는 기업의 능력을 일치시켜야 한다. 예를 들어, 그들은 제품 구매를 더 용이하게 하고 더 많은 보상을 받을 수 있도록 유통 채널을 설계할 수 있다. 1946년 당시 애완동물 사료는 값이 싸고 영양가가 별로 없었으며 슈퍼마켓이나 가끔 사료 가게에서만 구입할 수 있었다. Ohio주 Dayton에 기반을 둔 Iams는 지역 수의사, 사육사, 애완동물 매장을 통해 프리미엄 애완동물 사료를 성공적으로 판매했다.

지속 가능한 경쟁우위 창출 전략

지속 가능한 경쟁우위 창출을 위한 세 가지 핵심 전략은 제품을 경쟁 제품보다 돋보이게 하는 가치 제안을 설계하는 것이다. 이것은 **기존 속성을 차별화하고 새로운 속성을 도입하여 강력한 브랜드를 구축하는 것**이다.[27]

기존 속성 차별화하기　이것은 경쟁자보다 우위를 창출하기 위한 전형적인 전략이다. Gillette는 면도 품질을 강조하여 경쟁사와 차별화했다. 온라인 면도 용품 소매업체 Dollar Shave Club은 Gillette와 같은 프리미엄 브랜드에 대한 경쟁우위로 가격을 강조한다. Zappos는 제공하는 고객서비스 수준에 따라 다른 온라인 신발 소매업체와 차별화된다. BMW는 차량이 제공하는 드라이빙 경험을 경쟁 제품과의 차별화 포인트로 사용한다. Volvo는 안전에 중점을 두어 차별화하고, Rolls-Royce는 고급스러움을 강조하여 차별화한다.

고객에게 의미 있는 속성을 차별화하는 것이 경쟁우위를 창출하는 가장 직관적인 방법이다. 그러나 제품 범주의 제공물의 전반적인 성능이 향상됨에 따라 더 유사해지기 때문에 차별화를 달성하기 어려운 경우가 많다. TV 수상기가 좋은 예다. 기술 발전으로 TV 세트의 전반적인 품질이 향상됨에 따라 소비자는 사용 가능한 옵션들 간에 차이가 없어짐을 느낀다.

새로운 속성 도입하기   기존 속성에 대한 제공물의 성능을 향상하는 대신, 기업은 경쟁업체에는 없는 새로운 속성을 도입함으로써 제공물을 구별할 수 있다. 그 예로 TOMS는 '하나를 사고 하나를 기부하는' 사회적 책임 프로그램으로 기존 신발 제조업체와 차별화를 선택했다. PepsiCo는 레몬 라임 청량음료인 Sierra Mist를 다른 청량음료와 차별화하기 위해 천연 성분만 사용했다. Dollar Shave Club은 구독 기반의 면도 용품 직거래 배송을 통해 차별화를 선택했다. Uber는 무현금 결제를 도입해 승차자와 운전자 간 금전거래를 간소화했다. 그리고 Nest는 가정의 실내 온도를 조절하는 대안적인 접근법으로 온도 조절 장치에 머신러닝을 통합했다.

주목할 점은 새로운 속성을 도입하는 것이 반드시 완전히 혁신적인 속성의 고안을 수반하는 것은 아니라는 것이다. 또한 경쟁업체들이 다소 소홀히 한 기존 속성을 조정하여 차별점으로 전환하는 것도 포함할 수 있다. 가정용 청소용품 제조업체인 Method Products는 포장이 순전히 기능적 속성으로만 간주되는 청소용품 범주에서 외적으로도 만족스러운 포장을 통해 디자인이라는 새로운 속성을 차별화했다. Apple은 개인용 컴퓨터 카테고리에서 주요한 차별점으로 디자인을 도입함으로써 달걀 모양의 다색 iMac을 반투명 플라스틱으로 포장해 내놓았다.

이렇게 새로운 속성을 도입하면 기업에 강력한 이점을 제공할 수 있지만 그러한 움직임은 거의 지속되지 않는다. 경쟁자는 고객이 소중히 여기는 새로운 속성을 바로 모방하게 되고, 속성을 개척한 기업의 경쟁우위가 크게 감소한다. 지속 가능한 경쟁우위를 창출하려면 기업이 고객 가치를 창출하는 새롭고 독특한 방법을 끊임없이 찾아야 한다.

강력한 브랜드 구축하기   기업에게 지속 가능한 경쟁우위를 제공하는 것은 강력한 브랜드인데, 강력한 브랜드는 고객이 해당 기업 제품을 선택할 이유를 제공한다. 브랜드 파워의 한 예는 Harley-Davidson이다. 이 기업의 성공은 오토바이 디자인만큼이나 브랜드 파워 덕분일 것이다. Coca-Cola가 다른 콜라 음료와 차별화되는 것은 맛이 아니다. 오히려 국경과 문화적 장벽을 초월하여 지구상의 거의 모든 사람에게 알려지게 된 것은 Coke의 브랜드 이미지다.

브랜드 파워를 통한 차별화는 시리얼, 청량음료, 알코올 음료와 같은 상품화된 제품 범주에서 특히 가치가 있다. 예를 들어, Grey Goose는 자사 제품을 World's Best Tasting Vodka로 성공적으로 포지셔닝하여 많은 경쟁 브랜드에 비해 상당한 가격 프리미엄을 확보할 수 있었다. 이러한 차별을 달성하는 데 Grey Goose가 거둔 성공은 특히 주목할 만하다. 보드카는 사실상 상품이고 '독특한 특성, 향, 맛 또는 색'이 없는 '중립적인 정신'으로 디자인되었기 때문이다.[28] 대부분의 고객은 다양한 프리미엄 보드카 간 맛의 차이를 말할 수 없기 때문에 Grey Goose 브랜드는 분명히 구매를 이끄는 요인이다.

브랜드는 기업 제품의 속성으로 간주되는 것 외에도 경쟁우위를 창출하는 데 단일의 역할을 한다. 브랜드는 품질, 신뢰성, 내구성 같은 차원(고객에게 쉽게 보이지 않는 차원)에서 제품에 대한 인식에 영향을 미친다. 따라서 브랜드는 기업의 제품과 서비스의 실제 특성을 넘어 공감하고 고객을 위한 부가가치를 창출하는 독특하고 의미 있는 메시지를 제품에 주입할 수 있다. 즉 고객은 Harley-Davidson, Coca-Cola, Warby Parker 제품만 구매하는 것이 아니며, 이러한 브랜드가 내포하는 의미를 구입하는 것이다.

　　브랜드에는 또 다른 측면이 있다. 제공물에 대한 고객의 믿음에 영향을 미치는 것 외에도 강력한 브랜드는 주어진 요구를 충족하는 방법으로 고객의 마음에 떠오르는 첫 번째 옵션일 때 실제로 고객 행동을 유도할 수 있다. 예를 들어, Budweiser는 고객이 맥주를 생각할 때 가장 먼저 떠오르는 브랜드가 'Bud'가 되도록 지속적으로 제품을 홍보한다. GEICO는 운전자가 자동차 보험을 고려할 때 GEICO를 먼저 생각할 수 있도록 매년 수천만 달러를 지출하는 또 다른 회사다. McDonald's는 경쟁사인 Burger King, Wendy's, Taco Bell을 제치고 고객의 마음에 떠오르는 최초의 패스트푸드점을 목표로 하고 있다. Tylenol, Advil, Aleve는 비처방 진통제 범주에서 가장 먼저 인지도를 얻었으며, 이를 통해 기능적으로 동일한 저가 제네릭으로 채워진 제품 범주에서 시장 리더십을 유지할 수 있었다.

　　가장 먼저 생각나는 브랜드 인지도는 가장 먼저 고려되는 브랜드가 다른 브랜드를 평가하는 기본 옵션인 소비자의 기준점이 되는 경우가 많다는 점에서 경쟁우위를 창출하기도 한다. 이것은 중요한 이점이다. 왜냐하면 대체 옵션을 선택할 강력한 이유가 주어지지 않는 한 구매자는 기본 옵션을 선택할 가능성이 높기 때문이다.

제공물의 포지셔닝에 대한 커뮤니케이션

일단 브랜드 포지셔닝 전략을 수립했다면 마케팅 담당자는 이를 조직의 모든 사람에게 전달하여 말과 행동을 안내해야 한다. 이것은 일반적으로 포지셔닝 문구를 개발함으로써 달성된다. 효과적인 **포지셔닝 문구**(positioning statement) 작성의 주요 측면(동등점 및 차별점과 함께 제공물의 카테고리 멤버십과 포지셔닝을 전달하기 위한 설명 개발)은 다음 절에서 논의한다.

포지셔닝 문구 작성하기

포지셔닝 문구는 제공물의 타깃고객과 고객이 기업 제공물을 선택하는 이유를 제공할 주요 혜택을 명확하게 설명한다. 타깃고객과의 커뮤니케이션 캠페인을 이끌어온 Hertz, Volvo, Domino's에 대한 포지셔닝 문구는 다음과 같다.

　　바쁜 전문가(타깃고객)를 위해 Hertz는 공항에서 올바른 유형의 자동차를 렌트할 수 있는 빠르고 편리한 방법을 제공한다(가치 제안).
　　안전을 중시하는 부유층 가족(타깃고객)을 위해 Volvo는 가족이 탈 수 있는 가장 안전하고 내구성이 뛰어난 자동차를 제공한다(가치 제안).
　　편의를 생각하는 피자 애호가(타깃고객)를 위해 Domino's는 맛있고 뜨거운 피자를 집 앞까지 배달한다(가치 제안).

포지셔닝 문구를 개발할 때 중요한 질문은 기업의 제안을 설명하는 특정 속성을 홍보할지 아니면 이러한 속성이 제공하는 궁극적인 혜택에 초점을 맞출지를 결정하는 것이다. 많은 마케터는 제품 포지셔닝의 기둥으로서 **혜택**(benefits)에 초점을 맞추는 경향이 있다. 이는 소비자가 일반적으로 혜택과 제품에서 정확히 무엇을 얻을 수 있는지에 더 관심이 있기 때문이다.

반면에 제공물 **속성**(attributes)은 일반적으로 지원하는 역할을 한다. 여러 속성이 특정 혜택을 지원할 수 있으며 시간이 지남에 따라 변경될 수 있다. 속성은 브랜드가 특정 혜택을 제공한다고 신뢰할 수 있는 이유에 대한 '믿어야 할 이유' 또는 '증거 포인트'를 제공한다. 예를 들어, Dove 비누의 마케팅 담당자는 4분의 1이 클렌징 크림인 제품 특성이 어떻게 부드러운 피부라는 고유한 이점을 창출하는지에 대해 이야기할 것이다. Singapore Airlines은 고도로 훈련된 승무원과 강력한 서비스 문화 덕분에 우수한 고객서비스를 자랑할 수 있다.

카테고리 멤버십 전달하기

카테고리 멤버십은 분명하다. 고객은 Maybelline이 화장품의 선도 브랜드이고, Cheerios가 시리얼의 선도 브랜드이며, McKinsey가 선도적인 컨설팅 회사라는 것을 알고 있다. 그러나 신제품인 경우 마케터는 소비자에게 브랜드 카테고리 멤버십을 알려야 한다.

때때로 소비자는 카테고리 멤버십을 알고 있지만 브랜드가 카테고리의 유효한 멤버인지 확신하지 못할 수 있다. 그들은 HP가 디지털 카메라를 생산한다는 것을 알고 있을지 모르지만 HP 카메라가 Canon, Nikon, Sony에서 만든 것과 같은 등급인지 확신하지 못할 수도 있다. 이 경우 HP는 카테고리 멤버십을 강화하는 것이 유용할 수 있다.

브랜드는 때로 회원 자격이 없는 카테고리와 제휴한다. 이 접근방식은 소비자가 실제 멤버십을 알 수 있을 때 브랜드의 차별점을 강조하는 한 가지 방법이다. 마케터는 DiGiorno의 냉동피자를 냉동피자 카테고리에 넣는 대신 "It's Not Delivery, It's DiGiorno!(배달이 아니라 DiGiorno입니다)"라는 광고와 함께 배달피자 카테고리에 배치했다. 유사하게, 유료 채널 HBO는 "It's Not TV, It's HBO"라는 슬로건을 채택하여 프리미엄 요금을 정당화하기 위해 독창적이고 날카로운 프로그램을 개발했다.

포지셔닝에 대한 일반적인 접근방식은 소비자에게 차별점을 설명하기 전에 브랜드 멤버십을 알리는 것이다. 소비자는 경쟁하는 브랜드보다 우월한지 여부를 결정하기 전에 제품이 무엇인지, 어떤 기능을 제공하는지 알아야 한다. 신제품의 경우 초기 광고는 종종 브랜드 인지도를 높이는 데 집중하고 후속 광고는 브랜드 이미지를 만들고자 한다. Ally Bank는 금융 기관에 대한 불신을 활용하여 독특한 위치를 확보했다.

> Ally Financial   GMAC Financial을 Ally Financial로 브랜드를 변경하고 Ally Bank 자회사를 출범하면서 이 기업은 처음에 수트를 입은 똑똑한 남자(상징적으로 전형적인 은행을 대표)가 순진한 아이들(상징적으로 전형적인 은행 고객을 대표)에게 못되게 구는 것을 특징으로 하는 캠페인을 실행했다. Ally Bank를 단순하고 직접적으로 보여주는 것이 아이디어였다. 한 광고에서 대변인이 두 어린 소녀와 함께 작은 테이블에 앉아 그들 중 한 명에게 조랑말을 원하느냐고 물었다. 소녀가 그렇다고 하자,

그는 작은 장난감 조랑말을 주었다. 또 다른 소녀가 그렇다고 하자 그는 진짜 조랑말을 주었다. 조랑말을 얻지 못한 첫 번째 소녀는 자신이 왜 진짜 조랑말을 받지 못한 것이냐고 물었고, 남자는 "너는 묻지 않았잖아."라고 대답했다. 초기 인지도를 확립한 이 캠페인은 "Your Money Needs an Ally(당신의 돈은 동맹이 필요합니다)"라는 주제를 전달하고 기계 대신 Ally Bank에서 사람에게 다가갈 수 있는 고객의 능력을 보여주는 여러 후속 광고를 통해 '직접적인' 포지셔닝을 개발했다. "Dry Cleaner" 광고에서는 실제 세탁소 고객이 도움을 받기 위해 사용해야 한다고 표시된 믹서기를 다루려고 하는 모습이 몰래카메라에 포착된다. 광고는 "Ally Bank. 사람들에게 도움 되는. 기계가 아닙니다."라는 말로 끝이 난다.[29]

브랜드의 카테고리 멤버십을 전달하는 세 가지 주요 방법이 있다.

- **카테고리 혜택 알리기:** 소비자에게 브랜드가 카테고리를 사용하는 근본적인 이유에 대해 확신을 주기 위해 마케터는 카테고리 멤버십을 알리는 혜택을 자주 사용한다. 따라서 산업용 도구는 내구성이 있다고 주장할 수 있으며 제산제는 효능을 알릴 수 있다. 브라우니 믹스는 훌륭한 맛의 이점을 제공한다고 주장함으로써 구운 디저트 카테고리의 멤버가 될 수 있고, 고품질 재료를 포함하거나(성능) 사용자에게 소비를 기뻐하는 모습(이미지)을 보여줌으로써 이 주장을 뒷받침할 수 있다.
- **예제와 비교하기:** 카테고리에서 잘 알려져 있고 주목할 만한 브랜드는 브랜드가 카테고리 멤버십을 지정하는 데 도움이 될 수도 있다. Tommy Hilfiger가 알려지지 않았을 때, 광고는 그 브랜드를 Geoffrey Beene, Calvin Klein, Perry Ellis와 연관시켜 위대한 미국 디자이너로서의 지위를 알렸다.

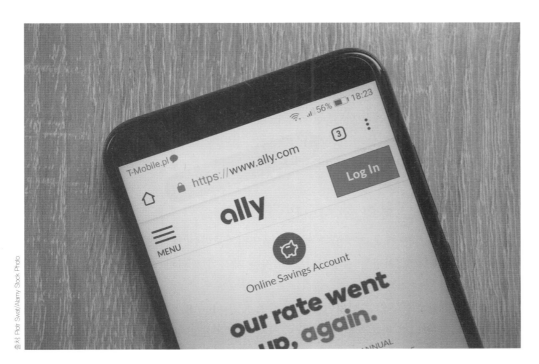

출처: Piotr Swat/Alamy Stock Photo

<< GMAC Financial Service가 ALLY Financial로 브랜드를 변경한 후, 새롭게 출범한 Ally Bank 자회사의 광고 캠페인은 고객서비스에 대한 간단하고 눈속임 없는 접근방식을 강조하면서 기계보다는 사람과의 상호작용을 강조했다.

- **제품 설명자에 의존하기**: 브랜드 이름 뒤에 오는 제품 설명자는 카테고리 출처를 전달하는 간결한 수단인 경우가 많다. Ford Motor Co.는 SUV, 미니밴, 스테이션 왜건의 속성을 결합한 X-Trainer라는 급진적인 새로운 2004년 모델에 10억 달러 이상을 투자했다. 고유한 위치를 알리고 Explorer와 Country Squire 모델과의 연관성을 피하기 위해 결국 Freestyle이라고 불린 이 차량은 '스포츠 왜건'으로 디자인되었다.

상충되는 혜택 전달하기

앞에서 보았듯이 포지셔닝의 한 가지 공통적인 과제는 동등점과 차별점을 구성하는 많은 혜택이 음의 상관관계가 있다는 것이다. ConAgra는 Healthy Choice 냉동식품이 맛도 좋고 몸에도 좋다는 것을 소비자에게 확신시켜야 한다. 음의 상관관계가 있는 속성 및 혜택의 예를 생각해 보자. 저렴한 가격 대 고품질, 강력함 대 안전함, 맛 대 저칼로리, 강함 대 세련됨, 영양가 대 좋은 맛, 흔함 대 독점적, 효능 대 순함, 다양함 대 단순.

더욱이 개별적인 속성과 혜택은 종종 긍정적인 측면과 부정적인 측면을 가지고 있다. 예를 들어, La-Z-Boy의 안락의자, Burberry의 겉옷 또는 《New York Times》와 같은 오래 지속되는 브랜드를 생각해 보자. 브랜드의 유산은 경험, 지혜, 전문성과 진정성을 암시할 수 있다. 다른 한편으로, 그것은 구식이며 현대적이지 않거나 최신이 아님을 의미할 수도 있다.

문제는 소비자가 일반적으로 음의 상관관계가 있는 속성 또는 혜택을 모두 최대화하기를 원한다는 것이다. 마케팅의 기술과 과학의 대부분은 절충점을 다루는 것으로 구성되며 포지셔닝도 다르지 않다. 가장 좋은 접근방식은 분명히 두 가지 측면에서 모두 잘 수행되는 제품이나 서비스를 개발하는 것이다. GORE-TEX는 기술 발전을 통해 '통기성'과 '방수성'이라는 상반된 제품 이미지를 극복할 수 있었다. 심층적이고 정량적인 인터뷰와 포커스 그룹이 소비자가 번거로움 없이 기술의 이점을 원한다고 제안했을 때, Royal Philips는 사용하기 쉬운 제품을 광고하는 Philips 브랜드의 전자제품을 위한 "Sense and Simplicity" 캠페인을 시작했다.

다른 접근방식에는 각각 다른 브랜드 속성이나 혜택에 전념하는 두 가지 다른 마케팅 캠페인이 포함된다. 하나는 브랜드를 동등점 또는 차별점으로서 속성이나 혜택을 확립하기 위해 적절한 종류의 형평성을 가진 사람, 장소 또는 물건에 연결하는 것이고, 다른 하나는 소비자에게 속성과 혜택 사이의 부정적인 관계를 설득하는 것이다. 만약 소비자가 그것을 다르게 생각한다면, 그것은 사실 긍정적임을 의미한다.[30]

스토리텔링으로서의 포지셔닝

일부 마케팅 전문가는 특정 속성이나 혜택을 설명하기보다는 내러티브 또는 스토리를 전달하는 것으로 브랜드 포지셔닝을 설명한다. 소비자는 제품이나 서비스 뒤에 숨겨진 이야기에 대해 상상하는 것을 좋아한다.

마케팅 및 포지셔닝을 강화하기 위해 Jim Beam은 Jim Beam 및 Maker's Mark 브랜드와 함께 매주 공영 라디오 방송으로 가장 잘 알려진 전문 스토리텔러 그룹인 The Moth를 고용하여 2년에 한 번씩 3일간의 모임을 시작했다. Moth 팀은 이야기의 구조를 세분화하고 특히 의미 있는 부분을 식별하고 Beam 직원들이 서로 이야기를 나누도록 했다. 이 접근방식을 통해 기업은 고객 가치 제안을 명확히 설명하는 매력적인 스토리를 만들 수 있었다.[31]

일부 연구자들은 **내러티브 브랜딩**(narrative branding)이 사람들의 기억, 연상, 이야기와 연결되는 깊은 은유에 기초한다고 본다.[32] 그들은 내러티브 브랜딩의 5가지 요소를 식별한다. 단어와 은유의 관점에서의 브랜드 스토리, 소비자가 시간이 지남에 따라 그 브랜드와 관계되는 방법의 관점에서의 소비자 행로와 소비자가 브랜드와 만나는 터치포인트, 브랜드에 대한 시각적 언어나 표현, 그 브랜드가 감각과 관계하는 방법에 관해 경험적으로 이야기가 표현되는 방식, 그 브랜드가 소비자의 삶에서 행하는 역할/관계. 연구자들은 문학적 관습과 브랜드 경험을 바탕으로 브랜드 스토리에 대해 다음의 네 가지 틀을 제시한다. (1) 환경(시간, 장소, 맥락), (2) 배역[브랜드는 캐릭터로서 청중(오디언스)의 삶, 관계 및 책임 그리고 역사 또는 창조 신화 속에서 역할을 함], (3) 내러티브 아크(행동조치, 바람직한 경험, 사건 정의, 출현의 순간을 포함하여 시간이 지남에 따라 내러티브 논리가 전개되는 방식), (4) 언어(인증하는 음성, 은유, 상징, 주제 및 중심사상을 확실하게 함).

'근원적(본질적) 브랜딩(primal branding)'이라 불리는 관련 개념은 브랜드를 복잡한 신념 시스템으로 인식한다. 근원적 브랜딩 지지자들은 Google, MINI Cooper, U.S. Marine Corps, Starbucks, Apple, UPS, Aveda와 같은 다양한 브랜드는 모두 고객과 공감하고, 고객의 열정을 불러일으키는 '본질적 코드' 또는 DNA를 가지고 있다고 주장한다. 이 신념 시스템과 본질적 코드를 구성하는 7가지 자산으로서 창조적인 이야기, 신조, 우상, 의식, 신성한 단어, 믿음이 결여된 사람을 다루는 방법, 훌륭한 지도자를 제시했다.[33]

출처: Aflo/Alamy Stock Photo

>> Jim Beam은 마케팅과 포지셔닝을 더 강화하기 위해 전문 스토리텔러를 활용했다.

---

marketing INSIGHT   스타트업 기업 포지셔닝하기

스타트업 기업의 브랜드 구축은 도전적인 문제인데, 그 이유는 스타트업 기업의 자원과 예산이 제한적이기 때문이다. 그럼에도 불구하고 몇 가지 성공적인 기업가들이 존재하는데, 그들은 출발시점부터 강력하게 브랜드를 구축하여 성공적으로 실행했다. 자원이 제한적일 때 마케팅 프로그램에 대한 집중과 일관성은 매우 중요하다. 창의성 역시 중요한데, 그 이유는 소비자에게 제품에 대한 새로운 아이디어를 제시하는 새로운 방법이기 때문이다. 다음은 스타트업 기업을 위한 몇 가지 브랜딩 지침이다.[34]

- **제품과 서비스의 매력적인 성능 이점을 찾는다.** 모든 브랜드의 경우 제품 또는 서비스 성능에서 입증 가능하고 의미 있는 차이가 성공의 열쇠가 될 수 있다. Dropbox는 소비자에게 대용량 문서, 사진, 비디오, 기타 파일을 편리하게 저장할 수 있게 하여 수많은 경쟁자에 맞서 강력한 위치를 확보했다.[34]
- **한두 개의 주요 연상에 바탕을 둔 한두 개의 강력한 브랜드 구축에 집중한다.** 스타트업 기업은 종종 한두 개의 브랜드와 이들 브랜드에 대한 차별점으로서 주요 연

(계속)

marketing insight (계속)

관성에 의존해야 한다. 이러한 연관성은 마케팅 프로그램으로, 그리고 시간이 지남에 따라 일관되게 강화되어야 한다. 스노보딩과 서핑 문화에 뿌리를 두고 있는 Volcom은 음악, 운동복, 보석을 점진적으로 판매하게 했던 "Youth Against Establishment(설립에 반대하는 젊은이들)"라는 신조를 채택하고 적용했다.

- **가능한 모든 방법으로 제품이나 서비스를 시용해 볼 수 있도록 권장한다.** 성공적인 스타트업 기업은 소비자가 배우고 경험할 수 있는 방법을 차별화해야 한다. 한 가지 방법은 샘플링, 시용 또는 브랜드에 소비자를 참여시키는 모든 수단을 통해 소비자가 시용하도록 장려하는 것이다. See's Candies는 매장을 방문하는 고객에게 어느 종류의 사탕이든 맛볼 수 있게 했다. 한 고위 경영진은 "이것이 우리가 가진 최고의 마케팅이다. 사람들은 시용하면 좋아할 것이다."라고 말했다. See's는 매혹적인 풍미를 위해 신선한 재료를 사용하고 방부제는 사용하지 않는다.[35]

- **'더 크고 더 나은' 브랜드로 만들기 위해 응집력 있는 디지털 전략을 개발한다.** 소셜 미디어, 온라인 광고, 전자상거래는 소규모 기업에게 그것을 제공하지 않은 경우보다 더 큰 결과를 낳게 한다. Michigan주 Royal Oak에 있는 부동산 투자 및 관리 회사인 Urbane Apartments는 실제를 훨씬 뛰어넘는 가상 공간으로 두각을 나타내고 있다. 이 기업은 가장 좋아하는 Royal Oak 여행지, 임차인을 위한 Urbane Lobby 소셜 네트워킹 사이트, 활동적인 YouTube, Facebook, Twitter 프로필을 홍보하는 입주자가 쓴 블로그를 자랑한다.[36] 모바일 마케팅은 많은 소규모 기업의 지역적 특성을 고려할 때 특히 중요한 요소가 될 수 있다.

- **입소문을 타고 충성스러운 브랜드 커뮤니티를 만든다.** 스타트업 기업은 종종 입소문에 의존하여 입지를 다져야 하지만, 홍보, 소셜 네트워킹, 저렴한 홍보와 후원이 대안이 될 수 있다. 현재 및 잠재 고객 사이에 활기찬 브랜드 커뮤니티를 만드는 것도 충성도를 강화하고 새로운 잠재고객에게 정보를 전파하는 데 도움이 되는 비용 효율적인 방법일 수 있다. Evernote에는 수십 명의 '파워 유저'가 있으며, 이들은 온라인 회사가 고객을 위한 모든 것을 갖춘 '외부 두뇌'라고 광고하는 개인 조직 애플리케이션 브랜드에 대한 정보를 널리 퍼뜨리기 위한 열정적인 홍보대사 역할을 하고 있다.[37]

- **잘 통합된 브랜드 요소를 사용한다.** 전략적으로, 스타트업 기업은 모든 유형의 브랜드 에쿼티 동인의 기여도를 극대화하는 것이 중요하다. 특히 브랜드 인지도와 브랜드 이미지를 모두 향상하는 브랜드 이름, 로고, 패키징 등 독특하고 잘 통합된 브랜드 요소 세트를 개발해야 한다. 브랜드 요소는 가능한 한 많은 창의적 잠재력을 가지고 소비자의 기억에 남고 의미 있어야 한다. 혁신적인 패키징은 구매 시점에 관심을 끌면서 광고 캠페인을 대체할 수 있다. SMARTFOOD는 판매 선반 위에 강력한 시각적 상징 역할을 하는 독특한 패키지와 시범구매를 장려하는 광범위한 샘플링 프로그램을 모두 활용해 광고 없이 첫 제품을 선보였다. 종종 스타트업 기업을 특징짓는 적절한 이름(회사명)이나 가족 이름은 어느 정도 독특성을 제공할 수 있지만, 발음할 수 있는지 여부, 의미 있는지 여부, 기억할 수 있는지 여부 또는 기타 브랜드화의 고려사항 관점에서 문제가 될 수 있다.

- **가능한 한 많은 이차 연상을 활용한다.** 이차 연상(잠재적으로 관련성이 있는 모든 사람, 장소 또는 사물)은 종종 브랜드 자산, 특히 품질이나 신뢰도를 높이는 데 도움이 되는 비용 효율적인 지름길이다. 1996년, J. Darius Bickoff는 Smartwater라고 불리는 전해질 강화 생수를 출시했는데, 다시 2년 후 병에 든 순수한 물에 대한 대체품으로 비타민 함량을 높이고 향이 나는 Vitaminwater를 도입하였으며, 다시 2년 후 Fruitwater를 도입했다. 래퍼 50 Cent, 가수 Kelly Clarkson, 여배우 Jennifer Aniston, 미식축구 스타 Tom Brady 등을 이용한 스폰서 계약을 포함한 스마트 마케팅은 성공을 추진하는 데 도움을 주었다. 창업 후 10년이 채 안 되어, Glacéau라고도 알려진 Bickoff의 Energy Brands 기업은 현금 42억 달러에 Coca-Cola에 매각되었다.[38]

요약

1. 마케팅 전략의 핵심은 가치 제안을 개발하고 타깃고객을 대상으로 기업의 제공물을 포지셔닝하는 것이다. 가치 제안과 포지셔닝을 명확히 함으로써 기업은 높은 고객 가치와 만족도를 제공할 수 있으며, 이는 높은 반복 구매로 이어져 궁극적으로 기업의 수익성을 높일 수 있다.

2. 소비자의 니즈에 따라, 제공물은 세 가지 영역에 걸쳐 가치를 창출할 수 있다: 제공물의 성과와 직접적으로 관련된 혜택과 비용으로 구성된 **기능적 가치**, 제공물과 관련된 심리적 혜택과 비용을 포괄하는 **심리적 가치**, 제공물과 관련된 금전적 혜택과 비용을 포함하는 **재정적 가치**. 세 가지 측면 모두에서 소비자 가치는 제공물의 모든 혜택과 비용에 대한 소비자의 평가와 지각된 대안의 혜택과 비용에 대한 소비자 평가 간의 차이를 나타낸다.

3. **가치 제안**은 기업이 제공하기로 약속한 혜택의 전체 클러스터로 구성된다. 이는 고객이 기업 제공물과 관련하여 받는 혜택과 그들이 가정하는 비용 사이의 차이를 기반으로 한다. 가치 제안은 고객마다 다르며, 서로 다른 니즈를 가진 고객 세분시장은 서로 다른 가치 제안을 요구한다.

4. **포지셔닝**은 타깃고객의 마음에서 독특한 위치를 차지하도록 기업의 제품 및 이미지를 디자인하는 행위이다. 제공물의 모든 혜택과 비용을 명시하는 가치 제안과 달리, 포지셔닝은 소비자가 기업 제공물을 선택할 이유를 제공할 주요 혜택에 초점을 맞춘다.

5. 소비자는 제공물의 편익과 비용을 평가하는 데 사용되는 **준거 틀**을 통해 제공물의 가치를 결정한다. 제공물은 열등한 제공물과 비교하여 매력적으로 보일 수 있고, 동일한 제공물은 우월한 제공물과 비교할 때 매력적이지 않은 것으로 인식될 수 있다. 마케터는 제공물의 가치를 강조하는 준거 틀을 신중하게 선택해야 한다.

6. 포지셔닝 전략 개발을 위한 핵심 구성요소는 **차별점**(회사 제품에만 고유한 특성 또는 혜택)과 **동등점**(회사가 제공하는 제공품이 경쟁사와 공통적으로 가지고 있는 특성 또는 혜택)을 식별하는 것이다. 브랜드 연상이 진정으로 차별점으로서 기능할 수 있는지 여부를 결정하는 세 가지 기준은 바람직성, 전달 가능성, 차별화 가능성이다.

7. **경쟁우위**는 경쟁자가 따라올 수 없거나 앞으로도 따라올 수 없는 하나 이상의 방식으로 수행하는 기업의 능력이다. 제공물의 경쟁우위는 고객이 사용 가능한 대안보다 이 제공물을 선택할 이유를 제공한다. 경쟁우위는 고객이 평가하는 제공물의 차별점을 반영한다. 충분히 바람직하며, 전달 가능하고, 차별화되는 모든 제품 또는 서비스 혜택은 차별화 포인트의 역할을 하여 경쟁우위를 창출할 수 있다.

8. 세 가지 핵심 전략은 제공물을 경쟁 제품과 차별화하고 경쟁우위를 창출하는 가치 제안을 설계하는 데 필수적이다. 이러한 전략은 기존 속성을 차별화하고 새로운 속성을 도입하며 강력한 브랜드를 구축하는 것이다.

9. 마케팅 담당자는 제공물의 포지셔닝 전략을 설계한 후 이 포지셔닝을 조직의 모든 사람에게 알리고 시장 활동을 안내하도록 **포지셔닝 문구**를 개발한다. 효과적인 포지셔닝 문구를 작성하기 위한 핵심 방법은 제공물의 카테고리 멤버십을 전달하고, 동등점 및 차별점을 전달하며, 제공물의 포지셔닝 전달을 위한 내러티브를 개발하는 것이다.

Unilever: Axe와 Dove

홈케어, 식품, 퍼스널 케어 브랜드 제조업체인 Unilever는 마케팅 커뮤니케이션 전략을 효과적으로 사용하여 특정 연령대, 인구통계 및 라이프스타일을 공략한다. 이 기업은 남성용품 브랜드인 Axe와 여성을 겨냥한 퍼스널 케어 브랜드인 Dove를 포함하여 세계에서 가장 성공적인 브랜드 중 일부를 개발했다.

　　Axe 브랜드(영국, 아일랜드, 오스트레일리아, 중국에서는 Lynx로 알려져 있다)는 1983년에 출시되었고, 2002년에 미국에 소개되었으며, 현재 70개 이상의 국가에서 판매되고 있다. Axe는 젊은 남성 소비자에게 바디 스프레이, 바디 젤, 데오도란트, 샴푸 등 다양한 향의 퍼스널 케어 제품을 제공한다. 오늘날 Axe는 세계에서 가장 인기 있는 남성 전문 브랜드다. Axe는 적절한 타깃그룹을 찾고 개별 마케팅 메시지로 이러한 고객을 유인하여 효과적으로 돌파해 나갔다.

　　Unilever는 남성 인구를 여러 프로파일 그룹으로 분류하고 이성에게 어필하기 위해 도움이 필요하고, 도움이 될 제품을 구매하도록 쉽게 설득될 수 있는 괴짜들로 구성된 'The Insecure Novice'라는 세분시장에서 가장 큰 기회가 존재한다고 보았다. 이 세분시장을 대상으로 하는 대부분의 Axe 광고는 유머와 성(sex)을 사용하며, 종종 깡마르고 평균적인 남자들이 Axe와 함께 몸을 담근 후 수십, 수백, 심지어 수천 명의 아름다운 소녀들을 유혹하는 것을 특징으로 한다. 결과: 브랜드는 포부가 있고 접근하기 쉬우며, 가벼운 톤은 젊은 남성들에게 인기가 있었다.

　　Axe는 창의성뿐만 아니라 파격적인 미디어 채널을 효과적으로 사용한 것으로 수많은 광고상을 수상했다. 신랄한 온라인 비디오에서부터 비디오 게임, 짝짓기 게임 도구 키트, 채팅방, 모바일 앱에 이르기까지 Axe 브랜드는 관련 시간, 장소, 환경에서 젊은 성인 남성을 참여시킨다. 예를 들어, 콜롬비아에서는 여성 Axe Patrol이 술집과 클럽 장면을 살펴보고 Axe 바디 스프레이를 남성에게 뿌린다. Unilever의 마케팅 이사인 Kevin George는 "이것은 30초짜리 TV 광고를 넘어 우리 남자들과 더 깊은 유대감을 형성하는 것이다."라고 설명했다.

　　Axe는 소비자에게 도달할 수 있는 지점을 알고 있다. Axe는 MTV, ESPN, Spike, Comedy Central과 같은 남성 중심 네

HELPING 40 MILLION
YOUNG PEOPLE
BUILD SELF-ESTEEM

From 2004 to 2020 Dove is helping young people
build self-esteem through our educational programmes.
Download our tools for free at dove.com/selfesteem

Dove

출처: Retro AdArchives/Alamy Stock Photo

트워크에서만 광고한다. 젊은 남성 청중을 끌어들이는 NBA 및 NCAA와 파트너 관계를 맺고 큰 스포츠 이벤트 기간 동안 광고를 게재하기도 한다. 인쇄 광고는 《Playboy》, 《Rolling Stone》, 《GQ》, 《Maxim》에 내보냈다. Axe의 Facebook과 Twitter를 통한 온라인 노력은 소비자가 웹사이트 TheAxeEffect.com을 다시 방문하도록 하는 데 도움이 된다.

　　Unilever는 변덕스러운 젊은 청중에게 최신 정보를 유지하기 위해 브랜드를 신선하고 적절하며 멋지게 유지해야 한다는 것을 이해한다. 그 결과, 기업은 매년 새로운 향수를 출시하고 온라인 및 광고 커뮤니케이션을 끊임없이 쇄신하여 매년 새로운 남성이 타깃시장에 진입하고 퇴장한다는 사실을 깨닫고 있다. 아마도 제품 라인을 업데이트하는 것보다 훨씬 더 중요한 것은 브랜드를 사회적 트렌드에 맞게 적절하게 유지하는 일일 것이다. 그 결과, 불과 몇 년 만에 Axe는 남성 고정관념을 찬양하는 것에서 벗어나 남성 고정관념에 강력하게 반대하는 방향으로 전환했다.

　　Axe의 "Find Your Magic(당신의 마법을 찾아라)" 캠페인의 일부인 "Is It OK for Guys?" 광고는 남성들에게 전통적인 남성 고정관념을 버리는 대신 남성성에 대한 보다 현대적인 버전을 받아들이라고 촉구한다. 이 광고는 개인적으로 남성성과 씨

름하는 남자들을 묘사하는데, "동정남이 되어도 괜찮을까요?", "다른 남자들과 실험해도 괜찮을까요?", "침대에서 작은 스푼이 되어도 괜찮을까요?"와 같은 질문을 던진다. 실제 Google 검색을 기반으로 하는 이러한 질문은 젊은 남성들이 남성성에 대한 사회적 고정관념을 고수하고 탈피하는 것에 대해 불안감을 느끼는 정도를 강조한 것이다. 이 캠페인은 고객이 남성성에 대한 전통적인 이미지의 경계에 의문을 제기하는 유일한 사람이 아님을 알리고 브랜드와 감성적인 관계를 맺는 것을 목표로 한다.

개인적 마케팅 스펙트럼의 다른 면에서 Unilever의 Dove 브랜드는 다른 어조와 메시지로 여성들에게 말한다. 2003년, Dove는 브랜드의 4분의 1 보습 크림의 이점을 홍보했던 과거 광고에서 벗어나 "Dove Campaign for Real Beauty"를 시작했다. "Real Beauty"는 '진짜' 여성을 찬양하고 아름다움은 모든 모양, 크기, 연령, 색상으로 제공된다는 개념을 여성에게 개인적으로 이야기했다. 이 캠페인은 전 세계 여성의 4%만이 자신이 아름답다고 생각한다는 연구 결과에서 시작되었다.

"Real Beauty" 캠페인의 첫 번째 단계에는 비전통적인 여성 모델이 등장하여 시청자들에게 온라인에서 자신의 외모를 판단하고 '주름이 많은지 아니면 멋있는지?' 또는 '오버사이즈인지 아니면 눈에 띄는지?' 여부를 판단해 달라고 요청했다. 개인적인 질문은 많은 사람들에게 충격을 주었지만 Dove는 캠페인을 계속할 정도로 큰 PR 버즈를 만들어냈다. 이 캠페인의 두 번째 단계는 곡선미가 있고 몸매가 좋은 여성의 솔직하고 자신감 있는 이미지를 특징으로 했다. 다시 말하지만, Dove 브랜드는 일반적으로 광고에 등장하는 고정관념을 깨고 결과적으로 전 세계 대다수의 여성에게 감동을 주었다. "Pro-Age"라는 캠페인의 세 번째 단계에는 나이 든 여성이 나체로 등장하여 "아름다움에도 나이 제한이 있습니까?"와 같은 질문을 던졌다. 즉각적으로 기업은 나이 든 소비자들로부터 긍정적인 피드백을 들었다. Dove는 또한 여성이 자신의 외모에 대해 더 잘 느낄 수 있도록 돕는 것을 목표로 Self-Esteem Fund를 시작했다.

"Real Beauty" 캠페인의 일환으로 Dove는 일련의 단편 Dove Films를 발표했으며 그중 하나인 'Evolution'은 2007년 International Advertising Festival in Cannes에서 Cyber와 영화 Grand Prix를 모두 수상했다. 이 영화에서 메이크업 아티스트, 미용사, 조명 및 디지털 리터칭으로 변형된 평범한 여성의 모션 뷰가 결국 빌보드 슈퍼모델처럼 보인다. "아름다움에 대한 우리의 인식이 왜곡된 것은 당연합니다."라는 태그라인으로 끝이 난다. 이 영화는 순식간에 바이럴 히트작이 되었다.

Dove는 젊고 청순하고 신선한 얼굴의 소녀가 섹시하고 반팔 입은 여성의 이미지와 그녀를 '더 작게', '더 부드럽게', '더 단단하게', '더 좋게' 보이게 하는 제품에 대한 약속으로 폭격을 받는 모습을 보여주는 단편 영화인 'Onslaught'로 뒤를 이었다. Dove의 2013년 영화 'Sketches'에는 경찰 스케치 아티스트가 등장하여 같은 여성에 대해 두 장의 그림을 그린다. 하나는 커튼 뒤에서 스케치 작가에게 자신을 묘사한 여성이고, 다른 하나는 완전히 낯선 사람이 스케치 작가에게 방금 만난 여성을 설명한 것이다. 언어와 서술의 차이로 여성이 종종 자신의 가장 혹독한 뷰티 비평가라는 것을 보여준 영화는 "당신은 당신이 생각하는 것보다 더 아름답습니다."라는 태그라인으로 끝맺는다. 스케치 영화는 역대 가장 많이 시청한 비디오 광고로 기록되었고 첫해에만 1억 7,500만 이상의 조회 수를 기록했다.

Axe와 Dove 캠페인이 이보다 더 다를 수는 없고 둘 다 많은 논란과 논쟁을 불러일으켰지만, 두 브랜드는 개인 마케팅 전략과 즉각적인 메시지로 소비자층을 효과적으로 타기팅한 것으로 인정받았다. 개인 마케팅에서 Axe의 성공은 많은 사람들이 이미 성장이 끝났다고 생각한 데오도란트 카테고리에서 해당 브랜드를 리더로 끌어올렸다. 그리고 Dove가 여성들의 태도를 바꾸고 긍정적인 자존감을 높이는 데 주력한 15년 동안 매출은 25억 달러에서 60억 달러로 급증했다.[39]

질문

1. Dove와 Axe에 대한 고객 가치 제안은 무엇인가? 브랜드 간 유사점과 차이점은 무엇인가?
2. Unilever가 여성에게 마케팅하는 방식과 젊은 남성에게 마케팅하는 방식에 갈등이 존재하는가? Axe 광고에서 여성을 섹스 심벌로 만든 것이 "Dove Campaign for Real Beauty"에서 할 수 있는 모든 선행을 망치고 있는가?
3. Unilever는 앞으로 이 브랜드들을 어떻게 관리해야 할까? 두 브랜드에 모두 맞는 보편적인 포지셔닝을 찾기 위해 노력해야 할까?

marketing
SPOTLIGHT

First Direct

1980년대에 영국의 은행업은 네 개의 보수적이고 전통적인 큰 은행들에 의해 지배되었다. 은행 고객은 대출이나 담보 대출 또는 초과 차입을 받기 위해 지역 지점을 방문하고 이는 권위적인 은행 매니저와의 인터뷰를 통해 이루어졌다. 영국에 본사를 둔 Midland Bank는 일부 고객이 지점을 거의 방문하지 않거나 전혀 방문하지 않아 상향판매와 교차판매의 기회가 사라졌다는 사실을 깨닫고 그 이유를 알아볼 팀을 구성했다. 그들은 많은 사람들이 서비스를 받기 위해 은행 앞에 줄을 서거나 불친절한 은행 관리자와 만나는 것을 좋아하지 않는다는 것을 발견했다. 미국에서 생겨나고 있는 전화 은행 서비스에 영감을 받아, 그들은 새로운 전화 전용 은행인 First Direct를 만들었다.

새로운 브랜드를 출시할 때는 최적의 포지셔닝 전략을 결정하는 것이 필수적이다. 이 서비스는 당초 고객서비스 품질을 주요 포지셔닝 요소로 내세워 새로운 개념을 두려워하지 않는 젊은 전문직 종사자들을 그 대상으로 했다. 최고 수준의 서비스를 염두에 두고 직원을 모집하고 교육했다. 고객서비스 담당자는 고객 정보에 접근할 수 있었고, 더 중요한 것은 질문과 요청을 직접 처리할 수 있는 능력과 권한이 있었다는 것이다. 원래 이 기업의 미션 문구였던 "놀라운 서비스 개척하기"는, 고객서비스에서 혁신과 우수 정신을 장려하기 위해 신입사원을 모집하는 동안 강조되었다. 그 당시 다른 모든 영국 은행들과 달리 First Direct는 매일 하루 종일 문을 열었다. 1989년 개업 후 첫 번째 크리스마스 날, 은행은 다른 소매업과 서비스업이 거의 모두 문을 닫았을 때 실제로 문을 열었는지 확인하고 싶어 하는 고객으로부터 많은 전화를 받았다.

혁신적이고 개인적이며 편리한 고품질 서비스로서의 위치를 전달하기 위해, 기업 정체성과 광고는 의도적으로 파격적이고 도발적이었다. 검은색과 흰색의 단순한 로고는 다른 금융 서비스의 로고와 달랐고, 광고는 기발하고 생각을 자극하는 것이었다. 예를 들어, 포스터는 "지점 없는 은행. 그것은 특별합니다."라는 태그와 함께 일상생활 용품을 보여주었다. 론칭 후 두 달 만에 이루어진 조사 결과에서 First Direct는 영국 내 어떤 은행보다 브랜드 인지도가 높았다. 높은 서비스 표준을 엄격하게 유지하고 기발한 마케팅 커뮤니케이션을 유지함으로써 1995년

까지 50만 명의 사용자를 달성하며 빠르게 성장했다.

First Direct는 새로운 기술을 도입하면서 빠르게 수용하고 홍보했다. 1997년 인터넷 가입자가 매우 적었고 느린 전화선 모뎀을 통해 접속할 수 있었을 때 인터넷 뱅킹을 테스트하기 시작했다. 2000년까지 새로운 시스템을 완전히 채택했다. SMS에 의한 문자메시지 알람은 1999년에 도입되었다. 2006년, First Direct(현 HSBC의 일부)는 모바일 앱보다 앞선 국제 모바일 전화 뱅킹 시스템인 Monilink에 가입한 영국 최초의 은행이다. 2019년까지 First Direct 고객과의 상호작용의 98%가 웹사이트, 이메일, 문자메시지, 모바일 앱 등 디지털 방식으로 이루어졌으며 2%만이 여전히 원래의 매체인 전화에서 이루어졌다.

고객 만족도 점수는 처음부터 높았으며 소비자 단체인 Which?와 KPMG Nunwood의 Customer Experience Excellence 랭킹과 같은 독립 차트에서 지속적으로 상위권에 머물렀다. First Direct는 또한 매년 열리는 Moneywise Customer Service Awards에서 "영국에서 가장 신뢰할 수 있는 금융 공급자"로 6번이나 선정되었다. First Direct에 따르면, 여전히 운영 첫해에 합류한 고객의 80% 이상을 보유하고 있다. Which? 소비자 단체는 지난 11년 동안 회원들에게 First Direct를 추천했으며, 연간 경상 고객 만족도 조사에서 은행 등급을 상위권 또는 상위권 수준으로 일관되게 평가했다.

First Direct는 여전히 고객에게 최상의 서비스와 사용자 경험을 제공하기 위해 노력하고 있지만, 서비스가 더 이상 예전과 같은 차별화 요소가 아님을 알게 되었다. 훌륭한 서비스가 표준이 되었고, 소비자들은 더 이상 그것을 주요 차별화 요소로 보지 않는다. 고객 기대치의 변화에 더하여, First Direct는 설문조사에서 예상보다 낮은 인지도를 보임에 따라 제품의 범위와 품

질을 강조할 필요가 있음을 발견했다. First Direct는 은행 계정 서비스로 가장 잘 알려져 있지만 대출, 주택담보대출, 신용카드, 보험 및 기타 서비스도 제공하며, 이 모든 서비스는 은행 계정 소유자에게 효과적으로 홍보될 수 있다.

이에 따라 First Direct는 서비스 포지셔닝에서 벗어나 전환을 시작했고, 2017년에는 현대 디지털 은행으로 자리매김하기 시작했다. 커뮤니케이션 캠페인은 First Direct 모바일 앱의 혜택, First Direct로 전환하기 위한 인센티브, 은행의 혁신적인 기술 사용을 홍보하기 위해 고안되었다. 여전히 흑백으로 된 이 광고는 저중력 상태에서 영국을 뛰어다니는 한 우주 비행사를 보여주었는데, 이것은 은행이 얼마나 다르게 지속되어 왔는지에 대한 메시지다. 그 이후로 First Direct는 계속해서 포지셔닝 전략을 재조정해 왔다.

'현대 디지털 은행'이라는 정체성을 바탕으로 2019년 마케팅 커뮤니케이션은 개인의 건강과 건강한 삶에 대한 당시 유행했던 관심을 바탕으로 금융 웰니스 개념을 도입했다. 2020년 1월에 시작된 #money-wellness 캠페인은 아웃도어, 디지털, 언론, 홍보, 소셜 채널을 포함했다. First Direct는 상세한 설문

지를 바탕으로 고객에게 금융 '건강'에 대해 더 잘 알 수 있도록 하기 위한 Financial Wellness Index를 제공한다.

First Direct는 진화 과정 내내 계획적이고 전략적인 브랜드 포지셔닝 방식을 일관되게 사용해 왔다. 이 은행은 1995년 이후 매년 수익을 내고 있으며 오늘날 145만 명 이상의 고객을 보유하고 있어 영국에서 16번째로 큰 은행이다. 그들의 위치 결정 뒤에 있는 명확성과 목적의식은 확실히 그들의 지속적인 성장과 성공에 기여했다.[40]

질문

1. 최근 First Direct는 서비스 품질을 주요 차별화 요소로 사용하는 것에서 벗어나 고품질, 혁신적인 디지털 제품을 강조하기로 결정했다. First Direct 및 기타 영국 은행에 대한 포지셔닝 그리드를 그리고 수직 및 수평 변수 선택에 대해 설명하시오.

2. First Direct가 서비스를 주요 포지셔닝 요소로 사용하는 것에서 벗어나야 했던 이유는 무엇인가? First Direct의 현대 디지털 은행의 포지셔닝으로의 전환에 대해 논의하시오.

8

제품 디자인과 관리

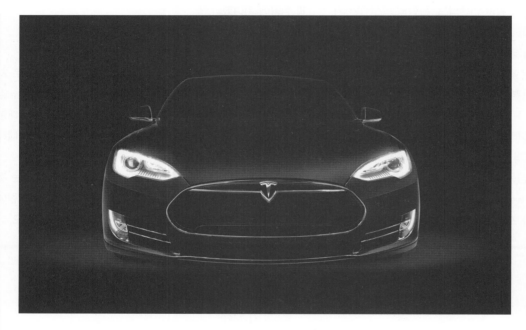

Tesla의 Model 3는 대량생산되는 친환경 전기자동차가 성공적으로 수익을 내면서 전통적인 가솔린 차량 생산자로부터 시장 점유율을 빼앗아 올 수 있다는 것을 증명하기 시작했다.
출처: imageBROKER/Alamy Stock Photo

위대한 브랜드의 중심에는 위대한 제품이 있다. 시장 리더십을 달성하기 위해, 기업은 타의 추종을 불허하는 고객 가치를 제공하는 뛰어난 품질의 제품과 서비스를 제공해야 한다. Tesla가 미국 전기차 시장을 석권한 것은 제품 혁신과 성능에 대한 끊임없는 집중 덕분이다.

>>> 2016년 3월, Tesla는 오랫동안 기다려온 Model 3를 공개했다. 이 차는 Tesla가 궁극적으로 대중 소비자에게 전달될 것이라고 희망하는 전기차다. 시작 가격이 3만 5,000달러(8,000달러의 신용 및 연료 절감분이 고려된 수치)로 매겨진 Model 3는 대량생산되는 친환경 자동차가 실현 가능하고 수익을 낼 수도 있다는 사실을 증명함으로써 자동차 산업에 강력한 변화를 일으키는 것을 목표로 했다. Tesla의 새로운 대량 시장 자동차는 사람들을 열광시켰고, 50만 건 이상의 사전 주문을 발생시켰으며, 그중 10만 건은 Model 3가 공개되기도 전에 체결되었다. Model 3의 고객 소구 요인은 몇 가지가 있다. 아마 이 중 가장 중요한 것은 직접적인 경쟁자가 없다는 것일 것이다. Tesla의 럭셔리 브랜드 이미지와 (상대적으로) 저렴한 가격대가 결합하여, 전기로만 가동되는 4만 달러대의 세단을 찾는 고객을 위한 유일한 옵션이 되었다. Tesla는 일주일에 5,000대의 차량을 생산한다는 목표를 달성하기 위해 약 10

억 달러를 투자하여 Nevada주 Reno 근처에 첫 번째 기가팩토리(초대형 공장)인 리튬 이온 배터리 및 차량 조립 공장을 건설했다. Model 3의 생산 규모를 증대시키려는 노력은 결실을 맺었다. 2018년, 전기자동차가 전체 자동차 매출의 1.12%를 차지하는 데 그쳤다는 사실에도 불구하고, 이 차는 미국에서 가장 많이 팔린 럭셔리 자동차가 되었다. 그 성공에도 불구하고, Tesla는 증가하고 있는 순수 전기자동차 수를 포함하기 위해 제품 라인을 개편하는 다른 자동차 제조사들과 점점 더 심화되는 경쟁에 직면해 있다. 그러나 Tesla의 초점은 전통적인 자동차 시장으로부터 점유율을 얻는 것이다. Tesla의 CEO Elon Musk는 "우리의 진정한 경쟁자는 찔끔찔끔 생산되는 비(non)Tesla 전기차가 아니라, 전 세계 공장에서 매일매일 쏟아져 나오는 엄청난 휘발유 차다."라고 주장했다. 2020년 가을, Elon Musk는 Tesla를 세계 최대의 자동차 제조업체로 만들기 위해 획기적으로 저렴한 배터리를 사용하여 2만 5,000달러짜리 전기자동차를 만들겠다는 계획을 세웠다.[1]

마케팅 플래닝은 타깃고객의 니즈와 원츠를 충족하는 제공물을 만드는 것에서부터 출발한다. 고객은 제공물의 혜택을 다음과 같은 세 가지 기본적인 요소에 의거하여 판단한다: 제품, 서비스, 브랜드. 이번 장에서는 제품에 대해 다루고, 9장에서는 서비스, 10장에서는 브랜드를 다룬다. 제품, 서비스, 브랜드라는 세 요소는 모두 경쟁적으로 매력적인 시장 제공물이 되도록 융합되어야 한다.

제품 차별화

시장 내에서 성공적으로 경쟁하기 위해, 제품은 차별화되어야 한다. 한쪽 끝에는 닭고기, 아스피린, 철강같이 변동이 거의 없는 제품이 있다. 그러나 여기에도 어느 정도의 차별화는 가능하다. Perdue 치킨, Bayer 아스피린, 그리고 인도의 Tata Steel은 그들의 카테고리 내에서 눈에 띄는 아이덴티티를 창조해 냈다. P&G는 Tide, Cheer, Gain이라는 세 가지 세탁세제를 만드는데, 각각은 분리된 브랜드 아이덴티티를 갖고 있다. 반대편 끝에는 높은 수준의 차별화로 이끌 수

학습목표

8.1 기업이 시장 가치를 창출하기 위해 제품 차별화를 어떻게 사용해야 하는지 설명한다.

8.2 시장 제공물을 차별화하는 데 제품 디자인의 역할을 설명한다.

8.3 제품 포트폴리오와 제품 라인을 설계하는 핵심적인 측면을 논한다.

8.4 제품 패키징을 관리하는 것과 관련된 핵심적인 의사결정에 대해 서술한다.

8.5 기업이 제품 개런티와 워런티를 어떻게 설계하고 관리해야 하는지 설명한다.

있는 제품들이 있는데, 자동차, 상업용 빌딩, 가구 등이 여기에 속한다. 이러한 판매자는 수많은 차별화 가능성에 직면한다.

잘 차별화된 제품은 엄청난 경쟁우위를 창출한다. 경쟁사와의 거리를 두는 데 도움이 되는 제품에 독특한 분위기를 만드는 것은, 최소한의 침습 수술을 위한 Intuitive Surgical의 da Vinci 로봇 시스템과 같은 인상적인 기술적 진보에서부터, 바나나에 Chiquita 스티커를 붙이는 것과 같은 간단한 변경까지, 다양한 활동이 포함된다. De Beers 같은 몇몇 브랜드는 특별한 상황에 그들 제품을 연계시킴으로써 제품을 차별화한다. Tropicana와 Tiffany 같은 다른 브랜드들은 그들 각각의 경쟁자로부터 돋보이기 위해 패키징을 사용한다.

차별화해야 할 속성에는 핵심 기능성, 특징, 성능 품질, 적합성 품질, 내구성, 신뢰성, 형태, 스타일, 맞춤화가 있다.[2] 디자인은 점점 더 중요한 차별화 요인이 되고 있다. 이에 대해서는 이 장 뒷부분에서 별도로 다룬다.

- **핵심 기능성**(core functionality): 고객 가치를 창출하기 위해 제품은 핵심 혜택을 전달해야 한다. 핵심적인 가치 제안을 이행하지 못하는 제품은 시장에서 실패할 수밖에 없다. 한때 잘나가다가 곤경에 빠진 Nokia를 생각해 보자.

>> 혁신을 지속하고 적합성을 유지하지 못하자, 경쟁자들은 기술 집약적인 휴대폰 산업의 전 리더였던 선구자 Nokia를 자리에서 몰아냈다.

Nokia　삼성에 추월당하기 전까지 14년 동안 Nokia는 업계의 세계 선두주자로서 휴대폰 판매를 지배했다. 한때 핀란드의 자랑거리였던 이 회사는 심지어 본토에서도 삼성보다 판매가 저조하다는 것을 알게 되었다. 어떻게 그렇게 고공행진하던 브랜드가 곤두박질칠 수 있었을까? 요점만 말하자면, 혁신하는 데 실패했고, 유효성을 유지하는 데 실패했다. Nokia는 폭넓게 성공을 거둔 iPhone과 이에 동반하여 나타난 소비자 수요 변화에 대응하지 못했다. Nokia는 iPhone이 생산하는 데 너무 큰 비용이 들고, 자체적인 제품 표준에 미치지 못했다고 생각했다. iPhone은 전화기를 5피트 높이에서 다른 각도로 콘크리트 위에 떨어뜨리는 Nokia의 '낙하 테스트'에 실패한 것으로 알려졌다. Nokia는 지난 10년간 연구개발에 400억 달러를 썼고 스마트폰의 선구자였지만, iPhone이 궁극적으로 되고자 하는 모습이라고 예상되는 기기에는 투자하지 않기로 했다. 적절한 신제품 없이, Nokia는 소비자에 의해 초기 테크놀로지 시대와 연관되기 시작했다. 이는 빠르게 움직이고 기술적으로 집약된 스마트폰 시장에서 치명타가 되었다.[3]

- **특징**(features): 대부분의 제품은 기본적인 기능을 보완하는 다양한 특징과 함께 제공될 수 있다. 기업은 최근 구매자 대상으로 서베이하여, 각각의 잠재적 특징에 대해 고객 가치 대(vs.) 회사 비용을 계산하여 적절한 새로운 특징을 알아내고 선택할 수 있다. 마케터는 얼마나 많은 사람들이 각각의 기능을 원하는지, 그것을 도입하는 데 얼마나 많은 시간이 걸리는지, 경쟁자들이 얼마나 쉽게 그것을 모방할 수 있는지 고려해야 한다.[4] '특징 피로'를 피하기 위해 기업은 특징의 우선순위를 잘 설정해야 하고 소비자에게 특징의 사용법과 이점을 알려주어야 한다.[5] 예를 들어, Apple의 멋진 겉모습이 주목을 끌긴 했지만, 기술공포증 고객들조차 컴퓨

터 시장으로 유인하고 열광적인 추종자를 얻은 것은 단순하고 직관적인 사용자 인터페이스 덕분이었다. 마케터는 특징의 묶음 또는 특징의 패키지라는 관점에서 또한 생각해야 한다. 자동차 회사들은 몇몇 '트림 수준'별로 차를 생산한다. 이것이 생산비용과 재고비용을 줄인다. 각 기업은 더 높은 비용으로 특징 맞춤화를 제공할지 아니면 더 낮은 비용으로 소수의 표준 패키지를 제공할지 결정해야 한다.

- **성능 품질**(performance quality)은 제품의 주요한 특징이 작동하는 수준이다. 기업이 가치 모델을 채택하고 더 적은 비용으로 더 높은 품질을 제공함에 따라 품질은 차별화를 위해 점점 더 중요해지고 있다. 기업은 타깃(목표)시장과 경쟁자에게 적합한 성능 수준을 설계해야 하지만, 반드시 가능한 최고 수준일 필요는 없다. 기업은 성능 품질을 시간에 따라 관리하기도 해야 한다. 제품을 지속적으로 개선하면 높은 수익률과 시장 점유율을 얻을 수 있으며, 그렇지 않으면 부정적인 결과를 초래할 수 있다. 후자는 Kodak과 Commodore 의 사례에서 증명된다.

- **적합성 품질**(conformance quality): 구매자는 생산된 모든 개발 제품이 동일하고 약속된 스펙을 충족하는 높은 적합성 품질을 기대한다. Porsche 911이 10초 이내에 시속 60마일로 가속하도록 설계되었다고 가정해 보자. 조립라인에서 나오는 모든 Porsche 911이 이것을 달성한다면, 그 모델은 높은 적합성 품질을 가지고 있다고 말할 수 있다. 적합성 품질이 낮은 제품은 일부 구매자들을 실망시킬 것이다. 기업은 적합성을 보장하기 위해 완제품을 철저히 테스트한다. 비록 남성이 세계 맥주 매출의 거의 4분의 3을 차지하지만, SABMiller 는 실제로 여성들이 맥주의 맛 수준에 더 민감하기에 더 나은 제품 테스터라는 것을 발견했다.[6]

- **내구성**(durability)은 자연적 또는 스트레스 조건하에서 제품의 예상 작동 수명을 측정하는 지표로, 차량, 주방 가전제품, 기타 내구재에서 중요한 속성이다. 그러나 내구성에 대한 추가 가격이 과도해서는 안 되며, 개인용 컴퓨터, 텔레비전, 휴대폰이 때로 그랬듯이 제품이 지나치게 빠른 기술적 노후화 대상이 되어서는 안 된다.

- **신뢰성**(reliability)은 제품이 지정된 기간 내에 오작동하지 않을 확률을 나타내는 척도다. Maytag는 신뢰할 수 있는 가전제품을 만든다는 탁월한 평판을 가지고 있다. 오랫동안 지속된 "Lonely Repairman" 광고 캠페인은 그러한 속성을 강조하기 위해 고안되었다. 구매자는 일반적으로 더 신뢰할 수 있는 제품에 대해 프리미엄을 지불한다.

Mercedes-Benz 금세기 첫 10년 동안 Mercedes-Benz는 역사상 가장 고통스러운 성장통을 견뎌 냈다. 그들은 뛰어난 품질에 대한 평판이 J. D. Power와 다른 서베이에서 무너져 내린 것을 보았고, BMW가 글로벌 판매량에서 Mercedes-Benz를 앞섰다. 복구를 위해 모델 라인 대신 모터, 섀시, 전자 시스템 같은 기능적 요소를 중심으로 새로운 관리팀을 구성했다. 엔지니어들은 이제 1년 먼저 전자 시스템을 테스트하기 시작했고 각각의 새로운 모델을 3주에 걸쳐 하루 24시간 작동하는 1만 개의 진단 프로그램에 통과시켰다. Mercedes-Benz는 또한 새로운 디자인을 위한 시제품 수를 3배로 늘려서 엔지니어들이 생산하기 전에 300만 마일을 주행할 수 있게 했다. 이러한 몇 가지 변화 덕분에 회사의 자동차 결함 수는 2002년 최고치보다 72% 감소했고, 보증비용은 25% 줄었다. 흥미로운 부작용도 나타났는데, Mercedes-Benz 딜러들은 그들의 수리 및 서비스 사업의 상당한 감소와 씨름해야 했다.[7]

- **형태**(form): 많은 제품은 제품의 크기, 모양, 또는 물리적 구조에 따라 차별화될 수 있다. 아스피린의 가능한 많은 형태를 생각해 보라. 아스피린은 기본적으로 물질형 제품이지만 용량, 크기, 모양, 색상, 코팅, 또는 작용 시간에 따라 구분될 수 있다.

- **스타일**(style)은 구매자에게 제품의 외관과 느낌(룩앤필)을 묘사하고 모방하기 어려운 독특함을 만들어낸다. 자동차 구매자들은 독특한 외모 때문에 Jaguars에 프리미엄을 지불한다. 아름다움은 Apple 컴퓨터, Godiva 초콜릿, Harley-Davidson 모터사이클과 같은 브랜드에서 중요한 역할을 한다.[8] 그러나 뛰어난 스타일이 항상 높은 성능을 의미하는 것은 아니다. 센세이셔널하게 보이는 자동차가 수리점에서 많은 시간을 보낼 수도 있다.

- **맞춤화**(customization): 맞춤화된 제품과 마케팅을 통해 기업은 개인이 원하는 것과 원하지 않는 것이 무엇인지 정확히 파악하여 이를 제공함으로써 전략적으로 차별화할 수 있다.[9] Zazzle과 CafePress와 같은 온라인 소매업자들은 사용자가 이미지를 업로드하고 자신의 옷과 포스터를 만들거나 다른 사용자들이 만든 상품을 구매할 수 있도록 한다. 고객이 온라인이나 NikeiD Studio에서 자신만의 신발과 옷을 개인화하고 디자인할 수 있게 해주는 NikeiD는 수억 달러의 매출을 창출한다. 맞춤화에 대한 수요는 확실히 존재한다. Forrester의 한 연구에 따르면 미국 온라인 소비자의 3분의 1 이상이 제품 특징을 맞춤화하거나 그들의 스펙을 사용하는 주문제작 제품을 구매하는 데 관심이 있는 것으로 나타났다. 이에 대해 기업은 다음과 같이 반응했다. M&M's는 사탕에 특별한 메시지를 인쇄할 수 있게 하고, Pottery Barn Kids는 어린이 책을 개인 맞춤화할 수 있게 하고, Burberry는 2,000달러 정도만 내면 개인화된 트렌치 코트를 위한 원단, 색상, 스타일, 그리고 5가지 다른 특징을 선택할 수 있게 해준다.[10]

제품 디자인

경쟁이 심화됨에 따라 디자인은 회사의 제품과 서비스를 차별화하고 포지셔닝할 수 있는 강력한 방법을 제공한다. **디자인**(design)은 소비자가 제품의 외관, 느낌, 기능을 인식하는 방식에 영향을 미치는 특징의 총체다. 디자인은 기능적이고 미적인 이점을 제공하며 우리의 이성적인 측면과 감성적인 측면 모두에 호소한다.[11]

디자인의 힘

시각지향적인 우리의 문화에서 디자인을 통한 브랜드 의미와 포지셔닝을 전달하는 것은 매우 중요하다. 눈길을 끄는 형태, 색상, 그래픽은 제품이 경쟁 제품과 차별화되는 데 도움이 될 수 있다. Virginia Postrel은 《The Substance of Style》이라는 책에서 "혼잡스런 시장 내에서, 아름

<< M&M과 같은 많은 다른 제품들은 이제 소비자에 의해 맞춤화될 수 있다.

다음은 종종 제품을 돋보이게 하는 유일한 방법이다."라고 썼다.[12] 형태와 기능성을 모두 원하는 소비자들의 욕구를 인지한 Tesla는 환경에도 좋고 미적으로도 매력적인 자동차 개발을 탁월하게 해냈다.

디자인은 브랜드 경험을 긍정적으로 만들기 위해 소비자의 지각을 바꿀 수 있다. Boeing이 787 항공기를 더 넓고 편안하게 만드는 데 얼마나 많은 시간을 들였는지 생각해 보자. 높이를 높인 중간 짐칸과 측면 짐칸, 칸막이 패널, 완만한 아치형 천장, 높게 만든 좌석이 항공기 내부를 더 크게 보이게 한다. 한 디자인 엔지니어는 "만일 우리가 우리의 일을 해도, 사람들은 우리가 해낸 일을 깨닫지 못한다. 그들은 그저 더 편안함을 느낀다고 말할 뿐이다."라고 언급했다.

총체적인(holistic) 마케터들이 디자인의 정서적인 힘 그리고 기능뿐 아니라 외관과 느낌(룩앤필)의 중요성을 인식하게 되면서, 한때 작은 역할만 했던 카테고리에서 디자인이 더 강력한 영향력을 행사하고 있다. Herman Miller의 사무용 가구, Viking의 레인지와 주방용품, Kohler의 주방 및 욕실 설비와 수도꼭지는 효율적이고 효과적인 성능에 매력적인 외관이 더해진 덕분에 현재 그들의 카테고리에서 선도적인 브랜드 중 하나가 되었다.

의류와 가구의 이탈리아, 그리고 기능성, 아름다움, 환경적 자각을 위해 디자인된 제품의 스칸디나비아와 같이 일부 국가는 그들의 디자인 스킬과 성과로 강력한 명성을 얻었다. 화려하고 독특한 핀란드산 섬유를 폭넓게 선보여 세계의 주목을 이끈 핀란드의 Marimekko 직물은 여전히 환경적으로 안전한 기술을 사용하여 만들어지고 있다. 그리고 17세기로 거슬러 올라가는 핀란드 회사 Fiskars는 Fiskars 브랜드의 제품뿐만 아니라 Wedgwood, Waterford, Arabia, Royal Doulton과 같이 국제적으로 인정받는 다른 브랜드로도 전 세계에 알려져 있다. Dyson은 진공청소기, 선풍기, 헤어드라이어와 같은 '가정 내' 제품의 형태와 효율을 높은 수준의 예술로 끌어올림으로써 영국을 국제적인 제품 디자인 맵 위에 올려놨다.

디자인에 대한 접근

디자인은 단지 제품, 서비스, 또는 애플리케이션을 만드는 단계가 아니다. 마케팅 프로그램의 모든 측면을 관통하는 사고방식이기 때문에, 모든 디자인 측면이 함께 작동한다. 기업의 경우, 잘 디자인된 제품은 생산 및 유통이 용이하다. 고객의 경우, 보기 편하고, 개봉, 설치, 사용, 수리, 폐기가 쉽다. 디자이너는 이러한 모든 목표를 고려해야 한다.[13]

　　디자인의 창조적인 특성을 고려할 때, 널리 채택된 하나의 접근방식이 존재하지 않는 것은 놀랍지 않다. 일부 기업은 공식적이고 구조화된 프로세스를 받아들인다. **디자인 사고**(design thinking, 디자인 씽킹)는 관찰, 아이디어화, 실행의 세 가지 단계를 가진 매우 데이터 중심적인 접근방식이다. 디자인 사고는 소비자에 대한 집중적인 에스노그래픽(ethnographic) 연구, 창의적인 브레인스토밍 세션, 그리고 디자인 아이디어를 어떻게 현실로 가져올지 결정하기 위한 협력적인 팀워크가 필요하다. Whirlpool은 디자인 사고를 사용하여 KitchenAid Architect의 주방 가전제품을 이 카테고리에 존재했던 이전 제품보다 더 조화롭게 개발했다. 디자인 능력으로 유명한 또 다른 회사는 Bang & Olufsen이다.

> Bang & Olufsen　스테레오, TV, 전화기 디자인으로 많은 찬사를 받은 덴마크 회사 B&O(Bang & Olufsen)는 소비자의 의견에 좀처럼 의존하지 않는 소수 디자이너들의 본능을 신뢰한다. 이들은 그 어떤 해에도 많은 신제품을 출시하지 않기 때문에, 각 제품은 오랫동안 판매될 것으로 기대된다. BeoLab 8000 스피커는 1992년에 출시되었을 때 한 조에 3,000달러에 팔렸고 거의 20년 후에는 5,000달러 이상에 판매되었다. New York City 현대미술관(MoMA)에서 이 회사를 주제로 특별전이 열렸을 때, 미술관 측은 "Bang & Olufsen은 그들의 음향 장비를 자신에게 과도하게 주의를 이끌지 않는 그 자체로 아름다운 사물(object)로 디자인한다."고 언급했다. 현재 15개의 B&O 제품이 MoMA의 영구적인 디자인 컬렉션의 일부로 포함되었다.[14]

　　디자인이 큰 폭의 리모델링에 연관될 필요는 없다. '보편적인 디자인'과 '점진적인 개선'은 주방 및 사무용품 제조업체인 Oxo의 표어다. Oxo는 조부모부터 손자·손녀에게까지, 일상적인 물건을 사용하는 소소하고 불편을 경감시키는 개선을 통해 사용자에게 어필한다. 어린이 장난감 회전목마에서 영감을 받아 샐러드 스피너(회전을 통해 샐러드의 물기를 제거해 주는 볼)를 교묘하게 재작동해 줌으로써, 사용자는 다른 한 손으로 스피너를 누르면서 줄을 당기거나 손잡이를 수동으로 돌릴 필요 없이 버튼을 눌러 조작할 수 있다. Oxo의 손에 쉽게 잡히는 직사각형 형태의 수납용기 역시 상단 버튼을 누르면 열리기 때문에 모서리를 잡아당길 필요가 없다. Oxo는 낮은 키친 필러(감자나 당근 등 야채의 껍질을 벗기는 도구)에 두꺼운 패드를 덧댄 손잡이를 추가해 사용이 편리하게 하였고, 집게에는 미끄럼 방지 손잡이와 접힌 상태로 고정시킬 수 있는 장치가 있어 보관이 용이하다.[15]

<< 훌륭하게 고안된, 시대를 초월한 디자인은 덴마크 회사인 Bang & Olufsen의 TV 및 음향제품의 긴 생명력 유지를 보장한다.

IDEA(International Design and Excellence Awards)는 사용자에게 주는 혜택, 클라이언트와 비즈니스에게 주는 혜택, 사회에게 주는 혜택, 생태학적 책임, 적합한 심미성과 소구력, 사용 적합성 테스트에 기초하여 매년 수여되는 상이다. IDEO는 수년간 가장 성공적인 디자인 회사 중 하나였다. 삼성이 최근에 거둔 디자인 성취는 일치된 노력의 결과다.

<< "Make it Meaningful" 이라는 내부 슬로건에 기반한 디자인 철학과 더불어, 삼성은 소비자의 라이프스타일에 통합될 수 있는 아름답고 기능적인 제품에 집중한다.

삼성   삼성의 주목할 만한 마케팅 성공의 대부분은 전 세계 소비자들의 상상력을 사로잡은 혁신적인 신제품에서 나온다. 이들은 R&D와 디자인 능력에 많은 투자를 했고 큰 성과를 거두었다. 삼성은 고객의 라이프스타일에 통합될 아름답고 직관적인 제품을 만든다는 집요한 집중을 반영하는 분명한 디자인 철학인 "Design 3.0"과 내부적인 디자인 슬로건인 "Make it Meaningful(제품에 풍부한 의미를 담자)"를 갖고 있다. 삼성은 세 가지 디자인 기준을 적용한다. 삼성의 제품은 (1) 단순하고 직관적이며, (2) 효율적이고 오래가며, (3) 누구에게나 잘 맞고 매력적이다. 주요 경쟁사인 Apple처럼, 삼성은 CEO에게 직접 보고하는 부서횡단형 기업디자인센터를 통해 디자인 노력을 조직화한다. 기업디자인센터는 다양한 부서의 디자인 노력을 조율하고, 문화적 트렌드를 분석하여 디자인의 미래를 예측한다. 이 센터는 또한 London, San Francisco, Shanghai, Tokyo, Delhi에 위치한 삼성의 글로벌 디자인 센터 다섯 곳에서 수행된 작업을 조정한다.[16]

제품 포트폴리오와 제품 라인

대부분의 제품은 기업의 제품 포트폴리오와 제품 라인의 일부로 존재한다. 기업이 다른 고객 계층의 요구를 충족하기 위해 최적의 제품 조합을 제공하고 있는지 보장하기 위해 각 제품은 다른 제품과 관련되어야 한다.

제품 포트폴리오 설계

제품 포트폴리오(product portfolio)는 다양한 제품 카테고리와 제품 라인을 포함하여 기업에서 제공하는 모든 제품을 망라한다. 예를 들어, 광범위한 iPhone 제품 포트폴리오에는 헤드폰과 헤드셋, 케이블과 거치대, 암밴드, 케이스, 전원 및 자동차용 액세서리, 그리고 스피커가 포함된다. 일본 NEC의 포트폴리오는 통신 제품과 컴퓨터 제품으로 구성되어 있다. Michelin은 타이어, 지도, 그리고 레스토랑 등급 서비스의 세 가지 제품 라인을 가지고 있다. Northwestern University에는 의학, 법학, 경영학, 공학, 음악, 언론학, 교양학 등의 단과대학을 관장하는 학장들이 있다.

기업의 제품 포트폴리오에는 특정한 폭, 길이, 깊이, 그리고 일관성이 있다. 이러한 개념이 P&G의 일부 소비자 제품에 대해 그림 8.1에 나타나 있다.

- 제품 포트폴리오의 **폭**(width)은 그 회사가 운영하는 다양한 제품 라인의 수를 말한다. 그림 8.1은 세 개의 라인을 가진 제품 포트폴리오 폭을 나타낸다(실제로, P&G에는 다양한 추가적인 라인이 더 있다).
- 제품 포트폴리오의 **길이**(length)는 그 믹스 내에 있는 모든 아이템의 총수를 말한다. 그림 8.1에 의하면 총 12개다. 한 라인의 평균 길이에 대해서도 말할 수 있다. 총길이(12)를 라인 수(3)로 나누어, 평균 제품 라인 길이인 4를 구할 수 있다.
- 제품 포트폴리오의 **깊이**(depth)는 라인 내 각 제품을 위해 제공되는 변형 제품의 수로 구성된다. 만약 Tide가 두 가지 향(Clean Breeze와 Regular)과 두 가지 제형(액체와 파우더), 그

리고 두 가지 첨가제(표백제 포함 및 미포함)로 이루어진다면, 6가지 다른 변형 제품이 있기 때문에 깊이는 6이 될 것이다.[17] 브랜드 그룹 내의 변형 제품 수를 평균 내서 P&G 제품 믹스의 평균 깊이를 계산할 수 있다.

- 제품 포트폴리오의 **일관성**(consistency)은 다양한 제품 라인이 최종사용, 생산 요구사항, 유통 채널, 또는 기타 방법에서 얼마나 밀접하게 관련되어 있는지를 반영한다. P&G의 제품 라인들은 같은 유통 경로를 거치는 소비재라는 점에서 일관성이 있다. 그러한 라인들은 기업이 구매자를 위해 수행하는 기능에서는 일관성이 떨어진다.

이러한 네 개의 제품 믹스 차원은 기업이 그들의 비즈니스를 네 가지 방법으로 확장하도록 허용한다. 신제품 라인을 추가할 수 있으며, 따라서 제품 믹스가 넓어진다. 각 제품 라인의 길이를 늘릴 수 있다. 각 제품에 더 많은 변형 제품을 추가할 수 있고, 따라서 제품 믹스를 더욱 깊이 있게 한다. 마지막으로, 더 높은 제품 라인 일관성을 추구할 수 있다. 이러한 제품과 서비스를 만들고, 브랜드 의사결정을 내리기 위해 마케터는 제품 라인 분석을 수행한다.

제품 라인 분석

제품 라인(product line)은 동일한 기업에 의해 판매되는 관련 제품들의 그룹을 말한다. 제품 라인을 제공할 때, 기업은 일반적으로 다양한 고객 요구사항을 충족하고 생산비용을 낮추기 위해 추가할 수 있는 기본 플랫폼과 모듈을 개발한다. 자동차 제조업체들은 하나의 기본적인 플랫폼을 중심으로 하여 다양한 차를 만든다. 주택 건설업체들은 구매자가 추가적인 특징을 추가할 수 있는 견본주택을 보여준다. 제품 라인 관리자는 구축, 유지, 수확, 또는 매각할 아이템을 결정하기 위해 그들 라인 내 각 아이템의 매출과 이익을 알아야 한다.[18] 또한 각 제품 라인의 시장 프로파일과 이미지를 이해할 필요가 있다.[19]

기업의 제품 라인은 다양한 층의 고객 니즈에 호소하는 제품을 전형적으로 포함한다. 슈

그림 8.1

P&G 제품의 제품 포트폴리오 폭과 제품 라인 길이

출처: REUTERS/Lucy Nicholson/Alamy Stock Photo; Keith Homan/Alamy Stock Photo; Malcolm Haines/Alamy Stock Photo; Keith Homan/Alamy Stock Photo; GK Images/Alamy Stock Photo; Courtesy of Kelly Murphy; Keith Homan/Alamy Stock Photo; GK Images/Alamy Stock Photo; rvlsoft/Alamy Stock Photo; rvlsoft/Alamy Stock Photo; Betty LaRue/Alamy Stock Photo; Helen/Alamy Stock Photo

퍼마켓은 빵과 우유에는 거의 마진을 남기지 않으며, 통조림과 냉동식품에는 합리적인 마진을, 꽃, 외국 음식 라인, 그리고 바로 구운 식품에는 더 나은 마진을 남긴다. 기업은 아이템에 따라 마진이 다르다는 것을 인식하고 전체 제품 라인의 수익성을 극대화하기 위한 전략을 개발해야 한다.

제품 라인 관리자는 경쟁사의 라인에 대해 자사의 라인이 어떻게 포지셔닝되는지 검토해야 한다. 종이보드 제품 라인이 있는 X라는 제지회사를 생각해 보자.[20] 두 가지 종이보드의 속성은 중량과 마감 품질이다. 종이는 보통 표준 중량 90, 120, 150, 180으로 제공된다. 마감 품질은 낮음, 중간, 높음 수준으로 제공된다.

제품 맵을 통해 기업은 주요 경쟁사들을 한눈에 볼 수 있다. 제품 맵은 또한 플래닝 담당자가 세분시장을 식별하고 시장 기회를 포착하는 데도 도움을 준다. 그림 8.2의 맵은 X사와 네 개의 경쟁사인 A, B, C, D의 다양한 제품 라인 아이템들의 위치를 보여준다. 경쟁사 A는 중간에서 낮은 마감 품질에 이르는 초고중량 등급의 두 가지 제품 아이템을 판매한다. 경쟁사 B는 중량과 마감 품질이 다른 네 가지 아이템을 판매한다. 경쟁사 C는 중량이 더 나갈수록 마감 품질이 뛰어난 세 가지 아이템을 판매한다. 경쟁사 D는 세 가지 아이템을 판매하는데, 모두 가볍지만 마감 품질은 다양하다. X사는 중량과 마감 품질이 다른 세 가지 아이템을 제공한다.

제품 맵은 또한 어떤 경쟁사의 아이템이 X사의 아이템과 경쟁하고 있는지 보여준다. 예를 들어, X사의 저중량 중간 품질의 종이는 경쟁사 D와 B의 종이와 경쟁하지만, 고중량 중간 품질의 종이는 직접적인 경쟁자가 없다. 이 맵은 또한 새로운 아이템을 위한 가능한 위치를 보여준다. 어떤 제조업체도 고중량, 저품질 종이를 제공하지 않는다. X사가 충족되지 않은 강력한 수요를 추정하고 저렴한 비용으로 이 종이를 생산하고 그에 따른 가격을 책정할 수 있다면, 이 종이를 자사의 라인에 추가하는 것을 고려할 수 있을 것이다.

제품 매핑의 또 다른 이점은 세분시장을 식별해 준다는 데 있다. 그림 8.2는 일반 인쇄 산업, POP 디스플레이 산업, 사무용품 산업이 선호하는 종이의 종류를 중량과 품질별로 보여준다. 이 맵은 X사가 일반 인쇄 산업의 요구에 부응할 수 있는 좋은 위치에 있지만 다른 두 시장에 대한 서비스에는 덜 효과적이라는 것을 보여준다.

그림 8.2
종이 제품 라인을 위한 제품 맵

출처: Benson P. Shapiro, *Industrial Product Policy: Managing the Existing Product Line* (Cambridge, MA: Marketing Science Institute Report No. 77–110). Copyright © 2003. Reprinted by permission of Marketing Science Institute and Benson P. Shapiro.

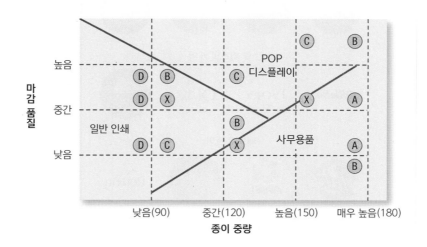

<< Volkswagen이 유럽산 Škoda와 Seat 패밀리 세단을 업그레이드한 것은 더 스포티하고 가격이 높은 Audi와 VW 브랜드의 이미지를 희석시키는 결과를 초래할 수도 있다.

전 세계의 멀티브랜드 회사들은 그들의 브랜드 포트폴리오를 최적화하기 위해 노력한다. 이것은 종종 핵심적인 브랜드 성장에 집중하고 가장 크고 가장 잘 자리 잡은 브랜드에 집중하는 것을 의미한다. Hasbro는 GI Joe, Transformers, My Little Pony를 포함하여 마케팅에서 강조할 핵심 장난감 브랜드 세트를 지정한다. P&G의 '기본으로 돌아가기' 전략은 Tide, Crest, Pampers, Pringles 등 10억 달러 이상의 매출을 올린 브랜드에 집중됐다. 제품 라인의 모든 제품은 브랜드 포트폴리오 내의 모든 브랜드와 마찬가지로 역할을 수행해야 한다.

Volkswagen   Volkswagen은 유럽 포트폴리오에서 특히 중요한 네 가지 핵심 브랜드를 가지고 있다. 처음에 Audi와 Seat는 스포티한 이미지를 가지고 있었고, VW와 Škoda는 패밀리카 이미지를 가지고 있었다. 분명히, 위험한 것은 Audi와 Volkswagen이라는 상위 집단 제품에서 빌려옴으로써 Volkswagen이 자사의 특별함을 희석시킬 수 있다는 점이다. 검소한 유럽 소비자들은 Seat나 Škoda가 이들의 VW 자매와 거의 동일하다고 스스로를 확신시킬 수 있을 것이다.[21]

제품 라인은 정기적으로 현대화할 필요가 있다. 문제는 그 라인을 단계적으로 정비할지, 아니면 한꺼번에 정비할지다. 단계적인 접근방식을 통해 기업은 고객과 딜러가 새로운 스타일을 어떻게 받아들이는지 알 수 있다. 이 방식은 현금 흐름에 대한 손실 역시 적지만, 경쟁업체들이 변화를 보고 그들의 제품 라인을 재설계할 수 있는 여지를 준다. Häagen-Dazs의 제품 라인 혁신을 생각해 보자.

Häagen-Dazs   비용을 절감하기 위해 아이스크림에 공기를 주입하는 다른 회사와 달리 Reuben Mattus는 그의 가족의 레시피를 모든 자체 카테고리에 포함시키기로 결정했다. 그는 Häagen-Dazs라는 이름하에, 더 진하고, 부드러운 아이스크림을 만들기 위해 최고의 재료만 사용했다. 처음에 이 회사는 Mattus의 기준에 맞는 달콤하고 빨간 베리의 공급원을 찾기 위해 6년간의 탐색을 거쳐 1966년에 딸기를 그들의 믹스에 추가하기 전까지 세 가지 단순한 맛(바닐라, 초콜릿, 커피)만 제공했다. 1986년 밸런타인데이에 Häagen-Dazs가 초콜릿이 덮인 아이스크림 바를 선보이는 등 제품 혁신은 계속되었다. 1993년에는 Häagen-Dazs 소르베를 출시했다. 1998년 Häagen-Dazs는 남아메리카에서 Dulce de Leche(아르헨티나의 전통 디저트 이름)를 발견한 후, 아이스크림을 더 보강하기 위해 더 진하고 풍부한 캐러멜을 개발했다. 2013년, 젤라토의 크리미한 질감에 영감을 받아, Häagen-Dazs는 그들

>> 제품의 품질에 자부심을 부여하는 Häagen-Dazs의 맛 혁신은 기업의 표준에 부합하는 원재료를 찾거나 개발하는 데만 몇 년이 걸릴 수 있다.

고유한 버전의 이탈리아식 제품을 만들기 시작했다. 그리고 2016년에 Häagen-Dazs는 모든 맛에서 GMO 성분을 단계적으로 없애기 시작했다.[22]

　　급변하는 시장에서 현대화는 계속되고 있다. 기업은 고객이 고가치, 고가격 아이템으로 옮겨 가도록 장려하기 위해 개선을 계획하고 있다. Intel과 Qualcomm 같은 마이크로프로세서 회사와, Microsoft, Oracle, SAP 같은 소프트웨어 회사는 지속적으로 더 발전된 버전의 제품을 선보인다. 마케터는 시간적인 개선을 통해 너무 일찍 나타나거나(현재 라인의 매출에 피해를 입힘), 너무 늦게 나타나지(경쟁사가 강력한 평판을 확립할 수 있는 시간을 줌) 않기를 원한다.[23]

제품 라인 길이

기업 목표는 제품 라인 길이(제품 라인의 총 아이템 수)에 영향을 미친다. 하나의 목표는 상향판매를 유도할 수 있는 제품 라인을 만드는 것이다. Mercedes C-Class는 해당 브랜드의 진입 포인트로서 결정적인 역할을 한다. 한 산업분석가가 지적했듯이, "C-Class는 럭셔리 판매량에서 매우 중요한데, 이는 C-Class가 Benz에서 가장 많은 판매량을 올리기 때문이다. C-Class는 자신이 더 부유해지고 나이가 들면서 업그레이드할 것이라는 희망으로 젊을 동안 이것을 확보함으로써 미래의 잠재구매자들에게 Benz 브랜드를 오픈시키는 역할을 하기도 한다."[24]

　　또 다른 목표는 교차 판매를 촉진하는 제품 라인을 만드는 것이다. Hewlett-Packard는 컴퓨터뿐만 아니라 프린터도 판매한다. 또 다른 목표는 경제적 부침으로부터 보호하는 것이다. Electrolux는 냉장고, 식기세척기, 진공청소기와 같은 가전제품을 할인 시장, 중간 시장, 프리미엄 세분시장에서 서로 다른 브랜드로 판매하는데, 부분적으로 이는 경기가 오르락내리락하는 위험을 헤징하기 위한 것이다. 높은 시장 점유율과 시장 성장을 추구하는 기업은 일반적으로 더 긴 제품 라인을 보유하고 있다. 높은 수익성을 강조하는 기업은 신중하게 고른 아이템들로 구성된 짧은 라인을 가지고 있다.

　　제품 라인은 시간이 지남에 따라 길어지는 경향이 있다. 잉여 생산 능력은 제품 라인 관리자에게 새로운 아이템을 개발하라는 압력을 가한다. 영업조직과 유통업자들은 또한 고객을 만족시키기 위해 제품 라인을 더 채우라고 로비한다. 결국 최고경영진은 자금이나 제조 능력이 부족하기 때문에 개발을 중단할 수도 있다. 대규모 가지치기 이후 제품 라인이 성장하는 패턴이 수차례 반복될 수 있다. 소비자는 점점 더 밀집된 제품 라인, 지나치게 확장된 브랜드, 기능이 너무 많은 제품에 싫증을 느끼고 있다("Marketing Insight: 적은 것이 더 많은 것일 때" 참조).[25] 매출 및 비용 분석을 사용하여 제품 라인 관리자는 이윤을 감소시키는 불필요한 라인을 정기적으로 재검토해야 한다.[26]

Crocs   컬러풀하고 편안하며 여름에 딱 맞는 시그니처 플라스틱 샌들(clog) 또는 '보트 슈즈(갑판에서 미끄러지지 않도록 고무창을 댄 신발을 의미)'는 2002년 Colorado주 Boulder에 처음 소개되자마자 곧바로 성공을 거두었다. 이 회사의 2006년 IPO는 미국 신발 사상 최대 규모였고 2억 800만 달러를 유치했다. 1년 후 Crocs의 매출이 8억 4,700만 달러에 이르렀을 때 주가는 절정에 달했다. 그러나 경기침체와 브랜드에 대한 소비자 피로도는 이중적인 타격이 되었고, 이는 급격한 매출 하락으로 이어져 주가가 1달러로 떨어졌는데, Crocs의 CFO는 이를 "거의 죽음에 가까운 경험"이라고 말했다. 그러나 2011년 Crocs는 10억 달러 이상의 수익과 15%에서 최대 20%의 성장 목표와 함께 반등했다. 무슨 일이 일어난 것일까? 회사는 300개 이상의 스타일리시하고 편안한 부츠, 로퍼, 운동화, 그리고 다른 신발 모델로 다양화함으로써 샌들에 대한 의존도를 매출의 50% 미만으로 줄였다. Crocs는 또한 멀티채널 유통 접근법을 채택하여, Kohl's와 Dick's Sporting Goods(전체 비즈니스의 60%) 같은 소매상을 통해서뿐만 아니라 직접적으로 온라인 매장(10%)을 통해, 그리고 500개 이상의 직영 소매매장(30%)을 통해서 도매로 판매했다. 아시아와 라틴 아메리카의 신흥 시장과 성장하는 중간 계층 시장을 포함하여, 해외 매출이 현재 전체 매출의 절반 이상을 차지하고 있다.[27]

>> Crocs의 대표적인 플라스틱 샌들이 이룬 빠른 성공이 2008년 경기침체기와 판매 부진으로 위협받았을 때, 회사는 스타일리시하면서도 편안한 수백 개의 신발 디자인으로 다양화하고 멀티채널 유통을 채택함으로써 반등에 성공했다.

기업은 라인 스트레칭과 라인 확충의 두 가지 방법으로 제품 라인을 늘린다.

라인 스트레칭   모든 기업의 제품 라인은 가능한 전체 범위의 일부를 커버한다. 예를 들어, Mercedes 자동차는 자동차 시장의 상위 가격대에 위치해 있다. **라인 스트레칭**(line stretching)은 하향 시장, 상향 시장, 또는 양방향으로 회사가 제품 라인을 현재 범위 이상으로 늘릴 때 발생한다.

하향 시장 스트레치   중간 시장에 위치한 기업은 몇 가지 이유로 더 낮은 가격대의 제품을 도입하고자 할 수 있다. 첫째, 하위 계층 시장에서 강력한 성장 기회를 발견하고 이 성장의 일부를 얻기 위해 이 시장에 진입할 수 있다. 또는 중간 시장이 침체되거나 쇠퇴하고 있어서 어쩔 수 없이 낮은 스케일 쪽으로 움직여야 할 수도 있다. 마지막으로, 제품 라인을 낮은 스케일 쪽으로 확장함으로써, 그렇지 않으면 상향 시장으로 이동을 시도할 수도 있을 저가 경쟁업체들을 그 자리에 묶어놓을 수 있다. 실제로 기업이 저가 경쟁사로부터 공격을 받았을 때 저가 시장에 진입해 반격을 결심하는 경우가 많다.

저가 제품 라인 확장을 출시할 때 기업은 여러 가지 브랜딩 선택에 직면하게 된다. 한 가지 옵션은 모든 제공물에 모(parent)브랜드 이름을 사용하는 것이다. Sony는 다양한 가격 계층 내에 있는 제품에 모두 Sony라는 이름을 사용했다. P&G의 Charmin Basic과 Bounty Basic처럼 하위 브랜드 이름을 활용한 저가 제공물을 출시하는 접근방법도 있다. 또 하나의 옵션은 Gap의 Old Navy 브랜드처럼 아예 다른 이름으로 더 낮은 가격의 제품을 출시하는 것이다. 이 전략은 실행하는 데 비용이 많이 들고, 브랜드 에쿼티가 처음부터 구축되어야 함을 의미하지만, 모브랜드 이름의 에쿼티는 보호된다.

시장을 하향 이동하면 핵심 브랜드의 이미지가 희석되고 핵심 브랜드의 매출이 감소되는 등의 리스크가 발생한다. P&G는 가격은 낮게 매긴 대신 Tide라는 유명한 모브랜드의 최신 세제 테크놀로지의 일부를 제외시킨 채로 Tide Basic이라는 신제품을 테스트 시장에 내놓았는데, 결국 실제 시장에는 런칭하지 않기로 결정했다.[28] 반면에 Mercedes는 다른 Mercedes 자동차를 10만 달러에 판매하는 능력을 손상시키지 않으면서도 3만 달러에 C-Class 자동차를 성공적으로 출시했다. John Deere는 Sabre from John Deere라고 불리는 더 낮은 가격의 잔디 트랙터 라인을 출시했고, John Deere라는 이름으로는 더 비싼 트랙터를 판매했다. 이러한 경우, 소비자는 다른 제공물을 더 잘 구분하고 제품 간 기능적 차이를 이해할 수 있다.[29]

상향 시장 스트레치 기업은 더 큰 성장을 달성하기 위해, 더 높은 마진을 실현하기 위해, 또는 단순히 전체 라인을 갖춘 제조업체로 포지셔닝하기 위해 하이엔드 시장에 진입하기를 원할 수 있다. 많은 시장이 상위 세분시장을 낳았다. 커피의 Starbucks, 아이스크림의 Häagen-Dazs, 생수의 Evian이 그 예다. 일본의 주요 자동차 회사들은 매우 성공적인 고급 자동차 이름을 도입했다. Toyota의 Lexus, Nissan의 Infiniti, Honda의 Acura가 그 예다. 그들은 완전히 새로운 이름을 고안했다. 왜냐하면 소비자들이 이들 제품 라인이 처음 소개되었을 때 (기존) 브랜드가 위로 뻗어나갈 수 있도록 '허락'하지 않을 수도 있었기 때문이다. 그러나 상향 시장으로 이동하는 것에 위험 부담이 없는 것은 아니다. 기업은 고급 타깃고객의 니즈에 맞는 우수한 제품을 개발할 수 있는 인프라, 노하우, 인력이 부족할 수 있다.

일부 기업은 그들의 핵심 브랜드를 상향 시장으로 이동하는 데 사용했다. Gallo는 고급 와인 세분시장에서 경쟁하기 위해 젊고 힙한 이미지를 가진 Gallo Family Vineyards(한 병에 10~30달러)를 판매한다. General Electric은 상위 시장에서 대형 백색 가전제품에 대해 GE Profile 브랜드를 소개했다. 소비자에게 품질 개선이 있었다는 것을 알리기 위해, 일부 브랜드는 '새로운' 또는 '향상된'과 같은 수식어를 사용했다. Ultra Dry Pampers, Extra Strength Tylenol, Power Pro Dustbuster Plus 등이 그러한 예다.

양방향 스트레치 중간 시장에 서비스를 제공하는 기업은 그들의 제품으로 시장을 효과적으로 장악하고 경쟁자를 샌드위치처럼 포위하기 위해, 양방향으로 라인을 확장할 수 있다. 이 것은 하향 시장과 상향 시장의 확장 모두와 관련된 위험을 수반한다. 그러나 이 전략은 현재 Constellation Brands가 소유하고 있는 Robert Mondavi Winery에 의해 입증되었듯이, 효과가 있을 수 있다. Mondavi는 최초의 프리미엄 "New World" 와인으로 35달러짜리 와인을 판매하고 있다. 반면 와이너리, 레스토랑, 포도원, 그리고 직접 주문을 통해 125달러짜리 Mondavi Reserve 와인도 판매하고, 1990년대 중반의 포도 과잉 공급 시기에 만들어진 11달러짜리

<< Purina Dog Food는 가격대별로 다양한 수준의 혜택을 제공하는 상품으로 제품 라인을 확장하며 시장 입지를 강화했다.

Woodbridge도 판매한다. Purina 또한 상위 시장과 하위 시장의 동시 확장이 어떻게 효과적일 수 있는지를 보여준다.

Purina Dog Food Purina Dog Food는 반려견에 대한 혜택, 다양성의 폭, 성분, 그리고 가격대별로 차별화된 제품 라인을 만들기 위해 상향과 하향으로 뻗어나갔다. Pro Plan(중량 18파운드당 40달러)은 강아지들이 양질의 재료(고기, 생선, 가금류)로 오래 그리고 건강하게 살 수 있도록 도와준다. Purina ONE(중량 16.5파운드당 25달러)은 쉽게 변하고 특별한 강아지들의 영양적인 니즈를 충족하며, 건강을 위한 최고급 영양식을 제공한다. Purina Dog Chow(중량 18.5파운드당 15달러)는 강아지들에게 각각의 성장 단계에서 몸을 키우고, 보충하고, 개선할 수 있는 완벽한 영양을 제공한다. Alpo by Purina(중량 17.6파운드당 10달러)는 쇠고기, 간, 치즈 맛 조합과 세 가지 종류의 고기를 제공한다.

라인 확충 기업은 또한 **라인 확충**(line filling)을 통해 제품 라인의 길이를 늘릴 수 있다. 이것은 기존 범위 내에 더 많은 아이템을 추가함으로써 가능하다. 라인 확충의 동기는 수익 증가 달성, 라인에서 누락된 아이템 때문에 매출 손실을 호소하는 딜러 만족시키기, 소비자의 다양성 욕구 해소,[30] 선도적인 풀라인(full-line) 기업이 되기 위한 노력, 경쟁사가 넘보지 못하도록 빈 구멍을 막는 것 등이다. BMW가 제품 라인의 공백을 확충해 온 방식을 생각해 보자.

BMW AG 시간이 지나면서 BMW는 단일 브랜드의 5개 모델 자동차 메이커에서 세 브랜드, 14개 시리즈, 약 30개 차종을 가진 강력한 자동차 메이커로 변모했다. MINI Coopers와 컴팩트한 1시리즈 모델로 제품 범위를 하향 확장했을 뿐만 아니라, Rolls-Royce는 상향으로 구축했고, 스포츠 액티비티 차량, 로드스터, 쿠페 등으로 그 간극을 메웠다. 회사는 순수한 프리미엄 포지션에서 벗어나지 않고 라인 확충을 성공적으로 활용하여 부유층, 초부유층, 예비 부유층에 대한 매력을 높였다. BMW도 자사 제품 라인 내에서 명확한 브랜드 마이그레이션(brand migration) 전략을 구축해 고객을 저가형에서 고급형 차량으로 이동시키려 하고 있다.[31]

라인 확충이 자가잠식을 일으켜 혼동을 초래하고, 고객 세그먼트의 요구사항을 해결하지 못한다면 과잉 수행된 것이다. 실제로 제공물이 서로 너무 유사하다면 고객은 어떤 것을 선택해야 할지 혼란스러울 수 있다. 그리고 만약 제공물의 가격이 다양하다면, 고객은 더 싼 것만 압도적으로 구매할 수 있다. 혼란 회피 및 자기 잠식 외에도, 제안된 제공물은 단순히 내부적 요구를 충족하기 위해 추가되기보다는 진정한 시장 니즈를 충족해야 한다. 1950년대 후반에 Ford에게 3억 5,000만 달러의 손실을 입혔던 악명 높은 Edsel 자동차는 Ford와 Lincoln 라인 사이의 자동차에 대한 Ford의 내부 포지셔닝 요구를 충족시켰으나 시장의 요구는 전혀 충족시키지 못했다.

패키징 및 레이블링 관리

많은 마케터들은 패키징과 레이블링을 제품 전략의 중요한 요소로 본다. Coke의 병, Tiffany의 파란 상자, Red Bull 캔과 같은 일부 제품 패키지는 세계적으로 유명하다.

패키징

패키징에는 제품을 위한 용기를 디자인하고 생산하는 모든 활동이 포함된다. 패키지에는 최대 세 개의 레이어가 있을 수 있으며, 이러한 레이어 중 하나 이상은 구매자의 주목을 이끌고 제품이 경쟁 제품과 구별되도록 디자인된다. Davidoff For Men의 Cool Water 향수는 흰색 글자가 새겨진 파란색 시그니처 병(**기본 패키지**)이 흰색 글자가 적힌 파란색 카드보드 상자(**2차 패키지**) 안에 들어 있으며, 카드보드 상자 내에 든 72개의 병을 보호하기 위해 골판지 상자(**선적 패키지**)에 담겨 선적된다.

패키징은 제품과 구매자와의 첫 만남이기 때문에 중요하다. 좋은 패키징은 소비자를 끌어들여 제품 선택을 독려한다. 사실상 패키지는 제품의 '5초 광고' 역할을 할 수 있다. 어떤 패키지는 심지어 집에서도 매력적으로 전시될 수 있다. Kiwi 구두약, Altoids 민트, Absolut 보드카를 위한 이와 같은 독특한 패키징은 브랜드 에퀴티의 중요한 부분이다.

패키징을 마케팅 도구로 점점 더 많이 사용하는 데 기여하는 몇 가지 요인이 있다.

- **셀프서비스**: 보통 슈퍼마켓 내에는 1만 5,000개의 아이템이 있는데, 전형적인 쇼핑객은 분당 약 300개의 상품을 지나친다. 모든 구매의 50~70%가 매장에서 이루어지기 때문에 효과적인 패키징은 많은 판매 업무를 수행해야 한다. 즉 관심을 끌고, 제품의 특징을 설명하고, 소비자에게 확신을 주고, 전반적인 인상을 호의적으로 만들어야 한다.
- **소비자의 부유함**: 부유한 소비자는 더 나은 패키징이 주는 편리함, 외관, 신뢰성, 그리고 고급스러움(prestige)을 위해 기꺼이 좀 더 많은 돈을 지불할 것이다.
- **기업 및 브랜드 이미지**: 패키징은 기업 또는 브랜드의 즉각적인 인식에 기여한다. 매장 내에서 패키징은 광고판 효과를 내는데, 이를테면 Garnier Fructis는 두발 관리 제품이 진열

된 통로에서 밝은 그린색의 패키징으로 인해 그런 효과를 낸다.

- **혁신의 기회**: 독특하거나 혁신적인 패키징은 소비자에게 큰 혜택을 가져다주고 생산자에게 수익을 가져다줄 수 있다. 기업은 항상 그들의 제품을 더 편리하고 사용하기 쉽게 만드는 방법을 찾고 있다. 그렇게 함으로써 종종 가격 프리미엄을 부과한다. SC Johnson의 Smart Twist Cleaning System은 세 가지 다른 세제 농축액 사이에서 회전하는 휴대용 분무기다. Kleenex 핸드 타월은 욕실 타월 랙에 거꾸로 끼우는 디스펜서를 사용한다. 그리고 Kiwi Express Shine 구두약에는 디스펜서(구두약이 나오는 부분)와 애플리케이터(구두에 구두약을 바르는 부분)가 있어 바닥에 신문지를 깔거나, 장갑을 끼거나, 구두솔을 사용할 필요 없이 구두를 닦을 수 있다.

패키징은 다음과 같은 여러 가지 목표를 달성해야 한다. 브랜드에 아이덴티티를 부여하고, 설명적이고 설득적인 정보를 전달하며, 제품 운송과 보호 및 저장을 촉진하고, 소비를 도와주어야 한다. 이러한 목표를 달성하고 소비자의 욕구를 충족하기 위해, 마케터는 패키징의 기능적 및 미적 요소가 서로 잘 조화를 이루고, 동시에 고객과 기업을 위한 가치를 창출하도록 최적화되어야 한다. 기능적으로는 구조 설계가 중요하다. 패키징 요소는 가격, 광고, 그리고 마케팅 프로그램의 다른 부분과 서로 조화를 이루어야 한다.[32] 미적 고려사항에는 패키지의 크기와 모양, 재질, 색상, 텍스트, 그래픽이 포함된다.[33]

색상은 특히 패키징의 중요한 측면이며 다른 문화와 세분시장에서 다른 의미를 갖는다. 어떤 전문가가 말했듯이, "색상은 모든 것에 영향을 미친다. 색상은 언어 중립적이지만 의미가 담겨 있다. 그것은 명백하지만, 개개인은 문자 그대로 그리고 비유적으로, 각기 다른 시각으로 색깔을 본다."[34] 색상은 Tiffany의 파란 상자부터 Cadbury의 보라색 포장지, UPS의 갈색 트럭에 이르기까지 브랜드를 정의할 수 있다. 이동통신 운영 기업인 Orange는 색상을 외형과 이름 모두를 나타내기 위해 사용한다!

색상이 중요한 이유 중 하나는 다른 색상이 다른 의미를 가질 수 있고 다른 감정을 전달할 수 있기 때문이다. 일부 마케팅 전문가들이 서양 문화에서 흔히 볼 수 있다고 믿는 다양한 색상에 대한 다음과 같은 해석을 생각해 보자.[35]

빨간색은 흥분, 에너지, 열정, 용기, 그리고 대담함을 상징한다. **오렌지색**은 붉은 기운과 노란색의 따뜻함을 결합하면서 친근함과 재미를 나타낸다. 태양의 색깔인 **노란색**은 따뜻함, 기쁨, 행복과 동일시된다. 자연의 색인 **녹색**은 건강, 성장, 신선함, 재생을 의미한다. 하늘과 바다의 색깔인 **파란색**은 믿음직함, 신뢰, 역량, 성실성과 연관되어 있다. **보라색**은 파란색의 안정성과 빨간색의 에너지를 결합하여 귀족, 부, 지혜를 상징한다. **핑크색**은 부드럽고, 평화롭고, 편안한 특징을 가지고 있다고 여겨진다. 토양의 색깔인 **갈색**은 정직함과 믿음직함을 내포하고 있다. **검은색**은 고전적이고, 강하고, 균형 잡힌 것으로 보여진다. **흰색**은 청정, 순수, 깨끗함을 의미한다.

패키징 업데이트 및 재디자인은 브랜드를 최신으로, 적합하게, 또는 실용적으로 유지하기

>> Tiffany의 브랜드는 부분적으로 그들의 상징적인 'Tiffany 블루' 패키징으로 정의된다.

출처: Simon Lord/Alamy Stock Photo

위해 수시로 이루어져야 한다. 비록 이러한 변화가 매출에 즉각적인 영향을 미칠 수 있지만, PepsiCo가 Tropicana 브랜드로부터 배운 것처럼 단점 또한 있을 수 있다.

> Tropicana   PepsiCo는 1998년 인수한 Tropicana 브랜드로 큰 성공을 거두었다. 그 후 2009년, 브랜드를 '새롭게 하고 현대화하기' 위해 다시 디자인된 패키지를 출시했다. 새 디자인의 목표는 '주스를 중심에 배치하고 자연적인 과일의 혜택을 분명하게 표현함으로써 정서적 애착'을 만드는 것이었다. Arnell Group은 완전히 새로운 모습으로 마무리된 극단적인 변신을 이끌었고, 브랜드 이름을 작게 표시하고, "순수한 자연의 100% 오렌지"라는 문구를 강조했으며, 전면의 '오렌지에 꽂힌 빨대' 그래픽을 클로즈업한 오렌지주스 한 잔으로 대체했다. 소비자 반응은 즉각적이고 부정적이었다. 패키지는 "보기 싫다"거나 "멍청하다"고 간주되었으며, 어떤 사람들은 그 제품을 매장 브랜드 주스와 혼동하기까지 했다. 매출은 20% 하락했다. 그리고 불과 두 달 후, PepsiCo 경영진은 기존 패키징으로 돌아갈 것이라고 발표했다.[36]

기업이 패키징을 디자인한 후에는 반드시 그 패키징을 테스트해야 한다. **엔지니어링 테스트**를 통해 패키지가 정상적인 조건에서 유지되도록 보장하고, **시각적 테스트**를 통해 스크립트가 읽기 쉽고 색상이 조화로운지를 확인하고, **딜러 테스트**를 통해 패키지가 매력적이고 취급하기 쉬운지 확인하며, **소비자 테스트**를 통해 구매자가 호의적으로 반응하는지를 확인한다.

효과적인 패키징을 개발할 때, 기업은 환경적 영향을 고려해야 한다. 식료품에서 화장품에 이르기까지 모든 것을 과대포장하는 일본의 경향은 뛰어난 재활용가로서의 명성과는 정반대다. 바나나 한 송이가 여러 겹의 셀로판에 싸여 올 수 있다. 네모난 초콜릿 조각들은 개별적으로 포장되고, 카드보드 포장재에 함께 넣어지고, 그다음 플라스틱(비닐포장)으로 감싸진다. 위생과 규제도 중요하지만, 전통과 소비자의 기대가 더 중요하다. 제품 포장은 고급스러움을 더하는 것으로 간주되며, 종종 매장이나 브랜드 이름을 붙인다. 따라서 환경친화적인 패키징 디자인은 고객의 기대를 충족할 필요가 있을 것이다.[37]

다행히도, 늘어나는 환경 문제를 해결하는 것은 다른 나라에서 효과적인 패키징을 개발하는 데 중요한 요소가 되었다. 비록 이것이 기업의 시간과 자원을 더 많이 소모할 수 있지만, 많은 기업은 '친환경'으로 가고 있고 그들의 제품을 패키징하기 위한 창의적이고도 새로운 방법을 찾고 있으며, 이것은 예상치 못한 이익을 가져올 수 있다. Nespresso, Keurig, 그리고 다른 기업들은 재활용 가능한 커피 캡슐(pods)을 개발했는데, 이것은 친환경적인 새로운 고객들을 커피 추출기로 끌어들일 것이다. Dell은 골판지, 스티로폼, 종이펄프 성형 케이스, 플라스틱의 대안으로 대나무 패키징을 도입했으며 사용되는 패키징의 전체 부피를 줄이기 위한 다른 조치를 취했다.[38] 그러나 고객의 니즈까지 만족시키는 환경친화적인 패키징을 개발하는 일은 Frito-Lay가 경험했듯이 어려울 수 있다.

Sun Chips   감자칩보다 지방이 30% 적게 함유된 Frito-Lay의 Sun Chips은 다양한 곡물을 함유하여 건강에 더 좋고 '당신에게 유익한' 스낵 옵션으로서 성공을 거두어왔다. '더 건강한 지구'를 지원하고자 하는 기업의 노력의 일부로서, California Modesto에서 태양광 발전으로 공장을 운영했고, 식물성 재료로 만든 100% 생분해되는 새로운 봉투를 공개하기도 했다. 그 봉투 개발을 위해 많은 연구가 이루어졌고, 팡파르와 함께 2010년에 출시되었다. 하지만 아쉽게도, 상온에서 '부스럭부스럭' 소리를 내는 폴리머가 들어 있었고, 소비자들은 그 소리가 거슬린다고 불평하기 시작했다. 한 공군 조종사는 제트기 조종석보다 그 소리가 더 시끄럽다고 말하기도 했다. 그 조종사는 자신의 주장을 증명하기 위해, 새로운 Sun Chips 봉투를 손으로 꽉 쥐고 소리 측정기로 95데시벨을 기록했는데, 이는 그가 기존의 Tostitos 봉투로 똑같이 했을 때 기록한 77데시벨보다 상당히 높은 수치였다. 수천 명의 사람들이 "Sorry But I Can't Hear You Over This Sun Chips Bag(미안하지만, Sun Chips 봉투 때문에 네 목소리가 안 들려)"이라는 Facebook 페이지와 친구 맺기를 했을 때, 그리고 그와 함께 매출이 미끄러져 내려갈 때, Frito-Lay는 18개월 만에 생분해 가능한 봉투를 포기하기로 결정했다.[39]

출처: Keith Homan/Alamy Stock Photo

>> Frito-Lay는 감자칩 봉투의 시끄러운 소리에 대한 소비자들의 불만 속에 매출이 감소한 후, 더 건강한 대안을 위해 힘들여 개발한 완전 생분해 가능한 봉투를 없애기로 결정했다.

레이블링

레이블은 많은 정보를 담고 있을 수도 있고, 단지 브랜드 이름만 담고 있을 수도 있다. 판매자가 간단한 레이블을 선호하더라도, 법은 더 많은 것을 요구할 수 있다.

레이블은 몇 가지 기능을 수행한다. 첫째, 오렌지에 찍힌 Sunkist라는 이름과 같이 제품이나 브랜드를 **식별**할 수 있게 해준다. 또한 제품에 **등급**을 매길 수도 있다. 복숭아 통조림은 A,

B, C등급의 레이블이 붙는다. 레이블에는 제품을 누가 만들었는지, 언제 그리고 어디서 만들었는지, 무엇이 들어 있는지, 어떻게 사용해야 하는지, 어떻게 하면 안전하게 사용할 수 있는지가 **기재**되어 있다. 마지막으로, 레이블은 매력적인 그래픽을 통해 제품을 **알릴** 수 있다. 예를 들어, 첨단 기술로 (음료수병을) 360도 압축 랩핑할 수 있는 레이블이 접착제로 붙은 종이 레이블로 대체되면서, 용기가 밝은 그래픽으로 둘러싸이고 더 많은 제품 정보를 포함할 수 있게 된다.

레이블은 결국에는 새롭게 개편될 필요가 있다. Ivory 비누의 레이블은 1890년대부터 글자 크기와 디자인이 점차 바뀌면서 최소 18번 재디자인되었다. Tropicana가 경험했듯이, 아이콘이 된 레이블을 가진 기업은 재디자인을 할 때 주요 브랜딩 요소를 보존하기 위해 매우 조심스럽게 진행할 필요가 있다.

레이블 및 패키징과 관련된 법적인 우려가 제기된 오래된 역사가 있다. 1914년, 연방거래위원회법(Federal Trade Commission Act)은 거짓이거나 오도하거나 기만적인 레이블 또는 패키지가 불공정한 경쟁에 해당한다고 규정했다. 1967년 의회가 통과시킨 공정한 패키징 및 레이블링법(Fair Packing and Labeling Act)은 의무적인 레이블링 요건을 정하고, 자발적인 산업 패키징 기준을 장려했으며, 연방기관이 특정 산업 분야의 패키징 규정을 정할 수 있도록 했다.

미국식품의약국(FDA)은 가공식품 생산자들에게 비타민과 미네랄 함량뿐만 아니라 제품에 포함된 단백질, 지방, 탄수화물, 칼로리의 양을 명확히 명시한 영양성분 레이블을 일일 섭취 권장량의 백분율로 포함할 것을 요구했다. FDA는 또한 '라이트', '고식이섬유', '자연적', '저지방' 같은 표기를 잠재적으로 오해할 여지가 있게 사용하는 것을 금지하는 조치를 취했다.

모든 국가가 그렇게 엄격한 정의를 적용하는 것은 아니다. 영국에서 'light'와 'lite'는 법적으로 공식적인 의미가 없지만, '저지방(low-fat)'은 공식적인 의미가 있다. 즉, 3% 미만의 지방이 포함된 경우에만 그 용어를 쓸 자격을 얻는다. 그 결과, 'light' 브랜드가 붙은 몇몇 식품은 '저지방'으로 묘사된 식품보다 7배나 더 많은 지방을 함유하고 있는 것으로 밝혀졌다.[40]

개런티 및 워런티 관리

모든 판매자는 구매자의 정상적 또는 합리적인 기대를 충족해 줄 법적 책임이 있다. 개런티 및 워런티는 지정된 기간 동안 제품이 지정된 대로 수행되거나 판매자가 제품을 수리해 주거나 고객의 돈을 환불해 줄 것이라는 판매자의 명시적 또는 암묵적 약속이다. 개런티 및 워런티 대상 제품은 제조업체 또는 지정된 수리센터로 반송되어 수리, 교환, 환불될 수 있다. 명시적이든 암묵적이든 개런티 및 워런티는 법적으로 강제할 수 있다.

개런티(guarantee)는 제품이 기업의 약속이나 고객의 기대대로 작동하지 않을 경우, 기업은 구매자에게 어떤 종류의 보상(compensation)을 제공할 것을 보장한다. 잠재적인 제품 고장을 사전에 해결하는 프로세스를 상세히 설명하면 기업의 주장에 대한 신뢰도가 높아지고, 제품 사용과 관련된 기능적 및 금전적 리스크가 줄어들며, 고객이 안심할 수 있는 가치를 창출할 수 있다. 고객 가치를 창출하는 것 외에도, 개런티는 기업에게 혜택이 될 수 있다. 고객 경험에 집중하는 태도를 강화하고, 책임을 확립하며, 성과 표준을 신속하게 개발하고, 제품 결함을 복구하기 위한 지침을 제공한다.[41]

많은 판매자는 일반적인 개런티 또는 특정한 개런티를 제공한다. P&G와 같은 기업은 "어떤 이유로든 만족하지 않으면, 교체, 교환, 또는 환불해 드립니다"라는 더 구체적인 조건 없이 일반적이거나 완전한 만족을 약속한다. A. T. Cross는 Cross 펜과 연필에 대한 평생 개런티를 보장한다. 고객이 매장에 비치된 우편 발송 도구를 이용하여 펜을 회사로 보내면, 무료로 수리 또는 교체받을 수 있다.

기업은 제품의 실제 품질 또는 고객의 제품 품질 평가와 관계없이 제품 경험의 모든 측면에 적용되는 전반적인 만족 보증을 고객에게 제공할 수 있다. 또는 성능, 신뢰성, 내구성 같은 제품의 특정 측면에 적용되는 특정한 속성에 대한 개런티를 제공할 수도 있다. 제품 개런티는 1년과 같이 지정된 기간 동안만 유효할 수도 있고, 예를 들면, 제품이나 고객의 수명 같은 다양한 기간이 적용될 수 있다.

워런티(warranties)는 고객과 기업에 개런티와 동일한 혜택을 제공한다. 그러나 개런티와 워런티는 두 가지 주요 측면에서 다르다. 워런티는 보통 구입한 물건의 수리나 교체를 대상으로 하며, 일반적으로 고객이 환불을 위해 제품을 반품하는 것을 허용하지 않는다. 반면 개런티는 이를 허용한다. 또한 개런티는 항상 무료로 제공되며 고객으로부터 추가 지불을 요구하지 않는 반면, 워런티는 제품과 함께 제공되는 무료 워런티를 연장하는 것이 다양하다. 이러한 연장된 워런티는 추가 금액 지불을 요구하며, 제품을 구입할 때 또는 나중에 구입할 수 있다.[42]

워런티 연장 및 서비스 계약은 제조업체와 소매업자에게 매우 큰 이익이 될 수 있다. 분석가들은 Best Buy 영업 이익에서 워런티 판매가 큰 비중을 차지했다고 추정한다. 연장된 워런티를 구입하는 것이 그리 이익이 되지 못한다는 증거에도 불구하고, 일부 소비자들은 워런티가 제공하는 마음의 평화를 소중히 여긴다.[43] 비록 소비자들이 온라인이나 친구로부터 테크니컬한 문제에 대한 해결책을 더 쉽게 찾을 수 있게 되면서 워런티 판매의 총액은 감소했지만, 이러한 워런티는 여전히 미국 전자제품 공급자에게 수십억 달러의 매출을 창출해 준다.[44]

개런티와 워런티를 통해 구매자의 지각된 위험을 줄일 수 있다. 개런티와 워런티는 제품의 품질이 우수하고 기업과 서비스 성능이 믿을 만하다는 것을 나타낸다. 기업이나 제품이 잘 알려지지 않았거나 제품의 품질이 경쟁사보다 우수할 때 개런티와 워런티가 특히 도움이 될 수 있다. 현대와 기아의 매우 성공적인 10년 또는 10만 마일의 파워트레인 워런티 프로그램은 부분적으로 잠재구매자에게 제품 품질과 기업 안정성에 대한 확신을 주기 위해 고안되었다.

효과적인 제품 개런티와 워런티에는 다음 세 가지 특성이 있어야 한다. **적절성**이 있어야 하고, **쉽게 이해**될 수 있어야 하며, **고객이 쉽게 떠올릴** 수 있어야 한다. 개런티가 적절하기 위해서는 고객에게 제공되는 서비스의 개런티된 특징이 중요해야 한다. 고객이 중요하다고 인식하지 않거나 거의 잘못될 가능성이 없는 기능에 적용될 경우 개런티와 워런티는 고객에게 가치가 적거나 없는 것이다. 기업이 제공하는 약속과 제품이 고장 났을 때 고객이 취해야 할 조치가 개런티와 워런티 내에 간단하고 알기 쉽게 명시되어 있을 때 고객이 쉽게 이해할 수 있다. 개런티와 워런티는 제한된 수의 예외 및 제한사항이 포함된 경우 고객이 쉽게 떠올릴 수 있고 고객에게 보다 쉽게 전달될 수 있다. 이는 제품이 개런티나 워런티의 규정을 지키지 못할 경우, 고객이 만족을 위한 조치를 실행하는 데 필요한 시간과 노력을 줄여준다.[45]

---

marketing INSIGHT   적은 것이 더 많을 것일 때

제조업체와 소매업체 관리자가 반드시 내려야 할 결정 중 하나는 제품 라인과 제품 구성을 설계하고 관리하는 방법이다. 통념상 다양한 옵션을 제공하는 것이 더 유익하고, 그렇게 하면 더 많은 소비자에게 더 매력적일 수 있지만, 그것은 또한 기업에 더 많은 비용이 든다. 리서치회사의 서베이에 따르면, 소비자는 가장 다양한 제품을 제공하는 소매업체와 브랜드를 선호하기 때문에, 관리자는 일반적으로 기업에 의해 부과되는 비용한도 내에서 소비자에게 제공되는 옵션의 수를 최대화하려고 한다.

다양성이 선택을 촉진한다는 대부분의 관리자들 사이의 믿음에는 몇 가지 요소가 있다.

- **선호와 옵션을 매치할 수 있는 향상된 능력**: 다양한 제품 구성은 선택 집합 내에서 사용 가능한 옵션과 소비자 선호를 더 잘 일치시킬 수 있는 기회를 제공한다. 선택지 속에 포함된 옵션이 많을수록 개별 소비자가 최적의 선택을 할 가능성이 커진다.
- **소비자를 위한 향상된 유연성**: 더 큰 선택지를 갖추면 소비자가 옵션을 열어둘 수 있게 유지시켜 주며, 그들이 선택할 때 더 큰 유연성을 제공할 수 있다. 다양성 부족은 소비자에게 부정적인 느낌을 줄 수 있는 부적절한 수의 옵션이 있기 때문에 선택이 제한된다는 느낌을 줄 수 있다.
- **사용 가능한 옵션을 탐색할 수 있는 기회의 증대**: 선택 집합에 다양한 옵션이 포함되어 있다는 사실만으로도 소비자는 제품 카테고리 내에서 사용 가능한 옵션의 전체 목록을 살펴볼 수 있는 기회가 주어졌다고 확신할 수 있다. 이를 통해 소비자는 결정을 내리기 전에 선택 대안 사이의 다양한 특징과 혜택을 이해할 수 있다는 확신을 갖게 된다.

따라서 더 큰 선택지가 소비자에게 이득이 될 수 있는 인상적인 이유가 있지만, 이것이 항상 맞는 것은 아니다. 경우에 따라 더 많은 옵션은 그 가운데 결정하는 소비자의 능력을 촉진하기보다 방해할 수 있다. 이러한 현상이 발생할 수 있는 몇 가지 이유는 다음과 같다.

- **정보의 과부하**: 대규모 선택지 내에서 선택하는 소비자는 덜 방대한 선택지 내에서 선택할 때 고려해야 하는 것보다 더 많은 정보를 처리해야 하기 때문에 정보 과부하로 인해 어려움을 겪을 수 있다. 소비자는 종종 더 적은 수의 옵션과 속성을 고려하고 평가하기 때문에 더 적은 선택지를 처리하는 것이 덜 부담스럽다는 것을 알게 된다.
- **선택의 과부하**: 선택지가 클수록 선택 과부하가 발생할 가능성이 높으며, 이는 소비자가 사용 가능한 선택 집합에서 둘 이상의 만족스러운 옵션을 찾을 때 발생할 수 있다. 이는 의사결정의 어려움을 더욱 복잡하게 만든다. 대량의 정보를 처리하는 것 외에도, 소비자는 다른 속성에서 성과를 얻기 위해 한 속성에서 성과를 포기하는 절충을 할 필요가 있다.
- **높은 소비자 기대**: 더 큰 선택지는 소비자가 '완벽한' 옵션을 찾을 가능성이 높다고 예상하도록 유도하여 선택을 복잡하게 만들 수 있다. 소비자가 이용 가능한 옵션 중 이상적인 선택을 찾겠다는 기대가 크지만 실현되지 못할 때, 결정을 내리지 못하고 선택지를 이탈할 가능성이 커진다.

대상 고객이 선택할 수 있는 최적의 선택지 크기를 정하는 것은 간단한 작업이 아니다. 일부 시장 조건은 소비자의 선택을 개선해 주는 큰 선택지를 선호하는 반면, 다른 시나리오에서는 큰 선택지가 소비자 선택에 부정적인 영향을 줄 수

(계속)

있다. 답변해야 할 질문은 다음과 같다. 더 많거나 더 적은 옵션이 소비자 선택에 언제 도움이 되는가? 최근 연구에 따르면, 선택지 크기에 대한 소비자의 반응은 그들의 지식, 특히 선택 대안의 속성과 속성 수준에 대한 지식에 따라, 그리고 이러한 옵션 중 이미 선호하는 것이 있는지의 정도에 따라 달라진다. 이를 통해 소비자는 서로 다른 옵션 속성의 혜택과 비용 사이에서 쉽게 절충점을 찾을 수 있을 것이다. 이것이 의미하는 것은, 제품 지식과 이미 명확한 선호를 가진 '전문가' 소비자가, 제품 카테고리에 익숙하지 않고 아직 선호가 결정되지 않은 '초보' 소비자보다 더 큰 선택지에 의해 제공되는 다양성의 혜택을 더 많이 받을 수 있다는 것이다.

따라서 제품 선택지를 관리하는 데 있어, 더 많은 다양성이 항상 최선의 방법은 아니다. 경험적 연구에 따르면 더 적은 수의 옵션이 구매 가능성을 높이고, 반품률을 낮추며, 고객 만족도를 높인다는 사례가 많다. 선택지의 크기에 대한 연구는 관리자들이 제품 라인을 설계할 때 소비자 목표와 소비자 지식이라는 두 가지 핵심요소를 고려해야 할 것을 강조한다. 관리자는 고객중심 제품을 만들고 시장의 성공을 달성하는 제품 라인 전략을 개발하기 위해 이 두 가지 필수요소를 고려해야 한다.[46]

요약

1. 제품은 마케팅 믹스의 핵심요소다. 서비스 및 브랜드와 함께 제품은 고객 혜택의 핵심 동인이며 소비자가 특정 제품을 기꺼이 구매하는 이유다.

2. 시장에서 성공적으로 경쟁하기 위해서는 제품이 차별화되어야 한다. 차별화해야 할 속성에는 핵심 기능성, 특징, 성능 품질, 적합성 품질, 내구성, 신뢰성, 형태, 스타일, 맞춤화 등이 있다.

3. 제품이 보여지고, 느껴지고, 기능하는 방식인 제품 디자인은 기업의 제품과 서비스를 차별화하고 포지셔닝할 수 있는 강력한 방법을 제공한다. 디자인은 단지 제품, 서비스, 또는 애플리케이션을 만드는 단계가 아니다. 그것은 마케팅 프로그램의 모든 측면에 스며들어 모든 디자인 측면이 함께 작동하도록 하는 사고방식이다. 디자인은 기능적이고 미적인 이점을 제공하며 소비자 의사결정의 이성적이고 감정적인 측면 모두에 영향을 미친다.

4. 대부분의 제품은 기업의 제품 포트폴리오 및 제품 라인의 일부로 존재한다. 각 제품은 다른 고객 세그먼트의 요구를 충족하기 위해 기업이 최적의 제품 집합을 제공하고 있는지 확인하기 위해 다른 제품과 관련시켜 보아야 한다.

5. 제품 포트폴리오는 다양한 제품 카테고리와 제품 라인을 포함하여 기업에서 제공하는 모든 제품을 포함한다. 기업의 제품 포트폴리오는 일정한 폭, 길이, 깊이, 일관성을 가지고 있다. 이 네 가지 차원은 기업의 마케팅 전략을 개발하고 어떤 제품 라인을 성장시킬지, 유지할지, 수확할지, 또는 매각할지를 결정하는 도구다.

6. 제품 라인은 같은 회사에서 판매하는 관련 제품의 그룹이다. 기업의 제품 라인은 일반적으로 고객의 다양한 니즈에 호소하는 제품을 포함한다. 제품 라인을 제공할 때, 기업은 일반적으로 다양한 고객 요구사항을 충족하고 생산비용을 낮추기 위해 추가할 수 있는 기본 플랫폼과 모듈을 개발한다. 제품 라인을 분석하고 여기에 투자할 자원의 수를 결정하기 위해 제품 라인 관리자는 매출, 수익, 시장 프로파일을 살펴봐야 한다.

7. 기업의 목표는 제품 라인 길이(제품 라인의 총 아이템 수)에 영향을 미친다. 제품 라인은 시간이 지남에 따라 길어지는 경향이 있다. 한 기업은 라인 스트레칭과 라인 확충의 두 가지 방법으로 제품 라인을 늘린다. 라인 스트레칭은 하향 시장, 상향 시장, 또는 둘 다에 관계없이 기업이 제품 라인을 현재 범위 이상으로 늘릴 때 발생한다. 한 기업이 기존 범위 내에 더 많은 아이템을 추가할 때 라인 확충이 발생한다.

8. 패키징은 제품을 위한 용기를 설계하고 생산하는 모든 활동을 포함한다. 패키징은 브랜드를 식별하고, 설명적이고 설득력 있는 정보를 전달하며, 제품의 운송/보호/보관을 촉진하고, 소비를 지원하는 등 여러 가지 목표를 달성해야 한다. 좋은 패키지는 소비자를 끌어들여 제품 선택을 장려한다.

9. 레이블은 단순히 부착된 태그일 수도 있고, 패키지의 고유한 부분인 정교하게 설계된 그래픽일 수도 있다. 레이블은 다음과 같은 여러 기능을 수행한다. 제품(누가 만들었는지, 언제 어디서 만들었는지, 무엇이 포함되어 있는지, 어떻게 사용해야 하는지, 어떻게 하면 안전하게 사용할 수 있는지)을 설명하고, 설득력 있는 메시지를 통해 제품을 홍보할 수 있다.

10. 개런티와 워런티는 지정된 기간 동안 제품이 명시된 대로 수행될 것이며, 그렇지 않다면 판매자가 그 제품을 수리해 주거나 고객의 돈을 환불해 줄 것이라는 명시적 또는 암묵적 약속이다. 개런티는 제품의 품질이 우수하고 회사와 서비스 성능이 신뢰할 수 있다는 점을 제시하여 구매자의 지각된 위험을 줄여준다. 명시적이든 암묵적이든 개런티와 워런티는 법적으로 강제성이 있다.

marketing
SPOTLIGHT

출처: Sean Xu/Alamy Stock Photo

Apple

Apple Computers는 1976년 Steve Jobs와 Steve Wozniak에 의해 설립되었다. 1977년 출시된 Apple II는 최초의 컬러 그래픽 도입으로 컴퓨터 산업에 혁명을 일으켰다. 폭발적인 성장에 힘입어 Apple은 1980년에 기업을 공개했다. 몇 년 후인 1983년 Jobs는 Apple의 CEO로 당시 PepsiCo의 CEO였던 John Sculley를 Apple의 CEO로 고용했다. 이 결정은 결국 Sculley가 Jobs를 해고하는 역풍의 단초가 되었다.

Apple이 혁신보다는 단기 이익에 초점을 맞춘 것이 시장 입지의 점진적인 악화로 이어졌고, 1996년까지만 해도 전문가들은 회사의 생존 가능성에 대해 의문을 제기하고 있었다. Apple은 혁신 부족을 보충하기 위해 Jobs가 Apple을 떠난 후 설립한 회사인 NeXT Software를 인수하고 Jobs를 임시 CEO로 복귀시켰다.

Apple에 복귀한 Jobs는 Microsoft와 제휴를 맺고 인기 있는 오피스 소프트웨어의 Mac 버전을 개발하고 소비자 및 교육 시장을 위한 보급형 노트북인 iBook을 선보였으며 눈에 띄는 색상의 투명 달걀 모양 케이스를 특징으로 하는 일체형 컴퓨터 제품인 iMac을 출시했다.

지난 20년 동안, Apple은 혁신적인 신제품 출시에서 세계적인 리더가 되기 위해 계속해서 연구개발에 많은 투자를 해왔다. 회사는 사람들이 음악을 듣고, 비디오 게임을 하고, 전화 통화를 하고, 심지어 책을 읽는 방법을 변화시켰다. iPod, iMac, iPhone, iPad를 포함하는 Apple의 혁명적인 제품 혁신은 이 회사가 수년 동안 《Fortune》지가 선정한 세계에서 가장 존경받는 기업 목록에서 1위를 차지한 이유다.

Apple의 초기 가장 중요한 혁신 중 하나는 iPod MP3 플레이어였다. iPod은 문화적인 현상이 되었을 뿐만 아니라 많은 소비자들을 Apple에 소개하고 일련의 기념비적인 제품 혁신을 일으켰다. iPod은 Apple의 최첨단 디자인 기술을 보여주었고, 다른 어떤 기기와도 다르게 보여지고, 다르게 느껴지고, 다르게 작동되었다. Apple은 iPod을 '21세기의 Walkman'으로 만들었다. iPod과 새로 출시된 iTunes Music 스토어라는 두 거물은 iPod의 판매가 급증하는 데 일조했다.

iPod은 또한 사람들이 음악을 듣고 사용하는 방법을 변화시키는 데 중심이 되었다. 음악가 John Mayer에 따르면, 사람들이 iPod을 사용할 때 "음악의 본질을 관통하면서 걷고 있음을 느끼며", 그것이 더 많은 열정으로 더 많은 음악을 듣도록 유도한다. iPod이 여러 세대를 거치는 동안 Apple은 사진, 비디오, 라디오와 같은 기능을 추가했다. Apple은 음악 산업 전반에서의 진출 성공 그리고 특히 iPod의 성공을 깨닫고, 음악을 위한 소프트웨어 기반 디지털 시장인 iTunes를 출시했다. 2003년에 소개된 iTunes 스토어는 2008년까지는 미국에서 가장 큰 음악 벤더였다가, 2010년에는 세계에서 가장 큰 음악 벤더가 되었다.

Apple은 기민한 제품 혁신과 영리한 마케팅의 결합을 통해 인상적인 시장 지배를 달성했다. 이 마케팅 노력은 Apple 팬들과 과거에 Apple 제품을 사용하지 않았던 사람들에게 모두 어필했다. 그러한 광범위한 소비자 기반에 도달하기 위해, Apple은 채널 전략을 바꿔야 했다. 그들은 기존 채널에 Best Buy와 Circuit City와 같은 '가전제품 양판점' 소매상을 추가했는데, 이는 판매점 수를 네 배로 키우는 결과를 냈다.

이러한 강화된 '푸시(제품 밀어내기)' 노력 외에도, Apple은 iPod의 인기를 이끄는 데 도움이 되는 기억에 남을 만한 창의적인 '풀(소비자 유인)' 광고를 개발했다. iPod으로 듣고 춤추는 사람들의 실루엣이 돋보이는 "The Silhouettes" 캠페인이 전 세계에 등장했다. 이 간단한 메시지는 iPod을 쿨하면서도, 음악을 즐기는 사람들로부터 너무 멀리 있지는 않은 것으로 묘사하며, 문화 전반에 걸쳐 효과를 냈다.

iPod의 인기가 높아지면서 후광 효과는 Apple의 다른 제품들의 시장 점유율을 높이는 데 도움을 주었다. 그 결과, 2007년에 Apple은 공식적으로 Apple Computer Inc.에서 Apple로 사명을 변경했다. Apple의 iPod 다음으로 큰 제품 출시는 iPhone이었다. 2007년 휴대폰 시장에 첫발을 들여놓은 제품이다. 터치스크린 패드, 가상 키보드, 인터넷과 이메일 기능을 갖춘 iPhone은 소비자의 엄청난 열광과 함께 출시되었다. 사람들은 이 제품을 가장 먼저 사기 위해 몇 시간 동안 줄을 섰다. 당초 투자 분석가들은 Apple이 AT&T와 2년 계약을 맺은 것과 초기의 높은 가격이 iPhone의 성공을 방해할 거라고 우려했다. 그러나 제품이 출시된 지 74일 만에 Apple은 100만 번째 iPhone을 판매했다. iPod이 도달하기까지 2년이 걸린 누적 판매량(110만 달러)을, iPhone은 첫 분기 내에 달성했다. 사실 iPod 구매자의 절반은 다른 무선 통신사에서 AT&T로 전환했고,

일부는 단지 iPhone을 소유할 기회를 얻기 위해 계약을 파기하고 위약금을 지불했다.

iPad의 출시는 2013년 미디어 열풍을 일으키기도 했다. 멀티터치 장치는 iPhone의 모양과 느낌을 MacBook의 힘과 결합시켰고 소비자가 마우스나 키보드 없이 손가락 하나만으로 음악, 책, 영화, 사진, 비디오 게임, 문서, 그리고 수십만 개의 응용프로그램에 접근할 수 있게 해주었다. Apple은 이어 오리지널 제품의 작은 버전인 iPad mini와 iPad Air의 출시로 소비자가 영화를 만들고, 풍력 터빈을 설계하고, 산호초를 연구하고, 더 안전하게 등산하는 것을 포함하여, iPad로 무엇이든 할 수 있다는 것을 느끼게 하는 강력한 마케팅 캠페인에 대응했다.

iPad의 성공에 뒤이어, 2015년 Apple은 피트니스 트래킹과 건강지향적 기능을 제공하는 최초의 웨어러블 기기인 Apple Watch를 선보였다. 시작은 다소 부진했지만, Apple Watch는 결국 2019년에 3,000만 대 이상을 판매하며 Apple의 가장 빠르게 성장하는 제품 카테고리 중 하나가 되었다. 사용자 친화적인 소비자 테크놀로지의 선두를 지켜야 하는 임무에 충실하게, Apple은 이제 인공지능과 머신러닝에 많은 투자를 한다. 실제로 지난 몇 년간 Amazon의 Alexa, Google의 Assistant, Apple의 Siri와 같은 디지털 어시스턴트의 등장으로 소비자 제품에서 인공지능의 사용이 폭발적으로 증가했다.

연구개발에 대한 Apple의 투자는 이 기업이 이 치열한 산업에서 선두를 유지하는 한 가지 방법이다. Apple은 2020년에 연구개발에 180억 달러 이상을 썼고 경쟁에서 앞서기 위해 연구개발 예산을 계속적으로 늘리고 있다. 새로운 제품을 만들고, 생산하고, 출시하는 것이 Apple에게는 최우선 과제다. 창의적인 마케팅의 지원을 받는 이 기업의 선도성 때문에 소비자와 분석가들은 촉각을 곤두세우며 Apple의 최신 제품 소식을 기다리고 있다.[47]

질문

1. Apple의 경이적인 성공에 기여하는 주요 요인은 무엇인가?
2. 지난 몇십 년간 Apple의 제품 출시는 기념비적인 사건이었다. 무엇이 이 기업을 그렇게 혁신을 잘하도록 만들었는가?
3. iPhone이 Apple의 현재 성공에 얼마나 중요한 역할을 했는가? iPad와 Apple Watch 출시가 Apple의 신제품 개발 전략에 미치는 영향에 대해 논하시오.

marketing
SPOTLIGHT

출처: McClatchy-Tribune/Tribune Content Agency LLC/Alamy Stock Photo

Casper

Casper는 매트리스를 주로 판매하는 미국의 전자상거래 기업이다. Casper의 아이디어는 2013년 New York City의 벤처 육성기관의 네 명의 멤버에 의해 고안되었다. 이 기업은 사람들이 '빅 매트리스'라고 부르던 지배적인 제조업체와 소매업체의 대안이 되는 것을 목표로 삼았다.

'빅 매트리스'를 구성하는 네 브랜드는 Serta, Simmons, Tempur-Pedic, Sealy였다. Casper 설립자들은 이 네 기업이 판매하는 매트리스가 너무 비싸다고 생각했다. 이 기업들 중 한 곳의 퀸 매트리스 가격은 당시 2,500달러나 했다. 게다가 대부분의 매트리스는 매장에서 구매되었다. Casper의 설립자들은 매장 내 구매 과정이 어디에서나 볼 수 있는 최악의 구매 경험 중 하나라고 믿었다. 고객은 매장의 매트리스 위에 몇 분 동안 누워 있는 것 이상의 일을 할 수 없었다.

Casper는 매트리스 산업에 Warby Parker의 비즈니스 모델을 적용했다. 네 명의 창업자는 특히 Warby Parker가 디자이너 선글라스를 파격적으로 저렴한 가격에 제공하며 거둔 성공과 온라인 판매 모델에 감탄했다. 온라인으로 매트리스를 판매함으로써, Casper는 매장에서 매트리스를 구매하는 전통적인 고통스러운 소비자 경험을 없앴다. Casper는 또한 '빅 매트리스' 가격의 3분의 1에 매트리스를 제공함으로써 제품을 차별화했다.

Casper는 첫 번째 매트리스를 '모든 사람을 위한 완벽한 매트리스'로 디자인했다. 최초의 Casper 매트리스는 UPS에서 다룰 수 있는 가장 큰 상자 크기로 압축될 수 있는 고탄성 폼으로 만들었다. 단품 매트리스와 단순한 배송 덕분에 소비자는 쉬운 의사결정이 가능했고 기업은 물류적 혜택을 누렸다. Casper는 또한 고객에게 무료 배송과 100박 무료 체험판을 제공했다. 고객이 매트리스에 만족하지 않으면 고객서비스 직원이 매트리스를 회수해 갔으며 아무것도 묻지 않고 환불해 주었다.

저렴한 가격에 잘 디자인된 매트리스와 뛰어난 쇼핑 경험을 제공하는 조합은 Casper를 고객에게 매력적인 선택으로 만들었다. 제품에 대한 인지도를 높이기 위해 Casper는 먼저 입소문과 옥외 광고에 초점을 맞췄다. 회사는 Casper 매트리스에서 잠을 즐기는 만화 속 인물들과 동물들의 화려한 어울림을 보여주는 광고에 투자했다. 이 광고는 전국의 옥외광고판, 지하철, 택시에 부착되었다. Casper의 광고 이미지는 가벼운 장난처럼 디자인되었고, 동시에 양질의 매트리스의 중요성을 강조했다. Casper는 경쟁사 대비 과도한 통계 자료와 스펙을 강조함으로써 잠재고객을 압박하지 않도록 주의했다.

Casper는 출시 후 빠른 매출 성장을 누리며 3년 만에 6억 달러 이상의 수익을 올렸다. Casper는 제품 포트폴리오를 세 가지 다른 종류의 매트리스로 성장시켰고 새로운 고객을 사로잡기 위해 베개, 시트, 침대 프레임을 판매하기 시작했다. Casper는 Nordstrom, Target, Amazon 등 소매업체들과 제휴하여 유통망을 확장했다.

Casper가 성장하면서 회사는 광고 노력을 디지털 플랫폼으로 전환했다. 디지털 광고는 덜 비쌌고 TV 광고는 '빅 매트리스' 회사가 지배했다. Casper는 인터넷 '쿠키'를 사용하여 온라인 웹사이트에 대한 소비자 방문을 추적하고 그들이 다른 웹사이트를 탐색할 때 타깃 광고를 보여주는 일반적인 방식에 투자했다. Casper는 또한 'This Week in Tech', 'My Brother', 'The Howard Stern Show', 'Dr. Laura Show'를 포함하여 수많은 인기 있는 팟캐스트와 라디오 쇼를 후원했다.

Casper의 소셜 미디어 팀은 Facebook, Instagram, Twitter와 같은 플랫폼에서 고객과 자주 접촉했다. Casper는 소비자들이 그들의 작은 매트리스가 상자에서 옮겨졌을 때 어떻게 눈에 띄게 펼쳐지고 풀 사이즈로 부풀어 오르는지 보여주는 인기 있는 '언박싱' 비디오를 이 플랫폼에 업로드했다. Casper는 또한 Instagram Stories 플랫폼에서 주간 단위의 시리즈를 운영했는데, 이 플랫폼에서 회사는 스펙터클한 방식으로 알람시계를 파괴함으로써 월요일 아침의 불쾌감(월요병)으로 고통받는 고객에게 어필했다. Casper는 챗봇이 밤에 잠들기 어려운 사람들에게 재미있는 문자메시지를 보내는 웹사이트 Insomnobot 3000을 출시했다. 고객 참여와 광고 노력으로 소비자 만족도를 측정하는 일반적인 지표인 순 추천고객 지수가 높아졌다.

Casper의 혁신적인 사업 모델은 빅 매트리스 회사를 포함한 뒤를 쫓는 경쟁자들에게 영감을 주었다. Serta-Simmons와 Tempur-Sealy는 2016년에 'beds-in-a-box(매트리스를 압축하여 박스에 담은 것)'를 제공하기 시작했다. 2018년에 Walmart는 매트리스와 침구에 특화된 전문 디지털 홈 브랜드 Allswell을 소개했다. Amazon은 가장 인기 있는 AmazonBasics 라인에 자체 메모리폼 매트리스를 추가했다. 이러한 새로운 경쟁자들과 직면하여, Casper는 가시성을 높이고 고객 로열티(충성도)를 구축하기 위해 첫 오프라인 소매점을 열었다. Casper는 2021년까지 200여 개 매장까지 확대할 계획이라고 발표했다. 비록 많은 매트리스 회사들이 Casper의 사업 모델을 따르기는 했지만, Casper는 제품 라인을 늘리고, 고객과 소통하며, 오프라인 소매점을 확장함으로써 초기의 성공을 계속 이어가는 것

을 목표로 한다.[48]

질문

1. 무엇이 소비자로 하여금 Casper의 제품을 바람직하게 느끼도록 만들었는가? 소비자가 특히 중시하는 구체적인 제품 속성은 무엇인가?

2. Casper는 기존 기업 및 스타트업과 어떻게 경쟁하여 소비자 직접 제공을 강화해야 할까? Casper는 제품 혁신에서 좀 더 공격적인 커뮤니케이션과 브랜드 구축으로 노력을 변경해야 할까?

3. Casper는 모든 소비자를 만족시키기 위한 매트리스를 제공하기 위해 제품 라인을 확장하는 데 집중해야 할까? 아니면 혁신 노력을 간소화하고 소비자 선택을 단순화하기 위해 단일 유형의 매트리스(사이즈는 다양하게)를 제공하는 데 초점을 맞춰야 할까?

---

marketing
SPOTLIGHT

Toyota

(Renault Nissan, Volkswagen과 함께)세계 3대 자동차 업체로 꼽히는 Toyota는 75년 역사의 과정을 넘어 먼 길을 걸어왔다. 그들은 1936년에 첫 번째 승용차인 Model AA를 출시했다. 이를 위해 Toyota는 Chrysler의 획기적인 Airflow 차체 디자인을 카피했고, 1933의 Chevrolet를 모방하여 엔진을 만들었다. Toyota는 1950년 금융위기를 포함하여 초기 몇 년 동안 수차례 어려움을 겪었다. 그러나 1973년의 석유 위기 동안 소비자들은 더 작고 연료효율이 좋은 자동차를 원했다. Toyota는 Toyota Corona와 Toyota Corolla라는 두 개의 소형차로 대응했는데, 이는 기본 기능을 갖춘 차로서 Toyota의 새로운 엔트리레벨 자동차 역할을 했다. 또한 소비자가 원하는 연비와 에어컨, AM-FM 라디오와 같은 추가적인 공간과 고급 편의장치를 결합한 Toyota Cressida를 출시했다.

1980년대와 1990년대 동안, Toyota는 고객에게 그들의 드

출처: tomas devera photo/Shutterstock

라이빙 요구에 맞는 더 많은 옵션을 제공하기 위해 가격, 크기, 편의시설에서 넓은 범위의 더 많은 종류의 차량을 점진적으로 추가했다. 1982년에 Toyota는 4도어 중형차인 Camry를 출시하여 소비자들에게 Corona보다 더 많은 공간을 제공했다. Corona는 북미에서 가장 잘 팔리는 승용차가 되었다. Toyota의 인기 있는 SUV 중 첫 번째는 1984년 4Runner와 함께 소개되었다. 처음에 4Runner는 디자인과 성능 면에서 Toyota의 픽업트럭과 크게 다르지 않았다. 그러나 결국 4Runner는 승용차처럼 변했고 Rav4, Highlander, LandCruiser를 포함한 다른 SUV의

출시를 주도했다. 비슷한 시기에 Toyota는 풀사이즈 픽업트럭을 선보였는데, 나중에 이 트럭은 지금의 Tundra가 되었다. 또한 젊은 성인들을 대상으로 스포티하고 저렴한 차들도 다수 선보였다.

1989년, Toyota는 럭셔리 부문인 Lexus를 출시했다. Lexus는 화이트 글러브 트리트먼트(최고급 전문 서비스)를 제공하는 대리점을 시작으로 소비자에게 타의 추종을 불허하는 고급스러운 경험을 선사하겠다고 약속했다. 그러나 Toyota는 국가마다 완벽을 다르게 정의한다는 것을 이해했다. 미국에서 완벽과 럭셔리의 의미는 편안함, 크기, 믿음직함이었다. 유럽에서 럭셔리의 의미는 디테일과 브랜드 유산에 대한 주목이었다. 그 결과, 이 기업은 국가와 문화에 따라 광고를 다양화했다.

1997년, Toyota는 최초로 대량생산된 하이브리드 자동차인 Prius를 개발하여 출시했다. Prius는 초기 가격을 1만 9,995달러로 정했는데, 이는 Corolla와 Camry 중간 정도의 가격대였다. 청정 에너지 자동차 개발에 대한 이 기업의 집중은 훌륭했다. 2002년, 2세대 Prius가 전시장에 출시되었을 때, 딜러들은 자동차가 출시되기도 전에 1만 건의 주문을 받았다. 향후 10년 동안 Ford, Nissan, GM, Honda와 같은 경쟁사들은 Toyota가 걸어온 길을 밟고 그들만의 모델을 가지고 하이브리드 시장에 진출할 것이다.

Toyota는 특별한 타깃그룹을 위한 차량을 만들기 시작했다. 이를 위해 Toyota는 2000년 16~21세 청소년을 겨냥해 Scion 브랜드를 출시했다. 처음 몇 년 동안 신중하게 피드백을 받은 후, Toyota는 Scion의 타깃그룹이 더 많은 개인맞춤화를 원한다는 사실을 알게 되었다. 이러한 통찰을 바탕으로 Toyota는 공장에서 잘 장착된 단 하나의 트림 레벨로 '모노-스펙'을 설계하고, 그다음 판매점에서 고객에게 스테레오 구성품부터 휠, 심지어 바닥의 매트까지 수십 가지의 맞춤 구성 요소를 선택할 수 있도록 했다. Toyota는 젊은 소비자들이 자동차에 대해 더 많이 배우면서 편안하게 시간을 보낼 수 있는 음악 이벤트와 쇼룸에서 Scion을 마케팅했다.

Toyota의 성공 이면에 있는 또 다른 중요한 이유는 생산이다. Toyota는 린(lean) 생산과 지속적인 개선의 최고봉이다. Toyota의 공장은 동시에 최대 8개까지 다른 모델을 만들 수 있으며, 이는 생산성과 시장 반응 능력의 증대에 크게 영향을 미칠 수 있다. Toyota는 또한 쉬지 않고 혁신한다. 전형적인 Toyota 조립 라인에서는 1년 동안 운영상의 변경이 수천 번 일어난다. Toyota 직원들은 그들의 목적을 세 가지로 본다: 차를 만드는 것, 더 나은 차를 만드는 것, (사내의) 모든 사람에게 더 나은 차를 만드는 법을 가르치는 것. 이 기업은 문제 해결을 독려하며, 항상 다른 모든 프로세스를 개선하는 프로세스를 향상하려고 했다.

Toyota는 전 세계 조립공장을 하나의 거대 네트워크로 통합했다. 그 공장들은 각국의 지역 시장에 맞게 자동차를 주문제작하고 전 세계 시장의 수요 급증을 충족하기 위해 생산을 빠르게 전환한다. Toyota는 생산 네트워크를 통해 훨씬 더 저렴하게 다양한 모델을 만들 수 있다. 즉, 완전히 새로운 조립 공정을 구축하지 않고도 틈새시장을 메울 수 있다. 이를 통해 다양한 세분시장에서 발판을 마련할 수 있었다.

몇 년 동안 Toyota의 자동차는 품질과 신뢰도 면에서 지속적으로 높은 순위를 차지해 왔다. 그러다 2009년과 2010년에 큰 어려움을 겪었다. 800만 대 이상의 대량 리콜 사태를 겪은 것이다. 액셀러레이터 페달의 뻑뻑함에서부터, 급가속, 그리고 브레이크 시스템의 소프트웨어 오류 등 여러 가지 문제가 있었고, 이는 Lexus, Prius, Camry, Corolla, Tundra를 포함한 많은 Toyota 브랜드에 영향을 미쳤다. 이러한 어려움에도 불구하고, Toyota는 손실을 만회했고 3년 후 다시 세계 최대의 자동차 회사로서 선두에 올랐다. Toyota의 하이브리드 차량에 대한 강한 집중은 수익성이 있는 것으로 입증되었고 회사가 반등하는 데 도움을 주었다.

오늘날 Toyota는 패밀리 세단과 스포츠 유틸리티 자동차에서부터 트럭과 미니밴에 이르기까지 세계 시장을 위한 모든 종류의 자동차를 제공한다. 이렇게 서로 다른 제품을 디자인하는 것은 지역마다 다른 고객의 의견을 듣고, 고객이 원하는 차를 만든 다음, 각 제품의 이미지를 강화하기 위한 마케팅을 고안한다는 것을 의미한다.[49]

질문

1. Toyota는 다양한 소비자를 위해 매년 수백만 대의 자동차를 생산할 수 있는 거대한 제조 회사를 세웠다. Toyota가 어떤 자동차 제조사보다 훨씬 더 크게 성장할 수 있었던 이유는 무엇이었을까?

2. Toyota가 모두를 위한 자동차 브랜드를 만드는 것은 옳은 일인가? 왜 그런가? 혹은 왜 그렇지 않은가?

3. Toyota는 내년에, 앞으로 5년 동안, 그리고 다음 10년 동안 무엇을 해야 하는가? 성장하는 기업은 어떻게 미래의 품질 문제를 피할 수 있을까?

9

서비스 설계와 관리

세계적인 고품질 식품 소매상이 되겠다는 목표에 따라 Publix의 모든 직원은 고객을 최우선으로 생각하도록 훈련을 받고 있으며, 그 결과 미국 최대의 종업원 소유형 식료품 체인이 되어 지속적으로 인상적인 고객 만족도를 달성하고 있다.
출처: Ken Wolter/Alamy Stock Photo

물리적 제품을 차별화하기 어려워지면서 기업은 정시배송, 문의에 대한 신속한 대응, 불만 사항의 재빠른 해결 등 서비스 차별화에 의존하게 되었다. 최고의 서비스 제공업체는 서비스 차별화의 장점과 기억에 남는 고객 경험을 창출하는 데 있어 그 가치를 잘 알고 있다.[1] 고객 만족을 유지하는 방법을 이해하고 있는 서비스 비즈니스 중 하나가 Publix다.

>>> Publix의 역사는 1930년 George Jenkins가 Florida주 Winter Haven에 첫 Publix 식품점을 열었던 때로 거슬러 올라간다. 이 가게는 청결과 제품 구색을 위한 새로운 기준을 세웠다. 대공황 동안 많은 경쟁자들의 가게 진열대가 제품 부족으로 빈 자리를 보이는 동안, Jenkins 는 자신의 가게 진열대에 놓을 제품을 찾기 위해 전국을 돌아다녔다. 여행 동안 그는 사업

을 어떻게 현대화할지에 대한 아이디어도 수집했다. 시간이 지나면서 그는 작은 식료품점을 인수하여 에어컨, 형광등, 자동문, 테라조(인조석) 바닥과 같은 혁신을 특징으로 하는 더 크고 현대적인 슈퍼마켓으로 탈바꿈하면서 매장 위치를 늘려나갔다. Publix는 쾌적한 쇼핑 환경, 친절한 서비스, 고품질의 상품을 제공한다는 공식에 힘입어 1,200개 이상의 슈퍼마켓으로 350억 달러 이상의 수익을 창출하면서 미국에서 가장 큰 종업원 소유 식료품 체인점이 되었다. 전체 역사를 통틀어, 이 기업은 직원과 고객을 가족처럼 대하는 Jenkins의 철학에서 벗어나지 않았다. 단체로서는 최대 주주이기도 한 이 기업의 직원들은 모두 고객을 최우선으로 생각하도록 훈련받는다. 그 결과 Publix는 매년 미국고객만족지수(ACSI)에서 1위로 선정되었고, 슈퍼마켓 약국(supermarket pharmacies) 가운데 고객만족도가 가장 높은 것으로 J. D. Power에 의해 꾸준히 평가받고 있으며, 《Fortune》지가 선정한 '가장 일하기 좋은 100대 기업' 중 하나로 초창기부터 계속 선정되어왔다. Publix는 뛰어난 고객 가치를 창출하는 데 열정적으로 집중함으로써 세계 최고의 고품질 식품 소매업체가 되자는 사명을 진심으로 유지하는 것을 목표로 하고 있다.[2]

서비스의 특별한 본질과 그것이 마케터에게 의미하는 바를 이해하는 것이 중요하기 때문에 이 장에서는 서비스를 체계적으로 분석하고 가장 효과적으로 마케팅하는 방법을 설명한다.

서비스의 본질

서비스는 누군가가 다른 사람을 위해 하는 행위로서, 본질적으로 무형적이면서 어느 누구의 소유권으로도 귀결되지 않는다. 서비스는 물리적 제품과 결합할 수도 있고 결합하지 않을 수도 있다. 점점 더 많은 제조업체, 유통업체, 소매업체들이 차별화를 위해 가치를 더하는 서비스 또는 뛰어난 서비스를 제공하고 있다.

서비스는 어디에나 있다. 법원, 고용 서비스, 병원, 대출기관, 군대, 경찰 및 소방서, 우편 서비스, 규제기관, 학교 등 **정부 부문**은 서비스 비즈니스에 속한다. 박물관, 자선단체, 교회, 대학, 재단, 병원 등 **민간 비영리 부문**도 서비스 비즈니스에 속한다. 항공, 은행, 호텔, 보험 회사, 로펌, 경영 컨설팅 회사, 의료 관행, 영화 회사, 배관 보수 회사, 부동산 회사 등 **비즈니스 부문**의 상당 부분도 서비스 비즈니스에 속한다. 컴퓨터 운영자, 회계사, 법률 직원과 같은 **제조 부문**의 많은 근로자들은 실제로 서비스 공급자다. 사실 그들은 '제품 공장'에 서비스를 제

학습목표

9.1 서비스의 고유한 특성을 정의한다.
9.2 서비스 기업이 직면하는 새로운 현실을 설명한다.
9.3 서비스 우수성을 달성하기 위한 주요 전략을 파악한다.

9.4 서비스 기업이 효과적으로 품질을 관리하는 방법에 대해 설명한다.

공하는 '서비스 공장'을 구성한다. 그리고 계산원, 점원, 영업사원, 고객서비스 담당자와 같은 **소매 부문**의 직원들도 서비스를 제공하고 있다.

제공물의 서비스 측면

서비스와 관련된 정도에 따라 제공물의 5가지 범주를 다음과 같이 구분한다.

- **순수한 유형 제품**: 비누, 치약, 소금과 같이 관련된 서비스가 사실상 없다.
- **서비스가 수반된 유형 제품**: 자동차, 컴퓨터, 휴대폰처럼 워런티 또는 전문 고객서비스 계약이 있으며, 일반적으로 제품이 기술적으로 진보할수록 고품질 지원 서비스에 대한 필요성이 커진다.
- **하이브리드 제공물**: 레스토랑 식사와 같이 제품과 서비스가 동일한 비중을 가지며, 사람들은 음식 자체와 음식 제공 모두를 위해 식당을 애용한다.
- **약간의 제품과 서비스가 부수적으로 동반되는 주요 서비스**: 스낵과 음료 같은 지원 물품을 포함한 항공 여행이 그 예로, 제공물은 실행을 위해 자본집약적인 제품(예를 들면, 항공기)이 필요하지만, 주요 아이템은 서비스다.
- **순수 서비스**: 베이비시터, 심리치료, 마사지 같은 주로 무형의 서비스다.

레스토랑은 제품과 서비스를 결합한 하이브리드 제공물의 좋은 예다. 가장 성공적인 레스토랑 브랜드 중 하나는 Panera Bread다.

> Panera Bread   1980년 Cookie Jar라고 불리던 Boston의 빵집으로서 Ron Shaich가 설립한 Panera Bread는 시간이 지나면서 '패스트 캐주얼' 레스토랑 카테고리의 선두주자 중 하나로 부상했다. Panera는 패스트푸드의 속도와 편리함에 웨이터 서비스 다이닝의 품질과 메뉴 다양성을 결합했다. 이 체인점은 신선한 '진짜' 음식을 고객이 기꺼이 지불할 수 있는 가격에 판매함으로써 '음식을 이해하고 음식에 반응하는 사람들 또는 그와 비슷한 사람들'을 목표로 한다. 소박한 분위기(테이블 서비스는 안 해주지만 시간 제한은 없음)는 고객이 오래 머물도록 만든다. 이 브랜드는 갓 구운 수제 빵과 건강하고 맛 좋은 샌드위치, 샐러드, 수프, 그리고 아침식사 등 알찬 메뉴를 선보이며 가족중심적이면서도 세련되다는 평가를 받고 있다. Panera는 여러 가지 다른 방식으로 혁신을 이루어냈고, 그들이 하는 활동에 강력한 사회적 양심을 불어넣었다. "Live Consciously. Eat Deliciously(의식하며 살라. 맛있게 먹으라)"라는 슬로건과 함께 Panera는 Panera Bread Foundation, Feeding America와의 협력, 지역 기아구제기관 및 자선단체에 대한 기부 같은 여러 사회 및 커뮤니티 이니셔티브를 주도하고 있다. 이 기업은 또한 디지털 지출을 늘려왔고, 거래의 상당 부분을 차지하는 로열티 프로그램을 자랑해 왔다.[3]

고객은 서비스를 받은 후에도 일부 서비스의 품질을 판단할 수 없는 경우가 있다. 서비스 혜택은 평가의 난이도에 따라 세 가지로 분류할 수 있다. **탐색 혜택**은 구매자가 구매 전에 평가할 수 있는 특성을 말하고, **경험 혜택**은 구매 후 평가할 수 있는 특성을 말하며, **신뢰 혜택**은 소비 후에도 구매자가 평가하기 어려운 특성을 말한다.[4]

서비스는 일반적으로 경험 품질과 신뢰 품질이 높기 때문에 구매 시 더 많은 리스크가 수

출처: Jonathan Weiss/Alamy Stock Photo

<< Panera Bread는 패스트푸드 매장의 속도, 편의성, 가격 매력성에 전통 음식점의 질 좋은 제품과 메뉴 다양성이 결합하면서 성공을 거두었다.

반되며 몇 가지 결과가 초래된다. 서비스 소비자는 첫째, 일반적으로 광고보다 입소문에 의존한다. 둘째, 품질을 판단하기 위해 가격, 공급자, 물리적 단서에 크게 의존한다. 셋째, 그들을 만족시키는 서비스 제공업체에 대한 로열티(충성도)가 높다. 마지막으로, 전환 비용이 높기 때문에, 소비자 타성으로 경쟁업체로부터 비즈니스를 빼앗아 오는 것을 어렵게 만들 수 있다.

　　서비스에 대한 고객 로열티가 높을 수 있지만, 오늘날의 현대 커뮤니케이션 환경에서 서비스 실패는 PR의 악몽이 될 수 있으며, Carnival Cruises의 사례에서 발견했던 것처럼 로열티를 훼손할 수 있다.

> Carnival　Carnival Triumph호는 Texas의 Galveston에서 멕시코로 가는 4일간의 크루즈 여행 중 3일째 되는 날 엔진룸 화재로 선박이 작동불능상태가 되고 표류하면서 3,100명의 승객이 음식과 물, 그리고 화장실마저 거의 이용할 수 없게 되었다. 쓰레기가 복도로 쏟아졌고, 갑판 하부는 견딜 수 없을 정도로 뜨거워졌다. 긴 시간이 지나 닷새 만에 배가 해안으로 돌아왔을 때, CEO는 하선하는 승객들에게 일일이 인사를 하고 각각 500달러와 무료 귀가 항공권, 여행비 환불, 그리고 다른 크루즈 크레디트를 제공했다. 그럼에도 불구하고, 언론 미디어에서 '똥 크루즈(poop cruise)'라고 부르는 홍보 상황을 보면, 그 피해는 이미 발생한 것이었다. 크루즈에 대한 여론은 전반적으로 추락했다. 예약률이 20%나 크게 줄면서 Carnival은 승선 정원을 채우기 위해 파격적으로 할인을 해야 했다. 미래의 문제를 피하기 위해 크루즈 라인은 6억 달러를 투자하여 선박을 업그레이드하고 안전 계획을 감독할 새로운 테크니컬 오퍼레이션 담당 부사장을 고용했다. 7년 후인 2020년 3월 코로나바이러스감염증(COVID) 발생 와중에 배 안에서 여러 번 눈에 띄는 발병을 경험하면서 Carnival은 유사한 도전에 직면하게 되었고, 기업의 안전 관행에 대한 의회의 질의 세례를 받았다.[5]

서비스의 고유한 특징

연구자들은 서비스와 제품을 구별하는 네 가지 주요 특징, 즉 **무형성**, **불가분성**, **변동성**, **소멸성**을 설명한다.[6] 서비스 제공의 이러한 고유한 측면을 이해하는 것은 마케팅 프로그램 설계에 큰 영향을 미칠 수 있기 때문에 중요하다. 서비스의 네 가지 측면에 대해 더 자세히 알아보자.

무형성 실제 제품과 달리 서비스는 구매하기 전에 보거나, 맛보거나, 느끼거나, 듣거나, 냄새 맡을 수 없다. 성형수술을 받은 사람은 그 결과를 미리 볼 수 없고, 정신과 진료실에 있는 환자는 정확한 치료 결과를 알 수 없다. 불확실성을 줄이기 위해 구매자는 장소, 사람, 장비, 홍보물, 심벌, 가격에서 추론을 이끌어냄으로써 품질의 증거를 찾을 것이다. 따라서 서비스 제공자의 임무는 '증거 관리', 즉 '무형적인 것을 유형화'하는 것이다.[7]

　서비스 기업은 유형적인 측면을 강조함으로써 서비스 품질을 입증하려고 할 수 있다. 물리적 제품이 없기 때문에 서비스 제공자의 시설(예: 1차 및 2차 간판, 주변 환경 디자인 및 리셉션 구역, 직원 옷차림, 마케팅 자료 등)이 특히 중요하다. Allied Van Lines가 운전자와 노동자의 겉모습에 신경 쓰는 이유, UPS가 갈색 트럭과 함께 강력한 브랜드 에쿼티를 개발한 이유, Doubletree by Hilton Hotels & Resorts가 고객 케어와 친근함을 상징하기 위해 갓 구운 초콜릿 칩 쿠키를 제공하는 이유 등 서비스 제공 과정의 모든 측면이 브랜드화될 수 있다.

　서비스 제공업체는 종종 로고, 심벌, 캐릭터, 슬로건 같은 브랜드 요소를 선택하여 서비스와 서비스의 주요 혜택을 보다 구체화한다. United의 '친근한 하늘'과 Allstate의 '좋은 손', Merrill Lynch의 '황소 같은'의 의미를 생각해 보자. Disney는 '무형적인 것을 유형화'하고 테마파크에서 마법의 환상을 만들어내는 데 최고봉이다. Dick's Sporting Goods나 Bass Pro Shops

같은 소매상도 마찬가지다.[8] Apple은 컨시어지 스타일의 고객 지원을 목표로 Apple 매장 내에 테크 지원(tech support) 스테이션인 'Genius Bar'를 만듦으로써 고객서비스를 유형화했다.

은행과 금융기관은 특히 안정감을 전달하고 신뢰를 심어주기 위해 최고의 지역에 사무실 주소지를 두고 인상적인 외형을 가진 건물을 확보함으로써 서비스에 가시적인 차원을 추가하는 경향이 있다. 또한 Scotiabank, MetLife, Chase, Citi, SunTrust, US Bank, Barclays, Bank of America 등 많은 금융기관들이 주요 경기장과 스포츠 경기장의 명명권을 위해 1억 달러(경우에 따라 5억 달러 이상) 넘게 지불했다.[9]

불가분성 물리적 제품은 생산되고, 재고로 저장되고, 유통되고, 나중에 소비되는 반면, 서비스는 일반적으로 생산과 동시에 소비된다.[10] 헤어컷은 보관도 안 되고 이발사 없이는 생산도 안 된다. 제공자가 서비스의 일부다. 클라이언트도 실체가 있기 때문에, 공급자–클라이언트 사이의 상호작용은 서비스 마케팅의 특별한 특징이다. 클라이언트가 서비스 제공자에 대한 강력한 선호도를 가질 때, 그 제공자는 제한된 시간을 합리적으로 운용하기 위해 가격을 올릴 수 있다.

불가분성의 한계를 극복하기 위한 몇 가지 전략이 있다. 서비스 공급자는 더 큰 그룹과 함께 작업할 수 있다. 일부 심리치료사들은 일대일 치료에서 소그룹 치료로, 그다음 대형 호텔의 연회장에서 300명 이상의 그룹으로 옮겨갔다. 서비스 제공자는 더 빨리 일할 수 있다. 심리치료사는 50분 동안의 덜 구조화된 시간을 사용하는 대신 각 환자와 30분간 더 효율적인 시간을 보내서 더 많은 환자를 볼 수 있다. H&R Block이 훈련된 세무 컨설턴트들로 구성된 전국적인 네트워크에서 그랬던 것처럼, 서비스 조직은 더 많은 서비스 제공업체를 트레이닝하고 고객의 신뢰를 구축할 수 있다.

서비스의 불가분성 측면에 대응하기 위한 일반적인 접근방식은 수율 관리다. 이는 서비스 공급자의 가용 능력을 기반으로 고객 수요를 최적화하는 것을 목표로 한 가격 전략을 말한다. 수요가 많을 때에도 가용성을 높이기 위해 서비스를 재고로 저장할 수 없기 때문에, 서비스 제공업체는 소비자 수요가 회사의 (공급)능력과 일치하는 가격대를 설정하여 소비자 행동에 영향을 주기 위해 변동적 프라이싱을 사용한다. 예를 들어 리조트는 계절적 수요 변동의 영향을 받고, 식당은 주말에 더 바쁜 경향이 있으며, 항공사는 추수감사절, 크리스마스, 새해 전야 같은 휴일을 전후해 평소보다 높은 수요에 직면한다. 기업은 가격을 변경함으로써 기업의 능력에 맞는 방식으로 고객의 수요에 영향을 미칠 수 있다.

변동성 서비스의 품질은 서비스 제공자뿐만 아니라 언제, 어디서, 누구에게 제공하는지에 따라 달라지므로 서비스의 변동성은 매우 크다. 서비스 제공은 상호작용적 경험이기 때문에 고객이 실제로 받는 서비스는 개별 고객과 서비스 제공업체에 따라 다르다. 서비스 기업은 성과의 변동성이 그들을 위험에 빠뜨린다는 것을 알고 있다. Hilton은 고객의 경험에서 통일성을 높이기 위해 주요 프로그램을 시작했다.

>> 유럽과 미국의 Hilton 숙박 시설이 투숙객들에게 한결같이 고품질의 서비스를 제공하거나, 아니면 시스템에서 퇴출될 수 있도록 하기 위해 Hilton은 건물 양식부터 고객 불만사항까지 게스트 경험의 모든 측면을 검토하는 프로젝트를 시작했다.

Hilton Hotels   1964년 Hilton Hotels이 해외 라이선스를 Hilton International Co.에 매각하고, 2006년 Hilton International Co.를 다시 사들였을 때 두 회사는 대부분 독립적으로 운영됐다. 결과적으로, Hilton 브랜드는 더 이상 고객에게 통일된 고품질의 경험을 제공하지 못했다. 한 리서치 분석가는 "유럽의 브랜드 기준은 항상 미국과 크게 달랐다. 좀 솔직히 말하면 나는 그들이 유럽에서 좀 더 게으르다고 생각한다."라고 말했다. 이러한 불일치를 해결하기 위해 Hilton은 아침식사 요금부터 욕실 어메니티, 로비 장식, 와이파이 서비스, 호텔 건축, 그리고 회사의 전 호텔의 고객 불만 처리까지 모든 것을 검토하는 프로젝트인 H360을 시작했다. "One brand. One vision. One culture(하나의 브랜드, 하나의 비전, 하나의 문화)"라는 모토를 가진 H360의 결과로, 미국과 해외의 Hilton 브랜드 호텔의 독립 소유주들은 필요한 경우 Hilton 표준으로 업그레이드되거나 Hilton 시스템에서 퇴출될 수밖에 없었다. 브랜드를 보호하는 것은 기업에 좋은 서비스를 제공하여 매출을 증대하고 브랜드 에쿼티를 강화하는 데 도움을 준 것으로 보인다.[11]

서비스 구매자는 잠재적 변동성을 인지하고 있으며, 특정 서비스 제공업체를 선택하기 전에 다른 사람과 대화하거나 온라인에 접속하여 정보를 수집하는 경우가 많다. 고객을 안심시키기 위해, 일부 기업은 위험에 대한 소비자의 인식을 감소시킬 수 있는 **서비스 개런티**를 제공한다.[12] 다음은 서비스 기업이 품질 관리를 강화하기 위해 취할 수 있는 세 가지 단계다.

- **좋은 고용 및 트레이닝 절차에 투자한다.** 적합한 직원을 채용하고 우수한 트레이닝을 제공하는 것은 직원이 고도로 숙련된 전문가든 저숙련 근로자든 품질 관리의 중요한 요소다. 더 나은 트레이닝을 받은 사람들은 능력, 예의, 신용도, 신뢰성, 반응성, 커뮤니케이션 스킬 등 서비스 품질을 향상하는 6가지 특성을 보인다.
- **조직 전체에서 서비스 성능 프로세스를 표준화한다. 서비스 블루프린트**(service blueprint)는 고객의 관점에서 서비스 프로세스, 고객을 만나는 접점, 서비스의 증거를 맵으로 나타낼 수 있다.[13] 그림 9.1은 호텔의 하루 투숙객에 대한 서비스 블루프린트를 보여준다.[14] 보이지 않는 곳에서 호텔은 손님이 한 단계에서 다음 단계로 이동할 수 있도록 능숙하게 도와야 한다. 서비스 블루프린트는 고객의 잠재적인 '문제점'을 파악하고, 새로운 서비스를 개발하며, 무결점을 지향하는 문화를 지원하고, 서비스 복구 전략을 고안하는 데 도움이 될 수 있다.
- **고객 만족도를 모니터링한다.** 제안 및 불만 시스템, 고객 설문조사, 타사 비교 쇼핑을 통해 서비스 변동성을 줄인다. 고객 요구는 지역에 따라 다를 수 있으므로 기업은 지역별로 고객 만족 프로그램을 개발할 수 있다.[15] 기업은 또한 특히 온라인에서 보다 개인화된 서비스를 위해 고객정보 데이터베이스와 시스템을 개발할 수 있다.[16]

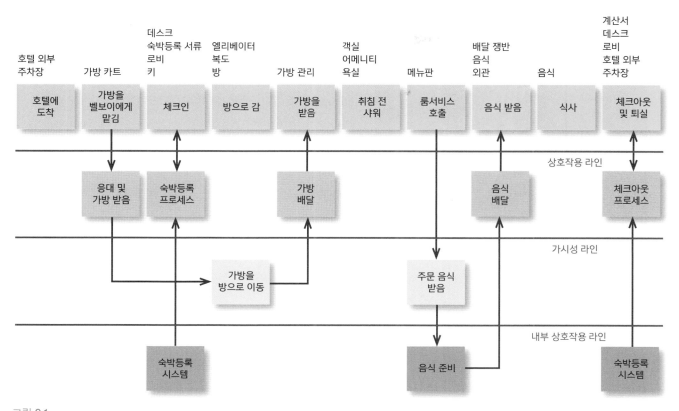

그림 9.1
하루 투숙 시의 블루프린트

출처: Valarie Zeithaml, Mary Jo Bitner, and Dwayne D. Gremler, *Services Marketing: Integrating Customer Focus across the Firm*, 7th ed. (New York: McGraw-Hill, 2017).

소멸성 서비스는 저장할 수 없기 때문에 수요가 변동할 때 소멸성이 문제가 될 수 있다. 출 퇴근 시간의 수요에 대응하기 위해 대중교통 회사들은 수요가 하루 중 일정할 때보다 더 많은 차량을 소유해야 한다. 서비스 가치(의사가 직접 환자를 보는 것)가 진료 예약을 한 시간에만 존재하기 때문에 일부 의사들은 진료 예약 시간에 오지 않은 환자에게 요금을 부과한다.

　수요 또는 수율 관리가 결정적으로 중요하다. 수익성을 극대화하기 위해서는 올바른 장소 에서 올바른 가격으로 올바른 서비스를 올바른 고객에게 제공해야 한다. 몇 가지 전략은 서비 스 수요와 공급 사이의 더 나은 매치를 만들어낼 수 있다.[17] 수요(고객) 측면에서 다음과 같은 전략을 찾아낼 수 있다.

- **가격 차별화**에 따라 일부 수요가 피크 시간에서 비피크 시간으로 이동할 수 있다. 영화 관 람료 할인과 주말 렌터카 할인 등이 대표적이다.[18]
- **비피크 수요**를 만들어낼 수 있다. McDonald's는 조식 서비스를 추진하고, 호텔은 주말의 미니휴가를 홍보한다.
- 레스토랑의 칵테일 라운지와 은행의 현금 자동 입출금기와 같은 **보완적 서비스**는 대기 중 인 고객에게 대안을 제공할 수 있다.
- **예약 시스템**은 수요의 수준을 관리하는 방법이다. 항공사, 호텔, 의사들이 예약 시스템을

>> 사전 판매와 예상 수요에 기반한 다이내믹 프라이싱은 Indianapolis Zoo가 방문객 수를 통제하고 수익을 늘리는 데 도움을 주었다.

널리 채택한다.

아마도 서비스 제공에서 수요와 공급의 균형을 맞추기 위한 가장 인기 있는 접근방식 중 하나는 **수율 프라이싱**(yield pricing)일 것이다. 예를 들어, 고속도로 운영자는 교통량을 최적화하기 위해 다이내믹 프라이싱을 사용한다. Ferrovial SA의 Cintra 지부는 Dallas 지역에 시간당 50마일 이상의 속도를 유지하기 위해 5분마다 가격을 바꿀 수 있는 유료 도로를 여러 개 개설했다. 예를 들어, 7마일 구간에서 통행료는 90센트와 4.50달러 사이에서 변동될 수 있다. 스포츠팀, 밴드, 스키장, 테마파크 등이 수요에 따라 가격 조정에 나선 것도 같은 맥락이다. 다이내믹 프라이싱은 좋은 결과를 낼 수 있다. Indianapolis Zoo의 예를 보자.

Indianapolis Zoo Indianapolis Zoo는 새로운 오랑우탄 센터를 개장한 후 인파를 제한하기 위해 부분적으로 다이내믹 프라이싱을 채택했다. 이에 따라 기존 16.95달러였던 성인 이용권은 사전 판매량과 예상 수요를 기준으로 8달러에서 30달러 사이에서 가격이 책정됐다. 예를 들어, 동물원은 추운 겨울 주중에는 할인을 하고, 학교 단체들이 수십 장의 티켓을 예약한 후에야 가격을 올린다. 다이내믹 프라이싱은 가시적인 결과를 낳았다. 과거에 57%였던 평일 방문객이 다음 여름에는 3분의 2로 늘었다. 이 수율 관리 가격이 도입된 이듬해에 동물원의 입장 수입은 12% 증가했다.[19]

공급 측면에서는 다음과 같은 전략이 수율 관리를 용이하게 할 수 있다.

• **파트타임 종업원**은 최대 수요에 대응할 수 있다. 대학에서는 등록이 증가하면 시간제 강사를 추가하며, 매장은 연휴 기간 동안 점원을 추가로 고용한다.
• **피크 시간 효율성 루틴**을 통해 직원들은 피크 시간 동안 필수적인 작업만 수행할 수 있다. 바쁜 기간에는 구급대원들이 의사를 돕는다.
• **소비자 참여 증가**로 서비스 제공자의 시간이 절약된다. 소비자가 직접 진료기록을 작성하거나 식료품을 봉지에 담는다.
• **공유 서비스**는 제공물을 개선할 수 있다. 여러 병원이 의료 장비 구매를 공동으로 할 수 있다.
• **미래를 위한 시설 확장**이 좋은 투자가 될 수 있다. 향후 개발을 위해 놀이공원이 주변 땅을 매입할 수도 있다.

패스트푸드 체인점에게 드라이브스루 창구는 좌석에 앉아서 먹는 식사를 넘어 판매 기회를 넓히는 방법이다. 패스트푸드 업계의 매출 중 드라이브스루 창구를 통해 발생하는 매출이 무려 70%나 된다. 《QSR》지에 따르면, Taco Bell은 창문을 통해 가장 빠르고 가장 정확한 드라이브스루를 작동시킨다. 이 기업은 주문당 3분 30초를 목표로 하고 있으며, 시간을 줄이고 비용을 절감할 수 있는 방법을 지속적으로 찾고 있다.[20]

새로운 서비스 현실

서비스업체는 규모가 작거나 수요가 많거나 경쟁이 적다는 이유로 마케팅에 대한 이해와 활용이 제조업체에 뒤처지기도 한다. 이러한 관행은 확실히 바뀌었다. 현재 가장 숙련된 마케터 중에 서비스 기업이 있다.

현명한 서비스 마케터는 테크놀로지의 역할 증대, 더 강화된 권한을 가진 고객의 중요성, 고객 공동 생산, 그리고 직원뿐만 아니라 고객을 참여시켜야 할 필요성과 같은 새로운 서비스 현실을 인식하고 있다.

테크놀로지의 역할 증대

테크놀로지는 매우 근본적인 방식으로 서비스 게임의 규칙을 바꾸고 있다. 예를 들어, 은행 업무는 온라인과 모바일 앱을 통해 은행 업무를 수행할 수 있는 능력에 의해 변화하고 있다. 일부 고객은 은행 로비를 볼 일이 거의 없거나 직원과 더 이상 상호작용하지 않는다. 코로나19 팬데믹은 많은 기업이 경로를 바꾸고 비즈니스를 전환하도록 강제함으로써 서비스의 디지털화를 가속화했는데, 이는 그들이 고객 가치를 전달하는 방법을 근본적으로 변화시키기 위해 디지털 테크놀로지를 통합함으로써 이루어졌다.

테크놀로지는 또한 서비스 근로자를 더 생산적으로 만드는 큰 힘을 가지고 있다. 그러나 기업은 테크놀로지 효율성을 지나치게 밀어붙여 품질에 대한 인식을 떨어뜨리는 일은 피해야 한다.[21] Amazon은 온라인 소매업에서 가장 혁신적인 테크놀로지를 보유하고 있지만, 고객이 실제로 Amazon 직원과 대화하지 않아도 문제가 발생했을 때 매우 만족할 수 있게 한다. 더 많은 기업이 테크놀로지와 사람의 목소리를 혼합하는 '라이브 채팅' 기능을 도입했다. Twilio는 문자메시지부터 이메일까지, 전화통화에서 영상통화까지, 그리고 지능형 챗봇 등에 이르기까지 다양한 접점을 통해 기업과 고객을 연결할 수 있도록 지원하는 회사다.

Twilio   선도적인 클라우드 통신 플랫폼인 Twilio는 전 세계 수백만 명의 개발자가 통신 인프라를 '가상화'하고 인간의 상호작용 경험을 개선하는 데 사용된다. Twilio는 Airbnb, Intuit, Salesforce, Uber, Twitter, eBay, Sony, Yelp, Hulu, Lyft와 같은 유명 고객을 포함하여 6만 명 이상의 비즈니스 고객을 보유하고 있다. Twilio는 고객, 협력자, 직원 및 동료와의 커뮤니케이션을 자동화하고 능률화할 수 있는 포괄적이고, 맞춤화되고, 사용하기 쉬운 플랫폼을 고객에게 제공한다. Coca-Cola는 Twilio를 사용하여 서비스 기술자를 신속하게 파견하고, 부동산 사이트 Trulia는 잠재적인 구매자가 에이전트와 연결할 수 있는 클릭-투-콜 앱으로 Twilio를 사용하고, EMC는 IT 서비스가 중단되었을 때 직원에게 문자를 보내기 위해 Twilio를 사용하고, Airbnb는 이를 사용하여 호스트에게 잠재적인 임대업자에 대한 정보를

출처: Gabby Jones/Bloomberg/Getty Images

텍스트로 자동 전송한다. Twilio는 문자, 음성, 비디오, 채팅, 메시징 앱을 위한 통신 플랫폼을 기반으로, 클라우드 기반 콜센터 서비스와 카드 번호를 읽지 않고도 회사가 전화로 결제를 처리할 수 있는 유료 앱을 포함하도록 서비스 포트폴리오를 확장했다. Twilio는 제품 포트폴리오에 이메일 기능을 추가하기 위해 2019년에 선도적인 이메일 API 플랫폼인 SendGrid를 인수하여 고객이 선호하는 커뮤니케이션 형식을 기반으로 일관된 메시징을 제공할 수 있는 능력을 강화했다.[22]

인터넷 및 클라우드 컴퓨팅을 통해 기업은 진정한 상호작용, 고객 및 상황별 개인 설정, 기업 제공물의 실시간 조정을 허용함으로써 서비스 제공물을 개선하고 고객과의 관계를 강화할 수 있다. 그러나 기업이 고객에 대한 정보를 수집, 저장, 사용함에 따라 보안 및 개인정보 보호에 대한 우려가 커지고 있다. 기업은 적절한 보호 조치를 통합해야 하고, 고객의 개인정보 보안을 위한 그들의 노력에 대해 고객을 안심시켜야 한다.

고객 권한 강화

디지털 시대는 분명히 고객 관계를 변화시켰다. 고객은 제품 지원 서비스를 구매하는 데 더욱 정교해지고 있으며, '번들로 묶지 않은 서비스'를 위해 그리고 그들이 원하는 요소를 개별적으로 선택하는 권리를 위해 압력을 가하고 있다. 고객은 다양한 유형의 제품이나 장비를 취급하는 여러 서비스 제공업체들과 거래하는 것을 점점 더 꺼리고 있다. 이를 염두에 두고 외주 서비스 기업은 이제 더 많은 범위의 장비를 서비스한다. 배관 비즈니스는 또한 에어컨, 벽난로, 기타 가정용 인프라의 구성 요소를 서비스할 수 있다.

소셜 미디어가 마우스 클릭으로 전 세계에 의견을 보낼 수 있도록 함으로써 고객에게 힘을 실어주었다는 사실도 중요하다. 좋은 고객 경험을 가진 사람은 그 경험에 대해 이야기할 가능성이 더 크지만, 나쁜 고객 경험을 가진 사람은 더 많은 사람들에게 이야기할 것이다. 화가 난 고객의 90%가 친구와 이야기를 나누었다고 보고했다. 그들은 이제 낯선 사람과도 그것을 공유할 수 있다. Angie's List, Yelp, TripAdvisor와 같은 온라인 사이트들은 고객서비스 경험에 대한 소문을 퍼뜨리기 위한 인기 있는 수단이다. 기업에게는 더욱 어려운 일이겠지만, 불만족스러운 고객은 고객서비스 문제를 다른 사람들과 공유하기 위해 고발성 동영상(damaging video)을 업로드하는 것을 선택할 수도 있다.

고객이 불만을 제기하면 이제 대부분의 기업이 신속하게 대응한다. 많은 기업이 전화와 온라인 채팅을 통해 24시간 연락을 허용하지만, 그들은 또한 고객에게 연락하고, 블로그, 웹사이트, 소셜 미디어를 감시한다. 직원들이 고객이 블로그에 제기한 문제를 발견하면, 그들과 접촉하여 도움을 제공한다. 고객의 질문에 대한 명확하고 유용한 이메일 회신이 매우 효과적일 수 있다. Delta Airlines는 문의나 문제에 대해 실시간으로 답변을 제공하는 10인의 팀과 함께 고객의 Twitter 트윗과 Facebook 게시물을 24시간 모니터링하기 위해 Delta Assist를 도입했다.

그러나 단순히 불만을 품은 고객에 대응하는 것보다 더 중요한 것은 미래에 불만이 발생하는 것을 막는 것이다. 그것은 단순히 한 명의 인간으로서 관심을 가지고 고객 관계를 구축하는 시간을 갖는 것을 의미할 수 있다. 고객의 문제를 빠르고 쉽게 해결하는 것은 장기적인 충성 고객을 확보하는 데 큰 도움이 된다.[23]

고객 공동 생산

고객이 단순히 서비스를 구입하고 사용한다는 말은 더 이상 현실이 아니다. 고객은 서비스의 전달에 적극적인 역할을 한다. 그들의 말과 행동은 그들과 다른 사람들의 서비스 경험 품질뿐만 아니라 일선 직원들의 생산성에도 영향을 미친다.[24]

고객은 종종 서비스 프로세스에 적극적으로 참여하는 경우, 더 많은 가치를 파생시킨다고 느끼며 서비스 제공업체와의 강력한 연관성을 느낀다. 그러나 이러한 공동 생산은 직원에게 스트레스를 줄 수 있으며, 특히 고객과 동일한 가치, 관심, 또는 지식을 공유하지 않는 경우 그들의 만족도를 낮출 수 있다.[25] 더욱이 한 연구는 모든 서비스 문제의 3분의 1이 고객으로 인해 발생한다고 추정했다.[26] 셀프서비스 테크놀로지로의 전환이 증가함에 따라 이 비율이 증가할 가능성이 있다.

서비스 복구는 항상 어렵기 때문에 서비스 실패를 예방하는 것은 매우 중요하다. 가장 큰 문제 중 하나는 원인을 파악하는 것이다. 고객은 종종 회사에 잘못이 있다고 느끼거나, 비록 회사 잘못이 아니더라도 회사가 문제를 제대로 바로잡을 책임이 있다고 느낀다. 안타깝게도, 많은 기업이 자체적인 서비스 실패에 대처하기 위해 잘 설계되고 잘 실행되는 절차를 보유하고 있지만, 고객의 실수나 이해 부족으로 인해 발생하는 서비스 문제인 **고객** 실패를 관리하는 것이 훨씬 더 어렵다는 것을 알게 되었다. 다음 사례에서 볼 수 있듯이 솔루션은 모든 형태로 제공될 수 있다.[27]

- 프로세스를 재설계하고 고객 역할을 재정의하여 대면 서비스를 단순화한다. Staples는 사무용품을 주문하는 번거로움을 없애기 위해 'Easy' 프로그램으로 비즈니스를 변화시켰다.
- 직원 및 고객을 지원하기 위해 적절한 테크놀로지를 통합한다. 미국 최대 케이블 사업자인 Comcast는 서비스에 영향을 미치기 전에 네트워크 결함을 파악하고 고객 문제를 콜센터 사업자에게 더 잘 알리기 위해 소프트웨어를 도입했다.
- 역할의 명확성, 동기부여, 역할 수행 능력을 향상해 고성능 고객을 창출한다. USAA는 보험가입자들에게 해외에 체류하는 동안 자동차 보험을 중단하라고 권고하고 있다.
- 고객이 서로 도울 수 있도록 '고객 시민의식'을 장려한다. 골프장에서 이용객들은 적절하게 플레이하고 행동함으로써 규칙을 따를 수 있을 뿐만 아니라, 또한 다른 사람들이 그렇게 하도록 격려할 수 있다.

직원 및 고객 만족

우수한 서비스 기업은 긍정적인 직원 태도가 고객 로열티를 강화할 것이라는 것을 알고 있다.[28] 직원에게 강력한 고객 지향성을 심어주는 것은 특히 폭넓은 고객 접촉이 있는 직원에게 직무 만족도와 헌신성을 높일 수 있다. 직원은 (1) 고객을 잘 케어하고, (2) 고객의 요구를 정확하게 읽고, (3) 고객과의 인간적인 관계를 발전시키며, (4) 고객의 문제를 해결하기 위해 양질의 서비스를 제공해야 한다는 내적인 동인을 가질 때 고객과의 접점에서 성공할 수 있다.[29]

직원의 긍정적인 태도가 고객 만족에 중요하다는 점을 고려할 때, 서비스 기업은 그들이 찾을 수 있는 최고의 직원을 뽑아야 한다. 서비스 기업은 단순한 직무가 아닌 경력을 마케팅하고, 충실한 트레이닝 프로그램을 설계하고, 직원들에게 지원을 제공하고, 좋은 성과에 대해 보상할 필요가 있다. 기업은 인트라넷, 내부 뉴스레터, 일일 리마인더, 직원 라운드테이블(토론회)을 사용하여 고객 중심적인 태도를 강화할 수 있다. 마지막으로, 직원들의 직무 만족도를 정기적으로 감사해야 한다.

Zappos는 많은 사람들이 감탄하는 고객 집중적인 조직을 구축했다.

Zappos   온라인 소매업체 Zappos는 기업 문화의 핵심에 우수한 고객서비스를 우선하여 설립되었다. 무료배송 및 반품, 24시간 365일 고객서비스, 사이트에서 제공되는 수많은 제품과 수천 개의 브랜드에 대한 빠른 재고 회전을 통해 회사는 반복 구매 고객을 만들기 위해 열심히 노력하고 있다. 다른 많은 기업과 달리 Zappos는 Zappos.com 콜센터를 아웃소싱하지 않았고, 면접 과정의 절반은 입사 지원자들이 회사의 문화에 잘 어울릴 만큼 외향적이고, 개방적이며, 창의적인지를 알아내는 데 할애된다. Zappos는 고객서비스 담당자가 자체적으로 문제를 해결할 수 있도록 권한을 부여한다. 사용한 지 1년 만에 신발 한 켤레에서 물이 샌다고 고객이 항의 전화를 걸자 대표는 착용하지 않은 신발만 반품 가능하다는 회사 방침에도 불구하고 한 켤레를 새로 선물했다. 모든 직원은 매년 Zappos에서의 생활에 대해, 그리고 판매에서 창고 관리, 배송, 프라이싱, 비용청구에 이르기까지 각각의 부서가 어떻게 하면 뛰어난 고객서비스를 실행할 수 있을지에 대해 회사의 Culture Book에 기고할 수 있는 기회를

<< 뛰어난 서비스를 제공하여 고객 로열티를 구축하는 것은 Zappos 기업 문화의 중심이며, 이는 오랫동안 Zappos의 CEO를 맡았던 Tony Hsieh에 의해 육성되었다.

가진다. 이러한 성공에 힘입어, Zappos는 독특한 기업 문화와 고객서비스 접근법에 대한 비밀을 배우고 싶어 하는 다른 기업 임원들에게 이틀간의 세미나를 제공한다.[30]

서비스 탁월성 성취

서비스 산업의 중요성이 증가함에 따라, 탁월한 서비스 마케팅을 위해 필요한 것이 무엇인가에 대해 더욱 초점이 맞추어져 있다.[31] 서비스의 우수한 마케팅은 외부 마케팅, 내부 마케팅, 상호작용적 마케팅의 세 가지 광범위한 영역에서 우수성을 요구한다.[32] **외부 마케팅**(external marketing)은 고객에게 서비스를 준비하고, 가격을 책정하고, 유통하고, 프로모션하는 일반적인 작업이다. **내부 마케팅**(internal marketing)은 직원들이 고객을 잘 서브하도록 트레이닝하고 동기를 부여하는 것으로 구성된다. 틀림없이 마케팅 부서가 할 수 있는 가장 중요한 기여는 '조직의 다른 모든 구성원들이 마케팅을 실행하는 데 특별히 영리해지도록' 만드는 것이다.[33] **상호작용적 마케팅**(interactive marketing)은 고객에게 서비스를 제공하는 직원들의 스킬을 나타낸다. 상호작용적 마케팅에서는 팀워크가 핵심이다. 일선 직원에게 권한을 위임하면 보다 나은 문제 해결, 보다 긴밀한 직원 협력, 보다 효율적인 지식 전달을 촉진할 수 있으므로 서비스 유연성과 적응성이 향상될 수 있다.[34]

최고의 서비스 기업의 모범 사례

마케팅 우수성을 달성한 잘 관리된 서비스 기업은 고객 중심성, 서비스 품질에 대한 헌신, 높은 가치의 고객에 대한 특별한 응대의 필요성에 대한 이해, 고객 불만사항 관리 전략의 구현에 초점을 맞춘다.

고객 중심성   선도적인 서비스 기업을 위한 모범 사례는 '고객 몰입'이다. 타깃고객과 니즈에 대해 명확한 인식을 갖고 있으며, 이를 충족하기 위한 독특한 전략을 개발했다. Four Seasons라는 럭셔리 호텔 체인에서는 직원들이 채용되기 전에 총 네 번의 면접을 통과해야 한다. 각 호텔은 또한 소위 '손님 역사 연구가(guest historian)'를 고용하여 고객의 선호도를 추적한다. Edward Jones는 미국 내 1만여 개 지점(다른 어떤 증권사보다 많음)을 거느리고 있으며, 각 사무실마다 재무 상담역 1명과 관리자 1명을 배치해 고객과 가깝게 지낸다. 비록 비용이 많이 들지만, 그렇게 작은 팀을 유지하는 것은 개인적인 관계를 증진시킨다.[35]

고객 중심성(customer-centricity)이란 넓게는 고객의 눈으로 세상을 바라보는 것이고, 좁게는 고객의 눈으로 기업의 서비스를 바라보는 것이다. 고객 중심성은 회사가 수행하는 서비스를 제공하는 것을 넘어 고객이 필요로 하는 솔루션을 제공하는 것이다. 고객 중심적 기업은 (단순히 대응적이고 고객이 명시적으로 요청한 서비스를 제공하는 데 그치지 않고) 고객의 요구를 파악하고 해결하는 데 선제적이다. The Ritz-Carlton, Four Seasons, REI, Zappos와 같은 기업은 고객 중심성을 비즈니스 모델의 기본 원칙으로 채택했다. 브랜드 구축 성공으로 지속적인 찬사를 받는 기업으로 Singapore Airlines이 있다.

Singapore Airlines   Singapore Airlines(SIA)은 화려한 마케팅 덕분에 세계 최고의 항공사로 꾸준히 인정받아 왔다. 이 항공사는 너무 많은 상을 타서 매달 웹사이트를 업데이트한다. 승객을 잘 모시는 것으로 유명하며, '와우 효과'를 창출하고 고객의 기대를 뛰어넘기 위해 지속적으로 노력한다. SIA는 모든 클래스의 주문형 엔터테인먼트 시스템, 돌비 사운드 시스템, 비즈니스 및 일등석 승객이 탑승 전에 식사를 주문할 수 있는 '요리 예약' 서비스를 최초로 출시했다. 항공사가 비행기 내부의 기압과 습도를 똑같이 구현하기 위해 만든 최초의 100만 달러짜리 시뮬레이터 덕분에 이 회사는 미각이 공기 중에서 변화하고, 그래서 무엇보다도 음식에 들어가는 향신료를 줄여야 한다는 것을 발견했다. SIA 신입사원은 4개월의 트레이닝(업계 평균의 두 배)을 받고 있으며, 기존 직원들은 1년에 거의 3주간의 트레이닝(비용 7,000만 달러)을 받고 있다. 뛰어난 명성을 가진 이 항공사는 각 항공편마다 다른 항공사보다 더 많은 지역 최고의 졸업생과 직원들을 승무원으로 끌어들인다. SIA는 40-30-30 규칙을 적용한다. 자원의 40%는 직원을 트레이닝하고 동기부여하는 데에, 30%는 프로세스 및 절차를 검토하는 데에, 나머지 30%는 새로운 제품 및 서비스 아이디어를 창출하는 데에 사용하는 것이다.[36]

서비스 품질   Marriott, Disney, Ace Hardware와 같은 기업은 서비스 품질에 철저히 헌신한다. 이들 회사의 매니저들은 재무 실적뿐만 아니라 서비스 실적도 매월 살펴본다. McDonald's의 Ray Kroc은 품질, 서비스, 청결도, 가치(QSCV)에 부합하는지 McDonald's 매장을 지속적으로 측정해야 한다고 주장했다. 어떤 기업은 직원들의 급여명세서에 '고객이 당신에게 보낸 것'이라는 메모를 삽입한다. Walmart의 Sam Walton은 다음과 같은 서약을 요구했다. "저는 엄숙하게 맹세하고 선언합니다. 제 10피트 이내에 오는 모든 손님에게 미소를 지으며, 그들의 눈을 똑바로 쳐다보고, 인사를 할 것입니다. 그러니 절 좀 도와주세요, Sam." Allstate, Dunkin' Brands, Oracle, USAA에는 최고 고객 책임자, 최고 클라이언트 책임자 또는 최고 경험 책임자와 같은 직책을 가진 고위 임원이 있으며, 이들은 모든 고객 상호작용에서 고객서비스를 개선

<< Singapore Airlines는 승객을 즐겁게 하고 그들의 기대를 뛰어넘기 위해 지속적으로 노력함으로써 높은 수준의 마케팅 성공을 거두었고 고객의 찬사를 받았다.

출처: TRISTAR PHOTOS/Alamy Stock Photo

할 수 있는 힘과 권한을 가지고 있다.[37]

최고의 서비스 제공업체는 우수한 품질 표준을 설정한다. 규제가 심한 은행업계에서 Citibank는 여전히 고객 전화는 10초 이내에, 편지는 이틀 이내에 응답하는 것을 목표로 하고 있다. 또한 고객서비스를 위해 소셜 미디어를 사용하는 업계 선두주자이기도 하다. 기준은 **적절히** 높게 설정되어야 한다. 98%의 정확도 표준은 좋게 들릴지 모르지만, 그것은 하루에 6만 4,000개의 FedEx 패키지, 책 한 페이지당 6개의 오탈자, 매일 40만 개의 처방전, 매일 300만 개의 USPS 우편물, 1년에 8일 동안 또는 하루에 29분 동안의 전화, 인터넷 또는 전기 끊김, 슈퍼마켓에서 가격표를 잘못 붙인 1,000개의 제품, 미국 인구조사에서 600만 명의 누락을 초래할 것이다.

일류 기업들은 정기적으로 경쟁사뿐만 아니라 자신들의 서비스 성과도 감사한다. 그들은 비교 쇼핑, 미스터리 쇼핑, 즉 고스트 쇼핑, 고객 설문조사, 제안 및 불만사항 양식, 서비스 감사 팀, 고객의 편지를 사용하여 고객 만족도와 불만족을 조사하기 위해 **고객의 목소리**를 수집한다. **고객의 중요도**와 **기업의 성과**에 따라 서비스를 판단할 수 있다. 중요도-성과 분석은 서비스 묶음의 다양한 요소를 평가해 주고, 필요한 조치가 무엇인지 밝혀준다.

미국 소비자들은 일반적으로 서비스 제공에 대해 높은 기대를 가지고 있기 때문에 종종 자신의 요구가 적절하게 충족되지 못하고 있다고 느낀다. 서비스 제공업체는 여러 가지 이유로 낮은 점수를 받는다. 고객은 부정확한 정보에 대해, 반응이 없거나 무례하거나 트레이닝을 제대로 받지 못한 직원에 대해, 오랜 기다림에 대해 불평한다. 설상가상으로, 많은 사람들은 느리거나 문제가 있는 전화 보고나 온라인 보고 시스템 때문에 그들의 불만이 결코 서비스 담당자의 귀에 닿지 않는다는 것을 발견한다. 소비자는 기업이 선별적으로 또는 일관성 없이 대응하고(또는 아예 대응을 하지 않고), '줄행랑(cutting and running)'치거나, 불성실한 것처럼 보이거나, 소비자에게 '뇌물'을 주려고 시도함으로써 온라인 불만을 잘못 처리한다고 보고한다.

>> 훈련받은 전문가들이 매년 가을 미국과 캐나다의 수천 가구가 추수감사절 식사의 핵심적인 메뉴를 어떻게 준비하고, 요리하고, 제공하는지에 대한 10만 건 이상의 질문에 답하면서 칠면조에 대해 이야기해 왔다.

꼭 그런 식으로 할 필요는 없다. 미국에서 가장 큰 칠면조 제품 생산자인 Butterball의 경우를 생각해 보자.

Butterball Talk Line 매년 11월과 12월에 제공되는 이 회사의 전화 상담(토크 라인)에서 50명 이상의 전문가들이 미국과 캐나다 전역의 수천 가구에서 칠면조를 어떻게 준비하고, 요리하고, 서브해야 하는지에 대한 10만 건 이상의 질문에 답한다. 추수감사절에만 1만 2,000명이 전화를 한다. Butterball University에서 트레이닝을 받은 운영자들은 모두 수십 가지 다양한 방법으로 칠면조를 요리했고, 왜 칠면조를 눈더미 속에 숨기면 안 되는지, 칠면조 요리가 언제 완성되는지를 어떻게 알 수 있는지 등 어떤 질문이든 처리할 수 있다. 이 전화 상담은 1981년 1만 1,000건의 칠면조 요리 질문에 답하기 위해 해당 축제일 기간에 전화 상담 업무를 했던 6명의 자원봉사자와 함께 시작되었다. 최근에 이 기업은 고객이 전화 상담과 연결할 수 있는 방법을 소셜 미디어, 라이브 채팅, 문자메시지, 심지어 Amazon Alexa로도 확장했다.[38]

높은 가치의 고객을 위한 서비스 제공 많은 기업이 가능한 한 오랫동안 고액 구매자를 유지하기 위해 그들을 특별 대우하기로 했다. 고수익 계층의 고객은 특별할인, 프로모션 할인, 그리고 많은 특별 서비스를 받을 수 있다. 거의 수익이 나지 않는 저수익 계층에 있는 고객은 더 많은 수수료를 부담하고, 가장 기본적인 서비스만 제공받으며, 문의도 음성메시지를 통해 처리된다.

2008년 불경기가 닥쳤을 때 **Zappos**는 첫 구매자에게 무료 야간배송을 제공하는 것을 중단하고 반복 구매자에게만 무료배송을 제공하기로 결정했다. 절약된 돈은 회사의 가장 충성스러운 고객들을 위한 새로운 VIP 서비스에 투자되었다.[39] 그러나 차별화된 수준의 서비스를 제공하는 기업은 더 나은 서비스를 주장하는 것에 신중해야 한다. 더 낮은 대우를 받는 고객들이 회사에 대해 험담을 하고 평판을 손상시킬 수도 있기 때문이다. 높은 가치의 고객을 파악하고 그에 맞춰주는 데 능숙한 기업의 한 가지 유형으로 카지노가 있다.

> Caesars Palace, Bellagio, Harrah's 같은 카지노는 큰손들이 가능한 한 오래 머무르도록 하기 위해 엄청난 특전을 제공한다. 이 전략은 궁극적으로 성과를 거두게 된다. '고래'라고 불리는 유명한 큰손들은 정기적으로 하룻밤에 수천 달러, 때로는 수백만 달러를 건다. 많은 카지노에서 큰손들은 수익의 50%를 차지한다. 큰손들이 받는 일반적인 특전으로는 집사와 개인 요리사, 무료로 제공되는 고급 자동차와 기사, 심지어 도박 손실 할인 등이 있다. 일부 큰손들에게는 호텔 카지노 내에 위치한 미슐랭 레스토랑 식사권도 제공된다. 도박에 관심이 없는 큰손의 배우자들에게는 쇼핑하는 데 더 많은 시간을 보내도록 유인하기 위해 매장의 신용 거래 혜택이 주어질 수도 있다.[40]

고객 만족도와 기업 수익성을 모두 극대화하는 서비스를 제공하는 것은 어려울 수 있다. 한편으로, 기업은 높은 가치의 고객에게 의미 있는 혜택을 창출할 수 있도록 해야 한다. 다른 한편으로, 너무 많은 혜택을 제공하는 것은 기업의 이익에 부정적인 영향을 미쳐 역효과를 낼 수도 있다. Atlantic City의 Tropicana 카지노의 경험을 생각해 보자.

> Atlantic City의 Tropicana 카지노는, 큰손이자 경험 많은 블랙잭 플레이어인 Don Johnson에게 그가 잃은 돈의 20%를 주면서 결국 카지노의 이익이 줄어드는, 게임 규칙을 수정한 특별한 딜을 제안했다. 그들의 카지노에서 Johnson이 게임하도록 유도하는 데 몰두한 나머지, 매니저들은 Johnson에게 베팅에서 이기기 위한 유리한 조건을 제공하느라 너무 많은 것을 포기했다는 사실을 깨닫지 못했다. 승산이 있었던 Johnson은 하룻밤에 거의 600만 달러를 땄다. 큰손에게 지나치게 많은 혜택을 제공한 곳이 Tropicana 한 곳만은 아니었다. Atlantic City의 Borgata와 Caesars 카지노도 Johnson에게 900만 달러를 잃으면서 같은 운명에 굴복했다.[41]

고객 불만사항 관리　평균적으로, 기업과의 좋지 않은 서비스 경험으로 고통받는 고객 가운데 40%는 해당 기업과의 거래를 중단한다.[42] 그러나 이러한 고객이 (떠나기 전에) 먼저 불만을 제기할 의사가 있는 경우라면, 불만사항이 잘 처리됨으로써 결국 기업에 선물을 제공하는 셈이 되기도 한다. 실망한 고객에게 불만을 표명하도록 유도하고, 직원이 현장에서 상황을 해결할 수 있도록 권한을 부여하는 기업은 서비스 실패를 해결하기 위한 체계적인 접근방식이 없는 기업보다 더 높은 수익과 더 큰 이익을 달성하는 것으로 나타났다.[43]

역할 외의 행동을 기꺼이 받아들이고, 소비자의 이익을 옹호하고, 소비자에 대한 기업의 이미지를 제고하며, 고객 응대에 주도적으로 성실하게 행동하는 일선 직원들은 불만 처리에서 중요한 자산이 될 수 있다.[44] 고객은 불만사항을, 그들이 받은 결과, 그러한 결과에 도달하기 위해 사용된 절차, 그 과정에서 사람과 사람 간의 응대 처리라는 성격의 관점에서 평가한다.[45] 기업은 또한 **콜센터**와 **고객서비스 담당자**의 서비스 품질 향상을 통해 불만사항을 처리하는 방식을 개선할 것을 모색하고 있다. 이 장 마지막에 있는 'Marketing Insight: 기업의 콜센터 개선'은 최상위 기업들이 무엇을 하고 있는지 보여준다.

서비스 차별화

물리적 제품을 쉽게 차별화할 수 없을 때, 경쟁력 있는 성공의 열쇠는 가치 있는 서비스를 추가하고 지속적으로 품질을 개선하는 데 있다. Rolls-Royce PLC는 전 세계에서 사용 중인 모든 항공기 엔진의 상태를 위성을 통해 실시간으로 꾸준히 모니터링함으로써 자사의 항공기 엔진이 널리 호평받고 있음을 증명했다. TotalCare 및 CorporateCare 프로그램에 따르면, 항공사는 Rolls에게 엔진이 비행하는 매시간 요금을 지불하며, Rolls는 고장 기간과 수리에 따른 위험과 비용을 부담한다.

주요 서비스 차별화 요소는 주문 용이성, 배송 속도와 시기, 설치 및 트레이닝과 컨설팅, 유지 보수 및 수리, 반품이다.

주문 용이성   주문 용이성은 고객이 기업에 주문을 하는 것이 얼마나 단순한지를 반영한다. 시장이 점점 더 경쟁적으로 변함에 따라, 많은 기업은 주문 과정을 최대한 편리하게 만드는 데 초점을 맞추고 있다. 여기서는 사용 가능한 옵션에 대한 초기 평가부터 실제 구매에 이르기까지 고객과의 상호작용의 모든 측면이 효율화된다. Alexa, Google Home, Siri와 같은 음성 비서는 인공지능을 사용하여 소비자의 선호도를 예측함으로써 주문 과정을 훨씬 더 쉽게 만드는 데 도움을 주었다.

주문 프로세스를 단순화하기 위해 노력하는 것은 소비자 시장에 국한되지 않으며, 비즈니스 시장에서도 중요한 역할을 한다. Baxter Healthcare는 병원에 컴퓨터 단말기를 공급하여 주문을 회사로 직접 전송함으로써 주문 과정을 간소화한다. 주문 프로세스를 단순화하는 또 다른 사례로 Align Technology가 있다.

> **Align Technology**   Align Technology는 Invisalign 시스템(치아를 교정하는 데 사용되는 투명한 치과용 고정장치)의 도입으로 보이지 않는 교정 시장을 개척했다. 치아 교정 시술 후 흔히 처방하는 치과용 리테이너(고정장치)를 치아 움직임 방지뿐만 아니라 치아 교정에도 활용할 수 있다는 단순한 관찰에서 탄생한 회사다. 이러한 관찰을 통해 맞춤 설계된 일련의 얼라이너가 잘못 정렬된 치아를 교정하는 데 사용될 수 있다는 생각을 하게 되었다. 2018년까지 많은 치과 전문가들이 이 회사의 Invisalign 시스템을 채택하면서 500만 명 이상의 환자를 치료하는 데 사용되었다. 치료 과정을 간소화하기 위해 회사는 치아의 금형을 뜨는 번거롭고 시간이 많이 걸리는 과정을 대체하는 디지털 스캐너를 도입했다. 디지털 스캐닝 테크놀로지를 사용하여 주문 프로세스를 가속화하고, 치아 금형의 품질을 향상하며, 전반적인 고객 경험을 개선할 수 있었다.[46]

많은 기업, 특히 구독 서비스를 제공하는 기업은 고객이 서비스를 계속 사용할 수 있도록

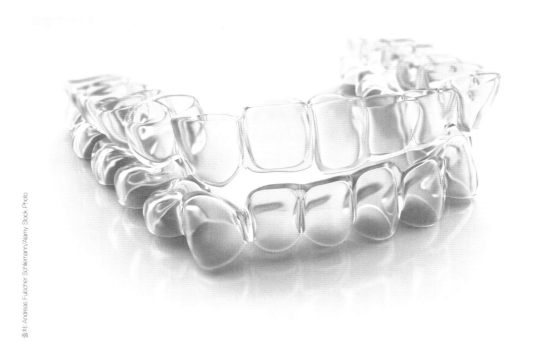

출처: Andreas Fulscher Schliemann/Alamy Stock Photo

<< Align Technology는 디지털 스캔 테크놀로지를 사용하여 치아의 금형을 만들 필요가 없도록 함으로써 치과 전문가와 고객 모두의 치아 교정 프로세스를 합리화하고, 가속화하고, 개선했다.

하기 위해 단일 거래 이상의 것을 고려한다. 면도날과 면도 크림 구독 서비스인 Harry's는 구매자가 면도기를 선택하고 교체품을 받을 빈도를 결정하는 데 도움이 되는 3단계 프로세스를 제공함으로써 쇼핑객의 결정을 간소화했다. Gillette는 자사 구독 서비스에 문자 주문 방식을 도입하여 회원들이 새로운 발송을 위한 준비가 되었을 때 'BLADES'라고 문자메시지를 보낼 수 있게 했다. Amazon이 버튼을 눌러 특정 제품(면도기, 세탁세제, 개 사료 등)을 재주문하는 와이파이 기기인 Dash를 선보인 것도 같은 맥락이다.

배송 속도와 시기　배송은 프로세스를 특징짓는 속도, 정확성, 케어를 포함하여 제품 또는 서비스가 고객에게 얼마나 잘 전달되는지를 포함한다. 오늘날 고객은 30분 만에 배달되는 피자, 60분 만에 만들어지는 안경, 15분 만에 엔진오일이 교체되는 자동차 등 속도를 기대하게 되었다. 많은 기업이 배송업무 개선을 위해 공급업체, 제조공장, 유통센터, 소매점의 정보 시스템을 연결하는 **신속 대응 시스템**을 전산화하고 있다.

소비자 공간에서는 Amazon이 온라인 유통업체들 간 배송 속도 게임에서 최대 1주일에서 최소 2시간까지 배송 옵션을 제공하면서 선두를 차지해 왔다. Uber Eats와 같은 음식 배달 서비스는 많은 식당과 판매자들이 자체 배달 인프라를 개발하는 데 투자하지 않고도 고객에게 빠르고 안정적인 배달을 제공할 수 있도록 돕는다.

비즈니스 시장에서는 멕시코에 본사를 둔 거대 시멘트 업체인 Cemex가 피자보다 더 빠른 콘크리트 배달을 약속하고, 모든 트럭에 GPS를 장착해 운행관리자들이 실시간 위치를 파악하는 방식으로 사업을 전환했다. Cemex의 24/7 LOAD 서비스 프로그램은 20분 내 배송을 보장하므로, 지연이 빈번하고 이에 따른 비용이 큰 산업에서는 중요한 유연성을 제공한다.[47]

설치 및 트레이닝과 컨설팅 설치는 계획된 위치에서 제품이 작동하도록 하기 위해 수행되는 작업으로 구성된다. 설치 용이성은 테크놀로지 초보자, 그리고 중장비와 같은 복잡한 제품의 구매자에게 진정한 셀링 포인트다.

고객 트레이닝을 통해 고객의 직원이 공급업체의 장비를 적절하고 효율적으로 사용할 수 있다. General Electric은 고가의 엑스레이 장비를 병원에 판매해 설치하는 것은 물론 사용자에게 광범위한 트레이닝을 제공한다. McDonald's는 새로운 가맹점주들이 프랜차이즈를 제대로 관리하는 방법을 배우기 위해 Illinois주 Oak Brook에 있는 Hamburger University에 2주 동안 다닐 것을 요구한다.

고객 컨설팅은 판매자가 구매자에게 제공하는 데이터, 정보 시스템, 조언 서비스를 포함한다. IBM, Oracle, SAP와 같은 테크놀로지 기업은 이러한 컨설팅이 비즈니스의 필수요소이자 수익이라는 사실을 알게 되었다. Haas Automation과 같은 많은 산업 장비 제조업체는 운영자들에게 기계 사용법을 교육하기 위해 추가 설치 및 트레이닝 서비스를 제공한다. 이러한 추가 서비스 중 일부는 고객이 구매할 수 있는 유지 관리 프로그램의 일부다. 소비자 공간에서는 IKEA, Home Depot, Best Buy 등 다수의 기업이 추가 요금을 받고 고객에게 조립 및 설치 서비스를 제공하고 있다.

유지 보수 및 수리 유지 보수 및 수리 프로그램은 고객이 구입한 제품을 양호한 작동 상태로 유지하도록 도와준다. 이러한 서비스는 B2B 환경에서 매우 중요하다. Goodyear의 TVTrack 프로그램은 차량 고객이 타이어를 보다 효과적으로 모니터링하고 관리할 수 있도록 지원한다. 많은 기업이 온라인 데이터베이스에서 수정사항을 검색하거나 기술자의 온라인 도움을 구할 수 있는 고객을 위해 온라인 도움을 제공하거나 '온라인 지원'을 제공한다. LG, Kenmore, Miele 등의 가전업체는 기술적 문제의 본질을 전자적으로 설명하는 고객서비스 번호로 전화를 걸어 자가진단 데이터를 전송할 수 있는 제품을 선보였다.

명품 제조사들은 특히 원활한 수리 과정의 중요성을 인식하고 있다. Movado 시계는 고급 제품이지만 수리 과정에서 수작업이 많이 요구되고 고객 불편이 가중됐다. Movado는 일반적으로 더 많은 디지털 서비스를 제공할 필요성을 인식하여 고객이 직접 고객서비스에 연락하기 전에 온라인으로 수리 과정의 초기 단계(문제 등록 및 가능한 수리 옵션 식별 등)를 실행할 수 있는 웹사이트를 만들었다. 사이트 사용자에 의해 만들어진 이 데이터베이스는 앞으로 있을지 모를 좌담회의 참가자를 모집할 수 있게 해주고, 빈번하게 발생하는 생산 문제를 알려주는 수리 트렌드를 파악할 수 있게 해주기도 한다.[48]

반품 고객, 제조업체, 소매업체, 유통업체 모두를 귀찮게 하는 제품 반품 또한 특히 온라인 구매에서 피할 수 없는 현실이다. 점점 더 인기를 얻고 있는 무료배송은 고객이 제품을 사용해보는 것을 더 쉽게 만들 뿐만 아니라 제품이 반품될 가능성도 증가시킨다.

반품은 비용을 가중시킬 수 있다. 한 가지 추정치는 연휴기간 전체 매출의 10~15%가 반품이나 교환으로 돌아오고, 이를 처리하는 연간 총비용이 1,000억 달러일 수 있다는 것이다.[49]

2. **경영진의 지각과 서비스 품질 스펙의 갭**: 경영진은 고객의 요구를 올바르게 지각할 수 있지만 균일한 성과 기준을 설정하지 않을 수 있다. 병원 관리자는 간호사에게 속도를 분 단위로 지정하지 않고 단순히 '빠른' 서비스를 제공하라고 지시할 수 있다.

3. **서비스 품질 규격과 서비스 제공 간의 갭**: 직원의 트레이닝이 부실할 수 있다. 기준을 충족할 수 없거나 충족하기를 원하지 않을 수 있다. 아니면 서로 상충되는 기준에 묶여 있을 수도 있다. 간호사들은 고객의 말을 경청하는 시간을 가져야 할지 아니면 그들에게 빠른 서비스를 제공해야 할지 혼란스러울 수 있다.

4. **서비스 제공과 외부 커뮤니케이션 간의 갭**: 소비자의 기대는 기업 대표의 언급과 광고의 영향을 받는다. 병원 안내책자에 아름다운 방이 나와 있지만 환자가 싸고 촌스러워 보이는 실제 모습을 발견하면 외부 커뮤니케이션이 고객의 기대를 왜곡시킨 것이다.

5. **지각된 서비스와 기대된 서비스 간의 갭**: 소비자가 서비스 품질을 잘못 지각할 수 있다. 의사는 치료를 위해 환자를 계속 방문할 수 있지만, 환자는 이것을 무언가 정말로 잘못되었다는 표시로 해석할 수 있다.

많은 작업을 통해, 대면 서비스에 대한 소비자의 해석과 평가 내에서, 그리고 장기적으로 소비자가 받아들이는 기업과의 관계 내에서 기대의 역할을 검증했다.[63] 소비자는 서비스 관계

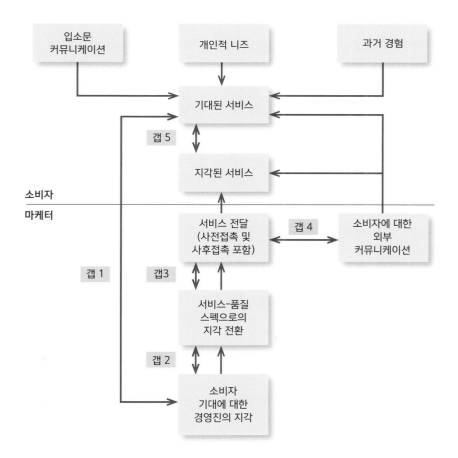

그림 9.2
서비스-품질 모델

출처: A. Parasuraman, Valarie A. Zeithaml, and Leonard L. Berry, "A Conceptual Model of Service Quality and Its Implications for Future Research," *Journal of Marketing*, Fall 1985, p. 44.

를 유지할지 또는 중단할지를 결정할 때, 가능한 행동과 기업과의 상호작용 측면에서 미래적 관점을 갖는다. 현재 또는 예상되는 미래의 사용에 긍정적인 영향을 미치는 마케팅 활동은 서비스 관계를 공고히 하는 데 도움이 될 수 있다.

공공시설 사업, 의료, 금융 및 컴퓨팅 서비스, 보험, 그리고 기타 전문적, 멤버십, 구독형 서비스와 같이 지속적으로 제공되는 서비스의 경우, 고객은 경제적 비용에 비례하여 지각된 경제적 편익을 정신적으로 계산하는 것이 관찰되었다. 다시 말해, 고객은 스스로에게 "내가 지불하는 비용을 고려해 볼 때, 이 서비스를 충분히 활용하고 있는가?" 하고 묻는다. 부정적인 대답은 행동 변화와 계정 탈퇴로 이어질 수 있다.

장기적인 서비스 관계는 어두운 면도 있다. 광고대행사 고객은 시간이 지남에 따라 광고대행사가 객관성을 잃거나, 생각이 진부해지거나, (실력보다는) 관계를 이용하기 시작한다고 느낄 수 있다.[64]

서비스 품질 관리

위에서 설명한 서비스-품질 모델을 기반으로 연구자들은 서비스 품질에 대한 5가지 결정 요소(신뢰성, 반응성, 확신성, 공감성, 유형성)를 중요도가 높은 순서대로 식별했다.[65]

- **신뢰성**: 약속된 서비스를 신뢰할 수 있고 정확하게 수행할 수 있는 능력. 여기에는 약속한 대로 서비스를 제공하고, 고객의 서비스 문제가 잘 처리될 것이라는 믿음을 제공하며, 서비스를 한 번에 제대로 수행하고, 약속한 시간에 서비스를 제공하고, 오류가 없는 기록을 유지하며, 고객의 질문에 대답할 수 있는 지식을 갖춘 직원을 고용하는 것이 포함된다.
- **반응성**: 고객을 돕고 신속한 서비스를 제공하려는 의지. 여기에는 서비스가 수행되는 시기를 고객에게 계속 알리고, 고객에게 신속한 서비스를 제공하며, 고객을 기꺼이 돕고, 고객의 요청에 응답할 준비가 되어 있음을 보여주는 것이 포함된다.
- **확신성**: 직원의 지식과 예의, 신뢰와 자신감을 전달하는 능력. 확신성을 보이는 직원은 고객에게 신뢰를 심어주고, 지속적으로 예의를 갖춰 고객이 안심하고 거래할 수 있게 한다.
- **공감성**: 고객에 대한 배려와 개별적인 관심의 제공. 여기에는 고객에게 개별적인 관심을 기울이고, 고객을 배려하는 방식으로 대하며, 고객의 최선의 이익을 염두에 두고, 고객의 니즈를 이해하고, 편리한 영업 시간을 제공하는 것이 포함된다.
- **유형성**: 물리적 시설, 장비, 직원, 커뮤니케이션 자료의 외관. 유형성에는 현대적인 장비, 매력적인 시설, 깔끔하고 전문적인 외모를 가진 직원, 서비스와 관련된 시각적으로 매력적인 실체가 포함된다.

이 5가지 요소를 바탕으로 연구자들은 21개 항목의 SERVQUAL 척도를 개발했다.[66] 또한 **인내 구간**(zone of tolerance)의 존재에 주목했는데, 이는 서비스가 만족스럽다고 여겨지는 범위를 의미하며, 그 범위의 한쪽 끝은 소비자가 받아들일 수 있는 최소 수준에 고정되고, 다른 한쪽 끝은 소비자가 전달되어야 한다고 믿는 수준에 고정된다.

후속 연구로 서비스 품질 모델이 확장되었다. 서비스 품질에 대한 어떤 동적 프로세스 모델은 다음과 같은 전제에 근거한다. 시간이 지남에 따라 서비스 품질에 대한 고객의 지각과 기대는 변화하며, 특정 시점하에서, 그것은 대면 서비스가 이루어지는 동안 무엇이 일어날 것이며 무엇이 일어나야 하는가에 대해 미리 품게 되는 기대, 그리고 최종적인 접촉이 일어나는 동안 전달된 **실제** 서비스의 함수다.[67] 다이내믹 프로세스 모델의 테스트 결과, 두 가지 서로 다른 유형의 기대치가 서비스 품질에 대한 지각에 반대 효과를 미치는 것으로 나타났다. 그러므로 기업이 무엇을 제공할 것 같은지에 대한 고객의 기대치가 **높아지면**, 전반적인 서비스 품질에 대한 지각이 개선될 수 있다. 이와는 반대로, 기업이 무엇을 제공해야 하는지에 대한 고객의 기대치가 **낮아져도**, 전반적인 서비스 품질에 대한 지각이 개선될 수 있다.

셀프서비스 관리

소비자는 서비스의 편리함을 중요시하며,[68] 많은 개인 대 개인 서비스 상호작용은 그러한 편리함을 제공하기 위한 셀프서비스 테크놀로지로 대체되고 있다. 기존 자판기에 현금 자동 입출금기(ATM), 주유기 셀프서비스, 호텔의 셀프 체크아웃, 티켓 구매, 투자 거래, 제품 맞춤화 등 다양한 인터넷 활동을 추가할 수 있다.

Chili's는 운영 효율화와 고객서비스 속도를 높이기 위해 식당에 탁상형 컴퓨터 스크린을 설치해 고객이 직접 주문하고 신용카드로 결제할 수 있도록 했다. 이 레스토랑 체인은 서비스 사용자들이 스크린이 설치돼 있을 때 더 많은 디저트와 커피를 구매하기 때문에 더 많은 돈을 쓴다는 것을 발견했다. 또 다른 예로, OpenTable은 고객이 온라인으로 식사 예약을 쉽게 할 수 있게 해준다.

OpenTable OpenTable은 사용자가 자사 웹사이트나 스마트폰 앱으로 전 세계 수천 개의 레스토랑을 예약할 수 있도록 하면서, 세계에서 가장 큰 온라인 예약 시스템이 되었다. 예약 관리 소프트웨어에 월 249달러와 웹사이트 예약을 통한 모든 식사 좌석에 1달러 등, 상당히 저렴한 설치 비용과 월 사용료를 내면 레스토랑은 OpenTable의 방대한 고객 기반을 활용할 수 있다. 북미에 있는 모든 레스토랑의 절반이 가입했고, 웹사이트를 통해 매달 1,500만 명 이상의 사람들이 좌석을 예약하는 가운데, 이 서비스는 기능을 추가해 나가고 있다. 예를 들어, 1,000만 달러를 들여 인수한 Foodspotting 덕분에 사용자가 메뉴 이미지를 요리별로 검색할 수 있다. 40% 이상이 전화나 태블릿으로 예약되고 있는 OpenTable은 모바일 전략을 강화하고 새로운 앱으로 결제 서비스를 추가하고 있다. 대형 파티를 잘 관리하고 서비스 직원의 교대근무를 더 잘 조율하는 레스토랑 매니저의 능력을 개선하기 위해, GuestCenter 패키지라는 대표적인 시스템을 업그레이드했다. 고객은 이제 그들의 예약과 관련해 무슨 일이 일어나고 있는지 실시간으로, 심지어 그들의 Apple Watch를 통해서도 볼 수 있다. OpenTable은 또한 소비자가 다양한 레스토랑의 특별한 와인 시음이나 메뉴를 접하고 식사 비용을 지불하는 것과 같은 혜택을 얻을 수 있는 포인트도 제공한다. OpenTable의 새로운 우선순위는 사용자의 식사 선호도에 대해 수집한 방대한 양의 데이터를 사용하여 맞춤형 식사 추천을 제공하는 것이다.[69]

모든 기업은 셀프서비스 테크놀로지를 사용하여 서비스 개선을 생각할 필요가 있다. Comcast의 경우, 인터넷 설치 업무의 40%를 고객이 직접 하고, 31%의 고객이 계정을 완전히 온라인으로 관리하기 때문에 고객서비스에 대한 필요성이 줄어들었다.[70]

테크놀로지와 인력을 성공적으로 통합하려면, 사람들이 가장 잘하는 것, 기계가 가장 잘하는 것, 그리고 이들을 분리하고 함께 배치하는 방법을 파악하는 프런트 오피스(직접적인 서비스가 이루어지는 부분)의 포괄적인 리엔지니어링이 필요하다.[71] 일부 기업은 테크놀로지 자체가 아니라, 특히 처음으로 그것을 사용하도록 고객을 설득하는 것이 가장 큰 걸림돌이라는 것을 발견했다.

고객은 셀프서비스 프로세스에서 자신의 역할에 대해 명확한 인식을 가지고 있어야 하며, 분명한 혜택을 알고 있어야 하며, 실제로 이 테크놀로지를 사용할 수 있다고 느껴야 한다.[72] 셀프서비스 테크놀로지는 모든 사람을 위한 것이 아니다. 일부 자동화된 음성이 실제로 고객에게 인기가 있지만, 많은 자동 음성이 실제 사람과 대화할 수 없기 대문에 짜증을 불러일으킬 수 있고 심지어 화나게 할 수도 있다.

제품–서비스 번들 관리

서비스 산업 못지않게 중요한 것은 서비스 번들을 제공해야 하는 제품 기반 산업이다.[73] 소형 가전제품과 사무용 기기에서부터 트랙터와 메인프레임, 항공기에 이르기까지 장비 제조업체는 모두 제품 지원 서비스를 제공해야 한다. 경쟁우위를 확보하기 위한 싸움터가 펼쳐지고 있는 것이다. 또한 많은 제품 기업들이 이전보다 더 강력한 온라인 입지를 확보하고 있으며, 우수하지는 않아도 적절한 온라인 서비스를 제공해야 한다.

제품은 주문, 배송, 설치, 고객 트레이닝, 고객 컨설팅, 유지 보수, 수리 등의 분야에서 주요 서비스 차별화 요소들과 함께 강화될 수 있다. Caterpillar와 Deere 같은 일부 장비 회사들은

>> 온라인 레스토랑 예약의 거인인 OpenTable은 고객이 전화나 태블릿으로 예약을 할 수 있도록 하며, 사용자 선호도에 대한 축적된 데이터를 사용하여 맞춤형 식사 경험을 추천한다.

이러한 서비스로부터 상당한 수익을 올린다.[74] 글로벌 시장에서는 좋은 제품을 만들지만 현지 서비스 지원이 열악한 기업은 심각한 불이익을 받고 있다.

고객서비스 부서의 품질은 매우 다양하다. 한 가지 극단적인 방법은 고객의 전화를 후속 조치가 거의 없이 담당자에게 전달하는 것이다. 또 다른 극단에는 고객의 요청, 제안, 심지어 불만사항까지 접수하고, 이를 신속하게 처리하는 부서들이 있다. 일부 업체는 판매 완료 후 고객에게 먼저 연락을 취해 서비스를 제공하기도 한다.[75]

제조업체는 대개 자체 부품 및 A/S 부서를 운영하는 것으로 시작한다. 그들은 장비와 가까이 있으면서 장비의 문제점에 대해 이해하기를 원한다. 또한 그들은 다른 사람을 트레이닝하는 데 비용과 시간이 많이 소요되며, 그들이 유일한 공급업체이고 프리미엄 가격을 부과할 수 있는 경우, 부품과 서비스로 상당한 수익을 올릴 수 있다는 사실을 알게 된다. 실제로 많은 장비 제조업체는 장비 가격은 낮게 책정하고 부품과 서비스에는 높은 가격을 부과함으로써 보상을 받으려고 한다.

시간이 지남에 따라 제조업체는 더 많은 유지 보수 및 수리 서비스 업무를 공인 유통업자와 딜러에게 전환시킨다. 이러한 중간상은 고객과 더 가깝고, 더 많은 지역에서 운영되며, 더 빠른 서비스를 제공할 수 있다. 더 나중에는, 독립 서비스 회사가 등장하여 더 낮은 가격 또는 더 빠른 서비스를 제공한다. 자동차 정비 작업의 상당 부분은 현재 Midas Muffler와 Jiffy Lube와 같은 독립 수리점과 체인에 의해 프랜차이즈화된 자동차 대리점 밖에서 이루어진다. 독립 서비스 조직은 서비스 제공 인력, 원격 커뮤니케이션 장비, 기타 다양한 장비 라인을 관리한다.

그러나 선택할 수 있는 고객서비스 종류는 빠르게 증가하고 있으며, 장비 제조업체는 서비스 계약과 독립적으로 장비로 수익을 창출하는 방법을 모색해야 한다. 일부 신차 워런티는 이제 고객이 서비스 비용을 지불하기 전에 10만 마일을 보장한다. 일회용 장비 또는 절대 고장 나지 않는 장비의 증가로 인해, 고객이 매년 구매 가격의 2~10% 정도에서 지불하던 비용을 더 이상 지불하지 않는 방향으로 변화하고 있다. 수백 대의 노트북, 프린터, 그리고 관련 장비를 보유한 회사는 자체 서비스 인력을 현장에 배치하는 것이 더 저렴할 수 있다.

marketing
INSIGHT   기업의 콜센터 개선

힘을 가진 고객들이 열악한 서비스를 참지 않을 것이라는 사실을 많은 기업이 어렵사리 배워왔다. Sprint와 Nextel이 합병한 후, 그들은 콜센터를 고객 로열티를 높이기 위한 수단보다는 비용 센터의 관점에서 운영하기 시작했다. 고객과 전화 통화를 짧게 유지하는 것에 기반하여 리워드를 산정하고, 경영진이 화장실 가는 것까지 감시하기 시작하자 사기가 떨어졌다. 고객 이탈이 걷잡을 수 없이 번지자, Sprint Nextel은 효율성보다 서비스를 강조하는 계획을 채택했다. 회사는 처음으로 최고 서비스 책임자를 임명하고, 고객과 통화를 짧게 하는 것보다 고객과의 첫 통화에서 문제를 해결한 상담사에게 보상을 하기 시작했다. 1년 후, 평균적인 고객은 8번 연락하는 대신 4번만 연락했다.

(계속)

marketing insight (계속)

AT&T, JPMorgan Chase, Expedia 같은 일부 기업은, 영국식 영어와 낯선 관용구를 사용하는 인도인보다 필리핀인들이 강하지 않은 악센트로 영어를 말하고 미국 문화를 더 잘 이해하기 때문에 필리핀에 콜센터를 설립했다.[76] 다른 기업은 고도로 훈련된 국내 고객서비스 담당자에게 더 복잡한 통화를 배정함으로써, 그들이 해외 콜센터로 보내는 전화 유형을 판단하는 데 점점 더 스마트해지고 있다. 이러한 재택근무 직원은 대체로 더 적은 비용으로 더 고품질의 서비스를 제공한다.

기업은 얼마나 많은 고객서비스 담당자가 필요한지 결정해야 한다. 한 연구에 따르면 36명이 있는 콜센터에서 담당자를 네 명만 줄여도, 4분 이상 대기하는 고객 수가 0명에서 80명으로 늘어나는 것으로 나타났다. 기업은 또한 각 담당자로부터 합리적으로 더 많은 것을 얻으려고 노력할 수 있다. Marriott, KeyBank, Ace Hardware와 같은 다른 기업들은 콜센터 운영 지역의 수가 더 줄어들도록 통합하는 과정에서 동일한 상담사 수를 유지할 수 있게 되었다.

고용과 훈련도 영향을 미친다. Xerox의 광범위한 연구에 따르면, 기업이 트레이닝에 투자한 5,000달러를 회수하는 데 필요한 6개월 동안 근속할 가능성이 높은 콜센터 직원은, 호기심 많은 성격을 가진 사람보다는 창의적인 성격을 가진 사람일 가능성이 높은 것으로 나타났다. 따라서 약 5만 건의 콜센터 업무를 위해 고용할 때, Xerox는 이전의 경험을 강조하는 대신 이제 "나는 대부분의 사람들보다 더 많은 질문을 한다"와 "사람들은 내가 하는 말을 신뢰하는 경향이 있다"와 같은 질문에 대한 응답이 평가 요인이 되었다.

일부 기업은 빅데이터 기능을 활용하여 개별 고객과 고객 요구사항에 가장 적합한 콜센터 에이전트를 매칭한다. 온라인 데이트 사이트와 같은 방법을 사용하여 고급 분석 테크놀로지는 고객(구매한 제품 또는 서비스, 계약 기간 및 만료일, 불만사항 기록, 평균 통화 대기시간)과 콜센터 에이전트(평균 통화 처리시간 및 판매 효율성)에 대한 거래 및 인구통계 정보를 파악하여 실시간으로 최적의 매칭을 찾아낸다.

마지막으로, 콜센터 담당자가 행복과 동기부여 상태를 유지하는 것은 분명 우수한 고객서비스를 제공할 능력을 향상하는 열쇠다. American Express는 콜센터 직원이 슈퍼바이저의 승인 없이 근무 시간을 직접 선택하고 교대할 수 있도록 한다.[77]

요약

1. 서비스는 한 실체가 다른 실체를 위해 수행하는 행위로서 본질적으로 무형이며 그 결과로 어떠한 소유물도 나오지 않는다. 서비스는 물리적 제품과 결합할 수도 있고 결합하지 않을 수도 있다.

2. 서비스는 일반적으로 경험품질과 신뢰품질이 높기 때문에 구매 시 더 많은 위험이 있으며, 소비자는 품질을 판단하기 위해 가격, 공급자, 물리적 단서에 크게 의존하는 경향이 있다. 많은 서비스에 대한 전환 비용은 고객이 자신을 만족시키는 서비스 제공업체에 대해 로열티가 매우 높기 때문에 높은 경향이 있다.

3. 서비스는 무형적이고, 불가분적이며, 가변적이고, 소멸적이다. 각각의 특성은 도전을 야기하고 특정한 전략을 필요로 한다. 마케터는 무형의 사람들에게 가시성을 주고, 서비스 제공자의 생산성을 높이고, 제공되는 서비스의 질을 향상하고 표준화하며, 서비스 공급을 시장 수요에 매칭하는 방법을 찾아야 한다.

4. 고객 권한 강화, 고객 공동 생산, 직원과 고객을 만족시켜야 하는 필요성 때문에 서비스 마케팅은 21세기에 새로운 현실에 직면해 있다. 디지털 시대는 분명히 고객 관계를 변화시켰다. 고객은 단순히 서비스를 구입하고 사용하는 것이 아니라 서비스를 전달하는 데 적극적인 역할을 수행한다.

5. 서비스 마케팅의 우수성을 달성하기 위해서는, 외부 마케팅뿐만 아니라 직원들의 동기부여를 위한 내부 마케팅과 '하이테크'와 '하이터치'의 중요성을 모두 강조하는 상호작용적 마케팅이 필요하다.

6. 최상위 서비스 기업은 전략적 개념을 채택하고, 품질에 대한 최고 경영진의 헌신을 통해 높은 표준을 수립하며, 수익 계층(profit tier)을 구축하고, 서비스 성과와 고객 불만사항을 모니터링하기 위해 시스템에 주목한다. 또한 1차 및 2차 서비스 특징과 지속적인 혁신을 통해 브랜드를 차별화한다.

7. 우수한 서비스 제공을 위해서는 고객의 기대치를 관리하고 셀프서비스 테크놀로지를 통합해야 한다. 고객의 기대는 서비스 경험과 평가에 중요한 역할을 한다. 기업은 각각의 대면 서비스 영향을 파악하여 서비스 품질을 관리해야 한다. 마케팅 우수성을 달성한 잘 관리된 서비스 기업은 공통적으로 고객 중심성, 서비스 품질에 대한 헌신, 고부가가치 고객의 요구에 부응하는 목표를 가지고 있다.

8. 서비스 차별화는 마케팅 성공의 중요한 요소다. 주요 서비스 차별화는 주문 편의성, 배송 속도와 시기, 설치 및 트레이닝과 컨설팅, 유지 보수와 수리, 반품 등이다.

9. 서비스 품질은 고객 만족의 핵심 요인으로서, 신뢰성, 반응성, 확신성, 공감성, 유형성이 5가지 결정요인이다. 고객 가치를 창출하기 위해서는 이러한 모든 측면에서 우수한 서비스를 제공하는 동시에 고객이 가장 중요하게 여기는 서비스에 집중해야 한다.

marketing
SPOTLIGHT

Premier Inn

이용객이 많고 경쟁이 치열한 영국의 저예산 호텔 부문은 다양한 사회경제적 범주를 포괄하는 광범위한 고객층을 보유하고 있으며, 사람들마다 각자의 이유로 호텔을 찾는다. 대부분의 저가 제공물은 위치, 시설, 가격 면에서 매우 유사하기 때문에 차별화와 커뮤니케이션이 어렵다.

Premier Inn은 영국에서 가장 큰 호텔 체인으로 800개 이상의 호텔에 7만 6,000개가 넘는 객실을 보유한다. Premier Inn 브랜드는 1742년 London의 양조장으로 시작한 Whitbread PLC에 속해 있다. 2004년에 Travel Inn과 Premier Lodge의 체인이 합병되었고, 2007년에는 Premier Inn으로 브랜드를 변경했다. 현재 Whitbread는 매출의 70%를 차지하는 Premier Inn과 Premier Inn 시설과 같은 위치를 공유하는 몇몇 레스토랑 체인에 초점을 맞추고 있다. Premier Inn 호텔은 영국 전역의 편리한 위치에 있다. 방은 심플하지만, 모두 화장실, 와이파이, 차와 커피, TV를 갖추고 있다.

Premier Inn 브랜드는 광고 캠페인 외에도 신규 고객을 유치하고 재방문 고객의 로열티를 높이기 위해 (1) 내부 마케팅, (2) 환불 개런티를 통한 숙면 약속, (3) 잘 설계되고 잘 관리된 고객 로열티 프로그램과 연결된 직관적인 온라인 예약 시스템이라는 세 가지 주요 전략을 사용했다.

저렴한 호텔을 생각할 때 사람들 대부분의 요구사항 중 최우선이 서비스 품질일 것 같지는 않지만, 손님을 맞이하고 문제를 해결하는 방식이 전반적인 투숙객 경험을 정의하는 데 큰 영향을 미친다. 고객은 저렴한 가격을 지불할 때조차도 환영받고 감사함을 느끼는 것을 좋아한다.

외부 고객을 유치하고 유지하기 위한 수단으로 내부 고객, 즉 직원의 웰빙을 강조하는 조직 문화를 개발하는 것이 내부 마케팅의 기반이다. 외부 고객의 관점에서 내부 고객(종업원)은 기업을 대표한다. Premier Inn의 직원들은 특히 고객의 어려움을 해결함에 있어 친절하고 효율적인 소통을 위해 고용되고 훈련된다. 내부 승진 및 개발에 중점을 둔, 젊은 입사자들을 위한 견습생 제도와 모든 직급을 아우르는 지속적인 트레이닝이 있다. 고객의 리뷰에는 개인적이고 사려 깊은 관심에 대해 칭찬하는 글이 많다. 내부 마케팅에 투자하여 잘 트레이닝되고 만족스러운 직원을 개발함으로써 Premier Inn은 상호작용적 마케팅을 가능하게 하여 만족스러운 충성고객을 창출할 수 있도록 지원하고 있다. 이러한 행복한 고객은 온라인 여행 포털과 소셜 미디어에서 더 많은 긍정적인 리뷰를 남길 것이고, 이는 결국 새로운 고객이 그 브랜드를 선택하도록 유도할 것이다.

Premier Inn이 고객을 유치하고 유지하기 위해 사용하는 두 번째 전략은 "숙면을 취하지 못했다면 환불해 드립니다."라는 고유한 고객 개런티다. 고객이 약속한 숙면을 취하지 못할 경우, 문제를 보고하고 환불을 요청할 수 있다.

세 번째 전략은 고객에게 진정으로 유용하고 친근한 전화, 온라인, 스마트폰 앱 경험을 제공하는 것이다. 예약이 이루어지는 때의 고객 경험에 집중하는 것은 Premier Inn이 갖고 있는 내부 마케팅 개념에 부합하긴 하지만, 많은 고객이 앱이나 웹을 사용하기 때문에 사람 간의 실제 접촉은 없다. 홈페이지나 앱을 통한 예약은 간편하고 신속하며, 회원가입 시 확실한 혜택이 있다. 전화 예약은 Whitbread 예약 시스템의 고객 관계 관리(CRM) 기능을 통해 고객의 이력과 선호 정보에 즉각적으로 접근할 수 있는 효율적이고 예의 바른 직원이 처리한다. Whitbread CRM 시스템은 예약이 전화든 앱이든 온라인이든 세분시장별로 고객을 식별하여 대응하며, 가장 중요한 고객과 가장 잠재성 있는 고객을 식별한다. 고객 세분시장에 따라 고객과 소통하는 것은 지속적인 매출 증가에 기여했다.

실제로 직원과 거의 접촉 없이 예약, 체크인, 결제, 체크아웃이 가능하기 때문에, 직원이 제공하는 수준으로 좋은 디지털 경험을 제공하는 것이 좋다. 고객은 Booking.com, Expedia.com과 같은 온라인 에이전시를 이용하는 대신 자사 브랜드에서 직접 예약하도록 동기부여된다. 이 책의 집필 시점에는 80% 이상의 예약이 직접 이루어지는데, 업계 표준인 30~40%와 비교된다. 이는 더 직접적인 고객 접촉과 가치 있는 고객정보 수집을 가능하게 하면서, 커미션 비용도 절감해 주는 역할을 한다.

CEO인 Alison Brittain에 따르면 Whitbread는 브렉시트, Airbnb 같은 홈스테이, 코로나19 팬데믹 같은 어려움에도 불구하고 Premier Inn에 계속 투자할 예정이다. 소형 도심 호텔 하위 브랜드인 Hub by Premier Inn이 최근 론칭하여 현재 London과 Edinburgh에 13개의 지점을 운영하고 있다. Premier Inn은 영국에서 1만 개의 객실을 추가로 계획하고 있으며 이미 독일에 17개, 아일랜드에 4개의 호텔이 문을 열면서 유럽으로의 진출을 시작했다. 우수한 고객서비스에 대한 투자, 신뢰성과 가치에 중점을 둔 일관된 마케팅, 숙면에 대한 독특한 약속은 계속해서 더 많은 성장과 성공을 지원할 것이다.[78]

질문

1. 영국 저가 호텔 부문에서 차별화가 어려운 이유는 무엇이며, 내부 마케팅은 Premier Inn이 차별화에 성공하는 데 어떻게 도움이 되는가?

2. 고객을 위해 잘 설계된 온라인 및 앱 예약 경험에 대한 투자는 내부 마케팅 개념과 어떻게 일치하는가?

---

marketing
SPOTLIGHT

London 교통국

London의 버스 네트워크에서 매년 평균 22억 5,000만 번의 여행을 하는 650만 명의 승객을 행복하게 유지하는 것은 쉬운 일이 아니다. London 시장실 직속 조직인 London 교통국(TfL)은 버스, 기차, 트램, 강 부두와 보트 면허, 지하철, 그리고 주요 도로를 포함하는 수도의 대중교통의 일상적인 운영을 맡고 있다. London 교통국에 보고하는 10개의 독립 버스 운영 회사가 있

출처: one-image photography/Alamy Stock Photo

으며, 각 회사는 자체 운전기사를 고용하고 트레이닝한다.

2016년, London의 버스는 사상 최고의 신뢰도로 운행되었지만, London 교통국에 대한 모든 고객 불만사항의 3분의 2가 버스 서비스에 대한 것이었다. London 교통국의 조사 결과 버스 운전사들의 행동과 그들이 고객과 상호작용하는 방식이 이러한 불평의 주요 원인임이 밝혀졌다. London 교통국은 승객과 이해관계자와의 소통과 상호작용을 위해 광고, PR 등 외부 마케팅을 성공적으로 활용하고 있지만 내부 마케팅을 무시하고 있어 직원과 승객의 질 낮은 상호작용이 많은 것으로 나타났다.

내부 마케팅은 직원들이 조직의 가치를 믿고 대표할 수 있도록 교육하는 것을 의미하며, 고객에게 훌륭한 경험을 제공할 수 있도록 트레이닝과 지원에 투자하는 것을 의미한다. 훌륭하고 일관되게 수행되는 내부 마케팅은, 만족을 유지하고 더 많이 찾게 할 수준의 서비스와 관심을 고객에게 제공함으로써, 서비스 직원이 우수한 상호작용적 마케팅을 전달할 수 있도록 하고 권한을 부여한다. 잠재적인 혜택은 더 행복한 고객, 로열티 증가, 더 많은 입소문 추천, 매출 증가다.

London 교통국은 모든 London 버스 운전사들의 고객서비스 스킬을 그들의 매니저와 지원 스태프와 함께 향상하기 위해 "Hello London"이라는 제목으로 10개 버스 회사의 모든 직원을 위한 내부 마케팅 캠페인을 시작하기로 결정했다.

운영 회사들에 의해 행해진 이전의 트레이닝은 대부분 그들 직업의 기술적인 요구사항과 안전 요구사항을 다루었다. Hello London 트레이닝 프로그램은 운전기사들이 좋은 고객 관계의 중요성을 인식하고 이를 개선할 수 있는 도구를 제공하기 위해 마련되었다.

Steps는 드라마를 주요 도구로 사용하여 조직 내에서 행동을 바꿀 수 있는 교육 프로그램을 제공하는 기업이다. 이들은 전문 연기자를 활용하여 해결해야 할 문제를 설명하고, 해결책을 찾기 위해 재연 및 역할극에 직원을 참여시킨다. London 교통국은 운영 회사와 함께 개발한 이틀간의 워크숍을 설계하고 제공하고자 Steps를 선택했다. 이 워크숍에는 2016년 6월부터 2018년 3월까지 2만 3,099명의 운전기사와 지원 스태프가 참여했다. 100명의 참가자로 구성된 그룹은 '보아라, 소유하라, 바꿔라, 살아라(see it, own it, change it, live it)' 접근방식을 사용하여 버스가 예정대로 정차하지 않거나, 운전기사가 고객 어려움에 반응하지 않거나, 운행 정보가 거의 또는 전혀 제공되지 않을 때 승객들이 어떻게 반응할 수 있는지를 보여주는 여러

전형적인 고객 상호작용의 극화된 재구성을 보여주었다. 활기차고, 격식 없고, 상호작용적인 환경에서 참여자들은 또한 스트레스를 받는 상황에서 갈등을 처리하는 방법과, 승객에게 정보를 제공하기 위해 공공 주소 시스템을 사용하는 최선의 방법에 대해서도 지침을 받았다. 각 세션에는 10개 운영사의 운전기사들이 모두 참여했으며, 경험을 공유하고 솔루션을 함께 개발하도록 독려했다. 이러한 공동의 목적의식은 여행자들이 London 버스를 하나의 브랜드로 보고 개별 운영 회사를 인지하지 못할 수도 있기 때문에 의도적으로 만들어졌다.

이 워크숍은 인지도를 높이고 대중과의 관계를 재고하도록 운전기사를 독려하는 데 성공했다. 이러한 새로운 열정과 동기부여를 유지하고 발전시키기 위해, 프로그램 리더들의 정기적인 방문, 직원 중 챔피언 및 홍보대사 위촉, 대외 발표를 위한 후속 실습, 워크숍 중 2,600건의 운전기사 건의사항 처리 등 '살아라' 단계가 이어졌다. 동영상 리소스와 트레이너 팩을 활용한 상호작용적 마케팅 커뮤니케이션이 이 책 집필 시점에도 여전히 전달되고 있다.

고객 관계 스킬 향상에 힘쓰는 운전기사들을 지원하기 위해, 버스 운전기사의 복잡한 역할과 당면한 과제를 설명하는 무료 외부 마케팅 캠페인이 잇따라 공표되었다.

Hello London 프로그램의 결과는 압도적으로 긍정적이었다. 고객 불만 건수는 41% 감소했다. 총 600만 파운드의 투자에 비해 추가 매출 및 비용 절감 효과가 1,350만 파운드에 달하는 것으로 추산된다. 이러한 성공에 힘입어 London 교통국과 Steps는 2019년 "Putting Passengers First" 시상식에서 2위를 차지했다.

이 사례를 통해 내부 마케팅이 인지도 증진, 트레이닝, 후속 조치의 형태로 서비스 조직의 평판과 성과에 중요하고 지속적인 영향을 미친다는 것을 알 수 있다. London 버스 운전기사들이 승객과 긍정적으로 상호작용할 수 있는 향상된 능력은 그들이 London 버스 브랜드를 상호작용적으로 더 잘 마케팅한다는 것을 의미한다.[79]

질문

1. 서비스 조직에서 상호작용적 마케팅이 중요한 이유는 무엇인가?

2. Hello London 트레이닝 프로그램이 상호작용적 마케팅을 개선하기 위해 내부 마케팅을 어떻게 사용했는지 설명하시오.

CHAPTER 10

강력한 브랜드 구축

시장 리더인 Gatorade는 다양한 신제품과 개선된 광고 캠페인을 통해 핵심 타깃(목표)시장인 운동선수 시장에 다시 초점을 맞추었다.
출처: The Gatorade Company

브랜드는 기업의 가장 가치 있는 무형자산 중 하나로, 그 가치를 적절하게 관리하는 것은 마케터의 의무다. 강력한 브랜드를 만드는 것은 예술(art)이자 과학이다. 그것은 신중한 계획, 깊은 장기적 헌신, 창의적으로 설계되고 실행되는 마케팅을 요구한다. 강력한 브랜드는 강력한 소비자 로열티(충성도)를 요구하며, 그 중심에는 훌륭한 제품이나 서비스가 있다. Gatorade의 마케터들이 알아낸 것처럼, 강력한 브랜드를 구축하는 것은 결코 끝나지 않는 과정이다.

>>> Gatorade의 뿌리는 거의 50년 전으로 거슬러 올라간다. University of Florida의 연구원들이 학교의 운동선수들이 덥고 습한 기후로 인한 탈진에 대처하도록 돕기 위해 개발한 Gatorade는, 그 후 스포츠 음료 카테고리의 개척가적인 리더로서 성공하여, PepsiCo가 2001

년 130억 달러 이상의 가격에 모회사인 Quaker Oats를 인수하도록 촉진했다. 이 브랜드는 PepsiCo의 대규모 유통 시스템과 수많은 신제품과 패키징의 도입으로 그 후 몇 년 동안 훨씬 더 빠르게 성장했다. 그러나 시장 점유율이 80%에서 75%로 떨어지자 PepsiCo는 변화가 필요하다는 의사결정을 내렸다. Gatorade 마케팅 담당자들은 운동선수에게 더 집중하기 위해 대중 시장을 벗어나 브랜드의 원래 뿌리로 되돌아갔다. 연간 70억 달러 규모의 스포츠 음료 시장을 뛰어넘어 연간 200억 달러 규모의 스포츠 영양식 시장의 주역이 되는 것이 목표였다. 01 Prime, 02 Perform, 03 Recover라는 레이블이 붙은 세 개의 새로운 라인이 각각 세 개의 다른 시장을 겨냥하여 운동 전, 운동 중, 운동 후를 위해 도입되었다. G Series 라인은 초중고, 대학, 고강도 레크리에이션 스포츠에 종사하는 '고성과' 선수들을 목표로 하고 있고, G Series Fit 라인은 일주일에 3~4번 운동하는 18~34세 사이의 사람들을 목표로 하고 있으며, G Series Pro 라인은 전문 운동선수들을 목표로 하고 있다. 광고 태그라인인 "Win from Within"은 새로운 Gatorade 브랜드가 운동선수의 몸 속에 초점을 맞추고 있음을 나타낸다. 이는 Nike가 몸 바깥에 초점을 맞추는 것과 대비된다.[1]

성공적인 21세기 브랜드의 마케터들은 전략적인 브랜드 관리 프로세스에 뛰어나야 한다. **전략적 브랜드 관리**(strategic brand management)는 브랜드 가치의 극대화를 목적으로 브랜드를 구축하고, 측정하고, 관리하기 위해 마케팅 활동 및 프로그램의 설계와 실행을 결합한다. 여기에는 네 가지 단계가 있는데,[2] 브랜드 포지셔닝의 규명과 구축, 브랜드 마케팅의 플래닝과 실행, 브랜드 성과의 측정과 분석, 브랜드 가치의 성장과 유지다.

브랜딩은 어떻게 작동하는가

아마도 전문 마케터들의 가장 독특한 기술은 Mercedes, Sony, Nike 같은 잘 구축된 브랜드나 Warby Parker, Casper, Tovala와 같은 새로운 브랜드를 만들고, 유지하고, 개선하고, 보호하는 능력일 것이다.

미국마케팅협회(AMA)는 **브랜드**(brand)를 "한 판매자 또는 판매자 그룹의 제품 또는 서비스를 식별해 주고 경쟁자의 제품과 차별화하기 위한 이름, 문구, 표시(sign), 심벌, 디자인, 또는 이들의 조합"이라고 정의 내린다. 브랜드의 궁극적인 목적은 소비자, 기업, 협력자를 위해, 제품 및 서비스 측면에서 창출되는 가치를 넘어서는 가치를 창출하는 것이다.

학습목표

10.1 시장 가치 창출에서 브랜드의 역할을 설명한다.

10.2 브랜드 요소 및 연상을 설계할 때 주요 원리를 설명한다.

10.3 기업이 어떻게 브랜드의 계층을 설계해야 하는지 논의한다.

10.4 시간이 지남에 따라 기업이 브랜드를 어떻게 관리해야 하는지 설명한다.

10.5 럭셔리 브랜딩의 주요 측면을 설명한다.

브랜딩의 에센스

브랜딩(branding)은 제품과 서비스에 브랜드 파워를 부여하는 과정이다. 브랜딩은 제품 간의 차이를 만드는 모든 것이다. 마케터는 브랜드 이름과 기타 브랜드 요소를 사용하여 소비자에게 제품이 '누구'이고 '무엇'이며 소비자가 왜 관심을 가져야 하는지를 알려준다. 효과적인 브랜딩은, 소비자가 그들의 의사결정을 명확히 하고 그 과정에서 기업에 가치를 제공하는 방식으로, 제품과 서비스에 대한 그들의 지식을 정리하는(organize) 것을 돕는 정신적 구조를 만든다.

브랜딩은 한 생산자의 제품을 식별하고 다른 생산자의 제품과 구별하기 위한 수단으로 몇백 년 동안 존재해 왔다. 중세 유럽의 길드는 장인들이 낮은 품질로부터 자신과 고객을 보호하기 위해 그들의 제품에 트레이드마크를 붙이도록 했다. 미술에서 브랜딩은 예술가들이 자신의 작품에 서명을 하면서 시작되었다. 브랜드는 오늘날 소비자의 삶을 개선하고 기업의 재무적 가치를 향상하는 많은 중요한 역할을 한다.

제품 또는 서비스를 어떻게 '브랜드'할까? 비록 기업이 마케팅 프로그램과 다른 활동을 통해 브랜드 창출을 위한 추동력을 제공하지만, 궁극적으로 브랜드는 소비자의 마인드와 마음속에 존재한다. 그것은 현실에 뿌리를 두고 있지만 소비자의 견해와 특이성을 반영하는 지각적 개체다.

브랜드 전략을 성공시키고 브랜드 가치를 창출하기 위해, 제품이나 서비스 카테고리 내의 브랜드 간에 의미 있는 차이가 있다고 고객을 확신시켜야 한다. 브랜드 차이는 제품 자체의 속성이나 혜택과 관련이 있는 경우가 많다. Gillette, Merck, 3M은 지속적인 혁신 덕분에 수십 년 동안 제품 카테고리를 선도해 왔다. 어떤 브랜드는 비제품적인 수단을 통해 경쟁우위를 창출한다. Gucci, Chanel, Louis Vuitton은 소비자의 동기와 욕망을 이해하고 그들의 스타일리시한 제품을 중심으로 적합성 높고 호소력 있는 이미지를 창조함으로써 카테고리 리더가 되었다.

성공한 브랜드는 그들이 무엇을 파는가 그리고 그들이 누구인가에 대해 진실성 있고 진정성 있다고 여겨진다.[3] 성공적인 브랜드는 스스로를 고객의 삶에서 없어서는 안 될 부분으로 만든다. 한때 한물간 부유층 청소년들의 학생복 스타일로 생각되었던 J.Crew는 패션계에서 매우 창의적인 영향력을 발휘함으로써 매출을 세 배로 늘렸다. 잘 조합되는 시각적 모습을 유지하면서 끊임없이 새로운 스타일을 소개함으로써, 강력한 로열티, 수많은 팬 블로그, 그리고 Michelle Obama와 Anna Wintour와 같은 유명인사 서포터들의 지지를 즐기고 있다.

마케팅 담당자는 소비자가 선택할 수 있는 거의 모든 곳에 브랜딩을 적용할 수 있다. 물리적 상품(Tesla 자동차 또는 Lipitor 콜레스테롤 약물), 서비스(Singapore Airlines 또는 Blue Cross Blue Shield 의료보험), 상점(Nordstrom 또는 Dick's Sporting Goods), 장소(Sydney 또는 아일랜드 국가), 조직(U2 또는 미국자동차협회) 또는 아이디어(낙태할 수 있는 권리 또는 자유무역)를 브랜드화할 수 있다.

브랜딩은 스포츠, 예술, 엔터테인먼트 분야에서 매우 중요해졌다. 세계 최고의 스포츠 브랜드 중 하나는 스페인 Madrid 출신이다.

Real Madrid　Real Madrid는 2013년에 33억 달러의 가치를 지닌 축구팀으로 Manchester United를 제치고 세계에서 가장 가치 있는 팀이 되었다. 팬들에게 'Los Merengues'라는 이름으로도 불리는 유명하면서도 우여곡절 많은 이 클럽은 2000년 억만장자 건설 재벌 Florentine Perez가 인수하면서 번창하기 시작했다. Perez의 전략은 David Beckham, Zinedine Zidane, 그리고 나중에 Cristiano Ronaldo와 같은 최고의 선수를 영입하는 것이었다. 경기장에서의 성공은 Perez가 세 개의 뚜렷하고 수익성 좋은 사업 라인을 개발할 수 있게 해주었다. 바로 중계권, 스폰서십과 제품 협찬 매출, 경기 당일 매출이다. Real Madrid는 진정한 글로벌 브랜드이며 매출의 상당 부분을 해외에서 벌어들이고 있다. 스폰서십에는 Adidas, Emirates Airlines, 스페인 은행 그룹 BBVA와의 세간의 주목을 받은 딜이 포함된다.[4]

브랜드의 역할

브랜드는 제품의 제조업체를 식별해 주고 소비자가 제품의 성능에 대한 책임을 해당 제조업체 또는 유통업체에 할당할 수 있도록 한다. 브랜드는 소비자와 기업 모두를 위해 많은 기능을 수행한다.

소비자를 위한 브랜드의 역할　브랜드는 기업이 소비자에게 하는 약속이다. 소비자의 기대치를 설정하고 위험을 줄이기 위한 수단이다. 고객 로열티의 대가로, 기업은 제품이나 서비스가 예측 가능한 긍정적인 경험과 일련의 바람직한 혜택을 신뢰성 있게 제공할 것을 약속한다. 소비자가 기대하는 브랜드라면 브랜드가 심지어 '괴짜(predictably unpredictable)' 같을 수도 있겠지만, 핵심은 브랜드가 고객의 니즈와 원츠를 충족하는 데 있어 고객의 기대를 충족하거나 초

<< 자체적인 권리를 가진 브랜드였던 최고 선수들과 직접 계약을 체결함으로써 Real Madrid 축구팀은 수십억 달러 규모의 글로벌 브랜드로 성장했다.

과해야 한다는 것이다.

소비자는 같은 제품을 그것이 어떻게 브랜딩되느냐에 따라 다르게 평가할 수 있다. 예를 들어, 소비자는 일반적인(브랜드가 없는) 가죽 가방에는 100달러를 지불할 수 있지만 Louis Vuitton, Hermès 또는 Gucci 브랜드를 붙인 가방에는 그 10배도 지불할 수 있다. 그들은 제품과 마케팅 프로그램에 대한 과거의 경험을 통해 브랜드에 대해 배우고, 어떤 브랜드가 그들의 니즈를 충족하고 어떤 브랜드가 그렇지 않은지를 알아낸다. 소비자의 삶이 더 바빠지고 복잡해짐에 따라, 의사결정을 단순화하고 위험을 줄이는 브랜드의 능력은 매우 중요해진다.[5]

브랜드는 또한 소비자에게 개인적인 의미를 부여하고 소비자의 아이덴티티에 중요한 부분이 될 수 있다.[6] 브랜드는 소비자가 누구인지, 또는 소비자가 어떻게 되고 싶어 하는지를 표현한다. 일부 소비자에게 브랜드는 심지어 인간 같은 특성을 가질 수 있다.[7] 여느 관계와 마찬가지로 브랜드 관계도 항상 같을 수는 없으며, 마케팅 담당자는 브랜드와 소비자 간의 유대를 강화하거나 약화할 수 있는 모든 말과 행동에 민감해야 한다.[8]

출처: Cameron Hughes Wine

>> Cameron Hughes는 선택된 판매상에게 저렴한 고품질 와인을 만들어 판매하기 위해 여분의 포도 과즙을 매수한다.

Cameron Hughes   프랑스, 이탈리아, 스페인, 아르헨티나, 남아프리카, California의 고급 와이너리와 와인 브로커로부터 여분의 포도 과즙을 사는 와인상인 Cameron Hughes는 자신의 이름을 붙인 한정판 프리미엄 블렌드를 만든다. Hughes는 포도도, 병입 기계도, 트럭도 가지고 있지 않다. 그는 병입 과정을 아웃소싱하고 Costco, Sam's Club, Safeway와 같은 소매업자에게 직접 판매하여 중간상을 없애고 중복된 마크업(마진)을 없앴다. Hughes는 어떤 와인 종류를 얼마나 많이 보유해야 할지 결코 알지 못하지만, 묶음(포도 과즙 종류)별로 새로운 제품을 만들어냄으로써 이러한 불확실성을 자신에게 유리하게 만들었다. 그에게, Costco의 장점은 빠른 회전율이다. 이 할인점의 고객들은 희귀한 할인상품을 찾는 것을 매우 좋아하며, Hughes는 매장 내 와인 시음회를 통해 그리고 곧 들어올 제품이 곧 매진될 것이라는 내부 이메일을 통해 그의 브랜드를 프로모션한다. Hughes는 또한 팔리지 않은 레이블 없는 와인을 사서 자신의 레이블을 붙여 판매한다. 100달러짜리 California 까베르네 한 병이 그의 Lot 500 Napa Valley Cabernet Sauvignon 브랜드로는 한 병당 25달러 이하의 가격에 팔릴 수 있다.[9]

기업을 위한 브랜드의 역할   브랜드는 또한 기업을 위해 가치 있는 기능을 수행한다.[10] 첫째, 재고 및 회계 기록을 정리하는 것을 도와줌으로써 제품 취급을 단순화한다. 신뢰할 수 있는 브랜드는 만족한 구매자들이 쉽게 제품을 다시 선택할 수 있도록 어느 정도 수준의 품질을 나타내준다.[11] 브랜드 로열티는 기업에 예측 가능성과 수요의 안전성을 제공하고 다른 기업의 시장 진입을 어렵게 하는 장벽을 만든다. 로열티는 경쟁 브랜드 가격보다 20~25% 더 높은 가격을 지불하려는 고객의 의지로 이어지기도 한다.[12]

비록 경쟁사는 제조 과정과 제품 디자인은 복제할 수 있지만, 수년간 우호적인 제품 경험과 마케팅 활동을 통해 개인과 기업의 마인드에 남겨진 지속적인 인상은 쉽게 따라갈 수 없다. 그런 의미에서 브랜딩은 경쟁우위 확보를 위한 강력한 수단이 될 수 있다. New Coke의 고전적인 이야기가 보여주듯이, 때때로 마케팅 담당자는 그들이 브랜드의 중요한 요소를 바꿀 때까지 브랜드 로열티의 진정한 중요성을 알아차리지 못한다.

<< 열렬한 충성 팬들이 제기한 강력한 항의는 Coca-Cola가 엄청난 시장조사를 투입한 결과물인 New Coke의 출시를 포기하고 회사의 100년 된 제조법을 다시 사용하게 만들었다.

Coca-Cola 좀 더 단맛이 강한 Pepsi-Cola의 일련의 전국적인 맛 테스트 챌린지로 타격을 받은 Coca-Cola는 1985년에 그들의 오래된 제조법을 New Coke라고 불리는 좀 더 달콤한 변형품으로 대체하기로 결정했다. Coca-Cola는 시장조사에 400만 달러를 썼고, 블라인드 맛 테스트는 Coke를 마시는 사람들이 새로운 조제법을 선호한다는 결과를 보여주었다. 그러나 New Coke의 출시로 전국적인 소동이 일어났다. 시장조사 담당자들은 맛은 측정했을지 몰라도 소비자들이 Coca-Cola에 대해 가지고 있는 감정적인 애착을 적절하게 측정하지 못했던 것이다. 분노의 편지, 공식적인 항의, 심지어 '진품'을 유지하도록 압박하는 법적 고소라는 위협까지 있었다. 10주 후, 회사는 100년 된 제조법으로 만든 'Classic Coke'를 다시 선보였다. New Coke를 소생시키려는 노력은 결국 실패했고, 1992년경 그 브랜드는 사라졌다. 아이러니하게도, New Coke의 출시 실패는 시장 내에서 과거의 제조법에 더 강력한 지위를 부여하게 만들었고, 결과적으로 더 호의적인 태도와 더 많은 매출로 이어졌다. 흥미롭게도, 34년 후, New Coke는 Netflix와의 홍보 캠페인의 일환으로 잠깐 컴백했는데, 이때 공상과학 스릴러 'Stranger Things'의 세 번째 시즌의 여러 에피소드에 등장했고, 기간을 한정하여 소매 판매 채널에서 판매되기도 했다.[13]

기업에게 브랜드는 소비자 행동에 영향을 미칠 수 있고, 사고팔 수 있으며, 소유자에게 지속적인 미래 매출의 안전성을 제공할 수 있는 매우 귀중한 법적 재산이다.[14] 기업은 인수합병을 통해 브랜드에 값비싼 비용을 지불했고, 예상되는 추가 수익과 처음부터 유사한 브랜드를 만드는 어려움과 비용을 기반으로 가격 프리미엄을 정당화했다.[15] Wall Street는 강력한 브랜드가 기업의 수입(earnings)과 수익 성과를 높여 주주들에게 더 큰 가치를 창출한다고 믿는다.[16]

브랜드 에쿼티와 브랜드 파워

브랜드가 창출하는 가치는 브랜드 에쿼티와 브랜드 파워라는 두 가지 핵심 개념에 의해 표현된다. 이 두 개념과 그 관계에 대해 이어서 논의한다.

브랜드 에쿼티   브랜드의 금전적 가치는 **브랜드 에쿼티**(brand equity)라고 불리며 그 브랜드의 소유권 때문에 회사의 가치 평가에 부과되는 프리미엄을 반영한다. 브랜드 에쿼티는 브랜드가 전체 기간 동안 창출할 총재무수익의 순현재가치를 말한다. 브랜드 에쿼티 개념을 이해하고, 브랜드 에쿼티의 선행 요소와 결과를 관리하고, 브랜드 에쿼티를 평가하기 위한 방법론을 개발하는 것이 기업의 재무적 건전성을 보장하는 데 가장 중요하다.

1980년대에 250억 달러 규모의 RJR Nabisco 매수와 같은 인수합병 바람이 불기 전에, 기업은 자신들이 만든 브랜드의 가치를 평가하기 위해 정해진 회계 절차 없이 수백만 달러를 브랜드 구축에 지출했다. 인수합병(M&A)이 잇따르면서 브랜드 가치 평가에 대한 관심이 높아졌고 브랜드 에쿼티를 측정하는 보다 정확한 방법으로 이어졌다. 회사가 수년간 쌓아온 브랜드 자산(brand assets)에 올바른 금액을 매기는 것은 매우 중요한데, 브랜드의 가치는 회사 장부에 반영되지 않고 유형자산을 초과할 수 있기 때문이다.

브랜드 에쿼티는 회계 용어인 **영업권**(goodwill)에 포함되며, 이는 회사의 모든 무형자산의 금전적 가치를 나타낸다. 영업권은 부동산, 인프라, 자재, 투자 같은 회사의 유형자산을 문서화할 뿐만 아니라 브랜드, 특허, 저작권, 노하우, 라이선스, 유통 계약, 회사 문화, 경영 관행 등 기업이 보유한 무형자산을 통합한다. 따라서 영업권은 브랜드 에쿼티보다 훨씬 광범위한 용어이며 회사의 브랜드 가치와 회사의 기타 무형자산의 가치를 모두 포함한다.

브랜드 에쿼티 측정   브랜드 에쿼티의 중요성은 논란의 여지가 없지만, 브랜드 에쿼티를 정확하게 평가하기 위한 보편적으로 합의된 방법은 없다.[17] 몇 가지 대안적인 방법이 존재하는데, 모두 브랜드 에쿼티를 측정하는 다른 방법을 강조한다. **원가접근법**, **시장접근법**, **재무적 접근법**이 브랜드 에쿼티를 측정하는 가장 일반적인 세 가지 방법이다.

- **원가접근법**(cost approach)은 마케팅 연구, 브랜드 디자인, 커뮤니케이션, 관리, 법적 비용 등 브랜드 개발 비용을 조사하여 브랜드 에쿼티를 산출한다. 원가 방법은 모든 관련 브랜드 구축 지출의 추정치를 포함하는 브랜드 창출의 과거 비용에 따라 달라질 수 있으며, 평가 시 브랜드 교체 비용(브랜드 재구축에 따른 금전적 비용)을 기준으로 할 수도 있다.
- **시장접근법**(market approach)은 브랜드가 붙지 않은 동일한 제공물의 매출과 브랜드가 붙은 제공물의 매출 간 차이를 측정하여 브랜드 에쿼티를 추정하며, 브랜드를 구축하는 비용에 따라 조정된다. 예를 들어, Morton Salt 브랜드의 가치를 평가하려면 Morton 제품이 창출하는 매출과 브랜드가 없는 동일한 소금(평범한 소금)에서 브랜드 구축 및 관리 원가를 뺀 매출을 비교해야 한다.
- **재무적 접근법**(financial approach)은 브랜드의 미래 수입에 대한 순현재가치(NPV)로서 브랜드 에쿼티를 평가하며, 세 개의 핵심 단계를 포함한다. 회사의 미래 현금흐름 계산, 회사의 미래 현금흐름에 대한 브랜드의 기여 추정, 브랜드에 귀속되는 수입의 변동성이라는 위험요인을 고려한 현금흐름 조정이 그것이다.

세 가지 접근방식에는 각각 장단점이 있다. 따라서 기업은 브랜드 가치를 측정하기 위해 여러 가지 방법과 대안적 접근방식을 사용함으로써 혜택을 얻을 수 있다. 이러한 접근법은 브랜드의 전략적 가치와 특히 서로 다른 시장 실체의 행동에 영향을 미치는 브랜드 파워를 고려해야 한다.

브랜드 파워   **브랜드 파워**(brand power)는 고객 기반 브랜드 에쿼티라고도 불리며, 브랜드가 제품이나 서비스에 기여하는 부수적인 가치다.[18] 브랜드 파워는 브랜드가 브랜드에 대한 소비자의 생각, 느낌, 행동 방식에 영향을 미치는 정도를 반영한다.

따라서 브랜드 파워는 브랜드 지식이 해당 브랜드의 마케팅에 대한 소비자 반응에 미치는 차등적 효과다.[19] 소비자에 의해 브랜드가 식별되지 않았을 때보다 식별되었을 때, 그리고 소비자가 제품과 그 제품이 마케팅되는 방식에 대해 더 호의적으로 반응할 때, 브랜드는 더 긍정적인 파워를 갖게 된다. 동일한 상황에서 소비자가 해당 브랜드의 마케팅 활동에 대해 덜 호의적으로 반응하면 브랜드는 부정적인 파워를 갖는다.

브랜드 파워는 브랜드가 불러일으키는 소비자 반응의 차이에서 비롯된다. 차이가 발생하지 않는다면, 브랜드가 붙은 제품은 본질적으로 차별화될 수 없는 제품, 즉 커모디티(commodity)이며, 경쟁은 아마도 가격에 기반할 것이다. 게다가 반응의 차이는 소비자의 브랜드 지식뿐만 아니라 브랜드와 관련된 모든 생각, 느낌, 이미지, 경험, 믿음의 결과다. Toyota(신뢰성), Hallmark[케어(care)], Amazon.com(편리성과 폭넓은 선택)과 마찬가지로 브랜드는 고객과 강력하고 우호적이며 독특한 브랜드 연상을 구축해야 한다. 마지막으로, 브랜드 에쿼티는 브랜드 마케팅의 모든 측면과 관련된 지각, 선호, 행동에 반영된다. 강력한 브랜드가 더 많은 매출을 올린다.[20]

브랜드 파워의 주요 혜택은 제품 성능에 대한 지각 개선, 로열티 증가, 경쟁 마케팅 행동과 마케팅 위기에 대한 취약성 감소, 마진 증가, 가격 상승에 대한 보다 비탄력적인 소비자 반응 및 가격 하락에 대한 보다 탄력적인 소비자 반응, 거래상의 협력 및 지원 증가, 마케팅 커뮤니케이션의 효과 증가, 라이선스 기회 확대, 브랜드 확장 기회 추가, 직원 채용 및 유지 개선, 금융 시장 수익률 증대 등이 있다.

따라서 마케터의 과제는 고객이 원하는 생각, 느낌, 브랜드 지식을 창출하기 위한 제품, 서비스, 마케팅 프로그램에 대한 올바른 경험을 갖도록 하는 것이다. 추상적 의미에서, 브랜드 에쿼티가 마케터에게 과거에서 미래로 가는 중요한 전략적 다리를 제공하는 것이라고 할 수 있다.

마케터는 또한 매년 제품과 서비스에 소비되는 마케팅 비용을 소비자 브랜드 지식에 대한 투자로 생각해야 한다. 투자의 양보다는 질이 중요한 요소다. 돈을 현명하게 쓰지 않는다면 브랜드 구축에 과도하게 지출될 가능성이 있다.

고객의 브랜드 지식은 해당 브랜드의 향후 방향을 지시한다. 소비자는 브랜드에 대한 생각과 느낌에 따라 브랜드가 어디로(그리고 어떻게) 가야 하는지 결정할 것이며, 마케팅 활동이나 프로그램을 받아들이거나 거부할 것이다. Bengay 아스피린, Cracker Jack 시리얼, Frito-Lay 레모네이드, Fruit of the Loom 세탁세제, Smucker's의 프리미엄 케첩과 같은 신제품 벤처는 모두 소비자가 브랜드 확장이 부적절하다는 생각이 들었기 때문에 실패했다.

브랜드 파워 측정   브랜드 파워를 어떻게 측정할 것인가? **간접적인** 접근법은 소비자 브랜드 지식을 알아내고 추적함으로써 브랜드 파워의 잠재적 원천을 평가한다.[21] **직접적인** 접근법은 마케팅의 다양한 측면에 대한 소비자 반응에 미치는 브랜드 지식의 실제 영향을 평가한다.

　　두 가지 일반적인 접근방식은 상호 보완적이며, 마케터는 이 둘을 모두 사용할 수 있다. 다시 말해서, 브랜드 파워가 유용한 전략적 기능을 수행하도록, 그리고 마케팅 결정을 가이드하도록 마케팅 담당자는 (1) 브랜드 에쿼티의 원천과 그것이 관심사항의 결과에 어떻게 영향을 미치는지, (2) 이러한 원천과 결과가 시간에 따라 어떻게 변화하는지 확실히 이해할 필요가 있다. 브랜드 감사는 전자에게 중요하며, 브랜드 추적은 후자에게 중요하다.

- **브랜드 감사**(brand audit)는 브랜드의 건전성을 평가하고, 브랜드 에쿼티의 출처를 밝히고, 그 에쿼티의 개선과 활용 방법을 제안하는 일련의 집중적인 절차다. 마케터는 마케팅 계획을 세우고 전략적 방향 전환을 고려할 때 브랜드 감사를 실시해야 한다. 정기적으로, 이를테면 매년 브랜드 감사를 실시함으로써 마케터는 보다 능동적이고 신속하게 브랜드를 관리할 수 있다. 성공적인 브랜드 감사는 소비자, 브랜드, 그리고 둘 사이의 관계에 대한 날카로운 통찰력을 제공한다.
- **브랜드 추적**(brand tracking)에서 브랜드 감사는 시간이 지남에 따라 소비자로부터 정량적인 데이터를 수집하기 위한 입력으로 사용되며, 브랜드와 마케팅 프로그램이 어떻게 수행되고 있는지에 대한 일관된 기초 정보를 제공한다. 브랜드 추적 연구는, 일상적인 의사결정을 용이하게 하기 위해 브랜드 가치가 어디서, 어느 정도 수준으로, 어떤 방식으로 만들어지고 있는지 이해하는 데 도움을 준다.

　　주요 브랜드에 대한 감사를 실시하고 브랜드 포지셔닝을 재정의한 기업 가운데 하나가 Kellogg다.

> **Kellogg Company**   최근 몇 년 동안 바로 먹을 수 있는 시리얼 카테고리는 포위되어 왔는데, 그 이유는 바쁜 소비자는 최대한 빨리 먹는 것을 선택하는 반면, 영양을 중시하는 소비자는 유전자 변형 재료에 대해 걱정하기 때문이다. 한 세기 이상의 역사를 가진 Kellogg는 브랜드를 쇄신하고 문제를 정면으로 해결할 필요가 있다고 판단했다. 전략적 방향과 창의적인 영감을 제공하기 위해 "Project Signature"라고 불리는 광범위한 브랜드 감사가 시작되었다. 브랜드 컨설팅 파트너인 Interbrand와의 1년간의 협업으로 다음과 같은 결과가 나왔다. "Let's Make Today Great"라는 새로운 태그라인, 업데이트된 디자인과 현대적인 로고, '아침 식사의 힘'을 강조하는 브랜드의 핵심 목적에 대한 명확한 파악, 모든 마케팅 캠페인에 Kellogg라는 마스터 브랜드의 명시적인 통합 및 강화, 전 세계 42개 회사 웹사이트를 하나로 통합. 브랜드 감사는 Kellogg의 특정 마케팅 프로그램과 활동에 영향을 주었는데, 여기에는 "Share Your Breakfast" 캠페인(아침을 굶는 미국 어린이 5명 중 1명을 돕기 위한 캠페인)부터 "Love Your Cereal"이라는 소셜 미디어 프로그램이 포함되어 있다. 올림픽 후원자인 Kellogg는 커뮤니케이션 예산의 일정 부분을 온라인 활동에 할애하기도 한다.[22]

　　마케터는 브랜드 에쿼티를 브랜드 가치 평가, 즉 총재무 가치를 추정하는 일과 구분해야 한다. 유명 기업에서 브랜드 가치는 일반적으로 기업 시가총액의 절반 이상이다. Quaker Oats

출처: Newscast Online Limited/Alamy Stock Photo

<< Kellogg의 1년 동안의 시리얼 카테고리 감사로 촉발된 변화는 새로운 소비자 습관을 직시하게 하였고, 새로운 슬로건과 업데이트된 패키징부터 회사 웹사이트 통합에 이르기까지 다양한 마케팅 도구를 업데이트하는 결과를 가져왔다.

의 공동 창업자인 John Stuart는 "만약 이 비즈니스가 분사된다면, 당신에게는 대지와 벽돌과 모르타르를 줄 것이고, 나는 브랜드와 상표를 가져갈 것이다. 그리고 나는 당신보다 더 잘살 것이다."라고 말했다. 미국 기업들이 대차대조표에 브랜드 에쿼티를 포함시키지 않는 이유는 무엇이 좋은 평가를 구성하는가에 대한 의견의 차이 때문이기도 하다. 하지만 영국, 홍콩, 오스트레일리아와 같은 나라에서는 기업이 브랜드 에쿼티에 가치를 부여한다.

브랜드 설계

마케터는 소비자의 마음에 올바른 브랜드 연상을 만듦으로써 브랜드 에쿼티를 구축한다. 이 프로세스의 성공은 마케터에 의해 주도되었든 아니든 소비자와의 모든 브랜드 관련 접촉에 달려 있다.[23]

브랜드 만트라 정의

브랜드 포지셔닝에 초점을 맞추고 소비자가 브랜드에 대해 생각하도록 마케터가 어떻게 도울지를 가이드하기 위해 기업은 브랜드 만트라를 정의할 수 있다. **브랜드 만트라**(brand mantra)는 브랜드의 마음과 영혼을 세 단어에서 다섯 단어로 표현한 것으로서, '브랜드 에센스'와 '핵심 브랜드 약속'과 같은 다른 브랜드 개념과 밀접한 관련이 있다. 만트라의 목적은 브랜드가 소비자에게 근본적으로 무엇을 나타내야 하는지 이해함으로써 기업 내 모든 직원과 모든 외부 마케팅 파트너의 행동을 가이드하는 것이다.

브랜드 만트라는 강력한 장치다. 차별점(POD)을 부각함으로써 해당 브랜드 산하에 어떤 제품을 선보여야 하는지, 어떤 광고 캠페인을 진행해야 하는지, 어디서 어떻게 브랜드를 판매할 것인지에 관한 가이드를 제공한다. 그들의 영향력은 심지어 이러한 전술적 관심사 너머로 확장될 수 있다. 브랜드 만트라는 리셉션 공간의 모습을 꾸미는 것과 전화에 응답하는 방식과 같이 겉보기엔 브랜드와 연관성이 없어 보이거나 극히 일상적인 결정에도 방향을 제시할 수 있다. 사실상 그들은 브랜드에 부적절한 마케팅 활동이나 고객의 인상에 부정적인 영향을 미칠 수 있는 모든 종류의 행동을 걸러내는 정신적 필터를 만든다.

브랜드 만트라는 브랜드가 무엇이고 무엇이 아닌지를 경제적으로 알려야 한다. 무엇이 좋은 브랜드 만트라를 만드는가? "Food, Folks, and Fun"은 McDonald's의 브랜드 에센스와 핵심 브랜드 약속을 표현한다. Nike와 Disney의 유명하고 성공적인 두 사례는 잘 디자인된 브랜드 만트라의 파워와 유용성을 보여준다.

Nike   Nike 브랜드는 혁신적인 제품 디자인, 최고의 운동선수들에 대한 후원, 수상 경력이 있는 커뮤니케이션, 경쟁적인 추동력, 기존 질서에 대항하는 태도에 기초하여 소비자를 위한 풍부한 연상을 가지고 있다. 내부적으로 Nike 마케터들은 그들의 마케팅 노력을 가이드하기 위해 '진정한 운동 성과(authentic athletic performance)'라는 세 단어로 된 브랜드 만트라를 채택했다. 따라서 Nike의 관점으로 볼 때, 제품과 판매 방식 등 전체 마케팅 프로그램이 그 핵심 브랜드 가치를 반영해야 한다. Nike는 수년간 '러닝화'에서 '운동화'로, 그리고 '운동화 및 운동복'에서 '운동화와 관련된 모든 것(장비 포함)'으로 브랜드 연상을 확대했다. 하지만 매 단계마다 그것은 '진정한 운동 성과'라는 브랜드 만트라에 의해 이끌어져 왔다. 예를 들어, Nike가 성공적인 의류 라인을 출시했을 때 한 가지 중요한 장애물은 제품의 소재, 재단, 디자인이 최고의 운동선수에게 진정으로 혜택을 줄 수 있을 만큼 충분히 혁신적이어야 한다는 것이었다. 이와 함께 브랜드 만트라에 맞지 않는 제품('갈색' 캐주얼 신발 등)을 브랜드화하는 데 Nike라는 이름을 쓰는 것을 피했다.

Disney   Disney는 라이선싱과 제품 개발을 통한 1980년대 중반 동안의 믿을 수 없는 큰 성장에 대응하여 브랜드 만트라를 개발했다. 1980년대 후반, Disney는 Mickey Mouse와 Donald Duck과 같은 캐릭터가 부적절하게 사용되고 과도하게 노출되고 있다는 것을 우려하게 되었다. 캐릭터는 너무 많은 제품에 부착되어 있었고, 매우 다른 방식으로 마케팅되었기 때문에 어떤 경우에는 이러한 거래의 근거가 무엇에서부터 시작되었는지를 구별하기조차 어려웠다. 게다가 캐릭터들이 시장에 널리 노출되었기 때문에 많은 소비자들은 Disney가 그것의 이름을 지나치게 이용해 먹고 있다고 느끼기 시작했다. Disney는 자사의 주요 브랜드 연상을 강화하는 일관된 이미지를 모든 타사 제품과 서비스에 전달하기 위해 신속하게 움직였다. 이를 위해 Disney는 제안된 여러 가지 신규사업들을 걸러내기 위해 내부 브랜드 만트라인 '재미있는 가족 엔터테인먼트'를 채택했다. 아무리 매력적이더라도 브랜드 만트라와 일치하지 않는 기회는 거부되었다. (Disney에게 그 만트라가 유용했던 만큼, 마법이라는 단어를 추가했다면 훨씬 더 유용했을지도 모른다.)

소비자를 끌어들이기 위한 브랜드 슬로건과는 달리, 브랜드 만트라는 내부 목적을 염두에 두고 설계되었다. Nike의 내부 만트라인 '진정한 운동 성과'는 소비자에게 직접 전달되지는 않았고, 브랜드 만트라를 명확히 표현하는 것을 목표로 한 'Just Do It'이라는 슬로건이 대신 제시되었다. 브랜드 만트라에는 세 가지 핵심 기준(criteria)이 있다. 첫째, 좋은 브랜드 만트라는 브랜드의 고유함을 **전달**해야 한다. 또한 브랜드의 카테고리를 정의하고 브랜드의 범위를 설정해야 한다. 둘째, 브랜드 만트라는 브랜드의 에센스를 단순화해 주어야 한다. 짧고, 명쾌하고, 의미가 생생해야 한다. 마지막으로, 브랜드 만트라는 개개인에게 의미 있고 적합한 근거를 찾아냄으로써 가능한 많은 직원들에게 영감을 주어야 한다.

급성장을 기대하는 브랜드의 경우, Nike가 '운동 성과'로, Disney가 '가족 엔터테인먼트'로 정의했던 것처럼, 그 브랜드가 경쟁하고자 하는 제품이나 혜택을 규정하는 것이 도움이 된다. 제품이나 서비스의 본질, 또는 브랜드가 제공하는 경험이나 혜택의 유형을 설명하는 단어는 확장될 적절한 카테고리를 식별하는 데 중요할 수 있다. 확장 발생 가능성이 적은, 보다 안정적인 카테고리에 속하는 브랜드의 경우, 브랜드 만트라는 차별점(POD)에만 초점을 맞출 수 있다.

다른 브랜드들은 회사의 브랜드 만트라를 구성하는 브랜드 연상 중 하나 또는 소수 몇 개에 강할 수 있다. 그러나 만트라가 효과적이려면, 다른 어떤 브랜드도 해당 브랜드의 만트라 구성요소 모두에서 동시에 더 높은 평가를 받으면 안 된다. Nike와 Disney의 성공의 열쇠 중 하나는 오랜 세월 동안 어떤 경쟁자도 그들의 브랜드 만트라가 제시한 결합된 약속을 이행할 수 없었다는 것이다.

브랜드 요소 선택

브랜드 요소는 브랜드를 식별하고 차별화하는 장치다. 대부분의 강력한 브랜드는 상표권을 확보할 수 있는 여러 브랜드 요소를 사용한다. Nike는 독특한 '스우시' 로고, 힘을 주는 "Just Do It" 슬로건, 그리고 그리스의 날개 달린 승리의 여신 이름에서 따온 'Nike'라는 이름을 가지고 있다. 마케터는 가능한 한 높은 브랜드 에쿼티를 구축하는 브랜드 요소를 선택해야 한다. 특정 브랜드 요소의 적절성 테스트는 **브랜드 요소가 그들이 알고 있는 전부라면** 소비자가 제품이나 서비스에 대해 어떻게 생각하거나 느낄 것인가에 대한 것이다. 예를 들어, 이름만으로도 소비자는 SnackWell's 제품이 건강에 좋은 스낵 식품이고, Panasonic Toughbook 노트북 컴퓨터는 내구성과 신뢰성이 있다고 기대할 수 있다.

브랜드 요소를 선택할 때 고려해야 할 몇 가지 요소가 있다. 그것은 기억되고, 의미 있고, 호감 가며, 전환 가능해야 하고, 적응성이 좋아야 하며, 보호될 수 있어야 한다. 앞의 세 가지 특징은 브랜드 구축에 대한 것이다. 뒤의 세 가지는 방어에 대한 것이다. 이 세 가지는 레버리지를 유지하고 도전으로부터 브랜드 에쿼티를 보존하는 데 도움이 된다.

- **기억에 남는**: 소비자가 브랜드 요소를 얼마나 쉽게 그리고 언제 떠올릴(recall) 수 있고 알아볼(recognize) 수 있는가? 구매할 때와 소비할 때 모두 그런가? Tide, Crest, Puffs와 같은 이름은 기억에 남는 브랜드 요소다.[24]
- **의미 있는**: 브랜드 요소에서 호의적인 연상이 떠오르는가? DieHard 자동차 배터리, Mop & Glo 바닥 왁스, Lean Cuisine 저칼로리 냉동 앙트레와 같은 이름의 고유한 의미를 생각해 보자. 뉴질랜드의 42BELOW 보드카의 브랜드명은 뉴질랜드를 관통하는 위도와 음료의 알코올 함량을 모두 의미한다. 패키징과 기타 시각적 단서는 그 나라의 순수함이라는 지각을 레버리지하여 브랜드의 포지셔닝을 전달할 수 있도록 설계되었다.[25]

- **호감 가는**: 브랜드 요소는 미적으로 얼마나 매력적인가? 최근 트렌드는 URL로 바로 사용할 수 있는 재미있는 이름을 지향하고 있다. 특히 Flickr, Instagram, Pinterest, Tumblr, Dropbox 같은 온라인 브랜드에서 그렇다.
- **전환 가능한**: 브랜드 요소가 동일한 카테고리나 다른 카테고리에서 신제품을 소개할 수 있는가? 브랜드 요소가 지리적 경계와 세분시장에 걸쳐 브랜드 에쿼티를 증가시키는가? 시작은 온라인 서점이었던 Amazon.com은 스스로를 "Books 'R' Us"라고 부르지 않고 세계에서 가장 큰 강의 이름을 선택함으로써 놀라울 정도로 다양한 범위의 상품으로 성장할 수 있었다.
- **적응성 높은**: 브랜드 요소가 얼마나 적응성이 높고 업데이트가 용이한가? 로고는 쉽게 업데이트할 수 있다. 지난 100년 동안 Shell 로고는 10번이나 업데이트되었다.
- **방어 가능한**: 브랜드 요소는 법적으로 얼마나 잘 보호되는가? 경쟁자로부터 얼마나 잘 보호될 수 있는가? Kleenex, Kitty Litter, Jell-O, Scotch Tape, Xerox, Fiberglass처럼 제품 카테고리와 동의어가 될 위험이 있는 경우, 해당 브랜드의 메이커들은 상표권을 지속시키고 브랜드가 일반화되지 않도록 해야 한다.

브랜드 요소는 수많은 브랜드 구축 역할을 할 수 있다.[26] 소비자가 제품 결정을 내릴 때 많은 정보를 검토하지 않는다면 브랜드 요소는 떠올리기 쉽고 본질적으로 설명적이고 설득력이 있어야 한다. 브랜드 요소의 호감도는 또한 인지도와 연상을 증가시킬 수 있다.[27] 그러나 의미가 내포된 이름을 선택하는 것은 나중에 다른 의미를 추가하거나 포지셔닝을 업데이트하는 것을 더 어렵게 만들 수 있다.[28]

무형적이고 덜 구체적인 특징을 나타내는 브랜드 요소가 더 중요한 경우도 있다. 많은 보험회사들은 자사 브랜드에 힘의 상징(Prudential의 Rock of Gibraltar, Hartford의 사슴) 또는 안전의 상징(Allstate의 '좋은 손', Traveler's의 우산, Fireman's Fund의 소방관 헬멧)을 사용한다.

브랜드명과 마찬가지로 슬로건은 브랜드 에쿼티를 구축하는 매우 효율적인 수단이다.[29] 슬로건은 브랜드가 무엇이며, 무엇이 브랜드를 특별하게 만드는지를 소비자가 파악하도록 돕는 유용한 '고리' 역할을 할 수 있다. "Like a Good Neighbor, State Farm Is There(좋은 이웃처럼, State Farm이 여러분과 함께합니다)", "Nothing Runs Like a Deere(Deere만큼 잘 달리는 것은 없습니다)", "Every Kiss Begins with Kay[모든 키스는 Kay(K)로 시작한다]" 등이 그 예다.

기업은 좋은 슬로건을 교체하는 것에 신중해야 한다. Citi는 유명한 슬로건인 "Citi Never Sleeps(Citi는 결코 잠들지 않습니다)"에서 벗어나 "Let's Get It Done(이루어집니다)"으로 대체했지만, 새로운 슬로건이 인기를 끌지 못하자 예전 슬로건으로 돌아왔다. 50년 후, Avis Car Rental은 "We Try Harder(우리는 더 열심히 노력합니다)"를 "It's Your Space(여기가 당신의 공간입니다)"로 바꾸었다. 새로운 슬로건은 원래 슬로건보다 지속력이 훨씬 낮았다. 내재된 메시지는 말할 나위도 없다.

브랜드 이름과 기타 식별자는 등록상표를 통해 보호될 수 있고, 제조 공정은 특허를 통해 보호될 수 있으며, 패키징은 저작권 및 독점적 디자인을 통해 보호될 수 있다. 이러한 지적 재산권은 기업이 브랜드에 안전하게 투자하고 가치 있는 자산의 혜택을 얻도록 보장해준다.[30]

브랜드 캐릭터의 마법

브랜드 캐릭터는 마케팅에서 길고 중요한 역사를 가지고 있다. Keebler 요정은 회사의 쿠키 라인을 위해 가정식 베이킹 품질에 대한 인식과 마법과 재미의 느낌을 강화해 준다. 보험업계에서는 Aflac의 오리와 GEICO의 도마뱀이 소비자 관심을 두고 경쟁을 벌이고, Progressive의 수다쟁이 Flo가 Met Life의 사랑스러운 Peanuts 캐릭터와 경쟁한다. Michelin의 친근한 타이어 모양의 Bibendum, 즉 'Michelin Man'은 가족의 안전을 전달하고 있으며, 이 브랜드가 전 세계적으로 80%의 인지도를 달성하는 데 기여한 공로를 인정받고 있다. 매년 Michelin은 Bibendum을 위한 '여권'을 배포하며, 마케터들의 광고 사용에 대한 한계를 설정한다. 예를 들어, Bibendum은 결코 공격적인 판매를 하지 않으며, 영업용 메시지(sales pitch)를 전달하지 않는다.[31]

브랜드 캐릭터(brand characters)는 특별한 유형의 브랜드 심벌로서, 호감도를 높이고 브랜드를 흥미롭고 재미있게 해주는 꼬리표를 달아준다. 소비자는 브랜드가 어떤 사람이나 캐릭터로 대표될 때 더 쉽게 관계를 형성할 수 있다. 브랜드 캐릭터는 일반적으로 광고를 통해 소개되며 광고 캠페인 및 패키지 디자인에서 중심적인 역할을 할 수 있다. M&M의 '캔디 대변인(spokescandies)'은 브랜드를 위한 모든 광고, 프로모션, 디지털 커뮤니케이션의 필수적인 부분이다. 'Pillsbury Doughboy', 'Peter Pan'(땅콩 버터) 같은 브랜드 캐릭터, 그리고 'Tony the Tiger'와 'Snap, Crackle, & Pop'(Kellogg의 캐릭터)과 같은 수많은 시리얼 캐릭터들이 애니메이션으로 만들어졌다. Juan Valdez(콜롬비아 커피)와 Ronald McDonald 같은 실사 인물도 있다.[32]

브랜드 캐릭터는 화려하고 이미지가 풍부한 경우가 많기 때문에, 브랜드가 시장의 혼란을 극복하고 주요 제품 혜택을 자연스러운 판매 방식으로 전달하는 데 도움이 되기도 한다. 캐릭터는 또한 실제 사람 대변인(메인 광고모델)과 관련된 많은 문제를 피할 수 있다. 캐릭터는 모델료 인상을 요구하지 않으며, 부적절한 행동을 하지도 않는다. 브랜드 개성을 형성하고 소비자 상호작용을 촉진할 수 있는 기회를 제공하는 브랜드 캐릭터는 디지털 세계에서 점점 더 중요한 역할을 한다. 바이럴 동영상에서 Mr. Peanut의 성공 덕분에 새로운 땅콩 버터 제품군을 도입할 수 있었다. 왕년에 잘나가던 캐릭터들도 웹에 진출하고 있다. 1957년에 처음 소개된 Mr. Clean은 100만 명 이상의 Facebook 팬을 모았다.

2차적 연상 선택

강력한 브랜드를 구축하기 위해, 마케터는 브랜드를 소비자의 기억 속에 있는 다른 의미 있는 정보와 연결시킨다. 이러한 연결된 연상은 브랜드 지식의 2차적 원천이 된다(그림 10.1 참조).

이러한 '2차' 브랜드 연상은 브랜드를 회사 자체, 국가, 또는 다른 지리적 지역(제품의 원산지에 대한 정체성을 통해), 유통 채널(채널 전략을 통해)과 연결시켜 준다. 또한 다른 브랜드(성분 브랜딩과 공동브랜딩을 통해), 캐릭터(라이선싱을 통해), 대변인(메인 광고모델의 보증 효과를 통해), 스포츠 또는 문화 행사(스폰서십을 통해), 다른 제3의 원천과 연결시켜 준다.

스노보드, 스노보드 부츠, 바인딩, 의류, 그리고 외투 제작자인 Burton이 Dominator라고 불리는 새로운 서프보드를 소개하기로 결정했다고 가정해 보자. Burton은 최고의 프로 라이더들과 긴밀히 연계되고 전국에 강력한 아마추어 스노보드 커뮤니티를 형성함으로써 스노보드 시장의 3분의 1 이상을 얻었다.[33] 새로운 서프보드를 지원하기 위해 Burton은 여러 가지 방법으로 2차 브랜드 지식을 활용할 수 있었다.

첫째, Burton은 서프보드를 'Dominator by Burton'이라고 부르며 '하위 브랜드'화 할 수 있다. 이 경우 신제품에 대한 소비자의 평가는, 소비자가 Burton에 대해 어떻게 느꼈는지, 그리고 그러한 지식이 Burton 서프보드의 품질을 예측했다고 느꼈는지에 따라 영향을 받을 것이다. 대안적으로, Burton의 고향인 New England의 시골 마을에 의존할 수도 있지만, 이 지리적 위치는 서핑과 거의 관련이 없어 보인다. Burton은 또한 그들의 신뢰도가 Dominator 브랜드에 영향을 미칠 것이라는 희망으로 인기 있는 서프 매장을 통해 판매할 수 있었다. (Wilson이 Pro Staff Classic 테니스화 밑창에 Goodyear 타이어 고무를 포함시킨 것처럼)Burton은 발포고무나 유리섬유 소재의 강력한 성분 브랜드를 아이덴티티화함으로써 공동브랜드를 만들 수 있었다.

Burton의 또 다른 접근방식은 서프보드의 모델이 될 최고의 프로 서퍼를 찾거나, 서핑대회 또는 전체 ASP 월드 투어를 후원하는 것일 수도 있다. 마침내 Burton은 잡지《Surfer》와 《Surfing》과 같은 제3의 출처로부터 좋은 평점을 확보하고 널리 홍보할 수 있었다. 따라서 서프보드 자체, 브랜드 이름, 또는 마케팅 프로그램의 다른 측면에 의해 만들어진 연상과는 무관하게, Burton은 브랜드를 이러한 다른 실체들과 연결함으로써 에쿼티를 구축할 수 있었다.

2차 연상을 활용하는 것은 브랜드를 강화하는 효율적이고 효과적인 방법일 수 있다. 그러나 브랜드를 어떤 사람 또는 어떤 사물과 연결하는 것은 위험할 수 있는데, 왜냐하면 그 다른 실체에 일어나는 나쁜 일이 그 브랜드와도 연관될 수 있기 때문이다. 인기 있는 후원자인 Tiger Woods와 Lance Armstrong이 나쁜 평판에 휘말렸을 때, 자사 브랜드를 프로모션하기 위해 이들을 사용하던 많은 회사들은 그들과 관계를 끊기로 결정했다.

브랜드의 2차 연상은 브랜드의 개성과 일치해야 한다. **브랜드 개성**(brand personality)은 우

그림 10.1
브랜드 지식의 2차적 원천

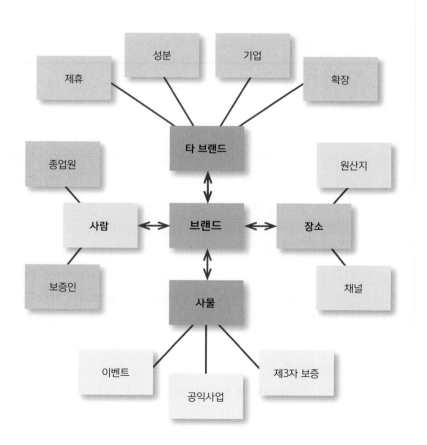

리가 특정한 브랜드에 귀속시킬 수 있는, 인간적 특질의 특정한 믹스다. 소비자는 자신의 개성과 일치하는 브랜드를 선택하는 경향이 있기 때문에 브랜드의 개성을 정의하는 것은 중요하다. 연구자들은 다음과 같은 브랜드 개성의 특성을 확인했다.[34] 성실성(진지한, 정직한, 건전한, 명랑한), 흥분(용감한, 대담한, 상상력이 풍부한, 새로운), 역량(신뢰성 있는, 지적인, 성공적인), 세련됨(고급스러운, 매력적인), 강인함(야외활동을 좋아하는, 터프한)이 그것이다. 브랜드 개성은 다음과 같은 몇 가지 속성을 가질 수 있다. Levi's는 젊고, 반항적이고, 진실하며, 미국적인 성격을 암시한다.

미국 밖에서 브랜드 개성 척도의 일반화 가능성을 탐구한 문화횡단적 연구에 의하면, 일본과 스페인에서는 5가지 요인 중 세 가지가 적용되었는데, 두 나라 모두에서 '강인함(ruggedness)' 대신 '평화(peacefulness)'라는 차원이 적용되었고, 스페인에서는 '역량(competence)' 대신 '열정(passion)'이라는 차원이 나타났다.[35] 한국의 브랜드 개성에 대한 연구에서는, 한국 사회 및 경제 시스템에서 유교적 가치의 중요성을 반영하는 두 가지 문화적 요소인 '수동적 호감(passive likableness)'과 '지배력(ascendancy)'이 나타났다.[36]

브랜드 계층

브랜드 계층(brand hierarchy)은 기업의 브랜드들이 서로 관련되는 방식뿐만 아니라 기업의 제품 및 서비스와 관련되는 방식도 반영한다. 의미 있는 브랜드 계층 구조를 개발하는 것은 다양한 브랜드 포트폴리오를 관리하는 기업에게 특히 중요하다.

브랜드 포트폴리오 관리

브랜드는 단지 여기까지만 확장될 수도 있으며, 회사가 타깃으로 삼고자 하는 모든 세분시장이 그 브랜드를 똑같이 호의적으로 보지 않을 수도 있다. 마케터는 여러 소비자 세분시장을 추구하기 위해 여러 브랜드를 필요로 하기도 한다. 한 카테고리에 여러 브랜드를 도입하는 다른 이유로는 매장 내 선반 존재감의 증가와 소매업자에의 의존성 증가, 여러 브랜드가 없다면 다른 브랜드로 전환할 수도 있는 다양성 추구형 소비자의 건재함, 회사 내 (브랜드들 간의)경쟁 증가, 광고, 영업, 상품화, 그리고 물류 내에서의 규모의 경제 추구 등이 있다.[37]

브랜드 포트폴리오(brand portfolio)는 특정 기업이 특정 카테고리 또는 세분시장에서 판매를 위해 제공하는 모든 브랜드와 브랜드 라인의 집합이다. 좋은 브랜드 포트폴리오를 구축하기 위해서는 신중한 사고와 창의적인 실행이 필요하다. 최적화된 브랜드 포트폴리오의 특징은 포트폴리오에 포함되는 각각의 브랜드가 다른 모든 브랜드와 결합하여 에쿼티를 극대화할 수 있는 능력이다. 마케터는 일반적으로 '시장 커버리지'와 '비용 및 수익성' 사이에서 절충점을 찾아야 한다. 만약 브랜드를 포기함으로써 이익을 증대시킬 수 있다면 포트폴리오가 너무 큰 것이다. 브랜드를 추가하여 이익을 증가시킬 수 있다면 포트폴리오가 충분히 크지 않은 것이다.

브랜드 포트폴리오를 설계할 때 시장 커버리지를 극대화해 타깃고객이 무시되지 않도록 하되 브랜드 중복을 최소화해 같은 회사 브랜드끼리 고객 수용 경쟁을 벌이지 않도록 하는 것이 기본 원칙이다. 각 브랜드는 마케팅 및 생산 비용을 정당화하기 위해 차별화되어야 하고, 충분히 큰 규모의 마케팅 세분시장에 호소력이 있어야 한다. 다음 사례를 고려해 보자.

> Dow Corning   Dow Corning은 실리콘을 판매하기 위해 듀얼 브랜드 방식을 채택했는데, 실리콘은 많은 기업이 재료로 사용하고 있다. Dow Corning이라는 이름으로 판매되는 실리콘은 고객에게 많은 관심과 지원을 제공하는 '하이터치' 방식을 사용하며, Xiameter라는 이름으로 판매되는 실리콘은 낮은 가격을 강조하는 '군더더기 없는' 방식을 사용한다.[38]

> Unilever   Unilever는 PepsiCo와 제휴하여 바로 마실 수 있는 네 가지 브랜드의 아이스티를 판매하고 있다. Brisk Iced Tea는 진입 지점으로서 '맛으로 승부하는' 가성비 브랜드 역할을 하는 '진입로(on ramp)' 브랜드다. Lipton Iced Tea는 매력적인 맛이 혼합된 메인 브랜드다. Lipton Pure Leaf Iced Tea는 티 순수주의자를 위한 고급 브랜드이며 '티 자체로 승부하는' 브랜드다.[39]

마케터는 시간이 지남에 따라 브랜드 포트폴리오를 주의 깊게 모니터링하여 취약한 브랜드를 찾아내고 수익이 나지 않는 브랜드를 없앤다.[40] 제대로 차별화되지 않은 제공물과 관련된 브랜드는 자가잠식 및 브랜드 희석이라는 특징이 있을 수 있다. 이렇게 지나치게 확장되고 차별화되지 않은 제공물은, 브랜드의 건전성과 시장 가치를 창출하는 능력을 보장하기 위해 가지치기 작업이 필요할 수 있다.

세 가지 일반적인 브랜드 포트폴리오 전략이 인기가 있다.

• **하우스 오브 브랜드 전략**(house-of-brands strategy)은 개별적인 또는 분리된 패밀리 브랜드 이름을 포함한다. 소비재(consumer packaged-goods) 기업은 서로 다른 이름으로 다른 제품을 브랜딩하는 오랜 전통을 가지고 있다. General Mills는 주로 Bisquick, Gold Medal 밀가루, Nature Valley 그래놀라 바, Old El Paso 멕시코 음식, Progresso 수프, Wheaties 시리얼, Yoplait 요구르트 등 개별 브랜드를 사용한다. 어떤 기업이 상당히 다른 제품을 생산하는 경우, 포괄적인 하나의 이름을 사용하는 것은 대부분 바람직하지 않다. Swift & Company는 햄(Premium)과 비료(Vigoro)를 위한 분리된 패밀리 이름을 따로 만들었다. 기업은 동일한 제품 클래스 내에서 다른 품질을 갖는 라인에 다른 브랜드 이름을 사용하는 경우가 많다. 분리된 패밀리 브랜드 이름을 사용하는 것의 주요 장점은 제품이 실패하거나 품질이 낮은 것으로 보이는 경우, 다른 제품의 평판을 해당 제품과 연결 짓지 않는다는 것이다.[41]

• **브랜디드 하우스 전략**(branded-house strategy)에는 기업 우산 또는 회사 브랜드 이름이 포함된다. Heinz와 GE와 같은 많은 기업은 그들의 기업 브랜드를 그들의 모든 제품 범위에서 우산 브랜드로 사용한다.[42] 잘 인식되도록 작명을 검토하거나 광고에 많은 비용을 들일 필요가 없기 때문에, 우산 이름을 사용할 때 개발 비용이 더 저렴하다. Campbell Soup는 극단적으로 단순한 이름으로 새로운 수프를 출시하고 있어서 즉각적으로 인식될 수 있다. 생산자의 이름이 좋으면 신제품 판매가 호조를 보이는 것 같다. 혁신성, 전문성, 신뢰성의 기업 이미지 연상이 소비자 평가에 직접적인 영향을 미치는 것으로 나타났다.[43] 마지막으

로, 기업 브랜딩 전략은 기업에 더 큰 무형의 가치를 가져다줄 수 있다.[44] 그러나 부정적인 측면에서 보자면, 한 제품에 대한 소비자의 나쁜 경험이 같은 브랜드로부터 연상되는 다른 제품에 대한 지각을 오염시키는 경우, 부정적인 파급 효과를 더 악화시킬 수 있다.

• **하위 브랜드 전략**(sub-brand strategy)은 둘 이상의 기업 브랜드, 패밀리 브랜드, 개별 제품 브랜드 이름을 결합한다. Kellogg는 기업 브랜드를 개별적인 제품 브랜드와 결합함으로써 (예를 들면, Kellogg의 Rice Krispies, Kellogg의 Raisin Bran, Kellogg의 Corn Flakes 등), 하위 브랜드 또는 하이브리드 브랜딩 전략을 채택한다. Honda, Sony, Hewlett-Packard와 같은 많은 내구재 제조업체들은 그들의 제품에 하위 브랜드를 사용한다. 기업 이름은 신제품의 수용도를 높여주며, 하위 브랜드 이름은 그 신제품을 개별적으로 구별해 준다.

하우스 오브 브랜드와 브랜디드 하우스 전략은 연속체의 양쪽 끝을 나타낸다. 하위 브랜드 전략은 하위 브랜드의 어떤 구성요소가 더 강조되는가에 따라 그 사이 어딘가에 위치한다. 하우스 오브 브랜드 전략을 사용하는 좋은 예가 United Technologies다.

> United Technologies   United Technologies Corporation(UTC)은 항공우주 산업 및 상업용 빌딩 산업에 광범위한 첨단기술 제품과 서비스를 제공하여 630억 달러에 가까운 매출을 창출한다. 이 기업의 항공우주 비즈니스에는 Sikorsky 헬리콥터, Pratt & Whitney 항공기 엔진, UTC Aerospace Systems(Goodrich Corporation과 Hamilton Sundstrand 항공우주 시스템 등이 포함) 등이 있다. UTC Building & Industrial Systems는 Otis 엘리베이터와 에스컬레이터, Carrier 난방과 에어컨 및 냉동 시스템, Kidde와 Chubb 같은 브랜드의 화재 및 보안 솔루션을 아우른다. UTC가 시장 내에서 판매 중인 대부분의 브랜드는 제품을 발명하거나 수십 년 전 회사를 만든 사람들의 이름이다. 이런 이름들은 UTC라는 모브랜드 이름보다 기업 구매 시장에서 더 큰 파워를 가지며, 잘 인식되고, 개별 기업에 대한 직원들의 로열티가 높다. UTC라는 이름은 작지만 영향력 있는 오디언스, 즉 New York과

>> United Technologies (현 Raytheon Technologies)는 모기업에 대한 인식과 존중을 고취하기 위해 Pratt & Whitney, Goodrich, Otis, Carrier, Kidde 같은 개별 브랜드 파워에 의존하고 있다.

출처 David Gee/Alamy Stock Photo

Washington DC의 재무적 커뮤니티와 오피니언 리더 같은 사람들에게 광고할 때만 사용된다. "제 철학은 항상 자회사 상표(trademark)의 파워를 사용하여 인식과 브랜드 수용, 인지, 그리고 모회사 자체에 대한 존중을 개선하는 것이었다."라고 UTC의 전 CEO인 George David는 말했다. 2020년 초, United Technologies는 방위산업체인 Raytheon과 합병하여 Raytheon Technologies Corporation을 설립했다.[45]

브랜디드 하우스 전략을 사용할 경우, 잘 정의된 플래그십 제품을 보유하는 것이 유용한 경우가 많다. **플래그십 제품**(flagship product)은 소비자에게 브랜드 전체를 가장 잘 표현하거나 구체화해 주는 제품이다. 그것은 대개 그 브랜드가 명성을 얻은 첫 번째 제품, 널리 받아들여진 베스트셀러, 또는 높이 칭송받거나 상을 받은 제품이다.[46]

플래그십 제품은 마케팅을 통해 단기적인 혜택(판매량 증가)은 물론 장기적인 혜택(다양한 제품에 대한 브랜드 에쿼티 개선)을 얻을 수 있다는 점에서 브랜드 포트폴리오에서 핵심적인 역할을 한다. 몇몇 모델은 많은 자동차 제조업체들에게 중요한 플래그십 역할을 한다. 가장 많은 판매량을 창출하는 것 외에도, 패밀리 세단인 Toyota Camry와 Honda Accord는 그러한 제조사들의 모든 자동차가 공유하는 브랜드 가치를 대표한다. Daimler의 최고경영자인 Dieter Zetsche는 2014년 Mercedes S클래스 신차를 출시하면서 "이 차는 항구 하면 Hamburg, Leonardo da Vinci 하면 Mona Lisa, Rolling Stones 하면 'Satisfaction'이 떠오르는 것같이 Mercedes-Benz의 대한 가장 중요한 상징"이라고 설명했다.[47]

많은 기업이 **브랜드 변형제품**(branded variants)을 선보이고 있는데, 이것은 특정 소매상이나 특정 유통 채널에 공급되는 특정한 브랜드 라인이다. 소매업체가 제조업체에게 차별화된 상품을 제공하라는 압력을 가한 결과다. 한 카메라 회사는 저가형 카메라는 대량 판매업자에게 공급하고, 고가 제품은 전문 카메라 상점에 국한시킬 수도 있다. Valentino는 백화점마다 다른 라인의 정장과 재킷을 디자인하고 공급할 수 있다.[48]

공동브랜딩

마케터는 자사의 브랜드를 다른 회사의 브랜드와 결합하여 우수한 시장 가치를 창출하기도 한다. 듀얼 브랜딩이라고도 하는 **공동브랜딩**(cobranding)은 둘 이상의 브랜드가 함께 마케팅된다.

공동브랜딩의 에센스 General Mills가 Trix 시리얼과 Yoplait 요구르트를 합친 제품을 광고할 때처럼, 공동브랜딩의 한 형태는 **같은 회사의 공동브랜딩**이다. 또 다른 형태는 **조인트벤처 공동브랜딩**으로서, 일본에서 General Electric과 Hitachi 전구의 사례, 또는 세 당사자가 참여한 Citi Platinum Select AAdvantage Visa Signature 신용카드 같은 사례가 있다. **멀티 스폰서 공동브랜딩**도 있다. Apple, IBM, Motorola의 일회성 테크놀로지 제휴였던 Taligent가 그 사례다. 마지막으로, **소매 공동브랜딩**은 복수의 소매 시설이 공간과 수익을 최적화하기 위해 한 곳의 장소를 사용하는 것을 말한다. Pizza Hut, KFC, Taco Bell이 공동 소유하는 레스토랑이 이러한 브랜딩의 사례다.

공동브랜딩의 주요 장점은 제품이 다수의 브랜드로 인해 설득력 있게 포지셔닝될 수 있다는 것이다. 공동브랜딩은 기존 시장에서 더 큰 매출을 창출할 수 있고 새로운 소비자와 채널을 유치할 수 있는 기회를 열 수 있다. 잘 알려진 두 이미지를 결합하고 제품 수용 속도를 높이기 때문에 제품 출시 비용도 줄일 수 있다. 그리고 소비자에 대해 학습하고 참여한 다른 회사들이 소비자에게 어떻게 접근하는지 학습하는 소중한 수단이 될 수 있다. 자동차 산업에 종사하는 기업들은 이러한 모든 혜택을 얻을 수 있었다.[49]

공동브랜딩의 잠재적인 단점은 다른 브랜드와 제휴하는 것과 관련되어 소비자의 마음속에 존재하는 위험성과 통제의 부족이다. 공동브랜드에 대한 소비자 기대치가 높을 것으로 보이며, 따라서 불만족스러운 실적은 두 브랜드 모두에 부정적인 영향을 미칠 수 있다. 그리고 참여한 브랜드 중 하나가 다수의 공동브랜딩 계약을 체결할 경우, 과도한 노출이 의미 있는 연상의 전달을 희석시킬 수 있다.[50]

공동브랜딩이 성공하기 위해서는 두 브랜드가 개별적으로 브랜드 에쿼티, 즉 적절한 브랜드 인지도와 충분히 긍정적인 브랜드 이미지를 가져야 한다. 가장 중요한 요건은 두 브랜드 간의 논리적 적합성(logical fit)이며, 각각의 장점을 최대화하는 동시에 단점을 최소화하는 것이다. 소비자는 지나치게 유사하고 중복되기보다는 상호 보완적이며 고유한 품질을 제공하는 경우 공동브랜드를 호의적으로 지각하기 쉽다.[51]

관리자는 브랜드 에쿼티의 적절한 밸런스와 함께 가치, 능력, 목표라는 측면에서 잘 어울릴 수 있도록, 공동브랜딩 벤처에 신중하게 진입해야 한다. 계약을 법제화하고, 재무적인 준비를 하고, 마케팅 프로그램을 조정하기 위한 세부 계획이 있어야 한다. Nabisco의 한 임원은 "당신의 브랜드를 주는 것은 당신의 아이를 주는 것과 매우 비슷하다. 당신은 모든 것이 완벽한지 확인하고 싶어 한다."라고 말했다. 브랜드 간의 재무적 계약은 다양하다. 한 가지 일반적인 접근방식은 상대방에게 라이선스 비용과 로열티를 지불할 때 그 브랜드가 생산 과정에 더 깊이 투자하는 것이다.

브랜드 제휴는 많은 의사결정을 필요로 한다. 당신이 갖고 있지 않은 능력은 무엇인가? 어떤 리소스 제약(인력, 시간, 비용)에 직면해 있는가? 전략적 목표는 무엇인가? 파트너 관계를 맺는 것이 브랜드 에쿼티 강화에 도움이 되는가? 브랜드 에쿼티를 희석시킬 위험이 있는가? 이 기회가 지식 이전(knowledge transfer)과 같은 전략적 이점을 제공하는가?

성분 브랜딩 성분 브랜딩은 공동브랜딩의 특별한 경우다. 이는 다른 브랜드 제품 내에 반드시 포함되어 있는 원료, 구성요소, 부품에 대한 브랜드 에쿼티를 창출한다. 본제품의 브랜드가 그렇게 강하지 않은 경우, 성분 브랜드는 차별성과 중요한 품질 신호를 제공할 수 있다.[52]

성공적인 재료 브랜드로는 Dolby 소음 저감 기술, GORE-TEX 방수 섬유, Scotchgard 직물이 있다. Vibram은 아웃도어, 작업, 군대, 여가 활동, 패션, 정형외과적 교정용 신발의 고성능 고무 밑창 분야에서 세계 선두를 달리고 있다. 신발 밑을 보면 Vibram 밑창을 찾을 수 있을 것이다. 이 제품은 The North Face, Saucony, Timberland, Lacoste, L.L. Bean, Wolverine, Rockport, Columbia, Nike, Frye를 포함한 다양한 신발 제조업체에 의해 사용된다.

성분 브랜딩에서 흥미로운 점은 그 성분을 **자체적으로 브랜딩**한다는 것인데, 기업은 이를 광고하기도 하고 심지어 등록상표화(trademark)하기도 한다.[53] Westin Hotels은 손님의 숙면을 위해 매우 중요한 성분인 자체 소유의 'Heavenly Bed'를 광고한다. 이 브랜드는 매우 성공적이어서 Westin은 현재 온라인 카탈로그를 통해 매트리스, 베개, 침대 시트, 담요와 함께 다른 'Heavenly' 선물, 목욕 용품, 심지어 애완동물 용품까지 판매하고 있다. 침대의 성공은 Westin 브랜드 전체에 후광을 만들어주기도 했다. Heavenly Bed 마니아들은 객실이나 숙박의 다른 측면에 대해 긍정적인 평가를 할 가능성이 크다.[54] 만약 그것이 잘될 가능성이 있다면, 자체 브랜드 재료를 사용하는 것은 타당하다. 왜냐하면 기업은 그 재료에 대한 더 많은 통제권을 가지고 있고 그들의 목적에 맞게 개발할 수 있기 때문이다.

성분 브랜드는 소비자가 그 성분이 들어 있지 않은 주 제품을 사지 않도록 자사 제품에 대한 충분한 인지도와 선호도를 만들기 위해 노력한다. DuPont은 의류에서 항공우주에 이르기까지 다양한 시장에서 사용할 수 있도록 Corian® 솔리드 표면 소재와 같은 혁신적인 제품을 많이 선보였다. Tyvek® 가정용 랩, Teflon® 논스틱 코팅, Kevlar® 섬유와 같은 많은 제품이 다른 회사에서 제조한 소비자 제품에서 성분 브랜드로 널리 알려졌다.

많은 제조업체가 브랜드 제품에 사용되는 구성요소나 원료를 만드는데, 정작 그들의 개별적인 아이덴티티는 잃어버리기도 한다. 이 운명을 피한 몇 안 되는 회사 중 하나가 Intel이다. Intel의 소비자 지향적인 브랜드 캠페인은 많은 개인용 컴퓨터 구매자들이 'Intel Inside'가 있는 브랜드만 구매하도록 설득했다. 그 결과, Dell, HP, Lenovo 등 주요 PC 제조업체들은 잘 알려지지 않은 공급업체로부터 유사한 칩을 구입하기보다는 프리미엄 가격을 주고 Intel로부터 칩을 구입한다.

성공적인 성분 브랜딩을 위한 요구사항은 무엇일까?[55] 첫째, 소비자가 성분이 최종 제품의 성과와 성공에 중요하다고 믿어야 한다. 이상적으로, 이 본질적인 가치가 쉽게 눈에 띄거나 경험되어야 한다. 둘째, 소비자가 그 성분이 우수하다는 것을 확신해야 한다. 이를 위해 회사는 소비자가 브랜드가 붙은 성분의 이점을 이해하는 데 도움이 되도록 커뮤니케이션 캠페인을 조정해야 하며, 이를 위해 최종 제품의 생산자와 그 제품을 취급하는 소매상의 도움을 받는 경우가 많다. 마지막으로, 독특한 심벌이나 로고는 본제품이 성분을 포함하고 있다는 것을 명확

>> Milka와 Oreo(둘 다 Mondelēz 브랜드)의 공동 브랜딩은 미국 시장에서 스위스 기업인 Milka의 입지를 강화하기 위한 것이다.

하게 표시해야 한다. 이상적으로는 이 심벌이나 로고가 '인장(seal)'과 같은 기능을 하며 단순하고 다목적이며 품질과 자신감을 신뢰할 수 있도록 전달한다.[56]

브랜드 가치 사슬

브랜드 가치 사슬(brand value chain)은 브랜드 에쿼티의 출처와 결과, 그리고 마케팅 활동이 브랜드 가치를 창출하는 방식을 평가하는 구조화된 접근법이다(그림 10.2). 그것은 몇 가지 전제에 근거한다.[57]

첫째, 브랜드 가치 창출은 마케팅 커뮤니케이션, 거래, 또는 중간상 지원, 제품의 리서치, 개발, 디자인을 포함하여 브랜드를 개발하기 위한 마케팅 프로그램에 투자함으로써 실제 또는 잠재 고객을 타기팅할 때 시작된다. 이 마케팅 활동은 고객의 사고방식, 즉 브랜드와 연결되는 고객의 생각과 감정을 변화시킬 것이다. 다음으로, 이러한 고객 마인드셋은 구매 행동과 소비자가 모든 후속 마케팅 활동(가격 결정, 유통 채널, 커뮤니케이션, 제품 자체)에 대응하는 방식에 영향을 미치게 되며, 결과적으로 브랜드의 시장 점유율과 수익성에 영향을 미치게 될 것이다. 마지막으로 투자 커뮤니티는 주주 가치 전반과 특히 브랜드의 가치를 평가할 때 브랜드의 시장 성과를 고려할 것이다.

이 모형은 또한 세 개의 곱셈기(multipliers)가 한 단계에서 다른 단계로 흐를 수 있는 값을 증가시키거나 감소시킨다고 가정한다.

- **프로그램 곱셈기**는 고객 마인드에 영향을 미치는 마케팅 프로그램의 능력을 결정하며 프로그램 투자의 품질에 대한 함수다.
- **고객 곱셈기**는 고객의 마음과 마음에서 창출된 가치가 시장 성과에 어느 정도 영향을 미치는지를 결정한다. 이 결과는 경쟁자의 우수성(경쟁 브랜드의 마케팅 투자의 효과성), 채널 및 기타 중간상 지원(다양한 마케팅 파트너가 기여하는 브랜드 강화와 판매 노력), 고객 규모 및 프로파일(고객 유형, 수익성, 브랜드로의 유인 여부)에 따라 다르다.
- **시장 곱셈기**는 브랜드의 시장 성과에 의해 나타나는 가치가 주주 가치로 나타나는 정도를 결정한다. 이것은 부분적으로 재무 분석가와 투자자의 행동에 달려 있다.

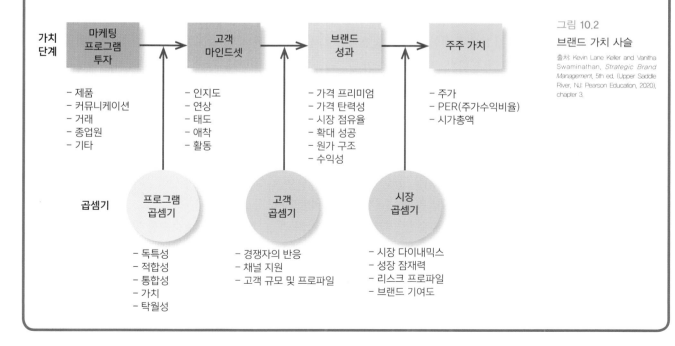

그림 10.2
브랜드 가치 사슬

출처: Kevin Lane Keller and Vanitha Swaminathan, *Strategic Brand Management*, 5th ed. (Upper Saddle River, NJ: Pearson Education, 2020), chapter 3.

브랜드 다이내믹스

대부분의 브랜드는 그대로 유지되지 않고 시간이 지남에 따라 진화한다. 브랜드가 진화하는 가장 일반적인 두 가지 방법은 브랜드 리포지셔닝과 브랜드 확장이다.

브랜드 리포지셔닝

마케팅 환경의 새로운 발전은 브랜드의 운명에 영향을 미칠 수 있다. 그럼에도 많은 브랜드들이 최근 몇 년간 인상적인 컴백을 이루어냈다.[58] 자동차 시장에서 힘든 시기를 겪은 후, Cadillac, Fiat, Volkswagen 모두 그들의 브랜드 운명을 다양한 정도로 바꾸었다. General Motors가 퇴색한 Cadillac 브랜드를 구출한 것은 SRX 크로스오버, XTS와 CTS 세단, Escalade SUV, ATS 스포츠 세단 등 외관과 스타일을 재정립한 새로운 디자인으로 제품 라인업을 전면 개편한 데서 힘을 얻었다. Led Zeppelin의 음악을 광고에 처음 사용하는 등 획기적인 마케팅도 도움이 됐다.

보통 브랜드를 리포지셔닝할 때 가장 먼저 해야 할 일은 브랜드 에쿼티의 원천이 무엇으로부터 시작되었는지 이해하는 것이다. 긍정적인 연상이 원래의 장점이나 독특함을 잃고 있는가? 부정적인 연상이 브랜드와 연결되었는가? 그런 다음 동일한 포지셔닝을 유지할지, 아니면 새로운 포지셔닝을 생성할지(그렇다면 어떤 포지셔닝을 새로 생성할 것인지) 결정한다.[59]

때로는 실제 마케팅 프로그램이 브랜드의 약속을 이행하지 못하기 때문에 문제의 근원이 되기도 한다. 그렇다면 '기본으로 돌아가기' 전략이 타당할 수 있다. Harley-Davidson이 제품 성능에 대한 고객의 기대에 부응하는 일을 더 잘함으로써 시장 주도권을 되찾았다고 언급했다. Pabst Brewing Company는 기업의 근원으로 돌아가 기업을 대표하는 패키징과 이미지 그리고 진정성에 대한 지각을 활용함으로써 같은 일을 해냈다.

그러나 다른 경우에는 오래된 포지셔닝이 더 이상 가능하지 않으며, 재창조(reinvention) 전략이 필요하다. Mountain Dew는 청량음료 강자로 도약하기 위해 브랜드 이미지를 전면 개편했다. 역사가 보여주듯이, 살아 있지만 다소 잊혀진 브랜드를 되살리는 것이 보통은 더 쉽다. Old Spice는 베이비붐 세대가 아버지의 날에 아빠에게 선물한 클래식 애프터 쉐이브와 향수 선물세트로 뿌리를 뛰어넘어 젊은 밀레니얼층을 위한 현대 남성 그루밍 제품과 긍정적으로 동일시된 브랜드의 또 다른 사례다. Old Spice 활성화를 위해 P&G는 브랜드 '경험'을 강조한 제품 혁신과 농담조의 커뮤니케이션을 활용했다.

한쪽 끝에는 순수한 '기본으로 돌아가기'가, 다른 쪽 끝에는 순수한 '재창조'가, 그리고 그 사이에 많은 조합이 있는 리포지셔닝 전략의 연속체가 분명히 존재한다. 이때의 도전은, 새로운 고객을 유치할 수 있을 만큼 충분히 변화하면서도 오래된 고객에게 소홀히 하지 않는 것일 때가 많다.[60] Burberry가 어떻게 컴백했는지 보자.

Burberry Burberry는 150년의 놀라운 역사를 가지고 있다. 이 회사의 고전적인 영국식 트렌치코트는 제1차 세계대전 당시 영국 군인들이 입었던 것이다. Ernest Shackleton 경은 남극 탐험 중에 Burberry를 착용했다. Burberry는 왕실의 공식 공급자로 지정되기도 했다. 그러나 21세기가 되면서 이 브랜드의 독특한 격자무늬는 더 이상 쿨하지 않았다. 그것은 너무 많은 상품에 붙여져 있었고 너무 많은 위조범들에 의해 도용되었다. 트렌치코트의 상징적인 지위에도 불구하고, 겉옷은 Burberry의 글로벌 비즈니스에서 겨우 20%를 차지했다. 이 문제를 해결하기 위해, Burberry는 핵심 럭셔리 제품을 강조하고, 혁신하고, 성장시킴으로써 그 유산을 강화하기로 결정했다. 미래의 럭셔리 고객을 겨냥해 Burberry는 자사 제품의 90%에서 과중한 격자무늬를 없앴다. 케이프(망토)와 크롭 재킷(짧은 재킷)부터 다양한 색상과 스타일의 클래식 트렌치까지 300가지 이상의 다양한 코트가 탄생하면서 브랜드가 리포지셔닝되었다. 좋은 위치에 새로운 점포가 개설되었고, 영업사원을 대상으로 한 트레이닝을 강화했다. Burberry의 온라인 존재는 음악, 영화, 유산, 스토리텔링과 같은 감성적인 브랜드 콘텐츠를 특징으로 하는 밀레니얼 세대에게 더 어필할 수 있도록 재설계되었다. 그 결과, 회사는 세계적으로 가장 가치 있는 럭셔리 브랜드 중 하나가 되었다.[61]

브랜드 확장

기업이 다른 카테고리나 다른 가격 계층(tier)에서 새로운 제품을 소개하기 위해 정착된 브랜드를 사용할 때, 그 결과 제공되는 제공물을 **브랜드 확장**(brand extension)이라고 한다. Honda는 자동차, 오토바이, 제설기, 잔디 깎는 기계, 해양용 엔진, 스노모빌과 같은 다양한 제품을 커버하기 위해 회사 이름을 사용했다. 이러한 제품군 때문에 이 회사가 "두 개의 차고에 6대의 Honda를 수용할 수 있다"고 광고할 수 있었다.

마케터가 새로운 브랜드와 기존 브랜드를 결합할 때, 브랜드 확장은 **하위 브랜드**로도 불

<< 현대 소비자들 사이에서 럭셔리함을 강화하기 위해 Burberry는 핵심 제품에서 너무 흔한 시그니처 격자무늬를 없애고, 수백 개의 새로운 코트 디자인을 개발했으며, 밀레니얼 세대에게 어필하기 위해 온라인상에서의 입지를 강화했다.

릴 수 있다. Hershey Kisses 캔디, Adobe Acrobat 소프트웨어, Toyota Camry 자동차, Courtyard by Marriott 호텔 등이 하위 브랜드의 예다. 브랜드 확장이나 하위 브랜드를 낳는 기존 브랜드는 **모브랜드**이다. 상위 브랜드가 이미 브랜드 확장을 통해 여러 제품과 연결되어 있다면 **마스터 브랜드** 또는 **패밀리 브랜드**라고도 부를 수 있다.

브랜드 확장은 라인 확장과 구별된다. 기업이 자사의 브랜드를 현재 관련되지 않은 제품 카테고리로 늘리는 브랜드 확장과 달리, **라인 확장**(line extension)에서 모브랜드는 현재 서비스 중인 제품 카테고리 내에 있는 새로운 제품을 커버한다. 예를 들어, 새로운 맛, 형태, 색상, 성분, 패키지 크기 등으로 확장하는 것이다. Dannon은 몇 년 동안 Fruit on the Bottom, All Natural flavors, Danonino, Light & Fit과 같은 몇 가지 유형의 Dannon 요구르트 라인 확장을 선보였다. 주목한 바와 같이, 브랜드 확장에서 마케터는 Swiss Army 시계와 같이 다른 제품 카테고리에 들어가기 위해 상위 브랜드를 사용한다.

많은 기업이 가장 강력한 브랜드 이름으로 수많은 신제품을 선보임으로써 그들의 가장 가치 있는 자산을 활용하기로 결정했다. 신제품의 대부분(한 해 80~90%)은 브랜드 확장이다. 게다가 Dunkin' Donuts 커피, Progresso Light 수프, Hormel Compleats 전자레인지 조리용 식사 등 많은 성공적인 신제품이 브랜드 확장을 통해 이루어진다. 그럼에도 불구하고 많은 신제품들이 매년 새로운 브랜드로 소개되고 있다.

브랜드를 언제 확장할 것인가   마케팅 담당자는 각 잠재적 브랜드 확장을 모브랜드로부터 기존 브랜드 에쿼티를 얼마나 효과적으로 활용하는지와 모브랜드의 에쿼티에 얼마나 효과적으로 기여하는지를 기준으로 판단해야 한다. Crest Whitestrips는 치아 미백 분야에서 확신을 제공하기 위해 치아 관리 분야에서의 Crest의 강력한 명성을 활용하였으며, 또한 해당 분야에서 그들이 가진 권위의 이미지를 강화했다. 보석 제조업체 Bulgari는 호텔, 레스토랑, 향수, 초콜릿, 스킨케어 방향으로 이동했다.

>> Armani의 제품 라인 내 세 가지 가격 계층은 회사가 좋은 시기와 나쁜 시기에 살아남고 번영하는 데 도움이 된다.

출처: Michael Kemp/Alamy Stock Photo

Armani   Armani는 고급형의 Giorgio Armani, Giorgio Armani Privé에서 Emporio Armani, Armani Jeans, Armani Exchange 등 중가형 럭셔리까지 브랜드를 확장했다. 이러한 브랜드 확장 사이에는 명확한 차별화가 존재하여 소비자 혼란과 브랜드 자가잠식의 가능성을 최소화한다. 각각은 또한 모브랜드의 핵심 약속에 부응하여 모브랜드의 이미지를 해칠 가능성을 줄인다.

Ralph Lauren   Ralph Lauren은 다양한 제품에서 건전한 전 미국인의 라이프스타일 이미지를 담은 야심 찬 럭셔리 브랜드를 성공적으로 마케팅했다. 옷과 향수 외에도, Lauren 부티크는 리넨, 양초, 침대, 소파, 식기, 사진 앨범, 보석을 판매한다. Calvin Klein은 라이프스타일 이미지는 다르지만 비슷하게 성공적인 확장 전략을 채택했다.

마케팅 담당자는 확장의 잠재적 성공을 평가할 때 여러 가지 질문을 해야 한다.[62] **모브랜드가 상당한 영향력을 가지고 있는가? 맞출 수 있는 강력한 기반이 있는가? 확장에 최적의 동등점(POP)과 차별점(POD)이 있는가? 어떻게 하면 마케팅 프로그램이 확장 에쿼티를 강화할 수 있을까? 이러한 확장이 모기업 브랜드 에쿼티와 수익성에 어떤 영향을 미칠까?**

브랜드 확장에 대한 핵심적인 리서치 통찰은 다음과 같이 요약된다.[63]

- 성공적인 브랜드 확장은 상위 브랜드가 우호적인 연상을 가지고 있고 상위 브랜드와 확장 제품 사이에 적합하다는 지각이 있을 때 발생한다. 이러한 적합성(fit)에는 일반적인 사용 상황 또는 사용자 유형과 관련된 속성 그리고 혜택뿐만 아니라 제품 관련 속성과 혜택도 포함될 수 있다. 예를 들어, **Ralph Lauren**은 패션 의류에서 향수, 가구, 그리고 심지어 페인트로까지 브랜드를 확장했다.

- 제품 카테고리에서 전형적(prototypical)으로 간주되는 브랜드는 카테고리 밖으로 확장하기 어려울 수 있다. 예를 들어, 탄산 콜라 카테고리에 있는 브랜드의 원형적인 특성 때문에 Coca-Cola 브랜드를 신선한 착즙 주스로 확장하는 것은 어려울 수 있다. 따라서 원래 제품 카테고리에서는 긍정적인 브랜드 연상이 브랜드 확장이라는 맥락에서는 부정적일 수 있다. 또한 구체적인 속성 연상은 추상적 혜택 연상보다 확장하기가 더 어려운 경향이 있다.

- 수직적 확장은 부정적인 브랜드 연상(상위 확장의 경우)과 브랜드 희석, 제품 자가잠식(하위 확장의 경우)을 방지하기 위한 하위 브랜드 전략이 필요한 경우가 많다. 예를 들어, **Giorgio Armani**는 핵심 브랜드를 사용하여 제품 라인 확장을 시작하는 대신 하위 브랜드인 **Armani Exchange**를 도입하여 브랜드 희석과 매출 자가잠식 가능성을 완화했다.

확장 기회를 평가하는 데 한 가지 큰 실수는 모든 소비자의 브랜드 지식을 고려하지 않고 잠재적인 적합 기준으로 하나 또는 소수의 브랜드 연상에 초점을 맞추는 것이다.[64] Bic은 그 실수의 전형적인 예를 보여준다.

Bic   프랑스 회사 Société Bic은 저렴한 일회용 제품을 강조함으로써 1950년대 후반에는 리필할 수 없는 볼펜, 1970년대 초반에는 일회용 담배 라이터, 1980년대 초반에는 일회용 면도기 시장을 개척할 수 있었다. 이 회사는 미국과 유럽에서 Bic 향수를 판매하기 위해 같은 전략을 시도했지만 성공하지 못했다. 여성을 위한 'Nuit'과 'Jour' 그리고 'Bic for Men'과 'Bic Sport for Men' 향수는 두툼한 담배 라이터처럼 보이는 4분의 1온스 용량 스프레이 유리병에 포장되어 각각 5달러에 판매되었다. 이 제품들은 Bic의 광범위한 유통 채널의 계산대에 진열되었다. 당시 Bic 대변인은 신제품이 "저렴한 가격에 고품질의 제품, 구입하기 편리하고 사용하기 편하다"는 Bic의 유산의 연장선상에 있다고 설명했다. 브랜드 확장은 스타일리시한 사람들이 향수를 즐기고 "Paris in Your Pocket"이라는 슬로건을 사용하는 모습을 담은 2,000만 달러 광고와 프로모션 캠페인으로 시작됐다. 그럼에도 불구하고 Bic은 차별성 부족과 네거티브 이미지 연상을 극복할 수 없었고, 확장에도 실패했다.[65]

브랜드 확장의 이점 소비자는 그들이 모브랜드에 대해 알고 있는 것과 이 정보가 어느 정도 관련이 있다고 느끼는지에 따라 신제품에 대한 기대를 형성한다. Sony가 멀티미디어 애플리케이션에 맞춘 새로운 개인용 컴퓨터인 VAIO를 선보였을 때, 소비자들은 다른 Sony 제품에 대한 경험과 지식 때문에 그 제품의 예상된 성능에 안심했을 것이다. VAIO 브랜드에 대해 고객 인식이 확립되었을 때, Sony로부터 분사되었고, 현재 VAIO는 독립 브랜드로서 운영되고 있다. Sony는 회사의 소수 지분과 VAIO 브랜드 로고에 대한 상표권도 유지하고 있다.

긍정적인 기대치를 설정함으로써 확장은 위험을 줄인다. 또한 예상되는 고객 수요 증가로 인해 소매업자가 브랜드 확장 제품을 취급하고 프로모션하도록 설득하는 것이 더 쉬울 수 있다. 확장에 대한 출시 캠페인은 브랜드와 신제품에 대한 인지도를 만들 필요가 없어, 신제품 자체에 집중할 수 있다.[66]

확장은 출시 비용을 줄일 수 있는데, 미국 시장에서 소비재의 주요 새로운 브랜드 이름을 만드는 것은 1억 달러 이상의 비용이 들 수 있기 때문이다! 또한 확장을 통해 새로운 이름을 만드는 어려움과 비용을 피할 수 있으므로 패키징 및 레이블링 효율성이 향상된다. 비슷하거나 동일한 패키지와 레이블은 확장에 대한 생산 비용을 낮출 수 있으며, 적절하게 조정되면 '광고판' 효과를 통해 소매점에서 더 많은 주목을 받을 수 있다.[67] Stouffer's는 식료품점 냉동고에 함께 진열될 때 가시성이 높아지는 동일한 오렌지색 포장으로 다양한 냉동 앙트레를 제공한다. 상품 카테고리 내 브랜드 변종 포트폴리오로 변화를 원하는 소비자는 브랜드 패밀리를 떠나지 않고도 다른 상품 유형으로 전환할 수 있다.

│ **Coca-Cola** Coca-Cola는 전통적인 이미지에서 벗어나 건강에 초점을 맞춘 트렌드로 전환하기 위
│ 해 처음으로 자체 브랜드 이름을 사용하여 다양한 에너지 드링크를 출시하기로 결정했다. 천연 유래

>> 비록 Bic이 5달러짜리 남성용과 여성용 향수가 그들의 편리함과 저렴한 품질이라는 유산의 확장임을 내세웠지만, 소비자가 갖고 있던 이 회사에 대한 이미지와 일치하지 않아 이 제품 확장은 실패할 운명에 처하고 말았다.

카페인과 과라나 추출물로 만들어진 이 새로운 에너지 음료에는 'Coca-Cola Energy'와 'Coca-Cola Energy No Sugar'라는 브랜드가 붙여졌다. 이러한 움직임은 Coca-Cola가 부분적으로 소유하고 유통하는 브랜드인 Monster Energy와 회사의 에너지 드링크를 직접 경쟁하게 한다. 이 새로운 에너지 음료는 또한 전통적으로 탄산 콜라와 관련이 있는 Coca-Cola 브랜드에 대한 소비자들의 지각을 바꾸려는 힘든 싸움에 직면하게 된다.[68]

브랜드 확장은 신제품의 수용을 촉진하는 것 외에도 브랜드의 의미와 핵심 가치를 명확히 하거나 확장을 만드는 기업에 대한 소비자 로열티를 향상하는 데 도움이 될 수 있다. 브랜드 확장을 통해 Crayola는 '아이들을 위한 컬러풀한 예술과 공예'를, Weight Watchers는 '체중 감량과 유지'를 의미하게 된다.

성공적인 카테고리 확장은 상위 브랜드를 강화하고 새로운 시장을 개척할 뿐만 아니라 훨씬 더 많은 새 카테고리 확장을 촉진할 수 있다. Apple의 iPod과 iTunes의 성공은 새로운 시장을 열었고, Mac 핵심 제품의 판매를 증가시켰으며, iPhone과 iPad 출시를 위한 길을 열 었다.

브랜드 확장의 단점　단점으로는, 라인 확장으로 인해 브랜드 이름이 어떤 제품의 정체성도 나타내지 못할 수 있다는 것이다.[69] 해당 브랜드를 으깬 감자, 분유, 수프, 음료와 같은 주요 식품군과 연결시킴으로써, Cadbury는 초콜릿과 사탕 브랜드로서의 더 구체적인 의미를 잃을 위험을 자초했다.[70]

브랜드 희석(brand dilution)이란 소비자가 브랜드를 더 이상 특정 제품 또는 매우 유사한 제품과 연관시키지 않고, 그 브랜드를 덜 생각하기 시작할 때 발생한다. Porsche는 2012년 차량 판매량의 4분의 3을 차지한 Cayenne 스포츠유틸리티차량(SUV)과 Panamera 4도어 세단으로 판매 성공을 거두었지만 일부 비평가들은 이 과정에서 스포츠카 이미지를 떨어뜨리고 있다고 느꼈다. Porsche는 고객이 전설적인 Porsche 911의 '아드레날린 러시'를 느낄 수 있도록 돕기 위해 온로드 및 오프로드 테스트 트랙, 주행 코스, 로드쇼 이벤트 등을 이용했다.

만약 기업이 소비자들이 부적절하다고 생각하는 확장을 출시한다면, 소비자들은 브랜드의 무결성에 의문을 제기하거나 혼란스러워하거나 심지어 화를 낼 수도 있다. 어떤 버전의 제품이 그들에게 '적절한 것'인가? 그들이 생각했던 것만큼 브랜드를 잘 알고 있는가? 소매상은 진열대나 진열 공간이 없기 때문에 많은 새로운 상품과 브랜드를 거부한다. 그리고 기업 자체가 압도당할 수도 있다.

브랜드 확장의 매출이 높고 목표를 달성하더라도, 그 매출은 기존의 상위 브랜드 제품에서 확장 제품으로 전환된 소비자로부터 발생할 수 있다. 사실상 상위 브랜드를 잠식한 것이다. 브랜드 내에서의 판매 변화가 선제적인 자가잠식의 형태인 경우 반드시 안 좋은 것만은 아닐 수 있다. 즉 라인 확장으로 전환한 소비자들은 그렇지 않았었더라면 경쟁 브랜드로 전환했을 수도 있다. Tide 세탁세제는 다양한 라인 확장(향과 무향의 분말, 캡슐, 액체, 기타)의 판매 기여로 인해 50년 전과 동일한 시장 점유율을 유지하고 있다.

브랜드 확장에서 한 가지 쉽게 간과되는 단점은 기업이 자신만의 독특한 이미지와 에쿼티를 가지고 새로운 브랜드를 만들 기회를 포기한다는 것이다. Disney가 성인 관객을 위해 Touchstone 영화를 선보였을 때, Levi's가 캐주얼한 Dockers 바지를 만들었을 때, Black & Decker가 고급 DeWalt 전동 공구를 만들었을 때의 장기적인 재무적 이점을 생각해 보자.

브랜드 위기 관리

마케팅 관리자는 언젠가 브랜드 위기가 발생할 것이라고 가정해야 한다. Chick-fil-A, BP, Domino's, Toyota 모두 피해를 경험했고 심지어 잠재적으로는 치명적인 브랜드 위기를 경험했다. Bank of America, JPMorgan, AIG, 그리고 다른 금융 서비스 회사들은 투자자의 신뢰를 현저하게 잠식한 스캔들로 인해 흔들렸다. 매출 감소, 마케팅 활동의 효과 감소, 경쟁사의 마케팅 활동에 대한 민감도 증가, 경쟁 브랜드에 대한 회사의 마케팅 활동의 영향 감소 등이 그러한 영향에 포함된다. 브랜드를 보호하기 위해 주요 경영진과 때로는 회사 설립자마저 물러나야 할 수도 있다.[71]

일반적으로, 브랜드와 기업 이미지(특히 신뢰성)가 강할수록 기업은 위기를 극복할 가능성이 높아진다. 그러나 세심한 준비와 잘 관리된 위기관리 프로그램도 중요하다. Johnson & Johnson의 Tylenol 제품 변조 사건에 대한 전설적이고 거의 결점 없는 대처가 모든 마케터에게 가르쳐주었듯이, 소비자는 기업의 **신속하고 진실한** 반응을 볼 수 있어야 한다. 그들은 기업이 진정으로 관심을 갖고 있다는 것을 즉시 감지해야 한다.

기업이 대응하는 데 시간이 오래 걸릴수록 소비자는 불리한 언론 보도나 입소문으로 인해 부정적인 인상을 갖게 될 가능성이 커진다. 어쩌면 더 나쁜 것은, 소비자가 결국 브랜드를 좋아하지 않는다는 것을 깨닫게 될 수도 있고, 영구적으로 브랜드를 전환할 수도 있다. PR 그리고 광고와 함께 문제에 대응하는 것은 이러한 문제를 피하는 데 도움을 줄 수 있다.[72]

대표적인 예가 Perrier다. Perrier는 병에 담긴 생수 카테고리에서 한때 브랜드 선두를 차지했다. 1994년 Perrier는 발암물질로 알려진 벤젠 잔류물이 생수에서 과다하게 발견되자 전 세계적으로 생산을 중단하고 기존의 모든 제품을 회수해야 했다. 그 후 몇 주 동안 몇 가지 설명을 제공했는데, 이는 혼란과 회의감을 일으켰다. 어쩌면 더 큰 피해일지도 모르지만, 해당 제품은 3개월 이상 판매되지 않았다. 광고와 프로모션을 앞세운 값비싼 재출시에도 불구하고, 브랜드는 잃어버린 시장 점유율을 되찾기 위해 고군분투했고, 꼬박 1년이 지난 후에도 판매량은 이전의 절반에도 미치지 못했다. 주요 연상이던 순수함이 퇴색된 Perrier에게 다른 주목할 만한 차별점은 없었다. 소비자와 소매업자는 만족할 만한 대체품을 찾았고, 브랜드는 결코 회복되지 않았다. 결국 Nestlé SA에 의해 인수되었다.[73]

기업의 반응이 더 진실할수록(이상적으로는 소비자에게 미치는 영향과 필요한 조치를 취할 의향을 공개적으로 밝힐 때), 소비자가 부정적인 탓으로 돌릴 가능성은 낮아진다. 이유식 제품의 일부 용기에서 유리 파편이 발견되었을 때, Gerber는 제조공장에 문제가 없다고 대중을 안심시키려고 노력했지만, 매장에서 제품을 회수하는 것까지는 완강히 거부했다. 시장 점유율이 몇 달 만에 66%에서 52%로 떨어진 후, 회사의 한 관계자는 "우리의 이유식을 선반에서 철수하지 않은 것은 우리가 소비자를 배려하는 회사가 아니라는 것을 여실히 보여주는 것"임을 인정했다.

만약 문제가 있다면 소비자는 회사가 적절한 해결책을 찾았다는 것을 조금의 의심도 없이 알 필요가 있다. Tylenol이 회복할 수 있었던 비결 중 하나는 Johnson & Johnson이 변조 방지 포장을 도입하여 탐지되지 못하는 제품 변조가 다시 발생할 수 있다는 소비자 우려를 성공적으로 없앤 것이다.

모든 위기가 기업 자체의 행동에서 비롯되지는 않는다. 경기침체, 자연재해, 주요 지정학적 사건 등 외부 위기가 브랜드를 위협할 수 있고 적절한 브랜드 대응이 필요하다. 예를 들어, 코로나19 팬데믹으로 촉발된 어려움을 겪는 동안 많은 기업은 고객을 유지하고 브랜드를 지속시키기 위해 마케터에게 의존했다. 매출에서 차지하는 마케팅 지출은 2020년 5월에 11.4%로 사상 최고치를 기록했는데, 불과 4개월 전의 8.6%보다 증가한 수치이고 6년 전의 9.3%를 넘어선 것이다.[74] 브랜드 마케터들은 이러한 전 세계적인 어려움 때문에 과거에 겪어본 적 없는 도전에 직면했다. 최고의 마케터들은 빠르게 대응했고 브랜드 건강(brand health)과 고객 로열티를 보호하기 위해 과감한 조치를 취했다. Nike의 반응을 생각해 보자.

Nike 현존하는 시장 상황과 요인을 바탕으로, Nike는 코로나19에 대한 4단계 글로벌 대응(억제, 복구, 정상화, 성장으로 복귀)을 실행했다. 회사는 혁신 및 마케팅 팀을 활용하여 일선 의사, 간호사, 의료 종사자를 위한 개인 보호 장비(PPE) 개발을 지원했다. 또한 많은 소매점들이 문을 닫았음에도 불구하고 급여가 계속 지급될 것이라고 직원들을 안심시켰다. 소비자를 위해 Nike는 사람들이 집에 있는 동안 건강하고 활동적으로 지낼 수 있도록 격려하는 매력적인 "Play Inside" 디지털 캠페인을 시작했다. 또한 소비자들에게 인기 있는 운동 앱의 프리미엄 구성요소를 90일 동안 무료로 제공했다. 과거 몇 년 동안 구축해 왔던 판매방식의 전환을 계속하면서, Nike는 직영 전자상거래 앱을 통해 훨씬 더 많은 사업을 온라인으로 이끌었다.[75]

이번 팬데믹으로 모든 브랜드가 무엇을 어떻게 판매하는지 다시 생각하게 되었다. 이미 중요한 디지털 마케팅이 더 중요해졌다. 마케팅 예산의 13%를 차지했던 소셜 미디어는 2020년 5월 23%로 증가했다. 그러나 성공한 기업들은 웹사이트, 앱, 전자상거래 옵션을 강조하는 광범위한 디지털 전략을 채택했다. 홈 관련 제품의 매출이 오르면서 일부 브랜드는 전례 없는 수요 증가와 성장을 누렸다. 순수한 유기농의 고품질 제품으로 유명한 King Arthur Flour는 이전에는 1년에 몇 번만 빵을 만들던 저빈도 고객의 다수가 한 달에도 몇 번씩 빵을 만들기 시작했다는 것을 발견했다. 폭발적인 수요와 제품에 대한 관심으로 직원 소유의 이 회사는 더 많은 고객에게 다가가기 위해 더 작은 포대의 제품을 팔기 시작했고 Baker's Hotline에 쏟아지는 수천 가지 질문뿐만 아니라 소셜 미디어 상호작용과 웹 트래픽에 대처하기 위해 직원을 충원했다.[76]

그러한 시장의 격변을 뚫고 브랜드를 성공적으로 탐색하기 위한 쉬운 해결책은 존재하지 않지만, 다음의 네 가지 지침은 경제 위기, 건강 위기, 또는 다른 위기를 통해 브랜드를 관리하는 기업을 도울 수 있다.

• **공감**: 소비자와 고객에게 훨씬 더 가까이 다가가라. 그들은 지금 무엇을 생각하고 느끼고, 무엇을 다르게 행동하고 있는가? 이러한 변경은 일시적인가, 아니면 영구적인가?

- **가치**: 가장 설득력 있는 가치 제안을 제시하라. 가치의 총체를 인식하고, 가능한 모든 경제적·기능적·심리적 혜택과 시간, 돈, 에너지, 그리고 심리적 소모를 낮출 수 있는 가능한 방법에 대해 소통하라.
- **전략**: 브랜드 약속에 진정성과 진실성을 가져라. 브랜드에 충실한 방식으로 단기적 요구를 해결하는 프로그램을 개발할 수 있는 방법을 찾아라.
- **혁신**: '정지하고, 시작하고, 그리고 계속하라(그러나 개선하라)[Stop, Start, and Continue (But Improve)]' 훈련과 활동에 참여하라. 브랜드와 제품 제공물을 가지치기하고 집중하기 위해 '집 안 청소' 기회를 이용하라. 예산, 출시 계획, 소비자 타깃을 다시 생각하라.

비록 위기는 가장 강력한 브랜드에도 심각한 부담을 줄 수 있지만, 최고의 브랜드 마케터는 명확한 전략적 방향을 사려 깊게 제공하고 그들의 계획을 실행할 새로운 방법을 창조적으로 찾기 위해 다양한 방법에 박차를 가한다.

럭셔리 브랜딩

럭셔리 브랜드는 브랜드 역할의 가장 순수한 사례 중 하나인데, 브랜드와 그 이미지는 종종 기업과 고객 모두에게 엄청난 가치를 창출하는 주요 경쟁우위를 제공하기 때문이다. Prada, Gucci, Cartier, Louis Vuitton과 같은 럭셔리 브랜드의 마케터는 일부 사람들이 현재 3,000억 달러 산업이라고 믿는 분야에서 수십 년 동안 버텨온 수익성 좋은 프랜차이즈를 관리한다.[77]

럭셔리 브랜드의 특징

카테고리에서 일반적인 품목보다 훨씬 높은 가격을 책정해 온 럭셔리 브랜드는 사회적 지위, 즉 고객이 누구였는지 또는 누가 되고 싶은지에 대한 것이었다. 시대가 변했고, 많은 선진국의 럭셔리 제품은 개인의 즐거움과 자기표현을 결합하면서 스타일과 실체에 더 가까워졌다.

럭셔리 쇼핑객은 진정으로 특별한 것을 얻고 있다고 느껴야 한다. 따라서 럭셔리 브랜드의 공통분모는 품질과 고유성이다. 다수의 승리 공식은 장인정신, 헤리티지(유산), 원조성, 역사(높은 가격을 정당화하는 데 중요함)다. 프랑스의 럭셔리 가죽 제품 제조업체인 Hermès는 클래식한 디자인을 수백 달러 또는 심지어 수천 달러에 판매하고 있는데, 한 작가의 표현에 따르면 "그것이 유행하는 제품이어서가 아니라, 유행을 절대 벗어나지 않는 제품이기 때문이다."[78] 다음은 몇몇 럭셔리 브랜드들이 지속적인 시장 성공을 거두는 방법이다.

> Sub-Zero   Sub-Zero는 2,000달러의 작은 하부배치형 모델에서 1만 5,000달러에 이르는 고급 모델까지 다양한 범위의 냉장고를 판매한다. 타깃은 성능과 디자인에서 높은 표준을 가진 고객으로, 집과 가구를 갖추기 위해 구입하는 것을 소중히 여기는 고객이다. Sub-Zero는 이 그룹뿐만 아니라 주방 디자이너, 건축가, 그리고 제품을 추천하고 판매하는 소매업자들을 대상으로 서베이를 진행한다.[79]

Patrón Paul Mitchell 헤어케어의 창업자인 John Paul DeJoria에 의해 공동 설립된 Patrón은 1989년 멕시코의 작은 Jalisco 주에 있는 양조장을 방문한 후 탄생했다. '쿨한 보스'라는 이미지를 전달하기 위해 Patrón이라고 이름 붙여진 이 부드러운 아가베 데킬라는 손에 쥐고 불어서 만든 우아한 디켄터에 담긴 채 개별번호가 매겨진 병으로 45달러 이상의 가격에 팔리고 있다. 본질적으로 고급 데킬라 시장을 개척한 Patrón은 6억 달러 이상의 소매 매출을 올려 Jose Cuervo를 제치고 세계 최대 데킬라 브랜드에 등극했다. 2018년, Patrón 은 51억 달러에 Bacardi에 인수되었다.[80]

Montblanc 현재 펜부터 향수에 이르기까지 다양한 제품을 보유하고 있는 Montblanc의 목표는 여전히 눈에 띄는 대중적 이미지를 유지하면서, 가능한 많은 계층의 럭셔리 고객에게 강력한 럭셔리 브랜드가 되는 것이다. 브랜드 약속은 이렇다. "Montblanc은 훌륭한 유럽의 장인정신과 유서 깊은 디자인을 결합하여, 고전적인 유산과 세련된 창조를 발산하는 작품을 되살려 낸다. 육체가 사라진 후에도 영혼은 오래 남아 있는 것처럼, 우리의 작품은 뛰어난 성능을 발휘하고 평생 동안 우아함을 상징하도록 제작된다." 회사는 필기구라는 출발점에서 가죽 제품 및 시계와 같은 카테고리로 확장하여, 브랜드 파워와 제조 경쟁력, 최고 품질, 지속 가능한 가치, 창의성에 대한 철학을 레버리지할 수 있다.[81]

출처: Serebra960/Stockimo/Alamy Stock Photo

>> Patrón은 '보스'라는 뜻이며, 손에 쥐고 불어서 만든, 일련번호가 매겨진 디켄터에 담겨서 판매되며, 본질적으로 그들이 개척한 최고급 데킬라 시장의 선두에 올라섰다.

최근 몇 년간 럭셔리 브랜드 성장의 상당 부분은 지리적이었다. 중국이 미국을 제치고 세계 최대 럭셔리 시장이 된 것이다. 비록 처음에는 매우 '로고 중심적'이었고 눈에 띄는 브랜드 신호에 관심이 있었지만, 중국의 럭셔리 소비자들은 세계의 다른 지역의 럭셔리 소비자들처럼 품질과 디자인을 더 많이 의식하게 되었다.

럭셔리 브랜드 관리

럭셔리 마케팅 담당자는 럭셔리 제품이 전 세계 어디에서나 똑같은 방식으로 보여지지 않는다는 것을 배웠다. 그러나 결국, 럭셔리 브랜드 마케터는 제품의 품질, 지위, 명성에 기반을 두고, 꿈을 팔고 있다는 것을 기억해야 한다.[82]

덜 비싼 카테고리의 마케터와 마찬가지로, 럭셔리 브랜드의 운명을 이끄는 사람들은 끊임없이 진화하는 마케팅 환경 내에서 활동한다. 세계화, 새로운 테크놀로지, 변화하는 소비자 문화, 기타 영향력은 그들의 브랜드 스튜어드십(책임감)에 능숙하고 유능할 것을 요구한다. 이러한 역동적인 환경에서 성공을 보장하기 위해, 마케팅 담당자는 럭셔리 브랜드를 관리하는 데 적용되는 일반적인 원칙을 고수해야 한다. 럭셔리 브랜드 관리의 주요 원칙은 다음과 같다.[83]

>> Montblanc의 확장 제품 라인에 포함된 제품군은 탁월한 장인정신과 세련되고 클래식한 디자인을 결합해 여러 세대에 걸쳐 고객에게 탁월하고 우아한 성능을 약속한다.

출처: Marek Slusarczyk/Alamy Stock Photo

- 럭셔리 브랜드와 관련된 모든 마케팅 결정(제품, 서비스, 가격, 판매 인센티브, 커뮤니케이션, 유통)은 구매 및 소비 경험이 브랜드의 이미지와 일치하도록 조정되어야 한다.
- 럭셔리 브랜딩은 전형적으로 프리미엄, 즉 계급상승추구형(aspirational) 이미지의 생성을 포함한다.
- 럭셔리 브랜드는 대개 여러 카테고리에 걸쳐 존재하며, 결과적으로 그들의 경쟁자는 폭넓게 정의되는 경우가 많다.
- 럭셔리 브랜드는 자신의 아이덴티티를 보호하고 상표권 침해와 위조에 적극적으로 맞서야 한다.
- 럭셔리 브랜드의 모든 속성은 브랜드의 이미지와 일관되어야 한다. 여기에는 이름, 로고, 심벌, 패키지와 같은 브랜드 식별자와, 개성, 이벤트, 국가, 기타 실체와 같은 브랜드 연상이 포함된다.

럭셔리 브랜드의 한 가지 트렌드는 개인적인 경험을 상품에 입히는 것이다. 최고급 패션 소매업체들은, 디자인 작업실을 찾거나 디자이너를 만난 고객이 브랜드를 더 가깝게 느낄 것으로 기대하여, 이러한 경험을 그들의 제품에 연관시켜 전달한다. Gucci는 패션쇼, 승마 행사, 칸영화제에 최대 구매자들을 초대한다.

독일, 미국, 그리고 세계의 다른 지역에 있는 Porsche Sport Driving Schools and Experience Centers는 Porsche 운전자들이 '운전 기술을 훈련하고, 도로 위, 오프로드, 또는 눈과 얼음 위에서 운전하는 모든 즐거움을 즐길 수 있도록' 한다. 이를 위해 Porsche는 California 남부에 45도 경사의 오프로드와 모의 얼음 언덕을 갖춘 최첨단 시설을 열었다.

점점 더 연결되는 세상에서, 일부 럭셔리 마케팅 담당자는 브랜드에 적합한 온라인 판매

출처: Agencja Fotograficzna Caro/Alamy Stock Photo

<< 독일, 미국, 그리고 기타 지역에 있는 Porsche Sport Driving Schools and Experience Centers는 Porsche 운전자들이 도로 주행 기술을 향상하고 다양한 조건에서 드라이빙 기술을 뽐내는 재미를 느낄 수 있도록 독려한다.

및 커뮤니케이션 전략을 찾기 위해 고군분투해 왔다. 일부 패션 브랜드는 잡지의 전면노출을 넘어 Facebook, Twitter, Instagram, WeChat, 기타 디지털 및 소셜 미디어 채널을 통해 소비자와 소통하고 있다. 전자상거래는 일부 럭셔리 브랜드에서도 자리를 잡았다. Net-a-Porter(현 Yoox Net-a-Porter), Gilt Groupe, Farfetch와 같은 사이트는 패션 브랜드가 고급 제품으로 이동하기 위한 새로운 방법을 제공한다.

궁극적으로, 럭셔리 마케터는 자신뿐만 아니라 정말로 모든 마케터의 성공이 마케팅 프로그램과 활동 내에서 고전과 현대 이미지, 연속성과 변화 사이의 적절한 균형을 맞추는 데 달려 있음을 배우고 있다.

매장에서 고객을 만족시키기 위해 가는 거리를 감안할 때, 럭셔리 브랜드는 고품질 디지털 경험을 제공하기 위해 열심히 노력해야 했다. 이 둘은 점점 더 혼합되고 있다. Gucci는 삼성전자와 손잡고 시계와 주얼리를 위한 매장 판매와 모바일 판매가 결합된 몰입형 매장 내 경험을 창출했다. 매장에는 뒤에 있는 제품을 가리지 않고 화면에 이미지를 보여주는 투명 디스플레이, 고객이 태블릿 컴퓨터를 이용해 브라우징할 수 있는 디지털 숍인숍 코너가 마련되어 있다. 오랜 시간 일하고 쇼핑할 시간이 거의 없는 부유한 고객에게 다가가기 위해, Dior, Louis Vuitton, Fendi와 같은 많은 고급 패션 브랜드들은 고객이 매장을 방문하기 전에 상품을 조사하고 온라인에서 판매되는 짝퉁을 적발할 수 있는 방안을 제공하는 전자상거래 사이트를 공개했다.

브랜드 포지셔닝의 '황소의 눈' 구축하기

의미 있는 브랜드 포지셔닝 개발의 핵심은 체계적인 접근 방식을 사용하여 기업이 목표로 하는 고객에게 적절하고 의미 있는 방식으로 브랜드의 다양한 측면을 설계하는 것이다. 이러한 체계적인 접근방식은 Bull's-Eye(황소의 눈) Framework에 의해 제공된다. 그림 10.3에 설명된 가상의 Starbucks 사례를 가지고 이 프레임워크에 대해 논의한다.

과녁의 안쪽 원은 브랜드 에센스와 핵심 브랜드 약속을 정의하는 브랜드 만트라다. 그것은 브랜드가 소비자에게 무엇을 나타내야 하는지에 대한 명확한 이해를 보장함으로써 직원과 협력자의 행동을 안내한다. 브랜드 만트라는 '황소의 눈'에서 가장 중요한 요소이며, 브랜드 포지셔닝의 다른 모든 측면에 대한 가이드 원칙이다. 어떤 이는 Starbucks 브랜드의 만트라를 '풍부하고 만족스러운 커피 경험'이라고 정의할 수 있다. Starbucks가 비커피 음료, 스낵, 심지어 와인을 포함하는 것까지 제공물을 확장했지만, 커피와 그 소비 경험은 해당 브랜드의 핵심이다. '풍부한'과 '만족스러운'은 이상적인 Starbucks 경험의 물리적 측면과 심리적 측면을 모두 포착한다.

브랜드 만트라를 포함하는 원을 둘러싸고 있는 원은 브랜드의 차별점과 포지셔닝을 구성하는 동등점(POP)을 포함한다. 동등점(POP)과 차별점(POD)은 너무 좁지 않고 가능한 구체적으로 만들어야 하며, 고객이 제품이나 서비스에서 실제로 얻을 수 있는 혜택의 관점에서 구성되어야 한다. 경쟁자들마다 다른 차별점과 동등점을 제시한다. 자영업자의 커피전문점, McDonald's와 같은 패스트푸드점, 가정 내 커피 브랜드와 같은 경쟁자들을 염두에 두고, 신선하고 질 좋은 커피를 제공하고, 다양한 커피 음료를 제공하고, 빠르고 개인화된 서비스를 제공하는 것과 같은 혜택은 Starbucks의 잠재적인 차별점으로 볼 수 있는 반면, 공정한 가격, 편리한 위치, 사회적 책임은 브랜드의 중요한 동등점으로 볼 수 있다.

다음 동심원에는 실체, 즉 믿을 수 있는 이유가 있다. 동등점(POP)과 차별점(POD)에 대한 사실적 또는 시연 가능한 지원을 제공하는 속성이나 혜택이 그것이다. 실증자

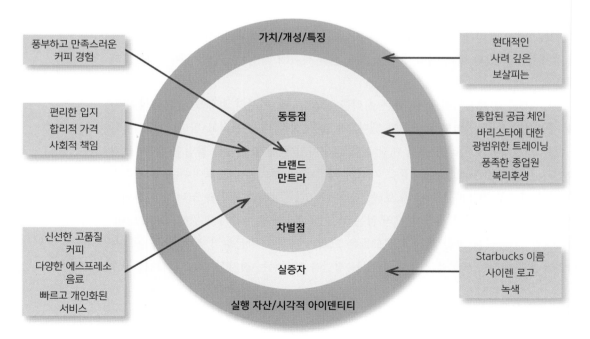

그림 10.3
Starbucks 브랜드 포지셔닝 황소의 눈의 가상 사례

(계속)

(substantiators)는 '믿을 수 있는 이유'라고 칭하기도 하는데, 그렇게 불리는 이유는 그들이 브랜드 메시지를 검증해 준다는 사실을 고객에게 전달하기 위해 커뮤니케이션 캠페인에 사용되기 때문이다. Starbucks의 통합적인 공급망, 광범위한 바리스타 트레이닝, 풍족한 직원 복리후생 프로그램 등은 Starbucks가 포지셔닝을 확고히 할 수 있는 요인 중 하나다.

마지막으로, 바깥 원에는 브랜드 포지셔닝과 관련된 두 가지 추가적인 측면이 있다. 첫 번째는 브랜드 가치, 개성, 특징이다. 즉 브랜드의 분위기(tone)를 확립하는 데 도움이 되는 말과 행동에 의해 유발되는 무형의 연상이다. Starbucks의 경우, 현대적이고, 사려 깊으며, 배려심이 많은 브랜드라고 생각될 수 있다. 두 번째 측면은 실행 자산과 시각적 아이덴티티, 즉 고객이 지각하는 방식에 영향을 미치는 브랜드의 보다 구체적인 구성요소를 포함한다. Starbucks에게 이는 브랜드 이름, 사이렌 로고, 진한 녹색과 흰색으로 특화된 브랜드의 시각적 모습을 포함한다.

요약

1. 브랜드는 한 판매자 또는 판매자 그룹의 상품과 서비스를 식별하고 경쟁사의 상품과 서비스를 구별하기 위해 사용되는 이름, 문구, 표시(sign), 심벌, 디자인, 또는 이러한 요소의 조합이다. 브랜드의 궁극적인 목적은 소비자, 기업, 협력자를 위해 제품 및 서비스 측면에서 창출되는 가치를 넘어서는 가치를 창출하는 것이다.

2. 브랜드는 고객과 기업에 많은 혜택을 제공하고 신중하게 관리해야 하는 가치 있는 무형자산이다.

3. 브랜드가 창출하는 가치는 브랜드 에쿼티와 브랜드 파워라는 두 가지 핵심 개념에 의해 표현된다. 브랜드 에쿼티는 브랜드의 소유권 때문에 회사의 평가에 부과되는 프리미엄을 반영한다. 그것은 브랜드가 평생 동안 창출할 총재무수익의 순현재가치를 포함한다. 브랜드 파워는 브랜드에 대한 소비자의 생각, 느낌, 행동 방식에 대해 브랜드가 영향을 미치는 정도를 반영한다. 따라서 브랜드 지식은 해당 제품이나 서비스의 마케팅에 대한 소비자 반응에 미치는 차등적 효과다.

4. 브랜드 요소는 브랜드를 식별하고 차별화하는 장치다. 일반적인 브랜드 요소에는 브랜드 이름, 로고, 심벌, 모토, 패키지가 포함된다. 효과적인 브랜드 요소는 기억에 남고, 의미 있고, 호감이 가고, 전환 가능하며, 적응성이 높고, 보호될 수 있다.

5. 강력한 브랜드를 구축하기 위해 마케터는 소비자에게 의미를 전달하는 기억 속의 다른 정보와 브랜드를 연결한다. 이러한 '2차' 브랜드 연상은 브랜드를 기업 자체, 국가 또는 다른 지리적 지역, 유통 채널뿐만 아니라 다른 브랜드, 캐릭터, 대변인, 스포츠 및 문화행사, 또는 기타 제3의 원천과 연결한다.

6. 브랜드 계층은 기업의 브랜드가 기업의 제품 및 서비스뿐만 아니라 서로 관련되는 방식을 반영한다. 의미 있는 브랜드 계층을 개발하는 것은 다양한 브랜드 포트폴리오를 관리하는 기업에게 특히 중요하다. 최적의 브랜드 포트폴리오의 특징은 각 브랜드가 포트폴리오의 다른 모든 브랜드와 결합하여 에쿼티를 극대화하는 능력이다. 세 가지 일반적인 브랜드 포트폴리오 전략은 하우스 오브 브랜드, 브랜디드 하우스, 하위 브랜드 전략이다.

7. 마케터는 대개 자신의 브랜드를 다른 기업의 브랜드와 결합하여 우수한 시장 가치를 창출한다. 공동브랜딩은 둘 또는 그 이상의 브랜드가 함께 마케팅되는 것을 말한다. 성분 브랜딩은 다른 브랜드 제품에 포함된 재료, 구성요소, 부품을 포함하는 공동브랜딩의 특별한 경우다.

8. 브랜드는 시간이 지남에 따라 진화한다. 브랜드가 진화하는 가장 일반적인 두 가지 방법은 브랜드 리포지셔닝과 브랜드 확장이다. 브랜드 리포지셔닝은 새로운 제품

이나 서비스와 반드시 연관시키지 않고 기존 브랜드의 의미를 변경하는 것을 포함한다. 이와는 대조적으로, 브랜드 확장에는 시장에 안착된 브랜드를 사용하여 다른 카테고리 또는 가격 계층에서 새로운 제품을 소개하는 것이 포함된다.

9. 브랜드와 그 이미지는 기업과 고객 모두에게 상당한 가치를 창출하는 주요 경쟁우위가 되는 경우가 많기 때문에, 브랜드는 럭셔리 제공물을 디자인하는 데 핵심적인 역할을 한다. 럭셔리 브랜드와 관련된 모든 마케팅 결정(제품, 서비스, 가격, 판매 인센티브, 커뮤니케이션, 유통)은 구매 및 소비 경험이 브랜드의 이미지와 일치하도록 조정되어야 한다.

marketing
SPOTLIGHT

출처: PSL Images/Alamy Stock Photo

Gucci

1921년 이탈리아 Florence에서 Guccio Gucci에 의해 설립된 Gucci는 확실히 이 나라에서 가장 유명한 브랜드다. 의류, 신발, 핸드백, 액세서리 등 고품질의 럭셔리 제품을 판매하는 패션 명가로서 현재 Alexander McQueen, Balenciaga, Yves Saint Laurent을 소유하고 있는 프랑스에 기반을 둔 럭셔리 패션 그룹 Kering이 소유하고 있다. Gucci는 전 세계에 약 500개의 매장을 가지고 있으며 가장 유명한 럭셔리 소매업체들과 협력하고 있다.

이 브랜드와 로고는 패션계에서 가장 인식 가능한 레이블 중 하나이며, 세련됨, 배타성, 품격, 혁신을 대표한다. 로고는 브랜드명 'GUCCI'와 거울에 비친 'G' 글자가 서로 마주 보고 있는 이중 G 표시로 구성되어 있다. 단어 마크나 더블 G 사인이 없어도 Gucci 브랜드 식별자가 된 시그니처 레드, 그린 스트라이프 패턴으로도 시각적으로 표현된다. Gucci 역시 브랜드 전략의 일환으로 '이태리 제품'임을 강조한다.

Gucci는 항상 럭셔리 패션과 연계되어 고객의 자아 이미지, 지위, 위신감 등에 어필해 왔다. 진품성과 고유함, 능숙하게 디자인된 제품, 상징적인 로고 등으로 인해 고급 이태리 브랜드로서의 면모를 유지해 왔지만 항상 그랬던 것은 아니다. Gucci는 100년 역사 동안 부침이 없이 점유율이 높았고, 브랜드 이미지, 타깃시장, 브랜드 로열티 사이에서 최적점을 찾기 위해 고군분투할 때도 있었다. 예를 들어, 1990년대 후반에서 2010년대 초반 사이의 기간 동안 더 넓은 가격대를 제공함으로써 타깃 시장 도달 범위를 확장했지만, 이로 인해 브랜드 이미지가 다소 희석되었다. Gucci는 이후 가방 가격을 인상해 브랜드 위신의 손실을 뒤집고자 했지만 피해가 발생했고 핵심 고객층은 브랜드와 어떻게 동일시해야 할지 혼란스러워했다. 다른 럭셔리 브랜드에 비해 Gucci는 더 이상 예전만큼 명성이 높지 않았다.

2014년, 매출과 전반적인 인기가 하락하자 패션 하우스의 리더십이 바뀌었는데, CEO Patrizio Di Marco와 크리에이티브 디렉터 Frida Giannini가 각각 Marco Bizzarri와 Alessandro Michele로 교체되었다. Giannini는 1990년대 Tom Ford가 시작한 대담하고 성적으로 도발적인 Gucci의 커뮤니케이션 스타일을 고수했는데, 이 전략은 수년간 매우 잘 작동했지만 더 이상 흥미롭지 않게 되면서 밀레니얼 세대에게 어필하지 못했다. Gucci는 충성 고객층에 영합하면서 젊은 시장을 끌어들이는 전략이 필요했다. Bizzarri와 Michele은 보다 현대적이고 로맨틱한 분위기로의 업데이트로 Gucci의 프리스티지 전통에 초점을 맞추어 브랜드를 리포지셔닝하기로 결정했다. Gucci의 새로운 전략적 방향을 위해, 그들은 향수와 브랜드의 세련된 이미지를 현대적인 터치로 활용하여 전통과 유산을 이어갈 Gucci 브랜드 스토리의 보다 현대적인 장을 만들고자 했다. 이에 따라 2015년에는 '패션을 꿈꾸는 자(fashion dreamer)'를 타깃으로 한 브랜드 커뮤니케이션의 좀 더 미묘한 접근법이 채택됐다. Gucci의 이미지는 대담하고, 화려하고, 성적인 것에서 생생하고, 로맨틱하고, 현대적인 것으로 바뀌었다.

Gucci의 새로운 브랜드 전략의 분명한 목표는 충성 고객층을 유지하면서 밀레니얼 세대와 Z세대에 집중하는 것이었다. 타깃시장의 젊은 층은 디지털 지향적이고, 흥미로운 경험을 추구했으며, 브랜드 간 전환에 더 개방적이었다. 이 오디언스들에게 어필하기 위해, Gucci는 소셜 미디어에서 높은 인지도를 갖게 되었고, 모바일 기반 구매 플랫폼을 통합했으며, Rihanna, Beyoncé, Dakota Johnson 같은 유명인사들과 제휴했다. 새로운 브랜드 전략의 성공은 패션계를 뒤흔들었다. 2017년 Gucci는 48%의 매출 성장을 기록했는데, 이는 1990년대 후반 이후 가장 인상적인 성과였다.

이 성공의 흥미로운 측면은 브랜드가 밀레니얼 세대와 Z세대 사이에서 인기가 있다는 사실이었는데, 밀레니얼 세대와 Z세대는 현대 럭셔리 브랜드가 만족시켜야 할 가장 까다로운 구매자로 널리 알려져 있다. 이러한 명성에도 불구하고, 브랜드가 식별 가능한 가치와 의미를 제공하는 한, 이 세분시장은 럭셔리 제품에 대한 소비를 꺼리지 않는다. 2018년, 이들은 Gucci 매출의 60% 이상을 차지했으며, Z세대는 가장 빠르게 성장하고 있는 구매자 그룹이다. 이러한 인기의 주요 이유 중 하나는 Gucci가 그들의 유산과 품격을 유지하면서 인상적인 디지털 존재감을 개발함으로써 럭셔리 패션에 대해 수용되었던 정의를 넘어섰다는 것인데, 이것은 더 젊고, 파격적이며, 개방적인 소비자에게 잘 작동했다. 브랜드는 온라인 존재와 매장 내 경험을 통합하는 매우 성공적인 웹 전략을 채택했다. 웹사이트, 온라인 쇼핑, 소셜 미디어, 모바일 마케팅을 기반으로 기업의 실적을 측정하는 디지털 역량에서 Gucci는 Louis Vuitton, Fendi, Burberry, Michael Kors와 같은 다른 럭셔리 브랜드보다 훨씬 더 높은 점수를 받았다. "Digital IQ Index: Fashion"이라는 제목의 《Luxury Daily》의 기사는 웹사이트, 소셜 미디어, 모바일과 같은 디지털 채널이 럭셔리 브랜드 구매의 거의 60%에 영향을 미치는 것으로 확인했다. 2017년, Gucci는 《Luxury Daily》의 디지털 성능 순위에서 Burberry를 제치고 1위에 올랐다.

밀레니얼 세대와 Z세대에 좋은 반향을 불러일으키며 '커뮤니티 느낌'을 만들어낸 브랜드가 수용한 속성으로는 로맨스, 동화, 꿈, 자기 표현, 개성, 성 역할 파괴, 평등권, 진정성 있는 가치 등이 있다. 예를 들어, 2017년에 Gucci는 대담하게 나서서 모피 반대 운동에 동참하여 젊은 소비자들의 많은 사랑을 받았다. 또한 CSR 활동, 지구의 이익을 위한 혁신, 환경 영향에 대한 정보를 공유하는 Gucci Equilibrium이라고 불리는 프로그램을 시작했다.

Gucci는 전통을 이어가면서도 럭셔리 브랜드라는 전형적인 지각적 경계를 벗어나 스타 브랜드로 거듭나는 경험을 했다. Gucci의 민첩성과 새로운 고객 기반에서의 성공은 업계 내에서 찬사를 받았다. Gucci는 2018년 British Fashion Awards에서 올해의 브랜드상을, Marco Bizzarri는 최우수 비즈니스 리더상을 수상했다.[84]

질문

1. Gucci의 브랜드 포지셔닝의 다양한 측면과 이것이 시간이 지남에 따라 어떻게 변했는지에 대해 논의하시오. Gucci의 주요 차별점(POD)은 무엇인가?

2. Gucci는 밀레니얼 세대와 Z세대에게 어떤 주요 가치를 제공하는가? 이 소비자 그룹이 Gucci에게 계속 로열티를 가질 것이라고 생각하는가? 이 브랜드는 어떻게 그들에게 계속 적합할 수 있을까?

MUJI

MUJI는 1980년 일본 슈퍼마켓 The Seiyu의 프라이빗 레이블 (판매자 브랜드)로 설립되었다. 당시, 경제가 성장하면서 해외 브랜드 인기가 높아지고 있었다. 결과적으로, 더 저렴하고 질 낮은 모조품이 예산에 민감한 소비자들에게 매력적인 대안이 되었다. MUJI 제품은 가격도 저렴하고 오래 쓸 수 있는 고품질 제품의 성장하는 시장을 채우기 위해 만들어졌다. MUJI는 "lower priced for a reason(그럴 만한 이유가 있는 저렴함)"이라는 슬로건으로 광고한, 9개의 가정용 제품과 31개의 식품으로 시작했다. 제품은 투명한 셀로판지와 브라운색 종이와 같은 간단한 재료로 포장되었다. 이후 몇 년 동안 MUJI는 문구류, 의류, 주방용품, 가정용품 등으로 제품군을 확장했다. 또한 일본 전역에 자체 매장을 열기 시작했다.

회사의 풀네임인 Mujirushi Ryohin은 제품의 단순함과 기능성을 반영한 디자인 철학인 '브랜드 없는 좋은 제품(무인양품)'을 의미한다. MUJI는 자사 제품이 "브랜드가 없다"고 주장하는데, 이는 로고나 눈에 띄는 마크가 없다는 것을 의미한다. MUJI가 설명하듯이, 이 제품들은 눈에 띄기보다는 미니멀리즘적으로 보이도록 디자인되어 단일 기능을 제공하기에 충분하다. 이것은 일반적인 120도가 아닌 90도 각도로 제작된 MUJI 양말에서 확인할 수 있다. 직각은 부츠 안에 양말을 신었을 때 뒤꿈치가 미끄러지지 않도록 도와주고 전체적인 편안함을 높여준다. MUJI는 기능과 스타일, 모든 면에서 단순함을 추구하여 사용자의 니즈와 라이프스타일에 잘 융합되고 잘 매치될 수 있다.

MUJI는 누구나 살 수 있는 좋은 품질의 미니멀리스트 제품을 만들기 위해 세 가지 핵심 원칙을 따른다. 먼저, 제품 생산에 사용되는 재료를 신중하게 선택한다. 회사는 저렴한 비용으로 대량 구매할 수 있는 산업용 원료를 사용하는 것으로 알려져 왔다. 이 개념은 MUJI가 1980년대 초에 취급하던 식품에서 시작되었다. MUJI는 생산 후 잘려나온 스파게티 끄트머리와 사람들이 좋아하지 않는 생선 부위로 만든 연어통조림을 사들인 뒤, U자 모양의 파스타를 판매했다. 둘째, 제조 공정을 간소화한다. 제품은 일반적으로 색을 입히거나 염색을 할 필요가 없는 천연

또는 비가공 재료를 사용한다. 덕분에 MUJI 제품은 색상과 재료가 균일할 뿐 아니라, 낭비를 줄이고 비용을 절감할 수 있다. 셋째, 일반 용기에 제품을 담은 벌크 패키징(대용량 포장)을 사용한다. MUJI의 '무브랜드(brandless)' 철학을 따르는 것 외에도, 미니멀리스트 패키징은 자원을 절약하고 회사를 환경 친화적으로 유지한다.

MUJI의 '무브랜드' 철학은 프로모션 전략에서도 엿볼 수 있다. 회사는 인지도를 높이기 위해 입소문에 의존하여 광고 예산을 크지 않은 수준으로 유지하고 있다. MUJI는 TV와 인쇄 매체에서 거대한 광고 캠페인을 하는 대신, 언론과 매장 내 행사를 통해 사람들에게 다가가기를 선호한다. 자원은 실제 매장 위치에 고용된 영업사원에 투자된다. 지역별로 고용된 점장은 Tokyo에 있는 MUJI 사무실로 보내져 제품 판매 방법에 대한 교육을 받는다. MUJI는 고객이 매장 내에서 좋은 경험을 할 수 있도록 함으로써 지속 가능한 브랜드 인지도를 키웠다. 그리고 마케팅 비용을 낮게 유지함으로써, 가격을 낮게 유지하고 제품 개발에 더 많은 자원을 투입할 수 있다.

'무브랜드' 브랜드로 그 자체를 널리 알림으로써 MUJI는 틈새 시장을 창출했고, 성공적으로 해외 시장에 진출할 수 있었다. 7,000개 이상의 제품을 제공하면서도 특정 국가와 지역에 맞게 제품을 주문 제작하지 않는다. 오히려 MUJI 제품은 전 세계 가정에 적합하도록 설계된다. 각 제품은 특정한 목적을 위해 만들어지기 때문에 사용하기에 단순하다. 또한 전 세계 모든 지역에 동일한 스타일의 매장 디자인, 레이아웃, 머천다이징(상품판매활동)을 채택하고 있다. 소매점 위치와 제품의 균일성은 지역별 적응 비용을 절감한다. MUJI는 기존 점포가 수익성 있게

운영될 때에 한해 신규 국가에 매장을 증설하는 정책을 고수해 오고 있으며, 이는 높은 수익과 성장의 안정성을 유지해 준다. 해외 비즈니스 지역이 MUJI 매장의 대부분을 차지하고 있으며, 동아시아가 가장 큰 점유율을 차지한다.

MUJI의 브랜드 가치가 회사의 모든 측면에 스며 있다는 회사의 주장은 강하고 일관된 브랜드와 지속 가능한 비즈니스 모델에 기여했다. '브랜드 없는' 제품의 디자인은 독특한 미를 창조해 낸다. MUJI는 제품이 시각적으로 튀지 않도록 의도하고 있지만, 동시에 브랜드를 요란하게 표시한 제품들 사이에서도 눈에 잘 띈다. 세 가지 핵심 원칙을 고수하여 제품의 가격을 낮게 유지한다. MUJI는 이러한 장점에 기능 및 형태 면에서의 제품 단순성을 결합하여 전 세계적인 확장을 위한 성공적인 조합을 만들었다. 1983년 첫 점포가 문을 연 이래, MUJI는 전 세계에 1,000개 이상의 매장을 추가했다.[85]

질문

1. MUJI의 시장 성공의 주요 동인은 무엇인가? MUJI의 경쟁자와 비교해서 동등점(POP)과 차별점(POD)은 무엇인가?
2. '무브랜드' 전략을 사용하는 것의 장단점은 무엇인가?
3. MUJI는 브랜드를 어떻게 키워야 할까?

11
프라이싱 관리와 영업 프로모션

Netflix는 자사 스트리밍 프로그램 확장을 위한
자체 콘텐츠 개발에 대한 대규모 투자와 함께
일련의 가격 인상을 수행하고 있다.
출처: M. Unal Ozmen/Shutterstock

가격은 비용을 수반하는 마케팅 믹스의 다른 요소와 달리, 수익을 창출하는 유일한 요소다. 또한 기업이 설정한 제품과 브랜드의 가치 포지셔닝에 대해 말해준다. 잘 기획되고 마케팅된 제품은 여전히 프리미엄 가격을 부과하고, 이로 인한 높은 이윤을 거둘 수 있도록 해준다. 그러나 새로운 현실 경제 상황은 많은 소비자로 하여금 그들이 마주하는 제품과 서비스에 대한 지불의사를 다시 고려하도록 했고, 결과적으로 기업은 진지하게 그들의 프라이싱(pricing) 전략에 대해 고민해야 했다. 이러한 상황에서 소비자와 기업의 시선을 사로잡은 기업이 있었는데, 바로 비전통적인 프라이싱 전략을 사용한 Netflix다.

>>> 1997년에 Reed Hastings와 Marc Randolph에 의해 설립된 Netflix는 영화와 TV 프로그램을 온라인상에서 제공하는 구독 기반 스트리밍 서비스다. OTT(over-the-top) 영상 콘텐츠 제공 기업인 Netflix는 케이블이나 TV 방송 같은 전통적 매체를 이용하지 않고, 프로그램을 독립된 제품으로서 인터넷 사용 시청자에게 직접 전달한다. 설립 이후 Netflix의 구독자는 급속히 증가하여 2018년 미국에서만 5,800만 명에 이르렀으며 세계적으로는 1억 3,000명에 도달했다. 서비스를 열기로 결정한 순간부터, Netflix는 두 가지 주요한 의사결정을 내려야 했다. 첫 번째는 장기적인 관점에서 소비자가 결제하고 싶도록 만드는 콘텐츠를 선택(추후에는 직접 개발)하는 것이고, 두 번째는 Netflix가 원하는 콘텐츠를 확보할 수 있도록 하면서 소비자에게 어필할 수 있는 가격을 설정하는 것이다. 다른 스트리밍 서비스(Amazon, Apple, Hulu 등)와의 경쟁이 치열해지고 콘텐츠에 대한 라이선싱(licensing) 비용이 상승함에 따라 Netflix는 자체 콘텐츠 제작에 대규모 투자를 하기 시작했다. Netflix는 2018년 한 해에만 약 700개의 자체 프로그램을 보유하고 있었으며 더 많은 프로그램을 기획하고 있었다. 새로운 콘텐츠 제작을 감당하기 위해서는 서비스와 프라이싱 구조를 조정할 필요가 있었다. 2010년 11월 Netflix 스트리밍 서비스의 첫 출시 후 지금까지, Netflix는 제공 서비스의 포트폴리오를 확장해 왔고, 동시에 가격을 인상해 왔다. 월 7.99달러의 스트리밍 서비스를 출시한 지 3년 후에는 11.99달러의 프리미엄 버전을 출시했다. 1년 후인 2014년 5월에는 저가 버전의 기본 서비스를 7.99달러에 도입함과 동시에 표준 서비스의 가격을 8.99달러로 인상했다. 이듬해, 표준 서비스를 9.99달러로 인상했고, 2017년에는 10.99달러로 올렸으며 같은 해 프리미엄 서비스의 가격은 13.99달러로 인상되었다. 2019년이 되자 Netflix는 스트리밍 서비스 출시 이래 가장 큰 가격 인상을 발표하였는데 기본 서비스를 8.99달러로, 표준 서비스를 10.99달러로(2020년에 12.99달러로 인상되었다), 프리미엄 서비스를 15.99달러로 인상한 것이다. 이러한 프라이싱 구조는 스트리밍 서비스로 인한 고객 혜택이 상응하는 비용을 초과한다는 기업의 믿음을 반영한다. CEO Hastings는 "가격은 모두 가치와 연관된다. 우리는 끊임없이 제공하는 콘텐츠를 늘리고 있고, 전 세계 시청 수가 이를 증명하고 있다."고 말했다. [1]

프라이싱 과정은 기업, 소비자, 경쟁자, 마케팅 환경 등 다양한 요소를 고려해야 하는 복잡한 의사결정이다. 총체적 관점에서 접근하는 마케터는 그들의 프라이싱 의사결정이 기업의 마케팅 전략, 타깃(목표)시장, 브랜드 포지션과 일맥상통해야 함을 알고 있다. 이 장에서는 초기 가격 설정과 시간과 시장 변화에 따른 가격 조정을 용이하게 하는 콘셉트와 도구를 다룬다.

학습목표

11.1 마케팅 관리에서 프라이싱이 하는 역할을 설명한다.

11.2 소비자가 가격을 인식할 때 영향을 주는 주요한 심리적 요인을 확인한다.

11.3 매니저가 가격을 설정할 때 반드시 고려해야 하는 요인을 설명한다.

11.4 경쟁적 가격 할인에 어떻게 대처해야 하는지 논의한다.

11.5 인센티브가 어떻게 설계되고 관리되는지 설명한다.

프라이싱에 대한 이해

가격은 단순히 가격표 위의 숫자가 아니다. 제품과 서비스에 대해 지불하는 가격은 많은 기능을 하며 임대료, 등록금, 요금, 통행료, 임금, 수수료 등 다양한 형태를 띤다. 가격은 또한 많은 구성요소를 가지고 있다. 만약 새 차를 구매한다면, 표시 가격은 할인된 만큼 현금으로 돌려주는 리베이트와 딜러 인센티브에 의해 조정될 수 있다. 어떤 기업은 포인트, 비행 마일리지, 비트코인 등 복합적인 형태로 소비자가 가격을 지불할 수 있게 하기도 한다.

역사 이래로, 가격은 대부분 구매자와 판매자 사이의 협상에 의해 결정되었고, 가격 흥정은 여전히 일부 영역에서는 스포츠로 남아 있다. 모든 구매자에 대해 단일 가격을 설정하는 것은 19세기 말 대규모 소매 산업이 발달하면서 나타난 비교적 현대적인 아이디어다. F. W. Woolworth, Tiffany & Co., John Wanamaker 등은 '엄격한 단일 가격 정책'을 고수했는데, 이것이 효과적인 접근방식이었던 이유는 그들이 매우 많은 상품을 취급했고 매우 많은 직원을 관리했기 때문이다.

전통적으로, 가격은 소비자 구매 선택의 주요한 결정 요인으로 작용했다. 가격 정보와 가격 할인처에 대해 접근할 수 있는 소비자나 구매 에이전트들은 소매상에게 가격 인하 압력을 넣는다. 이에 소매상은 제조업자에게 그들이 취급하는 제품의 가격을 낮추도록 압력을 행사한다. 이는 대규모 할인과 영업 프로모션으로 점철된 마켓플레이스로 이어질 수 있다.

최근 25년 동안, 인터넷은 구매자와 판매자가 소통하는 방식을 바꿔놓았다. 인터넷은 구매자가 수천 명의 벤더로부터 실시간으로 가격을 비교할 수 있도록 했다. 게다가 소비자는 스마트 모바일 기기를 사용해 매장에서 구매하기 전에 손쉽게 가격 비교를 할 수 있게 되었고, 이는 소비자가 보고 있는 가격이나 그보다 더 낮은 가격에 상품을 판매하도록 소매상을 압박한다. 또한 소비자는 Groupon과 같은 프로모션 플랫폼을 사용하여 더 나은 가격을 찾기 위해 리소스를 모을 수 있다.

> **Groupon** 2008년 런칭한 Groupon은 기업이 인터넷과 이메일을 통한 광고 형태로 프로모션을 사용할 수 있도록 도와준다. 특히 Groupon은 특정 클라이언트의 제품과 서비스에 대해 정규 가격에서 특정 비율이나 금액이 할인되는 일일 제안을 유머러스한 문장에 담아 수많은 구독자에게 발송한다. Groupon이 제공하는 이러한 할인 이메일을 통해 클라이언트는 세 가지 혜택을 얻을 수 있다. 소비자에 대한 브랜드 노출 증대, 가격 차별 능력, '입소문 요인'의 창출이다. Groupon은 이 과정에서 40~50%의 이윤을 취한다. Groupon이 진행하는 프로모션은 대부분 스파, 피트니스센터, 레스토랑 등 지역 소매상을 위한 것이지만, 일부 국가 브랜드의 거래를 관리하기도 한다. 일각에서는 Groupon이 가격 추종자만을 공략하기에, 이들을 정규 고객으로 전환하는 데 효과적이지 않다고 비판한다. 한 연구에 따르면 32%의 기업이 손실을 입었고 40%는 다시는 이러한 프로모션을 이용하지 않을 것이라 말했는데, 관련하여 서비스업에서 레스토랑의 실적은 최악이었으나 스파와 살롱은 꽤 성공적이었다. 이러한 비판에 Groupon은 수년간 혁신을 시도해 왔다. 대규모 영업조직을 활용하여 지역 기업이 웹이나 스마트폰을 통해 시간과 장소에 특화된 거래를 제공하도록 등록하는 Groupon Now를 판매한다. iPhone 앱을 깔고, 새로운 서비스를 살펴보면, 실시간 거래를 촉진하기 위한 "나는 지루해요"

출처: seewhat.michsee/Alamy Stock Photo

<< 대규모 구독자 기반의 일일 거래 제안을 통해 Groupon은 많은 지역 기업들이 매출의 상당 부분을 대가로 급성장하는 온라인 시장에 접근할 수 있도록 하고 있다.

해요" 버튼과 "나는 배고파요" 버튼을 볼 수 있다. 기업에게 이러한 서비스는 평소 인기가 없는 시간대의 트래픽(traffic)을 확대할 수 있는 방법이다. 심지어 유명 레스토랑의 경우에도, 하루 중 식사시간이 아닌 때나 주중에는 자리가 꽉 차는 일이 거의 없기 때문에 해당 시간의 할인을 고려해 볼 수 있다. IPO 직후 주가는 좋은 성적을 거두지 못했으나, Groupon은 여전히 적합한 비즈니스 공식을 찾기 위해 분투하고 있다.[2]

인터넷은 구매자의 힘을 강화할 뿐만 아니라, 판매자가 그들의 프라이싱을 최적화할 수 있도록 한다. 즉 판매자는 시장 수요를 모니터링하고 이에 맞춰 가격을 조정할 수 있는 것이다. 예를 들어, Uber는 높은 수요가 있을 때 높은 요금을 부과하는 'surge(서지)' 프라이싱을 사용한다. 게다가 기업은 이제 주어진 세분시장이나 개별 고객의 프로파일에 근거해 맞춤화된 영업 프로모션을 진행할 수 있다. Amazon, Wayfair, Target과 같은 온라인 소매상은 소비자의 인구통계학적·심리적·행동적 특성을 고려하여 프로모션 인센티브를 제공하고 있다. 또한 많은 오프라인 소매상들 역시 위치 기반 기술을 활용하여, 현재 위치를 기반으로 매장 가까이 접근하는 소비자를 대상으로 프로모션을 진행하고 있다.

기업이 그들의 가격을 설정하는 방식은 다양하다. 많은 소기업에서는 기업 소유주가 가격을 설정한다. 규모가 큰 기업에서는 관련 부서나 제품 생산 매니저가 가격을 설정한다. 이 경우 최고경영진이 일반적인 프라이싱 목표나 정책을 설정하나 종종 하위 경영진들의 제안을 수렴하기도 한다.

프라이싱이 중요한 경쟁 요인인 기업의 경우, 프라이싱 부서를 설립하여 적정 가격을 설정하거나 다른 부서가 그렇게 할 수 있도록 지원한다. 이 부서는 마케팅 부서, 재무 부서, 그리고 최고경영진에게 보고한다. 프라이싱에 영향을 줄 수 있는 사람으로 영업 매니저, 생산 매니저, 재무 매니저, 회계사가 있다. B2B 상황에서는 가격 결정 권한이 영업, 마케팅 및 재무 부서에 수평으로 분산되어 있고, 개별 판매원과 팀 그리고 중앙 관리자 간 해당 권한의 중앙집중화와 위임 간에 균형을 이룰 때 프라이싱 성과가 향상되는 경향이 있다.[3]

많은 기업이 프라이싱을 잘 관리하지 못하며 여전히 '비용을 책정한 후 산업의 전통적 마진을 더하는' 것과 같은 '전략'에 머무르고 있다. 또 다른 흔한 실수는 시장 변화에 대응할 수 있도록 가격을 자주 조정하지 않는 것이다. 이는 가격을 시장 포지셔닝 전략의 본질적인 요소로 보지 않는 개별적 가격 설정과 다양한 제품, 세분시장, 유통 채널, 구매 상황에 따라 충분히 가격을 변화시키지 않는 것을 의미한다.

어떤 조직이든 프라이싱 전략을 효과적으로 설계하고 실행하기 위해서는 소비자의 프라이싱 심리를 철저히 이해하고 가격의 설정, 적용, 수정에 대한 체계적 접근방식을 취해야 한다.

소비자 심리와 프라이싱

전통적으로 많은 경제학자들은 소비자가 소위 가격을 주어진 것으로 여기는 '가격 수용자'라 생각했다. 그러나 마케터는 소비자가 가격 정보에 적극적으로 반응하고 과거 구매 이력, 공식 커뮤니케이션(광고, 판매 전화, 브로슈어), 비공식 커뮤니케이션(친구, 동료, 가족 구성원), 구매 시점, 온라인 정보를 비롯한 다양한 요인의 맥락과 상호작용한다는 것을 알고 있다.[4]

구매 결정은 마케터가 제시하는 가격이 아닌, 소비자가 가격을 인식하는 방법과 현재의 실제 가격에 대해 어떤 생각을 하고 있는지에 의해 이루어진다. 소비자는 낮은 가격 하한선이나 높은 가격 상한선을 가질 수 있는데, 가격 하한선보다 낮은 가격은 수용할 수 없는 품질로 인식되고 상한선보다 높은 가격은 심리적 거부감을 일으키거나 그만한 가치가 없다고 인식된다. 즉 각각의 사람들은 각기 다른 방식으로 가격을 해석한다.

일반적인 티셔츠와 청바지 구매에서 찾을 수 있는 소비자 심리를 생각해 보자. 왜 평범한 여성용 검은색 티셔츠가 Armani에서는 275달러이고, Gap에서는 14.90달러인가? 그리고 스웨덴 저가 의류 브랜드인 H&M에서는 단돈 7.90달러인가? Armani 티셔츠를 구매하는 소비자는 조금 더 세련된 70%의 나일론, 25%의 폴리에스터, 5%의 스판덱스 재질의 티셔츠에 수천만 달러의 수트, 핸드백, 이브닝 드레스를 판매하는 럭셔리 브랜드의 'Made in Italy' 라벨이 있기 때문에 더 많은 금액을 지불하는 것이다. 아이러니하게도 Gap과 H&M의 셔츠는 대부분 면 재질이다. 이 티셔츠와 함께 입을 수 있는 바지에 대한 선택권은 매우 다양하다. Gap은 'Original Khakis'를 44.50달러에 판매하고 있는 반면에 Abercrombie & Fitch의 클래식 버튼형 치노(chino) 바지는 70달러다. 하지만 480달러에 판매되는 Michael Bastian의 플레인 카키(plain khaki)나 595달러짜리 Giorgio Armani에 비교하면 Gap과 Abercrombie & Fitch는 아주 싼 값이다. 고가의 디자이너 청바지들이 비싼 개버딘 원단을 사용하고 독특한 디자인을 위해 장기간 스케치를 했을 순 있으나, 디자이너 청바지가 자아내는 이미지와 한정품이라는 느낌 역시 마

찬가지로 중요하다.[5]

소비자가 가격에 대한 지각을 어떻게 만들어가는지 이해하는 것은 마케팅의 중요한 우선 순위다. 이제부터 프라이싱 심리와 관련된 세 가지 주제인 준거 가격, 이미지 프라이싱, 프라이싱 큐(cues)에 대해 다루고자 한다.

준거 가격 소비자가 가격대에 대해 매우 잘 알고 있을 순 있지만, 놀랍게도 특정 가격을 기억할 수 있는 사람은 드물다. 그러나 제품을 비교할 때 소비자는 종종 **준거 가격**(reference prices)을 사용하는데, 이는 인지한 가격을 자신이 내부적으로 기억하고 있는 준거 가격이나 제품에 부착된 '정규 소매 가격' 같은 외부적 준거 프레임과 비교하는 것을 의미한다.[6] 가능한 준거 가격에는 '공정 가격'(소비자가 생각하는 해당 제품의 마땅한 가격), 전형적 가격, 지불한 마지막 가격, 상한 가격(예약 가격 또는 대부분의 소비자가 지불할 최대 가격), 하한 가격(낮은 가격 하한선 또는 대부분의 소비자가 지불할 최소 가격), 경쟁자 가격, 예상 미래 가격 그리고 일반적인 할인 가격 등이 있다.[7]

판매자는 종종 준거 가격을 조작하려고 하는 경향이 있다. 예를 들어 판매자는 제품을 고가의 경쟁 제품 사이에 위치시켜 그들과 같은 클래스에 있는 것처럼 보이게 할 수 있다. 백화점에서 더 비싼 층에 있는 드레스는 더 높은 품질을 가진 것으로 보이기 때문에, 백화점은 여성 의류를 가격별로 각기 다른 층에 전시한다.[8] 마케터들 역시 높은 원가를 언급하며 제품이 원래 더 비쌌다고 말하거나 경쟁자 가격을 언급하면서 소비자가 준거 가격에 의거해 사고하도록 만든다.

소비자가 이러한 준거 프레임을 하나 이상 떠올리게 된다면, 그들이 본 실제 가격은 마음속에서 다르게 인식되기 시작한다. 연구에 의하면, 인지 가격이 실제 가격보다 낮아 불쾌한 놀

출처: Mark Waugh/Alamy Stock Photo

<< Abercrombie & Fitch가 가진 프리미엄 이미지는 소비자가 다른 경쟁자들과 비교해 이들에게 더 높은 가격을 지불할 수 있도록 유도할 수 있다.

라움이 생기는 경우가 그 반대의 경우보다 구매에 더 큰 영향을 줄 수 있다.[9] 소비자의 기대 또한 가격 반응에서 중요한 역할을 한다. eBay와 같은 인터넷 경매 사이트에서 소비자는 비슷한 상품에 대한 경매가 다음에 또 있음을 알게 될 때, 현재 경매에서 상대적으로 낮은 가격을 부르는 경향이 있다.[10]

영리한 마케터들은 가격 속에 가능한 많은 가치를 담기 위해 노력한다. 예를 들어, 총액은 결국 같지만 연간 600달러의 멤버십을 '단돈 월 50달러'로 바꾸는 것처럼, 가격을 보다 작은 단위로 쪼개 상대적으로 비싼 상품을 덜 비싸 보이도록 할 수 있다.[11]

이미지 프라이싱   많은 소비자는 가격을 일종의 품질 지표로 생각한다. **이미지 프라이싱**(image pricing)은 특히 향수, 고급 자동차, 디자이너 의류 등 정체성을 나타낼 수 있는 제품(ego-sensitive product)에 대해 효과적이다. 100달러짜리 향수 한 병은 10달러 정도의 향을 담고 있을 수 있지만, 이 향수를 선물로 주는 사람은 받는 사람에 대한 존중을 표시하기 위해 기꺼이 100달러를 지불한다.

차 가격과 품질에 대한 지각은 상호작용한다. 고가의 자동차는 더 높은 품질로 인식된다. 고품질의 자동차 역시 실제보다 높은 가격으로 인식된다. 품질에 대한 정확한 정보가 있다면 가격은 품질에 대해 덜 중요한 지표로 바뀌지만, 그렇지 않은 경우 대부분 가격은 품질을 알려주는 신호가 된다.

어떤 브랜드는 한정성과 희소성을 필두로 차별점을 보여주고 프리미엄 프라이싱을 정당화한다. 시계, 주얼리, 향수 등의 럭셔리 브랜드는 커뮤니케이션 메시지와 채널 전략에서 종종

>> 폭발하는 수요에도 불구하고, Ferrari는 브랜드의 한정성을 유지하기 위해 생산과 판매 대수를 제한한다.

한정성을 강조한다. 높은 가격은 특별함을 추구하는 럭셔리 제품 소비자들의 수요를 실제로 증가시키는데, 이는 다른 소비자들은 이런 소비를 감당할 수 없다고 굳게 믿기 때문이다.[12]

　한정성을 유지하기 위해 Ferrari는 중국, 중동 지역, 미국에서 증가하는 수요에도 불구하고 의도적으로 20만 달러 이상의 시그니처 이탈리안 스포츠카의 판매를 7,000대로 제한한다. 그럼에도 한정성과 지위는 소비자에 의해 좌우된다. Brahma 맥주는 본고장인 브라질에서는 그저 일반적인 맥주이지만 유럽에서는 '병 속의 브라질'이라 불리며 크게 성공했다. Pabst Blue Ribbon은 미국 대학생들 사이에서는 그저 전통적인 스테디셀러였지만, "스카치위스키처럼 고급 오크통에서 숙성되었습니다."라는 멘트와 함께 44달러의 가격으로 중국에서 폭발적인 판매를 기록했다.[13]

프라이싱 큐 **프라이싱 큐**(pricing cues) 역시 프라이싱의 심리에서 매우 중요하다. 많은 판매자는 가격이 홀수로 끝나야 한다고 생각한다. 소비자는 299달러를 300달러대로 인식하지 않고 200달러대라고 인식한다. 즉 소비자는 가격을 반올림하기보다는 '좌에서 우로' 읽는 경향이 있다. 이런 식의 가격 인코딩(encoding)은 높고 반올림된 가격에 대해 심리적 가격 분할이 발생할 때 중요하다.

　'9'로 끝나는 가격이 인기가 많은 이유에 대한 또 다른 설명은 이것이 할인이나 저가의 의미를 보여주기 때문이라는 것이다. 따라서 어떤 기업이 고가 이미지를 원한다면 이러한 홀수로 끝나는 가격 설정은 피하는 것이 좋다. 한 연구는 드레스 가격이 34달러에서 39달러로 상승할 때 실제로 소비자의 수요가 증가하지만, 34달러에서 44달러로 상승할 때는 변화가 없었던 것을 발견했다.[14]

　0이나 5로 끝나는 가격 또한 매우 광범위하게 사용되는데, 소비자가 계산하기 더 쉽고 기억에서 떠올리기 쉽다고 생각되기 때문이다. 과도하게 사용되지 않는다면, 가격 옆에 적혀 있는 '세일' 표시는 수요에 박차를 가한다. 그러므로 전체 카테고리의 매출은 카테고리 내의 일부 상품에 세일 표시가 있을 때 가장 높고, 특정 시점을 지나면 세일 표시는 전체 카테고리 매출 감소의 원인이 될 수 있다.[15]

　세일 표시와 9로 끝나는 가격과 같은 프라이싱 큐는 가격에 대한 소비자의 지식이 적을 때 그 영향력이 더욱 커진다. 이는 소비자가 상품을 자주 구매하지 않는 경우, 해당 카테고리를 처음 접하는 경우, 제품 디자인이 시간에 걸쳐 변화하는 경우, 가격 변화에 계절성이 있는 경우, 매장마다 품질과 수량이 다른 경우에 그러하다.[16] 반대로 제품이 자주 사용될수록 프라이싱 큐의 힘은 약해진다. 한정 기간(예를 들어, '3일 동안만 구매 가능') 역시 소비자가 열정적으로 쇼핑하도록 유도해 수요를 증진시킬 수 있다.[17]

가격 설정하기

신제품을 개발할 때, 기존 제품을 새로운 유통 채널이나 지역에 투입할 때, 또는 새로운 계약에 입찰할 때 기업은 먼저 가격을 설정해야 한다. 기업은 품질과 가격 측면에서 제품을 어디에 포지셔닝할지 결정해야 한다.[18]

일반적으로 마케터는 3~5개 정도의 가격 포인트나 가격 계급을 설정할 수 있다. Marriott Hotels은 가격 포인트별로 상이한 브랜드를 개발하거나 변주를 주는 데 능숙하다. 구체적으로는, JW Marriott(최고가), Marriott Marquis(고가), Marriott(상중가), Renaissance(중고가), Courtyard(중가), TownePlace Suites(중저가), Fairfield Inn(저가)이다. 기업은 그들의 브랜딩 전략을 통해 소비자가 제품과 서비스의 가격-품질 계급을 확인할 수 있도록 한다.[19]

기업은 프라이싱 정책을 수립할 때 많은 요소를 고려해야 한다. 프라이싱 과정의 6가지 주요 단계는 다음과 같다. 프라이싱 목표 정의, 수요 결정, 비용 추정, 경쟁자의 원가/가격/서비스 분석, 프라이싱 방법 선택, 최종 가격 설정이다.

프라이싱 목표 정의

제공물의 가격은 기업의 전반적인 프라이싱 목표에 의해 결정된다. 기업의 목표가 뚜렷할수록 가격을 설정하는 것이 쉬워진다. 네 가지 가장 흔한 프라이싱 목표는 현재 수익, 시장 침투, 시장 스키밍, 품질 리더십이다.

- **단기 수익**(short-term profit): 많은 기업은 **현재 수익을 극대화**하기 위한 가격을 설정한다. 그들은 대안적 가격으로부터 발생할 비용과 수요를 측정하고 수익, 현금 흐름과 ROI(rate of return on investment)를 극대화할 수 있는 가격을 선택한다. 이 전략은 기업이 수요와 비용 구조에 대해 정확히 알고 있다고 가정하는데, 사실 이는 매우 어렵다. 더욱이 현재 성과에만 집중하는 것은 다른 마케팅 변수의 영향, 경쟁자 반응, 가격에 대한 법적 제한을 무시하는 것일 수 있기에 장기적 관점의 성과를 희생하는 것일 수 있다.

- **시장 침투**(market penetration): **침투 프라이싱**(penetration pricing)을 선택하는 기업은 그들의 **시장 점유율 극대화**를 기대할 것이다. 시장이 가격에 민감하다는 믿음하에 그들은 높은 판매량이 낮은 판매 단가와 높은 장기 수익을 가져올 것이라 생각해 매우 낮은 가격을 설정한다. Texas Instruments는 이러한 시장 침투 프라이싱을 수년간 수행한 것으로 유명하다. 거대한 공장을 건설한 이 기업은 가능한 가격을 낮게 설정해 거대한 규모의 시장 점유율을 획득하여 비용 절감에 성공했으며 비용이 감소하는 만큼 가격을 낮추었다.

  다음과 같은 상황에 시장 침투 프라이싱 전략이 매우 적합하다: (1) 시장이 가격에 매우 민감하고 낮은 가격이 시장 성장을 촉진하는 경우, (2) 생산 및 유통 비용이 생산 경험 축적에 따라 감소하는 경우, (3) 낮은 가격이 실제 및 잠재적인 경쟁을 감소시키는 경우.

- **시장 스키밍**(market skimming): 새로운 기술을 발표하는 기업은 **시장 스키밍을 극대화**하기 위해 높은 가격 설정을 선호한다. 시장 스키밍을 사용하는 기업은 아주 높은 지불의사를 가진 소비자만이 감당할 수 있는, 상대적으로 높은 가격을 설정한다. 그들의 다양한 잠재 고객의 거품층을 하나하나 파악하여, 각 고객 그룹에 맞게 최대 가격을 책정하고자 한다. Sony는 시장 스키밍 프라이싱의 대표 주자다. 고객 규모의 숫자는 작지만 높은 가격으로

도 그들의 제품을 구매할 고객에게 초기의 높은 가격을 설정하여 제품과 서비스를 팔고, 시간이 흐름에 따라 서서히 다음 고객층을 대상으로 제품 가격을 떨어뜨린다.

다음과 같은 상황에서 시장 스키밍은 크게 도움이 될 수 있다: (1) 충분한 수의 구매자가 높은 수요를 보이는 경우, (2) 초기의 높은 가격으로 인해 경쟁자들이 시장에 진입하지 못하는 경우, (3) 높은 가격이 제품의 우수함을 나타낼 수 있는 경우.

- **품질 리더십**(quality leadership): 어떤 기업은 시장에서 **품질 리더**(quality leader)가 되고자 할 수 있다. 높은 품질을 유지하기 위해 기업은 R&D, 생산, 배송에 투자할 수 있도록 상대적으로 높은 가격을 부과해야 한다. Starbucks, Aveda, Victoria's Secret, BMW, Viking과 같은 기업은 스스로를 카테고리 내에서 품질 리더로 포지셔닝하여, 충성고객층과 품질, 럭셔리, 프리미엄 가격을 연결했다. Grey Goose와 Absolut는 그들의 브랜드가 힙(hip)하고 특별해 보이도록 하는 영리한 사내외 마케팅을 통해 무색, 무취, 무미한 보드카 카테고리에서 초프리미엄 틈새시장을 개발해 내는 데 성공했다.

비영리 조직이나 정부 조직은 다른 프라이싱 목표를 가질 수도 있다. 대학은 기부금이나 공적 보조금에 의존해 필요한 비용을 충당할 수 있다는 것을 알기 때문에, 등록금을 통해서는 부분적인 비용 회수를 목표로 한다. 반면 비영리 병원의 경우 프라이싱을 통해 완전한 비용 충당을 바랄 수도 있다. 비영리 극장 기업의 경우 최대 좌석 수를 채우기 위해 제작비를 책정할 수 있다. 또한 사회복지기관은 고객 소득에 맞춰 서비스 가격을 책정하기도 한다.

어떤 목적에서든, 가격을 전략적 도구로 사용하는 기업은 그저 비용과 시장에 의거해 프라이싱을 결정하는 기업보다 높은 수익을 얻을 것이다. 입장료로 평균 5% 정도의 수익을 얻는 미술관의 경우, 그들의 대중적 이미지와 함께 그들이 받는 기부금과 후원 정도는 프라이싱에 의해 많은 영향을 받을 것이다.

수요 결정

각기 다른 가격은 상이한 수요를 만들어낼 것이고, 기업의 마케팅 목표에 각기 다른 영향을 줄 것이다. 수요 곡선을 통해 가격과 수요 사이의 역의 관계를 파악할 수 있다. 가격이 높을수록 수요는 낮아진다. 명품의 경우, 수요 곡선은 종종 우상향하기도 한다. 높은 가격이 곧 더 좋은 제품이라고 생각하는 소비자들이 있기 때문이다. 그러나 가격이 지나치게 높다면 수요는 떨어지기 마련이다.

기업 제공물에 대한 수요를 측정하기 위해 마케터는 가격 변화에서 수요가 얼마나 반응하는지, 즉 얼마나 탄력적인지를 확인해야 한다. **수요의 가격 탄력성**(price elasticity of demand)은 가격 변화로 인한 판매량의 변화 정도를 나타낸다. 가격 탄력성이 낮을수록, 소비자는 가격 상승에 덜 민감하고 이는 곧 가격 상승이 판매 수익 증대로 이어질 수 있음을 의미한다.[20]

그림 11.1의 두 수요 곡선을 보자. 수요 곡선 (a)에서 10달러에서 15달러로의 가격 상승에 대해 수요는 105에서 100으로 상대적으로 작게 감소했다. 반면 수요 곡선 (b)의 경우, 동일한 가격 상승에 대해 수요는 150에서 50으로 상당한 감소를 보이고 있다. 만약 작은 가격 변화에

그림 11.1

탄력적 수요와 비탄력적
수요

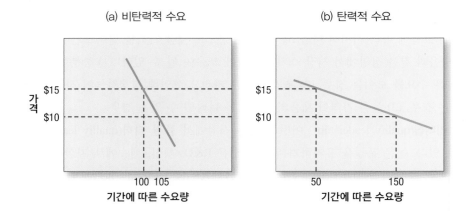

(a) 비탄력적 수요

(b) 탄력적 수요

가
격

$15
$10

100 105

기간에 따른 수요량

$15
$10

50   150

기간에 따른 수요량

대해 수요가 거의 변화하지 않는다면, 이것을 **비탄력적**(inelastic)이라고 한다. 반대로 가격 변화에 대해 수요가 급격히 변화한다면, 이것은 **탄력적**(elastic)이라고 한다.

탄력성이 높을수록, 1%의 가격 인하에 따른 물량 증가폭이 커진다. 만약 수요가 탄력적이라면 판매자는 더 많은 총수익을 창출하기 위해 가격 인하를 고려할 것이다. 이는 더 많은 제품 단위를 생산 및 판매하는 데 비용이 비정상적으로 증가하지 않는 이상 유효하다.

수요의 가격 탄력성은 계획된 가격 변화의 크기와 방향에 따라 달라진다. 작은 가격 변화는 무시될 수도 있지만, 큰 가격 변화는 지대한 영향을 가져올 수 있다. 이것은 가격의 인상 및 인하 정도에 따라 상이할 수 있으며 가격 변화가 거의 영향을 주지 않는 **가격 무관심 구간**(price indifference band)이 존재할 수도 있다.

또한 장기 가격 탄력성은 단기 가격 탄력성과 다를 수 있다. 구매자는 가격 상승에도 불구하고 현재 공급자로부터 계속 구매를 이어갈 수 있으나, 결국에는 공급자를 바꿀 것이다. 이러한 경우 수요는 단기적인 경우보다 장기적인 상황에서 더 탄력적이다. 반면 반대의 경우 역시 가능하다. 가격 상승으로 인해 구매자는 공급자를 외면하게 되지만 곧 다시 돌아올 수도 있다. 장기 및 단기 탄력성의 이러한 성질은 결국 구매자는 시간이 흐르기 전까지는 가격 변화로 인한 영향을 파악할 수 없다는 것을 의미한다.

일반적인 경우, 가격 탄력성은 다음과 같은 상황에서 낮다: (1) 제품이 차별화되어 있고, 대체재나 경쟁자가 거의 없는 경우, (2) 소비자가 가격 인상에 대해 주목하지 못하는 경우, (3) 소비자가 구매 습관을 바꾸는 데 오래 걸리는 경우, (4) 제품 생산 비용, 희소성, 정부 과세 등의 이유가 높은 가격을 정당화한다고 생각되는 경우, (5) 해당 제품에 대한 지출이 구매자의 총수입이나 최종 제품 구매에서 아주 작은 부분만 차지하는 경우, (6) 비용의 일부 또는 전부를 당사자가 아닌 제3자가 부담하는 경우.[21]

가격 탄력성에 대한 지난 40년 동안의 연구 결과에 대한 발표에 따르면, 모든 제품, 시장, 그리고 시간에 걸쳐 평균적인 가격 탄력성은 2.62 정도다.[22] 이 이야기를 다르게 표현하면, 1%의 가격 하락은 일반적으로 2.62%의 판매 상승을 이끌 수 있다는 말이다. 또한 가격 탄력성은, 일반적으로 내구성이 낮은 제품보다는 내구성이 있는 제품에서 더 높은 경향이, PLC 단계에서 성장 이후 단계에 있는 제품보다는 막 새롭게 소개된 단계에 있는 제품에서 더 높은 경향이 있다. 마지막으로, 할인 가격에 있는 제품의 가격 탄력성이 그렇지 않은 제품의 가격 탄력성보다 단기적으로는 더 높지만, 장기적으로는 그 반대의 효과를 가지는 것으로 드러났다.

비용 추정

수요는 기업이 자사의 제품에 대해 설정할 수 있는 가격의 상한을 결정한다. 반면 비용은 하한을 결정한다. 일반적으로 기업은 생산, 유통, 판매에 대한 원가와 함께, 투입 노력과 위험에 대한 보상까지 충당할 수 있는 가격을 설정하고자 한다.

고정, 변동, 총원가   한 기업이 가질 수 있는 원가의 형태는 고정 또는 변동, 이렇게 두 가지다. **고정 원가**(fixed costs)는 생산이나 매출 수익의 규모에 따라 달라지지 않는 원가다. 기업은 산출과는 관계없이 매달 임대, 난방, 이자, 급여 등에 대한 비용을 지불해야 한다.

　변동 원가(variable costs)는 생산 규모에 따라 즉각적으로 변동한다. 예를 들어 삼성이 만드는 태블릿 컴퓨터는 플라스틱, 액정, 반도체, 포장, 기타 전자 부품에 대한 원가를 포함한다. 이러한 원가는 보통 단위 제품당 일정하나, 변동 원가라 불리는 이유는 생산량에 따라 총합이 변화하기 때문이다.

　총원가(total costs)는 주어진 생산 수준에 대한 고정 원가와 변동 원가의 합으로 구성된다. **평균 원가**(average cost)는 해당 생산 수준에서 제품 한 단위당 원가를 의미하는데, 이는 곧 총원가를 생산량으로 나눈 값이다. 경영진은 현재 생산 수준에서 최소한 총생산원가를 충당할 수 있는 가격을 부과하고자 한다.

　현명한 가격 설정을 위해, 경영진은 생산 수준에 따라 원가가 어떻게 달라지는지 알아야 한다. 삼성과 같은 회사가 하루에 1,000개의 태블릿 컴퓨터를 만들기 위해 고정된 규모의 공장을 건설했다고 가정해 보자. 하루 생산량이 적다면 단위당 원가는 높을 것이다. 만약 일일 생산량이 1,000단위 정도 된다면, 고정 원가가 더 많은 단위에 분산되기 때문에 평균 원가는 감소할 것이다. 그럼에도 생산량이 1,000단위를 초과하게 되면 단기 평균 원가는 증가하게 된다. 이는 작업자들이 설비 사용을 위해 대기하며 서로에게 방해가 되거나, 설비가 더 자주 고장 나게 되는 등 공장 내 비효율이 발생하기 때문이다.

　만약 삼성이 하루에 2,000단위를 판매할 수 있다고 믿는다면, 더 큰 규모의 공장 건설을 검토해야 할 것이다. 해당 공장은 작업 배열과 설비를 더욱 효율적으로 배치할 것이고, 태블릿 2,000개의 일일 단위당 생산원가는 태블릿 1,000개의 일일 단위당 생산원가보다 저렴할 것이다. 실제로, 3,000개를 생산할 수 있는 공장은 보다 더 효율적일 수 있으나, 규모의 불경제 발생으로 인해 일일 생산량이 4,000개인 공장은 덜 효율적일 것이다. 이는 너무 많은 작업자를 관리해야 하고 수많은 서류 작업으로 작업을 지연시킬 것이기 때문이다. 해당 생산 수준을 유지할 만큼 수요가 충분하다면 일일 생산 용량이 3,000개인 공장이 최적의 규모일 것이다.

　물론 제조 과정과 관련된 원가 이외에도 다양한 원가가 존재한다. 각기 다른 소매상과 소비자에 대한 진정한 수익성을 측정하기 위해서는, 표준 원가 기준 계산법이 아닌 활동 기준 원가 계산법을 사용해야 한다.

경험 곡선 효과   삼성이 하루에 태블릿 컴퓨터를 3,000개 생산할 수 있는 공장을 운영한다고 가정해 보자. 기업이 태블릿을 생산하며 경험을 축적할수록 생산 방법이 향상된다. 작업자는 작업 요령을 익히게 되고, 원자재는 더욱 매끄럽게 다뤄지며, 조달 원가는 감소한다. 즉 생산 경험이 축적됨에 따라 평균 원가가 줄어드는 것이다. 다시 말해, 태블릿 10만 개의 처음 평균 생산원가는 개당 100달러이지만, 누적 태블릿 생산 개수 20만 개를 돌파하게 되었을 때 평균 원가는 개당 90달러로 감소한다. 이러한 생산 경험이 다시 두 배가 되어 누적 생산량이 40만 개가 되었을 때 평균 원가는 80달러로 줄어들게 된다. 이처럼 생산 경험이 축적됨에 따라 평균 원가가 감소하는 것을 **경험 곡선**(experience curve)이라 한다.

이제 삼성, 기업 A, 기업 B의 세 회사가 이 태블릿 시장에서 경쟁하고 있다고 가정해 보자. 삼성은 40만 단위를 누적 생산하여 80달러의 가장 낮은 개당 원가를 가진 생산자다. 세 기업이 모두 태블릿을 100달러에 판매한다고 가정하면, 삼성은 단위당 20달러의 수익을, 기업 A는 단위당 10달러의 수익을 얻을 것이고 기업 B는 겨우 손익분기점을 돌파할 것이다. 삼성이 취할 수 있는 현명한 전략은 가격을 90달러 이하로 낮추는 것일 것이다. 이러한 행위는 기업 B를 시장에서 퇴출시킬 것이며 심지어 기업 A도 철수를 고민하게 될 것이다. 그렇게 된다면 삼성은 기업 B(또는 기업 A)가 남겨두고 떠난 사업을 인수할 것이다. 게다가 가격에 민감한 소비자들은 가격이 낮아짐에 따라 점차 더 시장에 관심을 가질 것이다. 생산량이 40만 개 이상이 된다면 삼성의 원가는 더 빨리, 더 많이 하락할 것이고, 90달러에 계속 판매를 이어가더라도 높은 수익을 얻을 수 있을 것이다.

경험-곡선 프라이싱(experience-curve pricing)은 그럼에도 몇 가지 주요한 위험을 수반한다. 공격적인 프라이싱으로 인해 제품이 저렴한 이미지를 얻게 될 수도 있다. 이것은 또한 경쟁자들의 경쟁력을 과소평가한다. 이 전략은 기업으로 하여금 수요를 충족하기 위해 더 많은 공장을 건설하도록 할 수 있으나, 똑똑한 경쟁자는 원가 절감 기술을 통해 혁신을 이룰 수도 있다. 그렇게 된다면 시장 리더는 구식의 전략을 구사하며 사면초가에 빠지게 된다.

대부분의 경험-곡선 프라이싱은 제조 원가에 집중한다. 그러나 마케팅 원가를 비롯하여 모든 원가는 개선될 수 있다. 만약 세 기업이 마케팅에 각각 많은 돈을 투자하고 있다면, 끝까지 투자를 지속한 기업이 가장 낮은 원가를 달성할 수 있을 것이다. 그러한 기업은 제품에 대해 다소 낮은 가격을 책정할 수 있지만 다른 모든 비용이 동일하므로 여전히 동일한 수익을 얻을 수 있을 것이다.

경쟁자 가격 분석

기업 내 원가 및 시장 수요에 의해 결정되는 가능한 가격 범위 내에서 기업은 반드시 경쟁자의 원가, 가격 그리고 행동에 대해 고려해야 한다. 만약 한 기업의 제공품이 직접 경쟁자가 제공하지 못하는 특징을 보유하고 있다면, 해당 가치를 소비자가 평가할 수 있도록 하고 그 가치

만큼의 금액을 경쟁자의 원가에 더해야 한다. 반대로 만약 경쟁자의 제품이 해당 기업이 제공하지 못하고 있는 특징을 담고 있다면, 기업은 그 가치만큼의 금액을 자신의 가격에서 빼야 한다. 이를 바탕으로 기업은 경쟁자보다 더 비싸게, 동일하게, 또는 더 저렴하게 가격을 청구할 수 있는지 결정할 수 있다.[23]

낮은 가격과 높은 품질을 동시에 제공하는 기업은 전 세계 소비자의 마음과 지갑을 움직이고 있다.[24] Aldi, Lidl, JetBlue Airways, Southwest Airlines와 같은 가치 제공자들은 거의 모든 나이대와 소득 수준의 소비자들이 식료품, 의류, 항공권, 금융 서비스 그리고 기타 제품과 서비스를 구매하는 방식을 바꾸고 있다.

전통적인 기업이 위협을 느끼는 것은 당연하다. 신생 기업은 종종 하나 또는 매우 적은 소비자 세분시장에 더 나은 배송이나 단 하나의 추가 이점을 제공하며, 원가를 낮추기 위해 낮은 가격과 고도의 효율성을 동시에 추구하고 있다. 그들은 품질과 가격 사이에서 선택해야 했던 소비자들의 고민을 해결했다.

한 학설에 의하면 기업은 (1) 그들의 기존 사업이 결과적으로 더 경쟁력을 갖추게 되거나, (2) 만약 독립적이었다면 얻을 수 없었던 이점을 새로운 사업이 가져다줄 때에만, 가치 기반 (value-priced) 경쟁자와 경쟁하기 위한 저비용 사업에 착수해야 한다고 한다.[25]

HSBC, ING, Merrill Lynch, Royal Bank of Scotland의 저비용 사업부인 First Direct, ING Direct, ML Direct, Direct Line Insurance는 신구 사업부의 시너지 덕분에 상대적으로 해당 영역에서 성공을 거둘 수 있었다. 주요 항공사들 역시 그들의 저가 운항 서비스를 도입했다. 반면 Continental의 Lite, KLM의 Buzz, SAS의 Snowflake, United의 Ted는 성공하지 못했다. 저비용 사업부는 단순히 방어적인 목적이 아닌, 그 자체로 돈벌이가 되도록 설계되고 출범해야 한다.

프라이싱 방법 선택

소비자의 수요표, 원가 함수 그리고 경쟁자의 가격을 바탕으로 이제 기업은 프라이싱 방법을 선택할 수 있다. 가격 설정에서 원가, 경쟁자, 고객이라는 세 가지 주요한 고려사항이 있다. 원가는 가격의 하한선을 정해주고, 경쟁자의 가격과 대체재의 가격은 가격의 시작점을 알려준다. 또한 차별화된 특징에 대한 소비자의 평가는 가격의 상한선을 결정한다.

기업은 이 세 가지 고려사항을 하나 이상 반영하는 프라이싱 방법을 선택한다. 이제 다음과 같은 5가지 가격 설정 방법에 대해 다루고자 한다. 마크업 프라이싱, 목표 수익률 프라이싱, 고객 경제적 가치 프라이싱, 경쟁 프라이싱, 경매 프라이싱이 바로 그것이다.

마크업 프라이싱 **마크업 프라이싱**(markup pricing)은 가장 기초적인 프라이싱 방법으로, 표준 마크업을 제품 원가에 더하는 것이다. 건설사들은 총사업원가를 추산하고 표준 마크업을 더해 업무 입찰서를 제출한다. 변호사와 회계사는 일반적으로 그들의 시간과 투입 비용에 표준 마크업을 더해 가격을 책정한다.

한 토스터 제조업자가 다음과 같은 원가와 예상 판매량을 가지고 있다고 가정해 보자.

단위당 변동 원가: $10

고정 원가: $300,000

예상 판매량: 50,000

해당 제조업자의 단위당 원가는 다음과 같을 것이다.

$$\text{단위당 원가} = \text{변동 원가} + \frac{\text{고정 원가}}{\text{판매량}} = \$10 + \frac{\$300,000}{50,000} = \$16$$

이제 제조업자가 매출에 대해 20%의 마크업을 얻고 싶다고 가정해 보자. 이때 제조업자의 마크업 가격은 다음과 같다.

$$\text{마크업 가격} = \frac{\text{단위당 원가}}{(1 - \text{기대수익률})} = \frac{\$16}{(1-0.2)} = \$20$$

해당 제조업자는 딜러에게 토스터 1개당 20달러의 가격을 부과할 것이고 단위당 4달러의 수익을 얻을 것이다. 만약 딜러가 판매 가격에 대해 50%의 수익을 얻고 싶다면, 토스터에 100%의 마크업을 더해 40달러에 토스터를 판매할 것이다. 마크업은 대체로 계절성 제품(판매되지 않을 위험에 대비하여), 전문제품, 유행에 민감하지 않은 제품, 보관 및 취급 비용이 높은 제품, 처방약품과 같은 비탄력적 수요를 가진 제품에 대해 높게 책정되는 경향이 있다.

그렇다면 표준 마크업을 사용하는 것이 논리적으로 타당한가? 일반적으로 그렇지 않다. 대체로 구매자는 제조업자의 원가에 대해 고려하지 않는 것이 일반적이다. 사실 현재 수요, 지각 가치 그리고 경쟁을 무시하는 프라이싱 방법은 모두 최적의 가격을 도출하는 데 적합하지 않다. 그럼에도 마크업 프라이싱은 보편적으로 사용되고 있다. 그 이유는 첫째로, 판매자는 수요를 추정하는 것보다 원가를 계산하는 것이 훨씬 편리하다. 가격과 원가를 결합함으로써 프라이싱 작업을 단순화하는 것이다. 둘째로, 산업 내 모든 기업이 이 프라이싱 방법을 사용하는 경우, 시장 내 가격은 대체적으로 유사해지고 가격 경쟁은 최소화된다. 셋째로, 많은 사람들이 이러한 원가를 더하는 프라이싱(cost-plus pricing)이 구매자와 판매자 모두에게 공정하다고 생각한다. 이는 구매자의 수요가 급증할 때, 판매자가 구매자를 이용하는 것이 아니라 판매자가 투자에 대해 합당한 수익을 얻는 것으로 간주되기 때문이다.

목표 수익률 프라이싱   **목표 수익률 프라이싱**(target-rate-of-return pricing, 또는 목표 수익 프라이싱)을 적용하는 기업은 수익률 관점에서 출발한다(예를 들어, 판매 수익의 10%). 그 후 이를 바탕으로 원하는 수익률을 창출할 수 있는 가격을 설정한다. 소비자 수요나 경쟁자의 제공물을 고려하지 않기 때문에 목표 수익률 프라이싱은 종종 제한성이 큰 산업에서 사용된다. 예를 들어, 투자에 대한 합당한 수익을 내야 하는 공익 사업은 이 방법을 자주 사용한다.

한 토스터 제조업자가 사업에 100만 달러를 투자하여 20%의 ROI를 얻을 수 있는 가격, 구체적으로 20만 달러를 설정하고 싶어 한다고 가정해 보자. 목표 수익 가격은 다음 공식에 의해 결정된다.

$$목표\ 수익\ 가격\ =\ 단위당\ 원가\ +\ \frac{(목표\ 수익률 \times 투자\ 자본)}{판매량}$$

$$=\ \$16\ +\ \frac{(0.20 \times \$1,000,000)}{50,000} = \$20$$

제조업자는 원가와 예상 매출이 정확하다면 20%의 ROI를 실현할 수 있을 것이다. 하지만 판매량이 5만 단위에 못 미친다면 어떻게 될까? 제조업자는 손익분기점(break-even) 그래프를 그려 상이한 매출 규모에 따른 결과를 확인할 수 있다(그림 11.2 참고). 30만 달러의 고정 원가는 판매량과는 무관하게 발생한다. 이 그래프에는 나타나지 않지만 변동 원가는 판매량과 함께 상승한다. 총원가는 고정 원가와 변동 원가의 합과 같다. 총수익 곡선은 0에서 시작하여 제품 단위 판매와 함께 우상향한다.

총수익 곡선과 총원가 곡선은 판매량이 3만인 지점에서 교차한다. 이 지점이 바로 손익분기점이다. 이는 다음과 같은 공식을 통해 증명할 수 있다.

$$손익분기점의\ 판매량\ =\ \frac{고정\ 원가}{(가격 - 변동\ 원가)} = \frac{\$300,000}{(\$20 - \$10)} = 30,000$$

당연히 제조업자는 시장이 5만 단위를 20달러에 구매해 줘서 100만 달러의 투자금에 대해 20만 달러의 수익을 얻고 싶어 할 것이다. 그러나 이는 가격 탄력성과 경쟁자의 가격에 의해 많은 영향을 받는다. 불행하게도 목표 수익률 프라이싱은 이러한 고려사항을 무시하는 경향이 있다. 제조업자는 다른 가격을 고려하고 판매량과 수익에 미칠 수 있는 영향을 추정해야 한다.

고객 경제적 가치 프라이싱　고객의 경제적 가치를 기반으로 가격을 설정하는 기업이 점차 증가하고 있다. **고객 경제적 가치 프라이싱**(economic-value-to-customer pricing)에서는 제품 성능에 대한 구매자의 이미지, 채널, 품질 보증, 고객 지원, 공급자의 평판, 신뢰도, 존중 등과 같은 다수의 속성을 변수로 고려한다. 기업은 그들이 가치 제안에서 약속한 가치를 반드시 제공해야 하고 고객은 그러한 가치를 인식할 수 있어야 한다. 기업은 광고, 영업 조직, 인터넷 등의 마케팅 프로그램 요소를 활용하여 구매자와 소통하고 그들의 마음속에 인지된 가치를 강화한다.

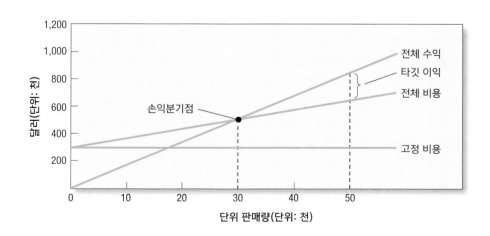

그림 11.2

목표 수익 가격과 손익분기 판매량을 결정하기 위한 손익분기점 그래프

만약 고객에게 가장 낮은 총 소유 비용을 제공한다고 확신시킬 수 있다면 판매자는 성공적으로 경쟁자보다 높은 가격을 부과할 수 있을 것이다. 종종 마케터는 제품 제공에서 서비스 요소를 그들이 가격을 청구할 수 있는 가치 증진 대안으로 보지 않고 판매 인센티브로 보곤 한다. 사실 제조업자가 하는 가장 흔한 실수 중 하나가 바로 그들의 제품을 차별화할 수 있는 모든 종류의 서비스에 대해 가격을 부과하지 않는 것이다.

Caterpillar는 자사 건설장비의 가격 설정에서 지각 가치(perceived value)를 사용한다. 이는 경쟁자의 유사한 트랙터가 9만 달러임에도 Caterpillar는 트랙터를 10만 달러에 판매할 수 있음을 의미한다. 만약 잠재고객이 Caterpillar 딜러에게 Caterpillar 트랙터를 구매하기 위해 왜 1만 달러를 더 지불해야 하는지 묻는다면, 딜러는 다음과 같이 대답할 것이다.

$90,000	경쟁자의 트랙터와 Caterpillar 트랙터가 완전히 동일할 경우의 가격
$7,000	Caterpillar의 우수한 내구성에 대한 가격 프리미엄
$6,000	Caterpillar의 뛰어난 신뢰성에 대한 가격 프리미엄
$5,000	Caterpillar의 우수한 서비스에 대한 가격 프리미엄
$2,000	Caterpillar 부품의 긴 보증 기간에 대한 가격 프리미엄
$110,000	Caterpillar의 뛰어난 가치에 대한 정상 가격
−$10,000	할인
$100,000	최종 가격

Caterpillar의 딜러는 고객에게 그들이 지불해야 하는 것은 1만 달러의 프리미엄이지만, 사실 이것은 2만 달러의 추가적인 가치를 얻는 것이라 말할 수 있다! 고객이 Caterpillar의 트랙터를 선택하는 이유는 이것의 수명에 따른 운영 비용이 점차 낮아질 것이라는 확신이 있기 때문이다.

고객이 제품이나 제공되는 서비스의 총가치를 인지하도록 하는 것은 매우 중요하다. PACCAR의 사례에 대해 한번 생각해 보자.

> **PACCAR** Kenworth와 Peterbilt 트럭을 만드는 PACCAR Inc.는 총가치를 최대화하기 위해 고객 경험의 모든 측면에 철저하게 접근하는 노력으로 10%의 프리미엄을 부과할 수 있었다. 20년 가까이 PACCAR의 오랜 고객인 Contract Freighters 트럭 운송 회사는 PACCAR의 높은 가격에도 불구하고 700대의 새로운 트럭을 주문했는데, 이는 PACCAR의 높은 신뢰성, 높은 보상 판매 가치, 운전자 취향에 부합하는 세련된 인테리어 등의 높은 가치 때문이다. PACCAR는 개인 요구에 맞춰 트럭을 주문 제작함으로써 상품성을 크게 높였다. 이 기업은 기술에 많은 투자를 하고 있으며 며칠, 몇 주가 아닌 몇 시간 만에 새로운 부품을 시제품으로 만들 수 있기 때문에 업그레이드를 더 자주 할 수 있다. PACCAR는 연료 중심의 상업용 트럭 산업에 하이브리드 트럭을 도입하여 프리미엄 가격에 판매한 최초의 회사다. 업계에서 가장 품질이 높고 효율적인 트럭을 만들기 위해 10억 달러를 투자한 다년간의 프로그램을 통해 PACCAR는 여러 새로운 트럭 라인을 성공적으로 출시할 수 있었다.[26]

비록 한 기업이 자사의 제공물이 더 많은 총가치를 담고 있다고 주장하더라도, 모든 고객

출처: Jonathan Weiss/Alamy Stock Photo

<< 품질, 효율성, 편안함에 초점을 둔 Kenworth와 Peterbilt 트럭의 주문 제작은 고객 가치를 극대화하였고, PACCAR가 제품에 프리미엄 가격을 부과할 수 있도록 했다.

이 긍정적으로 반응하는 것은 아니다. 고객 중 일부는 오직 가격에만 반응할 수도 있다. 반면 일반적으로 품질을 중시하는 세분시장 역시 존재한다. 3개월가량 멈추지 않는 장마가 내리는 Mumbai와 같은 인도의 도시에서는 우산이 정말 필수적인데, Stag 우산 제조사는 그들이 저렴한 중국 경쟁자와 치열한 가격 경쟁을 벌이고 있음을 알게 되었다. 그 후 그들은 품질을 너무 많이 포기했는데, 이에 Stag의 매니저는 새로운 색상과 디자인, 내장된 고전력 손전등과 녹음된 음악 재생 기능과 같은 특징을 바탕으로 품질을 향상하려 했다. 높은 가격에도 불구하고, 향상된 Stag 우산의 매출은 실제로 증가했다.[27]

고객 경제적 가치 프라이싱의 핵심은 경쟁자보다 더 특별한 가치를 제공하고 이를 잠재적 구매자에게 증명하는 것이다. 그러므로 기업은 반드시 고객의 의사결정 프로세스를 충분히 이해해야 한다. 예를 들어 Goodyear는 연장된 제품 수명이라는 혁신적 특징을 가지고 있음에도 불구하고 새로운 고가 타이어 제품에 가격 프리미엄을 부과하는 데 어려움을 겪었다. 이는 소비자들이 타이어를 비교할 준거 가격을 보유하고 있지 않아 가장 저렴한 제공물에 끌리게 되었기 때문이다. Goodyear의 해결책은 제품의 기술적 특징이 아닌 예상 마모 거리를 기준으로 모델의 가격을 책정해 제품 비교를 쉽게 하는 것이었다.[28]

경쟁 프라이싱 경쟁 프라이싱(competitive pricing, 또는 실세 가격 프라이싱)은 기업이 경쟁자의 가격을 기반으로 가격을 설정하는 것이다. 철강, 종이, 비료 같은 상품을 판매하는 모든 기업은 산업 내에서 일반적으로 같은 가격을 부과한다. 작은 기업일수록 '리더를 따라가는데' 이는 그들이 자체 수요나 원가가 변할 때 가격을 바꾸는 것이 아니라, 시장 리더의 가격이 변화할 때 가격을 변경함을 의미한다. 일부는 약간의 프리미엄을 부과하거나 할인을 할 수도 있지만 그 차이가 크진 않다. 따라서 소규모 가솔린 소매상들은 그 차이를 더 증가시키거나 감소시키지 않고, 거대 정유 기업보다 갤런당 몇 센트 더 낮게 가격을 부과한다. 경쟁 프라이싱은 꽤 널리 쓰이고 있다. 원가 변동이 심하고 측정이 어렵거나, 수요 또는 경쟁자의 반응이 불안정 및 불확실할 때, 기업은 경쟁 프라이싱이 산업 전반의 축적된 지혜를 반영한다고 믿기 때문에 이것이 좋은 대안이라고 생각한다.

경매 프라이싱   경매 프라이싱(auction pricing)은 기업이 초과 재고나 중고품을 처분함에 따라 돼지부터 중고차까지 모든 것을 판매하는 수많은 마켓플레이스 사이에서 널리 사용되고 있다. 경매에는 세 가지 주요 형태가 있으며 각각의 프라이싱 절차는 다음과 같다.[29]

- **영국식 경매**[English auction, **상향식 입찰**(ascending bids)]는 한 명의 판매자와 다수의 구매자로 이루어진다. eBay나 Amazon.com 같은 사이트에 판매자가 상품을 올리면 입찰자는 최고 가격에 도달할 때까지 그들의 가격을 부른다. 영국식 경매는 오늘날 골동품, 소, 부동산, 중고 장비 및 차량을 판매할 때 널리 사용된다. Kodak과 Nortel은 수백 개의 무선 및 디지털 영상 관련 특허를 경매를 통해 판매해 수억 달러를 벌었다.[30]
- **독일식 경매**[Dutch auction, **하향식 입찰**(descending bids)]는 한 명의 판매자와 다수의 구매자 또는 한 명의 구매자와 다수의 판매자로 이루어진다. 전자의 경우, 경매사가 제품의 높은 가격을 부르고 입찰자가 가격을 수용할 때까지 가격을 조금씩 내린다. 후자의 경우 구매자가 구매하고자 하는 무언가를 제시하면 잠재적 판매자들이 최저가를 제공하기 위해 경쟁한다. SAP Ariba는 B2B 경매를 진행해 기업이 철강에서부터 지방, 정유, 이름 배지, 피클, 플라스틱 병, 솔벤트(solvent), 카드보드, 심지어 법률 및 관리 업무 같은 품목을 최저가에 구매할 수 있도록 한다.[31]
- **밀봉 입찰 경매**(sealed-bid auction)는 잠재적 공급자가 다른 입찰에 대한 정보를 볼 수 없는 상황에서 단 하나의 입찰만 제안하도록 하는 것이다. 미국이나 다른 정부는 종종 이 방법을 사용해 공급품을 조달하거나 라이선스를 승인한다. 공급자는 그들의 원가보다 저렴하게 입찰하진 않겠지만 또한 일거리를 잃을 두려움에 너무 높은 가격을 제시하지도 않는다. 이러한 두 압력의 순 효과가 바로 입찰의 **기대 수익**(expected profit)이다.[32]

제약 연구원들을 위한 장비를 구매하기 위해 Pfizer는 공급자가 수용할 수 있는 최저 가격을 제시받는 온라인 역경매(reverse auction)를 진행한다. 그러나 만약 공급업체가 온라인 경매에서 구매 기업이 얻는 이득이 그들의 마진 감소로 이어진다고 느낀다면, 구매 기업이 기회주의적으로 가격 양보를 압박하고 있다고 느낄 수 있다. 다수의 입찰자로 이루어진 온라인 경매는 양측 모두에게 전반적으로 더 나은 만족감, 보다 긍정적인 미래에 대한 기대, 그리고 기회주의에 대한 적은 걱정을 제공할 수 있다.[33]

최종 가격 설정

프라이싱 방법은 기업이 결정해야 하는 최종 가격의 범위를 좁힌다. 기업은 일반적으로 단일 가격을 설정하는 것이 아니라 지역적 수요 및 원가, 세분시장의 요구, 구매 시기, 주문 단계, 배송 빈도, 개런티, 서비스 계약 및 기타 요소를 고려해 프라이싱 구조를 개발한다. 할인, 보장, 프로모션 지원으로 인해 기업은 판매하는 제품의 각 단위에서 동일한 수익을 거의 실현하지 못한다.

소비자마다 다른 프라이싱 일정을 제시하고 가격을 동적으로 조정하는 현상이 현재 폭발적으로 증가하고 있다. 판매상들은 재고 수준, 제품 속도(제품이 얼마나 빨리 팔리는지), 경쟁자의 프라이싱, 광고 등에 따라 프로세스를 조정하고 있다. 심지어 스포츠 팀조차 경기 상대의 인지도 및 경기 타이밍 등을 반영해 티켓 가격을 조정하고 있다. Amazon.com에서 제품을 판매하는 온라인 판매상들은 그들의 가격을 시간 단위로, 심지어 분 단위로 변경하여 검색 결과 최상단에 위치할 수 있도록 하고 있다.

가격 차별(price discrimination)은 기업이 원가의 비례적 차이를 반영하지 않는 두 개 이상의 가격으로 제품이나 서비스를 판매할 때 발생한다. **1단계 가격 차별**(first-degree price discrimination)에서, 판매자는 수요의 강도에 따라 고객마다 각기 다른 가격을 부과한다. **2단계 가격 차별**(second-degree price discrimination)에서 판매자는 많은 양을 구매하는 구매자에게 낮은 가격을 부과한다. 그러나 휴대전화 서비스와 같은 특정 서비스의 경우, 계층적 프라이싱으로 인해 높은 수준으로 사용하는 소비자들이 실제보다 더 많은 금액을 지불하기도 한다.

3단계 가격 차별(third-degree price discrimination)에서 판매자는 다음과 같은 상황에서 소비자 세분시장마다 각기 다른 가격을 부과한다.[34]

- **고객 세분시장 프라이싱**(customer-segment pricing): 이는 같은 제품이나 서비스에 대해 각기 다른 고객 세분시장이 다른 가격을 지불하는 것이다. 예를 들어, 미술관은 종종 학생이나 노인층에게 낮은 입장료를 부과한다. 온라인 여행 에이전시 Orbitz는 Apple Mac 컴퓨터 사용자가 호텔에서 하룻밤에 30%나 더 많은 돈을 쓴다는 것을 발견하여 그들에게 Windows 사용자보다 더 다양한, 때로는 더 비싼 여행 선택권을 보여준다. Orbitz는 또한 호텔의 전반적인 인지도와 프로모션과 더불어 사용자의 위치와 사이트 이용 내역을 고려한다.[35]

- **제품 형태 프라이싱**(product-form pricing): 제품 형태 프라이싱은 각기 다른 버전의 제품의 가격을 상이하게 설정하는 것인데, 이는 원가에 비례해서 계산되는 것이 아니다. Evian은 2리터짜리 미네랄 워터에 1달러 정도의 낮은 가격을 부과하지만, 같은 물로 만들어진 5온스 용량의 보습 스프레이는 12달러에 판매한다.

- **채널 프라이싱**(channel pricing): Coca-Cola는 소비자가 고급 레스토랑, 패스트푸드점 또는 자판기 중 어디서 구매하는지에 따라 다른 가격을 부과한다.

- **위치 프라이싱**(location pricing): 이는 각 지역에서 제품을 제공하는 데 드는 원가가 같을지라도 지역에 따라 같은 제품에 다른 가격을 부과하는 것이다. 극장은 극장 내부 좌석 위치

에 따른 관객 선호도에 기반해 좌석 가격을 달리한다. 일부 기업은 컴퓨터 IP주소와 우편 번호를 기반으로 소비자가 경쟁자의 매장에 얼마나 근접한 곳에 있느냐에 따라서 그들에게 제시하는 가격을 조정한다.

- **시간 프라이싱**(time pricing): 이는 시간, 날짜, 계절에 따라 가격이 달라지는 것이다. 레스토랑은 '얼리버드(early bird)' 고객에게 다소 저렴한 가격을 부과하고, 일부 호텔은 주말에 요금을 적게 받는다. 장미의 소매 가격은 밸런타인데이가 다가오는 경우 거의 200%나 상승한다.

항공사나 의료 산업은 수율 관리(yield management) 시스템과 수율 프라이싱(yield pricing)을 사용하는데, 이는 빠른 구매에는 할인을, 늦은 구매에는 높은 가격을 부과하며, 만기가 다가오는 미판매 재고를 낮은 가격에 판매하는 것을 의미한다. 항공사는 동일한 항공편에 대해 좌석의 등급, 시간(아침 또는 저녁), 일자(주중 또는 주말), 계절, 승객의 고용주, 과거 이용 내역, 지위(아동, 군인, 노인) 등을 고려하여 다른 요금을 부과한다. 이것이 New York City에서 Miami로 가는 항공편에 대해 나는 200달러를 지불하지만, 바로 건너편에 앉은 사람은 1,290달러를 지불하는 이유다.

그러나 지속적인 가격 변경은 고객 관계에서 까다로운 요소로 작용할 수 있다. 이를 실현하기 위한 한 가지 방법은 고객의 니즈에 정확히 부합하는 제품과 서비스 번들을 제공하여 가격 비교를 어렵게 만드는 것이다. 기업이 선호하는 또 하나의 전술은 가격 변화를 페널티가 아닌 보상으로 사용하는 것이다. 운송 기업인 APL은 자신이 얼마나 많은 화물 공간이 더 필요한지 잘 예측하는 고객에게 조기 예약에 대한 저렴한 요금을 보상으로 제공한다.

물론 일부 가격 차별(예를 들어, 같은 트레이드 그룹에 있는 다른 고객에게 같은 제품을 다른 가격에 판매하는 것)은 불법적이다. 그럼에도 판매자가 상이한 소매상에게 같은 제품을 다른 양이나 품질로 판매하는 것의 원가가 다르다는 것을 증명할 수 있다면, 이는 전적으로 합법적이다. 하지만 경쟁자를 퇴출시키기 위해 원가 아래로 판매하는 포식적 프라이싱(predatory pricing)은 불법임을 명심해야 한다.

가격 차별이 잘 작동하기 위한 몇 가지 중요한 조건이 있다. 첫째, 시장은 반드시 세분화될 수 있어야 하고 각 세분시장은 각기 다른 수요 강도를 가지고 있어야 한다. 둘째, 저가 세분시장은 고가 세분시장으로 제품을 재판매할 수 없어야 한다. 셋째, 경쟁자들은 고가 세분시장에서 해당 기업을 과소평가할 수 없어야 한다. 넷째, 시장을 세분화하고 관리하는 비용은 가격 차별로 얻을 수 있는 추가 수익을 초과해서는 안 된다. 마지막으로, 해당 행위가 고객의 분노나 불쾌함을 초래해서는 안 된다.

제품 믹스 프라이싱

제품이 제품 믹스에 속해 있을 때, 마케터는 반드시 그들의 가격 설정 논리를 검토해야 한다. **제품 믹스 프라이싱**(product-mix pricing)을 통해, 기업은 전체 믹스에 대해 수익을 최대화할 수 있는 가격을 탐색한다. 그 과정은 다양한 제품이 원가와 수요의 상관관계를 가지고 있고 저마다 경쟁 강도가 다르기 때문에 결코 쉽지 않다. 제품 믹스 프라이싱이라 부를 수 있는 6가지 주요 상황은 손실 선도 프라이싱, 추가 특징 프라이싱, 종속 제품 프라이싱, 이분적 프라이싱, 부산물 프라이싱, 제품 묶음 프라이싱이다.

- **손실 선도 프라이싱**(loss-leader pricing): 기업은 특정 제품이나 서비스에 대해 전체 제품 라인의 수익성을 극대화할 수 있는 가격을 설정할 수 있다. 이러한 제품 라인에 대한 일반적 프라이싱 접근법 중 하나가 바로 손실 선도 프라이싱이다. 슈퍼마켓이나 백화점은 종종 유명 브랜드의 가격을 떨어뜨려 매장 방문 트래픽을 높인다. 이러한 접근방식은 추가 매출에 대한 수익이 손실을 선도하는 제품의 낮은 마진과 동일할 때 사용된다. 소매상이 손실 선도로 사용하는 브랜드의 제조업자는 일반적으로 이러한 행위를 반대하는데, 이는 브랜드 이미지가 희석되고 정가를 받는 소매업자들의 불만을 초래할 수 있기 때문이다. 제조업자는 소매 가격 유지법(retail-price-maintenance laws)에 대한 로비를 통해 중개상들이 손실 선도 프라이싱을 사용하지 못하도록 하려 했지만, 해당 법안은 철회되었다.
- **추가 특징 프라이싱**(optional-feature pricing): 많은 기업은 그들의 메인 제품에 대해 추가적인 제품이나 특징, 서비스 등을 제공한다. 옵션에 대한 프라이싱은 매우 까다로운 문제인데, 기업이 표준 가격에 어떤 것을 포함하고 어떤 것을 따로 제공할 것인지 결정해야 하기 때문이다. 많은 식당이 음료에 대해 높은 가격을 부과하고 요리에 대해서는 낮은 가격을 부과한다. 요리의 수익은 원가를 보존하지만 특히 주류와 같은 음료는 수익을 창출한다. 이것이 종업원들이 종종 음료를 주문하라고 고객에게 강한 압박을 넣는 이유다. 또 다른 식당은 술꾼들을 끌어들이기 위해 주류는 저렴하게, 요리는 비싸게 값을 매긴다.[36]
- **종속 프라이싱**(captive pricing): 어떤 제품은 사용 시 보조제품 또는 종속제품이 필요하다. 면도기 제조업자는 종종 면도기에 저렴한 가격을 부과하고 면도날에 높은 마크업을 설정한다. 영화관과 콘서트장은 티켓보다 할인이나 기념품 판매로 더 많은 돈을 벌곤 한다. Verizon은 2년간의 전화 서비스를 이용하기로 한 고객에게 휴대전화를 공짜로 주곤 한다. 그러나 애프터마켓(aftermarket)에서 종속제품이 너무 비싼 가격에 판매된다면, 위조품과 대체품이 매출을 잠식할 수 있다. 소비자는 할인 공급업체로부터 제조업자의 가격에서 20~30% 할인된 가격으로 프린터용 카트리지 리필을 구매할 수 있다.
- **이분적 프라이싱**(two-part pricing): 이분적 프라이싱을 사용하는 서비스 기업은 기본적으로 고정 요금과 사용량에 따른 변동 요금을 부과한다. 휴대전화 사용자들은 달마다 지불해야 하는 최소 고정 요금과 더불어 할당된 통화량을 초과한 통화에 대한 요금을 납부해야 한다. 놀이공원은 입장료를 받음과 동시에, 일정 횟수 이상 놀이기구를 탑승할 시 이에 대한 추가 요금을 받는다. 종속 프라이싱을 사용하는 기업처럼 이러한 서비스 기업은 기본 서비스 및 사용량에 따른 추가 요금에 각각 얼마를 부과해야 할지에 관한 문제를 맞닥뜨린다. 고정 요금은 구매를 유도할 수 있을 만큼 충분히 낮아야 하며, 그래야만 사용량에 따른 요금을 통해 수익을 창출할 수 있다.
- **부산물 프라이싱**(by-product pricing): 정육, 석유 제품 및 기타 화학물질과 같은 특정 제품

의 생산은 종종 그 자체로 값을 매겨야 하는 부산물을 산출한다. 만약 경쟁 상황으로 인해 기업이 부산물을 통해 수익을 창출하게 된다면, 기업은 본제품에 대해 더 낮은 가격을 부과할 수 있을 것이다. 1855년에 설립된 오스트레일리아의 CSR은 당초 Colonial Sugar Refining Company라는 이름을 가지고 있었으며 설탕 제조 회사로서 초기 명성을 쌓았다. CSR은 설탕의 부산물인 사탕수수를 판매하기 시작했는데, 사탕수수는 당시 벽판의 재료로 사용되었다. 오늘날 제품 개발과 인수합병을 통해 해당 기업은 CSR이라는 새로운 이름으로 건물과 건축 자재를 판매하는 오스트레일리아의 10대 기업 중 하나가 되었다.

- **제품 묶음 프라이싱**(product–bundling pricing): 판매자는 종종 제품과 특징을 하나로 묶는다.[37] **단순 묶음**(pure bundling)은 기업이 제품을 오직 묶음으로만 판매하는 것이다. 자동차용 애프터마켓 제품 판매업체는 최근 타이어 바퀴 보호 및 무도장 찌그러짐 수리(paintless dent repair)와 같은 2차 제품을 맞춤화된 3-in-1 또는 4-in-1 프로그램으로 묶음 판매하고 있다. 연예기획사는 영화제작사가 해당 기획사를 대표하는 감독이나 작가를 함께 계약해야만 원하는 배우를 출연시킬 수 있다고 주장할 수 있다. 이것이 바로 **묶음 판매**(tied-in sales)의 일종이다. **혼합 묶음**(mixed bundling)의 경우, 판매자는 제품을 묶음 또는 낱개로 제공하며 일반적으로 낱개로 구매할 때보다 묶음으로 구매할 때 저렴한 가격을 부과한다. 극장은 모든 공연을 따로 구매하는 것보다 저렴한 가격에 계절 구독권을 판매한다. 고객은 모든 구성요소를 구매할 계획은 없었을 것이다. 그럼에도 묶음 구매를 통해 절약되는 금액은 충분히 구매를 유도할 수 있다.[38] 일부 고객은 낮은 가격에 구매할 수 있는 전체 묶음보다 적은 양을 원할 수도 있다.[39] 이러한 고객은 판매자에게 '비묶음' 또는 '재묶음'을 요구하기도 한다. 이에 대해 공급자가 고객이 원치 않는 제공을 하지 않음으로써 100달러를 아끼고 가격을 80달러로 내릴 수 있다면, 고객 만족도를 유지하면서 여전히 20달러의 수익을 남긴다고 할 수 있다.

가격 변경 시작 및 대응

시장 포지션을 선점하고 매출 수익을 늘리며 초과 이윤을 남기기 위해 기업은 공격적인 프라이싱 행위를 한다. 이는 경쟁자의 고객을 뺏기 위해 가격을 낮추거나, 현재 고객으로부터 더 많은 가치를 창출하기 위해 가격을 인상하는 것을 의미한다.

가격 할인 시작하기

기업으로 하여금 가격을 인하하게 하는 여러 상황이 있다. 그중 하나는 성장의 한계(excess capacity)다. 이때 기업은 추가적인 비즈니스가 필요한데, 이는 판매 증진 노력, 제품 개선 및 기타 방법으로 결코 이루어질 수 없다. 기업은 종종 낮은 원가를 통해 시장을 지배하려는 목적에서 가격 할인을 시작한다. 즉 기업은 경쟁자보다 낮은 원가로 시작하거나, 시장 점유율을 확보하고 원가를 낮추고자 가격 할인을 시작한다.

그러나 고객을 유지하고 경쟁자를 이기기 위해 가격 할인을 하는 것은 종종 고객이 가격 인하를 요구하도록 부추기고 영업사원이 이에 맞춰주도록 한다.[40] 가격 할인 전략은 또 다른 부작용을 야기할 수 있는데, 소비자가 제품 품질이 낮다고 인식할 수도 있다. 또한 낮은 가격을 통해 시장 점유율을 얻을 순 있지만 시장 로열티를 얻을 순 없다. 고객은 언제든지 더 낮은 가격을 제공하는 기업으로 이탈할 수 있다. 더불어 경쟁자들이 가격을 더욱 낮추어 가격 전쟁이 일어날 수도 있다. 더 높은 가격을 가진 경쟁자들이 해당 기업의 낮은 가격을 따라잡거나, 그들의 낮은 비용 구조 덕분에 더 큰 유지력을 가질 가능성을 배제할 수 없다.

고객은 또한 종종 가격 변경 뒤에 숨은 의도를 의심한다.[41] 고객은 제품이 곧 새 모델로 대체되거나, 제품에 하자가 있어 잘 팔리지 않거나, 기업이 재정적으로 어려움이 있거나, 가격이 더 떨어지거나, 심지어 품질이 퇴보했다고 믿을 수 있다. 기업은 이러한 동태를 반드시 잘 살펴야 한다.

가격 인상 시작하기

성공적인 가격 인상은 수익을 상당히 제고할 수 있다. 가격 인상이 매출에 영향을 주지 않는다는 가정하에, 기업의 판매 마진이 3%일 때 1%의 가격 인상은 33%의 수익 증가로 이어진다. 즉 만약 기업이 10달러의 가격을 부과해 100단위를 판매하고 이에 대한 원가가 970달러라면, 해당 기업은 30달러, 또는 매출에 대해 3%의 수익을 남긴다고 할 수 있다. 만약 이때 가격을 10센트(1%의 가격 인상) 올린다면, 기업은 판매량이 동일하다면 수익을 33% 증가시킬 수 있다.

가격 인상을 부추기는 주요한 원인 중 하나는 **원가 인플레이션**(cost inflation)이다. 생산성 향상과 대응되지 않는 원가의 상승은 기업이 마진을 쥐어짜 내게 하고 정기적으로 가격을 인상하도록 한다. 기업은 소위 **예측적 프라이싱**(anticipatory pricing)을 하곤 하는데, 이는 기업이 정부의 가격 통제나 추가적인 인플레이션을 고려하여 원가 상승분보다 많이 가격을 인상하는 것이다. 가격 인상을 야기하는 또 하나의 요인은 기업의 생산 능력을 초과하는 높은 수요다. 기업이 모든 고객에게 공급할 수 없을 때, 기업은 가격, 보급품(ration supplies) 또는 둘 다 인상할 수 있다.

예를 들어 제품이 '핫'하거나 매우 특별한 가치를 제시하는 경우처럼, 가격 인상이 고객에게 좋은 인상을 줄 수 있는 경우도 분명히 존재한다. 그러나 일반적으로 고객은 가격 인상을 좋아하지 않는다. 가격 인상을 소비자에게 전가하는 경우, 기업은 소비자를 속이는 사기꾼처럼 보이지 않도록 조심해야 한다. 기온 상승에 따라 가격이 올라가는 Coca-Cola의 스마트 자판기나, 구매 상황에 따라 가격이 변화하는 Amazon의 동적 가격 실험은 모두 기사의 1면을 장식했다. 기업의 제품이나 제공물이 비슷할수록, 소비자는 가격 변경이 불공정하다고 느낀다. 그러므로 제품 맞춤화와 차별화 그리고 그 차별점을 분명하게 해주는 커뮤니케이션이 매우 중요하다.[42]

스티커 쇼크(sticker shock)와 소비자의 적대적 반응을 방지할 수 있는 몇 가지 기술이 있다. 첫 번째는 소비자가 미리 구매나 쇼핑을 할 수 있도록 사전 공지를 주어 공정성을 유지하는 것이다. 갑작스러운 가격 인상 또한 이해 가능한 용어로 반드시 설명해야 한다. 가시성이 낮은 가격 인상을 먼저 시행하는 것도 좋은 전략 중 하나다. 예를 들어, 할인을 제거하거나, 최소 주문량을 늘리거나, 마진이 낮은 제품의 생산을 감축하는 것이다. 그리고 장기 프로젝트를 위한 계약이나 입찰은 반드시 국가 물가지수의 상승과 같은 요소를 근거로 한 가격 증감 약관 (escalator clauses)을 포함해야 한다.

경쟁자 가격 변경에 대응하기

일정 가격의 변경이나 도입은 고객, 경쟁자, 유통업자, 공급자, 심지어 정부의 반응을 유발할 수 있다. 경쟁자는 해당 산업 내 기업이 적고, 제품이 동질적이며 구매자가 정보를 많이 가지고 있을수록 대응할 가능성이 높다.

　　기업이 경쟁자의 대응을 예측할 수 있는 방법은 무엇인가? 한 가지 방법은 가격이 설정되거나 변경될 때 경쟁자가 표준 방식으로 대응한다고 가정하는 것이다. 또 다른 한 가지는 경쟁자가 각각의 가격 변경을 새로운 도전으로 받아들이고, 해당 시점에서 자신의 이익에 맞춰 대응한다고 가정하는 것이다. 이제 기업은 경쟁자의 현재 재무 상태, 최근 매출, 고객 로열티(충성도), 경영 목표에 대해 조사해야 한다. 만약 경쟁자가 시장 점유율을 목표로 한다면, 가격 변화 수준에 맞출 가능성이 크다.[43] 반면 만약 경쟁자가 수익 최대화를 목표로 한다면, 광고 예산을 늘리거나 제품 품질을 향상하는 방식으로 대응할 것이다.

　　이때 경쟁자가 낮은 가격이나 가격 인하에 대해 다른 해석을 할 수 있기 때문에 문제가 복잡해진다. 경쟁자는 "해당 기업이 시장을 뺏으려 한다", "해당 기업이 부진을 극복하기 위해 매출을 늘리려 한다", "해당 기업이 전체 산업의 가격을 낮춰 수요를 촉진하고자 한다" 등 다양한 해석을 할 수 있다. Walmart에서 그들이 Publix보다 저렴함을 주장하는 광고를 집행했을 때, 지역 슈퍼마켓 체인들은 대략 500개의 주요 상품에 대해 가격을 Walmart보다 낮게 설정했고 자체적인 보복성 광고 캠페인을 시행했다.[44]

　　그렇다면 어떻게 경쟁자의 가격 인하에 대응해야 하는가? 이는 상황에 따라 다르다. 기업은 다음과 같은 것을 고려해야 한다. (1) 경쟁자는 왜 가격을 바꾸는가? 시장을 뺏기 위해서인가, 잉여 능력을 활용하기 위해서인가, 변화한 원가 조건을 반영하기 위해서인가, 아니면 산업 전반의 가격 변화를 선도하기 위해서인가? (2) 경쟁자의 가격 변경은 일시적인 것인가, 영구적인 것인가? (3) 만약 아무런 대응을 보이지 않는다면 기업의 시장 점유율과 수익에는 어떤 영향이 있을 것인가? 다른 기업들은 대응을 할 것인가? (4) 경쟁자와 다른 기업들은 가능한 각각의 대응에 대해 어떻게 행동할 것인가?

　　시장 리더는 종종 시장 점유율을 차지하고자 하는 작은 기업들의 공격적인 가격 인하를 맞닥뜨린다. 가격을 통해 T-Mobile은 AT&T와 Verizon을 공격했고, AMD는 Intel을, Dollar Shave Club은 Gillette를 공격했다. 시장 리더는 또한 저가 매장 브랜드를 맞닥뜨린다. 이러한 저비용 경쟁자에 대응하는 세 가지 방법은 제품이나 서비스를 더욱 차별화하는 것, 저비용 벤처를 도입하는 것, 또는 스스로를 저비용 업체로 변신시키는 것이다.[45] 전략의 정답은 기업의 수요 창출 능력 또는 원가 절감 능력에 달려 있다.

가능한 대안에 대한 확장 분석이 공격이 발생했다고 항상 실행으로 이어지는 것은 아니다. 특히 육류 포장, 목재, 석유 산업과 같이 가격이 일정 빈도로 변화하고 신속한 대응이 중요한 경우, 기업은 며칠 내 심지어 몇 시간 내 중요한 결정을 내려야 한다. 이를 고려한다면 오히려 예상 가능한 경쟁자의 가격 변화를 예측하고 이에 따른 대응을 준비하는 것이 쉬울 수 있다.

인센티브 관리

인센티브(incentives)는 주로 단기적 영업 프로모션 도구이며, 특정 제품 또는 서비스에 대해 소비자 또는 트레이드의 보다 빠르고 많은 구매를 촉진하기 위해 사용된다.[46]

마케팅 장치로서의 인센티브

수년간 영업 프로모션 지출이 예산 지출에서 차지하는 비중은 증가했으며, 이 중 가장 빠르게 증가하고 있는 분야는 스마트폰을 통해 교환하거나 소비자가 다운로드할 수 있는 디지털 쿠폰과 할인권이다. 디지털 쿠폰은 인쇄 비용과 종이 낭비를 줄일 수 있고, 쉽게 업데이트할 수 있으며 높은 상환율을 가지고 있다. 현재 많은 소매상들이 소비자의 구매 내역을 기반으로 맞춤화 쿠폰을 제공하고 있다.[47]

영업 프로모션은 단기적으로는 높은 매출로 이어질 수 있지만, 장기적으로는 영구적인 수익을 거의 만들어내지 못한다. 보통 영업 프로모션은 영구적으로 총 카테고리 수를 늘리지 못한다. 경기 침체기에 들어서며 0% 금융(zero percent financing), 고액의 현금 리베이트, 특별 임대 프로그램을 내세운 순간부터 자동차 제조업자들은 소비자의 할인 혜택을 줄일 수 없음을 알게 되었다.[48] 영업 프로모션으로 인해 소비자는 평소보다 제품을 일찍 구매(구매 가속화)하거나 더 많이 구매하는 '쌓아두기(stockpiling)'를 하게 된다. 그 결과, 초기에 최고점을 찍은 후 매출은 하락세에 빠지는 경향이 있다.[49] 영업 프로모션으로 인한 매출 효과는 일시적이지만, 빈번한 가격 인하, 쿠폰, 할인 제안, 프리미엄 등은 장기적으로 구매자들의 인식 속에서 기업의 이미지를 훼손시켜 부정적인 영향을 줄 수 있다.

그러나 모든 영업 프로모션이 브랜드 이미지를 손상시키는 것은 아니다. 어떤 영업 프로모션은 **소비자 프랜차이즈 형성**(consumer franchise building)의 도구로 사용될 수 있다. 즉 단골 리워드, 제품 특징을 광고하는 쿠폰, 제품과 관련된 프리미엄 등의 판매 메시지를 거래에 담는 것이다. 브랜드를 구축하지 못하는 전형적인 영업 프로모션 도구는 가격 할인 팩, 제품과 관련 없는 소비자 프리미엄, 콘테스트 및 경품 행사, 환불 제안, 거래 수당 등이다.

프로모션적 프라이싱은 제품과 서비스를 모두 제공하는 많은 기업의 운영 방식이 되었다. 특히 영업사원들은 재빠르게 판매를 성사시키기 위해 할인을 제공한다. 그러나 기업의 정가가 '융통성이 있다'는 소문이 퍼져, 할인이 표준이 되고 제공물의 가치를 떨어뜨릴 수 있다. 항상 할인을 진행해 스스로의 이미지를 파괴하는 일부 제품 카테고리를 어렵지 않게 찾아볼 수 있다.

과대 생산을 하는 일부 기업은 할인 혜택을 제공하거나, 심지어 소매상에게 매장 브랜드 버전의 제품을 저렴한 할인가에 제공하기도 한다. 그러나 매장 브랜드의 가격이 더 낮은 관계로, 매장 브랜드가 제조업자 브랜드의 매출을 잠식할 수도 있다. 제조업자는 소매상에게 할인을 제공했을 때의 영향을 신중히 고려해야 하는데, 단기적인 매출 목표를 추구하는 과정에서 장기적인 수익을 잃을 수 있기 때문이다.

제조업자는 할인을 받는 고객의 비율, 평균 할인율, 영업사원이 할인에 의존하는 정도를 모니터링해야 한다. 그럼으로써 결과적으로 매니저는 제공물의 '진짜 가격'을 도출하기 위해 **순 가격 분석**(net price analysis)을 진행해야 한다. 진짜 가격은 할인뿐 아니라 실현 가격을 낮추는 다른 비용들의 영향도 받는다. 기업의 정가가 3,000달러라고 가정해 보자. 이 기업의 평균 할인 금액은 300달러이고 프로모션 지출은 평균 450달러(정가의 15%)다. 소매상에서 주어진 조합 광고비를 150달러 지불한다고 할 때 기업의 순 가격은 3,000달러가 아닌 2,100달러다.

주요 인센티브 결정

인센티브를 사용할 때, 기업은 반드시 목표를 세워야 한다. 또한 도구를 선택하고 프로그램을 개발하여, 이를 실행하고 통제해 결과를 평가해야 한다.

인센티브 목표 수립   인센티브의 목표는 제공물에 대한 기본적인 마케팅 목표에서 도출된다. 제조업자가 진행하는 프로모션 활동의 초점이 소비자에 맞춰져 있는지 소매상에 맞춰져 있는지에 따라 인센티브는 다른 목표를 가지게 된다.

소비자 인센티브의 경우, 사용자가 구매 빈도와 구매 규모를 늘리도록 장려하거나, 비사용자가 제품의 시제품을 사용해 볼 수 있도록 하거나, 경쟁자 브랜드에서 이탈할 스위처(switcher)를 매혹하는 것이 목표가 될 수 있다. 만약 스위처가 브랜드를 한 번도 사용해 본 적이 없다면, 인센티브는 장기적으로 시장 점유율을 높일 수 있을 것이다.[50] 이상적으로 소비자 인센티브는 단기 매출 증진 효과가 있고 장기적으로 브랜드 에쿼티에 영향을 미친다.[51]

소매상 인센티브의 경우, 소매상이나 도매상이 브랜드를 받아들일 수 있도록 하는 것이 목표다. 이는 소매상이나 도매상이 평소보다 더 많은 단위를 받도록 설득하고, 소매업자가 특징, 진열 및 가격 인하를 통해 브랜드를 홍보하도록 유도하는 것이다. 또한 소매상과 그들의 판매 종업원이 제품을 적극적으로 추천할 수 있도록 동기부여한다.

인센티브 규모와 접근법에 대한 정의   특정 인센티브를 사용하고자 할 때, 마케터는 우선 반드시 그 **규모**(size)를 결정해야 한다. 프로모션이 성공하려면, 타깃고객에게 인센티브가 의미가 있어야 한다. 둘째로, 참여 **조건**(conditions)을 명확히 해야 한다. 인센티브는 모두에게 제공될 수도 있고, 선택된 그룹에게만 제공될 수도 있다. 셋째로, 반드시 프로모션의 **기간**(duration)을 결정해야 한다. 넷째로, **유통 수단**(distribution vehicle)을 결정해야 한다. 50센트를 할인해 주는 쿠폰은 제품 포장과 함께 유통될 수도, 매장에서 유통될 수도, 또는 메일과 온라인 그리고 광고를 통해 배포될 수도 있다. 다섯째로, 프로모션의 **타이밍**(timing)을 결정해야 한다. 마지막으로, **총 영업 프로모션 예산**(total sales promotion budget)을 설정해야 한다. 특정 프로모션의 비용은 관리 비용(인쇄, 우편 발송 및 홍보)과 인센티브 비용(프리미엄 비용 및 할인 비용, 환매 비용)에 예상 판매 단위 수를 곱한 값이다. 쿠폰 거래 비용은 극히 일부의 소비자만이 쿠폰을 사용할 것임을 가정한다.

인센티브의 규모를 결정하는 것과 더불어, 기업은 자원을 어떻게 할당할지 결정해야 한다. 특히 활동을 푸시(push)하고 풀(pull)하는 데 얼마만큼의 노력을 기울일지 반드시 결정해야 한다.

푸시 전략(push strategy)은 제조업자의 영업조직 및 프로모션 트레이드 자금을 활용하고 중개업자가 제품을 최종소비자에게 배송, 홍보, 판매할 수 있도록 유도하는 모든 수단을 사용한다. 이러한 전략은 카테고리 내에서 브랜드 로열티가 낮고 브랜드 선택이 매장에서 이루어지며, 제품이 충동적으로 구매되는 경향이 있고, 제품의 장점이 잘 알려져 있지 않을 때 특히 유용하다.

풀 전략(pull strategy)은 제조업자가 광고, 홍보 및 다른 커뮤니케이션을 사용하여 소비자가 더 많은 제품을 원하도록 유도해 결과적으로 중개업자가 제품을 더 많이 주문하게 하는 것이다. 이러한 전략은 카테고리 내에서 브랜드 로열티와 관심도가 높을 때, 소비자가 브랜드들 간의 차이점을 인식할 수 있을 때, 그리고 소비자가 매장을 방문하기 전에 브랜드를 미리 선택할 때 유용하다.

Apple, Coca-Cola, Nike 등 최고의 마케팅 기업은 능숙하게 푸시 그리고 풀 전략을 구사한다. 푸시 전략은 소비자 수요를 활성화하는 잘 설계되고 실행된 풀 전략이 수반될 때 빛을 발한다. 그럼에도 소비자의 관심이 적다면, 많은 채널의 수용과 지원을 받기 어려운 것이 현실이고, 반대의 경우도 마찬가지다.

소비자 인센티브 선택 영업 프로모션 기획자는 시장 유형, 영업 프로모션 목표, 경쟁 조건 그리고 각 도구의 비용 대비 효과성을 고려해야 한다.[52] 주요 **소비자 인센티브**(consumer incentives)는 다음과 같다.

- **가격 인하**(price reduction)는 매출을 증대하기 위한 일시적 가격 할인이다. 가격 인하는 매출을 늘리고자 하는 제조업자나 제품을 빠르게 처리해 재고를 정리하고 싶은 소매상에 의해 주도될 수 있다. 가격 인하는 특정 금액 또는 비율로 시행될 수 있다.[53]
- **쿠폰**(coupons)은 특정 제품 구매 시 구매자에게 명시된 금액을 차감해 주는 일종의 인증서다. 쿠폰은 우편으로 발송될 수도, 기타 제품에 동봉되거나 부착될 수도, 신문 및 잡지 광고에 첨부될 수도 있으며, 이메일로 보내져 온라인에서 사용될 수도 있다.[54]
- **현금 환불**(cash refunds)은 구매 후 가격 할인을 제공하는 것이다. 소비자가 제조업자에게 일종의 '구매 증거'를 제시하면 제조업자가 구매 가격의 일정 부분을 우편을 통해 '환불'해 주는 것이다. 자동차 기업이나 기타 소비재 기업은 제품을 구매하도록 장려하기 위해

일정 기간 현금 리베이트를 제공한다. 리베이트는 정가 인하 없이 재고 청산에 도움이 될 수 있다.[55]

- **가격 팩**(price packs)은 라벨이나 패키지에 표시된 정규 가격에 대한 절약을 제공한다. **절약형 팩**(reduced-price pack)은 단일 패키지를 인하된 가격에 판매하는 것이다(예를 들어 한 개의 가격으로 두 개를 제공하는 것). 반면 **묶음형 가격 팩**(banded pack)은 연관된 두 개의 제품을 묶음으로 판매하는 것이다(예를 들어 칫솔과 치약).[56]
- **프리미엄**(premiums: 보너스 제공물)은 특정 제품의 구매에 대한 인센티브로 일부 상품을 상대적으로 저렴한 가격이나 무료로 제공하는 것이다. 프리미엄은 제품과 동반되거나(포장 또는 패키지에 부착되는 경우), 다양한 채널(예를 들면 우편)을 통해 배포될 수 있다.
- **단골 프로그램**(frequency programs)은 기업의 제품이나 서비스에 대한 구매 빈도 및 정도에 따라 보상을 제공하는 것이다.
- **상품**(prizes)은 특정 구매를 통해 현금, 여행권, 상품 등을 획득할 수 있는 기회를 제공하는 것이다. **콘테스트**(contest)는 심사위원들이 심사할 출품작을 소비자들이 제출하도록 요구하는 것이다. **경품 추첨**(sweepstakes)은 소비자들이 추첨에 참여하기 위해 그들의 이름을 제출하는 것이다. **게임**(games)은 소비자들이 무엇인가를 구매할 때마다 상품을 얻을 수 있도록 빙고 숫자, 낱말 찾기 등을 제안하는 것이다.[57]
- **통합 프로모션**(tie-in promotions)은 두 개 이상의 브랜드나 기업이 한 팀을 이루어 참여도를 높이기 위해 쿠폰, 환불, 콘테스트를 함께 진행하는 경우다.
- **이월 할인**(seasonal discounts)은 이월 상품이나 서비스를 구매하는 소비자를 위한 가격 인하다. 호텔, 모텔, 항공사는 비수기에 이러한 이월 할인을 제공한다.
- **금융 서비스**(financing)는 제공물의 매력도를 높이기 위해 소비자에게 유리한 금융 조건을 제공하는 것이다. 예를 들어, 판매자(특히 모기지 은행과 자동차 기업)는 더 긴 기간 동안 대출을 연장해 줌으로써 월 지불액을 낮추는 연장된 결제 조건을 제공하기도 한다.

트레이드 인센티브 선택   제조업자는 유통 채널 구성원들에게 트레이드 인센티브의 형태로 돈을 지급한다. 구매자에게 더 많은 가치를 제공하는 것에 집중하는 소비자 인센티브와는 달리, **트레이드 인센티브**(trade incentives)는 도매상, 소매상, 딜러 등 유통 채널의 구성원을 대상으로 제공물의 매력도를 높이는 것을 목표로 한다. 이와 관련하여 제조업자는 다양한 트레이드 프로모션 도구를 활용한다.[58]

- **수당**(allowances)은 소매상이 판매 시점에 제품을 홍보하고, 제품을 즉시 제공할 수 있도록 더 많은 재고를 보유하고, 추가적인 부가 가치 서비스를 제공하는 것에 대한 대가로 제공되는 추가 지불액이다.
- **무료 상품**(free goods)은 일정량을 구매하거나 특정 규모를 선호하는 중개상에게 제공되는 무료 제공품이다.
- **가격 할인**(price-off)은 지정된 기간 내 진행된 각 구매에 대해 정가에서 할인을 해주는 것

이다.

- **지불 할인**(payment discount)은 대금을 즉시 지불하는 구매자에게 가격 할인을 제공하는 것이다. 대표적인 예는 '2/10, net 30'인데, 이는 대금 지불 기한은 30일 이내이지만, 구매자가 10일 이내 지불할 경우 2%의 할인을 제공해 주는 것이다.

대형 소매상들의 힘이 증가함에 따라, 그들은 점점 더 많은 트레이드 프로모션을 요구하고 있다.[59] 제조업자의 영업조직과 브랜드 매니저들은 종종 이에 대해 곤혹스러움을 느낀다. 지역 소매상에게 더 많은 트레이드 프로모션 금액을 지급하지 않으면 그들이 더 이상 기업의 제품을 선반에 진열하지 않을 것이라고 영업조직은 말한다. 반면 브랜드 매니저들은 그들의 한정된 예산을 소비자 프로모션과 광고에 더 많이 사용하고 싶어 한다.

점점 더 많은 제조업자들이 소매상이 약속을 준수하도록 감독하는 것에 어려움을 느껴, 수당을 지급하기 전에 그들의 실적을 증명하도록 하고 있다. 이처럼 제조업자는 트레이드 프로모션을 관리하는 데 많은 어려움을 겪는다. 일부 소매상은 **선구매**(forward-buying)를 진행하는데, 이는 그들이 즉시 판매할 수 있는 양보다 더 많은 양을 프로모션 기간 동안 구매하는 것이다. 이런 경우 제조업자는 계획보다 많은 생산을 준비해야 하고, 추가 근무 교대 및 초과 근무에 대한 비용을 감당해야 한다. 또 일부 소매상은 **전환**(diverting)을 한다. 이는 프로모션이 진행되는 지역에서 필요 이상의 양을 구매하고, 해당 초과분을 프로모션이 진행되지 않는 지역의 매장으로 보내는 것이다. 제조업자는 원활한 생산을 위해 할인 판매 수량을 제한하거나, 전체 주문량보다 적은 양을 생산 및 배송하는 방식으로 선구매 및 전환에 대응한다.

영업조직 인센티브 선택   기업은 잠재고객을 모으고 그들에게 깊은 인상과 보상을 주며 영업조직을 동기부여하기 위해 영업조직 프로모션 도구에 수십억 달러를 지출한다. **영업조직 인센티브**(sales force incentives)는 영업조직이 새 제품이나 모델을 홍보하도록 장려하여 잠재고객과 비수기 판매량을 늘리는 것을 목표로 한다. 매출 콘테스트는 영업조직 인센티브의 대표적인 형태다. 매출 콘테스트는 영업조직이나 딜러가 정해진 기간 동안 매출 성과를 올릴 수 있도록 유도하는 것이며, 성과를 올리는 데 성공한 사람은 상품(돈, 여행권, 선물, 포인트 등)을 받게 된다.

기업이 인센티브 도구를 위해 책정하는 예산은 일반적으로 거의 매년 일정하게 유지된다. 특히 B2B 세계에서 타깃층과 함께 놀라운 성과를 도출하고자 하는 새로운 비즈니스의 경우 트레이드 쇼는 매우 중요하다. 그러나 모든 커뮤니케이션 방법 중에서 트레이드 쇼의 계약당 비용은 가장 비싼 편이다. 영업조직 및 인적 판매 관리에 대한 보다 상세한 내용은 14장에서 다룬다.

marketing INSIGHT

처방약품 프라이싱에 대한 윤리적 이슈

미국에서는 연간 3,300억 달러가 처방약품에 소비된다. 지난 30년간 제약 부문에 지출된 금액은 거의 두 배가 되어 전체 의료 지출의 약 10%를 차지하게 되었다. 미국 정부는 연방 예산을 사용하는 국방 및 치안 등 그 어떠한 단일 부문보다 의료에 많은 금액을 지출하고 있다. 미국은 그 어떤 나라보다 약품에 많은 돈을 지출하고 있고, 이것은 기타 주요 선진국 평균의 두 배에 가깝다.

처방약품에 대한 프라이싱은 제약 기업과 그들 제품의 가격에 대한 윤리적 문제로 이어졌다. 일부 기업은 약품 프라이싱을 순전히 재무적 관점에서 바라본다. 이는 니트로퓨란토인(nitrofurantoin: 세계보건기구에서 요로감염을 낮추기 위한 '필수'의약품으로 지정)의 가격을 병당 500달러에서 2,300달러로 올리는 결정을 정당화하는 것으로 이어진다. Nostrum Pharmaceuticals의 설립자 Nirmal Mulye는 그의 기업이 '제품을 높은 가격에 판매하고 수익을 창출할 도덕적 당위성'을 갖고 있다고 주장한다.

독점 판매하는 약품의 가격을 인상한 기업의 사례는 쉽게 찾아볼 수 있다. 곤충의 침/물림, 음식, 약품 및 기타 물질에 의한 심각한 알레르기 반응에 대한 응급 처치로 에피네프린(epinephrine)을 일정량 주입하는 의약 장치인 EpiPen은 2009년 당시 두 팩에 100달러였던 가격을 2016년에 608달러로 인상했다. 90%에 가까운 시장 점유율과 함께, EpiPen은 모기업 Mylan에게 40%에 가까운 수익을 안겨주었다. EpiPen은 약 55%의 순 마진을 남겼는데, 해당 기업의 전체 수익 마진이 8.9%인 것을 고려한다면 이는 매우 높은 수치다.

그럼에도 아마 수익 중심 프라이싱의 가장 극단적인 예는 Turing Pharmaceuticals일 것이다. 몇몇 치명적인 희귀병을 치료하는 데 사용되는 유일한 약인 Daraprim에 대한 60년 동안의 권리를 획득한 후 해당 기업은 5,000%의 가격 인상을 단행하였는데, 알약 한 알당 13.50달러였던 가격은 750달러가 되었다. Turing의 이러한 행위는 가격 폭리에 대한 대중적 항의로 이어졌고, 결국 CEO의 사임과 함께 기업의 프라이싱 관행에 대한 의회 차원의 조사를 불러왔다.[60]

비교적 자유롭게 프라이싱을 할 수 있는 소비재와는 달리, 처방약품에 대한 프라이싱은 사회 복지 전반에 직접적인 영향을 미칠 수 있다. 가격 인상은 경제적으로 어려운 환자들이 중요한 의약품을 구매할 수 없도록 해 그들이 약품 사용량을 줄이거나, 투약을 생략하거나 심지어 치료 자체를 포기하도록 만들 수 있다. 약품 프라이싱의 사회적 영향은 단순 기업 이익의 최대화를 넘어서는 새로운 시각이 필요함을 시사한다.

이와 관련해 한 가지 난관이 존재하는데, 바로 약품 프라이싱 과정이 다소 불투명하다는 것이다. 약품 프라이싱의 투명성을 제고하기 위해 American Marketing Association은 2016년에 TruthinRx 캠페인을 전개했다. 이 대중 캠페인은 약품 가격의 투명성을 보장하는 법적 규제에 대해 대중적 지지를 얻기 위해 환자와 의사가 처방약품 프라이싱에 대한 경험을 공유하도록 했다. TruthinRx 캠페인은 약품 가격을 좌우하는 세 가지 주요 시장 구성원인 (1) 약품을 제조하고 유통하는 제약 기업, (2) 의료 보험 기업과 고용주를 대표하여 제약 기업을 대상으로 처방약품의 가격에 대해 할인 협상을 진행하는 PBM(Pharmacy Benefit Manager), (3) 처방전을 승인하며 보험회사와 협의된, 환자가 내야 하는 정해진 부분의 비용을 정하고, PBM과 함께 환자가 지불해야 하는 약품 가격을 결정하는 의료 보험 기업에 초점을 맞추었다.[61]

요약

1. 가격은 수익을 창출하는 유일한 마케팅 요소다. 프라이싱에 관한 의사결정은 경제와 기술 환경의 변화에 따라 점점 까다로워지고 있다.

2. 구매 의사결정은 제공물에 표시된 가격이 아닌, 소비자가 가격을 어떻게 인식하는지에 기반한다. 소비자가 가격을 어떻게 인식하게 되는지, 특히 준거 가격, 가격 및 품질에 대한 추론 방법, 가격의 마지막 자릿수의 역할을 이해하는 것은 기업이 최적의 시장 가격을 설정할 수 있도록 해준다.

3. 프라이싱 정책을 설정할 때 기업은 6개의 단계를 거친다. 우선 프라이싱 목표를 정해야 한다. 수요 곡선을 추정하여 각각의 가능한 가격에 대해 판매할 수 있는 수량을 확인해야 한다. 상이한 산출 수준, 축적된 생산 경험 및 차별화된 마케팅 활동에 따라 원가가 어떻게 달라지는지 계산해야 한다. 또한 경쟁자의 원가, 가격, 제공물에 대해 조사해야 한다. 그다음으로 프라이싱 방법을 선택해야 하며, 마지막으로 최종 가격을 결정해야 한다.

4. 가격을 설정할 때 기업은 현재 수익, 시장 침투, 시장 스키밍, 제품 품질 리더십 등 상이한 목표를 추구할 수 있다. 기업의 목표가 명확할수록 가격을 설정하기 쉬워진다.

5. 수요 곡선은 상이한 가격 민감도를 가진 개인의 반응을 총합함으로써, 각 가격에 대한 시장의 예상 구매량을 제시한다. 마케터는 수요가 가격 변화에 대해 얼마나 반응적이고 탄력적인지 알아야 한다.

6. 가격 설정은 원가, 경쟁자, 고객의 세 가지 고려사항으로부터 도출된다. 원가는 가격의 하한선을 결정한다. 경쟁자와 대체재의 가격은 가격 설정의 시작점을 제시한다. 고유한 특징에 대한 고객의 평가는 가격의 상한선을 결정한다. 일반적인 가격 설정 방법으로는 마크업 프라이싱, 목표 수익률 프라이싱, 고객 경제적 가치 프라이싱, 경쟁 프라이싱, 경매 프라이싱이 있다.

7. 제품이 제품 믹스의 일부이고 기업의 최종 목표가 전체 믹스의 수익 최대화라면, 마케터는 반드시 그들의 가격 설정 논리를 검토해야 한다. 일반적인 제품 믹스 프라이싱 방법으로는 손실 선도 프라이싱, 추가 특징 프라이싱, 종속 제품 프라이싱, 이분적 프라이싱, 부산물 프라이싱, 제품 묶음 프라이싱이 있다.

8. 시장 포지션 유지 및 수익 성장을 위해, 기업은 종종 공격적인 프라이싱 행위를 하곤 한다. 이는 경쟁자의 고객을 빼앗아 오기 위해 가격을 낮추거나, 기존 고객으로부터 더 많은 가치를 창출해 내기 위해 가격을 올리는 것이 될 수 있다. 기업은 경쟁자의 가격 변화를 예측해야 하고 이에 따른 대응책을 마련해야 하는데, 이는 가격 및 품질에 대한 변경 또는 유지가 될 수 있다.

9. 경쟁자가 가격을 바꿨을 때 기업은 반드시 경쟁자의 의도와 변화의 지속 기간을 파악해야 한다. 시장 리더가 더 낮은 가격의 경쟁자에게 공격받았을 때, 해당 기업은 더 나은 차별화를 추구하거나, 자체적으로 저가 경쟁사를 만들어내거나, 스스로를 완전히 변모시킬 수 있다.

10. 인센티브는 인센티브 도구의 모음으로 구성된다. 이는 대부분 단기적인 것으로, 소비자나 트레이드가 특정 제품이나 서비스의 구매를 더 많이, 더 빨리 하도록 촉진하는 것이다. 인센티브를 사용할 때 기업은 반드시 목표를 수립해야 하고, 도구를 선택하고, 프로그램을 개발해야 하며, 이를 실행 및 통제해 결과를 평가할 수 있어야 한다.

11. 인센티브를 설계할 때 기업은 푸시 전략과 풀 전략에 얼마나 많은 노력을 기울일지 결정해야 한다. 푸시 전략은 제조업자의 영업조직, 트레이드 프로모션 자금 및 기타 수단을 활용하여 중개상이 제품을 최종사용자에게 전달, 홍보, 판매하도록 유도하는 것이다. 반면 풀 전략은 제조업자가 광고와 인센티브를 사용하여 소비자가 중개상으로부터 더 많은 제품을 구매하도록 유도해 결과적으로 중개상이 더 많은 주문을 하게 하는 것이다. 푸시 및 풀 전략의 적절한 믹스를 도출하는 것은 트레이드의 지원을 얻어내는 데 반드시 필요한 요소다.

marketing
SPOTLIGHT

Priceline

Priceline은 1998년에 Jay S. Walker가 처음으로 온라인 항공권 구매를 위한 '네 가격을 말해 봐' 서비스를 도입하며 출시되었다. Priceline은 구매자가 가격을 '설정'하게 함으로써 전통적인 상품 구매 시스템을 뒤집었다. 전통적으로, 판매자는 마켓플레이스에서 특정 가격에 제품을 광고하고, 구매자는 그 가격 정보를 기반으로 살지 말지를 결정한다. Priceline은 소비자들이 사이트에 로그인한 후 그들의 행선지, 여행 날짜, 희망 가격을 표시하는 '광고'를 올리도록 하는 서비스 메커니즘을 설계했다. Priceline은 이를 바탕으로 제휴 항공사의 데이터베이스를 검색해 적절한 티켓을 찾아냈다. 이에 대해 고객은 항공기와 해당 날짜의 출발 시간에 대해 융통성을 가져야 했는데, 거래가 완전히 완료된 후에야 비로소 티켓과 항공기 정보를 확인할 수 있었기 때문이다.

항공편 서비스 초기, Priceline은 오직 America West와 TWA하고만 제휴를 맺었다. 그 후 1년 동안 Priceline은 100만 명 이상의 사람들에게 티켓을 판매했다. 얼마 뒤, United, American, Delta와 같은 대형 항공사들이 제휴 업체로 참여했다. Priceline의 온라인 예약 모델은 항공사에게 분명한 가치를 제공했다. 이는 구매 프로세스 내내 항공사가 익명으로 처리되기에, 브랜드 이미지가 높은 할인에 의해 희석되지 않았고 동시에 기존의 가격을 유지할 수 있었기 때문이다. 해당 모델은 또한 평균적으로 고객이 스스로 검색할 때보다 저렴한 가격을 제시해 줬기 때문에 예산이 빠듯한 여행자들에게 매력적이었다.

Priceline은 놀라운 속도로 성장하였고, William Shatner를 고용하여 광고 캠페인을 지휘하도록 했다. Priceline은 Shatner를 신문과 라디오 광고에 출연시키기 위해 수백만 달러를 지출했다. 브랜드 인지도가 상승했기에 광고에 투입한 이러한 노력이 결코 헛된 것은 아니었다. 결과적으로 Priceline은 1999년에 가장 인기 있는 웹사이트 Top 10에 들게 되었다. 1999년의 매출은 약 5억 달러에 달했고, Priceline의 IPO는 129억 달러를 기록해 당시 최고치를 갱신했다. 그해부터 Priceline은 '네 가격을 말해 봐' 시스템을 확장하여 자동차, 호텔 객실, 부동산, 심지어 식료품까지 판매했다. Priceline은 수많은 기업과 제휴를 맺어 점차 인터넷 메가브랜드가 되어가고 있었다.

2000년대 초, 닷컴 버블이 터지자 Priceline은 추락하기 시작했다. 주가는 고점이었던 974달러에서 7달러까지 하락하여 거의 99%의 가치를 잃었다. Jay Walker 역시 기업을 떠나 다른 기업에 집중하는 모습을 보였다. 이러한 금융 재앙에서 회복하기 위해 Priceline은 여행 외 사업부를 정리하였고, 아이러니하게도 2001년부터 처음으로 조금씩 수익을 내기 시작했다. 2002년부터 Priceline은 여행 사업을 '네 가격을 말해 봐' 모델에서 확장하기 시작했다. Priceline은 유럽의 호텔 예약 사이트 Active Hotels와 Booking.com을 각각 2004년과 2005년에 인수하였고, 이는 훗날 인터넷 역사상 가장 성공적인 인수로 평가받게 된다. Priceline은 동남아시아의 온라인 여행 에이전시 Agoda.com을 2007년에 인수하였고, 자동차 렌털 서비스인 Rentalcars.com을 2010년에 인수했다. 또한 메타 검색 기업 Kayak을 2013년에 인수하였으며, 2014년에 레스토랑 예약 서비스인 OpenTable을 인수했다. Priceline의 이러한 사업 확장으로 인해 주가는 1999년에 도달했던 고점을 돌파했다.

Priceline의 성공은 온라인 여행 사업에서 가장 수익성이 높은 세분시장에 집중했기 때문이라 할 수 있다. Priceline의 전체 예약에서 호텔이 차지하는 비중은 85%인데, Priceline의 가장 가까운 경쟁자인 Expedia의 해당 비중은 48%이다. 호텔 시장은 항공 시장보다 덜 집중화되어 있기 때문에, Priceline은 호텔 예약에 집중함으로써 더 많은 수익을 창출할 수 있었다. 항공편 예약의 경우 3%의 커미션을 받지만, 호텔 예약의 경우 15%에서 최대 20%의 커미션을 부과할 수 있었기 때문이다. 또한 Priceline의 총예약의 대부분은 유럽에서 이루어졌다. 미국과는 달리 유럽의 호텔 시장은 대부분 독립적인 사업체로 구성되어 있는데, 이는 그들이 고객을 끌어들이는 데 더 많은 어려움을 겪고 있음을 의미한다. 유럽의 호텔들을 적절히 선별함으로써 Priceline은 커미션에 대해 더 많은 협상력을 얻을 수 있었다.

Priceline의 데이터 분석 프로세스 또한 경쟁우위를 창출했다. Priceline은 어디에, 어떻게 온라인 광고를 구매해야 할지 신중히 분석했다. 사업 전반에 걸친 이러한 접근방식은 산업을 선도하는 광고 효과를 낳았다. Priceline은 예약된 호텔 객실 하나당 광고 비용을 7.50달러 지출하지만 Expedia는 16.00달러를 지출한다. 더불어 Priceline은 소비자가 웹사이트 검색에서부터 예약 서비스로 이동하는 웹사이트 '전환'을 극대화하기 위해 데이터 분석을 사용한다. 고객의 인구통계학적 특성 및 행동에 대한 연구를 통해 Priceline은 웹사이트 및 이메일에서 개인화된 광고를 집행할 수 있었다. 결과적으로 Priceline은 2019년에 산업 내 가장 높은 전환율을 획득할 수 있었다. 높은 전환율은 곧 각 예약에 대해 더 많은 수익 마진을 남길 수 있음을 의미한다.

Priceline은 높은 마진을 통해 온라인 여행 산업을 이끌었다. Priceline의 시가총액은 가장 가까운 경쟁자보다 세 배 이상 높다. Priceline의 성공은 결국 수익성 높은 세분시장에 집중하고, 데이터 분석에 매진함으로써 높은 수익 마진을 남길 수 있었기 때문에 가능한 것이었다.[62]

질문

1. Priceline의 시장 성공에서 '네 가격을 말해 봐' 접근법이 얼마나 중요했는가?
2. 제공물의 가격을 설정할 때 '네 가격을 말해 봐' 접근법의 장단점은 무엇인가?
3. 한 사람의 지불의사에 맞춰 가격을 설정하는 것이 타당한가? 이것이 고객에게 가치를 창출해 주는가? 또한 기업에게 가치를 창출해 주는가?

marketing SPOTLIGHT

Uber

출처: digitallife/Alamy Stock Photo

Uber의 기원은 Travis Kalanick과 Garrett Camp이 눈 내리는 겨울 날 택시를 잡는 데 어려움을 겪어 같이 사업을 시작하게 되는 2008년으로 거슬러 올라간다. 두 사람은 택시를 호출할 수 있는 스마트폰 앱을 개발할 영감을 얻었다. San Francisco로 돌아간 후, Camp는 UberCab.com이라는 도메인 이름을 구입하였고, 2년 후 공식적으로 기업을 출범했다. UberCab은 원래 San Francisco와 Silicon Valley의 고위 임원들을 대상으로 한 럭셔리 전용차 호출 서비스였다. 서비스에 관심이 있던 고객들은 우선 Kalanick에게 이메일을 보내 앱에 대한 접근권을 얻어야 했다. 결제 정보를 입력한 후, 고객은 전용 고급차(black car)를 호출할 수 있었다. 전통적인 고급차 호출 서비스와는 달리 UberCab 앱은 승객이 자신이 호출한 차가 어느 거리를 통해 오고 있는지 접근 경로를 확인할 수 있었고, 승객의 도착지와 관련된 경로 정보를 기사에게 안내했다.

Uber는 거의 앱이 출시됨과 동시에 성장하기 시작했다. 임원들은 특히 Uber의 직관적인 편리함에 매력을 느꼈다. 대부분의 임원은 고가의 전용차 이용을 사전에 예약해야 했다. Uber는 그들이 어디에 있든 신속하게 차를 예약할 수 있도록 해주었다. UberBlack은 전용 리무진보다는 저렴했지만 일반적인 택시에 비해서는 훨씬 비쌌다. 그해 말, Uber는 사업명에서 Cab을 삭제하였고 San Francisco를 누비는 수천 명의 이용자를 보유하게 되었다. Uber가 점점 더 많은 고객과 운전기사를 모으게 됨에 따라 투자자들 역시 Uber에 관심을 갖게 되었다. 2011년 2월, Uber는 벤처 캐피털 기업인 Benchmark로부터 1,100만 달러의 투자를 받게 되었다. Uber는 자신들이 만든 개념을 더욱 키울 수 있다고 확신했고, 전국을 넘어 전 세계로 확장하기 시작했다. 2011년 5월 Uber는 New York City에 공식 출시되었고, 같은 해 Paris에서 서비스를 제공하기 시작했다.

2012년에 Uber는 uberX라 불리는 새로운 서비스를 도입하였는데, 이는 고급차 대신 기사 개인의 자가용을 이용해 승객을 태우는 보다 저렴한 버전이었다. UberBlack의 기사가 되기 위해선 리무진 운행 면허가 있어야 했고 그들의 자동차가 Uber의 고급차 서비스 기준에 부합해야 했으나, uberX의 기사가 되기 위한 자격 요건은 훨씬 덜 까다로웠다. uberX 기사가 되기 위해 필요한 것은 오직 자동차 면허, 자동차 보험, 그리고 무사고 기록뿐이었다. uberX의 가격은 전통적인 택시보다 약 10% 정도 저렴했다. 2014년 Uber는 UberPOOL이라는 서비스를 공개했는데, 이는 같은 방향으로 가는 승객들을 매칭하여 그들이 합승할 수 있도록 하는 것이었다. Uber 버전의 카풀링(carpooling)을 통해 고객은 택시비의 50% 정도를 아낄 수 있었다.

Uber의 성공 비결은 바로 이용의 편리함이다. 승객은 우선 단순히 앱을 다운로드받고, 계정을 만들고, 결제 정보를 입력한다. 그럼 앱은 즉시 근처의 이용 가능한 차량을 보여준다. 차량을 호출하기 위해, 승객은 그저 도착지 정보를 입력하고 버튼을 눌러 기사와 매칭되길 기다리기만 하면 된다. 고객은 매칭된 기사의 접근 경로를 추적할 수 있고, 기사의 이름과 차량 정보를 볼 수 있으며, 기사에 대한 평가를 확인할 수 있다. 고객은 평점이 낮은 기사를 거절할 수도 있다. 마찬가지로, 기사 역시 낮은 평가를 받은 고객을 거절할 권리를 가진다. 기사는 앱을 통해 또한 탑승을 요구하는 승객의 수가 많은 지역을 확인할 수 있다. 기사와 매칭된 지 몇 분 만에 승객은 곧바로 목적지를 향해 출발할 수 있다.

목적지에 도착한 후, 승객의 결제 수단으로 자동으로 비용이 결제되고, Uber는 예약 수수료와 더불어 규정, 안전 및 운영 비용에 관한 균일 요금으로 25%의 수수료를 받는다. 가격은 운행 시간과 거리에 의해 결정된다. 수요와 공급의 균형을 맞추기 위해 Uber는 또한 탑승 수요가 높은 시간대에 '서지(Surge) 프라이싱 프리미엄'을 부과하였는데, 이를 통해 일반 요금의 7배에 해당하는 금액을 부과할 수 있었다. 일부 고객은 Uber의 서지 프라이싱에 불만을 느꼈고 가격 공정성에 대해 걱정했다. 2013년에 East Coast가 폭설로 애를 먹고 있을 때, 소비자는 그

들의 할증된 요금을 캡처하여 소셜 미디어에 올렸다. 한 번 탑승하는 데 400달러를 받는 경우도 있었다. 고객의 걱정에도 불구하고, Uber는 고객 세분화의 소스 및 높은 수요를 보이는 시간대의 특정 지역의 기사들을 위한 인센티브로서 Surge 프라이싱을 유지했다.

전 세계에 걸친 Uber의 급격한 확장은 정책 입안자와 택시 산업의 반발을 일으켰다. 많은 공공 기관들이 Uber 승차 서비스의 합법성과 Uber가 택시 및 리무진 서비스와 같은 법을 적용받아야 하는지에 대해 의문을 제기했다. Uber는 프랑스, 이탈리아, 핀란드에서 부분적으로 금지당했고 호주, 홍콩, 불가리아 등의 지역에서는 완전히 금지당했다. uberX와 UberPOOL의 가격이 대부분 평균적인 택시 요금보다 저렴했기 때문에 택시 기사들은 그들이 상당수의 고객을 잃고 있다고 느꼈다. 택시 기사들은 합법적으로 승객을 태우기 위해 엄격한 신원 조사를 받아야 하고 면허(메달)를 구입해야 했으나, Uber의 요구사항은 훨씬 느슨했기 때문에 이것이 불공평하다고 느꼈다.

Uber가 출범한 지 약 10년 만에 거둔 성장은 가히 충격적이다. 2019년에 Uber는 전 세계에 걸쳐 700개 이상의 대도시에서 이용 가능해졌다. Uber는 전 세계적으로 1억 명 이상의 사용자를 보유한 것으로 추산되며, 2018년에는 110억 달러 이상의 수익을 창출해 냈다. 편리함과 공정한 프라이싱을 결합한 Uber는 전 세계의 교통을 완전히 바꿔놓았다. 차량 탑승 공유와 더불어, Uber는 UberEATS를 통해 음식 배달 서비스에까지 진출했다. Uber는 또한 Uber Elevate라는 이름의 항공 탑승 공유 서비스를 도입할 것임을 발표했다.[63]

질문

1. Uber의 경이로운 시장 성공에 기여한 주요 요소는 무엇인가?

2. Uber가 소비자에게 하는 가치 제안은 무엇인가? Uber의 프라이싱 행위가 승객을 끌어들이는 데 어떤 역할을 했는가?

3. Surge 프라이싱은 공정한가? 수요와 공급의 균형을 맞추기 위해 Uber가 취할 수 있는 다른 전략에는 무엇이 있겠는가?

CHAPTER 12

마케팅 커뮤니케이션 관리

grey?
gorgeous?

Why can't more women feel glad to be grey?

campaignforrealbeauty.co.uk **Dove**

여성들이 개인의 아름다움을 높이 평가하도록 격려한 Dove의 "Real Beauty" 캠페인은 소비자들의 큰 반응을 불러일으키며 회사 매출을 60% 이상 증가시켰다.
출처: Retro AdArchives/Alamy Stock Photo

현대 마케팅은 좋은 제품을 만들고, 제품의 가격을 매력적으로 책정하고, 제품에 대해 쉽게 접근할 수 있도록 하는 것 이상을 요구하고 있다. 기업은 현재와 잠재적인 이해관계자 및 일반대중에게 자사 제품의 특징에 대해 커뮤니케이션해야 한다. 특히 대부분의 기업에게 궁금한 것은 커뮤니케이션 자체를 해야 하는가 말아야 하는가보다는 오히려 무엇을, 어떻게, 언제, 누구에게, 얼마나 자주 커뮤니케이션해야 하는가다. 소비자는 수백 개의 케이블 및 위성 TV 채널, 수천 개의 잡지와 신문, 그리고 수백만 개의 인터넷 페이지에 노출되며, 이 중 어떤 것을 받아들일지 결정한다. 마케터는 자신의 전략적 목표를 달성하기 위해 소비자를 방해하는 요소를 줄이고 개인적인 차원에서 고객에게 다가갈 수 있는 커뮤니케이션 캠페인을 고안해야 한다. Unilever가 Dove 브랜드를 포지셔닝하고 "Campaign for Real Beauty"를 개발한 경험을 살펴보자.

>>> Dove의 "Campaign for Real Beauty"는 미에 대한 사회적 개념의 변화와 뷰티 제품 판매라는 목적을 잘 결합한 대담하고, 진정성 있으며, 임팩트한 접근법을 사용한, 역대 최고의 광고 캠페인 중 하나로 꼽힌다. Dove는 여성들의 불안감에 호소하고, 아름답기 위해 노력해야 한다는 점을 강조하기보다 그 반대의 접근법, 즉 여성들에게 대부분의 화장품이 제공하는 피부 수준의 피상적인 아름다움에서 벗어나 이미 그들을 아름답게 만든 자신의 속성을 보도록 독려했다. 이 캠페인은 2002년 한 세계적인 조사에서 조사 대상 여성의 4분의 1 미만이 그들 스스로 자신의 미의 기준을 정하였고, 오직 2%만이 자신을 아름답다고 생각한다고 답한 데 자극을 받아 시작되었다. Ogilvy & Mather에 의해 개발되었고 2003년 영국에서 첫 선을 보인 이 캠페인은 모델이 아닌 일반 여성들이 속옷을 입고 광고하는 모습을 광고판에 등장시켰다. 캐나다 Toronto의 비슷한 광고에서는 통통한 여성들이 등장하여 "뚱뚱한가요, 건강한가요?"와 "회색인가요, 멋진가요?"라고 질문하며 광고판을 보는 운전자들에게 이에 대해 문자투표로 답해 달라고 부탁하는 식의 캠페인도 진행했다. 그러나 2006년 여성의 아름다움에 대한 '사회적으로 바람직한' 이미지를 만들기 위해 여성의 사진을 (포토샵 등으로) 편집하는 관행을 조롱한 'Evolution' 바이럴 비디오 이후에 이 캠페인은 더욱 주목을 받기 시작했다. Dove의 메시지는 소비자와 언론의 큰 반응을 일으켰고, Unilever Canada가 후원한, 비교적 적은 예산으로 제작된 영화는 최초의 바이럴 브랜드 비디오 중 하나가 되었다. "Campaign for Real Beauty"는 Dove 브랜드가 진정성이 있다고 소비자들에게 인식되었다는 사실만으로 성공적이었다. 실제로 Dove는 항상 '진짜' 여성을 광고에 사용함으로써, 여성이 자신의 조건에 따라 아름다움을 재정의할 수 있도록 했다. 그것은 단지 비누를 파는 것에 관한 것이 아니었으며, 아름다움에 대한 인식을 재정의하는 것을 목표로 한 캠페인이었다. Dove 캠페인의 성공은 미디어 인기에만 국한되지 않았다. Dove의 매출은 캠페인 기간 동안 25억 달러에서 40억 달러 이상으로 증가했다. 수년간 Dove는 캠페인의 핵심 전제에 충실했다. Dove의 'Real Beauty Sketches' 영상은 1년도 안 되어 전 세계적으로 1억 5,000만 건 이상의 조회 수를 기록하며 가장 입소문이 난 비디오 광고가 되었다.[1]

올바른 마케팅 커뮤니케이션은 마케터에게 큰 이득을 가져올 수 있다. 이 장에서는 마케팅 커뮤니케이션이 어떻게 작동하고, 기업을 위해 어떤 기능을 하는지 설명할 것이다. 또한 홀리스틱 마케터(holistic marketer)가 어떻게 마케팅 커뮤니케이션을 결합하고 통합하는지에 대해서도 학습할 것이다.

학습목표

12.1 마케팅 커뮤니케이션의 기능을 설명한다.

12.2 의미 있는 커뮤니케이션의 목적을 정의한다.

12.3 기업이 어떻게 타깃고객을 식별하고 커뮤니케이션 메시지를 만들어야 하는지 설명한다.

12.4 기업이 어떻게 커뮤니케이션 미디어 믹스를 결정하고 미디어 계획을 개발해야 하는지 설명한다.

12.5 효과적인 커뮤니케이션 캠페인을 개발하는 데 수반되는 창의적인 전략을 설명한다.

12.6 커뮤니케이션 효과를 측정하기 위한 실행 가능한 매트릭스를 확인한다.

마케팅 커뮤니케이션의 기능

마케팅 커뮤니케이션(marketing communication)은 기업이 직접 또는 간접적으로 소비자에게 판매하는 제품과 브랜드를 알리고, 설득하고, 상기시키는 것을 의미한다. 어떤 의미에서 마케팅 커뮤니케이션은 기업과 브랜드의 목소리를 나타내는 것이며, 기업이 소비자와 대화하고 관계를 형성해 가는 과정을 의미한다. 고객 충성도(로열티)를 강화함으로써 마케팅 커뮤니케이션은 고객 에쿼티(customer equity)에 긍정적인 영향을 줄 수 있다.

마케팅 커뮤니케이션은 또한 소비자에게 제품이 어떻게, 왜, 누구에 의해, 어디서, 언제 사용되는지를 보여주는 기능을 하기도 한다. 마케팅 커뮤니케이션을 통해 소비자는 누가 제품을 만들고 기업과 브랜드가 무엇을 나타내는지 배울 수 있으며, 제품을 사용하려는 동기도 가지게 된다. 마케팅 커뮤니케이션은 기업이 그들의 브랜드를 다른 사람들, 장소, 행사, 브랜드, 경험, 느낌, 그리고 물건과 연결시킬 수 있게 한다. 또한 마케팅 커뮤니케이션은 소비자가 브랜드를 기억하게 하고, 브랜드 이미지를 창출함으로써 브랜드 에쿼티(brand equity)에 영향을 미치기도 하며, 동시에 기업의 매출을 증대시키고 주주가치에 긍정적인 영향을 미치기도 한다.

커뮤니케이션 프로세스

마케팅 담당자는 효과적인 커뮤니케이션의 기본 요소를 이해해야 한다. 커뮤니케이션 프로세스는 두 가지 관점에서 볼 수 있다. 대화형 프로세스로서의 커뮤니케이션의 주요 측면을 묘사하는 일반적인 거시적 관점과 메시지 수신자가 커뮤니케이션에 응답하는 방법에 초점을 맞춘 구체적인 미시적 관점이다. 이 두 가지 관점은 두 가지 커뮤니케이션 모델인 거시적 모델(macromodel)과 미시적 모델(micromodel)로 나타낼 수 있다.

커뮤니케이션 프로세스의 거시적 모델   **마케팅 커뮤니케이션의 거시적 모델**(macromodel of marketing communication)은 커뮤니케이션 메시지의 송신자(기업)와 수신자(소비자) 사이의 상호작용을 명확하게 나타낸다. 그림 12.1은 효과적인 커뮤니케이션의 9가지 핵심 요소를 나타내는 거시적 모델을 설명하고 있다. 모델에서 주요 당사자는 둘이다: **송신자**(sender)와 **수신자**(receiver). 모델의 두 가지 주요 도구는 **메시지**(message)와 **미디어**(media)이며, 모델의 네 가지 주요 커뮤니케이션 기능은 **인코딩**(encoding), **디코딩**(decoding), **반응**(response), **피드백**(feedback)이다. 모델의 마지막 요소는 의도된 커뮤니케이션을 방해할 수 있는 **노이즈**(noise), 랜덤한 경쟁 메시지다.

송신자(보통 기업)는 어떤 대상(소비자)에게 다가가고 이들에게서 어떤 반응을 불러일으키고 싶은지 알아야 한다. 타깃 오디언스가 메시지를 성공적으로 디코딩(암호 해독)할 수 있도록 메시지를 인코딩해야 한다. 다시 말해, 송신자는 특정 유형(단어, 이미지, 소리 또는 움직임)으로 메시지를 표현해야 나중에 수신자가 송신자가 보낸 의도한 메시지를 다시 상기할 수 있다. 송신자는 타깃 오디언스에게 도달하기 쉬운 미디어를 통해 메시지를 전송하고 그들

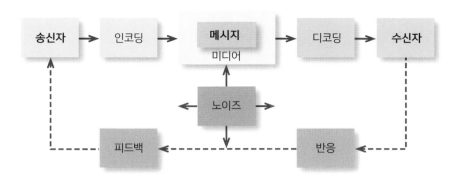

그림 12.1
커뮤니케이션 프로세스
요소

의 반응을 모니터링하기 위한 피드백 채널을 개발해야 한다. 송신자의 경험 영역이 수신자의 경험 영역과 겹칠수록 메시지는 더 효과적일 수 있다. 선택적 주의(selective attention), 왜곡(distortion) 및 유지(retention) 프로세스(3장에서 논의)는 수신자가 메시지를 수신하고 해석하는 방법에 영향을 미칠 수 있다.

마케팅 커뮤니케이션의 미시적 모델 마케팅 커뮤니케이션의 미시적 모델(micromodel of marketing communication)은 커뮤니케이션에 대한 소비자의 특정 반응에 집중한다.[2] 고전적인 반응 위계 모델(classic response hierarchy model)은 소비자가 인지, 감정, 행동 단계의 순서를 거친다고 가정한다.[3] 먼저 이러한 '인지-감정-행동' 순서를 거치는 경우는 소비자가 자동차나 주택과 같이 서로 차별성이 높다고 인식되는 제품 범주에 대해 관여도가 높은 경우에 적합하다. 두 번째로 대안적인 순서인 '행동-감정-인지'는 소비자가 높은 관여를 가지고 있지만 항공권이나 개인용 컴퓨터와 같이 제품 범주 내에서 차별성이 거의 또는 전혀 없는 경우에 해당된다. 세 번째 순서인 '인지-행동-감정'은 소비자의 관여도가 낮고 제품 간 차이를 거의 느끼지 못하는 소금이나 배터리와 같은 제품의 경우에 적합하다. 마케터는 자신의 제품 범주와 특성에 맞는 소비자의 반응 순서를 인지하여야 커뮤니케이션 계획을 잘 수립할 수 있다. 이러한 반응 순서에 상관없이 소비자 반응을 생성하는 다음과 같은 몇 가지 단계가 있다.

- **인지도**(awareness): 어떠한 행동을 취하기 위해 소비자는 일단 기업의 제공물(offering)에 대한 존재를 알고 있어야 한다. 소비자 대부분이 제공물에 대해 알지 못하는 경우, 커뮤니케이션의 목적은 인지도를 구축하는 것이다.
- **지식**(knowledge): 타깃 오디언스가 제공물에 대해 알고는 있지만, 자세히 알지 못하고 있을 수도 있다.
- **호감**(liking): 타깃 오디언스는 브랜드를 알 수 있지만, 그들이 브랜드에 대해 어떻게 느끼는지가 중요하다.
- **선호**(preference): 타깃 오디언스는 제품을 좋아할 수 있지만 다른 제품보다는 선호하지 않는다. 그렇다면 커뮤니케이션 주체는 제품의 품질, 가치, 성능 및 기타 기능을 경쟁사의 것과 비교함으로써 소비자 선호를 구축하기 위해 노력해야 한다.

- **확신**(conviction): 타깃 오디언스는 특정 제품을 선호하지만, 구매에 대한 확신을 가지지 못할 수도 있다.
- **구매**(purchase): 마지막으로, 타깃 오디언스의 일부는 제품에 대한 확신을 가질 수 있지만 구매를 할 수 있는 여력이 충분하지 않을 수 있다. 마케터는 제품을 저렴한 가격에 제공하거나 프리미엄을 제공하거나 제품을 시험해 볼 수 있도록 하여 타깃 오디언스가 마지막 단계를 밟도록 이끌어야 한다.

커뮤니케이션 캠페인의 성공 확률을 높이기 위해 마케터는 각 단계가 발생할 가능성을 높이고자 시도해야 한다. 따라서 커뮤니케이션 캠페인은 (1) 올바른 소비자가 올바른 장소에서 올바른 시간에 올바른 메시지에 노출되도록 해야 하며, (2) 제품이 바람직하고 전달 가능한 차별화(differentiation)와 동등성(parity) 측면에서 올바르게 메시지에서 제안되었는지 확인해야 하며, (3) 소비자가 캠페인에 관심을 기울이고 커뮤니케이터가 보낸 메시지를 적절하게 이해하는지 확인해야 하며, (4) 소비자에게 제품 구매 및 사용 동기를 부여해야 한다.

효과적인 커뮤니케이션 프로그램 개발

효과적인 커뮤니케이션 프로그램을 개발하려면 커뮤니케이션 캠페인이 달성해야 할 목표를 설정하는 것부터 시작하여 캠페인의 결과를 평가하는 것으로 끝나는 체계적인 프로세스를 따라야 한다. 효과적인 커뮤니케이션을 개발하는 주요 단계는 그림 12.2에 설명되어 있다. 여기에는 커뮤니케이션 목표 설정, 타깃 오디언스 선정, 커뮤니케이션 메시지 고안, 커뮤니케이션 채널 선택, 커뮤니케이션의 창의적인 측면의 개발, 커뮤니케이션 효과성 측정 등이 포함된다.

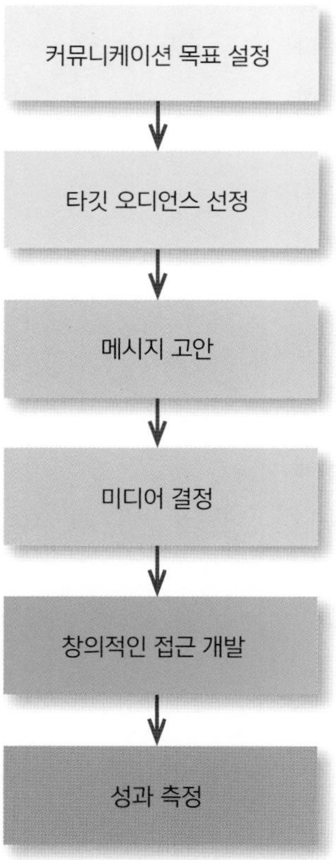

기업의 커뮤니케이션 캠페인의 궁극적인 성공은 커뮤니케이션 계획을 개발하는 기반이 되는 기업 제공물을 관리하기 위한 전반적인 전략과 전술의 실행 가능성에 달려 있다. 따라서 커뮤니케이션 목표, 타깃 오디언스 선정 및 커뮤니케이션 메시지 디자인은 일반적으로 기업 제공물의 목표, 타깃 오디언스 및 가치 제안을 정의하는 기업의 전반적인 마케팅 계획에서 비롯된다.

커뮤니케이션 목표 설정

↓

타깃 오디언스 선정

↓

메시지 고안

↓

미디어 결정

↓

창의적인 접근 개발

↓

성과 측정

그림 12.2
커뮤니케이션 프로그램 개발

커뮤니케이션 목표 설정

커뮤니케이션 캠페인의 목표 설정에는 다음의 세 가지 주요 결정이 포함된다: 기업 커뮤니케이션 포커스 정의, 커뮤니케이션 벤치마크 설정, 커뮤니케이션 예산 결정.

기업 커뮤니케이션 포커스 정의

커뮤니케이션 목표(communication objective)는 특정 기간 동안 특정 오디언스와 함께 달성해야 하는 특정 과제 및 성과 수준이다.[4] 커뮤니케이션 목표를 타깃 오디언스에게 기업 제공물에 대해 알려 인지도를 창출하는 것인지, 오디언스에게 제공물의 장점을 설득하여 그들의 선호도를 구축하는 것인지, 또는 오디언스가 기업과 제공물에 이익이 되는 방식으로 행동하도록 하는 것을 목표로 하는지에 따라 분류한다.

- **인지도 창출**(creating awareness)은 브랜드 에쿼티를 위한 토대를 제공한다. 인지도를 높이는 것은 구매를 할 수 있을 만큼 충분히 자세하게 브랜드를 인식하거나 기억하는 소비자의 능력을 배양하는 것이다. 브랜드를 인식하는 것이 기억해 내는 것보다는 쉽다. 예를 들면, 냉동밀키트 브랜드를 한 가지 생각해 보라고 요청받은 경우, 소비자가 Stouffer의 독특한 오렌지 패키지를 보고 Stouffer라는 브랜드를 알아보는 것이 아무것도 보지 않고 Stouffer를 떠올리는 것보다 더 쉽다는 것이다. **브랜드 기억**(brand recall)은 제품이 쉽게 보이지 않거나 구매할 수 없는 매장 밖에서 마케팅 커뮤니케이션에 노출된 소비자에게 중요한 경향이 있다. 이와 대조적으로, **브랜드 인식**(brand recognition)은 소비자가 제품을 쉽게 보고 구매할 수 있는 매장 내에서 중요한 경향이 있다. 인지도 창출에는 제공물 니즈에 대한 인식(주요 수요 자극) 또는 특정 제공물에 대한 인식(선택적 수요 자극)을 높이는 방법이 포함될 수 있다.

- **선호도 구축**(building preferences)은 현재 관련 소비자 요구를 충족하기 위한 제공물의 능력을 전달하는 것이다. 일부 소비자 니즈는 부정적인 것이다(문제점 제거, 문제점 회피, 불완전한 만족, 정상적인 고갈). 예를 들어, 많은 가정용 청소 제품은 문제를 제거하는 능력을 전달한다. 다른 니즈는 긍정적인 것이다(감각적 만족, 지적 자극, 사회적 승인). 예를 들어, 식품은 종종 식욕을 자극하는 감각 지향적인 광고를 사용한다. 설득력 있는 커뮤니케이션은 제품이나 서비스에 대한 선호와 그 혜택에 대한 확신을 만드는 것을 목표로 한다. 일부 설득 커뮤니케이션은 본질적으로 비교를 하는 경우도 있다. Dodge Ram의 Chrysler TV 광고와 같이 두 개 이상 브랜드의 특성을 명시적으로 비교하기도 한다. 예를 들어, "Ram에서 마력, 토크, 보증 적용 범위를 빼앗는다면 어떨까요? 결국 Ford F-150이 될 것입니다."라고 한 것이 그 예다.[5] 이와 같은 비교 커뮤니케이션은 인지적 동기부여와 정서적 동기부여를 동시에 유도할 뿐 아니라, 소비자가 상세하고 분석적인 방식으로 광고를 처리할 때 가장 효과적이다.[6] 이와는 대조적으로, 강화 커뮤니케이션은 현재 이미 구매한 소비자에게 그들이 올바른 선택을 했다고 확신시키는 것을 목표로 한다. 자동차 광고에서는 종종 새 차의 기능을 즐기고 있는 만족하는 고객을 묘사하기도 한다.

- **구매행동 독려**(inciting action)는 소비자가 브랜드를 구매하거나 구매와 관련한 행동을 하도록 동기를 부여하는 것을 말한다. 쿠폰이나 원플러스원과 같은 판촉 행사는 소비자 구매를 유도한다. 그러나 많은 소비자는 광고에 노출되었을 때 해당 제품에 대한 뚜렷한 요구를 가지고 있지 않으며 구매할 수 있는 현장에 없을 수 있기 때문에 구매 의도를 형성할 가능성은 낮다. 보통은 한 주간에 성인의 약 20%만이 세제를 살 계획을 하고 있고, 2%만이 카펫 청소기를 살 계획을 세우며, 0.25%만이 차를 살 계획을 갖고 있다. 행동 중심의 커뮤니케이션은 제품과 서비스의 구매를 촉진하는 것을 목표로 한다.

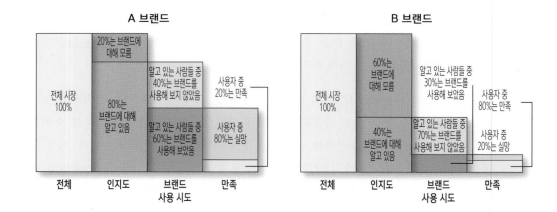

그림 12.3
두 브랜드에 대한 현재
소비자 상태

커뮤니케이션 목표는 현재 마케팅 상황에 대한 철저한 분석에서 나와야 한다.[7] 제품 클래스가 성숙하고, 해당 기업이 시장 리더이며, 브랜드 사용률이 낮다면, 목표는 더 자주 사용하는 것을 자극하는 것일 수 있다. 제품 클래스가 새롭고, 해당 기업이 시장 리더가 아니며, 브랜드가 리더보다 우월하다면, 목표는 그 브랜드의 우월성을 시장에 납득시키는 것일 수 있다.

기업 제공물에 대한 커뮤니케이션 목표도 현재 소비자의 인식 상태에 따라 달라진다. 그림 12.3에 설명된 두 가지 브랜드를 살펴보면, A 브랜드의 경우 전체 시장의 80%의 소비자들이 알고 있고, 60%가 그것을 사용해 봤으나, 사용한 소비자들 중 20%만이 만족했다. 이는 커뮤니케이션 프로그램이 인지도를 높이는 데는 효과적이지만 제품이 소비자의 기대에 미치지 못한다는 것을 의미한다. 따라서 이 경우 회사는 제품 개선에 집중함으로써 이익을 얻을 수 있다. 이에 반해 전체 시장 소비자 중 40%는 B 브랜드를 알고 있고 30%만 사용해 봤지만 사용자의 80%가 만족하고 있다. 이 경우, 커뮤니케이션 프로그램은 인지도를 높이고 브랜드 시도를 촉진하는 데 집중함으로써 이득을 얻을 것이다.

커뮤니케이션 벤치마크 설정

커뮤니케이션 캠페인의 포커스를 정의하는 것 외에도 기업은 원하는 영향의 크기와 특정 결과(인지, 선호도, 행동)를 달성해야 하는 기간을 정의하는 명확한 벤치마크를 설정해야 한다. 잘 표현된 벤치마크가 없다면 기업은 전략적 목표에 부합하는 효과적인 커뮤니케이션 캠페인을 설계하는 것이 매우 어렵다는 것을 알게 될 것이다.

일반적으로, 커뮤니케이션 벤치마크에는 정량적 벤치마크와 기간적 벤치마크가 있다. 정량적 벤치마크(quantitative benchmark)는 특정 목표를 정량화하는 것이다. 예를 들어, 커뮤니케이션 캠페인이 달성해야 하는 소비자 인지 수준, 타깃 오디언스로부터 얻고자 하는 선호도의 강도 및 커뮤니케이션 캠페인이 창출해야 하는 행동의 세부사항을 결정한다. 반면, 기간적 벤치마크(temporal benchmark)는 특정 결과를 달성해야 하는 기간을 정의한다. 정량적 및 기간적 벤치마크는 밀접하게 관련되어 있으며 상호 의존적이다. 특정 시간대를 설정하는 것은 원하는 정량적 결과의 양에 영향을 미치며, 그 반대도 마찬가지다.

실행이 가능하려면 커뮤니케이션 목표는 명확하게 정의된 정량적 및 기간적 벤치마크뿐만 아니라 명확한 포커스를 가져야 한다. 예를 들어 다음과 같은 커뮤니케이션 목표를 고려할 수 있다.

> 영화 시사회에 앞서(기간적 벤치마크) 밀레니얼 소비자의 40%에 대해(정량적 벤치마크) 새로운 제임스 본드 영화(포커스)에 대한 인지도를 높인다.
>
> 치약 브랜드 X가 미백력(포커스)이 뛰어나다고 생각하는 소비자를 1년 만에(기간적 벤치마크) 10%에서 40%로(정량적 벤치마크) 늘린다.

달성해야 할 특정 결과와 달성 기간을 알지 못하면 기업은 효과적인 커뮤니케이션 프로그램을 설계하기 어렵기 때문에 정량적 및 기간적 벤치마크를 정의하는 것은 매우 중요할 것이다. 정량적 및 기간적 벤치마크는 커뮤니케이션 캠페인의 개발을 가이드할 뿐 아니라, 기업 커뮤니케이션 활동의 효과를 결정하는 데도 중요하다. 이러한 맥락에서 성과 벤치마크는 커뮤니케이션 캠페인의 성과를 평가하는 기준점으로 작용한다.

커뮤니케이션 예산 결정

가장 어려운 마케팅 결정 중 하나는 마케팅 커뮤니케이션에 얼마나 많은 비용을 지출할지를 결정하는 것이다. 기업이 적절한 금액을 지출하고 있는지 어떻게 알 수 있을까? 백화점 업계 거물인 John Wanamaker는 언젠가 "내 광고의 절반이 낭비되고 있다는 것을 알지만, 어느 쪽 절반이 낭비되고 있는지 모르겠다"고 말한 적이 있다. 업계와 기업이 마케팅 커뮤니케이션에 지출하는 비용은 상당한 차이를 보인다. 마케팅 커뮤니케이션 분야 지출은 화장품 산업에서 매출의 50%나 되지만, 산업 장비 분야에서는 5%에 불과하다. 심지어 같은 산업군 내에서도 마케팅 커뮤니케이션에 높은 비용을 지출하는 기업과 낮은 비용을 지출하는 기업이 있다.

커뮤니케이션 예산을 정의하기 위한 실용적인 접근법은 **목표 및 과업 예산수립**(objective-and-task budgeting)이다. 이 접근법은 마케터가 구체적인 목표를 정의하고, 이러한 목표를 달성하기 위해 수행해야 하는 작업을 식별하고, 비용을 추정함으로써 커뮤니케이션 예산을 개발하는 방법이다. 이러한 비용의 합계가 커뮤니케이션 예산이 되는 것이다. 가장 중요한 원칙은 모든 커뮤니케이션 활동에 사용되는 달러당 발생하는 한계이익이 다른 마케팅 활동에 사용되는 달러당 발생하는 한계이익보다 크거나 같도록 총 커뮤니케이션 예산을 설정해야 한다는 것이다.

기업은 제품 개선, 낮은 가격 또는 더 나은 서비스와 같은 활동과 비교하여 마케팅 커뮤니케이션에 얼마나 많은 자원을 할당해야 할까? 정답이나 법칙은 없다. 마케팅 커뮤니케이션에 얼마나 많은 돈을 쓸지는 다양한 요인에 달려 있다. 커뮤니케이션 예산을 설정할 때 고려해야 할 주요 요소는 다음과 같다.[8]

- **제품 수명 주기 단계**(stage in the product life cycle): 신제품은 일반적으로 인지도를 높이

고 소비자 시도를 장려하기 위해 많은 커뮤니케이션 예산을 책정할 가치가 있다. 기존 브랜드는 일반적으로 매출의 백분율로 측정되는 상대적으로 적은 커뮤니케이션 예산으로 지원된다.

- **제품 차별화**(product differentiation): 덜 차별화된 카테고리(맥주, 청량음료, 은행 및 항공사)의 제공물은 뚜렷한 이점을 제공하는 제공물보다 유니크한 이미지를 구축하기 위해 더 많은 광고를 필요로 하는 경우가 많다.

- **시장 점유율**(market share): 시장 점유율이 높은 브랜드는 일반적으로 점유율을 유지하는 게 목적이므로 광고 지출을 상대적으로 적게 한다(광고 지출은 매출의 백분율로 측정). 시장 규모를 늘려서 점유율을 높이려는 경우 광고 지출이 많아진다.

- **메시지 복잡성**(message complexity): 기업의 메시지가 소비자에게 전달되기 위해 필요한 반복 횟수는 커뮤니케이션 예산에 직접적인 영향을 미친다. 복잡한 메시지는 더 많은 반복을 요구하는 경향이 있으며, 따라서 더 많은 커뮤니케이션 예산이 필요하다.

- **도달**(reach): 효과적이고 비용 효율적인 방식으로 소비자에게 도달할 수 있는 기업의 능력. 접근하기 어려운 고객과의 커뮤니케이션은 더 많은 커뮤니케이션 예산이 필요하다.

- **경쟁 커뮤니케이션**(competitive communication): 경쟁자가 많고 커뮤니케이션 지출이 많은 시장에서, 한 브랜드가 더 많이 주목받기 위해서는 광고를 많이 해야 한다. 브랜드와 직접적으로 경쟁하지 않는 커뮤니케이션도 혼란스러움을 야기하기 때문에 광고를 더 많이 해야 할 수도 있다.

- **사용 가능한 리소스**(available resource): 커뮤니케이션 예산은 기업의 자원에 의해 제한된다. 즉, 기업은 자신이 가지고 있는 범위 안에서 커뮤니케이션 예산을 집행할 수 있다.

의미 있는 커뮤니케이션 예산을 책정하기 위해 기업은 이러한 모든 요소를 고려해야 한다. 그러나 일부 기업은 모든 요소를 고려하지 않고 대신 경쟁업체와 동등한 수준의 커뮤니케이션 예산을 책정하는 한 가지 특정 메트릭만 활용하는 경우가 있다. **경쟁자 동일 예산 책정**(competitive-parity budgeting)이라고도 하는 이 예산법은 경쟁사가 최적의 커뮤니케이션 예산이 무엇인지 더 잘 알고 있다고 믿을 만한 근거가 없기 때문에 문제가 있을 수 있다. 기업의 평판, 리소스, 기회 및 목표가 너무 달라서 한 기업의 커뮤니케이션 예산은 다른 기업에게 가이드라인이 되기 어렵다. 그리고 경쟁적 동등성에 기초한 예산이 치열한 광고 전쟁을 줄인다는 증거도 없다.

또 다른 기업들은 커뮤니케이션 예산을 자신이 감당할 수 있다고 생각하는 수준으로 책정한다. 이러한 접근방식은 투자로서의 마케팅 커뮤니케이션의 역할과 그것이 판매량에 미치는 즉각적인 영향을 완전히 무시하는 경향이 있다. 이러한 방법은 또한 불확실한 연간 예산으로 이어져 장기 계획을 어렵게 만들고, 자금의 가용성에 따라 예산을 책정하여 시장의 기회를 무시하는 경향도 있을 수 있다. 한 기업의 가능한 리소스는 전체 커뮤니케이션 예산을 결정하는 데 중요한 역할을 하지만, 사용 가능한 리소스에 전적으로 기반하는 예산 설정은 초과 지출(대기업의 경우) 또는 불충분한 지출(소규모 기업의 경우)로 이어질 가능성이 높다.

마지막으로, 일부 기업은 커뮤니케이션 지출을 현재 또는 예상 판매 수익의 지정된 비율로 설정한다. 자동차 회사들은 종종 마케팅 커뮤니케이션에 계획된 자동차 가격의 고정비율을 할당한다. 석유 회사들은 그들의 상표로 판매되는 휘발유 1갤런당 적정한 센트를 설정하기도 한다. 쉽게 활용 가능한 실용적인 방법이지만, 이러한 접근법이 커뮤니케이션을 통해 달성해야 할 기업의 목적과 별개로 사용될 때, 기업 자원의 비실용적인 할당으로 이어져 궁극적으로 비효율적인 커뮤니케이션 캠페인을 초래할 수 있다.

마케팅 커뮤니케이션은 경상비용으로 취급되지만, 그중 일부는 브랜드 에쿼티와 고객 충성도 구축에 대한 투자로 간주될 수 있다. 기업이 자본 설비에 500만 달러를 지출하면 이 설비를 5년 감가상각 가능한 자산이라고 부르고 첫해에는 비용의 5분의 1만 탕감할 수 있다. 그러나 새로운 제품을 출시하기 위해 광고에 500만 달러를 지출할 때는 광고 혜택이 앞으로 수년간 지속되더라도 첫해에 전체 비용을 탕감하여 수익이 감소하는 것으로 보고된다.

타깃 오디언스 선정 및 커뮤니케이션 메시지 고안

타깃 오디언스를 파악하고 커뮤니케이션 메시지를 개발하는 것은 기업의 커뮤니케이션 캠페인 전략을 결정하는 두 가지 핵심 요소다. 이 두 가지 결정은 순차적으로 올바른 미디어 선택과 효과적인 창의적 솔루션 개발을 포함한 커뮤니케이션 캠페인의 전술적 측면에 영향을 준다.

타깃 오디언스 선정

이 프로세스는 제품의 잠재적 구매자, 현재 사용자, 의사결정자 및 영향력 있는 사람뿐만 아니라 개인, 그룹, 특정 부문 또는 일반대중을 염두에 두고 시작해야 한다. 타깃 오디언스는 기업의 커뮤니케이션 결정, 즉 어떻게, 언제, 어디서, 누구에게 말해야 하는지에 대한 결정에 중요한 영향을 미친다.

타깃 오디언스를 알기 쉬운 세분시장의 특징으로 프로파일링할 수 있지만, 사용 및 충성도 측면에서 프로파일링하는 것이 유용한 경우가 많다. 타깃이 새로운 사용자가 아니면 현재 사용자인가? 또는 타깃이 브랜드에 충성하는가, 경쟁사에 충성하는가, 아니면 브랜드 간에 전환하는 사람인가? 만약 브랜드 사용자라면, 많이 사용하는 소비자인가, 적게 사용하는 소비자인가? 이 질문들에 대한 답변에 따라 커뮤니케이션은 달라질 것이다.

커뮤니케이션 캠페인의 타깃 오디언스를 선택하는 것은 기업 제공물에 대한 타깃(목표)시장의 선택과 직접적으로 관련이 있다. 실제로 커뮤니케이션 캠페인의 궁극적인 목표는 기업 제공물에 대한 인지도, 선호도를 높이고, 구매 및 사용을 촉진하는 것이다. 그러나 타깃시장과 타깃 오디언스가 항상 완전히 겹치는 것은 아니다. 그리고 경우에 따라 타깃시장과 타깃 오디언스가 다를 수도 있다.

예를 들어, 시리얼 제조업체는 실제 구매가 종종 부모에 의해 이루어지더라도 아이들에게 제품을 홍보하기 위한 커뮤니케이션 캠페인을 계획할 수 있다. 이와 비슷하게, 비록 대부분의 우유 소비가 어린이들에 의해 이루어지지만, 유제품 제조업체는 어른들에게 홍보하는 것을 선택할 수 있다.

기업의 커뮤니케이션 캠페인의 타깃 오디언스는 개인이 아닌 그룹이 구매 및 사용 결정을 내릴 때 기업의 타깃고객으로부터 달라질 가능성이 높다. 이 경우 커뮤니케이션 캠페인은 최종사용자(시리얼의 경우 아이들)의 행동에 영향력을 행사할 가능성이 있는 다른 구성원(시리얼의 경우 부모)을 대상으로 할 수 있다.

커뮤니케이션 메시지 고안

마케터는 항상 소비자들에게 이성적/감정적으로 울려 퍼지며, 자신의 브랜드를 경쟁사와 구별하며, 서로 다른 미디어, 시장, 기간에 활용될 수 있을 만큼 광범위하고 유연한 '빅 아이디어'를 추구하기 위해 노력한다. 신선한 통찰력은 독특한 매력과 브랜드의 포지션을 만들어내는 데 중요하다.

좋은 광고는 보통 한두 가지 핵심 판매 제안에 초점을 맞춘다. 브랜드 포지셔닝의 일환으로, 광고주는 시장조사를 실시하여 어떤 광고 어필이 타깃 오디언스에게 가장 적합한지 판단한 다음 일반적으로 한두 페이지 정도의 **크리에이티브 브리프**(creative brief)를 준비해야 한다. 이러한 포지셔닝 전략의 세부사항에는 주요 메시지, 타깃 오디언스, 커뮤니케이션 목표(할 것, 알 것, 믿을 것), 주요 브랜드 이점, 브랜드 약속에 대한 지원 및 미디어와 같은 고려사항이 포함된다.

광고주가 하나의 메시지를 선택하기에 앞서 얼마나 많은 커뮤니케이션 메시지를 생성해야 할까? 더 많은 메시지를 탐색할수록 우수한 메시지를 찾을 확률이 높아진다. 이를 위해 기업은 자사의 마케팅 팀에 의존하거나, 외부 광고 대행사를 고용하거나, 소비자를 모집하여 효과적인 커뮤니케이션 메시지를 만들어내는 크라우드소싱에 의존하기도 한다.[9]

소비자에게 브랜드의 마케팅 노력을 맡기는 것은 매우 좋은 아이디어일 수 있지만, 실패하는 경우도 있다. Kraft는 오스트레일리아에서 자사의 상징적인 Vegemite 제품의 새로운 맛에 대한 힙한 이름을 찾고자 300만 개의 제품 병에 'Name Me'라는 레이블을 붙여 소비자들의 참여를 유도했다. 그러나 소비자들이 제출한 4만 8,000개의 아이디어 중에서 'iSnack 2.0'이라는 이름을 선택했을 때, 오히려 판매량은 급감했다. 회사는 진열대에서 iSnack 병을 없애고 좀 더 전통적인 방식으로 처음부터 다시 시작해서 마침내 새로운 이름인 Cheesybite를 선택했다.[10]

메시지 전략을 선택할 때, 경영진은 브랜드 포지셔닝과 연계되고 동등성 또는 차이점을 확립하는 데 도움이 될 광고 어필, 주제 또는 아이디어를 검색하게 된다. 이때 광고 어필이나 광고 아이디어 중 일부는 제품 또는 서비스 성과(브랜드의 품질, 경제성 또는 가치)와 직접적으로 관련될 수 있고, 어떤 경우는 더 외적인 요인(현대적, 대중적, 전통적인 브랜드)과 관련이 있을 수도 있다.

커뮤니케이션 미디어 결정

기업은 마케팅 커뮤니케이션 예산을 광고, 온라인 및 소셜 미디어, 모바일 커뮤니케이션, 직접 마케팅, 이벤트 및 경험, 구전, 홍보 및 공중관계, 인적 판매 및 패키징 등 9가지 주요 커뮤니케이션에 할당해야 한다. 같은 산업 내에서도 기업들은 미디어 및 채널 선택에서 상당한 차이를 보일 수 있다. Avon은 커뮤니케이션 예산을 인적 판매에 집중한 반면, Revlon은 예산을 주로 광고에 집중했다. Electrolux는 몇 년 동안 방문 판매 인력에게 많은 돈을 썼지만, Hoover는 광고에 더 많이 의존했다.

기업은 항상 하나의 커뮤니케이션 도구를 다른 것으로 대체하여 효율성을 얻을 수 있는 방법을 모색한다. 예를 들면, 많은 사람들이 현장 판매 활동을 광고, 직접 우편, 텔레마케팅으로 대체하고 있다. 이처럼 커뮤니케이션 도구 간의 대체성은 왜 마케팅 기능이 조정되어야 하는지 설명해 준다.

커뮤니케이션 미디어 믹스 정의

고객과의 커뮤니케이션은 광고에 국한되지 않는다. 고객은 온라인 클럽과 소비자 커뮤니티, 트레이드쇼, 이벤트 마케팅, 스폰서십, 공장 방문, 공중관계 및 보도 자료, 사회적 대의 마케팅(social cause marketing) 등 다양한 접점을 통해 브랜드에 대해 알게 된다. 기업은 타깃 오디언스에게 가치 제안을 효과적으로 전달하기 위해 다양한 매체 및 접점에 걸친 통합적 마케팅 커뮤니케이션(integrated marketing communication) 캠페인을 개발해야 한다. BMW가 다양한 매체를 창의적으로 활용해 관심을 끌면서 미국에서 MINI Cooper 브랜드를 구축한 과정을 생각해 보자.

> **MINI Cooper** 미국에서 BMW가 MINI Cooper를 처음 출시했을 때, 전광판, 포스터, 인터넷, 지면광고, 공중관계, 제품 배치, 일반소비자를 활용한 홍보 등 다양한 매체를 활용했다. 이러한 미디어는 제품 정보와 제품을 판매하는 딜러의 정보가 잘 정리된 웹페이지로 연결되었다. 이러한 창의적이고 통합된 캠페인 영향으로 MINI Cooper를 사고자 하는 대기 고객 명단만 6개월치가 생기기도 했다. 상대적으로 적은 마케팅 커뮤니케이션 예산으로 브랜드는 혁신적이며, 상을 받은 캠페인들을 지속시켜 나갔다. 특히 MINI는 매우 창의적인 아웃도어 광고를 활용했다. 광고판 속 속도를 내는 MINI 옆의 두 그루의 구부러진 야자수는 속력과 힘을 느끼게 해주었고, 디지털 광고판은 MINI 운전자들의 열쇠에 내장된 칩을 인식하여, 운전자들이 광고판을 지나갈 때 개인적인 메시지를 보냈고, 건물 한쪽의 실제 MINI가 요요처럼 위아래로 움직일 수 있게 하는 등의 광고를 했다. MINI의 세계적인 캠페인인 "Not Normal"은 전통 미디어와 디지털 미디어를 통해 강하고 독립적인 성격을 드러냈다. 현재 전 세계 100여 개국에서 판매되는 MINI는 컨버터블, 쿠페, Clubman 4도어, Countryman 왜건을 포함한 6개 모델의 라인업으로 확장되었다. 이러한 제품의 출시는 MINI가 민첩하고, 다재다능하며, 운전하기에 재미있다는 인식을 심어주었고, 마케팅 캠페인은 운전자와 강력한 감정적 관계를 형성하는 데 영향을 미쳤다.[11]

>> 미국에서 출시한 BMW MINI Cooper의 마케팅 캠페인은 주어진 예산의 활용을 극대화하는 창의적인 방법으로 다양한 미디어를 활용하였고, 그 결과 구입에 6개월이 걸릴 정도로 인기를 끌었다.

통합된 마케팅 활동은 얼마나 효과적이고 효율적으로 브랜드 인지도에 영향을 미치고, 브랜드 연상과 이미지를 창출하고, 유지하고, 강화했는지에 따라 평가받게 된다. 자동차 브랜드 Volvo의 경우 안전성이라는 브랜드 연상을 강화하기 위해 연구개발에 투자를 하고, 광고, 홍보, 그리고 다른 여러 커뮤니케이션 전략을 활용함과 동시에 활동적이고, 현대적이며, 최신의 이미지를 형성하기 위해 여러 가지 이벤트를 후원했다. Volvo가 후원한 대표적인 이벤트로는 골프대회와 유럽 프로골프투어, Volvo Ocean Race, 유명한 Gothenburg Horse Show, 그리고 다른 여러 문화행사들이 있다.

커뮤니케이션 미디어 믹스는 타깃 오디언스에게 기업 제공물을 알리기 위해 다양한 커뮤니케이션 방법을 활용한다. 가장 흔한 커뮤니케이션 방법으로는 광고, 온라인과 소셜 미디어 커뮤니케이션, 모바일 커뮤니케이션, 직접 마케팅, 이벤트와 경험, 구전, 홍보와 공중관계, 인적 판매, 그리고 패키징이 있다. 이러한 커뮤니케이션 방법의 주요한 특징은 다음과 같다.[12]

- **광고**(advertising)는 인쇄 매체(신문, 잡지, 브로슈어, 책, 전단, 디렉토리), 방송 매체(라디오, TV), 네트워크 매체, 디스플레이 매체(광고판, 간판, 포스터, 겉포장, 포장 부속품, 광고 전재, 구매시점 홍보) 등을 통해 확인된 스폰서에 의해 상품, 서비스, 아이디어를 유료로 비대면 홍보하는 것이다. 광고는 제품에 대해 장기적인 이미지를 구축하거나(Coca-Cola 광고) 빠른 매출을 촉진하기도 한다(미국 Macy's 백화점의 주말 세일 광고). TV와 같은 매체의 경우 많은 예산이 필요한 반면, 온라인 타깃광고의 경우는 비교적 적은 예산이 소요되기도 한다. 대중매체에 광고를 한다는 것만으로도 매출에 긍정적인 영향을 미칠 수 있다. 왜냐하면 소비자는 광고가 많이 되는 제품은 좋은 품질을 가지고 있다고 믿는 경향이 있기 때문이다.[13]
- **온라인과 소셜 미디어 커뮤니케이션**(online and social media communication)은 온라인 활동

이나 프로그램에 소비자나 잠재 소비자를 참여시키고 직접 또는 간접적으로 제품이나 서비스의 인지도를 높이거나, 이미지를 향상하거나, 매출을 증대시킨다(웹사이트, 이메일, 검색광고, 디스플레이 광고, 회사 블로그, 제3자 챗룸, 포럼, Facebook, Twitter 메시지, YouTube와 같은 영상 채널). 이처럼 온라인 마케팅과 온라인 메시지는 적극적으로 온라인에서 정보를 찾거나, 단순히 온라인에서 시간을 보내는 소비자들과 상호작용할 수 있는 다양한 형태를 가지고 있다.

- **모바일 커뮤니케이션**(mobile communication)은 소비자들의 휴대폰, 스마트폰, 또는 태블릿에 메시지를 보내는 온라인 커뮤니케이션(문자메시지, 온라인 커뮤니케이션, 소셜 미디어 커뮤니케이션)의 특별한 형태다. 온라인 마케팅과 소셜 미디어 마케팅은 점점 더 스마트폰이나 태블릿과 같은 모바일 기기에 의존하고 있다. 이러한 모바일 커뮤니케이션은 소비자가 언제 어디에 있는지를 반영하고 시간에 민감하며, 메시지가 소비자들의 손 끝에 있다는 점이 중요한 특징이다.

- **직접 마케팅**(direct marketing)은 특정 소비자나 잠재 소비자와 직접적으로 커뮤니케이션하거나 이들의 반응이나 대화를 이끌어내기 위해 우편, 전화, 이메일, 온라인 메시징 및 직접 대면을 활용하는 방법이다. 빅데이터 분석을 활용하여 마케터는 소비자에 대해 더 많이 알 수 있는 기회가 있으며, 이를 바탕으로 소비자에게 직접적이면서 적합한 커뮤니케이션을 할 수 있게 되었다.

- **이벤트와 경험**(event and experience)은 소비자와 브랜드 간의 상호작용을 이끌어내기 위해 마케터가 후원하는 활동이나 프로그램을 말한다. 스포츠, 예술, 엔터테인먼트, 페스티벌, 공장 투어, 기업 박물관, 거리 이벤트뿐 아니라 대의를 위한 이벤트(event for causes)와 비공식적인 행사를 모두 포함한다. 이벤트와 경험은 소비자를 많이 참여시키고, 마케터의 의도를 직접적으로 드러내지 않는다면, 간접적인 판매를 촉진한다는 점에서 장점이 많다.

- **구전**(word of mouth)은 정보가 사람들 간에 구두로 전달되는 것을 말한다. 소셜 미디어 역시 구전의 일종인데, 온라인에서 일어나고, 당사자 외에 다른 사람들이 그 내용을 볼 수 있다는 점에서 다르다. 마케터는 자연스럽게 발생하는 입소문에 영향을 줄 수 있으며, 소비자를 참여시킬 만한 메시지를 만들어내어 기업의 제공물과 관련된 입소문을 생성하기도 한다.

- **홍보와 공중관계**(publicity and public relations)는 기업 내부적으로는 직원들, 대외적으로는 소비자, 다른 회사, 정부, 미디어에 기업의 이미지를 보호하거나 홍보하는 활동과 회사 제품과 관련된 다양한 커뮤니케이션[언론보도, 연설, 세미나, 연간보고서, 기부, 출판, 지역사회와의 관계, 로비활동, 정체성 미디어(identity media), 사보 등]을 포함한다. 마케터는 홍보와 공중관계를 과소평가하는 경향이 있지만, 소비자가 기업에 대해 가지고 있는 잘못된 인식을 바꾸려 할 때, 다른 커뮤니케이션 믹스와 잘 통합하여 고안한 홍보와 공중관계 활동은 효과적일 수 있다. 홍보와 공중관계 활동은 높은 신뢰도에 바탕을 두고 있다. 홍보 활동으로 생성된 뉴스기사나 특집기사는 소비자에게 광고보다 더 진정성과 신뢰도를 줄 수 있기 때문이다.

- **인적 판매**(personal selling)는 판매자가 구매자를 잘 설득하여 제품이나 서비스를 사도록 하는 과정이다. 인적 판매는 보통 면대면 커뮤니케이션을 통해 이루어지며, 판매자(영업사원)의 설득 능력이나 기술이 중요한 경우가 많다. 인적 판매는 다음 두 가지 형태 중 하나로 진행된다. 소매점에서 제품에 대해 궁금해하는 잠재 소비자와 영업사원이 만나거나, 영업사원이 제품에 대해 알 수 있도록 직접 마케팅을 하는 경우다.
- **패키징**(packaging)은 구매시점(point-of-purchase)에 소비자가 의사결정을 내리는 경우에 매우 유효한 커뮤니케이션 방법이다. 제품 패키징의 스타일, 모양, 색깔, 매장 인테리어, 그리고 기업의 문구류(봉투 등) 등이 구매자에게 기업에 대한 이미지를 전달하며, 이들이 기업에 대한 인상을 더 강화할 수도 있고, 약화할 수도 있다.

디지털 미디어의 등장은 마케터가 소비자 및 잠재 소비자와 소통할 수 있는 다양한 방법을 제공한다. 이러한 다양한 커뮤니케이션 방법은 세 가지 범주로 분류할 수 있다.[14] 첫째, **페이드 미디어**(paid media)로 TV, 잡지, 디스플레이 광고, 검색광고나 스폰서십과 같이 광고나 브랜드를 노출해 주는 대가로 기업이 비용을 지불하는 커뮤니케이션 방법이다. 둘째, **온드 미디어**(owned media)는 기업이 실제로 소유하고 있는 커뮤니케이션 채널로 기업의 브로슈어, 제품 패키징, 기업의 웹사이트, 블로그, Facebook, Twitter와 같은 채널이다. 셋째, **언드 미디어**(earned media)는 소비자, 언론, 또는 다른 외부인들이 자발적으로 입소문, 구전 마케팅을 통해 브랜드에 대해서 커뮤니케이션하는 방법이다. 특히 소셜 미디어가 이러한 언드 미디어에서 중요한 역할을 한다.[15]

이러한 다양한 커뮤니케이션 매체와 이들이 **통합적 마케팅 커뮤니케이션** 캠페인에서 어떤 역할을 하는지는 13장에서 보다 자세히 다룰 것이다. 인적 판매와 영업조직 관리에 대해서는 14장에서 자세히 다룬다.

미디어계획 수립

미디어계획을 수립할 때는 선택한 미디어 내에서 가장 비용 효과적인 수단을 선택해야 한다. 예를 들면, 30초짜리 TV 광고를 구입하기로 결정한 마케터는 비교적 새로운 프로그램에는 10만 달러를 지불하고, 'The Voice'와 같은 황금시간대 프로그램에는 50만 달러를 지불하며, 슈퍼볼 경기에는 500만 달러를 지불한다. 따라서 선택은 매우 중요하다. 30초짜리 TV 광고의 평균단가는 30만 달러다.[16] 따라서 TV에 광고를 내보내는 것은 광고를 창조하고 제작하는 것만큼 비용이 들 수 있다. 미디어계획 수립자는 매우 정교하고 효과적인 방법을 활용하고 그 방법을 수학적 모델에 대입하기도 하면서 최적의 미디어 믹스를 결정하고자 노력한다.[17]

미디어계획 수립자는 1,000명에게 도달하기 위한 비용을 계산하기 위해 오디언스의 규모, 구성, 미디어 비용을 고려한다. 먼저, **오디언스의 수준**을 고려한다. 예를 들어, 아기 로션 광고의 경우 100만 명의 젊은 부모들이 읽는 육아잡지는 100만 명의 구매자에게 노출되는 가치가 있으나, 만약 100만 명의 청소년들이 읽는다면, 그 가치는 0이다. 둘째, **광고에 대한 오디언스의 집중도**를 고려한다. 어떤 잡지의 경우 독자들이 더 집중해서 읽지만, 어떤 잡지는 그렇지 않다. 셋째, 매체의 명성과 신뢰성으로 대표되는 **매체의 품질**이다. 소비자는 자신이 좋아하는 프로그램 중간에 나오는 TV나 라디오 광고를 신뢰하는 경향이 있다. 넷째, **광고배치정책이나 추가적인 서비스**, 즉 지역판 또는 특정 직업을 타기팅한 판(edition)의 제공 여부 그리고 리드 타임(lead time) 등을 고려하기도 한다.

　　커뮤니케이션 전략은 이상적인 메시지를 타깃 오디언스에게 쉽없이 전달하는 다양한 미디어를 모두 고려해야 한다. 크랜베리 재배농가의 협동조합인 Ocean Spray는 매출 반전을 위해 다양한 커뮤니케이션 매체를 활용했다.

Ocean Spray　　치열한 경쟁, 불리한 소비자 트렌드, 거의 10년 동안의 매출 감소 등에 직면한 Ocean Spray는 크랜베리가 "현대 소비자들의 일상에 혜택을 제공하는 놀랍고 다재다능한 작은 과일"이라는 메시지를 새롭게 전달하기로 결정하고, 다양한 소비자에게 다가가기 위해 모든 마케팅 커뮤니케이션 활동을 포함하는 360도 캠페인을 실시했다. 캠페인의 의도는 크랜베리 주스, 과일 주스, 건크랜베리 등 다양한 형태의 제품을 소개하며, 브랜드가 크랜베리 웅덩이(bog)에서 탄생했으며, 여전히 거기에 남아 있다는 사실을 강조하는 것이었다. 이러한 진정성 있고 놀랍기까지 한 캠페인, "Straight from the Bog(웅덩이에서 바로)"는 Ocean Spray 제품은 맛이 있고, 건강에 좋다는 두 가지 브랜드 혜택을 강조하기 위해 디자인되었다. 공중관계는 큰 역할을 했다. 작은 미니 웅덩이를 Manhattan으로 가져왔고, 이 캠페인이 NBC 프로그램 'Today'에 소개된 것이다. 'Bogs across America Tour'는 Los Angeles와 Chicago에도 이러한 웅덩이 경험을 가져왔다. TV와 인쇄 광고에서는 두 명의 재배자(배우가 연기)가 허리 깊이의 웅덩이에 서서 그들이 하는 일에 대해 유머러스하게 이야기한다.[18] 웹사이트, 매장 내부 디스플레이, 소비자와 협동조합 구성원들을 위한 이벤트 등의 캠페인도 진행되었다. 제품 혁신 또한 매우 중요했다. 새로운 맛의 혼합물이 다이어트 버전과 라이트 버전의 100% 주스와

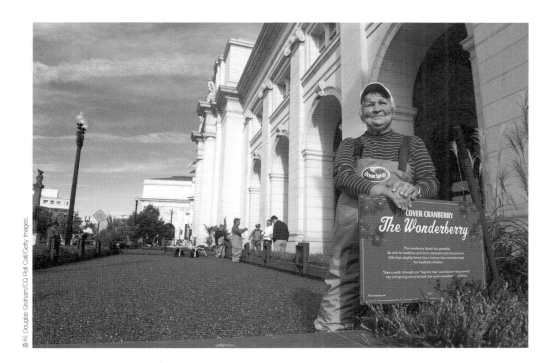

출처: Douglas Graham/CQ Roll Call/Getty Images

<< Straight from the Bog 캠페인을 펼친 Ocean Spray는 제품 혁신을 소개하고 TV와 인쇄 광고부터 미니 웅덩이 투어(습지 여행), 팝업 레스토랑을 운영하면서 10년 동안 감소하던 매출을 반전시켰다.

달콤한 맛의 건크랜베리인 Craisins라는 제품으로 소개되었다. 또한 New York의 Rockefeller Center
에 만들어진 웅덩이에 있는 팝업 레스토랑에서 Facebook 크랜베리 페어링 대회의 우승자들은
Ocean Spray로 만든 전채요리와 음료를 대접받기도 했다. 윤년(leap-year) 프로모션을 통해 Ocean
Spray는 도약했다. 즉, 과일 주스의 지속적인 감소세에도 불구하고 첫 5년 동안 매출이 연평균 10%
상승했다.

슈퍼볼 광고에서 승리하기

슈퍼볼은 약 1억 명이 넘는 사람들이 시청하는 프로그램으
로 TV에서 가장 많은 시청자를 끌어모은다. 이렇게 많은 시
청자를 가지고 있기 때문에, 슈퍼볼 경기 전후의 30초 광고
는 550만 달러에 팔리고 있다.[19] 이러한 높은 비용에도 불구
하고, 사람들은 슈퍼볼이 많은 청중(오디언스)을 끌어모으는
것에 비하면 저렴하다고 주장하기도 한다. 실제로 최근의 슈
퍼볼 경기는 1억 1,000만 명에서 1억 1,500만 명이 시청을
했고, 30초짜리 광고는 500만 달러에 팔렸다. 즉, 슈퍼볼 광
고는 1명당 4~5센트를 지불한 셈이다. 이 비용은 실제 TV
광고가 1명당 평균 8~10센트, 또는 그 이상을 지불하는 것
과 비교했을 때 낮은 셈이다.[20]

또한 슈퍼볼 광고는 대부분 고화질 TV에서 슈퍼볼 경기
를 보는 소비자들이 많은 것을 감안할 때 더 영향력이 강할
수 있다. 게다가 슈퍼볼 광고의 상징적인 의미 때문에 많은
광고가 소셜 미디어를 통해 무한히 반복되며, 실제 구매한 방

송시간보다 더 많은 시청자에게 도달하기도 한다. 따라서 많
은 슈퍼볼 광고주들은 몇백만의 추가적인 시청자를 끌어들일
수 있는 정교한 홍보와 소셜 미디어 캠페인을 만든다.

많은 슈퍼볼 광고는 새로운 목적이 있다. 즉, 호기심과
흥미를 불러일으켜서 소비자들이 온라인이나 소셜 미디어
와 입소문을 통해 더 많은 정보를 얻을 수 있도록 하는 것
이다. Matthew Broderick이 영화에서 자신이 연기한 Ferris
Bueller라는 역할을 패러디한 Honda의 CR-V 광고, 'Star
Wars'의 Darth Vader 역할을 연기하는 어린이가 등장하는
VW(Volkswagen) 광고, 그리고 Amazon의 Alexa가 목소리
를 잃어버린다는 광고와 같은 인기 있었던 광고들은 수천만
건의 YouTube 조회를 이끌어내기도 했다. 소셜 미디어와 공
중관계 영향을 극대화하기 위해 점점 많은 슈퍼볼 광고가 실
제 슈퍼볼 경기 전부터 나오고 있다.

미디어 도달, 빈도, 임팩트 결정   타깃 오디언스에게 이상적인 노출빈도와 종류로 전달하면서
비용 측면에서 가장 효율적인 미디어를 선택하는 것이 중요하다. 이상적인 노출빈도란 무엇인
가? 광고주는 커뮤니케이션의 목적과 타깃 오디언스로부터 얻고자 하는 반응을 예상하는데,
대체로 이러한 목적과 반응은 브랜드 인지도인 경우가 많다. 오디언스에게 어느 정도 인지도
를 달성하기 위해 그들에게 노출되어야 하는 빈도는 도달, 빈도, 그리고 선택한 미디어의 임팩
트에 달려 있다.

- **도달(Reach, R)**: 특정 기간 동안 특정 미디어 스케줄에 최소한 한 번 이상 노출된 개인 또
  는 가구의 수
- **빈도(Frequency, F)**: 특정 기간 동안 개인이나 가구가 특정 메시지에 노출된 평균 횟수
- **임팩트(Impact, I)**: 주어진 미디어에 노출된 질적인 가치(예를 들면, 식품 광고는 《Fortune》
  보다 《Bon Appétit》에 실릴 경우 더 높은 영향을 줌)

오디언스의 인지도는 노출의 도달, 빈도, 임팩트가 커질수록 높아진다. 여기에는 중요한 트레이드오프가 있다. 미디어 계획자에게 100만 달러의 예산이 있으며, 평균 품질의 1,000번의 노출당 비용이 5달러라고 가정하자. 이를 통해 2억 번의 노출이 일어나게 된다($1,000,000/[$5/1,000]). 만약 평균 10번의 노출을 원한다면, 2억 명의 사람들에게 도달할 수 있다(200,000,000/10). 그러나 만약 1,000번의 노출당 10달러가 요구되는 고품질의 미디어에 노출하게 되면, 노출빈도를 낮추지 않는 한 1,000만 명에게만 도달하게 된다.

도달, 빈도, 임팩트의 관계는 다음의 개념을 통해 설명된다.

- **총 노출 수**(E): 이것은 도달 곱하기 평균 빈도를 통해 계산된다. 즉 E＝R×F로 나타나며, 이를 GRP(gross rating point)라고 한다. 만약 미디어 스케줄이 80%의 가구에 도달하며, 평균 노출빈도가 3이라고 하면, 이 미디어 스케줄의 GRP는 240(80×3)이 된다. 만약 다른 미디어 스케줄의 GRP가 300이라면, 더 높은 GRP를 가지고 있지만 얼마의 도달(R)과 평균 빈도(F)로 이루어지는지는 알 수 없다.
- **가중 노출 수**(WE): 이것은 도달(R) 곱하기 평균 빈도(F) 곱하기 임팩트(I)로 계산된다. 즉, WE＝R×F×I이다.

신제품을 출시하거나, 잘 알려진 브랜드를 확장할 때, 또는 가끔 구매되는 브랜드이거나, 정의되지 않은 타깃시장에 들어갈 때는 도달이 가장 중요하다. 강력한 경쟁자가 있거나 브랜드 스토리가 복잡하거나, 소비자들의 저항이 있거나 자주 구매되는 제품의 경우 빈도가 중요하다. 반복하는 가장 큰 이유는 소비자가 잘 잊어버리기 때문이다. 소비자가 브랜드, 상품 카테고리, 메시지에 대한 '건망증'이 심할수록 메시지를 반복하는 것이 매우 중요하다.[21]

미디어 타이밍과 배치 선정　적절한 미디어를 선택할 때, 광고주는 거시적 스케줄링(macroscheduling)과 미시적 스케줄링(microscheduling)을 모두 사용해야 한다. **거시적 스케줄링 의사결정**(macroscheduling decision)은 비즈니스 사이클 및 시즌과 관련이 있다. 예를 들어, 매출의 70%가 6월과 9월에 발생한다고 하자. 기업은 커뮤니케이션 지출을 계절 패턴에 따라 지출할 수도 있고, 계절 패턴과 반대로 지출할 수도 있으며, 계절과 상관없이 1년 내내 동일하게 지출할 수도 있다. **미시적 스케줄링 의사결정**(microscheduling decision)은 단시간에 최대의 효과를 얻기 위해 커뮤니케이션 지출을 짧은 기간에 할당하는 것이다. 예를 들면, 회사가 9월에만 30개의 라디오 광고 시간을 사는 경우이며, 커뮤니케이션 메시지는 한 달 동안 특정 기간에 집중될 수도 있고, 한 달 동안 지속적으로 보낼 수도 있으며, 간헐적으로 보낼 수도 있다.

이러한 패턴은 마케터의 커뮤니케이션 목적을 충족해야 하며, 이를 위해 세 가지 요소를 고려해야 한다. 첫째, 새로운 소비자들이 시장에 얼마나 들어오느냐를 나타내는 **구매자 회전율**(buyer turnover)인데, 이러한 구매자 회전율이 높을수록 커뮤니케이션을 지속적으로 해야 한다. 둘째는 특정 기간에 소비자들이 얼마나 자주 구매하느냐를 나타내는 **구매빈도**(purchase frequency)인데, 이 구매빈도가 높을수록 더 지속적으로 커뮤니케이션을 해야 한다. 마지막으로 구매자들이 얼마나 특정 브랜드를 쉽게 잊어버리느냐를 나타내는 **망각비율**(forgetting rate)

인데, 이 비율이 높을수록 커뮤니케이션을 지속적으로 해야 한다.

새로운 제품을 출시했을 경우에 광고주는 지속, 집중, 비행, 파동의 네 가지 전략 중 한 가지를 택해야 한다.

- **지속**(continuity)은 특정 기간 동안 고르게 커뮤니케이션하는 방법이다. 이러한 지속적인 커뮤니케이션은 자주 구매되는 제품의 시장을 늘리려는 목적에서 혹은 분명하게 정의된 고객층과 커뮤니케이션하는 경우에 사용된다.
- **집중**(concentration)은 한 기간 동안 모든 커뮤니케이션 예산을 집중하여 쓰는 경우다. 이 전략은 특정 시즌(휴가, 크리스마스 등)에 집중하여 판매되는 제품의 경우에 효과가 있다.
- **비행**(flighting)은 특정 기간 중 커뮤니케이션을 전혀 하지 않는 기간이 있고, 집중적으로 커뮤니케이션을 하는 기간을 가지고 있는 전략으로서 예산이 한정적이거나, 소비자가 자주 구매하지 않는 제품이거나, 제품이 계절적인 경우에 효과적이다.
- **파동**(pulsing)은 기본적으로 낮은 수준의 커뮤니케이션을 지속하지만, 특정 기간에는 높은 수준의 커뮤니케이션을 진행한다. 이 전략은 지속 전략과 비행 전략의 장점을 고려한 전략이다. 파동 전략을 선호하는 사람들은 이 전략이 다른 전략에 비해 적은 비용으로 메시지에 대해 오디언스를 더 잘 이해시킬 수 있다고 믿는다.[22]

기업은 커뮤니케이션 예산을 시간뿐 아니라 공간(space)에 대해서도 할당해야 한다. 광고를 전국적인 TV나 라디오 또는 전국적으로 유통되는 잡지에 광고하는 것을 '전국적인 구매(national buy)'라고 한다. 반면, 특정 지역판 잡지광고나 특정 시장만 타기팅한 TV 광고 시간을 구매하는 것을 '미디어의 특정 공간 구매(spot buy)'라 한다. 이 경우의 특정 지역이나 특정 시장을 **지배적인 영향력을 가진 영역**(areas of dominant influence)이라고도 부른다. 한편, 일반적으로 지역 신문, 지역 라디오 채널, 특정 지역의 옥외에 광고하는 것을 '지역적인 구매(local buy)'라 한다.

창의적 접근 개발

커뮤니케이션 캠페인의 영향력은 무엇을 말하고자 하는가뿐만 아니라, 어떻게 말하느냐가 더 중요하다. 창의적인 실행이 결정적일 수 있다.[23]

메시지 소구 결정

커뮤니케이션의 효과성은 메시지 콘텐츠뿐 아니라 메시지가 표현되는 방법에 달려 있다. 만약 커뮤니케이션이 효과적이지 않다면, 잘못된 메시지가 전달되었거나, 적절한 메시지이지만 부실하게 표현되어서 그럴 수 있다. 마케터는 전달하고자 하는 메시지를 효과적인 메시지로 바꾸기 위해 여러 가지 창의적인 전략을 활용한다. 창의적인 전략은 크게 정보적 소구와 변형적 소구로 나뉠 수 있다.[24]

정보적 소구   **정보적 소구**(informational appeal)는 제품이나 서비스의 특징, 장점을 자세히 설명하는 것이다. 예로는 문제 해결 광고(Aleve는 통증에 오래 지속되는 진정제를 제공한다), 제품 비교 광고(AT&T는 가장 큰 4G 네트워크를 가지고 있다), 유명인이나 알려지지 않은 보증인으로부터의 추천 광고(NBA 선수인 LeBron James가 McDonald's, Nike, 삼성, Sprite 등을 추천한다)가 있다. 정보적 소구는 소비자들이 이성적으로 메시지를 프로세싱한다는 가정을 하므로, 논리와 근거가 중요하다.

학술연구는 정보적 소구와 이것의 단면적 주장과 양면적 주장 간의 관련성을 밝혀냈다. 어떤 연구는 제품에 대한 장점을 이야기하는 단면적인 광고가 제품의 단점을 인정하는 양면적 주장보다 더 효과적이라고 말하며, 다른 연구는 제품에 대해 소비자들이 가지고 있는 부정적인 연상을 극복하기 위해서는 제품의 단점을 인정하는 양면적 메시지가 더 효과적이라고도 주장한다.[25] 양면적 메시지는 교육수준이 높은 소비자나 브랜드를 비선호하는 고객에게 효과적이라는 주장도 있다.[26]

메시지가 보여지는 순서도 중요하다.[27] 단면적 메시지의 경우 처음에 가장 강력한 주장을 함으로써 오디언스의 주의와 흥미를 끄는 것이 중요한데, 보통의 경우 오디언스는 전체 메시지에 주의를 모두 기울이지 않기 때문이다. 타의에 의해 광고를 끝까지 볼 수밖에 없는 오디언스(captive audience)의 경우 절정의 순간에 강력한 주장을 하는 것이 더 효과적이다. 양면적 메시지의 경우 만약 오디언스가 처음에 반대하고 있는 상황이라면, 단점에 대해 먼저 시작하고, 장점을 부각시키면서 메시지를 끝맺는 것이 좋다.

변형적 소구   **변형적 소구**(transformational appeal)는 제품과 상관없는 혜택이나 이미지를 설명하는 것이다. 특정 브랜드를 사용하는 소비자를 묘사하기도 하고(예를 들면, VW은 활동적이고 젊은 고객들에게 유명한 "Drivers Wanted" 캠페인을 펼쳤다), 제품 사용으로 나타나는 경험을 보여주기도 한다(Pringles는 "Once You Pop, the Fun Don't Stop"이란 캠페인을 했다). 변형적 소구는 종종 소비자들의 구매하고자 하는 감정을 자극하기도 한다.[28]

마케터는 공포, 죄책감, 수치심 등과 같은 부정적인 소구를 함으로써, 사람들이 양치질을 하거나, 정기적인 건강검진을 받는 등의 행동을 하게 만들기도 하며, 흡연, 알코올 남용, 과식 등과 같이 행동을 멈추게 하기도 한다. 공포 소구(fear appeal)는 너무 강하지 않고, 원천이 신뢰가 갈 때, 그리고 믿을 수 있고 효율적인 방법으로 제품이나 서비스가 그러한 공포를 없애줄 것이라고 약속하는 경우에 가장 효과적이다. 메시지는 오디언스의 기존 믿음과 약간 배치될 때 가장 설득적이다. 오디언스가 이미 알고 있는 믿음을 말하는 것은 단지 믿음을 강화하는 것뿐이며, 믿음과 너무 많이 다른 메시지는 오디언스에 의해 거부될 수 있다.[29]

마케터는 유머, 사랑, 자부심, 기쁨과 같은 긍정적인 감정 소구(emotional appeal)를 하기도 한다. 귀여운 아기들, 활기찬 강아지들, 유명한 음악, 자극적인 성적인 어필과 같이 동기부여하거나, 관심을 이끌어내는 장치가 오디언스의 관심을 이끌고 광고에 대한 관여도를 높이기 위해 사용되기도 한다. 이러한 기법은 저관여 프로세싱이 이루어지며 메시지들 간에 경쟁이 치열한 어려운 뉴미디어 환경에서 필요한 기법이다. 주의를 끄는 이러한 기법은 오디언스가 메시지를 이해하는 것을 방해하거나, 그들의 반응을 빠르게 희석시키거나, 제품을 무색하게 할 수도 있다. 따라서 이러한 혼란을 멈추고, 의도된 메시지를 전달하는 효과적인 방법을 찾는 것이 과제일 것이다.

광고의 마법은 타깃 오디언스들의 마음에 추상적인 콘셉트를 심어주는 것이다. 인쇄 광고의 경우 마케터는 헤드라인, 광고 카피, 일러스트레이션, 색을 정해야 한다.[30] 라디오 메시지의 경우 단어, 목소리의 질, 발성을 선택해야 한다. 중고차를 홍보하는 성우의 목소리는 새로운 럭셔리 차를 광고하는 목소리와 달라야 한다. 만약 메시지가 TV를 통해 전달된다면, 이 모든 요소에 보디랭귀지도 포함되어야 한다. 온라인 메시지의 경우 레이아웃, 글꼴, 그래픽 및 다른 시각적·언어적 정보를 지정해야 한다.

메시지 소스 선택

연구 결과, 메시지 소스의 신뢰성은 메시지 수용에 중요한 요소임이 밝혀졌다. 신뢰성의 세 가지 중요한 특징은 전문성, 믿음, 호감도이다.[31] **전문성**은 광고 메시지를 뒷받침할 수 있는 커뮤니케이터가 가지고 있는 전문적인 지식이다. **믿음**은 원천이 얼마나 객관적이고 정직하게 보여지느냐를 반영한다. 친구는 제3자나 영업사원보다 더 믿음이 가며, 마케터로부터 수수료 등을 지불받은 사람보다 그렇지 않은 사람이 더 믿음이 간다. **호감도**는 원천의 매력도인데, 주로 솔직함, 유머, 자연스러움으로 측정된다.

가장 신뢰가 가는 원천은 이러한 전문성, 믿음, 호감도의 세 가지 요소에 대해 높은 점수를 받을 것이다. 대중은 의사에 대해 비교적 높은 신뢰도를 가지고 있기 때문에 제약회사는 의사가 자신들 회사에서 제조하는 약의 장점을 보증하기를 원한다. Charles Schwab은 진정성과 호감도를 강조한 "Talk to Chuck"와 "Own Your Tomorrow"라는 기업 광고 캠페인을 통해 40억 달러 이상의 할인 중개 기업의 대표적인 광고가 되었다.

전문적이고, 믿음이 가며, 호감도가 높은 원천에 의해 전달된 메시지는 소비자들의 높은 주목과 기억(recall)을 끌어내며, 이것이 광고주들이 유명인을 대변인으로 활용하는 이유다.[32] 이 장 끝에 나오는 "Marketing Insight: 유명인 보증"은 커뮤니케이션 캠페인에서 증언 광고(testimonial)를 사용하는 것에 대해 설명하고 있다. 다른 한편으로 어떤 마케터들은 현실감을 더 높이고 소비자의 회의감을 줄이기 위해 일반인을 활용하기도 한다. Red Lobster는 메뉴의 장점을 부각하기 위해 자사의 레스토랑 셰프를 활용했다.[33]

만약 한 소비자가 메시지와 그 원천에 대해 긍정적인 태도를 가지고 있다면(또는 두 가지에 모두 부정적인 태도를 가지고 있다면), **일치성**(congruity)을 이루고 있는 상태일 것이다. 그러나 만약 호감을 느끼는 유명인이 소비자들이 싫어하는 브랜드를 칭찬한다면 어떨까? 어떤 연구자들은 소비자의 태도가 두 가지에 대한 평가를 조화롭게 맞추는 방향으로 일어난다고 말한다.[34] 따라서 이 경우 소비자는 유명인에 대해 덜 존경하게 되거나, 아니면 브랜드를 더 좋아하게 될 것이다. 만약 동일 소비자가 같은 유명인이 다른 싫어하는 브랜드를 칭찬하는 것을 보게 된다면, 결국은 그 유명인에 대해 부정적인 시각을 가지게 되고 브랜드에 대해서는 부정적인 태도를 계속 유지하게 될 것이다. **일치성의 법칙**(principle of congruity)은 커뮤니케이터들이 자신의 브랜드에 대한 부정적인 감정을 줄이기 위해 좋은 이미지를 활용할 수 있지만, 그 과정에서 오히려 오디언스의 존경을 더 잃어버릴 수도 있다는 것이다.

창의적 실행 개발

창의적인 결과물에 대해 논의하는 실용적인 도구는 Kellogg School of Management의 광고 전문가인 Derek Rucker에 의해 개발된 ADPLAN 프레임워크를 활용한다.[35] 일단 광고회사나 사내의 창의적 팀(creative team)이 스토리보드나 광고 실행안을 만들면, ADPLAN은 이 광고 실행안의 성공을 위한 중요한 요소나 광고안이 잘못하고 있는 부분들을 발견하게 해준다. ADPLAN의 첫 글자는 다음의 6가지 차원을 설명한다.

- **주목**(attention)은 광고가 타깃 오디언스에게서 흥미를 얻을 것이냐를 나타낸다. 이것은 초기의 주목을 얻는 것뿐 아니라 지속적으로 흥미를 이끌어내느냐까지를 모두 포함한다. 예를 들면, 한 소비자가 YouTube의 '광고 건너뛰기' 버튼을 5초 후 누른다면, 그 광고는 충분한 주의를 끄는 데 실패한 것이며, 아마도 그 기업의 광고 메시지를 소비자는 듣지 않을 것이다. 이러한 문제를 인식한 Geico는 건너뛸 수 없는 5초짜리 광고를 만들었다. 다른 브랜드들도 소비자가 끝까지 볼 수 있도록 하는 창의적인 콘텐츠를 활용함으로써 이 문제를 해결하고자 했다.

- **구분**(distinction)은 광고가 일반적인 또는 광고하는 제품 카테고리 내 다른 광고들과 차별화된 주제, 콘텐츠, 또는 창의적인 기법을 활용하느냐를 평가하는 것이다. 예를 들면, Apple의 역사적인 "1984" 슈퍼볼 광고는 비록 한 번만 방송되었지만, 기술 디스토피아(dystopia)에서 Apple을 영웅으로 표현하는 매우 높은 생산가치를 보여주었기 때문에 엄청난 명성을 얻었다. 반면, 지역의 많은 자동차 광고들은 서로 겹치는 기법을 많이 활용하고 있다.

- **포지셔닝**(positioning)은 광고가 브랜드를 알맞은 범주에 위치시키고, 브랜드의 강력한 장점을 제공하며, 고객이 메시지를 믿을 수 있는 이유를 제공하는 브랜드의 장점을 고정화하는 것이다. 이 차원은 기업의 이상적인 포지셔닝이 잘 전달되는지를 확인하는 것이다. Old Spice는 캠페인을 통해 현재 살 수 있는 가장 남성적인 보디워시라는 점을 강조했다.

- **연결**(linkage)은 타깃 오디언스가 광고를 기억하느냐 하는 것이다. 종종 광고의 창의적 실행은 타깃 오디언스가 그 광고를 보았다는 것을 기억해 낼 만큼 충분하지 않은 경우가 있다. 창의성과 메시지 사이의 강력한 연결은 타깃 고객이 그 브랜드를 기억해 낼 수 있도록 한다. 예를 들면, 고객이 광고는 기억하지만, 메시지는 기억하지 못하는 경우가 있다. 오랫동안 Ameriquest Mortgage는 슈퍼볼에 광고를 했고 소비자들은 그 광고를 좋아했지만, 그 브랜드가 무엇인지는 기억하지 못했다.

- **증폭**(amplification)은 광고에 대해 긍정적이냐 부정적이냐를 나타낸다. 예를 들면, Nike는 소비자로부터 긍정적인 반응과 부정적인 반응을 모두 불러일으키는 인종적 부당함에 항

의하기 위해 애국가를 지지하는 것을 거절한 NFL 선수들을 따르는 Collin Kaepernick 광고를 내보냈다. 브랜드는 통상적으로 타깃 오디언스로부터 긍정적인 생각을 끌어내기 위해 노력한다. 긍정적인 생각의 증폭은 매우 중요하다. 왜냐하면 긍정적인 생각은 호의적인 태도를 형성하고, 궁극적으로는 구매를 끌어내기 때문이다.

- **순 에쿼티**(net equity)는 광고가 얼마나 브랜드의 유산과 형성된 연상에 부합하는지와 관련이 있다. 예를 들면, BMW 브랜드는 고성능과 관련이 있다. 따라서 BMW의 목표 중 하나는 새로운 광고가 이러한 에쿼티를 위협하거나 훼손하지 않는 것이다.

ADPLAN은 광고의 전략적인 가이드를 주지만, 각각의 차원은 실제로 측정이 가능하다. 따라서 이 ADPLAN 프레임은 광고와 관련된 더 심도 있는 토론을 이끌어내야 하며, 동시에 측정하고 테스트할 수 있는 방향으로 가야 할 것이다. 명심해야 할 것은, ADPLAN은 광고의 창의적인 실행을 평가할 수 있는 전략적인 노력의 한 부분이라는 점이다. 전략가들은 또한 적절한 크리에이티브 브리프를 개발하고 광고의 목적을 고려해야 하며(예를 들면, 목적이 인지도 향상인지, 아니면 설득인지), 알맞은 미디어 채널을 결정해야 하고, 기업의 광고 예산도 고려해야 한다.[36]

커뮤니케이션 효과성 측정

상급관리자는 커뮤니케이션 투자로부터 나오는 **결과물**과 **수입**에 대해 알고 싶어 한다. 종종 커뮤니케이션 관리자는 보도자료의 수, 광고의 수, 미디어 **비용**과 같은 **투입**에 대한 정보만 제공한다. 공정성 측면에서 커뮤니케이션 관리자는 이러한 투입에 대한 중간산출물을 생산하도록 노력해야 한다. 중간산출물의 예로는 도달과 빈도(타깃시장에 어느 정도 도달했느냐와 노출빈도), 브랜드 기억과 인식 점수, 설득 변화, 1,000명에게 노출될 때의 비용 계산 등이 있다.

커뮤니케이션 플랜을 실행한 후에 마케터는 그 효과성을 측정해야 한다. 커뮤니케이션 효과에 관한 연구는 기업의 커뮤니케이션이 그 기업의 목적을 달성하는 데 효과적인 정도를 측정하기 위해 이루어진다.[37] 커뮤니케이션 효과성은 두 가지 측면에서 측정될 수 있는데, 공급 쪽(supply side)과 수요 쪽(demand side)이다.

공급 쪽의 경우, 커뮤니케이션 효과성은 미디어 커버리지 측면에서 측정된다. 즉, TV 화면에서 몇 초 동안 브랜드가 보여졌는지, 혹은 지면상 신문기사에서 브랜드가 얼마나 언급되었는지(칼럼의 길이) 등이다.

공급 쪽 방법이 정량화 가능한 수치를 제공하지만, 광고 노출을 미디어 커버리지와 동일시하는 경우는 커뮤니케이션의 내용을 무시하게 될 수 있다.[38] 광고주는 미디어 공간과 시간을 전략적으로 디자인된 메시지를 커뮤니케이션하는 데 활용한다. 미디어 커버리지와 TV 방송은 브랜드를 노출시킬 뿐이지 반드시 브랜드의 의미를 직접적으로 전달하는 것은 아니다. 어떤 공중관계(PR) 전문가는 미디어 커버리지를 유지하는 것이 광고 가치의 5배에서 10배 이상이라고 하지만, 유명인 보증의 경우는 이러한 결과를 가져오는 경우가 드물다.

수요 쪽은 커뮤니케이션 효과성을 측정하는 것은 기업의 캠페인이 타깃 오디언스에게 어떤 영향을 미쳤는지로 평가하게 된다. 이를 위해 많은 타깃 오디언스에게 메시지를 인지하는지 그리고 기억하는지, 얼마나 여러 번 그 메시지를 보았는지, 어떤 부분이 기억이 나는지, 메시지에 대해 어떻게 느끼는지, 과거 해당 제품과 기업에 대한 태도는 어떠했는지, 그리고 현재 태도는 어떠한지 등을 묻게 된다.

예를 들면, 마케터는 오디언스에 대한 서베이를 통해 특정 이벤트를 얼마나 기억하는지, 그리고 그 이벤트 결과가 자신의 이벤트 스폰서에 대한 태도와 구매의도에 어떤 영향을 가져왔는지를 측정할 수 있다. 많은 광고주는 이미 종료된 캠페인에 대한 전반적인 영향을 측정하는 사후테스트(posttest)를 활용한다. 만약 한 기업이 브랜드 인지도를 20%에서 50%까지 높이고 싶은데, 결과적으로 30%만 증가하는 데 그쳤다면, 광고 비용을 충분히 쓰지 않았거나, 광고가 형편없었거나, 다른 요인들을 간과했기 때문일 것이다. 마케터는 또한 오디언스의 행동을 측정하기도 한다. 예를 들면, 얼마나 많은 오디언스가 제품을 구매했는지, 제품을 좋아하는지 또는 제품에 대해 다른 사람들과 이야기하는지 등이다. 따라서 대부분의 광고주는 광고의 효과성을 측정하는 데 주로 인지도, 지식, 선호도에 어떠한 잠재적인 영향을 끼쳤는지를 측정하고자 한다.

기업은 커뮤니케이션의 효과성을 자신이 광고에 과대지출했는지 또는 과소지출했는지를 살펴봄으로써 평가하기도 한다. 이러한 질문에 대답할 수 있는 한 가지 방법은 그림 12.4에 나온 공식을 활용하는 것이다. 한 기업의 **광고 지출 비중**은 **목소리의 비중**(share of voice: 시장에서 비슷한 제품의 광고 대비 이 기업의 광고 비율)을 생산하고, 이것은 다시 **소비자의 마음의 비중**을 얻게 되고, 궁극적으로는 **시장 점유율**을 얻게 된다는 것이다.

커뮤니케이션 캠페인의 효과성을 높이기 위해서 마케터는 광고를 미리 테스트한다(사전테스트).[39] 사전테스트한 결과에 따라, 광고는 궁극적인 목적을 이루기 위한 방법으로 수정될 수 있다. 사전테스트에 대해서는 광고 대행사가 테스트 결과가 잘 나오도록 디자인하지만, 반드시 실제 시장에서 좋은 결과가 나오는 것은 아니라고 비판받기도 한다. 진단 가능한 유용한 정보는 사전테스트에서 나오지만, 이 사전테스트 결과만을 유일한 결정 요소로 활용해서는 안 된다는 의견도 있다. 베스트 광고주 중 하나로 인정받고 있는 Nike의 경우 광고 사전테스트를 안 하는 것으로 유명하다.

광고 캠페인에 대한 사전테스트 이외에 마케터는 커뮤니케이션이 판매에 영향을 미치는지 안 미치는지와 어떻게 영향을 미치는지에 대해 측정할 수 있다. 연구자들은 판매에 미치는 영향을 통계적 기법을 활용하여 과거 판매와 과거 광고 지출의 상관관계를 분석하는 **역사적 방법**을 쓸 수 있다. 다른 연구자들은 광고가 매출에 미치는 영향을 보기 위해 **실험 데이터**를 활용하기도 한다. 점점 더 많은 연구자들이 커뮤니케이션의 영향을 보기보다 광고 지출이 **판매에 미치는 영향**을 측정하고 있다.[40] Millward Brown International은 광고주들에게 도움을 주기 위해 그들의 광고가 브랜드에 도움을 주었는지에 대해 수년 동안 추적연구를 진행하고 있다.

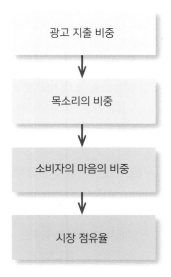

그림 12.4
광고의 판매 영향에 따른 단계별 측정 공식

유명인 보증

Priceline이 'Star Trek'의 아이콘인 William Shatner를 등장시켜 저가 이미지를 강화했던 것처럼 잘 선택된 유명인은 제품이나 브랜드에 주의를 끌어들일 수 있다. 다른 성공적인 유명인들은 Under Armour의 Tom Brady, AT&T의 Mark Wahlberg, Old Navy의 Kristen Bell, Crate and Barrel의 Reese Witherspoon, Crocs의 Drew Barrymore가 있다.

Priceline의 기발한 캠페인은 10년 이상 지속되었고, Shatner가 그 대가로 받은 스톡옵션은 그에게 수백만 달러를 벌어다 줄 정도였다. 브랜드에 적합한 유명인의 이미지는 브랜드에 영향을 줄 수도 있다. American Express 신용카드 회사의 경우 그들의 높은 지위와 명성을 강화하기 위해 전설적인 배우인 Robert De Niro와 Martin Scorsese를 광고에 활용했다.

유명인들은 그들이 신뢰가 가고 제품의 중요한 특징을 전형적으로 보여줄 수 있는 캐릭터일 때 효과적이다. 소비자들이 생각할 때, 제품과 잘 맞는다고 여겨졌던 유명인으로는 State Farm 보험회사 광고의 정치가 같은 이미지의 Dennis Haysbert, Wrangler 청바지 광고의 강인한 이미지의 Brett Favre, Weight Watchers의 유명한 가수이자 영화배우인 Jennifer Hudson 등이 있다. 그러나 Celine Dion의 경우 Chrysler에 매력적인 이미지나 판매량을 늘리는 데 실패했고, 3년 동안 1,400만 달러의 계약을 맺었지만, 중간에 잘리기도 했다. Ozzy Osbourne은 계속된 혼란으로 "I Can't Believe It's Not Butter" 캠페인을 한 것이 올바른 선택이 아닌 것으로 판명 나기도 했다.

유명인은 인지도가 높아야 하며, 긍정적인 감정을 불러일으켜야 하고, 무엇보다 광고하는 제품과 '맞아야' 한다. Paris Hilton과 Howard Stern의 경우 인지도는 높으나 많은 사람들이 그들에게 부정적인 감정을 가지고 있었다. 반면, Tom Hanks나 Oprah Winfrey의 경우 매우 유명할 뿐 아니라 많은 사람들이 호감을 가지고 있기 때문에(엔터테인먼트 산업에서 이러한 호감도는 Q factor로 측정한다) 많은 제품을 성공적으로 광고했다.

유명인들은 이러한 보증의 역할뿐 아니라, 제품과 서비스의 디자인, 포지션, 그리고 판매를 도와주는 더욱 전략적인 역할도 한다. 예를 들면 Nike의 경우 유명한 운동선수 보증인을 통해 제품을 디자인하기도 한다. Tiger Woods, Paul Casey, Stewart Cink는 Nike 골프의 연구 및 개발 부서에서 골프클럽과 공을 개발하고, 테스트하고, 디자인하는 데 역할을 하기도 했다. Pepsi의 Beyoncé, Intel의 will.i.am, Bud Light Platinum의 Justin Timberlake, BlackBerry의 Alicia Keys, Diet Coke의 Taylor Swift는 모두 여러 가지 창의적인 역할과 책임으로 해당 브랜드의 홍보대사 역할을 해오고 있다.

몇몇 유명인들의 경우 그들의 명성을 직접적으로 사용하는 대신, 그들의 능력을 브랜드에 빌려주기도 한다. 영화나 TV 스타들은 상업적인 광고의 보이스오버(음성해설)를 하기도 한다. 예를 들면, Mercedes-Benz의 Jon Hamm, Visa의 Morgan Freeman, TD Ameritrade의 Matt Damon, Duracell의 Jeff Bridges, Budweiser의 George Clooney 등이 있다. 광고주는 일부 시청자들이 이들의 음성을 인식할 것이라고 가정하기도 하지만, 이들을 활용하는 중요한 이유는 배우가 가진 비교할 수 없는 목소리 재능과 기술 때문이다.

유명인을 활용하는 데는 위험도 따른다. 유명인은 계약을 갱신할 때 많은 비용을 요구하기도 하고, 계약을 철회하기도 한다. 영화나 앨범이 출시될 때처럼, 유명인 캠페인은 값비싼 실패가 될 수도 있다. 한편, 유명인은 유명세를 잃어버리거나, Tiger Woods나 Michael Phelps, 그리고 Lance Armstrong처럼 심지어는 스캔들에 휘말리거나 황당한 상황에 처할 수도 있다. 마케터는 유명인들의 배경을 신중하게 체크할 뿐만 아니라, 브랜드가 특정 한 명의 문제로 위험에 처하지 않도록 다수의 유명인을 고용하기도 한다.

다른 방법은 마케터 스스로 유명인을 만들어내는 방법이다. 멕시코에서 수입된 Dos Equis 맥주의 경우 "Most Interesting Man in the World"란 캠페인을 통해 지난 경기침체기에도 20%의 매출 신장을 이루었다. 비록 허구임에도 불구하고, 또렷한 목소리와 은빛 수염을 가진 정중하고 상냥한 캐릭터는 수십만의 Facebook 친구를 보유하고 있으며, 그가 나오는 동영상은 YouTube에서 수백만의 조회 수를 기록하기도 했다. Dos Equis는 고객이 그에게 전화를 걸면 자동 음성 메시지를 시리즈로 들을 수 있도록 했다.[41]

요약

1. 현대 마케팅은 좋은 제품을 만들고, 가격을 매력적으로 책정하며, 타깃고객이 제품을 구매할 수 있도록 하는 것 이상을 요구한다. 기업은 현재와 잠재적인 이해관계자, 그리고 일반대중과 소통해야 한다.

2. 마케팅 커뮤니케이션 믹스는 9개의 주요한 커뮤니케이션 도구로 이루어져 있다: 광고, 온라인과 소셜 미디어, 모바일 커뮤니케이션, 직접 마케팅, 이벤트와 경험, 구전, 홍보와 공중관계, 인적 판매, 패키징.

3. 커뮤니케이션 과정은 9개의 요소로 이루어진다: 송신자, 수신자, 메시지, 미디어, 인코딩, 디코딩, 반응, 피드백, 노이즈. 메시지가 잘 전달되도록 마케터는 타깃 오디언스가 어떻게 메시지를 해독하는지를 잘 고려해야 한다. 마케터는 타깃 오디언스에게 제대로 다가갈 수 있는 효율적인 미디어를 통해 메시지를 보내야 하며, 메시지에 대한 고객의 반응을 모니터링할 수 있는 피드백 채널을 개발해야 한다.

4. 효과적인 커뮤니케이션을 개발하려면 다음 8개의 절차를 거쳐야 한다: (1) 타깃 오디언스 선정, (2) 커뮤니케이션 목표 설정, (3) 커뮤니케이션 디자인, (4) 커뮤니케이션 채널 선택, (5) 커뮤니케이션 총예산 수립, (6) 커뮤니케이션 믹스 결정, (7) 커뮤니케이션 결과 측정, (8) 통합적 마케팅 커뮤니케이션 관리.

5. 타깃 오디언스를 정의할 때, 마케터는 현재 대중의 브랜드 인식과 앞으로 형성하고자 하는 이미지 사이의 격차를 좁힐 필요가 있다. 커뮤니케이션 목표는 해당 카테고리에 대한 구매 필요성을 창출하고, 브랜드 인지도를 높

이며, 브랜드에 대한 태도를 향상하여, 결국 브랜드에 대한 구매 의도를 높이는 것이다.

6. 효과적인 커뮤니케이션을 디자인하는 데는 세 가지 중요한 결정이 필요하다: 무엇을 말할 것인가(메시지 전략), 어떻게 말할 것인가(창의적 전략), 누가 말할 것인가(메시지 원천). 커뮤니케이션 채널은 개인적일 수도 있고(옹호자, 전문가 및 소셜 채널), 비개인적일 수도 있다(미디어, 분위기, 이벤트).

7. 다른 여러 가지 방법도 있지만, 커뮤니케이션 예산 수립 시 커뮤니케이션의 구체적인 목표에 의해 예산을 결정하는 방법인 목표 및 과업 예산수립 방법이 보통 가장 효과적이다.

8. 마케팅 커뮤니케이션 믹스를 결정할 때, 각각의 커뮤니케이션 기법의 장점과 비용 그리고 시장에서 기업의 위치도 고려해야 한다. 또한 판매하고자 하는 시장이 어떠한지, 그 시장의 소비자들이 구매를 위한 준비가 되어 있는지, 기업, 브랜드, 제품이 수명 주기 단계에서 어떤 단계인지 등을 고려해야 한다.

9. 마케팅 커뮤니케이션 믹스의 효과성을 측정하기 위해서는 타깃 오디언스를 대상으로 (1) 그들이 커뮤니케이션을 인식하거나 기억하고 있는지, (2) 얼마나 자주 커뮤니케이션을 보았는지, (3) 어떤 부분을 기억하고 있는지, (4) 커뮤니케이션에 대해 어떻게 느끼고 있는지, (5) 그들이 과거에는 기업, 브랜드, 제품에 대한 태도가 어떠했는지, (6) 현재 커뮤니케이션에 노출된 이후 태도는 어떠한지 등에 대해 조사할 수 있다.

Red Bull

1982년 사업가 Dietrich Mateschitz는 Bangkok 여행으로 인한 시차로 고생하고 있었다. Locals는 그의 어지럽고 피곤한 증상을 완화시켜 줄 유명한 토닉 음료인 Krating Daeng을 추천해 주었다. Mateschitz는 그 음료를 먹었고, 정말 피로가 사라지는 것을 느꼈다. 그는 2년 뒤 토닉 음료 회사를 소유하고 있는 태국의 사업가인 Chaleo Yoovidhya와 함께 Red Bull GmbH라는 회사를 차렸다. 서구인의 입맛에 맞는 토닉 음료 포뮬라를 개발하는 데 약 3년의 시간이 걸렸다. Red Bull 음료의 첫 판매는 1987년 오스트리아에서 이루어졌다.

Red Bull은 세 가지 장점을 광고했다: (1) 학생들의 집중력 향상, (2) 운동선수들의 퍼포먼스 향상, (3) 출장이 많은 비즈니스맨들의 피로 완화. 이러한 장점 외에도 Red Bull은 알코올 희석음료로도 흔하게 판매되었다. 클럽들은 Red Bull을 마약에 의존하지 않고도 파티를 오래 할 수 있도록 해주는 안전한 방법으로 받아들이기 시작했다. 회사는 학생들과 DJ들을 고용하여 파티에서 Red Bull을 활용하게 했고, 그로 인해 다른 사람들도 그 음료를 먹기 시작했다.

국내에서의 성공을 바탕으로 Red Bull은 1992년 오스트리아에서 헝가리와 슬로베니아로 시장을 넓혔다. 그리고 곧 독일과 스위스로까지 시장을 넓혀 나갔다. 5년 뒤에 Red Bull은 미국에서 제품을 팔기 시작했다. 오스트리아에서의 성공에도 불구하고, Red Bull은 에너지음료라고 명명된 첫 음료였기 때문에 처음에는 미국 시장에서 매우 제한적인 성공만 거두었다. 많은 소비자들은 언제 그리고 왜 Red Bull을 마셔야 하는지 알지 못했다.

이러한 고객의 혼란을 줄이기 위해, Red Bull은 모험적인 라이프스타일을 위한 제품으로 포지셔닝했다. Red Bull은 새로운 시장에서 자사의 음료와 그 효과를 잘 알리기 위해 유명한 슬로건인 "Red Bull gives you wings(Red Bull이 당신에게 날개를 달아줍니다)"를 가지고 폭넓은 광고를 하기 시작했다. 1995년 Red Bull은 전 세계적으로 다양한 스포츠 팀과 선수들을 후원하기 시작했고, 2년 뒤에는 후원하는 선수가 수백 명에 다다랐으며, 그 외에도 많은 스포츠 팀과 스포츠 이벤트를 후원하기에 이르렀다. Red Bull은 특히 모터스포츠 분야 현장에서 활발하게 활동했으며, 모든 스포츠 이벤트에서 1년 동안 가장 많은 TV 시청자를 보유하고 있는 레이싱 팀인 Formula One을 후원하기도 했다. 몇 년 후, Red Bull은 Formula One 팀을 인수하게 되었다. Red Bull F1 팀은 2010년부터 2013년까지 계속 챔피언에 오르면서, 세계에서 가장 성공적인 레이싱 팀이 되었다. Red Bull은 NASCAR, NFL, 미식축구, BMX, 모터크로스(motorcross) 그리고 스케이트 보딩 등으로 스포츠 후원권과 소유권을 계속 확대해 나갔다.

Red Bull은 스포츠마케팅 외에 음료와 그와 관련된 라이프스타일을 홍보하기 위한 콘텐츠 마케팅에도 많이 투자했다. Red Bull은 Red Bull Media House라는 미디어 회사들의 집합체를 만들었는데, 이를 통해 잡지, 영화, TV, 비디오 게임, 소셜 미디어, 음악 콘텐츠를 만들어 나갔다. 다양한 플랫폼을 통해 Red Bull이 홍보하고자 하는 이미지를 가진 사람들과 아이디어가 수천 개의 사진, 비디오, 기사를 통해 발표되었다. Red Bull의 팬들은 Red Bull의 라이프스타일을 보여주는 개인 콘텐츠를 만들어 올리기도 했다. Red Bull Media House에서 만든 'Art of Flight'라는 필름은 곧바로 iTunes 차트의 상위권에 오르기도 했다. Red Bull의 사내 레코드 회사는 AWOLNATION이나 Twin Atlantic과 같은 아티스트들의 명성을 높이는 데 도움을 주었다. Red Bull의 출판물인 《The Red Bulletin》은 2017년 500만 부가 넘게 잡지를 발행했다고 발표했다. Red Bull Media House는 자사 YouTube 채널에 Red Bull 소비자들의 액션 스포츠 라이프스타일을 보여주는 수많은 비디오를 발표하기도 했다. 500만 명 이상의 구독자를 가진 Red Bull의 YouTube 채널은 Red Bull 선수와 스포츠 행사에 관한 수천 개의 피처렛(단편영화)을 가지고 있다. Red Bull의 콘텐츠 마케팅은 브랜드 인지도를 높이는 것에 기여했고, 액티브한 라이프스타일과 기업 간의 연관성을 높였다.

Red Bull의 비전통적인 마케팅 접근방법은 그들의 브랜드를 세계에서 가장 인지도가 높은 브랜드 중 하나로 만들었다. 주목할 만한 것은 이 기간 동안 Red Bull 음료는 그 상태 그대로였다는 점이다. 한 가지 사이즈, 한 가지 모양 그리고 몇 가지 맛은 몇 년 동안 변하지 않았다. Red Bull은 계속해서 세계적으로 유명한 운동선수, 팀과 이벤트를 후원하고 있다. 또한 Red Bull Stratos 우주 다이빙과 Red Bull Rampage 절벽 점프 행사를 통해 엄청난 인지도 향상을 달성하고 있다. Red Bull의 매출은 2018년 약 68억 달러에 도달했다. Red Bull은 지속적으로 제품라인은 좁게 가져가지만, 광범위한 마케팅 포트폴리오는 브랜드를 계속 성장시키고 있다.[42]

질문

1. 점점 더 많은 경쟁자들(예를 들면, Coca-Cola, Pepsi, Monster)이 에너지음료 시장에 진출하여 시장 점유율을 늘리는 상황에서 무엇이 Red Bull의 가장 큰 경쟁우위인가?

2. Red Bull의 비전통적인 마케팅 전략의 장점과 단점을 논의하시오. Red Bull은 전통적인 광고를 더 많이 해야 할까? 왜 그런가 또는 왜 그렇지 않은가?

3. Red Bull의 스폰서십에 대한 효과성을 논의하시오. 기업이 어느 정도 수준까지 후원하는 것이 좋을까?

marketing
SPOTLIGHT

Cadbury

지속적인 느낌과 감정을 창출하는 것은 제과 브랜드의 성공과 지속을 위해 가장 중요한 것이다. 현재 Mondelez International이 소유하고 있는 Cadbury만큼 잘 알려진 기업도 없을 것이다. Cadbury는 1억 2,200만 파운드가 넘는 매출과 7만 명 이상의 직원을 보유하고 있으며 50개가 넘는 나라에 진출해 있는 브랜드다. 비록 몇 년 동안 시장 점유율이 오르락내리락하였지만, 영리하고 기억에 남는 그들의 마케팅은 영국 제과점이 소비자들의 마음속에 강하게 자리 잡고 있다는 것을 보여준다.

1824년으로 거슬러 올라가, 창립자인 John Cadbury가 Birmingham에 일반적인 식료품 가게를 연 것이 브랜드의 시작이었다. 퀘이커 교도로서 그는 알코올은 사회에 해악을 끼친다고 믿었다. 그 대신 그는 차, 커피, 그리고 마시는 초콜릿과 같은 더 건강한 대체품을 제공했다. 소비자들은 식료품가게에서 그가 일일이 절구와 절굿공이로 만드는 마시는 초콜릿이 충분히 공급되지 못한다고 생각했다. 1831년 Cadbury는 4층의 창고를 구입하여 마시는 초콜릿을 상업적 규모로 생산하기 시작했다. 이것이 Cadbury 제조업 비즈니스의 탄생이었다. 10년 뒤에 Cadbury는 다양한 종류의 마시는 초콜릿을 판매하였고, 사업은 빠르게 성장했다. 1905년, George Cadbury Jr.는 그들의 가장 대표적인 제품이자, 제1차 세계대전이 발발했을 때 Cadbury에서 판매량이 가장 높았던 제품이면서, 1920년대 영국 초콜릿 시장의 강자였던 Dairy Milk를 출시했다.

Cadbury는 기괴하지만 기억에 남는 마케팅으로 유명하다. 처음 출시된 후 1920년대까지, 마시는 초콜릿은 소비자들의 체력을 향상하는 건강한 음료로 알려져 왔다. 1928년 "glass and a half" 캠페인은 그 당시 우유가 매우 영양가 있는 음식이라는 믿음을 이용했다. 그래서 부모들은 아이를 행복하게 만들면서 동시에 충분한 영향을 섭취하게 해주는 Dairy Milk로 아이들에게 더 많은 것을 해줄 수 있었다.

그때 Cadbury는 소비자로부터 감성적인 반응을 만들어내는 것의 효과성을 깨달았다. 1950년대와 1960년대, Cadbury는 욕망과 방종의 감정을 전달했던 "Flake Girls"라는 캠페인을 통해 문화적인 보수주의에 맞섬으로써 소비자들의 주의를 끌려고 노력했다. 1970년대에 Cadbury는 "Everyone is a fruit and nutcase"라는 눈에 띄고 색다른 마케팅을 시도하였는데, 이를 통해 Fruit and Nut 바의 매출이 70% 이상 오르는 데 성공했다.

1990년대에 Cadbury는 영국 TV 드라마인 'Coronation Street'를 후원하는 데 1,000만 파운드를 지불함으로써, 또 다른 상징적인 캠페인을 펼쳤다. 이 프로그램의 오프닝 크레딧과 매우 흡사한 TV 광고에서 Cadbury는 시청자들의 마음속에 자리 잡았고, 시청자들이 이 프로그램을 보면서 느꼈던 모든 감정적 경험과 광고를 연결 지었다. 그러나 오직 그 프로그램과의 연관성이 Cadbury 브랜드의 마케팅 커뮤니케이션 전략과 맞을 때에만 이러한 효과가 지속되었다. 2006년에는 10년 넘게 지속된 TV 드라마와의 관계가 종료되었다. 비록 Cadbury 측에서는 부인했지만, 'Coronation Street'의 논란이 많은 스토리라인으로의 방향 전환이 Cadbury가 원하는 브랜드 이미지와 맞지 않아서라는 루머가 돌았다.

Cadbury의 유명한 캠페인 중 하나는 2007년의 Gorilla 광고로, 이 역시 Cadbury의 색다르지만 기억에 남는 광고 중 하나로 여겨진다. 여기서는 고릴라 수트를 입은 남자가 "A Glass and Half Full of Joy"라는 슬로건이 담긴 Dairy Milk 바의 이미지로 전환되기 전에 Phil Collins의 'In the Air Tonight'라는 노래의 도입부를 연주하는 것을 볼 수 있다. 이 두 이미지는 명백히 관련이 없지만, 광고는 논란의 여지 없이 Cadbury의 가장 기억에 남는 광고다. 어떤 소비자들은 고릴라와 초콜릿이라는 신비로운 병치에 이끌렸다고 했지만, 광고는 제품을 시청자에게 보여주기보다는 시청자를 즐겁게 하는 데 중점을 두었다. Dairy Milk의 수익은 캠페인 기간 동안 9%가 증가했다. 만약 이 캠페인이 무의식적으로 브랜드에 대해 긍정적인 반응을 이끌어내는 것이 목적이었다면, 캠페인은 시의적절했다. 왜냐하면 그 당시 Cadbury는 대규모 공장 폐쇄, 견과류 알러지 스캔들, 미국에 본사를 둔 Mondelez에 의한 인수에 대한 고객들의 우려에 휩싸여 있었기 때문이다. Cadbury는 디지털 마케팅의 장점을 활용하여 구전효과를 효과적으로 활용함으로써 빠르게 Gorilla 광고를 퍼트렸다. Cadbury는 광고판, TV, 영화, 잡지, 신문과 같은 전통적인 채널을 통한 '아이코닉'한 Cadbury Gorilla 캠페인

을 통합함으로써 이 디지털 마케팅 전략을 지지했고, 620만 파운드의 캠페인 이벤트를 후원하기도 했다.

브랜드는 2010년 "Mum's Birthday" 캠페인과 TV 광고에서 이러한 전략을 계속해서 시도했다. Cadbury는 따뜻함과 배려로 소비자들의 심금을 울리는 것을 목표로 긍정적인 감정 경험과 연관 짓기 위해 노력했다. 그들은 지속적으로 TV와 같은 전통적인 미디어를 통해 전달되는 마케팅 커뮤니케이션과 Facebook, Twitter, Pinterest 등을 통해 고객에게 맞춤형 브랜드 인상을 전달하는 소셜 미디어와 통합하여 일관된 이미지를 전달하기 위해 노력했다. Cadbury의 소셜 미디어 캠페인 가운데 한 가지 예로서 라이브채팅 응답을 포함한 고객의 참여와 라이브스트림 이벤트로 이어지는 티저 게시물과 함께한 캠페인으로 Darity Milk 초콜릿으로 거대한 '좋아요' 버튼을 만드는 것이 있다.

이러한 모든 성공 가운데서도 Cadbury는 또한 눈에 띄는 실수를 하기도 했다. 2019년에 영국에서 역사적으로 중요한 지역을 자세히 설명하고, 고대의 유물과 보물을 찾게 하는 '보물찾기'에 아이들이 참여하도록 한 캠페인이었다. 하지만 고고학자들에게 이 캠페인은 무책임하며, 매우 어리석은 캠페인이라고 비난받았다. 다음과 같은 몇 가지 이슈 때문이었다. 이 지역에서 아이들에게 약탈의 위험이 있었고, 그 활동은 영국의 다른 지역에서 다양한 법의 적용을 받았고, 잠재적으로 고객이 이 지역의 법을 위반하도록 했으며, 땅을 파는 데 손을 이용하도록 하여 아이들의 건강상의 위험도 있었다. Cadbury는 그들의 실수가 일관성 없는 메시지를 전달했다는 것을 조금 늦게 깨닫고, 즉각적으로 해당 캠페인을 철회했다.[43]

질문

1. 2007 Gorilla는 Cadbury의 가장 기억에 남는 마케팅 캠페인 중 하나다. 이 사례에 나온 내용 외에 다른 어떤 요소가 이 캠페인의 성공에 영향을 미쳤을 것이라고 생각하는가?

2. 처음부터 Cadbury는 다양한 전략을 사용했다. 브랜드는 이처럼 다양한 전략을 사용해야 할까?

3. 보물찾기 캠페인을 둘러싼 실패는 전국적인 반발을 불러일으켰다. 캠페인이 너무 지나칠 때는 언제이며, 감정을 불러일으키는 전략을 전개하기 전에 어떤 것을 고려해야 할까?

CHAPTER

13

디지털 시대의
통합적 마케팅 캠페인 디자인

Beats by Dre 성공의 핵심 비결은 뮤직비디오 내 제품 배치, 정상 아티스트들의 제품 보증, Chrysler, HP, HTC와 같은 기업의 제품에 활용된 점을 꼽을 수 있다.
출처: Akio Kon/Bloomberg/Getty Images

커뮤니케이션 환경이 복잡해짐에 따라 기업은 그들의 전략적 목적을 달성하기 위해 여러 커뮤니케이션 채널에서 일관된 메시지를 전달하도록 다양한 커뮤니케이션 활동을 잘 조정해야 하는 도전에 직면해 있다. 그 결과 기업은 메시지를 디자인하고, 커뮤니케이션하며, 전달하도록 협력하고 서로를 강화하는 다양한 전략을 활용하는 통합적 마케팅 커뮤니케이션 방법을 도입하고 있다. 이처럼 다양한 방법을 활용하여 메시지를 전달하는 데 성공한 회사가 있다. 바로 Beats by Dr. Dre다.

>>> Andre Young으로 태어난 랩 프로듀서 Dr. Dre는 힙합 그룹 N.W.A.의 창립 멤버였고, 사업가가 되기 전 음악 분야에 엄청난 업적을 남겼다. 2006년에 음악계의 거물 Jimmy Iovine과 함께 만든 그의 Beats by Dre 헤드폰은 다른 일반 헤드폰의 10배가 넘는 300달러라는 가격에도 불구하고 많은 음악애호가의 필수품이 되었다. 이 제품의 매력포인트는, 비록 오디오 애호가들 사이의 리뷰가 다소 엇갈리긴 하지만, 쿵쾅거리며 베이스가 무거운 소리와 날렵한 디자인에 있다. 유명 뮤지션들과 운동선수들의 사용과 더불어 Beats는 현대 라이프스타일에 실용적이고 필수적인 패셔너블한 아이템이 되었다. 제품 배치, 유명인 보증, 그

리고 공동광고는 Beats 마케팅 전략의 핵심이었다. 그 당시 Interscope Records의 대표였던 Dre와 Iovine은 대부분의 정상급 뮤지션들을 잘 알고 있었고, Beats 헤드폰을 잘나가는 뮤직 아티스트인 Lady Gaga, Miley Cyrus, Snoop Dogg, Nicki Minaj의 뮤직비디오에 나오게 할 수 있었다. Dr. Dre의 추천은 상업적 제품을 추천하기를 꺼리는 많은 아티스트들에게 신뢰를 주었다. Beats가 많은 비용이 소요되는 차별성이 높은 뮤직비디오에 등장함으로써, 해당 제품을 높은 지위의 상징(status symbol)으로 만드는 데 기여했고, 더 나아가 문화적 현상이 되게 만들었다. Dre와 Iovine은 그들이 가진 음악산업에서의 전문성과 연결성으로 히트할 음악을 알아볼 수 있었고, 해당 뮤직비디오에 Beats 헤드폰을 등장시킬 수 있었다. 이와 같은 유명인 보증 외에도 Beats는 Justin Bieber의 보라색 JustBeats, Lady Gaga의 보석 같은 HeartBeats, P. Diddy의 DiddyBeats라는 스페셜에디션을 만들었다. 또한 Chrysler, HP, HTC와 같은 기업과 파트너십을 맺고 그들의 사운드 기술을 자동차, 컴퓨터, 스마트폰에 적용하였으며, 이어버즈(earbuds)와 다른 제품들의 Beats 버전도 만들었다. "우리는 한 광고에 비용을 지불하기도 전에 5억 달러의 제품을 팔았다"고 Iovine은 말했다. Beats의 성공은 큰 기업들의 주목을 받기 시작했다. Beats는 2011년 한국 스마트폰 제조업체 HTC가 지분을 과반수 인수했고(이후 재무적 압박으로 다시 그 지분을 Dre와 Iovine에게 매각함), 이후 2014년 Apple에 32억 달러에 인수되었다.[1]

마케터에게 한 번에 모든 것을 해결할 수 있는 편리함을 제공하기 위해 미디어 기업과 광고회사는 프로모션 대행사, 공중관계 업체, 패키지 디자인 회사, 웹사이트 개발자, 소셜 미디어 전문가, 그리고 직접 마케팅 전문가를 모두 가지고 있다. 그들은 다양한 커뮤니케이션 방법에 대한 전략적·실무적 어드바이스를 제공하여 고객사의 커뮤니케이션 효과성을 높여주는 **커뮤니케이션 회사**라고 자신을 정의한다. 이러한 미디어 기업 또는 광고회사의 확장된 능력은 기업이 통합적 커뮤니케이션 프로그램에서 다양한 미디어의 특징과 관련된 마케팅 서비스를 쉽게 실행할 수 있도록 도와준다.

학습목표

13.1 통합적 마케팅 캠페인을 관리하는 데 중요한 원칙을 설명한다.

13.2 효과적인 광고 캠페인을 실행하는 데 중요한 측면을 정의한다.

13.3 온라인 커뮤니케이션을 어떻게 디자인하고 관리하는지 설명한다.

13.4 소셜 미디어 실행에서 중요한 점은 무엇인지 설명한다.

13.5 모바일 커뮤니케이션을 어떻게 관리하는지 설명한다.

13.6 어떻게 의미 있는 이벤트와 경험을 기획할 수 있는지 설명한다.

13.7 마케팅 커뮤니케이션에서 구전의 역할을 설명한다.

13.8 어떻게 홍보와 공중관계를 실행하는지 요약한다.

13.9 커뮤니케이션 도구로서 제품 패키징의 역할을 논의한다.

통합적 마케팅 커뮤니케이션 관리

통합적 마케팅 커뮤니케이션(integrated marketing communications, IMC)은 기업이 전략적 목표를 달성하기 위해 협력하고 서로를 강화하는 다양한 커뮤니케이션 도구의 조정을 통해 커뮤니케이션을 관리하는 접근방식이다. IMC는 기업의 커뮤니케이션 활동이 서로 일관적이며 커뮤니케이션 목표를 효과적이고 비용 측면에서 효율적으로 달성하도록 도와준다. IMC는 수평적, 수직적, 내부, 외부의 네 가지 수준에서 이루어질 수 있다.

- **수평적 통합**(horizontal integration)은 고객에게 주는 영향을 극대화하기 위해 다양한 마케팅 활동(패키징, 가격정책, 영업 프로모션, 유통)과 커뮤니케이션 캠페인을 조화롭게 하는 것이다.
- **수직적 통합**(vertical integration)은 기업의 중요한 마케팅 전략을 가이드하는 상위수준의 목표와 커뮤니케이션 목표를 일치시키는 것이다.
- **내부 통합**(internal integration)은 효과적이고 비용 효율적인 캠페인을 만들기 위해 기업 내부의 여러 다른 부서(예를 들면, 상품개발 팀, 시장조사 팀, 영업 팀, 고객서비스 팀)의 정보를 커뮤니케이션 팀과 공유하는 것이다.
- **외부 통합**(external integration)은 기업의 외부 협업자(예를 들면, 광고, 소셜 미디어, 공중관계 대행사, 이벤트 기획자, 캠페인 공동 스폰서)와 기업의 커뮤니케이션 활동을 조율하는 것이다.

잘 통합된 커뮤니케이션 캠페인은 기업의 성공에 매우 중요하다.[2] 사실 명시적으로 일관성에 집중하지 않으면, 한 기업의 커뮤니케이션은 여러 다른 크리에이티브 팀들이 서로 떨어져서 작업하고 다른 채널을 통해 전달되어 동시에 고객에게 영향을 주는 것에 실패한, 관련이 없는(때로는 서로 상충적인) 무작위한 편집으로 여겨질 수 있다. 결국 타깃고객에게 정보를 제공하고 설득하기보다는 혼란을 초래할 수 있다.

다양한 커뮤니케이션 도구, 메시지, 그리고 다양한 오디언스는 기업의 통합적 마케팅 커뮤니케이션을 필수적으로 만드는 요소다. 기업은 그들의 커뮤니케이션이 고객에게 미칠 영향을 완전히 이해하기 위해 고객에 대한 360도 관점을 가져야 한다. 이것이 잘되었을 때, 통합적 마케팅 커뮤니케이션은 다양한 커뮤니케이션의 전략적 역할을 평가하고, 이러한 다양한 커뮤니케이션을 명확성, 일관성, 그리고 메시지 영향의 극대화를 위해 빈틈없이 잘 결합하게 된다.

통합적 마케팅 커뮤니케이션을 위한 기업의 중요한 목적은 가장 효과적이고 효율적인 커뮤니케이션 프로그램을 고안해 내는 것이다. 다음 조건은 진정으로 커뮤니케이션이 통합되었는지를 확인하는 데 도움을 준다.[3]

- **커버리지**(coverage): 커버리지란 각각의 커뮤니케이션 방법이 오디언스에게 도달하는 비율이며, 동시에 이러한 방법 각각이 오디언스에게 도달하는 부분이 얼마나 겹치느냐를 의미한다. 즉, 얼마나 다른 커뮤니케이션 방법으로 타깃고객에게 도달하며, 그 시장을 구성하는 같은 또는 다른 고객들에게 어느 정도 도달하는가를 말한다.

- **기여**(contribution): 기여란 다른 커뮤니케이션이 없다고 가정할 때, 소비자로부터 원하는 반응을 불러일으키고, 커뮤니케이션이 그들에게 영향을 주는 마케팅 커뮤니케이션 능력을 말한다. 커뮤니케이션이 어떻게 소비자의 프로세싱에 영향을 미치며, 인지도를 구축하고, 이미지를 좋게 하며, 반응을 끌어내어 결국 매출을 이끌어내는가를 의미한다.

- **공통성**(commonality): 공통성은 커뮤니케이션 옵션에 공통적인 연상이 강화되는 정도, 즉 여러 다른 커뮤니케이션 옵션이 같은 의미를 공유하는 정도다. 이것은 일관성과 응집력인데, 일관성과 응집력은 현재의 연상과 반응이 소비자에게 얼마나 기억되며, 추가적인 연상이나 반응이 기존 소비자의 기억에 있는 브랜드에 얼마나 쉽게 연결되느냐를 결정하는 요소로서 매우 중요하기 때문이다.

- **보완성**(complementarity): 커뮤니케이션 옵션은 종종 같이 사용될 때 더 효과적이다. 보완성은 커뮤니케이션 옵션들 간에 서로 다른 연상과 연결을 강조한다. 효과적인 포지셔닝을 위해 브랜드는 보통 복수의 브랜드 연상을 만들 필요가 있다. 여러 다른 마케팅 커뮤니케이션 옵션은 특정 브랜드 연상을 만들어내는 데 적절할 수 있다. 예를 들면, 대의명분을 후원하는 경우 브랜드의 신뢰도와 믿음을 향상할 수 있다. 그러나 TV나 지면 광고는 브랜드 성능의 장점을 알리기 위해 필요할 수 있다.

- **순응성**(conformability): 통합적 커뮤니케이션 프로그램에서 메시지는 어떤 소비자에게는 새로울 수 있고, 또 어떤 소비자에게는 익숙할 수 있다. 순응성은 마케팅 커뮤니케이션 옵션이 이 두 그룹의 소비자에게 잘 작동하는 정도를 나타낸다. 즉 다른 커뮤니케이션에 이미 노출된 소비자와 노출되지 않은 소비자 모두에게 효과적으로 커뮤니케이션할 수 있는 능력은 매우 중요하다.

- **비용**(cost): 마케터는 가장 효과적이고 효율적인 커뮤니케이션 프로그램에 도달하기 위한 모든 기준을 비용과 대비하여 평가하여야 한다.

통합적 마케팅 커뮤니케이션 노력은 메시지의 일관성을 높이고, 강력한 브랜드를 형성하며, 더 많은 판매를 창출할 수 있다. 통합적 마케팅 커뮤니케이션은 경영자로 하여금 소비자가 기업과 만나는 모든 방법, 기업이 포지셔닝을 커뮤니케이션하는 방법, 각 커뮤니케이션 수단의 상대적 중요성, 시간적 이슈를 생각해 보게 한다. 통합적 마케팅 커뮤니케이션은 누군가에게 그전에 존재하지 않았던 책임감, 즉 기업이 수천 가지 활동을 통해 전달되는 기업의 메시지와 브랜드 이미지를 통합해야 하는 책임감을 부여한다. 통합적 마케팅 커뮤니케이션은 올바른 소비자에게, 올바른 메시지를, 올바른 시간에, 올바른 장소에서 전달하는 기업의 능력을 향상해야 한다.[4]

통합적 커뮤니케이션 캠페인을 개발하기 위해서는 타깃고객에게 일관된 경험을 제공하기 위해 여러 커뮤니케이션 포맷의 특징을 잘 이해하는 것이 중요하다. 이 장에서는 가장 대표적인 커뮤니케이션 포맷인 광고, 온라인, 소셜 미디어, 모바일 커뮤니케이션, 이벤트와 경험, 구전, 홍보와 공중관계, 패키징의 중요한 특징에 대해 간단히 살펴볼 것이다. 다음 장에서는 인적 판매 및 직접 마케팅에 대해 살펴볼 것이다.

광고

광고(advertising)는 페이드 미디어를 통해 확인된 후원자가 아이디어, 제품, 서비스, 브랜드를 알리고 촉진하는 것이다. 보통 광고주는 타깃 오디언스에게 기업의 메시지를 전달하기 위해 미디어 타임(TV나 라디오 광고의 경우)이나 지면(인쇄 광고의 경우)을 구매한다. 가장 보편적인 광고는 TV, 인쇄, 라디오, 온라인, 장소 광고이며 이에 대해서는 다음 절에서 더 자세히 설명한다.

TV 광고

TV는 일반적으로 가장 강력한 광고 미디어이며, 가장 넓은 범위의 소비자들에게 다가갈 수 있다고 알려져 있다. 먼저, TV는 제품의 특징을 생생하게 보여주며, 소비자가 제품으로부터 얻는 혜택이 무엇인지를 설득력 있게 설명해 준다. 둘째, TV는 제품의 사용자, 사용자의 이미지, 브랜드 개성(brand personality) 그리고 다른 무형의 것들을 극적으로 잘 표현한다. 셋째, TV는 중요한 생방송 프로그램(슈퍼볼 경기, 미국 아카데미 시상식, 그리고 전개되는 뉴스 기사들) 중에 소비자가 TV에 집중할 수 있게 만들 기회를 준다.

> Aflac　선택보험(supplemental insurance)의 최대 공급처인 Aflac(American Family Life Assurance Company의 약칭)은 매우 창의적인 광고 캠페인으로 최근 역사에서 가장 인지도가 높은 기업 가운데 하나가 되기 전까지 거의 알려지지 않은 회사였다. Kaplan Thaler 광고 대행사에서 만든 가벼운 캠페인은 소비자나 유명인사들이 보험 상품에 대해 토론하는 동안 회사의 두문자어 이름인 "Aflac!"을 끊임없이 꽥꽥대는 짜증 나는 오리를 특징으로 하고 있다. 광고에서 오리의 좌절된 입찰(bid)은 소비자들의 주의를 끌었다. 오리가 방송된 첫해에 판매는 28% 상승했고, 이 회사의 이름에 대한 소비자들의 인지도는 13%에서 91%로 증가했다. Aflac은 오리를 광고에 계속 사용했고, 심지어 2005년에는 기업 로고로도 활용했다. 소셜 미디어를 통해 오리의 특성을 더 발전시킬 수 있었고, 무려 51만 5,000명의 Facebook 팬이 생겨났으며, 이 숫자는 지금도 계속 늘고 있다. Aflac 오리는 단지 미국의 현상만이 아니었다. Aflac 오리는 Aflac의 가장 큰 시장인 일본의 TV 광고(약간 더 밝은 버전으로 등장)에서도 스타였다.[5]

　광고의 순간적인 특성과 종종 발견되는 산만한 창의적인 요소 때문에 제품과 관련된 메시지나 브랜드 자체에 대해서는 소비자들이 간과할 수도 있다.[6] 게다가 많은 경쟁 광고와 TV 프로그램과 상관없는 요소들이 소비자로 하여금 광고를 무시하거나 잊어버리기 쉽게 만들기도 한다.

　다른 고려사항은 TV 광고의 상대적으로 높은 비용이다. 전국적인 방송 네트워크의 유명한 쇼 중간에 방송되는 광고의 비용은 30초당 약 20만 달러에서 50만 달러에 이르며, 약 200만에서 700만 시청자에게 방송된다. 이것은 시청자 1인당 약 8~10센트에 해당되는 것이다. 반면 동영상 바탕의 온라인 광고는 컴퓨터나 모바일 기기와 같이 더 작은 스크린에서 보여지기 때문에 그 효과는 비록 쉽게 감소하지만, 1,000명당 약 25달러이며, 이것은 시청자 1인당 2.5

<< 회사의 이름인 Aflac을 끊임없이 꽥꽥거리는 성미 고약한 오리를 등장시킨 창의적인 TV 캠페인 이후 American Family Life Assurance Company에 대한 인지도와 함께 판매도 상승했다.

센트에 해당한다.[7]

온라인 스트리밍의 발달로, TV 프로그램은 실제로 TV 스크린에서 보여주는 것 이상으로 확장되어 컴퓨터, 노트북, 태블릿, 모바일폰에서도 볼 수 있게 되었다. 이러한 변화는 소비자가 기업의 커뮤니케이션을 볼 수 있는 시간과 장소에 대해 더 많은 통제력을 가지게 해주었다. 게다가 Netflix, Amazon, Hulu와 같이 광고가 없는 오락 프로그램의 성장은 기존의 30초짜리 TV 광고가 지배하던 시장 환경을 바꾸어 놓았다. 그 결과, 기업은 TV 광고를 보는 다양한 프로그램과 다양한 디바이스 환경으로 소비자를 더 참여시키기 위한 신선한 방법을 찾고 있다.

이러한 약점에도 불구하고, TV 광고는 소비자에게 기업과 기업 제공물에 대한 정보를 주며, 소비자의 선호와 브랜드 로열티(충성도)를 강화하고, 판매와 이익을 높이는 데 매우 영향력 있는 커뮤니케이션 포맷이다. 영리한 마케터들은 이러한 TV 광고의 장점을 살리고, 다른 광고 포맷과 결합함으로써 소비자에게 주는 영향을 극대화하고 있다.

인쇄 광고

인쇄 매체는 방송 매체와 극명한 대조를 이룬다. 독자는 인쇄 매체를 자신만의 속도로 읽기 때문에, 잡지나 신문은 제품에 대한 매우 자세한 정보를 제공할 수 있고, 제품 사용자와 사용자의 이미지에 대해 효과적으로 커뮤니케이션할 수 있다. 동시에, 인쇄 매체 이미지의 정적인 특징은 동적인 설명이나 시범은 어렵기 때문에 수동적일 수 있다.

인쇄 매체의 대표적인 두 가지 형태인 잡지와 신문은 많은 장점과 단점을 공유하고 있다. 신문은 시의적절하고, 널리 퍼져 있지만, 잡지는 보통 사용자와 사용자의 이미지 구축에 더 효과적이다. 신문은 지역광고(특히 지역 소매상)에서 일반적이다. 온라인으로 신문을 읽는 인구가 점점 증가하고 있지만, 보통 하루 평균 약 절반에서 4분의 3의 미국 성인들은 신문을 읽는다. 인쇄 광고는 최근 지속적으로 감소하고 있다.[8] 광고주들은 신문 광고를 디자인하고 배치하는 데 유연성을 가지고 있지만, 상대적으로 낮은 재생산 품질과 짧은 '수명'으로 인해 그 영향이 줄어들 수도 있다.

연구자들은 인쇄 광고의 **사진**, **헤드라인**, 그리고 **카피**가 지금 나열한 순서대로 중요하다고 보고했다. 사진은 반드시 주의를 끌어야 하고, 헤드라인은 그 사진을 다시 강조해야 하며, 독자가 광고 카피를 읽도록 해야 한다. 광고 카피는 반드시 소비자에게 매력적이어야 하며, 브랜드 이름이 잘 보여야 한다. 이러한 원칙을 지켜도 광고에 노출된 오디언스의 50%가 안 되는 적은 수가 정말로 눈에 띄는 광고를 알아볼 것이다. 약 30%는 헤드라인의 중요한 점을 기억할 것이고, 25%가 광고주의 이름을 기억할 것이며, 10%보다 적은 고객이 실제로 광고 카피 대부분을 읽어볼 것이다. 평범한 광고는 이러한 결과마저 달성하기 어렵다.

인쇄 광고는 명확하고, 일관성이 있으며, 잘 브랜딩되어야 한다. 상을 받은 한 캠페인에서, 《Time》지와 《The New Yorker》 잡지 뒤표지에 실린 iPad Mini 광고는 실제 디바이스와 잡지의 크기를 비교했다. 역시 상을 받은 캠페인으로서 Ray-Ban의 75주년을 기념하는 "Never Hide"라는 인쇄 광고 캠페인은 Ray-Ban 안경을 쓴 사람들이 70년 동안 얼마나 관습을 무시하고, 군중 가운데서 돋보였는지를 보여주는 7개의 광고가 특징적이다.

라디오 광고

라디오는 보급형 미디어다. 12세 이상 미국 시민의 93%가 매일 라디오를 듣고 일주일에 평균 20시간을 듣는다. 이러한 숫자는 비교적 최근에 안정적으로 유지되고 있다. 라디오 청취는 주로 차에서 이루어지거나 집 밖에서 일어난다. 따라서 성공하려면, 라디오 네트워크는 청취자가 언제 어디서든 들을 수 있도록 디지털적인 요소를 가진 멀티 플랫폼 형태가 되어야 한다.

아마도 라디오의 주된 장점은 유연성일 것이다. 라디오 스테이션은 타깃이 명확하고, 광고를 만들고 적합한 위치에 배치하는 데 드는 비용이 비싸지 않으며, 광고의 짧은 마감으로 청취자의 빠른 반응이 가능하다. 라디오는 유명브랜드, 그 지역의 인지도 및 강력한 개성의 조합으로 청취자를 끌어들일 수 있다. 특히 라디오는 오전에 매우 유용한 매체다. 또한 기업이 전체 시장 및 현재 시장 커버리지의 균형을 가질 수 있게 해준다. 라디오 광고는 청취자에게 다양한 옵션을 제공하며, 원하는 콘텐츠를 청취할 수 있는 시간에 대한 선택권이 있는 팟캐스트(podcast)의 인기가 높아짐에 따라 이점을 얻고 있다.

라디오 광고의 단점은 시각적 이미지가 없고, 결과를 가져오는 소비자들의 프로세싱이 상대적으로 수동적이라는 점이다. 그럼에도 불구하고 라디오 광고는 매우 창의적일 수도 있다. 음악, 사운드, 그리고 다른 창의적인 기기의 영리한 사용이 청취자의 상상력을 자극하여 적절한 이미지를 만들어낼 수 있다.

온라인 광고

인터넷 사용자들이 온라인에서 정보를 찾기 위해 짧은 시간을 보낸다고 가정할 때, 디스플레이 광고는 여전히 보편적인 검색 광고에 비해 큰 가능성을 가지고 있다. 그러나 광고는 더욱 주의를 끌어야 하고, 영향력을 주어야 하며, 더 잘 타기팅해야 하며, 더 면밀히 추적되어야 한다.[9]

온라인 광고는 몇 가지 장점이 있다. 마케터는 얼마나 많은 방문자들이 페이지나 광고를 클릭했는지, 얼마나 오랫동안 시간을 보냈는지, 무엇을 했는지, 그리고 그 이후에 어디로 갔는지에 주목함으로써, 그들의 효과를 쉽게 추적할 수 있다.[10] 이것은 기업이 다른 메시지와 창의적인 솔루션을 테스트할 수 있게 하는데, 이를 통해 원하는 소비자 반응을 잘 이끌어내는 방향으로 광고 캠페인을 최적화할 수 있다. 온라인 광고는 마케터의 제품과 관련 있는 사이트에 광고를 하는 **맥락적 배치**(contextual placement)의 장점을 가지고 있다. 또한 실제로 구매과정을 시작하는 소비자들에게 그들이 검색엔진에 입력하는 키워드를 바탕으로 광고할 수도 있다.[11] 게다가 온라인 광고는 텍스트만 있는 광고부터 인쇄 방식의 광고, 비디오 광고, 그리고 완전히 상호작용성이 높은 경험을 제공하는 광고까지 많은 종류의 콘텐츠를 허용한다.

온라인 광고는 단점도 있다. 소비자가 대부분의 메시지를 효과적으로 차단할 수 있다. 마케터는 소프트웨어를 사용하는 웹사이트에 의해 발생하는 가짜클릭에 대해서도 자신들의 광고가 정말 효과적이라고 생각할 수 있다. 광고주는 또한 자신의 메시지가 해킹되거나 파손되는 것에 대해 통제력을 잃을 수도 있다. 그러나 장점이 이러한 단점을 뛰어넘어 온라인 광고의 비율은 지난 10년 동안 계속 증가했다.

인기 있는 온라인 광고 형태는 **네이티브 광고**(native advertising)인데, 이것은 편집 기사와 비슷한 형태의 내용을 제공하지만, 실제로는 광고주의 제품을 홍보하는 형태를 말한다. 즉, 네이티브 광고는 유료상업적인 메시지가 마치 발행물과 같은 느낌으로 보여지는 것이다. 다른 전통적인 광고와는 다르게 네이티브 광고는 방해받는 일 없이 편집된 발행물의 일부로 보여지도록 디자인되었다.

네이티브 광고는 세 가지 포맷을 가지고 있다: (1) 콘텐츠 추천(편집 기사 밑에 보여지는 추천 기사 형태), (2) 소셜 네트워크에 뉴스 피드 형태로 보여지는 '인피드' 광고, (3) 자연스런

Google 검색 결과 위에 표시되는 검색 목록 및 프로모션 목록.

방해받지 않는 특징을 가진 네이티브 광고는 세계적으로 인기를 얻었다. 비록 네이티브 광고는 주로 온라인 커뮤니케이션에서 사용되었지만, 전통적인 미디어인 인쇄, TV 그리고 라디오에서도 활용될 수 있다. 예를 들면, 잡지의 경우도 특정한 제품, 서비스, 또는 브랜드를 홍보하기 위해 유익하고, 매력적이며, 가독성이 높은 방식으로 잡지 편집진과 광고주가 함께 개발한 기사를 포함시킬 수 있다.

장소 광고

장소 광고는 소비자가 일하고, 즐기고, 쇼핑하는 곳에서 소비자의 주의를 끄는 창의적이고 기대하지 못한 형태의 광고를 모두 포함한다. 가장 보편적인 형태는 옥외게시물, 공공 공간, 제품 배치, 구매시점 등이다.

옥외게시물 옥외게시물은 화려한 색감과 디지털 작업으로 만들어진 이미지, 그래프, 배경 조명, 소리, 그리고 움직임을 사용한다. 옥외광고는 소비자가 광고에 잠깐 동안 노출되었다가 메시지를 거의 즉각적으로 캐치해야 하기 때문에 종종 "15초 동안의 판매"라고 불린다. New York에서는 맨홀 뚜껑에 김이 나는 Folgers 커피의 광고를 입혔고, 벨기에에서는 eBay가 "Moved to eBay"라는 스티커를 빈 가게 앞에 붙였다. 독일에서 자판기, 현금자동인출기, 사진 부스 안에서 열심히 일하는 상상의 노동자들을 보여준 광고는 독일 구직 웹사이트가 "잘못된 직업을 갖기에 인생은 너무 짧다"고 주장하는 것에 정당성을 부여하기도 했다.[12]

강력한 창의적인 메시지는 차이를 가져올 수 있다. Bangkok의 Chang Soda Water는 단 한 번의 옥외게시물을 광고할 예산밖에 없었다. 한 번의 광고 효과를 높이기 위해, 옥외게시물에 제품의 탄산을 보여주는 거대한 거품병을 만들었다. 이 옥외게시물에 대한 구전효과는 매출을 20만 병에서 100만 병으로 무려 5배가 뛰도록 만들었다.[13]

공공 공간 광고는 영화 스크린, 비행기 몸체, 피트니스센터 기구, 교실, 스포츠 경기장, 사무실, 호텔 엘리베이터, 그리고 다른 여러 공공장소와 같은 파격적인 장소에서도 보여질 수 있다. 버스, 지하철, 통근열차의 수송기관에 게시된 광고는 출퇴근하는 사람들에게 다가갈 수 있는 매우 중요한 방법이다. '거리의 가구(street furniture)', 즉 버스정류장, 키오스크, 공공 구역과 같은 곳은 빠르게 떠오르는 또 다른 옵션이다.

기존의 많은 전통적인 커뮤니케이션들의 효과성이 떨어짐에 따라, 광고주는 기업과 제공물과 관련해 소비자 마음에 더욱 기억될 인상을 남기기 위해 공공 공간을 사용하고 있다. 그 결과, 점점 더 많은 광고주가 다양한 공간을 구매하고 있는데, 예를 들면, 경기장, 쓰레기통, 자전거 거치대, 주차 요금 미터기, 공항 짐 카트, 엘리베이터, 주유소의 주유기, 골프장의 홀컵 아래 부분, 수영장, 기내식 패키지, 그리고 슈퍼마켓의 사과와 바나나에 붙는 작은 상표까지도 활용하고 있다. 또한 그 어느 때보다 많은 기업이 경기장이나 이벤트 공간에 그들의 이름을 써

출처: PictureLux/The Hollywood Archive/Alamy Stock Photo

<< Heineken이 엄청난 금액의 돈을 지불하여 젓지 말고 흔들어 만든 마티니 대신 맥주를 선택하도록 한 것 외에도 여러 브랜드들이 'Skyfall' 영화에 그들의 제품을 등장시켰다.

주는 대가로 메이저 North American 스포츠 시설에 수십억 달러의 돈을 지불하고 있다.

제품 배치 마케터는 그들의 제품을 영화와 TV에서 잠깐 보여주기 위해 수십만 달러를 지불한다.[14] 때로는 이러한 제품 배치가 아주 큰 네트워크 광고 거래의 결과일 수도 있지만, 작은 제품 배치 기업들은 소품의 거장, 세트 디자이너, 프로덕션 전문가들과도 관계를 유지한다.

어떤 기업의 경우 비용을 들이지 않고 제품 배치를 하기도 한다. Nike는 영화에 등장하기 위해 돈을 지불하는 대신 신발, 재킷, 가방 등의 제품을 협찬함으로써 제품 배치를 한다. 'Modern Family'에서 가전제품을 좋아하는 아버지를 위한 새로운 iPad가 전체 에피소드의 이야기가 된 것처럼, 점점 더 많은 제품과 브랜드들이 스토리에 바로 사용되고 있다. 그러나 어떤 경우에는 브랜드가 영화에 나오기 위해 비용을 지불하기도 한다. 다음의 'Skyfall' 사례를 보자.

Skyfall 007 시리즈 중 23번째 영화인 'Skyfall'에서 Heineken은 영화제작비의 3분의 1에 해당하는 4,000만 달러의 비용을 들여 James Bond가 그의 전통적인 보드카 마티니를 마시는 대신 맥주를 마시게 했다. Heineken 다음으로 영화에 가장 많이 등장하는 기업은 Adidas, Aston Martin, Audi, Omega, Sony, Tom Ford와 같은 브랜드들이다. 한 리서치 회사는 영화에 등장한 브랜드들은 영화 개봉 첫 주에 760만 달러 가치의 노출을 기록한다고 추정했다. 어떤 브랜드들은 그들의 제품 배치를 영화 밖에다 하기도 한다. Heineken은 당시 Bond 역할을 했던 Daniel Craig가 카메오로 출연하는 독보적인 기차 추격전을 보여주는 호화로운 90초 광고를 찍기도 했다. 2,200만이 넘는 사람들이 캠페인을 온라인으로 보았고, Heineken의 "Crack the Case" 프로모션은 주요 도시의 소비자들을 초청하여 게임에서 Bond와 같은 기술을 보여주기도 했다.[15]

구매시점 구매시점의 소구는 스토어에서 소비자들이 많은 브랜드 결정을 하도록 하는 것이다. 구매시점(point of purchase, P-O-P)에서 커뮤니케이션하는 방법은 쇼핑카트 광고, 카트 스트랩(카트에 달려 있는 끈), 복도, 선반, 스토어 내의 시현, 샘플, 즉각적인 쿠폰 제공 등과 같이 다양하다.[16] 어떤 슈퍼마켓의 경우 슈퍼마켓 바닥을 기업의 로고를 위한 공간으로 판매하며, 말하는 선반도 실험 중에 있다. 모바일 마케팅은 소비자가 매장 안에 있을 때, 스마트폰을 통해 그들에게 접근한다. P-O-P 라디오는 프로그램과 상업적인 메시지를 수천 개의 식료품점과 약국에 내보내고 있다.

온라인 커뮤니케이션

마케터는 소비자가 있는 곳으로 가야 하는데, 그곳은 점점 더 온라인이 되고 있다. 미국 소비자가 미디어를 사용하는 전체 시간 중 절반이 넘는 시간을 온라인에서 보내고 있다. 소비자는 온라인에 얼마나 참여할지에 대한 규칙을 정하지만, 원할 경우 대리인이나 중개인을 통해 스스로를 보호하기도 한다. 소비자는 필요한 정보, 관심이 있는 제품, 지불의사가 있는 것이 무엇인지를 정의한다.

기업 웹사이트

기업은 그들의 목적, 역사, 제품, 그리고 비전 등이 나와 있는 웹사이트를 디자인해야 하는데, 특히 처음 방문 때 매우 매력적이고 흥미로워서 재방문을 유도할 수 있는 웹사이트를 디자인해야 한다.[17] 미의 선구자인 Estée Lauder는 수백만 달러 화장품 사업을 위해 세 가지 의사소통 수단인 "전화, 전신, 그리고 여성에게 말하는 것"에 의존했다는 유명한 말을 남겼다. 그녀가 지금 다시 말한다면, 아마 회사의 공식적인 사이트로서 신제품과 구제품을 소개하며, 특별한 딜이나 프로모션을 소개하고, 소비자에게 Estée Lauder의 매장을 알려주는 인터넷이라는 소통방식을 추가했을 것이다.

인터넷 사이트 방문자들은 얼마나 쉽게 쓸 수 있으며 얼마나 매력적인가로 사이트의 성능을 판단한다. 사용하기 쉽다는 것은 콘텐츠가 쉽게 이해되고, 사이트를 돌아다니기 쉽다는 것을 의미한다. 매력적이라는 것은 사이트의 심미적인 부분이 있는지, 즉 사이트의 전체적인 구성, 글자체, 그리고 컬러 조합이 어떠한지를 포함한다. 이러한 사이트의 특징은 매출을 높이는 데 도움을 준다. 예를 들면, J. D. Power는 자동차 제조업체의 웹사이트를 '즐거워하는' 소비자일수록 테스트 드라이브를 신청할 확률이 높다는 것을 발견했다.[18]

다음에서 자세히 설명하겠지만, Comscore나 Nielsen과 같은 기업은 웹페이지를 본 숫자, 방문객 수, 방문기간 등과 같은 도구를 통해 소비자가 온라인에서 어디로 가는지를 추적할 수 있다. 기업은 온라인 보안과 개인정보보호 이슈에 매우 민감해야 한다. 연구자들은 자동화기능을 사용하여 다중 침입을 피하고 다른 사람의 침입을 방지하는 사용자 중심의 프라이버시 통제기능을 개발하여 개인정보와 관련된 다양한 '터치 포인트'를 소비자들의 긍정적인 경험으로 전환할 것을 권장하고 있다.[19]

웹사이트 외에 기업은 작은 사이트들을 가지고 있다. 메인 사이트의 보조적인 역할을 하는 개별 페이지나 그러한 페이지의 클러스터가 그 예다. 예를 들면, 보험회사는 그들의 사이트를 거의 방문하지 않는 소비자를 위해 중고차 살 때의 어드바이스도 제공하고 동시에 어떻게 하면 좋은 보험에 들 수 있는지를 알려주는 중고차 관련 소규모 사이트를 개발할 수 있다.

온라인 트래픽 유도

온라인 마케팅의 중요한 부분은 기업이 소유한 미디어에 트래픽을 유도하는 것이다. 트래픽을 유도하는 방법에는 두 가지가 있다: 검색엔진최적화와 검색엔진마케팅이다.

검색엔진최적화(search engine optimization, SEO)는 소비자가 관련 용어를 검색할 때, 해당 브랜드 관련 링크가 다른 모든 비유료 링크들과 비교하여 가장 먼저 나오도록 하기 위한 모든 활동을 의미한다. SEO는 제3자에게 트래픽을 유도하기 위해 돈을 지불하지 않고 자사 사이트를 최적화하는 것이므로 검색엔진마케팅에 비해 비용이 매우 적게 든다. **검색엔진마케팅**(search engine marketing, SEM)은 소비자가 흥미를 가지는 제품이나 소비를 나타내는 특정 키워드 검색 결과에 자사가 나오도록 기업이 돈을 지불하는 것이다. 소비자가 Google에서 이러한 키워드를 검색하면, 해당 기업이 입찰한 금액과 검색엔진이 특정 검색과 광고의 관련성을 결정하기 위해 사용하는 알고리즘 결과에 따라 그 기업의 광고가 결과 중 가장 먼저 나오거나, 결과 옆에 나올 수 있다. 예를 들면, McDonald's는 소비자들이 '버거', '프렌치 프라이' 또는 '패스트푸드'라고 검색했을 때, 여러 결과 중 가장 먼저 나오도록 Google에 돈을 지불할 수 있다.

광고주는 소비자가 링크를 클릭했을 때에만 돈을 지불하지만, 검색을 함으로써 관심을 드러낸 고객들은 그들의 주요한 잠재고객이라고 생각한다. 클릭당 비용은 회사의 링크가 얼마나 먼저 나오느냐와 키워드의 인기에 달려 있다. 검색 광고의 계속된 인기는 키워드 입찰자들 간의 경쟁을 높여, 검색 광고의 비용을 증가시키고, 가장 가능성 있는 키워드에 대해 더 많은 프리미엄을 붙이고, 전략적 입찰을 하며, 효과성과 효율성의 결과를 모니터링하는 등의 활동으로 이어지고 있다.

SEO와 SEM에 대해 여러 가지 가이드라인이 제시되고 있다.[20] 예를 들면, 더 일반적인 검색어(예를 들면, 'iPhone'이나 '버거')는 일반적인 브랜드를 구축하는 데 효과적이다. 특정 제품의 모델이나 서비스를 지칭하는 특정 단어('Apple iPhone XS Max')는 판매를 유도하는 데 더 유용하다. 검색어는 검색엔진이 쉽게 찾을 수 있도록 마케터의 웹사이트의 적당한 페이지에 집중되어야 한다. 어떤 제품은 여러 개의 검색어에 의해 식별될 수 있다. 그렇지만 마케터는 각 키워드의 예상 수익에 따라 키워드마다 입찰해야 한다.

소셜 미디어

디지털 마케팅의 중요한 부분은 소셜 미디어다. 소셜 미디어는 소비자가 텍스트, 이미지, 오디오, 비디오 정보를 다른 사람, 기업과 공유할 수 있는 수단이며, 그 반대의 경우도 마찬가지다.

소셜 미디어는 마케터들이 공공의 목소리를 내고, 온라인 존재를 알릴 수 있도록 한다. 소셜 미디어는 또한 다른 커뮤니케이션 활동을 비용 측면에서 효율적으로 강화할 수도 있다. 또한 매일매일의 즉시성으로 인해 소셜 미디어는 기업으로 하여금 늘 혁신적이고 시장에 적절하도록 노력할 수 있게 유도할 수 있다. 마케터는 온라인 커뮤니티를 구축하거나 이용할 수 있고, 소비자의 참여를 유도하고 그 과정에서 장기적인 마케팅 자산을 만들 수 있다.

소셜 미디어의 성장

소셜 미디어는 그 어느 때보다 소비자로 하여금 브랜드에 대해 더 깊고 넓게 참여하도록 한다. 마케터는 의욕적인 소비자들을 생산적으로 참여시키기 위한 모든 방법을 사용해야 한다.[21] 비록 유용하긴 하지만 소셜 미디어가 브랜드의 마케팅 커뮤니케이션을 위한 유일한 방법은 아니다.

연구에 의하면, 온라인에서 얼마나 사회적인가는 브랜드와 제품마다 매우 다르다. 소비자는 미디어, 자선단체, 패션에 관여할 확률이 가장 높고, 소비재에 관여할 가능성이 가장 낮다. 비록 소비자는 소셜 미디어를 통해 유용한 정보, 딜, 프로모션을 얻고, 브랜드가 만든 재미있고 오락적인 콘텐츠를 즐기지만, 아주 적은 소비자들만이 소셜 미디어를 통해 브랜드와 양방향 '소통'을 한다. 즉, 마케터는 소셜 미디어의 경우 오직 적은 수의 소비자들만이 브랜드와 관계를 맺기 원하며, 심지어 이 경우에도 매우 짧은 시간만 보내기를 원한다는 사실을 잘 알고 있어야 한다.

소셜 미디어 마케터가 직면한 도전은 적절한 뉴스와 이벤트에 반응해야 하는 속도다. '항상' 연결되어 있어야 한다는 것은 소비자가 기업에 대해 거의 즉각적인 대답을 원한다는 것이다. 이것은 기업이 소셜 미디어로 실시간 소통하며 문제를 해결하고 기회를 활용하기 위한 조치를 취함으로써 문제와 기회에 대해 즉각 대응할 수 있는 새로운 커뮤니케이션 기능을 개발해야 한다는 것을 의미한다.

소셜 미디어를 수용하고, 입소문을 활용하며, 구전을 창출하는 것은 기업이 좋은 것과 나쁜 것을 함께 취하도록 한다.[22] Frito-Lay가 미국 팬들을 초청하여 포테이토 칩의 새로운 맛을 제시하면 엄청난 상금을 주는 "Do Us a Flavor"라는 콘테스트를 진행하였을 때, 콘테스트 출품작을 제출하는 Facebook 앱이 너무 많은 트래픽으로 첫날부터 문제가 생겼다. 그러나 프로모션은 다시 시작되었고, 오스트레일리아의 시저 샐러드 맛 칩이나 이집트의 새우 칩과 같은 다른 나라의 이전 콘테스트 우승자들에 이어 치즈 마늘빵 맛의 칩이 승자가 되었다.[23]

Frito-Lay의 예는 소셜 미디어의 능력과 속도를 잘 보여주지만, 동시에 기업이 직면하는 도전도 보여준다. 그러나 현실은 기업이 소셜 미디어를 활용하든 안 하든 인터넷은 소비자로부터 철저한 조사와 비판을 허용한다는 것이다. 소셜 미디어와 인터넷을 매우 건설적이고 철저하게 활용한다면, 기업은 최소한 강력한 온라인 존재감을 형성하고, 만약 부정적인 피드백이 있는 경우 신뢰가 가는 대안적인 관점을 제공할 수 있는 수단을 가지게 되는 것이다. 그리고 만약 기업이 강력한 온라인 커뮤니티를 만들었다면, 해당 커뮤니티의 회원들은 브랜드를 방어하고 부정확하거나 공정하지 않은 문제에 대해서는 감시자 역할을 할 것이다.

소셜 미디어 플랫폼

소셜 미디어 플랫폼에는 네 가지가 있다: 온라인 커뮤니티와 포럼, 블로그, 소셜 네트워크, 소비자 리뷰.

온라인 커뮤니티와 포럼   온라인 커뮤니티와 포럼에는 여러 가지 형태와 규모가 있다. 대부분은 기업과 관련이 없으며 비상업적인 소비자나 소비자단체에 의해 만들어진다. 그 외 다른 것은 기업으로부터 후원을 받으며, 회원들이 회사의 제품이나 브랜드와 관련된 특별한 관심사에 대해 게시물, 문자메시지, 채팅 토론 등을 통해 회원들끼리 소통하거나 회사와 소통한다. 이러한 온라인 커뮤니티와 포럼은 중요한 정보를 수집하고 전달하는 여러 가지 기능을 하며 기업에게 매우 중요한 자원이 될 수 있다.

온라인 커뮤니티 성공의 핵심요인은 커뮤니티 회원들과의 유대를 형성하는 개인 또는 그룹의 활동을 만들어내는 것이다. Apple의 경우 제품라인이나 사용자 유형(일반 소비자 또는 전문가)에 따라 매우 많은 토론 그룹을 만들어 운영하고 있다. 이러한 토론 그룹은 소비자가 제품보증기간이 만료된 후에 제품에 대해 정보를 얻는 주된 원천이기도 하다.

온라인 커뮤니티와 포럼의 양방향 정보 흐름은 기업에게 매우 유용하고 얻기 어려운 소비자에 대한 정보와 통찰을 제공한다. GlaxoSmithKline은 Alli라는 첫 번째 체중감량제 출시를 준비하면서 체중감량 커뮤니티를 후원했다. 이 회사는 전통적인 포커스그룹 인터뷰에서 얻을 수 없던 매우 가치 있는 피드백을 소비자로부터 얻을 수 있었다. 마찬가지로 LEGO는 팬들이 정식 제품으로 출시된 디자인을 만들어보고 투표할 수 있게 함으로써 제품 아이디어를 크라우드소싱하기 시작했다. LEGO의 글로벌 크라우드소싱 플랫폼은 매우 유명한 Minecraft 게임에 기반한 시리즈를 포함하여 성공적인 제품을 생산했다.[24]

블로그   정기적으로 업데이트되는 온라인 저널이나 다이어리 형태의 블로그는 구전에 매우 중요한 도구다. 수백만 개가 넘는 블로그가 매우 다양한 형태로 존재한다. 어떤 블로그는 친한 친구와 가족을 위한 매우 개인적인 것이며, 다른 것은 많은 오디언스에 다가가고 영향을 미치기 위해 디자인된 것이다. 블로그의 한 가지 분명한 소구점은 공통된 관심사를 가진 사람들을 모은다는 것이다.

기업은 자사의 블로그를 개설하고 다른 사람들의 블로그를 주의 깊게 모니터링하기도 한다.[25] 많은 소비자들이 블로그를 통해 제품 정보와 리뷰를 얻기 때문에, 미 연방통상위원회(Federal Trade Commission)는 블로거들이 후원하는 제품의 경우는 그 제품을 만든 마케터와의 관계를 밝히도록 요구하고 있다. 다른 쪽으로는 소비자가 블로그나 비디오를 기업의 부정적인 서비스나 잘못된 제품에 대한 응징의 수단으로 사용하기도 한다.

소셜 네트워크   Facebook, LinkedIn, Instagram, YouTube, Twitter, WeChat과 같은 소셜 네트워크는 B2C와 B2B 시장에 매우 중요한 역할을 하게 되었다.[26]

마케터는 여전히 소셜 네트워크와 그것의 엄청나며 잘 정의된 오디언스를 활용할 수 있는 최선의 방법을 배우는 중이다.[27] 네트워크의 비상업적인 성질, 즉 사용자는 보통 다른 소비자들과 연결되는 것을 원하기 때문에, 제품에 대한 주의를 끌고 설득하는 것이 쉽지 않다. 또한 사용자가 자신의 콘텐츠를 생성하기 때문에 광고는 부적절해 보이거나 심지어 공격적으로 보이는 자료 옆에 나타날 수도 있다.

많은 온라인 콘텐츠가 반드시 공유되고 구전되는 것은 아니다. 콘텐츠 중 일부만이 원래의 수신자를 넘어서 더 많은 사람들에게 '폭포처럼 흐르는(cascading)' 결과를 낳는다. 소비자가 소셜 미디어에 기여하느냐 마느냐는 소비자가 재미있거나 배울 것이 있는지와 같은 내적인 동기에 의해 영향을 받으며, 그보다 외적인 욕구, 즉 사회적인 면과 자신의 이미지에 의해 더 영향을 받는 경우가 많다.[28]

Harvard Business School의 구전 비디오 전문가인 Thales Teixeira는 구전과 공유를 위해 다음과 같이 충고한다. 브랜드 맥박을 활용하라. 스토리 안에서 너무 방해가 되지 않는 선에서 짧은 시간 동안 브랜드를 보여주고, 쉽게 싫증 내며 변덕을 부리는 고객을 끌어들이기 위해 기쁨이나 놀라움 같은 것으로 시작하고, 고객이 계속 관심을 가지도록 광고 안에 감정적으로 급변하는 상황을 넣으며, 놀라게는 하지만 충격을 주지는 말아야 한다. 만약 광고가 소비자를 너무 편하게 만든다면, 그들은 그 광고를 공유하지 않을 것이다.[29]

구전 마케팅은 브랜드와 브랜드의 주목할 만한 특징을 보여주기 위해 시장에서 큰 영향을 일으키려고 노력한다. 어떤 사람은 구전 마케팅 노력이 판매의 법칙보다는 오락의 법칙에 의해 이루어진다고 이야기한다. 이 예를 보자. Quicksilver는 서핑 비디오와 10대를 위한 서핑 문화 관련 책을 만들었고, Johnson & Johnson과 Pampers는 부모를 위한 좋은 충고가 담긴 웹사이트를 만들었으며, Walmart는 돈을 절약하는 방법에 관한 비디오를 YouTube에 올렸고, Grey Goose 보드카는 오락 부서를 가지고 있으며, Mountain Dew는 음반회사가 있고, Hasbro는 Discovery와 협력하여 TV 채널을 만들고 있다.[30] 궁극적으로 이러한 구전 및 입소문 캠페인의 성공은 소비자가 다른 소비자들에게 얼마나 이야기하고 싶어 하는가에 달려 있다.

기업의 온라인 커뮤니케이션에서 중요해지는 부분은 소셜 미디어 인플루언서의 활용이다. **인플루언서 마케팅**(influencer marketing)이란 용어는 온라인에서 유명한 사람들의 소셜 미디어 피드를 통해 제품, 서비스, 브랜드를 홍보하는 것을 의미한다. 엄격히 말하면, 인플루언서 마케팅은 소셜 미디어상에서 홍보와 유료보증(paid endorsement)을 결합한 형태라고 할 수 있다. 이때 기업은 보증인에게 그들의 제공물을 홍보하는 대가를 지불할 수 있다. 그러나 기업은 회사 자체의 홍보채널에서 이 보증인을 활용하기보다는 인플루언서 개인의 소셜 미디어 네트워크를 활용하여 메시지를 전달하기를 바란다.

인플루언서 마케팅은 최근 급성장하여 수십억 달러에 육박하는 산업이 되었다. 이 빠른 성장은 마케터에게 몇 가지 도전을 안겨주고 있다. 많은 기업이 인플루언서를 활용하여 자사의 제품을 홍보하는 것의 가치를 알게 됨에 따라 인플루언서에 대한 수요는 늘어나고, 이러한 인플루언서를 확보하는 데 드는 비용은 몇 배로 증가하여 톱 인플루언서의 경우 그 비용이 10만 달러에 육박하게 되었다.[31]

인플루언서에 대한 높은 비용과 이들이 시장에 미치는 영향에 대한 정확한 측정지표의 부재는 글로벌 시장에 소셜 미디어 사기라는 것을 만들어내었다. 많은 기업이 Twitter 팔로워와 리트윗을 팔거나, YouTube 조회 수, LinkedIn에 대한 보증을 소셜 미디어 공간에서 보다 인기 있고 영향력 있기를 원하는 사람들에게 판매하는 것을 전문으로 하게 되었다. 한 회사가 무려 350만의 자동화된 어카운트를 가지고 있는데, 이것을 여러 소비자에게 판매하여 인플루언서에게 2억이 넘는 트위터 팔로워를 제공하기도 한다.[32] 이렇게 되면, 많은 인플루언서들이 과장된 팔로워 수를 가진 채 광고주로부터 자신의 보증에 대해 높은 비용을 협상하게 되는 것이다. 많은 광고주들이 인플루언서의 영향에 대한 진정성에 대해 알게 됨에 따라, 소셜 미디어 탐정 역할을 하는 기업을 고용하기도 한다. 이러한 기업은 인플루언서의 소셜 미디어 활동을 평가하며, 진짜 팔로워, 뷰 및 방문자 비율을 알기 위해 봇(bot) 활동이 있는지를 찾는다.

소비자 리뷰   소비자 리뷰는 소비자의 선호와 구매결정에 매우 중요한 영향을 미칠 수 있다.[33] Nielsen에서 실시한 서베이에서 소비자의 온라인 리뷰는 친구나 가족의 추천 다음으로 브랜드 정보에 대해 두 번째로 믿을 만한 원천으로 나타나기도 했다.[34] 연구에서 사회적 영향력은 불균형적으로 긍정적인 온라인 평가를 유도하며, 결국 평가자들은 그 이전의 부정적인 평가보다 긍정적인 평가에 의해 더 많이 영향을 받는 것으로 나타났다. 리뷰를 게시하는 소비자들은 다른 사람들의 규범을 받아들이고, 순응하라는 압력을 받기 쉽다.[35] 다른 한편으로는 긍정적인 온라인 리뷰나 평가는 종종 부정적인 것만큼 영향력이 있거나 가치가 있다고 여겨지지 않는다.[36]

소비자는 또한 다른 소비자들의 추천이나 의견에도 영향을 많이 받는다. 소비자들 사이에서 만들어진 비공식적인 소셜 네트워크는 기업에서 만든 제품 네트워크의 보조적인 역할을 한다.[37] 몇 되지 않는 혹은 한 사람일 수도 있는, 온라인에서 다른 소비자들에게 영향을 끼치는 사람들은 기업에 매우 중요하고 가치가 있는 사람들이다.[38]

모바일 커뮤니케이션

미국 소비자들은 라디오, 잡지, 신문을 모두 합한 것보다 더 많은 시간을 모바일에서 보낸다.[39] 스마트폰과 태블릿이 어디에나 존재하며, 마케터가 소비자의 행동 및 인구통계적 특성에 의해 개인화된 메시지를 보낼 능력이 있는 한, 커뮤니케이션 도구로서 모바일 마케팅의 소구는 매우 확실하다.

Wharton의 David Bell 교수는 모바일 기기의 네 가지 분명한 특징에 대해 지적했다. (1) 모바일 기기는 한 소비자에게 고유하게 연결되어 있고, (2) 어디든지 가지고 다닐 수 있으므로 가상적으로 항상 'on'되어 있는 상태이며, (3) 실제로 지불시스템을 가진 유통채널이므로 즉각적인 소비를 가능하게 하며, (4) 위치추적과 사진 및 비디오 촬영이 가능하므로 매우 인터렉티브하다.[40]

모바일 광고 지출은 세계적으로 엄청나게 성장하고 있다. 향상된 스마트폰의 성능과 함께, 모바일 광고는 정적인 '작은 옥외광고물'을 표시하는 미디어 그 이상이다. 편리함, 사회적 가치, 동기 및 오락성이 있고, 소비자의 삶을 더 좋게 만드는 모바일 앱에 대한 관심이 높아지고 있다.[41]

스마트 모바일 기기는 소비자가 매장을 방문하고 구매하고, 리워드를 받는 모든 과정을 추적할 수 있는 로열티 프로그램을 촉진할 수 있다. 커뮤니케이션 메시지를 수용하겠다고 동의한 소비자의 행방을 추적함으로써, 많은 소매업자들은 소비자가 그들의 가게 근처에 있을 때 특정 위치기반의 프로모션을 보낼 수 있다. Sonic Corp.는 GPS 데이터와 기지국정보를 활용하여, 정보활용에 동의한 소비자들이 Atlanta 지역 50개의 Sonic 레스토랑 중 한 곳에 가까이 있는 시점을 파악했다. 소비자가 레스토랑에 접근했을 때, 이 기업은 소비자에게 해당 레스토랑 방문을 유도하는 할인 정보와 광고가 담긴 문자를 발송했다.[42]

전통적인 쿠폰 사용률은 최근 감소하고 있기 때문에, 시의 적절한 광고를 구매시점에 가까이 있는 소비자에게 제공하는 모바일 광고의 능력은 많은 마케터들의 흥미를 불러일으켰다. 이러한 새로운 쿠폰은 다양한 형태를 취하고 있으며, 매장 내 디지털 표지판은 스마트폰으로 구현될 수 있다. 사용자의 프라이버시를 잘 보장한다는 전제하에, 마케터의 온라인과 모바일에 대한 더 많은 정보는 더 적절하고 표적화된 광고를 만들어낼 수 있다.

어떻게 소비자가 그들의 스마트폰을 사용하는가를 이해하는 것은 광고의 역할을 이해하는 데 매우 중요하다. 작은 스크린과 소비자들의 잠깐 동안의 주의력을 생각할 때, 정보를 주고 설득하는 광고의 전통적인 역할은 모바일 기기에서는 쉽지 않을 것이다. 긍정적인 측면은 소비자들이 온라인에 있을 때보다 모바일 기기를 사용할 때 더욱 주의를 기울이고 관여를 가진다는 점이다. 그럼에도 불구하고 모바일 커머스 회사들은 소비자들이 몇 번의 클릭만으로 구매를 할 수 있도록 광고를 없애기도 한다.[43]

이벤트와 경험

후원하는 이벤트와 경험을 통해 소비자의 삶에서 개인적으로 적절한 순간을 만드는 것은 기업이나 브랜드로 하여금 타깃과의 관계를 더 넓히고 깊게 해줄 수 있다. 매일매일의 삶에서 브랜드를 만나는 경험은 소비자가 그 브랜드에 대한 태도와 믿음을 형성하게 할 수 있다.

이벤트 관리

마케터들은 이벤트를 후원하는 여러 이유에 대해 다음과 같이 언급한다.

- **특정 타깃(목표)시장이나 라이프스타일을 파악하기 위해서**: Old Spice는 16~24세 남성 타깃 오디언스에게 샘플을 주고, 제품의 적절성을 강조하기 위해 11월 하순에 열리는 대학 농구 대회인 Old Spice Classic을 포함하여 여러 대학 스포츠를 후원했다.

- **기업이나 제품의 이름을 더욱 돋보이게 하기 위해서**: 이벤트는 브랜드의 이름이 돋보이기 위한 필수조건인 지속적인 노출을 할 수 있도록 해준다. 월드컵의 후원자로 가장 먼저 떠오르는 Emirates Airlines, 현대, 기아, Sony는 한 달 넘게 진행되는 토너먼트 경기 동안 브랜드와 광고의 지속적인 노출로 혜택을 보았다.

- **브랜드의 핵심 이미지 연상을 창출하거나 강화하기 위해서**: 이벤트는 그 자체로서 브랜드 연상을 창출하거나 강화하도록 하는 연상을 가지고 있다.[44] 이미지를 강화하고, 심장에 호소하기 위해 Toyota Tundra는 B.A.S.S.라는 낚시 토너먼트를 후원하고 Brooks & Dunn이라는 컨트리 음악투어를 후원했다.

- **기업 이미지를 향상하기 위해서**: 이벤트를 후원하고 기획하는 것은 호감이 가는 기업, 유명한 기업이라는 인식을 높여준다. Visa는 비록 오랫동안 올림픽 후원을 국제적인 브랜드 인지도와 사용 증가를 위한 수단으로 보았지만, 또한 후원을 통해 애국적인 선의를 불러일으키고 감정적인 올림픽 정신을 활용하기도 했다. McDonald's의 커뮤니티 기반 프로그램에 대한 후원은 흑인들의 문화를 기념하는 Black & Positively Golden을 포함한 선의를 형성했다.

- **경험을 창출하고 감정을 형성하기 위해서**: 신나고 보람 있는 이벤트에 의해 만들어진 감정은 브랜드와 간접적으로 연결된다. 블록버스터 영화 프랜차이즈 'Iron Man'에서 주인공인 Tony Stark의 퍼스널 R8 Spyder, A8과 A3, Q5와 Q7 SUV 등을 포함한 Audi 모델은 큰 존재감으로 등장했다.

- **커뮤니티나 사회적 이슈에 대한 헌신을 표현하기 위해서**: 대의명분을 위한 이벤트는 비영리기관과 자선단체를 후원한다. Timberland, Stonyfield Farms, Home Depot, Starbucks, American Express, Tom's of Maine과 같은 기업은 대의명분을 후원하는 것을 자사 마케팅 프로그램의 중요한 초석으로 여긴다.

- **중요한 고객을 즐겁게 하거나 종업원에게 보상하기 위해서**: 많은 이벤트에는 그들의 후원자나 손님을 위한 특별한 서비스나 활동을 포함하여 호화로운 환대가 마련된다. 이러한 특권은 선의를 만들어내고, 매우 가치 있는 비즈니스 접촉을 창출한다. 종업원 입장에서 이벤트는 인센티브로 작용하거나, 참여와 사기를 형성할 수 있다. 미국 남부와 남동부의 대표적인 금융 및 재무서비스 회사인 BB&T Corp.는 비즈니스 고객을 즐겁게 해주기 위해 NASCAR Busch Series를 후원했고, 종업원들의 사기진작을 위해 마이너리그 야구 경기를 후원했다.

- **상품화 기획이나 촉진 기회를 허용하기 위해서**: 많은 마케터들은 콘테스트, 경품행사, 매장 내 상품화기획, 직접 응답, 또는 기타 마케팅 활동을 이벤트와 연결시킨다. Ford와 Coca-Cola는 'American Idol'이라는 유명한 TV 쇼의 후원을 이런 식으로 진행했다.

이러한 잠재적인 장점에도 불구하고, 이벤트의 결과는 여전히 예측 불가일 수 있고, 후원자의 통제 밖으로 벗어날 수도 있다. 비록 많은 소비자들이 이벤트가 가능하도록 재정적인 지원을 제공하는 후원사를 신뢰하지만, 일부는 이벤트의 상업화에 화를 내기도 한다.

경험 창출

경험적 마케팅은 제품이나 서비스의 혜택이나 특징을 커뮤니케이션할 뿐 아니라, 제품이나 서비스를 새롭고 흥미로운 경험과 연결시킨다. 경험적 마케팅은 판매에 목적을 두기보다, 어떻게 기업의 제품이 그들의 생활에 어울리는지에 대해 소비자가 경험하도록 하는 데 목적이 있다. 많은 기업은 소비자와 미디어의 관심과 관여도를 끌어내기 위해 자사의 이벤트와 경험을 만들어낸다.

경험적 마케팅의 가장 유명한 형태는 이벤트 후원이다. 후원을 성공적으로 하기 위해서는 적절한 이벤트를 선정하는 것, 최적의 후원 프로그램을 만드는 것, 그 후원의 효과를 측정하는 것이 요구된다. 후원 기회가 많고 그 비용이 매우 크기 때문에 마케터들은 잘 선택해야 한다. 이벤트가 마케팅 목적과 브랜드를 위해 정의된 마케팅 전략에 맞아야 한다. 이벤트는 충분한 인지도가 있어야 하고, 바람직한 이미지를 가지고 있어야 하며, 바람직한 결과를 창출할 수 있어야 한다. 오디언스는 타깃시장과 맞아야 하며, 기업의 후원에 대해 좋은 태도를 가지고 있어야 한다. 이상적인 이벤트는 또한 다른 후원자들에게 방해받지 않고, 마케팅 활동을 보조하며, 후원자의 브랜드나 기업 이미지를 반영하거나 증대시킬 수 있어야 한다.[45]

기업은 심지어 그들의 현재 및 잠재고객을 그들의 본사나 공장에 초대함으로써 강력한 이미지를 형성하기도 한다.[46] Ben & Jerry's, Boeing, Crayola, Hershey는 1년에 수백만 명의 방문객을 끌어들이는 훌륭한 기업탐방 경험을 실시했다. Hallmark, Kohler, Beiersdorf(Nivea를 만드는 회사)는 본사 근처에 그들의 역사와 제품을 만들고 마케팅하는 드라마를 보여주는 기업 박물관을 만들었다. 또한 많은 기업이 제품과 브랜드를 경험할 수 있는 외부 공간을 만들기도 한다. 그 예로 Atlanta와 Las Vegas의 World of Coca-Cola와 New York City 내 Times Square의 M&M's World가 있다.

고객의 충성도를 높이기 위해, 몇몇 유럽 자동차 회사들은 소비자에게 비행기를 타고 공장을 방문할 수 있는 옵션을 제공하는데, 이를 통해 소비자들은 지역 딜러에게 구입한 차를 직접 공장을 방문하여 가지러 오고, 공장을 둘러보고, 유럽에서 새 차로 운전해 볼 수도 있다. 이 여정 끝에는 소비자가 자신의 자동차를 대서양을 건너는 배에 싣게 된다. 예를 들면, Mercedes-Benz는 유럽 배송의 경우 7%를 할인해 주며, 일반적인 배송료도 면제해 준다. 또한 비행기 요금, 호텔 1박 숙박료, 공장과 박물관을 방문할 수 있는 기회도 제공한다.[47]

구전

소비자는 영화, TV 쇼, 출판과 같은 미디어와 오락 상품부터 식품, 여행서비스, 소매점에 이르기까지 수십 개의 브랜드에 대해 이야기한다. 기업은 정확하게 이러한 구전의 힘을 이해하고 있다. Hush Puppies 신발, Krispy Kreme 도넛, 그리고 최근에는 Crocs 신발 브랜드가 Red Bull, Starbucks, Amazon.com과 같은 기업들이 그랬던 것처럼 강한 구전을 통해 만들어졌다.

구전 마케팅은 기업이 개발한 제품이나 서비스에 대해 소비자가 오디오, 비디오, 그리고 서면을 활용한 정보를 다른 소비자에게 전달하도록 하는 구전활동을 의미한다.[48] 소비자가 만든 정보를 활용한 YouTube, Facebook, Instagram과 같은 사이트를 통해 소비자와 광고주는 수백만이 넘는 사람들에게 공유될 수 있도록 광고와 비디오를 올린다.[49] 온라인 비디오는 비용 측면에서 효과적이며, 마케터는 Blendtec이 그랬던 것처럼 그것을 통해 더 많은 자유를 가질 수 있다.

Blendtec   Utah 기반의 Blendtec은 상업적인 블렌더와 음식 제분기로 유명하다. 그들의 상품을 가정에서 사용하도록 홍보하는 "Will It Blend?"라는 아주 우스운 온라인 비디오 시리즈를 만들기 전까지 이 회사는 일반대중에게 잘 알려진 회사가 아니었다. 비디오에서는 창업자이자 CEO인 Tom Dickson이 하얀 연구실 가운을 입고 골프공에서 펜, 맥주병까지 다양한 물건을 진부하지만 진지한 방식으로 분쇄한다. 그 비디오(www.willitblend.com)의 천재성은 현재의 이벤트와 연결된다는 점이다. iPhone이 어마어마한 팬들과 함께 등장하자마자, Blendtec은 "나는 iPhone을 사랑한다. 그것은 뭐든지 한다. 그러나 그것이 분쇄도 할 수 있나요?"라고 Dickson이 웃으면서 말하는 비디오를 만들어 송출했다. 블렌더가 iPhone을 산산조각 낸 후, Dickson은 검은 먼지더미의 뚜껑을 들어 올리면서 "iSmoke"라고 말한다. 이 비디오 클립은 YouTube에서 무려 350만 뷰가 넘는 조회 수를 기록했다. Dickson은 'Today'와 다른 네트워크 TV쇼에 출연했고, Weezer의 비디오에도 카메오로 등장했다. 분쇄하지 않은 몇 안 되는 제품 중 하나는 쇠지렛대였다![50]

터무니없음은 양날의 검이다. Blendtec 웹사이트에는 "이런 것은 집에서 하지 마세요"라는 카테고리와 수프를 만들기 위해 어떻게 야채를 분쇄하는지를 보여주는 것 같은 "이런 것은 집에서 하세요"라는 카테고리에 코믹한 영상이 모두 올라와 있다. 구전으로 큰 효과를 본 다른 제품은 SodaStream이다.

SodaStream   SodaStream은 가게에서 구입하는 탄산음료를 대체하기 위해 집에서 수돗물을 탄산수로 만들어주는 제품으로서, 구전 덕분에 최소한의 미디어 노출비용으로 소비자에게 알려졌다. 브랜드에 대한 소비자들의 대화를 유도하기 위해, 기업은 샘플을 자유롭게 제공하고, 제품 배치를 했으며, 환경적인 장점 때문에 집에서 탄산수를 만드는 데 관심이 있는 '녹색' 기관과 같은 우호적인 그룹과 관계를 맺고, 가게에서 파는 캔이나 병 제품을 사 가지 않아도 되는 편리함을 제공하는 점 때문에 배나 RV(레저용 자동차) 소유자들과도 관계를 맺었다. 이전 CEO인 Daniel Birnbaum은 "나는 광고보다는 공중관계에 더 투자할 것이다. 왜냐하면 공중관계는 내가 말하는 것이 아니라 다른 사람들이 말하게 하기 때문이다."라고 말했다. SodaStream의 가장 성공적인 마케팅 활동은 'The Cage'이다. 이 회사는 한 나라에서 1년 동안 한 가정에 의해 버려지는 병과 캔의 평균 개수를 계산하여, 거대한 새장과 같은 상자에 넣어 공항처럼 사람들이 많이 다니는 곳에 전시함으로써 사람들의 주의를 끌었다.[51]

>> SodaStream은 샘플링, 제품 배치 및 가정용 탄산수 제조기의 환경적 이점과 편리함을 높이 평가하는 집단과의 관계 맺기를 통해 입소문의 열정을 얻었다.

구전을 활용한 다른 전통적인 예는 Dollar Shave Club이 브랜드를 구축하면서 바이럴 커뮤니케이션 캠페인을 만들기 위해 소셜 미디어를 활용한 방법이다.

> Dollar Shave Club   전자상거래 스타트업인 Dollar Shave Club은 세 가지 다른 플랜을 가지고 저렴한 가격에 면도기와 한 달치 사용량의 면도날을 판매했다. 기업 출범의 열쇠는 온라인 비디오였다. '이제껏 최고의 스타트업 광고'라는 별명이 붙고, 여러 개 상을 수상한 90초짜리 Dollar Shave Club 비디오는 YouTube에서 수백만 뷰를 창출했고, 그 과정에서 소셜 미디어의 수천만 팔로워를 얻었다. 기발하고 불손한 비디오에서 CEO인 Michael Dubin은 지게차를 타고, 테니스를 치고, 털 많은 곰과 춤을 추면서 회사 면도기와 면도날의 품질, 편리함, 가격을 광고했다. 이를 통해 수십만 고객을 확보했고, 동시에 2,000만 달러가 넘는 금액을 벤처캐피털로부터 투자받았고, 결국은 Unilever에 10억 달러에 매각되었다.[52]

긍정적인 구전은 광고 없이 일어나기도 하지만, 관리되고 촉진되도록 할 수도 있다.[53] 질문의 여지 없이 많은 광고주는 페이드 미디어(paid media)나 온드 미디어(owned media) 노력의 결과로 생기는 전문적인 코멘트, 개인 블로그 내용, 소셜 네트워크 토론 등과 같은 언드 미디어(earned media)를 더 얻기 위해 노력한다.

제품이 입소문이 나기 위해 꼭 터무니없거나 평범하지 않을 필요는 없다. 흥미로운 브랜드는 온라인에서 더 많이 이야기된다. 그러나 브랜드가 신선하고, 흥미롭고, 놀라운지 여부는 그것이 오프라인에서 많은 사람들이 직접적으로 이야기하는지 그렇지 않은지에 거의 영향을 주지 않는다.[54] 오프라인에서 많이 이야기되는 브랜드는 눈에 띄고 잘 드러나서 쉽게 마음에 떠오르는 브랜드다. 연구에서 소비자들은 스스로 긍정적인 구전을 생성하고, 자신의 긍정적인 소비 경험을 공유하려는 경향이 있음이 밝혀졌다. 또한 그들은 다른 사람의 부정적인 경험에 대해 들은 내용을 전달함으로써 부정적인 구전을 전파하는 경향이 있다.[55]

홍보와 공중관계

홍보는 기업과 기업의 제공물을 촉진한다. 기업이 미디어에 돈을 지불하는 광고와는 달리 **홍보**는 편집 공간을 활용하며, 미디어 비용을 발생시키지 않는다. 가장 보편적인 홍보 형태는 뉴스 스토리, 기사, 사설 등을 포함한다. 홍보의 주된 목적은 기업과 기업 제공물에 대해 주의를 끌어내는 것이다. 반대로 공중관계(PR)는 단순히 대중의 주의를 끄는 것 그 이상에 집중한다. 공중관계의 최종 목표는 커뮤니티와 관계를 형성하면서 기업과 기업 제공물의 전반적인 명성을 관리하는 것이다.

홍보

많은 기업이 기업이나 제품의 촉진과 이미지 마케팅을 위해 홍보에 눈을 돌리고 있다. **홍보(publicity)**는 미디어에서 지불된 공간(paid space)과는 반대로 편집 공간(editorial space)을 확보하는 것으로 제품, 서비스, 아이디어, 장소, 사람, 그리고 조직을 촉진하는 것이다.

대량 광고의 효과가 점점 약해지면서, 마케팅 관리자는 신제품이나 기존 제품에 대한 인지도와 브랜드 지식을 형성하기 위해 홍보로 눈을 돌리고 있다. 홍보는 지역의 커뮤니티를 커버하고 특정 집단에 다가가는 데 효과적이며, 광고보다 비용 측면에서 더 효과적이다. 홍보는 점점 온라인에서 이루어지고 있다. 그러나 홍보는 광고와 다른 마케팅 커뮤니케이션 수단과 동시에 계획되어야 한다.

홍보는 전통적인 광고에 비해 중요한 장점을 가지고 있다. 첫째, 홍보는 무료다. 비록 대행사가 미디어 커버리지를 확보하도록 비용을 지불하지만, 광고주는 미디어 그 자체(예를 들면, TV나 라디오 시간이나 신문 또는 잡지의 지면)에 대해 비용을 지불하지 않는다. 또한 메시지의 원천이 기업이 아니라 제3자이므로 홍보는 더 신뢰가 가며, 타깃 오디언스에게 더 영향을 줄 확률이 높다. 홍보의 주된 단점은 기업에 의해 완전히 통제되기가 어렵고, 그 결과 기업에 부적절하게 끝나거나, 심지어 기업이나 그 제공물에 악영향을 끼칠 수도 있다는 점이다. 따라서 예상되는 결과의 부재는 홍보의 경제성(적은 비용)과 신뢰성의 대가라고 할 수 있다.

홍보는 복수의 목적을 달성할 수 있다. 제품, 서비스, 사람, 조직, 아이디어에 주의를 집중시키기 위해 미디어에 스토리를 실음으로써 인지도를 확립할 수 있다. 또한 편집 맥락에서 메시지를 커뮤니케이션함으로써 **신뢰도**를 구축할 수 있다. 공중관계는 새로운 제품이 출시되기 전에 그 제품에 대한 스토리를 통해 영업조직이나 딜러의 **열정**을 끌어낼 수도 있다. 홍보는 직접 우편이나 미디어 광고보다 비용이 적게 들기 때문에 **촉진 비용**을 낮게 유지할 수 있다.

홍보는 기업의 여러 가지 활동에서 중요한 역할을 한다.

- **신상품 출시**: LeapFrog, Beanie Babies, Silly Bandz와 같은 장난감의 단 한 번 광고의 놀라운 성공은 강한 홍보의 결과다.
- **성숙된 제품의 리포지셔닝**: 고전적인 예로 New York City는 "I Love New York" 캠페인을 하기 전까지 1970년대에 나쁜 기사에 시달렸다.
- **제품 카테고리에 대한 흥미 유발**: 기업과 무역협회는 달걀, 우유, 소고기, 감자와 같이 관심이 줄어드는 제품의 흥미를 높이고, 차, 돼지고기, 오렌지주스와 같은 제품의 소비를 늘리기 위해 홍보를 사용했다.
- **문제에 봉착한 제품 방어**: 홍보전문가는 최근 몇 년 동안 Tylenol, Toyota, BP와 같이 잘 확립된 브랜드들이 잘 극복해 낸 것과 같은 위기를 다루는 데 능숙해야 한다.
- **제품에 대한 호의적 태도를 유발하는 회사 이미지 확립**: 기대를 한몸에 받았던 고(故) Steve Jobs의 Macworld 기조연설은 Apple Corporation의 혁신적이고, 상징적인 이미지를 만드는 데 도움을 주었다.

창조적인 홍보는 광고비 대비 매우 적은 비용으로 대중의 인지도에 영향을 미칠 수 있다. 기업은 미디어 지면이나 시간에 대해 비용을 지불할 필요 없이 직원들로 하여금 스토리를 만들고 알리며, 이벤트를 관리하도록 비용을 지불하면 된다. 미디어에 의해 선정된 매우 흥미로운 스토리는 수백만 달러의 광고와 맞먹는다. 어떤 전문가들에 따르면, 소비자는 광고보다 홍보물 문구에 5배나 더 영향을 받는다고 한다. 다음은 상을 받은 홍보 캠페인의 예다.

> Meow Mix   헤리티지 브랜드인 Meow Mix Cat Food는 그들의 뿌리를 활용하고자 20년 이상 방송되지 않았던 반복적인 야옹 소리의 시엠송을 다시 가져오기로 결정했다. Meow Mix는 가수이자 TV 리얼리티 코치인 CeeLo Green과 그의 페르시안 고양이 Purrfect를 출연시키기로 했다. Purrfect와의 듀엣에서 시엠송의 리믹스 버전을 노래하는 Green의 비디오는 모든 종류의 미디어에서 주의를 끌었다. 이 스토리는 AP 및 'Access Hollywood'의 독점자료를 포함하여 1,200여 개의 미디어 게시와 5억 3,500만 건의 미디어 노출을 기록했다. 브랜드의 웹 트래픽은 150% 늘었고, 1만 명이 넘는 팬들이 그 노래와 벨소리를 다운받았다. 한 번 다운받을 때마다 1파운드의 Meow Mix가 Los Angeles 지역의 애완동물 자선단체에 기부되었다.[56]

공중관계

기업은 고객, 공급자, 딜러하고만 건설적인 관계를 맺는 것은 아니다. 기업은 반드시 적절한 대중과도 관계를 맺어야 한다. **공중관계**(public relations, PR)는 적절한 이해관계자들에게 기업의 이미지를 보호하고 홍보하기 위한 다양한 프로그램을 포함한다.

현명한 기업은 그들의 주된 대중과 성공적인 관계를 관리하기 위해 구체적인 절차를 밟는다. 대부분은 PR 부서가 있어서 대중이 기업에 대해 가지는 태도를 모니터링하고, 좋은 관계를 형성하기 위해 정보를 제공하고 커뮤니케이션한다. 가장 최고의 PR 부서는 긍정적인 프로그램을 도입하고, 확실치 않은 활동을 제거함으로써 대중의 부정적인 평가가 일어나지 않도록 최고 경영진을 도와주는 역할을 하는 것이다.

많은 기업은 세 가지 기능을 하는 PR 부서를 가지고 있다. 그들은 긍정적인 측면에서 기업에 대한 정보와 뉴스가 나가도록 언론기사를 제공한다. 또한 기업의 내부적·외부적 커뮤니케이션을 통해 기업에 대해 이해하도록 홍보함으로써 기업의 커뮤니케이션을 관리한다. 끝으로, 입법과 규제를 홍보하거나 방어하기 위해 입법부와 행정부의 관계자를 대상으로 로비 활동을 한다.

공중관계는 여러 미디어 포맷을 가질 수 있다. 가장 많이 활용되는 포맷은 출판, 이벤트, 뉴스, 스피치, 공공 서비스 활동, 정체성 미디어다.

- **출판**(publication): 기업은 타깃시장에 영향을 주고 도달하기 위해 출판물을 집중해서 사용한다. 이러한 출판물은 기업의 연차보고서, 브로슈어, 기사, 기업의 뉴스레터, 잡지, 그리고 오디오나 비디오 같은 출판물이다.
- **이벤트**(events): 기업은 타깃대중에게 다가가기 위해 컨퍼런스, 세미나, 견학, 트레이드쇼, 전시회, 콘테스트, 경쟁, 기념행사와 같은 것을 통해 기업의 신제품이나 기업의 다른 활동에 대해 주의를 끌 수 있다.
- **뉴스**(news): PR 전문가의 주된 업무 중 하나는 기업, 제품, 그리고 기업 관련자들에 대한 우호적인 기사를 찾거나 형성하는 일과 미디어로 하여금 이 기사들을 받아들이고 기자회견에 참석하도록 하는 것이다.
- **스피치**(speeches): 점점 더 많은 기업 대표들이 미디어로부터 받은 질문에 답하거나 무역협회, 영업회의에서 강연하고, 기업의 이미지를 구축할 수 있는 모습을 보여주어야 한다.

- **공공 서비스 활동**(public service activities): 기업은 좋은 일에 금전적 또는 시간적으로 기여함으로써 선행을 쌓을 수 있다.
- **정체성 미디어**(identity media): 기업은 대중이 즉시 알아볼 수 있는 시각적인 정체성이 필요하다. 이러한 시각적 정체성은 회사 로고, 문구, 브로슈어, 간판, 비즈니스 양식, 명함, 건물, 유니폼, 복장 규정 등에서 나타날 수 있다.

공중관계는 기업으로 하여금 이미지를 만들고 커뮤니티와의 관계를 관리하도록 도와준다. 또한 공중관계는 마케팅 위기로 인한 손실을 줄여주고, 위기가 잘 해결된 이후 이미지를 다시 재건하는 데에도 도움을 준다.

패키징

패키징(packaging)은 보통 구매자가 제품을 만나는 첫 번째 과정에서 인식되기 때문에, 구매자의 흥미를 끄는 데 결정적인 역할을 할 수 있으며, 이어서 구매자의 평가 및 최종 구매결정에 영향을 미칠 것이다. 이처럼 소비자의 인식과 선택에 영향을 미치므로, 많은 기업은 독특한 소비자 가치를 창출하고 다른 경쟁자로부터 제품을 차별화하기 위해 패키징을 활용한다.[57]

라벨(label)은 가장 눈에 띄면서 중요한 요소다. 라벨은 패키징에 서면으로, 전자적으로, 그래프적으로 커뮤니케이션하는 모든 것과 제품에 달려 있는 정보태그와 같이 제품에 붙어 있는 것까지도 포함한다. 라벨의 주된 기능은 소비자, 채널 멤버, 그리고 기업에게 제공물에 대한 식별, 제공물의 주된 특성, 제공물의 혜택에 대한 강조, 구매자를 위한 제공물의 올바른 사용법 및 보관법과 폐기법에 대한 안내, 제공물의 심미적 어필 증대, 제공물과 관련된 브랜드 강화 등과 같은 정보를 전달하는 것이다.

다음과 같은 패키징의 세 가지 중요한 원칙은 시장에서 제품의 성공에 기여하는 효과적인 패키징을 할 수 있도록 도와줄 것이다. 중요한 원칙은 **가시성, 차별화, 투명성**이다.

- **가시성**(visibility): 자사의 제공물을 홍보하는 데 열중하는 기업은 종종 지속적으로 보내는 많은 정보 세례로 소비자들을 압도하기도 한다. 이러한 정보 과부하는 오히려 비생산적이며, 소비자가 당장 의사결정하는 데 적절하지 않다고 생각되는 정보는 애당초 무시하게 만든다. 이러한 정보 과다는 또한 소비자가 그들에게 유용한 정보까지도 간과하게 만든다. 효과적인 패키징은 이러한 정보 방해 요소를 없애고, 소비자의 주의를 끌며, 제품에 대해 호의적으로 고려하게 만들고, 종극에는 구매로 이어지게 한다. San Francisco 스타트업 기업인 Method에 의해 디자인된 눈물방울 모양의 병은 Target, Walmart, Whole Foods의 선반에서 볼 수 있는 그들의 비누를 브랜드명이 아닌 제품 자체의 명칭이 되도록 만드는 데 도움을 주었다.
- **차별화**(differentiation): 효과적인 패키징의 또 다른 중요한 점은 기업의 제품을 경쟁사로부터 차별화할 수 있다는 것이다. 여러 가지 선택 옵션이 있는 경우, 시간적인 제한이 있는

출처: Jeremy Lips/Alamy Stock Photo

>> 매력적인 눈물방울 모양의 패키징은 Method가 자사 비누를 효과적으로 다르게 보이게 만들었고, 소비자들이 즉각적으로 해당 브랜드를 알아보게 했다.

소비자들은 보통 제품을 평가하는 데 패키징의 정보를 주된 원천으로 사용한다. 많은 기업은 브랜드를 홍보하기 위해 차별적인 패키징을 사용하는데, 이러한 차별적 패키징은 충성도 높은 고객들이 그들이 찾고 있는 브랜드를 한눈에 쉽게 알 수 있도록 해준다.

• **투명성**(transparency): 소비자의 주의를 끌고 기업의 제품을 다른 경쟁자로부터 차별화하는 것 이외에도 효과적인 패키징은 소비자에게 해당 제품의 가치를 명확하게 커뮤니케이션한다. 소비자는 보통 구매시점에 패키징과 만나게 되므로, 패키징은 제공물의 장점을 권유하고, 소비자에게 구매해야 하는 이유를 알려줌으로써 제품의 가치 제안을 명확하게 커뮤니케이션해야 한다. 예를 들면, 지속가능한 제품은 시각적으로 그들이 환경적으로 자연친화적임을 알리기 위해 패키징에 녹색을 사용한다.

패키징의 여러 가지 기능은 광고와 비슷하다. 둘 다 기업의 제공물에 대한 독특한 특성을 구매자에게 알리는 수단이다. 그러나 패키징과 광고는 서로 다른 종류의 정보를 커뮤니케이션하며, 다른 방법으로 이러한 정보를 알린다. 광고는 미래 구매자들의 마음에 제품에 대한 기억에 남을 만한 인상을 심어주는 것이 그 목적이다. 반면, 패키징이 구매 의사결정에 미치는 영향은 더 즉각적이며, 사실은 순간적이다. 왜냐하면 구매자는 보통 구매시점에 제품의 패키징에 반응하기 때문이다. 따라서 패키징은 더 시각적으로 소비자에게 영향을 미치도록 디자인되는 경우가 많다. 또한 소비자는 제품 의사결정 시 저가의 흔한 제품을 평가할 때는 많은 시간과 에너지를 쓰지 않으며, 패키징이나 제품 자체의 시각적인 부분에 더 많이 의존한다.

---

marketing INSIGHT 소셜 미디어의 ROI 측정

기업은 그 어느 때보다 소셜 미디어에 시간, 노력, 돈을 쓰고 있다. MDG Advertising이 CMO 대상으로 실시한 서베이에 의하면, 마케팅 예산의 12%를 소셜 미디어에 쓰고 있으며, 이 숫자는 지난 5년간 20% 이상 증가한 것이다. 만약 많은 시간과 돈을 소셜 미디어에 쓰고 있다면, 그것이 브랜드에 얼마나 도움을 주고 있는지 아는 것은 매우 중요하다. 그러나 그것은 말하기는 쉽지만 실행하기는 어렵다. CMO를 대상으로 한 서베이에서 44%가 소셜 미디어가 자신들의 비즈니스에 미치는 영향을 측정하기 어렵다고 응답했다. 그리고 비록 36%가 자신들의 소셜 미디어 활동이 정성적으로 미치는 영향에 대해 어느 정도는 알고 있다고 답했지만, 20%만

이 실제로 그 영향을 정량화하고 있다고 응답했다.

선택된 용어 1,000개의 검색 결과를 자동으로 이메일로 보내주는 무료 Google Alerts를 비롯한 디지털 툴이 기업의 소셜 미디어 활동을 모니터링할 수 있도록 도와준다. Alerts는 Google 사이트만 모니터링한다. 한 달에 100달러가 안 되는 돈으로 BuzzSumo는 회사나 브랜드가 언급되었을 때 알려주도록 설정하게 하고 이는 경쟁사에 대해서도 가능하다. 또한 무제한 콘텐츠나 소셜 인플루언서 찾기를 제공하여, 마케터가 그들의 콘텐츠를 개발하거나, 다른 사람들에게 영향을 주는 인플루언서를 쉽게 찾을 수 있도록 해준다. 더 정교한 옵션인 Nuvi는 데이터 시각화를 통해 기업이 그들의

(계속)

marketing insight (계속)

비즈니스가 온라인에서 어떻게 보여지는지, 소셜 미디어 노력의 효과성이 어떠한지, 부정적인 의견은 무엇인지 포착할 수 있는 서비스를 제공한다.

딜레마는 소셜 미디어로 인한 실제 매출을 측정하는 것이다. MDG Advertising은 58%의 브랜드가 소셜 미디어 참여를 측정하고 있지만, 21%만이 수익으로 전환율을 측정하고 있다고 말한다. Audi가 Twitter 해시태그를 활용한 슈퍼볼 광고를 처음 했을 때, Facebook 팬들의 높은 참여가 얼마나 많은 자동차 판매로 이어졌는지 알 수 없었다. 한 보고서에 의하면, Fortune 1,000개의 기업 중 50%가 소셜 고객관리 프로젝트의 투자회수를 벤치마킹하거나 측정하지 않았다. 처음부터 소셜 미디어 효과의 측정은 쉽게 정량화할 수 있는 Facebook의 '좋아요' 숫자나 Twitter의 일주일간 트윗 개수였다. 그러나 이런 것들은 항상 마케팅이나 비즈니스 성공과 관련이 없기 때문에 연구자들은 더 깊게 연구하기 시작했다.

소셜 미디어의 가치를 평가하는 것은 쉬운 일이 아니다. 어떤 마케팅 전문가들은 소셜 미디어를 전화에 비교한다. 어떻게 당신이 하는 여러 건의 전화 통화에 대해 ROI를 측정할 수 있는가? Forrester Research의 호평을 받는 마케팅 전문가인 Josh Bernoff는 소셜 미디어의 단기 효과와 장기 효과가 다음과 같이 네 가지로 나뉜다고 보았다.

- **수익의 증가나 비용의 감소와 같은 단기 재무적 성과**: 수익 측면의 예로 NetShops.com이 자사 사이트에 평가와 리뷰를 남길 수 있는 부분을 추가했을 때, 매출이 6개월 동안 26% 증가한 사례가 있다. 비용 측면의 예로 매우 정교한 엔지니어링 제품을 생산하는 National Instruments가 그들의 사용자 커뮤니티 회원들이 다른 사용자들의 질문에 46% 응답해 주었음을 발견했는데,

이것은 보통 이 기업이 1번 전화하는 데 드는 약 10달러의 비용을 줄여준 셈이다. 비슷한 예로 AT&T는 온라인 커뮤니티를 활성화함으로써 전화고객 응대를 지원하는 비용이 16% 감소했다.

- **단기의 전반적인 디지털 혜택**: Swanson Health Products가 자사 제품 리뷰의 가시성을 높였을 때, 검색엔진에 더 많이 노출되었고, 제품 페이지의 트래픽이 163% 증가했다. 온라인 비디오, 커뮤니티, 블로그, Twitter도 그러한 검색 성과를 비슷하게 높였다.
- **장기 브랜드 향상**: 소셜 미디어는 장기적으로 브랜드 성과를 높인다. P&G가 스키점퍼인 Lindsey Vonn을 후원하는 Facebook 페이지를 만들었을 때, 스키점프 종목을 올림픽 종목에 포함시켜 달라는 4만 명의 청원이 일었다. Facebook 사용자 대상의 서베이 결과, 브랜드선호와 구매의도가 8~11% 증가했다는 것을 발견했다.
- **장기 위험 방지**: 위기에 대응하는 것은 오랜 시간이 지나면 기업이 수백만 달러의 비용을 치르게 할 수 있다. 브랜드가 손상을 입기 전에 위기를 방지하는 것이 매우 중요하다. McDonald's나 AT&T와 같은 기업은 상품이나 서비스에 대한 Twitter를 모니터링하여, 발생할 수 있는 문제를 미연에 방지한다.

소셜 미디어의 보상을 창출하고 측정하는 가장 쉬운 방법은 콘테스트, 경품, 또는 프로모션 등을 포함하는 것이다. Silicon Valley의 광고 회사인 Wildfire는 Jamba Juice에 대해, 스토어 내에서만 가치를 확인할 수 있는 '행운의 쿠폰' 프로모션을 진행했다. 수만 명의 소비자가 참여했고 프로모션은 성공적이었지만, 소셜 미디어 결과는 여전히 예측 불가능할 수 있다.[58]

요약

1. 전체적인 커뮤니케이션을 잘 관리하고 조정하기 위해서는 **통합적 마케팅 커뮤니케이션**이 필요하다. 효과적인 마케팅 커뮤니케이션은 다양한 커뮤니케이션 방법의 전략적인 역할을 평가하는 총체적인 계획의 중요성을 인식하고, 이러한 다양한 방법을 결합하여 명확성, 일관성, 그리고 별개의 메시지들의 끊임없는 통합을 통해 극

대의 효과를 제공하는 것이다.

2. **통합적 커뮤니케이션 캠페인**을 개발하기 위해서는 일관적인 소비자 경험을 위해 다양한 미디어 포맷의 특징을 확실하게 이해해야 한다. 가장 보편적인 커뮤니케이션 포맷은 광고, 온라인/소셜 미디어/모바일 커뮤니케이션, 이벤트와 경험, 구전, 홍보 및 공중관계, 패키징이다.

3. **광고**는 비용 지불 형태로 확인된 후원자가 아이디어, 제품, 서비스, 브랜드를 알리고 촉진하는 것이다. 광고주는 비즈니스 기업뿐 아니라 자선단체, 비영리단체, 정부 기관까지도 포함한다. 광고주는 보통 타깃 오디언스에게 기업의 메시지를 전달하기 위해 미디어 시간이나 지면을 구매한다. 가장 보편적인 광고 형태는 TV, 인쇄, 라디오, 온라인, 장소 광고이다.

4. 가장 중요한 온라인 커뮤니케이션 유형은 기업의 **온드 미디어**다. 보통 트래픽을 발생시키는 데는 두 가지 방법이 있다. 첫 번째는 검색엔진최적화(SEO)로 기업의 콘텐츠가 무료 검색 결과의 가장 최우선에 오는 확률을 높이는 것이 목적이다. 두 번째는 검색엔진마케팅(SEM)으로 검색엔진회사에 비용을 지불하고 특정 키워드 결과로 기업의 콘텐츠가 나오도록 하는 것이다.

5. **소셜 미디어**는 마케팅 커뮤니케이션의 영향력 있는 형태가 되고 있다. 소셜 미디어는 온라인 커뮤니티 및 포럼, 블로그, 소셜 네트워크, 소비자 리뷰 등 여러 가지 형태를 띤다. 소셜 미디어는 다른 커뮤니케이션을 강화하고, 마케터에게 브랜드에 대해 공공의 목소리를 가지며 온라인 존재를 알릴 수 있는 기회를 제공한다. 마케터는 온라인 커뮤니티를 만들거나 활용해야 하는데, 이를 통해 소비자의 참여를 장려하며, 그 과정에서 장기적인 마케팅 자산을 만들어야 한다.

6. **모바일 커뮤니케이션**은 마케터가 소비자와 스마트폰, 태블릿, 웨어러블 기기를 통해 연결되어 문자메시지, 앱, 광고 등을 활용할 수 있는 인터렉티브한 마케팅의 중요한 형태다. 이 인터렉티브한 모바일 마케팅의 핵심 요소는 마케터가 소비자의 인구통계적·지역적·행동적

특성에 따라 메시지를 개인화할 수 있다는 점이다.

7. **이벤트와 경험**은 소비자의 삶에서 특별하고 개인적으로 적절한 순간이 되는 것이 목적이다. 이벤트는 제품이나 서비스를 특별하고 참여할 수 있는 경험과 연결시킴으로써 소비자와 기업의 관계를 더 깊고 넓게 만든다.

8. **구전 마케팅**은 소비자가 제품, 서비스, 브랜드에 대한 경험과 관점을 다른 사람들과 공유하도록 하는 것이 목적이다. 긍정적인 구전은 광고 없이 자연적으로 이루어지지만, 관리되거나 촉진될 수도 있다. 구전 마케팅은 온라인을 통해 다른 사람들에게 기업이 만든 제품이나 서비스에 대한 오디오, 비디오, 텍스트를 활용한 정보를 전달하도록 하는 구전에 의존한다.

9. **홍보**는 기업과 기업 제공물을 촉진하는 것이 목표다. 기업이 미디어에 대해 돈을 지불하는 광고와는 달리 홍보는 편집 공간을 사용하며, 미디어 비용을 지불하지 않는다. 홍보와 공중관계의 흔한 형태는 뉴스 스토리, 기사, 사설 등이며 주된 목적은 기업과 기업 제공물에 대한 주의를 끌어내는 것이다.

10. **공중관계(PR)**는 커뮤니티와 관계를 형성하면서, 기업과 기업 제공물에 대한 전반적인 평판을 관리하는 것이 목적이다. PR의 주된 도구는 출판, 이벤트, 후원, 뉴스, 스피치, 공공 서비스 활동, 정체성 미디어다. PR 부서는 여러 가지 기능을 한다. 기업에 대한 긍정적인 보도자료를 만들고, 내부 및 외부의 회사 커뮤니케이션을 관리하고, 호의적인 입법과 규제를 얻기 위해 입법부나 정부를 상대로 로비활동을 한다.

11. **패키징**은 기업 제공물의 장점을 소비자에게 알린다는 점에서 광고와 비슷하다. 광고가 미래 고객에게 제공물에 대한 기억에 남을 인상을 만들어내는 것이 목적인 광고와는 다르게, 패키징은 소비자에게 시각적으로 더 직접적인 영향을 준다. 구매시점에 소비자의 인식에 영향을 주기 때문에, 많은 기업은 독특한 가치를 창출하고 경쟁자와 차별화할 수 있도록 패키징을 전략적으로 활용하고 있다.

marketing
SPOTLIGHT

Honda

일본의 자동차 및 오토바이 제조업체인 Honda는 Toyota와 Nissan과 함께 앞서가는 글로벌 브랜드이자 일본의 3대 자동차 회사 중 하나다. Toyota와 Nissan 이외에도 국제시장에서 Honda는 Volkswagen, Ford, General Motors, 현대, Fiat, Chevrolet, Mitsubishi Motors와 경쟁하고 있다. Honda는 혁신성과 뛰어난 성능을 제공하는 능력으로 많은 제품이 칭송을 받았다. 예를 들면, 2006년 Honda Civic은 Drivers' Choice에서 가장 뛰어난 소형차로 뽑혔고, 《Motor Week》에서 선정한 그해 최고의 차로 뽑혔으며, 2018년 Honda Accord는 Detroit에서 열린 North American International Auto Show에서 그해의 차로 선정되기도 했다. 2019년 마케팅 컨설팅 회사인 Interbrand는 Honda를 세계 21번째 브랜드로 순위를 매겼다.

　글로벌 자동차 시장의 경쟁이 치열해짐에 따라, 기업은 새로운 소비자를 끌어들이고 기존 고객을 유지하기 위해 더 많은 혁신과 마케팅에 돈을 쓰고 있다. 수백만 기업이 매년 광고와 프로모션에 돈을 쓰고 있다. Honda는 수년 동안 매우 성공적인 제품들을 출시해 왔으며, 각각의 제품은 일관적인 브랜드 이미지를 만들어내는 독특한 프로모션 캠페인을 진행했다. 그들의 프로모션 전략은 자동차와 오토바이와 관련된 TV, 신문, 잡지, 홍보, 자동차 블로그, 웹사이트 등을 포함한다. Honda는 모든 커뮤니케이션 플랫폼을 아우르는 전통적이고 비전통적인 프로모션 방법을 모두 활용하여 TV 스포츠에서 이벤트까지 "The Power of Dreams"라는 메시지를 내보냈다. 이 메시지는 Honda가 각 고객이 자신의 포부를 추구하며 더 많은 것을 할 수 있게 만들어준다는 것을 의미한다.

　"The Power of Dreams"는 슬로건이자 기업의 철학이다. 이 슬로건의 이면에 담긴 목적은 음악과 모터스포츠를 통해 밀레니얼 고객을 타기팅할 수 있는 Honda의 후원활동을 알리는 것이다. 후원은 다음의 여러 가지 카테고리로 나뉠 수 있다: 스포츠(60%), 페스티벌(15%), 대의 마케팅(12%), 오락(10%), 예술(3%), 다른 후원 활동들. Honda는 미국과 캐나다에서 National Hockey League(NHL)의 공식 후원파트너이고, Honda NHL All-Star Weekend의 타이틀 후원사다. 몇몇 대표적인 후원활동은 미국에서의 Honda Classic PGA(Professional Golfers Association) Tour, 아일랜드의 Wings for Life World Run, London의 Women's Pro Cycling Team 등이다. 음악과 관련한 대표적인 후원은 2011년부터 하고 있는 콘서트 투어인 Honda Civic Tour, North America의 수백 개가 넘는 오리지널 음악 및 이벤트 또는 페스티벌을 후원하는 YouTube 기반의 플랫폼인 Honda Stage가 있다. 이러한 활동은 밀레니얼 세대와 Z세대에게 Honda의 브랜드 인지도와 브랜드 로열티를 높이는 데 일조하고 있다.

　지난 수년 동안 Honda의 혁신적인 마케팅 커뮤니케이션 전략은 의미 있는 스토리를 가지고 있으며, 개인화된 비디오 캠페인, 가상현실, 다양한 디지털 콘텐츠, 소셜 미디어 등을 활용한 광고를 제작함으로써 소비자들의 활발한 참여를 창출해 오고 있다. "Dream Makers"라는 캠페인은 90초 분량의 비디오에서 영화제작 및 자동차와 자전거를 만드는 예술이 연달아 90초간 이어진다. 인상적인 비주얼로 오디언스가 그림, 삽화, 스토리보드, 애니메이션, 촬영에 이르는 다양한 영화제작 단계를 거치게 한다. 비디오는 또한 오토바이와 Honda Civic의 최신 모델을 등장시켜 Honda의 기술적 진보를 강조한다.

　#Cheerance 캠페인은 매년 진행되는 5일 동안의 할인 기간에 이루어진다. 이 캠페인은 주의를 끄는 비디오와 우스운 GIF나 밈을 활용하여 소셜 미디어를 통해 긍정과 행복을 전파하는 것이 목적이다. Candy Cane Lane 프로젝트는 입원해 있는 어린이들을 위한 가상현실 프로그램이다. 아이들은 VR 헤드셋을 쓰고 Honda의 가상 겨울 원더랜드에 가게 되는데, 여기서 어린이들은 크리스마스 트리, 불빛, 불꽃놀이, 산타할아버지

와 함께 크리스마스의 분위기를 즐길 수 있다. #FireBladeSelfie 캠페인은 해시태그를 사용하는 소비자들을 근처의 Honda 딜러 숍으로 보내는 개인화된 비디오를 보내주고, 거기서 고객이 셀카 사진을 보내면 Hoda Fireblade를 가질 수 있는 경품추첨에 참여할 수 있도록 했다. 캠페인 결과 1만 4,000건의 셀카 사진과 100건의 시승, 5,900명의 새로운 팔로워, 91.5%의 고객 참여 증가를 가져왔다.

Honda UK는 디지털 미디어를 활용하여 타깃 오디언스를 참여시키는 더 혁신적인 커뮤니케이션 전략을 활용했다. 2018년 소비자들이 만든 비디오 및 텍스트 기반 콘텐츠를 보관하는 Honda Engine Room이라는 콘텐츠 허브를 만들었다. 이 콘텐츠 허브는 최근 Honda의 메시지 전략이 짧고, 주의를 끄는 메시지 전략에서 소비자에게 브랜드에 대해 더 생생함을 전달하는 긴 스토리텔링이나 기사 형태의 광고 메시지로의 전략 변화를 보여주는 사례다. Honda Engine Room은 모바일이나 PC에서 볼 수 있는 실시간 스토리를 구축하는 Shorthand라는 플랫폼을 사용한다. 이것이 도입된 이후로 140개가 넘는 제품을 이 허브에 출시했다. Honda는 현재 및 미래 고객이 허브에 올라온 다양한 스토리와 콘텐츠를 통해 Honda 브랜드에 대해 잘 이해하기를 기대한다.

비록 비디오 기반 콘텐츠들이 더 인기가 많지만, Honda는 많은 고객이 여전히 읽을 수 있는 미디어를 즐긴다는 사실을 믿기에, Engine Room에 읽을 수 있는 콘텐츠도 많이 올렸다. Honda는 타깃 오디언스에게 더 폭넓은 서비스를 제공할 수 있는 비디오, 블로그 포스트, 인포그래픽 등 균형 잡히고 혼합된 콘텐츠를 활용하는 것이 가장 좋으며, 다양한 콘텐츠가 방문자로 하여금 웹페이지에 더 오래 머무르게 하며, 타깃 오디언스에게 메시지를 전달할 더 많은 기회를 제공하는 것이라고 생각한다. 이에 더해 Honda의 마케팅 관리자는 읽을 수 있는 콘텐츠가 오디언스에게 더 빨리 정보를 제공할 수 있다고 말한다. 그리고 혼합된 다양하고 많은 콘텐츠가 검색엔진최적화를 도와줄 수 있다고 생각한다. 왜냐하면 검색엔진은 여전히 쓰여진 단어를 중심으로 순위를 매기기 때문이다.[59]

질문

1. 브랜드 구축에서 Honda의 커뮤니케이션 전략과 슬로건인 "The Power of Dreams"에 대해 논의하시오.
2. 당신이 읽었던 캠페인들에 의거하여 고객참여를 위한 Honda의 창의적인 전략에 대해 논의하시오.
3. Honda의 콘텐츠 혼합전략이 효과적이라고 생각하는가? Honda와 같은 브랜드에게 읽을 수 있는 콘텐츠가 비디오 중심의 콘텐츠만큼 효과적일 수 있는가?

---

marketing
SPOTLIGHT

AccorHotels

AccorHotels은 창업자인 Paul Dubrule과 Gerard Pelisson이 그들의 첫 호텔인 Novotel을 프랑스 Lille Lesquin에 처음 열었던 1967년에 만들어진 회사다. 그들은 곧 Société d'investissement et d'exploitation hôteliers(SIEH)라는 그룹을 만들었고, 세계적으로 새로운 호텔들을 사들이고 오픈하여 회사를 성장시켰다. 1983년, SIEH는 400여 개의 호텔과 1,500여 개의 레스토랑을 가지게 되었고, 회사 이름을 Accor Group으로 새로 지었다.

2010년부터 Accor는 운영전략을, 자신들이 소유하는 전

출처: Kristoffer Tripplaar/Alamy Stock Photo

략에서 프랜차이징과 호텔 자산을 관리하는 전략으로 바꾸었다. 'asset-light'라고 불리는 이 전략은 호텔이 자본을 실제 부

동산을 구매하는 데 사용하는 대신 많은 브랜드에 투자하고 브랜드를 확장하는 데 초점을 맞추도록 했다. Accor는 두 개의 비즈니스를 가지게 되었다. HotelInvest는 호텔을 소유하고 빌려주는 데 초점을 맞춘 부동산 비즈니스였고, HotelServices는 Accor 호텔을 운영하는 데 초점을 맞춘 비즈니스였다. asset-light 전략을 추구하면서 Accor는 2014년에 2,018개의 새로운 호텔을 오픈하였는데, 대다수는 새로운 시장에 있는 호텔들이었다. 2019년까지 Accor는 호텔 시장의 여러 다른 고객들을 타기팅하는 26개의 사내 브랜드를 관리하게 되었다. 가장 럭셔리한 브랜드는 Raffles, Fairmont와 Sofitel이다. 중간급의 브랜드는 Swissotel과 Mercure이며, ibis와 Formula 1은 대표적인 저렴한 브랜드다.

디지털 혁명은 Accor에게 새로운 도전을 가져다주었다. 고객은 그들의 여행 경험을 많이 공유할 수 있게 되었고, 마지막 순간까지도 여행 플랜을 예약할 수 있으며, 호텔의 소셜 미디어 계정과 소통할 수 있게 되었다. 게다가 여행 관련 서비스를 예약하는 매우 다양한 방법이 생겨났다. 디지털 혁명 전에는 전통적인 여행사들이 항공과 호텔, 그리고 관광예약까지도 도맡아 했다. 여행 시장에 등장한 새로운 사업자들은 온라인 여행사(예: Booking, Expedia), 리뷰 사이트(예: TripAdvisor), 여행 블로그(예: Lonely Planet), 소셜 미디어 웹사이트(예: Facebook, Twitter), 그리고 다른 여행관련 서비스(예: Airbnb) 등이다. 사적인 거주공간에 매력적인 가격으로 숙박시설을 제공하는 경쟁사 Airbnb는 Accor에게 매우 심각한 위협이 되었다. 커미션을 받고 Accor의 호텔을 쉽게 예약할 수 있게 해주는 여행사들도 Accor 이익에 큰 위협이 되었다.

자사를 통한 직접적인 예약을 늘리기 위해 Accor는 웹사이트, 모바일 앱, 소셜 미디어 그리고 개인적으로 고객과 소통하는 광고에 많은 비용을 투자했다. 2014년, Accor는 1,200만 개의 키워드와 검색광고를 구입했다. 또한 그해에 5억 7,000만 건 이상의 타깃 이메일을 잠재고객들에게 보냈다. 결과적으로 이러한 노력은 2014년 전체 매출에서 온라인 매출이 5%를 차지하게 만들었는데, Accor가 50%까지 늘리고자 했던 것에 비하면 크게 미치지 못하는 숫자였다. 성장을 위해 Accor는 여행을 예약하는 시점부터 호텔 이용을 마치는 순간까지의 고객 경험을 증진시켰다. Accor의 디지털에서 고객서비스를 향상하는

전략은 소비자 중심의 요소와 종업원 중심의 요소를 모두 가지고 있었다.

모바일 예약 시스템을 증대시키기 위해, Accor는 프랑스의 모바일 여행 앱인 Wipolo를 인수했다. 2014년 Accor의 Wipolo 인수는 Accor가 그 당시 온라인 매출의 12%에 불과한 모바일 예약 시스템의 점유율을 높이고, 고객의 주요 예약 시스템으로 만들 수 있는 동적인 모바일 앱을 가지게 되었다는 것을 의미했다. Wipolo 앱은 여러 다른 호텔들을 살펴볼 수 있게 했고, 쉽게 방을 예약할 수 있게 했으며, 호텔 디지털 서비스를 사용하고, 피드백을 주며, Accor의 로열티 프로그램까지 이용할 수 있도록 했다. Accor는 고객관리 데이터베이스를 'Voice of the Guests'라는 한 개의 플랫폼으로 일원화했다. 이 새로운 데이터베이스는 종업원이 호텔 손님에게 개인화된 서비스를 하게 했고, 고객의 프로필 및 여행 경험에 의거해서 자동적으로 제공하는 추천시스템을 제공했다. 또한 Accor 원클릭 예약, 온라인 체크인 및 체크아웃, 타기팅된 서비스 제공, 개인화된 웰컴메시지 등을 통해 고객 경험을 간소화했다. Accor에 따르면 웰컴서비스를 사용한 고객의 93%가 다시 이용하겠다고 응답했다고 한다.

Accor는 온라인 여행사 및 새로운 여행서비스 회사들의 등장으로 새로운 경쟁을 경험하고 있다. 그러나 소비자의 디지털 경험을 더욱 현대화하는 곳에 많이 투자함으로써 지속적인 경쟁력을 유지하고 있다. 모바일 앱과 웹사이트를 간소화함으로써 소비자가 쉽게 예약하고, 체크인하고, 클릭 한 번으로 호텔 룸을 쉽게 볼 수 있게 하고 있다. Accor의 업그레이드된 고객관리 데이터베이스는 또한 종업원이 모든 투숙객에게 개인화된 경험을 제공할 수 있게 한다. 2019년 AccorHotels은 4,200개의 호텔을 100개가 넘는 국가에서 운영하는, 미국을 제외한 세계 최대의 호텔 그룹이 되었다.[60]

질문

1. Accor의 시장 성공의 주된 요인은 무엇인가?
2. 충성심 높은 고객을 얻고 유지하기 위해 Accor의 온라인 전략은 어떤 역할을 했는가?
3. Accor는 어떻게 전통, 온라인, 모바일 커뮤니케이션을 위한 자원을 균형 있게 활용했는가?

14
인적 판매 및 직접 마케팅

세계에서 가장 큰 직접 판매회사인 Amway는 직접 판매와 다단계 마케팅 전략 및 피라미드형의 유통시스템을 결합했다.
출처: NetPhotos/Alamy Stock Photo

이윤과 매출을 늘리고자 하는 기업은 반드시 시간과 자원을 새로운 고객을 찾는 데 투입해야 한다. 리드(leads: 제품에 관심이 있는 고객)를 만들어내기 위해 기업은 새로운 고객에게 다가가고자 광고를 하거나, 직접 우편 또는 이메일을 보내며, 고객리스트 판매업체로부터 잠재고객 리스트를 구입하며, 새로운 고객을 알아내기 위해 데이터마이닝 기법을 활용하기도 한다. 비록 매스 커뮤니케이션과 디지털 커뮤니케이션이 많은 장점이 있지만, 직접적인 커뮤니케이션이 매출을 끌어내는 데 더 적절한 순간이 있다. 인적 판매는 Amway와 같이 수십억 달러의 비즈니스를 하는 기업에게는 핵심일 수 있다.

>>> 'American Way'의 약자인 Amway는 1959년 Michigan의 Ada에서 Rich DeVos와 Jay Van Andel에 의해 만들어졌다. 첫 번째 제품은 생분해성의 농축된, 다용도 세정제인 Liquid Organic Cleaner였다. 그 이후로 Amway는 가정용품 및 헬스와 뷰티 분야에서 글로벌 리더가 되었다. Amway의 비즈니스 모델은 다단계 마케팅 전략과 직접 판매를 결합한 것이다. 보통 '독립적인 사업자'라고 불리는 Amway의 유통업자들은 그들이 직접 소비자에게 판매하는 제품 판매로부터, 또는 그들 아래에 있는, 자신이 교육하고 관리하는 다른 유통업체들

의 매출 비율로부터 소득을 얻고 있다. 즉, 그들이 관리하고 있는 유통업자들은 어느 정도의 소득을 만들어낼 수 있는 피라미드와 같은 조직에 속해 있는 것이다. Amway의 다단계 마케팅 모델은 1979년 연방거래위원회가 Amway를 조사한 후 회사의 비즈니스 모델이 불법적인 피라미드 계획이 아니라고 판단했을 때 이미 정밀 조사를 받았다. 시장 지위를 유지하기 위해 Amway는 R&D에 엄청나게 투자했다. Amway는 800개의 특허권을 가지고 있으며, 1,000명이 넘는 과학자, 공학자, 기술전문가를 직원으로 두고, 100개가 넘는 연구실을 보유하고 있다. 1만 7,000명이 넘는 글로벌 종업원을 둔, 세계에서 가장 큰 직접 판매자인 Amway는 2019년 84억 달러의 매출을 올렸는데, 이 중 54%는 영양과 체중 보조제였고, 그 뒤를 이어 뷰티와 퍼스널케어 제품이 25%를 차지했다.[1]

개인화된 커뮤니케이션과 올바른 시간에 올바른 사람에게 올바른 것을 말하는 것은 효과적인 마케팅을 위해 매우 중요한 일이다. 이 장에서는 어떻게 기업이 더 큰 영향을 주기 위해 마케팅 커뮤니케이션을 개인화하는지에 대해 살펴볼 것이다. 먼저 인적 판매에 대해 평가해 보고, 그다음으로 직접 판매에 대해 살펴볼 것이다.

인적 판매

인적 판매(personal selling)는 프레젠테이션을 하고, 질문에 답하며, 주문 조달(영업 프레젠테이션, 영업 미팅, 인센티브 프로그램, 샘플, 박람회나 전시회)할 목적으로 한 명 또는 그 이상의 잠재고객과 직접 상호작용하는 것을 포함한다. 인적 판매는 구매의사결정에서 구매자의 선호, 신념, 행동에 영향을 주는 구매 결정의 끝단계에서 가장 효과적인 도구다.[2]

직접 판매 모형을 사용하는 것으로 잘 알려진 회사는 Avon과 Electrolux다. Tupperware와 Mary Kay 화장품은 한 사람이 여러 명에게 판매한다. 즉, 영업사원이 친구들을 초대한 호스트 집으로 가서 제품을 시현해 주고, 주문을 받는 것이다. 네트워크 마케팅 판매 시스템은 유통업체로 활동할 만한 독립적인 사업자를 활용하는 방법이다. 유통업체들은 그들이 발굴한 유통업체로부터 발생된 매출의 특정 비율과 자신이 직접 고객에게 판매한 매출을 보상으로 받는다.

직접 판매는 세 가지 중요한 특징이 있다.

학습목표

14.1 판매 과정의 중요한 점을 정의한다.

14.2 효과적인 영업조직을 어떻게 디자인할 수 있는지 설명한다.

14.3 영업조직을 어떻게 관리할 수 있는지 설명한다.

14.4 직접 마케팅을 설명하고, 중요한 직접 마케팅 채널을 확인한다.

- 직접 판매는 **커스터마이즈**될 수 있다. 즉, 메시지가 개인에게 맞춤화하여 제공될 수 있다.
- 직접 판매는 **관계지향적**이다. 즉, 직접 판매의 관계는 단지 판매만을 위한 관계에서부터 아주 깊은 개인적인 우정의 관계까지 다양할 수 있다.
- 직접 판매는 **반응지향적**이다. 즉, 구매자는 종종 개인적인 선택권을 부여받고, 직접 응답하도록 권장된다.

직접 판매는 고대예술이다. 효과적인 영업사원은 그들을 인도하는 데 본능 이상의 것을 가지고 있다. 기업은 매년 수십억 달러를 들여 분석과 고객관리방법을 교육하고 그들이 수동적으로 주문만 접수하는 것에서 더욱 적극적으로 주문을 끌어내도록 하는 교육을 하고 있다.

과정으로서의 인적 판매

대부분의 영업 훈련 프로그램은 효과적인 판매의 주요 절차에 합의했다. 이러한 절차는 잠재고객 발굴(prospecting), 프리어프로치(pre-approach), 프레젠테이션(presentation), 설득(persuasion), 클로징(closing), 서비스(servicing)다. 이 과정은 그림 14.1에 나와 있으며, 이어지는 단락에서 산업 판매의 경우에 적용하여 하나씩 설명할 것이다.[3]

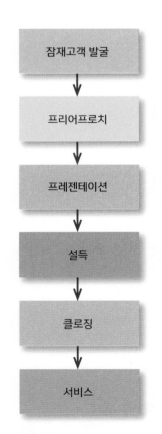

그림 14.1
효과적인 판매의 주요 절차

잠재고객 발굴 및 자격검증 첫 번째 판매단계는 잠재고객을 찾아내고 검증하는 것이다. 많은 기업에서 영업사원들은 소중한 시간을 그들이 가장 잘하는 판매에만 집중할 수 있도록 리드를 찾고 검증하는 책임을 지고 있다.[4] IBM을 포함한 기업들은 BANT의 첫 글자를 따라 다음과 같이 리드를 검증하고 있다. 고객이 필요한 **예산**(Budget)을 가지고 있는지, 구매를 결정하는 **권한**(Authority)을 가지고 있는지, 해당 제품이나 서비스에 대한 강한 **필요**(Need)를 가지고 있는지, 가능한 배달 **일정**(Timeline)인지.

많은 마케터들은 검증된 리드를 찾기 위해 BANT 외에 더욱 정교한 기법을 사용한다. 잠재고객의 채용관행, 구인게시판, 고객 및 직원의 샘플 트윗(tweet) 등 다양한 방법을 통해 기업은 데이터 분석과 인공지능을 활용하여 잠재고객을 상담 또는 제안할 가치가 있는 고객과 그렇지 않은 고객으로 분류한다.

마케터는 리드의 양과 질 사이에서 균형을 이룰 수 있는 방법을 찾아야 한다. 아무리 품질이 좋아도 너무 많은 리드는 영업조직에게 부담이 될 수 있으며, 유망한 기회가 분열로 인해 감소할 수도 있다. 그 수가 너무 적거나 품질이 낮은 리드는 영업조직이 좌절하게 하거나 사기를 저하시킬 수 있다.

높은 품질의 리드를 발굴하기 위해 기업은 소비자에 대해 알 필요가 있다. 공급자는 제조시설과 직원을 관찰하기 위한 구매자의 방문을 통해 검증된다. 각 기업을 평가한 후에 구매자는 검증된 공급자 리스트를 작성한다. 많은 전문적인 구매자들은 공급자에게 리스트에 포함될 가능성을 높이기 위해 그들의 마케팅 제안서를 조정하도록 요구하기도 한다.

프리어프로치 영업사원은 잠재기업(무엇이 필요하며, 구매 과정에 누가 관여하는지)과 구매자(개인적 특징 및 구매 스타일)에 대해 가능한 많은 것을 알아야 한다. 그 회사에서는 어떻게 구매결정이 이루어지는가? 그 회사는 어떻게 구조화되어 있는가?

기업은 구매 과정과 구조가 다양할 수 있다. 많은 큰 기업의 경우 영업사원은 기업에 제품을 조달하는 업무를 하는 구매부서와 관계를 맺는다. 대기업의 많은 구매부서는 보다 전문적인 관행을 가진 전략적 공급부서로 중앙집중화되고 승격화되고 있다. 중앙집중화된 구매는 기업의 니즈를 만족시킬 수 있는 더 큰 공급업체와 거래하는 데 프리미엄을 부과할 수 있다. 동시에 어떤 기업은 커피메이커, 사무용품, 그리고 다른 저렴한 필수품에 대해서는 분권화된 구매전략을 사용하기도 한다. 영업사원은 상담 목적을 설명하며, 잠재고객을 검증하고, 정보를 모으고, 바로 판매를 성사시키기 위해 '누가, 언제, 어디서, 어떻게, 왜'와 같은 구매자의 구매 의사결정을 완전히 이해해야 한다.

다른 어려움은 직접 방문, 전화, 이메일, 편지 가운데 가장 최적의 접촉 방법을 선택하는 것이다. 영업사원이 구매에이전트, 의사, 그 밖에 시간은 제한되어 있고 인터넷 사용이 가능한 잠재고객의 사무실에 들어가는 것이 점점 더 어려워지고 있기 때문에 올바른 접촉 방법은 매우 중요하다.

프레젠테이션과 시연   제품 '스토리'를 구매자에게 전달하는 흔한 방법은 FABV 접근 방법인데, 이것은 기업 제공물에 대해 특성, 장점, 혜택, 가치를 분명히 표현하는 것에 집중한다.

- **특성**(Features)은 제공물의 물리적 특징을 설명하는 것이다. 예를 들면, 컴퓨터의 특성은 프로세싱 속도나 메모리 용량이다.
- **장점**(Advantages)은 왜 그 특성이 소비자에게 유리한지를 설명하는 것이다.
- **혜택**(Benefits)은 제공물이 전달하는 경제적·기술적·서비스적·사회적 보상을 말한다.
- **가치**(Value)는 제공물의 값어치(종종 금전적인)를 말한다.

이러한 FABV 방법은 영업조직이 제품의 다른 여러 가지 면을 홍보할 때, 노력을 잘 분배하도록 해준다. 영업사원이 매우 경쟁적인 시장 또는 개별화되었거나 프리미엄 가격의 제품을 파는 경우, 종종 너무 많은 시간을 제품 특징(제품 중심)을 설명하는 데 할애하여 혜택이나 가치(소비자 중심)를 설명하는 데 충분한 시간을 들이지 않는 경우가 많기 때문에 노력을 잘 배분하는 것은 중요하다.[5] 잠재고객에 대한 전술이 매우 적절하며, 매력적이고, 설득력이 있어야 효과적이다. 시장에는 언제나 같은 고객을 끌어오기 위해 기다리는 다른 기업이 있다.

설득   판매는 판매자가 단순히 구매자에게 정보를 전달하는 일방향 과정은 아니다. 그보다, 판매는 구매자가 질문을 하고, 반대의사를 표현하는 상호작용 과정이다. 대부분의 반대는 심리적인 저항과 논리적인 저항의 두 가지 원천에서 온다.

- **심리적 저항**(psychological resistance)은 방해에 대한 저항, 이미 정립된 공급업체나 브랜드에 대한 선호, 무관심, 무언가 포기하기를 꺼리는 것, 영업사원에 의해 만들어진 불쾌한 감정, 이미 알고 있는 지식, 의사결정하는 것에 대한 비선호, 돈에 대한 근심 등을 포함한다.

- **논리적 저항**(logical resistance)은 가격, 배송 스케줄, 제품이나 기업의 특성에 대한 반대다.

이러한 심리적·논리적 저항을 잘 다루기 위해 영업사원은 긍정적인 접근을 유지하거나, 구매자에게 그 반대를 더 명확히 하도록 요구하거나, 구매자가 자신의 반대에 대해 응답하도록 하는 질문을 하거나, 반대의 타당성을 부정하거나, 반대의사를 구매해야 하는 이유로 바꾸도록 하는 전략을 사용한다.[6]

가격이 가장 자주 협상되는 부분이지만(특히 긴축경제 상황에서는), 계약 완료 시점, 제공물과 서비스에 대한 품질, 구매하는 양, 제품 안정성, 자금 조달과 관련한 책임, 위험 감수, 프로모션, 소유권과 같은 것도 협상의 대상이다. 영업사원은 때때로 소비자가 할인을 요구할 때 너무 쉽게 주는 경향이 있다.[7]

한 기업은 판매수익이 25%나 증가했지만 이윤이 그대로일 때, 이러한 문제점을 인식했다. 해당 기업은 '가격을 통해 판매'하기보다는 '가격을 판매'하도록 영업사원들을 재교육했다. 영업사원은 각 고객의 구매이력과 행동에 대해 더 깊은 정보를 갖게 되었다. 그들은 가격경쟁의 기회보다 가치를 더할 수 있는 기회를 포착하도록 훈련받았다. 그 결과 판매수익과 영업이익이 모두 증가했다.[8]

클로징   클로징은 판매 프로세스의 필수 요소다. 거래의 클로징 없이는 판매도 없다. 숙련된 영업사원은 거래를 안전하게 할 뿐 아니라, 고객과 오랜 관계를 형성하는 데 도움을 주도록 언제 어떻게 거래를 클로징하는지 알고 있다.[9]

언제 클로징이 시작되는지 결정하기 위해, 판매자는 구매자의 행동에 주의를 기울이며, 구매자가 구매 결정을 끝낼 준비가 되어 있다는 시그널을 찾게 된다. 구매자의 클로징 징후는 신체적인 행동, 진술이나 코멘트, 그리고 질문이다. 영업사원은 주문을 요구할 수 있고, 합의점을 요약할 수 있으며, 주문서 작성을 도와줄 것을 요구할 수 있고, 구매자가 A와 B 중 무엇을 원하는지 물어볼 수 있으며, 구매자에게 색이나 사이즈와 같은 옵션을 선택하도록 요구할 수 있으며, 지금 주문하지 않으면 구매자가 어떤 손해를 보는지를 설명할 수 있다.

영업사원은 상품권, 추가 수량, 또는 추가 서비스와 같은 특별한 유인책을 제공함으로써 클로징할 수도 있다. 만약 고객이 꼼짝하지 않는다면, 해당 영업사원은 아마도 적절한 사람과 상호작용하는 것이 아닐 수 있으며, 더 높은 위치의 사람이 권한을 가지고 있을 수도 있다. 영업사원은 또한 제공물에 대한 가치를 강화하고, 고객이 마주하는 재정적인 압박 또는 압박을 줄여줄 수 있는 다른 방법을 찾을 필요가 있다.

서비스   구매 이후의 서비스와 유지 보수 서비스는 고객 만족 및 재구매를 위해 필요하다. 클로징 직후에 영업사원은 배송시간, 구매조건, 그리고 소비자에게 중요한 다른 필요한 디테일에 대해 명시해야 한다. 적절한 때에 영업사원은 배송 이후 후속상담을 통해 제품이 적절하게 배치되었는지와 제품 사용설명, 서비스에 대해 확인해야 한다. 영업사원은 제공물에 대한 잠재적인 문제점을 발굴하기 위해 노력하기도 하며, 해결방법을 제시하기도 하고, 걱정거리를 줄여주기도 하며, 구매에 대한 고객의 긍정적인 태도를 확인하기도 한다.

　　고객에게 서비스하는 동안 영업사원은 어떻게 이 고객을 유지하고 성장시켜 나갈 수 있는지에 대한 계획을 가지고 있어야 한다. 실제 판매를 벗어난 서비스의 제공은 제품과 서비스의 판매를 벗어나 고객과 관계를 형성하기 위해 노력하고 있다는 것을 보여줄 수 있다. 판매 이후 서비스 활용은 전체적인 구매 경험을 증진시키고 구매자와 판매자 간에 신뢰를 형성하여 모두에게 이득이 되는 오랜 관계를 형성하는 데 도움을 줄 수 있다.

판매 관리

판매를 이끌어내는 것이 목적이기 때문에 인적 판매와 협상의 원칙 중 많은 부분은 거래중심적인 것이 많다. 그러나 많은 기업에서 당장의 판매보다는 장기간의 공급자-고객 간의 관계 형성을 추구한다. 오늘날의 소비자는 조정된 제품이나 서비스를 많은 지점에서 판매하며, 여러 지점에서 쉽게 문제해결을 해주고, 제품이나 프로세스를 향상하기 위해 그들과 함께 밀착하여 일하는 공급자를 더 선호한다.[10]

　　주요 고객과 함께 일하는 영업사원은 고객이 주문할 준비가 되었을 때 이메일을 보내거나 전화를 하는 것보다 더 많은 것을 해야 한다. 가치창출을 위해 유용한 제안을 하거나, 주문과 상관이 없을 때에도 접촉을 해야 한다. 그들은 주요 고객을 잘 모니터링하고, 그들의 문제를 알며, 다양한 방법으로 서비스를 제공하고, 다양한 고객의 니즈와 상황에 맞게 응답하고 적응해야 한다.[11] 판매과정을 관리하는 가장 보편적인 방법은 SPIN으로, 영업사원이 잠재고객에게 물어봐야 하는 질문의 첫 글자 — 상황(Situation) 질문, 문제(Problem) 질문, 영향(Implication) 질문, 필요-보상(Need-payoff) 질문 — 에서 따온 것이다.

영업조직의 디자인

직접 마케팅의 원조이며 가장 오래된 형태는 타깃고객을 직접 방문하는 것이다. 잠재고객을 만나기 위해, 그들을 실제 고객으로 만들기 위해, 비즈니스를 성장시키기 위해, 대부분의 산업재기업은 전문적인 영업조직에 많이 의존하거나 제조업체를 대표하는 에이전트를 고용한다. Allstate, Amway, Avon, Mary Kay, Merrill Lynch, Tupperware 같은 소비재기업은 직접 판매조직을 활용한다.

Tupperware　Tupperware는 1946년 발명가 Earl Tupper가 음식이 마르는 것을 방지하기 위해 페인트 통의 뒤집힌 테두리를 본떠 만든 밀폐된 실(seal)을 소개하면서 설립되었다. 제품의 혁신성에도 불구하고, 일반적인 보관용기에 비해 구매자에게 잘 보이지 않는다는 점 때문에 소매점에서 잘 팔리지 않았다. 제품이 어떻게 활용되는지를 이해하기 위해 소비자는 시연을 원한다는 사실을 깨닫고, Tupper는 제품을 소개하기 위해 Tupperware Home Party를 도입했다. 시연은 혁신적인 실의 장점을 알리는 데 매우 효과적이었고, 몇 년 후 모든 Tupperware 제품은 직접 판매를 통해서만 이루어지도록 소매 상점에서 모두 치워졌다. 홈파티는 소득의 원천이 되었을 뿐 아니라 사회반경이 가족에게만 집중되었던 여성들에게 매우 환영받았다. 소비자들이 교외로 이사함에 따라, 뒤뜰의 파티는 가족과 이웃이 사교할 수 있는 매우 좋은 방법이 되었다. Tupperware 제품은 밖에서도 음식을 신선하게 해주고, 음식을 가지고 파티에 오고 가는 데 도움을 줌으로써 점점 더 인기 있는 취미생활이 된 이러한 파티에 의해 창출된 소비자들의 욕구를 잘 해결했다. 전자레인지가 주방가전에 보편화되면서 Tupperware가 디자인한 전자레인지에 특화된 제품은, 점점 더 늘어나는 냉동식품을 조리하고, 남은 음식을 따뜻하게 유지하도록 도와주었다. 지속적으로 제품을 혁신하고 제품라인을 늘리는 것뿐 아니라, Tupperware는 전자레인지를 이용한 요리법과 음식 준비법, 식료품 비용을 줄이는 법, 냉장고 공간과 시간을 최적화하는 법 등에 대해 배울 수 있는 수업과 시연을 도입했다. 시간에 쫓기는 바쁜 소비자들의 스케줄에 맞추기 위해, Tupperware는 사무실 안에서도 시연을 했다. 홈파티이건, 오피스 파티이건 직접 판매는 언제나 Tupperware의 모습을 잘 정의해 주었다. 300만이 넘는 영업조직 구성원들의 도움으로 Tupperware는 현재 전 세계에 거의 100개의 시장이 있으며, 김치 보관용기, 기모노 보관함, 일본식 도시락 박스 등 문화적으로 특화된 제품도 제공하고 있다.[12]

미국 회사는 1조 달러가 넘는 금액을 영업조직과 영업조직 관련 물품에 사용하고 있는데, 이것은 어떤 홍보 방법에 투자되는 금액보다도 많은 금액이다. 전체 노동자의 10%가 넘는 인력이 영리 또는 비영리 집단에서 영업 관련 직업을 가지고 있다. 병원이나 박물관 같은 경우는 기증자와 접촉하여 기증을 독려하기 위한 기금 모금자(fundraiser)를 활용하고 있다. Boston Beer 창업자인 Jim Koch는 모든 기업의 가장 핵심이 판매라는 점을 주장하면서, "영업 없이는 비즈니스도 없다"고 말했다.[13]

비록 어느 누구도 마케팅에서 영업조직의 중요성을 반박하지 못하겠지만, 기업은 영업조직을 유지하는 비용(월급, 커미션, 보너스, 출장 비용, 다른 혜택들)의 증가에 매우 민감하다. 놀랄 것 없이, 기업은 성공적인 채용, 트레이닝, 감독, 동기부여, 보상을 통해 영업조직의 생산성을 높이고자 노력하고 있다.[14]

영업사원은 기업을 고객과 연결해 준다. 영업조직을 설계할 때 기업은 반드시 영업조직의 목표, 전략, 구조, 규모, 그리고 보상제도를 개발해야 한다(그림 14.2 참조).

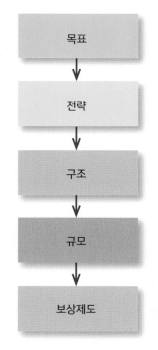

그림 14.2
영업조직 디자인

영업조직 목표

모든 영업조직이 "판매, 판매, 판매"를 외치던 시절은 갔다. 영업사원은 어떻게 소비자의 문제를 진단하고, 소비자의 이익을 향상하도록 도와주는 솔루션 제공을 어떻게 제안할지를 알아야 한다. 최고의 영업사원은 심지어 소비자가 말한 문제를 벗어나 소비자의 비즈니스 모델에 대해 신선한 통찰을 제공하고, 인지하지 못한 소비자의 니즈나 드러나지 않는 문제점을 발굴하기도 한다.[15]

업무를 수행하는 동안 영업사원은 다음 중 하나 이상의 과업을 완료한다.

• **정보수집**은 시장조사와 정보 업무를 수행하는 것을 포함한다.
• **타기팅**은 잠재고객과 현재고객에 대해 영업사원의 시간을 어떻게 잘 배분할지를 결정하

출처: Anton Starkov/Alamy Stock Photo

<< Tupperware는 보관 용기의 장점을 효과적으로 시연하고, 소비자와 개인적인 상호작용을 독려하기 위해 판매를 위한 홈 파티(이후에는 오피스 파티도 했음)라는 콘셉트를 도입했다.

는 것이다.

- **커뮤니케이션**은 회사의 제품과 서비스에 대한 정보를 전달하는 것이다.
- **판매**는 어프로칭, 프레젠팅, 질문에 대한 응답 제공, 반대의 극복, 판매를 클로징하는 것을 포함한다.
- **서비스**는 문제에 대해 컨설팅해 주며, 기술적인 도움을 주고, 자금 조달을 계획해 주며, 배송을 빠르게 해주는 것과 같은 소비자에 대한 다양한 서비스 제공을 포함한다.
- **할당**은 제품이 부족할 때, 어떤 소비자에게 먼저 제품을 제공할지를 결정하는 것이다.

종종 마케팅과 영업은 상충된다. 영업조직은 마케팅이 충분한 리드를 이끌어내지 못한다고 불평하며, 마케팅조직은 영업조직이 소비자를 전환시키지 못한다고 불평한다. 이 두 부서 간 더 향상된 협업과 커뮤니케이션이 수입과 이익을 증대시킬 수 있다.[16]

Ford의 부회장인 Jim Farley는 "내 직업의 매력적인 부분은 내가 마케팅과 영업을 모두 책임지고 있다는 것이다."라고 언급하며, 담당자를 따로 두는 것은 실수라고 말했다. 그는 Ford에서 가장 훌륭한 영업사원은 모든 정교한 자동차 관련 전자제품을 고객에게 맞춤으로 제공하고 설명하는 **문제해결사**와, 자동차를 구매하는 복잡한 과정의 모든 단계를 도와주는 **안내원**의 교차지점이라고 보았다.[17] 서로 간의 이해를 증진시키기 위해 어떤 기업은 적절하다면 마케팅 부서 인력을 영업으로 보내기도 하고(반대의 경우도 있음), 그들을 매년 조인트 미팅에서 같이 만나게 하기도 한다.

영업조직 전략

영업전략 개발에서 중요한 점은 직접 영업조직(direct sales force)을 활용하느냐, 아니면 계약 영업조직(contractual sales force)을 운영하느냐다. 회사 내부의 영업조직을 활용하는 직접 영업

조직은 오직 그 회사를 위해 고용된 비전일제 및 전일제 종업원들로 구성되어 있다. 사무실 내의 영업사원은 사무실에서 업무를 수행하고, 잠재고객의 방문을 받으며, 현장 영업사원은 고객을 방문한다. 계약 영업조직은 매출의 일정 부분에 대해 수수료를 받는 제조업체의 담당자, 영업대행사, 브로커 등이다.

Herbalife   Herbalife는 어머니가 다이어트 약을 과다복용하여 사망한 이후 Mark Hughes가 만든 회사다. Hughes는 더 안전한 대체품인 다이어트 밀크셰이크를 그의 자동차 트렁크에서 판매하여 완판시켰다. Herbalife는 현재 단백질 바, 에너지 음료, 여러 비타민 제품, 차, 그리고 밀크셰이크를 판매하고 있다. 수년 동안 회사는 도약하여 2019년 전 세계에 8,000명이 넘는 종업원을 두고 있으며, 매출이 49억 달러에 이르렀다. Herbalife의 대부분의 마케팅 전략은 회사로부터 도매로 물건을 사서 직접 팔거나, 다단계 영업사원을 활용하는 것이다. Herbalife의 제품은 소매점에서 팔지 않고, 오로지 매출 수수료만 받으며, 새로운 영업사원을 발굴하는 60만 명이 넘는 영업사원을 통해서만 구입할 수 있다. Herbalife는 지역 커뮤니티 고객을 발굴하기 위해 지역의 건강관련 모임을 후원한다. 전 세계 공장 및 제조업체들과의 파트너십을 통해 Herbalife는 지역 공급업체와 직접적으로 관계를 맺어 비용을 낮추고, 각 단계별로 품질관리를 엄격하게 하고 있다.[18]

다음의 상황을 생각해 보자. North Carolina(미국 동부에 위치한 주)의 한 가구 제조업체는 미국 서부 쪽의 도매상에게 그들의 제품을 팔고 싶다. 한 가지 방법은 10명의 새로운 영업담당자를 고용하여 서부의 도시인 San Francisco의 영업 사무실을 운영하고, 기본적인 급여 외에 매출당 발생하는 수수료를 받게 하는 것이다. 다른 방법은 San Francisco 지역의 소매상들과 관계를 맺고 있는 San Francisco 지역의 영업대행사 조직을 활용하는 것이다. 영업대행사 조직 내 30명의 영업사원이 매출기반 수수료를 받게 된다.

>> Herbalife의 다이어트 및 건강제품 판매를 위한 마케팅 전략은 고객에게 직접 제품을 판매하는 50만 명이 넘는 영업사원들의 다단계 마케팅 조직에 의존한다.

첫 번째 단계는 각각의 방법이 만들어내는 매출액을 계산해 보는 것이다. 회사 내부의 영업조직은 오로지 그 회사의 제품 판매에만 집중하고, 판매를 위해 영업사원들이 잘 숙련되어 있으며, 더 공격적이며 성공적일 수 있다. 왜냐하면 고객은 그 회사와 직접적으로 거래를 하고 싶어 하기 때문이다. 영업대행사는 30명의 영업사원이 있으며, 그들도 받는 수수료가 어느 정도냐에 따라 공격적일 수 있다. 소비자가 그들의 독립성을 좋아할 수 있고, 어쩌면 시장에 대한 지식이 매우 많을 수도 있다. 회사는 이러한 두 가지 방법이 만들어 낼 수 있는 다양한 수요에 대해 잘 평가해야 한다.

두 번째 단계는 각각의 채널을 통해 판매되는 양의 비용을 계산하는 것이다. 비용과 관련해서는 그림 14.3을 참고하자. 영업대행사를 활용하는 것은 처음에는 직접 영업조직을 운영하는 것보다 비용이 덜 든다. 그러나 영업대행사가 더 많은 수수료를 가져가기 때문에 비용은 급격히 증가한다. 마지막 단계는 판매량과 비용을 비교하는 것이다. 그림 14.3에서 보여지듯이, 두 채널의 판매 비용이 동일한 판매량 지점(S_B, sales level)은 오로지 한 곳뿐이다. 영업대행사의 판매량이 S_B 보다 낮은 곳에서 유리하며, 회사 내부의 영업지점은 S_B보다 높은 판매를 이룰 때 유리하다. 이러한 정보로 볼 때, 영업대행사 활용 전략은 작은 회사나, 판매량이 매우 적은 지역을 공략하는 큰 회사들이 활용하는 전략임을 알 수 있다.

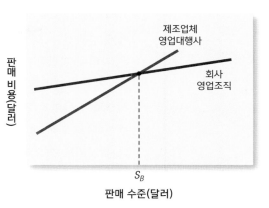

그림 14.3
회사의 영업조직과 제조업체 영업대행사 간의 선택을 위한 손익분기점 비용 차트

영업대행사를 활용하는 전략은 통제 문제를 야기할 수 있다. 이들은 오로지 많은 양을 구입하는 고객에게만 집중하고, 기업의 제품을 구매하는 일반 고객에게는 집중하지 않을 수도 있다. 또한 기업의 홍보 물품을 제대로 관리하지 않거나, 기업 제품에 대한 기술적인 부분에 대해 잘 모를 수도 있다.

영업조직 구조

영업조직 전략은 영업조직 구조에 시사점을 준다. 한 가지 제품라인을 여러 곳에 있는 한 산업의 고객에게 판매하는 회사는 그들의 영업조직을 지리적인 위치에 맞추어 구성한다. 반면, 여러 제품을 다양한 니즈를 가진 고객에게 판매하는 회사는 영업조직을 제품, 서비스, 그리고 고객의 니즈에 맞춰 구성한다.

어떤 기업은 더 복잡한 구조가 필요하며, 다음 네 가지 종류의 영업조직을 혼합하기도 한다: 주요 고객을 위한 전략적 시장 영업조직(장 마지막의 "Marketing Insight: 주요한 계정 관리" 참조), 여러 다른 지역에 있는 고객을 관리하는 지역적 영업조직, 유통업체를 관리하는 유통업체 영업조직, 온라인이나 전화로 고객의 주문을 받고 마케팅하는 내부 영업조직.

비용을 관리하기 위해 기업은 종종 주문량이 많은 핵심 고객에게 더 복합적이고 고객 맞춤화된 제품을 판매하며, 저가형 판매를 위해서는 내부 영업사원이나 온라인 주문을 활용하는 레버리지 영업조직 전략을 선택한다. 영업사원은 적은 수의 고객을 처리하며, 주요 고객의 증가에 대한 보상을 받는다. 리드의 생성, 제안서 작성, 주문 이행 및 판매 후 지원은 다른 사람에게 넘겨진다. 영업사원이 모든 가능한 고객에게 제품을 판매하도록 독려하기 위해 이 전략은 지역에 기반한 영업조직의 한계점을 극복하도록 도와준다.[19]

　　기업은 올바른 방법으로 올바른 시간에 올바른 고객과 접촉할 수 있도록 영업조직을 전략적으로 만들어야 한다. 이때 영업조직은 마치 구매하고 판매하는 조직 사이에 유익한 접촉을 주선하는 '고객 계정 관리자'와 같이 행동한다. 판매량이 점차 늘어나면서 팀워크가 필요하고 다른 지원도 필요해진다. 예를 들면, 전국을 커버하는 고객과 같은 주요 고객들의 판매가 이루어질 때는 최고경영자의 도움이, 구매 전·구매 중·구매 후에 제품에 대한 정보와 서비스를 제공할 때는 기술 파트의 도움이, 제품의 장착과 유지 보수, 그리고 다른 서비스를 위해서는 고객서비스 담당자의 도움이, 판매 분석 및 주문이행 기간 단축과 기타 도움을 위해서는 사무직원의 도움이 필요하다.[20]

영업조직 규모

영업사원은 기업의 가장 생산적이고 소중한 자산이다. 영업사원 수의 증가는 판매와 동시에 비용을 증가시킨다. 기업이 접근해야 할 고객의 수가 증가한다면, 영업조직의 규모를 산정할 때 **업무량 방법**(workload approach)을 활용해야 한다. 이 방법의 간소한 버전은 다음의 5단계를 따른다.

1. 고객을 연간 판매량에 따라 분류한다.
2. 각 고객 그룹에 대해 이상적인 접촉 빈도를 정한다(1년에 몇 번 상담을 할지 등).
3. 각 고객 그룹에 속해 있는 고객의 수와 해당 고객에게 1년에 필요한 상담 횟수를 곱하면, 전체 업무량이 1년간 수행할 영업 상담 횟수로 산출된다.
4. 영업사원이 1년에 고객과 상호작용(예를 들면, 상담 등)할 수 있는 평균 횟수를 정한다.
5. 총 필요한 상담 수를 영업사원이 1년간 걸 수 있는 전화 통화 건수로 나누면, 필요한 영업사원의 수가 결정된다.

　　예를 들어, 어떤 회사가 1,000개의 A타입 고객이 있고, 2,000개의 B타입 고객이 있다고 가정하자. A타입은 1년에 36번의 상담이 필요하며, B타입은 12번의 상담이 필요하다면, 기업은 1년에 6만 번(36,000 + 24,000)의 상담을 해야 하는 영업조직이 필요하다. 만약 전일제 영업사원이 1년에 1,000번 상담한다면, 회사는 60명의 영업사원이 필요하다.

영업조직 보상제도

우수한 영업사원을 모으기 위해, 기업은 매력적인 보상패키지를 설계해야 한다. 영업사원은 정기적인 소득, 평균 성과 이상에 대한 추가 보상, 경력과 장기근무에 대한 적절한 보상을 원한다. 경영자는 통제, 경제적인 것, 그리고 단순한 것을 원한다. 이러한 목적 때문에 충돌이 생기기도 한다. 당연히 산업 간, 심지어 산업 내에서도 보상은 엄청나게 차이를 보인다.[21]

기업은 영업조직 보상의 네 가지 요소를 정량화해야 한다. **고정금액**(fixed amount), 즉 급여는 소득 안정성을 만족시킨다. 수수료, 할당량, 보너스, 이익공유 등과 같은 **변동금액**(variable amount)은 영업사원의 노력을 자극한다.[22] **경비수당**(expense allowance)은 영업사원의 출장 비용이나, 기업을 대신한 비용지출을 지급하는 것이다. 유급휴가, 질병이나 사고 보상 혜택, 연금, 그리고 건강과 생명 보험 같은 **혜택**(benefit)은 직업 안전성과 만족도를 높인다.[23]

고정 보상은 영업 업무가 기술적으로 복잡하고 팀워크를 요구하는 경우나, 판매에 비해 비판매 관련 업무 비율이 높은 경우에 보편적이다. 변동 보상은 판매가 주기적이거나, 개인의 주도권에 달려 있을 때 가장 잘 작동한다. 고정적이고 변동적인 보상은 세 가지 기본적인 보상 플랜에 영향을 미쳤다. 바로 고정급(straight salary), 성과급(straight commission), 그리고 이 둘의 조합이다. 영업사원이 보상의 상당 부분을 고정급보다는 변동급으로 받는 것은 매우 흔한 일이다.

고정급여 플랜(straight-salary plan)은 안전한 소득을 제공하고, 영업사원으로 하여금 영업 이외의 활동을 완수하게 하며, 고객을 필요 이상으로 발굴하려는 경향을 줄여준다. 기업에게 고정급여 플랜은 행정적인 단순함을 가져다주고, 직원의 이직을 줄여준다. 반도체 회사인 Microchip이 영업조직의 성과급 플랜을 없앴을 때, 매출이 실제로 증가했다.[24] 성과급제는 성과가 높은 영업사원을 끌어들이며, 더 높은 동기를 부여하고, 관리감독을 줄여주며, 판매비용을 통제할 수 있게 한다. 그러나 부정적인 부분은 고객과의 관계 형성보다는 판매에 너무 치우칠 우려가 있다는 점이다. 이 두 가지 플랜을 합친 조합은 두 플랜의 장점은 살리고 단점은 줄일 수 있다.

둘을 조합한 플랜은 변동적인 부분을 기업의 더 넓은 전략적 목표와 연결시킨다. 최근에는 전반적인 이익, 고객만족, 그리고 고객유지보다 판매량을 덜 강조하는 추세다. 다른 기업들은 영업 팀의 성과나 심지어 기업 전체의 성과에 따라 영업사원을 부분적으로 보상해 주는데, 이것은 전체의 이익을 위해 다 같이 협력하도록 하는 동기를 부여한다.

영업조직의 관리

여러 제도와 절차가 영업조직을 관리하는 기업의 여러 활동을 가이드한다. 중요한 활동은 그림 14.4에서 보여지듯이 영업사원의 채용 및 선택, 트레이닝, 감독, 동기부여, 평가이다. 이어서 각각에 대해 더 자세히 설명한다.

영업사원의 채용

성공적인 영업조직의 핵심은 적절하게 선택된 영업사원이다. 잘못된 인력을 채용하는 것이 가장 큰 낭비다. 모든 산업에서 영업사원의 평균 이직률은 거의 20%다. 영업조직 이직률은 판매를 감소시키고, 대체인력을 찾고 교육시키는 비용을 초래하며, 종종 기존의 영업사원들이 그 빈자리를 채우도록 압력을 받기도 한다.[25]

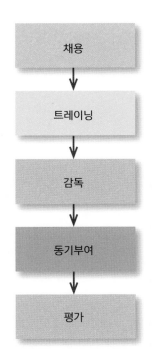

그림 14.4
영업조직의 관리

연구에 따르면, 영업성과와 영업사원의 현재 상태, 라이프스타일, 태도, 성격, 능력 등과 같은 배경이나 경험 변수 사이에 항상 강력한 상관관계가 있는 것은 아니라고 한다. 높은 영업성과를 효과적으로 예측할 수 있는 것은 복합테스트와 그들이 실제로 근무하는 환경을 설정하여 그 환경에서 지원자를 평가하는 평가센터의 결과다.[26]

시장중심적이기 위해서, 영업사원은 매출 데이터를 분석하며, 시장 잠재력을 측정하고, 시장 지식을 모으며, 마케팅 전략과 계획을 개발할 줄 알아야 한다. 특별히 영업관리의 높은 단계에서 그들은 분석적 마케팅 기술이 필요하다. 마케터는 적절한 마케팅과 영업을 동시에 이해해야만 장기적으로 효과적일 수 있다고 믿는다.

비록 공식적인 테스트가 영업사원 개인적 특징, 추천, 과거 근무경력, 인터뷰 결과를 포함한 여러 요소 중 일부이지만, IBM, Prudential, Procter & Gamble과 같은 기업에 의해 매우 중요한 요소로 평가된다. Gillette는 테스트가 직원의 이직률을 줄여주고, 새로운 영업사원들의 실적과 많은 연관이 있다고 주장한다.

영업조직의 트레이닝과 감독

오늘날 고객은 영업사원이 제품에 대한 깊은 지식을 가지고 있고, 그들의 운영을 도와줄 아이디어를 제공하며, 효율적이고 믿을 만하기를 원한다. 이러한 요구는 기업이 영업조직의 트레이닝에 더 많은 투자를 하도록 한다.

새로운 영업사원들은 트레이닝 과정을 몇 주에서 길게는 몇 달 동안 받게 된다. 트레이닝 기간의 중간값은 산업재기업의 경우 28주, 서비스 기업은 12주, 그리고 소비재기업의 경우는 4주다. 트레이닝 기간은 판매하는 과정의 복잡성과 채용의 종류에 따라 달라진다. 프로그램 학습과 원격학습, 비디오 학습과 같은 새로운 트레이닝 기법은 계속 발전하고 있다. 몇몇 기업은 고객의 상황과 동기를 잘 알아내기 위해 롤플레이나 공감능력 트레이닝을 하기도 한다.[27]

성과급을 받는 영업사원들은 감독을 적게 받는다. 고정급을 받고, 중요한 고객을 관리하는 영업사원들은 상당한 감독을 받는다. Avon, Sara Lee, Virgin과 다른 여러 기업들이 사용하는 다단계판매의 경우 독립적인 유통업체들은 기업의 제품을 판매하는 자신만의 영업조직에 대해서도 책임을 지고 있다. 이러한 독립적인 계약업자나 영업사원들은 자신의 성과에 대한 급여뿐 아니라, 자신이 채용하고 트레이닝하는 영업조직의 성과에 의해서도 보상받는다.

영업조직의 생산성 관리

한 해에 특정 고객을 몇 번이나 상담해야 할까? 어떤 영업사원들은 크고 이익을 주는 고객보다 이익이 나지 않는 작은 고객에게 너무 많은 시간을 할애한다.

스스로에게 맡겨두면, 많은 영업사원들은 수량이 파악된 현재의 고객들과 시간을 더 많이 보낼 것이다. 영업사원들은 일부 비즈니스에서는 현재의 고객에게만 의존할 수 있지만, 이렇게 되면 잠재고객으로부터는 아무것도 얻을 수 없다. 따라서 기업은 영업사원들이 얼마나 많은 시간을 새로운 고객을 끌어들이는 데 활용해야 할지를 명시해야 한다.[28] Spector Freight는 영업사원들이 그들 시간의 25%를 새로운 고객을 발굴하는 데 활용하며, 상담 세 번 만에 성공하지 못하면 발굴을 멈출 것을 명시했다. 어떤 기업은 새로운 고객의 흥미를 유발하고, 그들을 끌어들이기 위한 미션을 가진 영업조직을 운영하기도 한다.

하루의 일정을 보면, 영업사원들은 계획을 짜고, 출장을 가며, 기다리고, 판매하며, 행정적인 일(보고서와 계산서 작성, 영업미팅 참석, 회사의 생산·배송·과금·영업성과와 관련한 부서와의 간담)을 처리한다. 최고의 영업사원은 시간을 효율적으로 활용한다. **시간 및 직무분석**(time-and-duty analysis)과 활동을 시간단위로 쪼개는 것은 어떻게 그들의 시간을 쓰고 생산성을 높일 수 있는지 이해하도록 도와준다.

기업은 지속적으로 영업조직의 생산성을 높이기 위해 노력한다.[29] 비용을 줄이고, 영업조직 밖에서 요구되는 시간을 줄이며, 기술적 발전을 활용하기 위해 영업사원은 내부 영업인력의 규모와 책임을 증가시키고 있다.

내부 영업인력은 직접 판매를 하는 영업사원에 비해 비용이 적게 들고, 최근 빠르게 성장하고 있다. 내부 영업인력이 고객을 접촉하는 데 드는 비용은 25~30달러인데, 외부 영업인력이 출장을 가서 고객을 만나는 데는 300~500달러의 비용이 든다. Webex와 같은 가상회의 소프트웨어나, Skype와 같은 커뮤니케이션 도구, 그리고 LinkedIn, Facebook, Twitter 같은 소셜 미디어 사이트는 대면미팅을 몇 번만 해도 쉽게 판매가 이루어지도록 도와준다. 재택근무가 늘어나면서 내부 영업인력은 심지어 사무실에 있을 필요도 없다.[30]

내부 영업조직은 외부 영업인력을 자유롭게 하여 그들이 더 많은 시간을 주요 고객들과 보내며, 새로운 잠재고객을 발굴하여 고객으로 만들고, 더 많은 일괄주문이나 시스템 계약을 이끌어내도록 한다. 내부 영업사원은 재고량을 체크하고, 후속 주문을 진행하며, 규모가 작은 고객에게 전화를 하는 데 더 많은 시간을 보낸다. 그들은 보통 고정급이나 고정급에 보너스를 더해서 받는다.

오늘날 영업사원은 진정으로 디지털화되었다. 영업과 재고관련 정보를 쉽게 전달하는 것뿐 아니라, 영업관리자와 영업사원을 위해 특별한 컴퓨터 기반의 의사결정 시스템이 개발되었다. 영업사원은 태블릿이나 노트북을 통해 온라인상에서 고객의 배경에 대해 미리 준비할 수 있고, 미리 작성한 영업 서한을 불러올 수 있고, 주문을 전송하고, 고객서비스 문제를 즉석에서 해결할 수 있으며, 동시에 샘플, 팸플릿, 브로슈어와 기타 자료를 고객에게 보낼 수 있다.

영업사원에게 가장 가치 있는 디지털 툴은 기업의 온라인 자산이다. 기업의 온라인 서비스를 통해 고객과 관계를 정의할 수 있고, 개인적으로 상호작용할 수 있는 사업을 하는 사람들을 식별하도록 도와줄 수 있다. 기업의 온라인은 잠재고객이 기업을 접촉할 수 있는 방법을 제공하며, 심지어 첫 주문을 받기도 한다. 특히 소셜 미디어는 가치 있는 디지털 판매 툴이다.

소셜 네트워킹은 잠재고객을 발굴하며, 자격을 검증할 수 있는 프런트엔드이자, 동시에 관계를 형성하고 관리하는 백엔드 역할을 한다. 가상미팅회사인 PGi의 영업사원이 Twitter 트윗의 다양한 키워드를 모니터링하던 중, 어떤 회사의 누군가 '웹회의'에 대한 불만을 쓴 글을 보게 되었다. 영업사원은 불만 글을 올린 사람의 회사 CEO에게 연락하여 PGi 제품의 장점에 대해 설득하였고, 몇 시간 만에 판매 승낙을 받아냈다.[31]

영업조직의 동기부여

매일매일 도전에 직면하는 분야에 있는 영업사원들은 격려와 특별한 인센티브를 요구한다.[32] 대부분의 마케터는 영업사원의 동기부여가 높을수록 노력을 많이 하게 되고, 이것은 성과, 보상, 만족도로 이어진다고 믿는다.[33]

마케터는 **금전적/비금전적인 보상**을 강화한다. 한 연구에서 종업원들에게 가장 가치가 있는 보상은 급여, 승진, 개인적인 성장, 성취감 순이라는 것을 발견했다.[34] 가장 가치가 없는 것은 호감이나 존경, 안정성, 그리고 인정이었다. 다시 말해서, 영업사원은 급여와 그들의 본능적인 욕구를 충족할 수 있으며 앞으로 나아갈 수 있는 기회에 의해 가장 많이 동기부여되며, 칭찬이나 직업 보장에 의해 가장 적게 동기부여된다.[35]

보상 플랜은 심지어 영업사원의 종류에 따라 달라져야 한다. 영업사원이 정말 스타 영업사원인지, 핵심적인 성과를 내는지, 적당한 성과를 내는지, 또는 뒤처진 영업사원인지에 따라 달라야 한다는 것이다.[36] **스타** 영업사원은 제한 없는 상여금, 할당량 초과 시 받는 초과상여금, 여러 명의 수상자가 가능한 상의 구조 등으로부터 혜택을 받는다. 핵심적인 성과를 내는 영업사원은 성취의 디딤돌 역할을 하는 다단계 목표와, 성격과 가치 면에서 다양한 상을 주는 영업대회(sales contest)로부터 혜택을 얻는다. 뒤처진 영업사원의 경우 지속적으로 분기별 보너스와 사회적 압박에 대응해야 한다.[37]

많은 기업은 연초 마케팅 계획을 통해 개발된 연간 판매목표를 금액, 판매 단위량, 마진, 판매노력이나 활동, 제품 유형 측면에서 수립한다. 보상은 주로 이러한 연간 목표의 달성 정도와 관련이 있다. 기업은 먼저 생산, 인력 규모, 재무조달 요구사항을 위한 기초가 되는 판매예측치를 준비한다. 경영진은 다음으로 관리자와 영업사원이 최선의 실적을 내도록 독려하기 위해 판매예측치보다 다소 많은 수준으로 각 지역과 권역별 판매량을 할당한다. 만약 이러한 초과할당량을 맞추는 데 실패하더라도, 기업은 여전히 판매예측치를 달성할 수 있다.[38]

통념적으로, 더 중요하고 이익이 높은 제품에 영업사원이 집중할 때, 회사 이익은 극대화된다. 기업이 새로운 제품을 출시할 때, 기존 제품에 대한 할당량을 맞추지 못할 수도 있다. 기업은 신제품이 출시되면, 영업조직을 더 늘려야 할 수도 있다.

판매량 할당은 문제를 야기할 수 있다. 만약 기업이 할당량을 과소책정하여 영업사원이 쉽게 그 할당량을 채우게 되면, 영업사원의 급여가 초과지급될 수 있다. 만약 영업잠재력을 과대평가하면, 영업사원이 이를 맞추기는 매우 어려우며, 좌절하거나 그만둘 수 있다. 할당량의 또 다른 단점은 영업사원이 영업에만 전념하도록 하여, 다른 서비스 측면은 간과하게 될 수 있다는 점이다. 이렇게 되면 기업은 장기적 고객만족의 대가를 치르고 단기간의 결과를 얻는 셈이 된다. 이러한 이유로 일부 기업에서는 할당량을 없애고 있다.

영업조직의 평가

지금까지 영업 감독의 **피드포워드**(피드백과 반대의 개념으로, 피드백은 초점이 현재의 성과나 결과물에 맞춰져 있는 것이고, 피드포워드는 미래의 해결책에 맞춰져 있음) 측면, 즉 경영진이 영업사원이 해야 할 일을 어떻게 전달하고, 그것을 하도록 어떻게 동기부여하는지에 대해 설명했다. 그러나 좋은 피드포워드는 좋은 피드백을 요구한다. 즉, 영업사원의 성과를 평가하기 위한 정기적인 정보를 주어야 한다는 것이다.

정보의 중요한 원천은 영업사원의 영업 리포트다. 추가적인 정보는 개인적인 관찰, 영업사원의 셀프보고서, 소비자 편지나 불만, 소비자 서베이, 그리고 다른 영업사원과의 대화에서 얻을 수 있다.

영업 리포트는 **활동계획**과 **활동 결과**의 두 파트로 나뉘어 있다. 활동계획의 가장 좋은 예는 고객에 대한 상담 또는 출장을 주별 또는 월별로 미리 계획하여 제출한 영업사원의 업무계획이다. 이 보고서는 영업사원이 그들의 활동을 계획하게 하고, 경영자에게 그들의 행방을 알려준다. 그것은 그들의 계획과 성과 또는 '일을 계획하고, 계획을 세우는' 능력을 비교할 수 있는 근거를 제공한다.

많은 기업은 영업사원에게 새로운 고객을 찾고, 기존 고객과의 비즈니스를 더 늘릴 수 있는 프로그램을 서술하는 연간 지역 마케팅 계획(territory-marketing plan)을 수립하도록 요구한다. 영업조직 관리자는 이러한 계획을 살펴보고, 제안하며, 이를 활용하여 할당량을 수립한다. 영업사원은 완료된 활동을 상담보고서로 작성한다. 그들은 비용사용 내역서, 새로운 사업보고서, 영업손실 보고서, 지역상권 및 경제상황에 대한 보고서를 작성하기도 한다.

이러한 보고서는 영업관리자가 영업성과를 활용할 수 있는 주요한 지표를 뽑아낼 수 있는 데이터를 제공한다: 영업사원당 하루 평균 영업상담 건수, 각 계약당 평균 상담 시간, 영업상담당 평균 매출, 영업상담당 평균 비용, 영업상담당 오락 비용, 100번의 영업상담 중 체결된 주문의 퍼센티지, 기간당 새로운 고객 수, 기간당 잃어버린 고객 수, 전체 매출 중 영업조직과 관련된 비용의 퍼센티지.

비록 특정 영업사원이 판매를 유도하는 데 매우 효과적이라도, 그 영업사원은 고객에게 높게 평가되지 않을 수 있다. 경쟁사의 영업사원이 더 열위에 있고, 영업사원이 판매하는 제품이 매우 좋으며, 새로운 고객이 영업사원을 싫어하는 기존 고객을 대신할 수 있을 때 성공은 따라온다. 영업사원은 영업상담의 성공 또는 실패와 이후 상담에서 어떻게 그 실패가 개선되는지를 분석할 수 있다. 영업사원의 성과는 내적 요소(노력, 능력, 전략) 그리고/또는 외적 요소(업무 및 운)와 관련이 있을 수 있다.

직접 마케팅

오늘날 많은 기업은 고객과 장기적인 관계를 만들어나간다. 그들은 생일카드와 정보를 전달하는 물품을 보내고, 무료 제품이나 서비스를 제공하기도 한다. 항공사, 호텔, 그리고 다른 비즈니스는 자주 구매하는 고객을 위한 보상 프로그램이나 클럽/마일리지 프로그램을 가지고 있다.[39] **직접 마케팅**(direct marketing)은 소비자에게 서비스나 제공물을 전달하기 위해 중간단계와 중간상을 거치지 않고 소비자와 직접 접촉하는 채널을 활용하는 것이다.

직접 마케팅은 기업에게 몇 가지 장점을 제공한다. 중간상을 제거하여 전통적인 마케팅보다 비용 측면에서 더 효율적이다. 소비자와 직접 연결되는 점 또한 소비자의 현재 및 잠재적인 니즈, 소비자가 기업의 제공물을 사용하는 방법과 제품의 어떤 부분이 그들에게 도움을 주며, 어떤 부분을 개선해야 할지 등에 대한 정보를 기업에게 제공할 수 있다는 점이다. 또한 소비자와 직접 상호작용할 수 있는 능력을 가졌다는 것은 그 기업이 더 우월한 서비스 경험을 제공하며 더 강력한 브랜드 이미지를 만들 수 있다는 것이기도 하다.

직접 마케팅 수행자는 개별적인 잠재고객과 고객에게 다가가는 여러 가지 채널을 활용한다. 직접 우편, 카탈로그 마케팅, 텔레마케팅, 키오스크, 웹사이트와 모바일 디바이스가 그 예다. 직접 마케팅을 하는 사람들은 종종 직접 주문 마케팅을 통해 측정 가능한 대응(주로 고객의 주문)을 추구한다.

> **Ambit Energy**   Ambit Energy는 2006년에 에너지 시장의 규제가 완화되면서 설립되었다. 이 회사는 8만 명이 넘는 독립적인 컨설턴트들의 도움을 받아 그들의 서비스를 소비자에게 직접 홍보했다. 고객이 모르는 사람보다 아는 사람으로부터 구매할 것이라는 사실을 믿고, 1년의 고정사용요금 계약에 대한 낮은 요율을 제공함으로써, Ambit은 많은 고객을 얻게 되었다. 이 고객중심의 노력은 빠른 성장을 가져왔고, Ambit은 2010년에 J. D. Power and Associates로부터 친구, 가족, 동료로부터 가장 긍정적인 평가를 얻은 회사로 인정받았다. 다른 직접 마케팅 회사들처럼, Ambit Energy도 논쟁이 없었던 것은 아니다. 소비자옹호자들은 기업이 에너지 사용요율에 대해 상의하고, 요금을 바꾸기 위해 기업에 연락하는 것을 오히려 더 어렵게 만들면서 소비자가 영업사원이 되도록(Ambit은 웹사이트 첫 페이지에서 방문자들이 "Ambit 컨설턴트가 되어서 보상을 받는 방법을 알아보세요."라는 내용을 보게 했다) 하는 데 많은 노력을 기울였다고 주장했다. 2015년, New York의 Department of Public Service's Consumer Advocate는 Ambit에게 Guaranteed-Savings 요금 플랜에서 더 많은 요금을 부과하는 변동 요금 플랜으로 옮겨진 고객에게 환불해 줄 것을 명령했다. 또한 Ambit으로 전환한 뒤 고객이 절약할 수 있는 금액을 잘못 표기했다는 집단소송(2018년 합의)의 대상이 되기도 했다.[40]

직접 마케팅은 영업조직을 통해 기업 고객에게 접근하는 데 드는 많은 비용과 증가하는 비용에 대응하여 매우 빠르게 성장하고 있다. 전통적인 직접 마케팅 채널(직접 우편, 카탈로그, 텔레마케팅)을 통해 발생하는 매출은 개인 소비자 시장에 대한 매출, B2B 판매, 자선기관에 의한 기금모집 등을 포함한 직접 우편 마케팅과 함께 빠르게 성장하고 있다.

직접 마케팅 채널

다음으로는 네 가지 주요 직접 마케팅 채널인 직접 우편, 카탈로그 마케팅, 텔레마케팅, 인포머셜의 특징과 관련된 이슈에 대해 살펴볼 것이다.

직접 우편   직접 우편(direct mail) 마케팅은 제안, 공지, 리마인더, 또는 다른 아이템을 개별 소비자에게 보내는 것이다. 매우 선택적인 우편 리스트를 활용하여 직접 마케터들은 매년 수백만 통의 우편을 발송한다. 이들은 편지, 전단지, 접이식 및 기타 '날개가 달린 영업사원'을 포함한다.

직접 우편은 타깃(목표)시장을 선택할 수 있고, 개인화할 수 있으며, 유동적이고, 초기 테스팅과 응답을 측정할 수 있기 때문에 매우 보편적인 미디어다. 1,000명에 도달하기까지의 비용은 매스미디어보다는 비싸지만, 도달하는 사람들은 잠재고객일 확률이 더 높다. 직접 우편의 성공은 또한 그것의 책임이 되었다. 많은 기업이 우편함에 꽉 찰 정도로 많은 우편을 보내게 되면서 상당수의 고객은 그들이 받는 엄청난 양의 우편물을 무시하기도 한다. 직접 우편은 잠재적인 리드를 끌어내며, 소비자와의 관계를 강화하고, 소비자에게 정보를 제공하고 그들을 교육시키며, 소비자에게 제공물을 리마인드시키고, 최근 있었던 고객 구매결정을 더 강화하기도 한다.

대부분의 직접 우편 마케터들은 대상 고객을 선정하는 데 RFM(Recency: 최신, Frequency: 빈도, Monetary amount: 금액) 공식을 사용한다. 이것은 과거 구매 이후 얼마나 많은 시간이 지났는지, 얼마나 자주 구매하는지와 고객이 된 이후로 얼마를 구매했는지를 의미한다. 가죽 재킷을 판매하는 회사가 있다고 가정해 보자. 아마도 이 기업은 지난 30~60일 기간 전에 구매했던 고객으로서 1년에 3~6번 정도 구매하며, 고객이 된 이후로 최소한 100달러 정도 쓴 고객을 대상으로 직접 마케팅을 시도할 것이다. RFM에 따라 포인트가 결정되는데, 더 많은 포인트를 받은 고객일수록 더 매력적인 고객이다.[41]

최고의 미래고객은 과거에 이 기업의 제품을 샀던 사람들이다. 직접 마케팅을 통해 소비자 리스트를 파는 브로커에게서 소비자 명단을 구매할 수 있지만, 이런 리스트는 중복된 이름, 불완전한 데이터, 부정확한 주소 때문에 많은 문제를 야기할 수 있다. 좋은 리스트는 인구통계 및 심리적 정보에 바탕을 둔 리스트다. 직접 마케팅 관리자들은 리스트를 사기 전에 샘플로 먼저 몇 개의 이름을 사서 테스트를 해본다. 또한 관리자 스스로 판촉 활동을 제시하고, 소비자의 응답을 모아 자신만의 리스트를 만들기도 한다.[42]

직접 마케팅의 가장 큰 장점은 실제 시장 상황에서 여러 가지 전략, 즉 제품, 제품 특성, 카피, 편지의 종류, 봉투, 가격, 그리고 메일 리스트 등과 같은 것을 테스트해 볼 수 있다는 점이다. Teaching Company는 교육강좌 및 강의를 판매하기 위해 5,000만 장의 카탈로그와 2,500만 통의 이메일을 보냈다. 판촉의 모든 측면은 테스트될 수 있다. 예를 들면, 미켈란젤로의 하나님의 손 이미지를 Petra의 폐허를 묘사한 이미지로 바꾸어서 매출이 20% 오르기도 했다.[43]

응답률은 보통 캠페인의 장기적인 효과를 과소평가한다. Samsonite 여행용가방을 광고한 직접 우편을 받은 사람들 중 단 2%만이 구매를 했다. 이 경우 훨씬 더 많은 사람들이 제품에 대해 알게 되었을 것이며(직접 우편은 많은 사람들이 읽는다), 그중 일부는 아마도 나중에 살 의향을 가지게 되었을 것이다(우편 또는 아웃렛으로부터). 어떤 사람들은 메일을 읽고 Samsonite 여행용가방을 다른 사람들에게 언급할 것이다. 이러한 직접 마케팅의 효과를 잘 측정하기 위해 일부 기업은 직접 마케팅이 인지도, 구매의도, 구전에 미치는 영향을 측정한다.

직접 우편은 일반우편과 이메일을 포함한다. 이메일은 일반우편에 비해 아주 적은 비용으로 고객에게 정보를 주고 그들과 커뮤니케이션할 수 있다. 이메일은 매우 생산적인 판매 도구다. 이메일이 구매를 유도하는 비율은 소셜 미디어 광고의 최소 3배가 넘는다. 이메일은 적시에, 적절한 내용으로, 타깃화되어야 효과적이다. Gilt Group은 소비자들의 과거 클릭률, 사이트 브라우징 이력, 구매 이력에 근거하여 그들의 플래시 세일 사이트(flash-sale site: 짧은 기간 세일을 하는 사이트)를 홍보하는 이메일을 매일 3,000개의 다른 종류로 전송한다.[44]

프라이버시에 대한 걱정이 늘고 있다. 많은 소비자들은 그들의 자세한 개인정보를 공유하여 더 좋은 딜이나 할인을 받는다고 해도 브랜드와 공유하기를 꺼린다. 어떤 기업은 소비자에게 이메일을 받기 원하는지, 그리고 언제 받기를 원하는지 물어본다. 꽃 소매상인 FTD는 휴일, 생일, 기념일에 꽃을 보내는 리마인더 전자메일 알람 수신 여부를 소비자가 직접 선택하게 한다.

카탈로그 마케팅 카탈로그 마케팅을 하는 기업은 보통 인쇄 형태 또는 온라인으로 자사 제품을 모두 소개하는 카탈로그, 특정 소비자를 대상으로 하는 카탈로그, 비즈니스 고객을 위한 카탈로그를 보낼 수 있다. 작은 회사들은 특별 카탈로그(specialty catalog)를 만들 수 있다. 특히 카탈로그와 웹사이트를 결합하는 것이 효과적인 판매방식으로 여겨진다. 예를 들면, W. W. Grainger는 매년 3,000페이지 분량의 인쇄 형식의 카탈로그를 만드는데, 이와 동시에 디지털로 찾기 쉬우면서 인쇄형 카탈로그에는 없는 내용이 담긴 온라인 카탈로그도 제작한다.[45]

카탈로그는 엄청난 비즈니스다. 인터넷과 카탈로그 소매업 산업에는 3만 7,000개의 기업이 있으며, 그들의 연매출은 4,600억 달러에 이른다.[46] 성공적인 카탈로그 마케팅은 중복이나 부실채권을 피하기 위해 고객 리스트를 관리하고, 재고를 관리하고, 양질의 제품을 공급하며, 독특한 이미지를 만들어내는 데 있다.

몇몇 기업은 정보 기능을 추가하고, 견본제품을 보내주고, 질문에 답하기 위한 온라인 또는 전화 핫라인을 설치하고, 우량 고객에게 선물을 보내며, 이윤의 일정 부분을 기부하기도 한다. 카탈로그를 완전히 온라인화하는 경우 글로벌 고객에게 더 다가갈 수 있으며, 인쇄하고, 우편을 보내는 비용을 절감할 수 있다.

텔레마케팅 텔레마케팅은 전화나 콜센터를 활용하여 잠재고객을 끌어들이고, 현재고객에게 판매하며, 오더를 받고 질문에 답하는 서비스를 제공한다. 텔레마케팅은 기업이 매출을 늘리고, 판매비용을 줄이며, 고객만족을 높이도록 도와준다. 기업은 콜센터를 활용하여 **인바운드 텔레마케팅**, 즉 고객으로부터 오는 전화를 받고, **아웃바운드 텔레마케팅**, 즉 고객과 잠재고객에게 전화를 시도하기도 한다.

텔레마케팅은 여전히 정치캠페인에서 많이 활용되지만, 그 효과성을 잃고 있다. 그러나 B2B 텔레마케팅은 오히려 증가하고 있다. 그 이유는 부분적으로 화상회의를 사용하고 있기 때문이다. 화상회의는 비싼 현장 판매 상담(비록 없어지지는 않겠지만)을 대체할 것이다.

텔레마케팅의 대중적인 형태는 로보콜(robo-call)인데, 이것은 컴퓨터 기반의 자동 다이얼 시스템으로 미리 녹음된 정보를 전달하는 전화 통화를 의미한다. 미국의 경우 의사와의 진료 약속 리마인더, 항공기 스케줄 변동 공지, 신용카드 사기 알림, 또는 선거 캠페인과 같은 적절한 정보를 전달하는 경우에만 미리 녹음된 메시지를 사용하는 것을 법적으로 허용하고 있다.

<< TV 인포머셜은 전 헤비급 복싱 챔피언 덕분에 George Foreman 그릴 판매를 대성공시켰다.

로보콜을 활용한 제품 및 서비스의 판매는 합법으로 간주되지 않는다.[47]

인포머셜　일부 기업은 TV 광고의 판매력과 정보와 오락성을 가미한 30~60분가량의 **인포머셜**(infomercials)을 제작한다. 인포머셜은 복잡하거나 기술적으로 진보된 제품 또는 많은 설명이 필요한 제품을 홍보하는 데 활용된다. 가장 성공적인 인포머셜은 Proactiv acne system, P90X 운동프로그램과 George Foreman의 그릴이다. 홈쇼핑채널은 무료 전화나 인터넷을 통해 48시간 배송을 해주면서 제품과 서비스를 판매한다.

직접 판매의 미래

직접 판매의 성장은 니치마켓의 증가를 가져왔다. 시간이 없고, 트래픽과 주차에 머리가 아픈 소비자들은 무료 전화, 항상 열려 있는 웹사이트, 익일 배송, 그리고 고객서비스에 대한 기업의 직접적인 헌신에 고마워한다. 게다가 많은 체인소매점들은 천천히 성장하는 전문품에 대한 판매를 줄이는데, 이것은 이러한 전문품에 관심이 많은 소비자들에게 다가가기 위한 직접 판매 방식의 기회를 더 높이고 있다.

　판매자는 직접 마케팅을 통해 많은 혜택을 얻는다. 그들은 상상할 수 있는 거의 모든 그룹 — 왼손잡이 고객, 키 큰 고객, 백만장자 등 그들이 원하는 대로 — 의 목록을 살 수 있다. 판매자는 그들의 메시지를 맞춤화하고 개인화하여 각각의 고객과 지속적인 관계를 형성할 수 있다. 이제 막 부모가 된 사람들은 아기가 계속 자람에 따라 그에 맞는 새로운 옷, 장난감, 그리고 다른 용품들을 광고하는 정기적인 메일을 받게 된다.

　직접 마케팅은 잠재고객이 권유를 원한 순간 더 다가갈 수 있기 때문에, 더 관심을 가진 잠재고객의 주목을 받는다. 직접 마케팅에서 마케터는 더 효과적인 방법을 찾기 위해 여러 미디어나 메시지를 테스트할 수 있다. 직접 마케팅은 또한 기업이 제시하는 것이나 전략을 경쟁자에게 덜 노출시킬 수 있다. 마지막으로, 직접 마케팅 관리자는 어떤 캠페인이 가장 많은 이익을 냈는지를 알 수 있는 소비자 반응을 측정할 수 있다.

직접 마케팅은 다른 커뮤니케이션 채널 및 활동과 결합되어야 한다. Eddie Bauer, Lands' End, Franklin Mint는 오프라인 매장을 열기 전에 우편주문과 전화주문이 가능한 직접 마케팅을 펼침으로써 브랜드를 성공적으로 구축했다. 그들은 오프라인 매장의 쇼핑백에 인터넷 주소를 적는 것과 같이 매장, 카탈로그, 웹사이트를 모두 활용한 교차 프로모션(cross-promotion) 전략을 활용했다.

성공적인 직접 마케팅 담당자는 고객과의 상호작용을 업셀링, 크로스셀링 또는 깊은 관계를 만드는 기회로 생각한다. 마케터는 그들의 메시지를 맞춤화/개인화할 수 있고, 소비자 삶의 이벤트나 변화에 대한 지식을 바탕으로 각각의 소비자에게 평생의 마케팅을 할 수 있는 계획을 수립하는 것에 대해 알고 있는지 확인해야 한다. 그들은 캠페인의 모든 요소를 조화롭게 운영해야 한다.

marketing INSIGHT   주요한 계정 관리

마케터는 주요한 계정(주된 비즈니스 고객을 의미하는 것으로, 주된 계정, 국가 계정, 글로벌 계정이라고도 불린다)을 선별한다. 이들은 여러 부분에서 매우 중요한 고객이며, 통일된 가격과 조정된 서비스를 사용하는 여러 위치에 있는 고객이다. 주된 계정의 관리자는 국가적인 영업 매니저에게 보고를 하며, 필드의 영업사원들이 담당하는 영역의 고객과 상담하는 것을 감독한다. 평균적으로 한 기업은 약 75개의 계정(즉, 75개의 큰 비즈니스 고객)을 관리한다. 만약 한 기업이 그러한 계정을 가지고 있으면, 이러한 계정을 관리하는 부서를 만들며, 이 부서의 주된 계정 관리자는 약 9개의 계정을 관리한다.

큰 계정은 주로 신제품 개발, 기술적인 지원, 공급망, 마케팅 활동, 그리고 관계의 모든 측면을 커버하는 여러 가지 커뮤니케이션 채널 등과 같은 여러 분야를 통합할 수 있는 직원들로 이루어진 전략적 계정 관리팀에 의해 관리된다. Procter & Gamble은 300명의 직원이 Arkansas의 Bentonville에 있는 그들의 본사에서 그들의 주요한 계정(고객)인 Walmart와 함께 일하는 전략적 계정 관리팀을 두

고 있으며, 더 많은 인원이 유럽, 아시아, 라틴 아메리카의 Walmart 본사에서 일한다. P&G는 이러한 관계를 통해 수십억 달러를 절감한다고 한다.

주요한 계정 관리는 점점 더 증가하고 있다. 구매자(고객)가 인수합병을 통해 집중됨으로써, 몇 명의 구매자가 대다수의 매출을 차지하고 있다. 대다수는 그들의 구매를 집중화함으로써 더 많은 구매협상 능력을 가지게 되었다. 제품이 점점 더 복잡해짐에 따라 구매기업 조직의 더 많은 인력이 구매 과정에 참여한다. 일반적인 영업사원 한 명은 이러한 구매기업의 여러 인력에게 효과적으로 판매할 수 있는 능력이나 권위가 없다.

주요한 계정을 선택할 때, 기업은 이익이 나는 제품을 많이 구입하고, 중심부에서 구입하며, 몇몇 지역에서 높은 수준의 서비스를 요구하며, 가격에 민감하고, 오랜 관계를 원하는 고객 계정을 찾는다. 주요한 계정의 매니저는 계정 고객이 접촉할 수 있는 유일한 지점처럼 행동하며, 계정 고객의 비즈니스를 발전시키고 성장시키며, 고객의 의사결정 과정을 이해하고, 가치를 부여할 수 있는 기회를 발굴하며,

(계속)

경쟁우위의 지식을 전달하고, 판매를 협상하며, 고객서비스를 잘 조율한다.

　대부분의 주요한 고객 계정은 가격우위보다는 가치를 더 추구한다. 그들은 공급업체가 자신만을 위한 접촉 포인트를 제공하는 점, 자신만을 위한 과금, 특별한 보증, 전자문서 교환 링크, 우선적인 배송, 정보의 우선 제공, 맞춤화된 제품, 효율적인 유지, 보수, 그리고 서비스 업그레이드 등을 제공하는 데 높은 가치를 둔다. 그리고 선의의 가치도 있다. 주요한 고객 계정의 비즈니스에 가치를 부여하고, 그들의 성공에 관심이 많은 영업사원과의 개인적인 관계는 주요한 고객 계정이 충성심 높은 고객으로 남는 설득력 있는 이유가 될 수 있기 때문이다.[48]

요약

1. **인적 판매**는 제안을 하거나, 질문에 답하거나, 주문을 진행하기 위해 한 명 또는 여러 명의 잠재고객과 직접 상호작용하는 것이다. 인적 판매에는 세 가지 중요한 품질이 있다: 맞춤화, 관계지향, 반응지향적.

2. 효과적인 **판매 프로세스**에는 몇 가지 주요 단계가 있다: 잠재고객 발굴, 프리어프로치, 프레젠테이션, 설득, 클로징, 서비스. 효과적인 영업사원은 영업전문성뿐 아니라 분석하는 방법 및 고객관리에 대해서도 교육받는다.

3. **영업조직**은 기업과 고객 간의 연결지점이다. 영업사원은 여러 고객에게는 기업이며, 필요한 고객 정보를 기업에 가져오는 것도 영업사원이다. 영업조직의 완전한 설계와 관리는 기업 판매 노력의 비용적 효율성과 효과성을 극대화하는 데 매우 중요하다.

4. **영업조직을 설계**할 때는 목표, 전략, 구조, 규모, 그리고 보상을 결정해야 한다. 목표에는 잠재고객 발굴, 타기팅, 커뮤니케이션, 판매, 서비스, 정보수집, 할당이 있다. 전략은 가장 효과적으로 판매하는 접근법을 요구한다. 구조는 영업조직을 지역중심, 제품중심, 시장중심(또는 이들의 조합)으로 나누느냐의 문제다. 영업조직을 얼마나 크게 만들어야 할지를 추정하는 것은 기업의 업무량과 얼마나 많은 영업시간(따라서 영업사원)이 필요한지에 달려 있다. 영업사원에 대한 보상은 어떤 종류의 임금, 변동급여, 보너스, 비용계정, 혜택을 줄 것이며, 그러한 보상에 고객만족도를 얼마나 많이 고려해야 하는가를 결정하는 것이다.

5. **영업조직을 관리**하는 데는 5가지 요소가 있다: (1) 영업사원의 채용 및 선택, (2) 영업사원에 대한 트레이닝: 영업기술, 기업의 제품, 정책, 고객만족 중심, (3) 영업조직의 감독 및 효과적인 시간 사용의 독려, (4) 영업조직의 동기부여 및 할당량, 금전적인 보상, 다른 추가적인 보상 사이에 균형을 이루도록 격려, (5) 개인과 전체 영업성과의 평가.

6. **직접 마케팅**은 중간상을 이용하지 않고 소비자에게 접근하며, 제품과 서비스를 전달하기 위해 직접적으로 채널을 활용하는 것이다. 직접 마케터는 직접 우편, 카탈로그 마케팅, 텔레마케팅, 키오스크, 웹사이트, 모바일과 같은 다양한 채널을 활용하여 고객 및 잠재고객에게 다가간다. 그들은 주로 직접 주문 마케팅을 통한 고객의 주문을 측정하여 종종 고객 반응을 측정한다.

7. 주된 **직접 마케팅 채널**은 직접 우편, 카탈로그 마케팅, 텔레마케팅, 인포머셜 등이다. 이러한 채널은 기업에 몇 가지 혜택을 가져다준다: (1) 타깃고객에게 기업 제공물의 장점을 전달할 뿐 아니라 동시에 판매도 진작시킨다. (2) 다른 커뮤니케이션 방법에 비해 다른 경쟁자들에게 잘 보이지 않는다. (3) 어떤 캠페인이 가장 많은 이익을 가져왔는지, 캠페인에 대한 고객의 반응을 측정할 수 있다.

marketing
SPOTLIGHT

Avon

세계에서 가장 오래된 뷰티 회사인 Avon은 가정방문을 통해 책을 판매했던 영업사원 David McConnell이 여성 고객을 끌어들이기 위해 무료 향수를 제공한 이후 1886년에 설립되었다. 그 향수가 매우 인기 있다는 것을 알게 된 McConnell은 책 판매를 그만두고, California Perfume Company(그의 아들이 후에 셰익스피어의 출생지로 이름을 바꾸었음)를 시작했다. McConnell은 50살의 Mrs. P. F. E. Albee를 고용하여 향수를 테스트하게 하고 영업조직을 채용했는데, 여성들로 하여금 집에서 나가서 돈을 벌 수 있게 해준(당시 사회적 규범과 반대된) 첫 번째 기회 중 하나였다. Avon의 첫 번째 카탈로그는 1905년에 발행되었고, 이듬해에 인쇄 광고는 《Good Housekeeping》에 실렸다. Avon은 25년 뒤 《Good Housekeeping》으로부터 11개 제품에 대해 인준서를 받았는데, 한 기업이 이렇게 많은 인준서를 받은 것은 그 당시 기록할 만한 일이었다.

집에 노크를 하고, 파티를 열며, 친구를 부르는 Avon 여성 사원들은 1950년대와 1960년대 "Ding Dong, Avon Calling"이라는 TV 광고를 하던 당시 보편적인 문화의 한 부분이었다. Avon의 기본적인 직접 판매 모형은 몇 년 동안 크게 변하지 않았다. 영업사원이 되기 위해서 많은 투자를 할 필요가 없었다. 영업사원은 20달러, 50달러, 100달러의 세 가지 스타터 키트 중 하나를 고를 수 있었다. 여기에는 각각 카탈로그, 제품 샘플, 주문 패드, 배송 백, 그리고 채용지원서가 담겨 있었다. Avon은 2주간격의 캠페인 기간 동안 새로운 카탈로그를 만들었다. 영업사원들은 카탈로그를 고객과 잠재고객에게 보여주고, 고객으로부터 Avon의 재고에서 발송하는 주문을 받는다. 고객은 이제 온라인에서 바로 주문할 수 있다. 판매수당은 개인과 팀이 판매한 금액이 150달러까지인 경우는 20%, 500달러 이상인 경우는 40%까지 받을 수 있다. 1만 달러 이상 판매하는 경우 수당은 50%까지에 이른다. 10개의 리더십 레벨까지 올라간 영업사원은 캠페인 기간 동안 판매실적에 따라 추가적인 보너스와 인센티브를 받는다.

영업사원은 다른 사람들을 자신의 팀에 채용하고, 이 사람들도 또 다시 다른 영업사원을 추가적으로 채용하게 되는데, 이렇게 되면 최초의 영업사원은 그 팀의 리더가 되어 더 많은 수당을 챙길 수 있다. 그러나 경계는 분명히 있다. Avon은 Direct Selling Association을 그만둘 때, 폰지(Ponzi) 사기와 같은 다단계 마케팅에 대한 보다 엄격한 기준을 언급하면서 파문을 일으켰다. Avon은 다른 사람들을 채용함으로써 얻는 수익에 제한을 두었다. Avon은 각 영업사원이 본인 밑에 무한정으로 영업사원을 늘려 고객 판매보다 팀을 만드는 행위로 변질될 수 있는 이러한 다단계활동에 대해 한 영업사원당 각자 세 명까지만 추가 채용한 영업사원을 통해 얻는 이익의 수익을 받을 수 있게 했다.

Avon은 해외시장에 일찍이 진출했다. 브라질은 2010년 Avon의 가장 큰 판매 시장이었다. 그러나 Avon은 곧 국제적으로나 국내적으로 매우 높은 경쟁에 직면하게 되었다. P&G나 Unilever와 같은 다국적 기업은 개발도상국에 침투하였고, 백화점과 드러그 스토어는 괜찮은 가격의 화장품 라인을 증설했으며, Ulta Beauty나 Sephora와 같은 소매상이 등장했다. Ulta가 2010년과 2014년 사이에 매출이 14억 5,000만 달러에서 32억 달러로 증가한 데 반해, Avon의 북미 매출은 같은 기간 22억 달러에서 10억 달러로 감소했다.

Avon의 시장 점유율 감소의 주된 원인 중 하나는 온라인 마케팅과 소셜 네트워킹의 확장세를 잘 따라가지 못했다는 점이다. 2014년에 겨우 Avon은 10년 동안 변하지 않았던 웹사이트를 다시 재정비하고 히스패닉계 영업사원들을 위한 특별한 마케팅 자료를 만들었는데, 이로 인해 비히스패닉계 대상에게 더 많이 판매하게 되었다. 소셜 미디어와 온라인 판매는 여성의 50% 가까이가 일하는 나라에서 그들과의 대면접촉이 어려워짐에 따라 더욱 중요해지고 있다. 게다가 2020년까지 빠르게 증가하며 구매력이 1조 4,000억 달러에 이를 것으로 보이는 밀레니얼 세대들은 집 안에서의 이벤트보다 온라인을 더 좋아하며,

Facebook, Instagram, Twitter의 인플루언서들에 더 집중하고 있었다. Avon은 이러한 소셜 미디어 마케팅을 활용하는 데 실패했다.

2015년 Avon은 북미 지역의 비즈니스를 사모펀드회사인 Cerberus Holdings(미국, 캐나다, 푸에르토리코의 비즈니스가 'New Avon LLC'라는 이름으로 운영되고 있음)에 팔고 본사를 London으로 옮겨 가게 되었다. 2017년까지 Avon의 주식시장 가치는 13억 달러로 감소했는데, 이것은 10년 전의 210억 달러에서 엄청나게 감소한 것이다. 원인의 대부분은 불투명한 마케팅 전략이다. 즉, 2000년대 초반에 직접 판매와 매장 판매 두 가지를 하고 있었고, 온라인 매출로 옮겨 갈 수 있도록 해주는 소프트웨어 플랫폼을 구현하는 데 어려움이 있었으며, 전략적 비전 제시보다는 비용절감과 관련이 있는 여러 가지 기업 구조 조정을 하고 있었으며, 빠르게 성장하는 중국 시장에서 규제관련 이슈에 직면해 있었기 때문이다.

Avon이 어려운 상황이며, 더 성장하기 위해 떠오르는 트렌드와 기회를 자본화할 수 있는 능력이 필요하다는 것을 깨달은 Jan Zijderveld(과거 Unilever의 유럽 분야 회장이었고, 2018년에 Avon의 CEO가 되었음)는 Salesforce.com과 손을 잡고, 3억 달러가 넘는 금액을 IT, 신제품, 마케팅, 트레이닝, 그리고 디지털 기술에 투자하겠다고 밝혔다. Avon을 디지털 시대로 끌어오기 위해 최고 뷰티 및 브랜드 책임자인 James Thompson(과거 Diageo에서 근무)은 어떻게 Facebook이나 Instagram을 효과적으로 사용할 수 있는지, 그리고 자사 플랫폼을 통해 직접 온라인 구매를 어떻게 영업사원과 연결시킬 수 있는지에 대해 영업사원들을 대상으로 매우 집중적인 교육을 진행했다. Avon은

또한 첫 번째 디지털 최고 책임자를 선임하여 소비자와 영업사원을 스마트폰 카메라를 통해 연결시켜 주는 개인화된 뷰티 앱을 개발하게 했고, 화장품 구매를 비과학적으로 추측하는 것을 없애기 위해 데이터 분석에 치중했다. 소비자들이 사회활동을 하며, 정보를 교환하고, 쇼핑하는 방식의 변화와 새로운 기술을 이해함과 동시에 직접 판매 경로의 근본을 구축함으로써, Avon은 그들의 비즈니스 모델을 쇄신하고 시장 포지션을 다시 얻고자 노력하고 있다.

2020년 1월, Avon은 브라질의 다국적 화장품 및 퍼스널 케어 회사인 Natura & Co.에 의해 인수되었고, 세계에서 네 번째로 큰 순수 뷰티 회사가 되었다. 이 인수로 인해 Natura & Co.는 자신의 브랜드인 Nature뿐 아니라 The Body Shop과 Aesop을 가지고 있는 데 더해서 Avon의 브랜드도 추가하게 되었다. 이 인수로 Natura & Co. 브랜드는 Avon과 Nature 브랜드를 판매하는 630만 컨설턴트와 영업사원을 두고 온라인과 오프라인에서 관계 마케팅을 하는 선도적인 위치에 서게 되었다.[49]

질문

1. Avon의 최초 성장에 영향을 준 요인은 무엇인가? 이 요소가 시간에 따라 어떻게 진화했는가?

2. Avon의 고객, 영업조직, 그리고 이해관계자들을 위한 가치 제안은 무엇인가?

3. 지난 수십 년 동안 인적 판매의 역할이 어떻게 바뀌었는가? 소셜 미디어와 모바일 커뮤니케이션이 보편화된 상황에서 인적 판매는 여전히 실행 가능한 비즈니스 모델인가?

Progressive Insurance

Progressive Corporation은 미국에서 가장 큰 자동차, 오토바이, 보트, 그리고 RV 보험을 제공하는 회사다. 1937년에 설립된 이 회사는 업계에서 가장 혁신적인 보험회사로 알려져 있다. 처음부터 Progressive의 철학은 '다른 회사들이 가지고 있지 않은' 자동차 보험이라는 접근방식이었다.

　Progressive는 독특한 제품과 서비스를 제공함으로써 새로운 소비자들을 끌어들였다. 예를 들면, 업계 최초로 드라이브스루 보험 클레임 서비스, 24시간 클레임 서비스, 그리고 저위험 운전자들을 위한 낮은 요율의 보험 등이다. 1994년, Progressive는 보험 비교 쇼핑 서비스를 도입했는데, 소비자들이 800-AUTO PRO(지금은 800-PROGRESSIVE)로 전화를 걸면 Progressive뿐 아니라, 세 개의 다른 경쟁 보험회사로부터도 견적서를 받을 수 있다. Progressive는 이 서비스를 인터넷에서 비교견적 쇼핑사이트를 만들었을 때 더욱 확장시켰다. Progressive는 Immediate Response Vehicle(IRV)이라는 특별 차량을 도입했는데, 숙련된 클레임 담당자가 고객이 필요로 하면 어디든 사고 현장까지 이 차량으로 방문했다. 현재 Progressive는 IRV 서비스를 미국 전역에 걸쳐 수천 개의 IRV로 확장했다.

　보험 산업은 소비자들이 더 똑똑해지고, 비용에 매우 민감하며, 구매과정에 대리인을 사용하지 않으려고 함에 따라 지난 수년간 많은 변화가 일어나고 있다. Progressive의 마케팅 전략 및 혁신 리더인 Jonathan Beamer는 회사의 미디어 전략에 대해 "우리는 항상 소비자들이 그들이 좋아하는 채널을 통해 우리와 상호작용할 수 있어야 한다고 믿는다. 과거에는 전화, 온라인, 대리인을 통했다면, 이제는 소셜 미디어가 소비자들이 우리 브랜드와 상호작용하는 다른 방법이 되었다."라고 이야기했다. Progressive는 3만 5,000여 명의 독립적인 대리인 네트워크를 가지고 있지만, 소비자에게 인터넷이나 모바일로 회사와 상호작용할 기회를 준다. Progressive는 소비자가 보험 클레임을 제기하는 데도 몇 가지 옵션을 준다. 보험 가입자는 사고차량을 Progressive 서비스센터에 가지고 오거나, Progressive 도로서비스를 불러서 여러 가지 문제, 즉 타이어 펑크나 열쇠 문제 등과 같은 문제를 해결하게 할 수 있다.

　Flo라는 회사의 상징적인 캐릭터 덕분에, 소비자들은 최근 Progressive의 마케팅 캠페인에 긍정적으로 반응하고 있다. Flo는 기발하고, 재치 있고, 활기찬 Progressive의 종업원인데, 하얀 유니폼과 회사 로고가 그려진 앞치마를 두르고 있다. 그녀는 Progressive의 브랜드와 종업원을 대표한다. Flo의 광고는 주로 가상의 보험 스토어에 있으며, 새로운 보험을 고려하고 있거나, 보험사를 바꾸고 싶은 고객을 공략한다. Progressive는 자사의 보험을 나타내기 위해 사람을 사용하는 것이 눈에 보이지 않는 무형의 보험을 사고파는 업무를 유형의 것으로 만들어 소비자가 상상할 수 있도록 도와준다는 것을 알게 되었다. Progressive는 종종 광고에서 하얀색과 파란색의 '보험 패키지'를 보여준다. 이 또한 Progressive가 추상적인 것이 아닌 무엇인가 구체적인 것을 판다는 느낌을 강화한다. 모든 광고에서 Flo는 소비자와 그들의 비즈니스를 돕는다. 그녀는 배관공과 함께 일하고, 조경업자와 함께 관목숲에 들어가며, 엄청난 빗속에서 꼼짝 못하는 자동차와 운전자를 발견하기도 한다. Flo, 그녀의 패키지, 그리고 Progressive 슈퍼센터는 모두 Progressive를 경쟁적인 환경에서 차별화되게 보여주는 요소다.

　Flo는 오늘날 마케팅에서 가장 인지도가 높은 광고의 상징 중 하나가 되었고, Progressive를 매우 유명하게 만들었다. 그러나 Progressive 마케팅 팀은 그녀를 현대적이고 적절하게 유지하는 데 신중을 기했다. 그녀는 모든 스크린, 즉 TV, 컴퓨터, 모바일 디바이스, 스마트폰 앱, 'Sims Social'과 같은 비디오 게임, 그리고 YouTube 동영상에 등장했다. 그녀는 자신의 Facebook 페이지(100만 명이 넘는 팬을 보유)도 가지고 있다. Progressive 마케팅은 《Adweek's》의 "Brand Genius: Marketer of the Year Award"를 수상했고, 마케팅 효율성 측면에서 Effie 상도 받았다.

Progressive는 기술을 이용하여 보험 판매 프로세스를 간소화하는 데도 선구자다. 이 기업의 기술을 활용한 특징은 다음과 같다.

- **보험 상품 서비스와 관리**(policy service and management)는 고객이 스스로 정보를 업데이트하며, 비용을 지불하고, 차량 리콜 정보를 얻는 등의 활동을 하게 했다.
- **온라인 클레임 리포팅**(online claiming reporting)은 소비자가 상표등록된 비주얼 보고 도구를 사용하여 자동차 사고와 클레임 보고를 몇 분 만에 가능하게 했다. 심지어 근처 자동차 수리점에 예약도 가능하다.
- **요금 표시기**(rate ticker)에는 다른 상위 자동차 보험사의 요율과 함께 Progressive의 자동차 보험 요율이 표시된다.
- **대리인 찾기 기능**(agent locator)은 대리인을 통해 보험을 사고자 하는 고객이 근처의 독립적인 보험 대리인을 쉽게 찾을 수 있게 해준다.
- **내게 말해요**(talk to me) 기능은 보험 쇼핑 중 보험견적서에 질문이 있거나 영업사원과 인터넷 또는 직접 전화를 통해 상담하고 싶은 사람들에게 제공하는 서비스다.

Progressive에 대해 소비자가 더 편한 방법으로 알게 하기 위해, Facebook Messenger에 Flo Chatbot 기능을 도입했는데, 이것은 미국의 가장 큰 10개 보험회사 중 처음으로 소비자가 Progressive와 편하고 자연스러우며 대화하는 방식으로 상호작용하게 한 사례가 되었다. 만약 Flo Chatbot이 어떤 질문에 답을 하지 못하면, Progressive의 영업사원이 바로 전화나 개인 메시지로 대화를 하게 된다.

이러한 소비자 경험의 간소화 외에도 Progressive는 그들의 독립적인 대리인을 강화하기 위한 전략 개발에 엄청난 비용을 투자했다. 2018년에 도입된 Progressive의 'For Agents Only(FAO)'의 최적화된 포트폴리오 견적을 위한 플랫폼은 판매 대리인의 효율성과 효과성을 증진하기 위해 고안된 다음과 같은 다양한 특징을 가지고 있다.

- **통합적 제삼자 데이터**는 대리인이 고객의 주소에 등록된 추가적인 차량, 운전자, 그리고 제품을 빠르게 찾을 수 있도록 도와준다.
- **반복된 정보의 자동추가**는 제품 견적서에 반복적으로 들어가는 정보를 자동으로 채워줌으로써 일을 줄여준다.
- **간소화된 견적 및 구매 경험**은 단일 업무 플로에서 집, 콘도, 렌터, 자동차, 레크리에이션 제품과 관련된 구매 경험이나 견적을 쉽게 얻게 해준다.
- **나란히 비교 가능한 스크린**은 대리인이 고객과 상담할 때, 알맞은 제품을 제시하도록 다양한 옵션을 나란히 비교할 수 있는 스크린을 제공한다.
- **견적서 교육**은 할인 기회와 고객과 대리인의 가치를 증진할 수 있는 특징을 강조해 준다.

혁신적이고 적당한 가격의 보험 솔루션과 효과적인 직접 마케팅 캠페인에 힘입어 Progressive의 성장은 지난 20년간 매우 두드러졌다. 1996년과 2019년 사이에 회사는 34억 달러 규모에서 390억 달러 규모로 성장했다. Progressive는 현재 미국에서 세 번째로 큰 보험회사이며, 오토바이와 상업적 자동차 보험 판매의 선두로서, 주택 보험업체의 20위권에 올라 있다.[50]

질문

1. 새로운 보험 고객을 끌어들이기 위해 Progressive는 지난 수년 동안 무엇을 했는가?
2. Flo라는 캐릭터를 주로 활용한 Progressive의 직접 마케팅 캠페인에 대해 논의하시오. 이 캠페인이 소비자에게 효과적이었던 이유는 무엇인가?
3. 이 밖에 Progressive는 경쟁적인 보험 시장에서 최고로 남기 위해 무엇을 했는가?

15

유통 채널의 설계와 관리

카탈로그 판매로 유명한 L.L.Bean은 카탈로그를 넘어서서 온라인과 자체 매장을 통한 판매로 사업을 확장해 왔다.
출처: L.L.Bean

성공적인 가치 창출을 위해서는 성공적인 가치 전달이 필요하다. 총체적(홀리스틱, holistic) 마케터는 직접적으로 거래하는 공급자, 유통업자, 고객에게만 초점을 맞추는 대신에, 공급자의 공급자에 이르는 상향적 흐름과 유통업자의 고객에 이르는 하향적 흐름을 포함하는 공급 사슬(supply chain) 전체를 가치 네트워크(value network)로서 검토한다. 또한 기술이 고객의 쇼핑 및 소매상의 판매방식을 어떻게 변화시키고 있는지를 살피고, 제품을 유통시키고 서비스를 제공할 새롭고 색다른 수단을 찾고 있다. L.L.Bean이 고객과의 강력한 유대관계를 구축하기 위해 어떻게 채널 전략을 잘 실행했는지 살펴보자.

>>> L.L.Bean의 설립자인 Leon Leonwood Bean은 1911년 Maine주로 갔던 사냥여행에서 발이 시리고 젖은 채로 돌아온 경험을 한 후, 노동자의 고무부츠 윗부분에 가죽을 덧댐으로써 편안하고 기능적인 부츠를 만들겠다는 혁신적인 아이디어를 내놓았다. Bean은 자신의 새로운 Maine Hunting Shoe의 장점을 설명하고 완전한 보증을 담보하는 3페이지 분량의 전단지를 사냥꾼들에게 우편으로 보냈다. 초기에 그의 신발은 성공적이지 않았다. 신발의 윗부분과 아랫부분이 분리되어, 처음으로 주문받은 100켤레 중 90켤레가 반품되었다. 그는 약속

한 대로 구매 대금을 환불해 주고, 문제점을 해결했다. 그 결과 L.L.Bean은 믿을 수 있는 아웃도어 장비와 전문가 조언을 받을 수 있는 신뢰할 만한 곳이라는 인식이 빠르게 확산되었다. "좋은 상품을 합리적인 이윤을 남기고 팔고 고객을 인간으로 대하면, 그들은 항상 더 많은 물건을 사러 돌아올 것이다."라는 L.L.Bean 초기의 황금률처럼, 여전히 100% 만족을 보장하겠다는 것이 이 기업의 핵심이다. L.L.Bean은 사용한 제품을 반품하거나 새 제품으로 언제든지 교환할 수 있는 관대한 반품 정책으로 많은 고객의 관심을 끌어모았다. 그러나 수년간 점점 더 많은 기회주의자들이 이러한 정책을 악용하기 시작했는데, 예를 들어 오래되고 손상된 L.L.Bean 제품을 중고시장에서 구입한 뒤 반품하고 전액 환불을 받는 식이었다. L.L.Bean은 자유로운 반품 정책의 남용으로 인해 5년간 2억 5,000만 달러 이상의 손실을 입었다고 밝히며, 102년 된 반품 정책을 수정해야 했고, 고객은 영수증이 있는 제품에 한해서만 1년 이내에 반품할 수 있게 되었다. 새로운 반품 정책은 다른 아웃도어 소매상들과 다를 바 없었지만, 고객들은 L.L.Bean이 무제한 반품 정책을 폐기한 것에 반발했다.[1]

전자상거래(e-commerce, 온라인 판매)와 무선 전자상거래(m-commerce, 모바일 기기를 통한 판매)의 등장으로 인해, 고객들은 전에 없던 방식으로 구매하고 있다. 오늘날 기업은 지속적으로 진화하고 점점 더 복잡해지는 채널 시스템과 가치 네트워크를 구축하고 관리해야 한다. 이 장에서는 마케팅 채널을 통합하고 가치 네트워크를 성장시키는 전략적 및 전술적 문제를 생각해 본다. 16장에서는 소매상의 관점에서 마케팅 채널에 관한 문제를 살펴볼 것이다.

유통 채널의 역할

대부분의 생산자는 최종사용자에게 상품을 직접 판매하지 않는데, 그 사이에는 다양한 기능을 수행하는 일련의 중간상(intermediaries)이 있다. 이런 중간상들이 마케팅 채널(무역 채널 또는 유통 채널이라고도 불림)을 구성한다. **유통 채널**(distribution channel)은 제품이나 서비스가 이용 또는 소비될 수 있도록 하는 과정에 참여하는 상호 의존적인 조직의 집합을 말한다. 유통 채널은 제품 또는 서비스 생산 후에 수반되는 경로의 집합체로, 최종사용자의 구매 및 소비로 종결된다.[2]

도매상이나 소매상과 같은 중간상은 **판매상**(merchants)이라고 불리는데 상품을 구입하고, 소유권을 가지며, 재판매한다. **에이전트**(agents)는 중개인(brokers), 제조업자 대리점, 판

학습목표

15.1 마케팅 채널의 역할을 정의한다.

15.2 주요 채널 관리 의사결정을 설명한다.

15.3 기업이 채널 협력 및 갈등을 관리하는 방법을 논의한다.

15.4 기업이 시장 로지스틱스를 관리하는 방법을 논의한다.

매 대리인처럼 고객을 물색하고 생산자를 대신하여 협상할 수 있으나, 상품에 대한 소유권을 갖지 않는 중간상이다. 운송업체, 독립적인 창고, 은행, 광고대행사와 같은 중간상은 **촉진자**(facilitators)로 분류되는데, 이들은 유통 과정을 돕기는 하지만 상품 소유권이 없을 뿐 아니라 매입 또는 판매 협상도 하지 않는다.

모든 유형의 채널은 기업이 성공하는 데 중요한 역할을 하고, 다른 모든 마케팅 의사결정에 영향을 미친다. 마케터는 제품이 생산되고, 유통되고, 판매되고, 서비스가 제공되는 전체 과정의 맥락에서 채널을 판단해야 한다. 마케팅 채널의 주요 역할 중 하나는 잠재적인 구매자를 수익성 있는 고객으로 전환시키는 것이다. 마케팅 채널은 시장이 원하는 상품을 **제공할**(serve) 뿐만 아니라, 새로운 시장을 **창출해야**(make)만 한다.

선택된 마케팅 채널은 다른 모든 마케팅 의사결정에 영향을 미친다. 그 기업의 가격결정은 온라인 할인점을 이용하느냐 아니면 고급 부티크를 이용하느냐에 따라 달라진다. 영업인력과 광고는 딜러가 얼마나 많은 교육과 동기부여 방법이 필요한지에 따라 결정된다. 게다가 채널 결정은 일련의 정책 및 절차뿐만 아니라, 다른 기업과의 비교적 장기적인 관계를 포함한다. 자동차 생산업체가 자동차를 팔기 위해 독립 딜러와 계약할 때, 그다음 날 회사가 딜러를 인수하고 그 딜러를 대신하는 자사 판매점으로 대체할 수는 없는 것이다. 그러나 동시에 채널 선택 자체는 기업의 마케팅 전략에 따라 달라진다. 홀리스틱 마케터는 모든 다양한 분야에서 마케팅 의사결정을 내릴 때 확실하게 전체 가치를 극대화하는 선택을 한다.

왜 생산자는 자사 제품을 어떻게 그리고 누구에게 판매할지를 직접 통제하지 않고, 판매 작업의 일부를 중간상에게 위임하는 것일까? 중간상은 그들의 인적 네트워크, 경험, 전문지식, 운영 규모를 통해 생산 기업 스스로가 달성할 수 있는 것보다 더 효과적이고 효율적으로 상품을 타깃(목표)시장에 널리 보급하고 접근 가능하도록 만들 수 있기 때문이다.

많은 생산자는 고객에게 직접 판매하는 데 필요한 재정적 자원과 전문지식이 부족하다. The William Wrigley Jr. Company는 전 세계 시장을 대상으로 소규모 겸 소매점을 차리거나 온라인 또는 우편 주문을 통해 껌을 판매하는 것이 실용적이지 않다는 것을 알고 있다. 독립적인 유통 조직의 광범위한 네트워크를 통해 판매하는 것이 훨씬 용이하다. Ford와 같은 대기업 조차도 전 세계 8,000개 이상의 딜러들이 수행하는 모든 작업을 직접 수행하기는 힘들 것이다.

유통 채널 기능

유통 채널은 생산자로부터 소비자에게 상품을 이동하는 작업을 수행한다. 유통 채널을 통해 상품 및 서비스와 그것을 필요로 하거나 원하는 사람 사이에 존재하는 시간과 공간의 차이가 메꿔진다. 마케팅 채널의 구성원은 여러 가지 주요 기능을 수행한다.

- 잠재 및 현재고객, 경쟁업체 및 마케팅 환경의 기타 요인과 세력에 대한 정보를 수집한다.
- 구매를 활성화하고 브랜드 충성도(로열티)를 높이기 위한 설득력 있는 커뮤니케이션 방법을 개발하여 보급한다.
- 가격 및 기타 조건에 대해 협상하고 합의하여, 소유권(ownership) 또는 점유권(possession)

이 이전되도록 한다.

- 제조업체에 주문한다.
- 마케팅 채널의 다양한 수준에서 재고를 조달할 자금을 확보한다.
- 채널 작업 수행과 관련된 위험을 감수한다.
- 구매자에게 자금을 조달하고 대금 지불을 원활하게 한다.
- 구매자가 은행과 다른 금융 기관을 통해 대금을 지불할 수 있도록 한다.
- 상품 소유권이 실제로 한 기관이나 개인에서 다른 기관이나 개인으로 이전되는지 감독한다.

모든 채널의 기능은 공통적으로 세 가지 특성이 있다. 채널 기능은 한정된 자원을 사용하고, 전문화를 통해 더 잘 수행될 수 있으며, 채널 구성원 사이에서 전환이 가능하다. 채널 기능은 모든 유통 채널에서 상품과 서비스의 흐름으로 나타낼 수 있다. 그림 15.1은 가장 일반적인 5가지 흐름을 보여준다. 만약 이러한 흐름을 하나의 도표로 나타낸다면, 심지어 단순한 마케팅 채널도 엄청나게 복잡하다는 것을 알게 될 것이다.

많은 채널 기능은 상품과 서비스의 양방향 흐름을 포함한다. 이러한 채널 기능 중 일부(저장, 이동, 소유권, 커뮤니케이션)는 기업에서 고객에게 전달되는 **전방 흐름**(forward flow) 활동으로 구성되고, 일부(주문과 대금 결제)는 고객에서 기업으로 이동하는 **후방 흐름**(backward flow)으로 이루어진다. 또 다른 일부(정보, 협상, 금융, 위험 부담)는 양방향으로 발생한다.

마케터에게 중요한 문제는 다양한 채널 기능의 수행 필요성 여부가 아니라, 반드시 수행

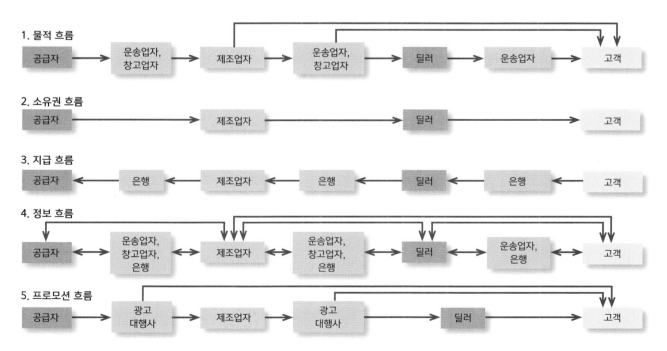

그림 15.1

마케팅 채널의 5가지 흐름

되어야 하는 기능을 누가 수행해야 하는가다. 일부 기능을 중간상에게 넘기면 생산자의 비용과 가격이 낮아지지만, 중간상은 자신의 업무에 대한 보상을 추가로 청구하게 될 것이다. 만약 소비자가 직접 일부 기능을 수행한다면, 소비자는 더욱더 낮은 가격을 누려야 한다. 따라서 채널 기관의 변화는 타깃고객에게 상품 구성을 제공하기 위해 필요한 경제적 기능을 결합하거나 분리함으로써 더 효율적인 방법을 찾아냈음을 의미한다.

채널 수준

유통 채널은 생산자와 최종고객 사이에 존재하는 중간상의 수로 설명될 수 있다. 채널 수준이라고도 일컬어지는 중간상의 수는 유통 채널 길이와 폭을 결정한다. 그림 15.2(a)는 길이가 다른 여러 소비재 마케팅 채널을 보여준다.

직접 마케팅 채널(direct marketing channel)이라고도 불리는 **0 수준 채널**(zero-level channel)은 제조업자가 최종고객에게 직접 판매하는 것이다. 주요 예로는 우편 판매, 온라인 판매, TV 판매, 텔레마케팅, 방문 판매, 홈파티, 제조업자 직영점 등이 있다. 전통적으로, Franklin Mint는 우편 주문 판매를 통해 수집품을 팔았고, Red Envelope은 온라인으로 선물을 팔았고, Time-Life는 TV 광고나 더 긴 인포머셜 광고(구체적 정보를 제공하는 상업광고)를 통해 음악 및 비디오 모음집을 팔았다. 비영리 및 정치 단체와 후보자들은 전화를 걸어 후원금을 모았다. Avon은 영업사원들이 집집마다 방문하여 화장품을 팔았다. Tupperware는 홈파티를 통해 식품 보관용기를 판매했고, Apple은 자체 소유 직영점을 통해 컴퓨터와 다른 가전제품을 판매했다. 이제는 그런 회사들 중 다수가 온라인과 카탈로그를 통해 고객에게 직접 판매한다. 심지어 전통적인 소비재 회사들도 그들의 채널 믹스에 D2C(direct-to-consumer) 전자상거래 사이트를 추가하는 것을 고려하고 있다. Kimberly-Clark는 영국에서 온라인 Kleenex Shop을 열었다.

단일 수준 채널(single-level channel)은 하나의 판매 중간상(예: 소매상)을 포함한다. **이중 수준 채널**(dual-level channel)은 일반적으로 도매상과 소매상이라는 두 중간상을 포함한다. 도시의 인구 밀도가 높고 소매 판매점이 세분화된 일본에서의 식품 유통은 6단계를 거치기도 한다! 채널 수준의 수가 늘어날수록, 생산자는 최종사용자에 대한 정보를 얻고 통제력을 행사하기가 더 어려워진다.

그림 15.2(b)는 B2B 마케팅에서 일반적으로 사용되는 채널이다. 산업재 제조업자는 자사의 판매인력, 제조업자 대리점이나 자사 판매점을 통해 기업체 고객에게 직접 판매하거나 산업재 유통업자를 통해 간접적으로 기업체 고객에게 제품을 판매할 수 있다. 따라서 산업재 마케팅 채널에서는 0 수준, 1 수준, 2 수준 마케팅 채널이 아주 일반적이다.

채널은 일반적으로 공급자로부터 사용자로 제품의 순방향 이동(forward movement)을 나타내지만, **역흐름 채널**(reverse-flow channels) 또한 중요하다. 역흐름 채널은 상품이나 용기(예: 리필 가능한 화학물질 운반 드럼)의 재활용, 재판매를 위한 상품(회로판이나 컴퓨터)의 보수(refurbish), 제품의 재활용, 제품과 패키징의 폐기 같은 몇 가지 중요한 기능을 수행한다. 역흐름 중간상에는 제조업자의 빈 용기 반환수집센터, 커뮤니티 그룹, 쓰레기 수거 전문가, 재활용 센터, 쓰레기재활용 브로커, 중앙처리 창고업자가 포함된다.

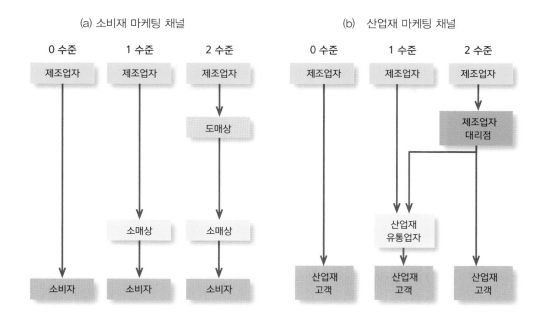

그림 15.2

소비재 및 산업재 마케팅 채널

멀티채널 유통

오늘날 성공적인 기업은 하나의 시장에 있는 세분화된 고객에게 접근하기 위해 일반적으로 두 개 이상의 마케팅 채널을 사용하는 멀티채널 유통을 펼친다. HP는 영업인력을 활용하여 대형 거래처에 판매하고, 아웃바운드 텔레마케팅(outbound telemarketing)을 통해 중형 거래처에 판매하며, 고객이 회사로 걸어오는(inbound) 전화번호를 이용한 직접 우편으로 소형 거래처에 판매한다. 소매상은 더 작은 소형 거래처에 판매하고, 인터넷을 통해 전문 품목을 판매한다. 각 채널은 서로 다른 구매자 세분시장 또는 한 구매자의 다양한 니즈를 타깃으로 하여 최소한의 비용으로 적절한 장소에서 적절한 제품을 적절한 방식으로 제공할 수 있다.[3]

서로 다른 채널이 동일한 고객을 대상으로 하는 경우, 채널 간의 충돌, 과도한 비용 또는 불충분한 수요가 발생할 수 있다. Dial-a-Mattress는 전화주문 판매로 시작하여, 나중에는 온라인으로 직접 매트리스를 판매함으로써 30년 동안 성공적으로 성장했다. 그러나 주요 대도시 지역에 50개의 오프라인 매장을 연 대규모 확장은 실패로 돌아갔다. 좋은 입지에 위치한 점포는 너무 비싸다는 경영진의 판단 때문에, 차선으로 선택한 장소는 충분한 고객 이동량(customer traffic)을 생성하지 못했다. 결국 회사는 파산을 선언했다.[4]

다른 한편으로는 카탈로그 소매상과 인터넷 소매상이 오프라인 매장을 대대적으로 개점했을 때, 서로 다른 결과가 나타났다. 매장 근처에 사는 고객들이 카탈로그를 통해 구매하는 빈도는 줄었지만, 온라인 구매에는 변화가 없었다. 알고 보니, 상품을 둘러보는 것(browsing)을 좋아하는 고객에게는 카탈로그를 이용한 쇼핑이나 매장 방문 모두 만족스럽기 때문에, 카탈로그 판매와 오프라인 채널이 호환적이었다. 반면 온라인 쇼핑을 하는 고객은 거래에 대한 집중도가 더 높고 효율성에 관심이 더 많기 때문에, 매장 도입에 따른 영향을 덜 받았던 것이다. 편의성과 접근성으로 인해 매장에서의 반품과 교환이 증가하는 것으로 나타났지만, 매장

에서 반품하거나 교환하는 고객의 추가 구매는 반품이나 교환 증가로 인한 매출 적자를 모두 상쇄했다.[5]

연구에 따르면 멀티채널 고객은 마케터에게 더 가치 있는 존재가 될 수 있다.[6] Nordstrom 은 자사의 멀티채널 고객이 하나의 채널을 통해서만 쇼핑을 하는 고객보다 네 배나 더 많이 소비한다는 것을 알아냈지만, 어떤 학술연구는 기능성 제품(사무용품 및 정원용품)보다 쾌락 적 제품(의류 및 화장품)에서 이러한 효과가 더 강하게 나타난다는 결과를 제시하고 있다.[7]

오늘날 대부분의 기업은 멀티채널 마케팅을 채택하고 있다. Disney는 멀티채널을 통해서 비디오를 판매한다. 자사 구독 스트리밍 서비스인 Disney+를 통해서뿐만 아니라, Netflix와 Redbox 같은 영화 대여상, Disney Stores(The Children's Place가 소유하고 운영), Best Buy와 같은 소매상, Disney 자체 온라인 상점, Amazon.com과 같은 온라인 소매점, Disney Club 카탈 로그 및 기타 카탈로그 판매자와 같은 멀티채널을 통해 비디오를 판매한다. 이러한 다양성이 Disney에게 최대한의 시장 커버리지(market coverage)를 제공하고, 다양한 가격으로 비디오를 제공할 수 있도록 한다.

때로는 지배적인 채널과 작업하는 데 따른 어려움, 비용 또는 비효율성 때문에 기업 은 새로운 또는 색다른 채널을 선택하기도 한다. 비디오 대여점이 빠르게 쇠퇴하고 있을 때, Coinstar는 편리한 곳에 위치한 DVD 및 게임 대여 키오스크인 Redbox 체인을 성공적으로 도 입했다. Netflix는 새로운 채널을 활용하기 위해서 커다란 성공을 거둔 직접 우편 판매라는 혁 신적인 채널에서 빠르게 벗어났다.

온라인으로 고객에게 직접 판매하거나 자체 웹사이트를 보유한 전자 판매상(e-merchants) 을 통해 판매하는 디지털 유통 전략을 채택하는 기업이 점점 더 늘어나고 있다. 이를 통해 기 업은 서로 다른 채널이 원활하게 협력하도록 하고, 각 타깃고객이 선호하는 사업 방식에 부합 하려고 노력하여, 고객이 온라인이나 매장을 이용하는지 또는 전화로 주문하는지에 상관없이 고객에게 올바른 제품정보와 고객서비스를 제공하고자 한다.

다양한 유통 채널의 활용은 기업에 세 가지 중요한 이점을 제공한다. 첫 번째는 시장 커버 리지 확대다. 앞서 언급한 바와 같이 더 많은 고객이 더 많은 장소에서 기업의 제품을 구매할 수 있을 뿐만 아니라, 단일 채널 고객보다 둘 이상의 채널에서 구매하는 고객의 수익성이 일 반적으로 더 높다.[8] 두 번째 이점은 낮은 채널 비용이다. 소액 구매 고객을 유치하기 위해 인적 판매(personal selling)를 이용하는 것보다 온라인이나 카탈로그 및 전화로 판매하는 것이 훨씬 더 저렴하다. 세 번째 이점은 보다 맞춤화된 판매를 수행할 수 있다는 것이다. 예를 들어, 복잡 한 장비의 판매를 위해 기술 영업인력을 추가할 수 있다.

일반적으로 단일 채널을 사용하는 것은 효율적이지 않다. 직접 판매 영업조직을 생각해 보자. 영업사원은 잠재고객을 찾아내 선별하고, 사전판매를 하고, 판매를 성사시키고, 서비스 를 제공하고, 고객이 증가하도록 관리해야 한다. 그러나 통합된 멀티채널 접근방식에서 기업 의 마케팅 부서는 광고, 직접 우편 및 이메일을 통해 잠재고객에게 기업 제품에 대한 정보를 제공하는 사전판매 캠페인을 실행할 것이다. 텔레마케팅, 더 많은 이메일 발송과 무역박람회 를 통해 잠재고객을 발굴할 수 있으며, 열정적, 미온적, 냉소적인 잠재고객으로 구분하여 선별할 수 있다. 그리고 영업사원은 잠재고객이 사업에 대해 이야기할 준비가 되었을 때 본격적으로 활동을 시작하고, 판매를 성사시키는 데 주로 많은 시간을 투자한다. 이와 같이 멀티채널 구조(아키텍처)는 비용과 갈등을 최소화하면서 커버리지, 맞춤화, 통제를 최적화할 수 있다.

그러나 트레이드오프(trade-off)가 있다. 많은 경우 새로운 채널은 통제하고 협력하는 데 갈등과 문제를 야기한다. 둘 또는 그 이상의 채널이 동일한 고객을 상대로 경쟁하게 될 수도 있다.[9] 따라서 기업은 그들의 채널 구조를 철저히 따져보고, 어떤 채널이 어떤 기능을 수행해야 하는지를 분명하게 결정해야 할 필요가 있다.[10]

온라인과 오프라인 채널을 관리하는 것이 많은 기업의 우선순위가 되었다.[11] 기존의 중간상으로부터 승인을 얻기 위한 전략이 적어도 세 가지 이상 존재한다. 한 가지 옵션은 온라인과 오프라인에서 서로 다른 브랜드 또는 제품을 제공하는 것이다. 두 번째 옵션은 매출에 미치는 부정적인 영향을 완화하기 위해 오프라인 파트너에게 더 높은 수수료를 제공하는 것이다. 세 번째 옵션은 웹사이트에서 주문을 받지만 소매상이 배송하고 판매대금을 수령하게 하는 것이다. Harley-Davidson은 온라인 채널로 사업을 확장하기 전에 신중하게 행동에 옮기기로 결정했는데, 그 자세한 내용은 다음과 같다.

> **Harley-Davidson** Harley-Davidson의 충성도 높은 고객들이 연간 매출의 약 4분의 1인 10억 달러 이상의 부품, 액세서리와 일반 상품을 구매한다는 점을 감안하면, 훨씬 더 많은 고객에게 접근하기 위한 그다음 단계는 온라인 벤처사업임이 분명했다. 그러나 회사는 높은 매출 마진으로 이득을 보는 850개에 달하는 딜러들의 분노를 피하기 위해 신중할 필요가 있었다. 이에 대한 해결책은 온라인 고객이 구매할 Harley 딜러 매장을 선택하도록 유도함으로써, 딜러가 고객 경험의 중심이 되도록 유지하는 것이었다. 딜러는 하루에 두 번 주문을 확인하고 신속하게 배송하는 등의 여러 가지 표준사항에 합의했다. 매장에서의 픽업도 선택할 수 있으며, 일부 제품은 매장에서만 구매할 수 있도록 했다.[12]

기업은 다양한 규모의 기업체 고객에 대해 다른 영업 채널을 사용해야만 하는데, 대규모 고객에게 판매하기 위해서는 자사의 영업인력, 중간 규모의 고객에게 판매하기 위해서는 디지털 전략 또는 텔레마케팅, 소규모 고객에게 판매하기 위해서는 유통업자를 이용할 수 있다. 하지만 고객에 대한 소유권을 놓고 갈등이 생길 수 있다는 사실에 주의해야 한다. 예를 들어, 지역기반 영업담당자는 사용되는 마케팅 채널과 관계없이 해당 지역의 모든 판매에 대한 권리를 원할 수 있다.

또한 멀티채널 마케터는 각 채널에 제품을 얼마나 제공할지 결정해야 한다. Patagonia는 자사가 판매하는 전체 라인의 상품을 보여주기 위한 이상적인 채널로 웹사이트를 고려하고 있다. 왜냐하면 제한적인 공간 때문에 소매점포에서는 오직 전체 상품 중 선별된 것만 보여줄 수 있기 때문이다. Patagonia는 심지어 카탈로그에서

출처: Kristoffer Tripplaar/Alamy Stock Photo

>> Harley-Davidson은 딜러들의 심기를 건드리지 않기 위해 고객이 부품, 액세서리, 일반 상품을 구매할 Harley 딜러를 선택하도록 유도하며 온라인 판매에 과감히 뛰어들었다.

>> 아웃도어 장비 공급 업체인 REI가 소매, 인터넷, 카탈로그, 전화 판매 활동을 원활하게 통합한 후 경험한 바와 같이 멀티 채널 구매는 매출을 증대시키는 것으로 나타났다.

출처: Darryl Brooks/Alamy Stock Photo

도 전체의 70% 미만의 상품만을 홍보한다.[13] 반면 다른 마케터들은 고객이 웹사이트와 카탈로그에서 '최고의' 상품을 찾으려고 수십 페이지를 클릭하는 것을 원하지 않는다는 이론에 따라, 온라인 상품 수를 제한하는 것을 선호한다. 여러 채널을 세심하게 관리해 온 기업 REI를 보자.

REI   아웃도어 장비 공급업체인 REI는 소매점, 웹사이트, 인터넷 키오스크, 우편주문 카탈로그, 저가 아웃렛, 모바일 앱, 수신자부담 전화와 같은 여러 채널을 완벽하게 통합하여 기업 애널리스트로부터 찬사를 받아왔다. 매장에 재고가 없을 경우 고객은 매장 내 인터넷 키오스크에 접속해 REI 웹사이트에서 주문만 하면 된다. 온라인 주문에 익숙하지 않은 고객을 위해 계산대에서 점원이 대신 주문해 줄 수도 있다. REI는 매장을 방문한 고객이 인터넷 웹사이트를 방문하도록 만들 뿐만 아니라, 반대로 온라인 쇼핑객을 매장으로 끌어들이기도 한다. 예를 들어, REI의 웹사이트를 둘러보고 배낭여행에 관한 REI의 "Learn and Share" 기사를 읽는 고객에게 프로모션 중인 오프라인 매장의 하이킹 부츠에 관한 정보를 부각시킬 수 있다. 여러 채널에 걸쳐 공통된 경험을 할 수 있도록 REI.com의 평가와 리뷰에 사용된 특정 아이콘과 정보는 매장 내 상품 디스플레이에도 표시된다. 많은 소매상과 마찬가지로, REI 또한 이중 채널 쇼핑객이 단일 채널 쇼핑객보다 훨씬 더 많이 소비하고, 삼중 채널 쇼핑객은 그보다 더 많이 소비한다는 것을 알아냈다. 예를 들어, 온라인에서 구매한 상품을 픽업하기 위해 매장에 오는 고객 세 명 중 한 명은 매장에서 90달러를 추가로 지출할 것이다.[14]

채널 관리 의사결정

마케팅 채널 시스템을 설계하기 위해, 마케터는 고객의 니즈와 원츠를 분석하고, 채널 목표와 한계점을 설정하며, 주요 채널 대안을 파악하고 평가한다. 기업이 채널 시스템을 선택한 후, 각 채널에 대한 중간상을 선택하여 교육하고, 동기부여하고, 평가해야 한다. 또한 시간이 지나면서 기업은 해외시장으로의 확장 가능성을 포함하여 채널의 설계와 배치를 수정해야 한다.

채널 목표 수립

마케터는 다가가고자 하는 고객, 제공하고자 하는 서비스 표준 수준, 관련 비용, 지원 수준 측면에서 채널 목표를 명시해야 한다. 경쟁적인 상황에서 채널 멤버는 비용을 최소화하면서 원하는 수준의 서비스를 제공할 수 있도록 기능적 업무를 조정해야 한다. 일반적으로, 마케팅 채널 기획자는 고객이 원하는 수준의 서비스에 기초해 여러 세분시장을 구별하여 각각의 시장에 가장 적합한 채널을 선택할 수 있다.

　소비자는 그들의 쇼핑 목표(경제적, 사회적, 경험적)뿐만 아니라 가격, 제품 구성, 편의성에 따라 선호하는 채널을 선택할 수 있다.[15] 하지만 동일한 소비자가 여러 이유로 다른 채널을 선택할 수도 있다.[16] 일부 소비자들은 TAG Heuer 시계나 Callaway 골프 클럽 같은 고급 제품을 판매하는 소매점에서 '비싼 제품을 구입하고', 종이 타월, 세제, 또는 비타민 구매를 위해 할인점에서 '프라이빗 레이블(private label)을 구매하는 것'을 마다하지 않는다. 어떤 사람들은 매장을 방문하기 전에 카탈로그를 찾아보거나, 온라인으로 차량을 주문하기 전에 대리점을 방문해 시운전해 볼 수도 있다.

　채널 목표는 제품 속성에 따라 다르다. 건축자재 등 부피가 큰 제품은 운송거리와 취급 횟수를 최소화하는 채널이 필요하다. 주문제작 기계와 같은 비표준화 제품은 영업사원이 직접 판매한다. 대개 냉난방 시스템처럼 설치 또는 보수 서비스가 필요한 제품은 기업 또는 프랜차이즈 대리점이 판매와 보수를 맡는다. 발전기나 터빈 같은 고단가 제품은 중간상보다는 회사 영업인력을 통해 판매되는 경우가 많다.

　마케터는 더 큰 환경에 맞춰 채널 목표를 조정해야 한다. 경제상황이 침체되면, 생산자는 더 짧은 채널을 사용하고, 최종가격에 추가되는 서비스 없이 상품을 시장에 제공하기를 원한다. 법적 규제와 제한은 채널 설계에도 영향을 미친다. 예를 들어, 미국의 법은 실질적으로 경쟁을 약화시키거나 독점하려는 채널 배치에 대해 부정적인 시각을 견지한다.

　새로운 시장에 진입할 때, 기업은 경쟁사들이 무엇을 하고 있는지 면밀히 관찰한다. 전 세계적으로 3,000개 이상의 점포를 거느리고 있는 프랑스 소매업체 Auchan은 폴란드 시장 진출을 결정하기 위해 자국 내의 라이벌 기업인 Leclerc와 Casino가 폴란드에 이미 진출했는지 여부를 가장 중요하게 고려했다.[17] Apple은 소비자에게 역동적인 소매점포 경험을 제공하겠다는 채널 목표를 기존 채널이 충족하지 못했기 때문에 자체 직영매장을 여는 방식을 택했다.

Apple Stores 2001년 Apple이 자체 매장을 열었을 때, 많은 사람들은 매장 전망에 대해 의문을 제기했다. 《BusinessWeek》는 "Sorry Steve, Here's Why Apple Stores Won't Work"라는 제목의 기사를 게재했다. 하지만 불과 5년 후 Apple은 Manhattan에서 화려한 쇼케이스 런칭을 축하하였고, 전 세계적으로 500개 이상의 Apple 소매점을 운영하고 5만 명 이상의 직원을 고용하기에 이르렀다. 매일 전 세계 100만 명 이상의 고객이 Apple 매장을 방문하는데, 이는 전 세계 Disney 테마파크 방문객을 모두 합친 것보다 두 배 이상 많다.[18] 평방 피트당 연간 매출은 Tiffany, Coach, Best Buy의 매출보다 훨씬 더 높다. 이러한 모든 사실을 고려했을 때, Apple Store는 소비자로 하여금 Apple 브랜드에 대해 열광하도록 만드는 데 성공한 것이다. 매장에서 사람들이 제품을 보고 만지며, Apple이 고객을 위해 할 수 있는 것을 경험하게 함으로써 그들을 고객으로 끌어들일 가능성을 높인다. 기술에 정통한 고객을 대상으로 매장 내 모든 Apple 제품, 소프트웨어, 액세서리 제품을 시연하고 교육을 위한 워크숍을 연다. 고객은 기술 지원을 제공하는 전문가가 배치되어 있는 'Genius Bar'를 무료로 이용할 수 있다. 견본품에 미리 탑재된 음악과 사진, 계산대에서의 시간을 최소화하기 위한 이동식 신용카드 단말기와 같은 획기적인 기술, 직원 교육에 투자하는 시간을 살펴보면 Apple이 세부사항에 기울인 세심함이 반영되어 있다. 직원들은 판매 수수료를 받지 않고, 판매 할당량도 없다. 직원들은 자신의 임무가 "고객이 문제를 해결할 수 있도록 돕는 것"이라고 말한다. 비록 초기에는 Apple 제품을 취급하는 기존 소매점과 공인서비스 제공업체의 반발을 샀지만, 회사는 그러한 결정이 온라인 판매 채널로의 자연스러운 진화과정이라고 어느 정도 정당화함으로써 그들과의 원만한 관계를 위해 노력했다.[19]

좀 더 수준 높은 기업들은 유통업자와 장기적인 파트너십을 구축하려고 한다.[20] 제조업자는 유통업자로부터 얻고자 하는 시장 커버리지, 재고 수준, 마케팅 개발, 고객 유치, 기술 조언과 서비스, 마케팅 정보에 관해 명확하게 의사소통하고, 유통업자가 제조업자의 판매 정책을 따르도록 하기 위해 보상 정책을 도입할 수 있다.

>> Apple은 자체 매장을 열어 자사의 모든 제품 라인을 체험할 수 있는 역동적인 분위기를 조성하였고, 매장 내 영업사원은 고객의 문제해결에 초점을 맞추었다.

출처: Olaf Schuelke/Alamy Stock Photo

채널 멤버 선발

고객 관점에서 채널은 바로 기업의 일부다. McDonald's, Shell Oil, Mercedes-Benz와 같은 기업의 여러 점포나 딜러 매장이 일관적으로 지저분하거나 비효율적이거나 불쾌할 때, 고객이 이 기업에 대해 느끼게 될 부정적인 인상을 생각해 보라.

원활한 채널 멤버 선발을 위해 생산자는 더 나은 중간상을 구별하기 위한 속성이 무엇인지 결정해야 한다. 예를 들면, 사업에 종사한 업력, 취급하는 다른 계열의 상품, 성장 및 수익 기록, 재무 건전성, 협력성 및 서비스 평판 같은 것이다. 중간상이 판매 에이전트일 경우, 생산자는 판매 에이전트가 취급하는 다른 계열 상품의 수와 특성, 그리고 판매인력의 규모와 역량을 평가해야 한다. 중간상이 독점 유통을 원하는 백화점일 경우, 위치, 미래 성장 가능성, 고객 유형이 중요한 기준이 될 것이다.

주요 채널 대안 규명　영업조직에서 에이전트, 유통업자, 대리점, 직접 우편, 텔레마케팅, 기존 소매점에 이르기까지 각 채널은 고유의 장점과 단점이 있다. 영업조직은 복잡한 제품과 거래를 처리할 수 있지만 많은 비용이 든다. 온라인 소매는 비용이 저렴하지만 복잡한 제품에는 그다지 효과적이지 않을 수 있다. 유통업자는 매출을 창출할 수 있지만, 유통업자를 통해 제품을 판매하는 기업은 고객과 직접적으로 접촉할 수 없다. 여러 고객이 제조업자 대리점의 비용을 분담할 수 있지만, 기업의 판매 대리인이 펼치는 영업활동보다 강력하지는 않다.

중간상의 수를 기준으로 **전속적 유통**, **선택적 유통**, **집약적 유통**의 세 가지 핵심 유통 전략이 있다. 아래에서는 이러한 전략에 대해 논의한다.

전속적 유통(exclusive distribution)은 중간상의 수를 엄격히 제한한다. 생산자가 보다 전문적이고 헌신적인 노력을 기울일 재판매업자(reseller)를 필요로 하는 경우에 적절한 유통 전략이며, 흔히 거래 당사자 간에 더 긴밀한 파트너십이 요구된다. 전속적 유통은 새로운 자동차, 일부 주요 가전제품, 고급 의류와 액세서리를 유통시킬 때 주로 사용된다. 전설적인 이탈리아 디자이너 브랜드인 Gucci는 라이선스와 할인점으로 인해 브랜드가 과도하게 노출됨으로써 기업의 이미지가 실추되었을 때, 제3자 공급자와의 계약을 종결하고, 유통을 통제하며, 브랜드의 옛 영광을 되찾기 위해 자체 매장을 개설하기로 결정했다.

두 채널 당사자 모두 독점 계약을 통해 이익을 얻는다. 생산자는 더욱 충실하고 신뢰할 수 있는 소매상을 얻고, 소매상은 특별한 제품을 지속적으로 공급받고 더 강력한 판매자 지원을 받는다. 전속적 협정은 그들이 실질적으로 경쟁을 약화시키거나 독점하려는 경향이 없는 한 그리고 양 당사자가 자발적으로 약정을 체결하는 한 합법적이다.

전속적 거래는 종종 전속적인 지역 관할에 대한 합의를 포함한다. 생산자는 특정 지역의 다른 딜러에 판매하지 않기로 동의하거나 구매자는 자신의 지역에서만 판매하기로 동의할 수 있다. 전자의 경우 딜러의 열정과 헌신이 강화된다. 판매자는 자신이 원하는 것보다 더 많은 매장에서 판매해야 할 법적 의무가 없다. 하지만 후자의 경우 생산자는 딜러가 허가받은 구역을 벗어나서 판매하지 못하도록 강제하기 때문에 주요한 법적 문제가 대두되었다.

선택적 유통(selective distribution)은 특정 제품을 취급하고자 하는 모든 중간상을 통해 판매하는 대신에 일부 중간상에만 의존해 제품을 판매한다. 개별 소매상이 서로 직접 경쟁하지 않는 전속적 유통과 달리(예: 서로 겹치지 않는 지리적 영역이 할당되어 있기 때문에), 선택적 유통은 동일한 고객을 두고 경쟁하는 소매상들을 포함할 수 있다. STIHL은 성공적인 선택적 유통의 좋은 예다.

> STIHL STIHL은 휴대용 실외 전력 장비를 제조한다. STIHL의 모든 제품은 하나의 이름으로 브랜드화되어 있고, 다른 회사를 위한 프라이빗 레이블을 만들지 않는다. 체인톱 제품으로 가장 잘 알려진 이 회사는 잔디 깎는 기계, 송풍기, 울타리 다듬는 장비, 절단기로 품목을 확장했다. 미국의 6개의 독립적인 유통업자와 회사 소유의 마케팅 및 유통센터에 독점적으로 판매하며, 8,000개 이상의 독립 소매 딜러로 구성된 전국적인 네트워크에 STIHL 제품을 판매한다. 또한 80개국에 제품을 수출하고 있으며, 대형 할인점, 카탈로그 또는 인터넷을 통해 판매하지 않는 몇 안 되는 실외용 전력장비 회사 중 하나다. STIHL은 심지어 독립적인 딜러의 장점과 지지를 홍보하기 위해 "Why"라는 광고 캠페인까지 펼쳤는데, "세계 1위 브랜드의 체인톱을 왜 Lowe's나 The Home Depot에서 팔지 않는가?"와 "이 송풍기가 Lowe's나 The Home Depot에서 팔기 힘들 정도로 강력한 이유는 무엇인가?"와 같은 헤드라인을 내세웠다.[21]

집약적 유통(intensive distribution)은 상품이나 서비스를 가능한 한 많은 상점에 배치하는 것이다. 이 전략은 소비자가 자주 또는 다양한 장소에서 구매하는 스낵 식품, 탄산음료, 사탕, 껌과 같은 제품에 적합하다. 7-Eleven과 Circle K 같은 편의점과 ExxonMobil의 On the Run처

>> STIHL은 대량 판매업자를 배제하고, 미국 내 독립적인 유통업체 6곳과 회사 소유의 마케팅 및 유통센터로 유통 채널을 제한하였는데, 이러한 유통 경로를 통해 미국의 독립적인 소매상에게 공급하고 80개국으로 수출한다.

럼 주유소 내 판매점은 우수한 접근성과 시간 편의성을 제공함으로써 경쟁에서 살아남는다.

제조업자는 커버리지와 판매를 늘리기 위해 전속적 또는 선택적 유통에서 보다 집약적인 유통으로 전환하려는 유혹을 끊임없이 받는다. 이 전략은 단기적으로는 도움이 될 수 있지만, 적절하게 이루어지지 않으면 장기적인 성과를 손상시킬 수 있는데, 소매상들 간의 공격적인 경쟁을 부추기기 때문이다. 가격 전쟁은 소매상의 관심을 떨어뜨리고 브랜드 가치를 손상시킬 수 있기 때문에 수익성을 약화시킬 수 있다. 일부 기업은 그들의 제품이 어디에서나 팔리는 것을 원하지 않는다. Sears가 할인 체인점 Kmart를 인수한 후, Nike는 Kmart가 자사 제품을 취급할 수 없도록 하기 위해 Sears에서 모든 Nike 제품을 철수시켰다.

채널을 발전시키기 위해 구성원들은 일정 기간 동안 서로 헌신적인 노력을 기울여야 한다. 그러나 이러한 헌신은 항상 변화와 불확실성에 대응하는 생산자의 능력을 감소시킨다. 생산자는 높은 적응력을 제공하는 채널 구조와 정책이 필요하다.

생산자는 딜러를 자유롭게 선택할 수 있지만, 딜러와의 계약을 종료할 수 있는 권리는 다소 제한된다. 일반적으로 판매자는 '타당한 이유'가 있는 경우 딜러와의 계약을 취소할 수 있지만, 생산자의 부당한 요구(예를 들어 딜러에게 독점적 거래나 연계판매 계약과 같은 법률적인 합의에 협력할 것을 요구)를 거부한다는 이유로 계약을 취소할 수는 없다.

프랜차이징　유통 채널을 성장시키는 방법으로 점점 더 인기를 끌고 있는 것이 **프랜차이징**(franchising)이다. 프랜차이즈 시스템에서 개별 **가맹점**(franchisees)은 치밀하게 조직된 기업의 집단으로, 운영권을 소유한 프랜차이즈 **가맹본부**(franchisor)가 체계적인 운영을 계획하고, 지시하며 통제한다. McDonald's, Hampton, Jiffy-Lube, Subway, Supercuts, 7-Eleven과 그 외 많은 프랜차이즈 기업은 비즈니스 환경의 필수적인 핵심 요소다.

프랜차이즈는 세 가지 주요 특징으로 구분된다.

• 가맹본부는 등록상표(trademark)를 소유하고 로열티 지급의 대가로 가맹점에 등록상표의 사용을 허가한다. 예를 들어, McDonald's Corporation은 McDonald's 브랜드와 관련된 지적 재산과 프랜차이즈 운영과 관련된 물류를 소유하고 있다.

• 가맹점은 프랜차이즈 시스템의 구성원이 될 권리를 위해 비용을 지불한다. 초기 비용에는 장비와 비품의 임대 및 리스, 정기적인 라이선스 수수료가 포함된다. McDonald's 가맹점은 일반적으로 총 창업 비용과 수수료로 150만 달러 이상을 투자한다. 그 이후에 가맹점은 McDonald's에 매출의 일정 비율과 월 임대료를 지불한다.

• 가맹본부는 가맹점에 사업을 할 수 있는 시스템을 제공한다. McDonald's는 가맹점주들이 사업 운영법을 배우도록 하기 위해 Illinois주의 Oak Brook에 위치한 Hamburger University에서 2주 동안 교육을 받게 하고 있다. 가맹점은 재료를 살 때에도 반드시 특정한 절차를 따라야 한다.[22]

프랜차이징은 양측 모두에게 이득이다. 가맹본부는 지역사회와 형편을 잘 아는 가맹점을 얻을 뿐만 아니라, '고용인'이 아니라 오히려 사업가인 가맹점주의 의욕과 노고를 확보하게 되며, 막강한 구매력을 얻게 된다. 가맹점은 검증된 비즈니스 모델이 있으며, 유명하고 인정받는 브랜드를 가진 기업에 투자함으로써 이익을 얻는다. 사업을 위해 금융기관으로부터 대출받기가 더 수월하며, 마케팅과 광고에서부터 위치 선정과 직원 채용에 이르기까지 다양한 분야에서 가맹본부의 지원을 받는다.

가맹점은 독립성과 가맹본부에 대한 충성도 사이에서 균형을 잡아야 한다. 일부 가맹본부는 가맹점에게 자체적인 사업 운영의 자유를 부여하기도 하는데, 가맹점 이름을 개인화하고 제공되는 상품과 가격도 조정할 수 있게 한다. Great Harvest Bread는 가맹점의 제빵사들에게 새로운 메뉴 품목을 만들게 하고, 성공했을 경우 다른 가맹점과 공유하도록 권장하는 '자유 프랜차이즈(freedom franchise)' 방식의 우수성을 확신한다.[23]

프랜차이징은 확립된 비즈니스 방식이지만, 프랜차이즈를 후원하는 주체에 따라 다른 형식을 취할 수 있다. **제조업자 후원 소매상 프랜차이즈**(manufacturer-sponsored retailer franchise)는 전통적인 시스템이다. 자동차를 판매하기 위해, Ford는 특정한 판매 및 서비스 조건을 따르기로 동의하는 독립적인 사업가에게 라이선스를 준다. 또 다른 시스템은 **제조업자 후원 도매상 프랜차이즈**(manufacturer-sponsored wholesaler franchise)다. Coca-Cola는 다양한 시장에 존재하는 탄산음료 제조업체(bottler, 도매상)에게 라이선스를 주는데, 이들은 Coca-Cola의 시럽 농축액을 구입하여 탄산을 주입하고 병에 담은 뒤, 지역 시장의 소매상에게 판매한다.

프랜차이즈 시스템의 또 다른 형태는 **서비스 기업 후원 소매상 프랜차이즈**(service-firm-sponsored retailer franchise)로, 서비스 회사가 소비자에게 효율적인 서비스를 제공하기 위해 조직한 것이다. 렌터카 회사(Hertz와 Avis), 패스트푸드점(McDonald's와 Burger King), 모텔 사업(Howard Johnson과 Ramada Inn)에서 그 예를 찾아볼 수 있다. 일부 기업은 직영점을 소유하고 동시에 독립적인 가맹점에게 라이선스를 주는 이중 유통 시스템을 운영하기도 한다.[24]

채널 멤버 동기부여

기업은 최종사용자를 보는 것과 동일한 방식으로 중간상을 볼 필요가 있다. 중간상의 니즈와 원츠를 파악하고, 중간상에게 탁월한 가치를 제공하기 위해 채널 제공물을 조정해야 한다.

세심하게 실행된 교육, 시장조사 및 기타 역량 강화 프로그램을 통해 중간상에게 동기를 부여하고, 중간상의 성과를 개선할 수 있다. 기업은 중간상에게 제품의 최종사용자를 만족시키기 위해 같이 노력해야 하는 중요한 파트너라는 사실을 지속적으로 알려야 한다. Microsoft는 제3자 서비스 엔지니어에게 일련의 과정을 이수하고 자격증 시험을 치르도록 요구한다. 합격자는 Microsoft 공인 전문가로 공식적으로 인정받고, 이 직함을 이용하여 자신의 사업을 홍보할 수 있다. 다른 기업들은 시험 대신 고객 설문조사를 하기도 한다.

채널 파워 생산자가 유통업자를 관리하는 능력은 큰 차이가 있다. **채널 파워**(channel power)는 채널 멤버의 행동을 변화시켜, 파워를 행사하지 않았다면 그들이 하지 않았을 조치를 취하게 하는 능력이다.[25] 제조업자는 다음과 같은 유형의 힘을 이용하여 협조를 이끌어낼 수 있다.[26]

- **강압적 파워**: 제조업자가 중간상이 협조하지 않으면 자원을 철수하거나 관계를 종료하겠다고 위협하는 것이다. 이 힘은 효과적일 수 있지만, 강압적 파워의 행사는 반발을 일으키고 중간상들이 대항력을 가진 조직을 만들 수도 있다.
- **보상적 파워**: 제조업자가 중간상에게 특정 행위 또는 기능을 수행할 때 추가적인 혜택을 제공하는 것이다. 일반적으로 강압적 파워보다 더 나은 결과를 낳지만, 중간상은 제조업자가 특정한 행동을 하기 원할 때마다 보상해 주리라는 기대를 할 수 있다.
- **합법적 파워**: 제조업자가 중간상에게 계약에 의해 보증되는 행위를 요구하는 것이다. 중간상이 제조업자를 합법적인 지도자로 여기기만 한다면, 합법적 파워가 작용한다.
- **전문적 파워**: 제조업자가 중간상이 가치 있게 여기는 특별한 지식을 갖고 있을 때 작용한다. 그러나 중간상이 전문지식을 획득하게 되면 전문적 파워는 약화된다. 제조업자가 새로운 전문지식을 지속적으로 개발하면, 중간상은 계속 협력하기를 원할 것이다.
- **준거적 파워**: 제조업자가 매우 존경을 받고 있어서 중간상이 그 회사와 관련된 것을 자랑스럽게 여기는 경우에 작용한다. IBM, Caterpillar, HP와 같은 기업이 높은 준거적 파워를 가지고 있다.

이러한 형태의 채널 파워는 상대방이 그 힘을 얼마나 쉽게 알아볼 수 있느냐는 측면에서 서로 다르다. 강압적 파워와 보상적 파워는 객관적으로 식별할 수 있는 반면에 합법적·전문적·준거적 파워는 더 주관적이며, 그 힘을 인식하는 당사자의 능력과 의지에 좌우된다.

대부분의 생산자는 중간상의 협력을 얻는 것을 큰 도전으로 여긴다. 그들은 종종 더 높은 마진, 특별가격 할인, 프리미엄, 협동 광고비 공제, 진열 공제, 판매 콘테스트와 같은 긍정적인 동기부여를 활용한다. 때로는 마진을 줄이거나, 배송 속도를 늦추거나, 관계를 종료하겠다고 위협하는 것과 같은 부정적인 제재를 가하기도 한다. 이러한 접근방식의 약점은 생산자가 조잡한 자극-반응(stimulus-response) 사고를 이용한다는 것이다.

많은 경우에 소매상들이 파워를 쥐고 있다. 추정 결과에 따르면 제조업자들이 미국 전역의 슈퍼마켓에 매주 150~250개의 새로운 상품을 제공하는데, 70% 이상의 상품이 슈퍼마켓 구매 담당자에 의해 거부된다고 한다. 제조업자는 구매자, 구매위원회, 매장 관리자가 사용하는 승인 기준을 알아야 한다. Nielsen의 인터뷰에 따르면, 매장 매니저는 소비자의 수용성, 잘 설계된 광고 및 판매 프로모션 계획, 관대한 재정적 인센티브를 강력히 입증하는지에 가장 크게 영향을 받는 것으로 나타났다.

채널 파트너십　마케팅 채널 멤버 간 관계의 성질에 따라, 채널은 기본적으로 전통적 마케팅 채널, 수직적 마케팅 시스템, 수평적 마케팅 시스템의 세 가지로 나뉜다.

　　전통적 마케팅 채널(conventional marketing channels)은 독립적인 생산자, 도매상(들), 소매상(들)으로 구성된다. 각 구성원은 비록 채널 시스템 전체의 이익이 감소하더라도, 각자의 이익을 극대화하는 것을 목표로 하는 개별적인 사업체다. 어떤 채널 멤버도 다른 멤버를 완전히 또는 실질적으로 통제할 수 없다. 채널 조정(channel coordination)은 채널 멤버들이 잠재적으로 양립할 수 없는 자체 목표 대신 채널 전체의 목표를 발전시키기 위해 모일 때 발생한다.

수직적 마케팅 시스템(vertical marketing systems)은 이와는 대조적으로 통합된 시스템으로서 역할을 하는 생산자, 도매상(들), 소매상(들)을 포함한다. **채널 스튜어드**(channel steward)라고도 불리는 **채널 캡틴**(channel captain)은 채널의 구성원이면서 다른 경로 구성원들을 소유하거나, 그들과 프랜차이즈를 맺거나, 모두가 협력하도록 만들 정도로 아주 강력한 힘을 가진다. 스튜어드는 구성원 모두에게 최고의 이익이 되는 행동을 하도록 채널 파트너를 설득함으로써, 명령이나 지시를 내리지 않고 채널 조정을 이룬다.[27]

채널 스튜어드는 제품 또는 서비스 생산자(Procter & Gamble), 주요 부품 생산자(Intel), 공급자 또는 조립업체(Arrow Electronics), 유통업자(W.W. Grainger), 소매상(Walmart)이 될 수 있다. 기업 내에서의 스튜어드십은 CEO, 톱 매니저 또는 시니어 매니저 그룹이 담당할 수 있다.

채널 스튜어드십은 두 가지 중요한 결과를 가져온다. 첫째, 채널을 통해 시장을 확대하거나 기존 고객의 구매를 늘림으로써 스튜어드의 고객 가치를 확장한다. 둘째, 중요한 구성원은 보상받고 그렇지 않은 구성원은 제외되어 긴밀하게 조직되고 적응력이 높은 채널을 만든다.

수직적 마케팅 시스템은 채널 멤버들이 행동을 통제하고, 각자의 목표를 추구하려는 독립적인 채널 멤버에 대한 갈등을 없애려고 강력하게 시도하는 데서 비롯되었다. 이러한 시스템은 규모, 협상 능력과 중복된 서비스를 제거함으로써 경제성을 달성한다. 복잡한 제품 및 시스템을 구입하는 기업 구매자는 수직적 마케팅 시스템이 제공할 수 있는 광범위한 정보의 교환을 중요하게 생각한다.[28] 수직적 마케팅 시스템은 미국 소비자 시장의 지배적인 유통 방식으로 시장의 70~80%를 차지하며, 다음과 같이 기업형, 관리형, 계약형의 세 가지 유형이 있다.

- **기업형 수직적 마케팅 시스템**(corporate vertical marketing system)은 단독 소유권을 가지고, 생산과 유통 단계를 연속적으로 결합한다. 수년간 Sears는 자사가 판매하는 상품의 절반 이상을 Sears가 일부 또는 전부를 소유한 회사로부터 공급받았다. Sherwin-Williams는 페인트를 제조할 뿐만 아니라 3,500개의 소매상을 소유하고 운영한다.

- **관리형 수직적 마케팅 시스템**(administered vertical marketing system)은 어느 한 채널 멤버의 규모와 힘을 이용하여 연속적인 생산과 유통 단계를 조율한다. 지배적인 브랜드의 제조업자는 재판매업자와의 거래에서 강력한 협력과 지원을 확보할 수 있다. 따라서 Frito-Lay, Procter & Gamble, Campbell Soup은 진열, 진열대 선반 공간, 프로모션 및 가격 정책 측면에서 재판매업자에게 높은 수준의 협력을 요청한다. 관리형 수직적 마케팅 시스템의 최신 생산자-유통업자 조성 관계에서 유통 프로그래밍이 가장 중요한 부분을 차지한다. 이러한 유통 프로그래밍을 통해 제조업자와 유통업자 모두의 요구를 충족하고, 계획적이고 전문적으로 관리되는 수직적 마케팅 시스템을 구축할 수 있다.

- **계약형 수직적 마케팅 시스템**(contractual vertical marketing system)은 생산과 유통 수준이 다른 독립적인 기업이 계약에 의거하여 그들의 프로그램을 통합하는 것으로, 그 목적은 그들이 단독으로 달성할 수 있는 것보다 더 높은 경제성이나 판매 효과를 얻는 것이다.[29] 때로는 '가치 부가(value-adding) 파트너십'으로 간주되는 계약형 수직적 마케팅 시스템은

세 가지 유형으로 나뉜다. (1) **도매상 후원 볼런터리 체인**(wholesaler-sponsored voluntary chains): 도매상은 독립적인 소매상이 자발적으로 참여하는 체인을 조직하여, 소매상의 판매 관행을 표준화하고 구매의 경제성을 달성하도록 돕는다. (2) **소매상 협동조합**(retailer cooperatives): 소매상이 주도하여 도매업뿐만 아니라 가능하다면 일부 생산을 수행할 수 있는 새로운 사업체를 조직한다. (3) **프랜차이즈 조직**(franchise organizations): 채널 멤버 (가맹본부)가 생산-유통 과정의 연속적인 여러 단계를 연결할 수 있다.

수직적 마케팅 시스템에 참여하지 않은 많은 개별 소매상은 특별한 세분시장을 겨냥하여 전문점(specialty stores)을 개설했다. 그 결과로 소매상이 대형 수직적 마케팅 조직과 독립적인 전문점으로 양분화되면서 제조업자가 어려움을 겪고 있다. 제조업자는 독립적인 중간상들과 도 밀접한 관계를 맺고 있지만, 결국 고도로 성장한 수직적 마케팅 시스템의 불리한 조건을 받아들여야만 할 것이다. 게다가 수직적 마케팅 시스템은 계속해서 대형 제조업자를 배제하고 자체 생산시설을 설립하겠다고 위협하고 있다. 소매업의 새로운 경쟁 형태는   더 이상 독립적인 사업 단위 간 경쟁이 아니라 최고의 비용 경제성과 고객 대응을 달성하기 위해 중앙에서 프로그램화된 네트워크(기업형, 관리형, 계약형) 시스템 간 경쟁으로 정의될 수 있다.

수평적 마케팅 시스템(horizontal marketing systems)에서 둘 이상의 무관한 기업이 새로운 마케팅 기회를 이용하기 위해 자원이나 프로그램을 통합한다. 각 기업은 단독으로 운영할 자본이나 노하우, 생산, 마케팅 자원이 부족하거나 사업의 위험성에 대해 우려한다. 이들은 일시적 또는 영구적으로 협업하거나 합작벤처회사를 설립할 수 있다.

예를 들어, 많은 슈퍼마켓 체인점은 점포 내 은행 업무를 제공하기 위해 지역 은행과 계약을 맺고 있다. Citizens Bank는 지점 네트워크의 절반이 조금 안 되는 500개 이상의 지점을 슈퍼마켓에 두고 있다. 지점에서 근무하는 Citizens 직원들은 전통적인 오프라인 지점의 직원들보다 판매지향적이고 소매점에서의 판매 경험을 가지고 있을 가능성이 높다.[30]

채널 멤버 평가

생산자는 판매 할당량 달성, 평균 재고 수준, 고객 배송 시간, 파손 및 분실물 처리, 프로모션 및 교육 프로그램에 대한 협력 등의 기준에 따라 중간상의 성과를 주기적으로 평가해야 한다. 생산자는 종종 특정 중간상에게 그들이 실제로 하고 있는 일에 비해 너무 많은 돈을 지불하고 있다는 사실을 발견하기도 할 것이다. 재고 보유의 대가로 유통업자에게 보상해 온 한 제조업자는 자기가 지불한 비용으로 자사 상품이 공공창고에 보관되고 있음을 발견했다. 생산자는 거래 채널과 합의한 각각의 서비스의 성과에 대해 지정된 금액을 지불하는 기능 할인 (functional discounts)을 책정해야 한다. 성과 미달 채널 멤버의 경우 상담, 재교육 또는 동기부여를 하거나, 계약을 종료할 필요가 있다.

새롭게 기업을 시작하는 경우 보통은 기존의 몇몇 중간상을 이용하여 상당히 제한된 시장에서 국지적으로 영업하며 판매한다. 최고의 채널을 찾아내는 것이 문제가 아니라, 많은 경우 시장 내 이용 가능한 중간상이 자사의 제품 라인을 취급하도록 납득시키는 것이 문제가 된다.

만약 그 기업이 성공한다면, 다른 채널을 이용하여 새로운 시장으로 진출할 수도 있다. 소규모 시장에서는 소매상에게 직접 판매하고, 대형 시장에서는 도매상과 같은 유통업자를 통해 판매할 수 있다. 시골 지역에서는 일반 제품을 취급하는 판매상과 거래하고, 도시 지역에서는 제한된 품목을 취급하는 판매상을 통해 거래할 수 있다. 고객에게 직접 판매하기 위해서 자체 온라인 상점을 운영하기로 선택할 수도 있으며, 기업은 독점적 프랜차이즈를 허가하거나 자사의 상품을 판매하고자 하는 모든 소매점을 통해 판매할 수도 있다. 어떤 나라에서는 해외영업 에이전트(international sales agents)를 활용할 수 있고, 다른 나라에서는 현지 회사와 직접 파트너십을 맺을 수 있다.

초기 구매자는 고부가가치 채널에 기꺼이 비용을 지불할 수도 있지만, 후발 구매자는 저비용 채널로 전환할 것이다. 소형 사무용 복사기가 처음 시장에 출시되었을 때에는 제조사의 자사 영업조직을 통해 판매되었으나, 시간이 지남에 따라 사무용품 판매상을 통해 판매되었고, 그 이후에는 대형 할인점을 통해, 그리고 최근에는 우편주문 판매회사와 인터넷 마케팅 기업을 통해 판매되었다. 간단히 말해, 채널 시스템은 지역의 기회와 여건, 새로운 위협과 기회, 기업의 자원과 역량, 발전하는 기술의 영향을 받으며 진화한다.

어떤 채널 전략도 제품 수명 주기 전반에 걸쳐 효과적으로 유지되지는 않는다. 진입장벽이 낮은 경쟁시장에서는 최적의 채널 구조가 시간이 흐르면서 바뀔 수밖에 없다. 새로운 기술로 인해 수년간 꿈에도 생각하지 못했던 디지털 채널이 출현했다. 이러한 변화는 개별적인 시장 채널이나 채널 멤버의 추가 및 제거, 또는 완전히 새로운 상품 판매 방법의 개발을 의미할 수 있다. Leica의 새로운 경쟁자로 Best Buy와 Costco가 등장함에 따라, 미국에 있는 자사 딜러의 3분의 1이 문을 닫게 되었을 때, 고급 카메라 제조업체는 사진 전문가들의 관심을 끌기 위해 세련된 자사 점포를 개점하기로 결정했다.[31]

생산자는 채널 설계와 배치를 주기적으로 검토하고 수정해야 한다.[32] 소비자의 구매 패턴이 변화하고, 시장이 확대되고, 새로운 경쟁이 발생하고, 혁신적인 유통 채널이 등장하며, 제품 수명 주기의 후기 단계에 도달한 상품은 유통 채널이 계획대로 운영되지 않을 수 있다.[33]

개별 채널 멤버를 추가 또는 제거하기 위해 기업은 증분 분석(incremental analysis)을 해야 한다. 분석에서 기본적인 질문은 "회사의 매출과 이익이 중간상의 존재 여부에 따라 어떻게 될 것인가?"이다. 아마도 가장 어려운 결정은 채널 전략의 전반적 수정 여부일 것이다. Avon의 가정방문 판매 시스템은 점점 더 많은 여성들이 가정에서 벗어나 직업을 갖게 되면서 다른 방식으로 수정됐다.

채널 협동과 갈등

채널의 설계와 관리가 잘 이루어지더라도, 독립적인 사업체들의 이해관계가 항상 일치하지 않기 때문에 어느 정도의 갈등이 발생할 수 있다. **채널 갈등**(channel conflict)은 한 채널 멤버의 행동이 다른 채널 멤버의 목표 달성을 방해할 때 발생한다. 여러 채널을 통해 자사 제품을 유통하는 기업은 일정 수준의 채널 갈등에 직면할 가능성이 높다. 이러한 맥락에서 관리자의 목표는 채널 멤버 간의 마찰을 최소화함으로써 채널 갈등을 줄이는 것이다.

채널 갈등의 일반적인 원인은 제조업자가 기존의 채널 파트너를 배제하고 고객에게 직접 판매하고자 하는 욕구에서 비롯된다. Apple은 자체 소매점을 열면서 다수의 공인 솔루션 공급업자(solution provider)와 채널 파트너를 어려움에 처하게 했는데, 그 이유는 채널 멤버의 현재 고객 중 상당수를 Apple Store에 '뺏겼기' 때문이다. 마찬가지로, B2B 분야에서도 Apple은 많은 독립적인 솔루션 공급업자가 제공하는 서비스의 범위를 효과적으로 제한한 Cisco와 IBM 같은 회사와 직접 파트너십을 맺는 등 기업 고객을 위한 자사 영업조직을 강화했다.[34]

여기서 다음의 세 가지 질문을 살펴보려 한다. (1) 유통 채널상에서 어떤 유형의 갈등이 발생하는가? (2) 갈등의 원인은 무엇인가? (3) 이를 해결하기 위해 채널 멤버가 할 수 있는 일은 무엇인가?

채널 갈등의 특성

채널 갈등을 효과적으로 관리하기 위해 관리자는 채널 갈등의 주요 유형과 채널 파트너 간의 갈등을 자주 일으키는 요인에 대해 반드시 이해해야 한다.

채널 갈등의 유형　채널 협동과 각 채널 멤버가 받을 더 큰 이익을 기대하며, 제조업자가 도매상과 소매상으로 구성된 수직적 채널을 조성한다고 가정해 보자. 모든 이해당사자가 협력하고자 하는 욕구를 갖고 있음에도 불구하고, 수평적, 수직적, 멀티채널 갈등이 발생할 수 있다.

- **수평적 채널 갈등**(horizontal channel conflict)은 동일한 수준의 채널 멤버 간에 발생한다. 가맹점이 형편없는 고객서비스를 제공한다면, 이는 브랜드 가치를 손상시키고 다른 모든 채널의 매출에 피해를 주는 부정적인 고객 후기를 초래할 수 있다. 예를 들어, 일부 Pizza Inn 가맹점은 다른 가맹점들이 재료를 속이고, 형편없는 서비스를 제공하기 때문에 전반적인 브랜드 이미지가 손상된다고 불평한다.

- **수직적 채널 갈등**(vertical channel conflict)은 다른 수준의 채널 사이에서 발생한다. 예를 들어, 제조업자가 도매상과 소매상에게 직접 판매할 때 수직적 갈등이 발생할 가능성이 높다. 특히 제조업자가 도매상의 가장 큰 고객 중 하나(소매상)에게 직접 판매할 때 갈등이 치열해질 수 있다. 예를 들어, Estée Lauder가 Clinique와 Bobbi Brown 브랜드 제품을 판매하기 위해 온라인 상점을 오픈했을 때, 일부 백화점은 Estée Lauder에 배정된 매장 공간을 축소했다.

- **멀티채널 갈등**(multichannel conflict)은 제조업자가 동일한 시장에 판매하기 위해 두 개 이상의 채널을 운영하는 경우에 발생한다. 예를 들어, 레스토랑 체인이 근접한 거리에 위치한 두 개의 가맹점을 허용할 때 멀티채널 갈등이 발생할 가능성이 높다. 멀티채널 갈등은 한 채널의 멤버가 더 낮은 가격(대량 구매로 인함)으로 제공받거나, 또는 더 낮은 마진을 남기는 경우에 특히 심해질 수 있다. Goodyear가 Sears, Walmart, Discount Tire를 통해 인

기 있는 타이어 브랜드를 판매하기 시작했을 때, 그러한 사실이 독립적인 딜러들의 분노를 샀다. Good Year는 결국 다른 소매점에서는 판매되지 않는 독점 타이어 모델을 독립 딜러에게 제공하여 그들을 달랠 수 있었다.[35]

채널 갈등의 원인   각 채널 갈등은 고유한 선례와 결과가 있지만, 채널 갈등에 기여하는 몇 가지 일반적인 요인이 있다. 채널 갈등의 가장 일반적인 이유 중 몇 가지는 다음과 같다.

- **목표의 불일치**: 채널 갈등은 서로 다른 채널 멤버의 상반되는 목표로 인해 발생할 수 있다. 예를 들어, 제조업자는 저가 정책을 통해 급속한 시장 침투를 원하는 반면, 딜러는 높은 마진을 얻고 단기적인 수익성 추구를 선호할 수 있다.
- **전략과 전술의 차이**: 채널 갈등은 채널 멤버들이 목표를 달성하기 위해 서로 다른 전략과 전술을 채택할 때 발생할 수도 있다. 제조업자는 단기적으로 낙관적인 경기 전망을 예측하여 딜러들이 더 많은 재고를 유지하기를 원하는 반면, 딜러들은 비관적인 경기 전망을 할 수 있다. 음료 산업 부문에서 제조업자와 유통업자 간에 최적의 광고 전략을 놓고 분쟁이 발생하는 경우가 자주 발생한다.
- **힘의 불균형**: 미국 10대 소매상들이 평균 제조업자 비즈니스의 80% 이상을 차지하는데, 대규모 소매상 합병(retailer consolidation)으로 인해 소매상의 영향력이 증대되어 채널 갈등이 자주 발생하고 있다. 예를 들어, Walmart는 Disney, Procter & Gamble, Revlon을 포함한 많은 제조업자의 주요 구매자이기 때문에, 이들과 기타 공급자에게 가격 인하 또는 수량 할인(quantity discount)을 강요할 수 있다.[36] 반대로 유통업자가 제조업자에 의존해서 힘의 불균형이 발생할 수도 있다. 자동차 딜러 같은 독점 딜러의 운명은 제조업자의 제품 및 가격 결정의 영향을 많이 받는다.
- **불분명한 역할과 권리**: 판매 지역의 경계와 판매에 대한 권리 등의 혼선이 종종 갈등을 유발한다. HP는 자사 영업인력을 통해 대형 거래처에 노트북을 판매할 수도 있지만, HP 라이선스를 보유한 딜러도 대형 거래처에 노트북을 판매하려 할 수 있다.[37]

채널 갈등의 관리

어떤 채널 갈등은 건설적이고 변화하는 환경에 더 잘 적응하도록 도움을 줄 수 있지만, 채널 갈등이 너무 심하면 제 기능을 발휘할 수 없다.[38] 우리의 도전과제는 갈등을 완전히 제거하는 것(불가능한 일이다)이 아니라 더 잘 관리하는 것이다. 문책, 벌금, 보너스 지급 보류 및 기타 개선 조치는 채널 갈등을 최소화하는 데 도움을 줄 수 있다.[39] 효과적인 갈등 관리를 위한 일반적인 방법으로 외교술, 조정 또는 중재, 법적 청구뿐만 아니라 전략적 정당성, 이중 보상, 상위 목표, 인력 교류, 공동 멤버십, 협동이 있다.[40]

- **전략적 정당성**: 어떤 경우에는 채널 멤버들이 각자의 세분시장에 서비스를 제공하고 그들이 생각하는 것만큼 서로 경쟁하지 않는다는 전략적 정당성으로 설득하면, 잠재적인 갈등을 줄일 수 있다. 다양한 채널 멤버를 위한 특별한 버전의 제품을 개발하는 것이 이런 차

별성을 보여주는 확실한 방법이다.[41]

- **이중 보상**: 기업은 새로운 채널을 통해 이루어진 판매에 대해 기존 채널 멤버들에게 보상함으로써 채널 갈등을 완화할 수 있다. Allstate가 온라인으로 보험을 판매하기 시작했을 때, 온라인 견적을 받는 고객에게 제공하는 대면 서비스에 대해 기존 에이전트에게 2%의 수수료를 지급하기로 합의했다. 비록 기존 에이전트들이 받는 10%의 오프라인 거래 수수료보다는 낮았지만, 수수료 지급이 긴장을 완화할 수 있었다.[42]

- **상위 목표**: 채널 멤버는 생존, 시장 점유율, 고품질 또는 고객 만족 등 공동으로 추구하는 기본 또는 상위 목표에 대해 합의할 수 있다. 일반적으로 채널 간 합의는 더 효율적인 경쟁 채널, 불리한 법률안, 변화하는 소비자의 욕구와 같은 외부 위협에 직면할 때 가장 잘 이루어진다.

- **인력 교류**: 둘 이상의 채널 수준 간에 인력을 교환하면 채널 갈등을 줄일 수 있다. GM의 임원들은 일부 대리점에서 잠시 일하는 것에 동의할 수 있고, 일부 대리점 소유자들은 GM의 딜러 정책 부서에서 일할 수 있다. 따라서 참여자들은 서로의 관점을 이해할 수 있게 될 것이다.

- **공동 멤버십**: 마케터들은 업계 협회에 함께 참여하도록 권장할 수 있다. 대부분의 식품 체인점을 대표하는 Grocery Manufacturers of America와 Food Marketing Institute 간의 훌륭한 협력이 범용 상품 코드(universal product code, UPC)의 개발을 이끌어낼 수 있었다. 협회는 식품 제조업자와 소매상 간의 문제를 고려하여 순차적으로 해결할 수 있다.

- **협동**: 조직이 자문위원회, 이사회 등에 채널 멤버의 리더를 참여시킴으로써 채널 멤버의 지지를 얻을 수 있다. 비록 조직 설립자가 외부인의 지지를 얻기 위해 정책과 계획을 절충해야 할지라도, 조직이 초청된 타 조직의 리더들을 진지하게 대하고 그들의 의견을 듣는다면 협동을 통해 갈등을 줄일 수 있다.

- **외교술, 조정, 중재**: 갈등이 만성적이거나 첨예할 때, 당사자들은 더 강력한 수단에 의지할 필요가 있다. 외교술은 양측이 갈등을 해결하기 위해 상대편과 만날 사람이나 단체를 보낼 때 이루어진다. 조정은 양측의 이익을 조정하는 데 숙련된, 중립적인 제3자에 의존하는 것이다. 중재는 두 당사자가 각자의 주장을 한 명 이상의 중재자에게 제시하고, 중재자의 결정을 받아들이기로 동의하는 것이다.

- **법적 청구**: 다른 전략을 추구하기보다는 채널 파트너가 법적 수단으로 갈등을 해결하는 방법을 선택할 수 있다.[43] Coca-Cola가 갈증 해소 음료인 Powerade를 Walmart의 지역 창고에 직접 유통하기로 하자 60개에 달하는 음료 제조업체(bottler)는 이러한 Coca-Cola의 조치가 자신들의 핵심인 직접 점포 유통(direct-store-distribution) 업무를 약화시킬 것이라는 불만을 품고 소송을 제기했다. 그 결과, Coca-Cola와 음료 제조업자들은 직접 점포 유통을 보완하기 위해 새로운 서비스와 유통 시스템을 공동으로 탐색하기로 합의했다.[44]

시장 로지스틱스 관리

시장 로지스틱스(market logistics)는 수요를 충족하기 위한 인프라를 계획하고, 이윤을 남기고 고객의 요구사항을 충족하기 위해 원산지에서 사용 지점으로 자재와 최종 상품의 물적 흐름을 실행하고 통제하는 것을 포함한다. 물적 유통은 공장에서 시작된다. 관리자는 원하는 시간 내에 또는 가장 낮은 총비용으로 최종 목적지까지 물품을 배달할 창고와 운송업자를 선택한다.

현재 물적 유통은 공급 사슬 관리라는 더 넓은 개념으로 확장되었다. **공급 사슬 관리**(supply chain management)는 물적 유통 이전에 시작되며, 전략적으로 적절한 투입 요소(원자재, 부품, 자본설비)를 조달하고, 이런 투입 요소를 완제품으로 효율적으로 전환하여 최종 목적지로 발송하는 것을 포함한다. 훨씬 더 넓은 관점에서의 공급 사슬 관리는 기업의 공급자 스스로가 그들의 투입 요소를 어떻게 조달하는지도 다룬다.

이러한 공급 사슬 관점을 통해 기업은 우수한 공급업자와 유통업자를 식별하고, 생산성을 향상하고 경비를 절감할 수 있다. Apple, McDonald's, Amazon.com, Unilever, Intel, Procter & Gamble, Toyota, Cisco Systems, 삼성전자 같은 기업은 최고의 공급 사슬을 갖추고 있다.[45] 일부 기업은 운송 계획, 유통 센터 관리, 선적 및 보관을 넘어서는 기타 부가가치 서비스를 지원하기 위해 제3자 물류 전문가와 협력하거나 아웃소싱한다.

시장 로지스틱스 연구를 통해 관리자는 가치를 전달하는 가장 효율적인 방법을 찾을 수 있다. 예를 들어, 소프트웨어 회사는 전통적으로 소프트웨어 디스크와 매뉴얼을 생산 및 포장하여 도매상에게 발송하고, 도매상은 다시 소매상에게 발송했다. 그리고 소매상은 고객에게 재판매하고, 고객은 마침내 집에서 컴퓨터에 소프트웨어를 설치할 수 있었다. 여기에 시장 로지스틱스는 두 가지 우수한 배송 시스템을 제공했다. 첫 번째는 고객이 자신의 컴퓨터에 직접 소프트웨어를 다운로드할 수 있도록 한 것이다. 두 번째는 컴퓨터 제조업자가 자사 제품에 소프트웨어를 다운로드하도록 만든 것이다. 두 가지 솔루션 모두 수백만 개의 디스크와 매뉴얼을 인쇄, 포장, 선적, 보관해야 할 필요를 없앰으로써 업계 표준으로 신속하게 자리 잡았다.

시장 로지스틱스의 목표

많은 기업은 그들의 시장 로지스틱스 목표가 "최소한의 비용으로 적절한 시점에 적절한 상품을 적절한 장소로 가져오는 것"이라고 말한다. 불행히도 이 목표는 실용적인 지침을 거의 제공하지 못하고 있다. 고객서비스를 극대화하면서 동시에 유통 비용을 최소화할 수 있는 시스템은 존재하지 않는다. 최고의 고객서비스를 제공하기 위해서는 대규모 재고 확보, 프리미엄 운송, 많은 창고 확보가 이루어져야 하는데, 이 모든 것이 시장 로지스틱스 비용을 증가시키는 요인이 된다. 또한 기업이 각 시장 로지스틱스 관리자에게 각기 자신의 물류 비용만을 최소화하도록 요구해서는 효율적인 시장 로지스틱스를 달성할 수 없다.

시장 로지스틱스 비용의 최소화는 시장에서 제공물의 전반적인 성공에 영향을 줄 수 있으며, 경우에 따라서는 역효과를 낼 수도 있다. 다음의 예를 생각해 보라.

운송 관리자는 철도가 더 저렴하기 때문에 항공 운송보다 철도 운송을 선호한다. 그러나 철도 운송은 상대적으로 느리기 때문에, 철도 운송의 이용은 운전자본을 더 오랫동안 묶어놓고, 고객의 대금 지불을 지연시키며, 더 빠른 서비스를 제공하는 경쟁사에 고객을 뺏기는 결과로 이어진다.

해상 운송 부서는 선적 비용을 최소화하기 위해 저렴한 컨테이너를 사용한다. 그런데 더 저렴한 컨테이너의 사용으로 인해 파손 상품의 비율이 높아지고 고객으로부터 반감을 초래할 가능성이 높아진다.

재고 관리자는 낮은 재고 수준을 선호한다. 이로 인해 재고 부족, 이월 주문(back order), 서류 작업, 특별 생산 작업 및 빠른 선적을 위한 고비용의 화물 발송이 증가하게 된다.

이와 같은 트레이드오프를 고려할 때, 관리자는 총체적인 시스템 관점에서 의사결정을 해야 한다. 고객이 원하는 것과 경쟁사의 제공물이 무엇인지를 연구하는 것에서부터 시작해야 한다. 고객은 정시 배송, 긴급 주문에 대한 지원, 세심한 상품 취급, 신속한 반품과 불량품 교체에 관심이 있다.

그리고 도매상은 이러한 서비스 제공의 상대적 중요성을 살펴보아야 한다. 예를 들어, 복사 장비 구매자는 고장 수리에 소요되는 시간을 매우 중요하게 생각한다. Xerox는 '미국 대륙 어디에서나 서비스 요청을 받은 후 3시간 이내에 고장 난 기계를 재가동할 수 있게 만드는' 서비스 표준을 개발했다. 그런 다음 이 약속을 이행하기 위해 기술자, 부품, 위치를 구성요소로 하는 서비스 부서를 설치했다.

기업은 또한 경쟁사의 서비스 기준도 고려해야 한다. 기업은 대개 경쟁사의 서비스에 비해 비슷하거나 더 높은 수준을 원하지만, 궁극적인 목표는 매출의 극대화가 아니라 이윤의 극대화임을 잊지 말아야 한다. 어떤 기업은 서비스를 적게 제공하고 더 낮은 가격을 청구하는 반면, 다른 기업은 더 많은 서비스를 제공하고 더 높은 가격을 청구한다.

궁극적으로 기업은 그 시장에 약속을 제시해야 한다. 일부 기업은 각 서비스 요소에 대한 표준을 마련한다. 어떤 가전제품 제조업자는 딜러가 낸 주문의 최소 95%를 주문 접수 후 7일 이내에 납품하고, 99%의 정확도로 주문을 처리하며, 주문 현황에 대한 문의를 3시간 이내에 처리하고, 운송 중 파손된 상품이 1%를 넘지 않도록 하겠다고 약속한다.

시장 로지스틱스 의사결정

기업은 시장 로지스틱스와 관련하여 네 가지 주요 의사결정을 내려야 한다. (1) 주문 처리는 어떻게 해야 하는가?(주문 처리) (2) 재고는 어디에 보관해야 하는가?(창고) (3) 재고를 얼마나 보유해야 하는가?(재고) (4) 상품을 어떻게 운송해야 하는가?(운송)

주문 프로세싱 대부분의 기업은 주문 접수, 배송, 대금 지불에 걸리는 시간인 **주문-지불 사이클**(order-to-payment cycle)을 단축하기 위해 노력한다. 이 사이클은 영업사원에 의한 주문 전달, 주문 입력 및 고객 신용 확인, 재고 및 생산일정 관리, 주문 및 송장 발송, 대금 수령 등 여러 단계를 거치게 된다. 이 사이클이 길어질수록 고객 만족도와 기업의 이익이 낮아진다.

창고 업무   상품의 생산과 소비 사이클이 거의 대부분 일치하지 않기 때문에 대부분의 기업은 판매시점까지 완제품을 보관해야 한다. 기존의 자원을 활용하고 운송 시간을 단축하기 위해 일부 기업은 재고를 분산시켜 왔다. 예를 들어, 재고 관리를 개선하기 위해 현재 Nordstrom과 Macy's 같은 백화점들은 접수된 온라인 주문을 개별 점포에서 발송하고 있다. 재고 보관 장소가 많아지면 고객에게 더 빠른 시간 내에 상품을 배송할 수 있지만, 창고 업무와 재고 관리에 소요되는 비용은 더 높아지게 된다. 그러므로 비용을 줄이기 위한 대안으로, 기업은 재고를 한 곳에 집중시키고 빠른 운송 수단을 활용하여 주문을 처리할 수 있다.

과거에는 공장에서 수행됐던 제품의 조립, 포장 및 판촉 전시물의 제작을 요즘에는 일부 창고가 맡고 있다. 이러한 활동을 창고가 맡게 되면, 비용을 절감할 수 있고, 제품 및 서비스 제공을 수요에 보다 더 적절히 맞출 수 있다.

재고   영업사원은 회사가 모든 고객의 주문을 즉시 처리할 수 있는 충분한 재고를 보유하기를 바란다. 그러나 이는 비용 측면에서 비효율적이다. 기대하는 고객 만족도 수준이 100%에 가까워질수록 재고 비용은 빠른 속도로 증가한다. 경영진은 대규모의 재고를 유지하여 더 신속한 주문 이행을 약속함으로써 매출과 이익이 얼마나 증가할지 파악한 후에 의사결정을 내려야 한다.

재고가 감소하는 경우 경영진은 어느 정도의 재고 수준에서 새로운 주문을 넣어야 할지 알고 있어야 한다. 이러한 재고 수준을 **주문점**(또는 **재주문점**)이라고 한다. 주문점 20은 재고가 20개 단위로 떨어졌을 때 다시 주문하는 것을 의미한다. 주문점은 특정 상품이 소진되어 고객의 수요를 충족할 수 없는 품절 위험과 회사가 장기간 재고를 보관할 때 발생하는 과잉 재고 비용 간의 균형을 맞춰야 한다. 또 다른 재고 관련 결정사항은 주문량에 대한 결정이다. 1회 주문 수량이 많을수록 주문 빈도는 감소하게 된다.

회사는 주문 처리 비용과 재고 유지 비용(inventory-carrying costs) 사이에 균형을 맞출 필요가 있다. 제조업자의 **주문 처리 비용**(order-processing costs)은 **설치 비용**(setup costs: 한 품목을 생산하기 위해 필요한 공정을 설치하는 데 소요되는 비용)과 품목에 대한 **실행 비용**(running costs: 생산 중 발생하는 운영 비용)으로 구성된다. 설치 비용이 낮으면 제조업자가 품목을 자주 생산할 수 있으며, 단위당 평균 비용은 일정하고 실행 비용과 동일하게 된다. 그러나 설치 비용이 높은 경우 장기간에 걸쳐 생산하고 재고 보유량을 늘림으로써 제조업자는 단위당 평균 비용을 줄일 수 있다.

주문 처리 비용은 **재고 유지 비용**(보관료, 자본 비용, 세금 및 보험, 감가상각비 및 노후화 폐기비용 등)과 비교해야 한다. 재고 유지 비용이 재고 가치의 30%에 육박할 수도 있으며, 평균 재고량이 많을수록 유지 비용이 증가한다. 더 많은 재고를 보유하고자 하는 마케터는 총수익의 증가분이 재고 보유 비용의 증가분을 초과할 것이라는 결과를 보여줄 필요가 있다.

기업은 재고 비용을 관리하기 위해 여러 가지 전략을 사용하고 있다. 한 가지 접근방식은 회전율이 느린 품목은 중앙에 위치한 창고에 보관하고, 회전율이 높은 품목은 고객에게 더 가까운 곳에 위치한 창고에 보관하는 것이다. 또는 거의 0에 가까운 재고를 보유하면서, 주문에 따라 재고를 확보하는 방식으로 전환할 수 있다. **JIT 재고관리**(just-in-time inventory management)라고 불리는 이러한 접근방식은 창고 비용 절감 외에도 현금흐름을 개선하는 데 도움이 된다. 따라서 소비자에게 구입한 물품의 대금을 미리 지불하도록 하고, 기업은 제품 또는 필요한 부품을 선적하기 위해 고객으로부터 미리 지불받은 자금으로 공급자에게 대금을 지급할 수 있다.

비용 측면에서 명백한 이점이 있음에도 불구하고, 유통 로지스틱스가 중단 없이 계속될 수 있다는 가정이 JIT 재고관리의 큰 단점이다. 간단히 말하자면, 충분한 재고를 보유하지 않는 JIT 재고 관리는 California의 부두 파업, 일본의 지진 또는 북아프리카와 중동의 정치적 혼란처럼 종종 발생하는 문제에 대처할 유연성이 부족하다. 상호 연관된 글로벌 시장에서 하나의 약한 고리가 제대로 관리되지 않으면 전체 공급 사슬을 붕괴시킬 수 있다. JIT 재고 관리의 한계점이 코로나 바이러스가 유행하는 동안 눈에 띄게 부각되었는데, 조달, 제조, 선적의 차질로 말미암아 많은 산업에 걸쳐 공급을 초과하는 수요를 초래함으로써 제품 공급 부족과 평상시보다 더 긴 배송 시간이 극에 달했다.

로지스틱스의 효과성과 비용 측면의 효율성 사이에서 균형을 맞추기 위해, 기업은 극단적인 수요 충격에 대비하는 로지스틱스 네트워크를 주기적으로 재평가할 필요가 있다. 이에 따라 많은 기업이 창고 공간을 추가로 확보하고 유통 운영을 현대화하고 있다. 판매상들은 필요한 재고를 준비해 놓을 뿐만 아니라 경쟁사보다 더 빨리 고객에게 제공할 수 있도록 하기 위해 그들의 창고를 대규모 인구 밀집 지역 가까이로 옮기고 있다.

운송　운송 수단의 선택은 제품의 가격, 정시 배송, 도착 시 상품의 상태에 영향을 미치며, 이 모든 것이 고객 만족도에 영향을 미친다.

창고나 딜러, 고객에게 상품을 배송할 때 기업은 철도, 항공기, 트럭, 선박 또는 파이프라인 중에서 선택할 수 있다. 화주는 속도, 빈도, 신뢰성, 능력, 가용성, 추적 가능성, 비용과 같은 기준을 고려한다. 속도 측면에서는 항공, 철도, 트럭이 주요 경쟁자가 될 수 있다. 낮은 비용이 목표인 경우에는 선박 또는 파이프라인 중 하나를 선택할 수 있다.

컨테이너화 덕분에 화주가 두 가지 이상의 운송 수단을 결합하는 일이 점점 더 늘어나고 있다. **컨테이너화**(containerization)는 두 가지 운송 수단 사이에서 쉽게 이동할 수 있도록 상자나 트레일러에 상품을 넣는 것을 의미한다. **피기백**(piggyback)은 철도와 트럭, **피시백**(fishyback)은 선박과 트럭, **트레인십**(trainship)은 선박과 철도, **에어트럭**(airtruck)은 항공기와 트럭을 함께 이용하는 것을 말한다.

화주는 개인 운송업자, 계약 운송업자, 공통 운송업자 중에서 선택할 수 있다. 화주가 자신의 트럭이나 항공기를 소유하고 있다면, **개인 운송업자**가 된다. **계약 운송업자**는 계약 기반으로 다른 사람들에게 운송 서비스를 제공하는 독립적인 조직이다. **공통 운송업자**는 예정된 스케줄에 따라 미리 정해진 지점 사이의 구간에 대해 운송서비스를 제공하는데, 표준 요금으로 어느 기업이든 이용할 수 있다. 일부 계약 운송업자는 강력한 가치 제안을 창출하기 위해 투자하고 혁신한다.

계약 운송업자 다양한 운송 수단을 선택할 수 있는 상황에서 운송 회사는 비용을 절감하고, 서비스를 개선하며, 고객에게 훨씬 더 많은 가치를 제공하기 위해 끊임없이 경쟁하고 있다. Copenhagen에 본사를 둔 Maersk Group은 약 550척의 컨테이너선과 225척의 유조선을 보유한 세계 최대의 글로벌 해운사다. 효율성을 높이기 위해 지금까지 건조된 가장 큰 선박 중 20척을 운항하고 있다. 각각 1억 8,500만 달러가 소요된 이 거대한 선박들은 비용 측면에서 상당히 효율적으로 1만 8,000개의 컨테이너를 운송할 수 있으며, 그 과정에서 이산화탄소 배출을 50% 정도 줄일 수 있다. 미국 최대 화물 운송업체 중 하나이며 30억 달러 이상의 매출을 올린 Schneider는 선단 규모의 '전술 시뮬레이터(tactical simulator)'를 개발하여 수천만 달러의 비용을 절감할 수 있었다. 시뮬레이터는 운전자의 중요한 일일 경로 스케줄링을 돕는 것 외에도 특정 고객에 대한 가격 인상 시점부터 운전자를 얼마나 많이(그리고 어디서) 고용할 것인지에 이르는 다양한 의사결정에도 도움을 주었다. 또한 작은 변화가 화주에게 큰 차이를 만들 수도 있다. 글로벌 로지스틱스 선도업체인 UPS는 운전자들이 트럭 운전 시 열쇠 대신 리모컨(fob)을 사용하도록 함으로써 정차할 때마다 평균 1.7초, 하루 6.5분을 줄일 수 있는데, 연간 7,000만 달러의 비용을 절감하는 것으로 추산했다.[46]

도착 시 비싼 취급 비용을 줄이기 위해 일부 업체는 포장을 풀어 포장 상자에서 개별적으로 선반에 올려놓을 필요가 없도록 디스플레이용 포장(shelf-ready packaging)을 활용하고 있다. 유럽에서 Procter & Gamble은 가장 효율적인 배송을 위해 3단계 로지스틱스 시스템을 사용하는데, 회전율이 빠른 일용 소비재(fast moving goods)와 회전율이 느린 상품 그리고 부피가 큰 품목과 작은 품목으로 나누어 배송 스케줄을 계획한다. 운송 시 파손율을 줄이기 위해서

>> 효율성을 높이기 위해 글로벌 해운사인 Maersk Group은 수천 개의 컨테이너를 운반하는 동시에 이산화탄소 배출을 상당히 줄일 수 있는 대형 선박을 운항하고 있다.

는 품목의 크기, 중량, 취약성을 반영하여 박스 포장 기법과 충격 완화재의 밀도를 고려해야 한다. 로지스틱스와 더불어, 생산성 및 수익성 개선을 위해 모든 세부사항을 어떻게 바꿀 수 있을지 검토해야 한다.

marketing INSIGHT 쇼루밍 현상의 이해

소비자는 항상 최고의 거래를 하거나 선택의 폭을 넓히려고 비교 쇼핑을 해왔는데, 전자상거래와 무선 전자상거래(휴대폰과 태블릿을 통해 판매)로 인해 새로운 전환을 맞았다. **쇼루밍**(showrooming)을 통해 소비자는 매장에서 제품을 실물로 살펴보고 정보를 수집하지만, 이후 실제 구매는 온라인 소매상에서 이루어진다. 또는 더 낮은 가격으로 구매하기 위해 전혀 다른 소매상에서 구매할 수도 있는데, 이는 소매상 관점에서 매우 바람직하지 않은 결과일 것이다.

스마트폰의 등장은 쇼루밍의 기폭제가 되었다. 모바일 기기 덕분에, 소비자들은 상점에서 그들이 물건을 사야 할지 말아야 할지를 결정할 수 있는 최고의 장비로 무장하고 있다. 한 연구에 따르면 미국 휴대폰 사용자의 절반 이상이(특히 젊은 층) 쇼핑을 하는 동안 친구나 가족에게 구매에 대한 조언을 얻거나, 리뷰를 찾거나, 낮은 가격을 검색하려고 휴대폰을 사용하는 것으로 나타났다.

소매상은 소비자를 매장 안으로 끌어들이려고 걱정하곤 했지만, 전문가들은 이제 소비자가 오프라인 매장에서 쇼핑하면서 휴대폰을 사용해 가격비교 및 온라인으로 구매할 수 있다는 사실에 대해 걱정할 필요가 있다고 지적한다. 예를 들어, Amazon의 핸드폰 애플리케이션인 Price Check를 통해 쇼핑객은 오프라인 상점에 있는 동안 바로 가격을 비교할 수 있다. 모바일 사용자가 이용할 수 있는 온라인 소매상은 전통적인 오프라인 체인점에게 치열한 경쟁 상대다. 왜냐하면 온라인 소매상은 선택의 폭이 넓고, 가격도 저렴하며(흔히 세금이 없음), 365일 언제나 접근 가능한 편의성을 제공하기 때문이다.

쇼루밍에 정면으로 대처하기 위해 Best Buy와 Target은 언제나 온라인 소매상들과 동일한 가격으로 제공하겠다고 발표했다. 이러한 추세에 대응하기 위해 다른 업체들은 매장과 웹사이트를 더 긴밀히 연결시켰다. Walmart, Macy's, Best Buy는 오프라인 매장에서 온라인 주문의 픽업과 온라인 구매 상품에 대한 반품 서비스를 제공하고 있다.

많은 소매상들은 매장을 방문한 고객에게 더 유익하고 보람 있는 경험을 제공하고자 노력한다. Guess, PacSun, Aéropostale은 더 자세한 제품 정보를 수집하여 쇼핑객들과 공유하기 위해서 매장 내 판매 직원에게 iPad 또는 태블릿을 제공하고 있다. 로열티 프로그램(loyalty program, 고객 충성도 프로그램)에 등록한 쇼핑객은 구매 내역, 제품 선호도, 기타 유용한 배경을 빠르게 다운로드할 수 있다.

이러한 모든 노력의 주요 목표는 고객을 사로잡는 것이다. 한 연구 결과에 의하면 쇼루밍 고객의 70%는 잘 설계된 웹사이트와 앱이 제공되고, 강력한 멀티채널 지원이 가능하며, QR 코드를 통해 가격을 비교할 수 있는 소매상에서 구매할 확률이 높은 것으로 나타났다. 고객이 다른 곳에서 구매하지 않도록 할 수 있다면, 매장 판매에서 온라인 판매로 전환하는 것이 소매상에게 실제로 더 이익이 될 수도 있다.[47]

요약

1. 대부분의 생산자는 최종사용자에게 직접 상품을 판매하지 않는다. 생산자와 최종사용자 사이에 하나 이상의 마케팅 채널이 있으며, 다수의 마케팅 중간상이 다양한 기능을 수행한다. 유통 채널은 제품이나 서비스를 사용하거나 소비할 수 있도록 만드는 과정에 참여하는 상호의존적인 조직체들의 집합이다.

2. 기업은 직접 마케팅을 수행할 재원이 부족할 때, 직접 마케팅이 불가능할 때, 중간상을 이용하여 더 많은 수익을 얻을 수 있을 때 중간상을 이용한다. 효과적인 채널 관리를 위해 중간상을 선택하고, 그들을 교육하고 동기부여하는 것이 필요하다. 채널 멤버 모두에게 이익이 되는 장기적인 파트너십을 구축하는 것이 궁극적 목표다.

3. 마케팅 채널 멤버는 여러 가지 주요 기능을 수행한다. 채널 기능(저장, 이동, 소유권, 커뮤니케이션) 중 일부는 기업에서 고객으로 전달되는 **전방 흐름** 활동으로 구성된다. 다른 일부(주문과 지불)는 고객에서 회사로 이동하는 **후방 흐름** 활동으로 이루어지고, 일부(정보, 협상, 재무, 위기 관리)는 양방향으로 발생하기도 한다.

4. 제조업자는 시장에 진출하기 위한 많은 대안을 가지고 있다. 직접 판매하거나 1 수준, 2 수준 또는 멀티채널을 사용할 수 있다. 어떤 채널을 이용할지 결정하기 위해서는 채널에 관련된 중간상의 유형과 개수를 파악할 뿐만 아니라, 고객의 필요를 분석하고, 채널 목표를 설정하고, 주요 대안을 알아보고 평가할 필요가 있다.

5. 점점 더 많은 기업이 **멀티채널 유통**을 채택하고 있으며, 둘 이상의 마케팅 채널을 사용하여 하나의 시장 영역에 있는 세분시장에 진출한다. 또한 디지털 유통 전략을 점점 더 많이 채택하며, 고객에게 직접 판매하거나 자체 웹사이트를 보유한 전자 판매상을 통해 판매한다. 멀티채널 유통에는 하나의 채널을 통한 판매 관련 활동과 하나 이상의 채널을 통한 판매 관련 활동을 일치시키는 통합적 유통 전략의 개발이 필요하다.

6. 마케팅 채널 시스템을 설계하기 위해 마케터는 고객의 필요와 욕구를 분석하고, 채널 목표와 제약을 설정하고, 주요한 대안 채널을 파악하고 평가한다. 중간상의 수를 기준으로 한 핵심 유통 전략에는 세 가지 유형(전속적 유통, 선택적 유통, 집약적 유통)이 있다. 채널 중간상의 수에 대한 전략적 선택을 마친 기업은 채널 파트너를 선정하고, 교육하며, 동기부여하고, 평가해야 한다.

7. 점점 더 인기를 얻고 있는 유통 채널 형태는 프랜차이징이다. 프랜차이즈 시스템에서 개별 가맹점은 치밀하게 조직된 기업의 집단으로, 운영권을 소유한 프랜차이즈 가맹본부가 체계적인 운영을 계획하고, 지시하며 통제한다. 프랜차이즈 가맹점은 유명하고 인정받는 브랜드 이름을 가진 기업에 투자함으로써 이익을 얻게 된다. 이들은 사업을 위해 금융기관으로부터 대출받기가 더 용이하며, 마케팅과 광고에서부터 위치 선정과 직원 채용에 이르기까지 다양한 분야에서 가맹본부로부터 지원을 받는다.

8. 기업은 채널 파트너의 필요와 욕구를 파악하여 동기부여를 하고 채널 파트너에게 탁월한 가치를 제공하도록 채널 제공물을 조정할 필요가 있다. 여기서 중요한 요소는 채널 파워로, 채널 파워는 채널 멤버의 행동을 변화시켜서, 그렇게 하지 않았다면 그들이 하지 않았을 조치를 취하게 하는 능력을 나타낸다. 마케팅 채널 멤버들 간 관계의 특성에 따라 기본적으로 전통적 채널, 수직적 마케팅 시스템, 수평적 마케팅 시스템의 세 가지 형태의 채널 조정이 있다. 채널 조정은 채널 파트너의 동기를 부여하는 데 도움을 줄 수 있다.

9. 모든 마케팅 채널은 목표의 불일치, 제대로 정의되지 않은 역할과 권리, 지각의 차이, 상호의존적 관계 등으로 인한 잠재적 갈등과 경쟁의 가능성이 있다. 기업은 이중 보상, 상위 목표, 인력 교류, 공동 멤버십, 협동 및 기타 수단을 통해 갈등을 관리하려고 노력할 수 있다.

10. 제품 및 서비스 생산자는 시장 로지스틱스를 관리해야 한다. 즉 제품과 서비스를 보관하고 시장 목적지로 이동시키며, 공급자, 구매 에이전트, 제조업자, 마케터, 채널 멤버, 고객의 활동을 조율하는 최선의 방법을 결정해야

한다. 정보기술(IT)의 발전으로 로지스틱스의 효율성이 크게 향상되었다.

11. 시장 로지스틱스 관리에 대한 공급 사슬 접근방식을 통해 기업은 생산성 향상과 비용 절감을 달성할 수 있을 뿐만 아니라 우수한 공급자와 유통업자를 구별할 수 있다. 기업은 시장 로지스틱스와 관련하여 네 가지 주요 결정을 내려야 한다. 주문 처리는 어떻게 해야 하는가?(주문 처리) 재고는 어디에 두어야 하는가?(창고) 얼마나 많은 재고를 보유해야 하는가?(재고) 물건을 어떻게 선적해야 하는가?(운송)

marketing
SPOTLIGHT

Zara

Zara는 1975년 Amancio Ortega와 Rosalia Mera가 스페인 Galicia에서 첫 매장을 열면서 시작되었다. 처음에는 유행하는 고급 패션상품과 유사하면서 상대적으로 저렴한 상품을 판매했다. 최신 패션을 모방하여 자신들의 디자인을 저렴한 가격에 제공하는 Zara의 비즈니스 모델이 스페인 소비자의 관심을 끌었다. 이후 8년 동안, Zara는 스페인의 유명 쇼핑센터에 9개의 매장을 열며 사업을 확장해 나갔다. 이 기간 동안 Ortega는 패션 트렌드에 매우 빠르게 반응할 수 있는, '인스턴트 패션'이라고 불리는 디자인, 제조, 유통 과정을 만들었다. 이러한 과정을 통해 이후 10년 동안 미국, 프랑스, 벨기에, 스웨덴을 포함한 전 세계 시장으로 뻗어나갔다. 새롭게 진입한 시장에서도 승승장구하며, Zara는 결국 세계 최대의 의류 소매상이 되었다.

Zara는 의류제품을 몇 주 또는 몇 달 동안만 즐길 수 있는 '소멸성 제품'으로 바라본다는 사실로 잘 알려져 있다. Zara의 의류제품은 모든 최신 패션 트렌드를 따라잡고자 하는 소비자들의 관심을 끈다. 새로운 스타일이 인기를 끌게 되면, Zara는 이를 모방해 2주일 내로 새 컬렉션을 내놓을 수 있다. 다른 패션 회사들은 새로운 디자인의 상품을 내놓기까지 길게는 6개월이 걸리기도 한다. 스타일보다는 수량에 중점을 두는 회사들과 달리 Zara는 매년 1만 2,000가지 이상의 스타일을 새롭게 출시하는데, Zara가 제공하는 풍부한 다양성은 소비자들이 좋아하는 아이템을 찾을 가능성을 높인다.

대부분의 Zara 디자인은 3~4주 동안만 진열대에 머무른다. 계속해서 바뀌는 매장 진열대의 상품을 보고 고객은 Zara 매장을 더 자주 방문하게 된다. 이러한 사실은 London 중심부의 소비자 행동에서 찾아볼 수 있다. 다른 옷가게를 방문하는 소비자들은 1년에 평균 네 번까지 방문한다. 반면 Zara의 고객들은 1년에 평균 17번 매장을 방문한다. 매장 진열대를 가득 채운 의류제품에서 쇼핑객들은 항상 새로운 것을 찾는다. Zara는 각각의 스타일을 조금씩 생산하여 희소성을 인위적으로 만들어내는데, 이것은 그들의 제품을 더 인기 있고 고급스럽게 보이게 한다. 이러한 희소성의 또 다른 장점은 스타일이 성공적이지 못할 경우 Zara가 많은 양의 재고를 처분할 필요가 없다는 것이다.

Zara의 의류제품은 소비자 의견에 초점을 맞춘 디자인 과정에서 시작된다. 매장 직원과 매니저는 고객의 의견과 제안을 듣고, 고객이 매장에서 어떤 옷을 입고 있는지 메모한다. 디자인 팀은 잠재적으로 성공할 수 있는 새로운 패션을 알아보기 위해 대학, 나이트클럽, 쇼핑센터, 그리고 패션 트렌드 센터가 자주 찾는 지역을 방문한다. 트렌드 팀은 인기 있는 패션 블로거들을 팔로우하고 Zara 고객들을 추적하여 새로운 통찰력을 얻는다. Zara의 연구 팀이 수집한 데이터는 성별, 언어, 계절에 따라 다른 새로운 트렌드를 포함한다. 이를 통해 Zara는 글로벌 시장의 다양한 요구를 반영한 제품을 만들 수 있게 되는 것이다. 일본에는 더 작은 사이즈의 옷을, 아랍 국가에는 여성을 위한 히잡과 긴 드레스를, 남미 국가에는 통기성이 더 좋은 옷을 제공한다. Zara는 고객의 다양한 요구를 이해함으로써 다양하고 성공적인 스타일을 자주 출시할 수 있게 되는 것이다.

Zara가 새로운 컬렉션을 신속하게 출시할 수 있는 것은 수직적으로 통합된 빠른 공급 사슬 덕분이다. Zara는 사내 생산 설비를 통해 염색, 원단 재단, 가공 등의 공정을 통제할 수 있다. 새로운 디자인이 공장에 들어오면, 15일 이내에 의류 품목이 제조되고 가공되어 매장에서 판매된다. Zara는 판매 주기가 짧은 트렌디한 최신 유행 아이템만 생산하는 경향이 있다. 기본 티셔츠와 바지처럼 선반 수명이 긴 품목의 생산은 아시아의 저가 공급자에 아웃소싱한다. 출시된 품목이 기대한 만큼의 매출을 올리지 못하면, 공장은 발빠르게 생산을 취소한다. Zara의 정보와 데이터가 빠르고 효율적으로 이동하기 때문에 주문 변화가 크게 발생하기도 한다. Zara는 주문량의 40~50%까지 조정이 가능해 과잉 생산의 가능성을 최소화할 수 있다. Zara의

유연한 생산 공정은 소비자들이 사고 싶어 하는 것을 언제든지 제공하고자 하는 시도에서 비롯된 것이다.

Zara는 고객에 대한 이해와 매우 효율적인 공급 사슬을 결합하여 세계적인 성공을 거두었다. Zara는 자사의 트렌디한 의류와 컬렉션을 디자인하는 데 소비자가 매우 귀중한 자원이라는 점을 인식하고 있다. Zara는 이러한 통찰력을 잘 관리되고 수익성이 높은 재고 전략과 결합함으로써 패션 소매업계의 선두 자리 유지를 목표로 하고 있다.[48]

질문

1. Zara의 모델이 다른 소매업체에도 적용될 수 있는가? 그 이유는 무엇인가?
2. 동일한 수준의 속도와 인스턴트 패션을 유지하여 글로벌 시장에서 거둔 성공적인 성장을 지속하기 위해 Zara는 무엇을 할 수 있는가?
3. Zara의 가장 큰 경쟁 상대는 누구인가? Zara는 경쟁우위를 구축, 강화, 유지하기 위해 무엇을 해야 하는가?

---

marketing
SPOTLIGHT

Popeyes

Popeyes는 1972년 연쇄 창업가(serial entrepreneur)인 Al Copeland가 New Orleans 교외의 Arabi에 설립하였는데, 그는 프라이드 치킨 업계의 거인인 KFC와 경쟁하기 원했다. 향신료를 좋아하는 Louisiana 고객들의 관심을 끌기 위해 양념이 강한 Cajun 레시피를 도입하고 나서야 최초의 Popeyes 레스토랑은 성공을 거둘 수 있었다. 새로운 레시피가 인기를 끌었고, Popeyes는 4년 후 New Orleans에 첫 번째 프랜차이즈 가맹점을 열면서 그 비즈니스 콘셉트를 프랜차이즈화하기 시작했다. 이후 10년 동안, Popeyes는 미국 전역으로 공격적인 확장에 나서서 500개 이상의 식당을 열었고, 마침내 KFC와 Church's에 이어 세 번째로 큰 프라이드 치킨 체인점이 되었다.

1989년, Copeland가 Church's의 주식 대부분을 매입하

출처: Brett Hondow/Alamy Stock Photo

면서, Popeyes는 경쟁사인 Church's와 합병을 단행했다. 비록 Popeyes는 미국 전역에서 지속적으로 확장하고 있었지만, 엄청난 부채를 감당할 수 없었다. 합병에 사용된 거의 4억 달러에 달하는 부채를 감당할 수 없었던 Copeland는 2년 후에 파산 신청을 하기에 이르렀다. 얼마 지나지 않아, Popeyes는 America's Favorite Chicken Company, Inc.로 재기했다. 회사를 계속해서 성장시키기 위해, AFC는 Cinnabon과 Seattle's Best Coffee를

인수하여 2001년에 상장했다. 매출은 성장세를 보이지 않았고, Church's는 2004년에 Arcapita에 매각되었다. 몇 년간의 거래 감소로 인해 AFC는 Cinnabon과 Seattle's Best Coffee를 매각하게 되었고, 2007년에는 Popeyes만이 마지막까지 남게 되었다.

주가가 주당 34달러에서 14달러로 떨어지면서 2007년 사상 최악의 재정 상태를 기록했다. Popeyes는 회사를 변화시키기 위해 Cheryl Bachelder에게 도움을 청했다. KFC의 사장 겸 최고 콘셉트 책임자였던 그는 프랜차이즈 경영에 익숙한 인물이었다. Bachelder는 Popeyes의 부진한 재무 실적의 원인에 대해 조사하였고, 그 결과 원인이 프랜차이즈 운영 때문이라고 판단했다. 수년 동안 관리에 대한 프랜차이즈 가맹점들의 만족도가 낮다고 보고되었다. 실망한 사람들이 변화를 요구하며 임원 이사회에 난입한 적도 있었다. 지난 몇 년간 신제품을 위한 혁신 또한 부족했고, 전국적인 광고 캠페인의 부재로 Popeyes에 대한 소비자 인지도는 낮은 상태였다. 이러한 문제점으로 인해 Popeyes와 가맹점의 관계는 원만하지 못한 상황이었다.

Popeyes는 새로운 사업 계획을 수립하고 회사의 가장 큰 문제점을 파악하기 위해 프랜차이즈 리더들과 만나기 시작했다. 회사가 회생하는 데 가장 중요한 순간은 경영진과 프랜차이즈 리더들이 전국적인 광고에 대한 투자를 늘리기로 합의했던 Chicago에서 열린 회의였다. 그 당시 각 가맹점은 매출의 3%를 광고비로 부담했는데, 모든 광고는 지역(local) 광고였다. 경영진이 광고에 대한 투자를 600만 달러까지 늘리고 전국적인 광고를 하는 조건으로 가맹점들은 광고비로 매출의 4%를 부담하기로 합의했다. 이 새로운 광고 캠페인의 특징은 Annie라는 이름의 새로운 Popeyes 모델을 내세웠다는 점인데, 특유의 느린 말투와 남부의 친절함이 깃든 어조를 구사했다. 기업이 Louisiana에서 시작했다는 메시지를 포함시킨 광고를 통해 Popeyes를 경쟁자들과 차별화했고, 그 캠페인은 Popeyes의 브랜드 정체성을 구축하는 데 필수적인 역할을 수행했다.

Popeyes는 새로운 정체성을 구현하기 위해 2008년에 브랜드명을 Popeyes Louisiana Kitchen으로 변경했다. 초현실주의 작가인 'Salvador Dali 같은' Popeyes 레스토랑 디자인에 대한 프랜차이즈 가맹점들의 불만을 해결하기 위해, Popeyes는 레스토랑에 새롭고 활기찬 모습을 불어넣고자 상당한 투자를 단행했다. 레스토랑 인테리어에 Cajun 향신료와 전통적인 남부 요리를 포함했고, 칠리 페퍼로 가득 찬 유리 병으로 레스토랑 진열대를 장식하고, Cajun 요리를 다룬 New Orleans 스타일의 삽화를 전시했다. 신제품 출시 역시 Popeyes의 Louisiana 정체성으로의 복귀를 반영했다.

매출을 늘리기 위해 Popeyes가 가맹점들과 함께 취한 첫 번째 조치 중 하나는 전국적인 Popeyes 광고를 기획하는 것이었다. 또한 프랜차이즈 가맹점주들이 가장 중요하게 생각하는 레스토랑 수준의 수익성에 관심을 두기 시작했다. 데이터 분석을 위한 소프트웨어에 투자함으로써, Popeyes는 가맹점주들이 더 높은 수준의 수익성이 보장되는 위치에 새로운 레스토랑을 열 수 있도록 지원했다. 모델링을 사용하기 이전까지는, 전통적으로 Popeyes는 아프리카계 미국인이 우세한 동네에 개점하는 데 집중했으나, 데이터를 기반으로 한 모델링을 통해 교통 패턴과 매장 위치에 대한 수익 가능성을 예측함으로써 이러한 전통적인 방식을 변화시켰다. 가맹점들은 수익성 측면에서 매력적인 소비자들이 더 많이 거주하는 지역에 새로운 지점을 개설하기 시작했고, 그 결과 레스토랑의 성공률이 상승했다.

가맹점들과의 협력은 Popeyes에 즉각적인 결과를 가져왔는데, Popeyes의 매출이 빠른 속도로 증가했고 수년 만에 처음으로 흑자 수익을 거두기 시작했다. Popeyes는 가맹점들의 만족도가 극적으로 상승했다고 보도했다. 신규 점포의 증가가 이러한 사실을 입증하고 있다. Popeyes의 프랜차이즈 전략이 재탄생한 이후 5년 동안 Popeyes 매장의 3분의 1 이상이 다시 문을 열었다. Popeyes의 성공은 미국에 국한되지 않았고, 실적이 호전된 이후 수백 개의 글로벌 지점을 열기 시작해 전 세계에 2,600개 이상의 레스토랑 점포를 거느린 기업으로 성장했다. 이러한 성공은 Popeyes와 가맹점 간의 관계가 기업 성공의 비결이라는 사실을 증명했다.[49]

질문

1. Popeyes의 프랜차이즈 모델의 핵심은 무엇인가?

2. Popeyes 프랜차이즈 가맹본부와 가맹점이 갖는 프랜차이징의 주요 이점은 무엇인가? 그리고 단점은 무엇인가?

3. Popeyes는 메뉴, 레스토랑 외관, 광고를 결정하는 데 개별 프랜차이즈 가맹점에게 어느 정도의 재량권을 부여해야 하는가? Popeyes는 중앙집권화된 접근법을 취해야 하는가, 아니면 프랜차이즈 가맹점들이 지역 조건에 맞도록 맞춤화하는 전략을 취하도록 해야 하는가?

16

소매업 관리

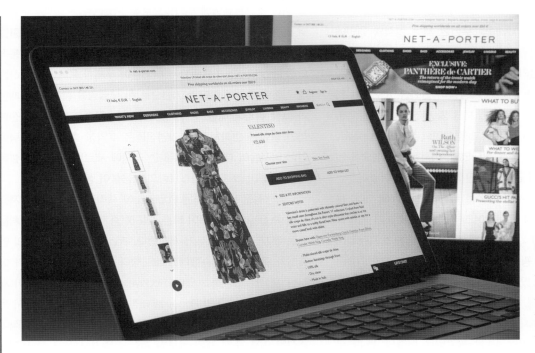

Net-a-Porter는 800개 이상의 디자이너 브랜드의 포트폴리오에 실린 상품들을 선보이기 위해 편집 콘텐츠와 잡지 수준의 사진을 결합하여 온라인으로 명품을 쇼핑하는 경험을 선사했다.

출처: Casimiro/Alamy Stock Photo

15장에서 마케팅 채널을 구축하고 관리하기를 원하는 제조업자 관점에서 마케팅 중간상의 역할을 주로 살펴보았다. 이번 장에서는 급변하는 세계에서 단순히 제조업자의 채널 멤버가 아니라 자체적인 마케팅 전략을 필요로 하고 그것을 구축하는 존재로서 중간상(소매상, 도매상, 물류 조직)을 살펴볼 것이다. 다시 말해, 중간상은 탁월한 마케팅(marketing excellence)을 위해 노력하며 다른 유형의 기업들처럼 이익을 추구할 수 있는 존재다. Net-a-Porter의 성공 사례를 살펴보자.

>>> 패션잡지 기자인 Natalie Massenet는 2000년 런던에서 Net-a-Porter를 창업했다. 대부분의 명품 브랜드가 온라인 소매상의 성장으로 인해 위축된 상황에서 Net-a-Porter는 고액 자산가들에게 명품을 배달해 주는 우수하고 편리한 쇼핑 경험을 만들고자 나섰다. 설립 이후 Net-a-Porter는 Gucci, Prada, Dolce & Gabbana, Chloe, Alexander McQueen, Balenciaga, Valentino, Stella McCartney를 포함하여 800개 이상의 디자이너 브랜드들의 포트폴리오를

제공하는 세계 최고의 명품 패션 소매업체로 자리매김했다. 이 기업의 성공 비결은 패션잡지의 콘텐츠와 소매 역량을 결합하여 명품 브랜드를 판매하는 패션잡지를 만들겠다는 비즈니스 모델이었다. "사람들은 항상 나에게 '당신은 소매업을 재정의하려고 정말 노력했습니다.'라고 말한다. 그러나 실제로 내가 하고 싶었던 것은 잡지를 재정의하는 것이었다. 우리는 처음부터 줄곧 패션 편집자가 선택하는 것과 같은 방식으로 소비자가 [의류와 브랜드]를 구매하도록 콘텐츠와 소매 역량을 결합하려고 노력했다."라고 Massenet은 이야기했다. 독자들이 명품을 온라인에서 구매하도록 하기 위해서 Net-a-Porter는 잡지에서 보는 것과 비슷한 방식으로 제품을 디스플레이하는 것을 추구했다. 브랜드를 소개하기 위해 고품질의 이미지와 비디오를 제작하고, 온라인에서 명품 쇼핑 경험을 재현하기 위한 고급 패키징을 개발했다. Net-a-Porter의 이러한 접근방식은 성공적인 것으로 입증되었고, 인터넷 버블 붕괴 이후 어려운 경제 상황에도 불구하고 설립 4년 만에 흑자를 달성했다. 몇 년 후인 2010년, 스위스에 본사를 둔 명품 지주 회사 Richemont는 Net-a-Porter를 5억 달러 이상의 가치가 있는 온라인 소매상이라고 평가하고, 대부분의 지분을 인수하기에 이르렀다. 2015년 Net-a-Porter는 오프시즌 명품 온라인 소매상 Yoox와 합병하여 세계를 선도하는 온라인 명품 패션 소매상 Yoox Net-a-Porter Group을 탄생시켰다.[1]

소매 시장은 어려운 상황에 처해 있다. 최근 Zappos, 스웨덴의 H&M, 스페인의 Zara와 Mango, 영국의 Topshop과 같은 혁신적인 소매상들은 번창했지만, 미국의 JCPenney, Kohl's, Kmart처럼 예전에 탄탄했던 기업들은 고전을 면치 못하고 있다. 더 성공적인 기업일수록 전략적 계획, 최첨단 기술, 고급 정보 시스템, 정교한 마케팅 도구를 활용한다. 이들은 시장을 세분화하고, 시장 목표와 포지셔닝을 개선하며, 최선의 제품과 서비스뿐만 아니라 기억에 남을 만한 경험, 시기 적절한 정보를 통해 고객과 교류한다. 이번 장에서는 소매업에서 탁월한 마케팅에 대해 알아본다.

현대 소매업 환경

소매업(retailing)은 재화나 서비스를 개인적이고 비영업용으로 사용하려는 최종소비자에게 직접 판매하는 것과 관련된 모든 활동을 포함한다. **소매상**(retailer) 또는 **소매점**(retail store)은 매출의 대부분이 소매업을 통해 발생하는 기업이다. 기업의 종류(제조업자, 도매상, 소매상)와

학습목표

16.1 현대 소매업을 정의하는 주요 변화를 설명한다.

16.2 소매상이 직면한 마케팅 의사결정에 대해 논의한다.

16.3 기업이 옴니채널 소매를 어떻게 관리하는지 설명한다.

16.4 프라이빗 레이블의 구축과 관리에 관한 핵심 원리를 설명한다.

16.5 도매의 핵심 측면을 설명한다.

관계없이 최종소비자에게 판매하는 모든 조직은 소매업을 수행하고 있다. 재화나 서비스가 어떻게 판매되는지(직접, 우편, 전화, 자동판매기, 온라인) 또는 어디서 판매되는지(상점, 거리, 소비자의 집)는 문제가 되지 않는다.

오늘날 소매 마케팅 환경은 불과 10년 전과 비교하더라도 크게 변화했다. 소매 시장은 매우 역동적이며, 최근 몇 년 동안 새로운 유형의 경쟁자와 경쟁이 많이 등장했다.

- **새로운 소매 유형 및 조합**: 고객이 원하는 편의성을 더 잘 충족하기 위해 새로운 소매 유형이 다양하게 등장했다. 서점 안에 커피숍이 위치해 있으며, 주유소에는 식품점이 자리 잡고 있다. Loblaws 슈퍼마켓에는 피트니스 클럽이 있다. Whole Foods와 Kroger와 같은 슈퍼마켓들은 매장에 바(bar)를 만들고 있다. 쇼핑몰과 버스 정류장, 기차역의 통로에는 노점(peddler's cart)이 있다. 소매상들은 또한 혼잡한 지역에서 몇 주 동안 계절 용품 쇼핑객들에게 브랜드를 홍보할 수 있는 '팝업(pop-up)' 스토어를 실험적으로 운영하고 있다. 팝업 스토어는 종종 상호적인 경험을 통해 화제를 불러일으키도록 설계되었다. Google은 연말연시 쇼핑 시즌 동안 물리적 입지를 구축하기 위한 손쉬운 방법으로 팝업 스토어를 활용한다. Amazon은 Whole Foods를 인수하여 소매점을 얻은 것 외에도, 추가적으로 자체적인 오프라인 매장을 개점했다.

- **소매상 통합**: Walmart와 같은 거대 소매상들은 우수한 정보 시스템, 물류 시스템, 구매력을 통해 많은 소비자에게 매력적인 가격으로 훌륭한 서비스와 엄청난 양의 제품을 제공할 수 있다. 그들은 충분한 수량을 공급할 수 없는 소규모 제조업자들을 몰아내고 있으며, 가장 강력한 제조업자들에게 무엇을 만들 것인지, 어떻게 가격을 책정하고 홍보할 것인지, 언제 어떻게 선적할 것인지, 심지어 생산과 관리를 어떻게 개선해야 하는지까지도 지시한다. 이러한 대규모 소매상이라는 고객이 없다면 제조업자는 매출에 상당한 손실을 입을 수 있다. 대규모 소매상은 제조업자에 대한 지배력이 있기 때문에 새로운 브랜드의 입점, 재고 관리, 홍보를 위해 다양한 수수료를 부과하는 경향이 있다.

- **모바일 소매의 성장**: 소비자들의 쇼핑 방식이 근본적으로 바뀌고 있는데, 가게에서 쇼핑하는 동안 친구나 친척에게 제품에 대한 메시지를 보내기 위해 휴대폰을 사용하는 경우가 점점 더 늘어나고 있다. 모든 Google 검색의 50% 이상이 휴대폰에서 이루어진다. 일부 국가에서는 무선 전자상거래가 잘 자리 잡고 있다. 아시아 소비자들은 휴대폰을 주 컴퓨터로 사용하고 잘 발달된 모바일 인프라의 혜택을 누린다. 많은 소비자들은 모바일 광고를 받아들이는데, 기업 입장에서 보면 모바일 광고가 상대적으로 저렴한 촉진 수단이다. Tesco는 한국에서 서울의 지하철을 타고 출퇴근하는 통근자들을 겨냥해 지하철역에 가상 스토어를 만들었다. 상호작용하고, 다양한 제품과 브랜드의 이미지로 채워진 실제와 똑같은 매장 통로 모습이 광고판과 스크린 도어에 나타난다. 소비자들은 간단히 핸드폰으로 제품 사진을 찍어 주문하고 배달받을 수 있다.

- **옴니채널 소매의 성장**: 오프라인 점포 판매 방식의 기존 소매업은 온라인 쇼핑을 선호하는 소비자들의 취향에 맞추기 위해 온라인 매장을 열어 오프라인 매장의 물리적인 위치

를 확대해 가면서 발전해 왔다. 이러한 물리적＋온라인 형식에서 오프라인 상점과 온라인 상점은 동일한 기능을 수행하게 되며, 따라서 온라인 판매는 부분적으로 오프라인 상점의 매출을 감소시키게 된다. 많은 소매상들은 이러한 두 개의 독립적인 유통 채널 관리의 잠재적인 비효율성을 깨닫고, 경쟁보다는 물리적 위치를 서로 보완하는 옴니채널 모델(omnichannel model)로 전환했다. 예를 들어, Best Buy, Target, Nordstrom을 비롯한 많은 소매상들은 온라인 및 오프라인 운영을 통합하여 기업에 효과적이고 비용 효율적인 방식으로 완벽한 고객 경험을 제공하고 있다. 또 다른 예로 Home Depot는 고객이 각 매장에서 구입 가능한 물품을 온라인에서 검색할 수 있도록 하고, 근처 매장에서 살 수 없는 물품은 근처 매장이나 고객의 주소지로 배송해 준다. 또한 고객은 원치 않는 물품을 반송하거나 가까운 상점에서 반품할 수 있다.

- **패스트 리테일링의 성장**: 광범위한 의미에서도 마찬가지지만, 특히 패션 소매업에서 중요한 경향은 패스트 리테일링(fast retailing)의 출현이다. 소비자에게 끊임없이 변화하는 제품 선택권을 제공하기 위해 소매상은 완전히 다른 공급망과 유통 시스템을 개발한다. 패스트 리테일링은 신제품 개발, 구매, 제조, 재고 관리, 판매 방식을 포함한 여러 영역에서 사려 깊은 의사결정이 필요하다. 소비자는 H&M, Zara, Uniqlo, TopShop, Forever 21 같은 패스트 패션 소매상이 제공하는 상품의 참신함과 가치, 그리고 패션 감각에 매료되었고, 이로 인해 패스트 패션 소매상들이 성공을 거두게 되었다.

- **테크놀로지의 역할 증가**: 테크놀로지는 소매상이 실행하는 사업의 거의 모든 측면에 크게 영향을 미치고 있다. 현재 거의 모든 소매상이 수요 예측, 재고 관리, 주문을 위해 테크놀로지를 사용하고 있기 때문에, 오래된 제품을 정리하기 위해 할인을 하거나 영업해야 할 필요성이 줄어들고 있다. 테크놀로지는 소비자의 매장 내 쇼핑 경험에도 직접적인 영향을 미치고 있다. 전자 가격 표시기(electronic shelf labeling)를 통해 소매상은 가격을 즉시 변경할 수 있다. 매장 내 프로그래밍은 지속적인 설명이나 프로모션 메시지를 실행할 수 있다. 소매상들은 가상 쇼핑 화면, 오디오/비디오 프레젠테이션 및 QR 코드 통합을 시도하고 있다. 또한 잘 설계된 웹사이트, 이메일, 검색 전략, 소셜 미디어 캠페인을 통해 완전히 통합된 디지털 커뮤니케이션 전략을 개발하고 있다. 소매상에게 소셜 미디어는 쇼핑객이 정보를 찾고 성공담을 공유하는 연말연시에 특히 중요하다. Amazon은 고객이 계산대를 거칠 필요가 없는 무인(cashier-less) 매장을 열었는데, 카메라와 인공지능을 이용해 카트에 어떤 물건을 담았는지를 인식하여 자동으로 대금을 청구한다.

- **중간계층 시장 소매상의 감소**: 오늘날의 소매 시장은 모래시계 형태를 띠고 있는데, 상위 그룹(Tiffany와 Neiman Marcus 같은 고급 상품을 취급하는 소매상)과 하위 그룹(Walmart나 Dollar General과 같은 할인된 가격의 제품을 취급하는 소매상)에 성장이 집중되어 있다. 할인 소매상들이 품질과 이미지를 개선함에 따라 소비자들은 기꺼이 저렴한 가격으로 쇼핑하고 있다. Target은 Phillip Lim, Jason Wu, Missoni가 디자인한 상품을 취급하고, Kmart는 다양한 제품군의 Joe Boxer 속옷과 잠옷을 판매한다. 이 스펙트럼의 다른 반대편인 Coach의 경우는 거의 300여 개 매장 중 40개를 더 비싼 가방과 컨시어지 서비스를 제

공하는 고급 매장으로 전환했다. 스펙트럼 가운데에 위치한 소매상들은 성공의 기회가 희박하여 JCPenney, Kohl's, Sears, CompUSA, RadioShack, Montgomery Ward처럼 한때 성공했던 소매상들은 어려움에 처했거나 심지어 폐업한 경우도 있다. SuperValu와 Safeway 같은 슈퍼마켓 체인점도 Whole Foods와 Wegmans 같은 체인점의 고급스러움과 Aldi와 Walmart가 제공하는 할인이 주는 매력 중간쯤에 위치하여 성장을 이루어내기 어려운 형편이다. 주택 가격의 하락과 소득의 정체로 인해 중산층 쇼핑객들의 구매력이 줄어드는 것도 복합적인 문제로 작용하고 있다.

핵심적인 소매업 의사결정

이러한 새로운 소매 환경의 도래로 말미암아 이제 타깃(목표)시장, 제품 구색, 조달, 서비스, 매장 분위기와 경험, 가격, 인센티브, 커뮤니케이션과 같은 몇 가지 주요 영역에서 소매상의 마케팅 의사결정을 살펴보려 한다. 프라이빗 레이블에 대해서는 뒷부분에서 논의할 것이다.

타깃시장

타깃시장을 정의하고 윤곽을 밝히고 나서야, 소매상은 제품 구색, 매장 장식, 광고 메시지 및 미디어, 가격, 서비스 수준에 대해 일관된 결정을 내릴 수 있다. Whole Foods는 유기농과 자연식품에 관심이 있는 고객층에 독특한 쇼핑 경험을 제공함으로써 성공을 거두었다.

> **Whole Foods Market**　Whole Foods(2017년 Amazon이 인수)는 북아메리카와 영국에 있는 480개 이상의 매장에서 식품 구매에 대한 특별한 경험을 제공하고 있다. 매장 내부는 밝은 조명에, 많은 직원을 두고 있으며, 식료품은 화려하고, 풍부하고, 매력적으로 진열되어 있다. Whole Foods는 미국에서 가장 큰 유기농과 자연식품 판매점이다. Whole Foods는 자사 식품에 대한 다양한 정보를 제공한다. 예를 들어, 진열장에 있는 닭고기가 자유롭게 돌아다니며 행복하게 살았었는지 알고 싶다면, 작은 책자와 Pennsylvania에 위치한 닭 사육 농장을 방문할 수 있는 초대장을 받을 수 있다. 다른 도움이 필요한 경우, 쉽게 만날 수 있고 풍부한 지식을 갖춘 직원에게 물어보기만 하면 된다. 매장에는 일반적으로 200명 이상의 직원이 있으며, 이는 Safeway 직원 수의 거의 두 배다. Whole Foods는 매력적인 매장 분위기를 만들기 위해 열심히 노력한다. 분필로 휘갈겨 쓴 가격표, 종이 상자와 얼음이 매장 내 어디에나 있고, 여러 가지 창의적인 손길이 닿은 진열 방식으로 쇼핑객들이 편안함을 느낄 수 있도록 한다. 이런 접근법은 특히 유기농식품과 장인들이 만든 식품(artisanal food)을 작은 사치(affordable luxury)로 여기는 소비자들에게 효과가 있었다.[2]

타깃시장 선택 시 범하는 실수는 큰 대가를 치를 수 있다. 과거에 대중시장(mass market)용 보석상인 Zales가 고소득층 고객을 겨냥하기로 결정했을 때, 저렴하고 품질이 낮은 다이아몬드 보석류 대신 높은 마진의 14K 금제품과 은제품으로 자사 상품의 3분의 1을 대체하는 과정에서 광고 캠페인을 바꾸었었다. 그러나 그러한 결정은 재앙을 가져왔다. Zales는 회사가 유

<< 미국 최대 유기농 및 자연식품 전문점인 Whole Foods는 유익하고, 다채로운 상품 진열과 풍부한 지식을 갖춘 직원들이 고객을 반갑게 맞이한다.

치하고자 하는 신규 고객을 확보하지도 못한 채 다수의 기존 고객마저 잃고 말았다.[3]

소매상들은 그들의 목표를 더 잘 달성하기 위해 시장을 점점 더 미세하게 세분화하고 보다 관련성이 높은 상품으로 틈새시장(niche market)을 공략하기 위해 새로운 점포 계열을 도입하고 있다. 일례로, 최근 몇 년 동안 아동복 소매업은 여러 틈새시장으로 세분화되었다. Gymboree는 Janie and Jack을 출시하여 영·유아용 의류와 선물을 판매했다. Hot Topic은 사이즈 10부터 30까지의 큰 사이즈를 입는 여성에게 트렌디한 패션을 판매하는 Torrid를 도입했다. Limited Brand의 Tween Brands는 성별에 따라 고객을 구분하여 매장을 운영하였는데 Justice 매장에서는 10대 초반 소녀에게, Brother 매장에서는 10대 초반 소년에게 자사의 저가 패션 상품을 판매하기 시작했다.

제품 구색 및 조달

소매상의 제품 구색은 **폭**(breadth)과 **깊이**(depth)의 모든 면에서 타깃시장의 쇼핑에 대한 기대와 일치해야 한다.[4] 식당은 좁고 얕은 구색(간단한 식사를 파는 곳), 좁고 깊은 구색(조리식품 판매점, 델리숍), 넓고 얕은 구색(카페테리아), 넓고 깊은 구색(대형 식당)으로 나눌 수 있다.

테크놀로지나 패션처럼 변화가 빠른 산업에서는 적합한 제품 구색을 파악하는 것이 특히 어려울 수 있다. Urban Outfitters는 '힙하지만 너무 힙하지는 않게'라는 공식에서 벗어나 새로운 스타일을 너무 빨리 수용하면서 문제에 부딪혔다. 같은 맥락에서 활동적이고 캐주얼한 의류 소매상 Aéropostale은 회사에 수익을 가져오는 젊은 10대들의 니즈를 충족하는 제품 구색을 갖추려고 노력하다가 역풍을 맞았다. 2016년 파산한 Aéropostale은 브랜드의 소멸을 피하기 위해 제품 공급을 간소화하고 800개 점포 중 3분의 2 이상을 폐쇄해야 했다.

점포의 제품 구색을 규정하는 데 핵심 과제는 제품 차별화 전략을 개발하는 것이다. **도착지 카테고리**(destination categories: 어떤 상품을 구매하려는 소비자로 하여금 특정 소매상을 떠올리고 실제로 방문하게 하는 카테고리)가 특히 중요한 역할을 할 수 있는데, 이는 각 가정이 어디에서 쇼핑할지를 선택하고 특정 소매상을 어떻게 인식하는지에 가장 큰 영향을 미치기 때문이다. 예를 들어, 슈퍼마켓은 농산물의 신선함 또는 청량음료와 스낵의 다양성과 좋은 가격으로 알려져 있을 수 있다.[5]

소매상은 제품 구색 전략을 결정한 후, 상품 출처, 정책 및 실행 방법을 수립해야 한다. 슈퍼마켓 체인 본사의 전문 구매자 또는 **상품 매니저**(merchandise manager)는 브랜드 구색을 개발하고 공급자의 영업사원으로부터 프레젠테이션을 들을 책임이 있다.

소매상은 수요 예측, 상품 선택, 재고 관리, 공간 할당, 상품 진열 분야에서 빠르게 기술을 향상시키고 있다. 그들은 재고를 추적하고, 경제적인 주문량을 계산하고, 상품을 주문하고, 판매업체(vendor)와 제품에 지출된 금액을 분석하기 위해 수준 높은 소프트웨어를 사용한다. 슈퍼마켓 체인은 각 점포별로 상품 믹스를 관리하기 위해 스캐너 데이터를 사용한다.

일부 상점에서는 재고 관리와 제품 보충을 용이하게 하기 위해 '스마트' 태그(작은 라디오 안테나에 부착된 마이크로칩)와 전자 판독기로 구성된 RF인식(radio frequency identification, RFID) 시스템을 사용하고 있다. 스마트 태그는 제품에 내장되거나 라벨에 부착될 수 있는데, 태그가 판독기 근처에 있을 때 고유한 식별 번호를 컴퓨터 데이터베이스로 전송할 수 있다. Coca-Cola와 Gillette는 RF인식 시스템을 사용하여 공장에서 슈퍼마켓, 그리고 장바구니로 상품이 이동할 때 실시간으로 재고를 모니터링하고 상품을 추적해 왔다.

소매상은 제품이 창고에 도착할 때부터 고객이 소매상에서 제품을 구입할 때까지 제품의 취급 비용(수령, 창고로 이동, 서류작업 수행, 선택, 확인, 적재, 공간 비용)을 측정하여 제품 수익성을 관리한다. 때로는 제품의 총이익이 제품 수익성과 별로 관련이 없다는 것을 발견하기도 한다. 일부 대량 판매 제품은 취급 비용이 너무 높기 때문에 소량 판매 제품보다 수익성이 낮고 따라서 상대적으로 좁은 진열 공간을 배정해야 한다. 고객이 대량 판매 제품 도입에 따른 손실을 상쇄할 수 있는 다른 수익성이 더 높은 제품을 구입하지 않는다면 이러한 대량 판매 제품을 취급할 필요가 없다.

Trader Joe's는 혁신적인 제품 구색과 조달 전략을 통해 차별화했다.

Trader Joe's LA에 본사를 둔 Trader Joe's는 '고급 식료품 아웃렛/할인 창고의 혼합'이라는 특별한 틈새시장을 개척하여, 독특하고 고급스러운 전문 식품과 와인의 상품 구색을 끊임없이 바꾸고, 474개 매장에서 평균보다 낮은 가격으로 판매한다. 벨기에 와플 쿠키부터 태국식 라임칠리 캐슈넛에 이르기까지 재고의 약 80%는 프라이빗 레이블 제품이다(대부분의 슈퍼마켓에서는 그 비율이 16%에 불과하다). Trader Joe's는 "less is more"라는 제품 조달 철학을 채택했다. 기존 슈퍼마켓들은 5만 5,000개의 상품을 취급하는 데 비해, Trader Joe's의 모든 점포는 2,000~3,000개의 제품을 취급하고 있으며, 매주 재고를 바꾸더라도 좋은 가격에 사고팔 수 있는 제품들로 구비한다. Trader Joe's의 전문 구매자는 중간상이 아닌 수백 개의 공급자를 직접 찾아가며, 이러한 공급자의 약 4분의 1은 해외에 위치하고 있다. 항상 고객이 원하는 것이 무엇인지 고민하고 그 과정에 고객을 참여시키기 때문에 기업은 인기 품목을 대체하기 위해 일주일에 많게는 20개 이상의 제품을 새롭게 선보이고 있다. 전 세계적으로 수천 개의 공급자와 관계를 맺고 있는 Trader Joe's는 누구도 따라 하기 어려운 성공 공식을 구축했다. 전문가들은 스토리텔러가 되어 특별하고 친근한 경험을 만들어내는 Trader Joe's의 능력을 칭찬한다. 한 전문가는 "Trader Joe's는 소규모 구성, 잘 편집된 상품 구색, 독특한 PB 상품의 저렴한 가격정책으로 요약된다."라고 말했다.[6]

서비스

또 다른 차별화 요소는 대면, 유선, 온라인 채팅을 통한 신뢰할 수 있는 고객서비스다. 또한 소매상은 서비스 수준과 특정 서비스에 대한 소비자 선호도가 매우 다르다는 사실에 직면한다. 결국 소매상은 세 가지 서비스 수준 중 하나를 제공하는 것으로 분명하게 입장을 정한다.

셀프서비스(self service): 셀프서비스는 모든 할인 영업의 기본이다. 많은 고객은 비용 절감을 위해 '위치확인-비교-선택' 과정을 기꺼이 수행한다.

한정 서비스(limited service): 이런 소매상들은 더 많은 쇼핑 상품을 취급하고 신용 거래와 상품 반품 특전과 같은 서비스를 제공한다. 매장을 방문한 고객은 직원에게 도움을 요청할 수 있지만, 일반적으로 고객이 직접 자신의 상품을 찾는다.

풀 서비스(full service): 영업사원은 '위치확인-비교-선택' 과정의 모든 단계를 지원할 준비가 되어 있으며, 서비스 받기를 좋아하는 고객은 이런 종류의 소매상을 선호한다. 전문 상품과 재고 회전이 느린 물품의 비율이 더 높은 것 외에도, 높은 인건비와 여러 가지 서비스로 인해 높은 비용이 소요되는 소매업이다.

출처: Randy Duchaine/Alamy Stock Photo

<< 고객이 추구하는 혜택의 수준과 믹스를 제공하기 위해 Trader Joe's가 제공하는 상품 대부분은 프라이빗 레이블 중에서 엄선된 것이다.

소매상은 또한 고객에게 제공하는 **서비스 믹스**를 결정해야 한다. 이러한 서비스에는 선적, 배송 및 설치, 선물 포장, 수선 및 맞춤, 조정 및 반품과 같은 **구매 후 서비스**뿐만 아니라, 제품 정보를 제공하고 쇼핑객이 제품을 사용해 보고 경험할 수 있도록 하는 것과 같은 **구매 전 서비스**가 포함될 수 있다.

점포 분위기

소매상은 고객 경험을 형성하는 데 모든 감각을 고려해야 한다. 음악의 템포에 변화를 주는 것이 슈퍼마켓에서 보내는 시간과 평균 지출 금액에 영향을 미치는데, 느린 음악이 더 높은 매출로 이어질 수 있다. Bloomingdale's는 매장 내 각 코너마다 다른 에센스나 향을 사용하는데, 유아용품 코너에서는 베이비파우더 향, 수영복 코너에서는 선탠로션 향, 란제리 코너에서는 라일락 향, 휴가철에는 계피와 소나무 향을 사용한다. Victoria's Secret과 Juicy Couture 같은 소매상은 매장에서 판매하는 자사의 독자 브랜드 향수를 사용한다.[7]

DICK'S Sporting Goods   DICK's Sporting Goods는 1948년 당시 18세였던 Dick Stack이 New York주 Binghamton에 위치한 불용 군수품 판매점(Army surplus store)에서 근무하던 시절에 설립했다. 낚시광인 Dick은 가게 주인으로부터 낚시 도구 사업을 시작하는 데 필요한 상품 목록을 만들라는 요청을 받았다. 이에 대한 Dick의 제안을 가게 주인이 거절하자, Dick은 할머니로부터 받은 300달러로 직접 낚시 용품 가게를 열었다. 1970년대 후반까지 제품 라인을 확대하고 다른 지역으로 확장하여, 약 800개의 상점을 가진 미국 최대의 스포츠용품 소매상이 되었다. 매장의 상호작용 기능은 성공 이유 중 하나다. 고객은 실내 골프장에서 골프 클럽을 테스트하고, 신발 트랙에서 샘플 신발을 신어보고, 양궁장에서 활을 쏠 수 있다. "Every Season Starts at DICK'S"라는 광고 구호로, DICK's

>> DICK'S Sporting Goods는 매장의 상호작용 기능과 스포츠 성취감의 강조로 고객과의 정서적 유대감을 조성함으로써, 한 곳에서 시작한 낚시 용품 가게에서 미국에 본사를 둔 최대 규모의 스포츠 용품 소매상으로 성장했다.

Sporting Goods는 스포츠 성취감과 향상이라는 근본적인 목표를 강조하여 고객과 더 강력한 정서적 유대감을 확립했다.[8]

전자상거래의 성장으로 전통적인 오프라인 소매상들이 대응하지 않을 수 없게 되었다. 오프라인 상점은 타고난 장점(쇼핑객이 실제로 제품을 보고, 만지고, 테스트할 수 있고, 실제적인 고객서비스를 받으며, 대부분의 구매에 배송 지연 시간이 없음) 외에도, 쇼핑 경험이라는 강력한 차별화 요소도 제공한다.

점포 분위기는 쇼핑객의 기본적인 동기와 일치해야 한다. 고객이 업무 중심적이고 기능적인 사고방식을 가질 가능성이 높은 경우, 단순하고 더욱 절제된 매장 내 환경이 더 나을 수 있다.[9] 반면 일부 체험형 제품을 취급하는 소매상들은 재미와 흥분을 원하는 고객의 관심을 끌기 위해 매장 내에 즐길 거리를 만들고 있다. 아웃도어 용품과 의류 제품을 판매하는 REI는 소비자들이 매장 내 25피트 또는 심지어 65피트(약 20미터 높이) 벽에서 등산 장비를 테스트하도록 하고, 인공 소나기 아래에서 GORE-TEX 우비를 착용해 보게 한다. Bass Pro Shops도 고객에게 풍부한 고객 경험을 제공하는 기업 중 하나다.

Bass Pro Shops　아웃도어 스포츠 용품 소매점인 Bass Pro Shops는 사냥꾼, 캠핑족, 낚시꾼, 보트 운전자, 그리고 모든 유형의 아웃도어 팬을 위한 서비스를 제공한다. 20만 평방 피트 이상의 규모를 자랑하는 Bass Pro Shops의 Outdoor World 슈퍼스토어는 거대한 수족관, 폭포, 송어 연못, 양궁장과 소총 사격장, 플라이 낚시 미끼 만들기 시범, 실내 골프 연습장과 퍼팅 구역을 갖추고 있으며, 얼음 낚시 수업부터 환경 보전에 관한 수업에 이르기까지 모두 무료다. 모든 부서는 제품 시연과 테스트를 지원하기 위해 야외에서 하는 경험과 동일하게 꾸며져 있다. 여름에는 부모들이 매장이 주최하는 무료 Family Summer Camp에 아이들을 데려올 수 있는데, 모든 부서에서 다양한 활동을 제공한다. Bass Pro Shops는 충성고객이 가게에 들어서는 그 순간부터 고객과 강력한 유대감을 형성하는데 '그냥 소매 공간이 아닌 관광 명소(attraction)로 입장하고 있다'는 점을 강조하기 위해 개찰구를 통해 입장하

<< 소매 공간으로서뿐만 아니라 관광 명소로서도 홍보하는 Bass Pro Shops의 Outdoor World 슈퍼스토어는 야외 활동을 즐기는 사람들이 접하는 것과 매우 비슷한 환경에서 상품을 시연하고 수업을 제공하여, 고객을 충성고객으로 전환한다.

출처: dbimages/Alamy Stock Photo

고, "낚시꾼, 사냥꾼과 다른 거짓말쟁이들을 환영합니다."라는 간판이 그들을 맞이한다. 매년 1억 2,000만 명 이상이 Bass Pro Shops를 방문한다. 고객은 평균적으로 50마일 이상을 운전하여 방문하며, 2시간 이상 머문다. Missouri주에 있는 Bass 쇼룸은 해당 지역에서 제일 인기 있는 관광지다.[10]

가격결정

가격은 주요 포지셔닝 요소이며 타깃시장, 제품 및 서비스 구색 믹스, 경쟁과 관련하여 결정되어야 한다.[11] 다양한 형태의 소매상들은 서로 다른 경쟁력과 가격 역학(price dynamics)을 가질 것이다. 예를 들어, 역사적으로 할인점은 다른 업태의 소매상들과 경쟁하기보다는 같은 업태의 할인점들과 더 직접적으로 경쟁해 왔는데, 이제는 그런 흐름이 변하고 있다.[12]

모든 소매상은 높은 **회전율**과 높은 **수익**(대량 판매와 높은 매출 총이익)을 원하지만, 일반적으로 이 두 가지를 함께 추구하지는 않는다. 대부분의 소매상은 **고마진, 소량 판매**(high-markup, lower-volume) 그룹(고급 전문점) 또는 **저마진, 대량 판매**(low-markup, higher-volume) 그룹(대형 할인점)으로 나뉘며, 각 그룹 내에서 단계적인 차이를 보인다.

가격 스펙트럼의 한쪽 끝에 자리한 Bijan은 Beverly Hills의 Rodeo Drive에 위치해 있으며, 예약제로만 운영되고 세계에서 가장 비싼 가게로 알려져 있다. 향수의 정가는 6온스에 1,500 달러이고, 정장은 2만 5,000달러, 넥타이는 1,200달러, 양말은 100달러다.[13] 스펙트럼의 반대편 끝에 위치한 Target은 고객에게 강력한 가치 제안을 제공하기 위해 감각적인 이미지와 할인 가격을 효과적으로 결합했다. 저마진과 대량 판매 전략을 추구하는 또 다른 회사는 Lumber Liquidators다.

Lumber Liquidators Lumber Liquidators는 미국에서 가장 큰 목재 바닥재 전문 소매상이다. 1993년 건설업자인 Tom Sullivan이 다른 기업에서 필요로 하지 않는 여분의 목재를 구입하여

>> Lumber Liquidators는 제재소에서 직접 여분의 목재를 구입하고 비용을 절감하여 고객에게 저렴하게 판매함으로써 목재 바닥재 시장에서 꾸준한 성장을 이루었다.

Massachusetts주 Stoughton에 있는 트럭 보관소 뒤편에서 되팔면서 사업이 시작되었다. 첫 번째 매장은 1996년 Massachusetts주 West Roxbury에, 두 번째 매장은 같은 해 Connecticut주 Hartford에 문을 열었다. 지난 20년 넘게 Lumber Liquidators는 미국과 캐나다에 수백 개의 지점을 두고 꾸준히 성장해 왔다. 회사는 목재 바닥재의 틈새시장을 찾았는데, 제재소에서 직접 여분의 목재를 할인된 가격에 구입하여 Lowe's와 The Home Depot 같은 대형 주택 개조용품 소매상들이 파는 것보다 더 저렴하게 재판매했다. 더 낮은 가격에 판매할 수 있는 이유는 중간상을 없애고, 임대료가 저렴한 곳에 매장을 위치시켜 낮은 운영비를 유지할 수 있기 때문이다. 또한 Lumber Liquidators는 제품 샘플을 요청하는 쇼핑객들의 경우 한 달 안에 구매할 가능성이 30%에 달하고, 대부분의 고객이 한 번에 집 전체를 개조하는 것이 아니라 한 번에 방 하나씩을 개조하는 경향이 있다는 사실과 같은 풍부한 자사 고객 정보를 축적해 가고 있다.[14]

　가격을 정할 때 소매상은 다양한 요소를 고려한다. 일부 소매상은 방문 유도 상품(또는 미끼 상품) 역할을 하게 하거나 자사의 가격 정책을 알리기 위해 일부 품목에 낮은 가격을 매긴다.[15] 다른 소매상들은 재고를 소진하기 위해 회전율이 느린 상품에 대한 가격 인하를 계획한다. 예를 들어, 신발 소매상은 신발의 50%를 정상 마진율로, 25%는 40% 마진율로, 나머지 25%는 원가로 판매할 것이라고 예상한다. 소매상의 평균 가격 수준과 할인 정책이 소비자의 가격 이미지에 영향을 미치지만, 가격과는 무관한 요소인 점포 분위기와 서비스 수준 또한 중요한 요소다.[16]

　가격 관리 외에도 소매상은 가격 이미지를 관리해야 하는데, 이는 소비자가 특정 소매상의 가격 수준에 대해 가지고 있는 전반적인 인식을 반영한다. 예를 들어, 흔히 Walmart는 약간 저렴하다고 여겨지는 반면, 일반적으로 Target은 다소 가격이 높다고 여겨진다. 소비자들은 자신이 구매하고자 하는 품목이 여러 소매상에서 얼마에 판매되는지 알지 못하기 때문에, 주로 소매상의 가격 이미지에 의존하여 특정 가격이 주는 매력을 판단한다. 이러한 맥락에서 소매상은 가격을 정할 때 각 개별 가격이 소매상이 갖는 가격 이미지에 미치는 영향을 고려해야 한다("Marketing Insight: 소매상의 가격 이미지 관리" 참조).

인센티브

소매상은 자사의 상품에 대한 고객의 관심을 더 끌어모으기 위해 가격 할인, 대량 할인(예: 1+1 구매), 보너스 상품 및 쿠폰과 같은 인센티브를 종종 사용한다. 판매 촉진이라고도 하는 이러한 인센티브는 더 많은 고객 방문을 창출하고 고객이 구매를 하도록 유도하는 '넛지(nudge)'를 목표로 한다.

　소매상이 인센티브를 사용하는 정도는 다양하다. 두 가지 반대 전략이 눈에 띄는데, 상시 저가 프라이싱과 하이-로우 프라이싱이다. **상시 저가 프라이싱**(everyday low pricing, EDLP)을 사용하는 소매상은 가격 프로모션이나 특별 세일을 거의 또는 전혀 하지 않고, 지속적으로 낮은 가격으로 판매한다. EDLP는 매주 바뀌는 가격의 불확실성과 프로모션 지향형 가격 경쟁 전략인 하이-로우 프라이싱과는 상반된 개념이다. **하이-로우 프라이싱**(high-low pricing)의 경우, 소매상은 일상적으로는 높은 가격을 부과하지만, 일시적으로 EDLP 가격보다 낮은 가격에 판매하는 프로모션을 자주 실시한다.[17]

최근에는 Toyota Scion과 같은 자동차 딜러나 Nordstrom과 같은 고급 백화점처럼 다양한 분야에서 EDLP가 하이-로우 프라이싱을 대체했다. 그러나 EDLP로 성공한 대표적인 기업은 Walmart인데, Walmart는 실제로 이 용어의 정의를 만들어낸 기업이다. Walmart는 매달 몇 가지 세일 상품을 제외하고 주요 브랜드에 대해 상시 낮은 가격을 약속한다.

Walmart와 같은 소매상은 EDLP를 선호하여 '세일 프라이싱(sale pricing)'을 삼가왔다. 이러한 접근방식은 가격 안정성 향상, 공정성과 신뢰성에 대한 이미지 강화, 소매 수익 증가로 이어졌다. EDLP를 실행하는 슈퍼마켓 체인은 하이-로우 프라이싱을 실행하는 체인점보다 수익성이 더 높을 수 있지만, 한 번 왔을 때 많은 물건을 구매하는 성향이 있는 '대량 구매(large basket)' 쇼핑객들이 이용하는 슈퍼마켓에 특별히 적용된다.[18]

소매상들이 EDLP를 채택하는 가장 중요한 이유는 지속적인 세일과 프로모션은 많은 비용이 들고, 상시 판매 가격(everyday shelf price)에 대한 소비자의 신뢰가 약화되기 때문이다. 게다가 일부 소비자들은 예전처럼 슈퍼마켓 할인품목을 찾아보거나 쿠폰을 모으는 노력을 기울이기에는 시간과 인내심이 부족하다. 그러나 프로모션과 세일은 쇼핑객을 신나게 하고 쇼핑객을 끌어모으기 때문에, EDLP가 항상 성공을 보장하는 것은 아니며 또 모든 소매상을 위한 것도 아니다.[19] JCPenney는 이러한 교훈을 어렵게 얻을 수 있었다.

> JCPenney   JCPenney는 소매업 권위자인 Apple의 Ron Johnson을 CEO로 영입하여, 그가 오래된 대형 백화점을 어떻게 변화시킬지 큰 기대를 걸었다. Johnson은 JCPenney가 전년도에 590개의 판매 행사를 열었고, 판매 수익의 4분의 3에 육박하는 금액이 정상가에서 50% 이상 할인된 상품 판매

>> 과도한 쿠폰 및 판매 행사에서 EDLP로 전환하려는 JCPenney의 시도는 주간 할인 행사를 그리워하는 고객과 계속해서 세일 및 할인을 제공하는 경쟁업체로 인해 실패로 돌아갔다.

출처: Sundry Photography/Shutterstock

에서 나온다는 것을 알게 되었을 때, 가격 전략을 단순화하는 작업을 시작하기로 결정했다. 쿠폰과 세일을 없애고, 일률적으로 40%의 가격 인하를 단행했다. 그러나 EDLP 계획은 재앙으로 판명되었고, 매출과 주가가 폭락하면서 Johnson은 결국 퇴출되었다. EDLP의 실패 이유로 여러 가지가 제시되었다. 우선 Macy's와 Sears 같은 경쟁사들이 지속적인 판매 행사와 가격 할인을 통해 좋은 거래를 할 수 있는 곳이라는 인식을 심어주었다. 반면에 JCPenney의 고객은 쿠폰과 주간 할인 행사를 그리워했다. 상시 낮은 가격은 더 기능적인 제품에 더욱 효과적이라고 생각되지만, 실제로 JCPenny의 주력 사업 부문인 패션처럼 이미지 지향성이 더 높은 제품에는 오히려 부정적으로 작용할 수 있다. 한 평론가가 언급한 다음의 말이 적절한 설명이 될 것이다. "결국 가장 중요한 것은 사람들이 공정한 가격(a fair price)을 원하는 것이 아니라는 것이다. 그들은 좋은 거래를 원한다."[20]

오프라인 상점에서 쇼핑하는 동안 소비자들은 종종 스마트폰을 사용하여 할인 상품을 찾거나 프로모션을 활용한다. 모바일 쿠폰 환수율(10%)은 종이 쿠폰(1%)을 크게 웃돈다.[21] 소매상의 경우, 모바일 프로모션을 통해 소비자들이 상점 내에서 평소보다 더 먼 거리를 이동하고 계획되지 않은 구매를 할 수 있다는 연구 결과가 제시되었다.[22]

기업은 디지털 테크놀로지(특히 모바일 앱)를 매장에 도입함으로써 고객에게 쇼핑 경험에 관한 통제권을 더 많이 주려고 노력한다. Nordstrom의 경우를 살펴보자. Nordstrom은 자사의 앱이 매장 밖에서 사용되리라 예상했지만, 많은 고객은 판매원에게 접근하기보다는 매장에서 쇼핑을 하면서 앱을 실행한다. 한 임원은 "많은 고객이 상품을 만지고, 느끼고, 착용하는 것을 좋아하면서도 온라인에서 정보를 얻고자 한다."라고 말했다. Nordstrom은 앱을 빨리 실행시키기 위해 거의 모든 매장에 와이파이를 추가했다.

고객이 지정된 지리적 공간 안에 있을 때(일반적으로 상점 근처 또는 상점 내), 그들을 대상으로 모바일 프로모션을 수행하는 툴인 지오펜싱(geofencing)이 소매상들 사이에서 점점 더 인기를 끌고 있다. 이러한 애플리케이션에 대해 살펴보자.[23]

Neiman-Marcus는 지오펜싱을 매장에서 활용함으로써, 판매원들이 더 가치 있는 고객이 언제 매장에 있는지 알 수 있고, 그들의 구매 내역을 검토하여 더 세밀한 개인 맞춤형 서비스를 제공할 수 있다.

아웃도어 공급업체인 North Face는 매장 외에도 공원 및 스키장 주변에서 지오펜스를 활용한다. 화장품 브랜드 소매상인 Kiehl's는 자사의 독립 매장 및 다른 점포 내에 위치한 키오스크를 중심으로 지오펜싱을 사용하고 있다. 계산대와 소셜 미디어, 이메일로 알림(alert) 광고를 하고, 고객이 등록하면 무료 립밤을 제공한다. 수천 명의 사람들이 등록했는데, Kiehl's는 고객이 성가시지 않도록 메시지를 한 달에 세 개로 제한한다.

커뮤니케이션

소매상은 고객 방문과 구매를 창출하기 위해 다양한 커뮤니케이션 도구를 사용한다. 광고와 특별 할인 판매를 하고, 쿠폰을 발행하고, 이메일 프로모션을 보내고, 단골 고객을 위한 보상 프로그램과 매장 시식 코너를 선보이고, 판매대나 계산대에 쿠폰을 비치하기도 한다. 소매상과 제조업자는 양측의 이미지를 모두 반영하는 홍보용 집기를 디자인하기 위해 서로 협력한다. 이메일 도착 시간을 맞추고, 이목을 끄는 제목, 애니메이션, 개인화된 메시지와 조언으로 이메일을 디자인하기도 한다.

또한 소매상은 정보를 전달하고 브랜드에 관한 커뮤니티를 조성하기 위해 인터랙티브 및 소셜 미디어를 사용한다. 그들은 소비자들이 이메일에 반응하는 방식을 연구하는데, 소비자가 메시지를 어디에서 어떻게 열어보는지뿐만 아니라 어떤 단어와 이미지가 클릭으로 이어졌는지도 살펴본다.

충성도(로열티)가 가장 높은 고객의 15%가 소매상 매출의 절반 이상을 차지하기 때문에, 보상 프로그램이 점점 더 정교해지고 있다. 개인정보 공유를 선택한 소비자는 비밀 판매 또는 사전 판매, 독점 제공, 매장 크레딧을 받을 수 있다. CVS는 9,800개 이상의 소매점포가 있으며, 매장 내 쿠폰 센터를 이용하고 판매 영수증에 첨부된 쿠폰을 받을 수 있는 9,000만 명 이상의 로열티 클럽 회원을 보유하고 있다.[24]

Burberry는 홍콩, Taipei, London, Chicago의 플래그십 스토어에서 자사의 우비를 선보이는 디지털 프로그램 "Burberry World Live"의 일환으로 '가상 비(virtual rain)'를 360° 필름으로 만들었다. 영국의 Marks & Spencer는 자사 웹사이트와 마찬가지로, 고객이 아이섀도나 립스틱을 직접 바르지 않고도 어떤 모습일지 알 수 있도록 일부 매장에 가상 거울을 설치했다.[25]

대부분의 구매 결정이 매장 내에서 이루어진다는 연구 결과로 인해, 기업은 구매 시점에 소비자에게 미치는 영향이 중요하다는 사실을 점점 더 잘 인식하고 있다. 이러한 형태의 영향력은 생산자와 소매상이 재고 관리, 디스플레이, 프로모션을 이용하여 상품을 구매하는 소비자들에게 적극적인 영향을 미치는 **쇼퍼 마케팅**(shopper marketing)을 통해 이루어진다.

제품이 어디에서, 어떻게 진열되고 판매되는지가 매출에 상당한 영향을 미칠 수 있다. 쇼퍼 마케팅의 강력한 지지자인 Procter & Gamble은 상점 내에서 상품과의 만남(store encounter)을 "진실의 첫 순간"이라고 부른다(제품 사용과 소비는 두 번째 만남이다).[26] P&G는 Pampers와 같은 프리미엄 기저귀의 판매를 늘리기 위해 고안된 Walmart 프로젝트에서 디스플레이의 힘을 발견했다. 이전에는 매장 전체에 흩어져 있던 유아용품들을 하나의 통로에 통합한 최초의 베이비 센터를 만들었다. 이러한 새로운 진열대 배치로 인해 부모들이 더 오랫동안 머무르고 더 많이 소비하여 Pampers의 매출이 증대되었다. P&G의 화장품 브랜드인 Cover Girl 또한 '스모키 아이' 룩이라는 패션 트렌드를 이용하여 성공적으로 프로모션하였는데, Walmart용 키트를 개발하고 Facebook에서 설명서와 블로그, 사진 갤러리를 통해 잠재고객과 교류했다.

소매상은 고객이 쇼핑하는 동안 그들에게 영향을 미치기 위해 테크놀로지를 사용한다. 많은 소매상은 고객이 매장에서 물건을 찾고, 세일 및 특별 행사에 대해 알려주고, 더 쉽게 지불하도록 도와주는 휴대폰 앱이나 '스마트' 쇼핑 카트를 운용한다. Mondelēz와 같은 일부 기업은 계산대 근처 선반 위에 소비자의 나이와 성별을 감지하는 센서를 부착하고, 고급 분석 기능을 통해 비디오 스크린에 그들이 구입할 만한 스낵 광고와 프로모션을 보여주는 '스마트 진열대' 기술을 사용한다.

옴니채널 소매의 관리

소매상은 타깃시장 분석을 바탕으로 고객에게 접근하기 위해 어떤 채널을 사용할지 결정해야 한다. 정답은 점점 더 다양한 채널을 사용해야 한다는 것이다. Staples는 전통적인 소매 유통 채널, 자체 웹사이트(staples.com), 가상 쇼핑몰, 제휴 사이트의 수천 개의 링크를 통해 판매한다.

　　이러한 멀티채널에 대한 의존도가 증가한다는 사실은 여러 채널이 효과적으로 함께 작동하도록 설계해야 한다는 것을 의미한다. 비록 일부 전문가들이 다르게 예측하긴 했지만, 더 많은 기업이 카탈로그를 브랜딩 장치로 활용하고 온라인 활동을 보완하도록 개편함에 따라, 인터넷 시대에 카탈로그는 성장세를 보였다. Victoria's Secret의 소매점, 카탈로그, 인터넷의 통합적인 멀티채널 접근방식은 브랜드 발전에 핵심적인 역할을 수행했다.

Victoria's Secret　1982년 Limited Brands가 인수한 Victoria's Secret은 뛰어난 마케팅을 통해 여성복, 란제리, 뷰티 제품 소매업계에서 가장 유명한 브랜드가 되었다. 유럽의 작은 부티크에서 비싼 란제리를 패션 아이템으로 구매하는 여성들을 본 Limited Brands의 설립자 Leslie Wexner는 평균적인 쇼핑객이 백화점에서 접할 수는 없더라도 유사한 형태의 매장이 미국에서 대규모로 운영될 수 있을 것이라고 생각했다. Wexner는 미국 여성들이 연분홍색 벽지, 매력적인 피팅룸, 세심한 직원이 있는 유럽 스타일의 란제리 쇼핑 경험을 즐길 것이라고 믿었다. 그는 "여성에게 속옷은 필요한 것이지만, 원하는 것은 란제리다."라고 말했다. Wexner의 추측은 옳았다. 그가 사업을 인수한 지 10년이 조금 넘었을 때, 전국 평균 브래지어 구매 개수는 두 개인 데 반해 Victoria's Secret의 평균 고객은 연간 8~10개를 구매했다. 디지털 미디어와 전자상거래의 성장으로 인해 Victoria's Secret도 온라인에서의 입지를 강화해야 했다. 이 기업은 지난 20년 동안 고객에게 발송하는 실물 카탈로그 수를 4억 5,000만 부에서 3억 부로 줄이며 점점 더 많은 자원을 디지털 통신 수단에 할당하고 있다.[27]

<< Victoria's Secret은 유럽 스타일의 란제리 판매를 위해 여전히 소매점과 카탈로그에 의존하고 있지만, 디지털 미디어와 전자상거래의 성장은 온라인 입지를 강화하도록 했다.

출처: Sorbis/Shutterstock

오프라인(brick-and-mortar) 소매상, 실제 물리적 소매 공간 없이 전자상거래에 과감히 뛰어든 **순수 온라인**(pure click) 소매상, 물리적 및 온라인 입지를 모두 갖춘 **옴니채널**(brick-and-click) 기업을 구별할 수 있다. 이 세 가지 유형의 소매상에 대해 이어서 논의한다.

오프라인 소매상

백화점(department store): 여러 상품 라인을 취급한다. 예 JCPenney, Macy's, Bloomingdale's

전문점(specialty stores): 단일 상품 라인(또는 몇 개의 연관된 상품 라인)을 취급한다.
예 The Limited, The Body Shop, Sephora

슈퍼마켓(supermarket): 대형, 저비용, 저마진, 대량, 셀프서비스 매장으로 식품과 가정용품에 대한 가족의 모든 니즈를 충족하도록 설계되어 있다. 예 Kroger, Albertsons, Safeway

편의점(convenience stores): 주택가에 위치한 소규모 점포로, 보통 24시간 영업을 하며, 재고 회전율이 높은 한정된 라인의 편의품을 취급한다. 예 7-Eleven, Circle K, Oxxo

드러그 스토어(drugstore): 처방약, 건강 및 미용 보조 용품, 다른 개인 위생 용품, 내구성이 있는 소형 물품, 잡화 용품을 취급한다. 예 CVS Pharmacy, Walgreens

대형 할인점(mass merchandisers): 일상적으로 구매하는 식품과 생활용품, 서비스(세탁, 신발 수선, 드라이클리닝, 수표 현금화)를 제공하는 저가, 저마진, 대량으로 판매하는 매장이다.
예 Walmart, Carrefour

카테고리 킬러(category killers): 하나의 카테고리에 국한된 좁지만 깊이 있는 구색을 선보인다.
예 The Home Depot, Staples, PetSmart

하드 디스카운트 스토어(extreme value or hard-discount stores): 매우 한정된 상품을 취급하지만, 큰 폭으로 할인된 가격에 판매한다. 예 Aldi, Lidl, Dollar General, Family Dollar

오프프라이스 소매상(off-price retailers): 남은 상품, 초과 물량, 흠집 상품을 소매상보다 싸게 판매한다. 예 TJ Maxx, 팩토리 아웃렛

창고형 클럽(warehouse clubs): 저렴한 가격에 더 많은 양(예: 메가팩)을 판매한다. 예 Costco, Sam's Club, BJ's

자동판매(automatic vending): 청량음료, 커피, 사탕, 신문, 잡지와 같은 충동 구매 상품을 포함하여 다양한 상품을 제공한다. 자동판매기는 공장, 사무실, 큰 소매상, 주유소, 호텔, 식당 외 다른 장소에서도 흔히 볼 수 있다. 500만 개 이상의 자동판매기가 있는 일본은 1인당 자동판매기 보급률이 세계에서 가장 높다.

흔히 소매업 성공의 세 가지 핵심요소는 '위치, 위치, 위치'라고 한다. 소매상은 다음과 같은 곳에 위치할 수 있다.

중심 업무 지구(central business districts): 가장 오래되고 교통량이 가장 많은 지역으로, 흔히 '시내(downtown)'로 알려져 있다.

교외 쇼핑 센터(regional shopping centers): 40~200개의 점포가 있는 교외의 대형 쇼핑몰에는 일반적으로 Macy's나 Bloomingdale's 같은 전국적으로 알려진 간판 상점(anchor store)이 한두 개 있거나 PETCO, Designer Shoe Warehouse, Bed Bath & Beyond 같은 대형 상점(big-box stores)이 모여 있고, 많은 소규모 상점이 함께 입점해 있다.

지역사회 쇼핑 센터(community shopping center): 간판 상점 한 개와 20~40개의 소규모 상점이 모여 있는 소규모 쇼핑몰이다.

쇼핑가(shopping strips): 보통 하나의 긴 건물에 여러 상점이 모여 있고, 인근 주민들의 식료품, 철물, 세탁, 신발 수리 및 드라이클리닝에 대한 니즈를 충족한다.

대형 점포 내 위치(a location within a larger store): 대규모 상점, 공항, 학교 내의 소규모 부대 공간에 McDonald's, Starbucks, Nathan's, Dunkin' Donuts 같은 유명 소매상이 위치해 있거나 Neiman Marcus에 입점한 Gucci처럼 백화점 내에 위치한 '점포 내 점포(store-within-a-store)' 전문 소매상이 있다.

단독 점포(stand-alone stores): Kohl's와 JCPenney 같은 일부 소매상은 쇼핑몰과 쇼핑센터를 기피하고, 독립적인 상점 입구가 있어 다른 소매 상점과 직접 연결되지 않는 위치를 선호한다.

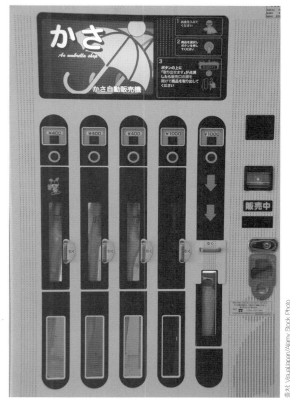

>> 우산을 포함하여, 거의 모든 종류의 상품을 판매하는 자동 판매기는 일본의 어디에서나 찾아볼 수 있다.

출처: VisualJapan/Alamy Stock Photo

백화점 체인점, 정유 회사, 패스트푸드 가맹본부는 아웃렛을 열 지역을 선택한 뒤, 특정 도시를 선택하고, 그다음에 특정 장소를 선택하는 데 많은 주의를 기울인다. 많은 교통량과 높은 임대료 사이의 관계를 고려하여 소매상은 교통량, 소비자 쇼핑 습관에 대한 설문조사, 경쟁 위치를 분석하여 아웃렛에 가장 유리한 위치를 결정해야 한다.

온라인 소매상

온라인 소매 매출이 폭발적으로 증가하고 있는데, 그 이유는 간단하다. 온라인 소매상은 매우 다양한 유형의 소비자와 기업에 편리하고, 유익하며, 맞춤화된 경험을 예측하여 제공할 수 있다. 소매 매장 면적, 인력 및 재고 비용을 절약함으로써 소량의 상품을 틈새시장에 수익을 남기고 판매할 수도 있다. Gilt와 같은 온라인 소매상이 어떻게 성공했는지 보자.

Gilt 경제 침체기에 많은 디자이너 브랜드들은 처리할 필요가 있는 재고가 과도하게 많다는 것을 알게 된다. 명품 및 기타 상품을 매일 잠깐 동안 대폭 할인가로 판매하는 제3자 '반짝 세일(flash-sale)' 사이트에서는 브랜드를 손상시킬 가능성이 낮은 통제된 방식으로 상품을 판매한다. 프랑스의 반짝 세일 판매 선구자인 Vente-Privée를 본뜬 Gilt가 2007년 11월에 설립되었다. 온라인 사이트에 가입한 사람에게만 한시적으로 최고 디자이너 브랜드의 유행하는 여성 의류를 최대 60%까지 할인된 가격에 판

>> 한정된 기간 동안 디자이너 의류와 다른 상품을 온라인으로 할인 판매하며 시작한 Gilt는, 경쟁이 치열해지자 강점인 여성 패션에 초점을 맞추고 개인 맞춤형 이메일을 통해 고객과의 관계를 심화하는 등 비즈니스 모델을 수정했다.

출처: 360b/Alamy Stock Photo

매했다. 회원에게는 신속성과 긴급성을 알리는 이메일을 통해 할인 상품과 마감 시간을 알려주었다. Theory와 Louis Vuitton 같은 고급 브랜드를 추가하여 800만 명 이상의 회원을 보유한 회사로 성장했다. 그러나 경기가 회복됨에 따라 Gilt는 재고가 줄고, 다른 사이트와의 경쟁이 치열해졌으며, 남성복, 아동용품, 가정용품, 여행용품, 음식까지 취급하는 공격적인 확장 전략으로 인해 어려움을 겪게 되었다. 회사는 핵심 강점인 여성 패션에 더 집중하고, 할인을 알려주는 맞춤화된 이메일을 통해 고객과의 긴밀한 관계를 발전시킴으로써 대응했다. 2016년 Gilt는 고급 백화점 체인인 Hudson's Bay, Lord & Taylor, Saks Fifth Avenue의 소유주인 Hudson's Bay Company에 2억 5,000만 달러에 인수되었다.[28]

자사 사이트로의 트래픽을 유도하기 위해 많은 기업은 제휴 마케팅을 하고 있으며, 온라인 콘텐츠 공급자에게 비용을 지불하여 자사의 브랜드 사이트로 비즈니스를 유도한다. 소비자는 종종 더 저렴한 가격을 알아보려고 온라인에 접속하지만, 실제로 온라인 소매상은 제품 구색, 편의성, 쇼핑 경험, 배송 속도, 반품 정책, 문제 발생 시 그것을 해결할 수 있는 능력과 같은 다양한 차원에서 경쟁하고 있는 것이다. 소비자 조사에 따르면 즐거운 경험, 사회적 상호작용, 기업 대리인(company representative)과의 개인적 상담의 부재가 온라인 쇼핑의 가장 큰 방해 요인으로 작용한다고 한다.[29] 온라인에서 보안과 사생활 보장은 여전히 중요하다.

비록 기업 대 소비자(B2C) 웹사이트가 미디어에서 많은 관심을 끌었지만, 기업 대 기업(B2B) 사이트에서 훨씬 더 많은 활동을 수행하고 있으며, 이는 공급자와 고객 간의 관계를 심오한 방식으로 변화시키고 있다. 과거에 구매자들은 전 세계 공급자에 대한 정보를 수집하기 위해 많은 노력을 기울였다. B2B 사이트는 다양한 소스의 많은 정보에 쉽게 접근할 수 있도록 함으로써 시장을 더욱 효율적으로 만들었다. 그러한 정보는 **공급자 웹사이트**, 대안에 대한 정보를 종합하여 가치를 더하는 제3자인 **정보 중개인**(infomediaries), 구매자와 판매자를 연결하는 제3자인 **시장 조성자**(market maker), 구매자가 공급자의 제품과 서비스에 대한 이야기를 교환할 수 있는 곳인 **고객 커뮤니티**에서 얻을 수 있다.

B2B 최대 시장 조성자인 Alibaba는 더 나은 가격을 알아볼 수 있는 B2B 경매 사이트, 현물 거래소, 온라인 제품 카탈로그, 물물 교환 사이트, 기타 온라인 리소스를 사용하고 있다. 이러한 B2B 메커니즘의 효과는 가격을 더 투명하게 만드는 것이다. 차별화되지 않은 제품의 경우 가격 압박이 커질 것이다. 고도로 차별화된 제품의 경우, 구매자는 상품의 진정한 가치를 더 잘 파악할 수 있을 것이다. 우수한 제품의 공급자는 가치 투명성으로 가격 투명성을 상쇄할 수 있지만, 차별화되지 않은 제품은 경쟁을 위해서 원가를 줄일 필요가 있을 것이다.

옴니채널 소매업

한때 많은 오프라인 기업들이 채널 파트너와의 갈등을 우려해 전자상거래 채널의 개설을 주저했지만, 온라인에서 얼마나 많은 비즈니스가 일어나는지 인지하게 되자 대부분의 기업이 인터넷 채널을 추가했다. 심지어 수년간 전통적인 물리적 유통채널을 독점적으로 사용하던 Procter & Gamble도 일부 대형 브랜드인 Tide, Pampers, Olay 등을 P&G e스토어를 통해 온라인으로 판매하고 있으며, 그 결과 소비자 쇼핑 습관을 좀 더 면밀히 살펴볼 수 있게 되었다. 소비자가 컴퓨터, 태블릿과 휴대폰으로 하는 온라인 쇼핑에 점점 더 익숙해짐에 따라, Walmart를 포함한 많은 전통적인 소매상들도 옴니채널 형식을 빠르게 채택하고 있다.

Walmart 오프라인 상점에 대한 막대한 투자, 다수의 확고부동한 임원들, 오랫동안 확립된 정책으로 인해 Walmart는 온라인과 모바일 테크놀로지를 더디게 받아들였다. Walmart가 디지털 전략을 최우선으로 정하기 전에는 온라인 운영이 전 세계 매출의 2% 미만을 차지했기 때문에 모바일, 온라인, 물리적 매장을 결합해 고객이 언제 어디서나 Walmart에 접근할 수 있도록 했다. Walmart는 검색과 분석에서 뛰어난 전문성을 갖춘 소셜 미디어 스타트업인 Kosmix를 인수한 뒤, Silicon Valley에 @WalmartLabs를 설립해 스마트폰 결제 기술, 모바일 쇼핑 애플리케이션, Twitter에 영향을 받은 매장용 상품 선택과 같은 기업 혁신을 이끌었다. Walmart는 연봉 3만 달러에서 6만 달러를 버는 핵심 고객 그룹 중 상당수가 자사 웹사이트에서 대량으로 쇼핑을 하고 있으며, 컴퓨터보다는 스마트폰으로 쇼핑하는 경우가 많다는 사실을 발견했다. 물류의 마법사인 Walmart는 온라인 주문을 빠르게 처리하기 위해 미국에 있는 4,000개 이상의 매장을 창고로 활용하는 '점포 배송(ship from store)' 제도를 도입했다. 스마트폰 앱이 Walmart의 최우선 과제가 되었다. 앱 사용자가 비사용자보다 더 많이 지출하고, 매장을 두 배 더 자주 방문한다. 고객이 상점 근처에 있을 때, 앱이 '스토어 모드'로 전환되어 쇼핑 목록의 상품을 찾는 것을 도와주고, 추가적인 조언을 하며, 디지털 버전의 최신 전단지를 제공하고, 매장에서 구입 가능한 신제품을 보여준다. 그러나 온라인에서의 입지를 구축하기 위한 모든 노력에도 불구하고, Walmart는 여전히 Amazon에 뒤처져 있었다. Amazon을 따라잡기 위해 Walmart는 2016년 33억 달러를 투자하여 Jet.com을 인수했는데, Jet.com은 급성장 중인 온라인 소매 스타트업으로 Amazon과 유사한 비즈니스 모델을 가지고 있었다. Walmart는 이 인수를 통해 전자상거래 운영을 활성화하기 시작했고, 이후 Jet.com 웹사이트를 중단하고 2020년에 브랜드를 단계적으로 폐지했다.[30]

>> 온라인과 모바일 테크놀로지를 뒤늦게 도입한 Walmart는 창고에서 점포(warehouse-to-store)로의 배송 및 스마트폰 결제를 포함하여 모바일, 온라인 및 매장 판매를 통해 고객이 언제 어디서나 제품에 접근할 수 있는 디지털 전략을 최우선 과제로 삼았다.

오프라인 소매상과 온라인 소매상을 통합해 옴니채널 소매상이 되었지만, 그 밖에 기존의 무점포 소매상도 온라인 소매를 포트폴리오에 포함해 범위를 확장함으로써 옴니채널 소매상으로 전환했다. 이러한 멀티채널 소매의 예로는 직접 우편 마케팅, 카탈로그 마케팅(Lands' End, L.L.Bean), 텔레마케팅(1-800-FLOWERS), 인포머셜 직접 대응 마케팅(HSN, QVC)이 있다. 이러한 기업 대부분은 고객과 교류하고 매출을 창출하기 위해 또 다른 채널인 전자상거래를 추가했다.

COVID 팬데믹이 옴니채널 소매업으로의 전환을 촉진했는데, 고객이 점점 더 대면 쇼핑을 하는 데 신중해짐에 따라 다수의 오프라인 점포만 있는 소매상의 판매 수익이 빠르게 감소했기 때문이다. 소비자의 소매 점포 출입을 제한하는 정부의 영업 규제가 더욱 심해지자 상황은 더욱 악화되었다. 이러한 쇼핑 행동의 극적인 변화로 인해 많은 소매상은 비즈니스 모델을 재평가해야 했고, 어쩔 수 없이 전자상거래를 기업의 필수요소로 받아들여야 했다. Amazon, Walmart, Target 같은 일부 기업은 내부 배송망을 강화한 반면, 많은 소규모 소매상들은 물류와 배송을 용이하게 하기 위해 Instacart, FreshDirect, GrubHub, DoorDash, Postmates, UberEats 같은 중간상에 의존했다.

프라이빗 레이블의 관리

프라이빗 레이블[private label: 재판매업자 브랜드, 스토어 브랜드, 하우스 브랜드, 프라이빗 브랜드(PB)라고도 불림]은 소매상과 도매상이 개발하는 전용 브랜드다. Benetton, The Body

Shop, Marks & Spencer는 대부분 자체 브랜드 상품을 취급한다. 유럽과 캐나다의 식료품점에서는 판매 품목의 40%를 스토어 브랜드가 차지하고 있다. 영국에서 가장 큰 식품 체인점인 Sainsbury's와 Tesco의 판매 상품 중 절반 가까이가 스토어 브랜드 상품이다. 독일과 스페인도 프라이빗 레이블 매출 비중이 높다.

많은 제조업자에게 소매상은 협력자이면서 경쟁자다. Private Label Manufacturers' Association의 발표에 따르면, 현재 미국 슈퍼마켓, 드러그 스토어, 대형 할인점에서 판매되는 5가지 품목 중 하나는 스토어 브랜드가 차지하고 있다. 한 연구 결과에 따르면, 쇼핑객 10명 중 7명은 그들이 구매한 프라이빗 레이블 제품이 내셔널 브랜드(national brand) 제품만큼 좋다고(더 낮지는 않더라도) 믿고 있으며, 사실상 모든 가정에서 가끔 프라이빗 레이블 상품을 구입하고 있다.[31] 프라이빗 레이블 마케팅에서 높은 잠재 수익이 기대된다. 식음료 부문의 경우 내셔널 브랜드에서 프라이빗 레이블로 1%p 이동하면 슈퍼마켓 체인은 55억 달러 추가 수익을 얻을 것으로 추정된다.[32]

많은 유명 브랜드 제조업자들을 위협할 정도로 프라이빗 레이블은 빠르게 자리를 잡아가고 있다. 불경기에는 프라이빗 레이블 판매가 증가하고, 일부 소비자들은 일단 프라이빗 레이블로 바꾸면 내셔널 브랜드를 다시 구매하지 않는다.[33] 그러나 일부 전문가들은 프라이빗 레이블이 차지할 수 있는 자연적인 한계가 50%라고 믿는다. 왜냐하면 소비자들이 특정 내셔널 브랜드를 선호하고, 프라이빗 레이블로는 실현 불가능하거나 매력적이지 않은 제품 범주가 많기 때문이다. 우유와 치즈, 제과제빵류, 약품과 치료제, 종이 제품, 농산물, 포장 육류가 슈퍼마켓에서 많이 팔리는 프라이빗 레이블 상품이다.[34]

왜 소매상은 자체 브랜드를 육성하는가? 첫째, 자체 브랜드의 수익성이 더 높을 수 있다. 소매상은 저비용으로 프라이빗 레이블 상품을 생산할 잉여 설비가 있는 제조업자를 이용할 수 있을 것이다. 기타 비용(연구 개발, 광고, 판매 촉진, 물적 유통)도 훨씬 낮기 때문에 프라이빗 레이블은 더 높은 마진을 창출할 수 있다.[35] 또한 경쟁사와 차별화하기 위해 독점적인 스토어 브랜드를 개발한다. 가격 민감도가 높은 많은 소비자는 특정 범주에서 스토어 브랜드를 선호한다. 이러한 선호도로 인해 소매상이 내셔널 브랜드의 마케터들과의 협상력에서 우위를 차지하게 된다.[36]

프라이빗 레이블과 스토어 브랜드를 제네릭 브랜드와 구별해야 한다. 제네릭(generics)은 스파게티, 페이퍼 타월, 복숭아 통조림과 같은 일반 제품을 상표 없이, 평범하게 포장하여 저렴하게 판매하는 상품이다. 표준 품질 또는 낮은 품질의 상품을, 내셔널 브랜드보다는 20~40%, 소매상의 프라이빗 레이블 브랜드보다도 10~20% 싼 가격에 제공한다. 저비용의 레이블링(labeling)과 포장, 최소한의 광고, 그리고 가끔은 낮은 품질의 재료로 가격을 낮추는 것이 가능하다.

소매상은 자사 스토어 브랜드의 품질을 더욱 높이고, 매력적이고 혁신적인 패키징으로 강조하고 있다. 슈퍼마켓 소매상은 프리미엄 스토어 브랜드 상품을 추가하고 있다. Kroger가 고급 프라이빗 레이블 피자에 들어가는 고품질의 치즈, 고기, 야채를 공급받기 위해 새로운 판매업체로 바꾸자 매출이 급증했다. 현재 슈퍼마켓 체인은 매장 내 프리미엄 피자 시장의 60%를 차지하고 있다.[37] 캐나다의 Loblaws는 프라이빗 레이블로 가장 성공한 슈퍼마켓 소매상이다.

Loblaws   1984년 President's Choice 라인의 식품을 처음 선보인 이후, '프라이빗 레이블'이라는 단어는 즉각적으로 Loblaws를 떠올리게 했다. Toronto에 본사를 둔 이 회사의 Decadent Chocolate Chip Cookie는 빠르게 캐나다의 선도 제품이 되었고, 혁신적인 스토어 브랜드가 내셔널 브랜드와 비슷하거나 심지어 더 뛰어난 품질로 내셔널 브랜드와 효과적으로 경쟁할 수 있다는 사실을 보여주었다. 프리미엄의 President's Choice 라인과 노란색 레이블의 실속형 No Name 라인의 브랜드 전략을 정교하게 조율하여 매장을 차별화하면서, Loblaws는 캐나다와 미국에서 강력한 기업으로 성장했다. President's Choice 라인은 매우 성공적이어서 Loblaws는 다른 나라의 비경쟁적인 소매상들에게 라이선스를 제공하고 있다. Loblaws는 '좋은, 더 좋은, 최고의(good, better, best)' 브랜드 포트폴리오를 완성하기 위해, 200여 종 이상의 President's Choice 식품에 '작은 사치' 제품 라인을 도입하였는데, 독특하게 'Black Label'로 디자인했다. 8년 된 체다치즈와 생강향의 초콜릿소스부터 베이컨 마멀레이드에 이르기까지 각 식품이 어디에서 생산되고, 누가 생산하며, 왜 그것을 선택했는지에 대한 이야기로 마케팅을 한다. 프라이빗 레이블의 강점을 전반적으로 활용하기 위해 Loblaws는 Food Network의 리얼리티 TV 쇼인 'Recipe to Riches'를 시작했다. 이 쇼에서 참가자들은 자신의 레시피로 President's Choice 제품을 개발하기 위해 경쟁하고, 다음 날 소비자들은 Loblaws 매장에서 실제로 그 상품을 구입할 수 있다.[38]

비록 유통업체들이 프라이빗 레이블의 성공에 대한 공로를 인정받고 있기는 하지만, 스토어 브랜드의 힘이 커지는 데는 내셔널 브랜드 약화가 한몫을 했다. 많은 소비자들이 가격에 더 민감해지고 있으며, 지속적인 쿠폰 발행과 특가 판매에 익숙해지면서 이러한 현상이 더 강화되는 추세다. 경쟁관계인 제조업자와 전국적인 소매상은 카테고리 내 최고 브랜드의 품질과

>> 독특하게 포장된 Loblaws의 President's Choice 라인의 식품은 프라이빗 레이블 브랜드의 품질 향상과 성공을 보여준다.

출처: Helen Sessions/Alamy Stock Photo

특징을 모방하고 복제하기 때문에, 상품의 물리적 차별성이 줄어들고 있다. 게다가 마케팅 커뮤니케이션 예산을 줄임으로써, 일부 기업은 브랜드 이미지에서 무형적 차이를 만드는 것이 더 어렵게 되었다. 브랜드와 제품 라인의 지속적인 확장으로 인해 때로 브랜드 정체성이 흐려지고 당혹스러울 만큼 제품 수가 급증하게 되었다.

이러한 추세를 뒤집기 위해 많은 내셔널 브랜드 제조업자들이 반격하고 있다. 스토어 브랜드보다 한발 앞서기 위해 선두 브랜드의 마케터들은 새로운 브랜드, 라인 확장, 기능 및 품질 개선을 이끌어내기 위한 연구개발에 상당한 투자를 하고 있다. 높은 브랜드 인지도와 소비자 선호도를 유지하고 프라이빗 레이블이 누릴 수 있는 매장 내 마케팅 우위를 극복하기 위해, 강력한 '풀(pull)' 광고 프로그램에도 투자하고 있다.

또한 일류 브랜드 마케터들은 주요 대량 유통업자들과 물류 경제성과 경쟁 전략을 공동으로 모색하기 위해 협력을 추구하여 양측 모두의 비용을 절감하려 한다. 비록 가격이 소비자의 가치에 대한 인식을 넘어설 수는 없지만, 모든 불필요한 비용을 줄임으로써 내셔널 브랜드는 가격 프리미엄의 우위를 누릴 수 있다.

연구자들은 제조업체가 프라이빗 레이블과 경쟁하거나 협업할 수 있는 네 가지 전략적 추천을 제시했다.[39]

- **선별적으로 경쟁하라.** 제조업체가 프라이빗 레이블을 이길 수 있을 때 선별적으로 경쟁하며, 소비자, 소매상, 주주를 위한 가치를 추가하라. 이러한 전략은 일반적으로 브랜드가 어떤 카테고리에서 1위 또는 2위를 차지하거나 프리미엄 틈새시장을 점유하고 있을 때 가능하다. Procter & Gamble은 Sunny Delight 주스, Jif 땅콩 버터, Crisco 쇼트닝 같은 다양한 브랜드 매각으로 포트폴리오를 합리적으로 개선하여, 매출 10억 달러 이상의 20여 개 브랜드를 강화하는 데 주력할 수 있었다.

- **효과적으로 협력하라.** 소매상의 프라이빗 레이블을 보완하는 전략을 통해 소매상과 윈윈 관계를 모색하여 효과적으로 협력하라. Estée Lauder는 Kohl's만을 위한 네 개의 독점 브랜드(American Beauty, Flirt, Good Skin, Grassroots)를 만들어, 소매상의 판매량을 늘리도록 돕고 그 과정에서 Estée Lauder의 고급 브랜드를 보호할 수 있었다. Lidl과 Aldi 같은 하드 디스카운트 소매상을 통해 판매하는 제조업자들은 기존에 해당 브랜드를 구매하지 않은 신규고객을 발굴해 매출을 증가시켰다.

- **뛰어나게 혁신하라.** 프라이빗 레이블을 이길 수 있는 새로운 제품을 통해 뛰어나게 혁신하라. 지속적으로 조금씩 더 새로운 제품을 출시하는 것은 제조업자 브랜드를 새롭게 보이도록 하지만, 기업은 주기적으로 완전히 새로운 제품을 출시해야 하고 모든 브랜드의 지적 재산을 보호해야만 한다. Kraft는 자사의 혁신을 법적으로 확실히 보호하기 위해 특허변호사 수를 두 배로 늘렸다.

- **이기는 가치 제안을 창출하라.** 프라이빗 레이블을 능가하는 기능적인 품질뿐만 아니라 브랜드에 상징적 이미지를 고취시킴으로써 이기는 가치 제안을 창출하라. 많은 제조업체 브랜드의 경우 기능적 품질 면에서 프라이빗 레이블과 같거나, 때로는 프라이빗 레이블이

더 나은 경우도 있다. 또한 성공적인 가치 제안을 위해 마케터는 가격을 모니터링하고 인지된 혜택과 가격 프리미엄이 동일하도록 확실히 할 필요가 있다.

강력한 소비자 수요를 창출하는 것이 매우 중요하다. Walmart가 Ziploc과 자체 브랜드인 Great Value만을 판매하고, Hefty와 Glad의 음식 보관용 지퍼백을 매장에서 철수시키기로 결정했을 때, 이러한 브랜드는 매출의 3분의 1을 차지하는 판매처를 잃게 될 상황에 직면했다. 소비자들이 이 두 브랜드를 포함한 다른 브랜드 상품이 판매되지 않는다는 사실에 불만을 제기하고 다른 소매점에서 쇼핑하게 되자 Walmart는 철수 결정을 철회하고 Hefty와 Glad를 다시 진열대에 올려놓았다.

도매

도매(wholesaling)는 재판매를 위해 구매하거나 사업용으로 대량 구매를 하는 사람들에게 상품이나 서비스를 판매하는 것과 관련된 모든 활동을 포함한다. 도매상은 다양한 생산자나 판매업체로부터 대량으로 상품을 구입하여 창고에 보관한 후 소매상에게 재판매하고, 소매상은 다시 일반 대중에게 판매한다.

도매업

도매상은 여러 가지 면에서 소매상과 차이가 있다. 첫째, 도매상은 최종소비자보다는 기업 고객을 상대하기 때문에 프로모션, 매장 분위기, 입지에 신경을 많이 쓰지 않는다. 둘째, 도매 거래는 보통 소매 거래보다 규모가 크며, 도매상은 보통 소매상보다 더 큰 상권을 담당한다. 셋째, 도매상과 소매상은 서로 다른 법적 규제와 세금을 적용받는다.

도매상은 구매자와 판매자와의 거래에 따라 크게 두 그룹으로 나눌 수 있다.

- **상인 도매상**(merchant wholesalers)은 일반적으로 제조업자로부터 직접 구매하고, 취급하는 상품에 대한 소유권을 가지고 제품을 보관한 후 고객에게 판매한다. 상인 도매상은 다양한 수준의 서비스를 제공한다. **풀 서비스 도매상**은 제품을 홍보하기 위한 영업조직 유지, 신용 제공, 배송, 경영 지원 등 다양한 부가 기능을 제공할 수 있다. 반대로, **한정 서비스 도매상**은 추가로 제공하는 서비스가 거의 없으며, 대신 더 낮은 가격으로 상품을 제공하는 것을 목표로 한다. 예를 들어, **현금 판매 도매상**은 소박한 공간에서 소규모 소매상에게 한정된 라인의 일용 소비재를 현금으로만 판매하며, 반품이 제한적이거나 반품 불가 정책으로 판매한다.
- **중개인과 에이전트**는 일반적으로 그들이 사고파는 상품의 소유권을 갖지 않는다는 점에서 상인 도매상과 다르다. 대신 그들은 상인 도매상과 소매상 사이에서 상품의 판매를 알선하고, 판매 알선에 대한 수수료를 받는다. 중개인은 구매자와 판매자를 소개하고, 협상을 도우며, 고용 당사자가 그들에게 수수료를 지불한다. 예로는 식품 중개인, 부동산 중개

<< 의약품 도매상 Ameri-sourceBergen은 미국에서 판매되는 모든 의약품의 약 20%를 취급하며, 전 세계에 1만 8,000개의 드러그 스토어를 운영하고 있는 Walgreens Boots Alliance의 공급업체이기도 하다.

인, 보험 중개인이 있다. 에이전트는 보다 영구적인 방식으로 구매자나 판매자를 대표하여 구매와 판매를 용이하게 하는 것을 목표로 하며, 일반적으로 판매 가격을 기준으로 하는 수수료를 받는다.

도매상은 제조업자와 소매상 사이의 중간상으로서 핵심적인 역할을 수행한다. 이들은 세분화된 소매점을 가진 산업에서 특히 중요한 역할을 수행하는데, 유통 및 관련 서비스를 제공하여 운영의 효과성과 비용 효율성을 개선하는 데 도움을 주기 때문이다. 미국에서 가장 큰 도매상인 AmerisourceBergen을 살펴보자.

AmerisourceBergen Corporation AmerisourceBergen Corporation은 처방전 없이 구입 가능한 건강관리 제품 및 장비뿐만 아니라 브랜드 의약품과 제네릭 의약품을 병원 및 의료 시스템, 약국, 우편 판매 시설, 의사, 클리닉, 양로원 같은 다양한 의료 서비스 제공업체에 판매하는 미국의 의약품 도매 기업이다. 이 기업은 2001년 미국 최대의 의약품 도매 회사인 Bergen Brunswig와 AmeriSource Health Corporation의 합병으로 설립되었다. 2013년 AmerisourceBergen은 전 세계에 1만 8,000개 이상의 약국 매장을 운영하고 있는, 세계에서 가장 큰 드러그 스토어이자 의약품 유통업체 중 하나인 Walgreens Boots Alliance의 공급자가 되었다. 바이오의약품 산업 물류를 전문으로 하는 선두업체인 AmerisourceBergen은 전 세계에 150개 이상의 지점과 2만 명 이상의 직원을 두고 있으며, 매일 300만 개 이상의 제품을 출하하고 있다. 미국에서 판매되는 모든 의약품의 약 20%를 취급하며 연간 1,530억 달러 이상의 매출을 올리고 있는 의약품 유통 시장의 리더다.[40]

도매상이 수행하는 주요 기능

제조업자가 소매상이나 최종소비자에게 직접 판매하지 않는 이유는 무엇인가? 왜 도매상을 이용하는가? 일반적으로, 도매상은 다음의 기능 중 하나 이상을 보다 효율적으로 수행할 수 있다.

- **개별 소매상에 대한 접근 제공**: 도매상의 영업조직은 제조업자가 비교적 저렴한 비용으로 다수의 소규모 소매상과 기업 고객에게 다가갈 수 있도록 돕는다. 사업상 도움을 주고받을 수 있는 더 많은 기업을 확보하고 있으며, 구매자는 종종 제조업자보다 도매상의 영업조직을 더 신뢰한다.
- **구매 및 구색 구축**: 도매상은 고객이 필요로 하는 품목을 선택하고 구색을 갖추기 때문에 고객은 시간, 비용, 노력을 상당히 절약할 수 있다.
- **벌크 분할**(bulk breaking): 도매상은 대량으로 구입하고 소량으로 나누어 판매함으로써 고객이 비용을 절감할 수 있게 한다.
- **창고 업무**: 도매상은 재고를 보유하여 공급자 및 고객의 재고 비용과 리스크를 줄인다.
- **운송**: 도매상은 흔히 제조업자에 비해 구매자와 더 가깝게 위치하고 있기 때문에 구매자에게 더 빠르게 배송할 수 있다.
- **금융**: 도매상은 고객에게 신용 거래를 제공하고, 미리 주문하고 제때 대금을 지불함으로써 공급자에게 자금을 조달한다.
- **리스크 부담**: 도매상은 상품에 대한 소유권을 가지며 도난, 손상, 부패, 노후화의 비용을 부담한다.
- **시장조사**: 도매상은 공급자와 고객 모두에게 신제품 및 가격 전략 개발 등 경쟁업체의 활동에 대한 정보를 제공한다.
- **경영관리 서비스와 컨설팅**: 도매상은 종종 소매상의 매장 판매원을 훈련시키고, 매장 배치와 진열에 도움을 주며, 회계와 재고 관리 시스템을 수립함으로써 소매상의 운영을 개선하도록 돕는다. 교육 및 기술 서비스를 제공하여 산업체 고객사를 지원할 수 있다.

도매상-유통업자는 최근 몇 년 동안 Alibaba와 같은 디지털 플랫폼, 까다로운 고객, 신기술, 대규모 기업체, 기관 및 소매업자의 직접 구매 프로그램(direct-buying programs)과 같은 새로운 경쟁으로 인한 부담이 증가했다. 도매상에 대한 제조업자의 불만은 (1) 도매상이 제조업자의 제품 라인을 적극적으로 홍보하지 않고 단순히 주문만 받아주는 사람처럼 행동한다는 점, (2) 충분한 재고를 가지고 있지 않기 때문에 고객의 주문을 충분히 신속하게 처리하지 못한다는 점, (3) 제조업자에게 최신 시장, 고객, 경쟁 정보를 제공하지 않는다는 점, (4) 서비스 비용이 너무 높다는 점에 기인한다.

현명한 도매상은 이러한 도전에 대처하고, 공급자와 타깃고객의 변화하는 요구를 충족하기 위해 서비스를 개선해 왔다. 그들은 채널에 가치를 더해야 한다는 사실을 인식하고 있다. 이를 성공적으로 달성한 기업이 Arrow Electronics다.

Arrow Electronics   Arrow Electronics는 세계적인 전자제품 및 사무용품 도매상이다. 글로벌 네트워크를 통해 15만 개 이상의 주문자 상표 부착 생산자(original-equipment manufacturers), 부가가치 재판매업자, 계약 제조업자, 상업 고객을 위한 공급망 파트너 역할을 수행한다. Arrow는 300개 이상의 판매시설과 45개의 유통 및 부가가치 센터를 운영하고 있으며, 80개 이상의 국가에 서비스를 제공하고 있다. 하지만 대형 계약 제조업자들이 공급자로부터 더 많은 부품을 직접 사들이면서 Arrow와 같은 유통업자들이 밀려나고 있다. 더 나은 경쟁을 위해 회사는 금융, 현장 재고 관리, 부품 추적 소프트웨어, 칩 프로그래밍을 제공하는 서비스를 도입했다.[41]

도매상은 매출채권을 더 잘 관리하여 자산 생산성을 향상하려 노력해 왔다. 또한 첨단 정보 시스템, 재료 취급 기술, 디지털 기술에 투자하여 운영 비용을 절감하고 있다. 마지막으로, 타깃시장, 제품 구색 및 서비스, 가격, 커뮤니케이션, 유통에 대해 더 나은 전략적 의사결정을 위해 노력하고 있다.

하지만 도매업계는 가격 인상에 대한 격렬한 저항과 원가와 품질에 기초한 공급자 선별이라는 시장 내 지속적인 트렌드에 여전히 취약한 상태로 남아 있다. 제조업자가 중간상을 통제하거나 소유하여 수직적으로 통합하려는 경향도 여전히 강하다.

marketing INSIGHT

소매상의 가격 이미지 관리

가격 이미지(price image)는 소비자가 특정 소매상의 가격 수준에 대해 가지고 있는 일반적인 인식을 반영한다. 예를 들어, Walmart는 주로 상대적으로 저렴한 가격을 제공하는 것으로 간주되는 반면, Target은 보통 적당한 가격을 제공하는 것으로 여겨진다. 가격 이미지는 정량적으로 표현되는 실제 가격과는 다르다. 가격 이미지는 본질적으로 정성적인 것이다. 이는 소비자들이 소매상의 가격을 '비싸다' 또는 '싸다'와 같은 단정적인 용어를 사용해 평가한다는 것을 의미한다. 가격 이미지는 구매자의 마음속에 형성되어 존재하는 것이다. 따라서 가격 이미지는 다른 소매상과 비교한 특정 소매상의 가격에 대한 소비자의 인식에 근거하기 때문에 소매상의 실제 가격을 정확하게 반영하지 못할 수 있다.

많은 관리자는 가격 이미지가 특정 매장 내 판매 가격에만 기반한다고 잘못 알고 있으며, 가격 이미지 관리는 매장이 취급하는 상품의 가격을 조정하는 것만큼 간단하다고 오해하고 있다. 이로 인해 소매상이 구색 품목의 가격을 낮춰서 가격 이미지를 낮출 수 있다는 이론으로 귀결된다.

그러나 이러한 방식으로 가격 이미지를 재설정하는 것이 효과적이라고 입증되지 않았다. 판매 가격이 높거나 낮다는 것이 소매상의 가격 이미지 형성에 중요한 요소이지만, 소비자가 가격 이미지에 대한 판단을 내릴 때 가격만 고려하는 것은 아니다. 그림 16.1은 가격 이미지의 주요 요인과 소비자 행동에 대한 영향을 보여준다.

• **평균 가격 수준**: 물론 전적으로 좌우되는 것은 아니지만 가격 이미지는 특정 소매상이 판매하는 품목의 실제 가격에 달려 있다. 경쟁사보다 가격이 상당히 높은 소매상이 가격 이미지를 바꾸고자 할 때, 실제 판매 가격을 낮추지 않고 다른 방법을 통해 가격 이미지를 변경하는 것은 쉽지 않다.

• **가치가 알려진 품목**: 일반적으로 소비자는 매장에서 모든 상품의 가격을 조사하지 않는다. 대신 가치가 알려진 품목 또는 표지판(signpost) 품목이라고 불리는 익숙한 품목에 초점을 맞추는 경향이 있다. 다른 매장에서 판

(계속)

marketing insight (계속)

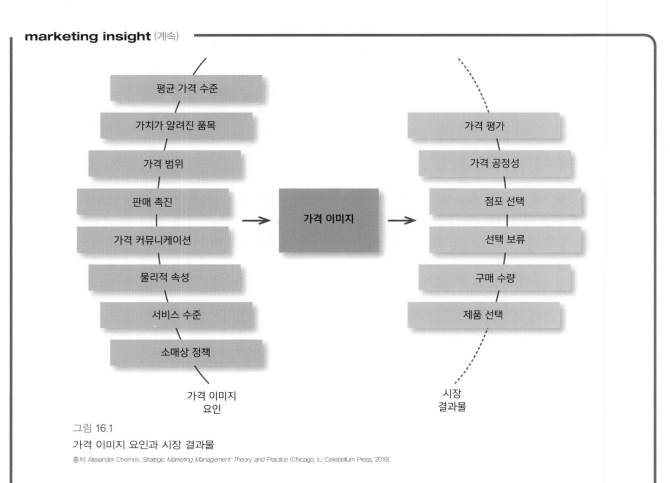

그림 16.1
가격 이미지 요인과 시장 결과물

출처: Alexander Chernev, *Strategic Marketing Management: Theory and Practice* (Chicago, IL: Cerebellum Press, 2019).

매되는 상품의 가격을 알고 있기 때문에, 쇼핑객은 특정 가격이 경쟁력이 있는지 아닌지를 결정하기 위해 이런 상품의 가격을 사용하게 된다. 보통 자주 구입하는 상품 범주에 속하는 우유, 탄산음료, 스낵이 가치가 알려진 품목에 속하며, 소비자는 이런 상품을 통해 다른 소매점들의 가격을 쉽게 비교할 수 있다.

• **가격 범위**: 소비자는 소매상의 평균 가격 수준뿐만 아니라 매장 내 상품의 가격 범위로 가격 이미지를 평가한다. 만약 일반적으로 구매하는 가치가 알려진 품목 외에 아주 비싼 품목 몇 개를 취급하는 소매상의 경우, 가장 흔히 구입하는 품목과 함께 극히 낮은 가격의 품목 몇 개를 취급하는 소매상에 비해 높은 가격 이미지를 갖게 될 가능성이 높다.

• **판매 촉진**: 소비자의 가격 이미지는 시간에 걸쳐 가격이 어떻게 달라지는지에 의해 영향을 받을 수 있는데, 특히 판매 촉진으로 인해 그런 상황이 발생한다. 고가 품

목에 대한 일시적인 깊은 가격 할인을 제공하는 하이-로우(HiLo) 프라이싱에 비해 상시 저가 프라이싱(EDLP)이 소비자에게 낮은 수준의 가격 이미지를 전달한다는 일반적인 통념을 뒷받침하는 실증적인 증거는 찾아볼 수 없다. 실제로 평균 가격 수준이 동일할 때, 흔히 HiLo 프라이싱이 EDLP보다 낮은 가격 이미지를 이끌어낼 수 있다.

• **가격 커뮤니케이션**: 쇼핑객이 모든 소매상에서 모든 품목의 가격을 조사할 수 없기 때문에, 소매상은 그들의 가격을 소비자에게 효과적으로 전달하여 더 명확한 가격 이미지를 형성할 수 있도록 하는 것이 매우 중요하다. 소비자로 하여금 가격에 더 집중하도록 만드는 가격 커뮤니케이션은 소비자의 가격 민감도를 증가시키는 경향이 있다. 또한 준거 가격을 제공하거나 절약된 비용을 열거하는 등 소비자 관점에서 비용 절약을 강조하는 커뮤니케이션은 낮은 가격 이미지 형성에 도움을 준다.

(계속)

marketing insight (계속)

- **물리적 속성**: 소매상의 물리적 속성은 매장 비용과 판매량에 대한 메시지를 전달함으로써 가격 이미지에 영향을 미칠 수 있다. 명품 소매상이 밀집한 주요 지역에 위치하고 화려한 장식과 고급 편의시설을 갖춘 매장은 비싼 운영비와 연관되어 높은 가격 이미지를 형성할 가능성이 높다. 반면 주차장이 넓은 쇼핑몰의 대형 매장은 대량 판매를 나타내며 소비자에게 낮은 가격 이미지를 연상시킬 가능성이 높다.

- **서비스 수준**: 소매상의 가격 이미지에 기여하는 또 다른 가시적인 측면은 제공되는 서비스 수준이다. 일반적으로 소비자는 소매상의 실제 가격이 어떻든 간에 높은 수준의 서비스와 높은 가격 이미지를 연관시키는 경향이 있다. 왜냐하면 더 나은 서비스의 제공은 소매상의 비용을 증가시킬 가능성이 크고, 이로 인해 소매 가격이 상승할 것이라고 추측하기 때문이다.

- **소매상 정책**: 고객은 가격 관련 정책에 기초하여 소매상에 대한 가격 이미지를 형성할 수 있다. 따라서 최저가격 보장제(price-match guarantee)처럼 고객 가치에 대한 헌신과 가격 경쟁력에 대한 자신감을 드러내는 소매상 정책은 낮은 가격 이미지로 이어질 가능성이 높다. 다른 한편으로, 소비자는 관대한 반품 정책과 더 높은 소매점 운영 비용을 연관시킬 수도 있는데, 이로 인해 더 높은 가격 이미지로 이어질 수 있다.

마케터가 가격 이미지를 효과적으로 관리하기 위해서는 가격 이미지가 소매상이 취급하는 품목의 가격에 의해서만 결정된다는 가정과 가격 이미지를 관리(낮춤)한다는 것이 단순히 소매 가격을 관리(낮춤)하는 문제라는 가정을 넘어서야 한다. 소매상은 종합적인 전략과 전술로 가격 이미지에 영향을 미치는 모든 요소를 세심하게 조정함으로써 고객뿐만 아니라 소매상을 위한 가치를 창출하는 데 도움이 되는 가격 이미지를 구축할 수 있을 것이다.[42]

요약

1. **소매업**은 재화나 서비스를 개인적이고, 비사업용으로 사용하려는 최종소비자에게 직접 판매하는 것과 관련된 모든 활동을 포함한다. 최종소비자를 대상으로 판매하는 모든 조직(제조업자, 도매상, 소매상)은 상품이나 서비스를 판매하는 방법과 장소에 관계없이 소매업을 수행하는 것이다.

2. 소매 시장은 매우 역동적이며, 최근 몇 년 동안 많은 새로운 유형의 경쟁자와의 경쟁이 일어났다. **소매업의 중요한 발전**은 (1) 새로운 소매 유형과 조합의 출현, (2) 소매업 통합, (3) 모바일 채널, 옴니채널 채널, 패스트 리테일링의 성장, (4) 소매업에서 테크놀로지의 역할 증대, (5) 중간계층 시장 소매상의 감소를 포함한다.

3. **소매의 주요 의사결정 사항**에는 (1) 타깃시장 파악, (2) 상품 구색의 선택, 상품 조달 확보, (3) 서비스 유형 및 수준 결정, (4) 점포 분위기 및 경험 설계, (5) 가격 설정, (6) 인센티브 규정, (7) 커뮤니케이션 관리가 포함된다.

4. 물리적 입지를 확보한 정도에 따라 **오프라인 소매상**, 실제 소매점포 없이 전자상거래를 하는 **온라인 소매상**, 물리적 및 온라인 입지를 모두 갖춘 **옴니채널** 기업으로 구별할 수 있다. 온라인과 오프라인 채널을 모두 관리하는 것이 많은 소매상들의 우선사항이 되었다.

5. **프라이빗 레이블**은 소매상과 도매상이 개발하고 관리하는 브랜드다. 항상 그런 것은 아니지만 프라이빗 레이블은 일반적으로 내셔널 브랜드보다 저렴하다. 소매상은 가격에 민감한 소비자에게 다가가는 동시에, 경쟁업체와 차별화할 수 있기 때문에 자체 브랜드인 프라이빗 레이블을 지원한다. 연구개발, 광고, 판매 촉진, 물적 유통을 위한 비용이 적게 들기 때문에 소매상은 프라이빗 레이블로부터 더 높은 이윤을 창출할 수 있다.

6. **도매**는 재화나 서비스를 재판매 또는 사업용도로 구매

하는 사람들에게 판매하는 것과 관련된 모든 활동을 포함한다. 도매상은 제조업자보다 필요한 기능을 더 잘 수행할 수 있고, 비용 효율적으로 운영할 수 있다. 이러한 기능에는 판매 및 홍보, 구매 및 구색 구축, 벌크 분할, 창고 업무, 운송, 금융, 리스크 부담, 시장 정보의 전파,

관리 서비스 및 컨설팅 제공이 포함된다.

7. 도매상은 소매상과 마찬가지로 타깃시장, 제품 구색과 서비스, 가격, 프로모션, 장소 등을 결정해야 한다. 가장 성공적인 도매상은 공급자와 타깃고객의 니즈를 충족할 수 있도록 자사의 서비스를 맞춘 업체다.

marketing
SPOTLIGHT

Uniqlo

Uniqlo는 일본의 캐주얼 의류 디자이너이자 제조업자이며 소매상이다. 그 이름은 두 개의 단어 unique와 clothing의 합성어로, 심플하면서도 스타일리시한 캐주얼 의류를 만든다는 기업의 철학을 반영한다. Uniqlo는 전 세계 시장에서 빠르게 존재감을 키우며, 1,500개 이상의 매장을 내고 확장하여 Zara와 H&M과 경쟁하면서 세계 최대의 패션 소매업체가 되었다. 2017년에는 70억 달러 이상의 수익을 냈다고 보고했다.

창업자 Tadashi Yanai는 1972년 야마구치현 우베시에 있는 아버지의 양복점 체인을 물려받았다. 유럽과 미국의 대형 의류 체인점에서 영감을 받은 Yanai는 일본 캐주얼 의류 시장에서 가능성을 보고 양복점에서 저렴한 가격에 캐주얼 옷을 판매하는 쪽으로 가업의 전략을 수정했다. 1984년에 사장이 된 후, 히로시마현 나카구에 첫 번째 'Unique Clothing Warehouse' 소매점을 열었고, 나중에 Uniqlo라고 브랜드명을 바꾸었다. Uniqlo의 첫 번째 도전 과제는 고객 인식을 극복하는 것이었다. 저렴한 가격의 캐주얼 의류를 팔았기 때문에 사람들은 제품의 품질이 낮다고 믿었다. 1998년 Uniqlo가 도쿄의 가장 인기 있는 쇼핑 명소 중 하나인 하라주쿠에 3층짜리 매장을 열었을 때, 비로소 소비자의 인식이 바뀌었다. 소비자들은 Uniqlo가 품질 좋은 플리스 재킷을 저렴한 가격에 판매한다는 것을 알게 되었다. 이로 인해 Uniqlo 브랜드에 대한 고객 인식이 저렴한 의류 브랜드에서 고품질의 저렴한 캐주얼 의류 브랜드로 완전히 바뀌었다. 1998년 말까지 Uniqlo는 일본 전역에 300개 이상의 점포를

출처: mauritius images GmbH/Alamy Stock Photo

열고 사업을 확장했다.

인기 있는 다른 의류 소매상들과 비교했을 때, Uniqlo의 브랜드 철학은 매우 단순하면서 포괄적인 접근방식을 취한다. 브랜드가 주는 메시지는 "Uniqlo는 전 세계에 캐주얼 의류를 입으라고 영감을 주는 현대적인 일본 회사다"라는 것이다. Zara와 H&M 같은 의류 소매상과는 달리, Uniqlo는 유행을 쫓지 않는다. 대신 접근 가능하며 보편적인 의류 제품을 디자인하고 판매한다. 이러한 Uniqlo 성공의 핵심 요소는 브랜드 모토인 "Made for All"에 구현되어 있다. Uniqlo는 나이, 민족, 성별에 상관없이 모든 소비자가 관심을 가질 수 있는 옷을 디자인했다. 의류 디자인이 기본적이지만, 다른 의류나 액세서리와 함께하면 여전히 자신만의 스타일 감각을 표현할 수 있다.

Uniqlo는 여성, 남성, 아동(영·유아 포함)으로 구분되는 세 개의 세분시장을 겨냥해 제품을 개발한다. 각각의 세분시장은 아우터, 상의, 하의, 속옷, 홈웨어의 5가지 종류의 의류 제품을 판매한다. 아우터 카테고리에서 Uniqlo는 가볍고 얇지만 보온성이 뛰어난 초경량 다운 재킷으로 유명하다. 상의는 주로 기본 드레스, 블라우스, 티셔츠, 폴로 셔츠, 스웨터를 포함한다. 하의에는 바지, 반바지, 스커트, 레깅스가 있다. 더 세련된 스타일을 원하는 사람들을 위해 상의와 하의 카테고리에 디자이너 컬렉션을 제공한다. 대부분의 속옷과 홈웨어는 특별히 편안함을 염두에 두고 디자인되었고, 통기성과 보온성에서 다양한 종류를 선보이고 있다.

의류 디자인과 혁신은 Uniqlo가 성공할 수 있었던 또 다

른 요소다. Yanai는 종종 Uniqlo는 패션 회사라기보다는 오히려 기술 회사라고 단언한다. Uniqlo는 기술 혁신을 통해 의류의 성능을 개선하는 데 투자해 왔다. HeatTech 원단은 습기로부터 열을 발생시키고 원단에 내장된 에어 포켓으로 열을 가둔다. AIRism 원단은 가볍고 신축성이 있으며 어떤 온도에서도 통기성을 유지한다. 운동복과 캐주얼을 넘나드는 라이프 웨어는 일상복으로 입을 수 있도록 디자인되었다. 혁신적인 원단을 브랜드화하고 우수한 성능과 기능을 강조함으로써 Uniqlo는 다른 저가 의류 소매상의 제품과 차별화한다.

그러나 Uniqlo가 거둔 성공의 또 다른 요인은 기능적이고 질 좋은 제품을 저렴한 가격에 판매할 수 있다는 점이다. 인기 있는 많은 외국 의류 체인점들(Gap과 Benetton)이 수직적으로 통합되어 있다는 것을 발견한 후, Yanai는 제품 디자인, 생산, 소매를 완전히 통제하기 위해 다른 체인점의 전례를 따랐다. 패스트패션 소매상들은 빠르게 변화하는 패션 트렌드에 대응할 수 있도록 (짧게는 2주 만에) 공급망을 설계한다. Uniqlo는 이렇게 하는 대신 수개월 전에 패션 필수품과 기본 품목의 생산을 계획한다. 소비자 수요에 따라 수량을 조절하기 위해 마케팅 캠페인에 맞춰 생산을 조정하고, 직원들은 생산 공장을 방문해 신제품이 품질을 충족하는지 확인한다.

브랜드를 구축하기 위해 Uniqlo는 전통적인 TV 광고와 전단지를 넘어선 다양한 프로모션 방법을 이용한다. 한 가지 방법은 매장 내 경험에 중점을 두는 것이다. 밝은 조명과 깔끔하게 쌓아 올린 진열 방식과 효율적인 구성은 단순함과 접근성이라는 Uniqlo의 메시지를 전달한다. Uniqlo의 혁신과 스타일의 이점을 설명하는 디지털 화면을 개방된 공간에 전략적으로 배치한다.

Uniqlo는 또한 뛰어난 고객서비스를 창출하는 데 힘쓰고 있다. 3개월 동안 매장 내 직원을 교육하는데, 이는 업계 평균보다 훨씬 긴 기간이다. Yanai는 또한 Uniqlo University의 설립을 계획하고 있는데, 거기에서 매년 1,500명 이상의 매니저를 훈련시켜 전 세계에 파견하려 한다. 직원은 "찾으시는 물건을 다 찾으셨나요?"와 "필요한 것이 있으면 알려주세요. 제 이름은 _____ 입니다."를 포함한 6가지 표준 문구를 사용하여 고객과 소통하고, 올바른 제품을 찾는 데 도움을 주기 위해 최선을 다하도록 교육받는다. 매장 입구에 있는 직원은 손님에게 따뜻한 환영 인사와 다정한 작별 인사를 건넨다.

마케팅, 디자인, 운영 및 서비스에 반영된 Uniqlo의 강력한 브랜드 포지셔닝과 "Made for AI" 철학은 회사를 세계적인 의류 소매상으로 성장하도록 했을 뿐만 아니라, 세계에서 가장 가치가 높은 의류 소매상으로 자리매김하는 데 도움을 주었다.[43]

질문

1. Uniqlo의 고객 가치 제안의 핵심 요소는 무엇인가?
2. Uniqlo가 수직적 통합 상태를 유지해야 하는가? 아니면 유연성을 높이고 규모의 경제를 달성하기 위해 아웃소싱에 더 많이 의존해야 하는가?
3. 뛰어난 고객 경험을 제공하는 데 기업 문화는 어떤 역할을 하는가?

---

marketing
SPOTLIGHT

Best Buy

가전제품 소매상인 Best Buy는 1966년에 첫 사업을 시작했다. Sound of Music이라는 오디오 전문점으로 시작했던 초창기에는, 주로 스테레오와 여러 음악 장비를 판매했다. Sound of Music은 1983년에 7개 지점으로 확장하면서 경쟁력 있는 가격과 가전제품, 컴퓨터 장비, 비디오 게임, 홈 시어터 시스템을 포함하는 확장된 제품 구색을 반영하기 위해 상호명을 Best Buy

로 변경했다.

2010년대 초반까지 Best Buy는 사업적으로 여러 어려움에 직면했다. 특히 소비자의 쇼루밍 트렌드는 전자제품 소매상에게 부정적인 영향을 미치게 되었다. 고객은 매장에 가서 전자제품과 가전제품을 살펴본 후 Amazon 같은 다른 소매상에서 더 저렴하게 제품을 구입했다. 이전에는 Best Buy가 CD와 DVD 같은 제품의 판매를 통해 많은 고객을 유치했으나, 음악, 영화, 비디오 게임이 디지털 플랫폼으로 이동하면서 이러한 제품은 구시대의 산물로 전락했다. RadioShack, Circuit City, hhgregg와 같은 경쟁자들은 이미 문을 닫거나 파산 신청을 했고, Best Buy도 같은 운명을 맞을 것이라는 암울한 전망에 직면해 있었다.

2012년 중반 Hubert Joly가 새로운 CEO로 합류하면서 Best Buy는 사업의 전환을 맞이하게 되었다. 미국의 호텔 및 여행 대기업인 Carlson Wagonlit Travel의 CEO를 역임한 Joly는 쇼루밍을 위협적인 문제에서 성공적인 사업 전략으로 바꾸고자 했다. 또한 고객을 유지하고 고객 충성도를 높이기 위해 Best Buy의 서비스 측면을 획기적으로 개선하고자 했다.

Joly가 이끈 가장 중요한 변화는 Best Buy의 최저 가격 보장제도였다. 가격 비교 앱을 통해 고객은 Amazon 같은 회사들이 거의 항상 더 낮은 가격에 같은 제품을 판매한다는 사실을 확인했다. 매장에서 제품을 보고 온라인으로 주문하는 것이 더 이득이기 때문에 Best Buy에서 제품을 구매할 이유가 전혀 없어 보였다. 비록 최저 가격 보장을 위해 소요되는 비용이 높긴 했지만, 그 제도는 고객에게 경쟁 상점이 아닌 Best Buy에서 제품을 구매해야 하는 이유를 제공했다.

Best Buy는 전자제품 제조업체(Apple, 삼성, Microsoft)와 제휴하여 각 기업의 제품을 브랜드별로 진열하면서 쇼루밍을 활용했다. 원래 Best Buy는 제품 종류별로 공간을 구분해 전자제품을 판매하면서 같은 종류 제품의 판매 공간 내에서 경쟁 브랜드를 나란히 진열했었다. 새로운 파트너십이 제자리를 잡으면서, Best Buy는 이제 이러한 각 회사의 제품을 전용 키오스크에 전시한다. 예를 들어, Apple 키오스크는 Apple 스토어처럼 미니멀한 디자인으로 꾸며져 있다. Amazon 부스는 Alexa 장치를 선보이고, 소비자들은 Microsoft 구역에서는 새로운 콘솔과 비디오 게임을 시험해 볼 수 있다. 키오스크에 배치된 인력은 각자 맡은 제품에 정통한 직원들이다. Best Buy의 수많은 경쟁자들이 문을 닫았기 때문에, 전자제품 회사들은 자사 제품을 매장에 선보이기 위해 Best Buy로 눈을 돌릴 수밖에 없었다.

이러한 파트너십을 통해 Best Buy는 수익성이 좋은 매출원을 창출하게 되었다.

Best Buy는 제품 출하 방식도 바꿨다. 이전에는 Best Buy 웹사이트에서 주문한 제품은 중앙 물류창고에서 출하되었다. 중앙 물류창고에 해당 제품의 재고가 없는 경우, 고객은 Best Buy 매장에 가거나 다른 소매상을 찾아야 했다. 경영진은 Best Buy의 각 매장이 상품을 출하할 수 있는 소규모 물류창고 역할을 할 수 있다는 것을 깨달았다. 약간의 수정을 거친 후, Best Buy 웹사이트에서 주문하는 고객은 집으로 배송받거나, 인근 Best Buy 매장 또는 가장 가까운 물류창고에서 제품을 픽업할 수 있게 되었다. 이러한 변화는 배송시간을 크게 단축시켰고, 심지어 창고에 판매 상품이 품절되었을 때 웹사이트가 유용하게 활용되었다. Best Buy의 웹사이트는 온라인 쇼핑객에게 더 경쟁력 있는 선택이 되었다.

Best Buy의 또 다른 계획은 Amazon 같은 회사와 경쟁하기 위해 고객서비스를 개선하는 것이었다. Best Buy는 훌륭한 대면 고객서비스 경험이 회사에 유리할 것이라고 믿었다. 2012년 Best Buy 경영진은 직원을 재교육하여, 보다 높은 수준의 소비자 참여를 장려하고 직원들이 가상현실 헤드셋과 스마트홈 가전제품과 같은 새로운 소비자 가전제품에 대해 더 많은 지식을 갖추도록 교육했다. Best Buy는 고객에게 수리 및 설치 서비스를 제공하는 사내 기술 지원 서비스팀인 Geek Squad도 개선했다. 이러한 변화 후에 회원들은 Geek Squad를 24시간 이용할 수 있게 되었고, 학생을 위한 저렴한 요금제를 제공하기 시작했다. 또한 Geek Squad는 고객에게 어떤 제품을 구입할지와 제품을 잘 설치하는 방법을 알려주는 무료 가정방문 상담 프로그램을 시작했다.

Best Buy는 데이터 분석을 사용하여 소비자 행동을 이해하고, 시장 수요를 예측하며, 매장 내 수익을 증가시켰다. 또한 고객이 어느 부스에 가는지, 각 부스에서 얼마나 많은 시간을 보내는지, 구매했는지 여부를 알려주는 모바일 애플리케이션 데이터와 지오태깅(geotagging)을 사용하여 매장 내 소비자 행동을 추적한다. Best Buy는 이러한 데이터를 사용하여 매장 배치를 최적화하고 매출 증대를 위한 고객 대상 광고를 발송한다.

Best Buy는 이러한 전략을 통해 세계에서 가장 큰 가전제품 소매상이 될 수 있었다. 미국에 1,000개 이상의 오프라인 매장이 있는 Best Buy는 전자제품과 가전제품을 판매하는 거대한 거래 공간이 되었다. 고객은 매장 내에서 상담 및 고객서비스를 받을 수 있고 구매하기 전에 제품을 사용해 볼 수 있기 때문에 Best Buy를 선택한다. 전자상거래의 성장에도 불구하고 Best Buy는 오프라인 매장을 통한 소매업이 여전히 성공할 수 있음을 보여주고 있다.[44]

질문

1. Best Buy의 성공 비결은 무엇인가? 오늘날 소매 환경에서 Best Buy가 당면한 과제는 무엇인가?

2. Best Buy는 Walmart와 Costco 같은 소매 경쟁업체 그리고 Amazon 같은 온라인 경쟁업체와 어떻게 경쟁할 수 있는가?

3. Best Buy는 물리적인 자체 매장이 부족한 기업을 위한 쇼룸이 되는 데 초점을 맞춰야 하는가? 이런 접근방식의 장점과 단점은 무엇인가?

17

경쟁시장의 성장 촉진

창립 이래 많은 자동차를 출시하면서 '최초'라는 수식어를 강조했던 General Motors는 1990년대에 들어와서는 혁신이 뒤처졌고 2009년 세계 경제 위기 이후 침체된 판매를 활성화하기 위해 다시 한번 혁신으로 눈을 돌렸다.
출처: Jonathan Weiss/Atamy Stock Photo

기업의 성공을 위해 성장은 필수적이다. 장기간 시장 선두주자가 되는 것은 마케터의 목표다. 오늘의 어려운 마케팅 환경은 기업이 마케팅 전략과 상품을 새로 만들도록 요구한다. 경제 상황이 변하고, 경쟁업체가 새로운 공격을 개시하며, 구매자의 관심과 요구사항이 진화한다. 해를 거듭하며 자동차 제조업체들 사이에서 흥미로운 경쟁 전쟁이 일어나면서 General Motors는 지속 가능한 시장 성장을 위해 자동차의 차별화를 추구했다.

>>> 1908년에 창립된 General Motors는 자동차에 통합할 혁신적인 새로운 기술을 항상 추구해 왔다. 자동차에 셀프스타트를 처음으로 도입하여 핸드 크랭크를 쓸모없게 만들었다. General Motors가 도입한 또 다른 최초로서 에어백과 각 바퀴의 브레이크가 있다. 1950년대까지 소비자 안전과 편리성에 초점을 맞추면서 미국 자동차 시장의 50%를 차지했다. General Motors는 혁신이 늦어지면서 세기말부터 침체되기 시작했고, 판매를 창출하기 위한 수단으로 판매 촉진에 초점을 맞추었다. 2009년에 세계 경제 위기에 따른 파산에서 벗어났

을 때 기업은 상품 혁신 노력을 재점화했다. 2019년에 발표한 '충돌 제로, 배출 제로, 혼잡 제로' 프로그램은 자율주행 전기차에 대한 기업의 중심을 나타냈다. 결국 GM은 무인 자동차와 차내에 탑재된 운전자 지원을 개발하기 위해 Google과 Microsoft의 인공지능 개발자들과 협업하고 있다. General Motors는 새로운 초점의 일부로서 자사의 고급 브랜드인 Cadillac에 친환경 기술을 접목하기 위해 Chevy Volt를 단종시켰다. 자동차 산업의 미래를 설계할 것을 약속하는 기술에 많은 투자를 함으로써, General Motors는 시장 포지션을 강화하고 혁신에서 리더십을 되찾아오는 것을 목표로 한다.[1]

이 장은 성장, 경쟁의 역할, 마케터가 그들의 시장 포지션과 제품 수명주기 단계에서 브랜드를 가장 잘 관리할 수 있는 방법을 살펴본다. 경쟁은 매년 더 치열해진다. 세계 경쟁업체들은 신시장에 들어가기를 열망하고, 온라인 경쟁업체들은 유통을 확장하기 위한 비용효율적인 방법을 찾고, 자사 상표 브랜드와 스토어 브랜드는 저렴한 대안을 제공하고, 메가 브랜드는 새로운 범주로 브랜드 확장을 꾀하고 있다. 이러한 그리고 그 이상의 이유로, 상품과 브랜드의 운명은 시간이 지남에 따라 달라지고, 마케터는 그에 따라 대응해야 한다.

성장 기회 평가

성장 기회 평가는 신사업 계획, 기존 사업을 축소 및 종료하는 것을 포함한다. 미래 희망 매출과 예상 매출 간 차이가 있다면, 기업 경영은 그 차이를 메꿀 신사업을 개발하거나 인수할 필요가 있을 것이다.

　성장 기회 평가에서 두 가지 고려할 점이 있다. 첫째는 기업이 집중해야 하는 상품과 시장의 유형이다. 둘째는 기업이 시간에 따른 상품-시장 성장 전략을 관리할 수 있는 방법을 고려한다. 다음 절에서 이러한 고려사항에 대해 논의한다.

상품-시장 성장 전략

기업 경영은 기존 사업을 향상할 기회를 꾸준히 살펴야 한다. 잘 알려진 체계는 Ansoff 매트릭스로도 잘 알려진 **상품-시장 성장 체계**(Product-Market Growth framework)다. 이것은 기업의 고객층을 상품 개발 기회에 연결하는 네 개의 주요한 판매 성장 전략을 설명한다.[2] 이 체계는 현

학습목표

17.1 기업이 성장 기회를 평가하는 방법을 요약한다.

17.2 기업이 시장 포지션을 획득하는 방법을 설명한다.

17.3 기업이 시장 포지션을 방어하기 위해 사용할 수 있는 전략을 요약한다.

17.4 주요 제품 주기 마케팅 전략을 논의한다.

그림 17.1
상품-시장 성장 체계

	현 고객	신고객
현 상품	시장 침투	시장 개발
신상품	상품 개발	다각화

재 및 새로운 상품과 시장의 관점에서 기업의 전략적 성장 기회를 평가한다.

기업은 시장 침투 전략을 사용하여 현재 시장에서 현 상품의 시장 점유율을 높일 수 있는지를 첫 번째로 고려한다. 다음으로, 시장 개발 전략을 사용하여 현 상품의 신시장 확인 또는 개발이 가능한지를 고려한다. 그다음은 상품 개발 전략으로 현 시장에 대한 신상품을 개발할 수 있는지를 고려한다. 마지막으로, 기업은 다각화 전략을 통해 신시장을 위한 신상품 개발 기회 또한 살펴볼 것이다. 상품–시장 성장 체계를 구성하는 네 가지 전략은 그림 17.1에 나와 있다.

ESPN이 어떻게 시장 기회의 다양성을 추구했는지 생각해 보자.

출처: IanDagnall Computing/Alamy Stock Photo

>> 팬들이 스포츠를 보고, 읽고, 토론하는 곳 어디에든 위치함으로써 브랜드를 확장하겠다는 다짐은 ESPN을 지역 방송사에서 스포츠계의 가장 큰 브랜드로 만들었고, 이로써 약 200여 개 국가와 지역에서 다양한 미디어와 기타 사업을 운영하게 되었다.

ESPN 스포츠 프로그램과 뉴스에만 집중함으로써 ESPN은 작은 지역 방송국에서 가장 유명한 방송국으로 성장했다. 1990년대 초반, 기업은 면밀한 계획을 공들여 세웠다. 스포츠 팬들이 스포츠를 시청하고 읽고 토론하는 곳 어디에든 ESPN이 있었다. 브랜드를 확장함으로써 이러한 전략을 추구하였고 이제 10개의 케이블 채널, 잡지, 몇몇 식당(ESPN Zone), 600개 이상의 지역 라디오 계열사, 오리지널 영화와 TV 시리즈, 책 출판, 스포츠 상품 카탈로그와 온라인 상점, 음악과 비디오 게임, 모바일 서비스를 가지고 있다. ESPN International은 미국 외 여러 TV 네트워크와 200개 이상의 나라와 7개 전 대륙의 지역에 있는 스포츠 팬들에게 도달하는 다양한 추가 사업을 일부 또는 전부 소유하고 있다. 이제 The Walt Disney Comany와 Hearst Communications 소유의 ESPN은 Disney의 전체 케이블 네트워크 수익의 상당 부분에 기여한다.[3]

기존 고객을 대상으로 한 기업의 현 상품의 매출 증가를 의미하는 **시장 침투 전략**(market-penetration strategy)은 종종 구현하기가 가장 쉽다. 이 전략을 실행하기 위해 기업은 상품의 장점을 보여줌으로써 고객이 더 많이 사도록 촉진하기 위해 노력한다. 대안적으로, 현 상품에 대한 새로운 사용법을 확인할 수도 있고, 고객에게 이러한 상품을 다른 욕구를 충족하는 데 사용하도록 교육할 수도 있다.

　기업은 어떻게 **시장 개발 전략**(market-development strategy)을 사용할 수 있을까? 첫째, 현 판매 영역에서 잠재적 사용자 그룹을 확인하려고 노력할 수 있다. 만약 소비자 시장에만 판매되었다면, 그것은 사무실과 공장 시장을 뒤쫓을 수도 있다. 둘째, 대량 판매 또는 온라인 채널을 추가함으로써 추가 유통 채널을 찾을 수 있다. 셋째, 국내 또는 해외의 새로운 장소에서 팔수도 있다.

　경영진은 또한 **상품 개발 전략**(product-development strategy)을 고려해야 한다. 그래서 기업은 새로운 제품 기능을 개발하고, 다양한 가격 계층에서 다양한 혜택을 제공하거나, 현재 제품에 대한 실행 가능한 대체 기술을 개발할 수 있다.

　마지막으로, **다각화 전략**(diversification strategy)을 통한 성장은 현재 사업 외에도 좋은 기회가 존재할 때 가능하다. 즉 산업이 매우 매력적이고 기업이 성공하기 위한 비즈니스 강점의 적절한 조합을 가지고 있는 경우다. 애니메이션 영화 제작자로서의 기원인 The Walt Disney Company는 Hyperion 인쇄하에 공익소설을 출판하고, ABC와 ESPN뿐만 아니라 Disney Channel과 함께 방송 산업에 진출하였으며, 테마파크와 휴가 및 리조트 시설을 개발하고 크루즈와 상업 극장 경험을 제공하면서, 상품화된 제품에 대한 라이선스 캐릭터로 이동했다.

　여러 유형의 다각화가 가능하다. 첫째, 기업은 비록 서로 다른 고객 그룹에 소구할지라도, 집중화 전략을 선택하고 기존 제품 라인과 기술적 또는 마케팅적 시너지를 가진 신상품을 추구할 수 있다. 둘째, 서로 다른 생산 과정이 필요할 수 있지만, 기업은 수평적 전략을 사용하고 보완재를 생산할 수도 있다. 마지막으로, 기업은 복합적 전략을 채택하면서 현 기술, 상품 또는 시장에 관련성이 없는 신사업을 추구할 수도 있다.

합병 및 인수를 통한 성장

기업은 두 가지 방법으로 성장할 수 있다. 성과를 높이고 매출과 이익을 국제적으로 증진하거나[흔히 **유기적 성장**(organic growth)이라고 불리는 접근법] 합병과 인수에 의존할 수 있다. 상품 개발과 다각화가 유기적 성장과 인수와 합병에 의한 성장을 모두 포함하는 반면에 시장 침투와 시장 개발 전략은 전통적으로 유기적 성장의 길을 따른다. 여기서는 인수합병을 통해 기업의 시장 포지션을 확장하는 데 중점을 둔다.

　기업은 판매와 수익을 산업 내에서 전방, 후방 또는 수평적 통합을 통해 이룰 수 있다. Merck는 1989년까지 처방전 없이 살 수 있는 의약품 판매를 위해 Johnson & Johnson과 함께, 기초 연구 확장을 위해 1991년에는 DuPont과 함께 합작회사를 설립했다. 1997년에는 Merck와 Rhône-Poulenc S.A.(현 Sanofi S.A.)가 결합하여 동물 건강과 가금류 유전학 사업을 완전히 통합하여 동물 건강 기업인 Merial Limited를 설립했다. Merck는 2009년에 Schering-Plough를, 2014년에 Cubist Pharmaceuticals를, 2016년에 Afferent Pharmaceuticals를, 2018년에는 Antelliq를 인수했다.[4]

　수평적 합병 및 제휴가 항상 잘되는 것은 아니다. Sears와 Kmart 사이의 합병은 소매상의 문제를 풀지 못했다. 2005년 Nextel Communications Inc.와 Sprint 간의 합병은 부분적으로 호환되지 않는 그들의 네트워크 때문에 10년 중 최악의 합병 중 하나로 여겨졌다.[5] 같은 맥락에서 United와 Continental 간의 합병은 전략적, 재정적으로 합당했지만, 두 항공사가 탑승 절차에서부터 게이트로 비행기를 들여오는 방식에 이르기까지 서로 다른 방식으로 사업을 운영했기 때문에 물류 문제(logistical problems)는 끝이 없어 보였다.

기업은 사업을 성장시키기 위해 인수와 합병을 어떻게 이용할 수 있을까? 기업은 더 많은 통제 또는 후방 통합을 통한 더 많은 수익을 창출하기 위해 하나 이상의 공급업체와 합병할지도 모른다. 특히 수익성이 높은 경우 향후 통합에서 일부 도매업체 또는 소매업체를 인수할 수 있다. 최종적으로, 정부가 수평적 통합을 금지하지 않는다면 기업은 하나 이상의 경쟁자를 인수할 수도 있다.[6] 그러나 이러한 새로운 자원은 원하는 판매량을 제공하지 못할 수도 있다. 이러한 경우에 기업은 다각화를 고려해야 한다.

신시장 기회를 고려하는 것 외에도 기업은 조심스럽게 가지를 치거나, 수확을 하거나, 다른 용도로 필요한 자원을 방출하고 비용을 절감하기 위해 피곤한 오래된 사업에서 손을 떼야 한다. 여행과 신용카드 운영에 중점을 두기 위해 American Express는 보험, 뮤추얼 펀드, 투자자문 중개 및 자산관리 서비스를 제공하는 American Express Financial Advisors를 분리했다(이것은 Ameriprise Financial로 이름이 바뀌었다). American International Group(AIG)은 두 개의 하부조직(American General Indemnity Co.와 American General Property Insurance Co.)의 중복자산을 버리고 핵심 운영에 집중하기 위한 장기 성장 전략의 일환으로 White Mountains Insurance Group을 매각하는 데 동의했다.

기업의 사업 포트폴리오가 다양할수록 어느 지점에선가 사업 운영을 축소하거나 사업부를 매각해야 할 가능성이 커진다. 그래서 기업의 사업을 간소화하고 현재의 재정적 의무를 다하기 위해 GE는 캐나다 Bank of Montréal에 매각된 운송 금융 부문, 중국 소비가전업체 Haier Group에 매각된 가전 부문, 스위스-스웨덴의 다국적 기업 ABB에 매각된 Industrial Solutions Business를 포함한 여러 부문을 처분했다. GE는 또한 분산 발전기를 사모펀드인 Advent에 매각하기로 합의하고 기관차 제조업체인 Wabtec과 함께 기관차 제조 운영을 포함하는 운송 사업을 합병했다.

혁신과 모방을 통한 성장

Theodore Levitt는 **상품 모방** 전략이 **상품 혁신** 전략만큼 수익성이 있을 수 있다고 주장한다.[7] 그가 말하는 '혁신적 모방'에서 혁신자는 신상품을 개발하고, 유통시키고, 시장에 알리고 교육하는 비용을 부담한다. 이러한 모든 일과 위험에 대한 보상은 보통 시장 리더십이다. 그러나 또 다른 기업이 따라와서 신상품을 모방하거나 이를 개선할 수 있다. 선두를 추월하지는 못할지라도, 혁신 비용을 전혀 부담하지 않기 때문에 추종자가 높은 수익을 올릴 수 있다.

많은 기업은 시장 리더에 도전하기보다는 따르는 것을 선호한다. 의도적 평행주의 방식은 철강, 비료, 화학과 같은 자본집약적이고 균일한 상품 산업에서 일반적이다. 상품과 이미지 차별화를 위한 기회는 낮고, 서비스 품질은 비슷하고, 가격민감도가 높다. 이러한 산업 내 분위기는 단기적인 시장 점유율 확보에 반대하는데 보복성만 불러올 뿐이기 때문이다. 대신에, 대부분의 기업은 주로 리더를 모방함으로써 구매자에게 유사한 제품을 제시한다. 시장 점유율은 높은 안정성을 보여준다.

이것은 시장 추종자들이 전략이 부족하다는 것을 의미하지 않는다. 그들은 현재 고객을 유지하고 새로운 고객의 높은 점유를 얻는 방법을 알고 있어야 한다. 각 추종자는 타깃(목표)시장에 위치, 서비스, 재정 같은 차별화된 이점을 제공하는 동시에 제조비용을 방어적으로 낮추고 상품 품질과 서비스는 높게 유지하고자 한다. 또한 신시장이 개방됨에 따라 진입해야 한다.

추종자는 성장 경로를 정의해야 하지만 경쟁적인 보복을 유발하지 않는다. 세 가지 광범위한 전략으로 구분한다.

- **복제자**: 복제자는 약간의 수정을 가미하여 리더의 상품, 이름, 포장을 모방한다. 기술 회사들은 종종 복제자라고 비난받는다. 유사한 모조품은 모바일 메시징 앱 제조업체 WhatsApp의 상품을 모방하고 Rocket Internet(Berlin 기반)은 경쟁사의 사업 모델을 모방하여 이를 넘어서고자 했다.[8] 이제 Ralston Foods(ConAgra가 소유)는 Value＋Brands 플랫폼의 일부로 거의 유사한 모양의 상자에 담아 유명 브랜드 시리얼의 모조품을 판매한다. Apple Cinnamon Tasteeos(Cheerios 대비), Cocoa Crunchies(Cocoa Puffs 대비), Corn Biscuits(Corn Chex 대비)은 성공적인 General Mills 브랜드를 목표로 하지만 가격은 더 저렴하다.[9]

- **모방자**: 모방자는 리더로부터 일부를 모방하지만 포장, 광고, 가격, 위치는 차별화한다. 리더는 모방자가 적극적으로 공격하지 않는 한 신경 쓰지 않는다. Florida Fort Lauderdale에서 자란 Fernandez Pujals는 Madrid에 그의 첫 매장을 여는 데 8만 달러를 빌린 스페인에 Domino의 피자 홈 배달 아이디어를 도입했다. 그의 Telepizza 체인은 23개국에서 회사 매장과 프랜차이즈 매장을 포함하여 1,600곳이 넘는 지점에서 운영된다.[10]

- **적응자**: 적응자는 리더의 상품을 가져와 변형하거나 개선한다. 적응자는 서로 다른 시장에서 팔기로 결정할 수도 있지만, 많은 일본 기업이 다른 곳에서 개발된 상품을 개선한 이후 그랬던 것처럼 종종 미래 도전자로 성장한다.

이러한 세 가지 추종자 전략은 불법적이고 비윤리적인 추종자 전략과 혼동되어서는 안 된다. 위조범은 지도자의 상품과 포장을 복제하여 암시장에서나 평판이 나쁜 딜러를 통해 판매한다. Apple과 같은 첨단 기술 회사와 Rolex와 같은 명품 브랜드들은 수년 동안, 특히 아시아에서 위조 문제로 골치를 썩어왔다. 의약품 위조는 거대하고 잠재적으로 치명적인 750억 달러 규모의 사업이 되었다. 규제되지 않은 가짜 약물에서는 분필, 벽돌 먼지, 페인트, 심지어 농약 성분까지 검출되고 있는 것으로 밝혀졌다.[11]

팔로워십은 종종 보상의 길이다. 일부 추종자 기업은 또 다른 산업에서 성공을 거두었다. Limited Brands와 Victoria's Secret 란제리 소매점을 운영해 왔던 Lex Wexner는 모방을 완전히 받아들인다. 1년에 한 달간 그는 항공사에서부터 소비재 제조업체에 이르기까지 다른 회사로

부터 얻을 수 있는 아이디어를 찾아 세계를 여행한다.[12]

시장 포지션 획득

마케팅의 중요한 기능은 기업 판매와 수익의 성장을 이끄는 것이다. 좋은 마케팅은 소비자를 끌어들이고, 그들이 회사의 제품을 시험하도록 유도하고, 입소문과 확산을 촉진하는 데 도움을 줄 수 있다.

기업의 **시장 포지션**(market position)은 세 가지 요소로 정의될 수 있다.

- **시장 점유율**: 시장 점유율은 특정 시장에서 판매된 총매출 또는 총단위 대비 회사의 판매 수익 또는 판매된 회사 단위 수로 측정된다.
- **회상률**: 이것은 특정 산업에서 가장 먼저 떠올려지는 기업으로 간주하는 고객의 비율로 정의된다.
- **충성률**: 특정 제품을 구입하고 싶은 회사로 그 회사의 이름을 지정한 고객의 비율이다.

시장 점유율은 일반적으로 회상률과 충성률을 반영한다. 이것은 다음과 같이 일반화할 수 있다. **회상률과 충성률을 꾸준히 올리는 기업은 필연적으로 시장 점유율과 수익성을 얻을 것이다.** Apple, Netflix, Uber, Airbnb, Warby Parker 같은 회사들은 모두 고객과 모든 구성원을 만족시키기 위해 정서적·경험적·사회적·재정적 가치를 제공하는 혜택을 거두고 있다.[13]

시장 리더(market leader)는 가장 큰 시장 점유율을 가지고 있고, 주로 가격 변동, 신제품 도입, 유통 범위, 판촉 강도에서 앞선다. 일부 역사적인 시장 리더로서 Microsoft(컴퓨터 소프트웨어), Gatorade(스포츠 음료), Best Buy(소매 가전), McDonald's(패스트푸드), Blue Cross Blue Shield(건강보험), Visa(신용카드)가 있다.

마케터는 잘 알려진 브랜드가 소비자의 마음속에서 독특할 것이라 가정하지만, 지배적인 회사가 법적 독점을 누리지 않는 한 지속적인 경계를 유지해야 한다. 강력한 상품 혁신이 뒤따를 수도 있고, 경쟁자가 새로운 마케팅 각도를 찾거나, 주요 마케팅 투자에 전념할 수도 있으며, 리더의 비용 구조가 상승할 수도 있다. 정상을 유지하기 위해 열심히 노력한 유명한 브랜드이자 시장 리더 중 하나로 Xerox가 있다.

>> 우량 기업 Xerox는 복사기 회사에서 광범위한 이미징 및 인쇄 제품과 함께 기업 고객이 비용을 절감할 수 있도록 지원하는 비즈니스 관련 서비스를 제공하는 회사로 변모하며 수년에 걸쳐 현실에 안주하는 것을 피해 왔다.

Xerox   Xerox는 복사기 회사 이상이 되고자 노력해 왔다. 이제 동사가 되어버린 이름을 가진 우량 기업으로서, 기업은 새로운 범위의 인쇄 및 비즈니스 관련 서비스를 제공하는 동시에 가장 광범위한 이미지 제품을 배치하며 고급 인쇄 시스템 시장을 장악한다. 기존 라이트 렌즈 기술에서 디지털 시스템으로 제품 라인을 전환하고 컬러 복사 비용을 낮추고 3D 프린팅까지 할 수 있는 방법을 모색하고 있다. Xerox는 광범위한 문서 및 인쇄 관리자 서비스를 제공하여 기업이 데스크톱 프린터를 없애고 종이 사용을 줄이고 더 효율적이고 덜 고장 나며 더 저렴한 공급품을 사용하는 다기능 다중 사용자 장치를 설치함으로써 비용 절감을 지원한다. Xerox는 또한 영수증 처리, 비즈니스 처리, IT 아웃소싱을 제공하며 서비스 회사 이상이 되고 있다. ACS(Affiliated Computer Services) 인수를 통해서는 백오피스 운영에 기술을 투입할 수 있었다. 항공사의 고객서비스에 대한 전화, 의료보험 청구 서류 또는 온라인 제출, 스마트폰 문제 해결을 위한 질의는 모두 Xerox 직원이 처리할 수 있다. 2017년 초반, Xerox는 서비스 부문을 별도의 법인인 Conduent로 분리하여 문서 기술과 문서 아웃소싱 사업에 집중할 수 있게 했다.[14]

시장 포지션을 얻고 방어하기 위해 기업은 첫째, 현재 고객으로부터 판매를 키우는 방법을 찾아낼 수 있다. 둘째, 신시장을 창조함으로써 총 시장 수요를 확장시킬 수 있다. 셋째, 효과적인 방어적·공격적 행동을 통해 현재의 점유율을 보호해야 한다. 각각의 전략을 살펴보자.

현 고객에 대한 판매 증가

마케터는 소비 수량, 수준 또는 빈도를 증가시키기 위해 노력할 수 있다. 때로 포장 또는 상품 재설계를 통해 **수량**을 증가시킬 수 있다. 더 큰 포장 사이즈는 소비자가 한 번에 사용하는 상품의 양을 증가시킨다.[15] 소비자는 또한 상품이 더 쉽게 이용 가능해졌을 때 청량음료와 스낵과 같은 충동제품을 더 많이 사용한다.

아이러니하게도, Hershey's와 같은 일부 식품 회사들은 더 작은 포장 사이즈를 개발하였고, 실제로 더 빈번한 사용을 통해 판매량을 증가시켰다.[16] 일반적으로, 소비의 **빈도**를 증가시키기 위해서는 기업의 상품을 사용할 수 있는 추가적인 기회를 확인하거나 상품을 사용할 수 있는 완전히 새롭고 다른 방법을 확인해야 한다.

새로운 사용법 확인   마케팅 프로그램은 브랜드를 사용하는 것의 적절성과 장점을 전달할 수 있다. Pepto-Bismol 위 치료제는 미국 가정의 40%가 상비하고 있지만, 지난 12개월 내 단 7%의 사람들만이 복용했다고 주장한다. 사용을 확장하고 브랜드를 최초 상기시키기 위하여 휴일 캠페인은 Pepto-Bismol을 "Eat, Drink, and Be Covered(먹고, 마시고, 바꿔라)"라는 태그라인과 함께 파티 축제 및 축하와 연결시켰다. 비슷한 맥락에서 Orbit의 껌 포장지 안쪽에는 이 브랜드가 양치질을 대체할 수 있다는 것을 강조하는 "Eat. Drink. Chew. A Good Clean Feeling(먹어라. 마셔라. 씹어라. 좋은 깨끗한 느낌)"이라는 메시지가 담겨 있다.[17]

사용을 증가시키기 위한 또 다른 기회는 소비자가 그들의 사용이 실제와 다르다는 것을 지각할 때 일어난다. 소비자가 단지 제품이 얼마나 오랫동안 신선하게 유지되는지 또는 효과적으로 작동하는지에 대해 과대평가하기 때문에 수명이 짧은 제품을 교체해야 할 때 교체하지

못할 수 있다.[18] 한 가지 전략은 상품을 교체하는 행위를 휴일, 행사, 연중 시기와 연결시키는 것이다. 연기 경보기용 배터리와 진공청소기, 난방기, 에어컨용 필터와 같은 가정용 제품의 마케터는 일광 절약시간의 시작과 끝을 기준으로 사용하여 소비자에게 오래된 배터리를 새 배터리로 교체할 것을 상기시킨다.

다른 접근방식은 (1) 소비자가 제품을 처음 사용했거나 교체해야 하는 시점에 대한 더 나은 정보를 제공하는 것과 (2) 현재 제품 성능 수준을 측정하는 것이다. Gillette 면도기 카트리지는 반복적인 사용으로 서서히 희미해지는 색상의 줄무늬가 특징이며, 사용자에게 다음 카트리지로 교체하라는 신호를 보낸다. Monroe 충격 흡수장치와 스트럿(struts)의 마케터는 완전히 영리하게 통합한 "Everything Gets Old. Even Your Shocks(모든 것이 낡는다. 당신의 완충장치도)" 캠페인에서 마모된 완충장치와 스트럿을 신발, 양말, 타이어, 심지어 바나나 같은 결국 닳고 교체해야 하는 친숙한 소비재와 비교했다.[19]

새로운 사용 발견   소비 빈도를 증가시키는 두 번째 접근은 완전히 새롭고 다른 응용을 발견하는 것이다. 식품 기업들은 그들의 브랜드 상품을 서로 다른 방식으로 사용하는 레시피를 오랫동안 광고해 왔다. 일부 소비자들이 Arm & Hammer 베이킹소다를 냉장고 탈취제로 사용한다는 것을 발견한 후, 기업은 이러한 사용에 초점을 맞춘 대대적인 홍보 캠페인을 시작했고 미국 내 가구 절반에서의 채택에 성공했다. 다음으로, 기업은 해당 브랜드를 치약, 땀 방지제, 세탁세제와 같은 다양한 신상품 그룹으로 확장시켰다.

신시장 개발

신상품을 출시할 계획을 가진 기업은 언제 출시할지를 결정해야 한다. 시장에서 1등이 되는 것은 수익이 많이 나는 일이지만, 위험하고 비용이 많이 들 수도 있다. 기업이 더 우월한 기술, 품질, 브랜드 역량을 제공하여 시장 우위를 확보할 수 있다면 나중에 참여하는 것이 타당하다.

개척자의 우위 확보   여러 연구들은 시장 개척자가 큰 이점을 얻을 수 있다는 것을 보여준다. Campbell's, Coca-Cola, Hallmark, Amazon.com은 지속적인 시장 지배력을 만끽했다. 1923년의

25개의 시장 리더 중 19개 리더가 60년 후에도 여전히 시장 리더를 유지했다.[20] 산업제품 사업의 표본에서 적어도 10년 동안 살아남은 개척자의 비율은 66%이지만 초기 추종자의 생존율은 48%에 불과하다.[21]

개척자 이점의 원천은 무엇일까? 초기 사용자들은 만약 상품이 그들을 만족시키면 개척자의 브랜드명을 떠올릴 것이다. 개척자의 브랜드는 또한 제품 클래스가 가져야 할 속성을 설정한다.[22] 그것은 보통 시장의 중간을 목표로 하기 때문에 더 많은 사용자를 사로잡는다. 고객이 현재 옵션에서 전환하는 것에 대한 저항을 보여주는 고객 관성(inertia) 또한 그 역할을 한다. 규모의 경제, 기술 리더십, 특허, 희소한 자원의 소유권과 다른 진입장벽을 세울 수 있는 능력 같은 생산자 이점도 있다.

연구자들은 장기 시장 리더십을 뒷받침하는 5가지 요인을 확인했다: 대량 시장의 비전, 지속성, 끊임없는 혁신, 재정적 지원, 전략적 자산.[23] 다른 연구들은 파괴적 혁신의 역할을 더욱 강조했다.[24] 개척자가 Segway Human Transporter와 같은 정말 새로운 상품을 가지고 시장을 시작할 때, 살아남는 것은 매우 어려울 수 있다. 점진적 혁신자의 경우 생존율이 훨씬 더 높다.

혁신을 가속화하는 것은 짧아진 제품 수명주기 시대에서 필수적이다. 일찍 들어가는 것이 이득인 것으로 나타났다. 그럼에도, 너무 급하게 움직이는 것은 역효과가 날 수 있다. 기업은 제품 출시 마케팅의 신중한 설계와 실행에 대한 비용을 치르면서 빠르게 움직여서는 안 된다. General Motors는 Honda, Nissan, Ford의 중형 경쟁자들을 따돌리기 위해 새롭게 설계된 Malibu를 서둘러 출시했다. 하지만 다른 Malibu 버전 모두를 출시하기 위한 생산이 준비되지 않으면서 브랜드 가속화는 정체되었다.[25]

개척자 이점은 필연적이지 않다.[26] Bowmar(손 계산기), Apple의 Newton(개인 디지털 보조기기), Netscape(웹 브라우저), Reynolds(볼펜), Osborne(휴대용 컴퓨터)는 후발 주자들에게 추월당한 시장 개척자였다. 첫 번째 리더는 또한 개척자가 되는 것의 단점에 주의해야 한다.

마케터는 실패한 개척자들 사이에서 여러 약점을 확인했는데 너무 조잡하거나 부적절하게 포지셔닝되었거나 수요가 많아지기 전에 등장한 신제품, 혁신자의 자원을 고갈시킨 제품 개발 비용, 시장에 진입한 대기업과 경쟁할 수 있는 자원의 부족, 경영 무능 또는 건강하지 못한 안일함이 있었다. 성공적인 모방자는 더 낮은 가격을 제시하거나 제품을 지속적으로 향상하거나 개척자를 추월하기 위해 무시할 수 없는 시장력을 사용함으로써 번창했다.

연구자들은 개척자의 이점에 대해 더 많은 의문을 제기한다.[27] 그들은 신제품 범주에서 특허를 처음 개발한 **발명가**, 작업 모델을 처음 개발한 **제품 개척자**, 신상품 범주에서 처음으로 판매한 **시장 개척자**를 구별한다. 생존하지 못한 개척자를 표본에 포함하면서, 그들은 개척자가 여전히 유리할 수 있지만 보고된 것보다 더 많은 시장 개척자들이 실패하며 더 많은 초기 시장 리더(개척자가 아니었던)가 성공한다고 결론 냈다. 몇 년 사이 시장 개척자를 추월한 후기 진입자는 VCR에서 Sony보다 Matsushita, CAT 스캔 장비에서 EMI보다 GE, 검색에서 Yahoo!보다 Google이 있다.

125개 범주에서 625개 브랜드 리더를 대상으로 한 종단 연구는 앞서가는 브랜드가 경기침체기와 인플레이션이 높을 때 더 지속할 것이라는 것을 발견했다. 그들은 경제 확장기와 인플레이션이 낮을 때 지속할 가능성이 더 낮을 것이라는 것을 발견했다.[28] 나아가, 해당 표본 중에서 선두 브랜드의 절반은 12~39년 동안 리더를 유지한 후 선두의 지위를 잃었다. 이 자료는 브랜드 리더십의 지속률이 초기 시대(30년 전 이상)보다 최근 시대에 더 낮아졌고, 일단 브랜드 리더십을 잃으면 좀처럼 회복되지 않는다는 것을 보여준다. 흥미롭게도, 연구는 식품과 가정용품 범주에서 평균 이상의 브랜드 리더십 지속성을 발견했고, 내구재와 의류에서 평균보다 낮은 비율의 브랜드 리더십 지속성을 발견했다.

틈새시장 발굴   더 큰 시장에서 추종자가 되는 것에 대한 대안은 작은 시장 또는 틈새시장에서 리더가 되는 것이다. 더 작은 기업들은 대기업이 관심을 거의 또는 전혀 갖지 않는 작은 시장을 목표함으로써 일반적으로 대기업과 경쟁하는 것을 피한다. Huy Fong Foods가 발견한 것처럼, 시간이 지남에 따라 이러한 시장은 때로 상당한 규모의 권리를 갖게 될 수 있다.

>> 틈새상품인 Sriracha 핫칠리소스는 LA에 본사를 둔 Huy Fong Foods를 가장 빠르게 성장하는 미국 식품 회사 중 하나로 만들었으며, 심지어 궤도에 있는 NASA 우주비행사들의 미각에 활기를 불어넣었다.

Sriracha 핫칠리소스   David Tran은 1980년에 Los Angeles의 Chinatown에서 Huy Fong Foods를 창업했는데, 베트남 난민으로 그를 미국에 데려다준 타이완 화물선의 이름을 따서 회사 이름을 지었다. 태국의 Si Racha에서 만든 조미료를 일부 기반으로 한 Tran의 Sriracha 핫칠리소스는 녹색 뚜껑이 달린 압착병에 있는 독특한 수탉(Tran의 띠를 상징) 때문에 '수탉 소스'로 알려져 있다. 현지에서 조달한 할라페뇨 고추, 식초, 설탕, 소금, 마늘의 독특한 조합은 포장 공급업체들이 너무 맵다고 생각하는 맛을 만들었다. Tran은 "핫소스는 매워야 한다. 만약 매운 것을 좋아하지 않는다면 조금만 사용해라. 우리는 여기서 마요네즈를 만드는 게 아니다."라며 레시피 변경을 거부했다. Huy Fong의 Sriracha 소스는 Walmart에서 구매할 수 있고, Applebee 식당의 요리와 주요 도시의 길거리 음식으로도 맛볼 수 있다. NASA는 우주비행사들에게 이 소스를 공급하여 미각이 둔해지는 것을 방지했다. Sriracha의 인기 때문에, Huy Fong은 가장 빠르게 성장하는 미국 식품 회사 중 하나가 되었다. 성공은 모방자를 끌어들였지만, 기업의 수익은 계속 증가하여 아시아 핫소스 시장에서 선두주자가 되었다.[29]

전체 시장에서 낮은 점유율을 가진 회사들은 스마트 틈새시장을 통해 높은 수익을 올릴 수 있다. 그들은 높은 가치를 제공함으로써 다른 기업에 비해 타깃고객의 욕구를 더 잘 충족할 수 있을 정도로 타깃고객에 대해 잘 안다. 하지만 그들은 프리미엄 가격을 부과하고 제조비용을 더 절감하고 강력한 기업 문화와 비전을 만들 수도 있다. 대량 마케터가 높은 판매량을 달성하는 반면에 **틈새 마케터**(niche marketer)는 높은 마진을 달성한다.

성공적인 틈새시장 이용을 이끄는 원칙은 전문화다. 두 가지 일반적인 전문화 유형은 다음과 같다.

- **고객 전문가**: 기업은 한 가지 유형의 최종사용자 고객을 전문으로 한다. 예를 들면, **부가가치 재판매자**는 컴퓨터 하드웨어와 소프트웨어를 특정 고객 그룹을 위해 맞춤화하고 그 과정에서 가격 프리미엄을 얻는다. 회사는 세계의 특정 인근, 지역, 구역에 있는 고객에게만 판매한다.

- **상품 또는 서비스 전문가**: 기업은 한 제품 라인 또는 제품만 담당하거나 생산한다. 구리 생산자는 원료 구리, 구리 성분, 완제품 구리 생산에 집중할 수 있다. 제조업자는 현미경용 렌즈만 생산할 수 있다. 소매상은 묶음만 운반할 수도 있다. 기업은 다른 회사에서 제공하지 않는 하나 이상의 서비스를 제공한다. 은행은 고객에게 전화로 대출 요청을 받고 고객에게 돈을 직접 전달할 수 있다.

Paul Reed Smith는 경쟁자인 Fender, Gibson과 경쟁하고 '기타의 스트라디바리우스'를 공급하기 위해 PRS Guitars를 설립했다. PRS 악기들은 선별된 마호가니와 무늬단풍나무로 만들어져 가마 건조와 모래에 덮이는 과정을 5회 반복하고 8번의 아주 얇은 마감 코팅으로 조심스럽게 제작된다. 가격은 3,000달러에서 6만 달러까지이지만, Carlos Santana와 같은 최고 음악가들의 추천과 Manhattan의 Rudy's Music Shop과 같은 존경받는 소매업체들을 통한 유통은 브랜드가 발판을 마련하는 데 도움이 되었다.[30]

더 큰 고객층에 서비스를 제공하는 기업과 같이 틈새시장 기업은 세 가지 과제를 갖고 있다: 신시장 창출, 현 시장 확장, 시장 포지션 확보. 위험은 틈새시장이 고갈될 수도 있고 공격당할 수도 있다는 것이다. 그러면 기업은 고부가가치 대체 용도를 가지고 있지 않을 수도 있는 매우 전문화된 자원에 막힐 수도 있다. Zippo는 빠르게 축소되는 틈새시장의 문제를 성공적으로 해결했다.

Zippo　흡연이 지속적으로 감소함에 따라 Pennsylvania에 본사를 둔 Zippo Manufacturing은 상징적인 황동 및 크롬 '방풍' 담배 라이터 시장이 1998년 1,800만 개에서 2011년 1,200만 개로 축소되는 것을 발견했다. 라이터 몸체에 손글씨를 포함하여, 회사는 2010년까지 담배 관련 제품에 대한 의존도를 수익의 50%로 줄이면서 '불꽃', 따뜻함과 그 이상을 파는 것으로 초점을 넓히기로 결정했다. 1960년대와 1970년대에 줄자, 키홀더, 벨트 버클로 다양화하려는 초기 시도는 1990년대에 동력을 잃었고 결국 2007년에 중단되었지만, Zippo는 새로운 목표 달성에 더 가까워졌다. 양초, 그릴, 벽난로를 위한 길고 가는 다목적 라이터를 출시했고, DICK'S Sporting Goods, REI, True Value를 통해 판매된 손난로와 방화기를 포함한 Outdoors Line을 출시했으며, 나이프 제조사인 W.R. Case & Sons Cutlery를 인수했다. Zippo는 라이프스타일 브랜드를 넘어서기 위한 방법으로 의류 라인과 향수를 출시했다. 회사는 Elvis Presley의 이미지가 담긴 라이터 같은 꾸준히 인기 있는 디자인뿐만 아니라 새로운 디자인을 홍보함으로써 여전히 라이터 판매 시장의 상당한 부분을 차지한다.[31]

>> Zippo는 담배 라이터 시장이 축소되는 상황에서 촛불, 그릴, 벽난로용 다목적 라이터를 출시하였고, 손난로와 방화기가 포함된 Outdoors Line을 새로 구축하고, 나이프 제조회사를 인수했다.

틈새가 약해질 수 있기 때문에 기업은 계속해서 새로운 틈새시장을 만들어야 한다. 기업은 틈새시장을 고집해야 하지만, 반드시 그 틈새시장일 필요는 없다. 이것은 단일 틈새

시장보다 다양한 틈새시장이 선호될 수 있는 이유다. 두 개 이상의 틈새시장에서의 강점과 함께 기업은 생존 가능성을 증가시킨다.

기존 시장 확장

전체 시장이 확장될 때, 지배적인 기업이 주로 가장 많은 이익을 얻는다. 만약 Heinz가 더 많은 사람들에게 케첩을 사용하도록 하거나, 더 많은 식사와 함께 케첩을 사용하게 하거나, 더 많은 케첩을 모든 상황에서 사용하도록 설득한다면, 회사는 이미 그 나라의 케첩의 3분의 2를 팔기 때문에 상당한 이익을 얻을 것이다. 일반적으로, 시장 리더는 새로운 고객이나 기존 고객으로부터 더 많은 사용처를 찾아야 한다.

기업은 상품이나 서비스를 전혀 사용한 적 없는 사람들(**신시장 전략**) 또는 다른 곳에 사는 사람들(**지리적 확장 전략**)의 두 그룹에서 새로운 사용자를 찾을 수 있다.

Under Armour   University of Maryland 미식축구 선수 시절 Kevin Plank는 물을 머금은 면 티셔츠가 연습 동안 무거워지는 게 불만이었다. 500달러와 몇 야드의 코트 안감을 가지고 그가 지역의 재단사와 함께 땀을 흡수해서 건조한 상태로 유지시켜 주는 넉넉한 핏의 티셔츠 시제품 7개를 만들면서 Under Armour는 태어났다. 이 브랜드는 성능과 진정성에 초점을 맞추면서, 강렬한 대면 광고의 지지를 받으며 고등학교, 대학, 대학교에서 빠르게 인기를 끌었고, 후에는 미식축구용 스파이크 운동화, 농구화, 러닝화뿐만 아니라 다양한 운동복을 출시했다. 2009년까지 거대한 적수 Nike, Adidas와 당당히 경쟁했다. 전통적으로 남성지향적인 브랜드인 Under Armour는 새로운 인구통계학적 타깃인 여성의 가치를 곧 깨달았다. 여성을 위해 남성 제품을 수정한 '축소 및 핑크색(shrink it and pink it)' 접근법에 기대지 않고, 마케팅, 제품 디자인, 소비자 연구 부서를 통합하여 여성을 위한 집중적인 솔루션을 개발했다. "No Matter What, Sweat Every Day(신경 쓰지 말고 매일 땀 흘려라)"라고 여성을 격려

>> 운동선수를 건조한 상태로 유지시켜 땀을 흡수하고 경기력을 향상하는 티셔츠 제작을 구상한 Under Armour는 남성 운동복과 신발을 추가할 때 Nike, Adidas와 경쟁하고 있다는 것을 깨닫고 여성을 위해 특별히 개발한 제품과 광고 캠페인을 가지고 새로운 인구통계학적 대상에 주목했다.

하는 완전히 통합된 미디어 캠페인 "What's Beautiful"과 신발 라인의 성공은 여성 부문이 가장 빠르게 성장하는 Under Armour 사업이 되도록 했다.[32]

신규 고객을 목표로 할 때 기업은 기존 고객을 놓쳐서는 안 된다. Mercedes-Benz의 제조업체인 Daimler는 유럽연합, 미국, 일본의 성숙기 시장들의 구축된 수요와 빠르게 성장하는 신흥 시장이 제공하는 엄청난 잠재력을 모두 활용하는 균형 잡힌 접근법을 개발했다. 회장 Dieter Zetsche는 "당신은 둘 중 하나도 할 수 없다. 당신은 전통시장에서 당신의 강점을 유지하고 심지어 그것을 확장해야 한다."라고 선언했다.[33]

시장 포지션 방어

전체 시장 규모를 확장시키기 위해 노력하는 동시에 지배적인 기업은 적극적으로 현재 사업을 방어해야 한다. Boeing은 Airbus에, Walmart는 Amazon에, Apple은 삼성에 맞섰다. 리더는 어떻게 이것을 성취할 수 있을까? 가장 건설적인 대응은 **지속적인 혁신**이다. 선두주자는 신제품 및 고객서비스 개발, 유통 효율성 및 비용 절감에서 산업을 이끌어야 한다. 포괄적인 솔루션은 고객에게 경쟁력과 가치를 높여 덫에 걸렸다고 느끼거나 이점을 누리는 것이 아니라, 고객에게 감사하거나 심지어 특권을 부여한다.

고객 욕구를 만족시킬 때, 반응형 마케팅, 예측형 마케팅, 창의적 마케팅을 구분한다. **반응형** 마케터는 명시된 욕구를 찾고 충족한다. **예측형** 마케터는 가까운 미래에 고객이 가질 수 있는 욕구를 미리 내다본다. **창의적** 마케터는 고객이 요구하지 않지만 그들이 열광적으로 반응하는 솔루션을 발견한다. 창의적 마케터는 단순히 시장 주도 기업이 아닌 적극적인 시장 주도 기업이다.[34] 많은 기업은 그들의 업무가 단순히 고객의 요구에 맞추는 것이라고 가정한다. 그들은 고객 지향 패러다임에 너무 충실하고 '서비스 시장의 폭정'에 대한 희생양이 되기 때문에 아주 광범위하게 반응한다. 대신 가장 성공적인 기업은 기업의 제품에 맞춰 시장을 능동적으로 형성한다. 단순히 최고의 선수가 되려고 노력하는 대신에 그들은 게임의 규칙을 변경한다.[35]

능동적인 기업은 충족되지 않은, 그리고 아마도 알려지지 않은 소비자 욕구를 충족하기 위해 새로운 상품을 개발한다. 1970년대 후반 Sony의 창립자인 Akio Morita는 사람들이 음악을 듣는 방식에 혁명을 일으킬 애완 프로젝트를 진행하고 있었다. 그가 Walkman이라고 부르는 휴대용 카세트 플레이어다. 엔지니어들은 그러한 상품에 대한 수요가 거의 없다고 주장했지만, Morita는 그의 비전을 포기하지 않았다. Walkman 20주년까지, Sony는 거의 100개에 가까운 다른 모델들에서 2억 5,000만 개 이상을 팔았다.[36]

공세를 펼치지 않았을 때도, 기업은 시장 포지션이 노출되어서는 안 된다. 방어적 마케팅 전략의 목적은 공격 가능성을 줄이고, 공격을 덜 위협적인 지역으로 우회하며, 공격의 강도를 줄이는 것이다. 리더는 경쟁자의 신상품 출시, 유통 확보, 소비자 인식 제고, 평가판과 반복 획득의 경쟁사 역량을 약화시키기 위해 합법적이고 윤리적으로 할 수 있는 모든 것을 하려고 한다.[37] 어떤 전략에서 대응 속도는 이익에 중요한 차이를 만들 수 있다.

지배적인 기업은 6가지 주요 방어 전략을 사용할 수 있다.[38] 어떤 전략을 채택할지에 대한 결정은 부분적으로 기업의 자원과 목표, 경쟁자가 어떻게 반응할지에 대한 기대치에 달려 있다.

- **포지션 방어**(position defense): 포지션 방어는 브랜드가 공격받기 거의 어렵게 만들면서 소비자의 마음속에 가장 이상적인 포지션을 차지하는 것을 의미한다. Procter & Gamble은 많은 상품 범주에서 주요 기능적 혜택을 '소유'한다. 예: 세탁세제 Tide, 충치예방 치약 Crest, 마르는 기저귀 Pampers.

- **측면 방어**(flank defense): 시장 리더는 약한 전선(front)을 보호하거나 가능한 반격을 지원하기 위해 전초기지를 구축해야 한다. Gain과 Cheer 세탁세제와 같은 Procter & Gamble 브랜드들은 각각 Tide와 Pampers 브랜드를 지원하는 전략적 공세와 방어적 역할을 해왔다.

- **선제 방어**(preemptive defense): 좀 더 공격적인 묘책은 시장에 따라 게릴라 행동으로 먼저 공격하고(한 경쟁자를 때리고 다른 경쟁자를 때리는 식) 모든 경쟁자가 균형을 잃도록 하는 것이다. 다른 하나는 경쟁자에게 공격하지 말라는 신호를 보내는 광범위한 시장 포위를 하는 것이다.[39] 그러나 또 다른 선제 방어는 신제품의 흐름을 도입하고 그것을 미리 발표하는 것으로, 경쟁자들이 시장 점유율을 얻기 위해 열심히 싸울 필요가 있다는 점을 예고한다. Microsoft가 신제품 개발 계획을 발표하면 소규모 기업들은 정면 경쟁을 피하기 위해 다른 방향으로 개발 노력을 집중할 수 있다. 일부 첨단기술 기업들은 배송 일자를 놓치거나 출시되지 않은 제품을 발표하는 '베이퍼웨어(vaporware)'를 판매했다는 것에 대한 비난을 받았다.[40]

- **역습 방어**(counteroffensive defense): 역습에서 시장 리더는 공격자를 정면에서 만나 측면을 치거나 공격자가 스스로 방어를 위해 후퇴할 수 있도록 협공을 개시할 수 있다. 역습의 또 다른 형태는 경제적 또는 정치적 영향력을 행사하는 것이다. 리더는 더 수익성이 높은 제품의 수익으로 수익에 취약한 제품에 대해 더 낮은 가격을 보조함으로써 경쟁자를 무너뜨릴 수도 있고, 고객이 경쟁사의 제품을 사는 것을 막기 위해 이른 시기에 제품 업그레이드를 발표할 수도 있다. 또는 리더는 경쟁을 억제하기 위한 정치적 조치를 취하도록 입법자들에게 로비하거나 적절한 법적 조치를 시작할 수도 있다. Apple, Intel, Microsoft, Qualcomm, 삼성과 같은 기술 리더들은 법정에서 그들의 브랜드를 공격적으로 방어해 왔다.

- **재포지셔닝 방어**(repositioning defense): 재포지셔닝 방어에서 리더는 시장 확대와 시장 다각화를 통해 새로운 영토에 영역을 확장한다. **시장 확장**은 현 제품을 잠재적인 포괄적 욕구로 기업의 초점을 옮긴다. 그래서 BP와 같은 '석유' 기업은 자신들을 '에너지' 회사(예: "Beyond Petroleum")로 재구성하기 위해 노력했다. 이러한 변화는 기업에게 석유, 석탄, 원자력, 수력, 화학 산업에 대한 연구의 필요를 불러온다. **시장 다각화**는 기업의 초점을 관련 없는 산업으로 옮긴다.

- **축소 방어**(contraction defense): 때때로 대기업은 더 이상 그들의 모든 영역을 방어할 수 없게 된다. **전략적 철수**에서 그들은 더 약한 시장을 포기하고 더 강한 시장에 자원을 재할당

<< 성과를 높이고 투자자를 계속 끌어들이기 위해 Kraft Foods는 포화상태의 브랜드 포트폴리오를 둘로 나누었는데, Mondelēz International은 패스트트랙 글로벌 스낵 및 사탕 사업으로 포지셔닝하였고, 성장이 느린 북미 법인은 대다수 제품 범주의 식료품 브랜드들에 대해 Kraft Foods라는 이름을 유지했다.

한다. Sara Lee는 강력한 Hanes 양말 브랜드와 글로벌 보디케어 및 유럽 세제 사업을 포함한 매출의 큰 부분을 차지하는 상품들을 매각했다. 이후 나머지 상품을 두 개의 사업으로 분리했다. Hillshire Brands는 북미의 핵심 Hillshire Farms 포장육 사업에 초점을 맞춘 회사의 새로운 이름이 되었고, D.E. Master Blenders 1753은 성공적인 유럽 커피와 차 사업을 위해 분할되었다.[41]

Procter & Gamble은 핵심 가정용 및 소비재에 초점을 맞추기 위해 식품 사업에서 손을 떼기로 결정했을 때 Pringles를 Kellogg에 매각했다. 경쟁력을 향상하기 위해 사업을 구조조정한 또 다른 기업은 Kraft였다.

Kraft 수년간의 인수 후 Kraft는 Oreo 쿠키와 Cadbury를 포함한 빠르게 성장하는 글로벌 스낵 및 캔디 사업과 장수 제품인 Maxwell House 커피, Planters 땅콩, Kraft 치즈, Jell-O를 포함한 느리게 성장하는 북미 식료품 사업의 두 가지로 사업을 나누었다. 그 근거는 성과를 높이고 투자자에게 분명하게 서로 다른 선택권을 주는 것이었다. 스낵과 사탕 사업은 Mondelēz International로 브랜드화되었고 중국과 인도 같은 신흥 시장에서 기회가 많은 고성장 기업으로 포지셔닝되었다. Mondelēz라는 이름은 라틴어와 몇몇 다른 로망스어로 '세계'와 '맛있다'는 단어를 합쳐 만들었다. 식료품 사업은 Kraft Foods라는 이름을 유지하였고 많은 고기와 치즈 브랜드가 대다수의 제품 범주로 구성되어 있었기 때문에, 일관된 배당에 관심이 있는 투자자들에게는 캐시 카우(현금줄)에 더 가까운 것으로 보였다. Mondelēz는 빠른 확장을 가했고, Kraft Foods(현 Kraft Heinz)는 자사의 파워 브랜드 뒤에서 비용 절감과 선택적 투자에 초점을 맞췄다.[42]

제품 수명주기 마케팅 전략

제품 수명주기의 개념은 성장을 관리하는 데 가장 영향적인 이론 중 하나다. 핵심아이디어는 제품이 시간이 지남에 따라 다른 단계를 거치고 각 단계에서 서로 다른 도전과 기회에 직면하여 서로 다른 마케팅 전략과 전술이 필요하다는 것이다. 제품 수명주기 개념의 주요 원칙, 각 수명주기 단계의 세부사항 및 대체 상품 수명주기 패턴은 다음 절에서 논의한다.

제품 수명주기의 개념

기업의 포지셔닝과 차별화 전략은 **제품 수명주기**(product life cycle)에 따라 상품, 시장, 경쟁자가 변화하기 때문에 달라져야 한다. 제품 수명주기의 개념은 네 가지 주요 가정을 기반으로 한다.

- 제품은 제한된 수명을 가진다.
- 제품 판매는 각각 다른 도전과 기회, 문제를 구매자에게 제기하면서 다른 단계를 거친다.
- 이익은 제품 수명주기의 서로 다른 단계에서 증가하고 하락한다.
- 제품은 각 수명주기 단계에서 다른 마케팅, 재무, 제조, 구매와 인적자원을 필요로 한다.

　대부분의 제품 수명주기는 매출과 이익의 종모양 곡선으로 묘사되며, 일반적으로 네 단계로 나뉜다: 도입, 성장, 성숙, 쇠퇴[43](그림 17.2 참조). 제품 수명주기 개념을 사용하여 제품 범주(술), 상품(보드카), 또는 브랜드(Absolut)를 분석할 수 있다. 모든 제품이 모든 단계를 거치는 것은 아니고, 각 단계의 길이는 상품마다 상당히 다양할 수 있다. 예를 들면, 제품이 도입 단계를 전혀 벗어나지 못할 수 있거나(실패하기 때문에) 성장 단계를 완료하지 못할 수 있다(진정으로 성숙한 제품이 될 정도로 충분히 수익적이거나 충분한 규모로 성장하지 못하기 때문). 이러한 맥락에서 제품 수명주기의 개념은 관리자가 제품의 미래를 위해 무엇을 기대해야 하는 것인지에 대한 것이 아니라 서로 다른 단계에서 과제에 대해 생각할 수 있도록 도움을 주기 위해 사용되어야 한다.

- **도입기**: 상품이 시장에 소개된 느린 판매 성장의 기간. 상품 출시에 대한 막대한 비용이 들

그림 17.2
매출과 수익 수명주기

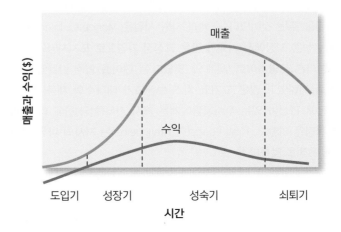

어가기 때문에 이익은 존재하지 않는다.

- **성장기**: 급속한 시장 수용과 상당한 이익 증가 기간
- **성숙기**: 제품이 대부분의 잠재적 구매자에게 수용되었기 때문에 판매 증가 속도가 감소. 경쟁 심화로 수익이 안정되거나 쇠퇴한다.
- **쇠퇴기**: 매출이 하락세를 보이고 수익이 약화된다.

제품 수명주기의 네 단계와 관련된 특징, 마케팅 목적, 마케팅 전략은 표 17.1에 요약되어 있다. 다음 절에서 이러한 네 단계에 대해 논의한다.

도입기

신제품 출시, 기술적 문제 해결, 유통 경로 채우기, 소비자 수용에 시간이 걸리기 때문에 매출 성장이 느려지는 경향이 있다. 수익은 마이너스이거나 낮으며, 판촉비는 (1) 잠재적 소비자에게 알리고, (2) 제품 시판을 유도하고, (3) 소매 아웃렛에서 유통을 확보할 필요성 때문에 매출 대비 가장 높은 비율을 차지하고 있다.[44] 가격은 비용이 높기 때문에 더 높은 경향이 있고 기업은 구매가 가장 준비되어 있는 구매자에게 초점을 맞춘다. Zipcar가 시간당 렌터카 시장에서 자리를 잡기 위해 노력할 때 직면했던 도전들을 생각해 보자.

표 17.1 제품 수명주기 특징, 목적, 전략의 요약

	도입기	성장기	성숙기	쇠퇴기
특징				
판매	낮은 판매	급속한 판매 증가	최고 판매량	판매 감소
비용	단위/고객당 높은 비용	단위/고객당 평균 비용	단위/고객당 낮은 비용	단위/고객당 낮은 비용
수익	마이너스	수익 증가	높은 수익	수익 감소
고객	혁신자	조기 수용자	주류	지각자
경쟁자	거의 없음	증가	다수	감소
마케팅 목적				
	제품 인식과 시용 유도	시장 점유율 최대화	시장 점유율 방어하면서 수익 최대화	경비를 줄이고 시장 철수
전략				
제품	기본 제품 제공	제품 개선과 제품 라인 확장 개발	제품 다양화	취약 제품의 단계적 폐기
가격	원가 이상 가격	시장 침투를 위한 가격	경쟁자의 가격과 일치하거나 넘어서는 가격	가격 인하
판촉	조기 수용자들과 딜러들 간 제품 인지 구축과 샘플 사용	대량 시장에서 인지도와 관심 구축	브랜드 차별과 혜택을 강조하고 브랜드 전환을 유도	고객 유지에 필요한 최소 수준까지 감소
유통	선택적 유통 구축	집약적 유통 구축	더 집약적인 유통 구축	수익성 없는 아웃렛의 단계적 폐기

출처: Theodore Levitt, "Exploit the Product Life Cycle," *Harvard Business Review* 43 (November-December 1965), pp. 81-94; John A. Weber, "Planning Corporate Growth with Inverted Product Life Cycles," *Long Range Planning* (October 1976), pp. 12-29; Peter Doyle, "The Realities of the Product Life Cycle," *Quarterly Review of Marketing* (Summer 1976).

Zipcar   자동차 공유는 유럽에서 공공 교통수단을 자주 사용하면서도 한 달에 몇 번 정도는 차가 필
요한 사람들을 위한 수단으로 시작됐다. 미국에서 자동차 공유의 선두주자이자 개척자인 Zipcar의 매
력은 환경적이면서 경제적이었다. 50달러의 회비와 주유비, 보험료, 주차비를 포함한 하루 총 100달
러 미만의 요금으로 일반 가정에서는 Zipcar로 자동차 소유비용을 대체함으로써 연간 3,000~4,000
달러를 절약할 수 있었다. Zipcar에 추가된 모든 차가 향후 최대 20대의 자가용을 도로에서 사라지게
할 것이라고 회사는 예측했다. 주요 도시와 대학 캠퍼스를 대상으로 다양한 차량을 제공하고 경쟁이
거의 없이, 수년간 매년 약 30%씩 성장했다. 그러나 렌털 사업 리더인 Hertz는 고객이 렌터카를 예약
하고 잠금을 해제하는 컴퓨터나 스마트폰을 사용할 수 있는 기능이 장착된 37만 5,000대의 차량을
갖추어 2012년에 시간 단위로 자동차를 렌털하는 사업에 뛰어들었다. Zipcar와 달리, Hertz는 편도 렌
털을 제공하며 회원권이나 연회비가 없다. Enterprise도 국내 시장에 진출하게 되면서 Zipcar는 초기
에는 영국과 스페인에 집중하면서 해외 시장을 목표로 삼았다. 글로벌 기회를 활용할 수 있는 자원이
필요해짐에 따라 2013년 렌터카 회사 2위인 Avis Budget에 인수되었다.[45]

성장기

성장 단계는 매출의 급속한 상승으로 나타난다. 조기 수용자는 그 제품을 좋아하고 추가적인
소비자들은 그것을 사기 시작한다. 기회에 이끌려 새로운 경쟁자가 등장한다. 그들은 새로운
제품 기능을 소개하고 유통을 확대한다. 가격은 수요가 얼마나 급속히 증가하느냐에 따라 안
정되거나 약간 하락한다.

기업은 마케팅 지출을 유지하거나 경쟁에 대처하기 위해 약간씩 인상하고 시장을 교육한
다. 마케팅 지출보다 더 빠르게 매출이 증가하여 마케팅 대 판매 비율의 긍정적 하락을 일으킨
다. 생산자 학습 효과로 인해 마케팅 비용이 대규모로 분산됨에 따라 이익은 증가하고 단위당
제조비용은 가격 하락보다 더 빠르게 감소한다. 기업은 새로운 전략을 준비하기 위해 성장 둔
화의 변화를 주시해야 한다.

현재 시장 점유율의 빠른 성장을 유지하기 위해 기업은 다양한 전략을 수용할 수 있다.
제품 품질을 향상할 수 있고 새로운 특징과 주요 제품을 보호하기 위해 공격적 제품(예: 다양
한 크기와 맛)을 추가할 수 있다. 새로운 세분시장에 들어가고, 유통 범위를 증가시키고 새로
운 유통 채널에 진입할 수 있다. 제품 인지와 사용 커뮤니케이션에서 선호 및 충성 커뮤니케
이션으로 전환할 수 있다. 가격에 민감한 다음 구매층을 끌어들이기 위해 가격을 더 낮출 수
있다.

제품 개선, 홍보, 유통에 비용을 지출함으로써 회사는 지배적인 위치를 차지할 수 있다.
이 경우에 회사는 높은 시장 점유율과 다음 단계에서 훨씬 더 큰 수익에 대한 희망을 위해 최
대 이익을 교환한다. 이 단계에서 미래 성장에 재투자하기로 결정하는 수익의 양은 전략적 목
표와 자원에 달려 있다.

많은 가능한 시장 변화에 직면하여 경쟁우위를 유지하는 것은 어려울 수 있지만, 앞서 언
급한 일부 오랜 시장 리더가 증명했듯이 불가능한 것은 아니다. 고객 만족도를 지속적으로 개
선하는 새로운 방법을 찾는 것은 경쟁우위를 유지하는 데 큰 도움이 될 수 있다. 오스트레일리
아의 물류 공급업체를 선도하는 **Brambles**는 식료품 소비자를 위해 농부들의 밭에 채워지고 가

게 진열대에 바로 놓일 수 있는 플라스틱 통을 디자인하여 그 과정에서 식료품점에게 많은 인건비를 절약해 주었다.[46]

성숙기

어떤 시점에 이르면 매출 증가율이 둔화되고 상품은 상대적 성숙 단계에 들어서게 된다. 대부분의 제품이 수명주기의 이 단계에 있는데, 보통 이전 단계보다 더 오래 지속된다.

성숙기는 세 단계로 나뉠 수 있다: 성장, 안정, 쇠퇴하는 성숙기. 첫 번째 단계에서 매출 성장이 둔화되기 시작한다. 채울 새로운 유통 채널이 없다. 새로운 경쟁 세력이 등장한다. 두 번째 단계에서 시장 포화로 인해 1인당 매출이 정체된다. 대부분의 잠재적 소비자들은 그 제품을 사용해 보았고 미래 판매는 인구 증가와 대체 수요에 달려 있다. 세 번째 단계인 쇠퇴하는 성숙기에는 매출의 절대 수준이 감소하기 시작하고 고객은 다른 제품으로 전환하기 시작한다.

세 번째 단계는 가장 많은 도전을 제기한다. 판매 둔화는 산업에서 과잉생산능력이 발생시켜 경쟁이 심화된다. 약한 경쟁자는 철수한다. 일부 대기업 — 품질 선도업체, 서비스 선도업체, 비용 선도업체 — 이 지배하고 주로 많은 양과 낮은 비용을 통해 이익을 얻는다. 그들을 둘러싸고 있는 것은 시장 전문가, 제품 전문가, 맞춤형 기업을 포함한 다수의 시장 틈새기업들이다.

빅3 중 하나가 되어 많은 물량과 낮은 비용으로 수익을 얻기 위해 노력할지 또는 적은 물량과 높은 마진을 통해 틈새 전략과 수익을 추구하기 위해 노력할지가 관건이다. 때때로 시장은 저급과 고급 부문으로 나뉘고 중간에 있는 기업의 시장 점유율은 꾸준히 잠식될 것이다. 스웨덴 가전업체 Electrolux가 이 상황에 대처한 방법을 보자.

Electrolux AB 금세기 초, 스웨덴 제조업체 Electrolux는 급속하게 양극화되는 가전 시장에 직면했다. Haier, LG, 삼성과 같은 저가 아시아 업체들은 가격 하락 압력을 가했고 Bosch, Sub-Zero, Viking과 같은 프리미엄 경쟁업체들은 중간 브랜드를 희생하며 성장하고 있었다. 당시 Electrolux의 CEO인 Hans Stråberg는 고객의 원츠와 니즈를 다시 생각함으로써 중간에서 벗어나기로 결정했다. 그는 Frigidaire 냉장고, AEG 오븐, Zanussi 커피 머신뿐만 아니라 Electrolux를 포함하여 광범위한 브랜드 포트폴리오를 공략하고 포지셔닝하는 데 도움을 주기 위해 약 20개의 다양한 유형의 소비자가 가진 라이프스타일과 구매 패턴에 따라 시장을 세분화했다. Electrolux는 이제 성공적으로 건강지향 소비자들에게 스팀 오븐을 판매하고, 소형 주방용이었던 소형 식기세척기는 설거지를 더 자주 하는 더 넓은 소비자층에게 판매한다. 성숙한 시장 한복판에 있는 기업들에게 Stråberg는 다음과 같이 조언했다. "소비자로부터 시작해서 그들의 잠재된 욕구가 무엇이고 그들이 경험한 문제가 무엇인지 이해하고 나서 사람들이 정말로 갖고 싶어 하는 것을 밝히기 위해 스스로 퍼즐을 맞추라. 그들이 표현하지 못한다 해도 사람들이 정말로 원하는 것이 무엇인지 알아내야 한다." Electrolux는 현재 최고급 소비자층에 전문 등급의 레인지를 판매하면서 가전 시장의 최상위에 집중하고 있다. 150개 이상의 나라에서 유통 및 현지 시장 진출로, 특히 신흥 시장에서 글로벌 성장을 위한 입지를 다지는 것을 목표로 한다.[47]

일부 기업은 새롭고 수익성이 더 높은 제품에 집중하기 위해 약한 제품을 포기한다. 그러나 그들은 많은 성숙한 시장과 오래된 제품이 여전히 가지고 있는 높은 잠재력을 무시하는 건

>> 저가 경쟁사와 프리미엄 경쟁사의 경쟁 압박을 받는 Electrolux는 소비자의 다양한 라이프스타일과 구매 패턴에 맞춘 20여 종의 가전제품을 공략함으로써 중간 이미지에서 벗어났다.

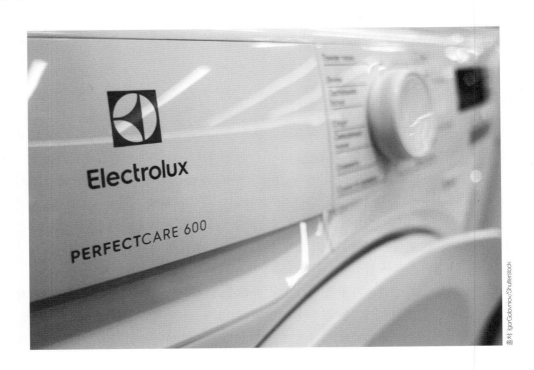

지도 모른다. 자동차, 호텔, 택시, 시계, 카메라와 같이 성숙하다고 널리 알려진 산업은 전통적인 사업 모델을 붕괴시키고 고객에게 새로운 가치를 제공할 수 있는 방법을 발견한 신생기업들과 기성 기업들에 의해 다른 방식으로 증명되었다.

기업의 쇠퇴 과정을 되돌리는 두 가지 핵심방법은 시장 성장과 제품 수정이다. 이러한 두 가지 접근법에 대해 다음에서 논의한다.

시장 성장   기업은 판매량을 구성하는 두 가지 요소인 사용자 수와 사용자당 사용률을 극대화함으로써 성숙된 브랜드를 위한 시장을 확대하려고 노력할 수 있다.

기업은 다음 중 하나 또는 모든 전략을 통해 **사용자 수**를 확대할 수 있다.

- **비사용자 전환하기**: 이 접근방법은 또한 **주된 수요 자극**이라고도 한다. 항공 화물 서비스 성장의 열쇠는 항공 운송 회사가 지상 운송보다 항공 화물을 사용하는 것의 이점을 보여 줄 수 있는 새로운 사용자를 지속적으로 찾는 것이었다.
- **경쟁사의 고객 유치하기**: 이 접근방법은 종종 **도용 점유 전략**이라고도 한다. Puffs 미용 티슈의 마케터들은 항상 Kleenex 고객을 유혹한다. Goodyear가 Walmart, Sears, Discount Tire에서 타이어를 팔기로 결정했을 때, 이러한 소매 아웃렛에서 타이어를 팔았던 경쟁자로부터 점유율을 훔쳐 옴으로써 시장 점유율을 곧장 끌어올렸다.

기업은 다음 전략을 통해 **현재 고객**의 **사용률**을 증가시킬 수 있다.

- **사용 횟수 늘리기**: 예를 들어, Campbell's은 여름에 사용할 수 있는 스프를 홍보하기 시작했다. Heinz는 창문을 닦는 데 식초 사용을 추천할 수도 있다.

- **1회 소비량 늘리기**: 예를 들어, Heinz는 사용자들이 더 많은 케첩을 짜내고 더 쉽게 사용하도록 하기 위해 더 큰 크기의 위아래가 뒤집힌 케첩 용기를 디자인했다.
- **새로운 사용방법 창출하기**: 예를 들어, GlaxoSmithKline은 Tums 제산제를 칼슘 보충제로 홍보할 수 있다. Arm & Hammer는 냉장고와 주방 싱크대의 냄새 제거제로 베이킹소다를 사용하도록 홍보할 수 있다.

상품 수정　생산자는 품질, 특징, 스타일을 향상함으로써 판매를 촉진한다. **품질 향상**은 '새롭고 개선된 상품'의 출시를 통해 기능적 성능을 증가시킨다. **특징 향상**은 상품의 성능, 다양성, 안전성, 편리성을 확장하는 크기, 무게, 재료, 보충제, 액세서리를 추가한다. **스타일 향상**은 상품의 미적 매력을 증가시킨다.

이러한 향상은 소비자의 관심을 끌 수 있다. 경쟁이 심한 디지털 사진 분야에서 Shutterfly는 고객의 디지털 이미지를 사진 책, 달력, 감사카드, 청첩장, 벽면 스티커 등의 유형 품목으로 변환하여 연간 수익을 10억 달러 이상으로 늘렸다.

제지업계는 디지털 시대의 도전에 맞서고 있다. 산업은 일부 소비자가 하드 카피 문서를 읽거나 저장하거나 공유하는 것을 선호하는 한 가능한 한 환경적으로 건전한 솔루션을 제공해야 한다고 인식하고 있다. 공급자들은 더 친환경적인 펄프와 제지 생산, 재활용, 탄소 발자국 감소뿐만 아니라 묘목과 재식림으로부터 더 친환경적인 공급망을 개발하기 위해 노력했다. 그러한 노력은 성공과 심지어 생존에도 중요하다. 이메일, 온라인 청구서, 기타 디지털 개발의 증가로 인해 선도적인 봉투 제조업체인 National Envelope는 몇 년 동안 매출이 감소하다가 결국 폐업했고, 선도적인 우편 요금계 공급업체인 Pitney Bowes는 디지털 사업을 확장했다.

쇠퇴기

기술 발전, 소비자 취향 변화, 국내와 해외 경쟁 심화를 포함한 많은 이유로 판매가 감소한다. 모든 것이 과잉생산, 가격 인하 증가, 수익 잠식으로 이어질 수 있다. 재봉틀과 신문의 경우처럼 감소 속도가 느려질 수 있고, 플로피 디스크와 8트랙 카트리지의 경우처럼 빠를 수도 있다. 판매량은 0으로 급락하거나 낮은 수준에서 멈출 수 있다. 이러한 구조적 변화는 일종의 마케팅 위기로 인한 단기적인 감소와는 다르다.

매출과 이익이 감소하면서 일부 기업은 철수한다. 남은 기업은 그들이 제공하는 상품의 수를 줄이고, 더 작은 부분과 더 약한 거래 채널을 종료하고, 마케팅 예산을 줄이고, 가격을 더 낮출 수 있다. 유지해야 하는 강력한 이유가 있지 않는 한 약한 상품을 지속시키는 것은 종종 매우 많은 비용이 든다. Britannica 백과사전은 소비자들이 다른 곳에서 훨씬 더 저렴하거나 무료로 적절한 콘텐츠를 얻을 수 있다고 느끼자 백과사전 세트 생산을 중단했다. 그리고 회사는 온라인 교육 시장에 집중함으로써 반등했다. 전문가 지식을 일반 대중에게 제공하는 회사의 오랜 사명을 높이 평가하면서, 미국 학생과 교사들의 반 이상이 일부 Britannica 콘텐츠를 찾는다.[48]

쇠퇴하는 시장에 직면하여, 많은 기업은 더 강한 상품을 수확하거나 철수하고, 약한 상품은 제거하는 데 집중한다.

수확과 철수   수확과 철수에 대한 전략은 아주 다르다. **수확**(harvesting)은 매출을 유지하기 위해 노력하면서도 제품이나 사업의 비용을 점차 줄여나가는 것이 필요하다. 첫 번째 단계는 연구와 개발 비용 및 플랜트와 장비 투자를 줄이는 것이다. 기업은 또한 이상적으로 고객, 경쟁자, 직원에게 어떤 일이 일어나고 있는지 알리지 않은 채 제품 품질, 영업인력 규모, 광고 지출을 줄일 수 있다. 수확은 실행하기가 어렵지만, 많은 성숙한 제품은 이 전략을 보증한다. 그리고 이것은 현재의 현금흐름을 상당히 증가시킬 수 있다.[49]

한 회사가 강력한 유통과 잔여 영업권을 가진 상품을 **철수**(divesting)하기로 결정하면 아마도 다른 회사로 팔 수 있을 것이다. 몇몇 기업은 Linens'n Things, Folgers and Brim 커피, Nuprin 진통제, Salon Selectives 샴푸와 같이 큰 회사들이 팔고 싶어 하거나 파산한 '고아' 또는 '유령' 브랜드를 인수하고 활성화하는 것을 전문으로 한다. 이러한 기업은 시장에서 남은 인지도를 자본화하여 브랜드 활성화 전략을 개발하려고 한다. Reserve Brands가 Eagle Snacks를 사들인 것은 성인 10명 중 6명이 이 브랜드를 기억하고 있다는 연구 결과가 나오면서 Reserve의 CEO가 "오늘날 그 정도의 브랜드 인지도를 재창출하려면 3억에서 5억 달러는 필요할 것이다."라는 것을 주시했기 때문이다.[50]

만약 기업이 구매자를 찾지 못한다면, 그 브랜드를 빨리 또는 천천히 청산할지를 결정해야만 한다. 또한 과거 고객을 위해 유지할 재고와 서비스의 양을 결정해야 한다. 예를 들어, Harley-Davidson이 스포츠 모터사이클의 Buell 브랜드를 중단했을 때도 당시 Buell 소유자들에게 계속해서 지원을 제공했다.

취약 상품 제거   수익성이 없는 것 외에도, 취약 상품은 관리 시간을 불균형하게 낭비하고, 빈번한 가격 및 재고 조정을 요구하고, 일반적으로 짧은 생산 작업에 대한 값비싼 설정을 초래하고, 건강한 제품을 더 수익성 있게 만드는 데 더 잘 사용될 수 있는 광고와 판매 인력을 끌어들이며, 기업 이미지에 부정적 그림자를 드리운다. 그것을 유지하는 것 또한 대체품에 대한 공격적인 검색을 지연시켜 어제의 대표 제품에게는 제품 믹스를 길게, 내일의 제품에게는 짧게 하는 편중된 제품 믹스를 만든다.

이러한 단점을 인식한 General Motors는 주춤거리는 Saturn, Oldsmobile, Pontiac, Hummer 라인을 포기하기로 결정했다. 회사가 본질적으로 수년간 그리고 종종 수십 년에 걸친 브랜드 구축 노력을 탕감하고 있기 때문에 기존 브랜드를 중단하는 것은 항상 어려운 결정이다. 그래서 실적이 저조한 상품을 제거하는 결정은 가볍게 여겨져서는 안 되며 회사에 대한 단기와 장기 영향을 수반한다.

불행하게도, 대부분의 기업은 노후화된 제품에 대한 정책을 개발하지 못했다. 첫 번째 과제는 그것을 확인하는 시스템을 구축하는 것이다. 많은 기업이 마케팅, 연구, 개발, 제조, 재무 담당자로 제품검토위원회를 임명하여 모든 가용 정보를 고려하고 각 제품에 대해 권장사항을 만든다: 내버려 두거나, 마케팅 전략을 수정하거나, 포기한다.[51]

몇몇 기업은 다른 기업보다 쇠퇴하는 시장을 더 일찍 포기한다. 많은 것이 업계에서 출구 장벽의 높이에 달려 있다. 장벽이 낮을수록 기업은 산업계를 떠나기가 쉽고, 나머지 기업들은 남아 철수하는 기업의 고객을 끌어들이는 것이 더 매력적이다. Procter & Gamble은 쇠퇴하는 액체 비누 사업에 머물러 있었고 다른 회사들이 사업을 철수하면서 자사의 이익을 개선했다.

　　적절한 전략은 또한 산업의 상대적 매력과 그 안에서 회사의 경쟁력에 달려 있다. 경쟁력이 있는 매력적이지 못한 산업에 있는 기업은 선별적으로 축소하는 것을 고려해야 한다. 경쟁력 있는 매력적인 산업에 있는 기업은 투자 강화를 고려해야 한다. 성숙한 제품을 성공적으로 복원하거나 재생하는 기업은 종종 제품에 가치를 더함으로써 그렇게 한다.

변형된 제품 수명주기 패턴

제품 수명주기 이론은 수명주기 패턴의 모양과 기간이 지나치게 다양할 정도로 일반화되지 않아 마케터들이 좀처럼 그들의 제품이 어느 단계에 있는지를 알 수 없다고 주장하는 비판을 받는다. 제품이 또 다른 급등기 전에 실제로 안정기에 도달했을 때 성숙하게 보일 수 있다. 또 불가피한 과정이기보다는 제품 수명주기 패턴이 마케팅 전략의 자기실현 결과이며 숙련된 마케팅이 사실상 지속적인 성장으로 이어질 수 있다는 비판도 있다.[52]

　　모든 제품이 종모양 제품 수명주기 패턴을 보이는 것은 아니다.[53] 세 개의 일반적인 변형된 패턴이 그림 17.3에 나와 있다. 그림 17.3(a)는 **성장-급감-성숙 패턴**을 보여주는데, 빵 제조기, 토스터 오븐과 같은 소규모 주방 가전제품의 특징이다. 제품이 처음 도입되면 매출이 급성장하다가 후기 수용자가 제품을 처음 구매하고 조기 수용자가 이를 대체하면서 지속하는 '정체기' 수준으로 떨어진다. 그림 17.3(b)의 **주기-재주기 패턴**은 종종 신약 판매에서 나타난다. 제약 회사는 첫 번째 주기를 만들면서 공격적으로 신약을 판촉한다. 나중에 판매는 줄어들기 시작하고 추가 프로모션은 두 번째 주기를 만든다(주로 더 작은 규모와 지속 시간). 또 다른 제품 수명주기 패턴은 그림 17.3(c)에서 보이는 **연속 성장 패턴**이다. 여기서 판매는 신상품 특징, 사용, 사용자에 대한 발견을 반영하면서 수명주기의 연속을 통해 나타난다. 나일론의 판매는 시간이 지남에 따라 발견된 낙하산, 양말, 셔츠, 카펫, 보트 돛, 자동차 타이어와 같은 많은 새로운 용도 때문에 고전적인 연속 성장 패턴을 보여주었다.[54] 두 개의 특수한 제품 수명주기 그룹은 유행과 트렌드다.

- **유행**(fad)은 '예측할 수 없고, 단명하며, 사회적·경제적·정치적 의미가 없다.' 기업은 Crocs 클로그, Elmo TMX 인형, Pokémon 선물과 장난감 같은 유행으로 돈을 벌 수 있지만, 제대로

그림 17.3

변형된 제품 수명주기 패턴

(a) 성장-급감-성숙 패턴

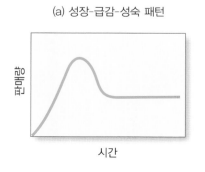

(b) 주기-재주기 패턴

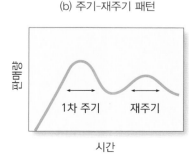

(c) 연속 성장 패턴

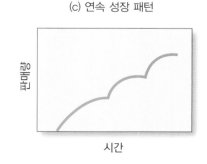

출처: The Photo Works/Alamy Stock Photo

>> Clorox Disinfecting Wipes는 종이타월 시장의 진화 과정에서 후기 혁신제품 중 하나다.

하려면 운과 좋은 타이밍이 필요하다. 유행은 빠르게 대중의 시야에 들어오고, 매우 열정적으로 받아들여지고, 일찍 정점을 찍고, 매우 빠르게 쇠퇴한다. 수용주기가 짧으며, 흥분을 찾거나 다른 사람들과 자신을 구별하고 싶어 하는 제한된 사람들만을 끌어들이는 경향이 있다. 때때로 제품이 유행인지 아닌지를 구별하는 것이 어렵다는 데 주목하는 것이 중요하다. 예를 들어, GoPro 카메라는 종종 유행으로 언급되기도 했지만, 계속 유지되었다.

• **트렌드**(trend)는 가속도와 내구성이 있는 사건의 순서 방향 또는 순서다. 트렌드는 유행보다 예측 가능하고 오래간다. 미래의 형태를 드러내고 전략적 방향을 제공할 수 있다. 건강과 영양에 대한 트렌드는 건강하지 않은 음식을 파는 것으로 보이는 기업에 대한 정부의 규제와 부정적인 홍보를 증가시켰다. Macaroni Grill은 'The Today Show'에서 치킨과 아티초크 샌드위치를 "16개의 Fudgesicles에 해당하는 칼로리"라고 부르고, 《Men's Health》에서 1,630칼로리의 디저트 라비올리를 "미국 최악의 디저트"라고 언급한 후에 그들의 메뉴에 저열량 및 저지방 제품이 더 포함하도록 개편했다.[55]

기업은 새로운 요구, 경쟁사, 채널 및 기타 개발의 영향을 받는 **시장의** 진화 경로를 시각화하고 제품 및 브랜드 포지셔닝을 변화시켜 보조를 맞출 필요가 있다.[56] 제품과 같이, 시장은 네 단계를 거쳐 진화한다: 출현, 성장, 성숙, 쇠퇴. 종이타월 시장의 진화를 고려해 보자. 가정주부들은 원래 부엌에서 면과 리넨 행주와 수건을 사용했다. 그러다 새로운 시장을 찾던 한 제지 회사가 종이타월을 개발하여 다른 제조업체들이 진입한 잠재시장을 확고히 했다. 브랜드 수가 증가하여 시장 분열을 초래했다. 산업 과잉 용량으로 인해 제조업체는 새로운 기능을 찾게 되었다. 종이타월이 흡수성이 떨어진다는 소비자들의 불만을 들은 한 제조업체는 '흡수성' 타월을 출시하며 시장 점유율을 높였다. 경쟁업체들은 흡수성 종이타월을 자체 생산했고 시장은 다시 분열되었다. 한 제조업체는 곧 카피된 '초강력' 타월을 출시했다. 또 다른 제품은 '린트프리' 타월을 출시했고, 제품은 순차적으로 카피되었다. 이후의 혁신제품은 종종 표면 특수적인(나무, 금속, 석재용) 세정제(Clorox Disinfecting Wipes 같은)가 포함된 물티슈였다. 그리하여 혁신과 경쟁에 의해 구동되는 종이타월은 단일 제품에서 다양한 흡수성, 강점, 응용성을 갖춘 제품으로 진화했다.

marketing INSIGHT   시장 도전자 성장 전략

많은 시장 도전자들은 입지를 다지거나 심지어 리더를 추월한다. 도전자는 높은 목표를 설정하는 반면, 시장 리더는 평상시처럼 사업을 수행하지만 희생양이 될 수 있다. 그러나 모든 도전자가 시장 포지션을 얻기 위한 탐색에 성공하는 것은 아니다.

성공의 기회를 늘리기 위해 시장 도전자는 먼저 전략적 목표를 정의해야 하는데, 보통은 시장 점유율을 늘리는 것이다. 그러면 누구를 공격할지를 결정해야 한다. 한 가지 방법은 시장 리더를 공격하는 것이다. 이것은 고위험이지만 잠재적으로 높은 수익을 내는 전략이며, 리더가 시장에 잘 봉사하고 있지 않다면 이치에도 맞다. 아니면 도전자는 실적이나 자금이 부족한 기업을 공격할 수 있다. 이러한 기업은 구식 제품을 가지고 있거나, 과도한 가격을 부과하거나, 그 외 방법으로는 고객을 만족시키지 못한다. 도전자는 또한 작은 지역과 지방의 기업을 공격할 수 있다. 예를 들어, 많은 주요 은행은 작은 지역 은행들을 집어삼키면서 현재 크기로 성장했다. 마지막으로, 도전자는 고객의 욕구를 적절하게 해결하지 못하는 전체 산업을 혼란스럽게 할 정도로 특정 회사를 공격하지 않을 수 있다. Amazon, Uber, Airbnb와 같은 회사들은 그들의 전체 산업을 붕괴시킴으로써 성공했다.

명확한 반대자와 목표가 주어지면 도전자는 목표를 달성하기 위해 다른 전략을 채택할 수 있다. 5가지 전략인 정면, 측면, 포위, 우회, 게릴라 공격에 대해 아래에서 개괄한다.

- **정면 공격**: 순수한 **정면 공격**(frontal attack)에서 공격자는 상대의 제품, 서비스, 가격, 판매 촉진, 인센티브, 유통과 일치한다. 힘의 원리는 더 큰 자원을 가진 쪽이 승리할 것이라고 말한다. 시장 리더가 보복하지 않고 도전자가 자사의 제품이 리더의 제품과 똑같다고 시장을 설득하면 가격 인하와 같은 변형된 정면 공격이 효과를 볼 수 있다. Helene Curtis는 Suave와 Finesse 같은 헤어케어 브랜드의 품질이 동일하지만 고가의 브랜드보다 더 나은 가치를 제공한다는 것을 설득하는 데 전문가다.
- **측면 공격**: **측면 공격**(flanking)은 시장에 틈이 생기게 하는 변화를 확인한 뒤 그 틈을 메우기 위해 돌진하는

것의 또 다른 명칭이다. 측면 공격은 적은 자원을 가진 도전자에게 특히 매력적이며 정면 공격보다 성공할 가능성이 높을 수 있다. Verizon과 AT&T 같은 최고의 통신 회사들은 Boost Mobile, Virgin Mobile, MetroPCS와 같은 소규모 통신사들이 더 낮은 가격과 더 많은 선택권을 제공했을 때 특화되었지만 빠르게 성장하는 선불 스마트폰 시장에서 매출 손실을 보았다. 또 다른 측면 공격 전략은 드러나지 않은 시장 요구를 충족하는 것이다. 지리적인 공격을 가하면서 도전자는 상대가 저조한 실적을 내고 있는 지역을 목표로 삼는다.

- **포위 공격**: 포위는 여러 전선에서 대규모 공세를 벌여 넓은 영토를 점령하려 한다. 이것은 도전자가 우수한 자원을 지휘할 때 이치에 맞는다. 훨씬 더 큰 경쟁자인 Microsoft와 열띤 싸움을 벌이던 때, Sun Microsystems는 자사의 Java 소프트웨어를 수백 개의 회사와 수천 개의 소프트웨어 개발자를 대상으로 모든 종류의 소비자 장치에 라이선스를 부여했다. 가전제품이 디지털화되면서 Java는 다양한 기기에 등장하기 시작했다.
- **우회 공격**: 더 쉬운 시장을 공격하기 위해 적을 완전히 우회하는 것은 세 가지 접근방식을 제공한다. 관련 없는 제품으로 다양화, 새로운 지리적 시장으로 다양화, 새로운 기술로 도약. Pepsi는 Coke가 Dasani 브랜드를 출시하기 전에 Aquafina 생수를 전국에 출시하고, 오렌지주스 대기업 Tropicana와 시장 리더인 Gatorade 스포츠 음료의 소유주인 Quaker Oats Company를 매입함으로써 Coke에 대한 우회 전략을 사용했다.
- **게릴라 공격**: **게릴라 공격**(guerrilla attack)은 선택적인 가격 인하, 강력한 홍보 공세, 상대방을 괴롭히고 결국 영구적인 기반을 확보하기 위한 법적 조치를 포함한 작고 간헐적인 공격으로 구성된다. 정면, 포위, 측면 공격보다는 비용이 덜 들 수 있지만, 일반적으로 상대를 이기기 위해서는 더 강력한 공격이 뒷받침되어야 한다.

마케팅 프로그램의 모든 측면은 저가 또는 할인된 제품, 신제품 또는 개선된 제품 및 서비스, 더 다양한 제품 및 서비

(계속)

┌─
marketing insight (계속)

스, 혁신적인 유통 전략을 포함한 공격의 기반이 될 수 있다. 도전자의 성공은 시간이 지남에 따라 자신의 위치를 개선하기 위해 몇 가지 구체적인 전략을 결합하는 데 달려 있다.

일단 성공하면, 도전자 브랜드는 시장 리더가 되더라도 항상 다르게 행동하는 방식을 강조한다.[57]

요약

1. 성장 기회 평가에는 두 가지 고려사항이 포함된다. 즉 기업이 집중해야 할 제품 및 시장의 유형을 파악하고 시간이 지남에 따라 제품-시장 성장 전략을 관리한다.

2. 시장 성장은 현 상품 및 신상품과 현 시장 및 신시장의 관점에서 기업의 성장 기회를 정의하는 네 가지 핵심 전략에 의해 달성될 수 있다. 기업은 시장 침투, 시장 개발, 제품 개발, 다각화의 네 가지 제품-시장 성장 전략 중 하나 이상을 추구할 수 있다.

3. 기업은 생산량을 늘리고 내부적으로 영업 이익과 수익을 향상하거나(일반적으로 유기적 성장이라고 부르는 접근방식) 인수합병에 의존하여 성장할 수 있다. 시장 침투 및 시장 개발 전략은 일반적으로 유기적 성장의 경로를 따르는 반면, 제품 개발과 다각화는 인수합병에 의한 성장뿐만 아니라 유기적 성장을 포함할 수 있다.

4. 전체 시장의 점유율이 낮은 기업은 대기업에 관심이 거의 없거나 전혀 없는 작은 시장을 공략함으로써 높은 수익을 올릴 수 있다. 틈새시장을 공략하면 기업은 우수한 가치를 제공하여 다른 기업보다 타깃고객을 파악하고 요구사항을 더 잘 충족할 수 있다.

5. 기업은 전체 시장 규모를 확대하기 위해 노력하는 동시에 현재 시장 포지션을 적극적으로 방어해야 한다. 선택한 방어 전략은 타깃고객의 요구, 기업의 자원과 목표, 경쟁자 반응에 대한 기대치에 따라 달라진다.

6. 제품은 시간이 지남에 따라 다른 단계를 거치고, 각 단계에서 서로 다른 마케팅 전략과 전술이 필요한 다양한 도전과 기회에 직면한다. 제품 수명주기의 네 가지 뚜렷한 단계는 도입, 성장, 성숙, 쇠퇴다. 오늘날 대부분의 제품은 성숙 단계에 있다.

7. 도입 단계는 저성장과 최소한의 수익이 특징이다. 성공할 경우, 빠른 매출 성장과 이익 증대로 특징지어지는 성장 단계에 진입한다. 성숙 단계에서는 매출 성장이 둔화되고 이익은 안정된다. 마지막으로, 제품은 쇠퇴기에 들어간다. 기업의 과제는 진정으로 취약한 제품을 식별하고 회사 수익, 직원 및 고객에게 미치는 영향을 최소화하면서 단계적으로 폐기하는 것이다.

8. 모든 제품이 종모양의 제품 수명주기 패턴을 보이지는 않는다. 시장 포지션을 확보하고 방어하기 위해 기업은 시장의 진화 경로와 새로운 고객 요구, 경쟁업체, 기술, 채널 및 기타 개발의 영향을 받을 수 있는 방식을 시각화해야 한다.

marketing
SPOTLIGHT

Airbnb

Rhode Island School of Design을 졸업한 Brian Chesky와 Joe Gebbia는 2007년에 집세를 내기 위해 고군분투하며 애쓰던 중 여분의 돈을 벌기 위한 아이디어를 냈다. 그들은 아파트에 세 개의 에어베드를 임대하고 다음 날 아침식사도 제공한다는 아이디어였다. 그 당시 인근 호텔들은 곧 있을 큰 디자인 회의 때문에 모든 예약이 끝나가고 있었다. Chesky와 Gebbia는 그들의 임시 숙식 경험을 광고하기 위해 airbedandbreakfast.com이라는 웹사이트를 만들었다. 얼마 지나지 않아, 세 명의 손님이 80달러에 그들의 아파트에 숙박을 예약했다. 이 성공은 그 커플이 오래된 룸메이트인 Nathan Blecharzyk와 연합하고 그 아이디어를 사업으로 만들 영감을 주었다.

　Airbnb는 첫해에 이용 가능한 인근 호텔 객실 수보다 참석자 수가 더 많은 콘퍼런스를 목표로 삼았다. 2008년 Texas주 Austin에서 열린 South by Southwest 콘퍼런스를 시작으로 Airbnb는 온라인 블로그를 통해 관심을 불러일으켰다. Chesky는 이 콘퍼런스를 상품을 테스트하고 개선하는 데 활용했다. 처음에 Airbnb는 온라인 마켓플레이스보다는 Craigslist와 유사한 리스팅 사이트를 모델로 삼았다. Chesky가 예약한 곳의 주인은 공항으로 그를 마중 나왔고, 그를 위해 저녁을 준비했다. Chesky는 그 주인이 어색해하며 언제 숙박비를 지불하는지를 물었을 때 그 모델은 이상적이지 않다는 것을 깨달았다. 그때부터 Airbnb 웹사이트는 임대인의 지불 수단이 되었고, 회사는 약간의 수수료를 받게 되었다. 추가로, 고객은 이벤트가 발생하지 않을 때에도 일반적인 이용가능한 목록에 관심을 가질 것이라고 Airbnb에 말했다. 결과적으로, Airbnb는 호스트들이 언제든 그들의 자산을 목록화할 수 있도록 허용했다.

　스타트업 인큐베이터인 Y Combinator의 안내로 Airbnb는 2009년 제공물을 New York City로 가져갔다. 이곳은 호텔 숙박이 비쌌기 때문에 회사가 시작하기에 이상적인 장소였다. Airbnb는 소규모의 재입주자와 호스트로 시작했다. 설립자들은 시스템에 대한 피드백을 받기 위해 그 도시를 자주 방문했다. 이 피드백을 활용하여 Airbnb는 제품에 대한 인지도를 쌓기 위해 자원을 투자하기 시작했다. 예를 들어, 많은 호스트들

이 그들의 소유물에 대한 기본 사진을 웹사이트에 게시하기 위해 휴대폰 카메라를 사용하는 것을 보았다. 이에 Airbnb는 전문 품질의 카메라를 빌려 고화질 사진을 찍어 좋은 빛으로 나타냈다. Airbnb는 전문적인 장소 전시가 임대 확률을 세 배 이상 높인다는 것을 깨달았다. 또한 호스트와 임차인이 소셜 미디어에 그들의 경험을 게시하도록 장려하여 증가하는 호스트와 손님들 사이의 네트워크를 형성했다. 얼마 지나지 않아 New York City에서 임차인과 호스트의 수가 극적으로 증가했고 Airbnb는 전 세계 주요 도시로 확장되기 시작했다.

　Airbnb의 빠른 성공은 벤처 캐피털을 유치하는 데 도움이 됐다. 2009년 Y Combinator의 초기 2만 달러 투자 이후, 국내 및 전 세계적으로 사업을 확장하기 위해 Sequoia Capital로부터 60만 달러의 자금을 조달했다. 1년 후, Greylock Partners로부터 720만 달러의 벤처 자본을 추가로 조달했다. 다음 해, Andreessen Horowitz로부터 1억 1,200만 달러를 조달해 10억 달러의 평가액을 달성했다. 벤처 캐피털에 힘입어 Airbnb는 89개국에서 이용이 가능해졌으며, 출시된 지 3년도 채 되지 않아 100만 건이 넘는 숙박 예약에 도달했다.

　Airbnb가 빠르게 성장함에 따라, 회사는 급속도로 치열해지는 경쟁에 직면하게 되었다. 구체적으로, 그것은 세 가지 주요 유형의 경쟁자들을 직면했다. 첫 번째는 모방자 웹사이트였다. Airbnb의 초기 성공 이후, Wimdu와 Airizu 같은 500개 이상의 모방 웹사이트들이 회사의 서비스를 모방하고 그들의 웹사이트를 투자자들에게 팔려고 시도했다. 두 번째 유형의 경쟁자는 휴가 대여였다. HomeAway, VRBO(Vacation Rentals by Owner), FlipKey와 같은 미국 회사들은 가족을 대상으로 하는 더 고급 숙박시설의 유급 휴가 임대주택을 제공했다. 세 번째

경쟁업체는 Travelocity, Hotels.com, Booking.com과 같은 호텔 웹사이트로 고객에게 더 큰 호텔의 객실 재고 할인뿐만 아니라 더 작은 호텔에 쉽게 접근할 수 있도록 했다.

갈수록 경쟁은 치열했지만, Airbnb는 빠른 성장을 이어나갈 수 있었다. Airbnb의 성공은 몇 가지 주요 요인에 기인할 수 있다. 전 세계에 위치한 다양한 종류의 부동산을 제공하고 있으며, 호텔과 달리 가격은 변동비용에 영향을 받지 않는다. 투숙객은 웹사이트의 목록에 제시된 숙박업소를 쉽게 찾아볼 수 있다. Airbnb는 효율적인 예약 경험을 제공하도록 웹사이트를 설계했으며, 신뢰할 수 있는 고객은 한 번의 성공적인 숙박 후에 제공되는 즉석 예약 기능에 접근할 수 있다. Airbnb는 또한 호스트와 투숙객 모두의 공통적인 우려를 해소하기 위한 조치를 취했다. 이를 위해 '호스트 보증' 프로그램을 시행해 투숙객에 의해 숙박시설이 파손된 경우 호스트에게 변상금을 지급하도록 했다. Airbnb는 또한 손님과 호스트 모두에게 24시간 365일 고객 지원을 제공하여 발생하는 모든 문제를 신속하게 해결한다. 추가로, Airbnb는 네트워크 효과로부터 이익을 얻는다. Airbnb 이용자가 많을수록 자신의 부동산을 임대용으로 게시하려는 경향이 강해진다. 좋은 경험을 한 손님들 또한 자신의 재산을 게시할 가능성이 더 높다. 이것은 긍정적인 피드백 루프를 만들어 Airbnb가 손님, 호스트, 거래 수를 늘리는 데 도움을 준다.

Airbnb 특유의 단기 렌털 서비스가 접객업계를 교란시키는 데 성공했다. 네트워크 효과에 힘입어 경쟁력 있는 가격과 광범위한 위치 가용성으로 인해 전통적인 호텔 객실과 휴가 대여에 대한 매력적인 대안이 되었다. 회사는 2019년에 37억 달러 이상의 수익을 보고했다. Airbnb는 좋은 리뷰와 세부사항에 관심 있는 호스트들로 잘 갖춰진 고품질의 주택을 선별해 제공하는 Airbnb Plus, 최고급 주택과 맞춤형 경험을 명품 목록에 접목하여 여행기획 서비스를 제공하는 Beyond by Airbnb도 발표하며 서비스 다양화를 시작했다.[58]

질문

1. Airbnb의 시장 성공에 기여한 주요 요인은 무엇인가?
2. Airbnb는 어떻게 경쟁우위를 창출하고 유지할 수 있었는가? Airbnb의 동등점과 차별점에는 어떤 것이 있는가?
3. 앞으로 Airbnb는 경쟁우위를 유지하기 위해 무엇을 해야 할까? 어떻게 하면 시장 포지션을 얻고 방어할 수 있을까?

---

marketing
SPOTLIGHT

American Express

American Express는 세계에서 가장 존경받는 브랜드 중 하나로, 세계적으로 충전카드, 여행 서비스와 금융 서비스로 알려져 있다. American Express는 19세기 특급운송 회사로 시작하여 여행 서비스 회사로 성장하였고, 결국 강력한 브랜드 이미지인 명성, 신뢰, 보안, 고객서비스, 국제적 수용성 및 무결성과 관련된 글로벌 결제 회사로 발전했다.

American Express는 1891년에 국제적으로 통용되는 최초의 여행자 수표를 만들었는데, 오늘날 사용되는 것과 동일한 서명 보안 시스템과 환율 보증을 사용했다. 1958년에는 신용카드로 가능한 회전 부채와 달리, 고객이 잔액을 갚아야 하는 카드인 첫 번째 충전카드를 발행했다. 위신감을 살리고 회원의식을

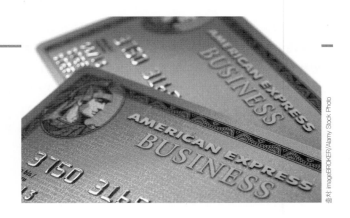

출처: imageBROKER/Alamy Stock Photo

함양하기 위해 경쟁사보다 높은 연회비를 부과했다. 1967년까지, 회사 총이익의 3분의 1이 카드 사업에서 나왔고 American Express 카드는 Travelers Cheque를 넘어서 회사의 가장 눈에 띄는 상징이 되었다.

1960년대와 1970년대에 American Express는 Master

Charge(현 MasterCard)와 BankAmericard(후에 Visa가 됨)의 강력한 경쟁 압력에 대응하여 노력을 강화했다. 광고 대행사 Ogilvy & Mather는 1970년대 초 '시너지' 태그라인으로 현재까지 유명한 "Don't Leave Home Without It(여행 시 꼭 챙기세요)"를 만들었다. 익숙한 블루박스 로고는 1974년 American Express라는 단어가 흰색으로 인쇄되면서 처음 등장했다.

많은 사람들이 American Express 카드를 성공과 신분의 상징으로 인식했다. 회사는 카드 소비자들을 '카드 회원'이라고 불렀고 American Express에 가입한 연도를 카드에 인쇄하여 클럽 가입을 암시했다. 회사는 광고, 흠 잡을 데 없는 고객서비스, 엘리트 프로모션과 이벤트를 통해 흔치 않은 이미지를 유지했다.

1980년대에 American Express는 Lehman Brothers, Kuhn Loeb Inc., E.F. Hutton & Co.와 같은 많은 회사를 인수했다. 이로써 중개서비스, 은행, 보험을 포함한 다양한 금융 범주로 확장할 수 있었다. 그러나 회사는 이러한 광범위한 금융상품을 통합하는 데 어려움을 겪었고 1990년대 초에 많은 금융자산을 매각했다. 새롭고 더 축소된 American Express는 핵심 역량인 충전과 신용카드, 여행자 수표, 여행서비스, 엄선된 은행과 금융서비스에 초점을 맞췄다. 추가로, 카드를 받아들이는 업체의 수를 늘렸고(Walmart가 그중 하나였다), 공동브랜드 카드를 포함한 새로운 카드 상품을 개발했다. 1990년대 동안 일어난 변화를 알리기 위해 회사는 "Do More"라고 불리는 기업 광고 캠페인을 시작했다.

이러한 노력은 American Express가 Visa, MasterCard와 함께 경쟁하는 데 도움을 주었다. 또한 중소기업 서비스 부문을 'OPEN: The Small Business Network'로 브랜드화하고, 중소기업을 위한 특별 제공, 제휴, 자원뿐만 아니라 유연한 지불과 같은 혜택을 추가했다. American Express의 최고 마케팅 책임자 John Hayes는 "소상공인은 근본적으로 대기업에서 일하는 사람들과 다르다."라며 개별 소규모 사업 브랜드를 개발하는 이유를 설명했다. "그들은 공통된 사고방식으로 특징지어진다. 그들이 하고 있는 사업은 살아 숨 쉬고 있다. 우리는 이 지역이 자신만의 정체성을 갖는 것이 중요하다고 생각한다."고 덧붙였다.

세기의 전환기에 American Express는 Blue와 Centurion Black이라는 두 개의 혁신적이고 새로운 신용카드를 출시했다. Blue에는 인터넷 보안과 힙한 이미지와 연회비가 없는 젊고 기술에 정통한 소비자를 타깃으로 한 칩이 들어 있었다. 반면, Black Card는 연간 15만 달러 이상을 지출하고 24시간 개인 컨시어지 서비스 및 독점 이벤트 초대와 같은 편의시설을 원하는 최정예 고객을 목표로 삼았다. 회사는 또한 당시 세계에서 가장 큰 카드 기반 보상 프로그램이었던 멤버십 보상 프로그램을 확장했다. 카드 소비자는 여행, 오락, 상품권, 그리고 기타 미리 결정된 제공에 대한 포인트를 상환할 수 있다.

이에 Visa와 MasterCard는 경쟁 압력을 가했다. Visa는 카드 소유자의 은행계좌에서 직접 구매하기 위해 돈을 빼가는 직불카드인 트렌드 소비자 체크카드의 소유권을 가져갔다. MasterCard는 유비쿼터스 대중문화의 기준점이 된 "Priceless" 광고 캠페인을 만들면서 인기가 급상승했다. 그러나 2004년 American Express 카드는 Visa와 MasterCard를 상대로 커다란 법적 승리를 거두었는데, 대법원이 그전에는 기술력으로 불가능했던 모든 은행과의 관계를 추구할 수 있다는 판결을 내렸다. 이후 3년 동안 American Express는 MBNA, Citigroup, UBS, USAA와 같은 은행과 제휴했다. 또한 회원 수를 늘리기 위해 2000년대 내내 강력한 마케팅 캠페인과 태그라인을 시작했다. "My Life. My Card" 캠페인은 Robert De Niro, Ellen DeGeneres, Tiger Woods와 같은 유명인사들이 참여했고, "Are you a card member(당신은 카드 회원입니까)?" 캠페인은 American Express에 가입하기 위한 행동 요청으로 작용했다.

2008년 세계 경제가 붕괴되면서 American Express의 재무 결과에 상당한 영향을 주었을 때 상황은 악화되었다. 성장을 촉진하기 위해 American Express는 부유하고 위험이 낮은 소비자를 목표로 하여 핵심전략에서 벗어나 자격에 상관없이 회원 수를 늘리는 데 주력했다. 이 새로운 카드 보유자들은 잔액을 이월하고 이자만 지불하도록 허용되었는데, 이 정책은 결국 채무 불이행, 청구액 감소, 신용 손실의 증가를 초래했다. 세계가 경제위기에서 서서히 회복함에 따라, American Express는 대부분의 신용카드 회사나 금융서비스 회사보다 더 빠르게 반등했다. 다시 부유한 고객층에 초점을 맞추었고 많은 부실 계정을 폐쇄했다. 회사는 연회비가 있는 더 많은 카드를 출시했고, 새로운 부유한 고객을 유치하기 위해 마케팅 초점을 넓혔으며, 보상과 새로운 기술 혁신으로 중소기업을 유혹했다.

새로운 세대의 소비자들이 시장에 진입하면서 American Express는 관련성을 유지해야 하는 도전에 직면해 있다. 역사적으로 American Express의 성공은 주로 고객서비스 덕분이었다. 판매 대리인은 고객이 여행을 예약하고, 최고의 식당을 추천하고, 쇼와 스포츠행사 티켓을 예매하는 것을 도울 수 있다. 그러나 기술과 전문화된 앱의 발달로, 점점 더 적은 수의 고객들이 이러한 서비스를 요구한다. 또한 차세대 신용카드 고객인 밀레니얼 세대 대부분은 여행 지원 및 컨시어지 서비스에 관심이 없다. 그들은 Kayak, Airbnb, TripAdvisor, OpenTable을 사용한다. 추가로, 경쟁 금융 회사, 특히 Chase와 Citibank는 빠르게 성장하는 밀레니얼 인구에 맞춘 신용카드를 제공했다. 이러한 과제를 해결하기 위해 American Express는 가입 보너스를 늘리고 지출 보상을 강화했으며 밀레니얼 세대를 정면으로 겨냥한 Uber 크레딧과 같은 혜택을 제공했다. 또한 부와 지위보다는 그들의 개성을 표현하려는 밀레니얼 세대의 열망에 호소하는 것을 목표로 많은 카드를 더 날씬해 보이도록 재설계하고 있다.

American Express는 급성장하는 경쟁을 막아내는 데 중요한 이점을 가지고 있다. 바로 수년간 회사를 개발하고 육성해온 강력한 브랜드라는 점이다. 《Bloomberg Businessweek》와 Interbrand는 매년 American Express를 '세계에서 가장 가치있는 브랜드' 상위 25위 안에 꼽았고, 《Fortune》은 '가장 존경받는 기업'의 상위권으로 선정했으며, J.D. Powers는 미국 최고의 신용카드 회사 순위에 자주 올린다. 이러한 결과는 제품 개발 및 마케팅에 대한 지속적인 혁신뿐만 아니라 전 세계 어디에서나 고객에게 뛰어난 서비스를 제공하겠다는 의지의 증거다.[59]

질문

1. 경쟁사 측면에서 American Express를 평가하시오. 시간이 지남에 따라 포지셔닝이 어떻게 변했는가? American Express는 어디에서 가장 많은 경쟁에 직면하는가?

2. American Express의 다양한 비즈니스 통합을 평가해 보자. 모든 사업부의 자본 기여도를 극대화하기 위해 어떤 권고안을 제시하겠는가?

3. American Express는 신규 고객을 유치하고 유지하기 위해 자사의 제품을 어떻게 포지셔닝해야 하는가? 브랜드를 포지셔닝할 때 강조해야 하는 주요 이점은 무엇인가?

18

신시장 제공물 개발

James Dyson이 설립한 기업, Dyson은 기술적 혁신에 미적 감각을 더하고, 진공청소기, 선풍기, 헤어드라이어의 기능 방식을 재발명하는 정밀한 연구를 결합함으로써 큰 성공을 거두었다.
출처: Michael Nagle/Bloomberg via Getty Images

신제품 개발은 기업의 미래를 형성한다. 신제품을 개발하는 데 투자가 없다면, 기업은 지속적 성장이 확실시되는 다른 기업이 개발한 신상품을 얻는 데 의존할 수밖에 없다. 신제품 개발은 기업의 성공을 이끄는 엔진으로서, 기존 산업의 규범에 도전하고 고객을 매료하고 기쁘게 만드는 혁신적 해결책을 제시하는 원동력이다. 기업의 미래뿐만 아니라 고객의 미래까지 어떻게 형성하는지를 확실히 이해하는 기업이 바로 Dyson Corporation이다.

>>> Dyson 기업은 창립자인 James Dyson이 자신이 사용하는 진공청소기의 흡입 기능이 빠르게 약해지는 데 실망한 경험을 한 후 1991년에 설립한 회사다. 그는 문제를 신속히 확인했는데, 진공청소기의 먼지봉투가 먼지에 의해 막히면서 공기의 흐름이 감소되고 흡입 기능이 떨어지는 것이었다. Dyson은 이러한 문제가 자신이 가지고 있는 진공청소기만의 문제가 아니며 모든 진공청소기의 설계 방식에 문제가 있다는 것을 깨달았다. 이러한 문제를 해결하고 '흡입력이 결코 떨어지지 않는' 기계(후에 그의 진공청소기의 광고 문구가 되었음)

를 설계하기로 결심한 Dyson은 주머니를 사용하는 방식 대신에 공기와 먼지를 분리하는 원심력을 이용하는 진공청소기를 개발했다. 그의 진공청소기는 기존 진공청소기들보다 먼지를 끌어들이는 데 더 효과적이었고, 외형 또한 아름답게 설계되어 탁월한 미적 감각을 나타냈다. 진공청소기의 경이로운 성공을 바탕으로, 거의 20년 후에 Dyson은 수년에 걸쳐 어떠한 변화도 없었던 전기 선풍기라는 또 다른 상품군을 혁신했다. 에어 멀티플라이어 기술을 사용하여, Dyson은 움직이는 부분이나 회전날개가 눈에 보이지 않는 '날개 없는' 선풍기를 출시했다. 그리고 Dyson의 가장 최근 발명품은 에어 멀티플라이어 기술을 다음 수준으로 끌어올리는 것으로서, 매끄럽게 설계된 Dyson Supersonic 헤어드라이어는 일반적인 헤어드라이어보다 더 작고 조용하고 머리카락 손상을 최소화하기 위해 지능적인 열 제어 기술이 탑재되어 있다. 이러한 혁신은 빠르게 또는 값싸게 온 것이 아니다. Dyson의 헤어드라이어를 개발하기 위해 4년 이상의 시간, 600개의 프로토타입, 1,000마일 이상의 머리카락에 대한 연구, 7,100만 달러의 비용이 지불되었다.[1]

이 장은 신시장 제공물 개발 과정에 대한 개요를 설명한다. **신제품**(new products)이라는 단어는 신시장 제공물과 관련하여 흔히 사용되는 용어이기 때문에, 두 용어를 혼용한다. 그래서 다음 내용은 신상품과 서비스뿐만 아니라 기업의 사업 모델의 개발과도 관련된다.

신시장 제공물 개발 과정

혁신은 성공 가능한 신제품을 개발하는 데 주요한 핵심이다. 혁신은 신상품이나 서비스 개발에 제한되지 않는다. 혁신은 신기술, 브랜드 개발을 위한 새로운 접근, 새로운 가격 구조, 보상 관리를 위한 새로운 방법, 커뮤니케이션의 새로운 채널이나 획기적인 분배 방법을 포함할 수 있다. 혁신은 기술 불확실성과 시장 불확실성이 높고, 극심한 경쟁 및 높은 투자비용과 짧은 제품 수명주기를 가진 산업에 특히 중요하다. 혁신적 제품은 기존 사업 모델을 파괴하고 변화하는 시장 가치를 창조하는 새로운 방법을 고안함으로써 시장 상황에 적응하는 데 실패한 기업들을 낙오하게 만든다.

학습목표

18.1 기업이 어떻게 신제품을 개발하는지 설명한다.

18.2 기업이 새로운 아이디어를 어떻게 개발하는지 설명한다.

18.3 기업이 어떻게 시제품을 개발하고 검증하는지 기술한다.

18.4 신제품에 대한 사업 모델 설계의 주요 측면을 요약한다.

18.5 기업이 신제품 전략을 실행하는 방법을 설명한다.

18.6 신제품을 상업적으로 배치하는 주요 단계에 대해 논의한다.

혁신 강령

급속한 변화로 나타나는 경제에서 꾸준한 혁신은 필수다. 신상품을 개발하는 데 실패한 기업은 변화하는 고객의 니즈와 취향, 짧아진 제품 수명주기, 국내외 경쟁 증가에 취약하고 신기술에 활짝 열린 잠재적 시장 기회에 대한 인식이 부족하다.

매우 혁신적인 기업은 신시장의 기회를 반복적으로 포착하고 신속히 쟁취한다. 그러한 기업은 혁신과 위험 감수에 대한 긍정적인 태도를 보이고, 혁신 과정을 일상화하고, 협동적으로 실행하고, 직원들이 실험하고 심지어 실패하는 것까지 허락한다. 그러한 회사 중 하나가 W.L. Gore다.

W.L. Gore   GORE-TEX 고성능 직물로 알려진 W.L. Gore는 폴리머 폴리테트라플루오로에틸렌(polymer polytetrafluoroethylene, PTFE)의 용도를 지속적으로 재창조하는 한편, 기탓줄, 치실, 의료기기와 연료전지의 타개 버전을 소개했다. 여러 원칙이 기업의 신상품 개발을 안내한다. 첫째, 이것은 잠재고객과 함께 작동한다. 심장질환을 이겨내기 위하여 설계된 흉부이식은 의사와의 긴밀한 공동작업을 통해 개발되었다. 둘째, Gore는 뚜렷한 평등주의 문화를 가진다. 직원들에게 프로젝트를 선택하게 하고 몇몇의 상품 리더와 팀을 정한다. 기업은 프로젝트에 자신의 시간을 쏟고 몰입할 가치가 있다고 확신하는 '열정적인 전사'를 양성하는 것을 좋아하고 리더는 그를 따르는 직원들이 있기 때문에 권한을 가진 지위를 부여받는다. 셋째, 모든 연구자가 자신의 아이디어를 개발하면서 근무시간의 10%를 '불필요한 시간'에 할애한다. 유망한 아이디어는 '현실적, 취득, 가치(Real, Win, Worth)' 연습에 따라 판단한다. 기회가 현실적인가? 우리가 얻을 수 있는가? 돈을 벌 수 있는가? 넷째, Gore는 하나의 영역에서 막다른 지점이 또 다른 영역에서 혁신을 촉발할 수 있을지라도, 그냥 가도록 내버려둘 때를 안다. Elixir 통기타 줄은 자전거 케이블에 대한 실패한 모험의 결과물이다. 성공적인 벤처기업일지라도 앞으로 나아갈 필요가 있을지 모른다. Gore는 소매상들이 건강관리 상품 전체를 판매하는 회사와 거래하기를 원한다는 것을 알았기 때문에 Glide shred-resistant 치실을 Procter & Gamble에 팔았다. W.L. Gore는 세계 수십 개국에서 거의 1만 명의 직원을 고용하고 35억 달러 이상의 수익을 올렸다.[2]

혁신은 미세한 향상으로부터 시작되거나 기존 상품을 완전히 새로운 시장을 창조하는 세상에 새로운 상품(new-to-the-world items)으로 수정하는 것으로부터 시작된다. 모든 신상품의 10% 이하는 진정으로 세상에 혁신적이고 새로운 것으로 고려될 수 있다. 대부분의 신상품 활동은 기존 상품 향상에 집중한다. 지속적인 혁신의 이러한 형태는 브랜드의 의미를 확장시키고 경쟁자들이 따라잡으려고 노력하게 만든다. 과거 10년 동안 많은 슈퍼마켓 상품 출시는 Tide Pods, Gillette Fusion Proshield, Downy Unstopables, Colgate Total Clean-In-Between, Oreo Thins와 같은 브랜드 확장이었다. Sony에서 잘 정착된 상품에 대한 수정은 신상품 활동의 80% 이상을 차지했다. 사실상 대부분의 잘나가는 기업은 새로운 고객을 위한 상품을 수정하고 시장에서 한 발짝 앞서나가기 위해 핵심 상품에 대한 다양성을 이용하고 산업 확장 문제에 대한 임시해결책을 만듦으로써 신시장에 들어가면서 **증가하는 혁신**(incremental innovation)에 집중한다.

기존 상품의 미세한 다양성에 집중하는 것은 하나의 시장을 변형시킬 대히트 상품을 개발

<< W. L. Gore의 제품 개발은 고객과 긴밀하게 협력하고, 직원이 프로젝트를 선택할 수 있도록 하며, 열정적으로 헌신하는 직원에게 리더십을 부여하고, 연구자에게 아이디어를 개발할 공간을 제공하고, 모험을 중단해야 할 시기를 아는 것을 포함한다.

하는 것이 점점 더 어려워진다는 사실에 어느 정도 기인한다. 그럼에도 많은 기업은 세상에 새로운 혁신을 추구하는 것을 지속한다. 이러한 혁신은 전형적으로 엄청난 위험과 비용과 관련이 있지만 혁신이 성공하면 혁신은 기업 이미지를 향상할 수 있고 기업에 대한 더 큰 지속 가능한 경쟁우위를 창출하고 중요한 재정적 보상을 낳는다.[3]

Keurig는 집과 사무실을 휩쓸었던, 한 번에 한 잔씩 끓이는 파드(pod)식 시스템을 개척했다. 제품이 제공하는 속도, 편리성, 다양성 때문에 사용자는 전통적으로 커피를 끓이는 데 드는 비용의 10배까지 지불하고자 한다. 이것은 Keurig 판매가 110억 달러를 초과하는 판매를 올리게 만들었고 수익을 바탕으로 한 싱글컵 커피 시장에서의 시장 점유율은 30%에 육박했다.[4]

성공적인 신상품 출시는 일반 규칙을 뛰어넘는 예외가 있다. 신상품은 95%나 높은 추정치로 많이 실패한다. 가장 일반적인 이유는 시장조사의 무시와 잘못된 해석, 시장 규모의 과대평가, 높은 개발 비용, 질 낮은 상품 성능, 부적절한 가격, 비효과적인 커뮤니케이션, 불충분한 분배 지원, 선제적 경쟁 대응, 신상품에 대한 조직적 지원의 부족과 기업의 투자에 대한 부족한 수익이다. 실패에 대한 여러 이유는 한 문장으로 요약될 수 있다. 신상품은 기업과 협력업체가 충분히 이득을 보는 방식에서 타깃고객에게 우월한 가치를 만드는 데 실패한다.

혁신 관리

혁신은 단절된 상태에서 일어나지 않는다. 혁신 상품은 작고 큰 기업에서 일하는 개인에 의해 개발된다. 그래서 혁신을 장려하고 신상품 개발을 격려하는 환경을 조성하는 것이 가장 중요하다.[5] 기업은 서로 다른 방식으로 혁신의 조직 요소를 다룬다. 다음은 많이 이용하는 경영 혁신 접근법을 요약한 것이다.

- **현 제공물의 책임 부서**(departments in charge of current offerings): 혁신을 장려하고 관리하기 위한 흔한 접근법은 해당 상품군, 브랜드, 또는 시장을 책임지는 관리자에게 신상품과 서비스를 개발하기 위한 책임감을 부여하는 것이다. 이 접근법의 유리한 점은 관리자가 현 고객에게 기업의 상품을 설계하고 의사소통하고 전달하는 데 관련된 고객 니즈, 경쟁적 환경과 프로세스에 대한 견고한 이해를 가진다는 것이다. 불리한 면으로서 기존 상품 관리자들이 종종 이러한 상품에 대해 집중하는 데 성공적인 신상품을 개발하는 기술, 지식, 동기가 부족할 수 있다.

- **신상품 부서**(new-product departments): 대기업은 종종 새로운 아이디어를 개발하고 검토하기 위한 책임감을 가지고 연구 및 개발 부서와 함께 현장을 테스트하고 상업화하는 것을 진행하면서 실질적인 권한을 가지고 최고 관리자에게 접근할 수 있는 관리자에 의해 운영되는 신상품 부서를 신설한다. Eli Lilly는 분자를 약물로 전환하는 프로세스에 관련된 모든 부서(연구 및 개발 직원부터 FDA 승인을 받아내는 팀까지)를 효율성 향상과 개발 시간 축소를 위해 하나로 통합했다.

- **혁신 센터**(innovation centers): 몇몇 기업은 신상품을 더 잘 설계하기 위해 새로운 지리적 위치에 혁신 센터를 연다. 예를 들면, Microsoft는 지자체, 대학, 협력업체들과 파트너십을 구축해 세계 전역에 100개 이상의 혁신 센터를 만들었다. 같은 맥락에서 거대 네트워킹 기업인 Cisco는 스타트업, 액셀러레이터, 대학에 투자하고 파트너십을 맺는 것뿐만 아니라, 고속 시제품화를 위해 파트너들 및 스타트업과 솔루션을 개발하는 허브 역할을 하는 혁신 센터 네트워크를 세계 곳곳에 세웠다.

- **벤처팀**(venture teams): 혁신을 유도하는 또 다른 접근법은 신상품 개발을 벤처팀(세부적인 상품 또는 사업을 개발하는 데 책임을 지는 교차기능 팀)에게 일임하는 것이다. 이러한 **사내기업가**(intrapreneur)들은 다른 의무를 덜어주고 별개의 자산과 일반 업무보다 더 오랜 시간을 준다. 그들은 종종 '스컹크웍스(skunkworks, 기업가정신으로 무장한 팀이 신상품을 개발하기 위해 일하는 격식 없는 업무 장소로 때로 차고가 이렇게 활용된다)'를 설치함으로써 조직된다. 예를 들면, PC 기업을 사이버 보안과 데이터 센터 설계와 관리 사업을 하는 솔루션 기업으로 변형시키는 것처럼, Dell은 기업가적으로 생각하라는 행동 강령과 함께 새로운 팀을 위한 개별 본부를 설립했다.[6]

- **실천공동체**(communities of practice): 신상품 개발을 위한 또 다른 조직적 방식은 서로 다른 부서의 직원들이 지식과 기술을 공유하는 것을 격려하는 포럼을 개발하는 것이다. 예를 들면, 일본의 제약회사 Esai Co.는 400개 이상의 혁신 공동체를 만들었다. 이러한 혁신 센

터 중 하나는 알츠하이머병 환자를 위한 삼키기 쉬운 젤리 같은 약을 개발하는 것을 도왔다. 식료품 소매상 Supervalu는 29개의 혁신 실천공동체 프로젝트를 개발하였고 그중 22개가 기업의 의해 실행되었다.[7]

- **교차기능 팀**(cross-functional teams): 서로 다른 스킬 세트를 결합하는 프로젝트별 팀을 만드는 것은 또 다른 혁신 장려를 위한 흔한 접근법이다. 이러한 접근법의 특정한 수익은 신상품 개발 과정을 위한 서로 다른 전문지식을 가져온다는 것이다. 이는 결국 혁신을 더 신속히 처리하게 하고 획기적인 신상품을 개발할 기회를 증가시킨다. 기술자와 마케터로 구성된 교차기능 팀은 기업의 연구와 개발 노력이 '더 매력적인 신제품'을 개발하지 못한다는 것을 확인시켜 준다.

신제품 개발을 위한 단계별 관문 접근법

신상품 개발은 흔히 신제품이 극복해야 하는 장애물에 의해 나뉘는 일련의 단계로 표현된다.[8] 단계별 관문 접근법은 각 단계 마지막에 출구 또는 체크포인트로 혁신 과정을 단계로 나눈다. 신상품 개발에 단계별 관문 접근법을 사용하는 궁극적 목적은 위험을 최소화하고 기업의 자원 배치를 최적화하는 방식으로 시장의 성공을 보장하는 것이다.

단계별 관문 시스템은 사용자가 향상된 통제, 통합된 포트폴리오 관리, 책임감과 꾸준한 향상의 결합과 기업 내·외부의 넓은 자원으로부터 지속적인 투자와 함께 시스템을 해가 갈수록 더 유연하고, 변형 가능하고, 확장 가능하게 만들었다. 개발, 테스트, 수정, 피벗의 순차 접근법을 사용하여 기업은 나쁜 아이디어를 제거하고 가장 바람직한 성과가 기대되는 데 투자하면서, 겨로부터 밀을 분리하는 것을 목적으로 한다. 예를 들면, Tata Steel에서 실행되는 모든 단계를 위해 약 50~100개의 아이디어가 개발되고, 어떤 시점에는 50~70개의 상품 개발 프로젝트가 최종 단계가 완료되기 전 파이프라인 내에 있다.[9]

단일한 단계별 관문 형태는 존재하지 않는다. 기업마다 다른 상품 개발과 신상품별로 극복해야 하는 장애물에 대한 단계를 규정하는 방식이 다양하다. 같은 시기에 신상품을 개발하는 과정을 관리하는 매우 중요한 **단계별 관문 프레임워크**(stage-gate framework)로 만드는 이러한 접근법 사이에는 여러 유사성이 있다. 이 체계는 기존 단계에서 취한 행동을 타당화하기 위한 장애물에 의해 나뉜 5개의 주요 단계인 **아이디어 개발**, **콘셉트 개발**, **사업 모델 설계**, **제품 개발**, **상용화**라는 단계별 관문 접근법의 간소화 버전을 보여준다. 신상품 개발을 위한 단계별 관문 체계는 그림 18.1로 설명된다.

신상품 개발을 위한 단계별 관문 접근법의 5단계는 다음과 같이 요약될 수 있다.

그림 18.1
신상품 개발을 위한 단계별 관문 체계

- **아이디어 개발**(idea generation): 신상품 개발을 위한 시작점은 채워지지 않은 고객 욕구를 확인하고 다른 대안보다 이 욕구를 더 잘 충족할 수 있는 방법에 대한 아이디어를 제시하는 것이다. 초기 아이디어는 기업이 신상품의 구체성에 대한 세부 설명 없이 주 고객의 욕구를 해결할 수 있는 방법에 대해 개괄적으로 윤곽을 그린다. 아이디어 개발은 아이디어의 건전성과 주요 가정의 타당성 평가에 의해 진행된다.

- **콘셉트 개발**(concept development): 아이디어 검증에 뒤따른 다음 단계는 제안된 상품의 핵심 기능을 가지는 상품에 대한 초기 버전(시제품)의 개발이다. 개발된 콘셉트는 이제 밝혀진 고객 욕구를 충족하기 위한 기술적 실현성과 잠재성을 평가받음으로써 검증된다.

- **사업 모델 설계**(business-model design): 검증된 콘셉트는 이제 상품의 타깃(목표)시장, 이 시장에서 상품에 의해 창조된 가치, 상품의 주요 속성을 정의하는 사업 모델의 핵심이 되었다. 사업 모델은 기업과 협력자에게 충분히 이익이 되는 방식으로 확인된 고객 욕구를 충족할 수 있는 정도를 근거로 하여 검증된다.

- **제품 개발**(offering implementation): 검증된 사업 모델은 여전히 계획일 뿐이다. 기업은 시장에 바로 출시할 수 있는 버전의 상품을 아직 개발하지 못한 상태다. 타깃고객의 니즈를 충족하고 이해관계자와 협력자를 위한 가치를 창출하기 위하여 기업은 제품을 생성하는 데 필요한 자원을 개발한 다음 시장에 즉시 출시할 수 있는 버전을 개발해야 한다.

- **상용화**(commercial deployment): 즉시 판매 가능한 상품이 이제 타깃고객에게 전달되고 제공되기 위해 상용화된다. 상용화는 전체 시장에 상품을 진열하기 전에 종종 선택된 일부 시장에서 상품을 출시함으로써 시작된다. 상용화는 지속적인 시장 테스트와 타깃고객의 욕구를 더 잘 충족하고 시장 환경 변화에 반응하고 근본적인 기술, 노하우와 비즈니스 프로세스 변화를 이용하기 위한 상품 최적화가 부수적으로 뒤따른다.

단계별 관문 접근법은 세 가지 목적을 포함한다. (1) 타깃고객이 매력적으로 볼 **호감 있는** 상품, (2) 기업이 할 수 있는 기술적으로 **실현 가능한** 상품, (3) 기업과 협력업체를 위해 가치를 제공할 **성공 가능성 있는** 상품을 개발하는 것이다. 호감도, 실현 가능성, 성공 가능성은 이러한 요소가 서로 다른 역할을 할지라도 상품 개발 과정에서 필수적이다. 상품의 호감도는 일반적으로 상품 개발의 아이디어 개발 단계에서 무엇보다 중요하다. 호감도와 실현 가능성 모두 콘셉트 개발 동안 초점을 같이한다. 그리고 사업 모델 설계는 이러한 세 가지 기준 모두를 상품의 최종 버전을 실행하고 시장에 출시되기 전에 충족하는 것을 목표로 한다.

신상품 개발과 관련된 높은 불확실성과 위험은 모든 성공적 혁신을 위해 전개하지 못한 많은 혁신적 벤처가 있음을 암시한다. 신상품 프로젝트의 높은 실패율은 실행 가능한 시장 상품이 되기 위해 기업이 검사, 피벗과 수정 과정을 통해 성공적인 결과물을 생산할 수 있도록 많은 새로운 아이디어와 함께 시작해야 함을 제안한다. 이러한 맥락에서 각 관문의 존재는 자원 배정을 관리하고 높은 성공 가능성을 갖는 프로젝트에 투자하고 신상품 개발 과정의 서로 다른 단계에서 검증될 수 없는 프로젝트를 걸러내기 위해 중요하다.

따라서 프로세스 초기에 기업은 비교적 낮은 비용에서 많은 아이디어를 고려할지도 모른다. 이러한 많은 아이디어가 걸러진다. 일부만 콘셉트 개발 단계로 진행되고, 시제품과 테스트에 비교적 더 큰 투자를 필요로 하게 된다. 프로젝트는 개발 프로세스의 서로 다른 개발을 통해 가기 때문에, 실현 가능한 대안은 상업화하기 위해 몇몇 선택(또는 종종 하나의 선택)으로 축소된다. 동시에, 일반적으로 기업 자원의 대부분을 써야 하는 마지막 두 단계인 상업화와 상용화를 거치면서 프로젝트당 투자는 증가한다.

　　이전에 설명한 단계별 관문 접근법은 신상품을 개발하는 간소화된 과정을 나타낸다. 많은 경우에 신상품 개발은 사전에 규정된 질서 있고 잘 정의된 단계를 따르지 않을 수도 있지만 대신에 단계별 관문 체계의 선형 포맷을 따르지 않는 행동을 수반할 수도 있다. 부과적인 장애물을 극복하는 데 실패하는 것은 아이디어 개발 단계를 통과하기 위한 신상품 개발 프로젝트에서는 흔한 일이다. 그러한 경우에 기업은 처음으로 다시 돌아가야 하고 아마도 모든 프로젝트에 포함된 아이디어와 콘셉트도 재평가해야 한다. 그러나 신상품 개발 과정이 각 단계에서 자연스럽게 다음 단계로 이동하는 단계로 가는 선형 프로세스보다는 여러 번 반복하는 것을 포함할지라도 앞서 설명한 단계별 관문 체계가 신상품 개발 과정을 간소화할 수 있는 실행 가능한 가이드라인을 제공한다.

신상품 개발을 위한 단계별 관문 접근법: 실례

사업 모델 개발을 위한 단계별 관문 접근법은 다음의 예로 나타낼 수 있다. 시장 점유율을 증가시키고 수익 증대를 촉진하기 위해 신상품을 도입하려는 식품 가공 회사를 고려해 보자. 신상품 개발의 5단계는 여기에 보이는 것처럼 나타낼 수 있다.

아이디어 개발과 검증　많은 대안을 살펴본 후, 기업은 영양적 가치와 맛을 높이기 위해 우유에 첨가할 파우더를 개발하는 데 집중하기로 결정한다. 다음으로, 기업은 여러 질문에 대답해야 한다. 누가 이 상품을 사용할 것인가 — 유아, 어린이, 청소년, 청년, 중년, 노년? 이 상품이 주로 제공해야 할 이점은 무엇인가 — 맛, 영양, 신선도, 열량? 사람들은 어떨 때 이러한 음료를 소비하는가 — 아침, 오전, 점심, 오후, 저녁, 늦은 저녁?

　　이러한 질문에 대답한 후, 기업은 여러 아이디어를 형성한다: (1) 준비할 필요 없이 빠르고 영양가 있는 아침 식사를 원하는 어른들을 위한 인스턴트 음료, (2) 한낮의 가벼운 식사대용으로 마실 수 있는 아이들을 위한 맛 좋은 스낵, (3) 잠자기 전 늦은 저녁에 노년들이 마시기 좋은 건강 보충식. 이러한 아이디어는 상품이 만들어지는 방식뿐만 아니라 경쟁해야 하는 시장에도 영향을 준다는 것을 명심하자. 아침 식사용 인스턴트 음료는 베이컨과 달걀, 아침 식사용 시리얼, 커피와 빵, 다른 아침 식사 대안과 경쟁해야 한다. 스낵 음료는 청량음료, 과일주스, 스포츠 음료, 그리고 다른 갈증해소 음료들과 경쟁해야 한다.

　　서로 다른 선택사항의 장점과 단점을 평가한 후에 기업은 첫 번째 아이디어로 진행하고 인스턴트 아침 음료로 개발하기로 결정한다. 다음으로, 상품 아이디어는 세부적인 상품 콘셉트으로 구체화되고 변화되어야 한다.

콘셉트 개발과 검증 아이디어를 상품 콘셉트로 바꾸기 위해 기업은 시장 상품의 구체적인 속성을 표현해야 한다. 특정 **상품** 형태는 무엇이 될 것인가? 어떤 구성품을 포함하고 어떻게 혼합할 것인가? 이 상품을 식별하기 위한 **브랜드**명과 관련요소를 무엇으로 할 것인가? 이 상품을 팔기 위한 적정 **가격** 지점은 얼마인가? 이 상품과 관련된 **보상**은 무엇이 될 것인가? 기업은 이 상품을 타깃고객에게 어떻게 **알릴** 것인가? 이 상품을 타깃고객에게 어떻게 **전달**할 것인가?

이러한 질문에 답하기 위해, 기업은 상품이 다른 아침 식사 대용품과 어떤 관련이 있는지를 조사하는 시장조사를 행할지도 모른다. 이러한 제품군 내에서 가장 가까운 경쟁자들은 차가운 시리얼과 아침 식사 대용 바, 거리가 가장 먼 경쟁자는 베이컨과 달걀이다. 기업은 또한 기업의 아침 식사 상품뿐만 아니라 경쟁자들이 판매하는 상품과 같이 광대한 시장 상품을 조사할지도 모른다. 결국 기업은 상품 시장의 예측 규모를 고려할지도 모른다. 기업의 상품이 경쟁자보다 많은 고객의 요구를 더 잘 충족하는가?

고객 시장, 경쟁적 상품, 기업의 목표와 자원을 바탕으로 기업은 영양과 편리성에 역점을 두면서 중간 가격 제품을 개발하기로 결정할지도 모른다. 이러한 단계에서 상품 콘셉트는 '세 가지 맛(초코, 바닐라, 딸기)으로 매일 필요한 영양분을 공급하는 맛있는 인스턴트 아침 식사로 한 상자에 6개, 개별포장, 2.99달러'로 규정된다. 상품 콘셉트는 기업이 타깃고객에게 제공하는 가치 제안으로 여겨질 수 있다.

사업 모델 설계와 검증 상품 콘셉트의 개발과 검증에 따라 기업은 고객이 기업의 상품을 구매하는지, 기업과 협력업체가 상품을 출시하면서 어떻게 이익을 얻을 수 있는지를 주장해야 한다. 결국 기업은 (1) 타깃시장의 구체성(시장 규모, 핵심 경쟁자, 주요 협력업체), (2) 타깃고객, 기업, 협력업체를 위해 상품이 창조한 가치, (3) 상품의 주요 속성(상품, 브랜드, 가격, 보상, 커뮤니케이션, 유통)을 분명히 설명해야 한다.

상품을 위한 **타깃시장**은 시간이 부족하고 편리하고 영양가 있는 적절한 가격의 아침 식사 음식을 원하는 어른들로 구성된다. 고객 수요 추정치는 기업이 수익과 이익 목표에 도달할 수 있을 정도로 충분히 큰 시장이라는 것을 보여준다. 경쟁적 분석은 나아가 이러한 공간에서 여러 큰 경쟁자들이 있을지라도 대부분은 고가 또는 저가에서 경쟁하고 있기에 중간 가격대의 아침 식사 상품에 대한 기회가 있다는 것을 보여준다.

시장에서 개발한 기업 상품의 **가치**는 세 개의 주요 요소인 고객 가치, 협력업자 가치, 기업 가치에 따라 정의될 수 있다.

- 시간이 부족한 어린아이들이 있는 중산층 가족 같은 **타깃고객**을 위해 상품은 편리하고 영양가 있는 적절한 가격의 아침 식사 음식을 제공함으로써 가치를 개발할 것이다.
- 공급업자와 유통업자 같은 **협력업자**를 위해 상품은 경쟁률에 추가 영업을 만들어냄으로써 가치를 개발할 것이다.
- **기업 주주**를 위해 상품은 새로운 수익과 이익의 흐름을 보여줌으로써 가치를 창출할 것이

다. 또한 기업이 시장 내 위치를 확보하고 추가적인 상품에 대한 플랫폼으로 사용될 수 있는 강력한 브랜드를 개발하도록 할 것이다. 구체적으로, 기업은 처음에 130만 달러를 초과하지 않는 첫해 손실과 함께 2.5% 시장 점유율로 초기에 50만 개를 팔 계획이다. 5년 동안 기업은 12%의 시장 점유율을 확보하려고 하고 12%의 세후 투자수익을 올리려고 한다.

타깃시장의 정의와 상품 가치 제안을 따르면서 기업은 **시장 상품**의 초기 콘셉트를 형성하고 새로운 상품 속성을 더 자세히 정의해야 한다. 이러한 맥락에서 기업 상품의 주요 속성은 다음과 같이 정의된다.

상품은 한 박스에 6개 개별포장으로 박스당 2.99달러의 소매가로 초콜릿, 바닐라, 딸기 맛으로 제공될 것이다. 케이스당 48개의 박스가 들어갈 것이고 유통업자에게 케이스 가격은 78달러가 될 것이다. 거래 지원을 위해 소매상들은 공동광고에 대한 수당과 함께 첫 두 달 동안 소매상들이 구매한 네 케이스당 한 케이스를 무료로 제공받게 될 것이다. 무료 샘플은 가게에서 나눠줄 것이다. 50센트를 할인해 주는 쿠폰은 신문과 온라인에서 보일 것이다. 총 영업 광고 자산은 1,500만 달러가 될 것이다. 인바운드와 아웃바운드 커뮤니케이션 사이에서 균등하게 나누어 600만 달러의 광고 비용의 3분의 1은 TV에, 3분의 2는 온라인에 사용될 것이다. 광고 카피는 영양과 편리성이라는 이점의 콘셉트를 강조한다. 첫해 동안 10만 달러는 시장 반응을 모니터링하기 위한 매장 감사 및 소비자 패널 정보를 구입하기 위한 마케팅 조사에 사용될 것이다.

제품 개발과 시장 테스트 성공하는 사업 모델의 설계에 따라 기업은 상품 개발에 착수한다. 즉 시장에서 판매 가능한 실제 상품을 개발한다. 결국 기업은 먼저 상품 개념을 실현시키는 데 필요한 **자원**을 가지고 있는지 확인해야 한다. 예를 들면, 기업은 생산시설을 조달하고 기업의 연구 및 개발 부서에 음식 기술자들이 만든 아침 식사 음식을 생산하는 데 필요한 재료의 가용성을 보장해야 할 수도 있다.

필수 자원이 확보되면, 기업은 **제품 개발**을 진행할 수 있다. 즉 아침 식사 음식의 신상품 콘셉트를 시장 상품으로 전환한다. 결국 기업은 실제 아침 식사 음식을 만들고, 포장을 디자인하고, 브랜드 정체성을 개발하고, 소매상과 도매상 가격을 설정하고, 소매상과 소비자를 위한 판매 촉진책을 정하고, 타깃고객에게 상품을 알릴 커뮤니케이션 채널을 확보하고, 타깃고객에게 이 상품을 전달할 유통 경로를 정해야 한다.

상품 개발에 따라 기업은 상품을 검증하기 위한 **시장 테스트**(market test)를 행한다. 구체적으로, 기업은 해당 국가의 나머지 사람들을 인구통계학적으로 적정하게 대표하며 합리적인 미디어 요금으로 통제된 시장이기 때문에 새로운 패스트푸드 음식을 테스트하기 위해 잘 알려진 장소로서 Ohio주의 Columbus를 선택한다. 시장 시험의 결과를 바탕으로 기업은 상품 제조 방법을 조정하고, 상품 포장을 간소화하고, 브랜드 정체성을 업데이트함으로써 상품을 수정한다.

상업화 상품 개발에 따라 기업은 상업화를 준비한다. 위험과 상품을 출시하는 데 필요한 초기 자원의 지출을 최소화하기 위해, 그리고 시장 반응을 바탕으로 상품을 더 변형할 수 있도록 하기 위해 기업은 **선택한 시장**에서만 상품을 배치하도록 한다. 상품의 초기 성공을 보장하고 수익을 창출하기 위해 기업은 가장 상품을 선택할 것 같고 효과적이고 비용효율적인 방법으로 상품을 알리고 전달할 수 있는 타깃고객의 일부에 집중하기로 선택한다. 부가적으로, 세 가지 맛의 아침 식사 음식 모두를 출시하는 것보다 가장 대중적인 초콜릿 맛을 먼저 출시하고 다음 시점에 다른 맛을 도입하기로 결정한다.

일단 상품이 성공적으로 주 시장에서 출시되고, 소비자에 의해 잘 받아들여지고, 신상품을 개발하는 비용을 부분적으로 상쇄하는 수익이 만들어지면, 기업은 새로운 아침 식사 음식의 혜택을 받을 모든 고객을 포함하기 위해 초기 시장을 **확장**한다. 기업은 이제 생산을 확장하고 주 시장을 넘어 상품을 촉진하기 시작하고 전체 타깃시장에 상품이 제공될 수 있도록 한다. 타깃시장을 확장하면서 기업은 또한 상품 종류를 확장하고 다른 맛의 아침 식사 음식을 출시한다. 추가적으로, 상품을 수용한 고객에게 더 나은 가치를 제공하고 정기적으로 상품을 소비하도록 하기 위한 볼륨 팩을 출시하는 것을 고려한다.

단계별 관문 모델의 5개 구성요소의 주요 측면인 **아이디어 개발, 콘셉트 개발, 사업 모델 설계, 제품 개발, 상용화**는 다음 절에서 더 자세히 논의한다.

아이디어 개발

성공 가능한 아이디어에 대한 탐색은 신상품 개발의 시작점이다. 신상품에 대한 최고의 기회와 레버리지 중 일부는 기업이 더 잘 완수할 수 있는 충족되지 않은 고객 욕구를 찾아냄으로써 발견할 수 있다.

성공 가능한 아이디어 개발

성공적인 혁신은 충족되지 않은 시장 욕구에 대한 새로운 접근법을 확인한 결과다. 혁신은 이러한 욕구를 다루는 창조적 아이디어에 대한 고객 욕구와 결합한다. 혁신의 추진력에 따라 아이디어 창출에 대한 두 가지 접근법이 있다: 시장 지향 또는 하향식, 그리고 발명 주도 또는 상향식.

하향식 아이디어 개발(top-down idea generation)은 이러한 기회를 위해 구체적으로 설계된 상품을 개발함으로써 얻는 시장 기회를 확인하면서 시작한다. 시장 기회는 잠재고객이 가지고 있는 중요한 문제를 다른 대안보다 더 잘 해결할 수 있어야 한다. 그래서 하향식 아이디어 개발은 기업이 경쟁자보다 더 우월한 방식으로 완수할 수 있는 중요한 충족되지 못한 욕구를 확인하기 위한 시장 분석으로부터 시작한다.

성공한 많은 상품은 하향식 아이디어 개발로부터 나왔다. Motiv는 스타일 면에서 부족함은 말할 것도 없이, 많은 소비자가 피트니스 추적 팔찌와 다른 웨어러블 기기를 부피가 너무 크고 불편하다고 생각한다는 것을 알아차렸다. 그래서 보기에도 좋으면서 방수도 되고 비바람에도 강한 진중하고 세련된 디자인의 반지에 걸음수 측정, 심장박동 수 모니터와 수면 추적기를 하나로 통합했다. Varidesk의 상품은 사용자가 컴퓨터를 하고 다른 사무실 업무를 하는 동안 앉고 설 수 있도록 만들었다. 상품은 장기간 앉아 있는 것이 미치는 영향에 대해 널리 알려진 걱정에서 비롯된 직접적인 결과물이었다. Nest가 개발한 온도조절기는 지속적인 프로그래밍 없이도 에너지와 비용은 줄이고 집 안 공기를 편안하게 유지해 주는 온도조절기에 대한 욕구를 충족해 주었다. Nest 스마트 홈 보안 시설은 집 밖에 설치하는 홈 모니터링 시스템의 번거롭고 지속적인 비용은 원하지 않지만 보안 조치는 실행하고 싶어 하는 소비자를 목표했다.

상향식 아이디어 개발(bottom-up idea generation)은 하향식 개발의 반대다. 이것은 발명과 함께 시작하고 그다음은 충족되지 않은 시장 요구를 확인하는 것이다. 상향식 아이디어 개발에 의한 발명은 시장 요구 확인보다는 기술 혁신에 의해 추진된다. 기술에 뿌리를 둔 상향식 접근법은 마케팅 관리자보다 연구 과학자에 의해 사용될 가능성이 더 높다. 그리고 기술 혁신을 응용한 시장 제품은 종종 우연히 생겨난다.

상향식 아이디어 개발로부터 산출된 기술 혁신 상품 중에는 Evista가 있는데, 피임약으로는 실패했지만 골다공증 치료제로서 수십억 달러 가치의 약으로 바뀌었다. Strattera는 가장 잘 팔리는 주의력결핍/과잉행동장애(ADHD) 약물이 되기 전에 실패한 항우울제로 시작했다. 아이들의 상징적인 장난감 Slinky는 인장 스프링이 바닥에 떨어져 계속 튕긴 이후에 전함의 전략을 감시하기 위한 계량기를 설계하려 했던 해군 기술자의 시도에서 나온 우연한 결과물이다. 저체온증을 해결하기 위한 무선 주파수 사용에 대한 전기 기술자의 연구는 냉각된 심장이 자극에 의해 다시 뛸 수 있다는 발견을 하게 만들었고, 이것은 결국 심장박동기의 발명을 이끌었다.

궁극적으로 시장에서 성공하는 상품을 개발하기 위해 상향식 아이디어 개발은 성공적인 시장 기회를 실현한다. 혁신 기술은 그 자체가 신상품을 개발하기 위한 좋은 이유는 아니다. 물론 신기술은 시장 성공에 기여할 수 있지만 주요한 성공의 요인은 이러한 기술을 충족되지 않은 시장 요구를 효과적으로 다루는 상품으로 활용하는 기업의 능력이다. 예를 들면, iPod은 많은 노래를 저장할 수 있는 하드드라이브로 특징지어지는 최초의 mp3 플레이어가 아니었다. 이런 기기는 iPod 이전에도 시장에 더 낮은 가격으로 많이 있었다. 그러나 Apple이 iPod을 출시했을 때 하드드라이브 기반 휴대용 음악 플레이어의 모든 제품군이 폭발적으로 증가했다.

기술 발명을 성공적인 비즈니스 아이디어로 전환하기 위해서 기업은 이러한 발명이 충족되지 않은 고객 욕구를 경쟁사보다 더 잘 해결할 수 있다는 것을 확인해야 한다. 그래서 성공한 상품은 기술 발명으로 나올 수 있을지라도, **하향식 혁신은 아이디어 개발의 더 나은 방법이다**. 상품의 궁극적 성공은 가치를 전달하는 능력에 달려 있다. 따라서 기업은 시장에서 가치 창출 기회를 확인함으로써 성공을 위한 상품을 생산할 가능성을 높인다.

아이디어 검증

아이디어 검증은 건전성을 판단하기 위한 주요 전제를 검토하는 것이다. 이러한 프로세스는 상품이 기업에게 이익(아이디어 성공 가능성)을 주는 방식으로 충족되지 않은 중요한 고객 욕

"나는 좋은 아이디어가
생각났어!"

"우리가 이전에는
시도하지 않았던 거야."

"이 아이디어에 적절한
시기가 아니야."

"그것은 우리가 일하는
방식이 아니야."

"우리는 그것 없이도
모두 잘 해왔어."

"그것은 다음 회의에서나
논의해 보자."

그림 18.2
좋은 아이디어가 실패
하는 이유: 새로운 아
이디어에 부정적인 영
향력

출처: With permission of Jerold
Panas, Young & Partners Inc.

구(아이디어 수용 가능성)를 성공적으로 해결할 가능성이 있는지를 근거로 한 상품의 **호감도**와 **성공 가능성**을 평가하는 것을 포함한다.

기업은 신상품에 대한 아이디어를 평가할 때 두 가지 오류를 범하기 쉽다. 첫 번째 오류는 거의 또는 전혀 이점이 없는 아이디어를 거부하는 데 실패하는 것이다. 이것은 아마도 실패하는 시장 제품들로 결론지어질 것이다. 두 번째 오류는 정반대의 오산에 의해 일어난다. 즉 좋은 아이디어를 거절하는 것이다. 높은 신상품 실패는 나쁜 아이디어를 거절하지 못하는 것이 유망한 아이디어를 거절하는 것보다 더 흔하다는 결론으로 이어질 수도 있다. 반드시 그렇지는 않다. 많은 신상품 실패는 의심할 여지 없이 나쁜 아이디어에서 기인할 수 있다. 하지만 신제품 개발에 내재된 많은 기술과 시장 위험과 함께 그러한 가파른 실패율은 또한 높은 비율로 좋은 아이디어를 거절하는 것 때문일 수도 있다(그림 18.2). 제대로 실행되지 않은 좋은 아이디어는 실패의 위험도 가져온다.

많은 기업의 성장 전망은 고객이 직면한 문제(불평)를 해결하지 못한 상품의 이점을 이해하도록 교육시키는 것은 쉬운 일이라는 잘못된 믿음에 사로잡혀 왔다. TiVo가 주요 사례다. 이 기업은 TV에 혁명을 일으키고 고객은 빠르게 전환할 것이라는 완전한 기대를 갖고, 금세기 초에 처음으로 디지털 비디오 녹음기를 출시했다. TV 혁명은 실현되었지만 기업이 예측한 것보다 현저히 느린 속도였다. 경쟁이 시작된 후, TiVo는 디지털 비디오 녹화 시장의 약세에 놓였다. TiVo의 오산은 소비자가 TV 시청 방식에 상당히 만족하고 있고 TiVo의 상품에 대한 가치를 보지 못하거나 구매하려는 강한 충동을 느끼지 못하는 것에 대해 이해하지 못한 것이다. 소비자에게는 가지면 좋은 제품이긴 했지만, 반드시 가져야 할 필요까지는 느끼지 못했다.

아이디어 개발과 검증을 위한 시장조사 도구

탐색적 조사는 아이디어 개발과 검증의 주된 방법이다.[10] 이러한 형태의 조사는 충족되지 않은 고객 욕구를 확인하고, 조사 주제(가설)를 만들고, 아이디어를 개발하는 데 도움을 준다. 일반적으로 신상품 개발의 초기 단계에서 사용되는 탐색적 조사는 취득한 통찰력을 계량화하거나 인과관계를 설정하는 것보다 시장 기회에 대한 일반적 이해를 얻는 데 중점을 둔다. 아이디어 개발과 검증을 위한 일반적인 시장조사 도구는 **고객을 관찰하고 면접하고, 직원과 전문가를 면접하고, 경쟁을 분석하고 크라우드소싱하는 것**을 포함한다.

- **고객 관찰**: 자연환경에서 사람들의 행동을 조사하는 것은 고객 욕구에 대한 통찰력을 얻고 이러한 욕구를 나타내는 가장 좋은 방법을 정하기 위한 효과적인 방법일 수 있다. 이것은 고객이 사용하는 상품과 서비스를 평가하고 구매하고 소비하는 방식, 방문하는 웹사이트, 가장 집중하는 내용, 온라인에서 공유하는 정보와 같은 오프라인과 온라인 행동 모두를 관찰하는 것을 포함할 수 있다.

- **고객 면접**: 충족되지 않은 욕구를 발견하고 이러한 욕구를 충족할 수 있는 방식에 대한 통찰력을 얻기 위해 고객에게 질문하는 것은 새로운 아이디어에 대한 검색을 시작하기 위한 타당한 방식이다. 결국 고객 수용은 신상품 성공의 주요 요소다. 그러나 고객이 새로운 아

이디어를 창출하는 데 중요한 자원일지라도, 항상 자신의 욕구를 명확하게 나타낼 수 없으며, 항상 성공적인 신상품을 제안할 수 있는 것도 아니다. Henry Ford가 한 유명한 말이 있다. "만약 사람들에게 그들이 원하는 것이 무엇인지를 물어봤다면 사람들은 더 빨리 달리는 말이라고 말했을 것이다." 자신이 무엇을 원하는지, 무엇을 할 수 있는지 정말로 모를 수도 있는 소비자들에게 지나치게 집중하는 것은 근시안적인 제품 개발을 초래하여 잠재적인 돌파구를 놓치게 될 수 있다. 이것은 Apple과 IKEA 등 일부 기업이 고객의 현재 욕구에 집중하는 것이 획기적인 혁신보다는 점진적인 혁신으로 이어질 수 있다는 믿음에서 소비자 의견을 거침없이 받아들이는 경향이 있는 이유 중 하나다.[11]

• **직원 면접**: 직원은 신상품과 서비스를 개발하기 위한 아이디어 자원이 될 수 있다. 예를 들면, Toyota는 해마다 직원들이 200만 개의 아이디어(직원 한 사람당 약 35개의 제안서)를 제출하고 그중 85% 이상이 실행된 아이디어라고 보고한다. LinkedIn은 모든 직원이 팀을 조직하고 임원 그룹에 프로젝트를 제안할 수 있는 사내 인큐베이터를 만들었다. 또한 한 달에 한 번 금요일을 직원들이 창의적인 프로젝트를 수행하는 '핵 데이(hackday)'로 정했다.

• **전문가 면접**: 개방형 혁신 운동에 고무되어 많은 기업이 과학자, 엔지니어, 변리사, 대학 및 상업실험실, 산업 컨설턴트 및 출판물, 채널 구성원, 마케팅 및 광고 대행사, 심지어 경쟁사까지 포함한 새로운 아이디어의 외부 출처를 활용하기 위해 그들의 경계를 벗어난다.

• **경쟁사 분석**: 기업은 다른 기업의 제품과 서비스를 조사하여 고객이 이러한 제품에 대해 좋아하고 싫어하는 점을 발견함으로써 좋은 아이디어를 찾을 수 있다. 추가로, 경쟁사의 제품을 획득하고, 그것을 역설계하고, 더 나은 것을 설계할 수 있다. 경쟁사의 강점과 약점을 아는 것은 회사가 신제품에 대한 최적의 브랜드 포지셔닝을 수립하고 적절한 동등점과 차별점을 파악하는 데 도움이 될 수 있다.[12]

• **크라우드소싱**: 상품 혁신에 대한 전통적인 기업 주도 접근법은 기업이 새로운 아이디어를 창출하고 소비자와 상품을 공동 개발하기 위해 크라우드소싱으로 변하고 있다. **크라우드소싱**(crowdsourcing)은 기업이 풍부하고 의미 있는 방식으로 신상품 개발 프로세스에 외부인을 참여시키고 독특한 전문지식 또는 간과할 수 있는 문제에 대해 서로 다른 견해를 얻도록 한다.[13] 예를 들면, Baskin-Robbins가 제품의 새로운 맛을 선택하기 위해 온라인 콘테스트를 열었을 때, 4만 명의 소비자가 참여했다. 최종 선택은 초콜릿, 땅콩과 캐러멜을 함유한 것이었고 Toffee Pecan Crunch라는 이름으로 출시되었다.[14]

서로 다른 방법은 장점과 단점을 가지기 때문에, 기업은 종종 새로운 아이디어를 개발하기 위해 혼합 접근법을 사용한다. 예를 들면, Procter & Gamble이 더러운 식기로 가득 찬 싱크대에 적당한 양의 비누가 첨가되었을 때를 알려주는 '충분히 스마트한' 식기세척용 세제를 만들려고 했을 때, 전문가, 은퇴한 과학자, 학생을 포함한 세계적인 자원봉사자 네트워크에 접근했다. 우연하게도, 집 실험실에서 일하는 한 이탈리아 화학자는 일정한 양의 비누가 첨가되면 그릇의 물이 파랗게 변하는 새로운 종류의 염료를 개발했다. 3만 달러 상금을 들여 기업은 솔루션을 얻었다.[15]

콘셉트 개발

콘셉트 개발은 초기 아이디어나 기업 상품의 시제품을 개발함으로써 잠재적으로 성공적인 아이디어를 구체적으로 나타내는 것이다. **시제품**(prototype)은 실제 상품이 개발되기 전에 초기 아이디어를 구체화하고 잠재적인 문제를 제거하기 위한 상품의 작업 모형이다. 콘셉트 개발은 시장 잠재성을 최대화하는 상품을 개발하기 위해 상품의 주된 장점에 대한 소비자 반응을 평가함으로써 시장 성공의 기회를 높인다.

시제품

콘셉트 개발은 일반적으로 타깃고객에게 상품의 핵심 콘셉트를 소개하는 축소된 모형으로 상품의 핵심 기능을 보여줌으로써 진행된다. 시제품이 기능적일 필요는 없다. 오히려 시제품은 제안된 상품이 어떻게 확인된 시장 욕구를 충족하고 잠재고객의 반응을 측정하기 위해 조립될 수 있는지를 미리 살펴볼 수 있는 개략적인 모델이다. 이처럼 시제품은 잠재적으로 성공 가능한 상품이나 서비스의 가장 중요한 면을 나타낸다.

시제품의 복잡성은 넓은 범위에서 다양할 수 있다. 시제품은 상품의 개념을 단순하게 나타낼 수 있다. 예를 들면, 상품이 어떻게 기능하는지, 전체적인 모양과 느낌을 개략적으로 나타내는 그림 또는 핵심 기능의 일부만 시장 출시 모델에 병합하는 모델이다. 다른 시제품은 훨씬 더 앞서 나가 있을지도 모르고 때로는 상품의 최종 버전에 이르렀을지도 모른다.

시제품 수준의 복잡성은 대개는 신상품 개발 과정의 다양한 단계에 따라 조정된다. 아이디어 개발과 콘셉트 개발 단계 과정에서는 더 단순하고 더 기본적인 시제품이면 충분하다. 반면에, 상품 개발의 더 발전된 단계는 더 정교화된 시제품을 요구한다. 이것은 검증된 상품 콘셉트가 시장 제품으로 변모하기 위해 거의 준비된 상태일 때 실현된다.[16]

기업은 시제품이 서로 다른 상황에서 어떻게 기능하는지를 살펴보고 최종 상품이 시장에서 잘 수용될지를 확인하기 위해 시제품을 엄격하게 테스트한다. 시제품 테스트의 두 가지 유형이 있다. 기업 내 상품 평가인 **알파테스팅**(alpha testing)과 소비자와 함께 상품을 테스트하는 **베타테스팅**(beta testing)이다.

예를 들면, 스케이트보드, 사이클, 암벽 타기를 포함한 여러 스포츠용 신발의 밑창을 만드는 Vibram은 상품을 알파테스트하기 위해 전문가 팀을 고용한다. 기업은 현장에서 직접 테스트를 실행하고 일련의 절차를 거침으로써 가장 극한의 상황에서 상품을 평가한다. Vibram의 한 임원은 상품을 테스트하는 방법을 아래와 같이 설명한다.

우리 화학자들이 러닝 애플리케이션을 목표하는 새로운 화합물을 만든다면 가장 먼저 화합물의 물리적 특성을 이해하기 위해 일련의 실험실 테스트를 수행한다. 다음으로는 자연환경과 물질을 실험실로 가져오고 정보를 계산한다. 그리고 나서 마지막으로 날씨, 기온, 거리, 위치, 러닝 표면 등과 같은 것을 기록하는 실험팀에게 신발이 배포된다. 그들은 발바닥을 잡아주는 차이에 대해 지적할 것이다. 그런 다음에 그 결과를 정리하고 검증에 대해 결정한다.[17]

베타테스트는 소비자를 실험실로 데려오거나 집에서 사용할 샘플을 제공할 수 있다. Procter & Gamble은 수십 명의 부모가 연구에 참여할 아기를 데려오는 기저귀 테스트 센터와 같은 현장 실험실을 가지고 있다. COVERGIRL Outlast All-Day 립 컬러를 개발하기 위해, Procter & Gamble은 립스틱을 테스트할 500명의 여성을 아침마다 실험실로 초대하고, 그들의 행동을 기록하고 남아 있는 립 컬러를 측정할 수 있도록 8시간 후 다시 오게 했다. 이로써 여성이 거울을 보지 않고도 컬러 위에 바를 수 있는 유광보습제가 함유된 제품이 만들어졌다. Microsoft는 Windows 운영체제의 다음 신판이 어떨지에 관심이 있는 고객과 개발자들에게 몇 달 전에 미리 신상품 버전을 배포하는 'Insider Program'을 가지고 있다.

비즈니스 상품은 또한 시장 테스트의 이득을 얻을 수 있다. 값비싼 산업 제품과 신기술은 보통 알파테스트와 베타테스트를 거친다. 베타테스트를 하는 동안 기업의 기술자들은 고객이 상품을 어떻게 사용하는지를 관찰한다. 이것은 종종 예상치 못한 안전 및 서비스 문제를 노출시키고 고객 교육 및 서비스 요구사항에 대해 회사에 경고해 주는 관행이다. 기업은 또한 장비가 후속 가격 책정 시 고객의 운영에 얼마나 많은 가치를 더하는지를 관찰할 수 있다.

콘셉트 검증

콘셉트 검증(concept validation)은 제안된 상품의 기술적 **실현 가능성**과 타깃고객이 상품의 **수용 가능성**을 보는 방식을 다룸으로써 상품의 주된 개념의 건전성을 평가한다. 콘셉트를 검증하기 위해 관리자는 두 가지 주요 질문에 답해야 한다. **기능적인 시제품을 만들고 나중에 완전하게 기능하는 버전의 제품을 만들 수 있는가? 이것이 대안보다 고객 욕구를 더 잘 충족하는가?**

콘셉트 개발과 검증은 일반적으로 기업이 만든 시제품을 테스트하기 위해 설계된 실험연구를 하게 된다. 결국 연구는 시제품의 여러 면을 다양화하고 고객의 반응에 대한 변화의 효과를 관찰하는 A/B 테스트로도 불리는 프로세스와 실험을 포함한다. 이러한 결과를 바탕으로 기업은 상품에 대한 사업 모델 개발을 진행하거나 테스트로부터 얻은 지식을 병합한 새로운 아이디어와 콘셉트를 만들어내기 위해 처음으로 다시 돌아간다. 흔히 사용되는 또 다른 접근법은 **컨조인트 분석**(conjoint analysis)이다. 이것은 소비자가 이 상품의 특정 속성에 두는 가치를 알아내기 위해 응답자에게 상품의 서로 다른 속성을 평가하도록 요청하는 것을 포함한다.

사업 모델 설계

지금까지 상품은 설명, 도면 또는 시제품의 형태로만 존재했다. 다음 단계는 상품 아이디어가 상업적으로 실현 가능한 상품으로 변모할 수 있는지를 기업이 결정할 것을 요구하면서 지금까지의 비용을 절감하는 투자 단계로 넘어가는 것이다. **사업 모델 설계**(business-model design)는 또한 기술적 **실현 가능성**과 상품의 **호감도**에 콘셉트 개발의 중점을 더하여, 상품의 **실행 가능성**, 즉 가치 창출 능력을 고려한다. 사업 모델이 검증되면, 콘셉트는 개발 단계로 움직일 수 있다. 사업 모델 분석이 상품이 기업과 고객에게 시장 가치를 창조하지 못할 것 같다고 제시한다면, 상품 콘셉트(그리고 때로 내포된 아이디어)는 재수정되고 재평가되어야 한다.

사업 모델 설계

사업 모델 설계는 (2장에서 자세히 설명한)세 개의 주요 요소를 포함하는데, 이 요소는 타깃시장을 확인하고, 시장에서 상품의 가치 제안을 분명히 표현하고, 시장 상품의 주요 속성을 상세하게 기술하는 것이다(그림 18.3).

- **타깃시장**(target market)은 기업이 상품에 대한 가치를 창출하기 위해 선택한 시장이다. 기업이 확인한 타깃고객은 상품의 잠재적 구매자, 타깃고객을 놓고 경쟁하는 경쟁자, 기업이 상품을 유통하려는 타깃고객, 기업 자체 및 기업이 운영되는 시장 상황에 맞게 서비스를 제공할 수 있도록 돕는 협력자로서 타깃시장에 포함된다.
- **가치 제안**(value proposition)은 기업이 시장에 타깃고객과 협력업자를 위해 만들기로 계획한 가치 유형뿐만 아니라 기업 스스로 이러한 가치의 일부를 포착할 계획을 세우는 방식을 구체화하는 것이다.
- **시장 상품**(market offering)은 기업이 어떻게 타깃고객, 협력업자, 이해관계자를 위해 가치를 창출하고 알리고 전달하는지를 서술한다. 이것은 상품, 서비스, 브랜드, 가격, 보상, 커뮤니케이션과 기업 상품의 유통 부문을 구체화하는 것을 포함한다.

시장 가치의 창출은 사업 모델의 궁극적 목적이다. 따라서 상품의 성공은 타깃고객, 협력업자와 기업을 위한 가치를 창출할 수 있는 정도로 정의된다. 그래서 신상품의 사업 모델 설계는 세 개의 주요 질문으로 이루어진다. **상품은 타깃고객을 위한 가치를 창출하는가? 상품은**

그림 18.3
신상품 사업 모델의 주요 요소

출처: Alexander Chernev, *Strategic Marketing Management: Theory and Practice* (Chicago, IL: Cerebellum Press, 2019)

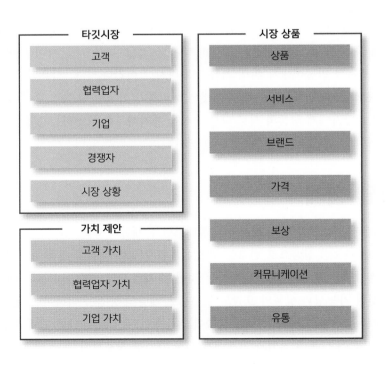

기업 협력업자를 위해 가치를 창출하는가? 상품은 기업을 위해 가치를 창출하는가?

가치 제안과 고객, 기업, 협력업자 가치를 창출하는 프로세스를 개발하는 것을 포함하는 주요 원칙은 2장에서 자세히 설명했다.

사업 모델 검증

사업 모델 검증은 세 개의 주요 차원인 호감도, 실현 가능성, 성공 가능성에 대한 시장 가치를 창출하기 위한 상품의 능력을 평가하는 것을 목적으로 한다.

- **호감도**는 타깃고객이 상품을 매력적으로 지각하는 정도를 나타낸다. 상품의 호감도는 합리적인 비용, 시간과 노력으로 고객이 원하는 혜택을 제공할 수 있는 능력에 달려 있다. 최적화된 혜택과 비용의 균형을 달성하지 못하면 상품의 호감도를 저해할 수 있다. 하나의 예는 Crystal Pepsi로 일반 콜라의 맑은 버전으로 카페인 없는 대체품이다. 대대적인 판촉 캠페인에도 불구하고, 소비자들이 맑은 콜라의 개념을 매력적으로 느끼지 못했기 때문에 이 상품은 시장에서 인기를 끌지 못했다.
- **실현 가능성**은 기업이 고객이 원하는 기능을 제공하는 상품을 개발할 수 있는 정도를 나타낸다. 실현 가능성은 현재의 기술과 이러한 기술을 사용하기 위한 기업의 전문성에 달려 있다. 예를 들면, 에너지원 없이 무한정 작동할 수 있는 운동 기계는 실현 가능한 콘셉트가 아니다.
- **성공 가능성**은 기업을 위해 상품이 가치를 창출할 수 있는 정도를 나타낸다. 대부분의 기업에게, 성공 가능한 상품은 수익을 창출할 수 있는 상품이다. 그래서 성공 가능성은 일반적으로 기대수익의 함수와 상품의 비용 구조다. 수익과 비용의 균형을 맞추지 못하는 것은 임박한 시장 실패의 암시다. Pets.com은 대부분의 매출에서 손해를 보았고 높은 인지도와 높은 관심의 판촉 캠페인에도 불구하고 결국 사업을 계속할 수 없었다.

기업의 성공이 상품의 호감도, 실현 가능성과 성공 가능성을 바탕으로 하기 때문에, 지속 가능한 사업 모델을 개발하기 위해 관리자는 다음 세 가지 질문에 답해야 한다. **타깃고객은 상품을 수용하고 상품은 이러한 고객에게 가치를 창출할 것인가? 상품이 계획대로 만들어지는 게 실현 가능한가? 상품은 성공 가능한가, 즉 기업과 협력업자를 위해 가치를 창출할 수 있는가?**

상품의 호감도, 실현 가능성, 성공 가능성은 서로 관련되어 있다. 고객이 호감이 있는 것으로 보지 않는 상품은 기업을 위한 가치를 창출할 정도로 고객 수요를 충분히 만들어내지 못하기 때문에 아마도 성공 가능하지 않을 것이다. 이러한 맥락에서 수요 예상, 즉 기업의 상품을 위한 잠재적 시장 규모를 확인하는 것을 포함하는 과정은 신상품을 개발하는 필수적인 측면이다.[18]

수요 예상(demand forecasts)은 세 개의 정보를 기반으로 만들어진다. 사람들이 말하는 것, 사람들이 하는 것, 사람들이 했던 것. 사람들이 말하는 것을 사용하는 것은 구매자의 의도, 판매원 의견의 종합, 전문가 견해를 조사하는 것을 필요로 한다. 사람들이 말하는 것을 바탕으로 예측을 하는 것은 상품을 시험 시장에 놓고 구매자의 반응을 측정하는 것을 의미한다. 최종 기준 — 사람들이 했던 것 — 을 사용하기 위해 기업은 과거 구매 행동의 기록을 분석하거나 시계열 분석이나 통계 수요 분석을 사용한다. 수요 계측에 대한 서로 다른 접근법은 이 장 뒷부분에서 더 자세히 설명한다.

제품 개발

제품을 개발하는 것은 콘셉트를 실제로 적용하는 것이다. 이것은 두 개의 주요 측면을 포함하는데, 사업 모델을 행동으로 옮기기 위한 **필수 자원 개발**과 **시장 제품 개발**이다.

주요 자원 개발

뒤를 이어서, 기업은 사업 모델을 실현하기 위한 필수 자원을 가지고 있어야 한다. 종종 기업은 상품의 콘셉트를 개발하고 사업 모델을 설계할 때 시장 상품을 개발하고 출시하기 위한 필수 자원을 모두 갖고 있지 못하는 경우가 있다. 그래서 사업 모델이 설계된 후, 논리적 다음 단계는 필요한 자원을 만들거나, 아웃소싱하거나, 획득함으로써 개발하는 것이다.

신상품을 출시하기 위해 필요한 자원은 생산 장비를 조달하고 준비하고, 고객에게 서비스하기 위한 콜센터를 만들고, 정보기술 인프라를 개발하는 것을 포함하는 **비즈니스 설비**와 같은 요소를 의미한다. 상품을 만드는 데 필요한 원료를 얻기 위한 **공급 채널**, 상품이 타깃고객에게 전달되도록 해주는 **유통 채널**, 기술적·운영적·비즈니스 전문성을 보유한 **숙련된 직원들**, 사업 모델을 실현하는 데 필요한 재원을 확보하기 위한 **자본의 접근**.

신상품을 성공적으로 출시하기 위해 필요한 자원을 얻기 위해 기업은 두 개의 다른 전략 가운데 하나를 채택할지도 모른다. 첫째, 기업은 내부적으로 자산과 능력을 개발하거나 제3자로부터 필요한 자원을 얻음으로써 자원을 만들지도 모른다. 대안적으로, 자원을 만들기보다 상품을 개발하고 생산하고 유통하고 홍보하고 활용하는 데 필요한 자원을 가지고 있는 단체와의 협업을 선택함으로써 이러한 자원을 소유권 없이 활용할 수 있다.

시장 제품 개발

시장 제품을 개발하는 것은 시장 출시 상품으로 시제품을 변형하는 것을 의미한다. 이것은 소매상과 도매상 가격 모두를 설정하고, 영업 홍보 유형을 결정하고, 상품의 장점을 효과적으로 홍보하고 타깃고객에게 제공할 수 있도록 하는 계획을 개발하면서, 최종 상품과 서비스뿐만 아니라 브랜드까지 개발하는 것을 포함한다.

상품의 개발은 종종 상품이 시장 가치를 창출하는 데 성공하도록 하기 위해 시제품과 시장 테스트를 포함한다. 많은 시제품과 테스트는 상품의 참신성, 복잡성, 출시된 후 상품을 수정하기 위해 필요한 투자와 같은 다양한 요소의 영향을 받는다. 획기적인 상품은 시장에서 이미 제공되고 있는 기존 상품에서 약간 수정하는 상품보다 더 많은 시장 테스트를 당연하게 요구한다. 더 복잡한 상품은 더 단순한 상품보다 시장 테스트를 통해 더 많은 수익을 얻을 것이다. 시장 출시 후 상품 수정에 높은 투자를 필요로 하는 상품(예: 자동차 디자인을 수정하기 위해 제조 공장을 개조하기)은 출시 후 비교적 쉽게 수정될 수 있는 상품보다 더 많은 시제품과 시장 테스트를 요구하게 된다.

시험 마케팅에 포함되는 중요한 결정은 시장과 상품을 테스트할 고객을 결정하는 것이다. 이러한 결정을 위해 많은 것을 고려해야 한다. L'Oréal, Philips, Nikon과 같은 많은 세계적인 소비재 제조업체는 한국 소비자들이 까다롭지만 공정하다고 알려져 있고 마케팅 인프라도 잘 개발되어 있어 다른 세계 시장에 상품이 진입하기에 충분히 좋은 상태임을 보증하는 데 도움이 되기 때문에 한국에서 자사 상품을 테스트하고 싶어 한다. Gucci는 소비자 선호도가 사치품 시장이 어디로 향하는지를 나타내기 때문에 중국에서 많은 럭셔리 상품을 테스트한다.

많은 기업은 장점에도 불구하고 시험 마케팅을 건너뛰고 더 빠르고 더 경제적인 테스트 방법에 의존한다. Starbucks는 최고 디지털 책임자 Adam Brotman이 옹호하는 철학을 바탕으로, '완벽하다고' 여겨지기 전에 정기적으로 상품을 출시한다. "우리는 상품이 완벽하지 않아도 괜찮다고 생각하지 않으며, 완벽할 것이라는 100% 보장을 넘어서기 위해 기꺼이 혁신하고 속도를 낼 것이다." 기업의 모바일 지불 앱은 출시 후 첫 6개월 동안 수정을 요구하는 많은 결점을 보였다. 하지만 그것은 이제 한 주에 300만 건의 모바일 거래를 창출해 내고 있다.[19] General Mills는 경쟁자들이 방해하기에는 너무 큰 영역인 전국의 25%에서 신상품을 출시하는 것을 선호한다. 관리자들은 며칠 내에 제품이 어떻게 작동하는지, 수정을 요하는 어떤 미세한 조정이 필요한지를 알려주는 소매상 스캐너 데이터를 살펴본다.

신상품 개발을 할 때 기업은 시장 출시 전에 완전히 기능적이고 전면적인 버전의 상품을 개발할 수 있다. 대안적으로, 기업은 고객 욕구를 충족해 줄 필수적인 부분만 병합하는 간소화된 버전을 개발할 수도 있다. 상품의 간소화 버전의 개발인 **최소한의 성공 가능한 상품**은 기업이 전면적인 상품 개발을 진행하기 전에 상품의 시장 성공을 테스트할 수 있도록 해준다.

상용화

상용화(commercialization)는 기업의 상품에 대한 타깃고객을 알려주고 이러한 고객에게 상품을 제공하는 것이다. 큰 규모의 출시는 더 큰 불확실성과 더 큰 비용을 만들기 때문에, 기업은 모든 타깃고객에게 상품을 제공하기 전에 종종 일부 선택한 시장에서 상품을 출시하는 것을 선택한다. 상용화의 주요 측면인 **선택적 시장 개발**과 순차적 **시장 확장**을 개략적으로 설명한다.

선택적 시장 개발

주요 상용화 결정은 기업이 신상품을 사업 모델에 설정된 모든 타깃고객에게 출시해야 하는지 또는 선택된 시장에서만 초기에 상품을 출시하고 상품이 완전히 잠재고객에게 도달할 때까지 점차적으로 공급을 확대할지에 관한 것이다.[20] 많은 기업은 **선택적 시장 개발**(selective market deployment) 접근법을 채택해 왔다. 그것은 기업이 일반 환경에서 테스트를 하고 타깃고객, 경쟁자, 협력자가 상품에 어떻게 반응하는지를 관찰할 수 있게 해준다.[21]

더 작은 규모의 선택적 시장 개발은 시장에서 상품의 영향력을 극대화하기 위해 상품의 다양한 면을 조정할 수 있는 더 큰 민첩성을 제공한다. 민첩성을 높이는 것 외에도 선택적 시장 개발은 상품을 출시하기 위해 기업 자원이 거의 필요하지 않고 후속 시장 확장의 비용을 부담하는 데 도움이 될 수입을 가져올 가능성이 있다.

상품이 초기에 제공했던 타깃고객의 하위 집합은 **1차 타깃**(primary target)으로 불린다. 1차 타깃은 전통적으로 기업의 상품을 가장 잘 살 것 같고 상품을 수정하고 초기 수익을 창출하는 데 도움이 될 고객을 의미한다.

일부 제품은 즉시 인기를 끄는 반면(롤러 블레이드), 다른 제품은 수용되기까지 오랜 시간이 걸린다(디젤 엔진 자동차). 빠르게 자리 잡은 신상품 콘셉트 중 하나는 StubHub로 온라인 티켓 재판매 서비스다.

StubHub   StubHub의 창립자, Jeff Fluhr와 Eric Baker는 Stanford MBA 학생이었을 때 이 사이트에 대한 아이디어를 생각해 냈다. 스포츠 이벤트, 극장 이벤트, 콘서트 티켓 중 사용되지 않은 티켓이 너무 많다는 것을 깨닫고 판매자가 수요에 따라 일반 가격보다 더 높거나 낮게 가격을 설정할 수 있는 '티켓용 eBay'를 개설하기로 결정했다. StubHub는 매 구매마다 구매자로부터 10% 할인을 받고 판매자로부터 15% 할인을 받는다. 이 서비스는 티켓 재판매를 제한하는 주법을 협상해야 했지만, 2006년까지 미국에서 40억 달러의 가치가 있는 것으로 추정되는 시장에서 각각 스포츠(75%), 콘서트(20%), 극장(5%)의 1억 달러 수익을 달성했다. StubHub는 2007년에 eBay에 3억 1,000만 달러에 팔렸다(2020년에 eBay는 StubHub를 스위스 온라인 티켓 시장인 Viagogo에 팔았다). 최초 티켓 판매자인 Ticketmaster와 모기업인 Live Nation은 위협적인 법적 조치를 취하고, 재판매를 제한하는 종이 없는 티켓을 도입하고, 경쟁을 위해 TicketExchange 서비스를 출시하면서, 처음부터 이들과 싸웠다. StubHub는 티켓 시장 이상의 멀티플랫폼 전자상거래 사이트가 되겠다는 목표를 세웠다. 최초 티켓의 40% 가까이가 팔리지 않은 가운데, StubHub는 또한 소비자들이 이벤트를 발견하고 참여할 수 있도록 도와야 한다고 강조한다.[22]

>> 온라인 2차 티켓 시장의 선두주자인 StubHub는 핵심 사업에 좀 더 감성적인 요소를 추가하면서 다른 전자상거래 옵션을 고려하고 있다.

시장 확장

기업의 상품 가치를 창출하기 위해 목표하고 있는 모든 고객을 포함하도록 시장을 확장하는 것은 기업 상품이 주 타깃시장에서 성공적으로 출시된 후 당연히 따르는 다음 단계다.

시장 확장(market expansion)은 전통적으로 세 개의 주요한 활동을 포함한다: 상품 생산을 위해 시설 확충하기, 모든 타깃고객에게 상품 홍보하기, 상품이 모든 타깃시장에 제공되게 하기. 시장 확장을 하는 동안 기업은 일반적으로 접근하기 더 어렵고 기업 상품의 가치를 덜 인식할 것 같은 고객을 끌어들이기 위해 최소한의 저항과 최소 자원의 경로로 이동한다. 결과적으로, 기업은 시장 확장과 초기 시장 개발 동안 더 많은 시간과 노력과 자원을 확장할 수도 있다.

더 넓은 시장은 대개 더 넓은 범위의 고객을 포함한다. 그것은 종종 모든 타깃고객의 다양한 욕구와 선호도를 수용하기 위해 다양한 제품군의 도입을 필요로 한다. 그래서 기업은 가장 유력한 수용자에게 호소할 하나의 상품을 시장에 출시하고 나서 확장된 타깃시장에서 더 다양한 범위의 고객 욕구에 호소할 다양한 제품을 소개할 수도 있다. 시장 확장에 따른 증가하는 기업 상품의 종류는 결국 이러한 상품의 시장 성공을 보장하는 추가 자원을 필요로 한다.

---

marketing INSIGHT   혁신 수용에 대한 이해

시장에서 성공할 수 있는 효과적인 상품을 개발하기 위해서는 고객이 상품을 평가하는 과정, 고객이 그들 결정의 바탕이 되는 요소에 대한 지식, 상품을 얼마나 빠르게 선택하는지에 대한 인식에 대한 깊은 이해가 필요하다. '혁신의 확산(diffusion of innovation)'이라는 용어는 상품, 서비스 또는 아이디어에 대한 지식이 시장에 확산되는 방식과 구매되고 사용되는 속도를 의미한다. 신상품에 대한 고객의 반응을 조사한 두 개의 잘 알려진 체계를 아래에서 설명한다.

혁신 수용에 대한 Rogers 모델

Rogers 모델(Rogers' model)은 미국의 사회과학자 Everett Rogers의 이름을 본떠 명명된 것으로, 신상품을 수용하는 속도에 따라 고객을 분류한다. 이 모델은 개인이 다른 소비자보다 새로운 아이디어를 비교적 더 일찍 아니면 더 늦게 수용하는지에 따라 혁신성의 정도를 정의한다. Rogers의 모델은 일부 고객이 혁신적 상품을 아우르는 데 다른 고객보다 더 열려 있다는 개념을 바탕으로 한다. 신상품 수용의 시점에 따라 Rogers는 고객을 5가지 종류로 나눈다(그림 18.4).

- **혁신자**(innovators)는 열렬한 기술 지지자들이다. 그들은 모험심이 강하고 새로운 상품을 접하고 복잡한 것을 정복하기를 즐긴다. 더 낮은 가격을 대가로, 그들은 알파테스트와 베타테스트를 하고 초기 상품의 약점에 대해 보고하는 것을 좋아한다. 혁신자는 수용자의 첫 2.5%로 규정된다.
- **조기 수용자**(early adopters)는 새로운 기술이 그들에게 획기적인 경쟁우위를 줄 수도 있다는 것을 조심스럽게 탐색하는 의견 선도자들이다. 그들은 가격 민감도가 덜하고 개인화된 솔루션과 좋은 서비스 지원이 된다면 상품을 기꺼이 수용하려고 한다. 조기 수용자는 혁신자를 따르는 수용자 가운데 13.5%로 정의된다.
- **조기 다수자**(early majority)는 혜택이 입증되고 이미 많은 수용이 이루어진 후 새로운 기술을 수용하는 신중한 실용주의자를 포함한다. 조기 다수자는 시장의 주류를 형성하고 수용자 가운데 34%를 포함한다.
- **후기 다수자**(late majority)는 위험 회피적이며, 기술을 어려워하고, 가격에 민감한 의심 많은 보수주의자를 포

(계속)

marketing insight (계속)

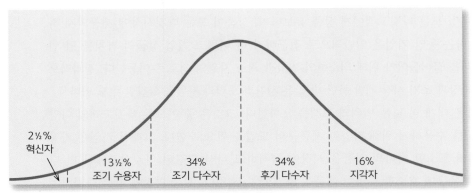

그림 18.4
혁신 수용의 상대적 시점에 따른 수용자 분류
출처: E. Rogers, *Diffusion of Innovations* (London: Free Press, 1962).

함한다. 후기 다수자는 조기 다수자 다음으로 수용자의 34%를 구성한다.

- **지각자**(laggards)는 현 상황에서 더 이상 방어할 수 없을 때까지 전통에 얽매여 혁신에 저항한다. 지각자는 수용자 가운데 나머지 16%를 구성한다.

기업이 혁신을 전체 제품 수명주기를 통해 움직이기를 원하는 경우 각 그룹은 서로 다른 유형의 마케팅을 필요로 한다. 의견 선도자를 목표로 하거나, 일부 전문가는 수익성을 촉진하기 위해 더 높은 고객 수명 가치를 지닌, 신제품에 대한 **매출 선도자**(revenue leaders)를 목표로 삼을 것을 주장한다.

Rogers 모델은 분류 모델이다. 신상품을 수용하는 속도에 따라 개인을 5개의 범주로 나눌지라도, 특정 개인이 속해 있을 것 같은 범주를 결정하는 데 사용되는 결정 기준을 제공하지는 못한다. 나아가, 개인은 비교적 안정적인 성격 특성에 따라 5개 범주 중 하나로 할당되기 때문에 이 모델은 한 분야에서 혁신자인 고객이 또 다른 분야에서는 지각자일 수도 있다는 사실을 설명하지 못한다. 이러한 한계 때문에 Rogers 모델은 적용에 한계가 있고 혁신 수용자의 5개 유형을 설명하는 것으로 제한된다.

신기술 수용에 대한 Moore 모델
조직 이론가 Geoffrey Moore의 이름을 딴 **Moore 모델**(Moore's model)은 Rogers 모델을 특별히 기술 상품에 적용

한 것이다. 기술 혁신을 수용하는 데 얼마나 개방적인지를 기반으로 한 Rogers 모델에서 구체화된 5개의 범주를 일부 반영한 Moore 모델은 기술 적용자를 5개의 범주로 분류한다. Moore 모델에서 혁신 수용자의 5개 분류는 다음과 같다.

- **기술 애호가**(technology enthusiasts)는 기술 혁신에 몰입한 혁신자이고 일반적으로 신기술을 경험하고 싶어 하는 첫 번째 그룹이다.
- **선각자**(visionaries)(조기 수용자) 또한 문제를 해결하고, 욕구를 충족하고, 출현하는 시장 기회를 이용하기 위해 신기술을 수용하는 첫 번째 그룹에 속한다.
- **실용주의자**(pragmatists)(조기 다수자)는 생산적인 도구로서 혁신에 의존한다. 자신을 위해 기술 혁신을 수용하는 것이 아니라는 점에서 애호가와 다르다. 그리고 기존의 비즈니스 모델을 변경시키기보다는 향상할 기술을 적용한다는 점에서 선각자와 차이가 있다.
- **보수주의자**(conservatives)(후기 다수자)는 출현하는 기술 혁신으로부터 많은 혜택을 얻는 것에 비관적이어서 수용하는 속도가 느리다.
- **회의주의자**(skeptics)(지각자)는 기술 혁신에 매우 비판적인 경향이 있고, 혜택에도 불구하고 기술을 수용하려 하지 않는다.

Rogers 모델은 혁신의 수용은 연속된 과정이고 혁신은 한 계층에서 시장 포화에 도달한 후에 다음 계층으로 넘어

(계속)

간다고 가정한다. 반면에 Moore 모델은 혁신에 대한 수용이 '갭'을 수반하는 불연속 과정이라고 주장하고, 한 계층에 의한 혁신의 수용이 필수적으로 다른 계층에 의한 수용을 의미한다고 보지 않는다. 이것은 소비자 그룹마다 다른 수용 패턴을 보여주기 때문에, 각각에 대해 서로 다른 마케팅 전략을 필요로 한다. 예를 들면, 기술 애호가가 혁신을 받아들였다는 사실이 선각자에 의해 널리 수용될 수 있다는 것을 암시하지 않는다. 그들은 기술 혁신을 완전히 서로 다른 견

해로 볼 수도 있다.

Moore는 혁신 수용 과정에서 가장 큰 갭을 기술 애호가와 선각자로 구성되는 계층인 조기 수용자와 기술 실용주의자, 보수주의자와 회의주의자의 주류 사이에 존재하는 것으로 정의한다. 그는 이것을 '틈새(chasm)'로 정의하고 기술 혁신을 개발하는 데 가장 중요한 도전이자 상품이 성공적으로 널리 받아들여지기 위해 기술 혁신자가 극복해야만 하는 주요 장애물로 보았다.[23]

요약

1. 혁신은 성공 가능한 신상품 개발을 위해 주요하다. 혁신은 신기술, 브랜드 설계에 새로운 접근법, 새로운 가격 체계, 보상 관리의 새로운 방식, 커뮤니케이션의 새로운 채널 또는 새로운 유통 방법을 포함한다. 혁신적 상품은 시장 가치를 창출하는 새로운 방식을 고안함으로써 기존 사업 모델을 파괴하고 변화하는 시장 상황에 적응하는 데 실패한 기업을 쓸모없게 만든다.

2. 성공적인 신상품 개발은 기업이 신상품 또는 기존 상품의 상품 관리자, 위원회, 부서 또는 벤처팀을 포함하는, 개발 과정을 관리하는 효과적인 조직을 구축하도록 한다. 기업은 점점 더 개인과 크라우드 소싱 및 기타 수단을 통해 기업 외부 조직에 연결하고 다양한 상품 개념을 개발하는 교차기능 팀을 채택하고 있다.

3. 신상품 개발은 새로운 아이디어를 발견하고 이러한 아이디어를 성공 가능한 성공적 시장 상품으로 변하게 만드는 **반복적인 과정**이다. 신상품 개발은 새로운 상품이 극복해야 하는 장애물(관문)로 구분되는 일련의 작업(단계)으로 표현된다. 단계별 관문 접근법은 혁신 과정을 5개의 주요 단계인 **아이디어 개발, 콘셉트 개발, 사업 모델 설계, 제품 개발**과 **상용화**로 나누고 앞선 단계에서 작업을 검증하기 위한 관문으로 구분한다.

4. 혁신은 충족되지 않은 시장 욕구를 파악하고 이러한 욕

구를 해결할 수 있는 새로운 방법을 제안하는 **아이디어 개발**로 시작한다. 아이디어 개발의 두 가지 기본 방법이 있다. 하향식 아이디어 개발은 시장 기회를 확인하면서 시작하며, 상향식 아이디어 개발은 발명으로 시작해서 향후 충족시킬 미충족 시장 욕구를 확인하고자 한다. 하향식 아이디어 개발은 신상품 개발을 위해 선호되는 접근법이다.

5. **콘셉트 개발**은 기업 상품의 초기 버전, 시제품을 개발함으로써 잠재적으로 성공 가능한 아이디어를 구현한다. 콘셉트 개발은 신속하고 자원 효율적인 방법으로 상품을 설계함으로써 시장과 구현에 따른 위험을 줄이는 것을 목표로 한다. 콘셉트 개발은 일반적으로 상품의 주요 특징에 대한 설명에서 상품의 주요 기능을 나타내는 축소 형태인 시제품으로 발전한다.

6. **사업 모델** 설계의 세 가지 주요 요소는 타깃시장을 확인하고, 시장에 상품 가치 제안을 분명하게 표현하고, 시장 상품의 주요 특성을 설명하는 것이다. 타깃시장은 기업 상품의 가치를 창출하는 시장을 표현한다. 가치 제안은 기업이 타깃고객, 협력업자, 주주를 위해 기업이 계획한 가치를 기술한다. 시장 상품은 상품, 서비스, 브랜드, 가격, 보상, 커뮤니케이션과 유통 같은 기업이 시장 가치를 만들고 알리고 전달하는 방식을 정의한다.

7. **제품 개발**은 개념화된 상품을 시장 출시를 위해 준비된 실제 상품으로 변화시킨다. 실행에는 사업 모델을 구현하고 시장 상품을 개발하는 필수적인 자원을 모으는 것이 포함된다.

8. **상용화**는 타깃고객에게 기업의 상품을 알리고 이러한 고객에게 제공될 수 있도록 하는 것이다. 위험과 자원을 최소화하기 위해 기업은 선택된 (1차)시장에 초기에 상품을 배포하고, 성공 여부에 따라 상품 배포를 전체 타깃시장으로 확장한다. 시장 확장은 상품 생산에 관련된 설비를 증가시키고, 모든 타깃고객에게 상품을 홍보하고 상품이 모든 타깃시장에 제공될 수 있도록 한다.

9. 두 개의 유명한 체계가 신상품에 대한 고객의 반응을 조사한다. **Rogers 모델**은 특정 시점에서 전체 수용보다는 새로운 수용의 수를 묘사하고, 신상품 수용에 걸리는 시간을 기준으로 고객을 혁신자, 조기 수용자, 조기 다수자, 후기 다수자, 지각자의 5개 그룹으로 나눈다. Rogers 모델을 기반으로 구축된 **Moore 모델**은 기술 상품의 경우, 혁신의 수용은 두드러진 수용 갭으로 특징지어지는 불연속 과정이며, 조기 수용자(애호가 및 선각자)와 주류 시장 사이에 갭이라고 주장한다.

---

marketing
SPOTLIGHT

Honest Tea

출처: Michael Neelon(misc)/Alamy Stock Photo

Honest Tea에 대한 아이디어는 1997년, Yale School of Management 대학원생 Seth Goldman이 운동을 마치고 음료수를 마시기 위해 잠시 지역 편의점에 들르면서 시작되었다. 편의점에 과량의 설탕이 함유된 청량음료와 차만 있는 것을 발견한 Goldman은 건강에 민감한 고객을 위한 새로운 상품을 개발할 영감을 얻었다. Honest Tea Company는 다른 차보다 칼로리가 적은 천연의 재료로 만든 거의 달지 않은 병 포장된 차를 제공하기 위해 노력했다. Honest Tea는 상품을 유통하기 위해 Fresh Fields를 처음으로 사용했다. 어느 짧은 여름에 Honest Tea는 Fresh Fields 매장에서 가장 잘 팔리는 차가 되었고 유사한 성공을 거두면서 다른 슈퍼마켓과 식료품점으로 확장했다.

Honest Tea Company는 식료품 시장에서 새로운 유형의 차 상품에 대한 수요를 창출하는 네 가지 시장 트렌드를 확인했다. 첫째, 병에 든 차에 대한 수요는 이 기업이 시작되기 전 앞서 몇 년 전에 엄청나게 증가했다. 탄산 청량음료가 음료업계를 지배했지만, 병에 든 차는 더 건강한 대안으로서 점점 더 인기가 많아졌다. 1992년부터 1996년까지 병에 든 차에 대한 시장 가치는 60%까지 성장했다. 둘째, 미국 소비자들은 '차 문화'를 개발하기 시작했다. Honest Tea가 소개되기 10년 전, 루스리프(loose-leaf) 티의 판매량은 두 배 이상 증가했고, 수천 개의 찻집과 가게가 문을 열었으며, 차는 책과 잡지에서 인기 있는 주제가 되었다. 셋째, 건강 민감성과 환경 인식이 증가하면서 천연 음식과 음료 상품에 대한 수요 증가를 부추겼다. 천연 음식 산업은 1990년에서 1996년까지 규모가 세 배로 뛰었다. 넷째, 사고방식은 건강한 차를 마시는 것의 천연의, 윤리적, 이국적인 면에 가치를 두고 Honest Tea와 같은 신상품에 수용적인 '문화적 창조자'로 불리는, 소비자 사이에서 커져 갔다.

이러한 통찰에 이끌려 Honest Tea는 전 세계에 있는 찻잎, 샘물, 설탕이나 꿀과 같은 천연 감미료를 사용하여 병에 든 차를 설계했다. Honest Tea는 유기농과 공정거래보증 재료의 사용을 약속했으며 16온스 병에 약 1.5달러로 적절한 가격을 책정했다. 부가적으로, Honest Tea는 소다와 아이스커피 같은 음료수에 들어 있는 칼로리보다 적은, 한 병당 17칼로리에 불과했다. Honest Tea는 주로 세 범주의 주요 오디언스에게 홍보했는데, Snapple과 같은 경쟁 제품이 너무 달다고 느끼는 차 음용자, 신선한 맛과 다양성을 추구하는 병에 든 생수 음용자, 인공

감미료가 없는 음료수를 원하는 다이어트 소다수 음용자들이었다. Honest Tea는 이 시장에서 성공을 발견했고, 기업의 연간 수익은 2008년에 3,800만 달러까지 급등했다.

Coca-Cola가 2008년에 4,300만 달러에 달하는 이 기업의 40% 지분을 얻은 후에, Honest Tea를 판매하는 매장 수는 10년 후 1만 5,000개에서 14만 개 이상으로 늘어날 정도로 급진적으로 증가했다. Honest Tea는 Kroger, Walmart, Costco와 같은 식료품 가게와 Amazon과 같은 소매상, McDonald's와 Subway 같은 식당에서 판매를 시작했다. Coca-Cola는 또한 기업의 브랜드를 일관성 있게 유지할 신상품을 확장하고 도입하기 위해 Honest Tea에 자원을 투입했다.

건강과 복지 주제가 지속되면서, Honest Tea는 칼로리가 다른 어린이 주스보다 한 병당 45칼로리 더 낮은, 설탕이 덜 들어간 대안으로 Honest Kids를 도입했다. 유기농 음료는 기업의 가장 잘 팔리는 상품을 추월할 정도로 아주 성공적인 상품이 되었다. Honest Kids는 Subway와 Chick-fil-A와 같은 식당에서 제공되었고 2017년에는 McDonald's의 어린이 주스의 주 상품이 되었다. Honest Tea는 또한 유기농 스포츠 음료인 Honest Sport와 소다수 대체품인 탄산음료 Honest Fizz를 포함한 다른 상품들을 출시했다.

Honest Tea Company의 성장은 또한 공정거래와 지속가능성의 목표에 따라 행동할 수 있게 했다. Coca-Cola의 인수 후 10년 동안 Honest Tea의 매년 공정거래 프리미엄은 농부와 노동자의 삶의 질을 높이면서 17배나 증가했다. 더 나아가, Honest Tea는 음료수 병에 사용되는 재활용 자원과 각 음료에 사용되는 유기농 원료를 대량으로 증가시켰다.

Honest Tea의 주요 성공 요인은 단맛이 강한 음료 시장에 접근하지 못한 고객층을 확실하게 확인한 것이다. 건강 인식 트렌드보다 앞서 나감으로써 Honest Tea는 Coca-Cola의 가장 가치 있는 브랜드 중 하나로서 확고히 자리 잡았다. 인수는 이 기업이 정직, 완전함, 지속가능성의 목표를 갖고 맛있고 건강한 유기농 음료를 개발한다는 1998년에 설정한 것과 같은 미션하에서 여전히 운영되도록 하면서도 건강한 신상품을 서로 다른 유형의 소비자에게 제공할 수 있도록 했다.[24]

질문

1. 마케팅 조사와 고객 통찰은 Honest Tea를 개발하는 데 어떤 역할을 하였는가?
2. Honest Tea의 성공에 기여한 주요 요소는 무엇인가?
3. Coca-Cola는 Honest Tea 브랜드를 어떻게 성장시켰는가? Honest Tea는 비교적 독립적으로 운영되어야 하는가, 아니면 더 완전히 병합되어 Coca-Cola 기업 문화와 비즈니스 전문성을 따라야 하는가?

marketing
SPOTLIGHT

출처: Piotr Swat/Alamy Stock Photo

WeChat

WeChat은 기술, 게임, 소셜 미디어를 전문으로 하는 중국의 대기업인 Tencent가 개발한 중국의 소셜 미디어, 메시지 및 모바일 결제 앱이다. WeChat은 Facebook이나 WhatsApp과 유사하게, 메시지와 커뮤니케이션을 위해 주로 사용되고 Twitter, PayPal, Reddit, Uber와 같은 앱의 기능을 통합한다. 사용자는 또한 비디오 게임을 하고, 송금하고, 음성 채팅을 하고, 뉴스를 읽고, 게시물을 공유하고, 택시를 부르는 등 더 많은 것을 할 수 있다. WeChat의 실제 사용자 수는 기업, 위원회, 홍보 플랫폼으로 앱을 사용하는 병원까지 포함하여 매일 10억 이상이다. 많은 중국인들은 어디에서나 가능한 이 앱 없이 생활하는 것을 상상조차 할 수 없다.

WeChat은 2010년에 스마트폰을 위한 소셜 미디어와 메시지 앱으로 시작했다. CEO인 Ma Huateng은 미래에 소셜 미디어와 메시지를 위한 플랫폼으로 개인 컴퓨터보다 모바일 폰이 더 우세하다는 것을 알아차렸다. 그는 WeChat의 첫 버전을 개발하기 위해 10명 이하로 기술팀을 배치했다. 시제품 버전은 문자메시지와 사진을 보내는 것만 할 수 있었다. 메신저와 SMS 문자 앱은 이미 이러한 특징과 함께 출시되었기 때문에, 소비자들은 초기에는 이 앱의 가치를 알지 못했다. WeChat은 기술팀이 음성메시지를 지원하기 위해 앱을 업그레이드했던 2011년 5월에 변경되었는데, 스마트폰에서 타이핑하는 데 익숙하지 않은 성인들에게 소구했다. 중국의 사업가들 또한 향상된 기능이 유용하다는 것을 발견했다.

WeChat 사용자는 2012년에 1억 명 이상까지 급상승했다. 여기에는 두 개의 주된 이유가 있었다. 첫째, 중국의 모든 스마트폰 판매는 기하급수적으로 증가했다. 2010년에 3,500만 대 이상의 스마트폰 판매가 있었다. 2012년까지 스마트폰 판매는 5배 이상 증가한 2억 1,000만 대 이상이었다. 그것은 더 많은 사용자들이 앱을 다운로드할 수 있고 사용할 수 있다는 것을 의미했다. 둘째, WeChat의 성장은 여러 혁신과 경쟁자의 앱과 비교하여 더 좋은 사용자 경험을 제공하는 특징에 의해 촉진되었다. WeChat은 전화기를 흔들고 있던 사용자들을 동시에 무작위로 연결했던 Shake와 같은 독특한 특징과 사용자들이 임의의 수신자에게 메시지를 보낼 수 있도록 하는 Bottle에 Message를 도입했다. WeChat의 확장된 플랫폼은 또한 사용자들이 Official Accounts상에서 블로그 게시글을 읽고 공유할 수 있도록 하였고, 게임 플랫폼에서 게임을 할 수 있도록 했다. Feixin과 같은 경쟁자 서비스들은 China Mobile을 가지고 있지 않았던 사용자에게는 그들의 앱을 제공하지 않았고, MiTalk는 안정적인 사용자 경험을 제공하는 데 실패했기 때문에 WeChat은 메시지와 소셜 미디어 시장을 추월했다.

WeChat은 2013년에 플랫폼에 결제 기능을 더했다. 초기에 WeChat Pay는 게임용 소액결제, 아바타용 가상 아이템과 모바일 구독에만 국한되었다. Tencent는 이후 결제 플랫폼으로 확장시켰고 사용자가 인증된 상점에서 상품과 서비스에 대한 지불을 할 수 있도록 하고 다른 사용자에게 돈을 송금할 수 있도록 하는 WeChat Wallet을 만들었다. 도입된 지 4년 후, WeChat Pay는 6억 명 이상의 사용자를 갖게 되었다.

WeChat Pay는 중국 음력설의 민속 전통으로서 서로에게 돈을 가득 채운 붉은 봉투인 홍바오를 주는 방식을 개선했다. WeChat Red Packet 사용자들은 친구나 사랑하는 사람에게 재미있고 중독적인 방법으로 홍바오를 보낼 수 있다. 예를 들면, 사용자는 WeChat Wallet에서 5달러를 가상의 빨간 봉투에 넣을 수 있고 그것을 똑같이 5명의 친구에게 배분되도록 할 수도 있다. 사용자는 또한 화면을 탭하여 처음 2명의 수신자에게 같은 비율 또는 무작위로 돈을 나누게 할 수도 있다. Red Packet은 4,000만 개 이상의 홍바오가 800만 명의 수신자에게 보내지면서 2014년 음력설 동안 엄청난 성공을 거두었다. WeChat Red Packet은 중국 사용자들이 서로 특별한 의미를 지닌 위안화를 자주 보내는 등 그 자체가 메시지 매체로서 성장했다. 예를 들면, 숫자 '520'은 '당신을 사랑해'를 뜻하는 중국 은어다.

WeChat의 가장 큰 세일즈 포인트 중 하나는 애플리케이션 내 '미니 프로그램'의 구현이었다. 2017년에 도입된 미니 프로그램은 WeChat 앱 내의 앱으로 가장 잘 묘사된다. 미니 프로그램은 일반적으로 앱 스토어로부터 다운로드할 필요 없이 WeChat에서 즉시 실행되며 용량도 10메가바이트 미만이다. 프로그램은 아주 빠르게 로딩되며 WeChat 플랫폼 안에서 자연스럽게 통합된다. 많은 기업은 WeChat용 미니 프로그램을 개발했다. 두 번째로 가장 큰 B2C 전자상거래 회사인 JD.com은 쇼핑 플랫폼 미니 프로그램을 개발했다. Tesla는 사용자들이 충전소를 찾고, 시승 일정을 잡고, Tesla를 운전한 경험을 공유할 수 있는 미니 프로그램을 만들었다. 다른 미니 프로그램으로 대중적인 게임, 공유 자전거 위치추적기, 주유소 지불 도구가 있다.

WeChat이 제공하는 아주 다양한 기능으로 인해 세상에서 가장 큰 모바일 애플리케이션 중 하나가 되었다. WeChat은 중국에서 주로 널리 사용되어 왔지만, Tencent는 애플리케이션의 혜택을 미국, 말레이시아, 싱가포르, 남아프리카의 잠재적 사용자들에게 홍보하면서 WeChat의 국제적 확장을 시작했다.[25]

질문

1. 중국에서 WeChat이 경이로운 성공을 이룰 수 있게 한 요인은 무엇인가?

2. WeChat의 선두주자 우위는 지배적인 시장 위치를 확보하고 유지하는 데 얼마나 중요했는가?

3. WeChat이 중국 밖에서 시장 성공을 재현할 수 있을까? 그렇게 생각한 이유는 무엇인가?

CHAPTER 19

고객 충성도 구축

커뮤니티를 형성하여 고객들 간의 감정적 유대감을 생성한 것은 SoulCycle 사업 확장의 원동력이 되었다.
출처: Noam Galai/Getty Images

마케팅 프로세스의 궁극적 목표는 단순한 매출 신장이 아니라, 고객과의 관계를 형성하고 관리하여 고객 충성도(로열티)의 기반을 닦는 데 있다. 고객 충성도 구축은 시장 중심의 기업이 시장 포지션의 경쟁력을 유지하기 위해 최우선시하는 부분이다. 고객 충성도가 없다는 것은 기업이 더 나은 가격 조건에 의해 경쟁사로 옮겨 간 고객을 대체할 새로운 고객을 얻기 위해 지속적으로 투자해야 함을 의미한다.

고객 충성도는 기업이 질 좋은 제품, 서비스, 그리고 긍정적인 브랜드 경험을 제공하기 위해 기울인 꾸준한 노력의 결과다. 소비자 능력의 향상은 기업이 보다 강력한 고객 충성도를 얻게 하기도 하지만 문제를 야기하기도 한다. 어쨌든 마케터는 고객에게 정보를 제공하고, 마케팅 프로세스에 고객을 참여시키며, 심지어 고객이 프로세스 안에서 활력을 느낄 수 있도록 하는 등의 활동을 통해 고객과의 연결점을 만들어야 한다. 고객 중심의 기업은 양질의 제품을 제공할 뿐만 아니라 고객 관계를 구축하는 데도 능하다. 이러한 기업은 제품 설계뿐 아니라 시장 설계에도 뛰어나다. 이용자 커뮤니티는 다수의 기업과 산업에서 고객 니즈를 만족시키고 충성도를 구축하는 새로운 방법으로서 보다 많은 역할을 담당하고 있다. SoulCycle은 충성고객 기반을 구축하여 시장에서 성공을 거둔 기업의 대표적인 사례다.

>>> 2006년 Elizabeth Cutler와 Julie Rice가 공동창업한 SoulCycle은 즐거움은 부족하고 지나치게 일로만 느껴지는 전통적인 헬스 루틴에 변화를 주겠다는 비전을 가지고 있었다. Cutler와 Rice는 고강도 심장강화운동, 조각 근육을 위한 근력 운동, 리듬감 있는 안무 등으로 구성된 45분짜리 실내 사이클 강좌를 개발했다. SoulCycle은 이용자들에게 단순한 운동을 넘어서는 경험을 제공했다. 커뮤니티를 만들어 이용자들이 경험을 공유하고 서로 동기부여할 수 있도록 하여 자신이 갖고 있는 모든 잠재력을 이끌어낼 수 있게 했다. Manhattan의 West 72번가에 위치한 최초의 SoulCycle 스튜디오에서는 어두운 조명 아래 33대의 바이크를 두고 에너지 넘치는 트레이너들이 특별 제작된 음악의 리듬에 따라 바이크 라이딩 세션을 운영했다. SoulCycle의 이러한 콘셉트는 많은 사람들에게 신선한 충격으로 다가왔고 이후 몇 년 지나지 않아 Cutler와 Rice는 New York City에 스튜디오를 몇 군데 더 열게 되었다. 사업이 여러 지역으로 확대되었음에도 불구하고 SoulCycle은 '몸과 영혼이 함께하는 운동'이라는 독특한 콘셉트 아래 바이크 라이더들의 커뮤니티를 만들겠다는 당초의 미션에 충실했다. 고급화 전략의 헬스장을 운영하던 Equinox는 SoulCycle의 특별한 사이클링 콘셉트와 충성고객 기반에 매료되어 2011년 SoulCycle의 지분 75%를 사들였다. Equinox의 인수 이후 SoulCycle은 급속한 확장을 계속하여 2018년에는 미국과 캐나다에 88개의 스튜디오를 운영하게 되었다. 시작은 미약했으나 특별한 운동 루틴으로 고객과의 정서적인 교감을 구축하는 데 집중한 결과 SoulCycle은 비즈니스 모델을 성공적으로 확대할 수 있었다.[1]

고객 만족도와 충성도를 잘 구축할 때 성공적인 마케터라고 할 수 있다. 이 장에서는 고객을 확보하고 경쟁사를 이기기 위해 마케터가 활용할 수 있는 몇 가지 방법에 대해 자세히 알아본다.

고객 유치와 유지 관리

고객을 유치하고 유지하는 것은 기업의 이익에 직접적인 영향을 준다. 고객의 유치와 유지에 성공하기 위해 기업은 고객 유치 깔때기(funnel)를 명확하게 이해하고 고객 유치와 유지 사이의 균형을 잘 잡을 수 있어야 한다.

학습목표

19.1 기업이 고객 유치와 유지 사이에서 어떻게 균형을 맞추어야 하는지 설명한다.

19.2 기업이 고객 만족도와 충성도를 어떻게 관리할 수 있는지 논의한다.

19.3 기업이 어떻게 고객 관계를 관리하는지 서술한다.

19.4 기업이 어떻게 고객평생가치를 관리해야 하는지 논의한다.

그림 19.1

5A 고객 유치 깔때기

고객 유치 깔때기

고객 유치 단계는 사람들이 단순히 제품에 대해 알고 있는 단계에서 높은 충성도를 가진 고객이 되는 일종의 깔때기를 거치는 과정을 닮았다. **고객 유치 깔때기**(customer acquisition funnel)는 인지(awareness), 소구(appeal), 요구(ask), 행동(act), 옹호(advocate)의 5단계로 나타낼 수 있다.[2] 이 5단계(5A)는 고객 유치 과정을 점차 좁혀지는 접근법으로 평가한 것으로 그림 19.1에 자세하게 나타나 있다.

인지 단계는 고객이 기업의 제공물과 상호작용을 시작하는 관문으로 타깃고객이 기업의 제공물과 만나는 단계다. 이 만남은 기업의 마케팅 커뮤니케이션으로 유발될 수도 있고, 판매 시점에 일어날 수도 있으며, 다른 고객 및 협력자의 지지 활동에 의해 일어날 수도 있다.

인지는 단일 제공물에 국한되지 않는다. 종종 고객은 니즈를 충족할 수 있는 가능성이 있는 제공물 여러 개를 동시에 인지하게 된다. 이렇게 여러 제공물에 대한 인지는 고객이 자신의 니즈를 충족할 수 있는 다양한 수단에 대한 정보를 검색하는 과정에서 일어날 수도 있고, 기업이나 경쟁사의 마케팅 커뮤니케이션 캠페인에 노출되었을 때 일어나기도 한다. 고객이 어떠한 외부의 영향 없이 자신의 앞선 경험을 바탕으로 떠올릴 수 있는 제공물을 기억해 내는 경우에도 인지는 일어난다.

소구 단계는 고객이 여러 개의 제공물을 인지하게 되었다고 해서 이 모두를 적극적으로 고려하지는 않는다는 사실을 반영한다. 고객은 가장 매력적이라고 생각되는 제공물을 간추린 리스트, 즉 고려 집합(consideration set)을 만드는 경향이 있고, 당연히 고객의 니즈를 가장 잘 충족할 수 있는 것들이 포함된다. 따라서 의사결정 과정에서 소구 단계는 선택적 제거, 즉 최초에 고객의 심중에 떠올랐던 제공물 집합의 크기를 줄여나가는 과정이라고 볼 수 있다.

요구 단계에서 고객은 고려 집합 속에 있는 제공물에 대한 추가 정보를 찾는다. 이 추가 정보는 지인과 가족, 미디어, 기업과 협력업체 등의 외부 원천에서 구할 수 있다. 예를 들면, 고객은 조언을 구하기 위해 지인에게 전화를 걸 수도 있고, 더 많은 정보를 얻기 위해 기업에 연락할 수도 있으며, 온라인 리뷰를 참고할 수도 있고, 가격비교를 위해 앱을 이용하거나 상점에서 직접 제품을 시험해 볼 수도 있다.

행동 단계는 정보 수집과 평가가 어떤 특정 제공물을 향한 행동으로 변화하는 것을 의미한다. 고객 행동은 구매행위 자체에만 국한되는 것이 아니라, 소유와 사용상의 모든 경험, 즉 제품이나 서비스의 실질적 소비와 구매 후 경험까지를 반영하는 것이다.

옹호 단계는 고객이 소비 경험 후에 보이는 반응을 의미한다. 이상적으로 고객의 반응은 기업과 제공물에 대한 일정 정도의 충성도를 포함할 것이다. 이러한 반응 제공물을 단순히 재구매하는 것에서부터 궁극적으로 그 제공물을 다른 사람들에게 권하거나 옹호하는 것까지 다양할 것이다. 적극적 옹호자는 누가 물어보지 않아도 그들이 좋아하는 제품, 서비스, 브랜드를 추천한다. 또한 다른 사람들과 긍정적 경험을 공유하고 심지어 그 제품, 서비스, 브랜드 전도사가 되기도 한다.

의사결정 깔때기의 여러 단계가 그림 19.1에 나타난 것처럼 늘 선형으로 일어나는 것은 아니다. 어떤 과정이 여러 번 반복되기도 하고 정보의 재고려와 재평가가 이루어지기도 하며 새로운 정보를 수집해야 하는 경우도 있다. 또한 고객이 반드시 이 5단계를 모두 거치는 것도 아니다. 이 중 한두 가지 단계는 건너뛸 수도 있다. 예를 들면, 어떤 고객이 고려 집합을 형성하지 않고 다른 선택의 가능성에 대한 추가적인 정보 수집을 거치지 않은 채 충동구매를 하는 경우가 그렇다. 이와 유사하게, 충성도가 높은 옹호고객은 해당 기업의 제공물을 실제로 구매하는 사람이 아닐 수도 있다. iPhone, iPad, Apple Watch 등 Apple의 제품을 예로 들어 보면 실제 구매자가 아닌 사람들이 이러한 제품을 옹호하는 것을 종종 볼 수 있다.

고객 유치와 고객 유지의 균형

효과적인 고객 유치와 유지는 고객 전환율과 유지율에 대한 명확한 이해와 정확한 예측을 필요로 한다. **전환율**(conversion rates), 즉 어떤 단계에서 다음 단계로 옮겨 가는 고객의 비율을 계산함으로써 매니저는 병목구간 등 충성고객 기반을 구축하는 데 장애가 되는 것이 무엇인지 알 수 있다. 예를 들어, 최근 사용자의 비율이 시험사용자의 비율보다 현저히 낮다는 것은 제품이나 서비스 재구매를 막는 어떤 문제가 있음을 시사할 수 있다.

고객 유치 깔때기는 또한 단순히 새로운 고객을 끌어들이는 것보다 기존 고객과의 관계를 구축하고 유지하는 것이 매우 중요하다는 점을 강조한다. 고객 유지에 관한 연구에 따르면, 새로운 고객을 유치하는 것은 기존의 고객을 만족시키고 유지하는 것보다 훨씬 더 많은 비용을 필요로 한다. 연구는 또한 고객 이탈률이 5% 감소하면 기업의 이윤이 25~85% 증가하고 이 증가율은 산업에 따라 차이를 보인다고 밝혔다. 또한 유지고객의 수명이 증가할수록 구매, 구전, 가격 프리미엄, 서비스에 소요되는 생산비 비율의 감소 등으로 인해 이율도 증가한다.[3]

만족한 고객은 기업의 고객 관계 자금이 된다. 기업이 팔리면, 인수하는 기업은 공장, 설비, 브랜드 이름뿐 아니라 **고객 기반**(customer base), 즉 이 새로운 기업과 비즈니스를 할 고객의 수와 가치에 대해서도 대가를 지불해야 할 것이다.

어떤 서비스 제공자들은 '스피너(spinner)', 즉 최고의 딜을 찾아 1년에 세 번 이상 서비스 제공자를 바꾸는 고객으로 인해 곤욕을 치르기도 한다. 다수의 이동통신사들과 케이블 TV 회사들은 매년 25% 정도의 가입자를 잃고 이로 인해 몇십억 달러의 비용을 감수해야 한다. 이탈하는 고객은 니즈와 기대의 불충족, 제품과 서비스 불량과 난해함, 계산착오를 이유로 언급한다. 유치 수단이 다양한 만큼 각 수단에 따른 고객 충성도에도 차이가 있다. 한 연구는 35% 할인행사를 통해 유치한 고객은 할인 없이 유치한 고객의 절반 정도 수준에 해당하는 장기적 가치를 지닌다는 것을 보여주었다.[4] 할인을 통해 유치한 고객 중 대다수는 제품 자체보다는 할인에 더 관심이 많았던 것이다.

이탈률을 줄이기 위해서 기업은 **유지율**(retention rate)을 정의하고 측정해야 한다. 잡지의 경우 구독 갱신율이 유지율을 잘 보여주는 지표일 것이다. 다음으로 기업은 해결 가능한 고객 이탈의 원인을 규명해야 한다. 예를 들어 형편없는 서비스, 조잡한 제품, 높은 가격 등은 기업이 해결할 수 있는 문제이지만, 기업이 서비스하는 지리적 영역을 벗어나 이사를 하는 바람에 이탈하는 고객은 기업이 어떻게 할 수 없는 문제다. 끝으로, 기업은 이탈한 고객의 평생 가치와 이탈률 감소에 소요되는 예산을 비교해야 한다. 기업은 이탈을 방지하는 데 드는 비용이 잠재 이윤 손실보다 적을 경우에만 고객 유지를 위해 그 비용을 지불해야 할 것이다.

서비스의 결과와 이에 따른 고객 충성도는 다양한 변수의 영향을 받는다. 한 연구에 따르면, 고객이 서비스를 바꾸는 데에는 무려 800여 개가 넘는 결정적 요인이 있다고 한다.[5] 그중 주요 요인으로는 가격 문제(높은 가격, 가격 인상, 불공정한 가격, 기만적 가격), 편리성 문제(위치/시간, 예약과 서비스 대기시간), 핵심 서비스 실패(서비스 실수, 계산 착오, 서비스 재난), 서비스 접점 실패(무심, 무례, 무반응, 무지), 서비스 실패에 대한 반응(부정적 반응, 무반응, 머뭇거리는 반응), 경쟁(더 나은 서비스 발견), 윤리적 문제(속임, 강매, 불안전, 이해 충돌), 비자발적 전환(고객 이주, 서비스 제공자 영업 중단) 등이 있었다.

기업이 아무리 노력해도 불가피하게 비활동 또는 이탈하는 고객이 발생하게 되어 있다. 문제는 이들을 다시 고객으로 되돌리는 전략을 세우는 것이다.[6] 기업은 고객 이름과 정보를 가지고 있으므로 예전의 고객을 다시 끌어오는 것이 새로운 고객을 찾는 것보다 쉬운 경우가 많다. 퇴직자 인터뷰와 이탈고객 설문을 통해 기업은 불만족의 이유를 발견하는 한편 강력한 이윤 창출의 잠재력이 있는 고객들만 다시 확보할 수 있는 기회를 얻을 수 있을 것이다.[7]

고객 만족과 충성도 관리

충성도는 '상황의 변화와 전환행동을 유발하는 마케팅 노력에도 불구하고, 미래에 선호하는 제품이나 서비스를 재구매 또는 재방문하는 헌신적 태도'로 정의된다.[8] 고객 충성도는 기업 제공물에 대한 만족도에서부터 제공물을 자신의 정체성의 일부로 여기고 그 성공에 책임이 있다고 생각하는 옹호와 전도의 단계에 이르기까지 그 강도에 따라 여러 단계로 나뉠 수 있다.

Wegmans   Massachusetts주의 Northborough에 위치한 Algonquin Regional 고등학교의 연극교사 Maura Morrison과 학생들은 Wegmans에 경의를 표하고자 'The Musical'이라는 연극 공연을 했다. 이들은 특별히 Wegmans가 기부한 유니폼을 착용하고 Casanova(매시 정각을 알리는 울음을 우는 장닭)와 같은 이 슈퍼마켓 체인 특유의 전자 장식품을 연극에 등장시켰다. 이처럼 브랜드를 향한 팬덤의 열정에 화답하는 슈퍼마켓 체인은 미국 내에 Wegmans밖에 없다. Wegmans의 열성팬들은 스스로를 Wegmaniac이라 칭할 정도다. Morrison은 Wegmans가 동네에 생긴다는 소식을 들었을 때 그의 이웃이 거의 울 뻔했던 일을 기억한다. "그 이웃이 이 동네로 이사 오지 않을 뻔한 이유가 여기에 Wegmans가 없다는 것이었다는 것을 그때 알았어요. 사람들은 이 슈퍼마켓을 거의 영혼의 파트너로 여겨요." 2011년 Northborough에 Wegmans가 문을 열었을 때 2만 5,000여 명의 사람들이 개업행사에 참석했다. Northborough의 전체 인구가 1만 4,000명을 겨우 넘기는 정도이니 그 열기가 어떠했는지 짐작 가능할 것이다. 그 개업날의 열기는 사실 아무것도 아니었다. 2015년 한 해에만 4,000명이 넘는 사람들이 주변에 Wegmans를 열어달라고 요청할 정도였다. Wegmans는 지루한 일상을 사회적으로 신나는 사건으로 변화시켜 놓았다. 단순한 식료품점의 분위기에서 탈피하여 Wegmans는 각 점포를 전문성 높은 직원이 있고 '마음을 읽는' 고객서비스를 경험할 수 있는 작은 상점이 있는 유럽의 노천시장과 같은 느낌으로 꾸몄다. 상점들은 정기적으로 음악 공연, 요리 시연, 지역 농산물 시식 등과 같은 행사를 개최한다. 고객들은 휘파람 소리를 내며 상점을 도는 장난감 기차를 매우 좋아한다. 성장을 거듭하며 Wegmans는 주방을 만들고 전문 요리사를 고용하는 데 많은 자금을 투자하여 단골 고객들이 경쟁 식당에 가는 대신 매장 내의 카페테리아에 머물도록 했다. Wegmans는 전략적으로 학생부터 가족에 이르기까지 광범위한 고객을 표적으로 하여 평생 지속되는 충성심을 구축하기 위해 노력한다. 이것이 바로 1921년 John Wegman과 Walter Wegman 형제가 시작한 손수레 제조업이 79억 달러의 사업으로 성장하게 된 원동력이다.[9]

고객 만족은 고객 충성도 구축의 열쇠다. 고객 니즈를 충족하지 못한 기업은 충성 고객 기반을 형성하는 데 어려움을 겪을 수밖에 없다. 고객 만족의 핵심, 고객 만족의 원동력이 되는 제품 및 서비스 질의 역할, 그리고 고객 만족도를 측정하는 다양한 방법에 관한 내용은 다음 절에서 다룬다.

고객 만족도에 대한 이해

만족도는 제품이나 서비스에 대한 기대와 이를 경험한 후에 인지하는 성과(결과)의 차이에서 느끼는 기쁨 혹은 실망의 감정이다.[10] 성과나 경험이 기대에 미치지 못하면 고객은 불만족하고 기대와 같은 경우에는 만족하며, 기대를 넘어서는 경우 매우 만족하게 된다.

제품이나 서비스의 성과에 대한 고객 평가에는 많은 요인이 작용하는데, 고객이 해당 브랜드에 대해 가지고 있는 충성 관계의 종류가 그중 하나다.[11] 고객은 때로 그들이 이미 긍정적으로 생각하는 브랜드의 제품에 대해 좀 더 호의적인 인식을 가진다. 제품의 성과와 기대가 만족도에 미치는 영향의 불균형을 보여주는 연구 결과도 있다. 즉 고객은 제품이 기대를 초과할 때 느끼는 만족에 비해 기대에 미치지 못할 때 불만족을 훨씬 더 강하게 느낀다는 것이다.[12]

고객 중심 기업은 고객 만족도를 높이기 위해 노력하지만 이것이 궁극의 목표는 아니다. 가격을 낮추거나 서비스를 추가해서 고객 만족도를 향상하는 것은 이윤을 줄이는 결과를 낳는다. 만족도를 올리는 대신 다른 방법으로 이윤 향상을 추구할 수도 있다(예: 제조 공정의 효율 증가를 통해). 기업은 대개 많은 이해관계자(직원, 딜러, 공급처, 주주 등)가 있어서 고객 만족도를 향상하기 위해 비용을 쓰게 되면 이런 이해관계자들의 만족도를 향상하는 데 써야 할 자금이 분산되는 결과가 초래될 수도 있다. 궁극적으로 기업은 주어진 자원 내에서 이해관계자들의 만족도를 적정 수준으로 유지하면서 고객 만족도를 높일 수 있도록 노력해야 한다.

그렇다면 고객은 어떻게 기대를 형성할까? 기대는 지난 구매 경험, 지인의 조언, 대중이 전달하는 정보와 담화, 마케터와 경쟁사가 만들어내는 정보와 약속에 기인한다. 지나치게 높게 설정된 기대는 실망을 야기하고, 지나치게 낮게 설정된 기대는 구매자를 충분히 끌어들이지 못한다(물론 구매를 하는 사람의 만족도는 있겠지만).

최근 가장 성공한 기업의 예를 보면 기대를 상승시키고 그에 상응하는 성과를 보여주는 것을 알 수 있다. 한국의 자동차 기업인 기아는 미국에서 낮은 가격에 10년 10만 마일의 워런티를 제공할 정도의 좋은 품질을 바탕으로 성공을 거둘 수 있었다.

고객 중심의 기업에게 고객 만족도는 목표인 동시에 마케팅 수단이다. 오늘날은 인터넷의 발달로 긍정/부정에 관계없이 전 세계에 구전이 빠르게 퍼지기 때문에 기업은 고객 만족도에 특별히 신경을 써야 한다. 어떤 고객들은 United Airlines, Walmart, Home Depot, Mercedes-Benz와 같은 거대 브랜드를 타깃으로 불만을 표출하고 이의를 제기하기 위해 스스로 웹사이트를 만들기도 한다.[13]

고객 만족도의 원동력이 되는 제품과 서비스 품질

만족도는 제품과 서비스 품질에 의해서 결정된다. **품질**(quality)은 '사용의 적합성', '요구조건과의 일치성', '차이 없음' 등으로 일컬어진다. 주로 많이 쓰이는 정의는 품질을 명시적·함축적 니즈를 충족하는 성능과 관련된 제품이나 서비스의 성격 또는 특징의 완전체로 묘사한다.[14] 이는 확실히 고객 중심의 정의다. 제품이나 서비스가 고객의 기대에 부합하거나 이를 넘어설 때 판매자는 제대로 된 품질을 보여주었다고 말할 수 있을 것이다.

대다수 고객의 니즈를 대부분 충족하는 기업은 고품질 기업이라고 할 수 있을 것이다. 그러나 여기서 **성과**(performance)와 **일관성**(consistency)을 구분해야 한다. 성과는 기업의 제품과 서비스의 전체적인 기능에 관한 것이고, 일관성은 기업의 성과가 항상 동일한 수준을 유지하는 정도를 일컫는다. Lexus 자동차가 현대 자동차에 비해 높은 성과를 보인다고 할 때 이는 Lexus 자동차가 좀 더 승차감이 좋고, 빠르게 가속되며, 문제없이 조금 더 오래 탈 수 있다는 것을 의미한다. 그러나 두 브랜드 모두 약속한 품질 그대로를 전달했다면 Lexus와 현대 모두 일관성을 보인다고 할 수 있다.

제품 및 서비스 품질, 고객 만족도와 기업의 이윤은 필연적으로 연결되어 있다. 높은 품질은 고객 만족도를 향상하고 이는 결국 높은 가격으로 이어지기 때문이다. 연구 결과 또한 상대적 제품 품질과 기업 이윤 사이의 높은 상관관계를 보였다.[15] 어떤 국가들은 우수한 제품을 생산하는 기업을 공인 또는 시상하여 세계 시장에 최고 품질의 좋은 예를 보이고 있다. 구체적인 시상으로 일본의 Deming Prize, 미국의 Malcolm Baldrige National Quality Award, European Quality Award 등이 있다.

어떤 기업은 비용 절감과 모서리 자르기 등으로 단기 이익을 증가시키고자 하는 유혹에 빠지기도 한다. 이러한 행위는 단기적으로 이익을 증가시킬 수 있으나, 이것이 품질 저하로 이어지는 경우 고객 경험과 장기적 이익을 저해할 것이다. Home Depot가 비용 절감에 지나치게 몰두한 나머지 곤경을 겪은 사례를 보자.

Home Depot　Home Depot는 계약자 공급사업으로 사업을 확장하면서, 1,800개가 넘는 미국 내 점포의 비용 절감과 운영의 간소화를 단행하고 다수의 상근 직원을 비상근 직원으로 교체하여 비상근 직원이 전체 점포 직원의 약 40%에 이르렀다. Home Depot의 고객 만족도 점수는 미국 내 주요 도매상들 중 최하위권으로 곤두박질쳤고(고객 친화적인 경쟁사인 Lowe's보다 11점 뒤진 점수), 미국 역사상 가장 큰 홈 리모델링 붐이 일었던 기간이었음에도 주가는 24%나 하락했다. 새로운 경영진들은 회사를 되살리기 위해 전 직원이 달성해야 하는 세 가지 주요 목표로서 깨끗한 매장, 잘 정리된 선반, 최고의 고객서비스를 설정했다. 새로운 'power hours'인 주중 오전 10시~오후 2시, 주말 전일 동안 직원들은 오로지 고객서비스에만 전력을 다했다. 이 새로운 전략이 들어맞도록 하기 위해 성과 평가 방식에도 변화를 주어 점포 직원들에 대한 평가는 거의 고객서비스 분야에 대해서만 이루어졌다. 이를 비롯한 다른 여러 가지 고객서비스 향상을 위한 노력은 점포 인력이 고객 응대에 쓰는 시간을 40%에서 53%로까지 끌어올렸다. 새로워진 제품 구성, 중앙집중화된 유통센터와 함께 고객서비스의 개선은 Home Depot가 시장 주도권을 재탈환하고 Lowe's와의 격차를 벌이는 데 크게 기여했다.[16]

　　마케팅이 그렇듯 종합적 품질 관리도 모두의 임무이지만, 기업이 고품질의 제품과 서비스를 표적(타깃)고객에게 제공하는 데는 마케팅이 특별히 중요한 역할을 한다. 어째서 그럴까? 마케터는 고객의 니즈와 요구를 정확하게 파악한다. 또한 고객의 기대를 제품 디자이너에게 올바로 전달할 수 있다. 또한 고객의 주문이 제때에 제대로 실행되도록 할 수 있으며, 고객이 제품을 사용하는 데 올바른 설명과 훈련, 기술적 지원을 받는지 점검할 수 있다. 마케터는 판매 이후에도 고객과 지속적으로 소통하며 만족도가 지속되는지 파악하고, 제품과 서비스 개선에 관한 고객의 아이디어를 적절한 부서에 전달할 수도 있다. 이 모든 것을 해낼 때 마케터는 종합적 품질 관리에 상당한 기여를 하게 되고, 나아가 고객과 기업의 이윤에도 기여하게 될 것이다.

<< Home Depot는 부진한 고객 만족도 점수를 개선하는 정책에 집중한 결과 시장 주도권을 다시 찾을 수 있었다.

출처: REUTERS/Alamy Stock Photo

고객 만족도 측정

기업은 고객 응대 수준, 만족도에 영향을 주는 요인, 그에 따른 운영과 마케팅의 변화를 체계적으로 측정한다.[17]

전략적으로 생각하는 기업은 고객 만족도를 주기적으로 측정하는데, 이는 고객 만족도가 고객 유지의 열쇠이기 때문이다. 만족도가 높은 고객은 대개 충성도를 오래도록 유지하고, 기업이 신제품이나 업그레이드된 제품을 내놓았을 때 더 많이 구매하며, 다른 사람들에게 기업과 제품에 대해 호의적으로 이야기하며, 경쟁 브랜드에 눈 돌리지 않고 가격 민감도가 낮으며, 기업에게 제품과 서비스에 대한 아이디어를 제공하기도 하고, 응대 과정이 정례화된 관계로 신규 고객에 비해 응대하는 데 비용이 덜 든다.

그러나 기업은 고객이 좋은 성과를 좀 다르게 정의할 수 있다는 것을 인지해야 한다. 좋은 배송은 신속한 배송, 제때 배송, 또는 주문이 잘 완료된 것 중 하나를 의미할 수 있다. 또한 두 고객이 동일하게 '매우 만족'에 표기하더라도 만족의 이유는 다를 수 있다. 한 명은 대체로 웬만하면 만족하는 사람인 반면, 다른 한 명은 만족감을 주기 어려운 상대인데 이번에는 만족한 경우일 수 있다. 고객이 경쟁업체에 얼마나 만족하는지를 아는 것은 '지출 점유율(share of wallet)', 즉 그 고객의 전체 지출 가운데 해당 기업의 브랜드가 차지하는 비중이 어느 정도인지를 평가하는 데 아주 중요한 부분이다. 해당 기업의 브랜드에 대한 고객의 만족도와 충성도가 높을수록 그 브랜드에 더 많이 지출할 것이기 때문이다.[18]

주기적인 설문은 고객의 전반적인 만족도를 직접적으로 추적할 수도 있고, 추가 질문을 통해 재구매 의도, 그 기업과 브랜드를 다른 사람에게 추천할 가능성, 고객 만족도와 연관 있는 구체적인 속성이나 효용에 대한 인식을 측정할 수도 있다.

고객 만족도 점수가 높은 기업은 타깃(목표)시장으로 하여금 그 사실을 알 수 있도록 해야 한다. General Motors, 현대, American Express, Alaska Airways 등은 J. D. Power의 고객 만족도 점수에서 해당 카테고리 최고점을 기록하자 이 사실을 크게 홍보했다.

기업은 경쟁 기업의 성과 또한 모니터링해야 한다. **고객 손실률**(customer loss rate)을 추적 관찰하여 더 이상 구매하지 않거나 경쟁사로 옮겨 간 고객을 찾아 그 이유를 알아낼 수도 있다. 기업은 또한 **미스터리 쇼퍼**(mystery shopper)를 통해 해당 기업과 경쟁사의 제품 구매 시 잠재고객이 경험하게 되는 좋은 점과 나쁜 점을 알게 되기도 한다.

매니저들이 직접 자신의 기업이나 경쟁사의 판매 상황에 몰래 직접 들어가 고객 응대를 경험하거나, 어려운 질문이나 불만을 제기하는 전화를 걸어 직원들이 어떻게 대응하는지를 알아볼 수도 있다. IKEA의 창업자인 Ingvar Kamprad는 운영의 일관성과 서비스의 우수성을 점검하기 위해 종종 몰래 매장을 방문한다.

University of Michigan은 미국 소비자 만족도 지수(American Customer Satisfaction Index, ACSI)를 개발하여 여러 기업, 산업, 경제 분야, 국가 경제에 대한 만족도를 측정한다.[19] 연구 결과는 ACSI로 측정된 고객 만족도와 ROI, 매출, 장기적 기업 가치 등 기업의 재무 성과 사이에 아주 강하고 일관된 연관관계가 존재한다는 것을 밝혀냈다.[20] 'Marketing Insight: 순 추천고객 지수와 고객 만족도'는 왜 어떤 기업은 고객 만족도를 평가하는 데 잘 만들어진 질문 하나면 된다고 믿는지를 설명해 준다.[21]

고객 충성도 구축

기업은 신규 고객을 끌어들이는 것에서 멈추지 않고 그 고객을 유지하여 사업을 키워가야 한다. 아주 많은 기업이 높은 고객 이탈률로 어려움을 겪는다. 그러나 여전히 이들 중 많은 기업이 프로모션의 초점을 기존 고객을 유지하기보다 신규고객을 유치하는 데 두고 있어 끊임없는 고객 이탈에 대응하기 위해 많은 비용을 지불하고 있다. 더 좋은 가격을 발견하면 바로 돌아서 떠나버릴 가능성이 높은 고객을 유치하기 위해 애쓰는 것보다, 고객 충성도를 구축하여 구객 유지를 최우선으로 하는 것이 장기적 이윤 창출에 훨씬 효과적인 접근법이다.

　고객 충성도를 구축하는 데 가장 효과적인 세 가지 전략으로는 고객과 가까이 소통하기, 로열티 프로그램 개발하기, 브랜드 공동체 만들기를 들 수 있다. 이러한 전략에 대해서는 아래에서 논의한다.

고객과 가까이 소통하기　고객, 클라이언트, 환자 등을 기업의 직원과 연결하는 것은 직원들을 크게 동기부여할 수 있고 매우 유익할 수 있다. 실사용자들은 기업의 제품과 서비스의 긍정적 영향에 대한 실질적 증거를 제공할 수 있고, 직원의 기여에 감사를 표할 수 있으며, 공감을 끌어낼 수 있다. 장학금 수여자인 학생의 아주 짧은 방문만으로도 대학의 기금 모금자들에게 동기를 부여하여 주간 생산성을 400% 상승시켰고, 환자의 사진은 방사선사들을 고무시켜 판독 정확도가 46%나 개선되는 효과를 낳았다.[22]

　고객과 가까운 관계를 유지하고 소통하는 것은 기업의 직원들에게 정보를 제공하고 동기를 부여하는 것과 동시에 고객에게도 이득을 가져다준다. 기업과 소통을 하면 고객이 기업의 제품, 서비스, 브랜드에 관심을 갖고 관계를 맺게 되고 이는 결국 기업에 대한 로열티로 이어지게 된다. 기업이 자신의 불만과 요구를 들어주기 위해 애쓰고 있다고 믿는 고객은 로열티를 유지할 가능성이 높고 경쟁사의 낮은 가격에도 흔들리지 않을 것이다.

　고객의 소리를 듣는 것은 고객 관계 관리의 핵심이다. 어떤 기업은 마케터들이 최일선에서 고객의 피드백에 늘 연결될 수 있도록 하는 매커니즘을 구축하고 있다.

　John Deere의 트랙터를 만드는 Deere & Company는 특정 제품군에서 연간 98%에 달하는 유지율을 자랑한다. 이렇듯 고객 충성도 면에서 매우 우수한 기록을 가지고 있는 Deere & Company는 퇴직한 직원들을 이탈고객과 기존 고객을 인터뷰하는 데 활용한다.[23]

　Chicken of the Sea는 Mermaid Club에 8만 명의 회원을 보유하고 있다. 이 핵심고객집단은 특가 판매 소식, 건강관리 정보와 기사, 신제품 업데이트 알림, 유익한 전자 뉴스레터 등을 받는다. 클럽 멤버들은 기업이 하고 있고 하고자 하는 것에 대한 유용한 피드백을 제공한다. 이들의 의견은 브랜드의 웹사이트를 디자인하고, TV 광고의 메시지를 만들고, 제품 포장을 고안하는 데 많은 도움이 된다.

　　Build-A-Bear Workshop은 '아기곰 자문위원회(Cub Advisory Board)'를 두고 의사결정을 위한 피드백과 의견을 듣는 데 활용하고 있다. 이 자문위원회는 20명의 5~16세의 어린이와 청소년으로 이루어져 있는데 이들은 신제품 아이디어에 대해 '손을 들고 내리는' 투표를 하며 심사한다. 점포 내 많은 제품이 고객의 아이디어로 만들어졌다.[24]

　　고객의 목소리를 잘 듣는 것은 시작에 불과하다. 고객의 지지자가 되어 가능한 한 고객의 편에 서고, 그들의 관점을 이해하며, 가능하다면 더 나은 고객 가치 창출을 위해 기업의 제공물을 수정하는 것 또한 매우 중요하다.

로열티 프로그램 개발하기　로열티 프로그램은 고객이 지속적으로 기업의 비즈니스를 이용하도록 하는 프로모션 인센티브의 일종으로, 때로는 고객이 기업으로부터 더 많은 제품과 서비스를 더 자주 구매하도록 하는 수단이 되기도 한다. 로열티 프로그램은 자사의 제품을 더 자주 더 많이 구매하는 고객에게 적절한 보상을 주도록 고안되어 있다. 이 프로그램은 고가치의 고객과 장기적인 로열티를 구축하고 그 과정에서 교차 판매의 기회를 만들어내는 데 도움이 된다. 항공사, 호텔, 신용카드 회사들이 처음 시작한 로열티 프로그램은 현재 다른 많은 산업에서도 활용되고 있다. 대부분의 슈퍼마켓이나 드러그 스토어 체인들은 프라이스 클럽 카드를 제공하여 특정 상품에 대해 할인 혜택을 주고 있다.

　　보통 어떤 산업에서 로열티 프로그램을 최초로 도입하는 기업이 가장 많은 혜택을 누리는데 경쟁사의 대응이 느린 경우에는 더욱 그러하다. 경쟁사가 대응을 하고 산업 내 대다수의 기업이 로열티 프로그램을 시행하는 경우, 이 모든 기업에게 이 프로그램이 재정적 부담을 줄 수 있으나, 프로그램을 관리하는 데 좀 더 효율적이고 창의적인 기업도 존재한다. 어떤 로열티 프로그램의 보상 체계는 고객이 그 브랜드를 떠나기 어려워 상당 수준의 전환비용이 발생하도록 설계되어 있다. 로열티 프로그램은 또한 고객이 가치 있게 여기는 심리적 신장효과, 즉 특별하다는 느낌을 주기도 한다.[25] Designer Shoe Warehouse는 고객이 로열티 리워드 프로그램에 지속적으로 참여하는 것이 중요하다는 것을 잘 인식하고 있는 기업 중 하나다.

Designer Shoe Warehouse(DSW)　DSW는 아주 오랫동안 끊임없이 로열티 프로그램을 운영해 왔지만, 이 제화 소매업체는 현실에 안주하는 것에 내재된 위험을 인식하고 있었다. 온라인 로열티 프로그램은 고객에게 구매 시 일정 포인트를 지급하고 지출이 많은 고객에게는 더 높은 수준의 리워드를 열어주었다. 이러한 자동 리워드의 문제는 고객이 이 프로그램을 잘 기억하지 못해 더 많이 구매하여 더 많은 포인트를 얻고자 하는 마음이 들도록 하지 못한다는 것이었다. 고객의 참여를 늘리고 동기를 유발하기 위한 방법으로 DSW는 적극적 이메일 캠페인을 개시하여 고객에게 로열티 리워드 프로그램을 상기시키는 이메일을 주기적으로 보내기 시작했다. 고객 맞춤형으로 쓰여진 이메일은 고객에게 현재 할인행사, 10달러 쿠폰을 받기 위해 보유해야 하는 포인트, 로열티 프로그램 가입연수, 보유 포인트, 지난 2년간 누린 할인 혜택 등에 대한 내용을 담고 있었다. DSW는 숨겨져 있던 고객 데이터를 활

<< DSW는 오래된 로열티 프로그램이 고객의 마음에 생생하게 기억되게 하기 위해 맞춤형 이메일을 보내는 캠페인을 실시하여, 고객에게 현재 진행 중인 할인행사에 대해 알리고 앞으로 더 많은 리워드를 받을 수 있도록 하는 동기를 제공했다.

용한 고도의 맞춤형 이메일을 통해 커뮤니케이션 활동의 적절성을 향상하고 고객의 마음속에 로열티 프로그램이 좀 더 생생하게 기억되도록 했다.[26]

많이 쓰이는 로열티 프로그램 중 하나인 클럽 멤버십은 기업 비즈니스에서 큰 비중을 차지하는 주요 고객을 유치하고 유지하는 데 목적이 있다. 제품이나 서비스를 구매하는 사람이면 누구나 클럽에 가입하게 할 수도 있고, 특정 그룹이나 소액의 가입비를 지불하는 사람들에게 국한되도록 할 수도 있다. 누구나 가입할 수 있는 오픈 클럽은 데이터베이스를 구축하거나 경쟁사로부터 고객을 뺏어 오는 효과가 있지만, 장기적 로열티를 구축하는 데에는 특정인에게 국한된 리미티드 멤버십이 훨씬 효과적인 경우가 많다. 가입비를 멤버십 조건으로 두는 것은 기업의 제품에 크게 관심이 없는 사람들이 클럽에 가입하는 것을 막는 효과가 있다. 로열티 구축을 위해 American Express는 글로벌 Platinum Card 멤버들에게 세계 곳곳의 주요 공항에 있는 The Centurion Lounges를 이용할 수 있도록 하고 있다.

브랜드 공동체 만들기　**브랜드 공동체**(brand community)는 정체성과 활동이 해당 브랜드를 중심으로 돌아가는 고객과 직원으로 이루어진 특별한 공동체다.[27] 브랜드 공동체를 정의하는 세 가지 특징은 다음과 같다. 첫째, 공동체 구성원은 해당 브랜드, 기업, 제품, 그리고 다른 구성원들과 연대감을 공유한다. 둘째, 공동체 구성원은 공동체의 의미를 전달하는 데 도움이 되는 의식, 스토리, 전통 등을 공유한다. 끝으로, 공동체 구성원은 해당 공동체 전체와 공동체 구성원 개개인에 대한 윤리적 책임과 의무를 공유한다.

브랜드 공동체는 다양한 형태를 띠고 있다. Lugnet(LEGO 브랜드 공동체)이나 Porsche Rennlist 온라인 그룹은 브랜드 사용자들에 의해 유기적으로 생겨난 경우다. 기업이 도모하고 스폰서한 브랜드 공동체도 있는데, SAP Community Network, My Starbucks Idea, Sephora Beauty Talk, Microsoft Xbox Ambassadors, Harley Owners Group(H.O.G.) 등이 그렇다.

> **Harley-Davidson** 1903년 Wisconsin주의 Milwaukee에서 시작한 Harley-Davidson은 두 번이나 기업 부도의 위기를 겪었으나, 지금은 세계에서 가장 유명한 모터바이크 브랜드의 하나가 되었다. Harley는 Harley Owners Group(H.O.G.)이라는 Harley 모터바이크 소유자들로 구성된 강력한 브랜드 공동체를 만들어 고객과 긴밀히 소통한다. H.O.G.는 바이크 경주, 자선 바이크 타기 행사 및 기타 다양한 모터바이크 행사들을 후원하며, 현재 1,400여 개의 지부에 100만 명이 넘는 회원을 보유하고 있다. H.O.G. 가입 시 주어지는 혜택으로는 《Hog Tales》라고 불리는 여행 책자, 유사시 출동서비스, 특별히 고안된 보험프로그램, 절도 보상 서비스, 호텔 숙박료 할인, 타 지역 여행 시 Harley 렌탈 서비스인 Fly & Ride 프로그램 등이 있다. Harley-Davidson은 H.O.G.만을 위해 클럽 지부와 여러 행사에 관한 정보 등 광범위한 정보를 웹사이트에 게시하고, 특별히 멤버만을 위한 섹션도 운영하고 있다. Harley는 소셜 미디어도 잘 활용하여 780만이 넘는 Facebook 친구를 보유하고 있다. Harley-Davidson의 E Pluribus Unum('많은 것들 중 하나'라는 의미의 라틴어) 캠페인은 한 팬의 아이디어로 시작된 것으로 다양한 Harley의 실제 라이더들이 자신의 다양성과 바이크에 대한 자부심을 보여주는 디지털 비디오와 Twitter를 활용한 캠페인이다.[28]

크고 작은 기업들이 그들만의 브랜드 공동체를 만든다. New York's Signature Theatre Company는 공연을 위해 7만 제곱피트에 달하는 시설을 지었는데, 이 시설의 중앙에 배우와 스태프, 작가, 관객이 모두 어우러질 수 있는 허브를 만들었다.[29] 온라인 마케터들은 Facebook, Twitter, Instagram, YouTube, WeChat 등 소셜 미디어 네트워크를 활용하거나 자신들만의 온라인 커뮤니티를 만들 수 있다. 회원들은 제품을 추천하고, 리뷰를 남기며, 선호하고 추천하는 제품 리스트를 만들어 온라인상에서 서로 교류한다.

브랜드 공동체는 제품의 품질 개선과 혁신을 위한 지속적인 영감과 피드백의 원천이 될 수 있다. 브랜드 공동체 회원의 활동과 지지는 기업이 별도로 노력해야 하는 활동의 일부를 대신하여 훨씬 더 효과적이고 효율적인 마케팅 결과를 가져다줄 수도 있다.[30]

긍정적이고 생산적인 브랜드 공동체를 위해서는 아주 신중한 검토와 시행이 필요하다. 다음은 연구자들이 제시하는 보다 효과적인 온라인 브랜드 공동체의 요건이다.[31]

- **교환되는 정보의 시의적절성**: 특정 주제에 대한 논의는 지정된 포스팅 시간을 설정하기, 시의적절하고 도움이 되는 댓글에 대해 적절히 보상하기, 커뮤니티에 대한 엑세스 포인트 늘리기
- **게시되는 정보의 연관성 제고**: 정해진 주제에 집중하기, 주제별로 포럼 카테고리 나누기, 이용자에게 관심분야를 미리 선택하도록 권하기
- **대화의 확장**: 이용자가 자신을 표현하기 쉽게 만들기, 댓글 길이 제한 없애기, 게시물에 대

해 이용자가 연관성을 평가할 수 있도록 하기
- **정보 교환의 빈도 증가**: 대회 개최하기, 친숙한 소셜 네트워킹 도구 사용하기, 방문자에게 특별한 기회 제공하기, 도움이 되는 회원 인정해 주기

고객 관계 관리

기업은 고객과의 장기적인 관계 형성을 위해 고객 정보를 이용한다.[32] **고객 관계 관리**(customer relationship management, CRM)란 고객 개개인에 대한 상세한 정보와 고객 터치포인트를 세세하게 관리하여 최대치의 로열티를 이끌어내는 일련의 과정이다. 기업의 이윤을 창출하는 주요 요소가 그 기업이 가진 고객 기반의 종합적 가치이기 때문에 고객 관계를 잘 관리하는 작업은 매우 중요하다. 비슷한 개념으로 고객 가치 관리는 기업의 고객 기반을 최적화하는 것을 의미한다. **고객 가치 관리**(customer value management)는 미래와 현재 고객 개개인의 데이터를 분석하여 고객을 유치 및 유지하고 고객 행동을 유발하는 데 초점을 둔다.[33] 이해를 돕기 위해 다음의 Dunnhumby의 경험을 살펴보자.

Dunnhumby (Edwina Dunn과 Clive Humby 부부가 설립한) 영국의 고객 데이터 사이언스 회사인 Dunnhumby는 로열티 프로그램과 신용카드 매출 데이터에서 얻은 고객 정보를 이용하여 소매업자와 기타 여러 기업들의 이윤을 올려주었다. Dunnhumby는 영국 슈퍼마켓 체인인 Tesco가 새로운 점포 구성, 점포 레이아웃 설정, 자사 브랜드 제품 제발, 로열티 카드를 가진 쇼핑고객을 위한 맞춤형 쿠폰과 특별 세일 구상 등 사업의 여러 분야 관리에 도움을 주었다. Dunnhumby의 고객 데이터 분석 결과 Tesco에는 로열티 높은 고객들이 여러 매장을 뒤져서라도 찾아내는 일명 '도착지 제품(destination product)'이 있다는 것이 밝혀졌다. 이를 바탕으로 Tesco는 잘 팔리지 않는 종류의 빵이라도 이 도착지 제품으로 분류되는 것은 매장에 그대로 유지하기로 결정했다. 세계 3억 5,000만이 넘는 사람들에 대한 데이터에서 얻은 Dunnhumby의 통찰은 제품 범위, 가용성, 공간 계획, 신제품 혁신 등에 대한 의사결정에 많은 기여를 해왔다. 유럽의 카탈로그 회사의 경우, Dunnhumby는 상이한 체형을 가진 쇼핑객들은 선호하는 의상 스타일뿐만 아니라 1년 중 쇼핑을 하는 시기도 다르다는 것을 발견했다. 날씬한 고객들은 새로운 시즌 초반에 구매를 하고, 덩치가 큰 고객들은 위험부담을 줄이고자 시즌 후반에 어떤 스타일이 유행하는지를 보고 구매하는 경향이 있었다.[34]

고객 관계 관리는 개개인의 계정 정보를 효과적으로 이용하여 기업이 최상의 실시간 고객 서비스를 제공할 수 있도록 해준다. 각각의 가치 있는 고객에 대한 지식을 바탕으로 기업은 시장 제공물, 서비스, 프로그램, 메시지, 미디어 등을 맞춤화할 수 있다.

고객 관계 관리를 향상하기 위해 많이 쓰이는 전략으로 맞춤화, 고객 임파워먼트, 고객 구전 관리, 고객 불평 해소 등을 들 수 있다. 이러한 전략에 대한 자세한 내용은 다음에서 다룬다.

맞춤화

맞춤화(customization)는 실제 물리적 제품을 개조하는 것과 서비스 경험을 변형하는 것 모두를 포함한다. 맞춤화는 기업의 제공물을 최대한 많은 고객에게 최대한 개인적으로 연관 있도록 만드는 것을 포함한다. 어려운 부분은 어떤 고객도 완전히 동일하지 않다는 것이다. 맞춤화는 마케터로 하여금 20세기 초반 브랜드 파워하우스 구축에 힘쓰던 대량마케팅의 관행을 버리고, 상인들이 고객의 이름을 일일이 기억하고 고객 개개인을 위해 특별히 상품을 디자인하던 100년 전의 마케팅 관행으로 돌아간 듯한 새로운 접근법을 시도하게 만들었다.

고객 경험을 맞춤화하기 위해 기업은 콜센터와 함께 온라인, 디지털, 모바일 도구를 활용하고, 이러한 도구는 인공지능과 데이터 애널리틱스의 도움을 받아 기업과 고객 간의 지속적인 소통이 가능하도록 하는 데 일조하고 있다. 기술의 발달이 고객 관계 관리에 도움을 주는 것은 사실이나, 고객의 서비스 요구를 만족시키기 위해 자동 응답 통화라든지 소셜 네트워킹 도구에 지나치게 의존하는 것은 경계해야 한다. 많은 고객은 여전히 실제 직원들과 통화를 하고 (지속적인 고객 관계 구축을 위해 우선시되는) 퍼스널 서비스를 받기를 원한다.

기업은 고객 관계 관리에서 개인적 요소의 역할과 이것이 고객이 기업과 실제 접촉을 할 때 미치는 영향을 잘 인지하고 있다. 직원들은 관계를 개인화하고 개별화함으로써 고객과 더욱 강한 유대감을 형성할 수 있다. British Airways가 가치 있는 고객을 만족시키기 위해 어떤 노력을 기울이고 있는지 다음 사례를 살펴보자.

> **British Airways** British Airways는 서비스의 개인화 정도를 한 단계 상승시켜 'Know Me(나를 알아봐)'라는 프로그램을 만들었다. 목표는 웹사이트, 콜센터, 이메일, 기내, 공항 내 등 회사의 모든 서비스 채널에 산재해 있는 상용 고객에 대한 정보를 중앙으로 모으는 것이었다. 비행을 예약한 어떤 고객에 대해서든 British Airways는 현재 그 고객의 좌석 위치, 지난 비행과 기내식 선택, 주요 불만사항에 대해 파악하고 있다. British Airways는 승무원과 지상근무자들에게 iPad를 나누어주고 데이터베이스에 접근할 수 있도록 하는 한편, 승객에 대한 개인적 식별 메시지를 받을 수 있도록 했다. VIP 승객 식별을 용이하게 하기 위해 British Airways는 Google 이미지에서 다운로드한 승객의 사진을 이용했다. British Airways의 직원 중 한 명이 이 프로그램의 목표를 이렇게 설명했다. "단골 식당에서 환영받을 때 느끼는 인정받는 그 기분을 재생하려고 했다. 그러나 우리의 경우 이것은 수천 명의 스태프에 의해 수백만 명의 고객에게 전달되어야 한다." 어떤 이들은 사생활 침해에 대한 우려를 표하기도 하고 심지어 '소름끼친다'고도 표현한다. British Airways는 승객 정보는 이미 존재하던 것이었고, 대부분의 가치 있는 승객들은 이를 활용한 서비스가 유용하다고 생각한다는 점에 주목했다.[35]

British Airways가 서비스 경험을 개인화했다면 BMW는 제품을 개인화하는 방법을 고안하고 있다. BMW는 500가지의 사이드 미러 조합과 1,300가지의 앞범퍼 조합, 그리고 9,000가지의 중앙 콘솔 조합을 제공하고 신규 고객들이 자동차가 출고되기를 기다리는 동안 자신의 자동차가 어떻게 '탄생하는지'를 보여주는 비디오 링크를 제공한다. BMW의 정밀한 제조와 조달 시스템은 생산과정의 부진을 없애고 재고 발주 비용을 줄이며, 판매가 부진한 제품의 리베이트를 피해 갈 수 있도록 해준다. 충성고객은 더 많은 옵션을 선택하고 이는 결과적으로

출처: Kristoffer Tripplaar/Alamy Stock Photo

<< 상용고객에 대한 정보를 단일 데이터베이스로 중앙집중화하고 승무원들과 지상근무직원들에게 iPad를 지급함으로써 British Airways의 개인화된 서비스를 한층 더 업그레이드했다.

BMW와 딜러들에게 높은 수익을 가져다준다. Coca-Cola도 맞춤형 트렌드에 발을 맞추고 있다. Coca-Cola Freestyle 음료 기계는 125가지의 탄산과 무탄산 브랜드를 제공하고 고객은 터치스크린으로 이것을 배합하여 각자의 취향에 맞는 음료를 제조할 수 있다.

고객에 대한 마케터의 깊은 이해는 효과적인 고객 관계 관리 프로그램 개발을 위해 필수적이다.[36] 고객 관계 관리의 근본이 되는 것은 고객 데이터베이스인데, 이는 리드 생성, 리드 평가, 제품 및 서비스 판매, 고객 관계 유지 등을 위해 현재의 접근 가능하고 실행 가능한 개별 고객 또는 잠재고객에 대한 포괄적인 정보를 조직적으로 모아놓은 것을 의미한다. 이런 맥락에서 고객 관계 관리는 고객 관련 데이터를 구축, 유지 및 활용하여 고객과 접촉하고 거래하며 장기적인 고객 관계를 구축하는 것이라 할 수 있다.

온라인 소매상들은 대개 고객의 선택이나 구매에 자신이 추천하는 내용을 추가하기도 한다. "검은색 핸드백을 좋아하신다면 이 빨간색 상의도 아주 마음에 드실 거예요." 이런 식으로 말이다. 이런 추천시스템은 온라인 소매상의 전체 매출의 10~30%를 차지한다고 한다. 특별히 고안된 소프트웨어는 이런 고객 '발견'이나 계획하지 않은 구매를 용이하게 한다. 동시에 온라인 기업들은 고객 관계 구축을 위한 이러한 노력이 역효과를 낳지 않도록 주의해야 한다. 컴퓨터가 만들어내는 추천의 적중률이 계속 떨어지는 경우 이 시스템은 오히려 고객의 불편을 가중시키기 때문이다. Amazon에서 아기용품을 몇 개 사고 나면 갑자기 평소 개인 취향에서 벗어난 추천 상품들이 뜬다! 온라인 소매상들은 최상의 기술과 프로세스를 찾아내는 한편 온라인 개인화의 한계를 인지할 필요가 있다.

기업과 관계를 맺는 것을 선호하지 않는 고객이 있다는 점과 많은 고객이 사생활 침해에 대한 우려가 있다는 점을 고려하는 동시에, 증가하는 고객의 개인화 요구에 대응하기 위해 마케터들은 퍼미션 마케팅이라는 개념을 도입했다. 고객의 명료한 허락을 구한 뒤에만 이루어지는 마케팅 행위를 가리키는 **퍼미션 마케팅**(permission maketing)은 마케터들이 매스미디어 캠페인을 통해 이루어지는 '인터럽션 마케팅(interruption marketing)'을 더 이상 사용할 수 없다는 것을 전제로 한다. 가장 보편적 형태의 퍼미션 마케팅으로는 구독하기를 선택하여 출판사에 관련 정보를 보내도 된다고 허락한 사람들에게만 뉴스레터를 발송하는 것이 있다.

퍼미션 마케팅은 마케터가 고객의 의향을 존중하고 고객이 해당 브랜드와 좀 더 긴밀한 관계를 맺고 싶다는 의사를 표시할 때에만 메시지를 보냄으로써 더욱 강력한 고객 관계를 구축할 수도 있다는 것을 시사한다. 이런 접근은 기업과 고객 간의 소통을 더욱 의미 있게 만들 수 있다.[37]

다른 개인화 방법들과 마찬가지로 퍼미션 마케팅 또한 고객이 때로 어떤 것을 선호하는지가 명확하지 않고 모호하거나 헷갈릴 때도 있지만 고객이 자신이 원하는 것이 무엇인지 알고 있다고 간주한다. 퍼미션 마케팅보다는 '인게이지먼트 마케팅(engagement marketing)'이 좀 더 적절한 개념인지도 모른다. 마케터와 고객은 기업이 고객을 가장 잘 만족시킬 수 있는 방법을 함께 찾아내야 하기 때문이다.

고객 임파워먼트

요즘 고객들은 기업과 소통하는 방법을 통제할 수 있는 기회가 많다. 과거의 고객들은 마케팅 메시지 수용에 수동적이었다면, 오늘날에는 기업의 마케팅에 참여할지 여부와 어떤 식으로 참여할 것인지를 선택할 수 있다. 이런 현상을 **고객 임파워먼트**(customer empowerment)라고 하는데, 기업이 고객과의 관계를 강화하고 새로운 방식의 관계 맺기를 시도해야 한다는 것을 의미한다. 기업 임파워먼트는 고객 임파워먼트와 맞물려 돌아가야 하므로 기업은 고객 관계의 근본적인 변화에 맞추어 마케팅 활동을 조정해야 한다. 고객 관계 강화를 위해 마케터는 고객이 자신의 열정을 나타낼 수 있는 자원과 기회를 제공함으로써 브랜드의 전도사가 될 수 있도록 하고 있다. Doritos는 고객이 다음 출시될 새로운 맛의 과자 이름을 정하는 콘테스트를 열기도 했다. Converse는 아마추어 영화제작자들에게 Converse라는 상징적인 스니커즈 브랜드가 그들에게 어떤 영감을 주었는지를 보여주는 30초 분량의 영화를 출품하도록 했다. 우수작들은 Converse Gallery 웹사이트에 게시되고, 최우수작은 TV 광고로 제작되었다.[38]

새로운 기술은 고객이 브랜드 마케팅에 쉽게 참여할 수 있도록 해주지만, 고객이 마케팅을 회피하는 것을 용이하게 만들기도 한다. 예를 들어, 많은 웹 브라우저가 광고 차단 혹은 팝업 차단 소프트웨어를 가지고 있고, 이메일 서버는 스팸메일을 걸러내는 기능을, 핸드폰은 수신차단 옵션을 제공한다.

브랜드를 책임지거나 브랜드가 나아갈 방향을 정하고 브랜드가 어떤 식으로 마케팅을 해나가야 할 것인지와 관련하여 중요한 역할을 수행하는 등 많은 것이 새롭게 임파워먼트를 가지게 된 고객에 의해 이루어져 왔다. 그러나 여전히 **몇몇 고객**만이 자신이 사용하는 **특정 브랜드**하고만, 심지어 **특정 시간**에만 관계를 맺는 것 또한 사실이다. 고객에게는 생활, 직업, 가족,

취미, 목표, 약속 등 그들이 구매하고 소비하는 브랜드보다 훨씬 더 중요한 많은 것이 있다. 어떻게 다양한 고객의 흥미와 취향을 잘 반영한 최상의 브랜드 마케팅을 할지를 이해하는 것은 매우 중요하다.[39]

고객은 언제 브랜드와 관계를 맺기로 할까? 많은 요인이 있겠지만, 한 연구는 고객 실용주의에 대해 다음과 같은 내용을 밝혀냈다. "···소셜 미디어를 통해 기업과 관계를 맺지 않는 고객 대다수는 그냥 연결되어 있다는 느낌을 받지 않는 것이다. ··· 소셜 미디어의 잠재력을 최대한 활용하기 위해서는 기업이 고객에게 유형의 가치를 전달할 수 있는 고객 경험을 고안하여 고객의 시간, 관심, 지지, 데이터에 대해 보상할 필요가 있다."[40] 이 '유형의 가치'로는 할인, 쿠폰, 구매를 자극할 만한 정보 등이 있다. 많은 기업이 소셜 미디어를 고객 인사이트 수집, 브랜드 감시 활동, 연구 수행, 신제품 아이디어 요청 등에는 활용하면서 소셜 미디어가 가지고 있는 고객 가치 전달의 기능은 간과하고 있다.

고객 구전 관리

고객의 선택에 가장 큰 영향을 주는 요인은 여전히 주변인들의 추천이지만, 다른 고객들의 추천도 고객의 의사결정에서 점점 더 중요한 요인이 되고 있다. 기업과 그 기업의 광고에 대한 불신이 높아지고 있는 상황에서 온라인 고객 리뷰와 점수는 고객 구매 과정에서 그 역할이 점점 더 커지고 있다.[41]

Forrester 조사 연구를 예로 들어보자. 이 연구는 고객의 약 절반 정도가 온라인 리뷰가 없는 호텔을 예약하지 않는다는 것을 알아냈다. 따라서 점점 더 많은 호텔들이 리뷰를 게시하는 자체 프로그램을 출시하거나(Starwood는 개별 호텔 웹사이트에 독립적이고 진실성이 검증된 리뷰를 게시한다) 여행자 리뷰 사이트를 이용하고 있다(Wyndham은 TripAdvisor의 리뷰 중 가장 최근 5개를 실시간으로 게시한다).[42] TripAdvisor는 여행자들에게 소중한 온라인 리소스로 빠르게 자리 잡았다.

TripAdvisor   TripAdvisor의 창업자인 Stephen Kaufer는 멕시코의 휴일에 갈 여행지를 결정하는 데 필요한 자세하고 신뢰할 수 있는 최신 정보가 거의 없다는 사실에 좌절을 느끼고 2001년 이러한 정보를 제공하는 웹사이트인 TripAdvisor를 만들게 된다. 온라인 고객 여행 리뷰의 선구자인 TripAdvisor는 급성장하여 현재 세계 최대의 여행 웹사이트가 되었다. TripAdvisor를 통해 이용자들은 정보를 수집하고 공유하며, 이 웹사이트의 호텔과 항공 예약 파트너들을 통해 호텔, 숙박대여, 항공, 식당 및 다른 여행관련 장소나 사업장을 예약할 수 있다. 이용자들은 리뷰, 사진 및 의견을 게시하고 다양한 주제에 대한 토론에 참여한다. 콘텐츠의 질과 정확도 향상을 위해 TripAdvisor는 수작업과 컴퓨터 알고리즘을 사용하여 콘텐츠를 검사한다. 컴퓨터 알고리즘은 리뷰어들의 IP와 이메일 주소(이 외 다른 여러 리뷰 특성)를 바탕으로 게시물의 의심스러운 패턴과 부적절한 언어 사용을 감지하여 게시물을 확인하고 거짓 게시물을 적발하는 시스템을 포함한다. TripAdvisor는 매달 4억 9,000만 명 이상의 고유 방문자와 7억 개 이상의 리뷰를 보유하고 있다. 수억 명의 사람들은 Hotels.com, Expedia, Thomas Cook과 같은 다른 사이트에서도 유사한 콘텐츠를 매달 접하고 있다. TripAdvisor는 서비스의 개인화와 사회적 속성을 개선하기 위해 혁신을 단행했다. 사실 이 같은 혁신은 TripAdvisor가 Facebook의

'즉각적 개인화' 프로젝트를 위한 초기 파트너 중 하나로 참여하면서 이루어진 것이었다. Facebook 이용자가 Facebook 친구가 게시한 TripAdvisor 콘텐츠를 볼 수 있도록 하여(Facebook 친구가 프라이버시에 관한 선택항목 중 무엇을 선택했느냐에 따라 달라질 수 있음) 이용자들이 TripAdvisor의 경험을 개인화할 수 있도록 한 것이다. Local Picks는 TripAdvisor의 식당 리뷰를 이용자가 현지화하고 이용자 리뷰를 Facebook에 자동공유할 수 있도록 하는 앱이다.[43]

Best Buy, Staples, Bass Pro Shops와 같은 재래식 소매상들은 고객 리뷰의 힘을 인지하고 점포에 리뷰를 전시하기 시작했다. 그러나 그러한 리뷰에 대한 고객의 수용에도 불구하고 리뷰의 질과 진실성에 관한 의문은 뒤따를 수밖에 없다.[44] 유명한 사례로 Whole Foods Market의 공동창업자이자 CEO는 Yahoo! Finance의 온라인 게시판에 필명으로 자신의 회사를 칭찬하고 경쟁사를 비난하는 게시물을 7년에 걸쳐 1,100개가 넘게 올린 일이 있다. 어떤 기업은 컴퓨터 인식 기술을 도입하여 가짜를 감시하기도 한다. Bazaar-voice는 디바이스 핑거프린팅이라 불리는 프로세스를 이용하여 Walmart와 Best Buy와 같은 회사들이 온라인 리뷰를 관리하고 감시할 수 있게 해준다. 일례로 어떤 기업이 자사 제품 하나에 대해 수백 개의 긍정적인 리뷰를 게시하고 경쟁사 제품에 대해서는 부정적인 리뷰를 게시한 것을 잡아낸 적도 있다.[45]

온라인 리뷰와 블로그 사이트는 코멘트를 감시하기 위해 갖은 노력을 기울인다. 무명의 리뷰나 한쪽으로 치우친 리뷰가 남겨지는 것을 피하기 위해 Angie's List는 유료 가입 구독자들만 웹사이트에 접근할 수 있도록 했다. Angie's List 이용자는 제공업체에 대해 가격, 품질, 대응속도, 시간 엄수, 전문성에 대해 A에서 F까지 성적표처럼 점수를 매긴다. 다른 웹사이트들은 제3자의 전문적 리뷰를 요약해서 제공하기도 한다. Metacritic은 다수의 출판물에서 음악, 게임, TV, 영화 등에 대한 주요 리뷰를 모아 1부터 100까지의 점수로 환산한다. 게임 산업에서는 게임 개발자들의 보너스를 인기 웹사이트의 게임 평점과 결부시키기도 한다. 주요 신규 출판물이 이용자 리뷰에서 85점 이상을 받지 못하면 출판사의 주가가 내려가기도 한다.[46]

소셜 미디어 트래픽을 추적하여 인기 있는 블로그를 알아내는 것은 마케터에게 유용할 수 있다. 블로거들은 수천여 명의 팔로워를 가지고 있기 때문에 제품이나 서비스에 대한 이들의 리뷰는 영향력이 있다. 어떤 브랜드나 카테고리를 검색할 때 블로그가 가장 상위 링크로 뜨기도 한다. 기업은 주요 블로거들에게 무료 샘플과 사전 정보를 제공하기도 한다. 많은 블로거들은 기업의 이러한 특별 처우를 블로그에 공개하기도 한다.

미디어 예산이 적은 영세한 브랜드에게 온라인 구전은 결정적인 역할을 한다. 유기농 식료품 브랜드인 Amy's Kitchen은 새로운 핫시리얼 출시에 앞서 버즈를 일으키기 위해 기업이 추적하고 있던 50여 명의 비건, 글루텐프리, 채식주의 블로거들에게 샘플을 보냈다. 이들 블로그에 좋은 리뷰가 게시되자 제품을 어디에서 살 수 있는지를 문의하는 이메일이 폭주했다.[47]

부정적인 리뷰도 때로는 놀라운 영향력을 보여준다. 부정적 리뷰는 인지도 높은 브랜드에는 흠이 될 수 있지만, 알려지지 않은 브랜드에는 인지도를 높일 수 있는 기회가 되기도 한다. 부정적인 리뷰는 또한 가치 있는 정보를 제공할 수도 있다. Forrester가 Amazon.com의 가전, 생활 및 정원관리 용품 고객 1만 명을 대상으로 한 연구에 따르면 이 고객들의 절반 정도는 부정적 리뷰가 도움이 되었다고 응답했다. 고객이 부정적인 리뷰를 통해 제품의 좋은 점과 나쁜 점을 더 잘 이해하게 되면 제품을 환불하는 일이 줄어들어 소매상과 생산자의 비용 절감에 도움이 될 수 있다.[48]

고객 불평 해소

어떤 기업은 고객 불평의 총횟수를 세어 고객 만족도의 정도를 가늠할 수 있다고 생각한다. 그러나 연구 결과는 고객은 구매 결과의 25% 정도에 불만족하지만 이 중 약 5%의 고객만이 불평을 표현한다고 보고하고 있다. 나머지 95%의 불만족 고객은 불만이 있으나 기업에 이의를 제기하는 노력까지 할 만한 가치가 없다고 여기거나 누구에게 어떻게 불만사항을 말해야 할지 잘 모르는 경우가 대부분이다.[49]

불평을 등록하는 고객의 50~70%가 불만사항이 해결되면 해당 기업과 사업을 지속할 가능성이 있는 고객이다. 이 고객이 불만사항이 **신속하게** 해결된다고 느끼는 경우 이 수치는 95%까지 올라간다. 불평이 만족스럽게 해결되는 경험을 한 고객은 평균 5명의 사람들에게 그들이 받았던 긍정적인 처우에 대해 이야기한다. 반면 불만족한 고객이 안 좋았던 경험에 대해 하소연을 하는 상대는 평균 11명에 이른다! 부정적인 경험에 대해 들은 사람들은 저마다 또 다른 이에게 이것을 전달할 것이고, 이에 따라 좋지 않은 구전에 노출되는 사람의 수는 기하급수적으로 늘어날 수 있다.

마케팅 프로그램이 아무리 완벽하게 설계되어 있어도 실수는 있을 수 있다. 애초에 실수가 일어나지 않도록 하는 것 외에 기업이 할 수 있는 최선은 고객이 불만을 제기하기 쉽게 하는 것이다. 건의함이나 수신자 부담전화, 웹사이트, 앱, 이메일 등은 신속한 양방향 소통을 가능하게 한다. 고객이 피드백을 제공할 수 있도록 하는 것은 그들의 불평을 해결하는 데 도움이 될 뿐만 아니라, 기업이 제품과 서비스를 개선하는 데에도 도움이 된다. 3M의 제품 개선을 위한 아이디어의 3분의 2 이상은 고객의 불평을 듣는 것에서 나온 것이라고 한다.

많은 고객이 불만을 제기하지 않는다는 것을 감안하여 기업은 고객의 불평과 피드백이 존재할 수 있는 소셜 미디어와 다른 경로를 선제적으로 모니터링해야 한다. Jet Blue의 고객서비스 팀은 다른 여러 가지 임무와 함께 Twitter 계정과 Facebook 페이지를 포함한 항공사의 소셜 미디어에 대한 모니터링을 담당하고 있다. 접이식 자전거의 기내 반입에 따른 비용에 대한 고객의 불만이 온라인상에 유포되자 Jet Blue는 신속하게 대응하여 고객에게 이 서비스에 대한 비용을 부과하지 않기로 결정했다.[50]

고객 불만이 가진 잠재적인 부정적 영향을 고려할 때 마케터들은 고객의 부정적인 경험에 적절하고 신속하게 대응해야만 한다. 쉽지 않지만 다음과 같은 것들을 시행한다면 고객 호감도를 회복하는 데에 도움이 될 것이다.[51]

- 7일 24시간 수신자부담 핫라인(이메일, 온라인 채팅, 전화, 팩스 등)을 개설하여 고객이 쉽게 불만사항을 등록하고 기업이 이에 용이하게 대응하도록 한다.
- 불만을 제기하는 고객과 최대한 신속히 접촉한다. 기업의 응답이 늦어질수록 불만족은 더

커지고 이는 결국 부정적 구전으로 이어진다.

- 해결책을 찾기 전에 고객 불만족의 진짜 원인이 무엇인지를 밝혀낸다. 불평하는 고객들 중에는 어떤 보상을 바라기보다는 기업이 사안에 대해 심각하게 고려하고 있음을 보여주기를 바라는 경우도 있다.
- 고객의 실망감에 대한 책임감을 가진다. 비난을 고객에게 돌리지 않는다.
- 불만사항을 신속히 그리고 고객이 만족할 때까지 해결하되, 불만을 해결하는 데 드는 비용과 해당 고객의 평생 가치를 염두에 둔다.

그러나 모든 불평이 기업의 제품이나 서비스의 결함이나 문제를 반영하는 것은 아니다.[52] 대기업들은 특히 아주 사소한 문제나 관대한 보상규정을 이용해 금전적인 이득을 노리는 기회주의적인 고객의 표적이 되기도 한다. 어떤 기업은 비난이나 불평이 정당하지 않다고 느끼는 경우, 이에 맞서 싸우고 공격적인 태세를 취하기도 한다. 또 어떤 기업은 고객이 불평에서 한 줄기 희망을 보고 이를 기업의 이미지와 성과를 개선하는 데 이용하기도 한다.

Taco Bell은 타코 믹스처에 고기보다 충전재가 더 많다는 루머와 함께 이에 관련한 고객의 고소로 인해 온라인상에서 부정적인 버즈가 확대되자 신문에 "저희를 고소해 주셔서 감사합니다."라는 헤드라인의 전면광고를 냈다. 이 광고와 Facebook 게시물, YouTube 영상에서 Taco Bell은 타코 믹스처의 88%가 소고기로 이루어져 있으며 이 외에 풍미와 식감, 수분을 위해 물, 귀리, 향신료, 코코아 가루 등이 첨가되어 있다는 점을 강조했다. 이 내용을 널리 퍼뜨리기 위해 Taco Bell의 마케터들은 'taco', 'bell', 'lawsuit' 이 세 키워드를 구입하여 회사의 공식적인 대답이 Google과 기타 여러 검색엔진의 첫 링크로 뜨도록 했다.[53]

물론 고객 불평이 전혀 없을 수는 없다. 기업 제공물의 효용을 초과하는 높은 기대치를 가진 고객은 항상 존재한다. 따라서 기업의 목표는 고객의 만족도와 기업의 전략 및 금전적 목표치 사이의 균형을 잘 맞추어, 고객과 이해관계자 모두의 가치를 창출하는 데에 있다.

많은 중견 경영자들은 그들의 기업이 소셜 미디어를 이용하고 화가 난 고객들이 온라인상에서 소통하는 것의 잠재적 부정적 효과를 걱정한다. 그러나 마케터들은 소셜 미디어를 활

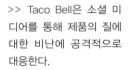
>> Taco Bell은 소셜 미디어를 통해 제품의 질에 대한 비난에 공격적으로 대응한다.

용함으로써 얻는 긍정적 효과가 부정적 효과보다 훨씬 크고 중견 경영자들이 걱정하는 그러한 손실 가능성을 최소화할 수 있는 방법이 있다고 주장한다. 기업의 사회적 책임활동(corporate social responsibility)에 활발한 기업들은 평소에는 기업의 대중적 이미지를 개선하는 데에 집중하다가 어려운 시절이 닥치면 평소에 구축해 둔 기업에 대한 이러한 대중의 호의를 페이드(paid) 미디어나 다른 미디어에서 활용한다. Nike는 한때 검색엔진최적화를 기술적으로 활용하여 기업에 대해 호의적이지 않은 이미지를 퍼뜨리는 인터넷에 능한 비평가들의 타깃이었다. 현재 Nike에 대해 검색해 보면 Nike의 친환경적이고 공동체 안녕을 위한 여러 활동(신발 재활용 등)을 보여주는 사이트의 링크로 연결된다.

고객평생가치의 관리

마케팅은 종종 수익성 있는 고객을 유치 및 유지하기 위한 예술활동으로 간주된다. 그러나 어떤 기업이든 손실을 야기하는 고객은 있기 마련이다. 널리 알려진 80/20 법칙에 따르면 기업 이익의 80% 이상이 상위 20%의 고객에게서 온다고 한다. 가장 수익성이 높은 (1인당) 20%의 고객이 기업 이윤의 100% 이상에 기여할 수도 있다. 가장 수익률이 낮은 10~20%의 고객은 이윤 감소의 원인이 될 수 있고, 중간 60~70%의 고객은 기업에게 본전이다.[54] 이 수치가 시사하는 바는 기업이 최하위 고객을 '해고'함으로써 수익성을 개선할 수 있다는 것이다.

　　기업은 현재고객과 잠재고객으로부터 얼마나 효율적으로 가치를 창출할 수 있는지 잘 생각해야 한다. 기업의 가장 큰 고객이 늘 엄청난 서비스와 할인을 요구하거나 가장 많은 수익을 가져다주는 것은 아니다. 가장 작은 고객은 할인 없는 정가를 지불하고 최소한의 서비스만을 받지만 거래에서 발생하는 비용은 이런 고객들의 수익성을 감소시킬 수 있다. 좋은 서비스를 받고 정가에 가까운 가격을 지불하는 중간규모의 고객이 종종 가장 수익성이 좋다.

고객평생가치의 개념

주주 가치를 향상하는 핵심은 고객 기반의 가치를 잘 합산하는 것이다. 고객 관계 관리의 목적은 높은 고객평생가치를 창출하는 것이다.[55] **고객평생가치**(customer lifetime value, CLV)는 고객이 기업을 이용하는 동안 기업을 위해 창출하는 가치를 금전적으로 환산한 것이다. CLV는 개별 고객이 창출한 가치를 일컫기도 하고 고객 전체에 의해 창출된 집합적 가치, 즉 '모든 고객의 평생 가치의 합'을 의미하기도 한다.[56] 고객평생가치는 또한 **고객 에쿼티**(customer equity)라고도 한다.

　　고객평생가치는 매출액과 고객 유치 및 유지, 교차 판매에 소요되는 비용의 영향을 받는다. 개인, 가구, 또는 기업이 장기적으로 가져다주는 매출이 이들을 유치하고 영업하고 서비스하는 데 드는 비용을 초과하는 경우, 이 개인, 가구, 기업을 수익성 있는 고객이라고 할 수 있다. 중요한 것은 **일생**에 걸쳐 발생하는 매출과 비용이라는 점에 주목하자. 실제 기업의 입장에서 봐도 중요한 것은 어떤 특정 거래보다는 고객과의 모든 상호작용으로부터 얻어지는 일련의 가치다. 마케터는 고객평생가치를 개인별로, 세분시장별로, 채널별로 평가할 수 있다.

고객 관계를 보다 효과적으로 관리하기 위해 기업은 고객 개개인이 해당 기업의 고객으로 관계 맺는 전 과정에서 기업에 가져다줄 수 있는 가치를 측정할 수 있어야 한다. 많은 기업이 고객 만족도를 측정하지만, 개별 고객의 수익성을 측정하는 기업은 많지 않다. 은행은 개별 고객의 수익성을 측정하는 것이 쉽지 않다고 주장하는데, 이는 고객 한 명 한 명이 다양한 뱅킹 서비스를 이용하고 이에 따라 거래가 서로 다른 부서에 기록되기 때문이다. 그러나 이렇게 산재된 고객 거래 내용을 서로 연결하는 데 성공한 기업은 데이터에 존재하는 상당히 많은 고객들이 실제 수익성이 없다는 충격적인 사실과 맞닥뜨렸다. 어떤 은행들은 소매 고객의 45% 이상에서 손실을 보고 있다고 보고했다.

고객 수익성 분석(customer profitability analysis)은 활동기준원가계산이라는 회계 테크닉 도구와 함께 이루어진다. **활동기준원가계산**(activity-based costing)은 개별 고객을 서비스하는 데 드는 실비용, 즉 제품과 서비스가 자원을 얼마나 소비했는지에 기반한 비용을 밝혀내는 것을 목표로 한다. 기업은 해당 고객으로부터 오는 매출의 총액을 예측하여 비용의 총액을 뺀 값을 산출한다. 활동기준원가계산에 따르면 기업 간 거래에 소요되는 비용에는 제품과 서비스를 만들고 유통시키는 데 드는 비용뿐 아니라 고객 전화 수신, 고객 방문을 위한 출장, 사은품 등을 위한 비용 등 해당 고객을 서비스하기 위해 들어가는 기업 자원의 총액이 모두 포함된다. 활동기준원가계산은 또한 사무 및 행정 지원비, 소모품 비용 등의 간접비를 직접비의 특정 비율로 산출하기보다는 간접비를 사용하는 활동에 따라 할당한다. 변동비와 고정비 모두 개별 고객당 산출된다.

비용 산출을 정확하게 하지 못한 기업들은 이윤 또한 정확하게 계산하지 못하게 되고, 따라서 마케팅 노력을 잘못 할당할 가능성이 많다. 활동기준원가계산을 효과적으로 적용하기 위한 열쇠는 '활동'을 정확하게 정의하고 판단하는 것이다. 시간에 기반한 해결책은 1분간 소요되는 고정비를 계산한 다음 각 활동이 이 비용을 얼마만큼 사용할 것인지 결정한다.[57]

고객평생가치와 브랜드 에쿼티

고객평생가치(고객 에쿼티)의 관점과 브랜드 에쿼티의 관점은 확실히 많은 유사점을 가지고 있다. 두 관점 모두 고객 로열티의 중요성과 가능한 최고가를 지불하는 고객을 최대한 많이 확보함으로써 가치를 창출해야 한다는 점을 강조한다.

그러나 실무에서는 이 두 관점이 서로 다른 부분을 강조한다. 고객 에쿼티의 관점은 최종 결산한 재무적 가치에 초점을 두고 있다. 고객 에쿼티의 주요 혜택은 정량화가 가능한 재무적 성과 지표를 산출할 수 있다는 점이다. 동시에 고객 에쿼티는 강력한 브랜드 창출이 가지는 주요 이점, 예를 들면 우수한 직원을 채용할 수 있는 기회, 채널과 공급망 파트너들의 강력한 지지, 라인 및 카테고리 확장과 라이선싱을 통한 성장 기회 등을 충분히 반영하지 못한다. 고객 에쿼티라는 관점에서의 접근은 브랜드의 '옵션 가치'와 브랜드가 미래의 매출과 비용에 미치는 잠재적 영향을 좀 더 분명하게 고려할 필요가 있다.

한편 브랜드 에쿼티의 관점은 브랜드 관리와 브랜드 인지도 및 이미지의 창출 및 활용과 관련한 전략적 이슈를 강조하는 경향이 있다. 브랜드 에쿼티의 관점은 특정 마케팅 활동에 대해 매우 실무적인 가이드를 제공한다. 그러나 브랜드에 중점을 두는 매니저들은 항상 그들이 성취한 브랜드 에쿼티나 그 결과로 창출된 장기적 수익에 기반한 면밀한 고객 분석법을 개발한다. 브랜드 에쿼티라는 관점에서의 접근은 고객 단계의 분석에 따른 보다 날카로운 세분화와 개인화된 맞춤형(개인별 혹은 소매상 등의 조직별) 마케팅 프로그램을 개발하는 방법에 대한 고민을 필요로 한다. 재무적으로 고려해야 할 사항은 일반적으로 고객 에쿼티보다 브랜드 에쿼티가 적다.

연구자들은 기업이 브랜드 에쿼티와 고객 에쿼티 중 어디에 중점을 둘 것인지를 결정하는 것은 기업이 시장 가치를 창출하는 방식에 따른다고 주장해 왔다. 일반적으로 제품 중심 기업(Procter & Gamble, Coca-Cola, PepsiCo)은 브랜드 에쿼티를 가치의 주요 원천으로 보고 미래 성장을 위한 열쇠라고 여기는 경향이 있다. 반면 서비스 중심 기업(은행, 항공사, 신용카드사, 케이블과 인터넷 등 통신사)은 고객 에쿼티를 주요 자산으로 여기고 주요 성과 지표로 삼는 경향이 있다.

- 구독 모델을 활용하는 기업(헬스클럽, 통신사, 영화스트리밍 기업)은 고객 에쿼티에 더 가치를 둘 가능성이 많다. 계약관계를 바탕으로 한 서비스를 제공하는 기업이 아닌 경우 브랜드 에쿼티를 더 중시한다.
- 고객을 특별하게 구분하고 수익성을 평가하는 기업은 고객 에쿼티에 중점을 두는 경향이 있다. 고객의 행동과 결과적인 성과 간의 직접적인 연관관계를 만들어낼 수 없는 기업은 브랜드 에쿼티에 더 중점을 두게 된다.
- 자동차, 의류, 패션 액세서리 등 자신을 표현하는 제품을 생산하는 기업은 브랜드 에쿼티에 좀 더 중점을 두는 경향이 있다.
- 고객 데이터를 쉽게 얻을 수 없거나 고객과 직접 접촉하는 것이 곤란한 기업은 브랜드 에쿼티 쪽으로 기우는 경향이 있다.
- 서비스 중심 기업은 제품 중심 기업에 비해 고객 에쿼티에 초점을 둘 가능성이 더 크다.

일부 기업의 경우 고객 에쿼티와 브랜드 에쿼티 둘 중 하나에 좀 더 중점을 두는 경향이 있기는 하지만, 두 에쿼티 모두 중요하다. 고객이 없는 브랜드는 존재하지 않고, 브랜드 없는 고객도 없다. 브랜드는 소매상과 중간상이 가치 창출을 위해 고객을 끌어들이는 데에 '미끼' 역할을 한다.[58]

고객평생가치 구축

고객 수익성 분석과 고객 유치 깔때기는 마케터가 충성도, 수익성, 위험도를 비롯한 여러 요인이 다양한 고객집단을 어떻게 관리할지에 관한 의사결정을 하는 데 도움을 준다.[59] 성공한 기업은 다음과 같은 전략을 구사함으로써 가치를 개선한다.

- **고객서비스 개선**: 업무에 대한 이해가 높고 친절한 직원을 선발하고 트레이닝하여 고객의 질문에 만족스러운 대답을 할 수 있도록 한다. Whole Foods는 신선한 양질의 음식을 제공하고 우수한 서비스 경험을 전달한다는 약속을 바탕으로 고객의 지지를 얻으려고 애쓴다.

- **고객 참여**: 기업과의 관계가 긴밀한 고객일수록 그 기업을 떠나지 않고 머물 가능성이 크다. Honda에서 새 차량을 구입하는 고객의 많은 수가 원래 가지고 있던 Honda 차량을 교체하는 경우다. 운전자들은 중고차 가격이 높은 안전한 차량을 만드는 브랜드로 Honda를 꼽는다. 고객의 조언을 구하는 것은 고객이 브랜드와 기업에 참여도를 높이는 효과적인 방법이 될 수 있다.

- **개별 고객의 성장 잠재력 재고**: 새로운 제공물과 기회는 기존 고객의 매출을 증가시킬 수 있다. Harley-Davidson은 오토바이나 장갑, 가죽 재킷, 헬멧, 선글라스 등과 같은 액세서리뿐만 아니라 다른 다양한 제품을 판매한다. Harley-Davidson의 대리점은 3,000여 개가 넘는 의류를 판매하고 심지어 어떤 매장은 피팅룸도 구비하고 있다. 다른 업체들이 판매하는 라이선스 제품들은 예상 가능한 것(유리잔, 당구공, Zippo 라이터)에서부터 좀 더 획기적인 것(향수, 인형, 핸드폰)에 이르기까지 매우 다양하다. 교차 판매는 타깃고객이 제품 각각에 대해 많은 서비스를 필요로 하거나, 반품이 빈번하거나, 프로모션이 좋은 것만 구매하거나, 전체 제품에 대한 총소비액을 제한하는 경우 수익성이 좋지 않다.[60]

- **수익성 낮은 고객 관리**: 마케터는 수익성이 낮은 고객에게는 제품을 좀 더 많이 구매하거나 제품의 어떤 특정 요소나 서비스 경험을 포기하거나 더 높은 가격을 부담하도록 유도할 수 있다. 은행, 통신사, 여행사는 이렇게 수익성이 낮은 고객으로부터 최소한의 매출액을 담보하기 위해 원래 무료였던 서비스를 유료로 제공하고 있다. 기업은 또한 향후 수익성이 의문시되는 고객은 거부하기도 한다. 보험회사는 고객을 구분하고 수익성 없는 고객은 경쟁사로 유도한다. 그러나 인쇄/온라인 미디어, 구직/데이팅 서비스, 쇼핑몰 등에서 볼 수 있는 돈을 거의 혹은 아예 내지 않고 다른 비용을 지불하는 고객에게 얹혀 가는 '공짜' 손님들이 때로는 유용한 직간접 네트워트 효과를 내기도 한다.[61]

- **수익성이 가장 높은 고객에 대한 보상**: 수익성이 가장 높은 고객은 특별하게 취급되어야 한다. 생일 축하 메시지, 작은 선물, 또는 특별한 스포츠나 예술 이벤트 초대장과 같은 사려 깊은 제스처는 이러한 고객에게 아주 강력한 긍정의 시그널을 줄 수 있다. 호텔, 항공사, 신용카드사, 렌터카 회사들은 최고의 고객에게 아주 특별한 서비스를 제공하여 충성도를 다지는 한편 이러한 고객의 수익성을 극대화한다.

기업은 모든 고객 터치포인트에서 고객 가치를 구축하는 것을 목표로 해야 한다. **고객 터치포인트**(customer touch point)는 실제 경험에서부터 퍼스널 또는 매스 커뮤니케이션, 일상적인 관찰 등 고객이 브랜드와 제품을 접하게 되는 모든 상황을 의미한다. 호텔의 경우 터치포인트는 예약, 체크인과 체크아웃, 리워드 프로그램, 룸서비스, 비즈니스 서비스, 피트니스 시설, 세탁서비스, 식당, 바 등을 포함한다. Four Seasons는 퍼스널 터치에 매우 집중하는 편으로 호텔 직원은 고객을 대할 때 늘 그 고객의 이름을 불러주고, 임파워먼트가 높은 직원들은 복잡한 비즈니스 고객의 요구를 잘 이해하고 지역 내 최고의 시설 하나쯤(고급 레스토랑이나 스파)은 파악하고 있다.

신뢰 구축을 통한 고객 로열티 창출

기업이나 브랜드를 신뢰한다는 것은 어떤 의미일까? 30여 년에 걸친 연구에 의하면 신뢰는 세 가지 중요한 구성요소로 만들어지고 유지된다. 첫 번째로 역량을 들 수 있다. 기업과 브랜드는 매니저들이 업무의 효과적 수행에 요구되는 기량을 가지고 있고 이 기량이 기대를 충족하거나 넘어설 때 **역량신뢰**(competence trust)를 쌓는다. 또 다른 구성요소로는 정직이 있다. 기업은 일관되게 진실을 이야기하고 약속을 준수할 때 **정직신뢰**(honesty trust)를 쌓는다. 세 번째 구성요소는 자선이다. 기업과 브랜드는 고객과 직원의 이해와 목표에 진심 어린 관심을 보일 때 **자선신뢰**(benevolence trust)를 쌓을 수 있다.[62]

이 세 가지 구성요소와 관련하여 어떤 성과를 보이고 있는지를 고객에게 물어보면, 대다수 기업은 어떤 특정 구성요소에서 좀 더 우수한 성과를 보인다는 것을 알게 된다. 예를 들어, Facebook의 경우 자선적이거나 정직한 면보다는 역량 면에서 더 우수하다고 인식될 수 있다. 반대로 지역 은행은 역량보다는 정직과 자선 측면에서 좀 더 우수하다고 인식될 수 있다. 따라서 어떤 회사나 브랜드를 "신뢰한다"거나 "신뢰하지 않는다"고 말하는 것은 지나치게 단순한 표현이다. 기업은 종종 어떤 면에서는 다른 면보다 좀 더 신뢰할 만하다고 생각될 수 있기 때문이다. 기업과 브랜드는 구체적으로 신뢰의 구성요소의 어느 부분에서 더 낮거나 못한 평가를 받는지를 진단할 필요가 있다. 그렇게 개선이 필요한 구성요소가 무엇인지를 파악하여 신뢰를 강화할 수 있는 전략과 전술을 좀 더 구체적으로 마련할 수 있을 것이다.

Kellogg School of Management의 Kent Grayson이라는 신뢰전문가의 연구는 기업의 많은 활동이 고객이 기업이나 브랜드에 대해 가지고 있는 역량, 정직, 자선의 세 가지 구성요소와 관련한 신뢰도에 영향을 준다고 제안한다.[63]

- 고객은 해당 기업이나 브랜드에 대한 경험이 비슷한 사례와 비교하여 얼마나 유사한지 혹은 다른지에 대한 생각을 바탕으로 해당 기업의 **역량**(competence)을 평가한다. 예를 들어, 3성급 호텔에서 룸서비스를 주문하는 고객의 음식에 대한 평가는 다른 3성급 호텔과 레스토랑과의 비교를 통해 이루어진다. 고객이 Dijon 머스터드를 주문했는데 룸서비스가 그냥 머스터드를 배달한 경우, 고객의 호텔 역량에 대한 신뢰가 악화되는 정도는 3성급 호텔보다 5성급 호텔에서 더 클 것이다.

- 고객은 기업의 주장을 행동과 비교하여 브랜드나 기업의 **정직**(honesty)을 평가한다. 어떤 항공사가 '감춰진 요금 없음'이라고 주장했는데, 고객이 항공권에서 예상치 못한 요금이 부과되었음을 알게 된다면 신뢰는 추락할 것이다.

- 고객은 거래가 공정했는지, 직원들이 고객의 요구나 기대에 대해 정확하게 이해하고 있는지 여부를 바탕으로 기업의 **자선**(benevolence)을 평가한다. 예를 들어, 많은 고객이 제품에 다른 가격을 부과하는 것은 공정하지 않다고 믿고, 따라서 주소지에 따라 다른 가격을 매

기는 기업은 신뢰하지 않을 것이다.

신뢰를 구성하는 세 가지 요소에 대한 인식에 가장 큰 영향을 미치는 활동이 무엇인가는 기업이 속해 있는 문화, 기업이 타깃으로 하는 세분시장, 기업의 브랜드에 대한 고객 인식 등의 요인에 따라 다를 것이다. 신뢰를 효과적으로 관리하기를 원하는 기업은 어떤 활동에 투자할 것인지 결정하기에 앞서 고객에 대한 조사를 먼저 시행해야 할 것이다.

연구 결과는 신뢰의 세 가지 구성요소는 긍정적 또는 부정적 정보에 의해 서로 다른 영향을 받는다는 것을 보여주었다. 역량은 부정적 정보보다는 긍정적 정보에 의해 더 강한 영향을 받는다. 브랜드나 기업이 역량의 부족으로 제품이나 서비스 전달에 실패하는 경우, 고객은 종종 기꺼이 이를 용서해 주는데, 특히 해당 브랜드가 과거에 준수한 역량을 보여온 경우에 더욱 그러하다. 반대로 정직과 자비는 긍정적 정보보다는 부정적 정보에 더 강하게 영향을 받는다. 브랜드가 정직이나 자선이 부족한 면모를 보이는 경우에는, 해당 브랜드나 매니저가 과거에 정직하고 자선적이었다 하더라도 고객은 이를 용서하지 않는 경우가 더 많다.

신뢰는 관계 구축 초기에 그 중요성이 더욱 부각되고, 한번 관계가 형성되고 성공적으로 운영되고 나면 좀 덜 두드러진다. 신뢰가 한번 형성되면, 기업과 브랜드는 직원과 고객이 가지고 있는 그 신뢰로부터 혜택을 누릴 수 있다. 이미 자리 잡은 고객이 신뢰를 의심할 만큼 기업이나 브랜드가 잘못된 행동을 하지 않는 한 신뢰에 대한 고려사항은 고객의 고려 그 이면으로 옮겨 가게 된다. 이는 때로 기업이 장기적 관계를 중시하지 않게 되거나 고객이나 직원이 눈치채지 못하는 방식으로 비용 절감을 시작하도록 유도하기도 한다. 이것은 작게는 효과적인 전략이기는 하지만 브랜드와 고객은 직원과 고객 간의 오랜 신뢰에 너무 무신경해서는 안 된다. 신뢰가 무너질 수도 있다는 인식은 단기적 관계에서보다 장기적 관계에서 훨씬 더 심각한 부정적 결과를 낳을 수 있다.[64]

고객평생가치 측정

고객평생가치는 고객이 평생에 걸친 구매로부터 창출될 것으로 기대되는 미래 수익의 합을 현재가치로 계산한 것이다.[65] 기업은 적당한 할인율(자본용역비와 위험태도에 따라 10~20% 사이)을 적용하고 예산되는 매출액과 해당 고객을 유치하고 판매하고 서비스하는 데 소요될 것으로 예상되는 비용의 차액을 계산해야 한다. 제품이나 서비스에 대한 평생 가치의 계산은 몇만 달러에서 몇십만 달러에 이른다.

고객평생가치의 계산은 고객 투자 계획을 위한 정식적이고 정량적인 체계를 제공하고 마케터가 장기적 관점을 가지도록 도와준다. 연구자와 실무자들은 고객평생가치를 모델링하고 예측하는 데 다양한 방법을 사용해 왔다.[66] 이러한 방법이 공통적으로 고려하는 요인은 어떤 고객으로부터 창출되는 매출, 그 고객을 유치하고 서비스하기 위해 소요되는 비용, 그 고객이 미래에 반복적으로 구매할 확률, 그 고객이 해당 기업과 관계를 지속할 것으로 예상되는 기간, 할인율(기업의 자본용역비) 등이다. 고객평생가치의 개념을 활용하는 마케터는 고객 로열티를 향상하는 데 도움을 주는 단기적인 브랜드 구축을 위한 마케팅 활동 또한 고려해야 한다.

고객평생가치를 측정할 때에는 개별 고객이 기업을 위해 직접 창출할 것으로 예상되는 금전적 가치는 물론 이 고객이 다른 이들에게 해당 기업과 제공물을 보증함으로써 창출하는 전략적 가치 또한 고려해야 한다. 당연히 고객이 기업에게 주는 가치는 그 고객이 추천을 하거나 긍정적 구전에 참여할 능력과 가능성에 의해 부분적으로 영향을 받는다. 고객의 긍정적 구전이 유용하지만, 고객이 기업과 직접 소통하고 피드백과 건의사항을 제공하는 것은 더 큰 로열티와 매출로 이어지기 때문에 그에 못지않게 중요한 부분이다.

---

marketing INSIGHT

순 추천고객 지수와 고객 만족도

많은 기업의 최우선 과제인 고객 만족도 측정을 위해서는 어떻게 해야 할까? Bain의 Frederick Reichheld는 "경험하신 제품이나 서비스를 친구나 주변 사람에게 추천할 의향이 있습니까?"라는 질문이 가장 중요하다고 강조한다.

Reichheld는 1998년 Enterprise Rent-A-Car의 고객 만족도 설문조사 경험을 강조한다. 18개의 설문조사 질문을 서비스 품질과 서비스 재이용 의향에 대한 두 가지 질문으로 축소한 결과, 서비스 품질 만족도에 가장 높은 점수를 준 소비자들이 두 번째로 높은 점수를 준 소비자들보다 재이용 의향이 세 배 더 높았으며, 불만족 소비자에게서 얻은 정보가 서비스를 개선하는 데 도움이 된다는 것을 발견한 것이다. 이러한 발견은 순 추천고객 지수(Net Promoter Score, NPS) 개발로 이어졌다.

순 추천고객 설문조사에서 고객은 제품 및 서비스 추천 의향을 1점에서 10점 사이로 평가한다. 평가 결과, **옹호군**(Promoters: 9~10점 평가자) 비율에서 **비판군**(Detractors: 1~6점 평가자) 비율을 차감하여 NPS를 도출한다. 7~8점으로 응답한 소비자는 **수동적 만족소비자**로 구분하여 제외시킨다. 일반적인 NPS는 10~30% 사이이지만, 세계적 수준 기업의 NPS는 50% 이상이다.

NPS 방식은 여러 기업에서 이용되었다. American Express, Dell, Microsoft는 NPS 측정 기준을 채택했고, 일부 기업은 NPS 결과에 따라 관리자의 보너스를 지급했다. Philips는 옹호군의 참여를 독려하고 비판군의 불만을 해결하는 데 주력했으며, 브랜드를 추천하는 고객의 소리를 녹음하여 전달하는 추천 프로그램인 Reference Promoter를 개발했다.

NPS가 기존 고객 설문조사의 복잡하고 비효율적인 면을 개선했기 때문에 이를 사용하는 기업들은 NPS의 단순성 및 재무 성과와의 연관성을 높게 평가한다. Intuit은 NPS를 자사 제품인 TurboTax에 적용한 후 고객이 소프트웨어의 리베이트 절차에 불만이 있다는 것을 파악하여 구매 증명 과정을 제거한 결과 매출이 6% 증가했다.

NPS가 널리 쓰이고 있기는 하지만, 이는 고객 만족도를 측정하는 방법 중 하나에 불과하다. 간결함이 장점이지만, 이 때문에 다양한 고객 만족 요인을 포착하기 어려워 부정확한 결과가 나타날 수 있으며, 다양한 반응 유형이 같은 점수로 계산된다는 단점이 있다. 예를 들어, 옹호군이 20%, 수동적 소비자가 80%, 비판군이 0%일 때의 점수와 옹호군이 60%, 수동적 소비자가 0%, 비판군이 40%일 때의 점수는 모두 20%로 같지만, 소비자가 평가하는 의미는 두 경우가 매우 다르다. 그 외에 NPS가 주요 비용 및 수익 창출을 위한 고려사항을 무시하기 때문에 향후 판매 또는 성장에 대한 유용한 예측 지표가 아니라는 비판도 존재한다.

NPS의 실제 연구 지원에 의문을 제기하는 사람들도 있다. 노르웨이의 21개 기업과 1만 5,000명 이상의 소비자를 대상으로 한 연구는 ACSI와 같은 다른 지표 대비 NPS가 우수하다는 결론을 내리지 못했다. 일부 비판가들은 NPS와 ACSI 둘 다 예전 소비자 또는 소비자였던 경험이 없는 사람들을 고려하지 않는다고 지적한다. 이와 같이 고객 만족도를 측정하는 지수에 대한 의견은 측정 방법의 단순성과 복잡성 간의 균형을 어떻게 평가하는지에 따라 다르게 나타난다.[67]

요약

1. 고객 로열티는 향후 구매와 소비의 순간에 특정 제품, 서비스, 혹은 브랜드를 애용하겠다고 하는 고객의 마음 속 깊이 간직된 약속이다. 로열티는 연속성이 있어서 그 강도에 따라 기업 제공물에 대한 만족에서부터 지지와 옹호에 이르기까지 여러 단계로 구분된다.

2. 고객 만족은 고객 로열티 구축을 위한 열쇠다. 만족은 제품이나 서비스의 실제 성능과 기대치 간 비교의 결과로 나타나는 개인의 기쁘거나 실망스러운 감정이다. 기업은 높은 만족도는 높은 고객 로열티로 이어진다는 것을 인지하고 고객 기대를 만족시키거나 이것을 웃도는 성과를 보일 수 있도록 해야 한다.

3. 고객 만족, 제품과 서비스 품질, 기업 수익성은 필연적으로 연결되어 있다. 높은 품질은 높은 고객 만족도로 이어지고, 이는 더 높은 가격 책정과 (때로) 비용 절감을 가능하게 한다.

4. 지속가능한 성장을 위해 기업은 신규고객을 유치하는 데만 집중해서는 안 된다. 이러한 고객을 유지하고 이들이 기업과 더 많은 비즈니스를 하도록 해야 한다. 수익성 있는 고객을 잃는 것은 기업의 수익에 지대한 영향을 줄 수 있다. 고객 로열티 구축을 위한 가장 효과적인 전략 세 가지로 고객과의 긴밀한 소통, 로열티 프로그램 개발, 브랜드 공동체 구축을 들 수 있다.

5. 고객 관계 관리(CRM)는 개별 고객에 대한 자세한 정보와 모든 고객 터치포인트를 주의 깊게 관리하여 로열티를 극대화하는 과정이다. CRM의 궁극적 목표는 올바른 고객을 유치하고 유지하며 가치 있는 고객의 개별 요구에 부응하는 것이다. 고객 관계 관리를 향상하기 위해 자주 쓰이는 전략으로 맞춤화, 고객 임파워먼트, 고객 구전, 고객 불평 해소를 들 수 있다.

6. 고객평생가치(CLV)는 고객이 기업을 이용하는 동안 기업을 위해 창출하는 가치를 금전적으로 환산한 것이다. CLV는 개별 고객이 창출한 가치를 일컫기도 하고 기업 고객 전체에 의해 창출된 집합적 가치, 즉 '모든 고객의 평생 가치의 합'을 의미하기도 한다.

7. 기업은 고객이 제품, 서비스, 브랜드와 만나는 모든 순간, 즉 실제 경험에서부터 퍼스널 또는 매스 커뮤니케이션, 일상적인 관찰 등의 상황에서 고객 가치를 구축하는 것을 목표로 해야 한다. 우수한 고객 가치를 전달하는 데 지속적으로 실패하는 기업은 고객 기반이 점점 무너지는 것을 보게 될 것이다.

8. 마케팅 관리자는 고객평생가치를 계산하고 이것이 수익성에 어떠한 시사점을 가지는지를 이해할 수 있어야 한다. 고객 수익성 분석은 마케터가 가장 가치가 높은 고객을 알아내고, 이러한 고객을 위한 가치 창출을 통해 장기적인 고객 로열티를 향상할 수 있는 전략을 개발할 수 있도록 한다. 고객평생가치를 측정할 때는 개별 고객이 기업에게 가져다주는 직접적인 금전적 가치뿐만 아니라, 이 고객이 다른 고객들에게 기업과 제공물을 보증해 줌으로써 창출하는 전략적 가치 또한 고려해야 한다.

marketing
SPOTLIGHT

Stitch Fix

Stitch Fix는 온라인 의류 구독 및 개인 스타일링 서비스로, 고객 설문조사를 실시하여 얻은 소셜 미디어 습관, 개인 특성 및 기타 소비자 데이터를 기반으로 개인에게 최적화된 의류를 제공한다. Harvard MBA 학생인 Katrina Lake는 연구를 통해 소비자들은 옷을 구매하기 위해 오프라인 매장을 방문하는 것을 좋아하지 않으며, 옷을 분류하고 입어보는 과정을 귀찮게 여기는 경향은 온라인 쇼핑에서도 다르지 않다는 것을 알게 되었다. Lake는 이러한 발견을 의류 업계가 관심을 가졌던 퍼스널 쇼핑 서비스로의 진출을 위한 기회라고 판단하고 Stitch Fix 서비스를 개발했다.

2011년 Lake는 친구들을 대상으로 한 스타일링 설문조사를 바탕으로 서비스 기반을 만들어나갔다. 설문조사 결과 도출된 선호도를 참고하여 Lake는 직접 상점을 방문해 옷을 골라 구매한 후 친구들의 집으로 옷상자를 배달했고, 친구들은 그중 갖고 싶은 옷의 값을 지불한 후 나머지는 돌려주는 방식이었다. 1년 후 Stitch Fix는 서비스에 관심을 보인 벤처 투자자 Steve Anderson의 지원하에 San Francisco에 있는 작은 사무실을 임대했다. 직원들이 직접 외부에서 옷을 구입한 후 'Fixes'라고 하는 맞춤의류상자를 배송하는 방식이었는데, 이에 대한 수요가 감당할 수 없을 정도로 증가하여 2년치 대기명단이 생길 정도였다. 결국 Stitch Fix는 사업 규모를 확장하여 재고 관리를 위한 창고를 만들고 운영 절차를 간소화하기 위해 경영진을 고용했다.

Stitch Fix는 사업이 성장함에 따라 모든 사람들을 위한 맞춤 스타일리스트 서비스를 만들고자 했지만, 패션이 가지는 독특한 특성으로 인해 패션 트렌드와 소비자가 원하는 옷의 종류를 예측하는 것은 쉽지 않았다. 여기에다 고객은 핏, 스타일, 소재의 모든 측면을 고려하여 옷을 선택할지 여부를 결정하기 때문에 이 중 어느 하나라도 기준을 충족하지 못하는 옷은 선택받지 못했다. 2012년 여름 시즌에 Stitch Fix는 고객이 원하는 옷을 예측하는 데 실패했고, 그 결과 엄청난 양의 재고를 떠안아야 했다. 이러한 실수를 바탕으로 회사는 데이터 수집 및 스타일링 알고리즘에 더 많은 투자를 하기 시작했다.

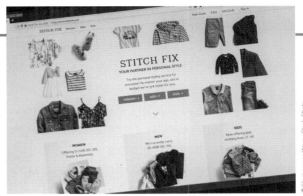

출처: ssjcreens/Alamy Stock Photo

Stitch Fix는 Netflix에서 데이터 사이언스 및 엔지니어링 부사장을 역임했던 알고리즘 전문가 Eric Colson을 찾아갔다. Stitch Fix의 알고리즘 책임자가 된 Colson은 고객의 신체 치수, 선호하는 패턴, 이전에 선택한 옷 등 방대한 양의 데이터를 수집하였고 머신러닝 기반 알고리즘을 패션 트렌드 및 고객의 요구와 같은 실제 스타일리스트의 판단이 필요한 정보와 결합시켰다.

Stitch Fix가 개발한 알고리즘은 맞춤 스타일링의 성공률을 획기적으로 개선하여 재고 관리 및 고객 만족 향상에 도움이 되었다. 고객이 회사와 더 많은 정보를 공유함에 따라 더 정확한 추천이 가능해졌고, 향상된 예측 기술로 고객의 구독 기간이 증가하여 고객의 4분의 1이 최소 9개월 동안 구독을 유지했다. 또한 정교해진 분석 기술을 바탕으로 고객의 구매 주기 단계를 예측할 수 있게 되었는데, 데이터에 따르면 대부분의 고객은 옷장 정비가 필요할 때 구독을 시작하여 단기간 내에 여러 상자를 주문하고, 옷장이 채워지면 좀 더 구체적인 선호도가 생긴다. 이 두 가지 요소의 조합은 Stitch Fix가 다양한 요구에 맞는 재고를 갖추도록 하여 반품률을 낮추는 데 도움이 되었다.

Stitch Fix의 알고리즘은 맞춤 스타일링 서비스 최적화 외에 회사 운영 개선을 위해서도 사용되었다. 데이터 사이언스 팀은 경영진이 고민하는 다양한 문제를 탐색하여 물류, 재고 조달 및 수요 추정치를 개선하기 위한 알고리즘을 만들었는데, 이를 통해 비용을 줄이고, 재고 회전율과 제품 납품 속도를 높이는 데 성공했다. 예를 들어, 어떤 알고리즘은 창고 직원의 움직임을 바탕으로 최적화된 경로를 추천하여 시간과 에너지를 절약하도록 했다.

이 알고리즘은 Stitch Fix의 자체 의류 라인인 Hybrid

Design을 출시하는 데도 도움이 되었다. 연구자들은 성공적인 특징을 결합하면 의류 시장 내 제품 간 격차를 메울 수 있다는 결론을 내리고 세 가지 다른 옷의 목, 패턴, 소매를 결합하여 새로운 블라우스를 만들었다. 이에 따라 Hybrid Design 런칭 첫해에 여성들의 다양한 스타일, 사이즈, 디자인적 요구를 충족할 수 있는 25가지 이상의 품목을 출시할 수 있었다.

　　Stitch Fix의 성공은 기업 운영의 주요한 부분을 예측하고 제공하는 데이터 중심 문화로부터 기인한다. 데이터와 알고리즘은 재고를 관리하고, 미래의 제품 수요를 예측하고, 신제품을 설계하고, 고객이 필요를 인지조차 하지 못했던 제품을 제공할 수 있게 했다. 웹사이트를 통해 회사가 수집한 데이터를 활용하는 방법을 보여주는 '알고리즘 투어'를 선보이기도 한 Stitch Fix

는 기업 운영을 위해 데이터 분석을 효과적으로 사용함으로써 2019년 16억 달러 이상의 매출을 올렸다.[68]

질문

1. Stitch Fix가 시장 데이터를 사용하여 고객의 통찰을 수집함으로써 어떤 이점을 얻을 수 있었는가?
2. Stitch Fix 비즈니스 모델에서 커스터마이징은 어떤 역할을 하는가? 이 비즈니스 모델은 경쟁 업체가 쉽게 복제할 수 있는 것인가?
3. 시장 분석을 위해 인공지능과 머신러닝을 사용하는 Stitch Fix의 장단점은 무엇인가?

---

marketing
SPOTLIGHT

Emirates

1985년 10월 25일, Emirates Airline은 Dubai에서 Karachi와 Mumbai로 첫 비행을 했다. 이 항공사는 당시 아랍에미리트(UAE)의 국방장관이자 Dubai 왕실의 일원이었던 Sheikh Mohammed bin Rashid al Maktoum의 긴급 지시에 따라 '좋아 보이고, 성공적으로 운영되고, 돈을 벌 수 있는' 항공사를 설립하기 위해 출범했다. Boeing 737과 Airbus 300 B4 두 대의 항공기로 출발한 이 항공사는 현재 270대의 항공기를 보유한 항공 업계의 글로벌 선두 주자가 되었다. Emirates Airline은 Dubai 허브에서 6개 대륙 85개국, 약 160개 목적지로 비행하며 글로벌 기업이라는 명성에 맞게 160개 국적의 6만 명 이상의 다양한 인력을 보유한 결과 현대적인 항공기, 각종 수상 경력이 있는 서비스, 세계 각국의 요리, 편안한 여행 경험을 바탕으로 전 세계에 충성도 높은 고객을 확보했다.

　　Emirates Airline은 고객을 최우선으로 하면서도 항상 다른 방식의 운영을 시도하며 혁신을 이어나갔고, 그 결과 차별화된 서비스와 제품으로 경쟁력을 가지게 되었다. 1980년대 후반부터 1990년대 초반까지는 회사의 규모를 3년마다 두 배씩 늘리면서 새로운 노선과 목적지를 지속적으로 추가했고, 1992년

에는 최초로 모든 좌석에 기내 엔터테인먼트를 위한 비디오 시스템을 도입한 후 2년 뒤 모든 승객에게 통신 및 팩스 서비스를 제공한 최초의 항공사가 되었다. 지속적으로 늘어나는 수요를 충족하기 위해 Dubai 국제 공항 시설 역시 개선되었다. 1992년 공항을 완전히 리모델링한 후 1998년에는 새로운 Terminal 2를 개장했다. 2008년에는 고객에게 기업의 가치를 전달하고 여행 경험을 극대화할 수 있도록 Emirates Airline 전용 Terminal 3가 문을 열었다. 이 최첨단 터미널은 Dubai에 도착하거나 연결 항공편을 이용하는 Emirates Airline 승객을 위한 라운지, 레스토랑, 쇼핑 옵션 및 시설을 제공하고 Airbus A380을 위한 전용

시설인 Concourse A를 건설하여 A380 상층 갑판 출입 및 일등석과 비즈니스 클래스 고객을 위한 전용 라운지를 만들었다.

Emirates Airline은 고객에게 지상과 공중 모두에서 최고의 여행 경험을 제공하는 서비스를 개발함으로써 고객 만족도와 고객이 인식하는 가치를 높이는 데도 집중했다. 전 세계의 라운지 시설, 기내 엔터테인먼트, 기내 와이파이, 어린이를 위한 엔터테인먼트, 맛있는 식사와 음료, 지상과 공중의 면세점 쇼핑 옵션, 75개 도시의 일등석 및 비즈니스 클래스 고객을 위한 운전사 서비스 등이 그 예다. 이 외에도 Emirates Airline의 기내 엔터테인먼트 시스템인 ICE(정보, 통신, 엔터테인먼트)는 영화, TV 프로그램, 음악 및 라디오 채널, 팟캐스트, 비디오 게임 등 다양한 엔터테인먼트 콘텐츠를 통해 어린이부터 최신 뉴스가 필요한 바쁜 사업가에 이르기까지 모든 사람을 위한 서비스를 제공한다. 또한 2017년 완전히 분리된 공간에서 편안함을 제공하는 새로운 디자인의 일등석 전용 프라이빗 스위트 좌석을 도입함으로써 럭셔리 여행의 새로운 기준을 제시하기도 했다.

Etihad Airways와 Qatar Airways는 중동 지역의 다른 항공사로, Etihad Airways의 허브는 Abu Dhabi에, Qatar Airways의 허브는 Doha에 위치해 있다. 두 항공사는 특히 프리미엄 여행 부문에서 Emirates Airline과 경쟁하기 위해 새로운 제품과 서비스를 도입하고 비즈니스 클래스 및 퍼스트 클래스를 확대했다. 럭셔리 여행 분야에서 고객 만족도는 항공사의 운전사 서비스, 라운지, 전체 디자인, 객실 인테리어, 객실 레이아웃 및 좌석, 플랫베드, 어메니티 키트, 잠옷, 이불, 음식(식사 서비스 횟수 포함), 기내 엔터테인먼트 및 기내 바 등 여러 서비스가 얼마나 잘 이루어지는지에 따라 달라진다. Emirates Airline은 이러한 차원에서 여전히 우위를 점하고 있으며, 고객은 우수한 서비스에 만족하고 항공사를 계속 이용하고 있다.

항공사는 고객 관계 관리를 매우 중요시한다. Emirates Airline은 2,300만 명 이상의 회원을 보유한 Emirates Skywards라는 매우 성공적인 로열티 프로그램을 보유하고 있다. Emirates Airline을 이용하는 고객은 항공편을 예약하고, 업그레이드하고, 호텔 숙박 시설을 예약하고, 라이프스타일 브랜드 쇼핑을 통해 얻은 Skywards Miles를 사용할 수 있다. Skywards 프로그램은 Blue, Silver, Gold, Platinum의 4등급으로 이루어져 있는데, 프리미엄 고객은 Dubai 국제공항에서 Emirates Airline의 일등급 라운지를 이용할 수 있으며, 샤워 시설, 비즈니스 센터, 고급 식사, 스파 서비스, 전용 면세 공간, 시가 흡연 라운지 및 구두닦이 서비스를 이용할 수 있다. 또한 Skywards 프로그램은 최근 마일리지를 구매, 증여, 양도하는 수수료를 인하하고 가족 구성원 간에 마일리지 합산이 가능한 My Family라는 기능을 도입했다. 2018년 8월, Emirates Airline은 Skywards 프로그램을 2008년에 설립한 저가 항공사인 flydubai로 확대했다. Skywards는 flydubai의 기존 로열티 프로그램인 OPEN을 대체하고 회원을 흡수하여 두 항공사가 제공하는 특별 서비스에 더해 더 큰 글로벌 네트워크를 통한 포인트 사용 기회를 제공했다.

Emirates Airline의 혁신과 고객 중심 전략은 많은 찬사를 받으며 각종 수상의 영예를 안았다. 2014년 Brand Finance에 의해 추정 가치 37억 달러에 세계에서 가장 가치 있는 항공사 브랜드이자 중동에서 가장 가치 있는 브랜드로 선정되었고, 2016년에는 세계 최우수 항공사로 선정되었다. 또한 12년 연속 Skytrax World Airline Awards에서 최고의 기내 엔터테인먼트 상을 수상했으며, 2019년에는 TripAdvisor Travelers' Choice® 어워드 항공사 부문에서 네 개의 상을 수상했으며, Business Traveller Middle East Awards에서 5개 부문(세계 최우수 항공사, 최우수 퍼스트 클래스 항공사, 최고의 이코노미 클래스를 보유한 항공사, 최고의 고객 우대 프로그램을 보유한 항공사, 중동 최고의 공항 라운지)을 석권했다.[69]

질문

1. 전 세계 항공 업계가 점점 더 많은 어려움에 직면하고 있는 상황에서 Emirates Airline은 어떻게 고객을 유지할 수 있는가?

2. Emirates Airline은 어떻게 경쟁력을 유지하고 고객 만족도를 높일 수 있는가?

3. 항공 업계에서 고객 충성도가 중요한 이유는 무엇인가? 디지털 시대에 Emirates Airline은 어떻게 CRM의 혜택을 누릴 수 있는가?

글로벌 시장 진출

획기적인 워런티를 앞세워 판매량과 시장 점유율보다는 품질에 더 중점을 두면서 현대자동차는 이미지 쇄신에 성공했다.
출처: VDMI Automotive/Alamy Stock Photo

국가가 점점 다문화됨에 따라 어느 한 국가에서 개발된 제품과 서비스는 다른 국가에서도 쉽게 받아들여지게 되었다. 자동차 산업의 국제화를 생각해 보자. J. D. Power의 연구에 의하면 2018년 현재 세계 25개국에서 자동차를 생산하였고, 이 중 11개국은 불과 5년 전 연구에서는 나타나지 않았던 국가다. 이 11개의 자동차 생산의 새로운 본거지는 브라질, 중국, 핀란드, 인도, 이탈리아, 네덜란드, 폴란드, 세르비아, 스페인, 태국, 튀르키예다.[1] 현대의 가파른 성장을 예로 들어보자.

>>> 한때 싸고 신뢰할 수 없는 차량의 대표 격이었던 현대자동차는 엄청난 국제적 변화를 경험했다. 1999년 새로 취임한 정몽구 회장은 현대가 판매량과 시장 점유율뿐만 아니라 품질에도 초점을 둘 것이라고 선언했다. 현대자동차는 산업계 리더였던 Toyota를 참고하여 Six Sigma를 도입하는 한편, 직무의 구분이 없는 제품 개발 체계를 마련하였으며, 공급자와 긴밀한 파트너십을 맺고, 품질 관리를 위한 회의를 늘렸다. 2001년 J. D. Power의 미국 시장 내 신차 품질순위에서 거의 최하위(37개 브랜드 중 32위)였던 현대자동차는 고급 브랜드인

Genesis가 2018년에 1위를 기록하는 쾌거를 이루었다. 현대는 또한 마케팅에서도 변화를 꾀했다. 획기적인 10년 워런티는 안정성과 품질에 대한 강력한 시그널이었고, 더 많은 고객이 현대의 세련된 자동차들이 제공하는 가치를 인정하기 시작했다. 현대와 그 자매사인 기아가 주목한 것은 미국 시장뿐만이 아니었다. 현대자동차는 세계 200여 개국에서 판매되었다. 현대는 전 세계에서 11만 명이 넘는 직원을 고용했고, 미국, 캐나다, 중국, 브라질, 독일, 체코 공화국, 러시아, 이집트 등 세계 여러 나라에 생산과 연구 시설을 갖추고 있다. 현대의 새로운 모토인 "Explore the Possibilities(기회를 발굴하라)"는 세계적 규모의 혁신을 위한 이 기업의 포부를 잘 보여준다.[2]

국제 시장에서의 경쟁이라는 기회는 매우 중요하지만, 위험 또한 클 수 있다. 그러나 글로벌 산업에서의 판매가 주인 기업은 운영을 국제화하는 것 외의 선택지가 없다. 이 장에서는 글로벌 시장으로 사업을 확대하는 것과 관련한 주요 의사결정을 검토한다.

해외 진출 여부 결정

The Limited와 Gap 같은 미국 소매업체들은 세계적으로 두드러지는 위치에 있다. 네덜란드 소매업체인 Ahold와 벨기에 소매업체인 Delhaize는 각각 전체 매출의 약 3분의 2와 4분의 3을 국외 시장에서 올리고 있다. 외국에 본사를 둔 미국 내 글로벌 소매업체로는 이탈리아의 Benetton, 스웨덴의 IKEA 가구점, 일본의 UNIQLO 캐주얼 의류업체 등이 있다.

기업을 세계무대로 끌어들이는 요인은 여러 가지가 있다. 첫째, 어떤 해외 시장에는 국내 시장에 비해 더 나은 수익을 올릴 수 있는 기회가 있을 수 있다. 둘째, 기업은 규모의 경제를 위해 좀 더 큰 고객 기반을 필요로 할 수 있다. 어떤 기업은 또한 특정 시장에 대한 의존도를 낮추기 위해 해외 시장으로의 진출을 결정할 수도 있다. 해외 시장 진출의 또 다른 이유로 자국 내 글로벌 경쟁자에 대한 반격을 위한 의지를 들 수 있다. 기업의 해외 진출 결정은 또한 세계적 서비스를 요구하는 글로벌 고객을 만족시키고자 하는 의지에서 기인하기도 한다.

세계 여러 국가의 문화가 서로 섞이고 어우러짐에 따라, 글로벌 확장의 또 다른 혜택으로 아이디어와 제품 혹은 서비스를 한 시장에서 다른 시장으로 옮길 수 있는 역량이 생긴다는 점

학습목표

20.1 기업이 해외 진출 여부를 어떻게 결정하는지 설명한다.

20.2 어느 글로벌 시장으로 진출할지를 결정할 때 기업이 고려해야 하는 요소에 대해 논의한다.

20.3 기업이 글로벌 시장으로 진출할 때 사용하는 전략을 요약 정리한다.

20.4 기업이 글로벌 시장을 위해 마케팅 전략을 어떻게 수정할 수 있는지 설명한다.

을 들 수 있다. Cinnabon의 경우, 중앙아메리카와 남아메리카 지역을 겨냥해서 개발한 제품이 히스패닉 인구가 많은 미국에서도 성공을 거둔 사례가 있다.[3]

해외 진출의 잠재적인 매력에도 불구하고, 국내 시장이 충분히 큰 규모를 가지고 있을 경우 많은 기업은 여전히 국내에 머무르는 것을 선호한다. 매니저는 다른 나라의 언어나 법률을 학습할 필요가 없고 변화무쌍한 통화를 다룰 필요도 없으며, 정치적·법률적 불확실성에 직면하지도 않고 다른 고객의 니즈와 기대에 부응하기 위해 제품을 다시 디자인할 필요도 없다. 이런 망설임은 종종 해외 시장을 헤치고 들어갈 때 마주해야 하는 진짜 어려운 일들에 기반을 두고 있다.

해외 시장에는 고객 쇼핑 습관의 차이, 사회적 수용 획득의 필요, 커뮤니케이션과 물류를 위한 인프라 부재 등 명료한 어려움이 존재한다.[4] 해외 진출은 두 가지 주요 위험을 안고 있다.

- **신규 시장(국내외 모두)에 진입할 때 따르는 일반적 위험**: 이 위험은 기업이 고객의 니즈를 이해할 수 없어서 이를 충족할 수 있는 제공물을 개발할 수 없고, 경쟁자의 위협을 제대로 알아챌 수 없으며, 효율적인 공급과 유통망을 구축할 수 없거나, 효과적이면서 비용을 절감할 수 있는 방법으로 제공물을 홍보할 수 없는 경우에 생기는 위험을 의미한다.
- **다른 국가에서 사업을 하는 데 따르는 구체적 위험**: 외국 비즈니스 문화의 미묘한 차이와 법률의 복잡한 부분을 제대로 이해하지 못함, 국제적 경험을 가진 노련한 경영진의 부족, 관세, 환율 변동, 심한 경우 해외 자산 몰수로까지 이어질 수 있는 정권 교체 등의 상업적·정치적 변화로 인해 영업이 지장을 받는 경우 등으로 인해 발생하는 위험을 의미한다.

세계 3대 소매업체인 미국의 Walmart, 영국의 Tesco, 프랑스의 Carrefour 모두 특정 해외 시장에 진입하는 데에 고전을 면치 못했다. 다음 Tesco의 사례를 살펴보자.

Tesco   Tesco는 미국 내 가족들과 시간을 보내고 그들의 냉장고 속을 촬영하는 등 많은 리서치 끝에 California에 Fresh & Easy라는 고급 식료품 소형마켓을 열었다. 200여 개의 Fresh & Easy 매장은 약 1만 평방 피트(미국의 일반 슈퍼마켓의 약 5분의 1 정도 되는 크기이지만 편의점보다는 훨씬 더 큰 규모)의 규모로 신선한 식재료를 공급하는 데 중점을 두고 있다. 막대한 투자에도 불구하고 5년간 수익을 내지 못하고 16억 달러가 넘는 적자 끝에 Tesco는 2013년 시장에서 철수하기로 결정했다. 많은 문제가 원인으로 지목되었다. 미국 고객들은 영국 스타일의 완조리 음식과 셀프서비스 방식의 계산대, 비전통적인 매장 레이아웃에 익숙하지 않았다. 다른 불평으로는 제품의 폭이 지나치게 좁다는 점, 베이커리가 없다는 점, 화훼 파트가 눈에 띄지 않는다는 점, 매장이 물리적으로 지나치게 좁다는 점이 꼽혔다. Tesco가 미국에서만 고전을 한 것은 아니었다. Tesco는 그 전해에 일본에서도 철수했고 중유럽과 동유럽에서도 어려움을 겪고 있었다. 지리적인 확장에 중점을 둔 나머지, 슈퍼마켓 비즈니스의 핵심이 되는 영국 시장은 잊혀져 갔다. 매장 직원들이 제대로 채용되지 않았고, 신선식품의 관리 또한 부실했으며, 프라이빗 레이블 제품도 출시되지 않았다. 의류와 전자제품 등 비식료품 제품을 추가하는 등의 노력은 경기침체에 빛을 보지 못했고, 은행과 통신 등 새로운 분야로 진출하는 것은 비즈니스를 산만하게 만들었다. 여섯 분기 연속 자국 시장 내 동일 매장 매출 하락을 기록한 끝에, Tesco는 해외 진출의 야심을 접고, 영국 매장을 되살리기 위한 17억 달러 규모의 프로그램을 시행한다고 발표했다.[5]

<< 미국과 다른 해외 시장으로 확장하려는 노력이 실패로 돌아가고 영국 내 매장들을 위협하기에 이르자, Tesco는 해외 진출의 야망을 접고 다시 영국 내 매장을 되살리는 데 집중했다.

　　영국에서 Tesco를 괴롭힌 문제들은 지나치게 공격적인 해외 확장에서 흔히 나타난다. 많은 경우, 이런 확장은 자국 내 시장에 쏟아야 할 노력을 대가로 이루어진다. 식료품부터 TV까지 모든 것을 파는 세계 2위 규모의 소매업체 Carrefour 또한 자국에서 식료품 부문에서는 소규모 슈퍼마켓과 다른 상품에서는 IKEA 같은 전문 소매업체와의 치열한 경쟁에 직면했었다. 유럽과 아시아 일부 지역에서 강세를 보이기는 했지만, Carrefour(프랑스어로 '교차로'라는 의미)는 일본, 한국, 멕시코, 체코 공화국, 슬로바키아, 불가리아, 스위스, 포르투갈에서는 운영을 중단해야만 했다.

　　해외 진출 여부를 결정하는 일은 기업이 글로벌 전략을 개발할 때 해야 할 많은 의사결정 중 첫 번째로 이루어진다. 기업이 해외 진출이 최선이라 결론을 내리면, 어느 시장으로 어떻게 진출할지, 각 시장에 어떤 구체적인 마케팅 프로그램을 적용할지, 각 국가에 마케팅 조직을 어떻게 구성할지와 같은 좀 더 구체적인 의사결정을 내려야 한다. 이런 의사결정 과정은 그림 20.1에 잘 나타나 있으며, 다음 단락에서 좀 더 자세히 논의한다.

진출할 시장 결정

해외 진출을 결정할 때, 기업은 마케팅 목적과 규정을 정의할 필요가 있다. 전체 매출에서 해외 매출이 차지하는 비율이 어느 정도가 되도록 할 것인가? 대부분의 기업은 해외로 처음 진

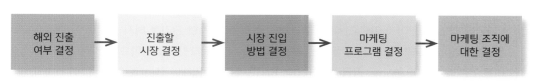

그림 20.1
국제 마케팅의 주요 의사 결정 사항

출할 때에는 소규모로 시작한다. 그대로 소규모를 유지하는 기업도 있고, 좀 더 큰 계획이 있는 기업도 있다.

얼마나 많은 시장에 진출할지 결정하기

기업은 얼마나 많은 국가에 진출할지 그리고 얼마나 빠르게 확장할지를 결정해야 한다. 대표적인 진입 전략으로 순서대로 국가에 점진적으로 진출하는 **분수**(waterfall) 방법과 여러 국가에 동시에 진입하는 **살수**(sprinkler) 방법이 있다. 기술집약적인 기업과 온라인 벤처를 필두로 점점 더 많은 기업이 아예 처음부터 세계 시장을 상대로 하는 글로벌 기업으로 시작하고 있다.

Matsushita, BMW, General Electric, Benetton, The Body Shop은 분수 전략을 따라 해외 시장으로의 확대 계획을 치밀하게 세워 인적·재무적 자원의 소진을 줄이는 방향으로 해외 진출을 진행했다. 그러나 선도자 이익이 결정적이고 경쟁이 치열한 경우 살수 전략을 선택하는 것이 더 낫다. Apple, Gillette, Unilever는 몇몇 제품에 살수 전략을 사용했다. 살수 전략의 주요 위험요인은 방대한 자본이 요구된다는 점과 수많은 시장 각각에 맞는 진입 전략을 세우기가 어렵다는 점을 들 수 있다.

기업이 진입할 국가를 선택할 때에는 제품과 함께 지리적 요인, 소득, 인구, 정치적 기류 등의 요인을 고려해야 한다. 경쟁과 관련한 요인 또한 고려해야 한다. 경쟁기업이 이미 진입해 있는 시장으로 진입하여 경쟁기업으로 하여금 시장 점유율을 방어하도록 압력을 가하는 한편 경쟁기업이 해당 시장의 환경에서 어떻게 마케팅하는지를 학습하는 것도 좋은 전략이 될 수 있다.

시장 성장률은 무조건 고려해야 하는 주요 요소다. 급성장하는 시장에서는 곧 많은 경쟁 기업이 그 시장에 뛰어들어 경쟁이 치열해질 가능성이 있지만, 먼저 발판을 마련해 두는 것이 매우 좋은 선택이 될 수 있다. KFC는 소매업의 프랜차이징을 앞세워 세계 여러 국가에 선두로 진입하였고, 마케팅을 해당 국가의 문화와 연관 지었다.

KFC KFC는 세계에서 가장 유명한 패스트푸드 브랜드 중 하나로 세계 곳곳에 2만 1,000개 이상의 매장을 보유하고 있다. KFC는 Colonel Harland Sanders가 반세기 전에 완성시킨 11개의 비밀 향신료로 만든 오리지널 레시피의 프라이드치킨으로 유명하다. KFC는 중국에서 가장 크고, 오래되었으며, 가장 인기 있고 빠르게 성장하는 패스트푸트 체인으로, 5,000개 이상의 지점에서 매장당 20%의 마진을 올리고 있다. KFC는 중국 매장에서의 메뉴를 현지 입맛에 맞추어 현지화하여, Dragon Twister와 북경오리 소스, 오이, 조개관자로 속을 채운 랩 등의 현지 메뉴를 출시했다. KFC는 심지어 어린이들에게 친숙한 캐릭터로 Chicky라는 이름의 중국 마스코트도 만들었는데, 이는 '중국의 Ronald McDonald'가 되었을 만큼 유명하다. 여느 신흥 시장과 마찬가지로 중국 시장에도 KFC가 해결해야 할 문제가 존재한다. 2013년 초반, KFC가 거래하는 중국의 닭 공급업자들이 닭의 빠른 성장을 위해 항생제를 과도하게 사용한다는 중국 관영 매체의 보도로 인해 매출이 흔들리는 일이 있었다. 소셜 미디어상의 거센 비판이 이어졌고, 이는 결국 KFC가 좀 더 철저한 관리를 하지 못한 것에 대해 사과하는 것으로 마무리되었다. 공급망 문제는 KFC의 다음 성장의 타깃이었던 아프리카에서는 또 다른 어려움으로 다가왔다. 현지 닭 공급업자가 없어 KFC는 닭을 수입해야 했는데, 이는 나이지리아와 케냐

<< KFC는 현지의 물류적·문화적 요구사항에 맞추어 메뉴와 광고를 현지화함으로써 해외 확장에 따른 어려움을 극복할 수 있었다.

에서는 불법이었다. 나이지리아에서의 이 공급 문제를 해결하기 위해 KFC는 메뉴에 생선을 추가했다. KFC가 아프리카의 좀 더 많은 시장에 진출하면서 메뉴의 현지화(케냐에서는 죽 종류의 하나인 Ugali 라는 메뉴를 선보였고, 나이지리아에서는 현지 잡탕밥을 추가했다)에 더욱 힘쓰는 한편 매장의 벽면과 광고를 통해 현지 문화를 잘 보여줄 수 있도록 했다.[6]

잠재시장 평가하기

기업은 진입할 잠재시장을 어떻게 선택할까? 주요 요인 중 하나는 **물리적 근접성**이다. 많은 기업이 이웃한 국가로 진입하는 것을 선호하는 것은 이러한 국가에 대한 이해가 높고 진입 비용을 좀 더 효과적으로 관리할 수 있기 때문이다. 미국의 최대 수출국이 캐나다와 멕시코이고, 스웨덴 기업들이 스칸디나비아의 이웃 나라에 먼저 판매를 시도하는 것은 어쩌면 당연하다.

선택을 결정하는 또 다른 요인은 **문화적 근접성**이다. 좀 더 친숙한 언어, 법률, 문화로 인해 미국의 기업들은 독일, 프랑스 등 좀 더 큰 시장을 두고도 캐나다, 영국, 오스트레일리아로 진출하는 것을 선호한다. 그러나 기업은 문화적 근접성에 따라 시장을 선택할 때 주의해야 한다. 잠재적으로 더 나은 시장을 간과할 수 있다는 점과 더불어 불리한 조건이 될 수 있는 진짜 다른 점에 대한 분석을 소홀히 할 수 있기 때문이다.

소수의 국가에서 각 국가에 더 전념하고 침투하는 것이 더 좋은 전략일 수 있다. 일반적으로 기업은 시장 매력도가 높고 시장 위험도가 낮으며 경쟁우위를 점하고 있는 시장을 선호하는 모습을 보인다.

잠재시장을 평가할 때에는 아직까지 기업의 서비스 대상이 되지 않은 인원을 끌어들임으로써 누릴 수 있는 혜택을 고려할 필요가 있다.

다음의 기업들이 어떻게 '보이지 않는' 소비자들에게 서비스를 제공할 수 있는 방법을 개척하여 개발도상 시장에 성공적으로 진입할 수 있었는지 살펴보자.[7] Grameenphone은 마을의 여인들을 에이전트로 고용, 다른 마을 사람들에게 한 번에 한 통화씩 전화기를 빌려주도록 하여 방글라데시의 3만 5,000개 마을에 휴대전화를 선보일 수 있었다. Colgate-Palmolive는 양치질의 효용을 보여주는 영상을 재생하는 밴을 운행하는 방법으로 인도의 시골마을에 침투했다. Corporación GEO는 멕시코에서 모듈식의 확장 가능한 방 2칸짜리 저소득자용 주택을 지었다.

기업은 또한 시장을 평가할 때 협력자와의 성공적인 관계가 가져다줄 수 있는 긍정적인 효과를 고려해야 한다. Unilever가 TRESemmé를 브라질에 출시할 때, 40개의 대형 소매업체들의 지원을 등에 업었고, 패션 블로거들을 포섭하였으며, 1,000만 개의 무료 샘플을 나누어주는 한편, 사상 최대 규모의 원데이 온라인 광고를 진행하여 TRESemmé 브랜드의 브라질 Facebook 페이지에 100만 명이 넘는 팬을 확보하는 성과를 이루었다. 1년도 안 되는 기간 동안 TRESemmé의 매출은 대형 슈퍼마켓과 드러그 스토어에서 P&G 샴푸의 대표 브랜드인 Pantene을 넘어서기에 이르렀다. 이는 Unilever가 다음 목표로 삼은 인도와 인도네시아 진출에 자신감을 심어주기에 충분했다.[8]

마케터는 신흥 시장의 폭넓은 소비자층을 대상으로 하는 마케팅의 미묘한 차이를 학습하는데, 이는 기업이 이루어놓은 공급망, 생산 방법, 유통 전략으로 인해 비용 절감이 어려운 경우와 소비자의 가격 민감도로 인해 가격 프리미엄을 적용하기 어려운 경우에 더욱 그렇다. 개발도상 시장에서 마케팅 등식을 바로 세우는 것은 큰 이익을 가져다줄 수 있다.

> 소포장과 낮은 가격은 소득과 공간이 제한적일 때는 결정적일 수 있다. Unilever는 4센트짜리 세탁세제와 샴푸 팩 상품으로 인도의 시골지역에서 큰 성공을 거두었다. 이 지역 인구의 70%는 여전히 그곳에 거주하고 있다.[9]
>
> 신흥 시장의 소비자 대다수는 Procter & Gamble이 '고빈도 점포'라고 부르는 영세한 식품 잡화점, 좌판, 길거리 판매대, 장롱 정도 되는 크기의 영세 소매점에서 물건을 구입한다. 인도에서 식료품은 키라나 가게라 불리는 1,200만여 개의 영세한 동네 가게에서 주로 거래된다. 현대적 소매상들이 세력을 확장하고 있지만, 이러한 가게는 편리함, 신뢰, 심지어 배달 등의 서비스를 바탕으로 성공을 거두고 있다.[10]

개발도상 시장으로의 성공적인 진입은 여러 가지 일을 차별화되게 잘하는 능력과 함께 특별한 기술과 계획을 필요로 한다.[11] 개발이 진행 중인 지역에 물건을 판다는 것은 '일상적 비즈니스'와 같을 수 없다. 무수한 경제적·문화적 차이점이 존재하고 마케팅 인프라가 거의 존재하지 않을 수 있으며, 해당 지역 내 경쟁이 매우 치열할 수도 있다.[12]

선진 시장에서 온 많은 기업은 개발도상 시장에서 얻은 교훈을 이용하여 자국 내 내수 시장이나 이미 진입해 있는 시장에서 경쟁우위를 점하기도 한다. 제품 혁신은 개발도상과 선진 시장 사이에서 상호 호혜적 성향을 띤다. 중요한 것은 마케팅이 세계 인류의 더 나은 삶에 대한 꿈을 어떻게 실현시킬 수 있을 것인가에 대해 창의적으로 생각하는 것이다. 많은 기업은 그

<< John Deere의 8R 라인 트랙터는 세계 곳곳의 선진 시장 농부와 개발도상 시장 농부 모두의 니즈에 부합한다.

들이 이를 이룰 수 있을 것이라 확신한다. 2050년까지 90억에 이를 것으로 예상되는 세계 인구를 먹여 살리기 위해 세계 식자재 생산량은 애널리스트 추산 60%가량 증가해야만 하는데, 이는 현재 John Deere가 고심 중인 도전과제이기도 하다.

Deere & Company   농업, 건설, 임업 기계 제조업체인 Deere & Company(혹은 John Deere)는 1937년 John Deere가 Illinois에 그의 이름을 딴 회사를 설립하며 시작되었다. 초창기에는 미국 시장만을 대상으로 했지만, 현재는 전 세계에 6만 명 이상의 직원을 고용한 세계 최대의 농기계 회사가 되었다. 인기 제품으로는 다양한 트랙터, 옥수수 수확기, 사탕수수 및 면화 수확기, 목초기, 골프장 관리 장비 외 액세서리 및 관련 서비스가 있다. 그중 8R 라인은 세계 130개국의 다양한 농민의 요구를 충족할 수 있도록 설계된 최초의 트랙터 라인이다. 8R는 강력하고 민첩한 성능과 함께 뛰어난 연료 효율성으로 대규모 농장에 적합한 동시에 브라질, 러시아와 같은 개발도상국과 미국, 독일 등의 선진국 모두에서 사용자의 목적에 맞게 맞춤 설정이 가능하다. 회사는 다양한 글로벌 고객 기반을 마련하기 위해 미국 외에도 독일, 인도, 중국, 멕시코, 브라질을 포함하여 선진국 및 개발도상국 시장에 여러 공장을 보유하고 있다.[13]

시장 진입 방법 결정

특정 국가를 목표로 하겠다고 결정하고 나면 기업은 자사 브랜드에 최적의 진입 방식을 선택해야 한다. 그림 20.2에 나타나 있듯이 기업은 크게 **간접 수출, 직접 수출, 라이선싱, 조인트 벤처, 직접 투자**의 5가지 진입 방식 중 선택할 수 있다. 그림의 오른쪽으로 갈수록 더 큰 헌신과 위험이 따르는 한편 강력한 통제가 가능하며 좀 더 나은 수익성을 기대할 수 있다.

해외 진출을 최초로 시도할 때 기업은 종종 독립 에이전트와 협력하여 주변 또는 비슷한 국가로 진입하게 된다. 이후 기업은 수출 부서를 만들어 에이전트와의 관계를 관리하게 된다. 그 이후 좀 더 큰 수출 시장에서는 에이전트 대신 기업 소유의 영업 자회사를 설립한다. 그런 다음 자회사를 관리하기 위해 기업은 수출 부서를 해외 부서로 바꾼다. 시장이 크고 안정적이거나 진입하는 국가가 자국 내 생산을 요구하는 경우, 기업은 생산 설비를 해당 국가에 위치시킬 것이다. 이때까지 기업은 다국적으로 운영하고 글로벌 조직에 맞게 구매, 자금 조달, 생산, 마케팅을 최적화한다.

다음에서는 해외 시장 진입을 위한 여러 가지 옵션에 대해 논의한다.

간접 수출과 직접 수출

기업은 일반적으로 수출, 더 정확하게는 **간접 수출**(indirect exporting)로 시작한다. 다시 말해 독립된 중간상을 통하는 것이다. 기업과 국제 시장 사이의 중간상으로 활동하는 조직에는 내수기반 수출 에이전트, 협력적 조직, 수출관리 기업의 세 가지 종류가 있다. **내수기반 수출 판매상**(domestic-based export merchants)은 생산자의 제품을 구매한 다음 해외로 판매한다. 무역회사를 포함한 **내수기반 수출 에이전트**(domestic-based export agents)는 해외 구매를 찾아 이를 성사시키고 커미션을 받는다. **협력적 조직**(cooperative organizations)은 다수의 생산자(주로 과일이나 견과류와 같은 농산물 생산자)를 위해 수출 활동을 하고 부분적으로 생산자의 행정적 통제 아래에 있다. **수출관리 기업**(export-management companies)은 어떤 기업의 수출 업무를 일정한 수수료를 받고 관리해 주는 활동을 한다.

간접 수출은 두 가지 이점이 있다. 첫째는 투자가 적다는 점이다. 회사는 수출 부서를 만들지 않아도 되고, 해외 영업인력을 양성할 필요도 없으며, 해외 계약서를 작성하지 않아도 된다. 둘째는 위험이 적다는 점이다. 해외 마케팅 중간상들의 노하우와 서비스 덕분에 판매하는 기업은 실수를 줄일 수 있다.

기업은 결국에는 수출 업무를 직접 관리하겠다고 결정할 수 있다. 이 경우, 투자와 위험은 다소 높을 수 있지만, 잠재적 수익 또한 높을 것이다. **직접 수출**(direct exporting)은 다양한 방법으로 이루어질 수 있다. 순수한 서비스 기능에서 기업 내 이익책임 단위로서 운영되는 독립적 수출 부서로 진화할 수도 있는 내수기반 수출 부서를 둘 수 있다. 혹은 해외 영업지점이나 자회사를 두어 영업과 유통, 때로는 창고 업무, 프로모션, 고객서비스까지도 담당하게 할 수 있다. 끝으로 본국기반 출장수출 영업사원이 수출 업무를 담당할 수도 있다.

많은 기업은 해외에 공장을 건설하고 제품을 생산하기 전 '상황파악'을 위해 직접 또는 간

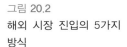
그림 20.2
해외 시장 진입의 5가지
방식

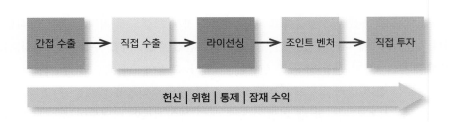

접 수출을 이용한다. 기업이 인터넷을 효과적으로 사용하여 해외 신규고객을 유치하고, 해외
에 거주 중인 기존 고객을 지원하고, 해외 공급자로부터 원활한 구매가 가능하며 글로벌 브랜
드 인지도를 구축할 수 있다면 국제무역박람회 같은 곳에 참여할 필요는 없을 것 이다.

수출에 성공적인 기업은 최고의 잠재력을 가진 해외 시장에 해당 국가 고유의 콘텐츠와
서비스를 가능하면 현지 언어로 제공할 수 있도록 자사의 웹사이트를 개조한다. 무역과 수출
에 관한 무료 정보를 발견하는 것은 이제 매우 쉬운 일이 되었다. 미국의 많은 주에 존재하는
수출 프로모션 오피스들 또한 온라인 리소스를 가지고 있으며, 사업체가 이를 자사 웹사이트
에 연결할 수 있도록 하고 있다.

라이선싱

해외 시장에 참여할 수 있는 간단한 방법으로 **라이선싱**(licensing)이 있다. 라이선서(licensor)는
외국 기업에게 생산 프로세스와 트레이드마크, 특허, 기업 비밀, 기타 가치 있는 것을 사용할
수 있는 권한을 주고 소정의 수수료나 로열티를 받는다. 라이선서는 위험부담이 거의 없이 시
장 진입을 할 수 있고 라이선시(라이선스를 받은 기업, licensee)는 생산 전문성과 잘 알려진 제
품/브랜드 이름을 얻을 수 있다.

그러나 라이선서는 자체 생산 및 판매 시설에 비해 라이선시에 대해 통제할 수 있는 부분
이 적다. 라이선시가 대성공을 거두는 경우, 라이선스를 준 기업은 수익을 포기한 것이 되고
계약이 종료되면 라이선시가 경쟁자가 될 수도 있다. 이를 방지하기 위해 라이선서는 (Coca-
Cola가 시럽을 공급하는 것과 같이) 전매제품의 재료나 부품을 공급한다. 가장 좋은 전략은 혁
신을 통해 라이선시가 지속적으로 라이선서에게 의존하도록 만드는 것일 것이다.

라이선싱 방식은 다양하다. Hyatt와 Marriott 같은 기업은 외국 호텔 소유자와의 **매니지먼
트 계약**(management contract)을 통해 이러한 호텔 비즈니스를 수수료를 받고 관리 및 운영한
다. 매니지먼트 회사는 명시된 기간 내에 계약을 통해 운영하는 회사의 지분을 살 수 있는 옵
션을 가질 수도 있다.

계약 생산(contract manufacturing)은 기업이 현지 생산자를 고용하여 제품을 생산하는 경우
다. Volkswagen은 러시아의 자동차 대기업 GAZ Group과 계약을 맺고, 러시아 시장에 공급되
는 Volkswagen Jetta, Škoda Octavia, Škoda Yeti 모델을 GAZ가 Nizhny Novgorod에서 생산하
도록 했다. Toshiba, Hitachi 등 일본 TV 생산업체들도 동유럽 시장에 진출하기 위해 계약 생산
을 이용했다. 계약 생산은 생산 과정에 대한 기업의 통제가 축소되고 잠재적 수익을 잃을 수도
있는 위험부담이 있다. 그러나 계약 생산은 신속하게 시작할 수 있는 기회와 이후 현지 생산업
자를 인수하거나 이들과 파트너가 될 수 있는 기회를 제공한다.

끝으로 기업은 라이선싱의 좀 더 종합적인 형태인 **프랜차이징**(franchising)을 통해 해
외 시장에 진입할 수 있다. 프랜차이저(franchisor)는 완성된 브랜드 콘셉트와 운영 시스템
을 제공한다. 프랜차이지(franchisee)는 프랜차이저에게 이에 대한 소정의 수수료를 지급한다.
McDonald's, Subway, Burger King과 같은 패스트푸드점은 프랜차이징을 통해 전 세계에 진출
해 있고, 이는 7-Eleven, Hertz, Best Western Hotels와 같은 서비스와 소매업체도 마찬가지다.

조인트 벤처

다른 나라에서 비즈니스를 하기 위해서는 제품을 라이선싱하거나, 현지 기업과의 **조인트 벤처** (joint venture)를 형성해야 할 수도 있고 '국산 콘텐츠' 규정을 만족하기 위해 현지 공급자를 인수해야 하는 상황이 발생할 수도 있다. 많은 기업이 글로벌 전략적 네트워크를 구축했으며, 승리는 더 나은 네트워크를 구축한 기업에게 돌아갔다. Star Alliance는 28개 항공사(Lufthansa, United Airlines, Singapore Airlines, SAS, Avianca 등)를 거대한 글로벌 파트너십으로 결합하여 전 세계 여행객들이 수백 곳의 목적지를 어려움 없이 여행할 수 있도록 한다.

역사적으로 해외 투자는 종종 현지 투자자들과 합작하여 소유권과 통제권을 공유하는 조인트 벤처 기업의 형태로 이루어져 왔다. 정치·경제적 상황에 따라 조인트 벤처는 필요하거나 바람직한 진입 방식이 될 수 있다. 외국 기업은 그 모험을 홀로 감당하기에는 재무적·물리적·실무적 자원이 부족할 수 있다. 혹은 외국 정부가 자국 내 진입 조건으로 자국 기업과의 합작 소유권을 요구할 수도 있다.

파트너십의 가치는 매출 증가와 유통망에의 접근을 훨씬 뛰어넘을 수도 있다. 좋은 파트너는 '브랜드 가치'를 공유하여 시장들 간에 브랜드 일관성을 유지하는 데 도움을 주기도 한다. McDonald's는 제품과 서비스 표준화를 위해 엄청난 노력을 기울인 끝에 전 세계 McDonald's 매장들이 거의 동일한 제품과 서비스를 제공할 수 있게 했다. McDonald's는 글로벌 파트너를 선정할 때 '성취강박'이 있을 정도로 노력을 쏟는 파트너를 찾기 위해 하나하나 손수 고른다.

24개 기업의 지분을 인수하고 매입하면서 수년간 성장을 거듭한 세계 최대 무선통신 사업자인 Vodafone은 외국에서 기존 자산을 잘 활용하도록 도움을 줄 수 있는 파트너를 찾았다.

> **Vodafone**   런던에 본사가 있는 Vodafone은 오픈소스 소프트웨어와 개방형 플랫폼을 도입하여 더 많은 혁신과 성장을 통해 여러 사람들의 창의력과 기술을 활용할 수 있도록 했다. Betavine이라는 웹 포털을 통해 프로와 아마추어 소프트웨어 개발자들은 Vodafone을 포함한 모든 네트워크에서 최신 모바일 애플리케이션을 만들고 테스트해 볼 수 있다. 이를 통해 개발자들은 지적 재산권을 가질 수 있고, Vodafone은 최신 트렌드를 접하면서 혁신적인 네트워크와 문제없이 호환될 수 있다. 이렇게 개발된 최신 앱으로는 실시간 열차 도착 및 출발, 영화 상영 시간 및 개인 맞춤 정보가 담겨 있는 Amazon.com의 위젯이 있다. 30개국에서 4억 400만 명의 고객을 보유하고 460억 파운드의 규모를 갖춘 이 회사는 파트너들과의 협업도 활발하다. Dell은 Vodafone과 손을 잡고 Vodafone의 네트워크를 통해 무선 광대역 액세스가 내장된 노트북과 저렴한 넷북을 설계했다.

조인트 벤처에도 결점은 있다. 파트너들이 투자, 마케팅 및 기타 여러 규정에 합의하기 어려울 수 있다. 어떤 파트너는 성장을 위해 소득을 재투자하기를 원하고 다른 파트너는 더 많은 배당금 지급을 주장할 수 있다. 합작 소유권은 또한 다국적 기업이 특정 생산 및 마케팅 관련 규정을 전 세계를 대상으로 적용하는 데 걸림돌이 될 수도 있다.[14]

<< 아마추어와 전문 소프트웨어 개발자들이 어떤 네트워크에서든 모바일 앱을 개발할 수 있도록 해준 Vodafone의 웹 포털로 인해 Vodafone은 최신 혁신 기술에 초기에 접근할 수 있었다.

직접 투자

해외 진출의 궁극적 형태는 **직접 투자**(direct investment)로, 외국 기업이 현지 기업의 부분 혹은 전체 지분을 사들이거나 현지에 그 기업 소유의 생산 또는 서비스 설비를 건설하는 것이다.

시장 규모가 충분하다면 직접 투자는 확실한 이점을 가져다준다. 첫째, 기업은 값싼 노동력과 원자재, 정부 지원, 운송료 절감을 통해 비용 절감의 효과를 누릴 수 있다. 둘째, 기업은 현지에서 고용을 창출하므로 현지 국가에서의 기업 이미지를 제고할 수 있다. 셋째, 기업은 현지 정부, 고객, 공급자, 유통업자와의 관계를 더욱 공고히 하여 제품을 현지 환경에 보다 잘 맞게 만들어낼 수 있다. 넷째, 기업은 투자에 완전한 통제력을 가지고 장기적인 국제화 목표를 달성할 수 있는 생산과 마케팅 규정을 개발할 수 있다. 다섯째, 현지국이 자국 내에서 판매되는 상품에 국내 생산한 내용물을 포함할 것을 고집하는 경우, 직접 투자는 시장에 대한 접근성을 보장해 준다.

직접 투자의 주요 결점으로는 기업의 막대한 투자가 화폐의 봉쇄 및 평가절하, 시장 상황 악화, 도용 등의 위험에 직면할 수 있다는 것이다. 현지국이 현지 직원에 대해 높은 퇴직금을 요구하는 경우, 운영을 중단하거나 규모를 줄이는 데 많은 비용이 발생할 수 있다. 기업이 현지 고객의 니즈와 기호에 맞게 제품을 잘 개조하는 것이 불가능할 수도 있다. Starbucks가 오스트레일리아 시장에 진입할 때 당면했던 문제점을 살펴보자.

Starbucks   전 세계적으로 거둔 놀라운 성공이 무색하도록 Starbucks는 오스트레일리아에서 힘을 쓰지 못했다. 오스트레일리아의 첫 매장이 2000년에 문을 연 후 Starbucks는 90개 지점으로 확장하며 빠르게 성장했다. 그러나 오스트레일리아인들의 커피에 대한 깊은 애정과 에스프레소를 기반으로 한 음료가 전통적으로 존재했음에도 불구하고 현지인의 입맛에 비해 너무 달고 고가인 Starbucks를 소비자들은 찾지 않았다. 결국 1억 500만 달러의 손실을 입은 후 2008년 관광객들이 자주 찾는 주요 대도시와 리조트 지역에만 매장을 남기고 매장의 3분의 2를 폐쇄하게 되었다.[15]

많은 기업은 특정 국가에 진입할 때 자사의 브랜드를 직접 가지고 가기보다는 자사 브랜드 포트폴리오를 위해 현지 브랜드를 인수하는 것을 선택한다. 강력한 현지 브랜드는 소비자의 감성을 건드릴 수 있는데, 이는 외국 브랜드에게는 어려운 일이 될 수 있다. SABMiller는 '현지 보석' 수집으로 성공한 좋은 예다.

>> 현지 풍속과 전통을 잘 반영한 브랜드를 가진 현지 양조업자를 인수함으로써, SABMiller는 전 세계 여러 나라에서 자리매김할 수 있었다.

SABMiller 남아프리카 공화국의 양조 시장을 독점했던 SABMiller는 미국의 Miller Brewing을 포함, 여러 회사를 인수하여 전 세계 75개국에서 입지를 확보했다. 회사는 Grolsch, Miller Lite, Peroni, Pilsner Urquell, 남아프리카 공화국의 Castle Lager, 오스트레일리아의 Victoria Bitter와 같이 유명 브랜드의 제품을 생산한다. 이렇게 전 세계의 브랜드를 생산하는 것과는 대조적으로, 글로벌 전략은 주요 경쟁사의 전략과는 다르다. Anheuser-Busch InBev의 Budweiser 전략은 '병에 담긴 아메리칸 드림'으로 자리 잡은 브랜드를 전 세계에 판매하는 것이지만, SABMiller는 스스로를 '가장 로컬한 맥주 회사'로 정의하며 글로벌 성공의 열쇠는 현지 시장의 관습, 태도, 전통을 반영하는 현지 브랜드를 만드는 것에 있다고 강조했다. 이를 위해 사회학자, 인류학자, 역사학자들과 협업하여 '지역 친밀감'을 형성하는 방법을 탐색하였고, 동시에 서로 다른 시장에서 시장 세분화를 연구하기 위해 10명의 담당자를 고용했다. 페루의 브랜드 Cusqueña는 잉카 장인 정신의 높은 수준에 경의를 표하며, 루마니아의 브랜드 Timisoreana는 기존에 존재하던 18세기의 뿌리를 활용했다. 가나를 비롯한 다른 아프리카 지역에서는 가정용 맥주와 경쟁하기 위해 Chibuku 맥주를 리터당 58센트의 저렴한 가격으로 판매했다. 또한 연구를 통해 폴란드의 많은 맥주 소비자들이 "아무도 우리를 진지하게 받아들이지 않는다"고 느낀다는 것을 알아내고, 외국인들이 폴란드의 양조주와 폴란드 사람들을 칭찬하는 Tyskie 브랜드 캠페인을 전개했다. 2016년 브라질-벨기에 법인 AB InBev에 인수되기 전까지 SABMiller의 글로벌 인수 전략은 그들을 세계에서 두 번째로 큰 맥주 제조 회사로 만들었다.[16]

인수는 현지에서의 존재감과 함께 앞선 기술력, 노하우, 최신 생산 프로세스에 접근할 수 있는 등 여러 혜택을 함께 얻을 수 있다. 체코의 자동차 생산업체인 Škoda의 사례를 보자. Škoda는 한때 사람들이 이런 농담을 할 만큼 놀림의 대상이었다. "Škoda는 뒷유리 서리제거장치가 왜 필요하지?" "그야 차를 밀 때 손을 따뜻하게 하기 위해서지." VW는 Škoda를 인수하여 자동차의 품질과 이미지를 업그레이드하여 전 세계 소비자에게 적절한 가격에 구할 수 있는 자동차 옵션으로 거듭날 수 있도록 투자했다.[17] VW의 투자는 성공적이었다. 2017년 Škoda는 중국, 독일, 영국, 이탈리아, 인도, 이스라엘, 오스트레일리아를 포함한 세계 곳곳의 수많은 나라에 120만 대 이상의 자동차를 팔았다.[18]

파트너십을 형성하는 대신 기업은 다른 기업을 인수하는 것을 선택할 수 있다. Kraft는 2010년 Cadbury를 인수했는데, 그 이유 중 하나는 Cadbury가 Kraft의 존재감이 약한 인도와 같은 신흥 시장에 깊이 뿌리내리고 있었기 때문이다. 이 인수로 인해 Kraft는 사업을 재편성하여 식료품과 스낵류의 두 가지로 나눌 수 있게 되었다. 인수는 여러 가지 이점이 있지만 아주 중요한 결점 또한 가지고 있다. 가장 명확한 결점으로 다른 기업을 완전히 인수하는 데 필요한 투자금을 들 수 있다. 또 다른 결점으로는 두 조직의 기업 문화가 조화를 이루지 못할 가능성인데, 이는 글로벌 인수에서 충분히 일어날 수 있는 일이다. 인수되는 기업이 운영되는 해당 국가에서 계속 존재하기 위해 인수하는 기업이 쏟는 장기적 헌신 또한 상당하다. 따라서 다른 기업을 인수하는 것은 다른 형태의 해외 시장 진입 방식과 비교하여 좋은 점과 나쁜 점을 신중하게 고려하여 결정해야 한다.

글로벌 마케팅 프로그램 결정

국제적 기업은 현지 사정에 맞추어 마케팅 전략을 어느 정도나 수정해야 할지 결정해야 한다. 극단적인 방법 중 한쪽은 전 세계에 **표준화된 마케팅 프로그램**(standardized marketing program)을 적용하는 것인데, 이는 개별 국가 간 일관성을 최대한으로 보장할 수 있다. 극단의 다른 한쪽인 **지역화 마케팅 프로그램**(localized marketing program)은 마케팅의 기본적인 개념과 일치하는 것으로 기업이 소비자의 니즈는 모두 제각각이고 각 타깃그룹마다 마케팅을 달리해야 한다고 믿는 것이다. Oreo 쿠키는 후자의 전략을 사용한 좋은 사례다.

Oreo   Kraft는 Oreo 쿠키 브랜드를 전 세계에 출시하면서 일관된 글로벌 포지셔닝인 "Milk's Favorite Cookie(우유가 가장 좋아하는 쿠키)"를 사용하기로 했다. 모든 국가에서 연관성이 꼭 높게 나타난 것은 아니지만, 이 포지셔닝은 양육, 보살핌, 건강과 같은 긍정적인 연관성을 강화하는 경향이 있었다. 글로벌 시장에서 이해를 돕기 위해 Kraft는 국가 간 공통적이어야 하는 것, 변경할 수 있는 것, 변경할 수 없는 것 등 브랜드 관리 기본사항을 요약한 브랜드 북을 만들었다. 처음엔 모든 시장에 같은 Oreo를 판매하려고 했지만, 중국인들은 너무 달다고 느끼는 반면 인도인들은 너무 쓰다고 느끼는 등 선호하는 맛에 문화적 차이가 존재한다는 연구 결과에 따라 시장에 새로운 공식을 도입했다. 중국에서는 녹차 아이스크림, 포도-복숭아, 망고-오렌지, 라즈베리-딸기와 같이 다양한 내용물을 넣어 과자를 덜 달게 만들었고, 인도네시아에서는 초콜릿과 땅콩 버전을, 아르헨티나에서는 바나나와 둘세데레체 버전을 판매했다. 이러한 새로운 맛을 다른 나라에 성공적으로 도입한 것은 Kraft가 보여준 역방향 혁신의 한 예다. 또한 현지 소비자와의 유대를 강조하기 위해 중국 광고에서는 중국 최초의 NBA 스타 Yao Ming이 Oreo 쿠키로 덩크슛하는 방법을 보여주는 등의 마케팅 노력을 기울였다.[19]

표준화된 마케팅 프로그램은 여러 가지 이점이 있다. 생산과 유통상의 규모의 경제, 낮은 마케팅 비용, 브랜드 이미지의 일관성, 좋은 아이디어를 여러 시장 전반에 걸쳐 활용할 수 있다는 점, 마케팅 실행에서의 균일성 등이 그것이다.

출처: Keith Homan/Alamy Stock Photo

>> Oreo는 세계 시장에서 '유대감(togetherness)'과 '우유가 가장 좋아하는 쿠키'라는 메시지를 창의적으로 전달하며 진정한 글로벌 브랜드가 되었다.

표준화된 마케팅 프로그램에는 여러 결점도 있다. 이 전략은 고객의 니즈, 원츠, 제품 사용 패턴의 차이와 고객이 마케팅 프로그램과 활동에 보이는 반응의 차이, 경쟁 환경의 차이, 구체적인 법적·문화적·정치적 상황의 차이를 무시한다.

글로벌 제품 전략

글로벌 제품을 개발하기 위해서는 표준화가 용이한 제품이나 서비스의 종류 및 여기에 맞는 적절한 적응 전략에 대한 이해가 필요하다. 세 가지 글로벌 제품 전략으로는 직접 확장(straight extension), 제품 적응화(product adaptation), 제품 혁신(product innovation)이 있다.

직접 확장   직접 확장은 제품에 변화를 주지 않고 해외 시장에 내놓는 방법이다. 이 전략이 매력적인 이유는 추가적인 연구 개발 비용 및 생산 장비 교체, 프로모션 변화 등이 필요하지 않기 때문이다. 직접 확장은 카메라, 가전 및 다양한 기계 장비에서 성공을 거두었다.

많은 고급 및 고가의 제품도 해외 시장 전반에 걸쳐 유사한 품질과 명성을 선보일 수 있다는 이유로 제품 표준화를 신뢰한다. 신제품의 수용 및 전파율에서 국가 간 차이가 점점 줄어드는 추세에 있기는 하지만, 문화와 부유한 정도의 차이는 그 나라에서 신제품이 얼마나 빠르게 자리 잡을지에 영향을 준다. 식음료 시장은 매우 다양한 기호와 문화적 습성으로 인해 특히 표준화가 어려운 시장이다.[20]

소비자가 가지고 있는 제품에 대한 지식 정도, 선호도, 사용 행동에서 차이가 큰 경우 표준화는 역효과를 가져올 수 있다. Campbell Soup Company는 영국에 농축 수프를 출시할 때 3,000만 달러 이상 손실을 보았다. 소비자들은 Campbell 수프를 그냥 비싸기만 한 작은 캔으로 보았고, 조리 시 물을 추가해야 한다는 사실도 알지 못했다. 다음은 유명한 글로벌 마케팅 실패 사례들이다.

Hallmark 카드가 프랑스에서 실패한 것은, 프랑스 소비자들은 지나치게 감성적인 문구를 싫어하고 자신이 직접 카드를 쓰는 것을 더 선호하기 때문이다.

Philips는 일본의 작은 부엌에 맞추어 커피머신의 크기를 줄이고 일본인들의 손 크기에 맞는 작은 면도기를 출시한 후에야 일본 시장에서 수익을 낼 수 있었다.

  Coca-Cola는 스페인에서 2리터짜리 제품을 철수했는데, 이는 스페인 사람들은 이렇게 큰 병을 넣을 만큼 큰 냉장고를 가지고 있지 않았기 때문이다.

  General Foods의 Tang은 프랑스에 진출한 초창기에 아침에 마시는 오렌지 주스의 대용품으로 포지셔닝했다가 실패를 겪었다. 프랑스 사람들은 오렌지 주스를 거의 마시지 않을뿐더러, 아침에는 전혀 마시지 않기 때문이다.

  Kellogg의 Pop-Tarts가 영국에서 실패한 것은 영국 가정은 미국만큼 토스터를 많이 사용하지 않는 데다 영국인들의 입맛에는 제품이 지나치게 달았기 때문이다.

  미국에서 시행했던 Procter & Gamble의 Crest 치약 광고는 처음에 멕시코에서 실패했다. 멕시코 인들은 충치 예방 효과 같은 과학적인 면에 치중한 광고 메시지에 크게 관심이 없었기 때문이다.

  General Foods는 일본에서 패키지형 케이크 믹스를 출시하려다가 많은 손해를 보았다. 출시 당시 일본 내 오븐을 보유한 가구가 3% 정도밖에 되지 않았기 때문이다.

  S.C. Johnson의 바닥 광택용 왁스는 처음에 일본 시장에서 실패했다. 광택제가 바닥을 지나치게 미끄럽게 만들어 집 안에서 신발을 신지 않는 현지 문화에는 맞지 않았기 때문이다.

  제품 전반을 수정하는 대신 기업은 시장에 따라 제공물의 포지션을 달리할 수도 있다. Philips의 의료기 사업은 선진국 시장에서는 전통적으로 고급, 프리미엄 제품으로 자리매김하였고, 개발도상국 시장에서는 제품의 기본적인 기능과 합리적인 가격을 강조했다. 그러나 중국과 인도 같은 신흥 시장에서는 점점 현지 디자인, 엔지니어링, 생산을 늘려가고 있다.

  많은 신흥 시장에서 중산층의 성장과 함께 기업은 다른 소득 세분시장에 다가가기 위한 제품 포트폴리오를 구성하고 있다. 프랑스의 식료품 기업인 Danone은 Dannon 요거트, Evian 생수, Bléndina 유아식과 같은 고급 건강식 제품을 팔지만, 식료품 예산이 거의 없는 저소득 소비층을 겨냥한 저가의 상품도 판매한다.

제품 적응화   시장의 역사적 요인 및 소비자 행동의 차이는 마케터로 하여금 제품을 시장마다 달리 포지셔닝하게 만들었다. 이러한 차별성으로 인해 대다수의 제품은 어느 정도의 적응화가 필요하다.[21] Coca-Cola조차도 어떤 국가에서는 단맛이 덜하거나 탄산이 좀 약하게 들어가기도 한다. 기업은 내수용 제품을 다른 나라에서도 '있는 그대로' 출시할 수 있다고 가정하기보다는, 제품 특징, 라벨, 색깔, 재료, 포장, 브랜드 이름, 영업 프로모션, 가격, 광고 메시지와 미디어, 크리에이티브 실행 등 여러 요소에 대한 변형을 고려하고 제품에 어떠한 변화를 주는 것이 비용보다 매출을 더 증가시킬지 파악해야 한다. 다음의 사례를 보자.

  Heineken 맥주는 미국에서는 고가의 슈퍼프리미엄 제품을 제공하지만 네덜란드 내수시장에서는 평균의 중간 정도 되는 맥주를 제공한다.

  Honda 자동차는 일본에서는 스피드와 젊음, 에너지를 강조하지만 미국에서는 품질과 안정성을 강조한다.

Toyota Camry는 미국에서는 평범한 중형 세단이지만 중국에서는 겉모습만 조금 다름에도 고급 세단이다.

제품 적응화는 현지 조건과 선호에 맞게 제품을 변형하는 것이다. 각 시장의 고객 선호도의 유사성에 따라 제품 적응화는 다양한 단계로 일어날 수 있다. 기업은 제품의 **지역 버전**(regional version)을 생산할 수 있다. Dunkin' Donuts는 Miami의 Coco Leche 도넛과 Dallas의 소시지 콜라체(패스트리 안에 소시지가 들어간 빵의 일종) 등과 같은 좀 더 지역화된 제품을 출시했다. 분말음료 Tang은 레몬페퍼, 망고, 가시여지와 같은 현지의 맛을 추가하여 라틴 아메리카, 멕시코, 중동지역의 개발도상국 시장에서 큰 성공을 거두었다. 또한 제품의 **국가 버전**(country version)을 생산할 수도 있다. Kraft는 영국(커피를 우유와 함께 마심), 프랑스(블랙 커피를 마심), 라틴 아메리카(치커리 맛을 원함) 등 국가별로 커피 배합을 달리했다. **도시 버전**(city version) 제품을 생산하는 경우도 있으며, Munich이나 Tokyo의 입맛에 맞춘 맥주 등이 그 예다. 그리고 다양한 **소매업자 버전**(retailer version)을 생산할 수도 있다. Migros 체인점과 Cooperative 체인점 둘 다 스위스에 위치하지만 각각 다른 커피를 공급할 수 있는 것이다.

어떤 기업은 적응화를 좀 더 어렵게 학습하기도 한다. 1992년 파리 외곽에 문을 연 Euro Disney 테마파크는 식사에 와인을 함께 서비스하는 등 프랑스의 풍속과 가치를 무시한 미국식 문화제국주의의 단적인 예로 강도 높은 비난에 휩싸였다. Euro Disney의 한 임원은 "처음 문을 열었을 때는 우리가 Disney라는 것만으로 충분하다는 믿음이 있었다. 지금은 고객을 그들 고유의 문화와 여행 습관을 존중하는 방식으로 대해야 한다는 것을 깨달았다."고 말했다. 이후 Disneyland Paris로 이름을 바꾸고 현지 색깔을 입힌 후, 에펠 타워보다도 인기 있는 명실상부한 유럽 최대의 여행지가 되었다.[22]

제품 혁신　기업은 기존 제품을 이용하거나 변형하는 대신 해외 시장을 위한 새로운 제품을 개발할 수 있다. 개발이 많이 이루어지지 않은 국가의 저비용, 고단백 식품에 대한 요구에 대응하여 Quaker Oats, Swift, Monsanto 등의 기업은 이런 국가들의 필수영양조건을 조사한 후 새로운 식품을 제조하고 제품의 시식과 수용을 늘릴 광고를 만들었다.

McDonald's는 국가와 지역의 현지 상황에 맞게 자사의 기본적인 레이아웃과 메뉴의 주요 성분을 변형할 수 있도록 허용한다. McDonald's의 열성팬들은 스위스에서는 새우튀김을, 홍콩에서는 소시지 앤드 에그 트위스티 파스타를, 영국에서는 모차렐라 디퍼(모차렐라 스틱의 일종), 뉴질랜드에서는 전통적인 조지 파이를 맛볼 수 있다. 포르투갈의 McDonald's는 버거 대신 콩이나 시금치로 만든 수프를 제공한다. McDonald's의 다른 제품 혁신으로는 닭고기, 대두, 야채로 만들어진 일본의 치킨베지버거, McVeggie와 Veg Pizza McPuff 등 토마토 소스, 모차렐라 치즈, 여러 종류의 야채로 구성된 인도의 다양한 채식 메뉴들, 콩과 치즈, 소스를 곁들여 만든 멕시코의 아침용 오픈 샌드위치 McMollette, 초콜릿을 발라 샌드위치처럼 접은 독일의 McToast 팬케이크, 머스터드 소스가 뿌려진 스튜와 소고기 패티가 들어간 네덜란드의 McKroket 등이 있다. McDonald's 말레이시아의 Burbur Ayam McD라는 메뉴는 양파, 생강, 샬

롯, 고추를 곁들인 닭고기 죽이다.[23]

위조품에 대한 대응　기업이 글로벌 공급망을 개발하여 제품을 본국에서 멀리 운반할 때 일어 날 수 있는 문제 상황으로 부정부패, 사기, 품질 관리 문제의 증가를 들 수 있다. 해외의 정교 한 공장들은 거의 대부분을 재생산할 수 있는 듯하다. 인기 있는 브랜드 대다수는 세계 어딘가 에 위조품이 존재할 가능성이 있다.

위조는 수조 달러의 비용을 발생시킬 것으로 추정된다. 온라인 위조만으로 입은 손실 이 2017년 3,230억 달러에 달했다. 위조품은 Hermès, LVMH(Moët Hennessy Louis Vuitton), Tiffany 같은 명품 브랜드 수익의 상당 부분을 빼앗아 간다. 위조품의 온라인 판매로 이러한 명품 브랜드들은 300억 달러가 넘는 손실을 입었다.[24]

사실상 모든 제품이 위조에 취약하다. Microsoft는 중국 내 Windows 소프트웨어의 90% 정도가 불법복제품이라고 추정하고 있다.[25] 한 위조방지 컨설턴트는 "당신이 무엇인가를 만들 수 있다면, 누군가는 그것을 베낄 수 있다"고 말한다. LVMH는 수천 개의 제품을 조사한 결과 eBay에서 거래되는 Louis Vuitton과 Christian Dior 제품의 90% 정도가 가짜일 것이라 추정하 였고, 이는 곧 고소로 이어졌다.

생산자는 사람의 개입 없이 가짜를 감지하고 명백한 위반자들에게 자동으로 경고를 하는 온라인 소프트웨어를 통해 위조품에 대응하고 있다. 인공지능 소프트웨어의 사용은 정품 브랜 드의 광고와 유사한 광고와 브랜드 등록상표와 로고를 도용한 공인되지 않은 인터넷 사이트를 감지하여, 온라인상의 위조품 판매상을 찾아내는 데 도움을 준다. 인공지능 소프트웨어는 또 한 정품에는 존재하지 않는 색깔과 지나치게 낮은 가격을 잡아낼 뿐만 아니라, '값싼(cheap)', '할인(discount)', '정품(authentic)', '공장하자품(factory variants)' 등의 키워드도 체크한다.

글로벌 브랜드 전략

글로벌 시장에 진출할 때 기업은 브랜드 포지셔닝 방법 및 각 특정 시장의 세부사항에 브랜드 를 적응화할 것인지, 얼마나 적응화할 것인지를 결정해야 한다. 또한 전 세계 여러 시장에서 브랜드가 인식되는 방식에 영향을 미칠 수 있는 잠재적 원산지 효과도 고려해야 한다.

브랜드 적응화　기업이 전 세계적으로 제품과 서비스를 출시할 때, 마케터는 특정 브랜드 요 소를 변경해야 할 수도 있다. 브랜드 이름조차도 음성 번역과 의미 번역 중 하나를 선택해야 할 수 있다. Clairol이 독일에서 헤어 고데기 'Mist Stick'을 출시했을 때, mist가 거름(manure)을 뜻하는 속어로 쓰인다는 것을 알게 되었다. 중국에서 Coca-Cola와 Nike는 브랜드 이름과 발음 이 비슷하지만 동시에 브랜드와 연관된 의미를 가지는 한자어 조합을 발견했다[각각 '맛있고, 행복할 수 있는(Can Be Tasty, Can Be Happy)'과 '인내력 극복(Endurance Conquer)'이라는 의 미를 갖는다].[26]

숫자와 색은 특정 국가에서 특별한 의미를 가질 수 있다. 숫자 4는 일본어와 중국어로 '죽 음'을 뜻하는 단어와 비슷하게 들리기 때문에 아시아 전역에서 불운한 것으로 여겨진다. 일부

동아시아 건물들은 4층뿐만 아니라 4가 포함되는(14, 24, 40~49) 모든 층을 건너뛰기도 한다. Nokia는 숫자 4가 포함된 휴대폰 모델을 아시아에서 출시하지 않는다. 미얀마와 일부 라틴 아메리카 국가에서 보라색은 죽음과 관련이 있으며, 인도에서 흰색은 애도를 표현하는 색이고, 말레이시아에서 녹색은 질병을 의미한다. 중국에서 빨간색은 일반적으로 행운과 번영을 상징한다.[27]

때로 브랜드 슬로건이나 광고 문구도 변경해야 한다. Coors가 브랜드 슬로건인 "Turn it loose(자유롭게 해)"를 스페인어로 옮겼을 때, 일부 사람들은 "설사를 앓는다"고 읽었다. "정말 더러운 부분"을 세탁한다고 주장하는 세탁비누 광고가 프랑스어를 사용하는 Québec에서는 "은밀한 부분을 씻기 위한 비누"로 읽히기도 했다. Perdue의 슬로건 "It takes a tough man to make a tender chicken(닭을 부드럽게 만들기 위해서는 강한 남자가 필요하다)"은 스페인어로 "it takes a sexually excited man to make a chicken affectionate(닭을 다정하게 만들기 위해서는 성적으로 흥분된 남자가 필요하다)"는 의미로 번역되기도 했다.[28]

원산지 효과   원산지 인식은 국가에 의해 촉발된 정신적 연관성과 신념이다. 정부 관계자들은 국내 마케터들의 수출을 돕고 외국 기업과 투자자를 끌어들이기 위해 자국의 이미지를 강화하기를 원한다. 마케터는 긍정적인 원산지 인식을 이용해 제품과 서비스를 판매하고자 한다.

글로벌 마케터는 구매자가 다른 나라의 브랜드나 제품에 대해 뚜렷한 태도와 믿음을 가지고 있다는 것을 알고 있다. 이러한 인식은 제품의 속성, 브랜드의 의미, 원산지 등 다양한 요소에서 비롯될 수 있다('프랑스라면 스타일리시해야 한다'). Coca-Cola가 중국에서 현지 콜라 브랜드 Jianlibao를 상대로 성공을 거둔 것은 부분적으로 미국의 현대성과 풍요로움과의 연관성 때문이다. 다음 Digicel의 사례를 살펴보자.

> Digicel   자메이카에 본사를 두고 2001년에 사업을 시작한 Digicel은 지불 능력이 낮아 일반적으로는 무시되는 소비자에게 어필하는 이동통신 제품과 서비스로 파푸아뉴기니, 아이티, 통가 등 정치적으로 불안정한 개발도상국 시장을 점령했다. 이 회사는 인구 100% 통신 보급률을 달성하기 위해 노력하면서 이전에는 통신 기회조차 갖지 못했던 지역과 농촌의 주민들에게 저렴한 모바일 서비스를 제공한다. 이들의 서비스는 개발도상국 외에도 카리브해, 중앙 아메리카 및 아시아 태평양의 31개 시장에서 제공되고 있다. 지역적 유대를 높이기 위해 Digicel은 각 지역의 크리켓, 럭비 및 기타 유명 스포츠 팀을 후원하기도 한다. 일례로 올림픽 육상 단거리 챔피언인 Usain Bolt는 Digicel의 지역 광고 및 홍보 대사다. 또한 Digicel 재단의 교육, 문화 및 사회 개발 프로그램을 통해 각 지역에서 지역사회 기반 활동을 후원하고 운영한다. 일례로 피지에서의 마케팅 노력은 교훈을 준다. 진입 2년 만에 현지의 Vodafone과 치열한 경쟁을 벌인 Digicel Fiji는 피지의 삶과 스포츠에 기여한 회사의 자부심을 가지고 "피지는 우리에게 중요하다(Fiji Matters to Us)"는 캠페인을 전개하며, 그들의 자부심을 반영하기 위해 피지 국기 하단의 연한 파란색 음영을 자사의 빨간색 로고에 추가하기도 했다.[29]

브랜드가 품질 신호를 보내든, 문화적 신화를 이용하든, 사회적 책임감을 강화하든, 글로벌 무대에서 성공적이라고 인식된다는 사실만으로도 신뢰와 존중을 얻을 수 있다.[30] 연구에

<< 지역적으로 관련성을 유지하기 위한 노력은 Digicel이 서비스가 부족한 정치적으로 불안정한 국가의 고객에게 자사의 모바일 통신 제품과 서비스를 제공할 수 있게 했다.

따르면 특정 국가는 특정 상품으로 명성을 누린다. 자동차와 가전제품에는 일본, 첨단기술 혁신에는 미국, 청량음료, 장난감, 담배, 청바지, 와인, 향수, 명품에는 프랑스와 같은 식이다.

소비자가 제품과 브랜드가 어디에서 왔는지 모를 때, 종종 그 기원에 대해 추론한다. 설문조사에 의하면 소비자는 Heineken은 독일, Nokia는 일본, Au Bon Pain은 프랑스에서 왔다고 추측했다(실제로는 각각 네덜란드, 핀란드, 미국에서 온 것이다). 대부분의 소비자는 Popov 보드카, Ginsu Knives, Estée Lauder, Häagen-Dazs가 미국에서 유래했다는 사실을 알지 못한다.

Häagen-Dazs   Bronx의 작은 사탕 가게와 근처 레스토랑에서 수제 아이스크림을 30년 이상 판매한 Mattus 가족의 Reuben Mattus는 New York의 아이스크림 애호가들은 자신이 좋아하는 아이스크림에 더 비싼 값을 지불할 것이라고 판단했다. 색다른 이미지를 담기 위해 그는 차갑고, 바삭바삭하고, 고급스럽고, 덴마크어 같은 Häagen-Dazs라는 이름을 만들어냈다. 하지만 이 단어는 실제 덴마크어가 아니며, 따라서 영어로도 아무 의미가 없는 것처럼 덴마크어로도 아무 의미가 없다. 제품 상자에 보이는 스칸디나비아 지도로 강화된 그 매력적인 이름은 맑고 차가우면서 반짝이는 스칸디나비아 기후와 제품을 연관시켜 경쟁자들과 차별화했다. 독특한 이름이 아이스크림의 풍부한 질감의 고급스러움과 더해지면서 Häagen-Dazs는 빠른 속도로 높은 인지도와 인기를 쌓을 수 있었다.[31]

마케터는 원산지 개념을 국내와 국외 모든 관점에서 살펴봐야 한다. 내수시장에서 이러한 인식은 소비자의 애국심을 자극하거나 그들의 과거를 상기시킬 수 있다. 국제 무역이 성장함에 따라, 소비자는 특정 브랜드를 그들의 문화적 정체성에서 상징적으로 중요하거나 자국에서 일자리를 유지하는 데 중요한 역할을 한다고 여길 수 있다. 미국 소비자의 4분의 3 이상이 국내에서 만든 제품과 해외에서 만든 동일한 제품 중 하나를 선택할 수 있다면 미국 제품을 선택할 것이라고 답했다.[32]

많은 브랜드가 해외 시장의 문화적 짜임에 자신을 엮어넣기 위해 많은 노력을 했다. 한 Coca-Cola 임원은 미국을 방문한 일본 어린이가 Coca-Cola 자판기를 보고는 부모에게 "이것 보세요, 그들에게도 Coca-Cola가 있어요!"라고 말한 일화를 언급한 적이 있다. 그 어린 여자 아이에게 Coca-Cola는 일본 브랜드였던 것이다. Haier은 외국 현지에 뿌리내리기 위해 열심히 노력하는 또 다른 글로벌 브랜드다.

> **Haier** 중국의 냉장고, 세탁기, 에어컨 제조업체인 Haier은 잘 설계된 제품으로 명성을 얻으며 중국 시장을 선도했다. 농촌 지역의 고객에게는 야채와 옷을 씻을 수 있도록 내구성이 뛰어난 세탁기를 판매한 반면, 도시 지역의 고객에게는 아파트 규모에 맞는 작은 세탁기를 판매했다. 21세기에 들어서면서 Haier은 글로벌 브랜드 구축을 목표로 하게 되었다. 대부분의 다른 아시아 기업들이 아시아 시장 진출 후 서방 시장을 공략한 것과 달리 Haier은 미국과 서유럽을 먼저 목표로 하였는데, 이 지역에서의 성공이 다른 지역에서의 성공으로 이어질 수 있을 것이라 판단했기 때문이다. 미국에서 다른 기업들이 신경 쓰지 않았던 가정, 사무실, 기숙사, 호텔을 위한 미니 냉장고 시장을 공략하고, Walmart, Target, Home Depot 및 기타 주요 소매업체에서 유통망을 확보함으로써 교두보를 구축했다. 초반의 성공 후에는 고급 냉장고나 에어컨, 세탁기, 식기세척기와 같은 다른 가전제품을 판매하기 시작했다. 그들의 목표는 '수입된 중국 브랜드'가 아닌 '현지화된 미국 브랜드'로 보여지는 것이었기에 South Carolina의 제조 공장에 투자하고 NBA의 마케팅 파트너가 되었다. 2018년까지 해외 시장 매출은 Haier 전체 매출의 40%에 달했으며, 세계에서 가장 많이 팔리는 가전 브랜드가 되었다.[33]

글로벌 가격 전략

동일한 Gucci 핸드백이 이탈리아에서는 200달러, 미국에서는 300달러, 중국에서는 400달러에 팔릴 수도 있다. 왜 그럴까? Gucci는 운송비, 관세, 수입자 마진, 도매상 마진, 소매상 마진을 출고가에 추가해야 한다. 이러한 추가 비용과 통화 변동 위험으로 인한 비용 상승으로 제조업자는 가격을 2~5배까지 올려야만 동일한 이익을 얻을 수 있게 만든다. 또한 가격은 기업이 제공하는 혜택에 대한 고객의 지불 의지를 반영한다.

다른 나라에서 가격을 책정할 때, 기업에게는 두 가지 기본 선택지가 있다.

- **모든 나라에 동일한 가격 책정**: PepsiCo는 Pepsi의 가격을 전 세계 어디에서나 1달러로 책정하고 싶을 수 있지만, 이로 인해 나라마다 수익률의 차이가 커질 수 있다. 또한 이 전략은 가난한 나라에는 너무 높은 가격을, 부유한 나라에는 다소 낮은 가격을 책정하는 결과를 낳을 수 있다.
- **각 국가에 맞는 시장 기반의 가격 책정**: PepsiCo는 각 국가별로 감당할 수 있는 금액을 달리 청구할 수 있지만, 이 전략은 국가별 실제 비용의 차이를 고려하지 않는 것이다. 그것은 또한 저가격 국가의 중개인들이 Pepsi를 고가격 국가로 재배송하도록 만들 수 있다.

시장 기반 가격 책정은 기업이 해외 자회사로 운송하는 상품의 이전 가격(transfer price)을 같은 회사 내의 한 부서가 다른 부서에 청구하는 시나리오로 이어질 수 있다. 회사가 자회사에 너무 **높은** 가격을 부과하면 외국에서 더 낮은 소득세를 낼 수 있지만, 결국 더 높은 관세를 물게 될 수도 있다. 만약 회사가 자회사에 너무 **낮은** 가격을 부과하면 덤핑으로 기소될 수 있다. 즉 시장에 진입하거나 경쟁에서 이기기 위해 비용보다 낮은 가격이나 본국에서 매긴 가격보다 낮은 가격을 책정하는 것이다. 여러 정부가 이런 행태를 주시하며 종종 다른 경쟁자들이 같은 제품이나 비슷한 제품에 부과하는 가격과 비슷한 가격을 책정하도록 기업에게 요구한다.

과잉생산과 값싼 통화 및 공격적 수출의 필요성이 있는 나라들은 가격을 낮추고 통화를 평가절하해 왔다. 수요 부진과 더 높은 가격을 지불하기를 꺼리는 것은 이러한 시장에서 판매를 어렵게 만든다. 예를 들어, 스웨덴의 대형 가구회사인 IKEA가 2002년 Beijing에 첫 번째 매장을 열었을 때, 지역 상점들은 IKEA 가격보다 현저히 낮은 가격에 디자인 복제품을 팔고 있었다. 중국의 힘겨운 가격 시장에서 경쟁할 수 있는 유일한 방법은 가격을 대폭 낮추는 것이었다. IKEA는 중국 매장에 중국산 제품을 공급함으로써 가격을 중국 이외의 지역에서보다 70%나 낮출 수 있었다. 여전히 계속되는 모조품과 씨름하고 있지만 IKEA는 중국 24개 지역에 상당한 규모의 매장을 운영하고 있으며 계속해서 새로운 매장을 열고 있다.[34]

글로벌 커뮤니케이션 전략

기업마다 각 지역 시장에 마케팅 커뮤니케이션을 적용하는 정도가 다르다. 기업 언어와 이름만 변경하여 어디에서나 하나의 메시지를 사용할 수 있다. General Mills는 Häagen-Dazs 브랜드를 '관대함', '적절한 사치품', '강렬한 관능미'의 측면에서 전 세계적으로 포지셔닝한다. 또 다른 방법으로 기업은 전 세계적으로 동일한 메시지와 크리에이티브 테마를 사용하면서도, 특정 시장에 맞게 실행을 조정할 수 있다. GE의 글로벌 "Ecomagination" 광고 캠페인은 아시아와 중동 지역에서는 크리에이티브 콘텐츠를 대체하여 현지의 문화적 관심을 반영하고자 한다. 첨단기술 분야에서도 현지 적응이 필요할 수 있다.[35] 기업은 각 국가별로 가장 적합한 광고 풀을 개발할 수 있는데, Coca-Cola와 Goodyear가 채택한 접근방식이 그렇다. 마지막으로 일부 기업은 가이드라인 안에서 관리자가 직접 국가별 광고를 만들 수 있도록 허용하기도 한다.

커뮤니케이션을 조정하는 기업은 여러 가지 문제와 씨름하고 있다. 이 기업들은 먼저 그들의 커뮤니케이션이 법적으로나 문화적으로 허용되는지 확인해야 한다. 미국 장난감 제조업체들은 많은 국가(예로 노르웨이와 스웨덴)에서 12세 미만 어린이를 대상으로 하는 TV 광고가 없다는 사실을 알고 놀랐다. 성 중립 문화를 조성하기 위해 스웨덴은 성차별적 광고도 금지한다. 일례로 "남자는 자동차, 여자는 공주"라는 광고는 정부 광고 규제 기관으로부터 비판을 받았다.[36]

많은 국가에서 광고에서 지나치게 마른 모델과 인위적으로 합성 처리된 모델을 없애기 위한 조치를 취하고 있다. 이스라엘은 인쇄 및 TV 광고와 패션 쇼에서 저체중 모델을 금지했다. 모델은 키와 몸무게를 기반으로 계산한 체질량지수(BMI)가 18.5 이상이어야 한다. 해당 BMI 표준에 따르면 키가 약 172cm인 여성 모델의 체중은 약 54kg 이상일 수 있다.[37]

다음으로 기업은 크리에이티브 전략과 커뮤니케이션 접근방식을 점검하여 적절성을 확인해야 한다. 비교 광고는 미국과 캐나다에서는 허용되고 일반적이지만 영국에서는 덜 빈번하고, 일본에서는 허용되지 않으며, 인도와 브라질에서는 불법이다. EU는 비교 광고에 대한 관용성이 매우 낮은 것으로 알려져 있고 광고에서 경쟁자에게 직격탄을 가하는 것을 금지한다.

기업은 또한 메시지 소구를 다양화할 준비가 되어 있어야 한다. Helene Curtis는 헤어 케어 제품을 광고하면서 중산층 영국 여성은 머리를 자주 감는 반면 스페인 여성은 덜 씻는다는 사실을 알게 되었다. 일본 여성들은 두피를 보호하는 기름기 제거를 염려하여 과도한 샴푸를 피한다. 이러한 차이점을 인식해야 다양한 국가에서 효과적인 메시징이 가능하다. 언어도 현지 언어, 영어와 같은 외국어 또는 몇몇 언어의 조합 등으로 다양화할 수 있다. 개인 판매 전략도 변경해야 할 수 있다. 미국에서 선호되는 직접적이고 명쾌한 접근방식("사업을 시작하자", "무엇이 나에게 도움이 될까요?")은 유럽이나 아시아에서는 간접적이고 미묘한 접근방식과 마찬가지로 잘 작동하지 않을 수 있다.[38]

글로벌 유통 전략

다국적 기업은 처음 한 국가에 진출할 때 현지 지식이 풍부한 현지 유통업체와 일하는 것을 선호하지만 나중에 마찰이 생기는 경우가 많다.[39] 다국적 기업은 현지 유통업체가 사업 성장에 투자하지 않고 회사 정책을 따르지 않으며 충분한 정보를 공유하지 않는다고 불만을 제기한다. 현지 유통업체는 부족한 기업 지원, 불가능한 목표, 혼란스러운 정책 등으로 인한 불편을 호소한다. 다국적 기업은 올바른 유통업체를 선택하고 이곳에 투자하고 양 당사자가 동의할 수 있는 성과 목표를 설정해야 한다.

국가별 유통 채널은 상당히 다양하다. 일본에서 소비재를 판매하려면 기업은 세계에서 가장 복잡한 유통 시스템 중 하나를 거쳐야 한다. 이러한 기업은 일반 도매상에게 판매하고, 제품 도매상에게 판매하고, 제품 전문 도매상에게 판매하고, 광역 도매상에게 판매하고, 지역 도매상에게 판매하고, 최종적으로 소매상에게 판매한다. 이러한 모든 유통 수준은 소비자 가격을 두 배로 늘리거나 수입업체 가격을 세 배까지 늘릴 수 있다. 동일한 소비재를 열대 아프리카로 가져갈 때 회사는 수입 도매상에 판매하고, 수입 도매상은 현지 여러 도매상에 판매하고, 현지 도매상은 현지 시장에서 일하는 소규모 상인에게 판매할 수 있다.

또 다른 차이점은 해외 소매상의 규모와 특성이다. 대규모 소매 체인이 미국 시장을 지배하지만 많은 외국 소매업은 소규모 독립 소매업체의 손에 달려 있다. 수백만 명의 인도 소매업체가 작은 상점을 운영하거나 오픈 마켓에서 판매한다. 가격 상승률이 높지만 흥정을 통해 실제 가격은 내려간다. 소득은 낮고, 대부분의 가정에는 저장고와 냉장 시설이 부족하며, 사람들은 도보나 자전거로 집에 가지고 갈 수 있는 모든 것을 매일 쇼핑한다. 인도에서는 사람들이 담배를 한 번에 한 개비씩 사는 경우가 많다. 대량을 소분하는 것은 중개자의 중요한 기능으로 남아 있으며, 이는 개발도상국에서 대규모 소매업 확장의 주요 장애물인 긴 유통 채널을 영속화하는 데 일조한다.

그럼에도 불구하고 소매업체는 점점 더 새로운 글로벌 시장으로 진출하여 기업에게 더 많은 국가에서 제품을 판매할 수 있는 기회를 제공하고 현지 유통업체와 소매업체에 도전 과제를 안겨준다.[40] 프랑스의 Carrefour, 독일의 Aldi와 Metro, 영국의 Tesco가 모두 글로벌 입지를 굳혔다. 그러나 세계에서 가장 성공적인 소매업체 중 일부조차 해외에서 엇갈린 성공을 거두었다. 공동의 노력과 라틴 아메리카와 중국에서의 초기 성공에도 불구하고 Walmart는 큰 손실을 입은 후 독일과 한국 시장에서 철수해야 했다.[41]

많은 다국적 기업은 국내외 공인 유통 채널에서 브랜드 제품을 빼돌리는 **그레이 마켓**(gray market)에 시달리고 있다. 종종 기업은 일부 기업의 유통업체들이 가격 차이를 이용하기 위해 자국 내에서 판매할 수 있는 것보다 더 많이 구매하고 다른 나라로 상품을 재출하하는 것을 발견하기도 한다.

그레이 마켓은 무임승차 문제를 야기하여 제조업체의 제품을 지원하는 합법적인 유통업체의 투자 생산성을 떨어뜨리고, 그레이 마켓 가능성을 줄이기 위해 더욱 집약적으로 선택적 유통 시스템 구축하도록 만든다. 이는 유통업체 관계를 해치고 제조업체의 브랜드 자산을 손상시키며 유통 채널의 진실성을 훼손한다. 이는 제품이 손상되거나 라벨을 다시 붙이거나 오래되거나 보증 또는 지원이 없거나 위조된 경우 소비자에게 위험을 초래할 수도 있다. 미국 정부 규제 기관은 Riche Holding AG의 암 치료제 Avastin의 위조 약병이 미국 의사에게 배송된 이후로 업계를 더 면밀히 살펴보고 있지만, 높은 가격으로 인해 처방약이 그레이 마켓의 표적이 되는 경우가 많다.[42]

다국적 기업은 유통업체를 감시하고, 비용이 더 낮은 유통업체에는 가격을 올리며, 국가별로 제품 특성이나 서비스 보증을 변경함으로써 그레이 마켓을 방지하고자 노력한다. 한 연구 조사에 따르면 처벌이 가혹할 때, 제조업체가 적시에 위반을 감지하거나 처벌을 실행할 수 있을 때, 예방 조치가 모두 시행될 때 그레이 마켓 활동이 가장 효과적으로 억제된다고 한다.[43]

---

marketing INSIGHT 글로벌 유사점과 차이점

글로벌 연결성, 온라인 프로그래밍, 모바일 커뮤니케이션, 소셜 미디어의 광범위한 보급은 라이프스타일의 수렴으로 이어졌다. 공동의 요구와 욕구는 특히 젊은 중산층 사이에서 보다 표준화된 제품을 다루는 글로벌 시장을 창출했다.

동시에 글로벌 소비자는 상당히 다를 수 있다. 따라서 소비자 행동은 국가 간에 뚜렷한 문화적 차이를 반영할 수 있다.[44] 학술 연구는 국가 간의 차이를 보여주는 6가지 문화적 차원을 구분하여 제시한다. 각각의 문화적 차원에서 서로 대치되는 두 가지 지향점에 대한 국가별 선호도를 바탕으로 (개인이 아닌) 국가 간의 문화적 차이를 구분한다.[45]

• **권력 거리**(Power Distance Index): 이 차원은 사회의 덜 강력한 구성원들이 권력의 불평등 분배를 받아들이

고 기대하는 정도를 반영한다. 즉 권력 거리 지수는 사회가 사람들 사이의 불평등을 처리하는 방식을 반영한다. 권력 거리가 높은 국가는 계층적 사회 계층을 수용하는 반면, 권력 거리가 낮은 국가는 권력의 분배를 평등하게 하고 권력의 불평등에 대한 정당성을 요구한다.

• **개인주의 vs. 집단주의**(Individualism vs. Collectivism): 집단주의 사회(예: 일본)에서 개인의 자존감은 개인의 성취보다 사회 시스템에 더 뿌리를 두고 있다. 이와 반대로, 개인주의적 사회(예: 미국)에서는 사람들이 자신과 직계가족만 돌볼 것으로 예상된다. 이 차원에 대한 사회의 입장은 사람들의 자아상을 '나'로 정의하느냐 '우리'로 정의하느냐에 반영되어 있다.

• **남성성 vs. 여성성**(Masculinity vs. Femininity): 이 차

(계속)

marketing insight (계속)

원은 문화가 남성에게 더 자주 귀속되는 자기주장적 특성과 여성에게 더 자주 귀속되는 양육 특성을 얼마나 많이 반영하는지를 나타낸다. 남성성 측면은 사회에서 성취, 영웅심, 자기주장, 성공에 대한 물질적 보상에 대한 선호를 나타낸다. 그 반대인 여성성은 협력, 겸손, 약자에 대한 배려, 삶의 질에 대한 선호를 반영한다.

• **불확실성 회피성 지표(Uncertainty Avoidance Index):** 불확실성 회피성은 사회 구성원이 불확실성과 모호성에 대해 느끼는 불편함의 정도를 반영한다. 불확실성 회피가 높은 국가는 엄격한 신념과 행동 규범을 유지하고 비정통적인 행동과 아이디어를 용납하지 않는다. 대조적으로, 불확실성 회피가 낮은 국가는 원칙보다 실천이 더 중요하다는 보다 편안한 태도를 유지한다.

• **규범지향 vs. 실용지향(Normative vs. Pragmatic Orientation):** 이 차원은 현재와 미래의 어려움을 다루는 과정에서 사회가 과거에 바탕을 두는 정도를 반영한다. 규범지향 사회는 유서 깊은 전통과 규범을 유지하는

것을 선호하며 사회 변화에 회의적이다. 대조적으로, 실용지향 사회는 보다 실용적인 접근방식을 취하는 경향이 있다. 그들은 미래를 준비하는 방법으로 현대 교육에서 절약과 노력을 장려한다.

• **관용 vs. 절제(Indulgence vs. Restraint):** 이 문화적 차원은 사회가 개인의 행동을 가이드하기 위해 엄격한 규범에 의존하는 정도를 나타낸다. 여기서 관용은 삶을 즐기는 것과 관련된 인간의 기본적인 쾌락적 욕구를 비교적 자유롭게 만족시킬 수 있는 사회를 의미한다. 절제는 쾌락적 욕구의 충족을 억제하고 엄격한 사회적 규범을 통해 그것을 규제하는 사회의 특성을 반영한다.

최고의 글로벌 브랜드는 일관된 테마를 유지하면서도 소비자 행동, 브랜드 개발, 경쟁력, 법적·정치적 환경의 상당한 차이를 반영한다.[46] 글로벌 브랜드의 마케터에게 자주 듣거나 때로 수정되기도 하는 조언은 "글로벌하게 생각하고 지역적으로 행동하라"다. 이러한 정신으로 HSBC는 수년 동안 명실상부한 '세계의 지역 은행'으로 자리 잡았다.

요약

1. 해외로 진출하는 것은 두 가지 주요 유형의 위험, 즉 새로운 시장에 진입하는 것과 관련된 일반적인 위험과 다른 나라에서 사업을 하는 것과 관련된 특정 위험을 포함한다. 해외 진출을 결정할 때 기업은 진입을 고려하는 각 글로벌 시장에 대한 위험과 보상 비율을 신중하게 평가해야 한다.

2. 해외 진출 여부를 결정하는 것은 글로벌 전략을 개발할 때 기업이 내려야 하는 몇 가지 결정 중 첫 번째다. 기업이 해외 진출이 최선이라고 결론지은 경우, 기업은 어떤 시장에 진입하는 것이 가장 좋은지, 이러한 시장에 어떻게 진입하는 것이 가장 좋은지, 각 시장에 대한 구체적인 마케팅 프로그램, 그리고 각 국가의 마케팅 조직을 구성하는 가장 효과적인 방법을 포함한 일련의 보다 구

체적인 결정을 내려야 한다.

3. 기업이 특정 국가를 공략하기로 결정하면 자사 브랜드와 함께 최적의 진입 방식을 선택해야 한다. 크게 간접 수출, 직접 수출, 라이선스, 조인트 벤처, 직접 투자가 있으며, 직접 투자로 갈수록 헌신의 정도, 위험, 통제 및 수익 잠재력이 높아진다.

4. 새로운 글로벌 시장에 진입하는 기업에게 중요한 결정은 마케팅 전략을 현지 상황에 어느 정도 적응화할 것인가 하는 것이다. 전 세계적으로 표준화된 마케팅 프로그램은 개별 국가에서 최고의 일관성을 약속한다. 반대로, 적응화된 마케팅 프로그램은 각 국가의 특성에 맞게 기업의 제안을 조정한다.

5. 글로벌 제품 전략을 개발하려면 어떤 제품이나 서비스

가 쉽게 표준화되는지, 어떤 적응 전략이 적절한지 알아야 한다. 마케팅 프로그램을 제품 수준에서 얼마나 광범위하게 적용할지를 결정할 때, 기업은 직접 확장, 제품 적응화, 제품 혁신의 전략을 추구할 수 있다.

6. 글로벌 시장에 진출할 때 기업은 브랜드를 어떻게 포지셔닝할지, 그리고 각 특정 시장의 세부사항에 브랜드를 적응시킬지 또는 얼마나 적응시킬지를 결정해야 한다. 또한 특정 시장에서 브랜드가 인식되는 방식에 영향을 미칠 가능성이 있는 원산지 효과도 고려해야 한다.

7. 기업은 가격과 커뮤니케이션 전략을 현지 시장에 적응함으로써 이익을 얻을 수 있다. 적응 수준은 마케팅 프로그램의 사소한 변화에서 대상 국가별로 완전히 다른 가격 및 커뮤니케이션 정책을 사용하는 것까지 다양할 수 있다.

8. 유통 단계에서 기업은 최종사용자에게 제품을 배포하는 채널 전체를 보는 관점을 취해야 한다. 기업은 항상 다른 국가에서 직면하는 문화적 · 사회적 · 정치적 · 기술적 · 환경적 · 법적 한계를 고려한다.

---

marketing
SPOTLIGHT

출처: Casarino/Alamy Stock Photo

Sephora

1969년 향수 가게에서 시작한 Sephora는 32개국 2,500여 개 매장에서 약 2만 명의 직원이 일하는 세계 최고의 뷰티 매장 중 하나다. 250개 이상의 클래식하고 새로운 뷰티 브랜드들이 스킨케어, 향수, 화장품, 목욕용품, 바디케어, 헤어케어 분야에서 매년 40억 달러 이상의 매출을 올리고 있다. Sephora는 현재 오프라인 및 온라인 매장을 성공적으로 연결한 옴니채널 형태를 바탕으로 전 세계적으로 빠르게 성장 중이다.

Sephora는 1993년 Dominique Mandonnaud가 설립한 Shop 8라는 작은 프랑스 향수 제조사로 출발하여 다른 매장들을 흡수하며 지금의 형태가 되었다. Sephora라는 이름은 아름답기로 유명했던 Moses의 아내 중 한 명인 Zipporah의 그리스어로, 브랜드의 아름다움과 고급스러운 이미지를 전달한다. 1997년에 Louis Vuitton, Givenchy, Marc Jacobs, Fendi, Dior, Bulgari, Benefit Cosmetics와 같은 유명 브랜드를 소유한 글로벌 럭셔리 기업인 LMVH에 매각된 지 1년 만에 New York City에 첫 번째 매장을 열고 글로벌 기업으로의 성장을 시작했다.

Sephora는 차별화된 서비스와 때에 따라 다른 서비스를 제공하는 능력을 바탕으로 성공했다. 초반에는 주로 오픈셀(open-sell) 및 독특한 상품 기획 철학을 기반으로 '체험형 소매점' 형태의 매장으로 트렌드를 이끌어나가며 인기를 얻었다. 이전에는 매장을 방문한 여성들이 진열된 제품을 만지고, 느끼고,

체험해 볼 수 있는 기회가 많지 않았다. 하지만 Sephora는 매장을 방문하면 구매하는 물건 이상의 경험을 제공할 수 있어야 한다고 믿었기 때문에 프랑스 향수 가게의 방식을 바탕으로 오픈셀 방식을 도입하여 고객이 여러 제품을 체험할 수 있도록 했다. 고객은 매력적인 쇼핑 경험을 하며 구매하기 전 제품을 체험해 봄으로써 더 다양한 제품을 발견할 수 있게 되었다.

Sephora는 다른 업계에서도 매장 운영을 위한 영감을 얻었다. Sephora 매장에서는 일반적으로 고객이 다양한 뷰티 스튜디오에서 메이크업을 해보고, 스킨케어 제품을 테스트해 보고, 전문 직원과 상담을 하고, 고객이 원하는 향수를 찾을 수 있게 도와주는 '향수 파인더'로 향수를 써보는 모습을 볼 수 있다. 또한 흑백 줄무늬 벽, 완벽하게 화장하고 깔끔한 옷차림을 한 직원, 고급스러운 디스플레이, 신나는 음악과 분위기 같은 세계 어느 지점에서나 같은 특징을 가진 매장은 브랜드의 이미지를 만든다. 싱가포르의 매장과 Mumbai, Delhi, Doha에 있는 다른

매장들은 간판에 사용된 얼굴과 언어 외에는 다른 점이 없다. Sephora는 매장의 판매 공간을 '스테이지', 그 외 다른 장소는 '백스테이지', 직원들은 '출연자', 매니저는 '감독'으로 부르며 극장 같은 환경을 조성하여 고객의 쇼핑 경험을 극적으로 만들어 준다. 이 모든 요소는 고객이 매장을 다시 방문하게 하고, 한 번 방문할 때 더 오랜 시간을 보내도록 만든다.

또 다른 성공 요인으로는 로열티 프로그램, 반품 정책, 이벤트, 옴니채널 구조 등이 있다. Sephora는 세계적으로 성공적인 로열티 프로그램과 월간 구독 서비스를 제공하여 회원들은 집에서도 신제품을 접할 수 있다. 또한 샘플, 메이크오버, 보상 포인트, 메이크업 특강이 오프라인과 온라인 매장에서 제공된다. Sephora의 온·오프라인 융합 전략은 한 가지 채널에 국한되지 않고 채널 간의 경험을 뛰어넘는 쇼핑 기회를 제공한다.

Sephora는 여러 국가에서 오프라인 매장을 확장하는 동시에 디지털 마케팅에도 중점을 두며 세계적으로 강력한 온라인 입지를 구축했다. 웹사이트에서 제품 사용방법 및 체험을 제공하며 맞춤형 제품 추천을 위한 다양한 디지털 뷰티 도구를 제공한다. Sephora Color IQ 도구는 고객의 피부를 스캔하여 파운데이션과 컨실러와 립 컬러를 추천해 준다. 또한 Sephora Digital Makeover Guide는 전문가가 사용하거나 추천하는 제품을 참고하여 향후 구매에 유용한 가이드라인을 제공한다.

2019년 많은 브랜드가 온라인 판매에 집중하기 위해 전 세계의 오프라인 매장 규모를 축소했지만 Sephora는 공격적인 확장을 이어나가며 역대 최대 규모로 북미 내 100개의 신규 매장을 오픈한다고 발표했다. 또한 인도, 싱가포르, 태국, 한국에 매장을 내며 아시아에서도 공격적으로 규모를 늘려나갔다. 같은 해 10월, 패셔너블하고 고급스러운 강남에 한국 최초의 매장을 열며 100여 개의 다양한 화장품과 향수 브랜드를 선보였다. 모든 매장이 최적의 경험을 제공할 수 있어야 했기에 강남의 매장 역시 시그니처인 인테리어와 느낌을 유지했다. 두 달 후, Sephora는 패션에 정통한 한국인들과 중국인 관광객을 겨냥하여 서울에 두 번째 매장을 열었다.

국제적으로 Sephora는 다른 뷰티 소매업체들보다 먼저 온라인 시장에서 자리를 잡았지만 여전히 새로운 소매 형태와 확장을 위해 다양한 매장 전략을 시험해 보고 있다. 이를 위해 세 가지 트렌드에 초점을 맞췄는데, 쇼핑몰 외부에 매장이 위치하고, 매장 규모가 작으며, 스킨케어 및 헤어케어 부문에서 다양한 제품을 제공하여 더 많은 고객에게 다가가고자 한다. Sephora의 이러한 전략은 화장품 업계에서 옴니채널 형태로 성장하기 위한 노력이다.[47]

질문

1. Sephora의 성공 요인에 대해 논의하시오.
2. Sephora와 같은 뷰티 브랜드가 전 세계의 다양한 시장에 표준화된 매장을 만들 수 있는 가능성에 대해 어떻게 생각하는가?
3. 글로벌 시장 확장을 위해 Sephora가 직면한 마케팅 과제는 무엇인가?

---

marketing
SPOTLIGHT

Mandarin Oriental

Mandarin Oriental Hotel Group은 아시아 고급 호텔을 전문으로 하는 국제 호텔 관리 회사로 20개국 이상에서 31개 이상의 호텔과 8개의 레지던스를 운영하고 있으며 고급 레스토랑, 바, 직원, 뛰어난 숙박 시설을 갖춘 것으로 유명하다.

Mandarin Hotel은 1963년 홍콩 섬 중부 지구에서 사업을 시작했다. 1974년 Mandarin International Hotels Limited 호텔 관리 회사로 설립되어 Bangkok의 The Oriental Hotel 지분의 49%를 인수했고 1985년 두 거대한 고급 호텔과 지역 내 다른 호텔들은 Mandarin

출처: Greg Vaughn/Alamy Stock Photo

Oriental Hotel Group이라는 이름으로 합병되었다. 이들은 다음과 같은 원칙하에 브랜드를 구축했다.

- **손님을 기쁘게 한다.** 손님의 기대에 부응하고 이를 뛰어넘기 위해 최선을 다한다.
- **동료를 기쁘게 한다.** 효과적인 교육과 자기계발 기회를 제공함으로써 직원에게 동기를 부여하고 보람 있는 근무 환경을 조성한다.
- **최고가 된다.** 제품과 서비스, 시설을 지속적으로 개선함으로써 고급 접객 산업의 혁신적인 리더가 된다.
- **함께 일한다.** 직원들은 팀워크를 형성하고 신뢰와 존중으로 서로를 대한다
- **책임감 있게 행동한다.** 내부 및 외부 환경에서 성실성, 공정성, 정직성을 유지한다.

Mandarin Oriental의 주요 성공 요인 중 하나는 고객 참여, 소셜 미디어, 지역 특색 강화다. 전 세계에 걸쳐 Mandarin Oriental이 직면한 과제 중 하나는 각 지역에 따라 고유의 전문 지식과 매력을 갖도록 하는 것이다. 예를 들어, 일본에서 유명한 벚꽃 시즌을 축하하기 위해 벚꽃 버전의 'Nihonbashi로부터의 5가지 Tokyo 여행' 스파 트리트먼트를 제공하였고 레스토랑과 바에서 벚꽃 테마의 요리를 제공했다.

Mandarin Oriental은 세계적인 건축가를 고용하여 각 호텔을 지역사회가 받아들일 수 있는 고유의 스타일로 디자인하고, 직원들이 호텔을 둘러싼 환경에 대해 세세히 알 수 있도록 교육한다. 직원들은 도시의 지역 문화와 명소를 학습하여 손님에게 지역 특색이 가득한 경험을 제공할 수 있도록 준비되어 있다.

Mandarin Oriental은 세계적으로 유명한 Adam Scott, Lucy Liu, Morgan Freeman과 같은 광고 모델을 사용한 광고 캠페인을 전개하여 잠재고객이 매력적인 모델을 통해 광고를 더욱 잘 기억할 수 있도록 했다. 모델을 선택하는 기준에는 신체적 매력, 운동 능력, 지적 능력, 신뢰성이 포함되었다. 모델은 긍정적인 평판과 신뢰감을 가지면서 정체성, 성격, 생활 방식 면에서 Mandarin Oriental 브랜드와 양립해야 하는 조건을 충족해야 한다.

또한 유명인들은 Mandarin Oriental 호텔을 이용하는 사진을 잡지에 싣는 글로벌 광고 캠페인인 "Fan Campaign"에도 참여한다. 일부 유명인들은 회사와 더 깊은 관계를 맺기도 한다. New York City에 본사를 둔 패션 디자이너 Vivienne Tam은 New York과 홍콩 지역의 스파 직원 유니폼을 디자인했으며, Vanessa Mae와 Dame Edna와 같은 가수들은 호텔 개장을 축하하는 공연을 했다. 이와 같이 25명 이상의 국제 유명인사들이 Mandarin Oriental을 홍보하고 있다.

Mandarin Oriental은 진정한 동양의 매력과 손님, 직원, 그리고 지역사회에 봉사하는 공로를 인정받아 국제적으로 명성을 얻어 중국에서 가장 권위 있는 상 중 하나인 Hurun 'Hot Hotel' 상을 수상했다. 또한 14개의 레스토랑이 총 21개의 미슐랭 스타를 받을 만큼 뛰어난 실력으로 고급 호텔 산업을 선도하고 Forbes 선정 '파이브 스타' 스파를 열 군데나 둔 세계 유일의 고급 호텔 그룹이다. Mandarin Oriental은 뛰어난 브랜드 능력으로 글로벌 호텔 업계에서 최고의 서비스를 제공하기 위해 최선을 다하고 있다.[48]

질문

1. Mandarin Oriental의 글로벌 성공의 핵심 요인은 무엇인가?
2. Mandarin Oriental이 글로벌 럭셔리 브랜드로 자리매김함에 따른 장점과 단점은 무엇인가? 그러한 방식이 전 세계 여행자들에게 보편적인 소구 요소가 되는가?
3. Mandarin Oriental이 브랜드 이미지를 손상시키지 않고 지금보다 더 큰 인기를 얻기 위해서는 어떤 글로벌 디지털 미디어 전략을 구축해야 하는가?

사회적 책임 마케팅

United Way는 기업과의 협력을 통해 특정 커뮤니티가 필요로 하는 것을 해결해 주는, 의미 있는 서비스를 제공하는 것으로 기금 마련 활동을 보완한다.
출처: Courtesy of United Way

브랜드가 건강하게 오래 성장하기 위해서는 마케터가 다양한 마케팅 활동에 참여하고 광범위한 구성요소와 목표를 충족해야 한다. 그러한 활동 속에서 마케터는 자신의 행동이 사회적으로 미치는 영향도 고려해야 한다. 기업의 사회적 책임은 많은 조직에서 우선순위가 되었으며 비즈니스 모델에 배어 있다. United Way와 같은 조직은 이러한 사회적 책임에 관한 비전을 전적으로 수용하고 있다.

>>> United Way는 40개 이상의 국가 및 지역에 걸쳐 거의 1,800개 커뮤니티에서 운영되는 지역 관리 및 자금 지원 계열사 네트워크로 기부금 수익 면에서 미국 최대 규모를 가지고 있다. 1887년 Colorado주 Denver에서 지역 자선단체를 위한 기금을 모으는 것을 주요 목표로 설립된 United Way는 지속적인 변화를 만들고, 의미 있는 영향을 달성하는 비전을 공유하는 다른 조직과 협력하여 운영을 확장했다. United Way는 단순히 다양한 활동을 지원하기 위해 기금을 모으는 것이 아니라 특정 커뮤니티에 도움이 되는 측정 가능한 결과를 제공하는 프로그램에 노력을 집중한다. 사명을 달성하기 위해 United Way는 공동의 대의, 공동의 비전, 공동의 목표 달성을 중심으로 사람, 조직, 커뮤니티를 하나로 모은다. 예를 들어 H&R Block, Walmart Foundation, Goodwill Industries, National Disability Institute와 협력하여 저소득 가구와 무료 세금 준비 서비스를 연결하는 캠페인을 시작했으며, 현재는 다른 어떤 조직보다 더 많은 사람들이 무료로 세금을 신고할 수 있도록 돕는 데 앞장서고 있다. 또한 사람들이 위기 상황에서 지역 지원 및 서비스를 찾을 수 있도록 하기 위해 2-1-1을 보건

및 복지 서비스 정보 핫라인으로 지정하도록 연방통신위원회에 성공적으로 청원했다. 시간이 지나면서 2-1-1은 허리케인, 홍수, 산사태, 토네이도 및 기타 재난으로 황폐해진 미국 지역사회에 구호를 제공하고 희생자를 위한 긴급 지원을 제공하는 필수 자원이 되었다. 소프트웨어 대기업 Salesforce.com과 협력하여 새로운 기부자를 유치하고 기존 기부자와의 관계를 강화하는 동시에 마케팅 비용을 절감할 수 있었다. 또한 다양한 비영리 조직에서 사용할 수 있는 Salesforce의 인공지능 기능을 기반으로 하는 플랫폼을 만들었다. 플랫폼은 잠재적인 기부자들과 그들의 고용주(대부분의 기부금이 급여 공제를 통해 조달됨) 및 United Way의 요구에 맞게 콘텐츠를 맞춤 제작한다. 더 중요한 것은, United Way에 기부하는 방법은 위탁이 아닌 기부자가 직접 특정 조직을 선택하는 방식을 취한다는 것이다. 290만 자원봉사자의 도움으로 United Way는 2019년, 6,000만 명이 넘는 사람들에게 봉사하는 다양한 자선단체를 위해 37억 달러를 모금했다.[1]

성공적인 마케팅을 위해서는 효과적인 관계 마케팅, 통합 마케팅, 내부 마케팅, 퍼포먼스 마케팅이 필요하다. 이 장에서는 기업의 마케팅 활동의 사회적 영향을 고려하고, 기업의 사회적 책임의 주요 차원을 검토한다.

마케팅 관리에서 사회적 책임의 역할

효과적인 마케팅은 윤리, 가치 및 사회적 책임에 대한 강한 의식과 일치해야 한다. 2016년 PwC Global CEO Survery에 따르면, CEO의 64%가 "기업의 사회적 책임은 단순한 보조 프로그램이 아니라 비즈니스의 핵심"이라고 생각했다.[2] 기업의 사회적 책임과 관련해 보다 적극적이고 전략적인 역할을 수행하는 것은 고객, 직원, 지역사회 및 환경뿐만 아니라 주주에게도 이익이 되는 것으로 생각된다.

기업은 다양한 이유로 친사회적 활동에 참여하고 기업의 사회적 책임에 투자한다. 어떤 기업은 사회적 이익을 창출하는 것을 기업 문화와 기업 가치 시스템의 핵심 요소로 여기기 때문에 그렇게 한다. 어떤 기업은 좋은 시민으로서의 미덕을 보이는 기업을 선호하는 소비자에게 어필하여 차별화를 꾀하기도 한다. 일부는 사회를 위한 가치 창출에 관심이 있는 회사와 거

학습목표

21.1 마케팅 관리에서 기업의 사회적 책임이 하는 역할에 대해 논의한다.

21.2 기업이 현장에서 어떻게 기업의 사회적 책임을 관리하는지 설명한다.

21.3 기업이 지속가능성을 증진하기 위해 사용하는 전략을 확인한다.

21.4 기업이 사회적 책임과 기업의 수익성 사이에서 어떻게 균형을 유지하는지 서술한다.

래하는 것을 선호하는 협력사의 의지에 따라 기업의 사회적 책임에 투자하기도 한다. 한편 어떤 기업은 대중의 호의로 이루어진 일종의 방패를 구축하여 잠재적인 비판을 상쇄하고, 궁극적인 마케팅 위기에 대처하기 위해, 또 어떤 기업은 직원 충성도를 높이고 투자자들의 호의를 얻기 위해 기업의 사회적 책임 활동에 참여한다.

세계에서 가장 존경받는, 그리고 가장 성공적인 기업은 기업의 이익뿐 아니라 소비자의 이익에 부합하기 위해 비즈니스 및 마케팅 활동에서 높은 기준을 지킨다. Procter & Gamble은 '브랜드 목적'을 회사 마케팅 전략의 핵심 구성요소로 삼았다. 회사는 Downy 섬유유연제의 "Touch of Comfort", Tide 세탁 세제의 "Loads of Hope", Secret 데오도란트의 "Mean Stinks"와 같이 브랜드가 지원하는 대의 마케팅 프로그램으로 다수의 상도 수상했다.[3] Procter & Gamble 외에도 많은 기업이 모든 일의 중심에 사회적 책임 마케팅을 두고 있는데, 그중 하나가 Stonyfield Farm이다.

출처: Keith Homan/Shutterstock

>> Stonyfield Farm은 유기농 유제품을 만들기 위해 유기농을 생각하는 공급업체하고만 거래를 하는 것과 더불어 지속 가능한 관행에 투자하고 수익의 10%를 환경보호사업에 기부한다.

Stonyfield Farm   Stonyfield Farm은 오랜 기간 'CE-Yo'였던 Gary Hirshberg가 '환경을 회복'하는 동시에 천연 유기농 유제품을 판매할 수 있는 비즈니스 기회를 찾아 1983년에 만들어졌다. 이 회사의 공급업체는 항생제, 성장호르몬, 살충제, 비료 사용 등 농업 생산 환경에서 일반적으로 받아들여지는 것들의 사용을 지양한다. Stonyfield는 공장 운영을 위해 사용되는 에너지의 양을 계산하여 소비하는 양만큼을 산림 재생, 풍력발전소, 회사 내 혐기성 폐수 처리시설 설치 같은 환경 프로젝트에 투자했다. 또한 요구르트 용기의 플라스틱 뚜껑을 개선하여 연간 약 100만 파운드의 플라스틱을 절약했고, 지구온난화, 환경호르몬, 유전자변형 식품에 대한 경고 메시지를 포장에 추가했다. 거기에다 수익의 10%를 지구를 보호하고 복구하는 데 도움이 되는 활동에 기부한다. 제품의 가격이 높음에도 불구하고, 브랜드는 여전히 대중을 대상으로 한 광고 캠페인보다는 Boston 마라톤 같은 행사에서의 샘플링이나 홍보, 또는 입소문에 의존한다. 이와 같이 앞서 나가는 경영 활동은 재무 성과를 저해하지 않아 스무디, 우유, 프로즌 요구르트 및 아이스크림을 판매하는 Stonyfield는 미국에서 세 번째로 큰 요구르트 브랜드가 되었다. 또한 대표인 Hirshberg는 기업의 사회적 책임을 강조하고 촉진하기 위해 비영리단체 Climate Counts 재단을 설립하여 기후 변화를 위한 기업의 자발적 노력에 매년 점수를 매기고, 이를 소비자에게 알리는 역할을 하고 있다.[4]

사회적 책임 마케팅의 수준을 높이려면 지역사회, 환경, 시장에 중점을 둔 세 가지 접근방식이 필요하다. 이러한 맥락에서 사회정의 옹호자들과 환경운동가들은 사회 및 환경적 혜택을 기업 수익의 핵심 구성요소로 도입함으로써 대중이 더 넓은 의미의 수익에 대해 의식하도록 했다. 따라서 많은 기업이 사람(사회적 구성요소), 지구(지속가능성 구성요소), 수익(금전적 구성요소)이라는 이른바 **트리플 바텀 라인**(triple bottom line)에 중점을 두고 있다.

대의 마케팅

많은 기업이 기업의 사회적 책임 이니셔티브와 마케팅 활동을 결합한다. **대의 마케팅**(cause marketing)은 특정 대의를 위한 기업의 기여 활동을 기업의 수익 창출 활동에 고객이 직간접적으로 참여하는 것과 연관 지어 수행한다. 기업이 판매 수익의 일정 비율을 특정 자선단체에 기부하는 것이 좋은 예다. Procter & Gamble의 식기세척액 Dawn의 대의 마케팅 사례를 살펴보자.

<출처: Keith Homan/Alamy Stock Photo>

Dawn　미국 최고의 식기세척세제인 Procter & Gamble의 Dawn은 기름 유출에 피해를 입은 새를 씻어내는 특이한 부가적 기능을 가지고 있다. 미국 어류 및 야생동물 관리국(U.S. Fish and Wildlife Service)의 보고서에 따르면 Dawn은 깃털에서 기름을 제거하는 동시에 독성이 없고 잔류물을 남기지 않기 때문에 사용이 권장되는 유일한 조류 세정제다. 2010년 치명적인 BP 원유 유출 사고 이후, Procter & Gamble은 코드가 부여된 수천 병의 Dawn 제품을 기부하고, 고객이 각 코드를 활성화할 때마다 Gulf 야생동물 보호에 1달러를 기부하여 총 50만 달러를 기부했다. 현재까지 회사는 석유 오염으로 피해를 입은 7만 5,000마리의 동물을 구조하고 방생하기 위해 5만 병 이상의 Dawn을 기부했다. 2018년 야생동물 캠페인의 40주년을 기념하기 위해 Dawn은 여배우이자 야생동물 활동가인 Kate Mara와 협력하여 회사가 어떻게 엄청난 수의 조류와 해양 동물 구조를 위해 힘썼는지 소비자에게 전달했다. 또한 Golden Duck Contest를 개최하여 40주년 기념 제품을 구입하는 소비자에게 야생동물을 살리기 위한 노력의 뒷이야기를 볼 수 있는 기회도 제공했다.[20]

>> P&G는 가장 잘 팔리는 제품인 Dawn 식기세척액 수천 병을 기부하여 기름 오염으로 피해를 입은 새와 다른 야생동물을 구조하는 데 도움을 주었다.

성공적인 대의 마케팅 프로그램은 사회복지 개선, 차별화된 브랜드 포지셔닝, 강력한 소비자 유대 구축, 회사의 공공 이미지 강화, 선의의 축적, 내부 사기 진작, 직원 활력 증진, 판매 촉진, 기업의 시장 가치 상승 등에 기여할 수 있다.[21] 소비자는 일반적인 시장 거래를 뛰어넘어 기업과 강력하고 특별한 유대감을 형성할 수 있다. 한 연구에 따르면 미국 소비자의 90%는 특정 대의를 지원하는 회사에 대해 더 긍정적인 이미지를 갖고 있으며, 더 높은 충성도를 보이고, 신뢰를 가지며, 54%는 대의를 지지하기 때문에 그 제품을 구매한 것으로 나타났다.[22]

기업의 브랜드를 관련 대의와 연관시키면 여러 면에서 회사에 이익이 될 수 있다. 브랜드 인지도 구축, 브랜드 이미지 강화, 브랜드 신뢰도 강화, 브랜드에 대한 정서적 반응 유발, 브랜드 공동체 의식 형성, 브랜드 참여 유도에 도움이 된다.[23] 특히 소셜 미디어를 사용하여 기업의 대의 활동에 대해 이해하고 이를 지원하는 회사와 협력하고자 하는 사회적 마인드를 가진 소비자와 관련이 있다.

그러나 소비자가 제품과 대의 사이의 연관성에 의문을 가지거나 기업을 이기적이고 착취적이라고 여기게 되는 경우 대의 관련 마케팅은 역효과를 낼 수 있다. 반발을 피하기 위해 일부 기업은 대의 마케팅에 소프트셀(soft-sell) 접근방식을 취한다.[24] 소비자가 기업이 모든 행동에 일관되게 임하지 않는다거나 책임감 있게 임하지 않는다고 생각하는 경우에도 문제가 발생할 수 있다. 다음 KFC 사례를 보자.

KFC KFC의 "Buckets for the Cure" 프로그램은 한 달 동안 5달러의 '핑크' 버켓 프라이드 치킨이 판매될 때마다 50센트를 Cure Foundation의 Susan G. Komen에게 기부하는 것이었다. 이 캠페인을 통해 KFC는 단일 기업이 유방암 연구를 위해 기부한 금액 중 가장 큰 규모인 850만 달러 이상을 기부했다. 하지만 비평가들이 지적한 한 가지 문제점은 핑크 버켓 판매와 동시에 KFC가 프라이드 치킨, 베이컨, 치즈 두 조각으로 이루어져 비만 위협을 가하는 높은 칼로리, 지방, 나트륨 제품인 Double Down 샌드위치를 출시했다는 것이었다. Susan G. Komen은 웹사이트를 통해 과체중은 여성의 폐경 후 유방암 위험률을 30%에서 60%까지 증가시키는 것으로 설명하고 있어 재단 또한 그들의 파트너십에 대해 비판을 받았다.[25]

기업이 대의 마케팅 프로그램을 설계하고 실행할 때에는 어떤 대의를 얼마만큼 선택할 것인지, 대의 프로그램을 어떻게 브랜딩할 것인지 등과 같은 여러 가지 의사결정을 해야 한다. 일부 전문가들은 회사가 너무 많은 대의를 선택하고 각각에 관여하는 빈도가 낮을 경우 대의 관련 마케팅의 긍정적인 영향이 희석된다고 본다. 많은 기업이 하나 또는 몇 가지 주요 대의에 집중하여 실행을 단순화하고 영향을 최대화하기 위해 노력한다.

그러나 대의를 한 가지로 제한하여 지원한다고 해서 항상 대의에서 유발된 긍정적 감정이 기업으로 전이되는 결과를 가져오는 것은 아니다. 많은 대중적인 대의에는 이미 수많은 기업 후원자가 있게 마련이다. Susan G. Komen for the Cure는 American Airlines, Dell, Ford, Georgia Pacific, Merck, 삼성, Walgreens 등 130개 이상의 기업 파트너를 가지고 있다. 따라서 이 상징적인 핑크 리본의 홍수 속에서 기업의 브랜드가 간과될 수 있다. PRODUCT(RED)는 대의의 상징적인 측면을 제품 자체에 직접 통합하는 대의 마케팅 프로그램을 통해 후원사가 다수인 경우 발생할 수 있는 잠재적인 단점을 피할 수 있었다.

PRODUCT(RED) U2 멤버이자 운동가인 Bono와 DATA(Debt, AIDS, Trade in Africa)의 공동 설립자인 Bobby Shriver가 2006년 PRODUCT(RED)를 출시하면서 에이즈, 결핵, 말라리아에 대한 인식 향상과 모금을 위해 American Express 카드, Converse 운동화, Gap 티셔츠, Apple iPhone, Armani 선글라스 등 굴지의 유명 브랜드들과 함께 (RED) 라인 제품을 생산했다. 제품 판매 이익의 50%는 아프리카에서 HIV/AIDS에 감염된 여성과 어린이를 돕기 위한 세계 기금으로 기부된다. PRODUCT(RED)에 참여한 각 기업은 팔호로 만들어진 포옹의 자리(공란)에 자사의 로고를 배치하고 'RED의 파워로 승격'되었다. 이후 Bank of America, Amazon, Coca-Cola, Montblanc, Microsoft, Starbucks 등 많은 유명 브랜드가 대의에 동참했다. 현재까지 (RED)는 글로벌 펀드를 통해 5억 달러 이상을 모금하여 가나, 케냐, 레소토, 르완다, 남아프리카, 스와질란드, 탄자니아와 잠비아에 HIV/AIDS 보조금을 지원했으며, 기부금은 관리비용 없이 100% 현장에서 사용된다.[26]

대부분의 기업은 기업 또는 브랜드 이미지와 직원 및 주주들이 중요하게 생각하는 부분에 적합한 대의를 선택한다.[27] LensCrafters의 Give the Gift of Sight 프로그램(이탈리아 회사 Luxottica가 회사를 인수한 후 OneSight로 브랜드 변경)은 자선 시력 보호 프로그램으로 도움이 필요한 북미 및 전 세계 개발도상국의 수백만 명의 사람들에게 무료 시력검사, 안과검진 및 안경을 제공한다. Luxottica는 고정비의 대부분을 지불하므로 기부금의 90% 이상이 프로그램

<< one-for-one 신발 기부로 유명한 TOMS는 순이익의 3분의 1을 회사의 기부금에 투자하는 좀 더 다양하고 확장된 프로그램을 선보였다.

기금에 직접 사용된다.[28] Barnum의 Animal Crackers는 멸종 위기에 처한 종에 대한 인식을 높이고 아시아 호랑이를 보호하기 위한 캠페인을 시작했다. Nabisco 브랜드는 특별판 패키징을 만들어내고 World Wildlife Fund와 협력하여 '건강한 판매 증가'를 이루었다.[29] TOMS는 대의 마케팅을 활용하여 새로운 사업을 성공적으로 구축한 좋은 예다.

TOMS 'The Amazing Race' 리얼리티 쇼에 출연한 Blake Mycoskie는 비록 쇼에서 우승하진 못했지만, 2006년 아르헨티나로 돌아오는 여행 도중 신을 신발이 부족하다는 단순한 이유로 고통받는 수많은 아이들을 보고 이를 돕기 위해 사업을 시작하게 되었다. 신발이 없는 아이들은 건강에 위협을 받거나 종종 학교에서 맨발이라는 이유로 불이익을 당했다. 이를 개선하기 위해 만들어진 '더 나은 내일(a better tomorrow)'이라는 의미의 TOMS 신발은 한 켤레의 신발이 판매될 때마다 가난한 어린이에게 신발 한 켤레를 기부하겠다고 약속했다. Whole Foods, Nordstrom, Neiman Marcus와 같은 주요 오프라인 상점 및 온라인 상점에서 판매되는 TOMS 신발은 아르헨티나의 로프 밑창에 천을 얹은 **알파가타**(alpargata) 신발을 기반으로 하여 현재 개발도상국에서 100만 명이 넘는 어린이들이 신고 있다. 그들의 기부금 정책도 좋은 마케팅 방법 중 하나였다. 회사는 엄청난 인기를 얻어 AT&T와 American Express는 광고에 회사 대표인 Mycoskie를 등장시키기도 했다. 또한 신발 없는 삶에 대한 사람들의 이해를 돕기 위해 "A Day Without Shoes"라는 프로모션을 후원했고, 이제 같은 비즈니스 모델을 안경으로 확장하여 수백만 켤레의 신발을 기부하는 동시에 안경도 기부할 계획이다.[30]

사회적 마케팅

독립된 마케팅 분야로서의 사회적 마케팅은 1970년대 초 Philip Kotler와 Gerald Zaltman에 의해 소개되었다.[31] **사회적 마케팅**(social marketing)과 대의 마케팅은 모두 기업이 운영되는 지역 사회에 이익이 되고자 한다는 점에서 유사한 면이 있다. 그러나 대의를 지원하기 위해 사업 활동을 조정하는 대의 마케팅과 달리 사회적 마케팅은 '마약에 반대' 또는 '더 많은 운동과 더 건강한 식생활'과 같은 명분을 더 발전시키는 것을 목표로 한다.[32] 또한 대체로 영리 조직에서 수행되는 대의 마케팅과 달리 사회적 마케팅은 일반적으로 비영리 또는 정부 조직에서 수행하며 특정 비즈니스 활동과 직접적인 관련이 없다.

사회적 마케팅은 잘 정의된 일부 고객 세분시장을 포함하는 체계적인 마케팅 계획 프로세스를 활용하여 사회적 이익을 위해 행동을 변화시키도록 영향을 미치는 것이다. 사회적 마케터는 처음에는 담배, 가족계획, HIV/AIDS 문제에 집중했다. 사회적 마케팅은 이제 공중 보건을 개선하고, 부상을 예방하고, 환경을 보호하고, 지역사회에 기여하고, 재정적 안녕을 향상하기 위한 노력을 포함한다. 오늘날 전 세계적으로 2,000명이 넘는 실무자들이 주로 비영리 조직에서 사회적 이익을 증진하기 위해 일하고 있다. 사회적 마케팅은 마케팅 캠페인에서 소셜 미디어를 사용하는 것과 관련 있는 소셜 미디어 마케팅과 혼동되어서는 안 된다.[33]

다양한 유형의 조직이 미국에서 사회적 마케팅을 수행한다. 사회적 마케팅에 관여하는 정부기관으로는 질병통제예방센터, 보건복지부, 교통부, 미국환경보호국이 있다. 사회적 마케팅에 참여하는 비영리 단체는 수백 개에 이르는데 American Red Cross, United Way, American Cancer Society 등이 있다.

사회적 마케팅 프로그램에서는 이에 대한 올바른 목표 또는 목적을 선택하는 것이 중요하다. 가족계획 캠페인은 금욕이나 산아제한에 초점을 맞춰야 하는가? 대기 오염 퇴치를 위한 캠페인은 카풀 또는 대중 교통에 중점을 두어야 하는가? 사회적 마케팅은 목표를 달성하기 위해 다양한 전술을 사용하지만 계획 과정은 제품 및 서비스에 적용되었던 전통적인 방법과 동일한 단계를 따른다. World Wildlife Fund는 이렇듯 현대적인 마케팅 방법을 적용하여 목표를 달성한 조직 중 하나다.

출처: Oobas/Shutterstock

>> Coca-Cola는 환경에 대한 메시지를 전달하기 위해 Polar Bear라는 이름의 소장용 한정판 250ml 알루미늄 병을 선보였다.

World Wildlife Fund   세계 최고의 환경보호단체인 World Wildlife Fund(WWF)는 100여 개국에서 활동하는 미국 내 100만 명 이상의 회원 및 전 세계 500만 명에 육박하는 회원들의 지원을 받고 있다. 마케팅 비용으로 많은 금액을 사용할 수 없기 때문에 기부금 모금을 위해서는 주로 직접 마케팅에 의존한다. 단체는 매년 미국에서 발송하는 약 3,600만 개의 환경친화적 우편물을 통해 멤버십 수익의 65%를 얻는다. Facebook, Instagram, Twitter에서 활발히 활동하고 있으며 Avon, Disney, Gap, Royal Caribbean Cruises를 포함한 여러 회사와의 파트너십을 통해 수익을 창출한다. 파트너십에는 때로 공동 마케팅 프로그램이 포함되는데, 예를 들어 Coca-Cola는 캐나다와 다른 북극 지역의 북극곰을 위해 안전한 지역 형성을 위한 캠페인에 200만 달러를 기부했다. 또한 WWF는 중요한 야생 문제를 다루기 위해 멀티미디어 밀렵 방지 캠페인 같은 "야생동물 범죄를 멈추세요. 그들의 죽음은 심각합니다."와 같은 문구를 광고판, 인쇄 광고, 공익 광고, 온라인 포스터를 이용해 알리고 있다. 이 외에도 기업에게 대의 마케팅 기회를 제공하는데, 예를 들어 Bank of America와 함께 공동 브랜드인 World Wildlife Fund Visa 신용카드를 기획하기도 했다.[34]

사회적 마케팅 프로그램은 복잡하다. 시간이 걸리기도 하고 단계적인 프로그램이나 조치가 필요할 수도 있다. 예를 들어, 흡연의 이환율을 줄이는 데에는 다양한 활동이 포함될 수 있다: 암 보고서 발표, 담배의 유해성을 보여주는 표시, 담배 광고 금지, 간접 흡연의 영향에 대한 교육, 식당 및 비행기에서의 흡연 금지, 담배에 대한 세금 인상을 통해 금연 캠페인 비용 마련 및 담배 회사에 대한 주정부 차원의 소송 등.

성공적인 사회적 마케팅 캠페인을 개발 및 구현하는 것과 관련한 복잡성을 감안할 때 조직은 체계적이고 정돈된 방식으로 접근해야 한다. 즉 명확하게 정의된 목표, 명료한 전략, 그리고 이 전략을 실현하는 의미 있는 전술, 실행 가능한 실행 계획 및 프로그램 성공을 평가하는 프로세스를 가지고 있어야 한다. 사회적 마케팅 프로그램은 종종 비영리 조직에 의해 구현되지만 영리 기업이 사용하는 것과 동일한 전략적 마케팅 접근방식을 적용할 수 있다. 영리 기업과 비영리 기업 모두 궁극적으로 시장 가치를 창출하는 것을 목표로 하지만, 영리 기업은 가치를 금전적 용어로 정의하고 비영리 단체는 사회 이익이라는 측면에서 정의한다.

사회적 마케팅의 개념은 브랜드 행동주의와 관련이 있다.[35] **브랜드 행동주의**(brand activism)는 기업이 사회적, 경제적, 환경적, 정치적으로 중요한 문제(일반적으로 논란의 여지가 있음)에 대해 입장을 취하는 것을 의미한다. 사회적 마케팅의 한 형태인 브랜드 행동주의는 회사의 수익과 관련된 문제보다는 고객과 직원이 관심을 갖는 사회 문제에 중점을 둔다. 브랜드 행동주의가 다른 형태의 사회적 마케팅과 차별화되는 점은 의견이 갈릴 수 있는 중요한 사회적 의미를 지닌 문제에 대해 기업이 조기에 분명한 입장을 표하는 것을 포함한다는 데 있다.

브랜드 행동주의의 한 예로 Nike가 전 San Francisco 49ers의 쿼터백 Colin Kaepernick을 광고에 등장시킨 것을 들 수 있다. Colin Kaepernick은 경찰이 미국 흑인을 살해한 것에 대한 항의의 표시로 미식축구 경기 전 애국가가 연주될 때 무릎을 꿇는 운동에 참여했던 NFL 선수 중 한 명이었다. Nike는 "Just Do It"이라는 모토의 30주년을 기념하는 캠페인에서 Colin Kaepernick을 부각시켰다. Nike 캠페인의 슬로건 "Believe in something. Even if it means sacrificing everything(무언가를 믿으세요. 모든 것을 희생해야 할지라도)"은 Kaepernick의 행동이 지키고자 했던 가치에 대한 분명한 지지를 표명했다. 이 결정은 궁극적으로 일부 고객은 브랜드의 행동을 수용하고, 다른 고객은 Nike 제품을 보이콧하는 결과를 가져왔다.

지속가능성 중심의 기업의 사회적 책임

미래 세대를 해치지 않으면서 인류의 니즈를 충족할 수 있는 역량인 **지속가능성**(sustainability)은 이제 많은 기업 의제에서 최우선 과제로 꼽힌다. 주요 기업들은 그들의 행동이 지역사회와 환경에 미치는 장기적 영향을 개선하기 위해 어떻게 노력하고 있는지에 대해 상세하게 설명한다. Coca-Cola, AT&T, DuPont은 CSO(최고 지속가능성 책임자)를 임명하기도 했다.

소비자는 진정한 지속가능성에 대한 관심을 말과 행동으로 표현해 왔는데, 이들은 친환경 제품을 위주로 광범위한 환경 문제에 대해 지지를 표시한다. 녹색 제품에 대한 소비자의 관심은 퍼스널 케어 제품, 식품, 생활용품 외에도 자동차, 에너지, 기술 분야로 확대되었다. 점점 더 많은 소비자가 환경에 대한 책임의식이 있는 기업의 제품을 구매하는 것을 선호한다고 밝혔다.

소비자가 디지털 기기를 사용하여 환경에 대해 학습하고 친환경 경험을 공유하게 되면서 유기농 구매에서 재활용에 이르기까지 이른바 '녹색' 문화의 많은 부분이 주류를 이루게 되었다.[36] 흥미롭게도 일부 마케터는 젊은 사람들이 다른 사람들보다 환경에 대해 더 관심을 갖고 있다고 생각하지만, 일부 연구에 따르면 나이가 많은 소비자들이 실제로 환경에 대한 책임을 더 심각하게 받아들인다고 한다.

환경 문제는 또한 제품 설계 및 제조 단계에서의 역할이 점점 더 중요해지고 있다. 많은 기업이 사업 수행이 환경에 초래하는 부정적인 결과를 줄이는 방법을 고안하고 있으며, 일부는 제품 제조 방법을 바꾸거나 제품에 들어가는 성분을 변경하고 있다. Levi Strauss는 급증하는 플라스틱 병 문제를 해결할 수 있는 매우 창의적인 방법을 찾아냈다.

Levi's 누군가가 당신의 청바지가 "쓰레기로 만들어졌다"고 말한다면 모욕적일 수 있지만, Levi Strauss가 만든 것이라면 이야기는 다르다. Levi's의 새로운 'Waste<Less' 청바지와 재킷에 들어간 데님 재료의 20%는 시립 지역에서 재활용된 플라스틱 병과 검은색 음식 용기로부터 나오며 한 벌당 12~20온스 병 약 8개가 들어간다. 많은 연구와 개발을 통해 플라스틱을 청소하고, 분류하고, 조각 내 폴리에스테르 섬유로 만든 다음 면과 혼방하여 Waste<Less 라인을 만들게 되었다. 결과물은 플라스틱 색상에 따라 달라지는 밑면의 색을 제외하고는 우리가 알던 데님과 크게 다르지 않으며, 가격은 69~128달러 사이이다. 지속가능성은 Levi's의 우선순위로 회사가 환경 친화적 제품을 만든 것은 처음이 아니다. 'Water<Less' 청바지 출시를 통해 농부들이 면화 재배를 위해 적은 양의 물을 사용하게 되었고, 인기 있는 워싱 디자인을 위해 들어가는 물 소비량을 줄였으며, 소비자에게 더 적은 물로 옷을 세탁하고 폐기하는 것에 대해 교육했다. 두 라인 모두 유의미한 성과를 냈는데, Water<Less 라인은 출시 첫해에 3억 6,000만 리터 이상의 물을 절약했으며, Waste<Less 라인은 출시 첫해에 350만 개의 병과 용기를 재활용했다.[37]

점점 더 많은 소비자가 사회적 및 환경적 책임에 대한 기업의 기록에 대한 정보를 통해 어떤 기업을 위해 구매하고 투자하고 일할 것인지 결정하는 데 도움을 받고자 한다. 기업의 사회적 책임을 전달하는 것은 어려운 일이다. 기업이 환경 이니셔티브를 광고할 경우 비판의 대상이 될 수 있다. Green Mountain Coffee Roasters의 사례와 같이 기업이 지속가능성과 환경 보호에 전념할수록 더 많은 딜레마가 발생할 수 있다.

Green Mountain Coffee Roasters Vermont에 본사를 둔 Green Mountain Coffee Roasters는 세계에서 가장 빨리 판매되는 커피 브랜드 중 하나가 되도록 해준 그들의 지속가능성 노력에 자부심을 가지고 있다. 이 회사는 온실가스 배출량의 100%를 상쇄하고, 지속 가능한 방법으로 재배된 커피에 투자하며, 세전 이익의 5% 이상을 사회 및 환경 프로젝트에 할당함으로써 지역 및 글로벌 커뮤니티를 지원한다. 또한 CAFE(Community Action for Employees) 프로그램을 통해 정규직 직원들은 지역사회 프로그램을 지원하기 위해 매년 최대 52시간의 유급 자원봉사 시간을 받는다. 이러한 모든 활동은 Green Mountain이 가진 나무에서 컵에 이르기까지 우리가 만지는 모든 것에서 궁극적인 커피 경험을 만들어 사람들이 비즈니스를 바라보는 방식을 변화시키겠다는 목적을 달성하기 위해 이루어진다. 회사는 2006년 Keurig와 그들의 커피머신을 인수하면서 난관에 봉착했다. Keurig의 커피머신에 사용되는 캡슐인 K-Cups이 재활용 불가능한 플라스틱과 호일로 만들어졌기 때문이다. 이로 인해 버려지는 쓰레기가 전체 환경에 미치는 영향은 약 5%에 불과했지만(커피머신 사용이나 커피 재배, 제품 포장 관련 문제가 더 큰 영향을 미친다) Green Mountain은 K-Cups을 재활용할 수 있는 환경 친화적인 해결책을 찾기 위해 수많은 R&D와 파트너십을 활용하였고, 이처럼 회사가 미칠 수 있는 다른 환경 영향도 다양한 방식으로 해결했다.[38]

지속가능성을 위한 기업의 활동은 다양한 형태로 나타난다. 예를 들어, Whole Foods, Wegmans, Target, Walmart는 남획되거나 다른 해양 생물이나 서식지에 해를 끼칠 가능성이 있는 방식으로 잡은 물고기를 더 이상 판매하지 않는다. 또 다른 기업은 자원 절약과 더불어 환경 보존에 직접적으로 기여하는 것을 목표로 하기도 한다. FAGUO의 사례를 보자.

출처: AP Photo/Toby Talbot

>> 지속가능성을 위해 노력하는 Green Mountain Coffee Roasters는 그들의 인기 제품인 K-Cup이 환경에 미치는 부정적인 영향을 줄이기 위해 최선을 다한다.

FAGUO　패션 브랜드 FAGUO는 Paris에서 학생으로 만난 프랑스 기업가인 Frédéric과 Nicolas의 아이디어로 시작됐는데, 중국에서 유학하던 중 자신들만의 신발 브랜드를 출시하기로 마음먹었다. 두 사람은 신발, 의류, 액세서리 컬렉션을 만들기 시작했고, 학생 프로젝트로 시작한 것이 프랑스 스타트업으로 바뀌었고, 결국 300개 이상의 프랑스 상점과 220개의 해외 상점을 가진 역동적 패션 레이블이 되었다. 2009년에 시작하여 Paris에 본사를 둔 회사의 이름은 '프랑스'를 뜻하는 중국어다. 패션에 대한 헌신 외에도 두 디자이너는 회사의 탄소 발자국을 줄이기 위해 최선을 다했는데, FAGUO 제품이 판매될 때마다 프랑스에 나무를 심음으로써 버려진 땅을 모두가 즐길 수 있는 숲이 우거진 곳으로 바꿔놓았다. 이 지속가능성 프로젝트를 위해 FAGUO는 프랑스의 삼림지대를 관리하고 재생시키는 전문 묘목장인 Naudet와 함께하였고, FAGUO 창립 이래 110개의 숲에 60만 그루 이상의 나무가 심어졌다. 환경 보호에 대한 회사의 변함없는 약속을 전달하기 위해 FAGUO의 모든 제품에 그들의 약속을 의미하는 코코넛 버튼을 사용했다.[39]

지속가능성에 대한 높아진 관심은 **그린워싱**(greenwashing)이라는 부작용을 초래하기도 했다. 그린워싱은 오해의 소지가 있는 정보를 제공하거나 제품이나 관행이 친환경 관련 약속을 행하지 않으면서 환경 친화적이라는 잘못된 인식을 심어주는 등의 행위를 가리킨다. 한 연구에 따르면 녹색 제품으로 의심되는 라벨의 절반은 친환경적 이점(예: 재활용 내용물)에 중점을 두고 있으면서 정작 이에 따르는 심각한 환경적 단점(예: 제조 강도 또는 운송 비용)에 대한 정보는 생략하고 있다.[40] Stonyfield Farm의 공동 설립자 Gary Hirshberg는 "Just Label It!"이라는 캠페인을 통해 이 같은 문제를 줄이고자 한다. "Just Label It!" 캠페인은 GMO(유전자 변형 생물체) 성분 사용과 관련한 보다 유용한 정보를 라벨에 제공하는 캠페인이다.

녹색 시류에 편승한 불성실한 기업에 대한 대응으로 소비자들은 환경 관련 주장에 대해 건전한 회의론을 제기한다. 또한 많은 소비자들은 환경을 위해 제품의 성능과 품질 저하를 받아들이지 않으며 진정한 친환경 제품에 대해 가격 프리미엄을 지불할 의향도 없다.[41] 불행히도, 친환경 제품은 높은 재료비와 적은 선적량으로 인한 높은 운송 비용으로 인해 더 비싼 경향이 있다.

그럼에도 불구하고 Tom's of Maine, Burt's Bees, Stonyfield Farm, Seventh Generation과 같은 기업은 고객의 니즈와 기호에 맞는 친환경 제품을 만들어왔다. 같은 맥락에서, Clorox Green Works의 가정용 청소 제품의 초기 성공 요인의 일부로 가격 프리미엄이 매우 작은 제품을 풀뿌리 마케팅을 통해 판매하여 친환경적인 라이프 스타일을 향해 작은 발걸음을 내딛고자 하는 타깃(목표)시장을 사로잡은 것을 들 수 있다. **Patagonia**는 지속가능성을 활동 중심에 둔 또 다른 기업이다.

> **Patagonia**   고급 아웃도어 의류 및 장비 제조업체인 Patagonia는 항상 환경 문제를 중시했다. 《The Responsible Company》의 저자이자 이 회사의 설립자인 Yvon Chouinard는 고품질이면서 재활용과 수리가 가능한 제품을 포함하여 포스트 소비자 경제주의를 적극적으로 홍보한다. Chouinard의 주도하에 Patagonia는 《New York Times》에 "이 재킷을 사지 마세요"라는 제목의 전면 광고를 실었다. R2 재킷 사진 아래에는 '60% 재활용 가능한 폴리에스테르, 높은 수준의 바느질, 뛰어난 내구성'이라는 제품의 긍정적인 특징이 적혀 있었지만, 그럼에도 불구하고 재킷 생산에는 여전히 많은 환경적 비용이 소모됐다(135리터의 물과 20파운드의 이산화탄소가 사용되었다). 광고는 소비자에게 다음 5가지 행동에 참여하도록 요청하는 '함께해요 캠페인(Common Threads Initiative)'을 강조했다. 감소(당신이 구매하는 것), 수리(당신이 할 수 있는 것), 재사용(당신이 가지고 있는 것), 재활용(기타 모든 것), 그리고 다시 꿈꾸는 것(지속 가능한 세계). 연간 매출액이 8억 달러에 달하는 Patagonia는 항상 그들이 하고 만드는 모든 것에 대해 더 나은 환경적 대안을 찾기 위해 노력하고 있는데, 예를 들어, 네오프렌의 대안으로 식물 기반 재료로 만든 최초의 잠수복을 생산했다. 또한 전체 매출의 1% 또는 이익의 10% 중 더 큰 쪽을 환경 보호를 위해 지원한다.[42]

사회적 책임 마케팅은 환경에 관한 문제를 회사의 전략적 계획에 통합할 필요성을 인식한다. 마케터는 원자재, 특히 물 부족, 에너지 비용 증가, 오염도의 악화, 정부의 역할 변화 등의 동향에 대해 잘 이해해야 한다.[43] 철강 회사와 공공 시설은 오염 제어 장비와 환경 친화적

<< Patagonia는 아웃도어 의류와 장비를 보다 지속 가능한 방식으로 만드는 방법을 적극적으로 모색하고 수익금의 일부를 환경 문제 해결을 위해 사용한다.

출처: LWH/Alamy Stock Photo

인 연료에 수십억 달러를 투자하여 하이브리드 자동차, 저유 화장실과 샤워 시설, 유기농 식품, 친환경 사무실 건물을 일상의 현실로 만들고 있다. 좀 더 최근에 Amazon.com은 기후 변화의 영향을 줄이기 위해 운송, 에너지 생성, 배터리 저장, 제조, 식품 및 농업을 포함한 여러 산업 분야의 회사에 대한 기술 투자에 중점을 둔 20억 달러 규모의 내부 벤처 캐피털 펀드를 출시했다. 목표는 Amazon과 다른 회사들이 화석 연료 사용 절감 및 산림 재건과 같은 프로젝트에 투자하여 사업이 기후에 미치는 영향을 줄이고, 궁극적으로 2040년까지 탄소 배출량 '순제로'라는 목표를 달성하는 데 기여하는 것이다.[44]

번영과 환경 보호, 이 두 가지를 조화시킬 수 있는 기업에게 많은 기회가 있을 수 있다. 솔루션과 가치를 사회적으로 책임 있는 방식으로 혁신하는 기업이 성공할 가능성이 가장 크다.[45] Dublin에 기반을 둔 Airtricity는 미국과 영국에서 더 저렴하고 친환경적인 전기를 제공하는 풍력 발전 단지를 운영하고 있다. Vancouver에 본사를 둔 Westport Innovations는 고압 직접 분사라는 변환 기술을 개발했다. 이 기술은 디젤 엔진이 청정 연소하는 액체 천연가스로 작동하게 하여 온실가스 배출량을 4분의 1로 줄일 수 있다. Illinois에 기반을 둔 Sun Ovens International은 가정용 및 기관용 태양열 오븐을 만드는데, 이 오븐은 거울을 사용하여 태양 광선을 절연된 상자로 변환한다. 130개국에서 사용되는 이 오븐은 비용을 절감하고 온실가스 배출을 줄인다. 친환경 기술을 성공적으로 도입한 또 다른 기업으로 Timberland를 들 수 있다.

Timberland   튼튼한 부츠, 신발, 의류 및 장비를 만드는 Timberland는 야외에서 생활하고, 일하고, 즐기는 사람들을 대상으로 하기 때문에 회사가 환경 보호를 위한 활동을 하는 것이 합리적이다. 이 회사의 활동은 전 세계의 녹색 기업들에게 큰 영향을 끼쳤다. 신발 상자에 '영양성분표'를 붙이고, 공장에서 사용되는 재생 가능 에너지부터 제품의 재활용, 유기 및 재생 가능 재료, 전 세계에 심어진 나무

>> Timberland는 야외 활동을 즐기는 사람들을 위해 제품의 환경 발자국을 가능한 한 작게 유지하도록 노력하며 주요 산림 재생 의제를 수행한다.

출처: ronny bolliger/Alamy Stock Photo

에서 브랜드의 환경 발자국을 측정하는 등 혁신적인 활동을 전개해 왔다. 또한 유기농 면화, 재활용 페트병, 재활용 고무를 활용한 Earthkeepers라는 새로운 라인을 선보였는데, 이 신발은 나중에 Timberland의 다른 제품 카테고리로 확장되었다. 제품 외에도 전 세계적으로 거의 500만 그루의 나무를 심는 산림 재생을 약속하기도 했다. 결과적으로 10억 달러가 넘는 매출 성과를 달성하여 사회적 · 환경적 책임을 가진 회사가 성공할 수 있음을 증명했다.[46]

사회적 책임과 기업 수익성 간의 균형

비즈니스 관행은 일상적으로 윤리적 딜레마를 야기한다. 물론 특정 비즈니스 관행은 분명히 비윤리적이거나 불법적이다. 뇌물 수수, 영업 비밀 절도, 허위 및 기만적인 광고, 배타적 거래 및 끼워 팔기 전략, 품질 또는 안전 결함, 허위 보증, 부정확한 라벨링, 가격 담합 또는 부당한 차별, 진입장벽 및 약탈적 경쟁이 이에 포함된다. 그러나 때로는 정상적인 마케팅 관행과 비윤리적 행위를 분명히 구분하기가 쉽지 않은 경우도 있다.

윤리적 마케팅 커뮤니케이션 개발

마케팅 커뮤니케이션은 윤리적 딜레마로 가득 찬 영역이다. 소비자가 직면한 메시지의 홍수를 뚫고 소비자에게 어필하기 위해 일부 광고주들은 윤리의 범주와 심지어 합법적이라고 여겨지는 범주의 경계까지도 확장해야 한다고 생각한다.

미국 법률 및 규정의 상당 부분이 광고를 통제한다. 광고주는 실제로 속는 사람이 없다 하더라도, 허위 주장을 하거나 거짓 시연을 하거나 속일 수 있는 광고를 만들어서는 안 된다.[47] 바닥 보호용 왁스 제품의 광고주는 일반적인 조건에서 제품이 실제로 그런 효과를 보여야만 제품의 효과가 6개월간 지속된다고 말할 수 있으며, 다이어트 빵을 만드는 제빵사는 단순히 빵조각을 더 얇게 만들어놓고 칼로리를 줄였다고 해서는 안 된다. 중요한 것은 속임수와 '과장 광고(puffery)'의 차이를 이해하는 데 있다. 과장 광고는 그대로 믿기를 의도하고 만든 것이 아닌 법적으로 허용되는 수준의 단순한 과장이다.

POM Wonderful　연방통상위원회(FTC)는 POM이 인쇄물, 광고물, 온라인을 통해 자사의 POM 석류 주스에 대해 발기부전, 전립선암, 심장질환을 치료하거나 예방할 수 있다는 거짓 주장을 퍼뜨렸다고 판단하여 제품 판매 중단 명령을 내렸다. 2년간의 법적 논쟁 끝에 내려진 결론이었으나, 이상하게도 POM은 《New York Times》에서 식품의약품안전청의 재승인을 받지 않아도 된다는 판결을 받았다는 내용과 함께 이를 축하하는 전면 광고를 내면서 승리를 선언하는 것처럼 보였다. 이후 POM이 근거 없이 '거짓 죽음(Cheat Death)'과 같은 문구를 사용한 광고를 내고 FTC가 이를 문제 삼으면서 항소는 기각되었다. 석류와 관련된 문제로 논란이 된 기업이 POM뿐만은 아니다. Welch's는 100% Juice White Grape Pomegranate Flavored 3 Juice Blend 음료의 라벨에 실제 함유된 것보다 64온스당 1온스 정도 많은 석류가 들었다고 표기했다가 2건의 집단소송 끝에 3,000만 달러를 지불해야 했다.[48]

>> POM Wonderful은 연방거래위원회로부터 석류 주스가 특정 상태와 질병을 예방하거나 치료할 수 있다는 기만적인 주장을 중단하라는 지시를 받았다.

　　미국에서는 판매자가 허위로 구매자를 유인하는 미끼 상술(bait-and-switch) 광고를 하게 되면 법적 책임을 지게 되어 있다. 판매자가 149달러에 휴대전화를 광고한다고 가정해 보자. 소비자가 광고를 보고 해당 전화기를 구매하려고 할 때 판매자가 소비자를 더 비싼 전화기로 유인하기 위해 판매를 거부하거나, 기능을 폄하하거나, 결함이 있는 물건을 보여주거나, 불합리한 배송 날짜를 제시하는 등의 행위를 할 수 없다.

　　비즈니스 시장에서의 커뮤니케이션에도 유사한 규제가 적용된다. 예를 들어, 판매원이 제품 구매의 이점에 대해 소비자에게 잘못 알리거나 오도하는 것은 불법이다. 구매 대리인 및 B2B 판매에 영향을 미치는 이들에게 뇌물을 제공해서도 안 된다. 판매원의 말은 광고에서 나오는 주장과 일치해야 하며 뇌물이나 산업 스파이를 통해 경쟁 업체의 기술 또는 영업 비밀을 훔치거나 사용할 수 없다. 사실이 아닌 것을 제시하여 경쟁사 또는 그들의 제품을 폄하해서도 안 된다.

　　마케터가 취약계층(예: 어린이) 또는 소외계층(예: 저소득, 소수민족 거주자)을 부당하게 이용하거나 잠재적으로 유해한 제품을 홍보하는 경우 마케팅 커뮤니케이션은 대중적 논란을 야기할 수 있다. 시리얼 산업은 어린이를 겨냥한 마케팅 활동으로 인해 수년 동안 비판을 받아왔다. 비평가들은 사랑스러운 애니메이션 캐릭터가 제공하는 강력한 매력이 어린이의 방어력을 압도하여 어린이들이 설탕이 든 시리얼이나 균형이 맞지 않는 아침 식사를 원하게 할 것이라고 우려한다. 장난감 마케터들도 비슷한 비판을 받아왔다. 온라인에 접속해 있는 수백만 명의 아이들은 많은 소비자 보호 단체가 우려하는 가장 주요한 부분 중 하나다.

　　휴대폰, 태블릿, 소프트웨어 앱, 소셜 네트워킹 사이트의 폭발적인 증가와 함께 점점 더 복잡해지는 기술 세계에서 무지하거나 의심이 없는 어린이를 보호하는 것이 중요한 관심사로 떠올랐다. 오늘날 8~12세 시장은 모바일 기기 사용에 익숙하여 앱을 통해 위치를 공유하고 전화로 다른 사람들과 소통하는 것을 즐긴다. 따라서 한 트렌드 감지 전문가는 이를 'SoLoMo' (소셜 로컬 모바일)로 특징짓는다. 그러나 스마트폰, 태블릿, 게임 콘솔에서 기본적인 콘텐츠 제어 기능을 사용하는 부모는 5명 중 1명에 불과하다. 따라서 온라인과 오프라인에서 어린이를 대상으로 하는 마케팅에서 윤리적·법적 경계를 설정하는 것은 지속적인 논읫거리다.[49]

텔레비전은 어린이를 상대로 하는 마케팅에 특히 효과적일 수 있고 마케터는 보다 낮은 연령의 어린이들을 타깃으로 할 때 제품의 거의 모든 것과 관련한 제품 제휴(Disney Princess 캐릭터 잠옷, 복고풍 G.I. Joe 장난감과 액션 피규어, Dora the Explorer 백팩, Toy Story 플레이 세트)와 텔레비전을 활용하고 있다.

점점 강도를 더해 가는 어린이들을 대상으로 한 마케팅 활동의 윤리에 대해 교사와 학부모의 의견은 엇갈린다. 어린이들을 위한 상업성 없는 캠페인(Campaign for Commercial-Free Childhood)과 입장을 같이하는 일부 단체들은 어린이는 광고에 매우 취약하기 때문에 학교에서 보증하는 제품이라면 자신에게 좋은 것이라는 믿음을 줄 수 있다고 생각한다. 그러나 빠듯한 예산으로 운영되는 많은 학교와 어린이집에서는 Care Bear 워크시트, Pizza Hut 독서 프로그램, Nickelodeon 잡지와 같이 마케터가 제공하는 무료 자원과 판촉 자료를 반긴다.

어린이, 소수자 또는 기타 특수 집단을 대상으로 하는 모든 시도가 비판을 받는 것은 아니다. Colgate-Palmolive의 Colgate Junior 치약은 아이들이 더 오래 더 자주 양치질할 수 있도록 특별히 고안된 기능을 가지고 있다. 결국 문제는 누가 표적이 되느냐가 아니라 방법과 그 목적이 무엇이냐다. 사회적 책임 마케팅은 기업의 이익뿐만 아니라 대상이 되는 사람들의 이익에도 부합해야 한다.

고객 개인정보 관리

소비자가 우편이나 전화로 상품을 주문하거나, 신용카드를 신청하거나, 잡지를 구독할 때마다 이름, 주소, 위치 및 구매 행동이 포착되고 기업은 이를 이후 소비자에게 상품을 마케팅하는 데 사용한다. 이것은 당연히 마케터가 소비자의 생활에 대해 지나치게 많이 알고 있고, 이 지식을 부당한 이익을 위해 사용할 수도 있다는 우려를 불러일으킨다.[50]

많은 소비자가 일반적으로 전자 쿠키, 프로필 및 기타 온라인 도구 등을 이용하여 전자상거래 기업이 누가 언제 쇼핑을 하는지 등을 알 수 있다는 것을 알고 있으면서도 기업이 정보를 어디까지 수집하는지에 대한 우려를 멈출 수는 없다. 특히 우려되는 부분은 지리적 위치 기술을 통해 사람의 위치를 정확히 찾아내어 마케터가 소비자의 일상, 자주 방문하는 시설, 소매점 내에서의 움직임까지 추적할 수 있다는 것이다. Nordstrom이 고객에게 스마트폰 신호를 추적하여 움직임을 모니터링하는 새로운 기술을 테스트하고 있음을 공지하자, 소비자는 이에 반대했고 결국 실험 중단으로 이어졌다.

온라인에서 개인이 생성하는 폭발적인 양의 디지털 데이터는 거의 모두 광고주, 마케터, 광고 네트워크, 데이터 브로커, 웹사이트 게시자, 소셜 네트워크, 온라인 추적 및 타기팅 회사에 의해 수집, 구매, 판매될 수 있다. 기업은 소비자의 나이, 인종, 성별, 키, 체중, 결혼 여부,

교육 수준, 정치적 성향, 구매 습관, 취미, 건강, 재정 문제, 휴가 꿈 등에 대해 알고 있거나 알 아낼 수 있다.

이러한 정보의 지나친 투명성은 소비자의 우려를 낳는다. 연구에 따르면 점점 더 많은 사람들, 특히 나이 든 소비자들이 온라인에서 개인정보의 공개를 거부하고 있다. 동시에 소비자는 개인정보의 침해를 수용하기도 하는데, 이는 소비자가 자신에 대한 어떤 정보가 제공되고 있는지 알지 못하거나, 선택의 여지가 없다고 생각하거나, 실제로 이런 것들이 별로 중요하지 않다고 생각하기 때문이다. 예를 들어, 많은 사람들은 새 스마트폰을 구매할 때 쓰는 계약의 세부사항에 묻혀 있는 것이 타사 서비스가 자신의 모든 움직임을 추적하도록 허용하는 것일 수 있다는 것을 깨닫지 못한다. 그러한 기업 중 하나인 Carrier IQ는 EVO 3D HTC 스마트폰 구매자로부터 모든 통화, 문자메시지가 전송된 시간과 장소, 방문한 웹사이트를 볼 수 있는 권한을 받는다. 불행히도, 데이터가 온라인에서 수집되면 예상치 못한 위치에 저장되어 스팸이나 그보다 더 나쁜 결과를 초래할 수 있다.

소비자는 자신이 어디에서, 언제, 어떻게, 왜 온라인에서 감시되고 있는지 점점 더 알고 싶어 한다. 또 다른 데이터 추적 회사인 Acxiom은 미국의 약 1억 9,000만 명의 개인과 1억 2,600만 가구에 대한 데이터베이스를 유지 관리한다. 2만 3,000대의 서버는 오프라인, 온라인 및 모바일 소스에서 연간 50조 건의 데이터 트랜잭션을 처리하여 소비자에 대한 '모든 것'을 수집하려고 시도한다. 이 회사의 고객으로 최고의 보험 제공업체, 소매업체, 통신 및 미디어 회사, 소매 은행, 자동차 제조업체, 신용카드 발급사, 호텔 회사, 항공사, 기술 회사, 중개 회사가 다수 포함되어 있다.

온라인 데이터 프로파일링이 너무 지나칠 수도 있을까? 새로 부모가 된 사람들은 수익성이 높은 고객인데, 출생 기록은 공개된 정보라 기업이 모두 동시에 누가 새롭게 부모가 되었는지를 알 수 있다. 다른 소매점을 앞서기 위해 Target은 매장에서 신생아 등록증을 신청한 여성의 구매 이력을 조사한 결과 많은 사람들이 임신 첫 3개월 동안 많은 양의 비타민 보충제를 구입하고 두 번째 3분기가 시작될 무렵 무향 로션을 구입한다는 사실을 발견했다. 그런 다음 Target은 이러한 구매 이력을 사용하여 임신 가능성이 있는 가임기 여성을 식별하고 임신 단계와 이후 아기에게 필요한 아기 용품을 제안하고 쿠폰을 보냈다. 그러나 이러한 관행이 알려지자 일부에서는 가족 중 누군가가 출산의 가능성이 있다는 사실을 알게 되는 수단이 되곤 했던 Target의 전략을 비판하기도 했다. 이 같은 비판에 대응하여 Target은 아기 용품 제안에 임신과 다른 물품도 포함하였고, 임신 관련 카테고리의 매출이 급증했다.

이러한 사건은 인터넷 시대에 데이터베이스 관리의 힘과 그것이 소비자에게 미칠 수 있는 우려를 생생하게 보여준다. 정치인과 정부 관료들은 온라인상에서 소비자를 위한 '추적 금지' 옵션(예: 원치 않는 전화에 대한 '통화 금지' 옵션)에 대해 논의 중이다. 소비자 개인정보 보호의 필요성을 주장하는 사람들은 오래전부터 데이터 브로커들이 수집하는 데이터, 수집 방법, 데이터 공유 대상 및 사용 방법을 대중에게 공개해야 한다고 우려의 목소리를 내왔다. 얼마나 빠르게 법제화가 이루어질 수 있을지는 미지수이나, 소비자 권리를 강화하는 온라인 프라이버시 법안은 불가피해 보인다. 소비자에게 개인 데이터에 대한 통제권을 부여하기 위해 유럽연합은 데이터 처리자가 데이터 수집을 명확하게 공개하고, 데이터 수집 목적을 밝히고, 데이터 유지 기간을 명시하며, 데이터가 제3자 또는 유럽연합 외부로 공개되는지 여부를 공개하도록 하는 일반 데이터 보호 규정(General Data Protection Regulation)을 도입했다.

---

marketing INSIGHT

생수 업계의 환경 문제

병 생수의 엄청난 인기는 많은 기업에게 이익이 된 반면 환경적으로는 많은 부담을 초래했다. 한 조사에 따르면 일회용 병에 사용되는 플라스틱의 양은 연간 270만 톤으로 제조 과정에서 약 4,700만 갤런의 기름이 사용된다. 더욱 심각한 것은 이 중 미국 내에서 재활용되는 비율이 20% 미만이라는 것이다. 이와 같이 제품 생산에 따라 발생되는 환경적 비용은 마케터에게 여러 영향을 미친다.

Western Washington University에서 Brown University, University of Vermont, University of California at Berkeley에 이르기까지 미국 내 대학들은 지속가능성을 위한 학생 주도 캠페인의 일환으로 캠퍼스 내 플라스틱 생수 판매를 금지하였고, Minnesota의 College of Saint Benedict는 31개의 분수대에 추가 시설을 설치하여 음수대로 사용했다. 학교뿐만 아니라 동물원이나 국립공원 등 다른 공공기관들도 생수 판매를 금지하는 대신 음수대를 설치했다.

더 많은 소비자들이 환경 발자국을 줄이려고 노력함에 따라 재사용 가능한 물병의 판매가 폭발적으로 증가했다. Sigg Switzerland는 매년 3,000개의 디자인 중 선별된 100개의 경량 알루미늄 신제품 물병을 25~30달러에 판매하며, 어떤 브랜드의 물병에서는 마이크로 필터링 시스템이 내장된 캡이 인기다.

유리병은 플라스틱에 비해 환경적이고 음식이나 음료를 통해 플라스틱의 화학물질을 섭취할지도 모르는 위험으로부터 안전하다는 점을 홍보하며 물병 시장에서 점점 더 성장하는 추세다. 또한 PURE 유리병의 투명 보호 코팅처럼 깨졌을 때 안전성을 향상하기 위한 기술을 개발 중이다.

청량음료 제조사들도 환경에 민감한 소비자로부터 비슷한 압박을 받고 있다. Soda Stream은 재사용 가능한 유리 병을 사용하여 탄산염과 일반 수돗물을 맛볼 수 있는 장비를 판매하는데, 수돗물을 사용하는 것이 더 저렴하고 더 건강할 수 있으며 낭비가 없다는 세 가지 주요 이점을 강조한다. Coca-Cola는 북미에서 병과 캔의 3분의 1 이상을 회수하여 매년 2억 5,000만 파운드의 폐기물을 재활용한다고 보고했다. PepsiCo는 Aquafina 생수 브랜드를 위해 플라스틱을 50% 적게 사용하는 Eco-Fina 포장재를 출시하며 매년 7,500만 파운드 이상의 플라스틱을 절약할 것으로 예상했다.

잊지 말아야 할 것은 환경 문제가 소비자에게 중요하며, 소비자의 우려를 해결하기 위해 기업의 변화를 기대한다는 것이다. 이에 따라 소비자 요구를 충족하기 위해 기업의 노력이 지속되고 기업 간 경쟁이 심화될 것으로 예상된다.[51]

>> 스위스산 Sigg는 제품 디자인과 다양성을 강조하여 재사용 가능한 물병의 판매가 폭발적으로 증가하면서 인기를 끌었다.

요약

1. 세계에서 가장 존경받는 기업은 자신의 이익뿐만 아니라 사람들의 이익에도 이바지하는 높은 수준의 비즈니스 및 마케팅 지침을 준수한다. 사회적 책임 마케팅의 수준을 높이려면 기업의 이익 외에도 지역사회와 환경에 중점을 둔 **트리플 바텀 라인**을 추구해야 한다.

2. 사회적으로 책임 있는 성장을 이루기 위해 마케터는 자원을 투자하여 기업이 운영되는 커뮤니티를 위한 가치를 창출해야 한다. 일반적으로 커뮤니티 기반 기업의 사회적 책임이 발생하는 데는 몇 가지 영역이 있다. 작업장 개선, 기업 자선 활동, 저소득 커뮤니티 지원, 공익 마케팅 육성, 소셜 마케팅 참여 등이 이에 속한다.

3. 점점 더 많은 기업이 세계 인구의 가장 큰 부분을 차지하지만 가장 가난한 집단(일반적으로 피라미드의 밑바닥이라고 함)을 중요하게 생각하면서, 이러한 고객에게 수익성 있는 서비스를 제공하는 동시에 사회 변화를 촉진할 수 있다는 믿음을 갖고 있다.

4. 소비자가 디지털 기기를 사용하여 환경에 대해 학습하고 친환경 경험을 공유하게 되면서 유기농 구매에서 재활용에 이르기까지 이른바 '녹색' 문화의 많은 부분이 주류를 이루게 되었다. 지속가능성(미래 세대에 해를 끼치지 않으면서 인류의 요구를 충족하는 능력)은 이제 많은 기업 의제에서 최우선순위를 차지한다. 대기업들은 그들이 지역사회와 환경에 미치는 장기적인 영향을 개선하기 위해 어떠한 노력을 기울이고 있는지 매우 상세하게 설명한다.

5. 일부 이해관계자는 기업의 수익을 감소시킬 수 있는 기업의 사회적 책임 활동을 지지하지 않을 수 있기 때문에 트리플 바텀 라인을 추구하는 것은 영리 기업에게 어려움을 야기하기도 한다. 기업의 사회적 책임에 대한 의미 있는 약속을 지키기 위해 기업은 수익과 사회적 이익 사이의 올바른 균형을 찾고, 사회적 책임을 증진하기 위해 선택한 노력이 기업의 문화와 가치 시스템에 반영되도록 하는 한편, 이에 대한 기업 이해관계자들의 동의를 얻어야 한다.

marketing
SPOTLIGHT

출처: monfocllo/Shutterstock

Starbucks

Starbucks는 미국의 커피 소비량이 10년 동안 감소하고 브랜드 간 가격 경쟁으로 경쟁사보다 저렴한 커피 원두를 사용하던 1971년에 첫 매장을 열었다. Starbucks 창업자들은 세계 최고의 수입 커피 원두와 커피 브루잉 장비만 판매한다는 새로운 콘셉트를 가지고 시장에 뛰어들었는데, 당시 Seattle의 Pike Place Market에 있던 기존 매장들이 커피를 음료가 아닌 원두로만 판매했기 때문이다. Starbucks라는 이름은 Melville의 《Moby-Dick》의 등장인물로부터 영감을 받아 만든 것으로 초기 커피 무역이 가진 향수를 떠올리게 했다.

Howard Schultz는 1982년 Starbucks에 합류했다. 이탈리아의 Milan에서 사업을 하는 동안 그는 이탈리아식 커피바를 "미국에는 없는, 현관 테라스의 연장선 같은 곳으로 매우 감성적인 장소였다."고 평가하고 매장 형태를 미국에 도입하고자 했다. 그는 1984년 최초의 Starbucks 카페라떼를 판매한 Seattle 다운타운 매장에서 이탈리아 커피 하우스 개념을 테스트하기도 했다. 커피하우스 테스트 성공 이후, Schultz는 Starbucks를 떠나 Starbucks 커피 원두를 이용한 커피와 에스프레소 음료를 제공하는 자신만의 II Giornale 커피 하우스를 만들었다가 1987년 투자자들의 지원하에 Starbucks를 인수하여 미국의 기존 스타일과 이탈리아의 우아함을 융합한 회사를 설립했다. 그는 Starbucks를 직장과 가정을 연결하는 편안하고 사교적인 모임을 가질 수 있는 '사적인 응대' 장소로 구상했다.

Starbucks는 미국 내에서 신중하게 확장해 나갔다. 모든 매장은 회사가 직접 운영하며 제품 품질 보장을 위한 완벽한 통제가 이루어졌다. Starbucks는 커피전문점들이 모여 있는 시장에 진입하는 '허브' 전략을 사용했는데, 이러한 방법은 기존에 있는 매장의 매출을 30% 감소시켰지만 마케팅과 유통 비용 효율화 및 편의성 향상으로 손실을 상쇄했다. 고객은 평균적으로 한 달에 18번 Starbucks에 들렸는데, 이는 미국 내 어떤 소매업체의 방문 빈도수보다 높은 것이었다. 오늘날 Starbucks는 70개국 2만 4,000개 이상의 매장에서 매일 수백만 명의 고객과 소통하고 있다.

Starbucks의 성공은 고품질의 제품과 서비스, 소비자에게 풍부한 감각적 경험을 제공하고자 하는 끊임없는 노력 덕분으로, 매장이나 집뿐만 아니라 이동 중에도 즐길 수 있는 다양한 제품을 제공한다. 여기에는 30개 이상의 블렌드, 단일 원산지의 프리미엄 커피, 갓 내린 커피, 뜨겁고 차가운 에스프레소 음료, 리프레셔, 스무디, 차와 같은 음료 외에도 구운 패스트리, 샌드위치, 샐러드, 오트밀, 요구르트 파르페, 과일 등 신선한 음식도 포함된다.

Starbucks는 커피 매장의 개념을 끊임없이 발전시키고 있다. 2014년에 선보인 후 세계 주요 도시에서 찾아볼 수 있는 플래그십 Reserve Roastery 매장은 커피숍과 테마파크의 경험을 결합하여 커피의 세계에 몰입할 수 있는 장소를 제공한다. 그 후 2018년 기존 Reserve Roastery 매장의 축소 버전이자 일반 Starbucks 매장을 고급화한 Reserve 매장을 도입했다. 커피뿐만 아니라 유흥을 즐길 수 있게 만들어진 Reserve 매장은 2010년 도입했다가 2017년 단종된 프리미엄 맥주, 와인 및 주류를 메뉴에 넣는 Starbucks의 이브닝 프로그램을 재도입하기도 했다.

Starbucks의 또 다른 주요 성공 요인은 사회적 책임에 대한 적극적인 노력에 있다. Starbucks는 커피와 전통을 강조하면서도 유대감과 공동체 의식을 전달하는 색다른 회사로 출발하여 주주뿐만 아니라 지역사회와 환경에도 긍정적인 영향을 미치기 위한 결정을 한다. 커피 컵에 메시지를 인쇄하고 사회적 책임을 위한 연간 보고서를 발간하는 등 기업의 책임과 윤리를 회사의 최우선 과제로 삼고 그들의 자부심을 고객에게 전달하기 위해 노력한다.

Starbucks가 지역사회에 환원하는 여러 방법 중 하나는 직원을 파트너라고 칭하는 것이다. Schultz는 고객의 기대를 뛰어넘기 위해서는 먼저 직원들의 기대를 뛰어넘을 필요가 있다고 믿었기 때문에 정규직과 파트타임 직원들에게 최초로 완전한 건강 혜택을 제공한 회사 중 하나가 될 수 있었고, 현재 건강보험 관련 비용이 커피 관련 비용을 뛰어넘었다. 또한 파트타임 직원을 포함하여 스톡옵션 프로그램(Bean Stock)을 제공하여 직원들이 회사의 성공에 함께할 수 있게 한 최초의 개인 소유 미국 회사이기도 하다. 뿐만 아니라 향후 5년간 1만 명의 참전용사와 군인 배우자를 고용하기로 약속했다. 최근에는 온라인 프로그램으로 Arizona State University와 같은 학사 학위 과정을 제공하면서 등록금 전액을 지원하기도 했다. 1977년 설립된 Starbucks Foundation은 미국과 전 세계의 다양한 자선단체와 문맹 퇴치 프로그램을 지원함으로써 지역사회에서 희망을 발견하고 기회를 창출하는 것을 목표로 한다.

Starbucks는 비정부기구인 국제보호협회(Conservation International)와 협력하여 특정 사회, 경제, 환경 기준을 준수하는 농민으로부터 고품질의 커피를 구매하는 윤리적 커피 원두 구매 프로그램인 C.A.F.E.(Coffee and Farmer Equity) 프랙티스를 준수한다. 또한 2001년 국제보호협회와 협력하여 개발한 윤리적 커피 구매 가이드라인을 도입했고, 강을 따라 나무를 심고, 숲을 보존하기 위해 그늘막 재배 기술을 사용하는 등 책임있는 농업 방식을 개발하기 위해 농업인들과 지속적으로 협력하며 수년 동안 프로그램과 활동에 1억 달러 이상을 투자했다.

이 외에도 Starbucks는 친환경 활동을 선도하는 기업 중 하나로 손꼽힌다. LEED 인증을 받은 새로운 친환경 건물 건설부터 폐기물 감소, 수자원 절약까지 작은 변화로 환경에 큰 변화를 가져오기 위해 노력한다. 10년에 걸쳐 10%의 재활용 용지로 만든 세계 최초의 재활용 음료 컵을 개발하였고, 적은 재료를 사용한 종이 슬리브를 개발하여 연간 약 10만 그루의 나무를 보존하는 데 성공했다. Starbucks의 궁극적인 목표는 모든 컵을 재활용하거나 재사용할 수 있도록 하는 것이다. 기업의 사회적 책임에 대한 Starbucks의 노력은 커피에 대한 열정과 인류애를 유지함과 동시에 단순한 수익 이상을 추구하는 기업의 자세를 반영한다.[52]

질문

1. Starbucks의 전략과 전술의 주요 요소는 무엇인가?

2. Starbucks와 같은 기업은 어느 수준까지 사회적 책임 프로그램을 지원해야 하는가? 연간 예산의 얼마 정도가 이런 프로그램을 위해 사용되어야 하는가? 직원은 얼마나 많은 시간을 이 프로그램에 사용해야 하는가? Starbucks가 지원해야 하는 프로그램은 어떤 것인가?

3. Starbucks는 윤리적이고 책임 있는 경영을 하기 위해 노력해 왔다. Starbucks의 사회적 책임 프로그램의 성과를 어떻게 측정할 수 있는가?

---

marketing
SPOTLIGHT

Ben & Jerry's

출처: Gareth Davies/Getty Images

Ben & Jerry's는 1978년에 Ben Cohen과 Jerry Greenfield가 Vermont주 Burlington에 첫 번째 아이스크림 가게를 열면서 시작되었다. 도자기 교사였던 Cohen과 실험실 기술자였던 Greenfield는 자신들의 경력으로 "좀 더 재미있는 일을 하고 싶었다"고 말한다. 이들은 Pennsylvania State University에서 5달러짜리 아이스크림 만들기 과정을 수강한 후, 1만 2,000달러를 모아 Burlington 시내의 주유소에서 장사를 시작했다.

Ben & Jerry's는 좋은 재료를 사용한 독특한 맛을 선보이면서 대학생들 사이에서 빠른 속도로 인기를 얻었다. 수익성을 높이기 위해 지역 식료품 가게와 편의점에 제품을 유통하기로 결정하고 공장을 임대하여 파인트 상자에 아이스크림을 포장하기 시작했다. Ben & Jerry's가 Burlington 지역에서 사업을 해나가던 도중 1981년《Time》지에서 '세계 최고의 아이스크림'으로 선정되면서 전국적인 관심을 받게 되었고, 이후 Vermont주에 매장을 열어 전국에 상품을 유통하기 시작했다.

Ben & Jerry's는 지역사회에서 책임감을 갖고 부의 창출에 기여하기 위해 Vermont 주민들에게 독점적으로 주식을 매각함으로써 자금을 조달했다. 회사의 지속적인 성장과 높은 매출은 창업자들의 예상을 훨씬 뛰어넘었고 회사가 확장됨에 따라 딜레마에 빠지게 되었다. 이들은 기업의 노동자와 지역사회를 우려하여 사업 유지에 대한 확신을 가질 수 없었다. 하지만 두 사람은 기업이 지역사회에서 긍정적인 변화의 원동력이 될 수 있다는 것을 보여주기 위해 회사를 유지하기로 결정하고 "세상을 더 나은 곳으로 만들자"라는 미션을 세웠다.

미션에 성공하기 위해 Ben & Jerry's는 기업의 사회적 책임과 연관된 다양한 활동을 전개했다. Ben & Jerry's Foundation을 설립하여 세전 이익의 7.5%를 매년 기부하여 사회 및 환경 사업에서 시민운동 활동 자금을 지원하였고, 각종 제품을 출시하면서 다양한 활동을 이어나갔다. Peace Pop의 수익금은 세계 평화를 위한 단체를 후원하는 데 사용되었으며, 무분별한 환경 파괴 없이 재배되는 열대우림의 견과류를 이용한 Rainforest Crunch 아이스크림을 출시했다. 이러한 상품은 열대우림 상품에 대한 수요를 만들었고 제품 수익은 열대우림 보존을 위해 사용되었다.

Ben & Jerry's는 그들의 미션에 따라 친환경적인 제품을 설계하기도 했다. 염소화합물에 표백된 종이를 사용하지 않는 환경친화적 포장인 'Eco-Pints'에 담아 아이스크림을 판매하였고, 지역 낙농 농장에서 호르몬이 없다고 인증된 우유를 공급받아 사용했다. 다른 재료들의 경우 공정무역과 유기농 제품을 우선으로 했다. 또한 쓰레기 배출량을 줄이기 위해 지역 농장에 있는 동물들에게 남는 아이스크림을 먹이기도 했다.

회사의 광고 및 제품 홍보 방법도 Ben & Jerry's의 미션에 따라 사회 정의를 강조하고 지역사회를 하나로 모으는 데 주력했다. 이들은 라디오, TV 및 인쇄 광고를 이용하는 대신 주로 지역사회의 가치를 강조한 이벤트나 평화, 음악, 예술 축제를 후원함으로써 제품을 홍보했다. 또한 사회적 인식을 높이기 위한 자체적인 축제를 만들어 진행한다.

Unilever가 2000년에 회사 인수를 제안했을 때 창업자들은 매각을 주저했다. 그들은 대기업으로 인해 Ben & Jerry's가 사회적 및 환경적 행보를 무시한 이익 중심의 기업이 되는 것을 두려워했다. 그러나 거절할 수 없는 제안을 받은 그들은 회사가 사회적 및 환경적 책임을 수행하기 위한 이사회를 창설한다는 조건하에 기업을 3억 달러에 매각했다. 하지만 그 거래는 오히려 상황을 빠르게 악화시켰다. Unilever는 공급망 관리 최적화를 위해 생산공장과 유통공장을 폐쇄하였고 공장의 모든 근로자와 본사의 일부 영업사원들을 해고했다.

하지만 초반의 어려움에도 불구하고, 이사회는 결국 자치권 확보를 위한 협상에 성공했다. Ben & Jerry's는 지역 농민들을 지원하고, 환경에 미치는 영향을 줄이며 사회적·정치적 지원에 더 많은 이익을 후원하는 등 사회적 지원을 두 배로 증가시켰다. 방사한 닭으로부터 얻은 달걀만 사용하거나 전국 평균보다 높은 최저 임금을 지급하여 2020년에는 시간당 약 18달러의 임금을 지급한 결과, 높은 경제적·사회적 기준을 가진 비영리 단체로부터 B등급 인증을 받았다. 지금도 Ben & Jerry's는 한 번에 한 가지 맛으로 사회적 미션을 계속 발전시켜 나가고 있다.[53]

질문

1. Ben & Jerry's의 비즈니스 모델에서 기업의 사회적 책임의 역할은 무엇인가?
2. Ben & Jerry's를 Unilever에 매각한 것은 옳은 결정이었는가? 매각 후 기업에 어떠한 장단점이 있었는가?
3. Ben & Jerry's는 주주들에게 이익, 사람, 환경이라는 삼중 수익 개념을 어떻게 설득할 수 있었는가?

marketing
SPOTLIGHT

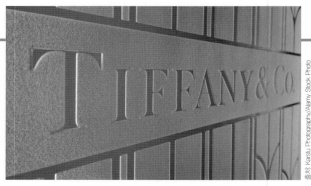

출처: Kristu Photography/Alamy Stock Photo

Tiffany & Co.

Tiffany & Co.의 시작은 설립자 Charles Lewis Tiffany가 New York City에 문구 및 잡화점을 열었던 1837년으로 거슬러 올라간다. 첫 번째 Tiffany 매장은 고급 보석과 시계를 찾는 세련된 여성들의 핫플레이스가 되었다. 1848년, Tiffany는 가게의 고급 보석에 주목하기 시작했다. 대부분의 보석상이 단순한 소매상이었을 때, Tiffany는 수십 명의 장인을 고용하여 가게 앞의 작업장에서 보석을 만들게 했다. Tiffany는 자연의 아름다움과 단순함을 담은 고유한 스타일의 미국 보석을 표현하고자 노력하였고, 19세기 후반 다이아몬드 가공 시설을 인수한 후 우수하고 균일한 품질의 보석을 만들어낼 수 있게 되었다.

다이아몬드와 귀금속은 20세기에 폭발적인 인기를 끌었다. 고급 보석에 대한 수요 증가로 Tiffany & Co.는 엄청난 성장을 누리게 되었고, 글로벌 시장으로 활동 영역을 확장했다. 전세계 각지에서 공급, 디자인, 제조와 같은 측면을 제어하면서 회사는 더욱 수직적 시스템을 갖춰 나갔고, 이에 따라 그들의 디자인 철학을 따르고 기준을 충족하는 다이아몬드만 조달할 수 있게 되었다. Tiffany & Co.의 성장과 함께 소비자들은 다양한 NGO 및 무역 단체에 의해 밝혀진 다이아몬드 산업의 사회적 불공정성과 귀금속 추출 방법의 환경적 우려에 대해 점점 더 인지하기 시작했다. 금 추출을 위해 청산가리나 수은과 같은 독성 화학물질이 사용되고, 정치적 갈등이 있는 나라들과 광부의 인권이 심각하게 침해된 곳으로부터 다이아몬드가 공급되었다. 거기에 2006년 Leonardo DiCaprio가 주연한 Edward Zwick

감독의 영화 'Blood Diamond'가 개봉하면서 '다이아몬드 분쟁'에 대한 문제 인식이 더욱 높아졌다.

수직적 통합을 향한 Tiffany & Co.의 시도는 지속 가능하고 사회적 책임을 다하는 회사가 되기 위한 길을 열었다. 공급망의 수직적 통합을 통해 Tiffany & Co.는 다이아몬드와 보석 공급원을 직접 추적할 수 있게 되었고, 이에 따라 채굴장도 책임감 있는 운영을 하게 되었다. Tiffany & Co.는 블러드 다이아몬드 구매에서 무관용 정책을 시행하고 있으며, 2006년에는 세계 최초의 책임 있는 채굴 현장 인증 시스템인 IRMA(Initiative for Responsible Mining Assurance) 수립을 지원했다. 또한 지역 생태계를 위협하는 광산에 대해 반대하는 목소리를 내기 위해 지역 어업 산업에 피해가 예상되는 Alaska Bristol Bay의 Pebble Mine 개발 반대 로비를 벌였다.

Tiffany & Co.는 IRMA의 목표를 달성하기 위해 광산 현장의 환경적·경제적 개발에 투자했다. 예를 들어, Tiffany 연마사의 98%가 기반을 두고 있는 보츠와나 지역의 근로자들에게 다이아몬드 가공 및 연마 교육을 제공하여 일자리를 창출하였으며, 보츠와나의 경제 수준을 5,000만 달러까지 끌어올렸다. 또한 직원들의 윤리적 생활 수준을 보장하기 위해 경제학자를 고용하여 가족 규모, 주택 및 교통과 같은 변수를 고려한 캄보디아 노동자들의 합리적인 최저생활임금을 계산했다. 이 외에 근로자에게 출산휴가, 무료 점심 식사 제공 및 심야/주말 교대근무 폐지와 같은 혜택을 제공한다.

Tiffany & Co.는 지속가능성이라는 미션을 필두로 2015년 럭셔리 상품 회사 최초로 지속가능성 최고책임자(CSO)를 임명하여 Tiffany의 사회 및 환경 관련 계획을 관리 감독하도록 했다. 또한 기후 변화 측면에서 2050년까지 가스 배출 제로를 약속하고, 에너지 효율적인 LED 조명과 재활용 소재를 사용한 패키지로 매장과 제품 포장 모두에 지속가능성이라는 미션을 담았으며, 산호초 보존 및 도시 공원 개발을 위해서도 힘썼다.

Tiffany & Co.의 사회적·환경적 과제는 브랜드 이미지의 중요한 부분으로 자리 잡았고, 다이아몬드와 귀금속에 대한 윤리적으로 엄격한 관리 및 사용은 브랜드의 필수 약속이 되었다. 최근 몇 년간 회사는 그들의 공급 방법이 경쟁사들과 어떻게 차별화되는지 고객에게 전달하기 위해 영업사원들을 교육했다. 또한 수익의 100%를 아프리카의 코끼리 위기 기금에 기부하는 Save the Wild 주얼리 라인을 출시하는 등 다양한 컬렉션으로 환경 문제를 지원했다.

Tiffany & Co.는 명품 주얼리 업계 중에서도 귀금속을 윤리적으로 공급하고 다양한 사회 및 환경 활동을 지원하는 것으로 알려져 있다. 기업의 사회적 책임을 보장하는 회사의 능력은 다이아몬드 및 보석의 공급을 관리할 수 있는 수직적 통합 시스템에서 비롯된다. 이러한 공급망의 특징적 측면은 브랜드에 경쟁우위를 가져다주었고, 브랜드 이미지의 중요한 부분이 되었다.[54]

질문

1. 럭셔리 기업은 사회적 책임에 적극적으로 참여해야 하는가? 이러한 활동의 장단점은 무엇인가?
2. Tiffany & Co.는 다양한 사회 및 환경 활동을 지원하고 있다는 사실을 광고해야 할까? 그 이유는 무엇인가?
3. Tiffany & Co.에 CSO가 있는 것은 얼마나 중요한가? 기업의 사회적 책임 프로그램의 설계 및 실행 담당자가 책임질 때의 장점과 단점은 무엇인가?

찾아보기